D1562196

C. Seiler

MFL

Christa
Seiler
Schüler

EX LIBRIS

*Über dieses Buch*  Ein hilfreiches Wörterbuch, das auf den Schreibtisch eines jeden gehört, der differenzierter mit der deutschen Sprache arbeitet!
Die Wortgegensätze werden umfassend in den verschiedenen Bedeutungsvarianten aufgeführt und einander zugeordnet. Der Begriff der Antonyme ist dabei weit gefaßt und bezieht auch Bereiche ein, auf die der Suchende nicht so leicht gekommen wäre. Auch werden schwierige, nicht sofort erkennbare Bedeutungsvarianten der Gegenwörter aufgeführt.
Ob Redner, Schriftsteller, Wissenschaftler, Lehrer, Studenten, Schüler, Journalisten, Redakteure oder Texter – sie alle können mit Hilfe dieses Buches ihre Sprache bewußter und variationsreicher einsetzen, Kreativität beweisen.
Das »Wörterbuch der Synonyme und Antonyme« gibt dem Benutzer Anregung, Hilfe und Unterstützung im täglichen Leben. Es verleiht Sicherheit im Umgang mit der deutschen Sprache und aktiviert den passiven Wortschatz.

*Die Autoren*  Erich Bulitta, geboren 1945 in Scheinfeld, und Hildegard Bulitta, geboren 1947 in Wiesbaden, haben sich nach dem Studium der Pädagogik (mit Schwerpunktfach Deutsch) der Entwicklung neuer Methoden gewidmet, die Deutschleistungen der Schüler zu verbessern und den Deutschunterricht lebendiger und interessanter zu gestalten. Beide sind als Lehrer tätig.

Erich und Hildegard Bulitta

# Wörterbuch der Synonyme und Antonyme

18 000 Stichwörter mit
200 000 Worterklärungen.
Sinn- und sachverwandte Wörter
und Begriffe sowie deren Gegenteil
und Bedeutungsvarianten.

Fischer Taschenbuch Verlag

16.–21. Tausend: Juni 1992

Veröffentlicht im Fischer Taschenbuch Verlag GmbH,
Frankfurt am Main, Oktober 1990

Lizenzausgabe mit freundlicher Genehmigung
des S. Fischer Verlages, Frankfurt am Main
Umschlaggestaltung: Buchholz/Hinsch/Hensinger
Druck und Bindung: Clausen & Bosse, Leck
Printed in Germany
ISBN 3-596-10224-3

# Vorwort

Für unsere deutsche Sprache gibt es eine Vielzahl von Wörterbüchern, die zum täglichen Gebrauch geeignet und bestimmt sind. Darunter finden sich auch Synonymwörterbücher bzw. Wortauswahlwörterbücher, in denen bedeutungsähnliche Wörter zusammengestellt und nach verschiedenen Kriterien geordnet sind. Häufig werden jedoch zu Wörtern bzw. Begriffen Wörter gesucht, die das Gegenteil ausdrücken. Nur wenige Wörterbücher bringen manchmal vereinzelt das Gegen(satz)wort (Antonym) zu einem Begriff, stellen dieses nur am Rande dar und behandeln nur die einfachen und geläufigen Fälle. Es fehlte ein Wörterbuch, in dem sowohl Synonyme als auch Antonyme – also Wörter, die das Gegenteil zu einem bestimmten Begriff bzw. Wort ausdrücken – aufgeführt sind. Das vorliegende **Wörterbuch der Synonyme und Antonyme** ist das erste systematische Wörterbuch, in dem sowohl Synonyme als auch Antonyme aufgezeigt werden.
Dabei werden die Wortgegensätze umfassend in den verschiedenen Bedeutungsvarianten aufgeführt und einander zugeordnet. Mit diesem Wörterbuch soll die Wechselwirkung zwischen Wörtern und ihrem Gegenteil aufgezeigt werden. Der Begriff der Antonyme ist dabei weit gefaßt und bezieht auch die Bereiche ein, die einem nicht sofort einfallen. In diesem Buch werden auch schwierige, nicht sofort erkennbare Bedeutungsvarianten der Gegenwörter genannt, so daß der Leser diese Wörter sofort in der entsprechenden Situation bzw. Bereich oder Standort anwenden kann.
Jedem sind einfache Gegensatzpaare wie »hinten« – »vorne«, »kalt« – »warm«, »starten« – »landen« usw. bekannt. Ohne Mühe kann man solch einfache Wort-Gegensatzpaare finden und anwenden. Viele haben jedoch Schwierigkeiten, zu den entsprechenden Wörtern alle möglichen Synonyme und Antonyme zu finden und dazu noch die verschiedenen Bedeutungsvarianten (Sememe) bzw. Situationen aufzuzeigen, in denen diese Wörter gebraucht und angewandt werden.
Die Vielfalt und Wechselwirkung in den verschiedenen Bereichen zeigt z. B. das Verb »abnehmen«.

| Synonym | Antonym |
|---|---|

**abnehmen:** (dahin)schwinden, nachlassen, aussterben, zurückgehen, abklingen, (ab)sinken, fallen, nachgeben, s. vermindern / verringern / verkleinern, abebben, abflauen, verebben, erkalten, einschlafen, weniger / geringer / schwächer werden, s. beruhigen, zu Ende / zur Neige gehen, s. dem Ende zuneigen *beenden, beendigen, aufgeben, abbrechen, aufstecken, einstellen, aufhören *schlank werden, abmagern, dünner / mager werden, an Gewicht verlieren *entfernen, herunternehmen *helfen, tragen *kontrollieren, untersuchen, prüfen, überprüfen, nachprüfen, inspizieren *fortnehmen, wegnehmen *abkaufen *abverlangen, abfordern *glauben (Geschichte) *übertragen, nachbilden (Fingerabdrücke, To-

**abnehmen:** zunehmen, ansetzen (Körpergewicht) *zunehmen (Kraft) *(über)reichen, (über)geben, liefern, aushändigen, hinzufügen *geben (Geld) *aufladen, aufbürden (Pflicht, Arbeit, Last) *aufhängen (Bild) *hängenlassen *anlegen, umlegen, anstecken (Schmuck, Kleidung) *wachsen, zunehmen, stärker werden (Neigung) *aufmachen, aufstecken, aufhängen (Vorhänge) *überlassen, abgeben (Ware) *nicht glauben (Geschichte) *anfügen, anbringen, ansetzen (Teil) *auflegen, aufdecken (Tischtuch) *s. verstärken, anschwellen, s. steigern (Geräusch) *einhängen, auflegen, ablegen (Telefonhörer) *anwachsen, zunehmen, s. häufen, (ver)mehren (Schulden) *(an)wachsen, (an)steigen

tenmaske) *verkürzen, kürzer werden *schwinden, nachlassen (Kräfte)

(Gewässer, Menge, Verbrauch) *aufsetzen, aufbehalten, auflassen (Hut) *zunehmen, voll werden (Mond) *den Antrag stellen *kritisch / skeptisch sein *(er)bauen, errichten (Gebäude) *leisten (Eid, Versprechen) *(s.) wachsen / stehen lassen (Bart) *selbst tragen (Koffer) *vervielfachen, vermehren, häufen (Reichtum) *(s.) steigern (Wirkung) *steigen (Fieber)

Zu vielen Begriffen fällt einem nicht sofort ein bedeutungsähnliches Wort oder das Gegenteil in den betreffenden Situationsnuancen ein, einfach auch dadurch, weil es viele Unregelmäßigkeiten in unserer deutschen Sprache gibt.

Gerade ein Antonym erschließt zugleich die Bedeutungsvielfalt eines Wortes. Wem fällt z. B. bei dem Wort »Ehe« gleich die Vielzahl der Antonymvarianten ein? (s. unten!)

Der erste Bereich bringt die »Ehelosigkeit« der »männlichen« Seite, das »Zölibat«, den Priesterstand. Es folgt die »Ehelosigkeit« auf der »weiblichen« Seite.

Beide Varianten zeigen sich z. B. in der Redewendung »Er/Sie lebt im Zölibat / in Jungfräulichkeit«.

Die weitere Antonymvariante bezeichnet ein Verhältnis außerhalb der Ehe, das »Konkubinat«. Danach folgt ein allgemeiner Teil des »Alleine-Lebens«. Die nächste Variante bringt die Gegenwörter, hinter der z. B. die Redewendung: »Sie/ Er lebt in Scheidung…« steht und die Begriffe der Ehescheidung aufzählt. Die nächste Variante zeigt den Zustand des Lebens ohne Partner / in nach dessen / deren Tod, das »Verwitwetsein«. Es folgen noch weitere Bereiche, die von unserem moralisch-sittlichen Denken beeinflußt werden und zeigt zum Schluß den Zustand vor der Eheschließung.

### Synonym

**Ehe:** Ehebund, Ehestand, Eheband, Ehebündnis, Heirat, Partie, Verbindung, Verheiratung, Trauung, Eheschließung, Vermählung, Hochzeit, Zweisamkeit, Bund fürs Leben

### Antonym:

**Ehe:** Zölibat *Jungfräulichkeit, Virginität, Keuschheit, Unschuld, Unberührtheit, Zölibat *Konkubinat *Altjungfernstand, Einzelwirtschaft, Ehelosigkeit, Nicht-Verheiratet-sein *Ehescheidung, Scheidung, Trennung, Aufhebung, Auflösung, Ungültigkeitserklärung, Spaltung, Loslösung, Geschiedensein *Verwitwetsein *freie/wilde Ehe, Ehe ohne Trauschein, Ehe auf Probe *Doppelehe, Bigamie *Polygamie, Mehrehe, Vielehe, Vielweiberei *Junggesellenleben, Junggesellenstand, Junggesellenwirtschaft, Junggesellendasein *Verlobung, Brautzeit, Brautstand, Aufgebot

Das vorliegende Werk ist ein völlig neuartiges Wörterbuch und praktisch für jeden Deutschsprechenden wichtig, egal, ob er in der Schule, im Berufsleben oder am Arbeitsplatz steht. Es gibt jedem Auskunft und beinhaltet die Bereiche des täglichen Lebens. Es zeigt nicht nur bedeutungsähnliche Wörter, sondern auch die konträren und sogenannten kontra-diktorischen Gegensätze. Es hilft somit jedem, seinen Wortschatz zu erweitern, zu verbessern und in verschiedenen Situationen anzuwenden. Der Leser sieht, daß ein Begriff oder Wort in verschiedenen Situationen oder Bereichen anders und damit treffender ausgedrückt werden kann. Die Wirkung einer Aussage wird dadurch erhöht. Der Leser kann mit Hilfe dieses Buches sein Sprachgut variieren, seinen Wortschatz weiter aktivieren und seine Sprache und deren Wirkung effektiver gestalten.

Das Buch hilft somit allen Leuten, die sich mit der deutschen Sprache näher beschäftigen und tagtäglich mit ihr arbeiten – z. B. Rednern, Politikern, Sprachwissenschaftlern, Lehrern, Schülern, Studenten, Redakteuren, Ausländern usw. –, ihre Sprache bewußter, variationsreicher und differenzierter in konkreten Situationen anzuwenden. Sprachliche Kreativität zeigt sich gerade in der Verwendung von Synonymen und Antonymen. Immer wieder wird ja bereits in einem Satz das Gegenteil zu einer Aussage gesagt.

Wir hoffen, daß dieses Wörterbuch dem Benutzer Anregung, Hilfe und Unterstützung im täglichen Leben sein wird, dem Leser Sicherheit im Umgang mit der deutschen Sprache geben wird und sein passiver Wortschatz aktiviert wird. Wir sind sicher, daß mit dem vorliegenden Buch innovatives Denken und damit die Wechselwirkung zwischen Sprache und Denken durch Verwendung von Synonymen und Antonymen gefördert wird.

Erich und Hildegard Bulitta

# Zur Arbeit mit dem Buch

## Anlage und Aufbau

1. Die einzelnen Bedeutungsvarianten eines Wortes wurden mit einem Stern »*« gegeneinander abgegrenzt, s. das im Vorwort erwähnte Beispiel »Ehe«.
2. Um das Wörterbuch nicht unnötig aufzublähen, wurden gleichlautende oder entsprechende Teile durch Schrägstriche »/« gerafft. Beispiel: Antonym »siegen«.

   **siegen:** verlieren, besiegt / aufgerieben / bezwungen / unterjocht / vernichtet / überwältigt / unterworfen werden *weiterkämpfen
3. Ebenso wurden Wortteile, die gesetzt oder auch weggelassen werden können, durch eine Klammer »(...)« gerafft. Beispiel: Synonym »bepflanzen«.

   **bepflanzen:** bebauen, bestellen, (an)säen, bewirtschaften, stecken, aussäen, legen, kultivieren, (an)pflanzen, umpflanzen
4. Reflexive Formen der Verben wurden immer am Ende gebracht. Sie sind ebenfalls halbfett gedruckt. Beispiel: Synonym »öffnen«.

   **öffnen:** aufbrechen, aufreißen, aufziehen, aufschneiden, aufstoßen *aufsperren, aufschließen, zugänglich machen, Einlaß gewähren *auswickeln, aufpakken, auspacken *s. öffnen: s. erschließen / entfalten / entrollen / erschließen, aufspringen *s. anvertrauen / offenbaren / mitteilen
5. Vereinzelt wurden erweiterte Wortformen bzw. Wortverbindungen oder kurze Redewendungen mit dem Stichwort als Kern am Ende aufgelistet. Sie sind durch einen Stern »*« von den übrigen Wörtern abgetrennt. Beispiel: Synonym »frei«.

   **frei:** uneingeschränkt, unkontrolliert, für s. allein, auf s. gestellt, unabhängig, selbständig, ungebunden, autonom, autark, unbeschränkt, sein eigener Herr, emanzipiert, unbehindert, selbstverantwortlich, ohne Zwang, souverän, unbelastet *verfügbar, disponibel, unbesetzt, leer, zu haben, vakant, offen, zur Verfügung *ledig, allein(stehend), unverheiratet, noch zu haben *entlassen, in Freiheit, befreit, erlöst *improvisiert, aus dem Stegreif, unvorbereitet... *gratis, gebührenfrei, umsonst, unentgeltlich, ohne Geld, kostenlos *frei lassen: nicht blockieren, offenlassen, nicht ausfüllen *frei sprechen: ohne Konzept / Notizen sprechen
6. Manchmal gibt es zu einem Wort kein entsprechendes Synonym bzw. Antonym. Trotzdem wurden solche Wörter mit aufgenommen. Beispiel: Synonym und Antonym »Aberglaube«.

   **Aberglaube:** Wunderglaube, Geisterglaube, Gespensterglaube, Volksglaube, Mystizismus, Köhlerglaube    **Aberglaube:**

7. Das Stichwort wurde halbfett gedruckt, um das Nachschlagen zu erleichtern. Es ist mit einem Doppelpunkt von den übrigen Wörtern abgegrenzt.
8. Bei den Verben wurden nicht alle durch Vorsilben erweiterten Formen mit aufgenommen. Das würde den Rahmen dieses Buches erheblich sprengen. Viele dieser abgeleiteten Formen erscheinen allerdings als eigenes Stichwort, wenn es dazu eigene Antonyme oder Synonyme gibt.
9. Veraltete Wörter bzw. Wörter, die im Deutschen nur selten verwendet werden, wurden nicht mit aufgenommen, ebenso landschaftliche, ordinäre und abwertende Wörter.

10. Wörter, die in den letzten Jahren entstanden sind, wurden ebenso mit aufgenommen wie Fremdwörter, die fester Bestandteil der deutschen Sprache sind.
11. Aufzählungen und Beispiele wurden vermieden, um das Buch nicht zu umfangreich werden zu lassen.
12. Es wird in diesem Buch auf kein anderes Wort verwiesen.
13. Umgangssprachliche Wörter wurden mit aufgenommen. Es zeigt sich dabei, daß ein Wort in der Umgangssprache eine völlig andersartige Bedeutung haben kann. Gerade durch die Aufnahme dieser Wörter wird das Wortgut erschlossen.
14. Das Synonym befindet sich immer in der linken, das Antonym immer in der rechten Spalte auf der jeweiligen Seite.

**Anmerkung**
Dieses Wörterbuch wurde sowohl von den Autoren als auch vom Verlag als Datenbank angelegt. Es kann damit für weitere Arbeiten elektronisch ausgewertet werden.

# A

**A:** von vorn bis hinten, das A und (das) O, von A bis Z, von Anfang bis Ende

**ab:** von ... an, von *weg, fort *entfernt *hinweg! fort! *hinunter, herunter *ab jetzt, zukünftig *ab und zu: gelegentlich, zuweilen, ein oder das andere Mal, vereinzelt, manchmal, von Zeit zu Zeit, hin und wieder, hie und da, ab und an, dann und wann, bisweilen, zuzeiten

**abändern:** (um)ändern, umgestalten, (ein wenig) (ver)ändern, anders machen, überarbeiten, umformen, umsetzen, modifizieren, revidieren, (um)modeln, (ab)wandeln, korrigieren, etwas auf den Kopf stellen, umarbeiten, umfunktionieren, variieren, verwandeln, ummünzen *novellieren (Gesetz)

**abarbeiten (s.):** s. anstrengen, einen Versuch machen, s. etwas abverlangen, alle Kräfte anspannen, bemüht sein, s. müde arbeiten, sein Bestes / möglichstes / das menschenmögliche tun, s. (ab)plagen / abrackern / (ab)quälen / abschinden/zusammenreißen/(ab)mühen / befleißigen / abschleppen / strapazieren / plagen / abschuften, schuften, ackern, (herum)krebsen, arbeiten

**abartig:** widernatürlich, abnorm, unnatürlich, verkehrt

**Abartigkeit:** Perversität, Perversion, Abweichung, Unnatürlichkeit, Widernatürlichkeit

**Abbau:** Zerlegung, Abbruch, Demontage, Zertrennung, Auflösung, Zerstückelung, Zerteilung *Senkung, Abschaffung (Zölle) *Kündigung *Entlassung, (zwangsweise) Pensionierung *Schwund, Rückgang, das Nachlassen (Kräfte)

**abbauen:** zerlegen, zerbröckeln, abbrechen, abschrauben, zerrupfen, zerstückeln, abmachen, schnitzeln, auseinandernehmen, zertrennen, zerteilen, zerfetzen, zerpflücken, zerkleinern *verkleinern, verringern, vermindern, herunterdrücken, schmälern, eingrenzen, begrenzen, streichen, beschränken, herabmindern, (ab)min-

**A:** Z (Buchstabe) *B (Aussage)

**ab:** nach, bis, zu (Richtung) *auf (Bewegung) *an (Ort) *bis (Zeit) *her, hierher *ab und zu: immer(zu), unaufhörlich, stets, andauernd, (fort)dauernd, fortwährend, unablässig, rund um die Uhr *tagaus, tagein

**abändern:** aufrechterhalten, (be)lassen, beibehalten, bestehen (lassen)

**abarbeiten:** ruhenlassen, nicht machen / erledigen / tun, liegenlassen, unerledigt lassen (Arbeit) *bezahlen, begleichen (Schulden) *s. abarbeiten: faulsein, s. ausruhen / erholen, faulenzen

**abartig:** normal, üblich (Verhalten) *landläufig, gewöhnlich, verbreitet, alltäglich (Meinung)

**Abartigkeit:** Norm, Regel, normale Verhaltensweise

**Abbau:** Aufbau, Errichtung, Erstellung (Gebäude) *Einstellung, Anstellung (Arbeiter, Angestellte) *Bildung, Aufbau (chemische Verbindungen) *Aufbau (Tribüne, Zeltlager)

**abbauen:** aufbauen, gründen (Industrie, Staat, Organisation, Wohlstand) *zusammenfügen, (auf)bauen, montieren, anlegen, mauern (Gebäude) *aufbauen, bilden (chemische Verbindung) *steigern, erhöhen (Leistung) *einstellen, anstellen, übernehmen (Arbeiter, Angestellte) *s. erholen, kurieren, durchhalten (Körper) *einführen (Steuern)

dern, kürzen, reduzieren, herunterschrauben (Zölle, Steuern) *entlassen, pensionieren, des Amtes entheben / entkleiden, suspendieren (Beamte) *kündigen, entlassen, jmdn. auf die Straße setzen / werfen, davonjagen, hinauswerfen, feuern, absetzen *nachlassen, schwinden (Kräfte)

**abbeizen:** durch Beizen entfernen / reinigen

**abbeizen:** beizen

**abbekommen:** erhalten *hinnehmen müssen, erhalten (Schlag) *entfernen, lösen (Rost)

**abbekommen:** austeilen, abgeben, ausgeben, vergeben, schenken, hergeben *leer ausgehen *belassen (Rost)

**abberufen:** suspendieren, absetzen, entlassen, entmachten, pensionieren, stürzen, zurückrufen, des Amtes entkleiden / entheben *sterben, (ab)scheiden, heimgehen, hinscheiden, umkommen, verscheiden, ableben, abgerufen werden, dahinscheiden, einschlummern

**abberufen:** berufen, ernennen, einsetzen (Minister, Professor) *akkreditieren (Diplomat, Bank) *bestellen, beordern, (zu sich) rufen, bitten, kommen lassen (Vertreter) *befördern, einstellen, ernennen, nominieren, berufen, betrauen, einsetzen, bestallen *vorladen, zitieren

**Abberufung:** Absetzung, Suspendierung, Entlassung, Amtsenthebung, Enthebung, Ablösung, Sturz, Zwangspensionierung, Zwangsbeurlaubung, Entmachtung, Entfernung *Tod, Ableben, Abscheiden, Verscheiden, Ende, Heimgang, Hinscheiden

**Abberufung:** Berufung, Ernennung, Einsetzung (Professor, Minister) *Akkreditiv (Minister, Bank) *Beförderung, Einstellung, Ernennung, Nominierung, Berufung, Einsetzung, Bestallung

**abbestellen:** zurückziehen, widerrufen, zurücknehmen, rückgängig machen, abblasen, abrücken von etwas

**abbestellen:** bestellen (Ware, Dienstleistung) *rufen, bestellen, (herbei)holen (Taxi, Arzt) *(in / den) Auftrag geben *abonnieren, bestellen, ordern, anfordern, beziehen, vorausbestellen (Zeitschrift, Zeitung) *fordern, verlangen *beantragen

**Abbestellung:** Widerruf, Absage, Zurückziehung, Zurücknahme

**Abbestellung:** Auftrag, Bestellung *Abonnement, Anforderung, Vorausbestellung, Bezug

**abbiegen:** einschwenken, abschwenken, einbiegen, die Richtung ändern, einen Bogen machen, um die Ecke biegen / schwenken (Richtung) *verhindern, unterbinden, vereiteln, blokkieren, abwehren, abblocken, sabotieren, verwehren, boykottieren (Plan)

**abbiegen:** geradeaus fahren / gehen *ausführen (Plan) *beim Thema bleiben, eingehen (auf jmdn.) *(an)halten, stoppen

**Abbild:** Urbild, Bild(nis), Abbildung

**Abbild:** Original

**abbilden:** reproduzieren, abformen, nachformen, nachgießen, abgießen, nachbilden, einen Abguß machen *wiedergeben, darstellen, zeigen *zeichnen, abmalen, darstellen

**abbilden:**

**abbinden:** losbinden, abnehmen, ausziehen *abschnüren (Bein)

**abbinden:** umbinden (Krawatte) *(ver-)bluten lassen (Körperteil) *festmachen, anbinden, festbinden (Tier, Gegenstand)

**abblasen:** absagen, abbrechen, ausfallen, rückgängig machen, nicht stattfinden lassen, absetzen

**abblenden:** klein stellen (Blende)

**Abblendlicht:** abgeblendetes Scheinwerferlicht

**abblitzen:** abgewiesen werden, ablehnen, nicht erhören, einen Korb geben, zurückweisen, abweisen, versagen, verachten

**abbrausen:** rasen, sausen, preschen, hasten *s. **abbrausen:** mit der Brause abspülen, duschen

**abbrechen:** beendigen, beenden, einstellen, aufstecken, aufgeben, einen Punkt machen, aufhören, beschließen, ein Ende setzen, abschließen, zum Abschluß bringen *das Handtuch werfen (Boxsport) *unterbrechen, pausieren, innehalten, einhalten *Station machen (Reise) * wegbrechen, abtrennen, entzweigehen *niederreißen, einreißen *lösen (Verbindungen)

**abbremsen:** herabsetzen, reduzieren, vermindern, verringern (Geschwindigkeit)

**abbringen:** abhalten, abraten, widerraten, abreden, zu bedenken geben, ausreden, warnen, mahnen

**abbröckeln:** s. lösen / lockern, abfallen, abplatzen, abspringen, abgehen, losgehen (Verputz) *zurückgehen (Notierungen)

**Abbruch:** Demolierung, Abriß, das Abbrechen / Niederreißen *Beendigung, Ende, Abschluß, Schluß (Beziehungen)

**abbrummen:** im Gefängnis / in Haft sitzen, hinter Schloß und Riegel / Gittern sitzen, abbüßen, verbüßen, einsitzen, gefangensitzen

**abbuchen:** wegnehmen *verlorengehen, nicht (mehr) finden

**abblasen:** einberufen, durchführen, veranstalten (Versammlung)

**abblenden:** aufblenden (Blende, Scheinwerfer) *richten auf (Scheinwerfer)

**Abblendlicht:** Fernlicht (Auto) *Standlicht

**abblitzen:** anhören, zuhören, erhören, (Antrag, Gesuch) *genehmigen, erlauben, stattgeben *tolerieren

**abbrausen:** langsam fahren, schleichen, im Schritt fahren, kriechen *(still)stehen *s. **abbrausen:** baden

**abbrechen:** anfangen, beginnen, anknüpfen, ausbauen, wiederaufnehmen, (wieder)herstellen, aufrechterhalten, fördern (Beziehungen) *erbauen, (auf)bauen, erstellen, errichten, aufrichten (Gebäude) *anfangen, beginnen, wiederaufnehmen, fortsetzen, fortfahren, weitermachen, weiterführen, weiterarbeiten, durchhalten, fortführen (Tätigkeit) *anleimen, anfügen, reparieren, zusammenfügen, kleben *beginnen, weiterführen, weiterfahren (Fahrt) *aufschlagen, (auf)bauen (Zelt) *(an)dauern, weitergehen, währen (Vorgang) *aushalten, einsetzen (Ton) *überdauern

**abbremsen:** weiterfahren *stehen, halten *beschleunigen, erhöhen (Geschwindigkeit)

**abbringen:** hinlenken, hinführen, hinleiten (Gedanke, Weg) *bekräftigen, unterstützen, bestärken (Vorsatz)

**abbröckeln:** haftenbleiben (Verputz) *steigen (Börsenkurs)

**Abbruch:** Aufbau, Errichtung, Bau, Erstellung (Gebäude, Zelt) *Beginn, Wiederaufnahme, Fortführung, Fortsetzung, Weiterführung (Tätigkeit) *Anknüpfung, Beginn, Wiederaufnahme, Förderung, Ausbau, Fortführung, Fortsetzung, Weiterführung (Beziehungen) *Einsatz (Orchester)

**abbrummen:** amnestiert werden, erlassen bekommen, (auf) Bewährung bekommen (Strafe)

**abbuchen:** einzahlen (Bankkonto) *vorhanden sein, haben, besitzen, wiederfinden (Gegenstand, Flugzeug)

**Abc-Schütze:** Schulanfänger, Erstklässer, Erstkläßler, I-Dötzchen
**abdanken:** den Dienst quittieren, abtreten, zurücktreten
**abdecken:** herunternehmen, wegnehmen *abräumen (Tisch) *freimachen, abziehen (Bett) *zudecken (Schacht) *abschirmen, schützen (Schachspiel)

**abdichten:** isolieren, undurchlässig machen

**abdrängen:** verdrängen, wegschieben, zurückschieben, von einer Stelle drängen (Demonstranten)
**abdrehen:** ausschalten, ausdrehen, ausmachen, ausknipsen, abschalten, abstellen *abtrennen (Knopf) *filmen, fertigstellen, einen Film drehen, drehen *s. abdrehen: s. abwenden

**abdrosseln:** hemmen *verringern

**abebben:** abflauen, zurückgehen, nachlassen, einschlafen, abnehmen, s. verringern / verkleinern / vermindern, verebben, (dahin)schwinden, schwächer / geringer / weniger werden, s. beruhigen, absterben, abklingen, (ab-)sinken, im Schwinden begriffen sein, erkalten
**Abend:** Abendzeit, Abendstunde
**Abendbrot:** Abendmahlzeit, Abendessen, Nachtessen, Abendtafel, Dinner, Souper
**Abendgebet:** Nachtgebet, Komplet

**Abendkasse:**
**Abendkleid:** Abendrobe, Robe, Gesellschaftskleid, Cocktailkleid, Tanzkleid, Ballkleid
**Abendland:** Europa, Okzident
**abendländisch:** okzidental, europäisch, westlich, okzidentalisch
**Abendlicht:** Abendröte, Sonnenuntergang, Abenddämmerung, Abendrot

**abends:** am Abend, des Abends, spät

**Abendveranstaltung:** Soiree, Abend-

**Abc-Schütze:** Schulabgänger

**abdanken:** antreten, beginnen, aufnehmen
**abdecken:** decken (Dach) *decken, herrichten (Tisch) *aufdecken, auflegen (Bettlaken, Tischtuch) *offenlassen, zuschütten (Schacht) *auftafeln, servieren, auftragen (Speisen) *frei lassen (Schachfiguren)
**abdichten:** lüften (Raum) *aufmachen, öffnen (Fenster, Tür) *durchlässig machen

**abdrängen:** ziehen / laufen / gewähren lassen *beobachten *tolerieren

**abdrehen:** aufdrehen, andrehen, öffnen, aufmachen (Wasserhahn, Gashahn) *annähen (Knopf) *Kurs beibehalten (Fahrzeug) *beidrehen (Schiff) *vorbereiten (Filmaufnahmen) *s. abdrehen: s. zuwenden / (hin)wenden / zukehren / zudrehen
**abdrosseln:** ablassen (Dampf) *laufenlassen (Motor) *öffnen *steigern, hochjagen, frisieren (Motorleistung) *ankurbeln, in Gang setzen (Motor, Gespräch) *starten, anlassen (Maschine)
**abebben:** vermehren, zunehmen, s. häufen (Geld) *zunehmen, verstärken (Gefühl) *zunehmen, ansteigen, anschwellen, fluten (Wasser) *stärker / schlimmer werden, verschlimmern, verschlechtern (Krankheit) *steigen (Fieber)
**Abend:** Morgen, Frühe, Vormittag
**Abendbrot:** Frühstück *Mittagessen *Nachmittagskaffee, Vesper

**Abendgebet:** Frühgebet, Morgengebet, Prim *Vesper
**Abendkasse:** Tageskasse
**Abendkleid:** Smoking

**Abendland:** Morgenland, Orient
**abendländisch:** morgenländisch, orientalisch
**Abendlicht:** Morgengrauen, Morgendämmerung, Tagesgrauen, Morgenrot, Morgenröte, Sonnenaufgang
**abends:** morgens, am Morgen, früh, frühmorgens, vormittags
**Abendveranstaltung:** Morgenveran-

musik, Nachtmusik, Ständchen
**Abenteuer:** Ereignis, Sensation, Nervenkitzel, Wirbel, Geschehen, Vorfall, gewagtes Unternehmen, Eskapade, Unternehmung, Erlebnis *Seitensprung, Liebelei, Flirt, Liaison, Romanze, Techtelmechtel, Liebschaft, Amouren, Liebesabenteuer, Affären, Episode, Liebeserlebnis
**abenteuerlich:** gefährlich, gewagt, kritisch, riskant, halsbrecherisch, selbstmörderisch, phantastisch, voller Abenteuer, tödlich, gefahrvoll, lebensgefährlich

**aber:** (je)doch, indes(sen), dabei, mindestens, zum mindesten, immerhin, hingegen, hinwieder(um), wiederum, wenigstens, da(hin)gegen, allerdings, freilich, ander(er)seits, nur, sondern, allein, im Gegensatz dazu, demgegenüber, höchstens *wirklich *noch einmal, wiederum
**Aberglaube:** Wunderglaube, Geisterglaube, Gespensterglaube, Volksglaube, Mystizismus, Köhlerglaube
**aberkennen:** entziehen, absprechen

**abernten:** pflücken, einbringen, einfahren, lesen (Wein), ausmachen (Kartoffeln)
**abfahren:** wegfahren, abreisen, die Reise beginnen, wegfliegen, abfliegen *hinunterfahren (Skisport) *abnutzen (Reifen) *ganz ausnutzen (Fahrschein)
**abfahren lassen:** *abblitzen lassen, abweisen, zurückweisen

**Abfahrt:** Fahrtbeginn, Abreise *Abwärtsfahrt, Talfahrt (Skisport)

**Abfall:** Überrest, Kehricht, Unrat, Altmaterial, Alteisen, Altmetall, Schrott, Altwaren, Müll *Treu(e)bruch, Abkehr, Abwendung, Lossagung, Absage, Umkehr, Bruch, Loslösung
**Abfalleimer:** Mülltonne, Mülleimer, Abfallbehälter, Asch(en)eimer, Dranktonne, Kutterfaß, Papierkorb,

staltung, Matinee
**Abenteuer:** Langeweile *(trister / grauer) Alltag

**abenteuerlich:** alltäglich, uninteressant, einförmig, ermüdend, normal, eintönig, fade, langweilig (Leben, Erlebnis, Abenteuer, Film, Geschichte, Buch) *gemütlich, ruhig, geruhsam, gemächlich (Leben, Reise) *solide, zuverlässig, bürgerlich, brav, eng, kleinkariert (Einstellung, Charakter)
**aber:** wirklich *zwar, dafür, wohl

**Aberglaube:**

**aberkennen:** anerkennen, zusprechen, zuerkennen, zubilligen *haben, besitzen (bürgerliche Ehrenrechte)
**abernten:** säen, bepflanzen, bebauen, bestellen (Acker)

**abfahren:** ankommen, eintreffen, angefahren kommen *(da)bleiben, zu Hause bleiben *liegen / ruhen lassen (Verletzten) *auffahren (Fahrzeuge) *beenden, zurückkommen (Reise) *(hin)auffahren, aufsteigen (Ski) ***abfahren lassen:** jmdm. (zu)geneigt / gewogen sein
**Abfahrt:** Ankunft, Eintreffen *Einfahrt, Auffahrt (Autobahn) *Einfahrt (Zug) *Bergfahrt, Auffahrt *Auffahrt (Fahrzeuge) *Aufstieg (Rodel, Ski)
**Abfall:** eßbare Nahrungsmittel, neues Material *Treue, Bindung, Loyalität, Zuwendung, Anhänglichkeit

**Abfalleimer:**

Abfallkorb, Tischpapierkorb

**abfallen:** herunterfallen *untreu / abtrünnig werden *übrigbleiben *s. neigen *abnehmen, nachlassen, weniger werden (Wasserdruck, Stromspannung)

**abfallen:** ansteigen (Gelände) *hängen / haften (bleiben) *festhalten, Treue halten, zu jmdm. halten, treu sein *aufholen, aufkommen, steigen, steigern (Leistung) *steigen, s. erhöhen (Wasserdruck) *befallen, aufkommen (Angst) *nichts abfallen (Bissen, Kleinigkeit) *(weiter)glauben *schwanken (Leistung, Stromspannung, Wasserdruck)

**abfällig:** abschätzig, geringschätzig, verächtlich, mißbilligend, pejorativ, mißfällig, despektierlich, wegwerfend

**abfällig:** lobend, würdigend, anerkennend, zustimmend, unterstützend, schätzend

**abfangen:** aufhalten, abpassen *abbremsen, abwehren, abhalten (Stoß, Schlag, Regen, Gefahr) *in die Gewalt bekommen, unter Kontrolle bringen (Fahrzeug)

**abfangen:** weiterleiten, übertragen, senden, übermitteln (Nachricht) *schicken, senden (Bote) *laufen lassen (Bote) *beobachten (Kurier) *durchlassen (Mensch, Wind) *weiterwinken (Grenze) *die Gewalt verlieren (Fahrzeug) *schreiben (Nachricht)

**abfärben:** nicht farbecht / waschecht sein, ausgehen, auslaufen, Farbe abgeben / verlieren *beeinflussen, Einfluß nehmen / haben / gewinnen, einwirken

**abfärben:** farbecht (sein)

**Abfindung:** Entschädigung, Pauschale, Belohnung, Nachzahlung

**Abfindung:**

**abflauen:** abnehmen, (dahin)schwinden, im Schwinden begriffen sein, nachlassen, abklingen, zurückgehen, aussterben, (ab)sinken, abebben, verebben, einschlafen, erkalten, s. verringern / verkleinern / vermindern, zusammenschrumpfen, schwächer / geringer / weniger werden, s. dem Ende zuneigen, zu Ende gehen, s. beruhigen

**abflauen:** zunehmen, anschwellen, stärker werden (Wind, Lärm) *vermehren, zunehmen *zunehmen, ansteigen (Spannung)

**abfliegen:** davonfliegen, auffliegen, fortfliegen, wegfliegen

**abfliegen:** ankommen *anfliegen, ansteuern *(da)bleiben *verpassen (Verkehrsmittel)

**abfließen:** abströmen, abtropfen, ablaufen, absickern, abrinnen, abrieseln, abtröpfeln

**abfließen:** stehenbleiben, s. stauen *verstopft sein (Badewanne) *zufließen, her(bei)fließen

**Abflug:** Start, Departure

**Abflug:** Landung *Anflug (Flugzeug) *Ankunft, Eintreffen, Arrival (Passagiere, Schiff, Flugzeug)

**Abfolge:** Folge, Turnus, Aufeinanderfolge, Sequenz, Ablauf, Zyklus, Kreislauf, Reihenfolge, das Aufeinanderfolgen

**Abfolge:**

**abfragen:** (über)prüfen, abhören, examinieren

**abfragen:** aufgeben (Hausaufgabe) *lernen (Lernstoff)

**abfrottieren:** abtrocknen, abrubbeln, abreiben

**abfrottieren:** naß/feucht bleiben

**Abfuhr:** Abtransport *Tadel, Maßregelung, Vorwurf, Rüffel, Vorhaltung,

**Abfuhr:** Zustimmung, Übereinstimmung, Identifikation, Entgegenkom-

Zurechtweisung, Beanstandung, Bemängelung, Verweis, Zigarre, Anschnauzer

**abführen:** wegführen, mitnehmen, zur Wache bringen, mit auf die Wache nehmen (Täter) *ableiten (Gase) *zahlen, ausschütten (Gewinn) *leeren (Darm)

**abfüllen:** (ein)füllen *aufziehen (Spritze)

**Abgabe:** Überreichung, Aushändigung *Verkauf *Tribut, Zoll, Gebühr, Steuer, Maut, Geldleistung *Abspiel, Zuspiel (Sport)

**Abgang:** Verlassen, Abtreten *Abfahrt *Rücktritt, Demission *Fehlbetrag, Soll, Manko, Schulden, Defizit, Minderertrag, Debet

**Abgas:** Auspuffgas, Emission

**abgeben:** übereignen, aushändigen, überbringen, überstellen, (über)geben, übertragen, zukommen lassen, zuteil werden, abliefern, aus der Hand geben, abtreten, überlassen, überantworten, ablassen, zur Verfügung stellen *verkaufen *vermieten *abspielen, zuspielen *abfeuern (Geschoß) *ausstrahlen, ausströmen (Wärme) *s. mit etwas abgeben: s. beschäftigen (mit)

**abgebrüht:** unempfindlich, abgestumpft, dumpf

**abgedroschen:** alt, bekannt, abgeleiert, nichtssagend

**abgegriffen:** abgenutzt, abgewetzt, blank, abgeschabt, verschabt, durchgewetzt, dünn, vertragen *leer, flach, inhaltslos

**abgehackt:** nicht zusammenhängend, stoßweise, unzusammenhängend, abrupt, abgerissen, kurzatmig, stotternd, stockend, gacksend, abgebrochen, unartikuliert, stotterig

**abgehangen:** abgelagert, mürbe, reif

**abgehärtet:** widerstandsfähig, gestählt, resistent, unempfänglich, immun, stabil, unempfindlich, gefeit, nicht anfällig

men *Zufuhr (Wärme) *Lieferung, Ablieferung, Anlieferung, Überbringung, Zufuhr, Zusendung

**abführen:** her(bei)führen, vorführen, hereinführen (Mensch, Tier, Sache) *zuleiten, zuführen (Gase, Luft, Wärme) *einnehmen (Steuern) *kassieren, einstreichen, einstecken (Gewinn)

**abfüllen:** (aus)leeren (Gefäß, Flasche) *trinken (Getränk) *wegschütten, ausschütten (Flüssigkeit)

**Abgabe:** Gebührenfreiheit, Nulltarif *Ausleihe (Bücher) *Annahme, Aufnahme *Erwerb, Kauf, Ankauf, Aufkauf, Übernahme

**Abgang:** Aufgang (Treppe) *Geburt *Eintreffen, Ankunft (Zug) *Auftritt, Auftreten, Vortrag (Künstler, Musiker) *Amtsantritt, Antritt (Amt) *Zugang, Eingang (Ware)

**Abgas:**

**abgeben:** erhalten, empfangen, bekommen, annehmen, abnehmen, übernehmen *(da)behalten *erben *mitnehmen *unterlassen, (s.) zurückhalten (Urteil, Meinung) *aufkaufen, einkaufen (Ware) *(s.) ausleihen (Bücher) *verstolpern, dribbeln, schießen (Fußball) *übernehmen, antreten (Amt) *s. mit etwas abgeben: s. nicht abgeben, liegenlassen, übersehen, nicht lernen, unterlassen, s. nicht interessieren, versäumen, übergehen *verdrängen

**abgebrüht:** sensibel, feinfühlig, gefühlsselig, gefühlvoll, empfindlich, zartbesaitet *kindlich, einfach, unschuldig, naiv

**abgedroschen:** neu(zeitlich), neuartig (Redensart) *aktuell, modern

**abgegriffen:** neu, modern (Wort, Redeweise) *neu, druckfrisch, glatt, sauber (Geldschein) *neu, blank, glänzend (Münze) *durchdacht, gewählt, treffend, originell (Wort)

**abgehackt:** geläufig, ohne zu unterbrechen / stocken, fließend, ohne steckenzubleiben, flüssig, zügig (Sprechweise) *intakt, gesund (Hand)

**abgehangen:** frisch, frisch geschlachtet

**abgehärtet:** verwöhnt, empfindlich, bemuttert, verweichlicht, verzärtelt, zimperlich, weibisch, weichlich

**abgehen:** wegfahren, abfahren, verlassen, weggehen, einen Ort / Platz verlassen, wegfliegen, abfliegen *auslaufen, in See stechen, die Anker lichten, ablegen (Schiff) *abschicken, wegschicken (Post) *aufgeben, ablassen, ändern (Gewohnheit) *kontrollieren, besichtigen (Front) *s. (los)lösen (Knopf) *fehlen, mangeln (Begabung) *s. gabeln / verzweigen (Weg)

**abgehen:** eintreffen, ankommen (Zug, Post) *kleben, haften, hängen (bleiben) *eingehen, eintreffen (Ware) *eingehen, gutschreiben (Konto) *(ein)münden (Weg) *eintreten, beitreten (Verein) *bleiben (Embryo, Gallenstein, Summe) *s. aneignen / angewöhnen, übernehmen (Gewohnheit) *beibehalten, festhalten (an) (Gewohnheit) *haben, besitzen (Eigentum, Verständnis) *antreten (Tätigkeit, Amt)

**abgejagt:** erschöpft, abgehetzt, kaputt, schlapp, schlaff, müde, abgespannt, gestreßt, erholungsbedürftig, urlaubsreif, abgearbeitet, ausgelaugt, angeschlagen, ausgepumpt, abgekämpft, mitgenommen

**abgejagt:** frisch, munter, lebendig, wie neugeboren, fit, erholt

**abgekapselt:** zurückgezogen, abgeschieden, weltabgewandt, vereinsamt, einsiedlerisch, einsam *introvertiert

**abgekapselt:** frei, offen, aufgeschlossen, interessiert, aufnahmebereit, ansprechbar, empfänglich, geneigt, aufgelegt, gestimmt * extravertiert

**abgekämpft:** erschöpft, kaputt, abgehetzt, schlaff, schlapp, müde, abgespannt, gestreßt, erholungsbedürftig, urlaubsreif, abgearbeitet, ausgelaugt, angeschlagen, ausgepumpt, abgejagt, mitgenommen

**abgekämpft:** fit, frisch, munter, heiter, erholt, wie neu geboren, fröhlich

**abgeklärt:** ruhig, besonnen, gereift, ausgeglichen, harmonisch, gleichmütig, ruhevoll, sicher, still, überlegen, würdevoll, beherrscht, geruhsam, gesetzt

**abgeklärt:** naiv, kindlich, unreif, unausgegoren *überschäumend

**abgekommen:** arm, unvermögend, unbemittelt

**abgekommen:** reich, wohlhabend, begütert, vermögend, bemittelt, potent, steinreich *auf dem (richtigen) Weg (sein)

**abgelegen:** entlegen, einsam, verlassen, abgeschieden, abseitig, öde, gottverlassen, menschenleer

**abgelegen:** zentral (liegend), inmitten, im Zentrum, in der Nähe (von)

**abgeleitet:** logisch, folgerichtig

**abgeleitet:** unabgeleitet, ursprünglich, grundlegend *nicht logisch

**abgeneigt:** widerwillig, unwillig, ungeneigt, ungern, unlustig, lustlos, widerstrebend, mit Todesverachtung / Widerwillen / Unlust

**abgeneigt:** positiv gegenüberstehend, wohlwollend, wohlgesinnt, verbindlich, gutgesinnt, entgegenkommend, geneigt, zugeneigt, zugetan, gewogen

**Abgeordneter:** Delegierter, Parlamentarier, Volksvertreter, Repräsentant, Mitglied des Bundestages / Bundesrats, Landtagsabgeordneter, Bundestagsabgeordneter

**Abgeordneter:** Wähler, Wahlvolk

**abgepackt:** verschnürt, verpackt, eingepackt, eingewickelt, gebündelt, verschlossen

**abgepackt:** unverpackt, lose, nicht abgepackt, offen

**abgerissen:** zerlumpt, zerschlissen *un-

**abgerissen:** aufgebaut, neu erstellt, re-

zusammenhängend *abgehackt, kurzatmig, stockend, abgebrochen, unartikuliert

**abgerundet:** abgestimmt, (zusammen-)passend, geschmackvoll, harmonisch (Speise) *stilvoll, stilgerecht, passend, einwandfrei

**Abgesandter:** Beauftragter, Bevollmächtigter, Bote, Sendbote, Kurier, Delegat, Verkünder, Unterhändler, Parlamentär, Ordonnanz, Emissär

**abgeschieden:** einsam, entlegen, verlassen, abseitig, öde, gottverlassen, menschenleer *verstorben, tot, heimgegangen

**abgeschlossen:** (zu)geschlossen, zu, verschlossen, versperrt, abgesperrt, zugesperrt *fertig, beendet, erledigt, ausgeführt *vervollständigt, vollzählig, geschlossen, komplett *zurückgezogen, abgeschieden, einsam, vereinsamt, weltabgewandt, einsiedlerisch *verplombt, vernagelt, verschlossen, versiegelt

**abgeschnitten:** einsam, abgeschieden, entlegen, verlassen, öde, gottverlassen, menschenleer

**abgeschwollen:** abgeklungen, verheilt, zurückgegangen

**abgesondert:** gesondert, vereinzelt, einzeln, (ab)getrennt, isoliert, extra, separat, für sich

**abgespannt:** erschöpft, angegriffen, mitgenommen, urlaubsreif, ausgepumpt, abgehetzt, müde, ermattet, abgezehrt, überanstrengt, ausgelaugt, abgearbeitet, erholungsbedürftig

**abgesprochen:** abgemacht, ausgemacht, vereinbart

**abgestanden:** fad(e), schal, flau, lasch, labberig, verbraucht (Luft)

**abgestaubt:** staubfrei, sauber, glänzend *s. (heimlich) aneignen

**abgestumpft:** unempfindlich, abgebrüht, dumpf, *stumpf

**abgetragen:** abgenutzt, abgenützt, abgewetzt, blank, abgegriffen, verschlissen, zerschlissen, schäbig, vertragen, dünn, ausgedient, abgeschabt

**abgetaut:** entfrostet

noviert (Bauwerk) *zusammenhängend, aneinandergereiht (Worte, Satz) *neu, gepflegt, gut erhalten (Kleidungsstücke)

**abgerundet:** eckig, kantig (Gegenstand) *exakt, genau (Preis) *gerade (Linie)

**Abgesandter:** Auftraggeber, Regierung

**abgeschieden:** lebend (Seele, Mensch) *belebt, (stark) bevölkert, bewohnt (Gegend) *zentral (liegend), inmitten, im Zentrum, in der Nähe (von)

**abgeschlossen:** offen, geöffnet (Fenster, Tür) *unvollendet, unabgeschlossen, fragmentarisch (Werk) *offen, frei, zugänglich, weltoffen (Verhalten) *zugänglich

**abgeschnitten:** zugänglich (Gelände, Ort) *zusammenhängend, verbunden (Stoff) *offen, frei

**abgeschwollen:** verdickt, dick, angeschwollen (Körperteil)

**abgesondert:** inmitten, mittendrin, dabei, in Gesellschaft von

**abgespannt:** fit, frisch, munter, heiter, ausgeschlafen, ausgeruht, energisch, kräftig, erholt, gesund, lebendig, wie neu geboren

**abgesprochen:** aus dem Stegreif, improvisiert

**abgestanden:** (quell)frisch (Wasser, Sprudel) *frisch, gut (Luft)

**abgestaubt:** schmutzig, staubig, bestaubt *geschenkt (bekommen)

**abgestumpft:** sensibel, gemütvoll, beseelt, gemüthaft, empfindsam, feinbesaitet, verletzbar, (über)empfindlich, mimosenhaft, zartbesaitet *scharf, geschärft, spitz

**abgetragen:** neu (Schuhe, Kleidung) *aufgehäuft (Erde)

**abgetaut:** gefroren, tiefgekühlt *verschneit, vereist

**abgewetzt:** abgenutzt, abgenützt, blank, abgetragen, abgegriffen, verschlissen, zerschlissen, schäbig, vertragen, dünn, abgeschabt, ausgedient

**abgewöhnen (s. etwas):** aufhören, mit einer Gewohnheit brechen, s. einer Sache entwöhnen / enthalten, aufgeben, ablassen, ablegen, von einer Gewohnheit abgehen, einstellen, abstellen

**abgezählt:** exakt, genau

**abgezehrt:** abgemagert, verfallen, hohlwangig, ausgemergelt, abgemergelt, eingefallen, dürr

**abgießen:** nachbilden, nachformen, abbilden, abformen, reproduzieren, darstellen, einen Abguß machen *weggießen, ausschütten, (aus)leeren, entleeren

**abgleiten:** abrutschen, gleiten *den Faden verlieren, abweichen, (ab)schweifen, s. entfernen, abirren, (vom Thema) abkommen, s. ins Uferlose verlieren

**Abgott:** Götze, Götzenbild, Ideal, Angebeteter, Idol *Publikumsliebling, Schwarm

**abgraben:** ausgraben, ausschachten, wegnehmen, auskoffern *Konkurrenz machen, ins Handwerk pfuschen

**abgrämen (s.):** s. (ab)sorgen / (ab)härmen, s. ängstigen (um), bekümmert / betrübt sein, s. Gedanken / Sorgen machen

**Abgrenzung:** Grenzscheide, Grenzwall, Grenzfluß, Grenzbach, Grenze, Umgrenzung, Begrenzung, Grenzlinie

**Abgrund:** Tiefe, Schlund, Tal, Schlucht, Krater, Kluft, Kessel

**Abguß:** Gipsabdruck, Gipsabguß, Abbildung, Abdruck *Ausguß

**abhalten:** bewahren / schützen vor, fernhalten, abschirmen *hindern, einen Strich durch die Rechnung machen, durchkreuzen, vereiteln, etwas unmöglich machen

**abhandeln:** (jmdm. etwas) abdrücken / abfeilschen / abschachern / ablocken / abschwindeln / abjagen / abschmeicheln

**abgewetzt:** neu(wertig), gut (erhalten) (Ware, Kleidung, Schuhe)

**abgewöhnen (s. etwas):** übernehmen, s. aneignen / angewöhnen

**abgezählt:** geschätzt, zirka, schätzungsweise, etwa, rund *un(ab)gezählt

**abgezehrt:** kräftig, gesund, mollig, wuchtig, massig (wohl)beleibt, korpulent, vollschlank, breit, füllig, dick (-lich), rundlich, üppig, pummelig, fett (-leibig), untersetzt

**abgießen:** (hin)einschütten, eingießen, einfüllen, zugießen

**abgleiten:** beeindrucken, eindringen, wirken (Worte) *hängenbleiben, haftenbleiben *bei der Sache / beim Thema bleiben *s. zusammennehmen / aufraffen / fangen / zusammenreißen / bessern *eindringen (Geschoß)

**Abgott:**

**abgraben:** aufschütten, zuschütten *fördern

**abgrämen (s.):** s. freuen, genießen, erfreuen

**Abgrenzung:** (nahtloser) Übergang

**Abgrund:** Gipfel, Spitze, Berggipfel, Bergkuppe, Kuppe

**Abguß:** Original

**abhalten:** absagen, abblasen, streichen (Veranstaltung) *hereinlassen, hineinlassen, hinauslassen, herauslassen, gehenlassen, durchlassen (Mensch) *durchlassen (Regen, Lärm) *verschwenden (Wärme) *nicht isolieren *zureden, aufmuntern, ermuntern, drängen, anhalten

**abhandeln:** dazugeben, schenken

/ abgaunern / abluchsen
**abhängen:** etwas steht / liegt bei jmdm.,
etwas untersteht / obliegt / unterliegt
jmdm., etwas hängt ab von / kommt an
auf *mürbe werden (Fleisch) *abnehmen *entlassen, kündigen *abkuppeln,
lösen, trennen
**abhängig:** unselbständig, unfrei, leibeigen, unmündig, sklavisch, versklavt,
untergeordnet, gebunden, hörig, verfallen
**Abhängigkeit:** Unselbständigkeit, Unmündigkeit, Hörigkeit
**abhärten:** widerstandsfähig / unempf-
findlich / resistent / gefeit / immun /
unempfänglich machen, stählen, immunisieren
**abhauen:** weggehen, verschwinden,
fortgehen, aufbrechen, s. entfernen /
absetzen / wegbegeben, fliehen, desertieren *abschlagen, absägen
**abheben:** auszahlen lassen, überziehen
(Konto) *starten (Flugzeug) **s. abheben:** s. abzeichnen, kontrastieren,
sichtbar werden, in Sicht kommen /
sein, abstechen gegen, abweichen von,
divergieren, s. unterscheiden
**Abhebung:** Abholung

**abhetzen (s.):** s. beeilen / überstürzen,
erschöpfen, rasen, rennen, hasten,
stürzen
**abhold:** nicht mögen, abgeneigt / feind
sein, s. nichts machen aus, ein Feind
sein von, nicht viel / nichts übrig haben
für, nichts halten von
**abholen:** verhaften, inhaftieren, gefangennehmen, dingfest machen, in Haft /
Gewahrsam / nehmen, festnehmen
*holen, besorgen *ausführen, ausge-
hen (mit)
**abholzen:** fällen, schlagen, umhauen,
absägen, umlegen, roden
**abkanzeln:** (aus)schelten, anfahren,
anschnauben, attackieren, schmähen,
tadeln, anherrschen, anbrüllen, jmdn.
fertigmachen / heruntermachen,
schimpfen, zanken, zetern, zurechtweisen
**abkapseln (s.):** s. isolieren / abschließen
/ absondern / separieren / einspinnen /
verschließen, s. von der Außenwelt abschließen, s. vor der Welt verschließen,
Kontakt meiden, das Leben fliehen,
der Welt entsagen

**abhängen:** frisch verkaufen (Fleisch)
*autonom / unabhängig / selbständig
sein *anhängen (Waggon) *aufhängen
(Bild) *(nach)folgen *mitnehmen
(Lauf)

**abhängig:** autonom, unabhängig, frei,
selbständig *souverän (Staat)

**Abhängigkeit:** Unabhängigkeit, Autonomie, Selbständigkeit *Souveränität
**abhärten:** verweiblichen, verweichlichen

**abhauen:** (da)bleiben *gefaßt / gefangen / erwischt werden *belassen (Ast,
Ohr)

**abheben:** auflegen (Telefonhörer)
*(auf dem Boden) bleiben *einzahlen,
überweisen, zufließen (Geld) *auflegen, aufstülpen (Deckel) *stricken
(Masche) **s. abheben:** verschwimmen,
ineinander übergehen (Umrisse)
**Abhebung:** Einzahlung, Überweisung
(Bankkonto)

**abhetzen (s.):** langsam gehen, schreiten, trotten, zockeln, zotteln, zuckeln,
waten *ausgeglichen / ruhig sein
**abhold:** gewogen, entgegenkommend,
wohlwollend, gutgesinnt, wohlgesinnt,
wohlmeinend, geneigt

**abholen:** (hin)bringen, schicken, überbringen, abgeben, liefern *schicken,
aufgeben (Postsendung)

**abholzen:** aufforsten, kultivieren, (an-)
pflanzen
**abkanzeln:** loben, würdigen, preisen,
belobigen, ermutigen, ermuntern, fördern

**abkapseln (s.):** s. öffnen / zuwenden /
hinwenden, Kontakt suchen

**abkaufen:** (an)kaufen, anschaffen, erwerben, erstehen, bestellen, s. versorgen, einkaufen, Besorgungen machen, s. eindecken *glauben, abnehmen (Geschichte)

**abkehren:** säubern, saubermachen, reinigen, aufkehren, putzen *s. (ab-) wenden / wegkehren *entsagen, den Rücken kehren, s. lösen, mit jmdm. / etwas brechen (Welt)

**Abklatsch:** Nachahmung, Nachbildung, Kopie, Imitation, Klischee, Schablone, Attrappe

**abklingen:** abnehmen, nachlassen, (ver)schwinden, abflauen, abebben, verebben, zurückgehen *verhallen, leiser werden, verklingen, ausklingen, aushallen, austönen, absterben

**abknöpfen:** ablisten, jmdm. etwas ablocken / abschwindeln / abjagen / abbetteln / abschmarotzen / abschwätzen, jmdn. schröpfen *abmachen, abnehmen, ablösen, abtrennen

**abkommen:** abschweifen, abweichen, abgleiten, abirren (Thema) *aufgeben, ablassen (Plan, Grundsatz) *den Weg verfehlen, fehlgehen, s. verfahren / verfliegen / verlaufen, in die Irre gehen, die Richtung verlieren, s. verirren *starten (Läufer)

**abkömmlich:** unwichtig, nutzlos, überflüssig, entbehrlich, unnötig, unnütz

**Abkömmling:** Verwandter, Angehöriger, Blutsverwandter, Familienangehöriger, Familienmitglied, Anverwandter

**abkoppeln:** trennen, abkuppeln, losbinden

**abkratzen:** (ab)schleifen, (ab)reiben, abschmirgeln, abhobeln, glattschaben, glattreiben, (ab)feilen, glätten *reinigen, säubern, saubermachen (Topf) *(ver)sterben, entschlafen, ableben, heimgehen, (dahin)scheiden

**abkriegen:** (ab)bekommen, erhalten

**abkühlen:** etwas kühler / kälter werden lassen, kalt stellen, tiefkühlen *verschlechtern, nachlassen, abnehmen, schlechter werden, zurückgehen, schwinden (Beziehungen)

**abkaufen:** verkaufen, anbieten *überlassen, schenken *nicht glauben (Geschichte)

**abkehren:** beschmutzen *s. zuwenden / zukehren / hinwenden

**Abklatsch:** Original

**abklingen:** steigern, stärker werden, (an)steigen, zunehmen, anwachsen *anschwellen, dicker werden (Verletzung) *ansteigen, anschwellen (Fluß)

**abknöpfen:** anknöpfen, anknüpfen *schenken, hergeben, überlassen

**abkommen:** auf dem (richtigen) Weg bleiben *beim Thema bleiben *geradlinig sein *unabkömmlich sein *aufkommen, modern werden, auf den Markt kommen (Mode)

**abkömmlich:** unabkömmlich, jmdn. (unbedingt) brauchen / benötigen

**Abkömmling:** Ahne, Vorfahr, Großeltern, Urgroßeltern

**abkoppeln:** ankoppeln (Anhänger, Eisenbahnwaggon) *ankoppeln (Jagdhunde)

**abkratzen:** (be)streichen, auftragen, beschmieren, anstreichen (Farbe) *kommen *leben / am Leben (bleiben), überleben, weiterleben

**abkriegen:** verteilen, austeilen, vererben, schenken, ausgeben *austeilen (Schläge)

**abkühlen:** steigern, steigen, s. heben (Stimmung) *(an)wärmen, aufwärmen, s. erwärmen / erhitzen, warm werden, überhitzen, warm / heiß sein *s. aufwärmen / erwärmen (Wetter) *s. entzünden / erwärmen / erregen (Gefühl)

**abkürzen:** verkürzen, abschneiden, den kürzeren Weg / eine Abkürzung nehmen / gehen / fahren *beendigen, zu Ende bringen, abschließen

**Abkürzung:** Kurzwort, Kürzel, Abbreviatur

**abladen:** ausladen, entladen, löschen, ausschiffen, herunternehmen, ausleeren, (ent)leeren, von Bord / an Land bringen *übertragen (Schuld)

**ablandig:** vom Lande her wehend

**ablassen:** ausströmen lassen, herauslaufen *leeren, leer machen *Rabatt / Skonto gewähren *s. beruhigen / abreagieren, zur Ruhe kommen *s. einer Sache entwöhnen / enthalten, aufgeben, abstellen, s. etwas abgewöhnen, einstellen, aufhören, mit einer Gewohnheit brechen

**ablaufen:** ungültig / fällig werden, verfallen, auslaufen *wegfließen, abfließen *s. leeren, herunterfließen *entlanggehen, besichtigen (Strecke) *s. abnutzen, verschleißen (Schuhe) *abspielen *ablaufen lassen: (ent)leeren

**ablegen:** einordnen, wegordnen, abheften, niederlegen, fortlegen, einräumen *ausziehen, auskleiden, entkleiden (Kleidungsstück) *hinstellen, niederlegen, absetzen, abstellen, deponieren *machen, leisten (Prüfung) *zeugen, Zeugnis ablegen, als Zeuge aussagen, etwas bezeugen *s. über etwas klar werden, Rechenschaft ablegen über, erkennen *weg-, abfahren (Schiff)

**ablehnen:** ausschlagen, abweisen, zurückschlagen, verschmähen, nicht genehmigen, etwas verweigern / versagen, eine Abfuhr erteilen, abwinken, zurückweisen, nicht nachgeben *verabscheuen, Abscheu / Widerwillen / Ekel empfinden, etwas verabscheuenswert / widerwärtig finden, mißbilligen, zurückweisen, von s. weisen, verwerfen, nicht anerkennen

**abkürzen:** ausschreiben (Wörter) *verlängern, ausdehnen (Urlaub) *einen Umweg machen / nehmen *ausweiten, erweitern, in die Länge ziehen, komplizieren (Verfahren)

**Abkürzung:** Umweg *ausgeschriebenes Wort *Ausweitung, Erweiterung

**abladen:** aufladen, einladen, verladen (Güter) *zuhören (Probleme)

**ablandig:** auflandig, auf das Land zu wehend

**ablassen:** füllen (Gas) *einlassen, (ein)füllen, tanken, speichern, stauen (Flüssigkeit) *weiterverfolgen (Plan) *bedrängen *übernehmen, abnehmen (Ware) *festhalten, beharren, bestehen (Bedingung)

**ablaufen:** füllen *einlaufen, zulaufen (Flüssigkeit) *auslaufen, anlaufen (Vorgang) *berührt werden *beginnen, anfangen (Frist) *gelten (Reisepaß) **ablaufen lassen:** einlassen, füllen (Flüssigkeit) *stellen, richten, aufziehen (Uhr)

**ablegen:** anziehen, anlegen, anlassen, umlegen (Kleidung) *binden (Krawatte) *herausnehmen, vornehmen (Akten) *s. zulegen, anschaffen *nachahmen, annehmen, s. angewöhnen (Gewohnheit) *prüfen *anlegen (Schiff) *verlangen, fordern (Rechenschaft)

**ablehnen:** annehmen, zustimmen, akzeptieren, bejahen, s. anschließen (Antrag) *annehmen, übernehmen, antreten (Amt, Auftrag) *billigen, bewilligen, einwilligen, tolerieren, zugestehen, zuerkennen, stattgeben, genehmigen, gutheißen, bestätigen *bereit sein (zu) *anerkennen, bestätigen, gutheißen, vertreten, eintreten (für) (Anschauung) *klatschen, jubeln, applaudieren, begrüßen, Beifall spenden *lieben, mögen, schätzen, bevorzugen, gernhaben (Mensch, Sache) *beantragen, (er)bitten, wünschen, ersuchen, s. bewerben, vorschlagen, fordern *anbieten, (dar)bieten, vorsetzen *versprechen *sanktionieren

**ablehnend:** zurückweisend, mißbilligend, negativ, vernichtend, abschätzig, despektierlich, verneinend *abweisend, unpersönlich, unfreundlich, unnahbar, zugeknöpft, reserviert, zurückhaltend, herb, brüsk, verschlossen, frostig, unzugänglich, widerborstig *stachelig, schroff, bissig, scharf, spitz, kritisch *widerstebend, widerwillig, polemisch, unwillig, abgeneigt, negativ, abhold

**Ablehnung:** Abweis(ung), Zurückweisung, ablehnender / negativer Bescheid, Verweigerung, Versagung, Weigerung, Absage, ablehnende / abschlägige Antwort, Abfuhr

**ablehnend:** bejahend, zustimmend, entgegenkommend, wohlwollend, wohlgesinnt *willig, gefügig, bereitwillig

**Ablehnung:** Bejahung, Annahme, Entgegenkommen, Zustimmung *Antrag, Bitte, Forderung, Gesuch, Wunsch *Bewerbung *Vorschlag *Jubel, Applaus, Begeisterung, Beifall *Erlaubnis, Toleranz, Billigung, Genehmigung, Zugeständnis, Bewilligung, Einverständnis, Einvernehmen, Sanktionierung, Bestätigung *Anerkennung *Liebe, Zuneigung, Entgegenkommen, Wertschätzung *Stillhalten

**ablenken:** lenken, leiten *aufheitern, aufmuntern, erheitern, anregen, zerstreuen, s. vergnügen

**ablenken:** hinweisen, erinnern, hindeuten, aufmerksam machen, (hin)lenken *eingehen, berücksichtigen *s. konzentrieren

**ablesen:** vortragen *verwöhnen *(auf-)sammeln, (auf)lesen, zusammentragen (Steine)

**ablesen:** frei sprechen, ohne Vorlage / Konzept / Manuskript sprechen / reden / spielen, improvisieren *ablehnen, nicht erfüllen, ignorieren (Wunsch)

**abliefern:** (ab)geben, aushändigen, übergeben, überstellen, übereignen, überreichen, abtreten, überlassen, anvertrauen *einliefern

**abliefern:** erhalten, empfangen, annehmen, bekommen, (ein)sammeln *aufgeben, schicken (Paket)

**Ablieferung:** Lieferung, Auslieferung, Anlieferung, Belieferung, Abgabe, Zustellung, Zuleitung, Zusendung, Zufuhr, Überweisung, Übermittlung, Weitergabe, Weiterleitung, Übergabe, Überbringung, Aushändigung, Überstellung

**Ablieferung:** Empfang, Annahme, Entgegennahme

**ablösen:** abmachen, entfernen, losmachen, loslösen, losbinden, abreißen, losreißen *(miteinander) wechseln, s. abwechseln *entlassen, kündigen, abschieben, suspendieren, entmachten, stürzen, entthronen, des Amtes entheben, verabschieden *folgen

**ablösen:** (an)kleben, festkleben, aufkleben, löten, befestigen, anbringen, aufbringen, auftragen, festmachen *vorangehen (Jahreszeit)

**abmachen:** loslösen, entfernen, abschlagen, losschlagen, losmachen, abtrennen, lostrennen, losreißen, reißen von, abreißen, machen von, losbinden, abknicken, abschneiden *verabreden, vereinbaren *erledigen, durchführen,

**abmachen:** befestigen, annageln, anbringen, anmachen *aufhängen, aufmachen (Gardinen) *tapezieren *nieten *offenlassen, offenhalten

ausführen, tun, machen
**Abmarsch:** das Abmarschieren, Start, Aufbruch

**abmarschieren:** weggehen, fortgehen, (davon)gehen, scheiden, aufbrechen, fortziehen, s. entfernen

**abmelden:** exmatrikulieren *abbestellen, kündigen *s. trennen (von), s. empfehlen, verlassen, weggehen *nicht mehr finden (Gegenstand)

**abmessen:** zumessen, zuteilen, rationieren, dosieren, einteilen *(ver)messen, (nach)prüfen, ausmessen, bemessen, berechnen

**abmontieren:** abschrauben, abbauen, abmachen, entfernen, zerlegen, wegnehmen, auseinandernehmen, zerteilen, demontieren

**abmühen (s.):** s. anstrengen / fordern / etwas abverlangen, seine ganze Kraft aufbieten, s. (be)mühen / abarbeiten / abschleppen / strapazieren

**abnähen:** enger machen, verengen

**Abnahme:** Kontrolle, Prüfung, Untersuchung, Überprüfung, Nachprüfung, Durchsicht, Inspektion, Revision *Rückgang, Verminderung, Verringerung, Minderung, Abminderung, Schwund, Verkleinerung, Verkürzung, Beschränkung, Einschränkung, Drosselung, Degression, Regression *Kauf, Übernahme *Entgegennahme (Eid)

**abnehmen:** (dahin)schwinden, nachlassen, aussterben, zurückgehen, abklingen, (ab)sinken, fallen, nachgeben, s. vermindern / verringern / verkleinern, abebben, abflauen, verebben, erkalten, einschlafen, weniger / geringer / schwächer werden, s. beruhigen, zu Ende / zur Neige gehen, s. dem Ende zuneigen *beenden, beendigen, aufgeben, abbrechen, aufstecken, einstellen, aufhören *schlank werden, abmagern, dünner / mager werden, an Gewicht verlieren *entfernen, herunternehmen *helfen, tragen *kontrollieren, untersuchen, prüfen, überprüfen, nachprüfen, inspizieren *fortnehmen, wegnehmen *abkaufen *abverlangen, abfordern *glauben (Geschichte) *übertragen, nachbilden (Fingerabdrücke, Totenmaske) *verkürzen, kürzer werden

**Abmarsch:** Einmarsch, Überfall (Militär) *Einmarsch (Stadion) *Ankunft *Anmarsch

**abmarschieren:** einmarschieren, überfallen (Armee) *anmarschieren *einmarschieren (Sportler) *zu Hause bleiben, dableiben *ankommen

**abmelden:** (s.) anmelden / einschreiben / immatrikulieren (Universität) *s. anmelden *behalten, haben, besitzen (Gegenstand) *eintragen *wiederfinden (Gegenstand)

**abmessen:** schätzen, überschlagen, meinen, glauben

**abmontieren:** (an)montieren, einbauen *errichten, hochziehen, aufbauen

**abmühen (s.):** (s.) erholen / entspannen / ausruhen, faulenzen, faul sein, nichts tun, daliegen

**abnähen:** auslassen (Naht, Abnäher)

**Abnahme:** Zunahme (Gewicht) *Zunahme (Mond) *Tausch, Übergabe, Lieferung, Entgegennahme (Ware)

**abnehmen:** zunehmen, ansetzen (Körpergewicht) *zunehmen (Kraft) *(über)reichen, (über)geben, liefern, aushändigen, hinzufügen *geben (Geld) *aufladen, aufbürden (Pflicht, Arbeit, Last) *aufhängen (Bild) *hängenlassen *anlegen, umlegen, anstecken (Schmuck, Kleidung) *wachsen, zunehmen, stärker werden (Neigung) *aufmachen, aufstecken, aufhängen (Vorhänge) *überlassen, abgeben (Ware) *nicht glauben (Geschichte) *anfügen, anbringen, ansetzen (Teil) *auflegen, aufdecken (Tischtuch) *s. verstärken, anschwellen, s. steigern (Geräusch) *einhängen, auflegen, ablegen (Telefonhörer) *anwachsen, zunehmen, s. häufen, (ver)mehren (Schulden) *(an)wachsen, (an)steigen (Gewässer, Menge, Verbrauch) *auf-

*schwinden, nachlassen (Kräfte)

setzen, aufbehalten, auflassen (Hut) *zunehmen, voll werden (Mond) *den Antrag stellen *kritisch / skeptisch sein *(er)bauen, errichten (Gebäude) *leisten (Eid, Versprechen) *(s.) wachsen / stehen lassen (Bart) *selbst tragen (Koffer) *vervielfachen, vermehren, häufen (Reichtum) *(s.) steigern (Wirkung) *steigen (Fieber)

**Abneigung:** Widerwille, Antipathie, Ungeneigtheit, Abgeneigtheit, Voreingenommenheit, Vorurteil, Feindschaft, Aversion, Feindseligkeit, Ekel, Haß

**Abneigung:** Zuneigung, Sympathie, Hinwendung, Liebe, Interesse, Neigung, Hang, Vorliebe, Schwäche, Wohlwollen, Wohlgefallen, Gefallen, Verliebtheit, Freundschaft, Leidenschaft, Liebelei, Mitgefühl *Lust *Vaterlandsliebe, Patriotismus

**abnorm:** nicht normal, abweichend, a(b)normal, anomal, unnormal, normwidrig, regelwidrig

**abnorm:** normal, üblich, gewöhnlich, gebräuchlich, verbreitet, landläufig, gewohnt, gängig *gesund

**Abnormität:** Ausnahme, Abweichung, Sonderfall, Abirrung, Anomalie, Anomalität, Regelwidrigkeit, Normwidrigkeit, Unstimmigkeit, Unterschiedlichkeit, Divergenz, Differenz, Änderung, Variante, Variation, Verschiedenartigkeit, Ungleichheit, Ungleichmäßigkeit, Verschiedenheit, Mißverhältnis, Disproportion *Krankhaftigkeit, Abartigkeit, Perversion *Mißbildung, Deformierung, Deformation

**Abnormität:** Norm, Regel

**abnutzen:** abnützen, abscheuern, abtragen, abwetzen, verschleißen, aufbrauchen, verbrauchen, ablaufen, abtreten, austreten, ausweiten (Schuhe), abfahren (Reifen) *entkräften, verschleißen, abnützen, verbrauchen (Kräfte)

**abnutzen:** schonen, pflegen, erhalten, sparen *scharf machen, schärfen (Werkzeug, Messer) *streichen, schön machen (Gegenstand) *reparieren, erneuern, ersetzen *aufarbeiten (Möbel, Kleidung)

**Abonnement:** Bestellung, (regelmäßige) Anforderung / Lieferung, Bezug *Theatermiete, Theaterabonnement, Konzertabonnement

**Abonnement:** Selbstbesorgung *Abbestellung *Einzelbezug

**abonnieren:** beziehen, bestellen, anfordern

**abonnieren:** selbst besorgen *abbestellen *einzeln beziehen

**abpassen:** auflauern, (be)lauern, auf der Lauer liegen, s. auf die Lauer legen, anfallen, überfallen, s. heranschleichen, abwarten, erwarten, aufhalten

**abpassen:** kommen lassen (Briefträger, Handwerker, Gegner) *verpassen (Gelegenheit, Mensch)

**abpfeifen:** unterbrechen *beenden

**abpfeifen:** anpfeifen (Spiel) *nicht pfeifen, übersehen (Sport)

**abplagen (s.):** s. anstrengen / bemühen / schinden / (ab)mühen / abarbeiten / abschleppen / strapazieren / fordern / etwas abverlangen, alle Kräfte anspannen

**abplagen (s.):** faulenzen, nichts tun / machen *leicht haben / fallen

**abplatzen:** absplittern, s. lösen, abfallen, abbröckeln, abblättern, abspringen

**abprallen:** zurückprallen, zurückschnellen, zurückspringen *nichts ausmachen, nicht beeindrucken

**abqualifizieren:** schlechtmachen, herabsetzen, verleumden, verlästern, difamieren, herabwürdigen, entwürdigen, jmdm. etwas nachreden / nachsagen / andichten / anhängen, jmdn. verächtlich machen

**abrasieren:** entfernen, (ab)schneiden, den Bart schaben / scheren / stutzen, scheren, stutzen *zerstören, dem Erdboden gleichmachen, niedermähen, niederwalzen, ruinieren, zertrümmern, zugrunde richten, vernichten

**abraten:** widerraten, abreden, warnen, abmahnen, zu bedenken geben, abbringen von

**abräumen:** abservieren, wegschaffen, abtragen, den Tisch abdecken / leeren / freimachen

**abreagieren:** (s.) beruhigen, zur Ruhe kommen, beschwichtigen *seelische Spannung vermindern

**abreiben:** abfrottieren, trockenreiben, abtrocknen *glätten, glattreiben, (ab-) schmirgeln, (ab)feilen, glattfeilen *reiben, entfernen, reinigen (Schmutz)

**Abreise:** Start, Abfahrt, Aufbruch, Abzug, Scheiden, Abschied

**abreisen:** starten, abfahren, aufbrechen, wegfahren, abziehen, scheiden, abfliegen, wegfliegen

**abreißen:** abmachen, abtrennen, herunterreißen, losreißen, reißen (von) *niederreißen *einreißen, niederwalzen, vernichten, zertrümmern, demolieren, abbrechen, abtragen *s. ablösen, abgehen *zerreißen (Faden) *abrupfen, abzupfen, abbrechen, (ab-) pflücken *aufhören, beenden (Verbindung) *bloßstellen, entlarven

**abriegeln:** abschließen, versperren, zumachen, (ver)schließen, zuschließen, zuriegeln, verriegeln, den Riegel vorlegen / vorschieben *absperren, isolieren (Stadtteil)

**abplatzen:** haftenbleiben (Farbe) *halten, hängenbleiben (Knopf)

**abprallen:** durchstoßen, eindringen (Geschoß) *treffen, wirken, beeindrucken (Vorwürfe) *überzeugen, wirken (Vorschläge, Ratschläge)

**abqualifizieren:** würdigen, loben, ermutigen, ermuntern, schätzen, gutheißen *ignorieren

**abrasieren:** wachsen lassen (Haare, Bart) *(auf)bauen, gründen, errichten (Stadtteil)

**abraten:** zuraten, zureden, ermuntern, ermutigen, aufmuntern, empfehlen

**abräumen:** decken (Tisch) *servieren, auftragen, kommen lassen, vorsetzen, anrichten (Speisen) *besetzen, belegen (Fläche, Bank, Tisch)

**abreagieren:** sublimieren *aufstauen (Gefühle) *ablenken

**abreiben:** beflecken, schmutzig machen, fleckig / schmutzig werden *benässen, naß / feucht machen (Körper) *auftragen (Verputz) *loben, würdigen, ermuntern, ermutigen, gutheißen, anerkennen *streicheln, liebkosen

**Abreise:** Ankunft, Landung, Eintreffen, Einlaufen *Rückreise, Heimfahrt

**abreisen:** landen, ankommen, eintreffen, einlaufen, angelangen *zurückreisen, heimfahren, heimreisen *zu Hause / daheim bleiben, (da)bleiben

**abreißen:** errichten, erbauen, (auf-) bauen, anbauen (Gebäude) *herstellen (Funkverbindung) *anknüpfen (Gespräch, Vorgang, Verbindung) *setzen (Ofen, Kamin) *anheften, ankleben, befestigen *anknüpfen, anknoten (Faden) *annähen (Knopf) *aufschlagen (Zelt)

**abriegeln:** offenlassen (Tür) *durchgängig lassen (Stadtteil)

**abrollen:** (ab)wickeln, (ab)spulen, wik-
keln / spulen von, abhaspeln *ablaufen,
über die Bühne bringen, abwickeln

**abrücken:** s. distanzieren / entfernen,
weggehen, zurückziehen *absagen *abmarschieren, s. entfernen (Truppe)

**abrufen:** (ab)sterben, heimgehen, (dahin)scheiden, ableben, abgerufen werden, entschlafen, hinscheiden, verscheiden *(weg)holen, wegrufen *abheben (Geld)
**abrunden:** rund machen *vervollständigen, vervollkommnen, ergänzen,
komplettieren
**abrupt:** plötzlich, unvermittelt, jäh
(-lings), sprunghaft, mit einem Mal, auf
einmal, unversehens, unvermutet, unerwartet, unvorhergesehen, unverhofft, überraschend, schlagartig, über
Nacht, von heute auf morgen
**abrüsten:** demobilisieren, entwaffnen,
Truppen reduzieren *abnehmen, abbauen, demontieren (Baugerüst)
**Abrüstung:** Demobilisierung, Entwaffnung, Truppenreduzierung

**absacken:** untergehen, versinken, wegsacken, versacken *nachlassen, verringern, schwinden (Leistung) *abfüllen
(Kartoffeln)

**Absage:** Zurücknahme, Abweis(ung),
Zurückweisung, Weigerung, Verweigerung, Ablehnung, ablehnende / abschlägige Antwort, ablehnender / abschlägiger Bescheid
**absagen:** nicht stattfinden lassen, abblasen, rückgängig machen, (eine Zusage) zurücknehmen *abbestellen *abschwören, entsagen, aufgeben (Laster)
*abschaffen, aufheben, einstellen *wi-
derrufen, zurückrufen, dementieren
**absägen:** abtrennen, abholzen, fällen,
umlegen, umhauen, schlagen, roden
*entfernen, degradieren
**Absatz:** Verkauf, Vertrieb, Umsatz
*Textabschnitt, Abschnitt, Kapitel,
Artikel, Paragraph, Teil, Stück, Perikope (Bibel) *Treppenabsatz, Podest
**abschaffen:** auflösen, aufheben, beseitigen, einstellen, annullieren, für nichtig / ungültig / null und nichtig erklären,

**abrollen:** aufrollen (Garn, Seil) *absetzen, absagen (Programm) *aufziehen
*aufrollen (Vorgang, Handlung) *an-
rollen, aufziehen (Fahrzeug)
**abrücken:** hinrücken, (her)anrücken
(Gegenstand) *s. (an)nähern / identifizieren, übereinstimmen (Meinung) *s.
nahen,      anrücken,      heranrücken
(Mensch, Armee)
**abrufen:** bestellen (Ware) *einzahlen
(Bankkonto) *(ein)speichern (Informationen)

**abrunden:** aufrunden (Preis) *eckig
machen

**abrupt:** langsam, allmählich, sanft,
nach und nach, schrittweise, nacheinander *kontinuierlich, im Zusammenhang

**abrüsten:** (auf)rüsten, mobilisieren,
mobil machen, s. bewaffnen, militarisieren, nachrüsten
**Abrüstung:** Rüstung, Mobilmachung,
Mobilisierung, Bewaffnung, Militari-
sierung, Nachrüstung
**absacken:** (aus)leeren (Kartoffeln, Ge-
treide) *steigen (Flugzeug) *aufdrehen, schneller werden, beschleunigen
(Motorleistung)      *weiterschwimmen
(Boot)
**Absage:** Zusage, Zusicherung, Versprechen, Versprechungen, Ehrenwort, Wort *Zuschlag (Handel) *Verfall (Laster) *Ansage (Funk)

**absagen:** zusagen, zusichern, versprechen *ansagen (Funk, Besuch) *verfallen (Laster) *veranstalten, stattfinden,
durchführen, (ab)halten

**absägen:** anleimen, ankleben, ansetzen
*befördern (Posten)

**Absatz:**  Einkauf,  Ankauf  *Spitze
(Schuh)

**abschaffen:** (s.) anschaffen / besorgen
(Gegenstand) *verdienen, anschaffen,
kassieren, fordern, erhalten *halten,

kassieren (Rechtsprechung), außer Kraft setzen

**abschalten:** abstellen, ausschalten, ausmachen, ausdrehen, abdrehen *träumen, unaufmerksam / zerstreut / zerfahren / (geistes)abwesend / unkonzentriert / abgelenkt sein *s. entspannen / ausruhen

**abschätzen:** beurteilen, bewerten, begutachten, (ein)schätzen

**abschätzig:** geringschätzig, abfällig, mißfällig, wegwerfend, verächtlich, despektierlich, pejorativ, negativ

**abscheren:** (zurecht)stutzen, (zurück-)schneiden, rasieren *(kahl)scheren, trimmen (Tier)

**Abscheu:** Abneigung, Widerwille, Ekel, Abgeneigtheit, Antipathie, Ungeneigtheit, Voreingenommenheit, Vorurteil, Feindschaft, Feindseligkeit, Aversion, Haß

**abscheuern:** abnutzen, abwetzen, abtragen, abnützen, verschleißen *reinigen, säubern, saubermachen, entfernen, scheuern, feudeln, fegen, putzen

**abscheulich:** scheußlich, greulich, unschön, häßlich, verabscheuenswürdig, verabscheuenswert, widerlich, verwerflich, abscheuerregend, unangenehm, widerwärtig, ekelhaft, geschmacklos, böse

**abschicken:** versenden, zum Versand bringen, (zu)schicken, (ab)senden, aufgeben

**abschieben:** fortschicken, kündigen, entlassen, auf die Straße setzen / werfen, davonjagen, hinausschmeißen, des Amtes entheben / entkleiden, suspendieren *aufbürden, aufladen, andrehen, abwälzen, zuschieben, unterjubeln

**Abschied:** Trennung, Scheiden, Lebewohl *Kündigung, Entlassung

**Abschlag:** Minderung, Preisnachlaß, Nachlaß, Skonto, Preissenkung, Ermäßigung, Rabatt, Abzug, Diskont, Rückvergütung, Mengenrabatt *Abstoß (Sport) *Abschlagszahlung

züchten (Tiere) *einführen (Ware) *aufrechterhalten, behalten, bestehen lassen, weiterführen, huldigen, weiterleben lassen (Brauch)

**abschalten:** anschalten, einschalten, betreiben, anlassen (Gerät, Maschine) *anlassen, starten (Motor) *zuhören, anhören, s. hinwenden / zuwenden, hinhören *anschließen (Gerät)

**abschätzen:** (nach)messen, (nach)zählen, (nach)rechnen, (nach)prüfen

**abschätzig:** anerkennend, zustimmend, bestätigend, würdigend, wohlwollend, entgegenkommend, lobend, positiv

**abscheren:** wachsen lassen (Bart, Haare)

**Abscheu:** Liebe, Sympathie, Zuneigung, Interesse, Gefallen, Wohlwollen, Verliebtheit *Verlangen, Lust, Begierde *Genuß

**abscheuern:** beschmutzen, verunreinigen *pflegen, schonen (Kragen, Stoff, Ärmel)

**abscheulich:** herrlich, schön, sonnig, wunderbar, sommerlich, angenehm (Wetter) *herrlich, schön, wunderbar, angenehm (Eindruck, Blick) *anerkennenswert, nachahmenswert, lobenswert, gut, hervorragend, herausragend (Tat) *gering, wenig, leicht, kein(e) (Schmerz, Kälte) *angenehm, zuvorkommend, freundlich, entgegenkommend, gutgesinnt, liebenswürdig (Mensch)

**abschicken:** empfangen, erhalten, bekommen, annehmen

**abschieben:** aufnehmen (Asylant) *auf s. nehmen, übernehmen (Verantwortung) *herkommen

**Abschied:** Wiedersehen, Treffen, Begegnung *Empfang

**Abschlag:** Zuschlag, Preisaufschlag, Anhebung *Schuß, Torschuß (Sport)

**abschlagen:** ablehnen, verweigern, nicht gewähren, zurückweisen, ausschlagen, abweisen, verschmähen, versagen, abwinken, abfahren / abblitzen lassen *abwehren *abtrennen, abhauen

**abschlägig:** ablehnend, negativ

**Abschlagszahlung:** Ratenzahlung, Teilzahlung

**abschleppen:** ziehen, (ziehend) fortbewegen, (nach)schleifen *mitnehmen **s. abschleppen:** s. anstrengen / strapazieren / (be)mühen / abmühen / abrakkern / schinden / aufreiben / abquälen / (ab)plagen / abplacken

**abschließen:** (zu)schließen, zumachen, (ab)sperren, verschließen, versperren, zusperren, abriegeln, verriegeln, zuriegeln *beenden, zu Ende bringen, enden, aufhören, beendigen, ein Ende machen / setzen, zum Abschluß bringen *s. versichern / absichern (Versicherung) wetten *vereinbaren, unterzeichnen, ratifizieren (Vertrag) **s. abschließen:** *s. abkapseln / absondern / isolieren / separieren / verschließen

**Abschluß:** Ende, Schluß *Absprache, Abrede, Verabredung, Übereinkommen, Übereinkunft, Vereinbarung, Festsetzung, Abkommen, Arrangement, Ratifizierung

**abschnallen:** losmachen, losschnallen *aufgeben

**abschneiden:** abtrennen *trennen, isolieren *mähen *abkürzen *gut / erfolgreich abschließen **gut abschneiden:** gut wegkommen **schlecht abschneiden:** schlecht wegkommen

**Abschnitt:** Absatz, Kapitel, Paragraph, Artikel, Perikope (Bibel) *Teilstrecke, Teil(stück), Teilbereich

**abschrägen:** schräger machen

**abschrauben:** (los)lösen, abmontieren, abmachen, abbauen, zerlegen, entfernen

**abschrecken:** jmdn. abhalten / zurück-

**abschlagen:** (an)bieten, antragen, darbieten, versprechen, vorschlagen *anfügen, ansetzen, ergänzen *attackieren, angreifen (Feind) *gewähren, zusagen, einwilligen, stattgeben, zubilligen, entgegenkommen *einwilligen, jasagen, eingehen (Ehe, Freundschaft, Wette) *annehmen, erhalten, bekommen, empfangen

**abschlägig:** zustimmend, gutheißend, bejahend, anerkennend, zusagend

**Abschlagszahlung:** Restzahlung *Barzahlung

**abschleppen:** hinterher fahren, fahren **s. abschleppen:** mühelos tragen

**abschließen:** öffnen, aufschließen, offenlassen *beginnen, eröffnen, einleiten, aufnehmen (Verfahren) *verzögern, hinausziehen, offen lassen *fortführen, weitermachen, weiterführen, weiterarbeiten, fortsetzen, fortfahren *ruhenlassen (Geschäfte) *brechen, kündigen, unterbrechen (Vertrag) *handeln, verhandeln (Handel) **s. abschließen:** interessiert sein, offen sein, Kontakt suchen, s. anschließen

**Abschluß:** Fortführung, Fortsetzung, Weiterführung *Beginn, Aufnahme, Anfang, Wiederaufnahme (Verhandlung) *Stornierung *Kündigung (Vertrag)

**abschnallen:** anschnallen, umschnallen (Gürtel, Gewehr) *weitermachen *umlegen, anlegen (Sicherheitsgurt) *umhängen (Rucksack) *anschnallen, anziehen (Ski)

**abschneiden:** (be)lassen *ansetzen, annähen *veredeln, pfropfen (Ast) *freilassen, offenlassen (Fluchtweg) **gut abschneiden:** schlecht abschneiden / wegkommen **schlecht abschneiden:** gut abschneiden / wegkommen

**Abschnitt:** das Ganze (Text, Formular, Eintrittskarte)

**abschrägen:** gerade machen *(ab-)runden

**abschrauben:** anschrauben, befestigen, eindrehen, zumachen (Flaschendeckel)

**abschrecken:** anziehen, an s. ziehen,

halten (von etwas) *plötzlich abkühlen (Eier)

**abschreckend:** negativ, warnend, schrecklich

**abschreiben:** verzichten, abtun, Abstriche machen, seine Rechte abtreten, aufgeben, resignieren, verloren geben, s. trennen von, einer Sache abschwören / absagen / entsagen, Abstand nehmen, s. aus dem Kopf / Sinn schlagen *plagieren, (unerlaubt) übernehmen, ein Plagiat / geistigen Diebstahl begehen, abfeilen *abnutzen (Bleistift)

**Abschrift:** Zweitschrift, Doppel, Durchschlag, Durchschrift, Duplikat, Kopie

**abschuften:** s. anstrengen / abmühen / bemühen / abarbeiten / abschleppen / strapazieren / abplagen / abplacken / (ab)quälen / (ab)schinden, sein Bestes / das menschenmögliche machen / tun

**abschüssig:** steil, mit starkem Gefälle, gebirgig, jäh, schroff

**abschwächen:** (ein)dämmen, dämpfen, (ab)mildern, abdämmen, herunterspielen *verringern, mildern, schwächer machen / werden *nachlassen (Hoch) *lindern *s. abschwächen: s. entkrampfen / entspannen / beruhigen

**Abschwächung:** Entkrampfung, Beruhigung, Entspannung

**abschwellen:** dünner werden *leiser werden, s. verringern

**abschwenken:** abbiegen, einbiegen, einschwenken, um die Ecke schwenken / biegen, einen Bogen machen, die Richtung ändern *auswaschen, ausspülen, säubern (Glas)

**abschwören:** s. lossagen, entsagen, absagen, zurücktreten, ablassen, abkommen, absehen

**absehbar:** vorauszusehen, voraussehbar, vorhersehbar, vorherzusehen, (voraus)berechenbar, voraussagbar, vorhersagbar, erkennbar *bald, in Bälde / Kürze, abschätzbar

**absehen:** abschauen, abgucken, abschreiben, spicken, abfeilen, einen Spickzettel benutzen, übernehmen

(an)locken *ultrahocherhitzen (Milch)

**abschreckend:** anziehend, attraktiv, sympathisch *herrlich, klassisch, vorbildlich

**abschreiben:** (selbst) verfassen *einladen *(wieder)finden (Gegenstand) *zuraten, zureden, ermutigen, bestärken

**Abschrift:** Original, Urschrift, Erstschrift

**abschuften:** faulenzen, nichts tun *dabeistehen

**abschüssig:** bergauf, ansteigend *eben

**abschwächen:** verstärken, intensivieren, vertiefen, nachhelfen, beschleunigen, vorantreiben, ankurbeln, bekräftigen (Aussage) *übertreiben, aufbauschen, überziehen, steigern, dick auftragen, hochspielen, überspannen *s. abschwächen: s. verstärken / verschärfen (Lage, Spannung, Gegensatz)

**Abschwächung:** Übertreibung, Steigerung, Prahlerei, Angeberei *Verstärkung, Verschärfung (Lage, Spannung)

**abschwellen:** (an)schwellen, dicker werden (Körperteil) *anschwellen (Ton) *(an)schwellen, steigen (Fluß, Flut)

**abschwenken:** geradeaus fahren / gehen / marschieren (Weg) *schmutzig lassen, belassen (Glas) *mitlaufen, mitgehen, (s.) identifizieren (Parteilinie)

**abschwören:** anerkennen, zugeben (Verbrechen) *stehen (zu), festhalten (an), schwören (auf) (Meinung)

**absehbar:** nicht voraussehbar, unabsehbar, unbestimmt, ungewiß, unsicher (Folgen, Zukunft)

**absehen:** erfinden, ausdenken (Trick, Technik) *nicht voraussehen (Ende) *nicht vorausblicken *bestrafen, verur-

*voraussehen, vorhersehen, abschätzen *verzichten, Abstand nehmen *außer Betracht lassen, ausnehmen *(be)gierig sein

**absein:** getrennt / entfernt sein *erschöpft / abgespannt / mitgenommen / angegriffen / gestreßt / angeschlagen / ausgepumpt / abgearbeitet / abgehetzt / abgeschafft / urlaubsreif / abgeschlafft sein

**abseits:** fern(liegend), abgelegen, einsam, entfernt *außerhalb ***abseits stehen:** s. isolieren / absondern / zurückziehen

**absenden:** abschicken, (los)schicken, versenden, zusenden, verschicken

**Absender:** Adressant, Briefschreiber, der Absendende, Schreiber, Korrespondent

**absent:** abwesend, fort, fehlend, ausgeblieben, ferngeblieben, vermißt, nicht greifbar / faßbar

**abservieren:** abtragen, abräumen, abdecken *entlassen, kündigen, suspendieren, stürzen, entfernen, entmachten, entthronen *abweisen, kritisieren *entwenden, stehlen

**absetzen:** herunternehmen, abnehmen, ablegen *hinstellen, niedersetzen, ablegen (Gepäck) *hinfahren, hinbefördern *unterbrechen, anhalten *sintern, s. setzen / ablagern / niederschlagen *entfernen, entmachten, entthronen, stürzen *verkaufen, loswerden, veräußern, vertreiben, verschleudern, abstoßen, anbieten, ausschreiben *streichen, absagen, ausfallen, abblasen, nicht stattfinden (lassen) *abziehen *s. entfernen / entziehen, fliehen *abgewöhnen, abstillen, entwöhnen *s. absetzen: fliehen, verschwinden *s. nicht identifizieren *anschwemmen

teilen, verfolgen

**absein:** zusammen *dran, an, da, vorhanden (Bart, Knopf) *frisch sein

**abseits:** zentral, (in)mitten, in der Nähe von *beteiligt, dabei, anwesend *abseits stehen: weiterspielen (Fußball) *s. beteiligen / anschließen / betätigen, teilnehmen, mitmachen, dabeisein

**absenden:** erhalten, bekommen, empfangen, entgegennehmen *behalten

**Absender:** Empfänger, Adressat (Postsendung) *Kunde (Warensendung) *Anschrift (Postsendung)

**absent:** anwesend, da, präsent

**abservieren:** servieren, auftafeln, auftischen, auftragen, vorsetzen, auffahren / anfahren (lassen), geben, hinstellen, reichen, bewirten (Speisen) *kredenzen (Getränk) *befördern (Amt) *empfangen, dasein (für)

**absetzen:** aufsetzen, tragen (Brille, Mütze) *schleppen, tragen (Gepäck) *(auf)heben, erheben, (auf)nehmen, tragen, greifen *anlegen, säugen, stillen (Säugling) *anlegen (Gewehr) *(ein)nehmen, beginnen (mit) (Medikament) *ansetzen (Glas, Gefäß, Instrument) *ernennen, berufen, einsetzen (Professor, Minister) *anfangen, beginnen, starten (Diät) *ankaufen, einkaufen (Ware) *lagern, nicht verkaufen (Ware) *herstellen, machen, produzieren, fabrizieren (Ware) *aufführen, aufnehmen, spielen (Theaterstück) *vorführen, laufenlassen, ins Programm nehmen (Film) *hinfahren, mitnehmen, aufnehmen, einschiffen, einsteigen lassen, an Bord nehmen / lassen (Fahrgast) *ansetzen, festsetzen, vereinbaren, anberaumen, ausmachen (Termin) *hinzufügen (Tagesordnungspunkt) *(voll) bezahlen (Summe) *s. absetzen: einfügen, mitmachen, mitlaufen *dableiben (Spion, Verbrecher) *standhalten *aufgewirbelt werden *wegschwemmen (Sand) *verhaftet werden (Krimineller)

**Absetzung:** Entlassung, Kündigung, Suspendierung, Hinauswurf, Abschiebung, Ablösung, Entfernung, Amtsenthebung, Enthebung, Entthronung, Entmachtung, Zwangspensionierung, Zwangsbeurlaubung *Streichung

**Absicht:** Plan, Ziel, das Wollen, das Bestreben, Vorhaben, Projekt, Vorsatz, Zielsetzung, Nahziel, Fernziel, Strebung, Streben *mit Absicht: geplant, gewollt, absichtlich *ohne Absicht: zufällig, achtlos, unbedacht, gedankenlos, gleichgültig

**absichtlich:** wissentlich, absichtsvoll, beabsichtigt, gewollt, vorsätzlich, bewußt, willentlich, wohlweislich, mit Absicht / Bedacht / Willen, zum Trotz, nun gerade, erst recht, mit Fleiß *böswillig, mutwillig, in böser Absicht
**Absichtlichkeit:** Vorsätzlichkeit, Absicht, Bedacht, Bewußtheit

**absitzen:** abbüßen, verbüßen, abbrummen, gefangen sein *vom Pferd steigen

**absolut:** souverän, allein herrschend *vollkommen, völlig
**absolute Musik:**
**Absolution:** Freisprechung, Begnadigung, Lossprechung, Vergebung, Verzeihung, Gnade, Amnestie, Straferlaß
**absolvieren:** erfolgreich beenden / abschließen, durchlaufen, hinter s. bringen *erledigen, bewältigen, durchführen, machen *bestehen, durchkommen (Examen)
**absonderlich:** seltsam, sonderbar, (ver)wunderlich, eigen(tümlich), komisch, befremdlich, befremdend, merkwürdig, eigenartig, bizarr, ungewöhnlich, verschroben, schrullig, kauzig, eigenbrötlerisch
**absondern:** abscheiden, ausscheiden, abgeben, auswerfen *schwitzen, transpirieren *harzen *s. absondern: isolieren, abkapseln, s. ausschließen, fernhalten, meiden
**abspielen:** geschehen, ablaufen, erfolgen, stattfinden, verlaufen, vor s. gehen, s. zutragen / begeben / ereignen,

**Absetzung:** Ernennung, Beförderung, Berufung, Einsetzung (Minister, Professor, Beamter) *Aufführung, Aufnahme

**Absicht:** Versehen, ohne Schuld, Unachtsamkeit, Achtlosigkeit, Unbedachtsamkeit, Gleichgültigkeit, Sorglosigkeit, Nachlässigkeit, Gedankenlosigkeit *Ausführung, Durchführung, Tat *mit Absicht: ohne Absicht, zufällig, achtlos, unbedacht, gedankenlos, gleichgültig *ohne Absicht: geplant, gewollt, absichtlich, mit Absicht
**absichtlich:** unabsichtlich, unbeabsichtigt, schuldlos, unwillkürlich, ohne Absicht, versehentlich, fälschlich, ungewollt, unbewußt *fahrlässig

**Absichtlichkeit:** Unabsichtlichkeit, Ungewolltheit, Absichtslosigkeit, Versehentlichkeit, Unbewußtheit *Fahrlässigkeit
**absitzen:** aufsteigen, aufsitzen (Pferd) *durcharbeiten, beschäftigt sein (Zeit) *erlassen bekommen, amnestiert werden
**absolut:** keine (Ruhe) *bedingt, relativ

**absolute Musik:** Programmusik
**Absolution:** Bestrafung, Verdammung

**absolvieren:** sitzenbleiben, hängenbleiben *austreten, abwandern, weggehen (Schule) *liegenlassen, nicht erledigen, aufschieben (Arbeit)

**absonderlich:** normal, gewöhnlich, üblich, erwartet (Reaktion)

**absondern:** (ver)mischen, vermengen *aufnehmen, auffangen *s. absondern: s.integrieren / anschließen / beteiligen / interessieren, mitmachen, Kontakt haben
**abspielen:** aufnehmen (Tonaufnahme) *dribbeln (Fußball) *s. abspielen: nicht stattfinden, ausfallen, unterbleiben

passieren *abgeben, zuspielen (Ball) *ablaufen (Schallplatte)

**absprechen:** entziehen, aberkennen, *bestreiten, leugnen, verneinen, negieren, dementieren, von s. weisen, abstreiten *übereinkommen, vereinbaren, s. abstimmen / besprechen / arrangieren / einig werden, aushandeln, ausmachen, abmachen, handelseinig werden, ein Übereinkommen / eine Vereinbarung / Übereinkunft treffen, einen Kompromiß schließen, eine Einigung erzielen

**absprechend:** abschätzig, geringschätzig, pejorativ, negativ, aberkennend, schlecht

**abspringen:** hinunterspringen, herunterspringen, herabspringen, hinabspringen, s. herunterstürzen / hinunterstürzen / herabstürzen / hinabstürzen / niederstürzen, hinunterfallen *s. (ab)lösen, locker werden, abfallen, abbröckeln, abgehen, abplatzen, absplittern, s. lockern, losgehen (Lack, Putz) *untreu werden, abfallen, s. distanzieren / zurückziehen (Plan)

**Abstand:** Distanz, Entfernung, Sicherheitsabstand *Abfindung, Entschädigung, Vergütung, Bezahlung ***Abstand halten:** Distanz haben / halten ***Abstand nehmen:** absehen, verzichten

**abstehen:** wegstehen, in die Luft stehen / ragen, zur Seite ragen, abgespreizt sein, entfernt stehen *ablassen, Abstand nehmen (von), zurücktreten, absehen

**absteigen:** heruntersteigen, herunterkommen, heruntergehen (Pferd) *(vorübergehend) wohnen, schlafen, übernachten (Hotel) *herunterkommen, s. verschlechtern, verschlimmern

**abstellen:** ausschalten, ausmachen, abschalten, ausdrehen, abdrehen, ausknipsen *s. abgewöhnen, absagen, einstellen, aufgeben, aufhören (mit), mit einer Gewohnheit brechen, von einer Gewohnheit abgehen *abordnen, entsenden, schicken, abkommandieren, beordern, delegieren, deputieren, kommandieren zu *hinstellen, lagern,

**absprechen:** anerkennen, zuerkennen, zusprechen, zugestehen, zubilligen, gönnen (Talent) *verleihen, vergeben (Titel) *aus dem Stegreif sprechen / spielen / aufführen, improvisieren

**absprechend:** bestätigend, anerkennend, würdigend, preisend, wohlwollend, lobend

**abspringen:** haften, halten (Farbe, Lack) *landen (Fallschirmspringer) *mitmachen, weitermachen (Spion, Krimineller) *aufspringen (Fahrzeug) *(weiter) mitmachen / durchhalten / ausharren / beharren / aushalten, dabei / treu bleiben

**Abstand:** Nähe, Kürze ***Abstand halten:** (dicht) auffahren / aufrücken / aufschließen, anschließen ***Abstand nehmen:** tun, machen, kaufen, beharren, bestehen

**abstehen:** anliegen, s. anschmiegen (Körperteil, Kragen, Haar, Kleidung) *nahe sein (Schrank)

**absteigen:** aufsteigen, hochsteigen (Pferd) *aufsteigen (Fußballmannschaft) *aufsteigen, hochsteigen, emporsteigen, steigen, klettern, erklimmen (Berg) *starten, aufsteigen, an Höhe gewinnen (Flugzeug) *s. (ver-)bessern (Charakter) *(s.) qualifizieren, befördert werden (Beruf) *aufsteigen, aufspringen, einsteigen (Bahn) *aufsteigen, aufspringen (Fahrrad)

**abstellen:** einstellen, einschalten, anschalten, andrehen, anmachen (Radio, Heizung, Gerät) *(auf)nehmen, tragen, aufheben, transportieren *(weiter)fahren (Auto) *anschalten, einschalten (Heizung) *starten, anlassen (Motor) *nicht bearbeiten, (be)lassen, nicht wiederaufnehmen, gewähren lassen (Mißbrauch, Mißstand)

unterstellen, absetzen, ablegen, niederlegen, niederstellen, niedersetzen *parken, halten *verhindern, verhüten, unterbinden, vereiteln, beheben, durchkreuzen, Einhalt gebieten, zunichte machen, beseitigen *einstellen, ausrichten (Eindruck)

**absterben:** einschlafen, gefühllos / taub werden *eingehen, verkümmern, (ver-) dorren, vertrocknen, nicht angehen / anwachsen *verhallen, abklingen, ausklingen, verklingen, austönen

**Abstieg:** Talmarsch, das Abwärtssteigen *abwärts / talwärts führender Weg

**abstimmen:** einander annähern, in Einklang / Übereinstimmung bringen, anpassen, aufeinander einstellen *wählen, seine Stimme abgeben, stimmen, votieren

**Abstimmung:** Anpassung, Einklang, Angleichung, Harmonisierung, Gewöhnung, Eingewöhnung, Einordnung, Adaption *Wahl, Urnengang, Landtagswahl, Bundestagswahl, Kommunalwahl, Testwahl, Verhältniswahl, Volksabstimmung, Volksentscheid *Votum

**abstinent:** enthaltsam, genügsam, mäßig, maßvoll, gemäßigt, entsagend, asketisch

**Abstinenzler:** Antialkoholiker, Abstinent, Alkoholgegner, Nichttrinker, Blaukreuzler, Temperenzler, Guttempler

**abstoppen:** anhalten, aufhalten, zum Stillstand / Stehen bringen, stoppen *einstellen, aufhören, abstellen

**Abstoß:** Stoß *Zuspiel

**abstoßen:** verkaufen, veräußern, absetzen *wegbewegen, wegstoßen *etwas erleben, Erfahrungen sammeln, durchmachen, s. die Hörner abstoßen *nadeln, die Nadeln verlieren / abwerfen *unsympathisch / häßlich / widerwärtig / ekelhaft finden

**abstoßend:** ekelhaft, häßlich, unsympathisch, abscheulich, scheußlich, verabscheuenswürdig, verabscheuungswert, widerlich, verwerflich, unerfreulich, unangenehm, ungehobelt, flegelhaft, unliebenswürdig, unfreundlich (Verhalten) *unappetitlich, ekelerre-

**absterben:** s. erholen, anwachsen, gedeihen (Pflanze) *weiterleben *wiederbeleben *wärmen (Körperteil) *reifen

**Abstieg:** Aufstieg, Besteigung, Ersteigung, Bezwingung

**abstimmen:** beraten (Gesetz) *beratschlagen, beraten, s. informieren, (gemeinsam) überlegen

**Abstimmung:** Beratung, Information * Überlegung

**abstinent:** maßlos, unersättlich, unstillbar, ungenügsam, unmäßig *genießerisch, genüßlich, genußvoll, genußfreudig, sinnenfreudig, genußsüchtig, schwelgerisch *lüstern, geil

**Abstinenzler:** Genüßling, Genießer, Feinschmecker, Gourmet, Schlemmer, Gourmand, Schwelger, Leckermaul *Weinkenner

**abstoppen:** beschleunigen, schneller werden, erhöhen, steigern (Tempo) *auslaufen / rollen / fahren lassen *fördern, unterstützen, gewähren lassen

**Abstoß:** Torschuß (Fußball)

**abstoßen:** (auf das Tor) schießen / werfen (Sport) *anziehen (Magnet) *anlegen, festmachen, anmachen (Schiff) *anziehen, bezaubern, bestricken, berücken, verzaubern, faszinieren, verlocken (Mensch) *(ein)kaufen, beschaffen, herbringen *behalten

**abstoßend:** attraktiv, anziehend, hübsch, bestrickend, charmant, lieblich, toll, anmutig, bezaubernd, sympathisch, angenehm, lieb, liebenswert, sexy, adrett, interessant, begehrt, verlockend (Mensch) *schmackhaft, wohlschmeckend, gut, vorzüglich, lecker,

gend, ekelhaft, widerlich, verdorben (Speise) *fad(e), flau, abgestanden, matt, nichtssagend

**abstottern:** (ab)zahlen, (ab)bezahlen, zurückzahlen, in Raten zahlen, seine Schulden bezahlen

**abstrakt:** ungegenständlich, gegenstandslos, begrifflich, nicht greifbar, nur gedacht, unanschaulich, gedanklich, theoretisch

**abstreichen:** abschreiben, Abstriche machen, Verzicht leisten, verzichten *entfernen *reinigen, säubern *abziehen, streichen, kürzen

**abstreifen:** abziehen, entfernen, (ab-) schälen, enthäuten, (ab)häuten *ausziehen, entblößen, entledigen, auskleiden, entkleiden, enthüllen, freimachen *entledigen, ablegen, s. befreien, loskommen / freikommen von, loswerden

**abstreiten:** (ab)leugnen, verneinen, bestreiten, in Abrede stellen, negieren, dementieren, von s. weisen, s. verwahren gegen, als unwahr / unrichtig / falsch / unzutreffend bezeichnen, absprechen

**Abstrich:** Kürzung, Reduzierung, Abzug, Streichung, Verringerung, Verminderung, Abnahme, Verkürzung, Beschränkung, Einschränkung

**abstufen:** nuancieren, (ab)schattieren, abschatten, (ab)tönen, differenzieren

**Abstufung:** Nuance, Abschattung, Abtönung, Tönung, Schattierung, Differenzierung

**abstumpfen:** stumpf machen *verwahrlosen, verkommen, verlottern, herunterkommen, verschlampen, verlumpen, versumpfen, abwirtschaften, gefühllos / teilnahmslos werden / machen

**Abstumpfung:** Teilnahmslosigkeit, Gleichgültigkeit, Denkfaulheit, Gedankenträgheit, Stumpfsinn, Wurstigkeit, Faulheit, Geistesträgheit, Stumpfheit

**Absturz:** Sturz, Steilabfall, Fall *Flugzeugabsturz, Unglück, Katastrophe

**abstürzen:** hinunterfallen, herunterstürzen, herunterfallen, hinabfallen, herabfallen, niederfallen, hinunterstürzen, herabstürzen, hinuntersausen, hinabsausen, hinunterfliegen, herunterfliegen, hinuntersegeln, hinunterpurzeln, herunterpurzeln, in die Tiefe fallen / stürzen / segeln / sausen / purzeln

fein, delikat, knusprig, bekömmlich, appetitlich (Speise) *bekömmlich, süffig (Getränk)

**abstottern:** begleichen, bar / sofort bezahlen (Summe)

**abstrakt:** konkret, gegenständlich, figürlich, bildlich, darstellend, anschaulich

**abstreichen:** (be)streichen *erhöhen, aufstocken, dazurechnen, aufschlagen, zulegen

**abstreifen:** schmutzig lassen (Schuhe) *überstreifen, anziehen, anlegen, überziehen (Kleidung) *pflücken, pikken (Beeren) *übernehmen, s. aneignen / angewöhnen (Verhalten, Gewohnheit)

**abstreiten:** zugeben, bekennen, (ein-) gestehen, beichten, aussagen, geständig sein *zuerkennen, zugestehen, zubilligen *bekräftigen, bestätigen

**Abstrich:** Aufschlag, Gehaltsverbesserung, Zulage, Zuschlag, Erhöhung, Gehaltserhöhung

**abstufen:** erhöhen (Gehalt) *gleichstellen (Mensch) *höherstufen (Gehalt) *egalisieren, begradigen (Hang)

**Abstufung:** Erhöhung *Gleichstellung *Aufstieg, Höherstufung, Beförderung *Begradigung, Egalisierung

**abstumpfen:** schärfen, üben, trainieren (Verstand, Geist) *gefühlvoll / teilnahmsvoll werden *schärfen, schleifen, zuspitzen (Werkzeug)

**Abstumpfung:** Interesse *Teilnahme, Wärme, Anteil(nahme), Rührung, Mitleid, Mitgefühl, Mitempfinden, Sympathie *Spannung *Begeisterung

**Absturz:** Aufstieg *Flug, Höhenflug, Aufstieg (Flugzeug) *Hausse (Börse)

**abstürzen:** (auf)steigen *schweben, fliegen

**absurd:** lächerlich, unsinnig, grotesk, sinnlos, lachhaft, töricht, albern, komisch, sinnwidrig, überspannt

**abtauen:** frei werden *tauen, schmelzen, auftauen

**abtragen:** abnutzen, abnützen, abbrauchen, verschleißen, abwetzen, abscheuern *abservieren, wegräumen, abdecken, abräumen *amortisieren, abzahlen, tilgen, (be)zahlen *niederreißen, abreißen, zerstören, einreißen, abbrechen, schleifen, sanieren, dem Erdboden gleichmachen

**abträglich:** unerfreulich, schädlich, ärgerlich, negativ, verdrießlich, unerquicklich, lästig, leidig, unbequem, unpassend, störend, unangebracht, unerwünscht, unwillkommen, unangenehm, peinlich, fatal, nachteilig, ungünstig, schlecht

**Abtransport:** Beseitigung, Fortschaffung, Entfernung, Wegschaffung, Wegräumung, Forträumung, Ausräumung, Fortbringung, Wegbringung

**abtransportieren:** entfernen, wegbringen, fortbringen, wegschaffen, fortschaffen, ausräumen, wegräumen, forträumen, transportieren, beseitigen

**abtrennen:** trennen, losmachen, abmachen, losbinden, abreißen, abbrechen, amputieren, losreißen, abknicken, abhauen, abhacken, abschneiden, abkneifen, abklemmen

**abtreten:** abdanken, zurücktreten, s. zurückziehen, den Dienst quittieren, verlassen *abgeben, ablassen, zur Verfügung stellen, überlassen, abliefern *abnutzen, abnützen, abwetzen, abschaben, abbrauchen, aufbrauchen, verbrauchen *kündigen, entlassen, aufhören, einen Posten abgeben, s. zurückziehen *abschreiben, aufgeben, s. trennen (von)

**Abtreten:** Abdankung, Rücktritt, Quittierung, Austritt, Ausscheiden, Kündigung, Entlassung, Abschied, Demission, Amtsverzicht

**abtrocknen:** abfrottieren, trocken machen/reiben/werden, abreiben, abrubbeln, trocknen lassen

**absurd:** naheliegend, gewöhnlich, gebräuchlich, gewohnt, (weit)verbreitet, gängig, geläufig, normal, üblich (Gedanke) *normal, alltäglich, eingewurzelt, eingebürgert

**abtauen:** beschlagen (Fenster) *vereisen, einschneien, verschneien *gefrieren, vereisen (Kühlschrank)

**abtragen:** auftragen (Teller) *servieren, auftragen, auftafeln, auftischen, vorsetzen, auffahren, geben, reichen, bewirten *decken (Tisch) *aufschütten (Erde, Damm) *bauen, errichten, aufbauen, hochziehen, erstellen (Mauer) *erneuern, auffrischen, herrichten (Kleidung) *häufen, s. ansammeln / summieren, zunehmen (Schulden)

**abträglich:** zuträglich, dienlich, gut, hilfreich, nützlich

**Abtransport:** Lieferung, Anlieferung, Belieferung

**abtransportieren:** herbringen / liefern (lassen), anliefern (Waren) *liegen lassen (Kranken, Verletzten)

**abtrennen:** anbringen *anheften (Zettel) *annähen (Knopf)

**abtreten:** antreten, eingesetzt werden, betrauen, bestallen (Amt) *besetzen, erobern, einnehmen, okkupieren, ergreifen (Gebiet) *behalten, übernehmen, in Anspruch nehmen (Rechte) *auftreten, betreten, Debüt geben, spielen (Bühne) *erscheinen, auftauchen

**Abtreten:** Auftritt, Debüt, Auftreten, Start, Comeback (Künstler, Schauspieler) *Amtsantritt, Antritt (Minister)

**abtrocknen:** abwaschen, abputzen *feucht / naß machen, anfeuchten, benetzen, befeuchten, besprengen, netzen, besprühen

**abtrünnig:** un(ge)treu (werden), treulos, wortbrüchig, verräterisch, unbeständig, perfide, unstet, wankelmütig, flatterhaft

**abtun:** abschreiben, beiseite schieben, fallenlassen, ignorieren

**abwälzen:** aufbürden, aufladen, zuschieben, abschieben, s. entledigen, unterjubeln

**abwandeln:** (ver)ändern, anders machen, umändern, abändern, korrigieren, umarbeiten, variieren, revidieren, überarbeiten, umwandeln, umsetzen, transformieren, verwandeln

**abwandern:** (weg)gehen, wegziehen, fortgehen, davongehen, fortziehen, ausziehen, aufbrechen, abmarschieren, s. fortbegeben / wegbegeben / absetzen / entfernen, davonlaufen, weglaufen, verschwinden, auswandern

**Abwandlung:** Variation, Variante, Modulation, Modifikation, Umwandlung, Änderung, Veränderung

**abwarten:** geduldig sein, s. in Geduld üben / fassen, s. abwartend verhalten, etwas an s. herankommen lassen, (er)warten, (aus)harren, verharren

**abwärts:** bergab, talab, tal(ab)wärts, flußabwärts, stromab, ab, hinab, herab, nach unten, (her)nieder, hinunter, herunter

**abwärtsgehen:** hinabgehen, abwärts / bergab(wärts) / nach unten gehen, herunterkommen, herabkommen, heruntersteigen, hinuntersteigen, abwärts steigen, hinunterklettern, hinabklettern, herunterklettern, herabklettern, abwärts / nach unten klettern, hinuntergehen *nachlassen, verschlechtern, schlechter werden, verblassen

**abwaschen:** säubern, waschen, reinigen, (ab)spülen, schwenken

**Abwasser:** Abwässer, Schmutzwasser, Hausabwässer, Industrieabwässer

**Abwechslung:** Alternation, Zerstreuung, angenehme Unterbrechung, Wechsel, Ablösung, Alternanz, Variation, Änderung

**abwechslungsreich:** abwechslungsvoll, kurzweilig, variierend, unterhaltend, interessant, spannungsvoll, unterhaltsam, mannigfaltig

**abwegig:** unzusammenhängend, unge-

**abtrünnig:** (linien)treu, ergeben, anhänglich (Verbündeter, Freund) *loyal (Regierung) *abtrünnig werden: s. annähern / hinwenden / zuwenden

**abtun:** berücksichtigen, aufnehmen, aufgreifen, erwägen (Einwand, Vorschlag, Meinung)

**abwälzen:** auf s. nehmen, selbst tun

**abwandeln:** (be)lassen, nicht ändern

**abwandern:** bleiben, wohnen *seßhaft werden

**Abwandlung:** Grundform *Thema

**abwarten:** übereilen, überstürzen, hasten *vorziehen, vorausnehmen

**abwärts:** aufwärts, auf, hoch, herauf, hinauf, nach oben, bergan, bergauf, bergwärts *stromauf(wärts), flußaufwärts

**abwärtsgehen:** aufwärtsgehen, besser werden, s. (ver)bessern (Gesundheit, Geschäfte)

**abwaschen:** beschmutzen *s. beflecken (Makel) *tünchen, (an)streichen (Wand)

**Abwasser:** Trinkwasser, Quellwasser, Frischwasser, Leitungswasser

**Abwechslung:** Eintönigkeit, Einförmigkeit, Einerlei, Stumpfsinnigkeit, Langeweile *Öde, Leere

**abwechslungsreich:** eintönig, einförmig, langweilig, grau, trist, uninteressant, monoton, einschläfernd, ermüdend, stumpfsinnig

**abwegig:** möglich, vorstellbar, reali-

reimt, unsinnig, irrig, verfehlt, merkwürdig, seltsam, völlig unmöglich

**Abwehr:** Widerstand, Gegenwehr, Notwehr, Defensive, Verteidigung, Rückzugsgefecht *Ablehnung, Gehorsamsverweigerung

**abwehren:** abwenden, abbiegen, zurückweisen, verwehren, vereiteln, zunichte machen, unterbinden, abstellen, verhüten, fernhalten *ablehnen, von s. weisen, verweigern

**abweichen:** abschweifen, abkommen, abgleiten, abirren, den Faden verlieren, s. entfernen, abgehen *s. unterscheiden

**abweichend:** (grund)verschieden, divergierend, verschiedenartig, unterschiedlich, andersartig, divergent

**Abweichung:** Ausnahme, Sonderfall, Regelverstoß, Anomalie, Anomalität, Abnormität, Irregularität, Regelwidrigkeit, Normwidrigkeit, Unstimmigkeit, Unterschiedlichkeit, Unterschied, Differenz, Divergenz, Variation, Variante, Änderung, Spielart, Lesart, Verschiedenartigkeit, Ungleichheit, Mißverhältnis, Ungleichmäßigkeit, Disproportion, Diskrepanz *Abartigkeit, Perversion

**abweisen:** ablehnen, zurückweisen, ausschlagen, verschmähen, abschlagen, versagen, verweigern, abwinken, abfahren / abblitzen lassen

**abweisend:** unhöflich, barsch, brüsk, bärbeißig, ungehobelt, ungeschliffen, plump, unverbindlich, unritterlich, unkultiviert, ruppig, taktlos, unfreundlich, unliebenswürdig *ablehnend, negativ

**Abweisung:** Unhöflichkeit, Plumpheit, Rüpelhaftigkeit, Barschheit, Grobheit, Unaufmerksamkeit, Ungeschliffenheit, Unliebenswürdigkeit, Schroffheit, Ruppigkeit *Ablehnung, Zurückweisung, Verweigerung, Weigerung, Absage

**abwenden:** s. (weg)wenden / abkehren / wegkehren, mit jmdm. / etwas brechen, den Rücken kehren / wenden, s. zurückziehen *verhindern, vorbeugen, verhüten, unterbinden, abstellen, vereiteln, abwehren

sierbar, durchführbar (Gedanke, Plan)

**Abwehr:** Angriff, Attacke, Überfall, Offensive, Einmarsch, Aggression *Offenheit

**abwehren:** angreifen, überfallen, einmarschieren, attackieren *auf s. nehmen (das Schlimmste, Aufgabe)

**abweichen:** entsprechen, passen *auf dem Weg / Kurs bleiben *beharren, halten (zu), treu bleiben

**abweichend:** entsprechend, passend, getreu, gleich *üblich, normal, gewöhnlich, geläufig, bekannt *fest / konstant sein / bleiben

**Abweichung:** Regel, Norm, Standard *Gesetz, Grundsatz, Leitsatz, Richtschnur, Leitschnur, Prinzip *Grundform *Entsprechung

**abweisen:** erhalten, empfangen, bekommen, (an)nehmen, entgegennehmen (Hilfe, Geschenke, Postsendung) *(auf)nehmen, übernehmen, aufgreifen (Meinung, Gedanke) *anhören, empfangen, entgegenkommen

**abweisend:** offen, verträglich, entgegenkommend, wohlwollend, wohlgesinnt, gutgesinnt, freundlich, verbindlich, nett, zuvorkommend, zugänglich (Verhalten) *kokett *aufdringlich, lästig

**Abweisung:** Offenheit, Verträglichkeit, Entgegenkommen, Zuvorkommenheit *Aufdringlichkeit, Last

**abwenden:** entgegensehen, begegnen, entgegentreten (Gefahr) *gewähren / geschehen lassen, nicht abwenden / vermeiden (können) *s. hinwenden / zuwenden / zudrehen / zukehren

**abwerfen:** nadeln, die Nadeln verlieren, s. entlauben, das Laub verlieren *herabwerfen, herabfallen lassen, herunterwerfen, bombardieren, beschießen *einträglich sein, s. rentieren / lohnen / auszahlen, etwas erbringen / einbringen / eintragen

**abwerten:** herabsetzen, vermindern, eine Abwertung vornehmen *verleumden, schlechtmachen, abqualifizieren, demütigen, entwürdigen, herabsetzen, herabwürdigen, verteufeln, verunglimpfen

**Abwertung:** Geldentwertung, Inflation *Abqualifikation, Demütigung, Entwürdigung, Herabsetzung, Verteufelung, Verunglimpfung

**abwesend:** anderwärts, fehlend, nicht anwesend, anderswo, anderweitig, woanders, sonstwo, absent, weg, ausgeflogen, fort, nicht zu Hause *geistesabwesend, unkonzentriert, zerstreut, verträumt, weg, unaufmerksam

**Abwesenheit:** Fehlen, Absenz, Unaufmerksamkeit, Unkonzentriertheit, Träumerei

**abwickeln:** abspulen, wickeln / spulen von *durchführen, verwirklichen, realisieren

**abwischen:** säubern, reinigen, putzen, (weg)wischen, feudeln, abscheuern, waschen

**abzählbar:** überschaubar, zählbar, wenige, einige

**abzapfen:** entnehmen, abziehen *abluchsen, ablisten, ablocken, herauslocken, abschwindeln, abjagen, abbetteln, abschmeicheln (Geld, Ware)

**Abzeichen:** Plakette, Nadel, Anstecknadel, Hoheitszeichen, Wahrzeichen, Embleme, Insignien, Kokarde

**abziehen:** (ab)häuten, enthäuten, abbalgen, (ab)schälen, pellen, abdecken *absaugen, wegsaugen, abpumpen, wegpumpen, herauspumpen *glätten *verringern, subtrahieren, wegnehmen *kopieren, nachmachen, nachbilden *prahlen, angeben, aufschneiden, dick auftragen, protzen, reinlangen, s. aufblähen / aufspielen / brüsten / großtun *jmdn. seinem Schicksal überlassen

**abwerfen:** annehmen, s. aneignen / angewöhnen (Gewohnheit) *tragen, dulden (Pferd) *anziehen, überwerfen (Kleidung) *kosten (Gewinn) *ertragen, dulden, auf s. nehmen (Joch) *unrentabel wirtschaften, verlieren, Verlust einbringen *aufnehmen, anbringen (Bombe) *aufsammeln (Flugblätter) *zerstören (Geschoß)

**abwerten:** aufwerten (Währung) *anerkennen, achten, aufwerten (Meinung, Mensch)

**Abwertung:** Aufwertung (Währung) *Aufwertung, Achtung, Anerkennung (Meinung, Mensch)

**abwesend:** anwesend, präsent, zugegen, da, gegenwärtig, vorhanden *interessiert, beteiligt, aufmerksam, konzentriert, erwartungsvoll, aufgeschlossen, wach, gespannt, begierig, ungeduldig, fieberhaft, aufgeregt

**Abwesenheit:** Gegenwart, Anwesenheit, Teilnahme, Beisein, Präsenz *Interesse, Aufmerksamkeit, Konzentration, Lernbegierde

**abwickeln:** aufwickeln, (auf)spulen, umwickeln, aufrollen (Garn) *ruhen / liegen lassen (Geschäfte)

**abwischen:** beschmutzen, beschmieren, verunreinigen, vollschmieren, beflecken *auftragen, auflegen (Make-up)

**abzählbar:** unübersehbar, (zu)viele

**abzapfen:** (ab)füllen (Bier) *schenken, (her)geben (Geld)

**Abzeichen:**

**abziehen:** hineinstecken, steckenlassen (Schlüssel) *nahen, kommen, s. nähern, einmarschieren, einziehen *absagen, verschieben (Veranstaltung) *langweilig sein (Show) *beziehen, überziehen (Bett) *(her)aufziehen, s. nähern, heranziehen, aufkommen (Gewitter) *einfallen, einmarschieren, (her)anrücken, überfallen, besetzen (Armee) *aufstülpen, überstülpen,

*herausziehen (Schlüssel) *abrücken, zurückziehen, weichen *abstreifen, abnehmen *einbehalten

**Abzug:** Preisnachlaß, Skonto, Rabatt, Preisrückgang, Preisabbau *Rückzug, Abgang *Abrechnen, Abziehen (Steuern, Abgaben) *Kopie, Nachbildung

**abzüglich:** abgezogen, abgerechnet, exklusive, ohne

**abzweigen:** wegnehmen, erübrigen, einsparen, abzwacken, abknappen, vom Munde absparen *gabeln, verzweigen, teilen, abgehen

**achtbar:** geehrt, geschätzt, gewürdigt, bewundert, vergöttert, respektiert, honoriert, geachtet *anerkennenswert, ehrenhaft, beachtlich, lobenswert, verdienstlich, löblich, rühmenswert, rühmlich, beachtenswert

**achten:** respektieren, würdigen, hochachten, schätzen, bewundern, vergöttern, ehren, anbeten, anerkennen, honorieren, *auf etwas achten: befolgen, nachkommen, beachten, beherzigen, einhalten (Gesetze) *aufpassen, beschützen (Kind)

**achtgeben:** aufpassen, zuhören, s. sammeln / konzentrieren, aufmerksam sein, aufmerken, achthaben, (be)achten, bemerken, Beachtung schenken

**achtlos:** unachtsam, gleichgültig, unaufmerksam, unkonzentriert, fahrig, schusselig, unbedacht, sorglos, gedankenlos, nachlässig, flüchtig, huschelig, oberflächlich, unordentlich, ungenau

**Achtlosigkeit:** Unachtsamkeit, Gleichgültigkeit, Unbedachtsamkeit, Sorglosigkeit, Nachlässigkeit, Gedankenlosigkeit, Unbesonnenheit, Unkonzentriertheit, Oberflächlichkeit, Unordentlichkeit, Ungenauigkeit

**achtsam:** wachsam, aufmerksam, hellhörig, konzentriert

aufziehen (Schutzhülle) *aufstecken, anstecken, überstreifen (Ring) *addieren, dazufügen, dazuzählen, hinzuzählen, aufschlagen, dazukommen, zulegen (Summe) *schreiben, anfertigen (Matrize, Druckvorlage)

**Abzug:** Einfall, Überfall, Einmarsch, Invasion, Okkupation, Besetzung (Armee) *Einzug (Stadion) *Original (Foto) *Aufkommen, Herannahen, Anzug (Gewitter) *Addition, Hinzuzählen, Zusammenzählen *Aufmarsch (Wachposten) *Zulage, Gratifikation, Zuschlag *Lob, Belobigung, Anerkennung *Eintritt (Gase) *Lüftung

**abzüglich:** zuzüglich, hinzukommend, unberechnet *inklusive, zuzüglich, einschließlich, eingeschlossen, inbegriffen, einbezogen

**abzweigen:** zusammenlaufen, (s.) vereinigen, (ein)münden (Straße) *anhäufen, (auf)häufen, dazulegen, vermehren

**achtbar:** normal, gewöhnlich, durchschnittlich (Leistung, Mensch, Erfolg) *unterdurchschnittlich, mangelhaft, ungenügend, miserabel

**achten:** verachten, geringschätzen, verächtlich machen, demütigen, herabsetzen, herabwürdigen, hassen, mißachten, anfeinden, unsympathisch finden, nicht leiden mögen *auf etwas achten: nicht beachten, ignorieren, außer acht lassen, übersehen

**achtgeben:** unkonzentriert / unaufmerksam / achtlos / fahrig / nervös sein

**achtlos:** konzentriert, aufmerksam, achtsam, (an)gespannt, angestrengt *andächtig (Gottesdienst) *vorsichtig, umsichtig, aufmerksam (Verkehr)

**Achtlosigkeit:** Vorsicht, Konzentration, Umsicht, Aufmerksamkeit, Sammlung *Andacht, Sammlung, Meditation, Konzentration (Gottesdienst)

**achtsam:** unaufmerksam, unachtsam, unkonzentriert, oberflächlich *unandächtig *unvorsichtig, fahrlässig, unaufmerksam (Verkehr)

**Achtung:** Respekt, hohe Meinung, Hochachtung, Verehrung, Ehrerbietung, Ehrerweisung, Ehrfurcht, Anerkennung, Bewunderung, Wertschätzung, Rücksicht, Pietät

**Adamskostüm:** Nacktheit (Mann)
**adäquat:** angemessen, entsprechend, stimmig, in s. stimmend

**addieren:** (da)zuzählen, zusammenzählen, hinzuzählen, hinzufügen
**Addition:** das Addieren / Zusammenzählen, Hinzufügung
**ad libitum:** beliebig, nach Belieben / Wunsch/Wahl/Gutdünken, irgendein, wunschgemäß
**Adressant:** Absender, Briefschreiber, Partner, Schreiber, Korrespondent, Briefpartner
**Adressat:** Empfänger, Partner, Korrespondent, Briefpartner
**adrett:** sauber, ordentlich, gepflegt, frisch *nett, freundlich, entgegenkommend, gutgesinnt
**Affekt:** Erregung, Aufregung, Aufgeregtheit, Überreizung, Überspanntheit, Überspannung
**affektiert:** geziert, gezwungen, unecht, unnatürlich, gespreizt, gekünstelt

**Affirmation:** Zustimmung, Billigung, Einverständnis, Genehmigung, Gewährung, Einwilligung
**affirmativ:** zustimmend, billigend, gutheißend, zusagend, einwilligend, bejahend, bekräftigend, bestätigend
**Aggression:** Angriff, Überfall, Anschlag, Attacke, Einfall, Einmarsch, Erstürmung, Sturm, Invasion, Vorstoß
**aggressiv:** streitbar, angriffslustig, grimmig, kampfbereit, kampfesfreudig, kampfeslustig, herausfordernd, hitzig, zanksüchtig, streitsüchtig, händelsüchtig

**agil:** wendig, beweglich, geschäftig, geschickt, gewandt
**ähneln:** gleichen, ähnlich (aus)sehen / sein, nach jmdm. arten / kommen /

**Achtung:** Nichtachtung, Respektlosigkeit, Geringschätzung, Abschätzigkeit, Abfälligkeit, Pejoration, Verächtlichmachung, Haß, Anfeindung, Mißachtung, Demütigung, Entwürdigung, Verachtung, Herabsetzung, Herabwürdigung *Naserümpfen, Achselzucken, Zuzwinkern
**Adamskostüm:** Evaskostüm
**adäquat:** inadäquat, nicht entsprechend, unangemessen, ungleich, verschieden
**addieren:** subtrahieren, abziehen, wegnehmen
**Addition:** Subtraktion, Abzug, Wegnahme
**ad libitum:** festgelegt, festgesetzt *obligat, unerläßlich, erforderlich, unentbehrlich (Musik)
**Adressant:** Empfänger, Adressat

**Adressat:** Absender, Schreiber, Briefschreiber, Adressant
**adrett:** unordentlich, schlampig, häßlich, geschmacklos, unschön *schmutzig
**Affekt:** Vorsatz, Absicht, Plan *im Affekt:** vorsätzlich, absichtlich, geplant, bei voller Besinnung
**affektiert:** natürlich, ungezwungen, zwanglos, leger, lässig, ungehemmt, unbefangen, ungeniert, gelöst, frei, nachlässig, salopp, formlos, informell
**Affirmation:** Negation, Verneinung, Ablehnung, Abweisung, Absage, Weigerung, Zurückweisung, Abfuhr
**affirmativ:** negativ, verneinend, ablehnend, abweisend

**Aggression:** Verteidigung, Defensive, Abwehr, Gegenwehr, Notwehr, Widerstand *Rückzugsgefecht (Militär)
**aggressiv:** friedlich, friedfertig, friedliebend, defensiv, abwehrend *gebrochen, deprimiert, entmutigt, mutlos, niedergeschmettert, resigniert, verzweifelt, verzagt, gedrückt *schwach, harmlos, feigherzig, memmenhaft, mutlos, hasenherzig, ängstlich, furchtsam, zag(haft), kleinmütig, feige
**agil:** träge, langweilig, stur, unbeweglich
**ähneln:** unähnlich/verschieden/anders sein, s. nicht ähneln, verschieden aus-

schlagen / geraten, nachschlagen
**ahnen:** vermuten, annehmen, erahnen, erwarten, kalkulieren, mutmaßen, befürchten, schätzen, spekulieren, wähnen, rechnen mit, s. etwas zusammenreimen / einbilden
**ähnlich:** annähernd gleich, gleichartig, vergleichbar, verwandt, analog, s. entsprechend / gleichend / ähnelnd

**Ähnlichkeit:** Gleichartigkeit, Verwandtsein, Vergleichbarkeit, Verwandtschaft, Analogie, Entsprechung, Übereinstimmung
**Ahnung:** Vorgefühl, Vermutung, Gefühl, innere Stimme, Befürchtung, Besorgnis, sechster Sinn, Vorahnung, Vorherwissen
**ahnungslos:** nichtsahnend, unwissend, nichts Böses ahnend

**ahnungsvoll:** Böses ahnend, vor(aus-)ahnend *aufgeklärt, unterrichtet *(mit)wissend
**Akkord:** Zusammenklang, Durakkord, Mollakkord, Grundakkord, Nebenakkord, Hauptakkord, Dreiklang, Vierklang, Fünfklang, Nomenakkord, Arpeggio, gebrochener Akkord *Akkordarbeit
**akkurat:** pingelig, gewissenhaft, (sehr) sorgfältig, genau, pedantisch, gründlich, sorgfältig, eigen
**Aktenordner:** Ordner, Hefter, Schnellhefter, Briefordner, Aktendeckel
**Aktenständer:** Aktenschrank, Bock, Aktenbock, Ablage
**Aktentasche:** Tasche, Mappe, Aktenmappe, Aktenköfferchen, Diplomatentasche, Diplomatenköfferchen, Schultasche, Büchertasche
**Aktion:** Maßnahme, Unternehmen, Unternehmung, Vorgehen, Handlung, Tat

**aktiv:** unternehmungslustig, unternehmend, betriebsam, tätig, regsam, rührig, geschäftig, fleißig, arbeitsam, tüchtig, arbeitswillig, ehrgeizig, eifrig, emsig, rastlos, wagemutig, unermüdlich, nimmermüde, forsch, kühn
**Aktiv:** Tatform
**aktives Wahlrecht:** Recht zu wählen
**Aktivität:** Tatkraft, Tätigkeitsdrang,

sehen
**ahnen:** wissen, vorhersehen

**ähnlich:** verschieden(artig), unterschiedlich, unähnlich, ungleich, grundverschieden, abweichend, divergent, andersartig *identisch, übereinstimmend, gleich
**Ähnlichkeit:** Unterschied, Differenz, Abweichung, Gegensatz, Kontrast, Divergenz, Ungleichheit *Gleichheit, Identität, Kongruenz
**Ahnung:** Wissen, Sicherheit, Tatsache, Realität, Gewißheit *Ahnungslosigkeit, Unwissenheit, Unkenntnis, Nichtwissen, Unvorbereitetsein
**ahnungslos:** ahnungsvoll, vor(aus)ahnend *(mit)wissend *unterrichtet, informiert, wissend, aufgeklärt
**ahnungsvoll:** ahnungslos, nichtsahnend, unvorbereitet, unwissend, nichts Böses ahnend
**Akkord:** Ton *Zeitarbeit

**akkurat:** inakkurat, mangelhaft, ungenau, nachlässig, schlampig, oberflächlich
**Aktenordner:**

**Aktenständer:**

**Aktentasche:**

**Aktion:** Passivität, Pause, Ruhe, Unterbrechung, Rast *Reaktion, Antwort, Wirkung, Gegenwirkung, Gegenbewegung
**aktiv:** passiv, inaktiv, träge, tatenlos, untätig, ruhig, gelassen *aufnehmend, empfangend, rezeptiv *abwartend, zurückhaltend, vorsichtig

**Aktiv:** Passiv, Leideform
**aktives Wahlrecht:** passives Wahlrecht
**Aktivität:** Passivität, Tatenlosigkeit,

Unternehmungsgeist, Unternehmungslust, Anstrengung, Betätigungsdrang, Betriebsamkeit, Regsamkeit
**aktuell:** akut, spruchreif, brisant, ausgegoren *zeitgemäß *(brand)neu
**Akupressur:** (chinesisches / asiatisches) Heildrücken

**Akupunktur:** Nadelung, fernöstliche Medizin, Körperakupunktur, Laserakupunktur, Ohrakupunktur
**akut:** vordringlich, unvermittelt / plötzlich auftretend, schnell verlaufend

**akzeptabel:** annehmbar, brauchbar, geeignet, passabel, leidlich, erträglich, zufriedenstellend, ausreichend
**akzeptieren:** gutheißen, annehmen, anerkennen, genehmigen, bejahen, beipflichten, ja sagen zu, sanktionieren, legitimieren, unterschreiben, einverstanden sein, erlauben, (zu)billigen, seine Zustimmung geben, die Genehmigung / Erlaubnis geben / erteilen, zugeben, gestatten, begrüßen, übereinstimmen mit, einwilligen, einräumen, zulassen, beistimmen, etwas (für) richtig / nicht für falsch finden, zustimmen, konform gehen, dafür sein, tolerieren, dulden, respektieren, eingehen, konzedieren
**alarmieren:** warnen, Alarm / Lärm schlagen, schreien, aufmerksam machen, zu Hilfe rufen
**albern:** lächerlich, komisch, kindisch, töricht, simpel, infantil, läppisch *aufgekratzt, ausgelassen *kaspern, herumalbern, Dummheiten machen, spaßen
**alkoholfrei:** frei von Alkohol, ohne Alkohol

**alkoholhaltig:** Alkohol enthaltend, alkoholisch, hochprozentig, (hoch)geistig, berauschend
**alle:** jeder(mann), allesamt, sämtliche, vollzählig, allerseits, ohne Ausnahme, jedweder, ausnahmslos, wer auch immer, samt und sonders, groß und klein, arm und reich, Kind und Kegel, jung und alt, hoch und nieder, alle Altersstufen, alle Welt, die verschiedensten, alle möglichen, Menschen jeder Sorte *verbraucht, zu Ende

Untätigkeit, Ruhe, Gelassenheit, Trägheit *Zurückhaltung, Reserviertheit, Vorsicht
**aktuell:** von gestern, gestrig, veraltet, unzeitgemäß, alt *zeitlos
**Akupressur:** Akupunktur, (fern)östliche Medizin *klassische Massage / Medizin
**Akupunktur:** Akupressur, chinesisches / asiatisches Heildrücken *klassische / westliche / europäische Medizin
**akut:** chronisch, schleichend, langsam verlaufend (Krankheit) *unmerklich, latent, un(be)merkbar, versteckt, verborgen, unbemerkt
**akzeptabel:** inakzeptabel, unannehmbar, unbrauchbar

**akzeptieren:** (an)bieten, vorschlagen, darbieten *feilbieten *zurückweisen, ablehnen, mißbilligen, verwerfen, verschmähen, nicht akzeptieren

**alarmieren:** besänftigen, beruhigen, beschwichtigen, trösten *entwarnen (Sirene)
**albern:** reif, vernünftig, erwachsen, gemessen, gesetzt, besonnen, ausgeglichen, bedachtsam, beherrscht, still (Verhalten)

**alkoholfrei:** alkoholhaltig, alkoholisch, (hoch)geistig, hochprozentig, berauschend
**alkoholhaltig:** frei von Alkohol, ohne Alkohol, alkoholfrei

**alle:** keiner, niemand *einige, mancher, wenige, ein paar, einzelne *ein, zwei, drei, vier usw. *teilweise, zum Teil *unverbraucht, voll

**allein:** ohne Gesellschaft, einsam, verlassen, ohne Hilfe *nur, ausschließlich *jedoch, aber, indes

**allein:** mit anderen, nicht allein, zusammen, begleitet, gesellig, in Gesellschaft / Begleitung (von), zu zweit / dritt / viert / usw. *dabei *verheiratet *integriert, aufgenommen, akzeptiert, toleriert *geschützt, unterstützt

**alleinstehend:** für sich, einzeln stehend (Haus) *nicht verheiratet, ohne Familie / Verwandte

**alleinstehend:** verheiratet, zu zweit *eingereiht, angebaut, zusammengebaut, umrahmt (Haus)

**alles:** restlos, total, absolut, ohne Ausnahme, vollends, im ganzen, alles in allem, alles eingerechnet, das Gesamt / Ganze

**alles:** kein, (gar) nichts *etwas, ein bißchen, ein wenig

**allgemein:** gesamt, universal, (erd)umfassend, supranational, universell, weltumspannend, überall verbreitet, gemeinsam, global, international, weltweit, weltumfassend *nicht speziell, nur so *vage, ungenau, unklar, unbestimmt

**allgemein:** besonders, speziell, ausschließlich, bestimmt, besondere, insbesondere, hauptsächlich, vorzugsweise, ausdrücklich, vor allem, vornehmlich *persönlich, namentlich *konkret, gegenständlich, anschaulich *zutreffend, konkret (Worte)

**Allgemeinarzt:** Doktor, praktischer Arzt, Allgemeinmediziner, Hausarzt

**Allgemeinarzt:** Facharzt *Fachmediziner

**Allgemeinwissen:** Allgemeinbildung, Halbbildung

**Allgemeinwissen:** Fachwissen, Spezialwissen

**Allheilmittel:** Medikament, Allerweltsmittel, Universalmittel, Patentmedizin, Mittelchen

**Allheilmittel:** Spezialpräparat, Spezialmittel, Spezialmedikament

**allmählich:** langsam, nach und nach, schrittweise, sukzessive, kaum merklich, der Reihe nach, nacheinander, Schritt für Schritt, mit der Zeit, auf die Dauer

**allmählich:** plötzlich, jäh, abrupt, jetzt, auf einmal, mit einem Mal, unversehens, unvorhergesehen, unvermutet, unerwartet, unverhofft, überraschend, schlagartig, sprunghaft, über Nacht

**Alltag:** Werktag, Wochentag, Arbeitstag *gleichförmiges / tägliches Einerlei

**Alltag:** Feiertag, Festtag, Sonntag *Ferien, Urlaub

**alltäglich:** täglich, jeden Tag, Tag für Tag, alle Tage, immer am Tage *durchschnittlich, gewöhnlich, üblich, gebräuchlich, landläufig, gewohnt, regelmäßig, usuell, (weit)verbreitet, normal, tiefverwurzelt, eingewurzelt, gängig, regulär

**alltäglich:** sonntäglich, festtäglich, feiertäglich, festlich, feierlich *außergewöhnlich, hervorragend, phantastisch, ungewöhnlich, einmalig, selten, unwahrscheinlich, merkwürdig, sonderbar *gehoben, poetisch *märchenhaft, phantastisch, abenteuerlich *originell, eigenständig

**alt:** abgelebt, altersgrau, abgeklärt, angejahrt, bejahrt, betagt, grauhaarig, grauköpfig, silberhaarig, steinalt, uralt, verbraucht, vergrämt, weise, weißhaarig, verlebt, verbittert, runzelig, hochbetagt, angegraut, altersschwach *antiquarisch, gebraucht, second hand, aus zweiter Hand, nicht mehr neu, getragen *wertlos *morsch, brüchig, zerfallen, verfallen, verkommen, baufällig, schrottreif, altersschwach *langweilig, bekannt, uninteressant, überholt *früher, ehemalig, vorherig, gewe-

**alt:** jung (Mensch, Wein) *jung, jugendlich, blutjung, unfertig, unreif, unerfahren, grün, frisch (Mensch) *jung, angehend (Künstler) *modern, neu (Haus) *frisch, neu, weiß (Schnee) *frisch, neu (Wunde) *(nagel)neu, ungebraucht, ladenneu, ladenfrisch (Gegenstand, Kleider) *(ofen)frisch, warm (Brot) *jetzig, gegenwärtig, derzeitig (Generation)

sen, vergangen, vormalig, verflossen *mehrjährig, jahrelang, langjährig *abgestanden, ungenießbar, verdorben, verfault, schimmelig, ranzig, gärig, sauer, schlecht, wurmstichig, altbacken *altmodisch, gestrig, unmodern, veraltet, uralt, altertümlich

**altbacken:** alt, trocken, hart, nicht mehr frisch *altmodisch, unmodern, veraltet, uralt, altertümlich, gestrig

**Alte:** alter Mann, alte Frau, Greis(in), Opa, Oma, Graukopf, Großvater, Großmutter, Urgroßmutter, Urgroßvater, Uroma, Uropa, Pensionär(in) *Muttertier

**Alter:** Bejahrtheit, Langlebigkeit, Lebensabend, Greisenalter

**altern:** alt / grau werden, ergrauen, verfallen, verkalken, vergreisen

**altersschwach:** gebrechlich, schwach, zittrig, elend, hinfällig, klapp(e)rig *morsch, brüchig, zerfallen, verfallen, verkommen, baufällig, schrottreif

**Älteste(r):** älteste Tochter, Größte(r), Große(r), ältester Sohn, Erstgeborene(r)

**althergebracht:** herkömmlich, hergebracht, (alt)ehrwürdig, überkommen, traditionell, ererbt, üblich, (alt)überliefert

**Altherrenmannschaft:**

**altklug:** unkindlich, frühreif

**Altmaterial:** Schrott, Abfall, Alteisen, Altpapier, Altglas, Altwaren, Altmetall

**altmodisch:** unmodern, gestrig, veraltet, uralt, abgelebt, vorsintflutlich, altertümlich, antiquarisch, antiquiert

**Altruismus:** Selbstlosigkeit, Aufopferung, Uneigennützigkeit, Edelmut, Edelsinn, Selbstverleugnung, Selbstüberwindung

**Altruist:** uneigennütziger / aufopfernder / selbstloser / edelmütiger / sanftmütiger / edler Mensch

**altruistisch:** selbstlos, aufopfernd, uneigennützig, edel(mütig), sanftmütig, beseelt, innig, seelenvoll, fühlend

**Altstadt:** Innenstadt, City, Stadtmitte, Stadtkern, Zentrum, Stadtzentrum

**Amateur:** Nichtfachmann, Laie, Außenstehender, *Amateursportler, Frei-

**altbacken:** neubacken, (ofen)frisch, warm (Brot) *fortschrittlich, neuzeitlich, neumodisch, modern (Ansichten)

**Alte:** Baby, Kleinkind, Säugling *die Jugend / Jungen *das Junge (Tier)

**Alter:** Kindheit, Jugend, die Jungen, Halbwüchsige, Teenager, Jugendliche, junge Generation *Blüte(zeit)

**altern:** s. verjüngen *jung / rüstig bleiben, s. jung (er)halten

**altersschwach:** neu (Möbel) *jung, gesund, frisch, (geistig) beweglich (Mensch)

**Älteste(r):** Jüngste(r), Kleinste(r), Kleine(r), Nesthäkchen, Küken, Nestküken, Benjamin

**althergebracht:** neu(artig), fortschrittlich, aktuell, erneuert, modern, modisch, nagelneu, neumodisch, neuzeitlich, taufrisch, originell, ultramodern, unerprobt, supermodern

**Altherrenmannschaft:** Jugend(mannschaft) (Sport)

**altklug:** kindlich, kindisch, naiv

**Altmaterial:** wiederaufbereitetes Material, neue Ware, Fabrikware

**altmodisch:** modern, zeitgemäß, neu(modisch), neuzeitlich *chic, schick, up to date, ultramodern (Mode)

**Altruismus:** Egoismus, Eigennutz, Ichsucht, Ichbezogenheit, Selbstsucht

**Altruist:** ichbezogener / selbstsüchtiger / eigennütziger Mensch, Egoist

**altruistisch:** egoistisch, eigennützig, selbstisch, ichsüchtig, ichbezogen

**Altstadt:** Neustadt, Neubaugebiet, Stadtrand, Siedlung, Trabantenstadt

**Amateur:** Profi, As, Professional (Sport) *Fachmann, Experte, Sach-

zeitsportler

**ambulant:** herumziehend, umherziehend, wandernd, ohne festen Sitz / Wohnsitz, nicht ortsgebunden *ohne Krankenhausaufenthalt (Behandlung)

**amnestieren:** begnadigen, vergeben, verschonen, verzeihen, lossprechen

**amoralisch:** moralisch verwerflich, sittenlos, anstößig, pikant, schlecht, unanständig, unkeusch, lasterhaft, liederlich, ruchlos, schlüpfrig, ungehörig, unmoralisch, unschicklich, verdorben, unzüchtig, unsittlich, unziemlich, zuchtlos, wüst, ungebührlich, verworfen, verrucht, unsolide, zotig, zweideutig

**amorph:** formlos, gestaltlos, unstrukturiert, ungegliedert, strukturlos, nicht strukturiert / gegliedert, ohne Gliederung

**Amputation:** Trennung, Abtrennung, Resektion, Exzision, Ablation, Gliedabsetzung, Absetzung, Abtragung, Gliedabtragung, Exartikulation

**amputieren:** abtrennen, resezieren, abmachen, operativ entfernen

**amtlich:** öffentlich, offiziell, behördlich, halbamtlich, offiziös

**Amtsdeutsch:** Behördensprache, Behördendeutsch, Verwaltungssprache, Papierdeutsch, Behördenstil, Amtsstil, Kanzleistil

**Amtsdiener:** Gerichtsdiener, Amtsbote, Hilfskraft

**Amtseinführung:** Amtseinsetzung, Investitur, Ordination, Installation, Vereidigung

**Amulett:** Talisman, Fetisch, Maskottchen, Glücksbringer, Götzenbild, Totem

**amüsant:** lustig, interessant, belustigend, fröhlich, vergnüglich

**Amüsement:** Unterhaltung, Vergnügen, Zerstreuung, Belustigung, Ablenkung, Kurzweil, Zeitvertreib, Gaudi(um)

**amüsieren (s.):** s. belustigen / vergnügen / erfreuen / erheitern / ergötzen / genießen, Freude / Wohlgefallen ha-

kenner, Sachkundiger, Kenner, Könner, Spezialist

**ambulant:** stationär *(haus)ärztliche (Behandlung) *ortsfest, ortsgebunden, stationär, stillstehend, bleibend

**amnestieren:** sitzen / verbüßen / absitzen lassen (Strafe)

**amoralisch:** moralisch, sittlich, ethisch *sittenstreng, puritanisch (Erziehung)

**amorph:** (auf)gegliedert, untergliedert, (an)geordnet, aufgefächert

**Amputation:** Heilung, Wiederherstellung *Reimplantation (Körperteil)

**amputieren:** heilen, wiederherstellen *reimplantieren (Körperteil)

**amtlich:** inoffiziell, nichtamtlich, außerdienstlich *privat *unglaubwürdig

**Amtsdeutsch:** Mundart, Dialekt

**Amtsdiener:**

**Amtseinführung:** Entlassung *Fall, Amtsentfernung, Entmachtung, Sturz, Ablösung, Enthebung, Suspendierung, Entthronung

**Amulett:**

**amüsant:** langweilig, traurig, ernst, uninteressant, trostlos, trist, fade, reizlos, gleichförmig, unlebendig, eintönig, einförmig, einschläfernd, ermüdend, monoton

**Amüsement:** Langeweile, Ernst, Eintönigkeit, Öde, Reizlosigkeit, Traurigkeit, Gleichförmigkeit, Tristesse, Monotonie, Einförmigkeit, Trostlosigkeit, Fadheit

**amüsieren (s.):** s. langweilen / nicht interessieren

ben, Gefallen finden an

**amusisch:** unmusisch, unschöpferisch, unkünstlerisch, unbegabt *banausisch

**amusisch:** musisch, schöpferisch, künstlerisch (begabt) *kunstsinnig, kunstverständig, kunstempfänglich

**an:** annähernd, nahezu, ungefähr *(dicht) bei

**an:** ab, von, aus (Ort) *aus (Vorgang)

**anal:** rektal, per anum, per rectum, zum After gehörend

**anal:** oral, per os, den Mund betreffend, durch den Mund

**Analyse:** Aufgliederung, Zergliederung, Zerlegung *Untersuchung, Kritik, Prüfung

**Analyse:** Synthese, Zusammenfügung *Aufbau (chem. Verbindung)

**analytisch:** zergliedernd, zerlegend

**analytisch:** synthetisch, zusammensetzend *künstlich hergestellt (Chemie)

**Anarchie:** Gesetzlosigkeit, Chaos, Herrschaftslosigkeit

**Anarchie:** Ordnung, geordneter Zustand

**anarchisch:** gesetzlos, anarchistisch, chaotisch, herrschaftslos, ungeordnet

**anarchisch:** geordnet, geregelt

**Anbau:** Bebauung, Bestellung, Anpflanzung, Bewirtschaftung, Bepflanzung, Feldbestellung, Kultivierung

**Anbau:** Ernte (Früchte) *Weinlese *Hauptgebäude

**anbauen:** bebauen, bestellen, anpflanzen, bewirtschaften, bepflanzen, kultivieren *erweitern, vergrößern

**anbauen:** ernten (Früchte) *lesen (Wein) *abreißen, abtragen (Gebäude)

**anbehalten:** anlassen, nicht ablegen / ausziehen / wechsel

**anbehalten:** ablegen, ausziehen, wechseln (Kleidungsstück)

**anbei:** beiliegend, im Inneren, innen, in der Anlage, anliegend

**anbei:** extra, gesondert, getrennt, besondere (Postsendung)

**anbelangen:** betreffen, angehen, s. beziehen auf, zusammenhängen mit

**anbelangen:** nichts angehen, unwichtig sein (für)

**anberaumen:** festlegen, einberufen, festsetzen, bestimmen *ansetzen, auf das Programm / den Spielplan setzen, ins Auge fassen, vorsehen

**anberaumen:** absetzen, absagen (Termin) *verschieben, ändern

**anbieten:** antragen, offerieren, s. erbieten / anheischig machen, andienen *feilhalten, verkaufen, offerieren, feilbieten, anpreisen *bereitstellen *bestechen *(dar)reichen, darbieten

**anbieten:** kaufen, erwerben (Waren) *zurückweisen, abschlagen, ablehnen *(an)nehmen, akzeptieren, übernehmen (Lösung) *bitten, fragen

**anbinden:** fesseln *zusammenbinden, (fest)binden, befestigen, anmachen

**anbinden:** (los)lösen, losbinden, losmachen, abbinden (Boot, Tier, Gegenstand) *(nicht) vertragen, (nicht) auskommen (mit)

**anblicken:** anschauen, beschauen, ansehen, betrachten, beobachten, besichtigen, studieren, anstarren, mustern, fixieren, begutachten

**anblicken:** wegschauen, wegsehen, vorbeiblicken, s. abwenden, vorbeisehen, vorbeischauen, den Blick abwenden *die Augen (ver)schließen

**anbrechen:** anfangen, beginnen, eintreten, kommen *zu verbrauchen / verwenden beginnen *gebrauchen, benötigen *benutzen, in Benutzung / Verwendung nehmen *zum ersten Mal verwenden / benutzen

**anbrechen:** enden, zu Ende gehen (Zeit) *(stand)halten (Material) *speichern, lagern, horten, nicht anbrechen (Material, Vorrat) *schneiden (Brot) *durchbrechen (Material)

**anbringen:** aufhängen, ankleben, befestigen, festmachen *verkaufen, feilbieten, anbieten *herbeibringen, herbei-

**anbringen:** (ab)lösen, entfernen, abmachen, wegmachen *erwerben, kaufen (Waren) *liefern (Waren) *forttra-

tragen, herbeischaffen

**Anbruch:** Beginn, Anfang, Anbeginn, Eröffnung *Auftakt, Start(schuß)

**andächtig:** aufmerksam, (an)gespannt, angestrengt, konzentriert, versunken

**andauern:** (fort)dauern, währen, fortbestehen, anhalten, s. hinziehen

**änderbar:** variabel, verbesserlich, veränderlich

**andere:** nicht derselbe, der zweite, weitere, der nächste / folgende / vorausgehende *andersartig, nicht gleich

**ein andermal:** nicht jetzt, sondern später, nachher, irgendwann, demnächst, zukünftig, in absehbarer Zeit, nächstens

**ändern:** umändern, abändern, umarbeiten, überarbeiten, umgestalten, revidieren, modifizieren, korrigieren, umformen, umsetzen, umwandeln, transformieren, ummodeln, verändern, (ab)wandeln, umfunktionieren, variieren, verwandeln, ummünzen, anders werden / machen, novellieren (Gesetz), verbessern *wechseln, ersetzen

**ander(e)nteils:** andererseits, zum anderen Teil

**andererseits:** jedoch, aber, indes(sen), dagegen, (da)hingegen, dabei, doch, immerhin, zum mindesten, mindestens, wenigstens, hinwieder(um), wiederum, freilich, allerdings, höchstens, sondern, nur, allein, im Gegensatz dazu, demgegenüber

**anders:** sonst *unterschiedlich, abweichend, divergent, andersartig, grundverschieden, auf andere / abweichende Art, verschieden(artig) *neu, unbekannt, fremd

**andersartig:** unterschiedlich, verschieden(artig), grundverschieden, abweichend

**andersgläubig:** heterodox

**andeutungsweise:** vage, verschwommen, schemenhaft, unklar, unscharf, undeutlich, nebelhaft, schattenhaft, ungenau, unbestimmt

**andrehen:** aufbürden, aufhalsen, aufladen, abschieben / abwälzen auf, zuschieben *anstellen, einschalten, an-

gen, wegtragen, wegbringen, fortschaffen, fortbringen

**Anbruch:** Ende *Abend, Nacht

**andächtig:** unkonzentriert, oberflächlich, unaufmerksam, unruhig

**andauern:** enden, aufhören, vorbeigehen, vergehen, vorübergehen, abbrechen, vorbei / vorüber sein *wechseln, s. ändern (Zeiten)

**änderbar:** schon immer, fest, seit Generationen *unabänderlich, unumstößlich (Gesetz)

**andere:** dieser *identisch, gleich, übereinstimmend *selbst, (der)selbe, (die-)selbe, (das)selbe, (der / die / das) gleiche

**ein andermal:** jetzt, gleich, sofort, unverzüglich, ohne Aufschub, unmittelbar, auf der Stelle, hier und jetzt, umgehend, prompt, postwendend

**ändern:** (be)lassen, (bei)behalten, bestehen lassen, stehenlassen, (aufrecht)erhalten *überliefern, weitergeben *nicht bearbeiten *s. ändern: andauern, währen, anhalten, verbleiben, gleich bleiben, (bestehen)bleiben, konstant bleiben, weiterbestehen

**ander(e)nteils:** einsteils, zum einen Teil

**andererseits:** einerseits, zum einen

**anders:** gleich, identisch, genauso, so (wie), ebenso

**andersartig:** gleich(wertig), gleichartig, identisch

**andersgläubig:** orthodox, rechtgläubig

**andeutungsweise:** offen, geradeheraus, unverhüllt, ungeschminkt *ausführlich, lang, genau, exakt, detailliert (Abhandlung)

**andrehen:** abdrehen, ausdrehen, schließen (Wasserhahn) *kaufen (Ware) *horten, lagern, speichern (Ware)

schalten, anmachen, anknipsen *betrügen, prellen, hintergehen, beschummeln, täuschen *aufschwatzen, überreden, überzeugen, bearbeiten, aufreden, bereden, breitschlagen, werben, erweichen, herumkriegen, beschwatzen

**aneinander:** zusammen, einer an den / der anderen

**aneinander:** getrennt, auseinander *geschieden

**aneinanderfügen:** zusammenfügen, zusammenheften, zusammensetzen, koppeln, kuppeln, verbinden, zusammenstückeln, zusammenflicken, verknüpfen

**aneinanderfügen:** zerlegen, auseinandernehmen, zerteilen *zerschnippeln (Papier) *demontieren

**anerkennen:** akkreditieren, bevollmächtigen, beglaubigen, (in seinem Amt) bestätigen, bekräftigen, für rechtmäßig / gültig erklären *(hoch-)achten, (ver)ehren, in Ehren halten, würdigen, bewundern, schätzen, anbeten, vergöttern, respektieren *loben, auszeichnen, belobigen, beloben, feiern, idealisieren, (lob)preisen, rühmen, verklären, verherrlichen

**anerkennen:** herabsetzen, tadeln, heruntersetzen, herabkanzeln, herunterreißen, verreißen, schelten, herabwürdigen *mißachten, mißbilligen, ablehnen, abschwören, zurückweisen, ausschlagen, abstreiten, verschmähen, ignorieren *widerlegen, widersprechen, entwaffnen, entkräften *klagen, s. beschweren, beanstanden

**anerkennend:** beifällig, zustimmend, lobend, würdigend

**anerkennend:** abschätzig, abfällig, geringschätzig, mißfällig, wegwerfend, despektierlich, absprechend

**Anerkennung:** Belobung, Belobigung, Lob(lied), Lobpreis(ung), Laudatio, Lobrede, Lobspruch, Lobgesang *Achtung, Hochachtung, Respekt, Ehrfurcht, Ehrerbietung, Bewunderung, Wertschätzung

**Anerkennung:** Ablehnung, Verachtung, Herabwürdigung, Herabsetzung, Mißachtung *Tadel, Rüge, Maßregelung, Vorwurf, Zurechtweisung

**anfachen:** anregen, aufregen, beleben, aufpulvern, aufpeitschen, stimulieren, animieren, anreizen, initiieren *entzünden, anstecken, (an)zünden, anbrennen, (an)schüren, entfachen, Feuer legen

**anfachen:** absterben (Liebe) *(aus)löschen, ersticken (Feuer) *mildern, dämpfen, unterdrücken (Begeisterung) *(weiter)streiten

**anfahren:** zu fahren beginnen, starten *heranbringen, herantransportieren, herbeischaffen *umstoßen, streifen, verletzen (Verkehrsteilnehmer) *ansteuern, Kurs nehmen (auf), anfliegen, anlaufen *zetern, zusammenstauchen, zurechtweisen, schmähen, anbrüllen, andonnern, attackieren, (aus)schelten, auszanken, (aus)schimpfen *servieren, auftischen, auftragen, auftafeln, vorsetzen, bewirten, reichen, kredenzen *zusammenstoßen, auffahren, rammen, zusammenfahren, zusammenprallen, zusammenknallen, kollidieren, knallen / fahren auf

**anfahren:** (an)halten, stoppen, bremsen (Fahrzeug) *unterbrechen (Zug) *liefern, abfahren, wegfahren (Ware) *loben, bestätigen, ermuntern, ermutigen, unterstützen

**anfällig:** schwach, schwächlich, labil,

**anfällig:** abgehärtet, resistent, wider-

kraftlos, nicht widerstandsfähig / stark
*empfänglich
**Anfälligkeit:** Empfänglichkeit *Labili-
tät, Schwachheit, Unbeständigkeit,
Kraftlosigkeit

**Anfang:** Anbeginn, Beginn, Anbruch,
Ausbruch, Start, Eröffnung, Auftakt,
Startschuß, Eintritt, erster Schritt
**anfangen:** beginnen, anpacken, eröffnen, starten, in die Wege leiten, in
Angriff nehmen, ausbrechen, anstimmen, intonieren, in Schwung kommen

**Anfänger:** Neuling, Debütant, Greenhorn, Novize, Newcomer, Unerfahrener, Schulanfänger
**anfängerhaft:** laienhaft, stümperhaft,
dilettantisch, unzulänglich, oberflächlich, nicht fachmännisch
**anfangs:** allmählich, zuerst, am Anfang, langsam, sukzessive, nach und
nach, schrittweise, der Reihe nach,
nacheinander
**anfechtbar:** beanstandbar, fehlerhaft,
falsch, gesetzwidrig, nicht richtig, unredlich, ungerecht, verkehrt
**anfechten:** beanstanden, angehen gegen, bemängeln, kritisieren, mißbilligen, monieren, reklamieren, beklagen,
Beschwerde einlegen / einreichen, Einspruch erheben, nörgeln, bestreiten,
nicht anerkennen, s. stören / stoßen an,
herumhacken, unmöglich finden, s. beschweren *beunruhigen, mit Sorge erfüllen, aufregen
**anfertigen:** (ver)fertigen, (zu)bereiten,
herstellen, fabrizieren, arbeiten (an),
basteln, modellieren, kneten, schnitzen, schmieden, meißeln, nähen, machen *verfassen, publizieren, edieren,
(nieder)schreiben
**anfeuchten:** naß machen, (be)nässen,
befeuchten, (be)netzen, einsprengen,
(be)sprengen, (be)sprühen, (be)sprit-
zen, (be)gießen, einspritzen, (be)wäs-
sern, berieseln, beregnen *trinken, die
Kehle ölen
**anfeuern:** anstacheln, anspornen, anstiften, aufstacheln, anzetteln, antrei-

standsfähig, immun (Krankheit)

**Anfälligkeit:** Widerstandsfähigkeit,
Resistenz, Unempfindlichkeit, Un-
empfänglichkeit, Immunität, das Ab-
gehärtetsein
**Anfang:** Ende, Schluß, Abschluß, Beendigung *Happy-End *Ausgang
*Weltuntergang *Mitte, Hälfte
**anfangen:** beenden, beendigen, abbrechen, aufgeben, aufstecken, aufhören,
(ab)schließen, vollenden, einstellen,
vorüber sein *aussteuern (Versicherung) *das Handtuch werfen (Box-
kampf) *(s.) verzögern, warten, hinhalten, zaudern, hin(aus)ziehen *fortsetzen, fortfahren, weitermachen, fortführen, weiterführen, dabeibleiben,
weiterverfolgen
**Anfänger:** Profi, Könner, Fortgeschrit-
tener, erfahrener Mann, Meister,
Fachmann, Experte
**anfängerhaft:** fachmännisch, meisterhaft, profihaft, profimäßig, gekonnt

**anfangs:** nachher, später, (zu)künftig,
fortan, weiterhin

**anfechtbar:** unanfechtbar, festgelegt,
eindeutig, zweifellos, richtig, fehlerfrei, recht, einwandfrei, korrekt
**anfechten:** anerkennen, nicht bestreiten (Sache, Testament)

**anfertigen:** verkaufen (Ware) *nicht
anfertigen (Protokoll)

**anfeuchten:** (ab)trocknen, abwischen,
abledern

**anfeuern:** beruhigen, besänftigen,
dämpfen, mildern, unterdrücken *ent-

ben, Beine / Dampf machen, in Gang
bringen, beflügeln, ermutigen
**anfliegen:** heranfliegen, ansteuern,
Kurs nehmen auf, herankommen, s.
nähern, anpeilen
**Anflug:** Heranfliegen, Annäherung,
Ansteuerung, Kurs (auf) *Hauch, Nuance, Andeutung, Spur
**Anfrage:** Frage, Nachfrage, Rückfrage, Erkundigung, Befragung, Interview, Umfrage, Bitte
**anfragen:** (be)fragen, (her)umfragen,
s. erkundigen / unterrichten / informieren / orientieren / umhören / umtun /
unterrichten, um Rat fragen, nachfragen, ausforschen, bitten, ausfragen,
auskundschaften, ausnehmen
**anfügen:** hinzufügen, hintanstellen, ergänzen

**Anfuhr:** Lieferung *Schelte, Tadel,
Maßregelung, Rüge, Zurechtweisung,
Vorwurf
**anführen:** leiten, befehligen, (führend)
vorangehen *zitieren, wörtlich wiedergeben *aufzählen, vorbringen, erwähnen *irreführen, veräppeln, verkohlen,
einen Bären aufbinden, nasführen, äffen, narren, anschmieren, foppen
**Anführer:** Gangleader, Haupt, Rädelsführer, Sprecher, Chef, Räuberhaupt-
mann, Bandenführer, Boß *Vorsitzender, Führer, Oberbefehlshaber

**Angeber:** Prahlhans, Großtuer, Aufschneider, Möchtegern, Gernegroß,
Maulheld, Schaumschläger, Besserwisser, Windbeutel, Münchhausen
**angeberisch:** protzig, großspurig, großsprecherisch, großtuerisch, prahlerisch, dünkelhaft
**angeboren:** ererbt, erblich, ange-
stammt, eingeboren, vererbbar, von
Geburt an vorhanden

**Angebot:** Offerte, Anerbieten, Inserat, Anzeige, Ausschreibung, Annonce, Insertion
**angebracht:** nötig, unerläßlich, notwendig, erforderlich, unentbehrlich,
sinnvoll *passend, zweckmäßig

mutigen

**anfliegen:** abfliegen, starten, abheben,
verlassen

**Anflug:** Start, Abflug, Departure

**Anfrage:** Beantwortung, Antwort,
Auskunft, Bescheid, Erwiderung, Entgegnung *Reaktion *Aufklärung
**anfragen:** beantworten, erwidern *entgegnen, entgegenhalten

**anfügen:** vorausschicken, vorausbe-
merken, vorwegsagen, einleitend bemerken, voranstellen (Text, Aussage)
*abbrechen, unterbrechen, unterbin-
den *streichen, weglassen, aussparen,
auslassen, fortlassen
**Anfuhr:** Abfuhr

**anführen:** mitgehen, mitlaufen, mit-
marschieren (Demonstration)

**Anführer:** Mitläufer, Mitglied (Ver-
brecherbande) *Anhänger, Gefolgschaft, Sympathisant *Fan (Popgrup-
pe) *Parteigenosse, Parteigänger, Parteimann, Mitglied *Angestellter, Mitarbeiter
**Angeber:** Tiefstapler *einfacher / be-
scheidener / genügsamer Mensch *Asket, Märtyrer, Einsiedler

**angeberisch:** bescheiden, zurückgezogen, genügsam, einfach *spartanisch
(Einrichtung)
**angeboren:** erworben, angeeignet, erlernt, trainiert (Kenntnisse, Verhalten)
*erwerben, bekommen, erhalten
(Leiden)
**Angebot:** Nachfrage, Bedürfnis (Waren) *Annahme, Übernahme *Bitte,
Forderung
**angebracht:** unangenehm, unangebracht, deplaciert, fehl am Platze, unpassend, unerwünscht, mißlich

**angeheitert:** lustig, betrunken, aufgekratzt, berauscht, angetrunken, benebelt, beschwipst, feuchtfröhlich

**angehen:** anfangen, beginnen, starten, eröffnen, in Angriff nehmen, in die Wege leiten *betreffen, berühren, zusammenhängen mit *zu brennen / leuchten beginnen

**angehend:** (zu)künftig, in der Ausbildung / Entwicklung stehend

**angelaufen kommen:** her(bei)kommen, herrennen, s. nähern

**angemeldet:** erwartet, vorangemeldet, (ein)geladen *immatrikuliert

**angemessen:** gebührend, ordentlich, geziemend, gehörig, gebührlich, schuldig, schicklich, adäquat *gleichwertig, entsprechend, äquivalent *zweckmäßig, geeignet, zweckentsprechend, zweckdienlich, sachdienlich

**angenehm:** behaglich, wohnlich, gemütlich, bequem, komfortabel, heimelig, lauschig, heimisch *erfreulich, günstig, vorteilhaft, willkommen, gut, positiv *sympathisch, hübsch, liebenswert, liebenswürdig, nett, anziehend, anmutig, einnehmend, toll, lieb, attraktiv, aufreizend, charmant *wohlriechend, duftend *appetitlich, wohlschmeckend, bekömmlich, gut *sonnig, warm, sommerlich, heiter *lustig, heiter, fröhlich *erfreulich, entspannt, entkrampft *sicher, gut, gesichert *willkommen, gern gesehen (Gast) *wohlklingend, rein, wohltönend *erfreulich, gut

**angeheitert:** nüchtern, trocken

**angehen:** ausgehen, verlöschen (Feuer, Lampe, Beleuchtung) *aufhören, (be-) enden, schließen (Veranstaltung) *geben, gewähren (Geld) *nicht angehen, unangebracht / deplaciert / unpassend / fehl am Platze sein (Frage) *nicht angehen / betreffen, egal sein (Problem) *nicht angehen, liegenlassen, bleibenlassen (Angelegenheit)

**angehend:** erfahren, gewandt, geschickt, alt, langjährig (Künstler, Arzt)

**angelaufen kommen:** flüchten, weglaufen, wegrennen, fortlaufen, davonlaufen, davonrennen

**angemeldet:** unangemeldet, unerwartet, plötzlich, unvermutet, unverhofft, überraschend (Besuch) *abgemeldet *exmatrikuliert (Hochschule)

**angemessen:** unangemessen, deplaziert, inadäquat, unbillig (Vorgehen) *faul (Methode) *falsch, unrichtig *unpassend, ungehörig *drastisch, wirkungsvoll, streng (Strafe) *(zu) gering / klein *überreichlich (Geschenke)

**angenehm:** unangenehm, unerfreulich, ärgerlich, unliebsam, verdrießlich, negativ, leidig, widrig, lästig, unbequem, unpassend, störend *fatal, peinlich (Angelegenheit) *sauer, unerfreulich, peinlich (Stimmung) *lästig, unerfreulich, unangenehm, widerlich, ungenießbar, böse, boshaft, bösartig, schlimm, garstig, unausstehlich, gemein, starrköpfig (Mensch) *schlecht, unangenehm, unerfreulich, traurig, betrüblich (Nachricht) *peinlich, unangenehm, unerfreulich, ärgerlich, unliebsam, ungemütlich (Situation) *bedauernswert, elend, erbärmlich, kläglich, jämmerlich, bejammernswert, beklagenswert (Leben) *lästig, störend, unliebsam, unangenehm (Besuch) *schrecklich, fürchterlich, entsetzlich, erschreckend, bestürzend, beängstigend, katastrophal, furchterregend, furchteinflößend, schauderhaft, horrend (Ereignis) *lästig, störend, unangenehm (Töne) *übel, eklig, unangenehm, ekelhaft, widerlich, widerwärtig, zuwider, abstoßend, unappetitlich, muffig, streng (Geruch) *unangenehm, lästig, störend (Gewohnheit) *unange-

**angenommen:** erfunden, erdichtet, erdacht, hypothetisch, ausgedacht, vorgetäuscht, fingiert *erworben, anerzogen

**angeregt:** spannend, lebhaft, munter, interessant, unterhaltsam

**angereichert:** konzentriert, verdichtet

**angeschwollen:** verdickt, dick *hoch (Wasserstand)

**angesehen:** geachtet, (hoch)geschätzt, populär, berühmt, anerkannt, geehrt, bewundert, verehrt, verdient, beliebt, geliebt, gefeiert, vergöttert, angebetet, volkstümlich, populär, renommiert, umschwärmt, bekannt, begehrt

**angestellt:** eingestellt, beschäftigt

**angetrunken:** berauscht, benebelt, beschwipst, feuchtfröhlich, betrunken, angeheitert, lustig, aufgekratzt
**angewandt:** praktisch, zweckmäßig

**angewiesen:** abhängig, unfrei, unselbständig
**angewöhnen:** zur Gewohnheit machen, s. aneignen, übernehmen, lernen, erziehen
**angezogen:** angekleidet, bekleidet, verhüllt, verdeckt *gefroren *fest (Schraube)

nehm, widerlich, übel, eklig, unappetitlich, ekelhaft, ekelerregend (Geschmack) *unangenehm, schlecht, unerfreulich, dumm, eigenartig (Gefühl) *schlecht, schlimm, garstig, unangenehm, häßlich, böse (Wetter)
**angenommen:** abgelehnt, zurückgewiesen, nicht angenommen, verweigert *bewiesen, sicher, abgesichert, belegt, nachgewiesen, gewiß, bestimmt
**angeregt:** langweilig, öde, trostlos, trist, fad(e), reizlos, anödend, ermüdend, eintönig, einförmig, einschläfernd, uninteressant (Mensch) *(dahin)schleppend, langweilig, im Sande verlaufend, uninteressant (Veranstaltung, Unterhaltung)
**angereichert:** verdünnt, unkonzentriert, pur, rein, natürlich
**angeschwollen:** abgeschwollen, zurückgegangen (Körperteil) *gesunken, normal, niedrig, gefallen, zurückgegangen (Fluß)
**angesehen:** nicht angesehen, verrufen, anrüchig, verschrien, übelbeleumdet, unbeliebt, halbseiden, verdächtig, fragwürdig, bedenklich, undurchsichtig, unheimlich, lichtscheu, zweifelhaft (Mensch) *dubios, ominös, zweifelhaft (Geschäfte) *unbekannt, fremd, nicht bekannt
**angestellt:** arbeitslos, beschäftigungslos, unbeschäftigt, ohne Beschäftigung / Arbeit / Anstellung, stellenlos, stellungslos, brotlos *freischaffend *entlassen, gekündigt, abgeschoben, suspendiert *entthront, entmachtet, entfernt (Herrscher) *verbeamtet *selbständig
**angetrunken:** nüchtern, trocken

**angewandt:** rein, theoretisch (Wissenschaft)
**angewiesen:** unabhängig, frei

**angewöhnen:** s. abgewöhnen, ablegen, entledigen, abwerfen, aufgeben (Sucht, Gewohnheit)
**angezogen:** nackt, ausgezogen, entkleidet, unbekleidet, entblößt, bloß, unverhüllt, frei, kleidungslos, unbedeckt, hüllenlos, splitternackt (Körper) *busenfrei, oben ohne, topless, barbusig (Oberkörper) *locker, lose, gelöst,

**angreifen:** herfallen über, überfallen, überraschen, losschlagen, zum Angriff übergehen, attackieren, bestürmen, eindringen, erstürmen, vorrücken, vormarschieren, (los)stürmen, die Flucht nach vorne antreten *persönlich werden, nicht (mehr) sachlich bleiben, beleidigen, kränken, schlechtmachen, verletzen, verwunden, treffen, (heftig) kritisieren, schmähen, verteufeln, verunglimpfen, diffamieren, anschwärzen, abqualifizieren, entwürdigen, verächtlich machen *schaden (Gesundheit) *zersetzen, beschädigen (Säure)
**angreiferisch:** aggressiv, streitbar, kämpferisch, händelsüchtig, zanksüchtig, streitsüchtig, kampfesfreudig, kampflustig, hitzig, herausfordernd, angriffslustig, offensiv
**angrenzen:** anrainen, anliegen, benachbart sein

**Angriff:** Attacke, Offensive, Aggression, Gegenangriff, Konterattacke, Luftangriff, Vorstoß, Überfall, Invasion, Anfall, Sturm, Überrumpelung *Beleidigung, Anfeindung, Beschimpfung, Diskriminierung, Rufmord, Schmähung, Verleumdung, Erniedrigung, Vorwurf, Kränkung, Verunglimpfung
**Angst:** Ängstlichkeit, Befangenheit, Bangigkeit, Bänglichkeit, Unsicherheit, Hemmungen, Scheu, Beklemmung, Beklommenheit, Furcht(samkeit), Panik, Phobie, Verlegenheit

**ängstigen:** Angst / einen Schrecken einjagen, angst (und bange) machen, einschüchtern, entmutigen, mutlos machen, Panik machen *s. ängstigen: s. fürchten / scheuen / gruseln, zurückschrecken, zurückscheuen, Furcht / Angst haben
**ängstlich:** furchtsam, bang, bänglich, scheu, gehemmt, angstvoll, aufgeregt, schreckhaft, verschüchtert, zag(haft), zähneklappernd, angstbebend, beklommen, benommen, verkrampft, angstverzerrt, verschreckt *feige, hasenherzig, kleinmütig, memmenhaft, mutlos, feigherzig *übertrieben, pingelig, genau, gewissenhaft, beamtenhaft, verhaftet

wackelig (Schraube) *(auf)getaut
**angreifen:** verteidigen, s. wehren, abwehren, abschlagen *(ver)hindern, vorbeugen, vereiteln, unterbinden, abstellen *flüchten, fliehen, entweichen, ausbrechen *loslassen *loben, anerkennen, bestätigen *anlegen (Vorräte)

**angreiferisch:** defensisv, friedlich, friedfertig *passiv

**angrenzen:** frei (Grundstück) *alleinstehend, freistehend (Haus) *inmitten, umgeben
**Angriff:** Abwehr, Gegenwehr, Notwehr, Verteidigung, Defensive *Widerstand *Flucht, Rückzug, Rückmarsch *Anerkennung, Belobigung

**Angst:** Mut, Tapferkeit, Selbstvertrauen, Kühnheit, Beherztheit, Furchtlosigkeit, Unerschrockenheit, Unverzagtheit, Courage, Zivilcourage, Wagemut, Bravour, Draufgängertum, Tollkühnheit
**ängstigen:** bestätigen, ermutigen, loben, unterstützen *beruhigen, trösten *s. ängstigen: Mut fassen, mutig / forsch sein, Mut haben

**ängstlich:** ungezwungen, zwanglos, unbefangen, ungeniert, frei *mutig, tapfer, heldenhaft, heldenmütig, todesmutig, heroisch, mannhaft, herzhaft, unverzagt, unerschrocken, furchtlos, kühn, wagemutig, waghalsig, verwegen, draufgängerisch, kämpferisch, tollkühn, entschlossen, keck, couragiert *kaltblütig, unerschütterlich, ungerührt, unbeeindruckt, gleichgültig

**anhalten:** (ab)stoppen, zum Stillstand / Stehen bringen, stehenbleiben, bremsen, eingreifen *(an)dauern, währen, fortdauern, s. hinziehen *ermahnen, veranlassen, tadeln, hinweisen, verdeutlichen

**anhalten:** (an)fahren, starten *weiterfahren, vorüberfahren, durchfahren, vorbeifahren *weiterleiten, weitergehen *laufen / ticken / gehen / schlagen lassen (Uhr) *abhalten (von), verhindern *antreiben *s. ändern, wechseln, verändern, umschlagen (Wetter) *enden (Jahreszeit) *vorüber / vorbei sein, vorübergehen, vorbeigehen, s. geben *s. loslassen / lösen, frei stehen

**anhängen:** befestigen, an etwas hängen *ankuppeln, verbinden *hinzufügen, ergänzen, erweitern *jmdm. etwas nachsagen, schlechtmachen, verunglimpfen, diffamieren, herabsetzen, herabwürdigen, diskriminieren, verketzern, verächtlich machen *ergeben sein, folgen, Anhänger sein *lasten, deutlich anzumerken sein

**anhängen:** abkuppeln, abhängen (Fahrzeuganhänger, Eisenbahnwagen) *kürzen, abbrechen, straffen (Rede, Satz) *abnehmen, abhängen (Zettel) *gut reden von / über jmdn. *frei bleiben (von) (Verdacht) *dulden *s. distanzieren / zurückhalten

**Anhänger:** Verehrer, Jünger, Sympathisant, Parteigenosse, Parteimann, Gemeinde, Gefolgschaft, Fan, Fußvolk, Mitläufer, Jasager, Komplize, Schüler (von) *Hänger *Caravan

**Anhänger:** Zugwagen, Zugfahrzeug *Außenstehender *Gegner, Feind, Kontrahent, Widersacher, Opponent

**anhänglich:** (ge)treu, ergeben, getreulich, beständig, loyal, brav

**anhänglich:** selbständig, sicher, frei, ungebunden, souverän, eigenwillig

**anheben:** aufbessern, verbessern, erhöhen, heraufsetzen

**anheben:** hinstellen, fallen / sinken lassen *kürzen, mindern, verringern, streichen (Gehalt)

**anheimelnd:** gemütlich, angenehm, behaglich, heimelig, traulich, traut, wohlig, wohltuend, bequem

**anheimelnd:** ungemütlich, unbehaglich, unangenehm, unheimlich *fremd, unbekannt, neu

**anheizen:** ankurbeln, vorantreiben, in Schwung / Gang bringen, Gas geben *(auf)hetzen, verhetzen, aufputschen, aufwiegeln, Zwietracht säen *anstellen, aufdrehen, (be)heizen, erwärmen, (be)feuern, (er)wärmen

**anheizen:** dämpfen, unterdrücken (Stimmung) *ersticken, (aus)löschen (Feuer)

**anhimmeln:** anschwärmen, schwärmen (für), verhimmeln, begeistert sein (von), s. begeistern (für)

**anhimmeln:** verachten, zurückweisen, abweisen, abfertigen, abwimmeln, verschmähen *desavouieren, ausschlagen, abweisen *ignorieren, übersehen, hinwegsehen, schneiden, nicht beachten

**anhören:** horchen, zuhören, aufhorchen, (hin)hören, mithören, lauschen

**anhören:** sprechen, reden, s. äußern, aussagen, mitteilen, bekanntmachen, beanstanden, auslegen, ansprechen *nicht verstehen *vortragen, darbieten, (vor)spielen, aufführen (Theater)

**animalisch:** triebhaft, tierisch

**animalisch:** menschlich, human, menschenfreundlich, sozial, mitmenschlich, zwischenmenschlich, mitfühlend *pflanzlich, künstlich (Dünger)

**ankämpfen (gegen etwas):** befehden, attackieren, angreifen, bekämpfen, entgegentreten, entgegenwirken, ent-

**ankämpfen:** hinnehmen, akzeptieren, ertragen, dulden, übernehmen, tolerieren, billigen, bejahen, respektieren,

gegenarbeiten, Widerstand entgegensetzen, vorgehen / angehen gegen, zu
Felde ziehen
**Ankauf:** Kauf, Aufkauf, Erwerb, Einkauf
**ankaufen:** kaufen, erstehen, erwerben,
aufkaufen *s. niederlassen, hinziehen
(Wohnsitz)

**Anklage:** Klage, Rechtsverfahren,
Prozeß, Gerichtsverfahren, öffentli-
ches / mündliches / geheimes Verfahren, Feststellungsklage, Hauptklage,
Nebenklage, Zivilklage, Schadener-
satzklage, Widerklage, Privatklage,
Anfechtungsklage, Schnellverfahren,
Strafverfahren, Strafprozeß, Zwangs-
verfahren, Zivilprozeß
**anklagen:** anlasten, verdächtigen, beschuldigen, bezichtigen, anschuldigen,
unterstellen, unterschieben
**ankleben:** befestigen, festmachen, anbringen, anmachen, aufkleben, verbinden *an etwas kleben, fest haften
**ankleiden:** anziehen, bekleiden, antun,
s. kleiden, hineinschlüpfen, umhängen, überziehen, überwerfen
**anknipsen:** einschalten, anschalten, anmachen
**anknüpfen:** Kontakt aufnehmen, anbahnen, vorbereiten, einleiten, Fühlung nehmen

**Anknüpfung:** Vorbereitung, Einleitung, Anbahnung, Fühlungnahme,
Kontaktaufnahme, Aufnahme
**ankommen:** kommen, s. nähern, nahen, erscheinen, eintreffen, herkommen, näher kommen, (einen Ort) erreichen *s. nähern *Stellung / Arbeitsplatz
finden, eingestellt werden *Widerhall
finden, Erfolg haben, gefallen, behagen, zusagen, sympathisch finden, Anklang finden *wichtig / von Bedeutung
sein *abhängen

**ankoppeln:** anschließen, ankuppeln,
festmachen, anhängen
**Ankunft:** Landung, Arrival, das Eintreffen, Ankommen, Einfahrt

sympathisieren *sanktionieren, legitimieren

**Ankauf:** Verkauf, Veräußerung, Abgabe, Absatz
**ankaufen:** verkaufen, veräußern, absetzen, feilhalten *verschleudern, abstoßen *verschieben *versteigern *verpfänden *handeln *wechseln
**Anklage:** Verteidigung

**anklagen:** (s.) verteidigen / wehren /
schützen

**ankleben:** ablösen, abmachen, herunterreißen, abweichen, loslösen

**ankleiden:** auskleiden, entkleiden,
freimachen, entblößen, entblättern,
enthüllen, s. ausziehen
**anknipsen:** ausknipsen, ausschalten,
ausmachen (Licht)
**anknüpfen:** abknüpfen, entfernen *abreißen, unterbrechen, pausieren (Beziehungen) *abbrechen, beenden, aufgeben, abschließen (Gespräch) *abschneiden, abreißen (Schnur)
**Anknüpfung:** Abbruch, Aufgabe
*Pause, Unterbrechung, Abschluß
(Beziehungen, Gespräch)
**ankommen:** wegfahren, abfahren, abreisen, aufbrechen, fortfahren, weiterfahren *abfliegen, wegfliegen, weiterfliegen, fortfliegen *weggehen, abmarschieren, fortgehen, davongehen, weiterziehen, s. aufmachen, s. verabschieden, weitergehen, scheiden *erfolglos
sein (Bemühungen) *ausbleiben, vermissen *abschicken, abgehen, absenden (Postsendung) *weitermachen
(mit), fortfahren, fortsetzen (Bemühungen)
**ankoppeln:** abkoppeln (Anhänger, Eisenbahnwagen)
**Ankunft:** Abreise, Abfahrt, Reise,
Tour, Abflug, Departure, Start, Aufbruch, Abmarsch *Verabschiedung,
Abschied *Abgang (Postsendung)

**ankurbeln:** grünes Licht geben *durchstarten *beleben, vorantreiben, in Schwung / Gang bringen, beschleunigen, anheizen

**anlanden:** an Land bringen *s. verbreitern (Ufer)

**anlangen:** berühren, anrühren, hinlangen, befühlen, antasten, betasten, in die Hand nehmen, anfassen *(an-) kommen

**Anlaß:** Grund, Beweggrund, Ursache, Motiv, Veranlassung, Daseinsberechtigung, Triebfeder, Rücksichten, Gelegenheit, Verursachung, Handhabe *Einstieg, Aufhänger

**anlassen:** in Gang setzen, starten *nicht auszuziehen *brennen / angeschaltet lassen

**anlaufen:** anfangen, (zu laufen) beginnen *einfahren (Schiff) *s. überziehen / beschlagen, seinen Glanz verlieren (Silber, Scheiben) *eine bestimmte Farbe annehmen

**anlegen:** an etwas legen *landen, festmachen, ankern, Anker werfen, vor Anker gehen / liegen *anziehen (Kleidung) *ausführen, schaffen, einrichten, gestalten (Garten, Spielplatz) *gewinnbringend verwenden, investieren, reinstecken (Kapital) *(be)zahlen, ab-(be)zahlen, abtragen, aufwenden, ausgeben, zuzahlen *säugen, stillen (Säugling) *überziehen *s. anlegen (mit jmdm.): s. streiten / bekämpfen / befehden

**anlehnen:** stützen, lehnen, anschmiegen *zum Vorbild nehmen *s. anlehnen: s. stützen / lehnen / anschmiegen

**ankurbeln:** dämpfen, stocken, stauen, stagnieren (Wirtschaft)

**anlanden:** einschiffen, an Bord nehmen, aufnehmen, übernehmen (Passagiere) *wegschwemmen (Sand)

**anlangen:** weglassen, zurückziehen (Finger) *abfahren, wegfahren, wegreisen, aufbrechen, starten, s. aufmachen / fortbegeben / weiterbegeben, abreisen *ausbleiben, fort sein, weg sein *weitermachen, fortfahren, aufhören, unterbrechen (Punkt) *nicht betreffen, nichts angehen, nicht anbelangen

**Anlaß:** Folge, Ergebnis, Wirkung, Auswirkung, Konsequenz, Folgerung, Tragweite

**anlassen:** abschalten, ausmachen, abstellen (Motor, Radio, Heizung) *ablegen, ausziehen, herunterreißen, auskleiden, entkleiden, s. freimachen, enthüllen, entblättern (Kleidung)

**anlaufen:** enden, (aus)laufen (Sportsaison, Spielzeit) *ablaufen, verlaufen, auslaufen, geschehen (Vorgang) *zu Ende gehen, enden, s. neigen (Vorgang) *vorbeifahren, vorüberfahren, vorbeisegeln (Schiff, Hafen) *verringern, abnehmen, reduzieren, verkleinern, dezimieren, herabsetzen, beschränken (Schulden) *blank / rein sein / bleiben (Metall)

**anlegen:** ausgeben, verwenden, verschwenden (Geld) *absetzen (Säugling, Gewehr) *vorüberfahren, vorbeifahren, die Anker lichten, ablegen, abstoßen, in See stechen (Schiff) *ausziehen, auskleiden, entkleiden, enthüllen, entblättern, s. freimachen, ablegen (Kleidung) *wegnehmen, wegstellen (Leiter) *spitzen (Ohren) *ablegen, abnehmen (Schmuck) *verkommen / wild lassen, nicht anlegen, belassen, verwildern lassen (Garten) *löschen, verglühen / ausgehen lassen (Feuer) *wegreißen, entfernen (Park) *s. anlegen (mit jmdm.): s. vertragen, auskommen (mit), s. nicht zanken, in Frieden leben (Mensch) *ignorieren

**anlehnen:** zumachen, einklinken, zuklinken, zuschlagen, zuwerfen, zuknallen, (fest) schließen (Tür, Fenster) *s.

*unselbständig / abhängig / unfrei sein

**Anlehnung:** Abhängigkeit *Kopie, Abschrift, Nachbildung, Abguß, Imitation, Entlehnung, Abziehbild *in Anlehnung: unselbständig, abhängig

**anleimen:** ankleben, zusammenkleben, befestigen, verbinden
**anleinen:** an die Leine nehmen / tun, festleinen, festbinden, festmachen

**anliegen:** dicht am Körper liegen, s. anschmiegen

**anliegend:** anbei, beiliegend, innen, in der Beilage, beigeschlossen, im Innern, inliegend

**anlocken:** anziehen, (an sich) (heran-) locken, verführen, verleiten, ködern, verlocken
**anmachen:** anbringen, befestigen, aufhängen (Gardinen) *anschalten, anknipsen, anstellen, aufdrehen *anzünden, entfachen, anbrennen *anrühren, mischen (Salatsoße) *anlocken, heranlocken, anziehen

**Anmarsch:** das Anmarschieren / Herannahen
**anmarschieren:** (heran)kommen, s. nähern, näher kommen, nahen, eintreffen
**anmaßend:** überheblich, dünkelhaft, hochnäsig, hochmütig

**anmelden:** s. ankündigen *s. einschreiben / eintragen, s. immatrikulieren *melden, registrieren lassen *vorbringen, geltend machen

**anmutig:** hübsch, attraktiv, anziehend, bezaubernd, charmant, lieb, sympathisch, toll, aufreizend, gewinnend, graziös, bildschön, bildhübsch, goldig *graziös, zierlich, grazil, geschmeidig, beweglich, leicht, rehhaft, beschwingt, niedlich, gazellenhaft *ausgefeilt, gewählt, stilistisch, geschliffen *interes-

**anlehnen:** selbständig, frei (da)stehen *selbständig / frei / eigenständig / ungebunden / unabhängig sein *souverän *absolut / autonom / autark sein
**Anlehnung:** Selbständigkeit, Unabhängigkeit, Freiheit, Eigenständigkeit, Ungebundenheit *in Anlehnung: eigenständig, selbständig, unabhängig, auf s. gestellt
**anleimen:** verschrauben, vernageln *absägen, abbrechen
**anleinen:** (frei) laufen lassen, losbinden, losmachen, die Leine lösen (Hund)
**anliegen:** abstehen, wegstehen (Ohren) *abstehen, wegstehen, in die Luft stehen / ragen (Haare) *lose / weit sein (Trikot, Kleidung)
**anliegend:** abstehend, wegstehend (Ohren) *(weit) entfernt (Lage, Haus, Grundstück) *lose, leger, herabhängend, weit (Kleidung)
**anlocken:** verjagen, (ver)scheuchen, (ver)treiben, wegjagen, fortjagen *deportieren *brüskieren
**anmachen:** ausmachen, löschen, verglühen / ausgehen lassen (Feuer) *loslösen, entfernen, heruntermachen, abmachen (Gegenstand) *auslöschen, abschalten, abstellen (Radio, Licht, Heizung) *ignorieren, nicht beachten (Person)
**Anmarsch:** Abmarsch, Weggang, Auszug, Rückzug (Truppen)
**anmarschieren:** abmarschieren, (weg-) gehen, (weg)ziehen, verlassen, ausziehen
**anmaßend:** bescheiden, genügsam, anspruchslos, bedürfnislos, eingeschränkt, einfach, spartanisch, zurückhaltend, zufrieden
**anmelden:** hereinplatzen (Besuch) *akzeptieren, nichts dagegen haben (Anspruch, Bedenken) *(s.) abmelden *kündigen *exmatrikulieren, s. abmelden (Hochschule) *s. trennen, verlassen, verabschieden, scheiden
**anmutig:** schwerfällig, plump, klobig, breit, patschig, grobschlächtig, ungraziös (Gestalt) *schwerfällig, plump, einfach, geschraubt (Stil) *trostlos, verlassen, langweilig, trist, uninteressant, monoton (Gegend)

sant, abwechslungsreich
**annähen:** anmachen, an etwas nähen, festmachen

**annähern:** abstimmen, anpassen, aufeinander einstellen, in Einklang / Übereinstimmung bringen
**annähernd:** einigermaßen, angenähert, approximativ, bei / gegen / an die ..., halbwegs, erheblich, beinah(e), fast, kaum, praktisch, knapp, um ein kleines, ungefähr, schätzungsweise, überschlägig, rund, pauschal, vielleicht, zirka, circa, gleichartig, vergleichbar
**Annäherung:** Kompromiß, Angleichung, das Näherkommen, Akklimatisierung, Einordnung, Unterordnung, Abstimmung (auf), Harmonisierung, Eingewöhnung, Adaption, Dynamisierung, Kontakt
**Annahme:** Ahnung, Vorahnung, Vorherwissen, Vermutung, Gefühl, innere Stimme, Besorgnis, Vorgefühl *Unterstellung, Hypothese, Behauptung *Entgegennahme, Empfang, Erhalt

**annehmbar:** akzeptabel, erträglich, passabel, zufriedenstellend, auskömmlich, leidlich
**annehmen:** entgegennehmen, erhalten, bekommen, in Empfang nehmen *vermuten, (er)ahnen, befürchten, glauben, erwarten, mutmaßen, spekulieren, wähnen, schätzen *billigen, zustimmen, einwilligen, gutheißen, zusagen, Zustimmung geben *lernen, aneignen, erlernen *aufnehmen, einstellen *eindringen, haften lassen (Tinte) *aufnehmen, adoptieren

**Annehmlichkeit:** Bequemlichkeit, Vorzug, Behaglichkeit, Komfort

**annullieren:** abschaffen, für ungültig erklären, aufheben, auflösen, außer Kraft setzen, für null und nichtig erklä-

**annähen:** abreißen, losreißen, entfernen, losmachen, abschneiden, reißen (von)
**annähern:** s. entfernen / distanzieren, abrücken (von)

**annähernd:** pünktlich *genau, exakt, präzise

**Annäherung:** Abgeneigtheit, Widerwille, Antipathie, Feindschaft, Abscheu, Haß, Ekel (Beziehungen) *Entfernung, Distanz *Sicherheitsabstand (Verkehr) *Entfremdung, Abstand *Isolation
**Annahme:** Ausgabe, Abgabe, Einlieferung, Übergabe (Geld, Postsendung) *Ausgabe, Lieferung, Ablieferung, Auslieferung, Abgabe *Bewerbung, Vorstellung *Angebot, Offerte, Anzeige *Wahrheit, Wirklichkeit, Tatsache, Bestimmtheit, Gewißheit, Beweis
**annehmbar:** unannehmbar, inakzeptabel

**annehmen:** ablehnen, abstoßen, abweisen, zurückweisen, zurückschicken, mißbilligen, ausschlagen, verschmähen, verweigern, versagen, nicht billigen, verwerfen *vorschlagen, (an)bieten, anregen, empfehlen *einbringen, vorlegen, vorbringen (Gesetz) *(ab-)liefern, ausliefern, übergeben, abgeben *schicken, senden *aufgeben, einliefern, abschicken (Postsendung) *kündigen, gehen, nicht antreten (Arbeitsstelle) *(ver)schenken, geben, vermachen, hergeben, beschenken, herschenken, spenden *(dazu)geben, (da)zulegen (Ware) *wissen, beweisen, sicher / gewiß sein *ablegen, fallen lassen (Gewohnheit) *ablegen, ändern (Name)
**Annehmlichkeit:** Unannehmlichkeit, Ärger, Verdruß, Verdrießlichkeit, Widerwärtigkeit, Unbill, Unstimmigkeiten, Mißstimmung, Krach
**annullieren:** für gültig erklären (Ehe) *beschließen (Gesetz) *abschließen (Vertrag) *stattfinden, zustande kom-

ren *ausfallen lassen, absagen
**Anode:** Pluspol, positive Elektrode
**anomal:** anormal, (von der Norm) abweichend, abnorm, regelwidrig, normwidrig, unnormal, abnormal *krankhaft
**Anomalie:** Abweichung, Unterschied,
Variation, Regelwidrigkeit, Ausnahme, Irregularität, Abirrung, Abnormität, Anomalität, Spielart, Variante,
Ungleichheit, Mißverhältnis, Normwidrigkeit *Abartigkeit, Perversion
*Deformierung, Mißbildung
**anonym:** namenlos, ohne Namensnennung, N.N., ungenannt, inkognito, privat, unter einem Pseudonym
**anordnen:** verkünden, beauftragen,
beordern, bestimmen, erlassen, administrieren, verfügen, auferlegen, festlegen, aufgeben, befehlen, reglementieren, veranlassen

**anorganisch:** nicht organisch, unorganisch, unbelebt

**anormal:** anomal, abnorm, regelwidrig, unnormal, abnormal, (von der
Norm) abweichend, normwidrig
*krankhaft
**anpacken:** schnappen, aufgreifen,
(ab)fassen, erwischen, ertappen, pak-
ken, ergreifen, ausheben, auffliegen /
hochgehen lassen *anfangen, in die
Wege leiten, beginnen, mithelfen,
handhaben, loslegen, eröffnen
**anpassen (s.):** angleichen, adaptieren, s.
(ein)fügen / assimilieren, akklimatisieren / einordnen / einleben / richten
(nach, an) / unterordnen, harmonisieren, s. gewöhnen (an), dynamisieren
**anpfeifen:** eröffnen, starten *(aus-)
schelten, tadeln, anfahren, anherrschen, anschreien, auszanken, ausschimpfen, schmähen, zurechtweisen,
zetern, zanken, wettern, donnern
**Anpfiff:** Beginn, Start, Anfang, Pfiff
*Tadel, Vorwurf, Beanstandung, Be-
mängelung, Zurechtweisung, Vorhaltung, Verweis, Rüge, Anschnauzer,
Zigarre
**anpflanzen:** bebauen, pflanzen, anbau-
en, kultivieren, stecken, bepflanzen,
setzen, legen, (an)säen, bestellen

men (Flug)
**Anode:** Kat(h)ode, Minuspol
**anomal:** regelmäßig, entsprechend

**Anomalie:** Regel, Norm, Richtschnur
*Gesundheit

**anonym:** bekannt, genannt, berühmt,
namhaft, prominent (Mensch) *unterschrieben, signiert, gezeichnet (Brief)
**anordnen:** gehorchen, machen, (be-)
folgen, ausführen, durchführen, nachkommen *s. weigern, verweigern, s.
sträuben, widersprechen, zurückweisen, versagen, abschlagen, s. widersetzen, rebellieren *verbieten, untersagen, verwehren, versagen
**anorganisch:** organisch, gewachsen,
einheitlich, zusammenhängend (Chemie, Stoff)
**anormal:** normal, üblich *gesund *geordnet, ordentlich (Verhältnisse)

**anpacken:** loslassen, lösen *faulenzen,
dastehen, nichts tun (Arbeit) *aufschieben, verschieben, liegenlassen
(Arbeit) *liegenlassen, verdrängen
(Probleme)

**anpassen (s.):** s. unabhängig machen /
befreien / emanzipieren / gleichberechtigt stellen, selbständig / frei / eigenständig / ungebunden / unabhängig / für s.
allein / eigenmächtig sein
**anpfeifen:** abpfeifen (Spiel) *abblasen
(Spiel) *abbrechen, unterbrechen *loben, ermutigen, bestärken, belobigen

**Anpfiff:** Abpfiff (Spiel) *Ermutigung,
Belobigung, Lob, Anerkennung

**anpflanzen:** ernten *lesen (Wein) *abholzen, abschlagen, fällen, umlegen,
roden, schlagen, absägen (Wald)
*(heraus)ziehen (Unkraut)

**anregen:** aufputschen, aufpulvern, animieren, innervieren, beleben, aufregen, anreizen, stimulieren, Auftrieb geben, aufpeitschen, anfachen, initiieren, dopen *veranlassen, ermuntern, initiieren, inspirieren *vorschlagen

**anregend:** stimulierend, belebend, aufputschend, aufregend, anreizend, aufpeitschend, anfachend, innervierend *rhythmisch, modern, heiß (Musik) *geistreich, witzig, belustigend, amüsant, ermunternd, reizvoll, sprühend, spannend, interessant, unterhaltsam (Gespräch)
**Anreise:** Reise, Ausfahrt, Ausflug, Exkursion, Expedition, Fahrt, Tour
**anreisen:** (aus)reisen, fahren, steuern, verreisen, herumreisen
**anrichten:** verursachen, anstellen, ausfressen *kochen, zubereiten, anmachen, (her)richten, backen, bereiten, fertigmachen, bereitstellen, braten
**anrollen:** beginnen, anfangen *herkommen
**anrüchig:** lichtscheu, suspekt, notorisch, zweifelhaft, dubios, berüchtigt, fragwürdig, verrufen, ominös, obskur, halbseiden, bedenklich, undurchsichtig, nicht astrein, übelbeleumdet, verdächtig *anstößig, unanständig, lasterhaft, liederlich, schlecht, pikant, ruchlos, wüst, zweideutig, zotig, verworfen, unzüchtig, unmoralisch
**anrücken:** kommen, s. nahen / nähern, her(an)kommen, anmarschieren, daherkommen, näher kommen
**Ansage:** das Bekanntgeben, Ankündigung, Nachricht, Bescheid, Mitteilung, Verkündigung
**ansagen:** bekanntgeben, ankündigen, bekanntmachen, kundmachen, verkündigen, verkünden, veröffentlichen, verlautbaren, ausrufen
**ansammeln:** aufbewahren, aufheben, sammeln, behalten, (an)häufen, hamstern, (auf)speichern, zurück(be)halten, akkumulieren, beiseite legen / bringen, zusammenkommen

**Ansammlung:** Gewühl, Auflauf, Ge-

**anregen:** dämpfen, beruhigen, einschläfern, betäuben, narkotisieren, chloroformieren, anästhesieren, schmerzunempfindlich machen (Medikament) *einschläfern, beruhigen, einlullen, müde machen, besänftigen (Musik) *befriedigen, stillen (Appetit) *erfüllen, machen, durchführen *beruhigen (Getränk)
**anregend:** beruhigend, einschläfernd, dämpfend, betäubend, narkotisierend, chloroformierend, anästhesierend (Medikament) *einschläfernd, beruhigend, einlullend (Musik) *beruhigend (Getränk) *einschläfernd, monoton, langweilig, öde, trist, trostlos, witzlos, gleichförmig, eintönig (Unterhaltung)
**Anreise:** Abreise, Weggang, Fahrt, Abflug, Start
**anreisen:** abreisen, abfahren, fortfahren, weggehen, fortgehen, abfliegen
**anrichten:** (wieder)gutmachen, ausgleichen (Schaden) *essen (Mahlzeit) *abräumen (Essen)

**anrollen:** abrollen, verlaufen (Verfahren) *abrollen (Fahrzeug, Güter)
**anrüchig:** angesehen, geachtet, geehrt, verehrt, verdient, bewundert, (hoch-)geschätzt, geliebt, gefeiert, vergöttert, populär, renommiert, anerkennenswert, gut beleumdet *anständig, unbescholten, tugendhaft, sittsam, züchtig (Mensch) *ordentlich, einwandfrei, sauber, glaubwürdig (Lokal, Angelegenheit)
**anrücken:** abrücken, abziehen, zurückziehen, zurückweichen (Armee) *s. verkriechen, zurückziehen
**Ansage:** Absage

**ansagen:** absagen (Besuch, Veranstaltung) *hören, vernehmen, lauschen

**ansammeln:** bezahlen, abtragen, zahlen, begleichen, entrichten, abstottern, nach(be)zahlen, aufwenden, investieren, finanzieren, subventionieren, bezuschussen, unterstützen, erstatten (Geld) *verbrauchen (Vorräte) *ausgeben (Geld) *s. verteilen / verlaufen / zerstreuen
**Ansammlung:** Leere, Nichts *Vertei-

dränge, Aufmarsch, Zusammenrottung, Getümmel, Anhäufung
**ansaugen:** an s. ziehen *s. festhalten

**anschaffen:** (an)kaufen, erstehen, erwerben, bestellen *bekommen, bezahlen, scheffeln, verdienen *schäkern, anlachen, anbinden (mit), anbandeln *prostituieren, auf den Strich gehen
**anschalten:** einschalten, anstellen, einstellen, aufdrehen, anknipsen, anmachen

**anschauen:** ansehen, studieren, besehen, begucken, blicken auf, anblicken, besichtigen, beäugeln, mustern, betrachten, beschauen

**anschaulich:** farbig, plastisch, bildhaft, deutlich, illustrativ, veranschaulichend, eidetisch, sinnfällig, sprechend, wirklichkeitsnah, verständlich, lebendig, einprägsam, interessant
**Anschein:** Augenschein, Aussehen, Schein, Vermutung, Wahrscheinlichkeit
**anscheinend:** offenbar, vermutlich, denkbar, vermeintlich, dem Anschein nach, (höchst)wahrscheinlich, wie es scheint, möglich, nicht ausgeschlossen, angeblich, voraussichtlich
**anschleichen:** s. nähern, beschleichen, heranschleichen

**anschließen:** eintreten, beitreten, Mitglied werden *Verbindung herstellen, anbringen *folgen lassen *danebenliegen *s. anschließen: zustimmen, billigen, gutheißen, einwilligen, Zustimmung geben, zusagen *mitgehen, mitziehen, folgen

**anschließend:** im Anschluß an, hieran, im nachhinein, sodann, hernach, hinterher, später, dann, nachher, danach
**anschmiegen (s.):** s. anlehnen / ankuscheln / schmiegen an / kuscheln an *eng anliegen *s. einfügen (Gebäude)

**anschnallen:** festmachen, festschnal-

lung, Zerstreuung

**ansaugen:** ausstoßen, (hinaus)blasen (Abgase) *abgeben, (aus)spritzen (Flüssigkeit) *abfallen (Schnecke)
**anschaffen:** verkaufen, veräußern, anbringen, vertreiben, abstoßen (Ware) *abschaffen, ablegen, abstoßen

**anschalten:** abschalten, ausknipsen, ausschalten, ausmachen, auslöschen (Licht) *abschalten, ausschalten, ausmachen, abdrehen (Heizung) *abschalten, ausmachen, ausschalten, stillegen (Gerät)
**anschauen:** wegschauen, wegblicken, vorbeisehen, vorbeiblicken, den Blick abwenden, vorbeischauen *s. drehen / wenden von *ignorieren *s. darbieten / zeigen
**anschaulich:** abstrakt, ungegenständlich, gegenstandslos, unanschaulich, blaß, allgemein, verschwommen *langweilig, einschläfernd, müde, monoton, ermüdend, eintönig (Vortrag)
**Anschein:** Tatsache, Wirklichkeit, Gewißheit, Realität, Gegebenheit, Tatbestand, Sachlage *Sein
**anscheinend:** sicher, tatsächlich, bestimmt, gewiß, wirklich, unweigerlich

**anschleichen:** offen auftreten, s. stellen / zeigen (Mensch) *anspringen, verfolgen (Tier)
**anschließen:** unterbrechen (Verbindung) *abschließen *abklemmen (Schlauch, Elektroleitung) *abschalten (Elektrogerät) *vorausschicken, voranstellen (Worte) *getrennt sein (Raum) *s. anschließen: s. trennen, allein bleiben, s. absondern / ausschließen / isolieren, abseits stehen (Mensch) *ablehnen, s. nicht identifizieren (Vorschlag)
**anschließend:** vorher, davor, zuerst, zunächst, bevor, vordem, im vorhinein

**anschmiegen (s.):** abweisen, abstoßen, Abstand halten, widerstehen, s. trennen von *abstehen, lose fallen (Kleidungsstück)
**anschnallen:** abschnallen, öffnen (Si-

len, sichern
**anschnauzen:** schelten, andonnern, zetern, zurechtweisen, herunterkanzeln, schimpfen, anfahren, schmähen, attakkieren, ausschimpfen, zurechtsetzen
**anschneiden:** erwähnen, anführen, berühren, aufführen, nennen, angeben, zitieren *aufschneiden

**anschrauben:** anbringen, (hin)einschrauben, befestigen, verbinden
**anschreiben:** notieren, leihen, auf Borg geben, Kredit geben *herantreten / s. wenden (an), vorsprechen, anrufen
**Anschrift:** Adresse, Wohnungsangabe, Aufenthaltsort
**anschwellen:** zunehmen, anwachsen, ansteigen *steif / dick werden *lauter werden *s. steigern, zunehmen

**anschwemmen:** anspülen, antreiben

**ansehen:** anblicken, anschauen, besichtigen, beobachten, studieren, betrachten, besehen, prüfen, durchbohren, mustern, beäugen *einschätzen, beurteilen
**Ansehen:** Ehre, Leumund, Prestige, Würde, Wichtigkeit, Größe, Unbescholtenheit, Nimbus, Sozialprestige, Rang, Renommee, Name, Stolz, Bedeutung, Geltung, Format, Stand, Profil, Achtung, Autorität

**ansehnlich:** hoch, groß, stattlich, ordentlich, ziemlich hoch / groß *gut aussehend, sympathisch, gewinnend, attraktiv, angenehm, aufreizend, liebenswert
**ansetzen:** auf den Spielplan / das Programm setzen, anordnen, ins Auge fassen, vorsehen, anberaumen *annähen, anbringen *einsetzen, beauftragen *s. anschicken, beginnen (Sprung) *festlegen, veranschlagen *bekommen, bilden *dicker werden, zunehmen *mischen
**ansiedeln:** seßhaft machen, einbürgern
*s. **ansiedeln:** s. niederlassen / etablieren, seßhaft werden, Fuß fassen, Wur-

cherheitsgurt, Ski, Gürtel)
**anschnauzen:** normal reden *preisen, anerkennen, loben, würdigen, ermutigen

**anschneiden:** ganz lassen (Lebensmittel) *essen (Kuchen) *verschweigen, vertuschen, verheimlichen, darüber (hin)weggehen (Problem, Frage)
**anschrauben:** abschrauben, (heraus-) drehen, (los)lösen
**anschreiben:** abschreiben *bezahlen (Betrag) *beantworten (Brief)

**Anschrift:** Absender

**anschwellen:** abschwellen (Körperteil) *zusammensinken, zusammenfallen *zurückgehen, sinken, abschwellen, normalisieren, s. verlaufen, abebben (Fluß, Flut) *einfallen (Gesicht) *abflauen, zurückgehen, s. legen, nachlassen, abebben, verebben, abnehmen (Wind) *abnehmen, verhallen (Ton) *abebben, leiser werden (Lärm)
**anschwemmen:** mitnehmen, mitreißen, fortreißen
**ansehen:** wegschauen, wegblicken, wegsehen, vorbeiblicken, vorbeisehen, den Blick abwenden, vorbeischauen *s. drehen / wenden von, ignorieren *s. darbieten / zeigen
**Ansehen:** Nichtachtung, Verruf, Mißkredit, Respektlosigkeit, Geringschätzung, Geringschätzigkeit, Herabwürdigung, Herabsetzung, Mißachtung, Demütigung, Abfälligkeit, Entwürdigung, Verachtung, Verächtlichmachung
**ansehnlich:** schmutzig, unansehnlich, schäbig, unsauber, unrein, verfleckt, verschmutzt, fleckig, schmierig, fettig, ölig, trübe, nicht frisch (Aussehen) *klein, gering (Vermögen)
**ansetzen:** abtrennen, abschneiden, abnehmen, absägen, abschlagen, kürzen *trinken (Bowle) *entfernen, verlieren *verlegen, verschieben (Termin) *absetzen (Instrument) *schätzen (Kosten) *lösen (Rost, Kalk)

**ansiedeln:** umsiedeln, ausbürgern, aussiedeln, in die Verbannung schicken *umherwandern *s. **ansiedeln:** wegzie-

zeln schlagen, (s.) ansässig machen
**anspannen:** s. anstrengen / fordern /
(ab)mühen / abarbeiten / abschleppen /
abrackern / abschinden / plagen, schuften *festmachen *straff spannen

**Anspannung:** Anstrengung, Kraftaufwand, Kraftanstrengung, Strapaze, Belastung, Streß, Plackerei, Arbeit,
Kraftakt, Mühe, Beschwerde, Aktivität
**anspornen:** anstacheln, reizen, aufstacheln, anzetteln, anstiften, antreiben
*aufnehmen, versammeln (Pferd) *lo-
ben, ermutigen, bestätigen, unterstützen, würdigen
**anspringen:** in Gang kommen *herbeieilen, anschleichen *anfallen, s. stürzen (auf)
**Anspruch:** Recht, Gewohnheitsrecht,
Forderung, Mindestforderung, Anforderung, Anrecht, Anwartschaft

**anspruchslos:** genügsam, bescheiden,
einfach, schlicht, zurückhaltend, eingeschränkt, spartanisch, unverwöhnt, gelassen

**anspruchsvoll:** prätentiös, wählerisch,
unbescheiden, verwöhnt, verhätschelt,
verzogen, verweichlicht, gierig, verzärtelt *hochgeistig, bildend *verschwenderisch *gehoben, verfeinert
**anstacheln:** anspornen, anfeuern, anzetteln, anstiften, aufstacheln, befeu-
ern, antreiben
**anständig:** sittsam, züchtig, unbescholten, tugendhaft, gesittet, lauter, korrekt, höflich *artig, ordentlich, manierlich, folgsam, fügsam, lieb, gehorsam
*jungfräulich, unberührt, keusch *gut,
genau, ordentlich, einwandfrei *sportlich, sauber, legal *zufriedenstellend,
genügend, fließend (Sprachfertigkeit)
*beträchtlich, viel, ziemlich groß
(Summe)

hen, verlassen, weggehen
**anspannen:** entspannen, lockern, lösen, ausruhen (Muskel) *ausruhen,
stilliegen, rasten, verschnaufen, erholen, schlafen (Körper) *ausspannen
(Pferd) *lockern, entspannen, lösen
(Seil) *nachlassen, erschlaffen (Kräfte)
**Anspannung:** Entspannung, Loslösung, Lockerung, (Muskel) *Ruhe,
Rast, Verschnaufpause, Erholung,
Schlaf (Körper)

**anspornen:** dämpfen, zurückhalten,
unterdrücken, hemmen, zügeln

**anspringen:** ablassen, verharren (Tier)
*absterben, stehenbleiben, aussetzen
(Motor)
**Anspruch:** Verzicht, Entsagung,
Selbstbeschränkung, Resignation,
Preisgabe, Bescheidenheit, Genügsamkeit, Bedürfnislosigkeit *Askese
**anspruchslos:** verwöhnt, verhätschelt,
verzogen, anspruchsvoll, unbescheiden, gierig, verweichlicht, wählerisch,
prätentiös, verzärtelt (Mensch) *bildend, anregend, hochgeistig, anspruchsvoll (Lektüre, Gesellschaft,
Gespräch) *verfeinert, gehoben *verschwenderisch
**anspruchsvoll:** bescheiden, genügsam,
bedürfnislos, anspruchslos, einfach,
unverwöhnt, eingeschränkt, schlicht,
spartanisch

**anstacheln:** lähmen (Eifer, Ehrgeiz)
*befriedigen (Wunsch, Appetit)

**anständig:** unanständig, anstößig, ungehörig, shocking, ungebührlich, zweideutig, pikant, schlüpfrig, schmutzig,
unsittlich, unmoralisch, liederlich,
schlecht, wüst, verdorben, zuchtlos,
verrucht, ruchlos, unzüchtig, verworfen, lasterhaft, lüstern, sittenlos, unkeusch, unsolide, ausschweifend, obszön, frivol, schamlos, dreckig,
schlecht *gemein, niederträchtig,
schurkisch, schäbig, infam, schändlich,
elend, übel (Verhalten) *unanständig,
obszön, aufreizend, frivol (Kleidung)
*schlampig, unordentlich, nachlässig,
minderwertig, liederlich, oberfläch-

lich, ungenau, flüchtig (Arbeit) *minderwertig, mangelhaft, schlecht, billig (Qualität) *unsportlich, unfair, unsauber, hinterhältig, gemein, foul (Sport) *gering, (ein) wenig, kein(e) (Geldsumme) *zweideutig, unanständig, abgeschmackt, geschmacklos, obszön, schlüpfrig (Witz) *unanständig, pervers, obszön (Bild, Film)

**anstarren:** ansehen, angaffen, anblikken, studieren, fixieren, besehen, angucken, begucken, durchbohren, beäugen, anstieren

**anstarren:** wegsehen, wegblicken

**anstecken:** (an)zünden, zündeln, entzünden, anfachen, Feuer legen, (an-) schüren, in Brand setzen / stecken, anbrennen *beeinflussen, einflüstern, Einfluß nehmen / haben / gewinnen, suggerieren *festmachen, anmachen, befestigen *paffen, rauchen, schmoken, schmauchen, qualmen *s. **anstekken:** annehmen, erkranken, krank werden

**anstecken:** abmachen, abnehmen, ablegen, ausziehen (Schmuck) *(aus)löschen, ausblasen (Kerze) *nicht rauchen, weglegen, wegstecken (Zigarette) *abnehmen, abmachen, ablegen (Abzeichen) *s. **anstecken:** immun / resistent / gesund sein, s. nicht anstecken (Krankheit)

**anstehen:** (ver)harren, s. anstellen, (ab)warten, hintanstellen *passen, angemessen sein *ausstehen, fehlen, offenstehen, fällig sein *gehören, gebühren, zustehen, beanspruchen

**anstehen:** s. vordränge(l)n / nach vorne arbeiten *nicht passen, unangenehm sein (Verhalten) *bearbeiten, erledigen, durchführen, ausführen, machen (Arbeit, Sache)

**ansteigen:** aufwärts führen *höher werden, zunehmen, ausweiten, anschwellen, anwachsen *s. vergrößern / vervielfachen / vermehren, wachsen *s. steigern, lauter werden, anschwellen, unangenehm werden (Lärm) *steigen, s. erwärmen (Temperatur)

**ansteigen:** abfallen, abwärts führen, s. senken (Gelände) *zurückgehen, sinken, verringern, vermindern, senken, schwinden, herabmindern, schmälern, verkleinern, dezimieren, reduzieren, kürzen, herabsetzen (Verbrauch, Menge, Besucherzahl) *sinken, fallen, niedriger werden, zurückgehen, normalisieren (Flut) *fallen, stürzen (Börsenkurs) *zurückgehen, abebben, verebben, abflauen (Lärm) *fallen, sinken, zurückgehen (Temperatur) *abkühlen, beruhigen (Stimmung) *beruhigen (Erregung)

**ansteigend:** zunehmend, ausweitend, anschwellend, anwachsend *aufwärts, hinauf, bergauf, auf, herauf, nach oben

**ansteigend:** (ab)fallend, sinkend, abnehmend, zurückgehend *abwärts, abschüssig *eben, flach

**anstellen:** anschalten, andrehen, anmachen, einstellen, einschalten, anknipsen *anlehnen, an etwas stellen *warten *beschäftigen, einstellen, aufnehmen *anrichten, versuchen, tun, unternehmen

**anstellen:** (fristlos) entlassen, abbauen, absetzen, fortschicken, abschieben, hinauswerfen (Arbeitskräfte) *weglegen, wegstellen (Leiter) *suspendieren, des Amtes entheben, entlassen (Amt) *pensionieren (Beamter) *unterlassen, bleiben lassen (Versuch) *abstellen, ausschalten, ausmachen, abdrehen (Radio, Heizung, Wasserhahn)

**Anstellung:** Amt, Stelle, Posten, Stellung, Funktion, Dauerstellung, Lebensstellung *Einstellung

**anstößig:** verdorben, nicht salonfähig / stubenrein, unanständig, wüst, unziemlich, unschicklich, obszön, unsolide, ruchlos, lasziv, pikant, schmutzig, liederlich, zweideutig, verworfen, ausschweifend, shocking, ungebührlich, ungehörig, unkeusch
**Anstößigkeit:** Unanständigkeit, Unziemlichkeit, Zweideutigkeit, Ungehörigkeit, Unschicklichkeit, Sittenlosigkeit

**anstreichen:** streichen, lackieren, lakken, spritzen, grundieren *(an)malen, tünchen, weißen, kalken *kenntlich machen, hervorheben, markieren
**anstrengen (s.):** s. (ab)mühen / fordern / plagen / placken / strapazieren / (ab-) quälen / etwas abverlangen / abschinden, schuften, beanspruchen

**anstrengend:** beschwerlich, mühevoll, aufreibend, mühselig, ermüdend, schwer, nervenaufreibend, aufregend, mühsam, schwierig

**Anstrengung:** Beschwerde, Mühe, Streß, Strapaze, Bemühung, Arbeit, Kraftanstrengung, Kraftakt, Mühsal, Belastungsprobe, Beschwernis, Zerreißprobe, Mühseligkeit, Aktivität, Belastung
**Antarktis:** Südpol(gebiet)
**Anteil:** Hälfte, Teil, Ration, Portion *Beitrag *Löwenanteil, das größte Stück, Hauptanteil
**Anteilnahme:** Erbarmen, Teilnahme, Mitleid, Mitempfinden, Interesse, Sympathie, Anteil

**Anstellung:** Kündigung, Hinauswurf, Ablösung, Entfernung, Absetzung, Abbau (Arbeitskräfte) *Suspendierung, Zwangspensionierung, Zwangsbeurlaubung, Enthebung, Amtsenthebung *Arbeitslosigkeit
**anstößig:** gesittet, anständig, brav, gut, dezent, unbescholten, tugendhaft, züchtig, sittsam, nicht anstößig, ehrenhaft, lauter, sittlich, rein, sauber, makellos, unverdorben *puritanisch, sittenstreng *fair

**Anstößigkeit:** Sittlichkeit, Sitte, Gesittung, Ethik, Moral, Zucht, Ehre, Anständigkeit, Unbescholtenheit, Tugendhaftigkeit, Sittsamkeit, Lauterkeit, Makellosigkeit, Unverdorbenheit, Reinheit, Sauberkeit *Fairneß, Fairplay (Sport)
**anstreichen:** abbeizen, abkratzen, abwaschen (Farbe) *unkenntlich machen

**anstrengen (s.):** s. ausruhen / erholen / auftanken / regenerieren, ausspannen, entspannen, verschnaufen *faulenzen, faul sein, nichts tun, dastehen, krankfeiern, die Zeit totschlagen *(ver-) schonen
**anstrengend:** ruhig, gelassen, ruhevoll, bedächtig, still, gemessen, besonnen, überlegen, gezügelt, gesetzt, bedacht, gleichmütig, stoisch, gemach, gemächlich *einfach, mühelos, leicht
**Anstrengung:** Ruhe, Stille, Erholung, Entspannung *Leichtigkeit *Faulheit, Trägheit, Müßiggang, Arbeitsscheu

**Antarktis:** Arktis, Nordpol(gebiet)
**Anteil:** das Ganze (Erbschaft, Firma)

**Anteilnahme:** Teilnahmslosigkeit, Zurückhaltung, Unempfindlichkeit, Gleichgültigkeit, Desinteresse, Uninteressiertheit, Interesselosigkeit, Stumpfheit, Abgestumpftheit, Abstumpfung, Stumpfsinnigkeit, Stumpfsinn, Apathie, Lethargie, Geistesabwesenheit, Ungerührtheit, Kälte, Mitleidlosigkeit, Gefühlskälte, Unbarmherzigkeit

**anteilnehmend:** mitfühlend, gerührt, teilnehmend, teilnahmsvoll, mitleidig *mitmenschlich, barmherzig, human

**antik:** altertümlich, alt *klassisch

**Antipathie:** Abneigung, Feindschaft, Ungeneigtkeit, Abgeneigtheit, Abscheu, Feindseligkeit, Widerwille, Haß

**antipathisch:** widerwillig, ungeneigt, feindselig, abgeneigt, mit Abneigung / Widerwillen erfüllt

**antiquarisch:** gebraucht, alt, aus zweiter Hand, nicht mehr neu, veraltet

**Antiquität:** Kunstgegenstand, Altertumsstück, Altertümer, altertümlicher / antiker / antiquarischer / alter Gegenstand

**Antithese:** Gegenteil, Gegenstück, Gegenbehauptung, Gegensatz

**antonym:** gegensätzlich, entgegengesetzt

**Antonym:** Gegensatz, Gegenwort

**Antonymwörterbuch:** Wörterbuch der Gegensätze / Gegenwörter

**Antrag:** Vorlage, Gesetzesvorlage, Vorschlag, Gesuch, Eingabe, Petition, Bittschrift, Bettelbrief, Bittgesuch

**antragen:** anbieten, offerieren

**antreiben:** drängen, treiben, anstacheln, anspornen, aufstacheln, anfeuern, begeistern, anzetteln *hochjagen (Motor)

**antreten:** s. stellen *übernehmen, beginnen, aufnehmen

**anteilnehmend:** unmenschlich, verroht, hartherzig, unbarmherzig, kaltblütig, mitleidlos, roh, brutal, erbarmungslos, gefühllos, grausam, inhuman, gnadenlos *teilnahmslos, unbeeindruckt, gleichgültig, abgestumpft, kalt(schnäuzig), gefühlskalt, desinteressiert, zurückhaltend, reserviert, unzugänglich

**antik:** neu, neuwertig, unbenutzt, unverwendet, neuzeitlich, modern, frisch, ungebraucht

**Antipathie:** Sympathie, Zuneigung, Liebe, Interesse, Liebesgefühle, Anhänglichkeit, Neigung, Gefallen, Wohlgefallen, Verliebtheit, Schwäche *Patriotismus *Nationalismus

**antipathisch:** sympathisch, gewinnend, liebenswert, nett, liebenswürdig, anziehend, angenehm, einnehmend

**antiquarisch:** neu(wertig), unbenutzt, neuzeitlich, (ultra)modern, ungebraucht

**Antiquität:** Novität, Neuerscheinung, Neubearbeitung, Novum *Nouveauté (Mode)

**Antithese:** These, Behauptung, Lehrsatz *Dogma, Lehrmeinung (Kirche) *Doktrin, Theorie (Staat)

**antonym:** synonym, gleichbedeutend, bedeutungsähnlich, bedeutungsverwandt, sinngleich, sinnverwandt, ähnlichbedeutend *heteronym

**Antonym:** Synonym, Wortgleichheit, Wortähnlichkeit *Heteronym

**Antonymwörterbuch:** Synonymwörterbuch

**Antrag:** Gewährung, Bewilligung, Genehmigung, Antwort, Billigung, Zustimmung, Einwilligung, Bestätigung, Einverständnis *Ablehnung, Zurückweisung, Verweigerung

**antragen:** abschlagen, zurückweisen, ablehnen, ausschlagen, verweigern (Freundschaft, Hilfe, Amt, Antrag)

**antreiben:** (be)hindern, hemmen, zügeln, aufhalten, lähmen, verzögern, erschweren, stoppen (Mensch) *(ab)bremsen (Maschine) *abwürgen (Motor) *mitreißen *abtreiben (Wasserfahrzeug)

**antreten:** abdanken, den Dienst quittieren, abtreten, zurücktreten, abgehen, kündigen, aufgeben, niederlegen

(Amt) *wegtreten (Sportmannschaft,
Soldaten) *gehen *zu Hause bleiben
(Dienst, Arbeit)

**Antritt:** Beginn, das Antreten *Übernahme, Aufnahme, Beginn

**Antritt:** Rücktritt, Kündigung, Abgang, Austritt, Ausscheiden, Abdankung, Abschied *Demission, Amtsverzicht, Verzicht

**antun:** schaden, zufügen *erweisen, zukommen lassen, handeln

**antun:** wiedergutmachen, einstehen
(für), verantworten, ersetzen, erstatten, bürgen, haften, sühnen, gutmachen (Schaden, Unrecht) *herabwürdigen, herabsetzen, ignorieren (Mensch)
*streicheln, loben *weiterleben *miß-
fallen, nicht gefallen / zusagen (Spiel,
Instrument)

**Antwort:** Beantwortung, Entgegnung,
Erwiderung, Gegenrede

**Antwort:** Frage, Anfrage, Nachfrage,
Befragung, Antrag, Rückfrage *Kon-
sultation (Staat, Arzt) *Interview, Befragung *Fangfrage (Polizei) *Schein-
frage

**antworten:** kontern, entgegenhalten,
entgegnen, eingehen auf, dagegenhalten, beantworten, aufbegehren, zurückschießen, Widerspruch erheben,
widersprechen, Kontra geben, einwerfen, Bescheid geben, Einwände machen / erheben, reagieren, zurückgeben
*aussagen

**antworten:** (be)fragen, anfragen, nachfragen, beantragen, rückfragen *interviewen, umfragen, herumfragen, s. erkundigen *konsultieren, aufsuchen,
hingehen *nichts verstehen, nicht folgen können *ansprechen *bitten, anflehen, betteln, bestürmen *diskutieren,
verhandeln, sprechen, mitteilen *verstehen, auffassen, erkennen, aufschnappen *vertuschen, kaschieren,
verschleiern, zudecken *widerrufen,
absagen, abstreiten, dementieren, zurücknehmen

**anwachsen:** zunehmen, s. vermehren /
steigern, vervielfachen *gedeihen

**anwachsen:** eingehen, absterben, vertrocknen, verdorren (Pflanze) *geringer / kleiner werden, abnehmen, zurückgehen, s. verkleinern / verringern /
vermindern, abklingen, nachlassen,
schwinden, sinken, fallen, zusammenschrumpfen, abebben, abflauen,
verebben, schwächer werden *einschlafen *fallen, nachgeben, (ab)sin-
ken, zurückgehen (Kurse, Preise)

**anwärmen:** (auf)wärmen, warm machen

**anwärmen:** (ab)kühlen, tiefgefrieren
*kochen (Mahlzeit) *auftauen

**anwesend:** s. aufhaltend, daheim,
greifbar *anwesend sein: gegenwärtig /
zugegen sein, dabei sein, zur Stelle
sein, dasein

**anwesend:** absent, abwesend, fort,
fern, weg *anwesend sein: fehlen,
schwänzen, ferngeblieben sein, nicht
da sein, fernbleiben, krankfeiern

**Anwesenheit:** Dabeisein, Zugegensein, Gegenwart

**Anwesenheit:** Abwesenheit, Fehlen,
Absenz, Fernbleiben

**anwidern:** Ekel erregen, verabscheu-
en, mißbilligen, von s. weisen, ablehnen, zurückweisen, widerlich / zuwider
sein, anekeln

**anwidern:** erfreuen, amüsieren, belustigen, beglücken, glücklich machen,
entzücken

**anzahlen:** eine Anzahlung leisten

**anziehen:** im Preis steigen, teurer werden, aufschlagen *(heran)anlocken *festziehen, hineindrehen *s. anziehen: s. bedecken, antun, bekleiden, ankleiden anlegen, überziehen, umhängen, überstreifen, ausstaffieren

**anziehend:** anmutig, betörend, toll, doll, bezaubernd, attraktiv, sympathisch, liebenswert, reizend, reizvoll, lieb, angenehm, lieblich, sexy
**Anzug:** Gesellschaftsanzug, Gehrock, Frack, Cut, Cutaway, Full-dress, Dinnerjacket, Smoking, Trainingsanzug, Dreß, Kombination, Overall, Schutzanzug, Arbeitsanzug *Aufzug, das Herannahen / Nähern
**anzünden:** anstecken, zündeln, anbrennen, anfachen, Feuer legen, (an-) schüren, (ent)zünden, zum Brennen bringen, in Brand stecken / setzen

**anzweifeln:** (be)zweifeln, Zweifel äußern, in Frage stellen, in Zweifel ziehen

**appellieren:** s. wenden, wachrufen

**appetitlich:** fein, lecker, deliziös, köstlich, delikat, mundend, würzig, vollmundig, schmeckbar, vorzüglich
**applaudieren:** (be)klatschen, mit Beifall überschütten, akklamieren, Beifall, zollen / spenden
**Applaus:** Beifall, Huldigung, Jubel, das Klatschen, Ovation, Beifallsbezeugung, Beifallskundgebung, Beifallssturm, Beifallsorkan
**Aquanaut:** Unterwasserpionier, Unterwasserforscher
**äquivalent:** gleichwertig, entsprechend, angemessen, wertentsprechend, von gleicher Geltung, von entsprechendem / gleichem Wert
**arabisch:** orientalisch, morgenländisch
**Arbeit:** Beschäftigung, Betätigung, Tätigkeit, Tun, Handeln, Verrichtung, Ausübung, Hantierung *Werk, Erzeugnis, Produkt *Stellung, Beruf, Arbeitsverhältnis, Posten, Aufgabe *Mü-

**anzahlen:** bar (be)zahlen *nach(be-) zahlen
**anziehen:** abstoßen (Magnet) *strecken (Bein) *lösen, lockern (Schraube) *nachlassen, (ab)sinken, fallen, nachgeben (Kurse, Preise) *ablehnen, abstoßen, abschrecken (Mensch) *ausziehen, ablegen *s. anziehen: s. ausziehen / entblößen / entkleiden, ablegen, freimachen, entblättern, enthüllen, auskleiden (Kleidung)
**anziehend:** widerlich, ekelhaft, eklig, ekelerregend, abstoßend *unappetitlich *entstellt, abstoßend, unvorteilhaft (Aussehen)
**Anzug:** Kleid *Abzug (Gewitter) *Besserung, Heilung, Abklingen (Krankheit)

**anzünden:** ausblasen, (aus)löschen, auspusten, ausmachen (Kerze) *zum Erlöschen bringen, das Feuer / die Flammen ersticken, den Brand / das Feuer unter Kontrolle bringen
**anzweifeln:** hinstellen (als), ausgeben (als), behaupten *sicher / überzeugt sein, s. sicher fühlen, glauben
**appellieren:** befehlen, verordnen, vorschreiben, bestimmen, anordnen, festlegen, auftragen, auferlegen *administrieren, anordnen
**appetitlich:** unappetitlich *ekelhaft, scheußlich, eklig, ekelerregend, widerlich, abstoßend
**applaudieren:** (aus)pfeifen, (aus)zischen, Mißfallen äußern *ablehnen, protestieren, zurückweisen
**Applaus:** Ablehnung, Mißfallen, Protest, Einspruch *Gleichgültigkeit, Desinteresse, Teilnahmslosigkeit

**Aquanaut:** Astronaut, Kosmonaut

**äquivalent:** ungleichwertig

**arabisch:** römisch (Ziffern, Zahlen)
**Arbeit:** Lang(e)weile, Faulheit, Müßigkeit *Pause, Unterbrechung, Ruhepause *Ruhe, Erholung, Entspannung *Vergnügen, Zerstreuung, Lust *Ferien, Urlaub, Freizeit, Betriebsferien

he, Plage, Anstrengung

**arbeiten:** schaffen, wirken, tun, s. widmen / betätigen / beschäftigen / befassen / regen / rühren, basteln, tüfteln, werken, tätig sein, (be)treiben *herstellen, anfertigen

**Arbeitgeber:** Brotherr, Dienstherr, Chef, Boß

**Arbeitnehmer:** Untergebener, Arbeiter, Lohnabhängiger, Angestellter, Bediensteter, Beamter, Betriebsangehöriger, Auszubildender, Lehrling

**arbeitsam:** fleißig, tüchtig, arbeitswillig, strebsam, ehrgeizig, emsig, betriebsam, rastlos, nimmermüde, unermüdlich, geschäftig

**Arbeitseifer:** Schaffenslust, Tatendrang, Tatendurst, Emsigkeit, Arbeitsfreude, Arbeitslust, Tatenlust, Arbeitswille

**arbeitsfähig:** fit, (kern)gesund, stark

**arbeitslos:** ohne Beschäftigung / Arbeit / Anstellung, stellungslos, stellenlos, brotlos, unbeschäftigt, beschäftigungslos, erwerbslos

**Arbeitslosigkeit:** Betätigungslosigkeit, Beschäftigungslosigkeit, ohne / keine Anstellung / Arbeit

**arbeitsscheu:** arbeitsfaul, tatenlos, bequem, untätig, faul, müßig

**Arbeitstag:** Werktag, Wochentag, Alltag

**arbeitsunfähig:** krank, invalid, leidend, unpäßlich, indisponiert, bettlägerig

**arbeitswillig:** fleißig, arbeitsam, strebsam, emsig, ehrgeizig, betriebsam, nimmermüde, geschäftig, rastlos, unermüdlich, tüchtig

**Arbeitszeit:** Dienstzeit, Beschäftigungszeit

*Feierabend *Kur, Erholung *Arbeitslosigkeit *Ruhe, Stillstand, Leerlauf

**arbeiten:** s. langweilen, Langeweile haben, faulenzen, faul sein *(aus)ruhen, s. entspannen, verschnaufen, ausspannen, rasten, feiern, s. erholen, nichts tun, krankfeiern *s. regenerieren *Urlaub / Ferien / Freizeit / Betriebsferien haben *arbeitslos / erwerbslos sein *stillstehen, ruhen, leerlaufen (Motor) *stillstehen, ruhen, außer Betrieb sein (Maschine) *s. auskurieren

**Arbeitgeber:** Arbeitnehmer, Lohnabhängiger, Arbeiter, Betriebsangehöriger *Bediensteter, Beamter *Diener *Auszubildender, Lehrling

**Arbeitnehmer:** Arbeitgeber, Dienstherr, Brotherr

**arbeitsam:** faul, träge, arbeitsscheu, tatenlos, untätig, müßig, bequem

**Arbeitseifer:** Faulheit, Trägheit, Arbeitsscheu, mangelnde Arbeitsmoral, Tatenlosigkeit, Müßiggang, Untätigkeit, Bequemlichkeit

**arbeitsfähig:** arbeitsunfähig, invalid, krank, leidend, bettlägerig, unpäßlich, indisponiert

**arbeitslos:** angestellt, berufstätig, beschäftigt

**Arbeitslosigkeit:** Arbeit, Beruf, Anstellung, Tätigkeit, Beschäftigung, Betätigung *Halbtagsarbeit

**arbeitsscheu:** eifrig, beflissen, übereifrig, diensteifrig, dienstwillig, hundertfünfzigprozentig *arbeitsam, arbeitswillig, fleißig, strebsam, ehrgeizig, tüchtig, geschäftig, rastlos, unermüdlich, nimmermüde

**Arbeitstag:** Feiertag, Sonntag, Ruhetag, Ferientag, Urlaubstag

**arbeitsunfähig:** arbeitsfähig, (körperlich) fit, (kern)gesund

**arbeitswillig:** faul, arbeitsscheu, müßig, tatenlos, stinkfaul, bequem, untätig

**Arbeitszeit:** Pause, Unterbrechung, Ruhepause *Feierabend *Urlaub, Ferien, Freizeit, Betriebsferien

**Ärger:** Raserei, Jähzorn, Zorn, Furor, Rage, Grimm, Wutanfall, Ingrimm, Laune, Unmut, Erregung, Empörung, Aufgebrachtheit, Verletztheit, Gekränktheit, Aufwallung, Anfall, Belästigung, Streit, Enttäuschung, Verdruß, Unwille, Gereiztheit, Trübsal, Verstimmung, Unzufriedenheit, Unannehmlichkeit

**Ärger:** Freude, Vergnügen, Wonne, Lust, Annehmlichkeit

**ärgerlich:** aufgebracht, rabiat, wütend, wutschäumend, erzürnt, wutentbrannt, entrüstet, empört, böse, mürrisch, bärbeißig, griesgrämig, mißvergnügt, mißlaunig, mißgelaunt, muffig, übellaunig, grantig, verärgert, unwirsch, unwillig, erbost, indigniert, fuchsteufelswild

**ärgerlich:** erfreulich, positiv, nett, angenehm, gut

**ärgern:** verärgern, quälen, peinigen, verwunden, aufbringen, necken, reizen, hänseln, triezen, verstimmen, betrüben, bekümmern, belästigen, wütend / rasend machen *s. ärgern: aufbrausen, s. erzürnen, auffahren, aufbegehren, entrüsten, wild werden, es satt haben, sieden, kochen, schäumen, ergrimmen, genug haben

**ärgern:** beglücken, erfreuen, jmdn. glücklich / froh machen *s. ärgern: s. (er)freuen, ergötzen, genießen, begeistert sein, s. vergnügen / amüsieren

**Ärgernis:** Unannehmlichkeit, Vorfall Begebenheit, Geschehen, Zwischenfall, Skandal

**Ärgernis:** Freude, Seligkeit, Glück, Glückseligkeit, Wonne, Lust

**Arglist:** Verrat, Hinterhältigkeit, Unaufrichtigkeit, Überlistung, Tücke, Fallstrick, List, Schliche, Intrige, Falschheit

**Arglist:** Zuverlässigkeit, Ergebenheit, Treue, Anhänglichkeit, Offenherzigkeit *Loyalität

**arglistig:** unaufrichtig, (heim)tückisch, hinterhältig, hinterrücks, falsch, doppelzüngig

**arglistig:** offen(herzig), treu, ergeben, zuverlässig *loyal

**arglos:** naiv, einfältig, treuherzig, leichtgläubig, harmlos, ohne Arg (-wohn) / Falsch, gutgläubig

**arglos:** mißtrauisch, argwöhnisch, skeptisch, kritisch, ungläubig *arglos sein: mißtrauen, argwöhnen

**Arglosigkeit:** Naivität, Leichtgläubigkeit, Gläubigkeit, Vertrauensseligkeit, Gutgläubigkeit, Einfältigkeit, Kritiklosigkeit, Einfalt

**Arglosigkeit:** Argwohn, Verdacht, Mißtrauen, Kritik, Skepsis, Skrupel, Bedenken, Zweifel

**Argwohn:** Verdacht, Zweifel, Vermutung, Skepsis, Mißtrauen, Bedenken

**Argwohn:** Vertrauen, Arglosigkeit, Zuversicht, Zutrauen, Harmlosigkeit

**argwöhnisch:** mit Argusaugen, mißtrauisch, skeptisch, kritisch, ungläubig

**argwöhnisch:** vertrauensvoll, arglos, zuversichtlich, zutraulich, harmlos

**Arktis:** Nordpol(gebiet)

**Arktis:** Antarktis, Südpol(gebiet)

**arm:** minderbemittelt, verarmt, ohne Einkommen, hungernd, ohne Geld, pleite, blank, unbemittelt, mittellos, bettelarm, bedürftig, unvermögend, notleidend

**arm:** reich, vermögend, begütert, zahlungskräftig, potent, wohlhabend, bemittelt, gutsituiert *reich, voll, haben (Ideen, Erfahrungen) *beneidenswert, glücklich, zufrieden

**Armer:** Hungerleider, Besitzloser, armer Teufel / Schlucker, Clochard, Mit-

**Armer:** Reicher, reicher Mann, Krösus, Geldaristokrat, Millionär, Mil-

telloser, Notleidender, Spittler, Armenhäusler, Habenichts, Bettler, Klinkenputzer

**ärmlich:** karg, armselig, knapp, kümmerlich, bescheiden, beschränkt, unergiebig, wenig, dürftig, spärlich

**Armut:** Mangel, Geldnot, Armutei, Mittellosigkeit, Spärlichkeit, Kärglichkeit, Dürftigkeit, Knappheit, Verknappung, Geldmangel

**aromatisch:** wohlschmeckend, kräftig, würzig, wohlriechend, blumig, schmackhaft, duftend

**Arrest:** Freiheitsentzug, Haft, Gewahrsam, Gefängnisstrafe, Freiheitsstrafe, Freiheitsberaubung, Schutzhaft, Untersuchungshaft, Sicherungsverwahrung, Sicherungshaft, Beugehaft, Festungshaft, Vorbeugungshaft, Einschließung

**arrogant:** stolz, dünkelhaft, wichtigtuerisch, selbstgefällig, überheblich, hochmütig, hoffärtig, hochfahrend, herablassend, gnädig, snobistisch, hochnäsig, selbstüberzogen

**Arroganz:** Überheblichkeit, Anmaßung, Geltungsbedürfnis, Dünkel, Einbildung

**artig:** gesittet, manierlich, gehorsam, folgsam, brav, lieb, wohlerzogen

**artikuliert:** wohlartikuliert, deutlich, verständlich, verstehbar, gut zu verstehen

**artistisch:** vollendet, geschickt, gewandt, perfekt, meisterlich, meisterhaft, gekonnt

**Arzt:** Mediziner, Therapeut, Doktor

**aseptisch:** keimfrei, steril

**Asket:** Geißler, Flagellant, Geißelbruder, Märtyrer, Stylit, Säulenheiliger

**asozial:** unsozial, gemeinschaftsfeind-

liardär

**ärmlich:** üppig, luxuriös, feudal, überreich(lich), stattlich, reich(lich), verschwenderisch *feudal, gut, sicher, gesichert, geordnet, fürstlich (Verhältnisse) *prächtig, prunkvoll, prachtvoll, glänzend, hervorragend (Ausstattung)

**Armut:** Reichtum, Überfluß, Wohlstand, Fülle, Üppigkeit, Luxus *Überfluß, Überschuß, Überfülle, Überangebot, Reichtum (Wirtschaft) *Pracht, Glanz, Fülle *Ideenreichtum, Ideenfülle, voller Ideen (Geist)

**aromatisch:** fade, würzlos, geschmacklos, ungewürzt, kraftlos *wäßrig

**Arrest:** Freiheit

**arrogant:** bescheiden, einfach, unterwürfig *ängstlich, scheu, gehemmt, zag(haft), bang, bänglich, verängstigt, zähneklappernd, unsicher

**Arroganz:** Bescheidenheit, Einfachheit *Angst *Unsicherheit

**artig:** unartig, ungezogen, unfolgsam, ungehorsam, unzugänglich, verschlossen, trotzig, aufsässig, finster, aufmüpfig, widerspenstig, störrisch, unnachgiebig, unerbittlich, eigensinnig, starrköpfig, dickköpfig, unbequem, unbelehrbar, eisern, verstockt, stur, zugeknöpft, unaufgeschlossen, renitent, radikal, kompromißlos

**artikuliert:** unartikuliert, unverständlich, verworren, undeutlich

**artistisch:** laienhaft, stümperhaft, einfach, unvollendet

**Arzt:** Patient *Kurpfuscher

**aseptisch:** septisch, nicht keimfrei, vergiftet

**Asket:** Feinschmecker, Genießer, Genüßling, Schlemmer, Schwelger, Gourmet *Weinkenner *Genußmensch

**asozial:** sozial, gemeinnützig, wohltätig

lich, gemeinschaftsschädigend

**asphaltieren:** mit Asphalt versehen

**Astronaut:** Weltraumfahrer, Kosmonaut, Raumfahrer

**asymmetrisch:** nicht symmetrisch, ungleich(mäßig)

**asynchron:** ungleichzeitig, zeitlich nicht übereinstimmend, nicht mit gleicher Geschwindigkeit laufend

**atemberaubend:** überaus groß / schnell *mitreißend, hinreißend, spannend, interessant

**Atempause:** Pause, Erholung, Verschnaufpause, Frühstückspause, Mittagszeit, Tischzeit, Unterbrechung, Werkpause, Zigarettenpause, Ruhepause

**Atheismus:** Heidentum, Unglaube, Ungläubigkeit, Gottesleugnung, Glaubenslosigkeit, Gottlosigkeit

**Atheist:** Heide, Ungläubiger, Gottesleugner

**atonal:** nicht tonal, an keine Tonart gebunden

**Attacke:** Angriff, Anfall, Ansturm, Invasion, Sturm(angriff), Vorstoß, Überrumpelung, Einmarsch, Einfall, Einbruch, Anschlag, Handstreich, Überfall *Kollaps, Anfall, Schock, Herzanfall, Schlaganfall, Insult, Insultation

**attraktiv:** hübsch, anziehend, reizvoll, reizend, sympathisch, liebenswert, gewinnend, bezaubernd, charmant, betörend, aufreizend, toll, doll, anmutig *interessant, erfolgversprechend, aussichtsreich *abwechslungsreich

**atypisch:** von der Regel / Norm abweichend

**auf:** geöffnet, unverschlossen, aufgeschlossen, (sperrangelweit) offen, offenstehend, aufgesperrt *verkaufsoffen *aufwärts, empor, bergwärts, bergan, nach oben, hoch, herauf *flußaufwärts, stromaufwärts *los! vorwärts!

**aufarbeiten:** erledigen, in Angriff nehmen *aufpolieren, reparieren, aufpolstern, auffrischen, aufmöbeln, erneuern

**Aufbau:** Attika, Giebel(aufsatz), Verzierung, Aufsatz, Bekrönung (Gebäude) *Wiederaufbau, Wiederherstel-

*aufgenommen, eingegliedert, anerkannt, geschätzt, integriert

**asphaltieren:** pflastern, betonieren (Weg)

**Astronaut:** Aquanaut

**asymmetrisch:** symmetrisch, spiegelgleich, spiegelbildlich

**asynchron:** synchron, gleichzeitig *simultan, zeitgleich

**atemberaubend:** langweilig, reizlos, einschläfernd, ermüdend, uninteressant (Veranstaltung) *trostlos, trist, monoton (Gegend) *langsam (Geschwindigkeit)

**Atempause:** Arbeit, Beschäftigung, Tätigkeit, Betätigung

**Atheismus:** Theismus

**Atheist:** Christ, Gläubiger

**atonal:** tonal (Musik)

**Attacke:** Rückzug, Abwehr, Widerstand, Gegenwehr, Defensive, Verteidigung *Beruhigung, Besserung (Krankheit)

**attraktiv:** häßlich, abstoßend, reizlos, widerlich, entstellt, unvorteilhaft aussehend, abschreckend *monoton, uninteressant, langweilig, reizlos, ermüdend, einschläfernd (Arbeit) *uninteressant (Angebot)

**atypisch:** unverkennbar, typisch

**auf:** zu, verschlossen, versperrt, (zu-) geschlossen (Tür) *unter(halb) (Richtung, Ort) *in *ab, von

**aufarbeiten:** liegenlassen, ruhenlassen, nicht bearbeiten, nicht wiederaufnehmen *beschädigen, verschleißen (Möbel)

**Aufbau:** Abbau, Abbruch, Abriß (Gebäude) *Verfall, Untergang, Zerfall, Zerstörung *Auflösung, Abbau, Ab-

lung, Rekonstruktion *Errichtung *Gliederung, Struktur *Überbau, Oberbau

**aufbauen:** (er)bauen, aufstellen, zusammenfügen, errichten, erstellen, bebauen, aufrichten, zimmern, aufführen hochziehen *begünstigen, lancieren, favorisieren, protegieren, helfen, fördern, herausbringen, managen, betreuen *s. niederlassen / ansiedeln, siedeln, seßhaft werden, Fuß fassen, Wurzeln schlagen *gründen, errichten (Existenz) *s. aufbauen: s. hinstellen, provozieren

**aufbauend:** nützlich, förderlich, heilsam, dankbar, fruchtbar, gedeihlich, ersprießlich, konstruktiv

**aufbauschen:** übertreiben, dick auftragen, zu weit gehen, überziehen, s. hineinsteigern, hochspielen, überspannen

**aufbegehren:** Widerpart bieten, aufmuck(s)en, s. auflehnen / empören / aufbäumen / sträuben / widersetzen / erheben / zur Wehr setzen, protestieren, rebellieren, revoltieren, meutern, trotzen, opponieren

**aufbehalten:** nicht abnehmen *geöffnet lassen, offenhalten, offenlassen

**aufbewahren:** sammeln, beiseite legen / bringen, in Verwahrung nehmen, verwahren, hamstern, behalten, aufheben, vorenthalten, (auf)speichern, zurückhalten

**aufbinden:** anführen, nasführen, narren, äffen, foppen, anschmieren *aufmachen, lösen, öffnen

**aufblähen:** anschwellen lassen, s. bauschen / (vor)wölben / blähen *(ver)mehren, vergrößern, verstärken, aufstokken, ausdehnen, steigern *s. aufblähen: prahlen, angeben, aufschneiden, s. wichtig machen

**aufblenden:** (auf volle Stärke) einschalten, blenden

**aufblühen:** aufgehen, zu blühen beginnen, erblühen, zur Blüte kommen, s. entfalten, aufbrechen *s. wohl fühlen

**aufbrauchen:** abnutzen, abnützen, abwetzen, abtragen, verschleißen, ab-

bruch (Beziehungen) *Unordnung, Desorganisation

**aufbauen:** abbauen, niederreißen, abreißen, demontieren *vernichten, zerstören *zerlegen, abbauen (chemische Verbindung) *hintertreiben, beneiden, absägen (Kandidat) *auflösen, abbauen, abbrechen (Beziehungen) *s. aufbauen: s. verstecken *faulenzen, nichts tun

**aufbauend:** zerstörerisch, umstürzlerisch, zersetzend, destruktiv, subversiv, revolutionär

**aufbauschen:** untertreiben *zusammenpressen, zusammendrücken

**aufbegehren:** anpassen, angleichen, s. fügen / einordnen / unterordnen, (er-) dulden, (er)leiden, s. ducken, ertragen, stillhalten, ausstehen, verarbeiten, aushalten *mitmachen

**aufbehalten:** abnehmen, lüften (Mütze) *schließen (Schirm, Augen)

**aufbewahren:** wegwerfen, fortwerfen, wegtun, aussondern, wegschütten *essen, trinken *ausrangieren (Fahrzeug)

**aufbinden:** verschnüren, zuschnüren, (zu)binden *(zusammen)binden, (zusammen)flechten, (zusammen)knüpfen, schnüren, knoten *hängenlassen, fallenlassen (Haare, Rosen) *aufrichtig / ehrlich sein, die Wahrheit sagen

**aufblähen:** zusammendrücken, zusammenpressen, schrumpfen *verkleinern, einschränken, gesundschrumpfen, abbauen, beschränken (Verwaltungsapparat) *s. aufblähen: untertreiben *klein beigeben

**aufblenden:** abblenden (Scheinwerfer, Blende) *abblenden, verdunkeln, abdunkeln, abschatten, verfinstern

**aufblühen:** verblühen, verwelken *alt werden *s. verschlechtern / verschlimmern (Patient) *zugrunde gehen, sterben *untergehen, verschwinden (Kultur)

**aufbrauchen:** speichern, (auf)bewahren, aufheben, verwahren, behalten,

brauchen, verbrauchen *(ver)konsumieren, verbrauchen, essen *durchbringen, verwirtschaften, verprassen, verpulvern, vertun, verschleudern
**aufbrechen:** aufgehen, erblühen, s. entfalten, zur Blüte kommen, aufblühen *öffnen, erbrechen, aufsprengen, aufschlagen *weggehen, fortgehen, s. entfernen, von dannen gehen, (davon)gehen, ausziehen, weglaufen, davonlaufen, wegrennen
**aufbringen:** entern, erbeuten, kapern *beschaffen, herbeischaffen, holen, bringen, verschaffen, auftreiben, besorgen, zusammenbringen *(ver)ärgern, kränken, verstimmen, aufziehen, hänseln, quälen, bekümmern, betrüben, peinigen, verstimmen, reizen, verwunden, wütend / rasend machen *aufbekommen, aufkriegen *aufschrecken, erregen, provozieren, aufscheuchen
**Aufbruch:** Start, Abflug, Abmarsch, Ablauf

**aufbürden:** unterjubeln, aufladen, abwälzen / abschieben auf, andrehen

**aufdecken:** durchschauen, aufrollen, nachweisen, bloßlegen, vorzeigen, zur Schau stellen, exhibieren, entschleiern, demaskieren, Licht in etwas bringen, ans Licht bringen

**aufdrängen:** aufnötigen, (auf)oktroyieren, aufzwingen, anbieten, andrehen *s. aufdrängen: s. anbieten

**aufdrehen:** öffnen, aufschrauben *anstellen, anschalten, einstellen, einschalten, anmachen *(an)heizen, feuern, warm machen, temperieren, beheizen, einheizen, erwärmen *ärgerlich werden, aufbrausen, explodieren, aufbegehren
**aufdringlich:** lästig, penetrant, zudringlich, plump-vertraulich, indiskret

**Aufdringlichkeit:** Zudringlichkeit, Belästigung, Annäherungsversuch

zurück(be)halten, (an)sammeln, horten, hamstern, (ab)lagern, einlagern, deponieren *verstecken, verbergen

**aufbrechen:** ankommen, eintreffen, anlangen, s. einfinden / einstellen *(da)bleiben, verweilen, aufhalten *zurückkehren, wiederkommen, wiederkehren *heimfahren *aufschließen (Tür) *sichern, schützen *schließen (Straßendecke)
**aufbringen:** verbreiten, weitererzählen (Gerücht) *beruhigen, besänftigen *unterstützen, hinter jmdm. stehen (Mitarbeiter) *nicht aufbringen: haben, besitzen (Geld)

**Aufbruch:** Ankunft, Eintreffen *Einfahrt, Einlaufen *Landung, Arrival *Rückkehr, Wiederkehr, Rückreise, Heimkehr, Heimreise
**aufbürden:** machen, leisten, abnehmen, übernehmen (Verantwortung, Arbeit)
**aufdecken:** zudecken, verdecken *abdecken, abnehmen (Tischtuch) *nicht lösen (Verbrechen, Widersprüche) *abtragen (Speisen) *verschleiern, vertuschen, verbergen, zudecken, kaschieren, verhehlen, verheimlichen, verschweigen, verdunkeln (Mißstände) *tolerieren *ignorieren
**aufdrängen:** zurückhalten, vorenthalten, behalten, einbehalten, nicht herausgeben (Ware, Material) *s. aufdrängen: s. distanzieren / zurückziehen, abrücken
**aufdrehen:** zudrehen, schließen, abdrehen (Hahn) *ausmachen, abschalten, leiser stellen (Radio) *vermindern, zurückgehen, verringern (Geschwindigkeit) *ruhiger werden, beruhigen, still sein (Verhalten)

**aufdringlich:** zurückhaltend, reserviert, still, unaufdringlich, dezent, verhalten *teilnahmslos, desinteressiert, passiv
**Aufdringlichkeit:** Zurückhaltung, Reserviertheit *Desinteresse, Passivität, Teilnahmslosigkeit

**aufeinander:** übereinander *gegenseitig, wechselseitig *nach und nach

**aufessen:** konsumieren, verspeisen, aufzehren, vertilgen, verschmausen, verschlucken, leer essen

**auffahren:** zusammenstoßen, aufprallen, anfahren, rammen, s. ineinander verkeilen, zusammenknallen, zusammenfahren, fahren / prallen / knallen auf *vorsetzen, servieren, anfahren, auftafeln, auftischen, reichen, bringen, bewirten, bedienen, auftragen

**Auffahrt:** Aufgang, Rampe, Zufahrt, Zugang, Spindel, Einfahrt *Bergfahrt

**auffällig:** ausgefallen, phänomenal, bedeutungsvoll, eminent, ungewöhnlich, ohnegleichen, stattlich, groß, erstaunlich, sagenhaft, fabelhaft, extraordinär, außerordentlich, bewundernswert, kapital, außergewöhnlich, eindrucksvoll, ansehnlich, grandios, entwaffnend, bewunderungswürdig, beträchtlich, ohnegleichen, einzigartig, epochal, spektakulär, aufsehenerregend *stark, ausgeprägt, hochgradig, kraß, extrem

**auffangen:** mitkriegen, aufschnappen, (zufällig) hören, mitbekommen *ertragen, (er)dulden, bestehen, aushalten, verkraften, hinnehmen, tragen, hinwegkommen, verdauen, fertigwerden (mit), (er)leiden, stillhalten, überleben, verschmerzen *fangen, erhaschen, einfangen

**auffassen:** begreifen, verstehen, einsehen, erfassen, mitbekommen, nachvollziehen, durchschauen, durchblicken, kapieren, folgen können, Verständnis haben *mißverstehen, falsch auslegen / deuten / verstehen *deuten, auslegen, erläutern, klarmachen

**auffinden:** finden, entdecken, ausfindig machen, ermitteln, ausmachen, aufspüren, wiedersehen, antreffen, vorfinden, aufstöbern, aufgabeln, herauskriegen, herausfinden, sehen

**aufflammen:** (auf)brennen, lohen, schmoren, schwelen, glühen, glimmen, flackern, aufleuchten *beginnen, anfangen, starten, losgehen

**auffliegen:** (hoch)steigen *s. öffnen *auflösen, finden, entdecken *scheitern, straucheln, platzen, stranden, mißlingen, fehlschlagen, Mißerfolg /

**aufeinander:** nebeneinander *simultan, gleichzeitig, zeitgleich, synchron, gleichlaufend

**aufessen:** übriglassen, liegen lassen, stehen lassen, zurücklassen, übrigbleiben

**auffahren:** Abstand halten (Verkehr) *abbremsen (Fahrzeug) *abfahren (Geschütze, Fahrzeuge) *ruhig bleiben, s. zurückhalten / mäßigen / bändigen / beherrschen *verweigern *abräumen, wegtragen

**Auffahrt:** Abfahrt, Talfahrt *Abstand (Verkehr) *Ausfahrt (Autobahn)

**auffällig:** unauffällig, einfach, schlicht, unscheinbar, dezent *schmucklos, farblos *unmerklich, verborgen, latent, unterschwellig, schlummernd, unbemerkbar *normal, üblich, geläufig, selbstverständlich

**auffangen:** (zu)werfen (Ball) *nicht (mit)bekommen / auffangen / hören (Bemerkung) *nicht bekommen / auffangen, fallen lassen

**auffassen:** nicht kapieren / begreifen / verstehen / erfassen

**auffinden:** suchen, wühlen, stöbern *fahnden *(ver)missen, entbehren *verstecken, verbergen

**aufflammen:** verlöschen, ersticken, ausgehen *verstummen, enden (Unruhen)

**auffliegen:** herunterfliegen, herabfliegen (Vogel) *schließen, zuknallen, zufliegen (Fenster, Tür) *gründen, im verborgenen arbeiten (Bande) *weiter

Pech haben *ergreifen, aufgreifen, schnappen, hochnehmen, hochgehen lassen, erwischen, ertappen, (an-) packen

**auffordern:** bitten, engagieren *zuraten, raten zu, ermutigen, befürworten, einreden, ermuntern

**auffordern:** gehorchen, (be)folgen, beachten, einhalten, s. fügen / unterwerfen / beugen, nachkommen *s. weigern / sträuben, verweigern, zurückweisen, verschmähen, abschlagen, versagen *sitzenlassen (Tanzpartner)

**Aufforderung:** Weisung, Auftrag, Befehl, Diktat, Anordnung, Anweisung, Gebot, Geheiß, Lex, Vorschrift, Verfügung, Notverordnung, Kannvorschrift, Mußvorschrift, Belehrung, Unterrichtung, Verhaltungsmaßregel, Reglement, Kommando, Edikt, Regulativ, Bestimmung, Sollbestimmung, Geheimbefehl, Gesetzentwurf, Gesetzesvorlage *Aufruf, Appell, Proklamation, Mahnung, Ultimatum, Memento

**Aufforderung:** Gehorsam, Befolgung, Beachtung, Einhaltung, Unterwerfung *Weigerung, Zurückweisung, Ablehnung, Abweisung, Verweigerung, Absage, Versagung

**aufforsten:** bepflanzen, anpflanzen, setzen

**aufforsten:** abholzen, absägen, (ab-) schlagen, lichten, roden, fällen, umlegen (Wald)

**auffressen:** vertilgen, fressen, verschlingen, verzehren, verschlucken

**auffressen:** liegenlassen, nicht beachten, ignorieren *loben, gutheißen

**auffrischen:** aufarbeiten, aufpolieren, aufpolstern *abkühlen, kühler / kälter werden *erneuern, ausbessern, restaurieren *wiederholen

**auffrischen:** nachlassen, s. legen / beruhigen (Wind, Sturm) *s. abnutzen, abtragen (Möbel) *vergessen, verdrängen (Erinnerungen)

**aufführen:** herausbringen, zur Aufführung bringen, auf den Spielplan setzen, spielen, geben, zeigen, uraufführen, erstaufführen, zur Uraufführung / Erstaufführung bringen, vorführen *nennen, anführen, bringen *errichten, bauen

**aufführen:** absetzen, streichen, absagen (Schauspiel) *weglassen (Name) *proben, üben

**Aufführung:** Darbietung, Vorstellung, Uraufführung, Erstaufführung, Premiere

**Aufführung:** Absage, Streichung, Absetzung (Schauspiel) *Probe, Übung

**auffüllen:** ergänzen, hinzufügen, vervollständigen *anfüllen, füllen mit, reicher machen, bereichern, anreichern

**auffüllen:** leeren (Teller) *verbrauchen, verwenden, erschöpfen, aufbrauchen, aufzehren, konsumieren, verzehren (Vorräte) *räumen, leeren (Lager) *ausheben, vertiefen, ausschachten, auskoffern, ausbaggern (Grube, Graben)

**Aufgabe:** Bestimmung, Auftrag, Destination, Pflicht, Obliegenheit, Schuldigkeit, Funktion, Verpflichtung, Aufsichtspflicht *Arbeit, Schulaufgabe, Hausaufgabe, Pensum *Rätsel, Kreuzworträtsel, Silbenrätsel, Buchstabenrätsel *Preisgabe, Verzicht, Überlas-

**Aufgabe:** Gründung, Eröffnung, Beginn, Anfang (Unternehmen) *Ausführung, Erledigung, Fortführung, Fortsetzung, Weiterführung (Aktion) *Empfang, Abholung, Auslieferung (Postsendung) *Verteidigung, Widerstand, Gegenwehr *Einnahme, Erobe-

sung, Auslieferung, Ausverkauf, Abtretung, Hergabe, Drangabe, Entäußerung *Frage, Problem, Streitfrage, Schwierigkeit, Hauptfrage, Lebensfrage, Tagesproblem, Scheinproblem, kritischer / strittiger Punkt *Abbruch, Abgewöhnung, Einstellung, Enthaltung, Entwöhnung *Waffenstillstand, Waffenruhe, Einstellung der Feindseligkeiten, Friedensschluß *Rückzug, Abzug

**Aufgang:** Auffahrt, Rampe, Zufahrt, Zugang, Spindel *Sonnenaufgang, Morgenröte, Tagesbeginn *Treppe *Fallreep

**aufgeben:** ausverkaufen, liquidieren, schließen, auflösen *beenden, beendigen, aussteigen, aufhören, ein Ende machen / setzen, abbrechen, aufstecken, schließen *absetzen, vertreiben, verscheuern, verschleudern, anbieten, ausschreiben, ausverkaufen, feilbieten, veräußern, verkaufen *abstellen, ablassen von, aufhören, brechen, abgehen, s. enthalten, einstellen, entwöhnen, abgewöhnen *abstreichen, verloren geben, s. trennen von, fallenlassen, abschreiben, verzichten, nicht mehr rechnen mit, bleibenlassen *anordnen, beauftragen, verfügen, befehlen, auferlegen, auftragen, bestimmen *einliefern, hinbringen, abgeben, hinschaffen, (ab)liefern, zur Post / Bahn bringen, *einlenken, nachgeben, kapitulieren, entgegenkommen, s. beugen / ergeben / unterwerfen / fügen, unterliegen, schwach werden, passen, resignieren, willfahren, zurückstecken *inserieren, annoncieren, werben, anbieten *sterben, (ver)scheiden, ableben, abgerufen werden, abscheiden, (da)hinscheiden, entschlafen, einschlummern, heimgehen *umschwenken, umfallen, (Gesinnung) wechseln, umkippen, die Meinung ändern *übersiedeln, (um-)ziehen, fortziehen, ausziehen, Wohnsitz verlegen *s. aufgeben: s. ergeben / stellen *abtreten, resignieren

**aufgeblasen:** dünkelhaft, eingebildet, selbstgefällig, hoffärtig, arrogant, anmaßend, hochfahrend, stolz, überheblich

**aufgedonnert:** aufgeputzt, zurechtgemacht, herausgeputzt, aufgemacht, geschminkt

**aufgedreht:** heiter, aufgeheitert, aufge-

rung, Besetzung, Okkupation (Gebiet) *Antritt, Einführung (Amt) *Rettung, Hilfe, Unterstützung (Patient) *Ausbau, Förderung (Beziehungen) *Auflösung, Lösung (Rätsel) *Hilfe, Unterstützung, Wiederbelebung (Organisation)

**Aufgang:** Untergang (Sonne) *Abgang (Treppe)

**aufgeben:** bearbeiten, machen, erledigen, tun (Arbeit) *(auf)lösen (Rätsel) *gründen, eröffnen, starten, beginnen, anfangen, aufmachen (Unternehmen) *beibehalten, existieren / bestehen lassen (Unternehmen) *empfangen, abholen, annehmen, erhalten, bekommen (Koffer, Postsendung) *abliefern, ausliefern (Postsendung, Koffer) *durchhalten, weitermachen, aushalten, meistern, ausharren, standhalten, nicht aufgeben / schlappmachen (Aktion, Vorhaben) *s. verteidigen, Widerstand leisten, (weiter-)kämpfen, ausharren, (aus)halten (Gefecht) *ergreifen, antreten, übernehmen, betreiben, versehen, innehaben (Amt) *fortsetzen, fortfahren, fortführen, weiterführen, weitermachen, weiterverfolgen, weiterarbeiten (Arbeit, Versuch) *ausbauen, fördern, anknüpfen, aufrechterhalten (Beziehungen) *erheben, aufrechterhalten (Anspruch) *stürmen, erobern, (ein)nehmen, besetzen, okkupieren (Gebiet) *retten, helfen, (er)halten, nicht aufgeben, (be)wahren, (unter)stützen, wiederbeleben (Mensch, Organisation) *schöpfen, (er)hoffen, erwarten (Hoffnung) *s. aufgeben: s. zusammenreißen / zusammennehmen / aufraffen / zwingen / aufschwingen / entschließen

**aufgeblasen:** bescheiden, genügsam, anspruchslos, einfach (Verhalten)

**aufgedonnert:** ungeschminkt, natürlich, ohne Make-up

**aufgedreht:** ruhig, still, gemessen, be-

kratzt, ausgelassen (feucht)fröhlich, lustig, übermütig, übersprudelnd, vergnügt, vergnüglich, überschäumend, angeheitert

**aufgefordert:** unfreiwillig, gezwungenermaßen, zwangsweise, wohl oder übel, der Not gehorchend, zwangsläufig

**aufgehen:** aufblühen, keimen, s. entfalten *s. öffnen *erscheinen, kommen

**aufgeklärt:** informiert, wissend, unterrichtet, eingeweiht, erfahren *vorurteilsfrei, freisinnig, liberal, vorurteilslos

**aufgekratzt:** lustig, angeheitert, aufgeheitert, vergnügt, übermütig, überschäumend, gutgestimmt, gutgelaunt, (feucht)fröhlich, ausgelassen, übersprudelnd

**aufgelaufen:** auf Grund gelaufen, (fest)sitzend

**aufgelockert:** entspannt, entkrampft, gelöst, gelockert

**aufgeräumt:** sauber, ordentlich, wohnlich *lustig, heiter, munter, vergnügt, strahlend, gutgelaunt, wohlgemut, froh(gemut), fröhlich, sonnig

**aufgeregt:** fahrig, ruhelos, unruhig, erregt, nervenschwach, kribb(e)lig, unstet, bewegt, nervös, gereizt, ungeduldig, hektisch

**aufgerundet:** rund, etwa zirka, circa

**aufgeschlossen:** interessiert, aufgelegt, disponiert, geweckt, offen, ansprechbar, aufnahmebereit, zugänglich, aufnahmefähig, geneigt, gestimmt

**aufgeweckt:** klug, umsichtig, scharfsinnig, verständig, intelligent, vernünftig, geistreich *(hell)wach, munter, ausge-

herrscht, besonnen, gefaßt, geruhsam, gesetzt, bedacht, leise

**aufgefordert:** unaufgefordert, freiwillig, spontan, ungeheißen, ohne Aufforderung, aus eigenem Antrieb

**aufgehen:** untergehen (Sonne) *zugehen, s. schließen (Fenster, Tür) *nicht aufgehen / lösbar (Aufgabe, Rechnung) *s. schließen (Blüte) *verkümmern (Pflanze) *einfallen, nicht aufgehen, sitzenbleiben (Teig) *einschrumpfen *eingehen, verkümmern, verdorren (Saat)

**aufgeklärt:** unaufgeklärt, uneingeweiht, unwissend, ahnungslos, naiv, nichtsahnend, unvorbereitet *rätselhaft, schleierhaft, unaufgeklärt, dunkel, verschwommen, geheimnisvoll

**aufgekratzt:** mißmutig, schlechtgelaunt, mürrisch, verärgert, böse, aufgebracht, mißlaunig, wütend, muffig

**aufgelaufen:** flott (gemacht) (Schiff)

**aufgelockert:** ernst, traurig, schwermütig, depressiv, melancholisch, trübselig, trist, gedrückt, betrübt, langweilig (Stimmung) *konzentriert, aufmerksam, gespannt, angestrengt *dicht, dunkel (Wolken)

**aufgeräumt:** unaufgeräumt, unordentlich, schmutzig, schlampig (Zimmer) *schlechtgelaunt, mißmutig, mürrisch, böse, aufgebracht, verärgert, entrüstet, empört, erbost, erzürnt, zornig, wütend, mißlaunig, muffig

**aufgeregt:** ruhig, bedächtig, gemessen, würdevoll, besonnen, sicher, beherrscht, gelassen, still, stoisch, kaltblütig, abgeklärt, gezügelt

**aufgerundet:** abgerundet *genau (Summe, Preis)

**aufgeschlossen:** reserviert, verschlossen, unzugänglich, finster, unbelehrbar, kontaktarm, kontaktschwach, introvertiert, unempfänglich, unaufgeschlossen, zugeknöpft, zurückhaltend, in s. gekehrt, nicht interessiert

**aufgeweckt:** schlafend, im Schlaf *langsam, träge, beschränkt, gemächlich *dumm

schlafen

**aufgraben:** lockern *(durch Graben) öffnen, zutage fördern

**aufhalten:** anhalten, (ab)stoppen, zum Stillstand / Stehen bringen *(be)hindern, lähmen, stören, obstruieren, hemmen, hinderlich sein, trüben, erschweren, beeinträchtigen, gehandikapt sein, verzögern *s. aufhalten: (ver)weilen, zubringen, bleiben, wohnen, verharren, (ver)leben

**aufhängen:** (s.) entleiben / töten, Selbstmord begehen, s. umbringen / erhängen / aufknüpfen *jmdn. hinrichten, (er)hängen, henken, an den Galgen bringen *befestigen, festmachen, an die Wand / Decke hängen, auf die Leine hängen *trocknen (lassen)

**aufheben:** (auf)sammeln, aufnehmen, hochnehmen, aufraffen, auflesen, aufklauben *zurück(be)halten, speichern, beiseite legen / bringen, hamstern, horten, (auf)bewahren, zurücklegen, erübrigen, reservieren *auflösen, abschaffen, für nichtig / ungültig / null und nichtig erklären, einstellen, beseitigen, rückgängig machen, außer Kraft setzen *s. ausgleichen *(hoch)heben, erheben, lüften *beenden, abschließen

**aufheitern:** (s.) erheitern / ablenken / zerstreuen / aufmuntern, Stimmung machen, auf andere Gedanken bringen *s. aufheitern: s. aufhellen / lichten, aufklären, heller werden, aufklaren

**aufhellen:** aufheitern, aufklären, aufklaren, auflichten, heller werden

**aufholen:** nachziehen, ausgleichen, gleichziehen, gutmachen, einholen, wettmachen, nachholen, das Gleichgewicht herstellen *nacharbeiten

**aufhören:** unterlassen, (bleiben)lassen *abgehen, ablegen, ablassen von, abstellen, aufgeben, einstellen, abgewöhnen *zu Ende gehen, nicht länger dauern, enden *beenden, nicht fortfahren / weiterführen / tun *kündigen, verlassen, (weg)gehen, abtreten, ausscheiden

**Aufkauf:** Kauf, Ankauf, Einkauf, Er-

**aufgraben:** auffüllen, zuwerfen, zuschütten

**aufhalten:** zumachen, schließen (Hand, Augen) *fördern, unterstützen (Maßnahmen) *gehen / entrinnen / laufen lassen, durchlassen, weglassen *gewähren lassen *s. aufhalten: weitergehen, weiterfahren, weiterziehen, durchfahren, durchreisen

**aufhängen:** herunternehmen, herunterholen, abnehmen, abmachen (Wäsche, Bild) *abnehmen, jmdn. vom Galgen abnehmen, herunternehmen *am Leben lassen, begnadigen

**aufheben:** verbrauchen, (auf)brauchen, aufzehren, essen, konsumieren (Speise) *verbrauchen, benutzen, (auf-)brauchen (Gegenstand) *fortwerfen, wegwerfen, beseitigen, zerstören, vernichten *abstellen, hinstellen, (hin)legen, niedersetzen *fallen lassen, umstoßen, umstürzen, hinwerfen, umwerfen, nachwerfen *erlassen, verabschieden, beschließen, ratifizieren (Gesetz) *erlassen (Verordnung) *beginnen, eröffnen (Sitzung)

**aufheitern:** (ver)ärgern, verstimmen, reizen, betrüben *s. aufheitern: s. bewölken / eintrüben / bedecken / verdunkeln / verfinstern / beziehen, wolkig werden, finster werden (Himmel) *s. verdüstern / verfinstern, finster werden (Gesicht)

**aufhellen:** verdunkeln, verdüstern, verfinstern, eintrüben, bewölken, bedecken, finster werden (Himmel) *s. verdüstern / verfinstern, finster werden (Gesicht)

**aufholen:** zurückfallen, zurückbleiben, abfallen, zurückliegen (Strecke, Leistung)

**aufhören:** anfangen, beginnen, etwas angehen, anpacken, loslegen, losgehen, (her)angehen *weitermachen, weiterarbeiten, fortfahren, weiterführen, weiterverfolgen, dabeibleiben *(an)dauern, weitergehen, währen, fortdauern

**Aufkauf:** Verkauf, Veräußerung, Ab-

werb
**aufkaufen:** (an)kaufen, anschaffen, erstehen, erwerben

**aufklappen:** öffnen, aufschlagen, aufmachen

**aufklaren:** aufhellen, aufklären, auflichten, heller werden, aufheitern

**aufklären:** aufhellen, aufklaren, auflichten, heller werden, aufheitern *enträtseln, (auf)lösen, entwirren, entziffern, entschlüsseln, dahinterkommen, ermitteln, feststellen, herausfinden, herauskriegen, herausbekommen *informieren, belehren, unterrichten

**aufkleben:** (auf etwas) kleben, aufleimen

**aufknöpfen:** aufmachen, öffnen

**aufknoten:** entknoten, aufmachen, aufbinden, aufknüpfen, lösen, öffnen, entwirren

**aufknüpfen:** lösen, aufmachen, entknoten

**aufkommen:** heraufziehen, s. nahen / nähern / zusammenbrauen / herankommen / heranziehen *(be)zahlen, begleichen, abzahlen, aufwenden, investieren, finanzieren, bestreiten, bezuschussen, unterstützen, die Kosten tragen *entlohnen, bezahlen, besolden, vergüten *unterhalten, (er)nähren, beköstigen, sorgen, verköstigen *zu fressen geben, mästen, Futter geben, füttern, atzen *entstehen, werden, s. entfalten, erwachsen, herauskommen, auftauchen, zum Vorschein kommen, erscheinen, s. zeigen, s. bilden *s. herumsprechen, durchsickern, kursieren, ans Licht kommen, durchdringen, s. verbreiten, bekannt / entdeckt werden, herauskommen

**aufladen:** (be)laden, volladen, aufpacken, vollpacken, verladen, einschiffen, verschiffen, einladen, befrachten, bepacken, aufbürden *aufhalsen, abwälzen / abschieben auf, aufbürden, zuschieben, unterjubeln

**auflandig:** auf das Land zu wehend

**auflassen:** offenlassen, geöffnet lassen *belassen *aufbleiben lassen

gabe
**aufkaufen:** verkaufen, veräußern, abgeben, versetzen, anbieten, feilhalten, absetzen, vertreiben, abstoßen, verschleudern

**aufklappen:** zuklappen, schließen, zumachen (Buch, Koffer) *zusammenklappen (Schrankbett, Gestell)

**aufklaren:** bewölken, bedecken, s. verfinstern / verdunkeln / verdüstern / beziehen / eintrüben, wolkig werden

**aufklären:** verschleiern, verheimlichen, vertuschen, unaufgeklärt lassen, kaschieren, zudecken (Mißstand) *ignorieren *nicht informieren, im unklaren lassen

**aufkleben:** ablösen, entfernen, losreißen, abweichen (Plakat, Briefmarke)

**aufknöpfen:** zumachen, zuknöpfen

**aufknoten:** verknoten, verschnüren, zubinden

**aufknüpfen:** zuknüpfen, verknüpfen

**aufkommen:** vergehen, vorbeigehen, verrauschen, verrinnen, vorübergehen, verfließen, abkommen, aus der Mode kommen, verfliegen, verstreichen, dahingehen *rückfallen (Krankheit) *nicht aufkommen (für), ablehnen (Schaden) *unterdrücken, unterwerfen (Unruhen)

**aufladen:** abladen, ausladen, (ent)leeren, ausleeren *entladen (Batterie) *entnehmen, entladen, verbrauchen (Energie) *abnehmen, übernehmen (Arbeit, Last)

**auflandig:** ablandig, vom Lande her wehend

**auflassen:** zumachen, schließen, zuklinken, zuschlagen (Tür, Fenster) *zulassen, zumachen, schließen (Augen)

**auflauern:** abpassen, warten, anfallen, s. heranschleichen, s. auf die Lauer legen, passen, auf der Lauer liegen

**auflaufen:** anwachsen, s. vermehren *auf Grund laufen *s. wund laufen

**aufleben:** s. entwickeln, (heran)reifen, (heran)wachsen, aufblühen, verändern, wandeln

**auflegen:** s. schminken / zurechtmachen / schönmachen / herausputzen / pudern/feinmachen/anmalen *einhängen, ablegen

**auflehnen:** aufbegehren, s. sträuben / widersetzen / erheben / aufbäumen / empören, rebellieren, trotzen, murren, aufmucken, revoltieren, Protest erheben, meutern, Krach schlagen

**auflesen:** aufheben, hochnehmen, aufklauben, aufsammeln, aufnehmen *aufspüren, auftreiben, (auf)finden, wiedersehen, begegnen, orten, aufschnappen, entdecken, sehen

**aufleuchten:** aufscheinen, leuchten, aufblitzen, aufblinken, phosphoreszieren, fluoreszieren

**aufliegen:** auf etwas liegen, wund liegen

**auflockern:** locker machen, entspannen, entkrampfen, lösen *s. **auflockern:** aufklaren, aufhellen, aufklären, auflichten, heller werden

**auflösen:** zerfallen / zergehen lassen *beseitigen, abschaffen, annullieren, für null und nichtig / ungültig erklären, einstellen, außer Kraft setzen *enträtseln, entwirren, entziffern, lösen, dahinterkommen, dechiffrieren, entschlüsseln *s. **auflösen:** aufgeben *scheiden, auseinandergehen, verlassen, weggehen, s. verabschieden / losreißen / trennen / scheiden lassen, den Rücken kehren *übersiedeln, wegziehen, den Wohnsitz verlegen, (fort-)ziehen

**Auflösung:** Liquidation, Abwicklung *Abschaffung, Einstellung, Aufhebung, Annullierung, Beseitigung *Ehescheidung, Trennung, Scheidung *Zerlegung, Abbau, Zertrennung, De-

*abnehmen, lüften (Hut) *ins Bett schicken

**auflauern:** empfangen, erwarten, warten auf

**auflaufen:** freimachen, flottmachen (Schiff) *s. reduzieren, abnehmen, abgezahlt werden (Schulden)

**aufleben:** trauern *hinfällig werden, verfallen, vergehen, einschlafen, s. legen (Streit)

**auflegen:** abnehmen, abheben (Telefonhörer, Deckel) *nicht veröffentlichen (Buch) *abnehmen, abdecken (Tischtuch) *(da)runterlegen *abwischen, abwaschen (Schminke)

**auflehnen:** s. fügen / anpassen / gefallen lassen / angleichen / gewöhnen (an) / eingewöhnen / unterordnen / einleben / beugen, erdulden, hinnehmen

**auflesen:** hinwerfen, fallen lassen, verschütten, wegwerfen, fortwerfen *loswerden, auskurieren (Krankheit)

**aufleuchten:** ausgehen *verdunkeln, abdunkeln, abblenden, verfinstern

**aufliegen:** schweben *eingeordnet / weggeräumt sein (Bücher, Zeitschriften)

**auflockern:** verdichten (Boden) *langweilig unterrichten *langweilig sein (Stimmung) *s. **auflockern:** s. verdichten, zunehmen, bewölken (Wolkendecke) *s. verdichten / konzentrieren

**auflösen:** stellen, aufgeben (Rätsel), bilden, aufbauen, (be)gründen, aufstellen, errichten, instituieren, (neu) schaffen (Institution) *konstituieren (Parlament) *s. **auflösen:** entstehen, (s.) bilden (Wolken, Kristalle) *stärker werden, s. verdichten (Nebel) *s. sammeln, bilden, zusammensetzen, zusammenscharen, zusammenrotten (Demonstration)

**Auflösung:** Gründung, Bildung, Aufbau, Schaffung *Konstituierung (Parlament) *Aufgabe (Rätsel) *Verdichtung (Nebel) *Ehe(schließung), Ehebund, Heirat, Verehelichung, Zwei-

montage, Abbruch, Zerteilung *Verfall, Zersetzung, Verwesung, Fäulnis, Zerfall *Lösung, Auflösung, Antwort

**aufmachen:** eröffnen, gründen *öffnen, auftun, aufsperren, aufschließen, erbrechen, aufreißen, aufschlagen, aufknacken *aufknoten, aufbinden, lösen, aufknüpfen *aufblättern, öffnen, aufschlagen *zuhören, achtgeben, (be)achten, aufpassen *s. aufmachen: (weg)gehen, fortgehen, (davon)ziehen, scheiden, verlassen

**aufmerksam:** gesammelt, interessiert, dabei, gegenwärtig, unabgelenkt, andächtig, (an)gespannt, angestrengt, konzentriert *wachsam, achtsam, hellhörig *höflich, zuvorkommend, nett, manierlich, pflichtschuldigst, rücksichtsvoll, vornehm, fein, galant, ritterlich

**Aufmerksamkeit:** Konzentration, Sammlung, Andacht *Höflichkeit, Gefälligkeit, Anstand, Ritterlichkeit, Takt(gefühl), Zuvorkommenheit, Artigkeit, Hilfsbereitschaft

**aufmucken:** aufbegehren, s. empören / sträuben / widersetzen / aufbäumen / auflehnen, trotzen, revoltieren, kritisieren, meutern, opponieren, protestieren, murren

**aufmuntern:** aufheitern, ablenken, erheitern, zerstreuen *zuraten, bestärken, befürworten, raten zu, zureden, ermuntern, auffordern

**Aufnahme:** Empfang, Staatsempfang, Audienz, Visite *Bandaufnahme, Aufzeichnung, Tonbandaufnahme, Magnetbildaufnahme *Foto, Bild, Schnappschuß, Fotografie *Direktsendung, Sendung *Einstellung, Übernahme *Übernahme, Einlieferung

**aufnehmen:** fotografieren, eine Aufnahme / ein Bild machen *filmen, drehen, einen Film machen, abdrehen *versammeln, anstacheln (Pferd) *heraufholen (Laufmaschen) *mit hineinnehmen / einbeziehen *lernen, auffassen, erfassen, begreifen *beginnen, anfangen, anknüpfen *beobachten, achthaben, bemerken, sehen *aufschreiben, festhalten, aufnotieren, anmerken, aufzeichnen, formulieren, verfas-

samkeit, Vermählung, Verbindung, Bund fürs Leben *Zusammenschluß, Bund, Vereinigung

**aufmachen:** zumachen, verschließen (Tür, Fenster) *zu / geschlossen lassen *dichtmachen, aufgeben, schließen (Geschäft) *abmachen, abnehmen (Gardinen) *zumachen, zukneifen, (ver)schließen (Augen) *s. aufmachen: dableiben *ankommen, an(ge)langen

**aufmerksam:** unaufmerksam, unkonzentriert, zerstreut, zerfahren, abgelenkt, (geistes)abwesend, achtlos, nachlässig *unhöflich, unfreundlich, ruppig, rüde, barsch, ungeschliffen, grob, brüsk

**Aufmerksamkeit:** Unaufmerksamkeit, Unkonzentriertheit, Zerstreutheit, Achtlosigkeit, Fahrigkeit, Nachlässigkeit *Unhöflichkeit, Unfreundlichkeit, Barschheit, Ungeschliffenheit

**aufmucken:** s. ducken, unterwürfig sein, kriechen, schlucken, nachgeben

**aufmuntern:** ermüden, erschöpfen, einschläfern *traurig stimmen, bedrükken, betrüben *abhalten, abraten

**Aufnahme:** Wiedergabe, Abspielen (Musik) *Abgabe, Entfernung, Ausschluß (Organisation) *Verlesen (Protokoll) *Abschluß, Ende, Aufgabe (Verhandlungen) *Entlassung (Krankenhaus) *Abgang, Entlassung (Institution) *Ausscheidung (Nahrung) *Streichung, Kürzung (Text) *Streichung, Absetzung (Spielplan) *Rückzahlung (Darlehen)

**aufnehmen:** entlassen, ausstoßen, ausschließen, ausbooten (Amt, Posten, Organisation) *beschließen, beenden, aufgeben (Verhandlungen, Prozeß, Studium) *abketten (Masche) *fallen lassen (Masche) *(hin)legen, (hin)stellen, absetzen, abstellen, niederlegen, fallen lassen (Gegenstand) *vergessen, verdrängen (Eindrücke) *absetzen, aussteigen lassen, anlanden, ausbooten (Fahrgäste) *streichen, absetzen

sen, texten, abfassen, zusammenstellen, vermerken, niederschreiben
*(aus)leihen, borgen, pumpen

**aufpassen:** achten, s. sammeln, achtgeben, s. konzentrieren, spitzen, achthaben, aufmerken, annehmen, beachten,
s. merken

**aufpeitschen:** anregen, aufputschen,
animieren, anfachen, stimulieren, anreizen, beleben, steigern, aufregen,
aufpulvern, aufmöbeln, dopen *aufwühlen *in Aufruhr bringen
**aufplatzen:** aufspringen, s. öffnen, zerplatzen, (zer)bersten, s. entladen, losgehen, zerspringen, explodieren, implodieren, zerknallen, aufbersten
**aufputschen:** aufpeitschen, anregen,
animieren, anfachen, stimulieren, anreizen, steigern, aufregen, beleben,
aufpulvern, aufmöbeln, dopen
**aufraffen:** s. überwinden / zwingen /
aufschwingen / ermannen zu, einen
Stoß geben, es über s. bringen *aufheben, aufnehmen, aufsammeln, aufklauben, auflesen

**aufrauhen:** rauh machen *aufwühlen

**aufräumen:** richten, zusammenstellen,
Ordnung machen, in Ordnung bringen
**aufrecht:** gerade, stocksteif, kerzengerade *unerschütterlich, unbeugsam,
nicht nachgebend, festbleibend, standhaft *lauter, ehrenhaft, achtbar, bieder, charakterfest, ehrenfest, ehrsam,
sauber, wacker, unbestechlich, rechtschaffen, hochanständig *senkrecht,
vertikal, lotrecht, seiger
**aufrechterhalten:** wachhalten *festhalten (an etwas), (be)halten, erhalten,
behaupten, bestehenlassen, eingeschworen sein (auf etwas), beibehalten

(Spielplan) *vorlesen, verlesen (Protokoll) *abweisen, zurückweisen, ausweisen (Mensch) *abspielen, löschen,
wiedergeben (Tonband) *liegenlassen
(Arbeit) *ausscheiden, absondern
(Nahrung) *auslassen, kürzen, streichen (Text) *überhören (Nachricht)
*borgen, verleihen (Kredit) *zurück-
zahlen (Kredit)
**aufpassen:** unaufmerksam sein, nicht
achten (auf), s. nicht konzentrieren,
zerstreut / zerfahren / abgelenkt / abwesend sein, in Gedanken verloren / versunken / vertieft sein
**aufpeitschen:** beruhigen, beschwichtigen, begütigen, besänftigen, dämpfen
*ruhig sein, dahinplätschern (Wellen)

**aufplatzen:** zunähen (Naht) *heilen, s.
(ver)schließen (Wunde)

**aufputschen:** beruhigen, dämpfen,
bändigen, betäuben, einschläfern, narkotisieren

**aufraffen:** liegenlassen *zögern, zaudern, zagen, schwanken, tatenlos / untätig zusehen / dabeistehen, unentschlossen / unschlüssig sein *nichts tun
*s. gehenlassen / aufgeben / fallenlas-
sen, abgleiten, verkommen
**aufrauhen:** polieren, schleifen, glätten
*s. legen / beruhigen (Meer)
**aufräumen:** liegen lassen, stehen lassen
*in Unordnung bringen
**aufrecht:** horizontal, waagrecht
*krumm, gebogen, geschwungen, ge-
krümmt, verkrümmt, verkrüppelt *gebeugt, gebückt, geneigt, gekrümmt
*gebrochen *feige, ängstlich, mutlos,
weich, zaghaft, furchtsam

**aufrechterhalten:** (ab)ändern, umändern, korrigieren, revidieren, überarbeiten, umarbeiten, umformen, verändern, abwandeln, verwandeln *novellieren (Gesetz) *abbrechen, beenden,
beendigen, einstellen, begraben, aufgeben, abschließen, beschließen, abschaffen (Beziehungen) *brechen, umändern (Versprechen) *aufgeben, verzichten (Anspruch)

**aufregen:** erregen *stören, belästigen

**aufregend:** (nerven)aufreibend, anstrengend, beschwerlich, mühevoll, mühsam, mühselig, ermüdend *interessant, spannend
**Aufregung:** Erregung, Aufgeregtheit, Emotion, Stimulation, Aufruhr, Gemütsbewegung, Überreizung, Hysterie, Überspanntheit, blinder Alarm, Reisefieber
**aufreiben (s.):** s. etwas abverlangen, s. anstrengen / schinden / plagen / fordern / bemühen / placken / quälen *besiegen, kampfunfähig machen, ruinieren, vernichten, niederringen, fertigmachen, bezwingen
**aufreißen:** (aus)lüften, belüften, durchlüften, öffnen *aufbrechen, öffnen *renovieren, erneuern *s. verletzen *aufklaren, aufhellen, aufklären, lichten

**aufrichten:** Trost spenden / bieten / verleihen / gewähren / zusprechen, trösten *aufhäufen, anhäufen, aufschichten, (auf)stapeln *helfen, stützen (Verletzten) *hochheben *errichten, (auf)bauen, erstellen, hochziehen *s. aufrichten: aufstehen, s. erheben

**aufrichtig:** wahrhaftig, wahr(haft), offen(herzig), zuverlässig, ehrlich, unverhohlen, unverhüllt, gerade, vertrauenswürdig, freimütig

**aufrollen:** behandeln, wiederaufnehmen *aufspulen, spulen / rollen (auf), aufwickeln *aufdecken, bloßlegen, enthüllen, entlarven, demaskieren, durchschauen, entschleiern
**aufrücken:** befördern, höherstufen *auffahren, s. nähern
**aufrufen:** auffordern, bewegen, mahnen *nennen
**Aufrührer:** Revolutionär, Umstürzler, Neuerer, Empörer, Rebell, Terrorist,

**aufregen:** beruhigen, begütigen, zufriedenstellen, beschwichtigen, besänftigen *(s.) langweilen
**aufregend:** beruhigend, ruhig, tröstlich, ermutigend, tröstend *langweilig *traurig

**Aufregung:** Ruhe, Beschwichtigung, Gelassenheit, Besänftigung, Bedacht (-samkeit), Entspannung, Entkrampfung *Desinteresse, Teilnahmslosigkeit, Langeweile
**aufreiben (s.):** ruhig / geruhsam / bedächtig / gemessen / besonnen sein

**aufreißen:** zuwerfen, zuschmeißen, zuknallen (Tür, Fenster) *teeren, pflastern, instand setzen (Straße) *zunähen (Naht) *flicken, stopfen (Loch) *zukleben, verschließen (Briefumschlag) *(ver)schließen (Mund) *zukneifen, (ver)schließen (Augen)
**aufrichten:** hinlegen, auf die Seite legen, liegen lassen (Verletzten) *ohnmächtig werden, zusammensacken, zusammenbrechen, umfallen, umkippen *umlegen, umwerfen, (um)kippen, niederschlagen, niederwerfen, zu Boden werfen *neigen, beugen (Kopf) *niederdrücken, deprimieren, bedrükken, quälen, betrüben, beunruhigen *s. aufrichten: s. ducken / krümmen / bücken / zusammensinken / hinstrecken *resignieren, aufgeben
**aufrichtig:** unaufrichtig, falsch, unehrlich, heuchlerisch, lügnerisch, verlogen, unredlich, scheinheilig, katzenfreundlich, lügenhaft, unlauter, unsolid, illoyal, betrügerisch, unwahrhaftig, hinterlistig, hinterhältig, arglistig, (heim)tückisch, doppelzüngig
**aufrollen:** abrollen, entrollen (Leine, Kabel, Seil) *s. zurückziehen *zusammenrollen (Papier) *ruhen / liegen lassen (Verfahren, Problem)

**aufrücken:** Abstand halten (Verkehr) *herabstufen, degradieren
**aufrufen:** schlafen / in Ruhe lassen *verheimlichen, verschweigen
**Aufrührer:** Mitläufer, Mitglied, Demonstrant, Anhänger, Fußvolk, Sym-

Aufständischer, Bürgerschreck, Reformator, Verschwörer

**aufrüsten:** rüsten, s. bewaffnen, mobilmachen, mobilisieren

**Aufrüstung:** Rüstung, Bewaffnung, Mobilisierung, Mobilmachung, Kriegsvorbereitung

**aufsammeln:** aufheben, aufklauben, auflesen, aufraffen, aufnehmen, hochnehmen

**aufsässig:** widerborstig, aufmüpfig, unbotmäßig, störrisch, unnachgiebig, radikal, unerbittlich, unzugänglich, bokkig, stur, renitent, fest, verstockt, rechthaberisch, finster, trotzig, verschlossen, widersetzlich, eigensinnig, starrsinnig, unbelehrbar, unfolgsam

**aufschauen:** aufsehen, hochsehen, hochgucken, aufgucken, hochblicken

**aufschiebbar:** belanglos, unerheblich, unwichtig, nicht erwähnenswert, unbedeutend, bedeutungslos, irrelevant, unmaßgeblich

**aufschieben:** verschieben, hinausschieben, verlegen, vertagen, hinauszögern, verschleppen, verzögern, umdisponieren, zurückstellen *öffnen, aufmachen

**Aufschlag:** Manschette *Revers, Rockaufschlag, Spiegel *Stulpe, Umschlag *Zuschlag, Aufpreis, Mehrpreis, Aufzahlung, Aufgeld, Erhöhung *Aufprall, Karambolage, Auffahrunfall, Frontalzusammenstoß, Zusammenprall, Kollision, Zusammenstoß

**aufschlagen:** anziehen, s. verteuern, im Preis steigen, teurer werden *öffnen, aufmachen, auftun, aufsperren, aufschließen, aufreißen, aufsprengen *aufblättern, öffnen, aufmachen

**aufschließen:** öffnen, auftun, aufschlagen, aufsperren, aufreißen, aufsprengen, aufmachen *mithalten, Gas geben

**aufschlußreich:** interessant, bemerkenswert, beachtenswert, bedeutungsvoll, wichtig, bedeutend, relevant, notwendig

**aufschneiden:** übertreiben, prahlen, angeben, protzen, reinlangen, s. aufblähen / aufspielen / brüsten / großtun, aufblasen *öffnen, aufmachen *zerteilen, zerlegen, in Stücke schneiden

**aufschnüren:** öffnen, aufmachen

**aufschrauben:** aufdrehen, öffnen, aufmachen

pathisant

**aufrüsten:** abrüsten, demobilisieren, demilitarisieren, entmilitarisieren

**Aufrüstung:** Abrüstung, Demobilisierung, Entmilitarisierung, Truppenreduzierung, Entwaffnung, Entspannung

**aufsammeln:** wegwerfen, herunterwerfen, fortwerfen

**aufsässig:** artig, brav, gehorsam, folgsam, manierlich, wohlerzogen

**aufschauen:** (abfällig) herabsehen, hinunterblicken

**aufschiebbar:** unaufschiebbar, dringend, eilig

**aufschieben:** (sofort) erledigen / durchführen / ausführen / behandeln *schließen (Tür, Fenster)

**Aufschlag:** Senkung, Preisnachlaß, Nachlaß, Ermäßigung, Rabatt, Verbilligung, Prozente, Minderung, Abzug, Diskont *Rückvergütung *Skonto *Dekort, Fusti, Refaktie *Wurf, Fall

**aufschlagen:** zuklappen, schließen (Buch) *nachlassen, senken, billiger werden (Preis) *abbrechen, abreißen (Zelt)

**aufschließen:** (zu)schließen, abschließen, zumachen, zusperren, verschließen *abriegeln, verriegeln, zuriegeln *Abstand halten (Verkehr)

**aufschlußreich:** uninteressant, unwichtig, unbedeutend, belanglos, unerheblich, nebensächlich, bedeutungslos, irrelevant

**aufschneiden:** untertreiben *zukleben, zunähen, verschweißen

**aufschnüren:** zuschnüren, verschnüren

**aufschrauben:** zuschrauben, verschrauben (Flasche)

88 **aufschütten**

**aufschütten:** aufhäufen

**aufschütten:** abtragen (Erdhaufen, Damm, Wall)

**Aufschwung:** Konjunktur, Boom, Welle, Hochkonjunktur, Blüte, Aufstieg *Besserung, Genesung(sprozeß)

**Aufschwung:** Rückgang, Abfall, Rückschritt, Stockung, Stauung, Stillstand, Nachlassen, Niedergang, Abstieg, Zusammenbruch *Stagnation *Rezession (Wirtschaft) *Remission (Krankheit)

**aufsein:** (hell)wach sein, aufgestanden sein *geöffnet / offen sein

**aufsein:** schlafen, im Bett sein / liegen, ruhen *geschlossen *verschlossen sein, zu sein (Tür, Fenster)

**aufsetzen:** landen, niedergehen, notlanden, wassern, zur Landung ansetzen *aufschreiben, abfassen, niederschreiben, texten, vermerken, zusammenstellen, verzeichnen, ins unreine schreiben, protokollieren, hinschreiben, formulieren, anmerken, aufnehmen, aufnotieren, entwerfen, eintragen *anziehen, bedecken

**aufsetzen:** abnehmen, absetzen (Hut) *durchstarten (Flugzeug) *liegen lassen *s. aufsetzen: liegen bleiben (Kranker)

**aufsitzen:** aufbleiben, nicht schlafen gehen *aufrecht sitzen *festsitzen, auf Grund (gelaufen) sein *hereinfallen, reinfliegen, überlistet / (he)reingelegt / betrogen / angeschmiert / getäuscht werden

**aufsitzen:** flott sein (Schiff) *absitzen (Pferd) *durchblicken, durchschauen (Betrüger) *zu Bett gehen, schlafen *s. zurücklegen

**aufspannen:** ausbreiten, entfalten, öffnen, spannend ziehen, spannen

**aufspannen:** zusammenklappen (Schirm) *zusammenrollen

**aufsparen:** zurücklegen, beiseite legen, erübrigen, reservieren, speichern, aufheben

**aufsparen:** verbrauchen, bezahlen, ausgeben *verprassen, verschwenden, vergeuden, verschleudern, vertun *investieren

**aufsperren:** öffnen, aufmachen, aufschließen, auftun, aufsprengen

**aufsperren:** zumachen, (ver)schließen, zuschließen, zusperren (Tür) *zumachen, verschließen (Mund)

**aufspringen:** s. aufrichten / erheben / aufrecken / aufschnellen, aufstehen, aufsetzen, aufwachen, wach werden, erwachen *s. öffnen / entfalten, platzen, springen, bersten, s. auftun, s. erschließen

**aufspringen:** abspringen, steigen (von) (Bahn, Bus) *s. hinlegen / niederwerfen, s. setzen *sitzen bleiben *liegen bleiben *zuklappen, zuschnappen (Verschluß) *ins Schloß fallen, zufallen (Tür)

**aufspüren:** auf die Spur kommen, vorfinden, feststellen, finden, (an)treffen, ausmachen, ausfindig machen, entdecken, aufstöbern, aufgabeln, begegnen, sehen, stoßen auf, auffinden, ermitteln, in Erfahrung bringen

**aufspüren:** suchen, kramen, wühlen *fahnden

**aufstacheln:** anstacheln, reizen, anzetteln, anfeuern, anspornen, anstiften, antreiben, einheizen

**aufstacheln:** abraten, abreden, zu bedenken geben, abbringen von, ausreden

**Aufstand:** Verschwörung, Volkserhebung, Putsch, Rebellion, Aufruhr, Krawall, Revolte, Unterwanderung, Unruhen, Komplott, Ausschreitung, Volksaufstand, Erhebung, Meuterei, Gewaltakt, Staatsstreich, Übergriff,

**Aufstand:** Unterwerfung, Niederschlagung, Unterdrückung, Unterjochung *Ruhe, Ordnung, Disziplin

Tumult
**aufstecken:** nach oben stecken *erreichen, gewinnen *beenden, aufhören, abbrechen, (be)schließen, einstellen, aufgeben, aussteigen
**aufstehen:** aufsteigen, das Bett verlassen, s. erheben, s. aufrichten, aufschnellen, aufspringen, s. von den Plätzen erheben *offenstehen, auf sein *s. erheben, revoltieren, rebellieren, aufbegehren, s. empören / aufbäumen / widersetzen, Protest erheben, Sturm laufen, auf die Barrikaden steigen, protestieren
**aufsteigen:** besteigen, einsteigen, zusteigen *hochkommen, avancieren, aufrücken, vorwärtskommen, (empor-) steigen, (hoch)klettern, arrivieren, etwas werden *s. erheben / aufrichten, aufstehen, aufspringen, das Bett verlassen *s. verbessern, aufschwingen *höher eingestuft werden *entstehen, lebendig werden (Angst)

**aufstellen:** nennen, vorschlagen *vereinigen, zusammenstellen *formulieren, festhalten, (auf)notieren *s. postieren / formulieren / (hin)stellen *bauen, gründen

**Aufstieg:** Beförderung, Avancement, Vorwärtskommen, Blitzkarriere, Rangerhöhung, Fortkommen, Emporkommen, Entfaltung *Zuschlag, Lohnaufbesserung, Zulage, Gehaltserhöhung *Hochtour, Gipfelfahrt, Bergfahrt, Bergwanderung, Besteigung, Bergbesteigung *Stufen, Treppe, Leiter, Staffel *Steigung, Schräge, Ansteigen, Höhenunterschied *Blüte, Aufwärtsentwicklung, Boom, Welle, Konjunktur, Aufschwung, Hoch(konjunktur)
**aufstöbern:** finden, entdecken, ermit-

**aufstecken:** abziehen (Ring) *wegnehmen (Kerze) *abnehmen (Vorhänge) *offen tragen (Haare) *durchführen (Plan)
**aufstehen:** sitzen bleiben, liegen bleiben *s. hinsetzen / niedersetzen / niederlassen, s. (hin)legen / niederlegen, s. hinstrecken, ins / zu Bett gehen *schlafen, schlummern *unterdrücken, unterjochen, unterwerfen (Volk) *s. unterwerfen / beugen, ertragen (Volk) *zu sein, geschlossen sein (Fenster, Tür) *schließen (Tür, Fenster)
**aufsteigen:** absteigen (Berg, Sport, Leistung) *landen, sinken, an Höhe verlieren, niedergehen, wassern, abstürzen (Flugzeug) *untergehen, zusammenbrechen, stagnieren, stocken, stillstehen, zurückfallen, niedergehen (Wirtschaft) *nichts ahnen, ahnungslos / unwissend / unvorbereitet sein (Verdacht) *abfahren (Skifahrer) *s. legen, beruhigen (Zorn) *fallen (Rauch) *untergehen (Sonne) *untergehen, versinken, verschwinden (Kultur) *absteigen, degradieren, zurückgestuft / zurückgesetzt werden (Amt) *abspringen, absteigen (von) (Fahrzeug)
**aufstellen:** umwerfen, umstoßen, umlegen, umstürzen, (um)kippen (Gegenstand) *wegräumen, abräumen (Stühle) *liegenlassen, stehenlassen *abservieren, absägen, stürzen (Kandidat) *wählen (Politiker) *richtigstellen, abstreiten, berichtigen, widerrufen, zurücknehmen, dementieren (Behauptung) *nicht berücksichtigen (Sportler) *auflösen, beseitigen, abschaffen (Organisation) *zurückziehen (Truppen) *planen (Programm)
**Aufstieg:** Abstieg (Sport) *Rückgang, Abfall, Rückschritt, Stockung, Stauung, Stillstand, das Nachlassen, Niedergang, Abstieg, Zusammenbruch (Wirtschaft) *Stagnation *Rezession (Wirtschaft) *Abfahrt, Talfahrt (Skisport) *Untergang, Niedergang, Zusammenbruch (Kultur) *Leistungsabfall, Abstieg, das Nachlassen, das Schwächerwerden (Leistung)

**aufstöbern:** suchen (Wild, Flüchtigen)

teln, lokalisieren, herausfinden, antreffen, wiedersehen, stoßen auf, sehen, orten, ausmachen, herauskriegen, -bekommen, begegnen, aufscheuchen
**aufstoßen:** öffnen, aufbrechen *hochkommen, rülpsen *s. verletzen

**aufstülpen:** (über)stülpen, aufkrempeln

**aufstützen (s.):** (s.) auf etwas stützen

**auftakeln (s.):** s. schönmachen / zurechtmachen / aufdonnern / herausputzen / aufputzen / feinmachen / schminken
**Auftakt:** Anfang, Startschuß, Anbruch, Anbeginn, Beginn, Eröffnung, Eintritt, Ausbruch, erster Schritt
**auftauchen:** (wieder) (her)vorkommen, auftreten, aus der Versenkung ausbrechen, zu finden sein, erscheinen, wiedererscheinen, wiedererstehen *entstehen, hervorgerufen werden, herauskommen, s. entwickeln
**auftauen:** (ab)tauen, schmelzen *(aus s.) herausgehen, die Scheu / Hemmungen verlieren, warm / munter werden

**Auftrag:** Bestellung, Order, Subskription, Abonnement, Bezug, Besorgung, Vorausbestellung *Weisung, Anweisung, Erlaß, Kommando, Statut, Anordnung, Aufforderung, Unterrichtung, Vorschrift, Verordnung, Gesetz, Gebot, Belehrung, Befehl, Mußvorschrift, Kommando, Mußbestimmung, Kannbestimmung, Kannvorschrift, Satzung, Order *Schuldigkeit, Aufgabe, Bestimmung, Obliegenheit, Pflicht, Funktion, Destination, Aufsichtspflicht *Ruf, Bestallung, Berufung *Apostolat, Mandat, Beauftragung, Mission, Sendung
**auftragen:** servieren, anfahren, reichen, vorsetzen, bewirten, bringen, auftischen, auftafeln *befehlen, anordnen, verfügen, festlegen, bestimmen, auferlegen, anweisen *schminken, anmalen, pudern, zurechtmachen, feinmachen, schönmachen *dick auftragen: übertreiben, prahlen, überziehen, zu weit gehen, hochspielen, überspan-

*nicht finden *in Ruhe lassen

**aufstoßen:** zustoßen, zuknallen, zuwerfen (Tür) *unterdrücken, zurückhalten, anhalten (Luft) *sanft aufsetzen
**aufstülpen:** abnehmen (Hut) *abheben (Deckel) *herunterkrempeln, herunterrollen (Ärmel)
**aufstützen (s.):** stützen, halten (Mensch) *(ab)stützen, unterstellen, unterbauen, pfählen (Gebäude)
**auftakeln:** abtakeln (Schiff) *s. **auftakeln:** verschlampen, s. vernachlässigen, herunterkommen

**Auftakt:** Ende, Schluß, Abschluß, Schlußpunkt, Ausklang, Finale

**auftauchen:** (ein)tauchen, untergehen, (ver)sinken, untertauchen (Schiff) *untertauchen, s. verstecken *(ver)schwinden, s. verlieren

**auftauen:** einfrieren, (ge)frieren, tiefgefrieren, vereisen *bang, zag, verängstigt, gehemmt / schüchtern / furchtsam / befangen / verschüchtert / feige sein *erstarren
**Auftrag:** Lieferung *Durchführung, Bewerkstelligung, Verwirklichung, Ausführung, Realisierung, Erledigung, Abwicklung *Rücknahme, Abbestellung, Stornierung *einen Auftrag ausführen: befehlen *beauftragen *einen Auftrag geben: zurücknehmen, stornieren, abbestellen *durchführen, bewerkstelligen, ausführen, realisieren, erledigen, abwickeln *liefern *im Auftrag: selbständig *auf eigene Rechnung

**auftragen:** abtragen, wegtragen, wegräumen, abdecken, forttragen, abräumen (Speisen) *übermitteln *abkratzen, ablösen, abschleifen (Farbe) *abschminken *dick auftragen: unterlassen *untertreiben

nen, s. hineinsteigern, brüsten, großtun, angeben, aufschneiden, protzen,
reinlangen, s. aufblasen / aufblähen

**auftrennen:** aufdröseln, aufdrehen,
aufmachen

**auftrennen:** stricken, häkeln, (zusammen)nähen

**auftreten:** (be)zeugen, Zeuge sein, als
Zeuge auftreten *benehmen, s. geben /
gebärden / zeigen / verhalten *auftauchen, vorkommen, zu finden sein, erscheinen

**auftreten:** abtreten, zurücktreten, abgehen *verschwinden, versinken

**Auftritt:** Auftreten, Start, Debüt, Rollendebüt, Comeback, Gastvorstellung,
Gastspiel, Gastrolle *Uraufführung,
Erstaufführung, Premiere, Aufführ-
rung, Darbietung, Vorstellung

**Auftritt:** Rücktritt, Abgang, Abtreten

**aufwachen:** wach / munter werden, erwachen, die Augen aufmachen, zu s.
kommen

**aufwachen:** einschlafen *schlummern,
(weiter)schlafen, verschlafen

**Aufwand:** Prunk, Luxus, Üppigkeit,
Extravaganz, Wohlleben, Pomp,
Pracht(entfaltung) *Aufwendungen,
Ausgaben, Unkosten, Auslagen, Gebühren, Steuer, Zoll, Zins, Werbungs-
kosten, Auslagen, Tribut, Spesen, Ta-
gegeld, Diäten, Tantiemen *das Aufwenden, Einsatz

**Aufwand:** Nutzen, Effekt, Erfolg *Bescheidenheit, Einfachheit, Genügsamkeit, Selbstbeschränkung, Anspruchslosigkeit, Bedürfnislosigkeit, Eingeschränktheit

**aufwärmen:** heiß werden lassen, warm /
heiß machen, erhitzen, aufbraten, auf-
brühen, wärmen *wiederholen, hervorholen, wiederkäuen, auffrischen *s.

**aufwärmen:** erkalten, kalt werden lassen *eingefrieren (Nahrungsmittel)
*vergessen (Unerfreuliches) *verdrän-
gen (Ereignisse) *s. aufwärmen: frieren, frösteln, schauern, schlottern

**aufwärmen:** s. warm laufen / erwärmen

**aufwärts:** auf, hoch, empor, bergan,
bergauf, talauf, nach oben, flußauf
(-wärts), stromauf(wärts)

**aufwärts:** abwärts, hinunter, hinab,
herunter, herab

**aufwärtsgehen:** s. verbessern, besser
werden *hinaufsteigen, hinaufgehen

**aufwärtsgehen:** abwärtsgehen, hinuntergehen, hinabgehen, heruntergehen,
herabgehen, bergab gehen

**aufwärtssteigen:** (hin)aufsteigen, heraufsteigen, emporsteigen, hinansteigen

**aufwärtssteigen:** abwärtssteigen, bergab steigen, hinabsteigen

**aufwecken:** erwecken, munter machen, wecken, wach machen, aus dem
Schlaf reißen

**aufwecken:** schlafen / ruhen / pennen /
dösen / schlummern / liegen lassen *einschläfern *schlafen, ruhen, schlummern, pennen, dösen

**aufweichen:** untergraben, unterminieren, zersetzen, erschüttern, ins Wanken bringen *weich machen / werden

**aufweichen:** (er)härten, festigen, hart
werden / machen, kräftigen

**aufwendig:** teuer, kostspielig, unerschwinglich, unbezahlbar, überteuert
*prunkvoll, prächtig, luxuriös

**aufwendig:** billig, günstig, preiswert,
preisgünstig *wenig, sparsam, ökonomisch

**aufwerfen:** lockern, lockermachen
*aufhäufen, aufschütten *zur Sprache
bringen, zur Diskussion bringen, erwähnen *s. aufspielen *öffnen, aufstoßen *erheben

**aufwerfen:** abtragen (Wall, Damm)
*verheimlichen, verschweigen, zurück-
halten (Frage) *(be)antworten (Frage)
*senken, neigen (Kopf) *zubleiben,
halten (Fenster, Tür) *zuschlagen
(Fenster, Tür)

**aufwerten:** eine Aufwertung vornehmen, steigern, erhöhen *achten, anerkennen, loben, hochschätzen, würdigen
**Aufwertung:** Erhöhung *Würdigung,
Lob, Achtung, Anerkennung, Hochschätzung
**aufwickeln:** spulen (auf), aufspulen,
aufrollen, wickeln auf *auspacken, aufpacken, enthüllen, auswickeln

**aufwiegeln:** beunruhigen, anheizen,
(ver)hetzen, aufreizen, fanatisieren,
anstacheln
**Aufwiegelung:** Fanatisierung, Aufputschung, Aufwiegelung, Aufhetzung

**aufwischen:** säubern, (aus)putzen, saubermachen, schrubben, (weg)wischen
**aufzäumen:** zäumen, mit einem Zaum
versehen
**aufziehen:** höhnen, spotten, spötteln,
foppen, ausspotten, necken, hänseln,
witzeln, ärgern, hochnehmen *hochziehen, hochmachen, einrollen, zusammenrollen *öffnen, aufmachen *s. nahen / nähern, (heran)kommen *s. aufstellen



**Aufzug:** Fahrstuhl, Lift, Paternoster
*Kleidung, äußere Aufmachung *Akt
(Theaterstück)
**augenblicklich:** jetzt, derzeit, momentan, soeben, zur Zeit / Stunde, im Augenblick / Moment, eben, gerade, gegenwärtig, heute, am heutigen Tage
**Augenschein:** das Anschauen / Wahrnehmen, Wahrnehmung *Sicht, Optik,
Anblick, Ansicht *Anschein, Schein,
Aussehen
**aus:** vorüber, vorbei, gewesen, vergangen, verflossen, verwichen, vergessen
*wegen, infolge, angesichts, dank,
kraft, durch, aufgrund, auf Grund *von
... her
**ausarbeiten:** entwerfen, skizzieren,
konzipieren, anlegen, planen, erstellen, erarbeiten *s. **ausarbeiten:** s.
schinden / plagen / mühen
**ausatmen:** schnaufen, keuchen, he-
cheln, atmen, stöhnen
**Ausbau:** Umbau, das Ausbauen, Re-

**aufwerten:** abwerten, eine Abwertung
vornehmen (Währung) *herabsetzen,
(ver)mindern

**Aufwertung:** Abwertung, Geldentwertung, Inflation

**aufwickeln:** abwickeln, wickeln / spulen
(von), abrollen, abhaspeln (Wolle,
Garn) *einwickeln, einpacken, verpacken
**aufwiegeln:** entspannen *beruhigen,
beschwichtigen, begütigen, besänftigen
**Aufwiegelung:** Beruhigung, Beschwichtigung, Entspannung, Besänftigung, Entkrampfung
**aufwischen:** beschmutzen *verschütten, ausgießen, ausschütten
**aufzäumen:** abzäumen (Pferd)

**aufziehen:** zuziehen, vorziehen (Vorhang) *herunterlassen, herablassen
(Rolladen) *sinken lassen, senken, niederlassen, herablassen, herunterlassen
*zuschieben, zuziehen (Schiebetür)
*zuziehen (Schlinge) *geärgert werden
*s. ärgern *ablaufen lassen (Uhr) *vor-
überziehen, abziehen, verschwinden,
wegziehen (Gewitter) *abtreten, abziehen (Wache) *das ganze Stück
(Theater)
**Aufzug:** Fest(tags)kleidung *Treppe
*Abzug (Wache) *das ganze Stück,
Theaterstück
**augenblicklich:** nachher, später, in
einiger Zeit *früher, vorher *immer
(-zu), dauernd

**Augenschein:** Hörensagen



**aus:** nach, von (Richtung) *in (Ort)




**ausarbeiten:** durchführen, erledigen,
machen *vortragen, halten (Rede) *s.
**ausarbeiten:** pausieren, ruhen, rasten

**ausatmen:** einatmen *den Atem anhalten
**Ausbau:** Einbau *Unterbrechung, Ab-

novierung, Restaurierung, Neugestaltung, Renovation *Erweiterung, Vergrößerung, Ausweitung

**ausbauen:** erweitern, vergrößern, verändern, ausweiten, verbreitern *herausnehmen, herausbauen

**ausbeuten:** ruinieren, aussaugen, jmdn. an den Bettelstab bringen, zugrunde richten *auswerten, verwerten, ausschlachten, (aus)nützen, ausnutzen, auslasten, nutzbar, zunutze machen, herausholen, Nutzen ziehen, zum Nutzen gebrauchen
**Ausbeutung:** Nutzbarmachung, Verwertung, Auswertung, Ausschlachtung, Ausnutzung *Lohnabhängigkeit, Lohnsklaverei
**ausbezahlen:** zurückerstatten, vergüten, honorieren, vorschießen, vorlegen, unterstützen, (be)zahlen, begleichen, erstatten, entrichten, ab(be)zahlen, abtragen, zuzahlen, finanzieren, vorlegen, verauslagen
**ausbilden:** anleiten, erziehen, bilden, unterrichten, helfen, Lebenshilfe geben / gewähren, belehren
**Ausbilder:** Instrukteur, Anleiter, Instruktor, Kursleiter, Unterrichtender, Spieß
**ausbitten (s. etwas):** erbitten *fordern, verlangen *etwas zur Bedingung machen, s. etwas vorbehalten / ausbedingen
**ausblasen:** (aus)löschen, auspusten *reinigen, säubern
**ausbleiben:** nicht eintreffen / eintreten / kommen / ereignen *abwesend / fort / anderwärts sein, fehlen, schwänzen, fernbleiben, wegbleiben

**ausblenden:** herausnehmen, (aus)streichen
**Ausblick:** Blick, Sicht, Panorama, Aussicht, Fernblick, Fernsicht, Anblick
**ausbooten:** entlassen, entfernen, feuern, suspendieren, kündigen, abservie-

bruch, Aufgabe, Beendigung (Beziehungen) *Rohbau (Haus) *Einschränkung, Reduzierung, Beschränkung, Einsparung, Verringerung, Verminderung *Streichung, Kürzung, Weglassung *Rezession
**ausbauen:** einbauen *abbrechen, unterbrechen, aufgeben, beendigen (Beziehungen) *einschränken, reduzieren, beschränken, einsparen, verringern, vermindern, drosseln
**ausbeuten:** erwerben *bezahlen *leisten, arbeiten *stillegen (Bergwerk) *(be)lassen (Natur)

**Ausbeutung:** Erwerb *Bezahlung *Arbeit, Leistung *Stillegung (Bergwerk)

**ausbezahlen:** (ein)behalten (Lohn, Gehalt, Geld)

**ausbilden:** lernen, üben, praktizieren, arbeiten *verkümmern lassen, nicht entwickeln (Fähigkeiten)
**Ausbilder:** Lehrling, Auszubildender *Rekrut (Armee)

**ausbitten (s. etwas):** genehmigen, geben, gewähren *versprechen

**ausblasen:** anzünden, anmachen (Kerze) *verschmutzen, beschmutzen
**ausbleiben:** stattfinden, eintreffen, erfolgen, verlaufen, eintreten, s. ereignen / zutragen / abspielen, vorfallen, passieren (Ereignis) *einstellen, eintreten, kommen (Erfolg) *heimkehren, (heim)kommen, zurückkehren, zurückkommen, ankommen, wiederkommen, wiederkehren
**ausblenden:** einblenden, einbringen, hinzufügen, einspielen, einschieben
**Ausblick:** Rückblick, Rückschau

**ausbooten:** einschiffen, aufnehmen, an Bord nehmen (Passagiere) *auskom-

ren, verabschieden, stürzen, entthronen, entmachten, abbauen, absetzen, kaltstellen, absägen, des Amtes entheben / entkleiden *an Land setzen / bringen

**ausbrechen:** anfangen, entstehen, beginnen, starten *s. entladen, detonieren, zerspringen, losbrechen, explodieren, entbrennen, aufflammen, knallen *s. ausbreiten / häufen, grassieren, wogen, rasen, toben, wüten, hochgehen, s. ergießen *stieben, spritzen, sprühen *fliehen, auskneifen, entkommen, fortlaufen, verduften, flüchten, entspringen, enteilen, davonlaufen, türmen *entfernen, lösen *erbrechen, s. übergeben *s. **ausbrechen:** verlieren

**ausbreiten:** übergreifen, s. durchsetzen, an Boden gewinnen, s. verbreiten *hinlegen, zeigen, auseinanderfalten, auseinanderlegen, aufdecken *s. **ausbreiten:** zunehmen, ausdehnen, ausweiten, expandieren, weiterentwickeln

**ausbuhen:** auszischen, pfeifen, niederschreien, buhen, ein Pfeifkonzert anstimmen / veranstalten, seinen Unwillen kundtun, Buh rufen

**ausbürgern:** ausweisen, aussiedeln, umsiedeln, verbannen, des Landes verweisen, expatriieren

**ausdauernd:** beharrlich, unverdrossen, unentwegt, unbeirrt, unbeirrbar, hartnäckig, zäh, verbissen, krampfhaft, ingrimmig

**ausdehnen:** ausbreiten, ausweiten, expandieren, (weiter)entwickeln, vermehren, erweitern *s. dehnen, (er)weitern *verlängern, strecken, weiten, verbreitern, vergrößern

**Ausdehnung:** Ausbreitung, Ausweitung, Expansion, Entwicklung, Vermehrung, Erweiterung *Dehnung, Verlängerung, Verbreiterung, Vergrößerung, Streckung, Weitung

**ausdorren:** (völlig) trocken / dürr werden, eintrocknen, austrocknen, vertrocknen, ausdörren

**ausdrehen:** abstellen, ausmachen, ab-

men / verstehen (mit) (Rivale) *einsetzen, einstellen, befördern *antreten, aufnehmen (Amt)

**ausbrechen:** finden, aufspüren, (ein-) fangen, (er)haschen (Tier, Häftling) *enden, zu Ende gehen, beendet werden, endigen, ausgehen, aufhören (Krieg) *enden, besiegen, erlöschen (Seuche) *ausgehen, erlöschen, verlöschen (Feuer) *einfügen, einmauern (Stein) *verdauen, behalten (Essen) *treu bleiben *s. **ausbrechen:** einsetzen (Zahn) *behalten

**ausbreiten:** zusammenlegen, zusammenfalten (Zeitung, Stoff) *aufeinanderlegen, stapeln (Gegenstände) *s. **ausbreiten:** zusammenrücken / zusammenziehen *in Schach halten, eindämmen, (er)löschen, unterdrücken (Feuer) *in Griff haben, in Schach halten, eindämmen, bekämpfen, besiegen (Seuche)

**ausbuhen:** (be)klatschen, (zu)jubeln, aufjubeln, applaudieren

**ausbürgern:** einbürgern, Asyl / Aufenthalt gewähren, (zu)rückrufen

**ausdauernd:** ermüdend, erlahmend, langweilig, einschläfernd, lahm, schwach, kraftlos

**ausdehnen:** (ver)kürzen, verringern, vermindern, drosseln, verkleinern, gesundschrumpfen, herabsetzen, zurückgehen, einschränken, herunterschrauben, reduzieren (Handel) *(ver)kürzen, stauchen, schrumpfen (Material) *verringern, verkleinern, einschränken, verschwinden (Einfluß)

**Ausdehnung:** Abnahme, Verminderung, Verringerung, Schwund, Rückgang, Verkleinerung, Herabsetzung, Verkürzung, Drosselung, Gesundschrumpfung, Reduzierung (Handel) *Schrumpfung

**ausdorren:** feucht / naß werden, versumpfen

**ausdrehen:** andrehen, anstellen, anma-

schalten, abdrehen

**ausdruckslos:** nichtssagend, unartikuliert, blaß

**ausdrucksvoll:** ausdrucksstark, mit Ausdruck, bildreich, dichterisch, poetisch, rednerisch, rhetorisch, expressiv

**auseinander:** fort, weg, entfernt *(zwei)geteilt, getrennt, defekt

**auseinanderbauen:** auseinandernehmen, zerlegen, trennen

**auseinanderfalten:** entfalten, (aus-) breiten, (aus)spannen, glätten

**auseinandergehen:** s. trennen, scheiden, weggehen, Abschied nehmen, s. verabschieden / empfehlen, verlassen, s. scheiden lassen, s. losreißen / lösen (von), die Ehe auflösen, austreten (Verein) *differieren, s. unterscheiden, verschieden sein *zunehmen, dikk(er) werden

**auseinanderhalten:** unterscheiden, auseinanderkennen, sondern, trennen, einen Unterschied machen, gegeneinander abgrenzen, nicht gleichsetzen

**auseinanderklappen:** aufspannen, aufklappen

**auseinanderlaufen:** auseinandergehen, s. entfernen / auflösen / trennen

**auseinandernehmen:** zerlegen, zergliedern, zertrennen, zerteilen, abbauen, abtakeln, demontieren, auflösen, abtragen, zerschneiden, teilen *besprechen, herabwürdigen, zerreißen, kritisieren, beanstanden

**auseinanderrollen:** aufrollen, entrollen, spannen

**auseinanderrücken:** wegstellen, verrücken, verstellen, trennen

**auseinandersetzen:** erörtern, diskutieren, s. streiten / befassen, darlegen, erklären, debattieren, beraten, besprechen, durchsprechen *trennen, teilen *versetzen (Schüler)

chen (Licht, Radio)

**ausdruckslos:** ausdrucksvoll, ausdrucksstark, expressiv

**ausdrucksvoll:** ausdruckslos, nichtssagend, blaß *phrasenhaft, leer, hohl, inhaltslos (Sprache)

**auseinander:** beieinander, beisammen, zusammen, vereint, gemeinsam

**auseinanderbauen:** zusammenbauen, zusammenfügen, zusammensetzen, zusammenkoppeln, zusammenkleben, kitten, zusammenlegen

**auseinanderfalten:** zusammenlegen, (zusammen)falten, zusammenklappen, kniffen

**auseinandergehen:** (s.) zusammentun / zusammenschließen/zusammenrotten/ vereinigen / verbinden / versammeln *zusammenbleiben, beieinander bleiben *schlank / dürr werden / bleiben *zusammenfallen, zusammenschrumpfen, (ein)schrumpfen *koalieren, zusammengehen (Parteien) *fusionieren, zusammenlegen (Betriebe) *übereinstimmen, s. nähern / berühren (Meinungen) *zustande kommen (Beziehungen) *s. berühren, decken (Linien)

**auseinanderhalten:** vermischen, vermengen, durcheinanderkommen, vertauschen *verbinden, zusammenhalten, aneinanderhalten

**auseinanderklappen:** zusammenklappen

**auseinanderlaufen:** zusammenbleiben, beieinander bleiben, beisammen sein, vereint sein *zusammenlaufen, s. (ver-) sammeln, zusammenströmen, herbeieilen, s. zusammenscharen / zusammenrotten *s. stauen *s. berühren (Linien) *s. wiederfinden

**auseinandernehmen:** zusammensetzen, zusammenfügen, zusammenbauen, verbinden, aneinanderfügen, zusammenhalten

**auseinanderrollen:** zusammenrollen (Papier)

**auseinanderrücken:** zusammenrücken, zusammenschieben, zusammenstellen

**auseinandersetzen:** zusammensetzen (Pflanzen) *(s.) zusammensetzen *s. vertragen / versöhnen / einigen *liegenlassen, nicht angehen, verdrängen (Problem)

**auserlesen:** auserwählt, erwählt, exquisit, ausersehen, berufen, auserkoren, hervorragend
**ausfahren:** spazierenfahren *(an)liefern, hinbringen *herausgleiten lassen *s. entfernen, fortfahren, abfahren

**Ausfahrt:** das Hinausfahren, Spazierfahrt, Spritztour, Sonntagsausflug, Tour *Abfahrt *Tor, Haus-, Gartentor
**ausfallen:** ausbleiben, wegfallen *herausfallen *nicht stattfinden, abgesetzt / abgeblasen werden

**ausfallend:** unfreundlich, gewöhnlich, gemein, primitiv, unflätig, ordinär, vulgär, unverschämt, grob, beleidigend, frech, unhöflich
**ausfliegen:** wegfliegen, s. entfernen *spazierenfahren, wandern, einen Ausflug machen, spazierengehen, das Haus verlassen *(weg)transportieren, heimholen (Verletzte) *wegschicken, heimschicken, nach Hause schicken (Touristen)
**ausfließen:** (her)ausfließen, entströmen, entfließen, entquellen, herauslaufen, leerlaufen, s. leeren *verfließen
**ausfragen:** befragen, aushorchen, ausforschen, interviewen, auskundschaften, bohren, ausquetschen

**Ausfuhr:** Export, Verkauf
**ausführbar:** möglich, durchführbar, denkbar, gangbar, erdenklich, potentiell
**ausführen:** verwirklichen, durchführen, vollziehen, gehen, machen, in die Tat umsetzen, erledigen, abwickeln *exportieren *wegnehmen *darlegen, erklären *spazierenführen

**ausführlich:** weitschweifig, umständlich, eingehend, breit, weitläufig, wortreich, langatmig

**auserlesen:** normal *einfach, billig *minderwertig, schlecht (Wein)

**ausfahren:** einfahren (Zug, Fahrgestell, Heu, Bergleute) *zurückkehren, zurückkommen, heimkehren, heimkommen, heimfahren *reduzieren, drosseln, abbremsen (Motorleistung) *schneiden (Kurve)
**Ausfahrt:** Einfahrt *Auffahrt (Autobahn) *Heimfahrt, Rückkehr

**ausfallen:** stattfinden, geschehen, erfolgen (Veranstaltung) *passieren, vorfallen (Geschehen) *(nach)wachsen (Haare, Zähne)
**ausfallend:** nett, freundlich, zuvorkommend, höflich (Verhalten)

**ausfliegen:** einfliegen, heimfliegen (Biene) *dabeibleiben *zu Hause bleiben

**ausfließen:** einfüllen *einfließen *dicht sein (Behälter)

**ausfragen:** erzählen, mitteilen, berichten, verkündigen, verkünden, ankündigen, unterrichten, schildern, beschreiben *schweigen, für s. behalten, verbergen, verheimlichen, verschweigen, nichts sagen, geheimhalten
**Ausfuhr:** Einfuhr, Import
**ausführbar:** unausführbar, nicht durchführbar / machbar

**ausführen:** planen, entwerfen, aushekken, beabsichtigen *anordnen, befehlen, verfügen, veranlassen, auffordern, bestimmen, festlegen, auftragen, auferlegen *administrieren, reglementieren *(unter)lassen, aufschieben, verschieben, verdrängen *zu Hause lassen (Hund) *einführen, importieren *zurückhalten, hemmen (Tat) *verbergen, verheimlichen, für s. behalten, dichthalten, geheimhalten, schweigen, nichts sagen / reden *proben, üben
**ausführlich:** kurz, verkürzt, abgekürzt, knapp, gedrängt, markig, kernig *unvollständig *andeutungsweise

**Ausführung:** Bewerkstelligung, Durchführung, Verwirklichung, Realisierung, Erledigung, Abwicklung, Betätigung, Organisation, Organisierung *Erklärung, Darlegung, Darstellung, Demonstration, Darbietung, Illustration

**ausfüllen:** einsetzen, beschreiben, vollschreiben, eintragen *überbrücken, zubringen *erfüllen, innerlich befriedigen *(gut) versehen, gute Arbeit leisten

**Ausgabe:** das Ausgeben / Austeilen *Kosten, (finanzielle) Aufwendung *Veröffentlichung, Edition, Herausgabe, Publizierung, Publikation

**Ausgang:** Ende, Schluß(punkt), Abschluß, Ausklang, Beendigung, Finale *Tür, Tor, Öffnung, Ausstieg *Freizeit, Urlaub, Kurzurlaub, Heimaturlaub

**Ausgangspunkt:** Grundlage, Beginn, Anfang *Stützpunkt, Basis

**ausgeben:** verbrauchen *verteilen, austeilen, geben *(be)zahlen *kaufen, spendieren, verschwenden *befehlen, anordnen *behaupten, bezeichnen (als)

**ausgebildet:** perfekt, fachmännisch, vollkommen, geschult, meisterhaft, meisterlich, profimäßig, profihaft *ausgeprägt, stark

**ausgebucht:** vergriffen, voll, belegt, (aus)verkauft *vollbeschäftigt

**ausgedient:** abgenutzt, verbraucht, alt, abgewirtschaftet, abgegriffen, abgewetzt, schäbig, verschlissen, zerschlissen *defekt, unbrauchbar, schadhaft, beschädigt, lädiert, ramponiert, abgestoßen *pensioniert, alt, entlassen, abgesetzt, abgedankt, abgebaut

**ausgefüllt:** voll, beschrieben *interessant, reich, erfüllt, voll

**ausgeglichen:** harmonisch, ruhig, gemäßigt, maßvoll, ruhevoll, besonnen, bedacht(sam), abgeklärt, würdevoll, beherrscht *ebenbürtig

**Ausführung:** Plan(ung), Entwurf, Absicht, Vorsatz *Anordnung, Befehl, Aufforderung, Auftrag *Thema *Probe, Übung

**ausfüllen:** leer / frei lassen, nicht beschreiben / ausfüllen (Formular) *nicht befriedigen / erfüllen (Arbeit) *Platz lassen (Raum) *aushöhlen

**Ausgabe:** Einnahme, Einkommen, Erträge, Bezüge, Verdienst, Profit, Einkünfte *Honorar *Rendite *Eingang, Annahme (Material) *Eingabe (Computer) *Abgabe, Rückgabe (Bücher) *Empfang, Ausführung (Befehl)

**Ausgang:** Eingang, Zugang (Gebäude) *Eingang, Eintreffen, Ankunft (Postsendung) *Beginn, Anfang, Verlauf (Prozeß, Krankheit) *Dienst, Wache (Soldat)

**Ausgangspunkt:** Ende, Ziel

**ausgeben:** einnehmen, erwerben, bekommen, verdienen, zufließen lassen (Geld) *(ein)sammeln, bekommen, erhalten, (ab)bekommen *erhalten, empfangen (Befehle, Verpflegung) *(an)sparen, zurücklegen, anlegen, investieren (Geld) *eingeben (Computer) *trinken (Trinkrunde) *einziehen (Zahlungsmittel)

**ausgebildet:** unausgebildet, laienhaft *verkümmert, rudimentär, zurückgeblieben, rückgebildet

**ausgebucht:** frei, Platz haben (Flugzeug, Hotel) *frei / Zeit haben, nichts vorhaben

**ausgedient:** (nagel)neu (Gegenstand) *jung (Soldat)

**ausgefüllt:** unausgefüllt, leer (Formular) *unausgefüllt, eintönig, einförmig, uninteressant, traurig, langweilig, leer (Leben)

**ausgeglichen:** unausgeglichen, unberechenbar, launisch, wechselhaft, sprunghaft, unausgewogen, unharmonisch, zwiespältig (Wesen, Charakter,

**Ausgeglichenheit:** Harmonie, Fassung, Gefaßtheit, Haltung, Gleichmut, Seelenruhe, Selbstbeherrschung, Besonnenheit, Bedachtsamkeit, Würde *Übereinstimmung, Ebenmäßigkeit
**ausgehen:** seinen Ausgang nehmen (von) *auslaufen, abfärben, die Farbe verlieren / abgeben, nicht waschecht / farbecht sein *als selbstverständlich ansehen / betrachten, voraussetzen *vorgetragen / vorgeschlagen werden, zurückgehen *aufhören, enden, zu Ende gehen *hervorgebracht / ausgestrahlt werden *ausfallen

**ausgehungert:** sehr hungrig, unterernährt, (spindel)dürr, abgezehrt ***ausgehungert sein:** Hunger haben, hungrig sein
**ausgekocht:** (sehr) schlau, durchtrieben, findig, geschickt, pfiffig, clever, listig, lebenstüchtig, geschäftstüchtig, verschmitzt, gewitzt, raffiniert, bauernschlau
**ausgelassen:** übermütig, unbändig, ungestüm, stürmisch, ungebärdig, wild, vergnügt, heiter, aufgelegt, überschäumend, übersprudelnd, aufgekratzt, aufgeweckt
**Ausgelassenheit:** Unbekümmertheit, Leichtsinn, Übermut, Draufgängertum, Lebenslust, Lustigkeit, Vergnügtheit, frohe Laune

**ausgelastet:** vollbeschäftigt, ausgebucht, ausgefüllt
**ausgenommen:** außer, ohne, sonder, mit Ausnahme, ausssschließlich, bis auf, exklusive, nicht inbegriffen / einbegriffen, abgesehen von
**ausgeprägt:** profiliert, deutlich hervortretend, markant, scharf umrissen *kraß, extrem, stark, auffällig, hochgradig
**ausgepumpt:** erschöpft, gestreßt, abgespannt, mitgenommen, angegriffen, ausgelaugt, abgearbeitet, abgehetzt, kreuzlahm, erholungsbedürftig, urlaubsreif
**ausgereift:** reif, gereift, vollreif, pflück-

Stimmung) *unterschiedlich, differierend
**Ausgeglichenheit:** Unausgeglichenheit, Unberechenbarkeit, Laune, Unausgewogenheit, Disharmonie, Uneinigkeit, Zerrissenheit, Mißklang, Zwiespältigkeit *Unterschied
**ausgehen:** dableiben, zu Hause bleiben, daheimbleiben *zurückkommen, zurückkehren, wiederkehren, heimkommen, heimkehren, heimgehen, wiederkommen *(nach)wachsen (Haare) *angehen, aufflammen, entfachen, schüren (Feuer) *angehen, hell werden (Licht) *zusammenlaufen, münden (Straßen, Wege) *haben, übrigbleiben, vorhanden sein, auffüllen (Vorräte) *durchführen, ausführen, übernehmen (Vorschlag) *beginnen, anfangen (Angelegenheit)
**ausgehungert:** satt, übersättigt, voll *ausgehungert sein: satt / gestärkt sein, genug haben, nicht (mehr) können / mögen
**ausgekocht:** dumm, frei heraus, offen, freimütig (Verhalten)

**ausgelassen:** brav, still, zag(haft), gehemmt, ruhig, bedrückt, furchtsam, verschüchtert, eingeschüchtert, ängstlich, scheu, befangen

**Ausgelassenheit:** Ängstlichkeit, Schüchternheit, Zurückhaltung, Befangenheit *Zurückgezogenheit, Ruhe, Einsamkeit, Meditation, Kontemplation

**ausgelastet:** unausgelastet, unausgefüllt (Arbeit) *überlastet, gestreßt
**ausgenommen:** inklusive, einschließlich, eingeschlossen, einbezogen *zuzüglich

**ausgeprägt:** gering, schwach (Interesse) *unreif, unfertig, kindlich (Charakter) *unausgeprägt (Handschrift)

**ausgepumpt:** frisch, fit, kräftig, munter, froh, lebendig, erholt, energisch, stark

**ausgereift:** unreif (Obst) *unreif, un-

reif, überreif *ausgegoren, (wohl-) überlegt, (gut) durchdacht, ausgefeilt ausgearbeitet, ausgewogen
**ausgeruht:** (hell)wach, munter, ausgeschlafen

**ausgeschlossen:** unwahrscheinlich, unglaublich, nicht denkbar, kaum glaublich / denkbar / möglich, unglaubhaft, unvorstellbar *verachtet, abgelehnt, ignoriert, nicht beachtet / angesehen, geschnitten, links liegengelassen, verschmäht
**ausgeschrieben:** angeboten, offeriert, angetragen
**ausgesöhnt:** befreundet, einträchtig, versöhnt
**ausgestorben:** (menschen)leer, verlassen, entvölkert, öde, verschlafen

**ausgewachsen:** ausgereift, erwachsen, groß, männlich, mündig, geschlechtsreif, fraulich, gereift, kräftig, heiratsfähig, voll entwickelt, volljährig *vollendet, sehr groß
**ausgewogen:** ausgeglichen, reif
**ausgezeichnet:** preisgekrönt, prämi(i)ert, (vor)trefflich, vorzüglich, hervorragend, überdurchschnittlich, toll, pfundig, exzellent, bestens, (sehr) gut, herrlich, erstklassig, außerordentlich, überragend, famos, beneidenswert, untadelig, tadellos, lobenswert, löblich, exemplarisch, beispielhaft, mustergültig, brillant *etikettiert, ausgeschrieben
**ausgezogen:** nackt, unbedeckt, textilfrei, enthüllt, frei, entblößt, unangezogen, splitternackt, kleidungslos, bloß, hüllenlos, pudelnackt *barbusig, topless, oben ohne
**ausgiebig:** reichlich, genügend, viel, in Hülle und Fülle, in großer Zahl, nicht wenig, (mehr als) genug, massenhaft, massenweise
**ausgießen:** (aus)schütten, (aus)leeren, entleeren, leer machen, gießen, (aus-) kippen, einschenken
**Ausgleich:** Einebnung, Auffüllung, Begradigung, Nivellierung *Einlösung, Begleichung, Deckung, Regelung, Regulierung *Bezahlung, Auszahlung,

fertig, unausgegoren, unausgewogen (Plan, Vorhaben) *unreif, unfertig, kindisch (Mensch)
**ausgeruht:** schlaff, müde, gestreßt, abgespannt, erschöpft, matt, angegriffen, mitgenommen, ausgelaugt, ausgepumpt, abgehetzt, erholungsbedürftig, abgearbeitet, abgeschlagen, schwach
**ausgeschlossen:** integriert, eingeschlossen, einbezogen, aufgenommen *einschließlich *zuzüglich, obendrein *möglich, denkbar (Irrtum) *zugelassen, geladen (Gast)

**ausgeschrieben:** abgekürzt (Wort) *nicht ausgeschrieben (Stelle)
**ausgesöhnt:** verfeindet, entzweit, zerstritten, verzankt, verkracht
**ausgestorben:** lebend, lebendig, vorhanden, existent, da *lebhaft, belebt, bevölkert, verkehrsreich, vital, volkreich, dynamisch (Stadt)
**ausgewachsen:** klein, schwach *kindlich, jung, unausgereift, klein, hilflos

**ausgewogen:** unausgeglichen, unreif
**ausgezeichnet:** schlecht, miserabel, (mittel)mäßig, mangelhaft, unterdurchschnittlich (Leistung) *ungenießbar (Essen) *unausgezeichnet (Ware)

**ausgezogen:** angezogen, bekleidet, bedeckt, verdeckt, verhüllt

**ausgiebig:** unzureichend, unzulänglich, unbefriedigend, mangelhaft, ungenügend

**ausgießen:** eingießen, (ab)füllen, einfüllen, zugießen *schöpfen

**Ausgleich:** Differenz, Streit, Unterschied, Meinungsverschiedenheit, Unversöhnlichkeit

Tilgung, Abzahlung, Gutschrift, Verrechnung, Amortisierung, Überweisung, Rückzahlung *Saldierung, Bilanz, Abschluß *Balance, Gegenpol, Gleichgewicht, Gegengewicht, Kompromiß *Versöhnung, Friede, Abmachung, Übereinkunft, Übereinkommen, Verabredung, Vereinbarung, Pakt, Vertrag, Papier, Arrangement, Abschluß

**ausgleichen:** nivellieren, gleichmachen, glattmachen, glätten, planieren, einebnen *überbrücken, überwinden, über etwas hinwegkommen *nachholen, nachziehen, wettmachen, gleichziehen, nacharbeiten, aufholen *(be-)lohnen, vergelten, s. revanchieren / erkenntlich zeigen, wiedergutmachen *löschen, tilgen, begleichen, einlösen, erfüllen, decken, einzahlen, auffüllen, abtragen, nachzahlen, abrechnen *abdecken, abarbeiten, kompensieren, wettmachen, anrechnen, aufrechnen, belasten, abschreiben *Abschluß machen, saldieren, abschließen *(aus)balancieren, das Gleichgewicht wahren, die Waage halten, ein Gegengewicht bilden

**ausgraben:** roden, ausmachen, austun, buddeln *hervorholen, s. (zurück)erinnern *exhumieren

**aushaken:** lösen, trennen

**aushalten:** durchstehen, verarbeiten, erleiden, über s. ergehen lassen, (er-)dulden, (er)tragen, bestehen, überstehen, hinnehmen, durchmachen *durchhalten, ausharren, standhalten, nicht schlappmachen / nachgeben / aufgeben *den Lebensunterhalt bezahlen / spendieren *anhalten, ausklingen / verhallen / austönen lassen

**aushändigen:** übergeben, (ab)geben, abliefern, abtreten, überlassen, ablassen, überreichen, übereignen, überbringen, zukommen lassen

**aushängen:** (öffentlich) anbringen / anschlagen, veröffentlichen, bekanntmachen, bekanntgeben *aus den Angeln heben *glatt werden lassen

**ausharren:** warten (auf), verharren, s. anstellen, (Schlange) stehen *durchhalten, standhalten, nicht schlappmachen / nachgeben / aufgeben, aushalten

**ausgleichen:** verstärken, verschärfen, vertiefen (Unterschiede, Nachteile, Gegensätze) *überziehen (Konto) *vergrößern (Höhenunterschiede)

**ausgraben:** eingraben, vergraben, verscharren *verschütten *vergessen (Gesetz) *beerdigen, bestatten, begraben, beisetzen

**aushaken:** einhaken, einhängen

**aushalten:** springen, (zer)reißen, platzen, entzweibrechen, (zer)brechen, bersten, zerspringen, zersplittern (Material) *nachgeben *abspringen *bezahlt werden (Lebensunterhalt) *abbrechen (Ton)

**aushändigen:** behalten, zurückhalten, nicht herausrücken / herausgeben *bekommen, entgegennehmen, abnehmen, übernehmen, erhalten

**aushängen:** einhängen (Tür, Fenster) *in der Schublade / auf dem Schreibtisch liegen, zurückhalten (Bekanntmachung) *knittern (Kleid)

**ausharren:** nachgeben, aufgeben *s. beugen / unterwerfen / ergeben, unterliegen, einsehen, nachgeben, zurückstecken *abspringen, überlaufen *fliehen, (aus)weichen

**aushauchen:** ausatmen, keuchen \*sterben, ableben, dahinscheiden, abgerufen werden, verscheiden, schwinden

**aushauchen:** einatmen \*anhalten (Atem) \*(weiter)leben, überleben

**ausheben:** erwischen, schnappen, entdecken, (an)packen, habhaft werden, aufgreifen, hochnehmen, ergreifen \*einberufen, einziehen, mobil machen, zu den Fahnen / Waffen rufen \*ausschaufeln, vertiefen, ausschachten, ausbaggern, (aus)höhlen, buddeln, schürfen

**ausheben:** zuschütten, zuwerfen (Graben) \*sparen, einzahlen (Bank) \*einhängen (Tür) \*beobachten, verfolgen, suchen (Bande)

**ausheilen:** gesund werden / machen, heilen, s. bessern, genesen, gesunden, aufkommen

**ausheilen:** verschleppen, unterdrücken, dämpfen (Krankheit)

**aushöhlen:** hohl machen, ausschneiden \*untergraben, befehden, bekämpfen \*ruinieren, (über)beanspruchen, mit Beschlag belegen, absorbieren

**aushöhlen:** (aus)füllen \*stärken, unterstützen (Staat, System)

**aushorchen:** ausfragen, ausforschen, ausquetschen, nachfragen, bohren

**aushorchen:** erzählen, berichten \*beichten

**auskleiden:** s. ausziehen / entkleiden / freimachen / entblößen / entblättern, die Hüllen fallen lassen, abtun

**auskleiden:** s. anziehen / (an)kleiden / bekleiden / bedecken, hineinschlüpfen, überziehen, überstreifen, umhängen

**ausklingen:** verhallen, verklingen, absterben, aushallen, abklingen \*zu Ende gehen, aufhören, enden, endigen, ausgehen

**ausklingen:** anfangen, beginnen (Feier) \*aushalten (Ton)

**ausknipsen:** ausschalten, ausmachen, abstellen

**ausknipsen:** anknipsen, anschalten, anmachen (Lampe)

**auskommen:** s. vertragen / verstehen, s. nicht zanken \*etwas genügend / in ausreichendem Maße haben

**auskommen:** streiten, s. befehden / bekriegen / bekämpfen, nicht vertragen \*mangeln \*arm sein (Geld)

**auskömmlich:** genügend, ausreichend, zufriedenstellend

**auskömmlich:** ärmlich, bescheiden, karg, mangelhaft, ungenügend, kärglich, knapp

**auskühlen:** kalt / kühl / kälter werden, Wärme entziehen \*kalt / kühl machen

**auskühlen:** erhitzen, erwärmen, heiß machen

**Auskunft:** Information, Nachricht, Bescheid, Mitteilung

**Auskunft:** Anfrage, Frage, Erkundigung, Nachfrage

**auskuppeln:** das Kupplungspedal treten

**auskuppeln:** einkuppeln

**auskurieren:** gesund machen, wiederherstellen, heilen, nicht verschleppen, wieder hinkriegen, stillegen

**auskurieren:** verschleppen, unterdrücken, dämpfen (Krankheit)

**ausladen:** (aus)leeren, entleeren, entladen, abladen, löschen, von Bord / an Land bringen, ausschiffen, (aus)gießen, (aus)schütten, (aus)kippen \*enthüllen, auspacken, aufpacken, auswikkeln \*herausmachen \*rückgängig machen

**ausladen:** einladen, (auf)laden, aufpacken (Güter) \*beladen, vollladen, befrachten, bepacken, vollpacken (Fahrzeug) \*(ein)laden, bitten (Gäste)

**Ausland:** Fremde, Draußen, Weite, weite Welt, Ferne, Übersee

**Ausland:** Inland, Heimat, zu Hause

**Ausländer:** Fremder, Landfremde, Fremdstämmige, Exoten, Fremdling

**Ausländer:** Einheimischer, Ansässiger, Eingebürgerter

**ausländisch:** fremd(ländisch), exotisch,

**ausländisch:** einheimisch, inländisch,

102    **auslassen**

wildfremd, unbekannt, fremdartig
**auslassen:** weglassen, überschlagen, passen, übergehen, fortlassen, beiseite lassen, aussparen *freilassen, freisetzen, entlassen, loslassen *schmelzen, verflüssigen, flüssig machen, zerlassen *ausschließen, ausklammern, einklammern *schikanieren, schinden, malträtieren, schlecht behandeln, drangsalieren, traktieren, martern, peinigen, tyrannisieren, foltern, triezen, scheuchen *(her)ausfließen lassen *s. entgehen lassen, übergehen, weglassen, streichen *länger machen *(ausführlich) erörtern / besprechen, zerreden
**auslaufen:** (her)ausfließen, s. leeren, leer werden, fließen aus, entfließen, entquellen, herauslaufen, leerfließen, leerlaufen, entströmen *verfallen, ablaufen, ungültig / fällig werden *die Anker lichten, in See stechen, ablegen, abgehen *enden, ausgehen, endigen, aufhören, hinauslaufen, zu Ende sein / gehen / kommen *abfärben, ausgehen, nicht waschecht / farbecht sein
**ausleeren:** leeren, entladen, ausladen, leer machen, (aus)schütten, (aus)gießen, (aus)kippen
**auslegen:** interpretieren, kommentieren, auffassen, deute(l)n, klarmachen, erläutern, ausdeuten, explizieren, erklären, exemplifizieren *bedecken, schützen (Boden) *bespannen, auskleiden, verkleiden, (aus)füttern, verschalen *(vorläufig) bezahlen / begleichen / erstatten, vorlegen, verauslagen, vorstrecken, vorschießen, in Vorlage bringen
**Ausleihe:** das Ausleihen / Herleihen
**ausleihen:** (aus)borgen, verborgen, verleihen, herleihen, pumpen, auf Borg geben, zur Verfügung stellen *s.
**etwas ausleihen:** s. etwas leihen / borgen

**ausliefern:** jmdn. überantworten / übergeben / preisgeben *liefern, zustellen, bringen, anliefern, beliefern

**Auslieferung:** Lieferung, Belieferung, Zustellung, Zufuhr, Zusendung, Anlieferung, Übergabe, Überbringung, Einhändigung, Abgabe, Weiterleitung, Überstellung, Weitergabe, Ab-

heimatlich
**auslassen:** aufnehmen, berücksichtigen, einbeziehen, beachten *einlassen (Badewasser) *abnähen, kürzen, hinaufnähen (Kleidungsstück) *einfügen, hinzufügen, einschieben (Satz) *mitmachen, mitnehmen, teilnehmen (Veranstaltung) *s. auslassen: schweigen *s. zurückhalten / mäßigen / zügeln

**auslaufen:** ansteuern, einlaufen (Schiff) *(ein)füllen (Flüssigkeit) *antreten, starten (Lauf) *ablaufen, anfangen, beginnen, anlaufen (Vorgang) *dicht sein (Behälter) *einführen (Ware) *ratifizieren, beginnen, anlaufen, verlängern (Vertrag) *farbecht sein (Stoff)

**ausleeren:** (ab)füllen, einfüllen

**auslegen:** (zurück)fordern, (zurück-)bekommen (Geld) *zurückzahlen *verkaufen (Ware) *zusammenlegen, einsammeln (Gegenstände) *verabschieden, ratifizieren (Gesetz)

**Ausleihe:** Abgabe, Rückgabe (Bücher)
**ausleihen:** (s.) borgen / (ent)leihen *zurückbekommen, zurückerhalten, zurückfordern *verschenken *verkaufen
**s. etwas ausleihen:** verleihen, borgen *kaufen *zurückgeben, zurückzahlen *abgeben, zurückgeben (Bücher)
**ausliefern:** schützen, verstecken, decken (Person) *behalten *bekommen, erhalten, empfangen, annehmen (Ware) *aufgeben, einliefern (Postsendung) *verkaufen, veräußern (Ware)
**Auslieferung:** Schutz, Deckung (Mensch) *Lieferung, Empfang, Annahme *Aufgabe (Post) *Verkauf, Veräußerung (Ware)

lieferung, Zuführung, Zuleitung, Übermittlung, Überweisung, Aushändigung, Überantwortung, Entäußerung, Hergabe, Abtretung

**auslöschen:** ausblasen, auspusten, löschen *vergessen, verdrängen, nicht behalten, nicht mehr wissen wollen, vertreiben

**auslöschen:** anmachen, (an)zünden, anstecken, zündeln, entzünden, anbrennen, anfachen, anschüren, entfachen (Feuer) *anknipsen, anmachen, anschalten (Lampe) *s. einprägen (Ereignis)

**auslosen:** losen, durch Los bestimmen / ermitteln, verlosen, das Los ziehen / entscheiden lassen

**auslosen:** setzen, festlegen (Sport) *gewinnen, bekommen, erhalten *leer ausgehen

**ausmachen:** austun, ausgraben, buddeln, roden, ernten *ausschalten, ausknipsen, abdrehen, ausdrehen, abschalten, abstellen *übereinkommen, besprechen, vereinbaren, aushandeln, handelseinig werden, s. verständigen / abstimmen / arrangieren / einigen, abmachen *betragen, s. belaufen / beziffern auf, angegeben werden (mit) *finden, entdecken, aufspüren, orten, aufstöbern, auftreiben, herausfinden, feststellen, lokalisieren, ausfinden, wiedersehen, treffen auf, sehen *sein, betragen (Unterschied)

**ausmachen:** stecken, legen (Kartoffeln) *absagen, verschieben (Verabredung) *einhalten (Termin) *suchen (Schiff) *anmachen, (an)zünden, anstecken, zündeln, entzünden, anbrennen, anfachen, anschüren, entfachen (Feuer) *anmachen, anknipsen, anschalten (Lampe)

**ausmerzen:** ausrotten, vertilgen, (aus-) tilgen, zerstören, vernichten, entfernen, ruinieren, verwüsten, aussondern, zugrunde richten, zerschlagen

**ausmerzen:** s. angewöhnen / aneignen (Angewohnheit) *beibehalten, erhalten, bewahren, bestehen lassen *stehenlassen (Fehler)

**Ausnahme:** Sonderfall, Abweichung, Anomalie *Vorrecht, Privileg, Vergünstigung, Sonderrecht

**Ausnahme:** Norm, Regel, Standard, Grundsatz, Leitsatz, Leitlinie, Richtschnur, Richtlinie, Prinzip, Übliche *Durchschnitt

**Ausnahmezustand:** Notstand, Belagerungszustand, Kriegsrecht

**Ausnahmezustand:** Normalzustand, Alltag

**ausnahmslos:** alle, ohne Ausnahme, jeder, sämtliche, jedweder, allesamt, vollzählig, groß und klein, jung und alt, jedermann, durchgängig, generell

**ausnahmslos:** außer, ohne, sonder, bis auf, ausschließlich, exklusive, nicht inbegriffen / einbegriffen, mit Ausnahme

**ausnahmsweise:** als Ausnahme, im Ausnahmefall, fast gar nicht, nur gelegentlich, ab und zu, ... es sei denn

**ausnahmsweise:** alle, sämtliche, jeder, allesamt, vollzählig, jedermann

**ausnehmen:** (nach)fragen, ausforschen, überschütten, bohren *abschwindeln, ablisten, abschwätzen, schröpfen, abgaunern, herauslocken *säubern

**ausnehmen:** einschließen, einbeziehen *füllen (Geflügel) *(be)lassen, hineinlegen (Nest) *gewinnen lassen, verlieren (Spiel)

**auspacken:** aufwickeln, auswickeln, enthüllen, aufpacken *gestehen, aussagen, beichten, zugeben, offenbaren, einräumen, eingestehen, geständig sein, Farbe bekennen

**auspacken:** einpacken, einwickeln, verpacken, einschlagen (Gegenstände) *packen (Koffer) *geheimhalten, nichts sagen, verschweigen, für s. behalten, verhehlen, stillschweigen, verbergen, totschweigen, dichthalten *be-

**auspfeifen:** niederschreien, (aus)buhen, pfeifen, (aus)zischen, Buh rufen, ein Pfeifkonzert veranstalten / anstimmen, seinen Unwillen kundtun

**ausplaudern:** ausquasseln, äußern, bekanntgeben, mitteilen, artikulieren, verkünden, verkündigen, zutragen, weitererzählen, verplaudern, verplappern, verraten, (weiter)sagen, preisgeben, hinterbringen, informieren, darstellen

**ausplündern:** (be)rauben, wegnehmen, ausrauben, brandschatzen, ausräumen, (ab)nehmen, mitnehmen, plündern, (be)stehlen, einstecken, entwenden, klauen

**ausquartieren:** (Wohnsitz) verlegen, verjagen, auf die Straße setzen, fortschicken

**ausräumen:** wegnehmen, ausrauben, (ab)nehmen, mitnehmen, berauben, einstecken, (aus)plündern, (be)stehlen, klauen, entwenden *fortbringen, eliminieren, entfernen, wegschaffen, fortschaffen, wegbringen, (ab)transportieren, beseitigen

**ausreden:** abraten, widerraten, warnen, abbringen von, zu bedenken geben, abmahnen *zu Ende sprechen

**ausreichend:** genügend, gut, hinreichend, befriedigend, genug, hinlänglich, angemessen, zureichend *ordentlich, gehörig, schuldig, schicklich, geziemend, gebührend, anständig

**ausreifen:** (völlig) reif werden, s. entwickeln, (heran)reifen

**Ausreise:** Auslandsreise, Einschiffung, Abflug, Abreise, Start

**ausreisen:** verreisen, herumreisen, befahren, bereisen, besuchen, durchziehen

**ausreißen:** entfernen, herausreißen, reißen aus, (her)ausrupfen, auszupfen, jäten *(ent)fliehen, entweichen, ausbrechen, abhauen, türmen, entspringen, flüchten

**ausrenken:** s. etwas verstauchen / luxieren / verrenken / auskugeln / verknacksen

**ausrichten:** (ab)fluchten, in eine Fluchtlinie bringen, eine Fluchtlinie abstecken / festlegen, (gerade)richten *durchführen, veranstalten, abhalten,

fragen (Polizei)
**auspfeifen:** applaudieren, Beifall klatschen, beklatschen

**ausplaudern:** verschweigen, stillschweigen, dichthalten, totschweigen, für s. behalten, verbergen, verhehlen, verheimlichen, geheimhalten, nichts sagen

**ausplündern:** sichern *(be)lassen

**ausquartieren:** aufnehmen, einquartieren, s. einmieten, einziehen

**ausräumen:** einräumen, einordnen, ausstatten, einrichten *sichern

**ausreden:** zureden, (be)drängen, einreden *unterbrochen werden (Redner)

**ausreichend:** (zu)wenig, gering, dürftig, karg, kärglich, nicht genug / genügend, nicht viel, beschränkt *zuviel, übermäßig *überflüssig

**ausreifen:** unausgegoren / unvollständig sein (Methode) *grün / unreif sein (Obst) *entstehen (Plan)
**Ausreise:** Einreise, Ankunft, Eintreffen, Einfahrt *Aufenthalt *Wartezeit
**ausreisen:** einreisen, eintreffen, einlaufen, einfahren, ankommen, durchreisen *s. aufhalten *warten
**ausreißen:** (be)pflanzen, (ein)setzen, (aus)säen, kultivieren, bestellen, stecken *(stand)halten, (stehen)bleiben *befestigen *dableiben

**ausrenken:** einrenken (Wirbel)

**ausrichten:** (be)auftragen, bitten *verweigern, absagen (Veranstaltung) *durcheinander stehen (Sportler)

geben, machen, unternehmen, organisieren, inszenieren, verwirklichen, arrangieren *(be)zahlen, begleichen, bestreiten *mitteilen, informieren, sagen, schildern, unterrichten *erwirken, durchsetzen, durchbringen, können, vermögen, schaffen, erreichen *s. (in einer Reihe) aufstellen

**ausrücken:** weggehen, ziehen, vorrücken, fortgehen, davongehen, aufbrechen, abmarschieren, s. entfernen *fliehen, ausbrechen, fortlaufen, davonlaufen, entlaufen, türmen, verduften, entspringen, auskneifen, ausreißen, enteilen, entkommen, flüchten

**ausruhen:** ruhen, verschnaufen, s. entspannen, stilliegen *pausieren

**Aussaat:** Samen(korn), Blumensamen, Pflanzensamen, Same *das Aussäen

**aussäen:** (an)säen, bebauen, bepflanzen

**Aussage:** Darlegung, Ausführung, Äußerung, Bemerkung, Darbietung, Geständnis, Angabe, Nachweis, Nennung, Offenbarung *(geistiger) Inhalt, Gehalt (Kunstwerk)

**aussagen:** darlegen, ausführen, gestehen, auspacken, beichten, (Farbe) bekennen, geständig sein, offenbaren, zugeben, einräumen, eingestehen, angeben

**ausschachten:** ausgraben, herausholen, ausbaggern

**ausschalten:** abstellen, ausmachen, ausknipsen, ausdrehen *ausschließen, absondern, ausstoßen, verstoßen, isolieren, auseinanderbringen, allein lassen, separieren, trennen / scheiden / sondern von

**ausscheiden:** aufhören, beenden, beendigen, abbrechen, aufgeben, aufstecken, einstellen, aussteigen *(ab)sondern, ausschließen, auseinanderbringen *weggehen, verlassen, niederlegen, abtreten, hinschmeißen, kündigen

**Ausscheidung:** Wettkampf *Absonde-

**ausrücken:** einrücken (Zeilen) *zurückkommen, zurückkehren, heimkehren (Truppe)

**ausruhen:** arbeiten, schuften, schaffen, werken, tätig sein, wirken, hantieren, tun, ausüben, betreiben, s. beschäftigen / regen / rühren / betätigen / abarbeiten / strapazieren / abmühen / anstrengen

**Aussaat:** Ernte *Frucht

**aussäen:** (ab)ernten, (ab)pflücken *einbringen, einfahren *ausmachen, ausgraben, buddeln (Kartoffeln) *roden

**Aussage:** Befragung, Verhör, Ermittlung, Vernehmung

**aussagen:** befragen, verhören, vernehmen *(ver)schweigen, verheimlichen, nichts sagen, stillschweigen, dichthalten, totschweigen, für s. behalten, verhehlen *nichts aussagen (Kunstwerk)

**ausschachten:** zuwerfen, zuschütten, füllen (Grube)

**ausschalten:** einschalten, anmachen, andrehen, anknipsen (Licht) *einschalten, andrehen, aufdrehen, anmachen, anstellen (Heizung) *einschalten (Vermittler, Parlament) *integrieren, einfügen, aufnehmen *einsetzen, einschalten (Arbeiter) *nicht einbeziehen / ausschalten (Möglichkeit) *heraufbeschwören (Gefahr)

**ausscheiden:** essen, einnehmen, aufnehmen, verzehren (Nahrung) *fressen, äsen, weiden, grasen (Tier) *aufgenommen werden, eintreten (Verein, Dienst) *weitermachen (Sport) *nicht ausscheiden (Möglichkeit)

**Ausscheidung:** Antritt (Sport) *Auf-

rung, Sekret, Schleim, Ausfluß, Exkret(ion)

**ausschelten:** schelten, anbrüllen, (aus-) schimpfen, zurechtweisen, wettern, donnern, attackieren, anschreien, zusammenstauchen

**ausschenken:** ausgeben, schenken, zapfen

**ausschiffen:** abladen, ausladen, entleeren, (aus)leeren, löschen, von Bord / an Land bringen

**ausschlagen:** abweisen, ablehnen, verschmähen, desavouieren, zurückweisen, abschlagen, verweigern, abwinken, verachten *sprießen, keimen, austreiben, grünen, grün werden, knospen, Knospen treiben *(aus)stoßen *(gewaltsam) entfernen, verletzen *bedecken, verkleiden *s. entwickeln

**ausschließen:** unmöglich machen, nicht entstehen lassen *verschließen, aussperren, isolieren, verstoßen, ausstoßen, disqualifizieren, vom Platz stellen / verweisen, relegieren (Hochschule) *s. **ausschließen:** s. fernhalten / isolieren, nicht mitmachen, absondern

**ausschließlich:** lediglich, bloß, alleinig, nichts anderes / nicht mehr als, nur, uneingeschränkt

**Ausschluß:** Ausstoßung, Entfernung, Säuberungsaktion, Kündigung

**ausschreiben:** ausfertigen, ausstellen *bekanntgeben

**Ausschuß:** Kreis, Gremium, Kommission, Zirkel, Komitee *Schleuderware, Ausschußware, Ramsch, Plunder, Ladenhüter *Pfuscherei, Stückwerk, Flickwerk, Stümperei

**ausschütten:** (weg)schütten, (aus)gießen, (aus)kippen, (aus)leeren *(aus-) zahlen, auswerfen

**ausschweifend:** anstößig, sittenlos, unanständig, unkeusch, zotig, wüst, verworfen, lasterhaft, liederlich, ruchlos, schlecht, unsittlich, unsolide, unziemlich, zuchtlos, schlüpfrig, schmutzig

**außen:** an der äußeren Seite / der Außenseite

**aussein:** zu Ende / beendet sein *erloschen sein *ausgeschaltet / abgeschaltet / abgedreht sein *ausgegangen sein

nahme (Verein) *Nahrungsaufnahme

**ausschelten:** loben, ermuntern, belobigen, ermutigen, bestätigen, würdigen, feiern *tolerieren *ignorieren

**ausschenken:** einschenken, füllen (Getränk)

**ausschiffen:** einschiffen, verschiffen, an Bord bringen, aufs Schiff verladen

**ausschlagen:** ruhig sein / bleiben (Pferd, Uhrzeiger) *(be)lassen (Zähne) *annehmen (Angebot) *verdorren, welken, abfallen

**ausschließen:** einschließen, beteiligen, zulassen, erfassen, einbeziehen, dazurechnen, dazuzählen *eintreten (lassen), aufnehmen *nicht ausschließen / einbeziehen (Möglichkeit) *s. **ausschließen:** s. beteiligen / anschließen, teilnehmen, mitmachen, dazugehören, mitwirken, beteiligt sein, teilhaben

**ausschließlich:** einschließlich, inklusive, einbegriffen, inbegriffen, plus, zuzüglich, umfassend, allgemein *nicht nur

**Ausschluß:** Aufnahme (Verein, Partei) *Einbeziehung, Zulassung (Öffentlichkeit)

**ausschreiben:** abkürzen (Wörter, Name) *s. bewerben

**Ausschuß:** Einschuß (Wunde) *Qualitätsartikel, Qualitätsware *Parlament, Plenum, Vollversammlung

**ausschütten:** eingießen, (ein)füllen, zugießen, einschenken *aufwischen *behalten, anlegen, investieren (Gewinn, Geld) *schöpfen

**ausschweifend:** tugendhaft, solide, sittsam, keusch, anständig, unbescholten, züchtig *langweilig, trist, traurig, uninteressant, monoton *normal (Phantasie)

**außen:** innen, im Innern, darin(nen), drinnen, (da)zwischen

**aussein:** beginnen, anfangen (Vorstellung) *daheim (sein / bleiben) *gesund, liquid (Geschäft) *brennen, schwelen,

**aussenden:** senden, ausstrahlen *wegschicken, entlassen, senden

**Außenmauer:** Mauer, Hausmauer, Außenwand

**Außenpolitik:** auf das Ausland gerichtete Politik, zwischenstaatliche / externe Angelegenheit / Politik

**Außenseite:** äußere Seite

**Außenseiter:** Sonderling, Außenstehender, Outsider, Kauz, Einzelgänger, Entrechteter, Verfemter, Ausgeflippter, Outcast, Subjektivist, Eigenbrötler, Original, Paria, Geächteter, Asozialer, Nonkonformist

**Außenstände:** (ausstehende finanzielle) Forderungen

**Außenstehende:** Uneingeweihte, Dritte, Unbeteiligte

**außerdem:** im übrigen, sonst, weiter, daneben, überdies, fernerhin, des weiteren, dazu, obendrein, weiterhin, zudem, ferner, ansonsten *ausgenommen, mit Ausnahme (von) ...

**außerdienstlich:** inoffiziell, nichtamtlich, privat

**außerehelich:** unehelich, vorehelich, illegitim *ledig

**äußere:** extern, auswärtig, außen vorhanden, s. außen befindend *von außen wahrnehmbar

**Äußere:** Figur, Statur, Wuchs, Habitus, Typ, Körperbau, Aussehen, äußere Erscheinung, Anschein, Augenschein, Schein

**außergewöhnlich:** außerordentlich, groß, beachtenswert, ungewöhnlich, ungeläufig, erstaunlich, ausgefallen, extraordinär, überraschend, umwerfend, bewunderungswürdig, bewundernswert, formidabel, großartig, ersten Ranges, hervorragend, überragend, überwältigend, eminent, kapital, eindrucksvoll, stattlich, ansehnlich, nennenswert, unvergleichlich, bedeutend, sondergleichen, einzigartig, ohnegleichen, bedeutsam, bedeutungsvoll, grandios, erheblich, imposant, imponierend, phänomenal, enorm, sensationell, beachtlich, epochemachend, epochal, aufsehenerregend, auffallend, auffällig, spektakulär, verblüf-

lodern (Feuer)
**aussenden:** empfangen (Personen) *bekommen, empfangen (Funksendung) *zurücktreffen (Strahlen, Wellen) *(zu)rückrufen (Boten)

**Außenmauer:** Innenmauer, Innenwand, Zwischenwand, Leichtbauwand

**Außenpolitik:** Innenpolitik

**Außenseite:** Innenseite *Innenwand *Futter (Mantel)

**Außenseiter:** Mitläufer *Komplize, Helfershelfer, Hehler, Mitschuldiger, Kumpan, Mitbeteiligter *Mitglied, Integrierter, Aufgenommener

**Außenstände:** Schulden *Soll

**Außenstehende:** Eingeweihte, Vertraute, Mitwisser, Kenner (Personen)

**außerdem:** nur, bloß *hauptsächlich

**außerdienstlich:** dienstlich

**außerehelich:** vorehelich *ehelich

**äußere:** innere (Politik, Schicht, Anlaß) *mittlere

**Äußere:** Innere, Psyche, Herz, Gemüt, Brust, Wesen *Inhalt

**außergewöhnlich:** durchschnittlich, normal, gewöhnlich, alltäglich, üblich, gebräuchlich, gewohnt, verbreitet, gängig, landläufig, usuell, regulär, regelmäßig, bevorzugt, herkömmlich, geläufig

fend, frappant, abenteuerlich, sagenhaft, märchenhaft, fabelhaft
**außerhalb:** nicht innerhalb, draußen

**außerirdisch:** himmlisch, jenseitig
**äußerlich:** nach außen, dem Äußeren
nach *oberflächlich, nachlässig
**Äußerlichkeit:** Nebensache, Unwe-
sentliches, Bedeutungsloses, Unwichtigkeit
**äußern:** behaupten, erklären, sagen,
formulieren, Stellung nehmen, artikulieren, bekanntgeben, bekanntmachen, berichten, darstellen, informieren, kundmachen, kundtun, preisgeben, unterrichten, zutragen, vortragen,
vorbringen, verraten, zuraten, klarstellen, meinen, reden / sprechen über,
ausbreiten, weit ausholen *kritisieren,
monieren, nörgeln *s. zeigen *sichtbar
werden
**außerordentlich:** außergewöhnlich,
groß, beachtenswert, ungeläufig, ungewöhnlich, ausgefallen, erstaunlich, extraordinär, überraschend, umwerfend,
bewunderungswürdig, bewundernswert, formidabel, großartig, ersten
Ranges, hervorragend, überragend,
überwältigend, eminent, kapital, eindrucksvoll, stattlich, ansehnlich, nennenswert, unvergleichlich, bedeutend,
sondergleichen, einzigartig, ohnegleichen, bedeutsam, bedeutungsvoll,
grandios, erheblich, imposant, imponierend, phänomenal, enorm, sensationell, beachtlich, epochemachend,
epochal, aufsehenerregend, auffallend, auffällig, spektakulär, verblüffend, frappant, abenteuerlich, sagenhaft, märchenhaft, fabelhaft *außerhalb, außer der Reihe *sehr, ganz besonders
**außerplanmäßig:** folgewidrig, unvorschriftsmäßig, inkonsequent *außerhalb, außer der Reihe
**äußerst:** sehr, höchst, beträchtlich,
überaus, besonders, unermeßlich, riesig, unbändig, zutiefst, in höchstem
Maße, grenzenlos, unaussprechlich,
unsäglich, ungeheuer, haushoch
**äußerste:** völlig, voll(kommen), restlos, total, lückenlos, schlechtweg,
durchaus *höchste, größte
**außerstande:** unfähig, nicht fähig / im-

**außerhalb:** binnen, innerhalb, in, dar-
innen, drinnen, inmitten *zu Hause,
daheim *während, in (Spielzeit)
**außerirdisch:** irdisch, diesseitig
**äußerlich:** innerlich *genau, pingelig
(Verhalten) *inhaltlich, wesentlich
**Äußerlichkeit:** Hauptsache, das Wesentliche / Wichtigste, Kernpunkt,
Kerngedanke
**äußern:** (ver)schweigen, für s. behalten, geheimhalten, totschweigen, stillschweigen, verbergen, verheimlichen,
verhehlen *s. nicht äußern (Symptom)
*(an)hören, lauschen, zuhören, hin-
hören *verborgen sein / bleiben

**außerordentlich:** normal, durchschnittlich, gewöhnlich, gängig, alltäglich, üblich, gebräuchlich, gewohnt, verbreitet, landläufig, usuell, regulär, regelmäßig, bevorzugt, herkömmlich, geläufig *regelmäßig, ordentlich (Versammlung) *ordentlich (Professor)
*klein, gering, schwindend, ausblei-
bend (Erfolg)

**außerplanmäßig:** planmäßig, geplant,
vorgesehen

**äußerst:** ein wenig / bißchen, gering,
kaum, schwerlich

**äußerste:** niedrigste, geringste, kleinste
(Preis) *früheste (Termin) *innerste,
innere
**außerstande:** imstande, fähig, befähigt

stande sein, ungeeignet
**aussetzen:** preisgeben, ausliefern *aufhören, enden, ausgehen *unterbrechen, abbrechen, pausieren, innehalten *anbieten, offerieren, versprechen

**aussetzen:** an Land ziehen / holen (Boot) *weiterlaufen, anspringen (Motor) *aufnehmen, finden (Tier, Kind) *weiterführen, durchführen, fortführen, fortsetzen, fortfahren, weitermachen, erledigen (Verfahren, Aktion) *antreten (Kampf) *einsetzen, einfallen (Stimme) *bekommen, erhalten (Belohnung) *abschließen, beenden *einsetzen (Ton)

**aussichtslos:** chancenlos, ohne Chance, verfahren, unhaltbar, verschlossen, verstellt, verbaut, ausweglos, hoffnungslos
**aussichtsreich:** günstig, vielversprechend, erfolgversprechend, gewinnbringend, aussichtsvoll

**aussichtslos:** aussichtsreich, erfolgversprechend, günstig, vielversprechend, aussichtsvoll, gewinnbringend

**aussichtsreich:** aussichtslos, ausweglos, hoffnungslos, unhaltbar, verfahren, verstellt, verbaut, chancenlos, verschlossen, ohne Chance

**aussiedeln:** ausweisen, des Landes verweisen, ausbürgern, verbannen, umsiedeln, expatriieren, ausschließen, vertreiben, verjagen, wegjagen, (ver-)scheuchen

**aussiedeln:** (an)siedeln, s. niederlassen / etablieren, seßhaft werden, Fuß fassen

**aussöhnen:** s. einigen / versöhnen / vertragen / vergleichen, einen Vergleich schließen, die Hand (zur Versöhnung) reichen *bereinigen, schlichten, beilegen, versöhnen, zurechtbiegen, einrenken, hinbiegen, ausbügeln

**aussöhnen:** s. anfeinden / verfeinden / entzweien / verkrachen

**ausspannen:** abwerben, wegnehmen, abspenstig machen *herausnehmen *ausschirren, abschirren, absatteln, abspannen, absträngen, abhalftern, *s.
**ausspannen:** s. erholen, zu Kräften kommen, s. regenerieren, Urlaub / Ferien machen
**Aussperrung:** Zutrittsverbot, Lockout, Ausschließung

**ausspannen:** anspannen, einspannen (Pferd) *einspannen (Holz) *zusammenlegen, zusammenrollen, zusammenfalten (Netz, Seil) *einspannen (Papier) *(be)lassen (Freund, Freundin) *s. ausspannen: weitermachen, arbeiten, s. anstrengen / fordern
**Aussperrung:** Streik, Kampfmaßnahmen, Arbeitsniederlegung, Ausstand, Bummelstreik, Generalstreik

**aussprechen:** sagen, formulieren, mitteilen, artikulieren, ausrichten, äußern, bekanntgeben, Stellung nehmen, bekanntmachen, berichten, darstellen, erzählen, informieren, kundmachen, kundtun, preisgeben, unterrichten, zutragen, vortragen, vorbringen, verraten, zuraten, klarstellen *kritisieren, monieren, nörgeln

**aussprechen:** befolgen, annehmen (Kündigung) *zurückhalten, nicht sagen *s. aussprechen: verhehlen, verheimlichen, (ver)schweigen, nichts sagen *zuhören

**ausstatten:** mit Möbeln vollstopfen / versehen, einrichten, möblieren

**ausstatten:** (aus)räumen, wegnehmen

**ausstehen:** mögen, schätzen, leiden, gernhaben, lieben *bevorstehen, drohen, herankommen, herannahen, erwarten, heraufziehen *ertragen, (er-)

**ausstehen:** eintreffen, kommen (Antwort, Schreiben) *erzeugen, verursachen (Angst) *jmdn. nicht leiden / mögen / gernhaben, hassen, verachten,

dulden, durchstehen, hinnehmen, aushalten *erwartet werden, fehlen

verabscheuen

**aussteigen:** beenden, abbrechen, aufhören, (be)schließen, einstellen, aufstecken, beendigen, abschließen *verlassen, hinaussteigen, hinaustreten, gehen (aus)

**aussteigen:** einsteigen (Zug, Bus) *einsteigen, mitmachen, investieren (Geschäft)

**aussterben:** (dahin)schwinden, zurückgehen, s. nicht fortpflanzen *abnehmen, nachlassen, verschwinden

**aussterben:** (fort)leben, (wieder) aufleben, existieren, fortdauern, nachwachsen *voller Leben / bevölkert sein (Straße, Dorf) *s. verbreiten / ausbreiten, herrschen (Krankheit)

**ausstoßen:** (auf)stöhnen, (auf)seufzen, ächzen *ausatmen, keuchen *ausschließen, verstoßen, isolieren, verstoßen, allein lassen, absondern, separieren, trennen, scheiden, auseinanderbringen, relegieren, disqualifizieren, vom Platz verweisen / stellen, exkommunizieren

**ausstoßen:** zurückhalten, unterdrükken (Worte) *einatmen, schöpfen, einziehen (Luft) *aufnehmen, integrieren, einbeziehen (Gemeinschaft) *einsaugen (Flüssigkeiten) *behalten (Geld)

**ausstrahlen:** funken, übertragen, morsen, senden

**ausstrahlen:** empfangen, hören, sehen (Funk) *zurückstrahlen (Hitze, Wesen)

**ausstrecken:** von s. strecken, abspreizen, wegstrecken, zur Seite strecken *s.
**ausstrecken:** s. strecken / recken

**ausstrecken:** reichen, geben (Hand) *einziehen (Hände, Füße) **s. ausstrecken:** zusammenkauern

**ausstreichen:** tilgen, durchstreichen, (aus)radieren, übertippen, ausixen

**ausstreichen:** (be)lassen, stehenlassen *einprägen, lernen, einspeichern (Gedächtnis) *eintragen

**austeilen:** ausgeben, verteilen, aufteilen *segnen, weihen

**austeilen:** empfangen, erhalten, bekommen, kriegen *einnehmen, (ein-) sammeln

**austragen:** verteilen, zustellen, (be)liefern, (zu)bringen, anliefern *durchführen, stattfinden lassen *ausstreichen, (durch)streichen, (aus)radieren

**austragen:** antreten (Wettkampf) *einsammeln *bekommen, erhalten (Post, Zeitung) *eintragen (Liste) *abtreiben lassen (Kind)

**austreiben:** (ver)treiben, verjagen, wegjagen, fortjagen, (ver)scheuchen, exterminieren, expatriieren *sprießen, keimen, knospen, Knospen treiben, grün werden, grünen *abstellen, unterbinden

**austreiben:** eintreiben, heimtreiben, heimholen (Vieh) *tolerieren, dulden (Verhalten) *erregen (Zweifel)

**austreten:** sein Geschäft machen / erledigen, sein Bedürfnis / seine Notdurft verrichten *s. trennen, scheiden, auseinandergehen, verabschieden, s. lösen, s. empfehlen *ausfließen, ausströmen, s. verbreiten *auslöschen, ausmachen

**austreten:** aufgenommen werden, eintreten, beitreten, Mitglied werden, s. anschließen (Verein, Partei) *brennen lassen, glühen (Zigarette)

**Austritt:** Kündigung, Ausscheiden, Abschied, Abdankung, Demission, Rücktritt

**Austritt:** Eintritt, Aufnahme, Beitritt

**austrocknen:** trocknen, trocken machen, vertrocknen, eintrocknen, ausdörren *versanden, verlanden

**austrocknen:** naß / feucht werden, s. vollsaugen (Tuch, Schwamm) *bewässern *(ver)quellen, schwellen

**Auswahl:** Kollektion, Assortiment, Digest, das Beste, Wahl, Auslese, Sortiment, Musterkollektion
**Auswanderer:** Heimatvertriebener, Verbannter, Ausgewiesener, Umsiedler, Aussiedler, Flüchtling, Emigrant
**auswandern:** emigrieren, ins Ausland gehen, weggehen, verlassen, fortgehen, s. fortbegeben, davongehen, ausziehen, den Rücken kehren, verschwinden
**auswärtig:** fremde Länder / das Ausland betreffend, fremd(ländisch), ausländisch

**auswärts:** nicht zu Hause, außerhalb des Ortes, in der Fremde

**Auswärtsspiel:** Hinspiel
**auswechseln:** wechseln, einen Austausch vornehmen, Ersatz schaffen, ersetzen, austauschen *restaurieren, erneuern, verbessern
**ausweichen:** beiseite gehen, zurückweichen, Platz machen, zur Seite / aus dem Wege gehen, ausbiegen *s. drehen und wenden, offenlassen, umgehen, hinhalten, zögern, s. nicht festlegen, Ausflüchte machen, s. krümmen, einen Ausweg suchen *vermeiden, entgehen, entziehen, fliehen, s. drücken, scheuen, umgehen
**ausweichend:** hinhaltend, schleppend, zögernd, langsam *unverständlich, unbestimmbar, verschwommen, unartikuliert, andeutungsweise, vage, ungenau
**ausweisen:** expatriieren, umsiedeln, verbannen, aussiedeln, des Landes verweisen, versprengen, deportieren, säubern, ausbürgern
**ausweiten:** ausbeulen, verbeulen, ausleiern, ausdehnen *s. **ausweiten:** expandieren, s. vergrößern / erweitern / ausdehnen *zunehmen, s. vergrößern / vermehren / vervielfachen, anschwellen, eskalieren, ansteigen, anwachsen
**Ausweitung:** Ausdehnung, Expansion, Vergrößerung, Vermehrung, Entwicklung, Ausbreitung, Erweiterung *Steigerung, Zunahme, Vergrößerung, Eskalierung, Eskalation, Progression, Intensivierung, Wachstum, Anstieg, Zuwachs, das Fortschreiten, Gradation,

**Auswahl:** Gesamtheit, Gänze, Vollständigkeit *Durchschnitt *Mangel, Leere
**Auswanderer:** Einwanderer, Immigrant, Kolonist, Ansiedler, Asylant

**auswandern:** einwandern, immigrieren, zuziehen, Asyl suchen

**auswärtig:** (ein)heimisch, (orts)ansässig, beheimatet, eingeboren, wohnhaft, niedergelassen, alteingesessen, zu Hause, eingebürgert *intern, innere (Politik, Angelegenheit)
**auswärts:** daheim, zu Hause, in der Heimat, am Ort, in der Stadt, im Dorf

**Auswärtsspiel:** Heimspiel (Sport)
**auswechseln:** (be)lassen, ruhenlassen, nicht durchführen *warmlaufen lassen (Sportler)

**ausweichen:** im Wege stehenbleiben *entgegentreten, entgegenkommen *s. stellen, antreten (Kampf) *zur Sache sprechen *anrempeln (Betrunkener)

**ausweichend:** direkt, offen, gerade, rundheraus, geradeheraus, freiheraus, unumwunden, ohne Umschweife, geradezu

**ausweisen:** einbürgern, (wieder) aufnehmen, (zurück)rufen *zurückkommen

**ausweiten:** enger machen, verengen *s.
**ausweiten:** s. verkleinern / beschränken / verringern / reduzieren / einschränken / vermindern *bleiben

**Ausweitung:** Isolierung, Absperrung, Quarantäne *Rückgang, das Nachlassen

Verstärkung

**auswendig:** aus dem Gedächtnis / Kopf, frei

**auswerfen:** (grabend) hinauswerfen, herausschleudern, ausspucken *s. verteilen (Samen) *locken, ködern *festsetzen, bestimmen, zur Verfügung stellen, auszahlen (Geldsumme)

**auswickeln:** auspacken, enthüllen, aufpacken, aufwickeln

**auszahlen:** (be)zahlen, hinlegen, erstatten *s. auszahlen: s. lohnen / rentieren, Gewinn abwerfen / auswerfen

**Auszahlung:** Bezahlung, Begleichung, Rückzahlung, Abzahlung

**auszeichnen:** loben, belobigen, anerkennen, rühmen, verherrlichen, würdigen, preisen, ehren, feiern, verklären, beloben, idealisieren, lobpreisen, besingen, lobsingen, Lob zollen / spenden / erteilen

**Auszeichnung:** Lob(preis), Belobigung, Vorschußlorbeeren, Belobung, Ehrung, Lobpreisung, Laudatio, Lobspruch, Lobeserhebung *Orden, Preis, Ehrenzeichen, Dekoration

**ausziehen:** weggehen, verlassen, fortziehen, scheiden, Wohnung / Wohnsitz aufgeben / verlassen *herausziehen, jäten *verlängern, länger machen *vergrößern, größer machen *s. ausziehen: freimachen, entblößen, enthüllen, auskleiden, abtun, die Hüllen fallen lassen, entkleiden

**auszischen:** (aus)pfeifen, (aus)buhen, Buh rufen, niederschreien, ein Pfeifkonzert veranstalten, anstimmen, zischen

**Auszug:** Exzerpt, Blütenlese, Florilegium, Anthologie, Blumenlese, Lesefrucht *Exodus, Wegzug, Weggang, Abwanderung *Extrakt, Essenz, Destillat, Absud *Zitat, Textstelle, Ausschnitt, Stelle

**autark:** selbständig, souverän, unabhängig, autonom, frei, ungebunden

**auswendig:** ab(ge)lesen, abgespielt *nicht auswendig

**auswerfen:** einholen, einziehen (Netz) *füllen, zuschütten, zuwerfen *hinunterschlucken (Blut, Schleim)

**auswickeln:** einwickeln, einschlagen, verpacken, einpacken (Ware, Geschenk)

**auszahlen:** einzahlen, bezahlen *überweisen (Gehalt) *bekommen, erhalten, einnehmen, empfangen *s. auszahlen: s. nicht lohnen, unrentabel sein, keinen Gewinn auswerfen

**Auszahlung:** Bezahlung, Einzahlung *Überweisung (Gehalt) *Entgegennahme, Empfang, Einnahme

**auszeichnen:** schelten, schmähen, rügen, tadeln, maßregeln, zurechtweisen, kritisieren, nörgeln, monieren

**Auszeichnung:** Rüge, Tadel, Maßregelung, Vorwurf, Beanstandung, Bemängelung, Vorhalt(ung), Rüffel, Zurechtweisung, Verweis

**ausziehen:** einziehen, beziehen, hinziehen, wohnen (bleiben), übersiedeln (Wohnung) *zusammenschieben (Tisch, Gerät) *zurückkommen, zurückkehren, heimgehen, heimkehren (Reise) *einziehen (Stadion) *stecken, säen (Pflanze) *verkleinern, zusammenschrumpfen *einschlagen (Nagel) *s. ausziehen: s. anziehen / ankleiden / bekleiden / ausstaffieren / bedecken / anlegen / antun / kleiden, hineinschlüpfen, überwerfen, überziehen, überstreifen, umhängen (Kleidung)

**auszischen:** applaudieren, Beifall spenden / zollen, (be)klatschen

**Auszug:** Einzug, Bezug (Wohnung) *Einzug (Stadion) *Original, Gesamtheit, das Ganze, Gesamtwerk *Rückkehr, Heimkehr (Reise)

**autark:** angewiesen, abhängig, unselbständig

**automatisch:** selbsttätig, von selbst, unwillkürlich, wie ein Automat, mechanisch

**autonom:** selbständig, unabhängig, frei, ungebunden, souverän, autark
**Autonomie:** Selbständigkeit, Selbstbestimmung(srecht), Selbstbefreiung, Unabhängigkeit, Mündigwerden, Eigengesetzlichkeit, Selbstverwaltung

**automatisch:** manuell, von Hand, in Handarbeit *auf Aufforderung *ausdrucksvoll, bewußt, expressiv, ausdrucksstark, mit Ausdruck, beteiligt, bewegt (Spiel)
**autonom:** abhängig, angewiesen, unselbständig
**Autonomie:** Abhängigkeit, Unselbständigkeit

# B

**Backbord:** linke Seite eines Schiffes / Flugzeugs
**backbords:** links, backbord
**baden:** ein Bad nehmen, s. erfrischen *schwimmen, planschen, tauchen *nacktbaden
**Badewanne:** Wanne

**bagatellisieren:** verharmlosen, herunterspielen, als unbedeutend / geringfügig hinstellen, als Bagatelle behandeln
**Baisse:** Preissturz, Tief, Slump, Sturz
**bald:** baldigst, möglichst bald, zur rechten Zeit, rechtzeitig, gleich, früh(zeitig) *später, in Bälde, einmal, in absehbarer / kurzer / nächster Zeit, künftig, sogleich, demnächst, über kurz oder lang, heute oder morgen, binnen kurzem, kurzfristig
**ballen:** zusammenballen, zusammendrücken *s. ballen: s. zusammendrängen / verdichten / zusammenbrauen
**banal:** phrasenhaft, gewöhnlich, bedeutungslos, nichtssagend, alltäglich, abgenutzt, inhaltslos, witzlos, trivial, einfallslos, abgegriffen, abgestanden, flach, leer, hohl
**bang:** ängstlich, eingeschüchtert, feige, furchtsam, angsterfüllt, zag(haft), bänglich, argwöhnisch, angstbebend, gehemmt, schreckhaft, verschüchtert, angstverzerrt, aufgeregt, zitternd, besorgt *pessimistisch, schwarzseherisch, skeptisch, bedrückt, trübsinnig, bekümmert, trübe

**Banknote:** Papiergeld, Schein, Note, Geldschein
**bankrott:** insolvent, zahlungsunfähig, illiquid, pleite, abgebrannt
**bannen:** verhexen, (ver)zaubern, besprechen, beschwören *ausschließen, isolieren, verstoßen, wegjagen *fesseln

**bar:** in klingender Münze, mit Bargeld, in Scheinen / Münzen *rein *unbekleidet, bloß *ohne

**Barbarei:** Vandalismus, Vernichtungs-

**Backbord:** Steuerbord
**backbords:** steuerbords, rechts
**baden:** duschen *(s.) waschen

**Badewanne:** Duschwanne, Dusche *Waschbecken
**bagatellisieren:** übertreiben, überbewerten, aufbauschen, überziehen, hochspielen
**Baisse:** Hausse, Hoch
**bald:** später, zukünftig, in (ferner) Zukunft, in / nach langer Zeit *nie

**ballen:** öffnen (Faust) *s. ballen: (zer-)streuen (Bevölkerung) *s. verfliegen / verteilen (Wolken)
**banal:** kompliziert, scharfsinnig, bedeutungsvoll, tief(gründig), schwierig, diffizil, heikel, gefährlich, problematisch, verwickelt, langwierig, verzwickt

**bang:** mutig, voller Selbstvertrauen, tapfer, heldenhaft, mannhaft, beherzt, unerschrocken, furchtlos, wagemutig, waghalsig, draufgängerisch, tollkühn, vermessen, kämpferisch *zuversichtlich, optimistisch, fortschrittsgläubig, hoffnungsfroh, hoffnungsvoll, getrost, unverzagt, zukunftsgläubig, guten Mutes
**Banknote:** Hartgeld, Münze

**bankrott:** zahlungsfähig, solvent, liquid, flüssig, zahlungsbereit
**bannen:** heraufbeschwören (Gefahr, Geister, Gedanken) *lösen (Zauber) *aufnehmen *(s.) langweilen (Veranstaltung)
**bar:** unbar, bargeldlos, durch / per Scheck, durch die Bank / das Konto, durch / per Überweisung *auf Kredit *bedeckt *reich (an) *mit (Vernunft, Gefühl)
**Barbarei:** Zivilisation, Kultur, Fein-

wahn, Vernichtungswut, Zerstörungs-
wut, Zerstörungstrieb, Zerstörungs-
wahn *Roheit, Grausamkeit
**barbarisch:** unbarmherzig, unsozial,
verroht, roh, schonungslos, brutal, inhuman, gefühllos, ungesittet, erbarmungslos, unmenschlich, kaltblütig,
herzlos, grausam, gnadenlos, mitleidlos
**bärbeißig:** wütend, wutschnaubend,
wutentbrannt, wutschäumend, zornig,
erzürnt, fuchsteufelswild, böse, grimmig, ärgerlich, empört, mißlaunig,
mißmutig, peinlich, mürrisch, aufgebracht, brummig, verdrossen, verdrießlich, unwillig, rabiat, erbost, erbittert, grantig, gereizt, mißgelaunt,
übellaunig, unwirsch, entrüstet, muffig, griesgrämig
**barfuß:** barfüßig, mit nackten / bloßen
Füßen, ohne Schuhe und Strümpfe
**bargeldlos:** unbar, über die Bank / das
Konto, durch / per Scheck

**barhäuptig:** mit entblößtem Haupt,
barhaupt, mit unbedecktem Kopf
**barmherzig:** gut(herzig), herzensgut,
warmherzig, mild, gutmütig, weichherzig, lindernd, gütig, sanftmütig, gnädig

**Barmherzigkeit:** Nächstenliebe, Menschenfreundlichkeit, Menschenliebe,
Wohltätigkeit, Menschlichkeit, Caritas, Humanität, Philanthropie, Mildtätigkeit

**barsch:** unhöflich, abweisend, taktlos,
ruppig, unfreundlich, ungehobelt, unkultiviert, unverbindlich, unritterlich,
grobschlächtig, rüpelig, ungeschliffen,
unliebenswert, flegelhaft, brüsk, lümmelhaft
**bärtig:** mit Bart, schnauzbärtig,
schnurrbärtig, stoppelbärtig, flaumbärtig, milchbärtig, stoppelig, unrasiert
**bartlos:** glattrasiert, ohne Bart, glatt


**Base:** Kusine, Cousine
**Basis:** Grundzahl *Grundmauer,
Grundfeste, Unterbau, Fundament

heit, Verfeinerung

**barbarisch:** zivilisiert, kultiviert, gesittet, fein, hochentwickelt, verfeinert

**bärbeißig:** entgegenkommend, gutgesinnt, wohlmeinend, anziehend, reizend, wohlwollend, freundlich, zuvorkommend, liebenswürdig, kameradschaftlich, herzlich, nett

**barfuß:** beschuht, in Schuhen, mit
Schuhwerk
**bargeldlos:** (in) bar, in Münzen / Scheinen, in klingender Münze, auf die
Hand, mit Bargeld
**barhäuptig:** bedeckt (Kopf)

**barmherzig:** unbarmherzig, grausam,
roh, kaltblütig, kaltherzig, mitleidlos,
erbarmungslos, schonungslos, brutal,
gnadenlos, verroht, entmenscht, gefühllos, herzlos, unmenschlich, inhuman, unsozial
**Barmherzigkeit:** Unbarmherzigkeit,
Erbarmungslosigkeit, Gnadenlosigkeit, Schonungslosigkeit, Kaltblütigkeit, Mitleidlosigkeit, Gefühllosigkeit,
Unmenschlichkeit, Roheit, Brutalität,
Gefühlsroheit, Grausamkeit, Gefühlskälte, Gewalttätigkeit, Bestialität,
Mordlust, Mordgier, Blutdurst
**barsch:** freundlich, entgegenkommend, wohlmeinend, wohlwollend,
gutgesinnt, herzlich, nett, sympathisch,
liebenswürdig, kameradschaftlich

**bärtig:** bartlos, glattrasiert, glatt, ohne
Bart

**bartlos:** bärtig, mit Bart, unrasiert,
stoppelbärtig, schnurrbärtig, schnauz-
bärtig *flaumbärtig, milchbärtig
**Base:** Vetter, Cousin *Säure
**Basis:** Exponent, Hochzahl * Überbau
*Spitze

*Ausgangspunkt, Stützpunkt *Grundlage, Vorstufe, Quelle, Mittel, Grundstock, Unterlage, Bedingung, Voraussetzung, Plattform, Fundus
**basisch:** s. wie eine Base verhaltend
**Basrelief:** Flach(bild)werk, flach erhabene Arbeit
**Bau:** das Bauen, Aufbau, Wiederaufbau, Wiederherstellung, Rekonstruktion *Haus, Gebäude, Heim, Schloß
**bäuchlings:** kriechend, auf dem Bauch (liegend)
**bauen:** hochziehen, erbauen, aufrichten, aufführen, errichten, erstellen, bebauen *machen, verursachen *(fest) vertrauen, s. verlassen *anpflanzen, anbauen *konstruieren, entwickeln
**baufällig:** morsch, verfallen, verkommen, schrottreif, altersschwach, zerfallen
**beabsichtigen:** vorhaben, verfolgen, schmieden, neigen zu, bezwecken, planen, (ab)zielen / hinzielen / absehen auf, tendieren, ansteuern, sinnen auf, (ge)denken (zu tun)
**beabsichtigt:** absichtlich, absichtsvoll, wissentlich, wohlweislich, vorsätzlich, geflissentlich, willentlich, gewollt, bewußt, zum Trotz, mit Absicht / Willen / Bedacht *böswillig, mutwillig, in böser Absicht
**beachten:** achtgeben, achten (auf), zuhören, Obacht geben, aufpassen, s. sammeln / konzentrieren, aufmerken, passen auf, achthaben, bemerken, s. merken *befolgen, beherzigen, Folge leisten, s. beugen / fügen / unterwerfen *einbeziehen, anrechnen, Rechnung tragen, (mit)berücksichtigen, in Anschlag bringen, in Rechnung setzen / stellen
**beachtlich:** ungewöhnlich, ungeläufig, außergewöhnlich, ausgefallen, extraordinär, außerordentlich, groß(artig), überraschend, erstaunlich, umwerfend, entwaffnend, bewunderungswürdig, formidabel, ersten Ranges, bewundernswert, hervorragend, brillant, überragend, beeindruckend, eindrucksvoll, eminent, überwältigend, stattlich, ansehnlich, beträchtlich, erklecklich, sondergleichen, ohnegleichen, unvergleichlich, bedeutend, nennenswert, einzigartig, bedeutsam, bedeutungsvoll, erheblich, grandios, im-

**basisch:** sauer (reagierend)
**Basrelief:** Hautrelief, Hochrelief

**Bau:** Abriß, Abbruch, Sprengung (Gebäude)

**bäuchlings:** rücklings, (nach) rückwärts, nach hinten
**bauen:** niederreißen, sprengen, einreißen, abbrechen, abtragen, zerlegen *planen, entwerfen *renovieren, instand setzen, restaurieren, wiederherstellen, erneuern
**baufällig:** stabil, fest *neu

**beabsichtigen:** durchführen, machen, ausführen, verwirklichen, realisieren, inszenieren, einrichten, arrangieren, abwickeln, verrichten, vollziehen, leisten *verzichten, fernliegen, entsagen
**beabsichtigt:** unbewußt, ungewollt, unbeabsichtigt, versehentlich, irrtümlich, fälschlich, aus Versehen *fahrlässig

**beachten:** nicht beachten, ignorieren, mißachten, übertreten, übersehen, übergehen, umgehen, unbeachtet lassen, überhören, keine Achtung schenken, nicht wissen wollen, außer acht lassen, meiden, nicht eingehen auf, abrücken, s. abwenden von

**beachtlich:** wenig, unbedeutend, lächerlich, gering, minimal, mäßig, klein, kaum (etwas), nicht viel, zuwenig *klein, niedrig, gering (Guthaben) *winzig, wenig, zierlich, kurz, klein gewachsen, zwergenhaft

posant, imponierend, enorm, phänomenal, sensationell, epochemachend,
epochal, aufsehenerregend, spektakulär, auffällig, auffallend, abenteuerlich, verblüffend, frappant, sagenhaft,
märchenhaft, fabelhaft *stattlich

**Beachtung:** Achtung, Verehrung, Ehrfurcht, Hochachtung, Pietät, Rücksicht, Respekt, Anerkennung, Kennt-
nisnahme

**Beachtung:** Mißachtung, Nicht(be)-
achtung, Verachtung, Nichteinhaltung, Verletzung, Zuwiderhandlung

**Beamter:** Staatsbediensteter, Bediensteter, Staatsdiener, Amtsträger

**Beamter:** Angestellter *Selbständiger

**beängstigen:** verängstigen, bange machen, den Mut / das Selbstvertrauen
nehmen, entmutigen, einschüchtern,
schrecken *niederschlagen, bekümmern, bedrücken

**beängstigen:** ermutigen, zuraten, aufmuntern, ermuntern *trösten, beruhigen, Trost spenden / bieten / gewähren,
aufrichten

**beanspruchen:** einspannen, belasten,
mit Beschlag belegen, in Anspruch
nehmen, überbeanspruchen, ruinieren, aushöhlen, auffressen, absorbieren

**beanspruchen:** entlasten, (ver)scho-
nen, behüten, links liegenlassen *zufrieden lassen, gehenlassen *verzichten
(Recht)

**beanstanden:** reklamieren, angehen
gegen, herumkritteln, Klage führen,
bemängeln, anfechten, monieren, nörgeln, unmöglich finden, bemäkeln,
Kritik üben, etwas auszusetzen haben,
ablehnen, s. beschweren, klagen über,
s. stoßen / stören an, kritisieren, mißbilligen

**beanstanden:** gutheißen, beistimmen,
zustimmen, beipflichten *auszeichnen,
ehren, prämieren, würdigen *richtigstellen

**beantragen:** einreichen, vorlegen, einen Antrag / ein Gesuch stellen, abgeben

**beantragen:** genehmigen *ablehnen

**beantworten:** antworten, eingehen auf,
Kontra / Bescheid geben, kontern, erwidern, Widerspruch erheben, zurückschießen, zurückgeben, zurückgeben,
entgegenhalten, aufbegehren, Einwände machen / erheben, entgegnen, reagieren

**beantworten:** (an)fragen, nachfragen,
beantragen, befragen, (eine Frage)
aufwerfen *interviewen

**Beantwortung:** Antwort, Erwiderung,
Gegenrede, Entgegnung, Bescheid,
Mitteilung, Nachricht, Auskunft, Re-
aktion, Kritik

**Beantwortung:** Frage, Antrag, Anfrage, Nachfrage *Interview

**bearbeiten:** behandeln, ausarbeiten,
gestalten, ausformen, aufbereiten, verarbeiten, s. befassen / abgeben / befleißigen / beschäftigen, erledigen, machen, s. (be)kümmern *warten, hüten,
hegen, pflegen *bewirtschaften, anbauen, kultivieren, bebauen *überreden, bekehren, (her)rumkriegen,
breitschlagen, werben, umstimmen,
überzeugen, beschwatzen, erweichen

**bearbeiten:** liegenlassen, vergessen,
unbearbeitet lassen, vernachlässigen,
ruhen lassen (Aufgabe, Arbeit) *verkommen / verwildern / brachliegen lassen (Grundstück) *roh (be)lassen
(Stein) *ablehnen (Thema) *in Ruhe /
Frieden lassen

**beargwöhnen:** argwöhnisch / skeptisch /

**beargwöhnen:** vertrauen, glauben,

kritisch / mißtrauisch / ungläubig sein, argwöhnen, mißtrauen, verdächtigen, Verdacht / Argwohn hegen

**beauftragen:** anordnen, reglementieren, verfügen, veranlassen, auferlegen, festlegen, anweisen, aufgeben, bestimmen, administrieren

**bebauen:** bestellen, (an)säen, bewirtschaften, stecken, aussäen, legen, kultivieren, anpflanzen, (be)pflanzen, umpflanzen

**bedacht:** umsichtig, weitblickend, bedächtig, bedachtsam, mit Vorsicht / Umsicht / Überlegung / Besonnenheit / Ruhe, besonnen

**Bedacht:** Umsicht, Weitsicht, Ruhe, Umsichtigkeit, Überblick, Bedachtsamkeit, Besonnenheit, Bedachtheit *Interesse, Teilnahme

**bedächtig:** ruhig, ausgeglichen, beherrscht, gefaßt, geruhsam, gleichmütig, sicher, würdevoll, harmonisch, abgeklärt, bedacht(sam), besonnen, still, kaltblütig, gezügelt, gemessen, ruhevoll, überlegen, gemächlich *bedacht(sam), umsichtig, weitblickend, mit Vorsicht / Umsicht / Überlegung / Besonnenheit / Ruhe

**bedachtsam:** ruhig, ausgeglichen, beherrscht, gefaßt, geruhsam, gleichmütig, sicher, würdevoll, harmonisch, abgeklärt, bedacht, besonnen, still, kaltblütig, gezügelt, gemessen, ruhevoll, überlegen, gemächlich *sorgfältig, gründlich, genau, exakt, gewissenhaft, penibel, pedantisch, peinlich, gründlich, akkurat, eigen *langsam, gemächlich, gemessen, säumig, behutsam

**Bedauern:** Gönnen, Wohlwollen, Verständnis, Einfühlungsvermögen, Einfühlungsgabe *Entschuldigung, Nachsicht, Abbitte, Verzeihung, Pardon, Vergebung

**bedauernswert:** jämmerlich, bemitleidenswert, unrühmlich, mitleiderregend, herzzerreißend, kläglich, deplorabel, erbärmlich, elend, bedauernswürdig, bedauerlich, beklagenswürdig

**bedecken:** überziehen, überdecken, abdecken, verdecken, decken (über, auf), zudecken *s. bewölken / verdun-

trauen

**beauftragen:** durchführen, den Auftrag / Befehl / die Arbeit ausführen, (selbst) machen / tun

**bebauen:** verwildern / brachliegen / verkommen lassen, vernachlässigen (Grundstück) *nicht bebauen, frei / unbebaut lassen *(ab)ernten (Feld)

**bedacht:** unbedacht, sorglos, leichtsinnig, unachtsam, unbesorgt, achtlos, gedankenlos, unbesonnen, nachlässig *desinteressiert, teilnahmslos, gleichgültig, uninteressiert

**Bedacht:** Leichtsinn, Unachtsamkeit, Fahrlässigkeit, Achtlosigkeit, Sorglosigkeit, Nachlässigkeit, Gedankenlosigkeit, Unbesonnenheit *Gleichgültigkeit, Desinteresse, Teilnahmslosigkeit *Hetze, Hast, Schnelligkeit, Unruhe, Überstürzung, Aufregung

**bedächtig:** hastig, leichtsinnig, unachtsam, fahrlässig, achtlos, sorglos, nachlässig, gedankenlos, unbesonnen, schnell, rasch, überstürzt, übereilt

**bedachtsam:** unüberlegt, voreilig, unbedacht, leichtsinnig, unbesonnen, nachlässig, achtlos, gedankenlos *locker, lose, unüberlegt, spontan (Redeweise)

**Bedauern:** Neid, Mißgunst, Ressentiment, Lebensneid, Scheelsucht, Eifersucht *Amtsneid, Futterneid, Brotneid (Amtskollegen) *Freude, Schadenfreude

**bedauernswert:** beneidenswert, glücklich, angenehm (Mensch)

**bedecken:** frei / nackt / unverhüllt lassen (Körperteil) *s. enthüllen / entblößen, s. ausziehen *s. aufhellen / aufheitern /

keln / eintrüben / beziehen / verfinstern /
verdüstern
**bedeckt:** wolkig, grau, verhangen, bezogen *geschützt *angezogen, bekleidet

**bedenken:** erwägen, überdenken,
nachdenken über, in Betracht / Erwägung ziehen, prüfen, überlegen, wä-
gen, zu Rate gehen
**Bedenken:** Zurückhaltung, Skepsis,
Reserve, Reserviertheit *Einschränkung, Vorbehalt, Klausel, Bedingung
*Pessimismus, Schwarzseherei,
Schwarzmalerei, Kassandrarufe, Panikmache
**bedenkenlos:** rücksichtslos, skrupellos,
gnadenlos, unmenschlich, entmenscht,
gewissenlos, unbarmherzig, mitleidlos,
kalt, lieblos, herzlos *kritiklos, blind-
lings, ohne Bedenken *anstandslos,
blanko, natürlich, selbstverständlich,
mit Vergnügen, kurzerhand, ohne weiteres, ungeprüft, unbesehen, ohne An-
stände / Bedenken, bereitwillig, gern
**bedenklich:** anrüchig, unheimlich,
zweifelhaft, verrufen, nicht astrein,
übelbeleumdet, berüchtigt, fragwürdig, lichtscheu, halbseiden, verdächtig,
undurchsichtig *schlimm, besorgniserregend, übel, beängstigend, arg, verhängnisvoll
**bedeutend:** beachtlich, ungewöhnlich,
ungeläufig, außergewöhnlich, ausgefallen, extraordinär, außerordentlich,
groß(artig), überraschend, erstaunlich,
umwerfend, entwaffnend, bewunderungswürdig, formidabel, ersten Ranges, bewundernswert, hervorragend,
brillant, überragend, beeindruckend,
eindrucksvoll, eminent, überwältigend, stattlich, ansehnlich, beträchtlich, erklecklich, sondergleichen, ohnegleichen, unvergleichlich, nennenswert, einzigartig, bedeutsam, bedeutungsvoll, erheblich, grandios, imposant, imponierend, enorm, phänomenal, sensationell, epochemachend,
epochal, aufsehenerregend, spektakulär, auffällig, auffallend, abenteuerlich, verblüffend, frappant, sagenhaft

aufklären / aufklaren, blau werden
(Himmel)
**bedeckt:** frei, sauber (Boden) *klar,
wolkenlos, sommerlich, strahlend, aufgeklart, aufgehellt, hell, sonnig, aufgeklärt, heiter *nackt, unbedeckt, blank,
unverhüllt, enthüllt, bloß, frei, unbekleidet, kleidungslos, entblößt, entkleidet *barhäuptig, unbedeckt, entblößt, frei, blank (Kopf)
**bedenken:** übersehen, übergehen,
ignorieren (Problem, Mensch) *übereilen, hasten, überstürzen (Vorhaben)

**Bedenken:** Zustimmung, Übereinstimmung, Beifall, Eintracht, Einstimmigkeit, Einmütigkeit

**bedenkenlos:** bedacht(sam), ruhig,
umsichtig, vorsichtig, weitblickend, besonnen, mit Umsicht / Vorsicht / Überlegung / Ruhe / Besonnenheit

**bedenklich:** harmlos, friedlich, ungefährlich, entspannt (Lage) *ungefährlich, harmlos, gefahrlos, leicht (Krankheit) *unbedenklich, ohne Bedenken

**bedeutend:** unwichtig, belanglos, unbedeutend, bedeutungslos, unscheinbar, ohne Bedeutung, gleichgültig,
(mittel)mäßig, unerheblich, unwesentlich, nebensächlich, unmaßgeblich, ohne Belang, nichtssagend *leicht, klein,
gering, schwach, wenig (Schmerzen)
*wertlos *un(be)merkbar, unmerklich
*gegenstandslos, hinfällig, bedeu-
tungslos

**Bedeutung:** Sinn, Konnotation, Inhalt, Tenor, Nebensinn, Hintersinn, Essenz, Substanz, Idee, der Gehalt

**bedeutungslos:** unwichtig, belanglos, nebensächlich, zufällig, irrelevant, unerheblich, unwesentlich, trivial, nicht erwähnenswert, akzidentell, nicht wichtig, ohne Belang / Bedeutung *mittelmäßig, durchschnittlich

**bedeutungsvoll:** außergewöhnlich, ungewöhnlich, ungeläufig, ausgefallen, erstaunlich, außerordentlich, überraschend, groß, entwaffnend *wichtig, voll Bedeutung, belangvoll, bedeutsam, gewichtig, folgenschwer, folgenreich, wesentlich, zentral, wesenhaft, essentiell, substantiell, relevant *vielsagend *nachdrücklich, eindringlich, inständig, mit ganzem Herzen, mit ganzer Gewalt, drastisch, demonstrativ, ausdrücklich, deutlich, unmißverständlich, wirkungsvoll, gewichtig

**bedingt:** vorbehaltlich, unter Vorbehalt, mit Einschränkung, eingeschränkt, nicht uneingeschränkt

**bedingungslos:** vorbehaltlos, rückhaltlos, ohne Einschränkung / Bedingung / Vorbedingung / Vorbehalt, voraussetzungslos *unbedingt, unter allen Umständen, auf jeden Fall, unter aller Gewalt, um jeden Preis, durchaus *ganz und gar *absolut

**bedrängen:** bitten, anrufen, ansuchen, beschwören, bestürmen, (er)flehen, anflehen *unterdrücken, knechten, knebeln, bedrücken, terrorisieren, drangsalieren *zusetzen, drängen, keine Ruhe geben, jmdn. keine Ruhe lassen, nicht nachlassen / aufhören mit, jmdn. nicht in Ruhe lassen

**bedrohen:** (an)drohen, nötigen, erpressen, Zwang / Druck ausüben, zwingen, jmdn. unter Druck setzen

**bedrohlich:** ernst, kritisch, folgenschwer, gefährlich, brenzlig, riskant, gewagt, gefahrvoll, lebensgefährlich, tödlich

**bedrücken:** bekümmern, beunruhigen,

**Bedeutung:** Bedeutungslosigkeit, Unwichtigkeit, Nichtigkeit, Belanglosigkeit, Wertlosigkeit, Unerheblichkeit, Unwesentlichkeit, Unbedeutendheit, Irrelevanz *Mittelmäßigkeit, Mittelmaß, Durchschnitt

**bedeutungslos:** bedeutungsvoll, ungewöhnlich, außerordentlich, außergewöhnlich, bedeutsam, gewichtig, von Bedeutung, einzigartig, imponierend, imposant, beachtlich, überragend, ansehnlich, spektakulär, aufsehenerregend, enorm, fabelhaft, ohnegleichen, unvergleichlich, nennenswert (Tag, Angelegenheit, Mensch) *schrecklich, schlimm, kapital (Verbrechen)

**bedeutungsvoll:** bedeutungslos, unwichtig, belanglos, ohne Bedeutung, unerheblich, irrelevant, unwesentlich, nebensächlich, zufällig, trivial, nicht erwähnenswert, nicht wichtig, ohne Belang

**bedingt:** ganz und gar *unbedingt *bedingungslos *absolut

**bedingungslos:** möglich, eingeschränkt, unter / mit Bedingungen, unter Umständen, bedingt, eventuell (Vertrauen, Gehorsam)

**bedrängen:** in Ruhe / Frieden lassen (Mensch) *vergessen, verdrängen, ignorieren (Sorgen)

**bedrohen:** (be)schützen *vorsorgen, vorbeugen (Seuche, Hochwasser) *abwehren, reagieren

**bedrohlich:** ungefährlich, harmlos, unverfänglich (Situation) *friedlich

**bedrücken:** erheitern, aufmuntern,

betrüben, quälen, jmdm. Kummer / Sorge machen / bereiten, jmdn. mit Sorge / Kummer erfüllen *unterdrük-ken, bedrängen, knechten, knebeln, terrorisieren, drangsalieren
**bedrückt:** schwermütig, depressiv, melancholisch, trübsinnig, hypochondrisch, schwarzseherisch, pessimistisch, nihilistisch, defätistisch, wehmütig, trübselig, freudlos, traurig, trist, elegisch, (tod)unglücklich, elend, betrübt, trübe, bekümmert, unfroh, bedrückt *sorgenvoll, sorgenschwer, zentnerschwer, gramerfüllt, gramvoll, gramgebeugt
**bedürftig:** (bettel)arm, mittellos, unbemittelt, verarmt, unvermögend, notleidend
**beeilen (s.):** schnell machen, s. überstürzen/ranhalten/dazuhalten/sputen/ abhetzen / tummeln

**beeindrucken:** auffallen, hervorstechen, Beachtung finden, Aufsehen erregen, Eindruck schinden / machen, in Erscheinung treten, Wirkung haben, gefallen
**beeindruckt:** bewegt, erschüttert, bestürzt, beeinflußt
**beeinflußt:** parteiisch, subjektiv, voreingenommen, einseitig, parteilich, ungerecht, vorbelastet, unsachlich, parteigebunden
**beenden:** aufgeben, aufstecken, beendigen, abbrechen, einstellen, es dabei bewenden lassen, aufhören, ad acta legen, abschließen, beschließen

**Beendigung:** Ende, Abschluß, Schluß (-punkt), Ausklang, Finale

**beengt:** bedrängt, eingeengt, eingezwängt

**Beengtheit:** Enge, Einengung, Bedrängung, Bedrängnis *Beengtsein, Eingeschränktheit
**beerben:** (er)erben, erhalten, bekommen

aufheitern, zerstreuen, ablenken, ermuntern, erbauen, erfrischen, anregen, ermutigen, aufrichten, belustigen *in Ruhe / Frieden lassen *vergessen, verdrängen, ignorieren (Sorgen)
**bedrückt:** froh, fröhlich, ausgelassen, heiter, vergnüglich, frohgemut, stillvergnügt, sonnig, lebensfroh, fidel, leichtlebig, freudig, quietschvergnügt, lebenslustig *ausgeglichen, harmonisch

**bedürftig:** wohlhabend, reich *nicht nötig haben / brauchen

**beeilen (s.):** zögern, langsam machen / gehen / arbeiten, bummeln, trödeln *hinhalten, liegenlassen, ruhenlassen, hinziehen
**beeindrucken:** unbeeindruckt / gleichgültig lassen, kaltlassen, abgleiten, abprallen

**beeindruckt:** kalt, unbeeindruckt, gleichgültig, ungerührt, teilnahmslos, kaltschnäuzig
**beeinflußt:** allein, unbeeinflußt, unabhängig, selbständig, autonom

**beenden:** anfangen, beginnen, eröffnen, betreiben, aufnehmen, herangehen, anpacken, einsteigen (Gespräch, Arbeit) *anstimmen, intonieren, den Ton angeben (Musik) *weiterarbeiten, weitermachen, fortsetzen, fortführen, fortfahren, weiterführen *fördern *einberufen (Versammlung)
**Beendigung:** Beginn, Anfang, Eröffnung, Einstieg *Startschuß (Lauf) *Fortsetzung, Fortführung, Weiterführung
**beengt:** unbeengt, großzügig, geräumig, weit(läufig) *frei *weiträumig, unbegrenzt, grenzenlos, unbeschränkt
**Beengtheit:** Großzügigkeit, Weitläufigkeit, Geräumigkeit *Freiheit *Grenzenlosigkeit
**beerben:** vererben, vermachen, hinterlassen *enterben, leer ausgehen *schenken

**beerdigen:** bestatten, beisetzen, begraben

**Beerdigung:** Begräbnis, Bestattung, Beisetzung, Leichenfeier, Leichenbegräbnis, Trauerfeier, Staatsbegräbnis, Urnenbeisetzung
**befallen:** erfassen, ergreifen *heimsuchen, verfolgen, beschleichen, anwandeln, ankommen, überfallen
**befangen:** ängstlich, zag(haft), aufgeregt, bänglich, zähneklappernd, angsterfüllt, angstverzerrt, aufgeregt, bang, angstvoll, angstbebend, verängstigt, scheu, schüchtern, beklommen, angstschlotternd, argwöhnisch, betroffen, besorgt, gehemmt, schreckhaft, verschreckt, verschüchtert *parteiisch, voreingenommen, einseitig, parteilich, unsachlich, parteigebunden, subjektiv, ungerecht, vorbelastet
**befassen (s.):** s. beschäftigen / abgeben / tragen mit, s. einer Sache widmen, umgehen mit
**befehden (s.):** bekriegen, bekämpfen, Krieg führen gegen, in Fehde liegen mit

**Befehl:** Anweisung, Auftrag, Geheimbefehl, Geheimauftrag, Verordnung, Vorschrift, Mußvorschrift, Mußbestimmung, Geheiß, Diktat, Weisung, Verhaltensmaßregel, Order, Instruktion, Aufforderung, Kommando, Bestimmung, Verfügung
**befehlen:** beauftragen, anordnen, reglementieren, verfügen, veranlassen, auferlegen, festlegen, anweisen, aufgeben, bestimmen, administrieren

**befestigen:** anbringen, festmachen, anmachen, annageln, anbinden, anstecken, anheften, ankleben, anschrauben, anschnallen, aufkleben, aufschrauben, festschrauben, festnageln, (an)montieren, aufmontieren, schrauben an / auf etwas
**befestigt:** fest, abgestützt, gesichert *(ab)gesichert, abgesperrt
**befeuchten:** naß machen, benässen, anfeuchten, (be)netzen *(be)gießen, (ein)sprengen, (ein)spritzen, bespritzen, besprühen, (be)wässern, beregnen, berieseln
**befinden (s.):** sitzen, stellen, liegen

**beerdigen:** sterben *gebären *ausgraben, exhumieren *verbrennen, einäschern
**Beerdigung:** Tod *Geburt *Ausgrabung, Exhumierung *Verbrennung, Einäscherung

**befallen:** nachlassen, abfallen (Angst) *sterben (Insekten) *vorübergehen, verschonen (Krankheit)
**befangen:** unbefangen, frei, ungehemmt, sicher, gewandt, ungezwungen, zwanglos, natürlich, leger, lässig, gelöst, ungeniert, unzeremoniell, nachlässig, salopp, formlos, informell *unparteiisch, unvoreingenommen, objektiv, vorurteilsfrei, unbefangen *kindlich, naiv

**befassen (s.):** liegenlassen, vergessen, versäumen, übergehen, unterlassen, vernachlässigen
**befehden (s.):** s. anfreunden, Freundschaft schließen, befreundet sein *gut auskommen, s. vertragen
**Befehl:** Verbot, Untersagung *Ausführung, Durchführung, Tat *Folge *Weigerung, Ablehnung, Zurückweisung, Abweisung, Verweigerung, Absage, Versagung, Abfuhr

**befehlen:** gehorchen, gehorsam sein, folgen, nachkommen, Folge leisten, ausführen, durchführen *verbieten, untersagen, verwehren, versagen *s. weigern / sträuben / widersetzen, verweigern
**befestigen:** (los)lösen, ablösen, losmachen, lockern, entfernen, abschrauben, herausziehen *abtragen (Damm) *schleifen (Mauer, Festung) *öffnen (Grenze)

**befestigt:** unbefestigt, locker, lose *offen, unbefestigt (Grenze)
**befeuchten:** trocken lassen, (ab)trocknen, abwischen

**befinden (s.):** nicht sein / befinden,

*(ver)weilen, sein, wohnen, s. aufhalten, (ver)bleiben

**beflecken:** beschmutzen, beschmieren, verunreinigen, besudeln, bespritzen, schmutzig machen *s. beflecken: s. schmutzig machen / beschmutzen *onanieren

woanders sein, abwesend / absent sein

**beflecken:** säubern, reinigen, saubermachen, waschen, putzen, rein(e)machen *aufwischen, wegwischen, aufnehmen *abwischen, wischen von, wegwischen *s. beflecken: sauber / rein / fleckenlos / unbefleckt / makellos sein (Ehre, Gewissen, Seele) *tilgen, abwaschen (Makel)

**befleckt:** schmutzig, verschmutzt, unrein, unsauber, trübe, schmierig, fleckig, verfleckt, ölig, fettig, schmutzstarrend, speckig, schmuddelig, angestaubt, angeschmutzt, unansehnlich

**befleckt:** sauber, rein, fleckenlos, makellos (Gewissen) *sauber, rein(lich), gesäubert, gereinigt, hygienisch, blitzsauber *steril, keimfrei

**befleißigen (s.):** s. anstrengen / fordern / etwas abverlangen / bemühen / (ab)mühen / befleißen / abschleppen / abarbeiten / (ab)plagen / abrackern / (ab)quälen / aufreiben / schinden / Mühe geben, anspannen

**befleißigen (s.):** vernachlässigen, unterlassen, ver(ab)säumen, bleibenlassen, nicht tun / machen

**befolgen:** beachten, beherzigen, einhalten, s. fügen / beugen / unterwerfen / unterziehen, nachkommen, s. richten nach

**befolgen:** anordnen, befehlen, bestimmen, gebieten, reglementieren, verfügen, festlegen, veranlassen, anweisen, auftragen, auferlegen, aufgeben, beauftragen *administrieren *s. weigern / sträuben / widersetzen, zurückweisen, versagen *zuwiderhandeln *übertreten

**befördern:** höherstufen, avancieren *transportieren, expedieren, spedieren, überführen

**befördern:** abstufen, abschieben, degradieren, abschreiben, herabsetzen (Mensch) *absetzen, absägen (Mensch) *belassen, liegen lassen (Güter)

**Beförderung:** Aufstieg, Vorwärtskommen, Avencement, Blitzkarriere *Transport, Überführung, Expedition, Expedierung, Ferntransport

**Beförderung:** Abstufung, Herabsetzung, Abschiebung, Degradierung *Ablagerung, Lagerung

**befragen:** (aus)fragen, aushorchen, herumfragen, umfragen, nachfragen, ausquetschen, auskundschaften, eine Frage vorlegen / richten an / stellen / vorbringen, bohren, um Rat fragen

**befragen:** (be)antworten, entgegnen, erwidern, zurückgeben, dagegenhalten, widersprechen, entgegenhalten, einwerfen, einwenden *(eine) Antwort erhalten / bekommen

**befreien:** dispensieren, beurlauben, jmdm. etwas schenken / erlassen, entbinden von *erlösen, (er)retten, in Sicherheit bringen *zurückerobern, entsetzen *entlasten, entbinden, befreien *s. befreien: s. lösen / loslösen von, frei werden, die Fesseln / Ketten abwerfen, s. emanzipieren / selbständig / autonom / frei / unabhängig machen *ausbrechen

**befreien:** besetzen, einnehmen, okkupieren, erobern, stürmen, (in Besitz) nehmen, eindringen, einmarschieren, einfallen (Gebiet) *knechten, unterdrücken, unterwerfen, terrorisieren, bedrängen, bedrücken, drangsalieren, versklaven *s. befreien: einsperren, einschließen, gefangennehmen, gefangenhalten *einschließen, umzingeln (Armee) *fesseln, binden *befallen, bekommen (Krankheit) *verdrängen, ersticken, niederhalten, abtöten, verkneifen, nicht zeigen, unterdrücken

**Befreiung:** Dispens, Beurlaubung *Rettung, Entsatz, Bergung, Errettung

(Gefühle) *anwesend / da sein, teilnehmen (Unterricht)
**Befreiung:** Joch, Unterdrückung, Terror, Knechtschaft, Bedrängnis, Drangsal(ierung), Unterwerfung, Versklavung *Besetzung, Einnahme, Okkupation, Besitznahme, Eroberung, Sturm, Einmarsch, Einfall (Gebiet) *Unterdrückung, Abtötung, Verdrängung (Gefühle) *Teilnahme, Anwesenheit (Unterricht)

**befreunden (s.):** anfreunden, Freundschaft schließen, befreundet sein

**befreunden (s.):** s. verfeinden / entzweien / überwerfen / verzanken / zerstreiten (Mensch) *ablehnen (Mode) *s. nicht anpassen / gewöhnen

**befriedigen:** (mit)berücksichtigen, einbeziehen, beachten, in Anschlag bringen, anrechnen, Rechnung tragen, in Rechnung setzen / stellen, nicht vorübergehen an *entgegenkommen *jmdn. zufriedenstellen / abfinden, entsprechen, etwas stillen

**befriedigen:** anstacheln, anregen, reizen (Appetit, Wunsch) *ärgern *verdrängen, sublimieren (Triebe) *verdrießen *enttäuschen

**befriedigend:** ausreichend, genügend, hinlänglich, gut, hinreichend, durchschnittlich

**befriedigend:** unbefriedigend, mangelhaft, ausreichend *(sehr) gut, hervorragend *ärgerlich

**befristet:** begrenzt, abgegrenzt, abgesteckt

**befristet:** offen, frei, unabsehbar

**befugt:** kompetent, maßgebend, berechtigt, mit gutem Recht, bevollmächtigt, zuständig, verantwortlich, mit Fug und Recht, ermächtigt, autorisiert

**befugt:** unbefugt, unberechtigt, eigenmächtig, ohne Auftrag / Befugnis, angemaßt, nach eigenem Gutdünken / Ermessen

**befürworten:** zuraten, zureden, ermuntern, jmdn. bestärken, auffordern, ermutigen, raten zu, aufmuntern, einreden *fördern, favorisieren, protegieren, unterstützen, herausbringen, herausstellen, bevorzugen, s. verwenden (für)

**befürworten:** ablehnen, zurückweisen, abschlagen, verneinen, abweisen, ausschlagen, negieren, verschmähen, verweigern, versagen, verwerfen, dagegen sein *s. nicht einsetzen

**befürchten:** vermuten, spekulieren, schätzen, annehmen, kalkulieren, fürchten, erahnen, wähnen, riechen, s. zusammenreimen / einbilden, erwarten, mutmaßen, rechnen mit

**befürchten:** (er)hoffen, erwarten, wünschen, (er)träumen, begehren, ersehnen

**Befürchtung:** Ahnung, Besorgnis, Annahme, innere Stimme, Vermutung, Vorgefühl, Gefühl, Vorherwissen

**Befürchtung:** Hoffnung, Wunsch, Begehren, Verlangen, Sehnsucht

**begabt:** leistungsstark, genial, talentiert, genialisch, gottbegnadet

**begabt:** unbegabt, unintelligent, untalentiert, talentlos, leistungsschwach, minderbegabt *(stroh)dumm, töricht, idiotisch

**Begabung:** Intelligenz, Klugheit, Fähigkeiten, Berufung, Genialität, Geistesgaben, Auffassungsgabe, Ingenium, Veranlagung, Talent, Befähigung, Gaben, Genie

**Begabung:** Unbegabtheit, Beschränktheit, Begriffsstutzigkeit, Dummheit, Leistungsschwäche

**begegnen:** antreffen, stoßen (auf etwas), zusammentreffen *zustoßen, widerfahren *behandeln *entgegentreten *s. begegnen: s. treffen

**begehren:** (zurück)verlangen, (zurück)fordern *wünschen, ersehnen, erträumen, mögen, zu erreichen suchen

**begehrlich:** begierig, sinnlich, wollüstig, gierig, geil, scharf, lüstern

**begeistern:** mitreißen, entflammen, in Begeisterung versetzen, entzücken, berauschen, hinreißen

**begeistert:** leidenschaftlich, (über)eifrig, inbrünstig, feurig, fanatisch, glutvoll, hingerissen, mitgerissen, schwärmerisch, berauscht, entflammt, glühend

**Begeisterung:** Glut, Überschwang, Feuer, Inbrunst, Strohfeuer, Leidenschaft, Eifer, Übereifer, Überschwenglichkeit, Gefühlsüberschwang, Schwärmerei

**Begierde:** Leidenschaft, Begier, Trieb, Gelüste, Begehren, Appetenz, Begehrlichkeit, Sinnlichkeit, Passion

**begierig:** sinnlich, wollüstig, gierig, begehrlich, geil, scharf, lüstern *begeistert, leidenschaftlich, (über)eifrig, inbrünstig, feurig, fanatisch, glutvoll, hingerissen, mitgerissen, schwärmerisch, berauscht, entflammt, glühend

**Beginn:** Anfang, Anbeginn, Auftakt, Ausbruch, erster Schritt, Startschuß, Anbruch, Eintritt *Entwicklung, Aufkommen, Anfang, Bildung, Entstehung

**beginnen:** anfangen, in Angriff nehmen, anpacken, starten, eröffnen, angehen *anstimmen *entstehen, s. entfalten, auftauchen, herauskommen, s. bilden / erheben / entfalten / zeigen *seinen Anfang nehmen

**begegnen:** antreten, angreifen, attackieren (Angriff) *ausweichen (Maßnahmen, Schwierigkeiten, Gefahr) *s. begegnen: s. verfehlen, entgehen

**begehren:** besitzen, haben *ablehnen, ausschlagen, zurückweisen, verschmähen, abschlagen, verweigern, versagen *gleichgültig / desinteressiert / teilnahmslos sein

**begehrlich:** barsch, abweisend (Blick) *unhöflich, unfreundlich, rüde, schroff, brüsk, grob, ungebührlich, unliebenswürdig, taktlos, plump, flegelhaft, ruppig

**begeistern:** kaltlassen, kaltbleiben *langweilen

**begeistert:** gelangweilt, teilnahmslos, gleichgültig, unbeteiligt, desinteressiert, unbeeindruckt, gleichmütig, ungerührt, kalt(schnäuzig) *angeekelt, angewidert, überdrüssig *mitläuferisch

**Begeisterung:** Ungerührtheit, Unbeeindrucktheit, Gleichgültigkeit, Kälte, Mitleidlosigkeit, Gefühllosigkeit *Ekel, Überdruß *Mitläufertum

**Begierde:** Haß, Abscheu, Widerwille, Abneigung, Antipathie, Feindschaft, Ekel, Aversion, Animosität *Gleichgültigkeit, Desinteresse, Teilnahmslosigkeit

**begierig:** gleichgültig, desinteressiert, träge, teilnahmslos, überdrüssig, satt, phlegmatisch, schwerfällig, lethargisch, unbeteiligt, stumpfsinnig, leidenschaftslos *kalt, abweisend, frigid

**Beginn:** Ende, Ausgang, Schlußpunkt, Abschluß, Ausklang, Beendigung, Einstellung, Schluß *Abbruch *Untergang *Finale *Verlauf, Ausgang (Prozeß, Krankheit) *Hälfte, Mitte *Spätzeit

**beginnen:** (be)enden, (be)endigen, ausgehen, herauskommen, aufhören, abbrechen, aufgeben, aufstecken, (be-)schließen, vollenden, einhalten, vorbeigehen, vorübergehen, vorbei / vorüber sein *(ver)zögern, warten, hinhalten, hin(aus)ziehen, s. verzögern, behindern, verschieben, aufschieben, verlegen, vertagen, verschleppen, in die Länge ziehen, nicht behandeln, zurückstellen, hinauszögern

**begleichen:** (be)zahlen, ab(be)zahlen, unterstützen, zurückzahlen, abtragen, nachzahlen, zuzahlen, ausgeben, bezuschussen, subventionieren, zurückerstatten, die Kosten tragen, entrichten, hinterlegen, in Raten zahlen, ausschütten, finanzieren

**begleichen:** offenlassen, nicht bezahlen (Rechnung)

**begleitet:** zusammen, mit anderen, zu zweit / dritt, in Begleitung / Gesellschaft

**begleitet:** allein, unbegleitet, ohne Begleiter / Begleitung, solo, einzeln

**beglücken:** glücklich machen, amüsieren, Spaß / Freude machen *s. freuen, anregen, genießen, belustigen, erfreuen, ergötzen, aufheitern, aufmuntern

**beglücken:** betrüben, bekümmern, bedrücken, beunruhigen, quälen, unglücklich / traurig machen, Schmerz bereiten *verärgern, verdrießen, erzürnen, hassen, neiden, erbosen

**beglückt:** glücklich, zufrieden, hochbeglückt, freudestrahlend, selig, glückstrahlend, glückselig, erfüllt, überglücklich, freudig, beseligt, beschwingt, begeistert, fröhlich

**beglückt:** betrübt, schwermütig, trübsinnig, pessimistisch, hypochondrisch, depressiv, melancholisch, schwarzseherisch, trübselig, wehmütig, trist, traurig, freudlos, todunglücklich, elend, trübe, bedrückt, gedrückt, bekümmert, unfroh

**beglückwünschen:** gratulieren, Glück wünschen, Glückwünsche darbieten / übermitteln / überbringen

**beglückwünschen:** trösten, kondolieren, Trost spenden / zusprechen / bieten / gewähren / verleihen, Anteilnahme / Beileid aussprechen, aufrichten, Mut zusprechen

**begnadigen:** amnestieren, lossprechen, verzeihen, verschonen, vergeben

**begnadigen:** verurteilen, aburteilen, (be)strafen, aufbrummen, schuldig sprechen

**Begnadigung:** Straferlaß, Amnestie, Gnade, Pardon, Verzeihung, Vergebung

**Begnadigung:** Verurteilung, Bestrafung, Richterspruch, Aburteilung, Schuldspruch, Schuldigsprechung, Urteilsspruch

**begnügen (s.):** s. zufriedengeben / bescheiden, vorliebnehmen mit, zufrieden sein

**begnügen (s.):** s. übernehmen, übertreiben, aufbauschen, hochspielen *unzufrieden sein, hadern, anzweifeln, enttäuscht sein *fordern, verlangen

**begraben:** beerdigen, bestatten, beisetzen *aufgeben, resignieren, kapitulieren, abtun

**begraben:** ausgraben, exhumieren (Leiche) *einäschern, verbrennen (Leiche) *hoffen (Hoffnung)

**begreifen:** verstehen, nachvollziehen, aufschnappen, auffassen, einsehen, erkennen, Verständnis haben, durchblicken, durchschauen, folgen können

**begreifen:** nicht verstehen / einleuchten / erfassen / mitbekommen / durchschauen / durchblicken, nicht klug werden

**begreiflich:** einleuchtend, evident, faßbar, plausibel, glaubhaft, bestechend, verständlich, überzeugend, einsichtig, faßlich

**begreiflich:** unbegreiflich, schleierhaft, rätselhaft, unfaßbar, unfaßlich, unerklärlich, geheimnisvoll, undurchschaubar, geheimnisumwittert, mysteriös *mystisch, unergründlich

**begrenzen:** einzäunen, einfried(ig)en, abzäunen, eingrenzen, umgrenzen, einhegen, umfrieden, umzäunen, *verringern, verkleinern, kürzen, reduzieren, streichen, herunterschrauben, schmälern, herabmindern, dezimieren,

**begrenzen:** offen / unbegrenzt lassen *steigern, erhöhen (Geschwindigkeit) *eskalieren *erweitern, ausdehnen, ausbauen, ausweiten, vergrößern, verbreitern, entfalten *ergänzen, vervollkommnen, vollenden, abrunden, hin-

gesundschrumpfen, heruntergehen, drosseln, einengen *kontingentieren, einschränken, limitieren
**begrenzt:** umzäunt, eingezäunt, eingegrenzt, umgrenzt, umfriedet *klein, mäßig, gering *limitiert

**begrifflich:** theoretisch, gedanklich, abstrakt, gedacht

**begründet:** fundiert, unangreifbar, hieb- und stichfest, gesichert

**begrüßen:** grüßen, salutieren, empfangen, willkommen heißen *billigen, akzeptieren, einwilligen, unterschreiben, anerkennen, legitimieren, sanktionieren, annehmen, gutheißen, zugeben, gestatten, einiggehen, beipflichten
**begünstigen:** fördern, favorisieren, protegieren, unterstützen, herausbringen, herausstellen, bevorzugen, s. verwenden (für)
**Begünstigung:** Bevorzugung, Vorliebe, Vergünstigung, Vorrecht, Privileg, Auszeichnung, Protektion

**begütert:** reich, vermögend, betucht, bemittelt, wohlhabend, gutsituiert, steinreich, zahlungskräftig
**begütigen:** beruhigen, vermitteln, besänftigen, zur Ruhe bringen, beschwichtigen, glätten
**behaart:** haarig, struppig, borstig, bärtig, stoppelig
**Behagen:** Heiterkeit, Vergnügtheit, Lustigkeit, heitere Stimmung, Frohmut, Lebenslust, frohe Laune, Ausgelassenheit, Freude, Frohsinn
**behaglich:** gemütlich, angenehm, wohnlich, heimisch, lauschig, heimelig, komfortabel, traulich, traut, wohltuend, idyllisch, wohlig

**behalten:** aufbewahren, aufheben, zurückhalten, (auf)speichern, hamstern, (an)häufen, verwahren, ansammeln *beibehalten, festhalten, (aufrechter-)halten, eingeschworen sein *zurückhalten, einbehalten, nicht herausgeben / herausrücken *s. etwas merken, beherzigen, nicht vergessen, lernen, aufnehmen, s. ins Gedächtnis schreiben / zu

zufügen, komplettieren, perfektionieren

**begrenzt:** unbegrenzt, unendlich, grenzenlos, unermeßlich, endlos, unbeschränkt, schrankenlos *lebenslänglich (Strafe) *umfassend, groß (Wissen)
**begrifflich:** gegenständlich, faßbar, konkret, bildlich, figürlich, darstellend *emotional, gefühlsmäßig
**begründet:** unbegründet, grundlos, gegenstandslos, unmotiviert, haltlos, ungerechtfertigt, hinfällig
**begrüßen:** verabschieden *entlassen, kündigen, suspendieren, entfernen (Amt) *beklagen, bedauern *ablehnen, zurückweisen (Vorschlag)

**begünstigen:** benachteiligen, vernachlässigen, zurückversetzen, übervorteilen *objektiv / vorurteilsfrei / unvoreingenommen / gerecht sein
**Begünstigung:** Benachteiligung, Zurücksetzung, Übervorteilung, Vernachlässigung *Objektivität, Unvoreingenommenheit, Vorurteilslosigkeit, Gerechtigkeit
**begütert:** arm, mittellos, unbemittelt, notleidend, unvermögend, verarmt, bettelarm, bedürftig, minderbemittelt
**begütigen:** (auf)hetzen, aufwiegeln, verhetzen, aufreizen, anheizen, aufputschen, fanatisieren
**behaart:** unbehaart, haarlos, kahl, glatt

**Behagen:** Unbehagen, Mißbehagen, Neid, Unzufriedenheit, Mißfallen, Verdrossenheit, Unlust, Mißmut, Verbitterung, Bitternis, Bitterkeit
**behaglich:** unbehaglich, ungemütlich, unbequem, kalt, unwirtlich, erbärmlich, kläglich *gräßlich, gruselig, schaurig, nicht geheuer, beklemmend, unheimlich, grausig *einfach, spartanisch (Wohnung)
**behalten:** (ver)schenken, herschenken, verkaufen, hergeben, weggeben, abgeben, vergeben *verleihen, vermieten *vergessen, nicht behalten, verschwitzen (Adresse, Telefonnummer) *absenden, übergeben *zurückgeben, zurückschicken, zurückliefern, versenden, fortlassen, fortbringen, fortschaffen, fortschicken, wegschaffen, weg-

eigen machen *bewahren, verschweigen *s. nicht ändern *investieren, nicht ausschütten *geheimhalten *abschneiden *beibehalten

**behandeln:** bearbeiten, kultivieren *heilen, kurieren, pflegen, helfen, gesund machen *umgehen / verfahren (mit jmdm. / etwas)

**beharren:** bestehen / pochen auf, verharren / bleiben bei, nicht lockerlassen / ablassen / nachgeben, festhalten

**beharrlich:** zäh, unentwegt, ausdauernd, unverdrossen, krampfhaft, hartnäckig, verzweifelt, unbeirrt, unbeirrbar, verbissen, entschieden, entschlossen, fest, unbeugsam, zielstrebig, unermüdlich, geduldig, konstant, stur, trotzig, starrsinnig
**Beharrlichkeit:** Beharrungsvermögen, Entschiedenheit, Entschlossenheit, Beharrung, Festigkeit, Zähigkeit, Unbeugsamkeit, Zielstrebigkeit, Unerschütterlichkeit, Zielbewußtsein, Unermüdlichkeit, Unverdrossenheit, Ausdauer, Geduld, Stehvermögen, Durchhaltevermögen, Konstanz, Konsequenz, Sturheit, Hartnäckigkeit, Starrsinn, Trotz
**behaupten:** hinstellen / ausgeben als, eine Behauptung aufstellen, als sicher ausgeben *s. behaupten: s. durchsetzen

**Behauptung:** Annahme, Unterstellung, Hypothese, Theorie *Meinung,

schicken, wegbringen *(zurück)erstatten, aushändigen, herausgeben *vergessen, verlernen, entfallen (Melodie) *preisgeben, abschaffen, aufgeben *verlieren, wechseln, (ver)ändern (Aussehen) *zurückgehen, nachlassen, verlieren (Wert) *ausschütten, teilen (Gewinn) *auspacken, enthüllen, aufwickeln, ausplaudern, weitererzählen (Geheimnis) *(da)zugeben (Ware) *heimschicken, fortschicken (Gast) *ablegen (Laune)
**behandeln:** verschieben, aufschieben, hinausschieben, umdisponieren, umlegen, hinausziehen, hinauszögern, verschleppen, zurückstellen, liegenlassen, vertragen, unerledigt lassen *beraten (Arzt) *verschweigen, übergehen, ignorieren (Frage)
**beharren:** ablassen, zurücknehmen, zurückziehen, entsagen, abstehen, einlenken *lockerlassen, nachgeben, s. beugen / fügen / unterwerfen / ergeben, kapitulieren, s. unterordnen, passen, aufgeben
**beharrlich:** nachgiebig, willensschwach, willenlos, weich, feige *ohne Ausdauer *nervös, unmutig, hastig, aufgeregt

**Beharrlichkeit:** Ungeduld, Voreiligkeit, Treiben, Unrast *Inkonsequenz, Unbeständigkeit, Widersprüchlichkeit *Aufregung, Unruhe, Nervosität, Hektik, Ruhelosigkeit, Rastlosigkeit, Aufgeregtheit, Erregung

**behaupten:** widersprechen, widerrufen *zurücknehmen, zurückziehen *bezweifeln, in Frage stellen, (an)zweifeln *verneinen, abstreiten, bestreiten, leugnen, dementieren, negieren *beweisen, nachweisen, untermauern, (er-)bringen, aufzeigen, belegen *annehmen, vermuten, mutmaßen, wähnen, ahnen, spekulieren, zusammenreimen *verschwinden (Firma) *s. behaupten: zurückziehen (Stellung) *untergehen
**Behauptung:** Widerruf(ung), Widerspruch *Rückzieher, Rücknahme

Standpunkt, Überzeugung, Anschauung, Auffassung, Ansicht *Feststellung, Statement, Bemerkung

**beheben:** beseitigen, in Ordnung bringen, reparieren, ausbessern, instand setzen, erneuern
**beheimatet:** (ein)heimisch, (orts)ansässig, (alt)eingesessen, eingeboren, wohnhaft, niedergelassen, eingebürgert
**behende:** gewandt, geschickt, flink, eilig, hastig, eilends, schnell(stens), forsch, kühn, leichtfüßig, geschwind, hurtig, rasch, rasant, flugs, zügig, schleunigst, pfeilschnell
**beherbergen:** aufnehmen, Unterkunft / Obdach / Asyl geben / gewähren

**beherrschen:** gebieten / herrschen über, unterdrücken, knechten, knebeln, bedrücken, terrorisieren, drangsalieren *s. beherrschen:** s. zurückhalten / beruhigen / bezwingen / zähmen / mäßigen

**beherrscht:** ruhig, ausgeglichen, gefaßt, geruhsam, gleichmütig, sicher, würdevoll, harmonisch, abgeklärt, bedacht(sam), besonnen, still, kaltblütig, gezügelt, gemessen, ruhevoll, überlegen, gemächlich
**beherzt:** (wage)mutig, tapfer, draufgängerisch, tollkühn, verwegen, waghalsig, furchtlos, todesmutig, vermessen, heldenhaft, kühn, unverzagt, heldenmütig, unerschrocken, herzhaft, mannhaft, kämpferisch
**behilflich:** hilfsbereit, opferwillig, aufopfernd, fürsorglich, aufopferungsfähig, brüderlich *behilflich sein:** helfen, unterstützen, beistehen, zur Seite stehen, assistieren, vertreten, zupacken, beispringen

**behindern:** aufhalten, hemmen, lähmen, stören, hindern, hinderlich sein, verzögern, erschweren, beeinträchtigen, im Weg stehen *rücksichtslos sein, die Vorfahrt nehmen

**behindert:** gehandicapt, eingeschränkt, krank
**Behinderter:** Körperbehinderter, geistig Behinderter

*Zweifel *Verneinung, Negation, Dementi *Beweis, Nachweis, Beleg *Annahme, Vermutung, Mutmaßung, Ahnung, Spekulation, Reim
**beheben:** (be)lassen *verursachen

**beheimatet:** heimatlos, ohne Heimat, staatenlos *ungeborgen, unbehaust, umgetrieben, wurzellos

**behende:** träge, ungeschickt, steif, schwerfällig, ungelenk, lahm, ungewandt, linkisch, eckig, unsportlich

**beherbergen:** hinauswerfen, jmdn. hinauskatapultieren, hinausjagen, an die frische Luft setzen *kündigen
**beherrschen:** nicht können / beherrschen (Sprache, Trick) *kuschen, unterworfen / unterdrückt werden / sein *unauffällig / einfach / schlicht / unscheinbar sein *s. beherrschen:** s. gehenlassen, jammern, klagen *abreagieren *s. verraten
**beherrscht:** unbeherrscht, wütend, aufbrausend, zügellos, auffahrend, zornig, ungestüm, heftig, jähzornig, hitzig, hitzköpfig, cholerisch

**beherzt:** feige, feigherzig, verzagt, zaghaft, ängstlich, hilflos, hasenherzig, hasenfüßig, mutlos, furchtsam, bange

**behilflich:** störend, hinderlich, lästig, hemmend, nachteilig, aufhaltend, lähmend *behilflich sein:** (be)hindern, hemmen, hinderlich sein, aufhalten, lähmen, stören, verzögern, beeinträchtigen, trüben, im Wege stehen, erschweren
**behindern:** helfen, fördern, unterstützen, behilflich sein, nützen, beistehen, mithelfen, assistieren, vertreten, einspringen, zupacken, beispringen *Vorfahrt lassen, rücksichtsvoll sein *räumen, (Weg) freigeben (Verkehr)
**behindert:** gesund, nicht behindert *ungehindert, frei, unbehindert
**Behinderter:** Gesunder, Nichtbehinderter

**Behinderung:** Fessel, Hemmung, Hemmschuh, Hindernis, Erschwernis, Erschwerung, Handicap *Engpaß

**beibehalten:** bei etwas bleiben, festhalten an etwas, nicht aufgeben, (er)halten, behalten, aufrechterhalten, bestehen, behaupten

**beibringen:** (be)lehren, unterrichten, zeigen, erklären, unterweisen, Unterricht erteilen, dozieren, instruieren *beschaffen, herbeibringen, besorgen, herbeischaffen, (auf)bringen, holen, verschaffen, zusammenbringen

**beidarmig:** mit beiden Armen
**beide:** (alle) zwei

**beiderseits:** zu / auf beiden Seiten

**beidhändig:** mit beiden Händen
**Beidhänder:** Rechts- und Linkshänder

**beieinander:** zusammen, vereint, beisammen *kooperativ, vereint, gemeinsam *beieinander bleiben: zusammen / beisammen / vereint bleiben

**Beifahrer:** Sozius, Mitfahrer, Begleiter
**Beifall:** Applaus, Beifallsbezeugung, Beifallsäußerung, Ovation, Beifallskundgebung, Beifallssturm, Beifallsdonner, Beifallsorkan, Huldigung, Jubel, das Klatschen

**beilegen:** legen, beifügen, beigeben *schlichten, bereinigen, versöhnen, aussöhnen *beimessen

**Beileid:** Anteilnahme, Mitgefühl, Beileidsbezeigung, Kondolenz, Teilnahme

**beiliegend:** anbei, anliegend, im Innern, innen, in der Beilage / Anlage

**beinhalten:** einschließen, zum Inhalt haben

**beisammen:** beieinander, zusammen, vereint

**Beisammensein:** Wiedersehen, Treffen, Begegnung *das Zusammensein

**Behinderung:** Gesundheit, Unversehrtheit *Hilfe, Förderung, Unterstützung

**beibehalten:** aufgeben, auflösen, schließen, liquidieren, ausverkaufen (Geschäft) *entsagen, aufgeben, abschaffen *ablegen, aufgeben, ändern (Verhalten, Gewohnheiten) *tilgen, ausmerzen, vernichten, zerstören *streichen, fortlassen, weglassen, kürzen, verändern *erweitern (Rede) *verwandeln, umstoßen, umgestalten, (ver)ändern, abändern, umformen, wechseln, (um)wandeln

**beibringen:** lernen, aufnehmen (Lernstoff) *zurückhalten, unterdrücken, verheimlichen, verschweigen, geheimhalten (Nachricht) *erleiden, einstecken (Verluste)

**beidarmig:** einarmig *links, rechts
**beide:** eine(r, s), keiner *weder . . . noch

**beiderseits:** diesseits *jenseits *links *rechts

**beidhändig:** einhändig *rechts *links
**Beidhänder:** Rechtshänder *Linkshänder

**beieinander:** auseinander, getrennt, weg, fort, entfernt *(zwei)geteilt *getrennt, geschieden, auseinander (Personen) *beieinander bleiben: s. scheiden lassen / trennen, auseinandergehen, auseinanderlaufen

**Beifahrer:** Lenker, Fahrer
**Beifall:** Pfiffe, Buhrufe, Mißfallen, Ablehnung, Protest *Tadel *Desinteresse, Gleichgültigkeit, Teilnahmslosigkeit, Interesselosigkeit, Uninteressiertheit

**beilegen:** anfangen, starten, beginnen (Konflikt, Streit) *anhalten, dauern *herausholen, herausnehmen, entnehmen

**Beileid:** Glückwunsch, Gratulation, Beglückwünschung

**beiliegend:** extra, getrennt, gesondert, eigene, besondere (Postsendung)

**beinhalten:** separieren, absondern, ausschließen

**beisammen:** getrennt, auseinander, geschieden, voneinander entfernt, fort (Personen)

**Beisammensein:** Abwesenheit *Trennung, Scheidung

**Beisein:** Anwesenheit, Gegenwart, Zugegensein, Dabeisein
**beißen:** zuschnappen, zubeißen *kribbeln, brennen, jucken, kratzen, stechen *kauen *s. beißen: nicht harmonieren / zueinander passen
**beistehen:** helfen, unterstützen, bemitleiden, beraten

**beiwohnen:** zugegen / anwesend / da (-bei) sein

**beizeiten:** früh(zeitig), bald, rechtzeitig, baldigst, möglichst bald, zur rechten Zeit
**bejahen:** zustimmen, annehmen, gutheißen, sanktionieren, anerkennen, genehmigen, zulassen, beistimmen, beipflichten, einverstanden sein, unterschreiben, dulden, respektieren, tolerieren, erlauben, (zu)billigen, einwilligen, einräumen, gestatten, zugeben
**bejahrt:** ausgedient, (hoch)betagt, ehrwürdig, abgelebt, grauhaarig, (stein-)alt, uralt, greisenhaft, verbraucht, weise
**Bejahung:** Zustimmung, Billigung, Gewährung, Genehmigung, Einverständnis, Einwilligung
**bejubeln:** beklatschen, feiern, applaudieren, Beifall spenden / zollen, mit Beifall überschütten
**bekämpfen:** (an)kämpfen, befehden, vorgehen / angehen gegen, entgegentreten *s. bekämpfen: entgegenwirken, begegnen, entgegenarbeiten
**bekannt:** (welt)berühmt, wohlbekannt, namhaft, prominent, anerkannt, ausgewiesen, weltbekannt

**Bekannter:** Freund, Kamerad, Partner, Vertrauter
**bekanntgeben:** erzählen, mitteilen, verkünden, ankünden, ankündigen, verkündigen, berichten, schildern, Bericht erstatten / geben, beschreiben, darstellen, benachrichtigen, (ver)melden, verlauten, verlautbaren, bekanntmachen, informieren, unterrichten, ausrichten, kundgeben, äußern, ausplaudern, preisgeben, verraten, weitererzählen, weitersagen, kundmachen, kundtun, veröffentlichen
**Bekanntmachung:** Information, Verkündigung, Bekanntgabe, Mitteilung,

**Beisein:** Abwesenheit, Absenz, Fehlen

**beißen:** knirschen, klappern (Zähne) *hinunterschlucken *s. beißen: harmonieren, passen, s. vertragen, entsprechen (Farben)
**beistehen:** sitzenlassen, alleine lassen, im Stich lassen *bekämpfen *unterdrücken
**beiwohnen:** fernbleiben, fehlen, wegbleiben, abwesend / absent sein (Fest, Veranstaltung)
**beizeiten:** zu früh, vorzeitig *(zu) spät, verspätet

**bejahen:** verneinen, negieren *mißachten *ablehnen *schweigen *s. der Stimme enthalten

**bejahrt:** jung, jugendlich, unerfahren, grün

**Bejahung:** Verneinung, Negation *Mißachtung *Ablehnung *Schweigen *Enthaltung, Stimmenthaltung
**bejubeln:** auspfeifen, auslachen, ausschimpfen, beschimpfen *beweinen

**bekämpfen:** beistehen, helfen, unterstützen *vertreten (Anschauung) *s. bekämpfen: s. vereinen / verbünden / verbrüdern
**bekannt:** unbekannt, fremd *fremdländisch, sonderbar, eigentümlich, unbekannt (Gegend) *neu (Meinung) *geheim (Dokument)
**Bekannter:** Fremder, Fremdling, Unbekannter
**bekanntgeben:** verschweigen, verheimlichen, zurückbehalten, geheimhalten (Verlobung, Hochzeit, Fest) *vernehmen, hören

**Bekanntmachung:** Verheimlichung, Geheimhaltung

Kundgabe, Eröffnung, Kommuniqué, Memorandum

**bekehren:** überreden, (he)rumkriegen, breitschlagen, werben, umstimmen, überzeugen, beschwatzen, erweichen *konvertieren, übertreten

**bekennen:** gestehen, offenbaren, zugeben, eingestehen, beichten, aussagen, Farbe bekennen, einräumen *s. **bekennen:** dazugehören

**beklagen:** bedauern, nachtrauern, beweinen, beseufzen, bejammern

**beklagenswert:** kläglich, jämmerlich, (herz)ergreifend, (herz)zerreißend, jammervoll, bedauerlich, herzbewegend, bedauernswert

**bekleiden:** innehaben, sein, einnehmen, tätig sein als, versehen, einen Rang / eine Stellung haben, amtieren *s. **bekleiden:** anziehen, antun, überwerfen, überstreifen, überziehen, ankleiden

**bekleidet:** angezogen, angetan (mit), verhüllt, gekleidet

**beklommen:** ängstlich, zag(haft), aufgeregt, bänglich, zähneklappernd, angsterfüllt, angstverzerrt, befangen, aufgeregt, bang, angstvoll, angstbebend, verängstigt, scheu, schüchtern, angstschlotternd, argwöhnisch, betroffen, besorgt, gehemmt, schreckhaft, verschreckt, verschüchtert

**bekommen:** erhalten *teilhaftig werden, für s. gewinnen, erlangen, empfangen, zuteil werden, zufließen, zufallen, abbekommen, erben *guttun, anschlagen (Kur) *wohltun, vertragen, nützen, nicht schaden *s. einhandeln / anstecken / infizieren, krank werden *zusprechen, befördern

**bekehren:** glauben *annehmen *wechseln, s. ändern *einsehen

**bekennen:** abstreiten, (ver)leugnen, bestreiten, in Abrede stellen, verneinen, negieren *s. **bekennen:** s. verwahren gegen, dementieren, ableugnen

**beklagen:** s. freuen, begrüßen *gutheißen *ändern (Sache)

**beklagenswert:** beneidenswert, gutgehend, herrlich, sagenhaft, schön, außergewöhnlich, wunderbar

**bekleiden:** niederlegen, aufgeben, suspendiert / enthoben werden, kündigen, zurücktreten, abdanken, ausscheiden, verlassen, weggehen, abgeben, abtreten, aufhören (Amt, Dienst) *s. **bekleiden:** s. ausziehen / entkleiden / entblößen / freimachen / entblättern / enthüllen, abtun (Kleider)

**bekleidet:** nackt, enthüllt, entkleidet, ausgezogen, frei, unbeschwert, entblößt, unverhüllt, kleidungslos, hüllenlos, unangezogen, textilarm, splitternackt (Körper) *busenfrei, barbusig, oben ohne, topless (Oberkörper)

**beklommen:** sicher, fest (Stimme) *wohl (sein / zumute) *selbstsicher, selbstbewußt, stolz, siegessicher, erfolgssicher, ich-bewußt *arrogant, anmaßend, überheblich

**bekommen:** überreichen, übermitteln, übergeben, abliefern, aufgeben, ausliefern, expedieren, wegschicken, fortschicken, (über)bringen, (ab)schicken, (ab)senden (Post) *verlieren, verlegen, loswerden *mangeln, (ver)missen, verweigert bekommen, nicht erhalten, entbehren *s. wünschen, begehren, ersehnen, träumen (von), erträumen, verlangen, erhoffen, mögen, erstreben *beantragen, fordern, verlangen, (Belohnung) *haben, besitzen, verfügen (über) *s. bewerben / bemühen (um), interessiert sein, buhlen (um) (Mensch, Gunst, Stellung) *ausgeraubt / beraubt werden *weiterkämpfen (Recht) *auszahlen, ausschütten, ausgeben, verteilen (Gewinn, Geld) *austeilen, verabreichen (Prügel) *geben, verpassen (Rüge, Ohrfeige) *verteilen, zurückgeben, abgeben, hergeben, spenden, austeilen, (ver)schenken *verdienen (Lob) *vorbeugen (Krankheit) *(auf-) geben, verabreichen, verpassen (Strafe) *reklamieren

**bekömmlich:** gesund, zuträglich, leicht / gut verdaulich, leicht, labend, eßbar, nicht schwer

**bekömmlich:** unverdaulich, unverträglich, unbekömmlich, nicht bekömmlich *ungenießbar, übelschmeckend, verdorben (Speise)

**bekräftigen:** beglaubigen, bezeugen, versichern, bestätigen *beschwören, versichern, beeiden, vereidigen, durch Eid bekräftigen

**bekräftigen:** abschwächen, entkräften, umstoßen (Versprechen) *abstreiten, bestreiten, (ab)leugnen, verneinen, negieren, s. verwahren gegen, dementieren (Aussage)

**bekriegen:** befehden, bekämpfen, Krieg führen gegen, s. streiten

**bekriegen:** Frieden schließen, befrieden, befreunden, anfreunden *tolerieren *harmonieren, auskommen, vertragen

**bekümmern:** bedrücken, beunruhigen, betrüben, quälen, jmdm. Kummer / Sorge machen / bereiten, jmdn. mit Sorge / Kummer erfüllen

**bekümmern:** s. freuen / erfreuen / ermutigen / erheitern / ergötzen *vernachlässigen, liegenlassen, unterlassen

**bekümmert:** traurig, schwermütig, trübe, trübsinnig, bedrückt, elend, freudlos, trübselig, pessimistisch, unfroh, depressiv, nihilistisch

**bekümmert:** froh, unbekümmert, sorgenfrei, lustig, vergnüglich, frohgemut, lebensfroh, lebensmunter, leichtlebig, lose, locker, munter, fidel, heiter *zuversichtlich, hoffnungsfroh, hoffnungsvoll, getrost, unverzagt, optimistisch, lebensbejahend

**belächeln:** lächeln, (ver)spotten, lachen

**belächeln:** ernst / für voll nehmen

**beladen:** (voll)laden, beschweren, bepacken, aufpacken, aufladen, vollpacken, aufbürden, verladen, einladen, verschiffen, einschiffen *schwerbeladen, schwerbepackt, voll

**beladen:** entladen, ausladen, leeren, ausleeren, entleeren (Fahrzeug) *leer

**belagern:** einkreisen, umzingeln, einschließen, einkesseln

**belagern:** verteidigen, kämpfen, s. wehren, Widerstand leisten, abwehren

**belanglos:** unwichtig, nebensächlich, zufällig, irrelevant, unerheblich, bedeutungslos, unwesentlich, trivial, nicht erwähnenswert, nicht wichtig, ohne Belang, unbedeutend

**belanglos:** bedeutend, bedeutsam, (ge)wichtig, signifikant *außergewöhnlich, ungewöhnlich, ausgefallen, außerordentlich, von Belang, gewaltig, ungeläufig, bedeutungsvoll, mächtig, groß, erstaunlich, umwerfend, großartig, brillant, hervorragend, eindrucksvoll, beeindruckend, beachtlich, enorm, sensationell, grandios, einzigartig, verblüffend, fabelhaft, sagenhaft, imposant, phänomenal, märchenhaft, überragend

**Belanglosigkeit:** Wertlosigkeit, Bedeutungslosigkeit, Unwichtigkeit, Nichtig-

**Belanglosigkeit:** Gewicht, Schwere, Bedeutsamkeit, Größe, Bedeutung,

keit, Nebensächlichkeit, Unbedeutendheit, Unwesentlichkeit, Unerheblichkeit, Trivialität, Irrelevanz, Kleinigkeit
**belangvoll:** wichtig, voll Bedeutung,
bedeutsam, gewichtig, folgenschwer,
folgenreich, bedeutungsvoll, wesentlich, zentral, wesenhaft, essentiell, substantiell, relevant
**belassen:** (unverändert) lassen, nicht
bearbeiten / wiederaufnehmen / erörtern, so bleiben / es bewenden lassen,
auf s. ruhenlassen

**belasten:** anlasten, zur Last legen, beschuldigen, verdächtigen, bezichtigen
*beschweren, bepacken, aufpacken,
vollpacken, verladen *s. belasten: s.
befassen / beschäftigen (mit) *s. auflasten

**belastet:** schuldig, schuldvoll, schuldbeladen, schuldhaft *mit Schulden / einer Hypothek belastet *gedrückt, bedrückt, niedergeschlagen, sorgenvoll

**belästigen:** behelligen, lästig werden,
jmdm. lästig fallen, necken, ärgern,
reizen, quälen, stören, plagen
**Belästigung:** Plage, Quälerei, Zudringlichkeit, Aufdringlickeit, Annähe-
rungsversuche
**Belastung:** Beschuldigung, Verdächtigung, Anschuldigung, Bezichtigung,
Inkriminierung *Anstrengung, Inan-
spruchnahme, Arbeit, Überlastung,
Mühe, Bemühung
**belaubt:** grün, begrünt, blattreich, beblättert
**beleben:** anregen, stimulieren, aufregen, aufputschen, aufpulvern *s. beleben: lebhafter / lebendiger werden *s.
aufhellen (Gesicht)

**belebt:** verkehrsreich, bevölkert, lebhaft, nicht menschenleer / einsam,

Wichtigkeit, Gewichtigkeit, Signifikanz, Brisanz *Ausgefallenheit, Groß-
artigkeit, Einzigartigkeit, Sensation,
Attraktivität
**belangvoll:** belanglos, unwichtig, ohne
Bedeutung / Belang, unerheblich, nebensächlich, unwesentlich, unbedeutend, unmaßgeblich, nicht erwähnenswert
**belassen:** (ab)ändern, umändern, korrigieren, revidieren, überarbeiten, umarbeiten, umstürzen, umwandeln, ummodeln, transformieren, verändern,
verwandeln, ummünzen, umfunktionieren, umgestalten, entwickeln, umstoßen, (aus)wechseln *novellieren, erneuern (Gesetz) *transferieren, übertragen *verweigern, entreißen, entziehen, (weg)nehmen *tilgen, beheben,
abstellen, entfernen
**belasten:** entlasten, (ab)stürzen (Bauteil) *nichts ausmachen (Verantwortung) *stützen (Mensch) *(er)leichtern
(Schiff) *entlasten, befreien, entpflichten, entbinden *entheben (Sorge) *s.
**belasten:** s. nicht belasten / befassen
(mit), nichts wissen wollen (von) *abladen
**belastet:** frei, entlastet, unbelastet, befreit, entbunden (Sorgen, Verpflichtungen) *unbelastet, hypothekenfrei
(Grundstück) *unbeschwert, heiter,
fröhlich, froh(sinnig), munter, strahlend, vergnügt *zufrieden, befriedigt,
wunschlos, sorgenfrei
**belästigen:** zufriedenlassen, in Ruhe
lassen, gehenlassen *abweisen *unterstützen
**Belästigung:** Stille, Ruhe *Abfuhr
*Unterstützung

**Belastung:** Entlastung (Zeugenaussa-
ge, Arbeit) *Leichtern *Entladung
(Fahrzeug)

**belaubt:** unbelaubt, kahl

**beleben:** beruhigen, ermüden, ermatten, erschöpfen, lähmen, dämpfen, betäuben *s. beleben: s. leeren, still /
ruhig werden (Straße) *erstarren (Gesicht)
**belebt:** unbelebt, leblos, ruhig, tot
*verschlafen, verlassen, ruhig, ver-

überfüllt, dichtbesiedelt, volkreich *heiter, lustig, fröhlich, vergnügt, aufgekratzt, unbeschwert, aufgeräumt (Stimmung) *interessant

**belegbar:** nachweisbar, beweisbar, belegt, urkundlich, aktenkundig
**belegen:** besetzen, beanspruchen, reservieren *bedecken *nachweisen, erbringen, beweisen, aufzeigen, untermauern

**belegt:** (voll)besetzt, nicht frei, voll, überbesetzt *wahr, glaubwürdig, beglaubigt, gewiß, unleugbar, unwiderleglich, richtig, tatsächlich, wirklich, zutreffend, nicht übertrieben, glaubhaft, zuverlässig *heiser, rauh, rauchig, klanglos, tonlos, stockheiser, krächzend
**belehren:** lehren, unterrichten, unterweisen, instruieren, zeigen, weisen *berichtigen, korrigieren, richtigstellen, klarstellen, (ab)klären, verbessern
**beleibt:** dick, stattlich, strotzend, stämmig, vollschlank, plump, groß, massig, massiv, fleischig
**beleidigen:** kränken, verwunden, treffen, schmähen, schlechtmachen, verletzen
**beleuchten:** bescheinen, bestrahlen, scheinen über *nachprüfen, überprüfen
**belichtet:** voll, verbraucht, gebraucht, fertig
**beliebig:** wunschgemäß, ad libitum, irgendein, nach Gutdünken / Wahl / Belieben / Wunsch
**beliebt:** gerngesehen, umschwärmt, wohlgelitten, sympathisch, geschätzt, geachtet, anziehend, bezaubernd, gewinnend, angenehm, attraktiv, aufreizend, charmant, anmutig, betörend, lieb(lich), doll, toll, liebenswert
**beliefern:** (an)liefern, ausliefern, zustellen, (zu)bringen, schicken, aushändigen
**belobigen:** loben, anerkennen, würdigen, rühmen, preisen, verklären, verherrlichen, ehren, beweihräuchern, auszeichnen, idealisieren, Lob zollen / erteilen / spenden, lobpreisen
**belohnen:** vergelten, entschädigen, lohnen, ausgleichen, revanchieren

träumt, einsam, menschenleer, abgeschieden, einförmig, öde, gottverlassen, ausgestorben (Gegend, Landschaft) *traurig, langweilig, monoton, einschläfernd, trist, fade (Stimmung) *einförmig (Bild)
**belegbar:** nicht nachweisbar / aufzeigbar / aktenkundig / belegt, unbelegbar
**belegen:** freigeben (Sitzplatz) *nicht nachweisen können *entfernen (Bodenbelag) *bestellen (Zimmer) *abräumen (Tisch) *verlassen, räumen (Zimmer)

**belegt:** frei, unbesetzt, unbelegt (Zimmer, Bank) *ohne Nachweis / Rechnung, unbelegt (Ausgaben) *klar, deutlich (Stimme) *trocken (Brot) *erschlossen (Wortherkunft)

**belehren:** (er)lernen, übernehmen, aufnehmen, aneignen, erwerben, pauken, büffeln.

**beleibt:** mager, schlank, dürr, dünn, grazil, hager, schmal

**beleidigen:** loben, würdigen, preisen, rühmen, auszeichnen, Lob spenden / erteilen / zollen, beloben, anerkennen
**beleuchten:** verfinstern, abdunkeln, dunkel machen, abblenden, abschatten, verdunkeln *dunkel / finster lassen
**belichtet:** frisch, unbelichtet, neu (Film)
**beliebig:** festgelegt, feststehend, gewiß, sicher, festliegend, bestimmt, fest (-gesetzt)
**beliebt:** unbeliebt, mißliebig, unsympathisch, lästig, unliebsam *verhaßt, verrufen

**beliefern:** erhalten, entgegennehmen, bekommen, kriegen *verkaufen

**belobigen:** tadeln, herunterkanzeln, schelten, (be)schimpfen, angreifen, zanken, verfluchen, maßregeln, zurechtweisen

**belohnen:** (be)strafen, ahnden, maßregeln, züchtigen, vergelten, rächen

**belustigen:** freuen, beglücken, glücklich machen, amüsieren, Spaß / Freude machen *s. (er)freuen, anregen, genießen, ergötzen, aufheitern, aufmuntern

**bemannt:** mit einer Mannschaft / Besatzung versehen / besetzt *verheiratet (Frau)

**bemerkbar:** merklich, spürbar, merkbar *sichtbar, auffällig, bedeutend

**bemerken:** konstatieren, feststellen, registrieren *beobachten, verfolgen, bewachen, beschatten, bespitzeln, überwachen *erkennen, identifizieren, diagnostizieren *wahrnehmen, sehen, gewahren

**bemerkenswert:** reizvoll, entzückend, anregend, lehrreich, interessant, aufschlußreich, erwähnenswert, lesenswert, ansprechend *beachtlich, ungewöhnlich, ungeläufig, außergewöhnlich, ausgefallen, extraordinär, außerordentlich, bedeutend, groß(artig), überraschend, erstaunlich, umwerfend, entwaffnend, bewunderungswürdig, formidabel, ersten Ranges, bewundernswert, hervorragend, brillant, überragend, beeindruckend, eindrucksvoll, eminent, überwältigend, stattlich, ansehnlich, beträchtlich, erklecklich, sondergleichen, ohnegleichen, unvergleichlich, nennenswert, einzigartig, bedeutsam, bedeutungsvoll, erheblich, grandios, imposant, imponierend, enorm, phänomenal, sensationell, epochemachend, epochal, aufsehenerregend, spektakulär, auffällig, auffallend, abenteuerlich, verblüffend, frappant, sagenhaft, märchenhaft

**bemitleiden:** jmdn. bedauern, Mitleid empfinden / haben (mit)

**bemittelt:** reich, vermögend, potent, wohlhabend, betucht, steinreich, gutsituiert, gesegnet, zahlungskräftig

**bemühen (s.):** buhlen um, s. interessieren, s. bewerben um *s. befleißigen / anstrengen / fordern / etwas abverlangen / (ab)mühen / befleißen / abschleppen / abarbeiten / (ab)plagen / abrackern / (ab)quälen / aufreiben / schinden / Mühe geben, anspannen

**belustigen:** bedrücken, betrüben, quälen, deprimieren, bekümmern, dauern

**bemannt:** unbemannt (Raumschiff, Frau) *beweibt (Mann)

**bemerkbar:** unmerklich, un(be)merkbar *versteckt, verborgen, latent, verdeckt, unsichtbar, spurlos, verhüllt, getarnt

**bemerken:** nicht beachten / ansehen, ignorieren, übersehen *(ver)schweigen, nichts sagen, stillschweigen, verstummen, übergehen

**bemerkenswert:** unbeträchtlich, nicht nennenswert, nicht der Rede wert, klein, unbedeutend, gering *normal, üblich, gewöhnlich, erwartet, angemessen, durchschnittlich, gewohnt (Leistung, Arbeit) *uninteressant, reizlos, unbedeutend, langweilig, nichtssagend, farblos, bedeutungslos, irrelevant, akzidentell

**bemitleiden:** gratulieren *schweigen *s. zurückhalten

**bemittelt:** unbemittelt, ohne Geld, arm, unvermögend, notleidend, verarmt, bedürftig, bettelarm, einkommensschwach, finanzschwach, ärmer / schlechter gestellt, nicht vermögend

**bemühen (s.):** in Ruhe / Frieden lassen *erhalten, bekommen, kriegen (Arbeitsstelle) *(ver)meiden *s. nicht kümmern, s. keine Mühe geben, nachlässig sein *daheim / zu Hause bleiben *helfen

**benachrichtigen:** mitteilen, sagen, bestellen, vermelden, kundmachen, kundtun, informieren, bekanntmachen, hinterbringen, preisgeben, vortragen, zutragen
**benachteiligen:** diskriminieren, zurücksetzen, ungerecht / unterschiedlich behandeln, schädigen

**Benachteiligung:** Übervorteilung, Vernachlässigung, Zurücksetzung, Übertölpelung

**benebelt:** verwirrt, durcheinander *angetrunken, betrunken
**beneiden:** neiden, mißgönnen, scheel ansehen, nicht gönnen
**beneidenswert:** angenehm, üppig, herrlich, gut, luxuriös *glücklich, zufrieden

**benetzen:** befeuchten, naß machen, benässen, anfeuchten *(be)gießen, (ein-)sprengen, (ein)spritzen, bespritzen, besprühen, (be)wässern, beregnen, berieseln
**Benjamin:** Jüngster, Nestküken, Küken, Nesthäkchen, Kleinster, jüngster Sohn, Kleiner
**benutzbar:** brauchbar, handlich, angemessen, geeignet, praktikabel, praktisch, sinnvoll
**benutzt:** gebraucht, second hand *alt, antiquarisch, antik *abgegriffen

**bepacken:** (be)laden, aufladen, aufpacken, vollpacken
**bepflanzen:** bebauen, bestellen, (an-)säen, bewirtschaften, stecken, aussäen, legen, kultivieren, (an)pflanzen, umpflanzen
**bequem:** behaglich, wohnlich, heimisch, lauschig, heimelig, angenehm, komfortabel *angenehm *faul, träge, abgeneigt *leicht, angenehm, ohne Mühe, einfach, spielend, unkompliziert *oberflächlich, ungenau

**Bequemlichkeit:** Komfort, Behaglichkeit, Annehmlichkeit *Gemütlichkeit,

**benachrichtigen:** Nachricht bekommen / erhalten, informiert werden

**benachteiligen:** bevorzugen, vorziehen, höher einschätzen, den Vorzug / Vorrang geben, begünstigen *gerecht / unparteiisch behandeln *beteiligen
**Benachteiligung:** Begünstigung, Vorzug, Vorrang, Bevorzugung *Gerechtigkeit, Rechtssinn *Vorteil, Vergünstigung
**benebelt:** klar, nüchtern, ernüchtert, wach *konzentriert
**beneiden:** gönnen, wünschen

**beneidenswert:** elend, bedauernswert, kläglich, erbärmlich, bedauernswürdig, jämmerlich, arm, jammervoll, beklagenswürdig, bemitleidenswürdig, herzzerreißend, mitleiderregend, bemitleidenswert, beklagenswert
**benetzen:** abwischen, (ab)trocknen (Tränen)

**Benjamin:** Ältester, Erstgeborener (Familie) *Ältester (Mannschaft)

**benutzbar:** unbrauchbar, unbenutzbar, zerstört, (schwer) beschädigt

**benutzt:** ungebraucht, neu, kaum gebraucht, unbenutzt, unverwendet, unberührt, frisch, ungebraucht *übrig(geblieben) *ungetragen, neu (Kleidung)
**bepacken:** entladen, ausladen, auspacken (Fahrzeug)
**bepflanzen:** bebauen *(ab)ernten (Feld, Garten) *roden, schlagen, abholzen, fällen, absägen, umhauen (Wald) *nutzbar / urbar machen
**bequem:** unbequem, ohne Komfort, unbehaglich *unternehmungslustig, aktiv, rührig, tätig, unternehmend, regsam (Mensch) *umständlich, kompliziert *eifrig, tüchtig, fleißig, tätig *arbeitsreich, erfüllt, arbeitsam (Leben) *pingelig, genau *schwer, unangenehm, unerwünscht, unliebsam (Gegner)
**Bequemlichkeit:** Unbequemlichkeit, Leidigkeit, Mißlichkeit, Unbehaglich-

Wohnlichkeit, Heimeligkeit, Trautheit, Behaglichkeit, Lauschigkeit, Traulichkeit *Leichtigkeit, Unbeschwertheit, Mühelosigkeit

**berauscht:** (be)trunken, angeheitert, volltrunken, bezecht

**berechenbar:** absehbar, vorausberechenbar, erkennbar, voraussagbar, vorhersagbar, vorauszusehen, vorherzusehen

**berechtigt:** befugt, kompetent, maßgebend, mit gutem Recht, bevollmächtigt, zuständig, verantwortlich, mit Fug und Recht, ermächtigt, autorisiert

**beredt:** beredsam, wortgewandt, sprachgewaltig, redegewaltig, zungenfertig, sprachgewandt, redegewandt

**bereit:** gewillt, gutwillig, gefügig, gefüge, willfährig, gesonnen, geneigt, willig, artig, gesittet, manierlich, lieb, gehorsam, fügsam, brav, folgsam, einsichtig

**Bereitschaft:** Bereitwilligkeit, Willfährigkeit, Willigkeit, Gutwilligkeit, Folgsamkeit, Einsicht

**bereitwillig:** ohne zu zögern / überlegen, ohne Zögern, anstandslos, ohne weiteres, gern, kurzerhand

**Berg:** Gebirge, Hügel, Erhebung, Höhe, Steigung, Bergrücken, Massiv

**bergab:** nach unten, abwärts, hinunter *s. verschlechtern / verschlimmern

**bergauf:** hinauf, aufwärts, nach oben *s. (ver)bessern / stabilisieren, gesunden

**Bergfahrt:** Auffahrt, Gebirgsfahrt

**bergig:** hügelig, wellig, gebirgig, alpin

**Bergland:** Gebirge, Höhe, Höhenzug, Mittelgebirge, Gebirgszug

**bergwärts:** hinauf, aufwärts, nach oben

**berichtigen:** verbessern, klarstellen, korrigieren, klarlegen, dementieren, (ab)klären, revidieren, bereinigen

**berückend:** hübsch, anziehend, bezaubernd, sympathisch, gewinnend, angenehm, attraktiv, aufreizend, charmant, anmutig, betörend, lieb(lich), doll, toll, liebenswert, dämonisch

**berücksichtigen:** beachten, nicht vorübergehen (an), einbeziehen, mitbe-

keit *Fleiß, Eifer, Tüchtigkeit

**berauscht:** nüchtern, ernüchtert, wach, klar *konzentriert

**berechenbar:** unberechenbar, launisch, unvorhersehbar, launenhaft (Verhalten) *irrational, nicht berechenbar (Zahl)

**berechtigt:** unberechtigt, mißbräuchlich, unangemessen, unangebracht *leer, unberechtigt, unbegründet (Hoffnungen) *ungerecht(fertigt)

**beredt:** wortkarg, still, einsilbig, schweigsam, stumm, verschlossen, verschwiegen *einfach, schlicht, ungeschliffen (Sprache) *gehemmt, mundfaul, ängstlich, schüchtern, furchtsam, scheu, verklemmt

**bereit:** nicht fertig (sein) *widerwillig, unwillig, widerspenstig, widerstrebend, ablehnend *unvorbereitet, unerwartet, plötzlich

**Bereitschaft:** Abscheu, Widerwille, Ungeneigtheit, Abgeneigtheit, Ablehnung

**bereitwillig:** ablehnend, widerwillig, widerstrebend, widerspenstig, unwillig

**Berg:** Tal, Grund *Ebene, Flachland, Niederung *(ein) wenig (Arbeit)

**bergab:** bergauf *aufwärts, nach oben *s. (ver)bessern, gesunden, stabilisieren (Wirtschaft, Gesundheit)

**bergauf:** bergab *abwärts, hinunter, nach unten *s. verschlechtern / verschlimmern (Lage)

**Bergfahrt:** Abstieg, Talfahrt, Abfahrt

**bergig:** flach, eben, platt

**Bergland:** Flachland, Ebene, Tiefland, Niederung

**bergwärts:** hinunter, talwärts

**berichtigen:** Fehler machen / begehen, falschmachen *stehenlassen (Satz) *verzerren, entstellen, verfälschen, verdrehen, umkehren, herumdrehen

**berückend:** abstoßend, ekelhaft, häßlich, widerlich, eklig, abscheulich, widerwärtig, unappetitlich, unangenehm

**berücksichtigen:** übergehen, unberücksichtigt lassen, ignorieren, mißach-

rücksichtigen, anrechnen

**berufen:** einstellen, anstellen, beschäftigen, anwerben, bestallen, einsetzen, dingen, betrauen, verpflichten, nominieren, ernennen *beordern, vorladen, bestellen, rufen, zitieren
**beruflich:** professionell, berufsmäßig
**berufstätig:** beschäftigt, tätig, werktätig, arbeitend, eingestellt, angestellt
**Berufstätiger:** Arbeiter, Angestellter, Handwerker, Beamter, Facharbeiter
**Berufung:** Stelle, Anstellung, Position, Posten, Auftrag, Tätigkeitsbereich, Arbeitsbereich, Arbeitsfeld, Wirkungskreis, Stellung, Mission *Einspruch, Beschwerde, Einwendung, Rekurs, Protest
**beruhigen:** beschwichtigen, begütigen, besänftigen, abwiegeln, einschläfern, bändigen, die Wogen glätten, vermitteln, einlullen, zur Ruhe bringen *s.
**beruhigen:** zur Ruhe kommen, s. abreagieren / abregen *nachlassen, schwächer werden

**beruhigend:** tröstlich, ermutigend, trostreich, tröstend *lindernd, dämpfend

**beruhigt:** unbesorgt, sorg(en)los, unbeschwert *ruhig, ausgeglichen, beherrscht, gefaßt, geruhsam, gleichmütig, sicher, würdevoll, harmonisch, abgeklärt, bedacht(sam), besonnen, still, kaltblütig, gezügelt, gemessen, ruhevoll, überlegen, gemächlich
**Beruhigungsmittel:** Tranquillans, Beruhigungspille, Downer, Temperans, Sedativ(um), Mitigans

**berühmt:** (wohl)bekannt, prominent, weltberühmt, weltbekannt, anerkannt, namhaft
**berühren:** anrühren, befühlen, angreifen, betasten, anfassen *s. berühren: s. angleichen / (an)nähern *s. anfassen *aneinander gehen

ten, auslassen, abtun, verkennen, geringachten
**berufen:** abberufen, entheben, entlassen, verabschieden, absetzen, des Amtes entheben / entkleiden, suspendieren, abservieren (Politiker, Professor) *unberufen
**beruflich:** privat
**berufstätig:** arbeitslos, nicht berufstätig *pensioniert
**Berufstätiger:** Arbeitsloser *Schüler *Pensionär, Ruheständler, Rentner
**Berufung:** Absetzung, Entlassung, Abberufung, Ablösung, Amtsenthebung, Suspendierung (Politiker, Professor) *Zwangspensionierung, Zwangsbeurlaubung *Ablehnung

**beruhigen:** anregen, beleben, aufpulvern, aufpeitschen, aufputschen, anreizen, anfachen, stimulieren, aufhetzen, anheizen, erregen *fanatisieren, aufstacheln, anstacheln, anfeuern *dopen (Sport) *aufwiegeln, aufpeitschen, empören, aufbringen, reizen, aufregen *beunruhigen, erschrecken, verwirren, beängstigen *s. beruhigen: s. ängstigen / aufregen / empören / beunruhigen / erbosen, toben *rasen, peitschen, toben, stürmen (Sturm) *tosen, stürmisch werden, toben (Meer)
**beruhigend:** anregend, stimulierend, aufputschend, belebend (Medikament, Getränk) *alarmierend, gespannt, spannend, beunruhigend, aufregend, erregend (Lage, Nachricht)
**beruhigt:** explosiv, spannungsgeladen, nicht frei von Spannung, erregt, (an-)gespannt (Lage) *aufgebracht, belebt aufgepeitscht, aufgeputscht, stimuliert, erregt *gedopt *gereizt, aufgeregt, empört, erschreckt, verwirrt, beängstigt

**Beruhigungsmittel:** Aufputschmittel, Weckamin, Stimulans, Weckmittel, Schnellmacher, Psychotonikum *Liebeselixier, Liebestrank, Aphrodisiakum
**berühmt:** unbekannt, unbedeutend, nicht berühmt, fremd

**berühren:** ignorieren, übergehen, unerwähnt lassen (Angelegenheit) *unberührt lassen, nicht berühren *s. berühren: auseinanderlaufen (Linien) *diffe-

**berührt:** mitfühlend, teilnehmend, gerührt, mitleidig, anteilnehmend, teilnahmsvoll

**besänftigen:** beruhigen, beschwichtigen, vermitteln, einlullen, begütigen, abwiegeln, zur Ruhe bringen

**beschädigen:** ruinieren, lädieren, ramponieren

**beschädigt:** defekt, schadhaft, mitgenommen, durchlöchert, angeschlagen, angehauen, abgestoßen, kaputt, ramponiert, zerrissen, angestoßen

**beschaffen:** beibringen, zusammenbringen, (auf)bringen, holen, besorgen, verschaffen

**beschäftigen:** einstellen, anstellen, einsetzen, betrauen, chartern, dingen, anwerben, (an)heuern, verpflichten, berufen *s. beschäftigen: arbeiten, werken, s. betätigen, tun, rühren, hantieren, werkeln

**beschäftigt:** fleißig, tätig, strebsam, arbeitswillig, betriebsam, geschäftig, tüchtig *betulich, diensteifrig, pflichteifrig, übereifrig, dienstwillig

**bescheiden:** einfach, zurückhaltend, gelassen, anspruchslos, schlicht, zufrieden, befriedigt, selbstgenügsam, wunschlos, genügsam, bedürfnislos, glücklich, sorgenfrei *karg, ärmlich, spärlich, schmal, beschränkt, kümmerlich, knapp, armselig, unergiebig, wenig, einfach, schlicht, eingeschränkt, mäßig, sparsam, wirtschaftlich, klein

**Bescheidenheit:** Zufriedenheit, Zurückhaltung, Eingeschränktheit, Genügsamkeit, Selbstbeschränkung, Selbstbescheidung, Bedürfnislosigkeit, Einfachheit, Anspruchslosigkeit

**beschenken:** (ver)schenken, herschenken, vermachen, (weg)geben

**beschimpfen:** schimpfen, (aus)schelten, zurechtweisen, zanken, zetern, wettern, fertigmachen, attackieren,

rieren, auseinandergehen, abweichen, unterscheiden (Meinungen)

**berührt:** unberührt, teilnahmslos, passiv, träge, gleichgültig, stumpf, abgestumpft, desinteressiert, unbeteiligt, zurückhaltend, reserviert

**besänftigen:** reizen, aufregen, aufputschen, erregen, erzürnen, s. empören (Mensch) *schüren, anfeuern (Streit, Erregung)

**beschädigen:** renovieren, instand setzen, reparieren, wiederherstellen *wiedergutmachen

**beschädigt:** unbeschädigt, heil, intakt, ganz *renoviert, repariert, wiederhergestellt, restauriert

**beschaffen:** mangeln, fehlen, zu Ende sein *verbrauchen

**beschäftigen:** nicht beschäftigen / anstellen *s. beschäftigen: nichts tun, liegenlassen, bleibenlassen, übergehen, vernachlässigen, unterlassen *s. langweilen

**beschäftigt:** gelangweilt, müßig, unbeschäftigt *faul *beschäftigungslos, ohne Arbeit, erwerbslos, unbeschäftigt, stellenlos, stellungslos, arbeitslos, brotlos *pensioniert

**bescheiden:** arrogant, dünkelhaft, stolz, eingebildet, selbstbewußt, selbstüberzeugt, selbstüberzogen, aufgeblasen, wichtigtuerisch, überheblich, hochmütig, hochfahrend, herablassend, gnädig, anmaßend *anspruchsvoll, ungenügsam, unmäßig, unverschämt, gierig *hervorragend, außergewöhnlich, stattlich, ordentlich, beträchtlich, auskömmlich, gut (Einkommen) *üppig, völlerisch, feudal, fürstlich, überreich, opulent, lukullisch, kulinarisch (Mahl) *prächtig, toll, aufwendig, gewaltig, glanzvoll, glänzend

**Bescheidenheit:** Arroganz, Stolz, Selbstbewußtsein, Hochmut, Unbescheidenheit, Überheblichkeit, Wichtigtuerei, Anmaßung *Gier *Aufwand, Pracht *Größe

**beschenken:** empfangen, erhalten, bekommen

**beschimpfen:** bestätigen, loben, anerkennen, würdigen, preisen, lobpreisen, ehren, auszeichnen, rühmen

poltern, schmähen
**beschlagen:** firm, belesen, bewandert, versiert, erfahren, sicher, (sattel)fest *naß, feucht, klamm, durchnäßt *glanzlos, stumpf, blind, matt
**Beschlagnahme:** Einziehung, Sicherung, Pfändung, Beschlagnahmung, Konfiszierung, Sicherstellung, Konfiskation *Enteignung, Einziehung, Verstaatlichung, Nationalisierung, Kollektivierung *Säkularisation
**beschlagnahmen:** sicherstellen, pfänden, einziehen, sichern, konfiszieren *enteignen, einziehen, verstaatlichen, vergesellschaften, nationalisieren *säkularisieren, verweltlichen
**beschleunigen:** verstärken, forcieren, vorantreiben, intensivieren, vertiefen, ankurbeln, antreiben, vorwärtstreiben, aktivieren, Tempo steigern, auf Touren bringen


**beschließen:** beenden, aufhören, beendigen, aufgeben, abbrechen, einstellen, abschließen, aufstecken *einen Beschluß fassen


**beschmieren:** beschmutzen, dreckig machen, vollschmieren, beflecken, verunreinigen, besudeln *schmieren, (be)streichen


**beschmutzen:** dreckig machen, beschmieren, besudeln, verunreinigen, vollschmieren, beflecken


**beschmutzt:** befleckt, schmutzig, verschmutzt, unrein, unsauber, trübe, schmierig, fleckig, verfleckt, ölig, fettig, schmutzstarrend, speckig, schmuddelig, angestaubt, angeschmutzt, unansehnlich
**beschneiden:** zurückschneiden, (zurecht)stutzen, (ab)schneiden, ausschneiden, lichten, kürzen *kupieren, trimmen, (ab)scheren (Tier) *beschränken, vermindern, kürzen, verringern, einschränken
**beschönigen:** ausschmücken, verbrämen, bemänteln, schönfärben

**beschlagen:** unbewandert (Wissen) *unbeschlagen (Pferd) *unintelligent, dumm *trockenbleiben

**Beschlagnahme:** Herausgabe, Freigabe, Rückgabe, Umtausch, Tausch




**beschlagnahmen:** herausgeben, zurückgeben, freigeben, (um)tauschen




**beschleunigen:** verlangsamen *verzögern, bremsen, hin(aus)ziehen, hinhalten (Vorgänge) *bremsen, (ab)stoppen *verhindern, unterbinden, abstellen, durchkreuzen, vereiteln, zunichte machen, hintertreiben, verhüten, verwehren, (ab)blocken, abwehren, abwenden, abbiegen, blockieren
**beschließen:** anfangen, beginnen, in die Wege leiten, anpacken, starten, eröffnen, loslegen, aufnehmen *anstimmen, intonieren, den Ton angeben (Musikstück) *vorausgehen, vorangehen *unschlüssig / unentschlossen / unentschieden sein
**beschmieren:** säubern, abwischen, putzen, saubermachen, aufwaschen, aufwischen, abscheuern, ablösen, reinigen *abkratzen (Brot) *(ab)spülen, abwaschen (Geschirr) *ausschwenken (Gläser) *abtragen
**beschmutzen:** säubern, reinigen, waschen (Kleider) *(ab)bürsten, ausbürsten *kehren *polieren (Schuhe) *entrußen *feudeln, abfegen (Staub)
**beschmutzt:** sauber, rein(lich), gesäubert, fleckenlos, gereinigt, blitzblank, blitzsauber, hygienisch, proper *steril, keimfrei




**beschneiden:** vergrößern, erweitern, ausweiten, ausdehnen (Freiheit, Hoffnung) *erhöhen (Gehalt) *tolerieren, gewähren lassen (Verhalten)




**beschönigen:** entstellen, verzerren, verfälschen, verdrehen, umkehren

**beschränken:** verringern, einschränken, kürzen, beschneiden, vermindern *einengen, beengen, einschnüren, begrenzen *schmälern, gesundschrumpfen, heruntergehen (in), abmindern, verkleinern, verringern, streichen, herabdrücken, reduzieren, Abstriche machen, abgrenzen *s. beschränken: s. begnügen / zufriedengeben / einschränken

**beschrankt:** gesichert, geschützt

**beschränkt:** kurzsichtig, borniert, stupide, (geistig) minderbemittelt, eng (-stirnig), verblendet, nicht weitsichtig *karg, kärglich, unergiebig, dürftig, wenig, armselig, ärmlich, spärlich, schmal, knapp, bescheiden, kümmerlich *eingegrenzt

**Beschränktheit:** Begriffsstutzigkeit, Unbegabtheit, Dummheit, Unbedarftheit, Unverständigkeit, Engstirnigkeit, Borniertheit, Vernageltheit, Stupidität, Scheuklappenblick

**beschrieben:** ausgefüllt, beschriftet, beschildert, signiert, etikettiert *dargestellt, artikuliert

**beschuht:** bekleidet (mit), in Schuhen

**beschuldigen:** verdächtigen, anklagen, anschuldigen, bezichtigen, jmdm. etwas unterschieben / unterstellen / die Schuld geben, jmdn. für etwas verantwortlich machen

**Beschuldigung:** Verdächtigung, Bezichtigung, Belastung, Anschuldigung, Inkriminierung, Unterstellung, Behauptung

**Beschwerde:** Anstrengung, Mühe, Arbeit, Kraftaufwand, Kraftanstrengung, Mühsal, Bemühung, Strapaze, Mühseligkeit, Kraftverschwendung *Einspruch, Klage, Beanstandung *Reklamation, Mängelrüge, Protest *Gegenstimme *Krankheit, Leiden, Übel, Erkrankung, Unpäßlichkeit

**beschweren:** (be)laden, bepacken, volladen, vollpacken, aufladen, aufpacken *s. beschweren: beanstanden, reklamieren, angehen gegen, herumkritteln, Klage führen, bemängeln, an-

**beschränken:** erweitern, aufblähen, vergrößern, heraufsetzen, ausbauen, verbreitern *erweitern (Rechte) *s. beschränken: s. vervielfachen / vermehren / verstärken / ausdehnen / ausweiten / vergrößern / erweitern / erhöhen / steigern *s. übernehmen *einbeziehen, umfassen, erfassen

**beschrankt:** unbeschrankt (Bahnübergang)

**beschränkt:** unumschränkt, uneingeschränkt, grenzenlos, unbegrenzt, absolut (Macht) *grenzenlos, schrankenlos, unbegrenzt, unbeengt, weit (Gebiet) *klug, intelligent, gescheit, einsichtig, weise, voraussehend, aufgeweckt, umsichtig, scharfsinnig, vernünftig, umsichtig *genügend, ausreichend, genug, befriedigend, hinreichend, gut, zureichend, hinlänglich, angemessen

**Beschränktheit:** Intelligenz, Können, Umsicht, Klugheit, Weisheit, Einsicht, Scharfsinn, Vernunft *Weite

**beschrieben:** unbeschrieben, neu (Problem, Papier)

**beschuht:** barfuß, barfüßig, schuhlos, ohne Schuhe und Strümpfe

**beschuldigen:** (s.) verteidigen / wehren *freisprechen, lossprechen

**Beschuldigung:** Verteidigung, Widerstand, Gegenwehr, Abwehr *Lossprechung, Freispruch

**Beschwerde:** Gesundheit *Anerkennung, Ermutigung, Wertschätzung, Beifall, Würdigung, Lob, anerkennende Worte, Zuspruch, Belobigung, Billigung, Zustimmung, Auszeichnung

**beschweren:** (er)leichtern (Schiff) *s. **beschweren:** anerkennen, achten, loben, ermutigen, unterstützen, honorieren, würdigen, Lob spenden / zollen, herausheben, auszeichnen, mit Lob be-

fechten, monieren, nörgeln, unmöglich finden, bemäkeln, Kritik üben, etwas auszusetzen haben, ablehnen, klagen über, s. stoßen / stören an, kritisieren, mißbilligen, zur Sprache bringen
**beschwerlich:** (nerven)aufreibend, anstrengend, ermüdend, aufregend, mühevoll, mühsam, mühselig, strapaziös, kräfteverschleißend
**beschwichtigen:** beruhigen, besänftigen, begütigen, einschläfern, abwiegeln

**Beschwichtigung:** Beruhigung, Besänftigung, Abwiegelung

**beschwindeln:** (an)lügen, belügen, erfinden, phantasieren, erdichten, (vor-) schwindeln, anschwindeln

**beschwingt:** leichtfüßig, schwungvoll, beflügelt *heiter, vergnügt, lustig, aufgelegt, fröhlich, ausgelassen, gutgelaunt, übersprudelnd, wohlgemut, aufgeheitert, aufgeweckt, lebensfroh, übermütig, schelmisch, freudig, fidel, aufgekratzt, vergnüglich, frohsinnig, frohgestimmt, aufgeschlossen, strahlend, lebenslustig, froh(gemut), freudestrahlend, sonnig, überschäumend, munter, heiteren Sinnes, feuchtfröhlich, frisch
**beschwipst:** (be)trunken, angetrunken, angeheitert, berauscht, bezecht
**beseitigen:** abschaffen, aufheben, einstellen, auflösen, annullieren *wegbringen, wegmachen, fortschaffen, fortbringen, wegschaffen, wegräumen, forträumen, entfernen, (ab)transportieren, eliminieren *töten, (er)morden, umbringen *reparieren, ausbessern, instand setzen, einen Schaden beheben, flicken, in Ordnung bringen
**besetzen:** erobern, (ein)nehmen, Besitz ergreifen, stürmen *beanspruchen, haben
**besetzt:** belegt, vollbesetzt, überbesetzt, voll, nicht frei, vergeben
**besiedeln:** bevölkern, ansiedeln, bebauen, bewohnen, s. niederlassen, erschließen, urbar machen, kolonisieren
**besiegen:** unterwerfen, überwinden, unterjochen, schlagen, vernichten, bezwingen, überwältigen, kampfunfähig machen, ruinieren, aufreiben

denken / überschütten, herausstellen *erleichtern, abladen

**beschwerlich:** leicht, glatt, mühelos, ohne Mühe, einfach, unkompliziert, bequem, spielend

**beschwichtigen:** ärgern, reizen, beunruhigen, aufbringen, verärgern, hochbringen, wütend / rasend machen, auf die Palme bringen, s. sorgen
**Beschwichtigung:** Aufwieg(e)lung, Aufhetzung, Fanatisierung, Aufputschung
**beschwindeln:** aufrichtig / ehrlich / zuverlässig / gerade / offen / vertrauenswürdig / geradlinig / wahrhaftig sein *durchschauen, verstehen
**beschwingt:** langsam, gemächlich, tranig, ruhig, schwer(fällig) (Bewegung) *nüchtern *trübsinnig, niedergeschlagen, pessimistisch, depressiv, schwarzseherisch, schwunglos, melancholisch, traurig, wehmütig, freudlos, (tod)unglücklich, gedrückt, bedrückt, bekümmert, schwermütig (Laune)

**beschwipst:** nüchtern, trocken, wach *volltrunken, blau (Zustand)
**beseitigen:** hervorrufen, erregen, hervorbringen, erzeugen, (er)schaffen (Zweifel) *erhalten, aufheben, bewahren *liegenlassen (Schmutz) *stehenlassen

**besetzen:** befreien *offenlassen (Stelle) *räumen, abziehen, aufgeben *freigeben (Sitzplatz)
**besetzt:** frei, unbesetzt *offen, frei (Stelle)
**besiedeln:** verlassen, räumen, wegziehen, weggehen, hinausziehen, hinausgehen
**besiegen:** verlieren, unterliegen, eine Niederlage erleiden, geschlagen / besiegt werden

**besiegt:** geschlagen, vernichtet, unterjocht, ruiniert, aufgerieben, bezwungen, unterworfen, kampfunfähig (gemacht)

**besiegt werden:** unterliegen, eine Niederlage / Schlappe erleiden, verlieren *ausgezählt werden

**besitzen:** haben, in Besitz haben, verfügen über

**Besitzer:** Eigentümer, Hauswirt, Vermieter, Inhaber, Halter, Eigner, Nutznießer

**besondere:** extra, getrennt, eigens *außerordentlich, nicht alltäglich / gewöhnlich

**besonders:** vorzugsweise, vornehmlich, ausdrücklich, insbesondere, hauptsächlich, namentlich, in erster Linie, vor allem

**besonnen:** ruhig, ausgeglichen, beherrscht, gefaßt, geruhsam, gleichmütig, sicher, würdevoll, harmonisch, abgeklärt, bedacht(sam), still, kaltblütig, gezügelt, gemessen, ruhevoll, überlegen, gemächlich *sorgfältig, genau, exakt, gewissenhaft, penibel, pedantisch, peinlich, gründlich, akkurat, eigen *langsam, gemächlich, gemessen, säumig, behutsam

**Besonnenheit:** Ruhe, Bedacht(samkeit), Überblick, Weitsicht, Weitblick, Umsichtigkeit, Bedachtheit

**Besorgnis:** Befürchtung, Ahnung, Annahme, innere Stimme, Vermutung, Vorgefühl, Gefühl, Vorherwissen

**besorgt:** ängstlich, zag(haft), aufgeregt, bänglich, zähneklappernd, angsterfüllt, angstverzerrt, befangen, beklommen, aufgeregt, bang, angstvoll, angstbebend, verängstigt, scheu, schüchtern, angstschlotternd, argwöhnisch, betroffen, gehemmt, schreckhaft, verschreckt, verschüchtert

**bespielen:** aufnehmen, speichern *aufführen, spielen

**besiegt:** erfolgreich, unbesiegt, überlegen, ungeschlagen, siegreich (Sportler, Armee)

**besiegt werden:** nachgeben, einsehen, einlenken, s. beugen / unterwerfen, zurückstecken, kapitulieren *triumphieren, siegen, gewinnen

**besitzen:** fehlen, nicht haben, vermissen, entbehren, begehren, benötigen, brauchen, mangeln *bekommen, gewinnen, erhalten *erwerben *verkaufen, veräußern, verlieren, vermachen *verlustig gehen, fehlen, abgehen (Gefühl)

**Besitzer:** Mieter *Verwalter, Pächter *Besetzer (Haus)

**besondere:** normal, gewöhnlich, (all-)gemein, üblich, alltäglich, universal, universell, gesamt, umfassend *anliegend, beiliegend (Post)

**besonders:** allgemein, alltäglich, generell, im allgemeinen *im Zusammenhang, zusammen (Angelegenheit) *nicht besonders, wenig, mäßig

**besonnen:** planlos, unbedacht, unvorsichtig, unbesonnen, wahllos, ziellos, impulsiv, leichtfertig, leichtsinnig, unachtsam, fahrlässig, blind, irr *überstürzt, hastig, hitzig, voreilig, übereilt *mutig, waghalsig, kühn, tollkühn, vermessen, verwegen, wagemutig, furchtlos, unverzagt, unerschrocken, todesmutig, heldenhaft *dumm, uneinsichtig

**Besonnenheit:** Leichtsinn, Unbesonnenheit *Mut, Kühnheit, Unerschrokkenheit, Schneid, Furchtlosigkeit, Wagemut, Verwegenheit, Draufgängertum *Dummheit, Uneinsichtigkeit

**Besorgnis:** Sorglosigkeit, Gleichgültigkeit, Desinteresse, Teilnahmslosigkeit, Gedankenlosigkeit, Unbedachtsamkeit, Achtlosigkeit *Hoffnung

**besorgt:** unbesorgt, unbekümmert, gleichgültig, gedankenlos, sorgenfrei, beruhigt, sorglos, unbeschwert, zuversichtlich, ruhig, interesselos, ohne Interesse, teilnahmslos, ungerührt, kühl, passiv, nicht betroffen

**bespielen:** abspielen, ablaufen (Tonband) *löschen

**besser:** vorteilhafter, lieber, günstiger

**bessern:** s. wandeln / bekehren / läutern, umkehren, bereuen *besser werden, s. verbessern / steigern
**bestallen:** einstellen, anstellen, beschäftigen, nominieren, betrauen, berufen, ernennen
**Bestand:** Grundlage, Grundstock *Rücklage, Reserve, Reservoir, Lager, Vorrat

**beständig:** treu, ergeben, getreulich, anhänglich *unaufhörlich, immerzu, immer (noch), stetig, stets, (an)dauernd, anhaltend, kontinuierlich, gleichbleibend, konstant, beharrlich, pausenlos, immerwährend

**bestärken:** festigen, stärken, bekräftigen, stabilisieren, bestätigen, (unter-)stützen, vertiefen *zuraten, zureden, ermuntern, ermutigen, aufmuntern
**bestätigen:** mitteilen, schreiben, wissen lassen, Nachricht geben *für richtig / zutreffend erklären, sanktionieren, bekunden, quittieren, schriftlich geben, beglaubigen, zugeben, versichern, attestieren, unterschreiben, bescheinigen, bezeugen, bekräftigen *jmdn. anerkennen / gelten lassen / bestärken / ermutigen / unterstützen / bejahen

**Bestätigung:** Beglaubigung, Bescheinigung, Ausweis, Papiere, Dokument, Attest, Zeugnis, Nachweis, Schein *Ermutigung, Zustimmung, Anerkennung, Unterstützung, Bekräftigung, Bejahung, Ermunterung
**bestaubt:** staubig, (staub)bedeckt, (staub)überzogen, schmutzig
**bestechlich:** verführbar, käuflich, korrupt, bestechbar, empfänglich, zugänglich

**bestehen:** pochen / beharren (auf), bleiben (bei), nicht ablassen, s. versteifen, (auf etwas) dringen, sein Recht behaupten / erzwingen, Bedingungen stellen *dasein, existieren, vorhanden sein *s. zusammensetzen *gewachsen sein, entsprechen, durchkommen

**besser:** schlechter, miserabler, desolater (Zustand) *mindere, schlechtere (Qualität)
**bessern:** abgleiten, absacken, schlechter werden *s. verschlimmern / verschlechtern, verstärken, verschärfen
**bestallen:** entlassen, abservieren, kaltstellen, des Amtes entheben / entkleiden, suspendieren
**Bestand:** Eingang, Zugang *Abgang *Veränderung, Wandel, Wandlung, Umschwung, Wechsel *Übergang *Mutation *Umsturz, Machtwechsel
**beständig:** unbeständig, unausgeglichen, sprunghaft, launisch, instabil, wechselhaft, schwankend, wechselnd (Wetter) *gelegentlich, vorübergehend, ab und zu, manchmal, nicht immer *flatterhaft, launisch, wechselhaft, unzuverlässig, schwankend, wankelmütig (Mensch)
**bestärken:** abbringen (von), unsicher / schwankend / wankend machen *vom Gegenteil überzeugen

**bestätigen:** abstreiten, bestreiten, leugnen, ableugnen, verneinen, negieren, in Abrede stellen, von s. weisen, dementieren, als unwahr / unrichtig / nicht zutreffend / falsch bezeichnen, absprechen, widerlegen, ablehnen, widerrufen, entkräften *erhalten, bekommen (Brief, Sendung) *s. nicht bestätigen (Befürchtung, Nachricht) *aufheben (Urteil)
**Bestätigung:** Widerspruch, Gegensätzlichkeit, Ablehnung, Gegenteiligkeit, Widersprüchlichkeit, Negation *Aufhebung, Kassation, Ungültigkeitserklärung (Urteil, Urkunden)

**bestaubt:** glänzend *staubfrei, rein, abgestaubt, entstaubt, sauber
**bestechlich:** unbestechlich, ehrenhaft, achtbar, rechtschaffen, geradlinig, fair, ehrenwert, hochanständig, charakterfest, ehrenfest, aufrecht
**bestehen:** durchfallen, nicht bestehen (Prüfung) *sitzenbleiben, hängenbleiben (Klassenziel) *vergehen, untergehen *entstehen, werden *besiegt werden, verlieren, aufgeben, unterliegen, kapitulieren, s. besiegen lassen, eine Niederlage erleiden (Kampf) *s. nicht bewähren (Probe) *nachgeben, ablas-

**bestehenbleiben:** beibehalten / aufrechterhalten werden, gelten

**bestehenlassen:** beibehalten, aufrechterhalten, behaupten, (be)wahren, konservieren, wachhalten, bleiben bei, festhalten an, bestehen lassen, nicht verändern, durchsetzen, fortsetzen, pflegen, warten, einer Sache treu bleiben, nicht weichen / ablassen von, weitermachen

**besteigen:** aufsteigen, einsteigen, zusteigen, steigen auf, hinaufsteigen

**Besteigung:** Aufstieg, Ersteigung, Bezwingung, Erstbesteigung

**bestellen:** in Auftrag geben, jmdm. einen Auftrag geben, kommen lassen, beziehen, anfordern, abonnieren *anordnen, befehlen, (be)auftragen, kommandieren, reglementieren, verfügen, veranlassen, auferlegen, festlegen, anweisen, aufgeben, bestimmen, administrieren *(be)bauen, kultivieren, bepflanzen, anpflanzen, bewirtschaften, setzen, (aus)säen, stecken, legen *ausrichten, sagen, mitteilen, überbringen, übermitteln *reservieren lassen

**Bestellung:** Abonnement, Anforderung *Reservierung *Kultivierung, Anpflanzung, Bewirtschaftung, Bebauung, Bepflanzung *Befehl, Anweisung, Auftrag, Verordnung, Vorschrift, Geheiß, Diktat, Weisung, Order, Instruktion, Aufforderung, Bestimmung, Verfügung

sen, abstehen, s. beugen / fügen, unterwerfen, ergeben, zurückstecken, klein beigeben, entsagen (Recht) *ändern, ablassen, entsagen (Gewohnheit) *aufgelöst / aufgegeben werden, Konkurs / Bankrott gehen, pleite machen

**bestehenbleiben:** s. (ver)ändern / verwandeln, revidieren, korrigieren, überarbeiten, umformen, umsetzen, geändert / aufgehoben / aufgelöst werden, variieren, (um)modeln, wechseln *vorbeigehen, vorübergehen, vorbei / vorüber sein *vergehen, untergehen, zugrunde gehen *novellieren (Gesetz)

**bestehenlassen:** (ab)ändern, verwandeln, umformen, umgestalten, umändern, umarbeiten, überarbeiten, revidieren, umwandeln, abwandeln, verändern, variieren, umfunktionieren, ummünzen, umstoßen *zerstören, vernichten, ausmerzen, verwüsten, verheeren, ruinieren, demolieren, zugrunde richten *zerbrechen, kurz und klein schlagen, zerstören, zerschlagen, zerschmettern, zertrümmern, kaputtmachen (Gegenstand) *ausrotten (Tiere) *niederreißen (Gebäude) *einstampfen (Gedrucktes) *abschaffen, aufgeben *zerlegen, zermalmen

**besteigen:** hinuntergehen, hinabgehen, hinabklettern *verlassen (Fahrzeug) *an Land gehen (Schiff)

**Besteigung:** Abstieg, Talmarsch

**bestellen:** servieren, auftragen, auftafeln, reichen, bewirten, auftischen, auffahren (lassen), vorsetzen (Speise) *kredenzen (Wein) *abbestellen (Zeitung, Waren) *empfangen, erhalten, beziehen (Waren) *stornieren (Auftrag) *abholen *zurücklegen, reservieren, aufheben, beiseite legen (Ware, Karte) *empfangen, entgegennehmen (Grüße, Botschaft) *(ab)ernten (Feld) *brachliegen/verwildern/vernachlässigen lassen (Acker) *hingehen *abberufen *aufrücken (Nachfolger)

**Bestellung:** Abbestellung (Zeitung, Waren) *Erhalt, Empfang, Bezug *Abholung *Reservierung *Abberufung *Stornierung (Auftrag) *Ernte (Feld)

**bestenfalls:** höchstens, im günstigen / besten Falle

**besteuert:** mit Steuern / Abgaben belegt

**bestimmen:** beauftragen *anordnen, reglementieren, verfügen, veranlassen, auferlegen, festlegen, anweisen, aufgeben, administrieren

**bestimmt:** sicher, unfehlbar, gewiß, zweifelsohne, zweifelsfrei, unweigerlich *entschieden, fest, energisch, ausdrücklich, nachdrücklich, kategorisch *streng, vorgeschrieben *deutlich, eindeutig, klar, unzweideutig, genau festgelegt, feststehend

**Bestimmtheit:** Sicherheit, Gewißheit *Entschiedenheit, Entschlossenheit *Klarheit, Deutlichkeit, Unzweideutigkeit

**bestrafen:** ahnden, s. revanchieren, strafen, züchtigen, vergelten, abrechnen, aufbrummen, maßregeln, rächen

**bestreichen:** beschmieren, schmieren / streichen auf, aufstreichen

**bestreitbar:** zweifelhaft, strittig, verdächtig, dubios

**bestreiten:** abstreiten, leugnen, dementieren, verneinen, von s. weisen, absprechen

**bestricken:** betören, bezaubern, behexen, verhexen, faszinieren, umgarnen, blenden, berücken

**bestrickend:** anziehend, bezaubernd, sympathisch, gewinnend, angenehm, attraktiv, aufreizend, charmant, anmutig, betörend, lieb(lich), doll, toll, liebenswert

**bestürmen:** bitten, ersuchen, ansuchen, ansprechen, (er)flehen, anrufen, beschwören, betteln, bedrängen, keine Ruhe geben / lassen

**bestürzt:** betroffen, verwirrt, entgeistert, verdattert, entsetzt, erschrocken, verstört, fassungslos

**Bestürzung:** Betroffenheit, Entsetzen, Erschrockenheit, Fassungslosigkeit, Horror, Erschütterung, Grauen, Grausen, Schreck(en), Schock, Schauder

**bestenfalls:** schlimmstenfalls, im schlechtesten / schlimmsten Falle

**besteuert:** steuerfrei, abgabenfrei

**bestimmen:** gehen / gewähren lassen, dulden, tolerieren, übersehen *befolgen, nachkommen, einhalten

**bestimmt:** unbestimmt, ungewiß, unentschieden, fraglich, zweifelhaft, umstritten, streitig, nicht geklärt, ungeklärt, strittig, unabsehbar *vage, dunkel, verschwommen, schemenhaft, nebelhaft, unklar, schattenhaft, undeutlich *unsicher, vielleicht, wahrscheinlich, anscheinend, angenommen, vermutlich *unsicher, unentschieden, zögernd *allgemein, beliebig

**Bestimmtheit:** Ungewißheit, Unbestimmtheit *Vorbehalt *Unsicherheit *Vermutung *Hypothese

**bestrafen:** belohnen, lohnen, vergelten, wiedergutmachen *begnadigen *loben, belobigen, anerkennen, würdigen, auszeichnen, Lob erteilen

**bestreichen:** abkratzen *(be)lassen

**bestreitbar:** unstrittig, unbestreitbar, sicher, bestimmt, zweifellos, unstreitig, höchstwahrscheinlich, sicherlich, unbestritten, gewiß, zweifelsfrei, wirklich

**bestreiten:** zugeben, bekennen, (ein-)gestehen, beichten, aussagen, geständig sein *zuerkennen, zugestehen, zubilligen *bekräftigen, bestätigen

**bestricken:** abstoßen, von s. weisen, abweisen

**bestrickend:** abstoßend, häßlich, entstellt, ekelhaft, widerlich, widerwärtig

**bestürmen:** in Frieden / Ruhe lassen, gehen lassen, ignorieren

**bestürzt:** gefaßt, ruhig, bedächtig, besonnen, sicher, abgeklärt, kalt(blütig), beherrscht, gelassen

**Bestürzung:** Gelassenheit, Bedächtigkeit, Abgeklärtheit, Kaltblütigkeit, Ruhe, Besonnenheit, Sicherheit, Beherrschung, Gefaßtheit, Beherrscht-

**Besuch:** Aufwartung, Visite, Zusammensein, Zusammenkunft, Unterhaltung, Einladung, Gesellschaft *Gastspiel *Besichtigung, Begutachtung, Betrachtung
**besuchen:** einkehren, eintreffen, absteigen, aufsuchen, hereinschauen, (hin)gehen (zu), vorsprechen, visitieren *bereisen, gastieren, befahren, reisen (durch), durchqueren, durchkreuzen, durchwandern, durchfahren
**betätigen:** hantieren, ausüben, bedienen, umgehen mit, führen, steuern *s.
**betätigen:** arbeiten, s. beschäftigen / regen / rühren, tätig sein, schaffen
**betäuben:** einschläfern, anästhesieren, narkotisieren, schmerzunempfindlich machen, chloroformieren *beruhigen, besänftigen, beschwichtigen
**beteiligen:** einschließen, integrieren *s.
**beteiligen:** teilnehmen, mitmischen, mitmachen, dabeisein, handeln, aktiv sein, mitarbeiten, mittun, teilhaben, dazugehören, partizipieren, beisteuern, behilflich sein

**beteiligt:** dazugehörig, integriert *wach, konzentriert, aufmerksam

**Beteiligung:** Engagement, Teilnahme, Anteilnahme, Beteiligtsein

**betont:** nachdrücklich, inständig, deutlich, unmißverständlich, wirkungsvoll *zugespitzt, ausgeprägt, akzentuiert *hervorgehoben
**beträchtlich:** außergewöhnlich, ungewöhnlich, ungeläufig, ausgefallen, erstaunlich, außerordentlich, überraschend, groß, entwaffnend
**betreiben:** eintreiben, beitreiben, einziehen, kassieren *arbeiten, ausüben, führen, leiten *antreiben, in Bewegung / Gang / auf Touren bringen *nachgehen, frönen *studieren, beibehalten

heit, Selbstbeherrschung, Haltung, Seelenruhe, Ausgeglichenheit, Gemütsruhe, Fassung
**Besuch:** Daueraufenthalt *Gegenbesuch *Hausherr, Gastgeber, Herr / Dame des Hauses *Einladung

**besuchen:** einladen *s. (dauernd) aufhalten

**betätigen:** ruhen lassen, nicht betätigen (Hebel, Bremse) *s. betätigen: faulenzen *pausieren, (aus)ruhen, abseits stehen
**betäuben:** (wieder)beleben, neu beleben, erwecken, zum Leben erwecken *ertragen (Schmerz)

**beteiligen:** ausschließen, benachteiligen, übergehen (Gewinn, Wettbewerb) *ausschließen, absondern, isolieren, ausschalten, separieren *s. beteiligen: s. ausschließen / absondern / isolieren / separieren, nicht mitmachen, fernbleiben, abseits stehen, zugucken, zusehen
**beteiligt:** gleichgültig, unbeteiligt, ungerührt, indifferent (Verhalten) *unbeteiligt, ausgeschlossen (Gewinn) *abseits, abwesend, unbeteiligt
**Beteiligung:** Desinteresse, Teilnahmslosigkeit, Gleichgültigkeit, Ungerührtheit, Indifferenz (Verhalten) *Ausschuß (Gewinn) *Abwesenheit, Fernbleiben, Fehlen
**betont:** unbetont

**beträchtlich:** klein, minimal, unbeträchtlich, gering, mäßig, wenig, bescheiden

**betreiben:** abschalten, ausmachen, stillsetzen, ausschalten (Maschine) *vernachlässigen *abstellen, verhüten, durchkreuzen, vereiteln, hintertreiben, abblocken, blockieren, verwehren, (ver)hindern, unterbinden *aufhören, beenden, aufgeben (Hobby, Arbeit, Sport) *abbrechen, aufgeben

**betreten:** (her)eintreten, hineinkommen, hineingehen, treten in, hereinkommen, hineingelangen, hereinspazieren, hineinspazieren, einziehen *verlegen, verwirrt, beschämt, verschämt, schamhaft, befangen, kleinlaut, betroffen

(Studium) *aufhören, aufgeben *vermieten, verpachten (Geschäft)

**betreten:** umkreisen, umgehen (Rasen, Gebiet) *abtreten, weggehen, verlassen, abgehen (Bühne) *verlassen, hinaustreten, gehen (aus), nach draußen gehen, ins Freie treten, weggehen, hinausgehen (Raum) *natürlich, ungezwungen, ungehemmt, formlos, ungekünstelt, frei, salopp, unzeremoniell, zwanglos, gelöst, lässig, leger, ungeniert, hemmungslos, unbefangen *froh, erfreut, fröhlich, ausgelassen, heiter, unbeschwert (Verhalten)

**Betrieb:** Geschäft, Firma, Unternehmen, Fabrik, Laden *Leben, Betriebsamkeit, Aktivität, Geschäftigkeit *in Betrieb nehmen / setzen: einweihen, eröffnen, (seiner Bestimmung) übergeben *in Betrieb sein: funktionieren, arbeiten, laufen, gehen *außer Betrieb sein: stillstehen, pausieren

**Betrieb:** Störung *Ruhe, Pause, Halt *Stillstand, Reglosigkeit *Stille, Einsamkeit, Leere, Öde *in Betrieb nehmen / setzen: ausschalten, stillegen *auflassen (Bergwerk) *ruhen lassen *in Betrieb sein: stillstehen, außer Betrieb sein, pausieren *außer Betrieb sein: arbeiten, laufen, gehen, in Betrieb sein (Maschine)

**betrüben:** bekümmern, traurig machen, bedrücken, beunruhigen, quälen, jmdm. Kummer / Sorge machen / bereiten, jmdn. mit Sorge / Kummer erfüllen

**betrüben:** (er)freuen, erheitern, aufheitern, aufmuntern, belustigen, beglücken *trösten *ablenken, zerstreuen

**betrüblich:** bedauerlich, traurig, jammerschade

**betrüblich:** fröhlich, froh, angenehm, freudig *tröstlich

**betrübt:** schwermütig, trübsinnig, melancholisch, pessimistisch, depressiv, hypochondrisch, schwarzseherisch, nihilistisch, traurig, (tod)unglücklich, bedrückt, gedrückt, bekümmert

**betrübt:** lustig, froh, heiter, munter, ausgelassen, fidel, unbeschwert, fröhlich, vergnügt, vergnüglich, frohgemut, lebenslustig, aufgeräumt

**Betrug:** Täuschung, Gaunerei, Unregelmäßigkeit, Schiebung, Manipulation, Machenschaft, Hintergehung, Irreführung, Unterschlagung

**Betrug:** Wahrheit, Tatsache, Realität *Ehrlichkeit, Offenheit, Wahrhaftigkeit

**betrügen:** prellen, hintergehen, beschummeln, täuschen, überlisten, übervorteilen, bluffen, ausbeuten

**betrügen:** ehrlich / vertrauenswürdig sein, die Wahrheit sagen

**betrügerisch:** unredlich, falsch, lügnerisch, heuchlerisch, scheinheilig, unehrlich, unwahrhaftig, unlauter, katzenfreundlich, unaufrichtig, unsolid, unreell

**betrügerisch:** ehrlich, vertrauenswürdig, aufrichtig, zuverlässig, gerade, geradlinig, wahrhaftig, offen, freimütig

**betrunken:** angeheitert, berauscht, angetrunken, (voll)trunken, bezecht

**betrunken:** nüchtern, ernüchtert *beschwipst, angeheitert, angetrunken

**beugbar:** flexibel, deklinabel, veränderlich, deklinierbar *nachgiebig, schwach, weich

**beugbar:** fest, eisern, trotzig, unerbittlich (Wille) *inflexibel, unbeugbar (Wort)

**beugen:** s.biegen / niederbeugen / bükken / neigen / lehnen / krümmen *flektieren, deklinieren, verändern *s. beu-

**beugen:** strecken, aufrichten *s. beugen: s. aufrichten *s. auflehnen / widersetzen / erheben, aufbegehren, aufste-

**gen:** nachgeben, einlenken, entgegenkommen, s. unterwerfen, zurückstekken, unterliegen, kapitulieren, aufgeben, resignieren, passen

**beunruhigen:** bekümmern, bedrücken, betrüben, quälen, jmdm. Kummer / Sorge machen / bereiten, jmdn. mit Sorge / Kummer erfüllen *verwirren, durcheinanderbringen, irritieren, irremachen, verunsichern
**beunruhigend:** aufregend, angsterregend, schwierig, verkrampft, (an)gespannt, gefährlich, gefahrvoll
**bevölkern:** besiedeln, ansiedeln, bebauen, bewohnen, s. niederlassen, erschließen, nutzbar / zugänglich / urbar machen

**bevölkert:** bewohnt, (dicht) besiedelt, volkreich, belebt, voll, dicht *lebhaft, verkehrsreich
**bevor:** ehe *schon, am Vorabend, vor der / jener / seiner Zeit
**bevormundet:** unmündig, unselbständig, unfrei, abhängig, gebunden, hörig *bevormundet werden: unselbständig / abhängig / unfrei / unmündig / gebunden sein

**Bevormundung:** Unselbständigkeit, Abhängigkeit, Unmündigkeit, Hörigkeit, Unfreiheit, Unterdrückung, Joch, Zwang

**bevorstehen:** drohen, herankommen, nahen, s. nähern, erwartet werden, im Anzug / Verzug sein, ins Haus stehen

**bevorzugen:** vorziehen, den Vorrang / Vorzug geben, lieber mögen / haben

**Bevorzugung:** Begünstigung, Vorzug, Gunst, Vorrecht, Privileg, Sonderrecht, Vorrang *Vergünstigung, Vorteil, Überlegenheit

hen, Widerstand leisten, widerstehen, trotzen, aufbäumen, wehren, sträuben, zur Wehr setzen, auftrumpfen, opponieren, protestieren, rebellieren, revoltieren, meutern, murren, (auf)mukken, demonstrieren
**beunruhigen:** beruhigen, besänftigen, begütigen, beschwichtigen, trösten, zur Ruhe / Besinnung bringen, bändigen *in Sicherheit wiegen, beruhigen

**beunruhigend:** beruhigend, entspannend, entkrampfend (Lage) *beruhigend, tröstlich (Nachricht)
**bevölkern:** aussiedeln, vertreiben, verjagen, entvölkern, ausweisen, des Landes verweisen, umsiedeln, ausbürgern, verbannen *s. leeren (Straßen, Stadion, Strand)
**bevölkert:** leer, verlassen, menschenleer, (wie) ausgestorben, entvölkert, öde
**bevor:** sobald, nachdem

**bevormundet:** selbständig, eigenständig, frei, unbehindert, ungebunden, unabhängig, absolut, eigenmächtig, eigenwillig (Mensch) *souverän, eigenständig (Staat) *autark *emanzipiert *bevormundet werden: s. (los)lösen / losmachen (von), loskommen (von), abnabeln
**Bevormundung:** Selbständigkeit, Eigenständigkeit, Gewährenlassen, Freiheit, Ungebundenheit, Unabhängigkeit, Freizügigkeit, Eigenmächtigkeit, Eigenwilligkeit *Autonomie, Selbstbestimmung(srecht) *Emanzipation *Autarkie
**bevorstehen:** vorbei, vorüber, überaltert, gewesen, überlebt, passé, abgetan (Ereignis) *vorbei, vorüber (Abreise) *hinter s. haben
**bevorzugen:** benachteiligen, vernachlässigen, übervorteilen, zurücksetzen *gerecht behandeln *verabscheuen, zurückweisen, abweisen, versagen, ablehnen, verschmähen *ignorieren
**Bevorzugung:** Benachteiligung, Vernachlässigung, Zurückversetzung *Übervorteilung *Übertölpelung *Gerechtigkeit *Ablehnung, Zurückweisung, Abweisung, Absage, Versagung, Abfuhr

**bewachsen:** bepflanzt, bedeckt, zugewachsen
**bewaffnen:** (auf)rüsten, mobil machen,
mobilisieren
**bewaffnet:** kampfbereit, abwehrbereit,
angriffsbereit, (auf)gerüstet, gepanzert, gewappnet, waffenstarrend, ver-
teidigungsbereit, kriegslüstern, kampfentschlossen
**Bewaffnung:** Aufrüstung, Mobilisie-
rug, Mobilmachung, Rüstung
**bewahren:** aufbewahren, aufheben,
(auf)speichern, verwahren, behalten,
zurückhalten, (an)sammeln, (an)häu-
fen *behüten, (be)schützen, Schutz gewähren, verteidigen, decken, beschirmen *abhalten, fernhalten, abschirmen, schützen vor

**bewähren (s.):** tüchtig sein, bestehen,
leisten, s. sehen lassen, s. behaupten
**Bewährung:** Probezeit, das Sichbe-
währen
**bewältigt:** gelöst, gemeistert, voll-
bracht, beendet, bewerkstelligt, vorbei
**bewandert:** firm, erfahren, intelligent,
belesen, sattelfest, beschlagen, sicher,
fest, versiert
**bewässern:** befeuchten, naß machen,
benässen, anfeuchten, (be)netzen
*(be)gießen, (ein)sprengen, (ein)sprit-
zen, bespritzen, besprühen, beregnen,
berieseln
**Bewässerung:** Berieselung, Bereg-
nung, Besprühung, Besprengung

**bewegen:** schütteln, rütteln, schaukeln
*berühren, beseelen *s. bewegen: s.
regen / rühren / fortbewegen

**beweglich:** biegsam, geschmeidig, federnd, elastisch, dehnbar, flexibel *geschickt, gewandt, wendig, agil *lebhaft, temperamentvoll, wild, dynamisch, vif, vital, heißblütig, feurig, lebendig, unruhig, quecksilbrig, blutvoll,
getrieben, mobil, heftig

**bewachsen:** karg, unkultiviert, kahl,
versteppt, baumlos, blank
**bewaffnen:** entwaffnen, abrüsten, demobilisieren *entspannen
**bewaffnet:** unbewaffnet, entwaffnet,
waffenlos

**Bewaffnung:** Abrüstung, Entwaffung,
Demobilisierung *Entspannung
**bewahren:** verlieren, verlegen, verschwinden (Gegenstände) *aufgeben,
preisgeben, hergeben *fortwerfen,
wegwerfen *tilgen, ausmerzen, beseitigen, zerstören, vernichten, ruinieren
*preisgeben, (her)ausplaudern *veröf-
fentlichen, bekanntmachen, publizieren, kundmachen, aufdecken, enthüllen, aufrollen, offenlegen (Angelegenheit) *aufgeben (Freiheit)
**bewähren (s.):** versagen, durchfallen,
nicht bestehen, auffliegen
**Bewährung:** Versagen *Strafvollzug

**bewältigt:** unbewältigt, offen (Problem)
**bewandert:** dumm, unbewandert, unbedarft, unerfahren, unintelligent

**bewässern:** entwässern, trockenlegen,
dränieren, austrocknen, dränen (Land)

**Bewässerung:** Entwässerung, Dräna-
ge, Dränierung, Dränung, Bodenent-
wässerung
**bewegen:** still bleiben / halten, entspannen, ruhig halten (Körperteil) *stehenlassen, liegenlassen, stillhalten *s. bewegen: ruhen, verharren, stillstehen,
stillhalten, s. nicht rühren *(aus)ruhen,
verschnaufen, rasten, pausieren, entspannen *kaltlassen, gleichgültig lassen, nicht berühren
**beweglich:** unbeweglich, steif, starr,
fest *ruhig, reg(ungs)los *geruhsam,
bedacht, gemächlich, träge, steif, vorsichtig, bedächtig, besonnen, schwerfällig (Einstellung) *immobil, unbeweglich *feststehend, festliegend (Tage) *fest(gelegt), starr, rigide (Ansicht)
*desinteressiert, teilnahmslos, gleich-
gültig

**bewegt:** erschüttert, ergriffen, betroffen, erregt, überwältigt, aufgewühlt, gerührt, beeindruckt, bestürzt, beeinflußt *aufgeregt, nervös, fahrig, hastig, hektisch, ruhelos, unruhig, unstet, ungestüm, rege, rastlos *ereignisreich, abwechslungsreich, bunt, schillernd, aufregend

**Bewegung:** Veränderung, Änderung *Ergriffensein, Erregung, Rührung, Mitleid, Teilnahme

**beweibt:** verheiratet, vermählt, verehelicht

**Beweis:** Nachweis, Indiz, Beweisstück, Beweismaterial, Beweismittel, Belastungsmaterial, Entlastungsmaterial *Zeichen, Unterpfand, Pfand

**beweisbar:** belegbar, belegt, nachweisbar, aktenkundig, urkundlich *nachweislich, nachweisbar, bewiesenermaßen, erwiesenermaßen

**beweisen:** erkennen, zeigen, sichtbar werden lassen *nachweisen, (er)bringen, aufzeigen, belegen, untermauern, den Beweis / Nachweis erbringen / liefern

**bewerben (s.):** s. (be)mühen (um eine Stellung), s. vorstellen, vorsprechen, s. empfehlen / anbieten, nachsuchen *inserieren, annoncieren *kandidieren, aufstellen lassen

**Bewerbung:** Stellenbewerbung, Bewerbungsschreiben, Empfehlungsschreiben *Kandidatur, Aufstellung

**bewiesen:** nachgewiesen, erwiesen, belegt

**bewilligen:** gewähren, stattgeben, zugestehen, billigen, entsprechen, genehmigen, einräumen, gestatten, erlauben, bejahen

**Bewilligung:** Gewährung, Einwilligung, Zustimmung, Billigung, Einverständnis, Einvernehmen, Bejahung, Zusage, Jawort

**bewirken:** bewerkstelligen, anstellen, anfassen, einleiten, arrangieren *verursachen, hervorrufen, zur Folge haben, veranlassen, erwecken, entfesseln, herbeiführen, heraufbeschwören, provozieren, auslösen

**bewohnbar:** wohnlich, wirtlich *komfortabel, heimelig, behaglich, gemütlich *renoviert, restauriert

**bewegt:** reg(ungs)los, unbewegt, ruhig *getragen (Musik) *friedlich, still (Zeit) *ruhig, glatt, unbewegt (Meer) *ungerührt, unbeteiligt, gefühlskalt, gefühllos, verhärtet, kaltsinnig, hartherzig, fischblütig, kalt(blütig), unbewegt *uninteressiert, öde, gemessen, langweilig, ermüdend, eintönig (Leben)

**Bewegung:** Ruhe, Reglosigkeit, Besonnenheit, Stand, Stillstand, Schwerfälligkeit

**beweibt:** unbeweibt, zölibatär (Mann) *bemannt (Frau)

**Beweis:** Behauptung, Annahme, Unterstellung, Hypothese, Meinung *Anzeichen, Verdacht(sgründe), Indiz

**beweisbar:** unbeweisbar, wahrscheinlich, vermutlich

**beweisen:** behaupten, unterstellen, annehmen, vermuten, raten, glauben

**bewerben (s.):** bekommen, erhalten, kriegen (Stelle) *abgelehnt werden *wählen

**Bewerbung:** Zusage, Annahme *Ablehnung

**bewiesen:** unbewiesen, hypothetisch, angenommen, vermutet

**bewilligen:** ablehnen, verweigern, zurückweisen, ausschlagen, abfertigen, entziehen, verbieten, versagen *beantragen, anfragen, fordern, nachsuchen (um)

**Bewilligung:** Ablehnung, Verbot, Zurückweisung, Ausschlagung, Abfertigung, Entzug *Antrag, Gesuch, Bittschrift *Forderung

**bewirken:** verfehlen, fehlschlagen, mißlingen, wirkungslos sein, mißraten *folgen, s. ergeben *rühren (von)

**bewohnbar:** unbewohnbar, unwirtlich (Gebiet, Gebäude) *heruntergekommen, abgewirtschaftet (Gebäude)

**Bewohner:** Einwohner, Ureinwohner, Bürger, Staatsangehöriger, Bevölkerung, Population, Einheimischer

**bewohnt:** bebaut *(dicht)besiedelt, (dicht)bevölkert, schwachbevölkert, schwachbesiedelt

**bewölken (s.):** s. beziehen / eintrüben / verdüstern / verdunkeln / verfinstern, wolkig werden

**bewundern:** achten, (ver)ehren, anbeten, vergöttern, anerkennen, respektieren, schätzen, preisen

**bewußt:** absichtlich, beabsichtigt, absichtsvoll, wissentlich, wohlweislich, vorsätzlich, geflissentlich, willentlich, gewollt, zum Trotz, mit Absicht / Willen / Bedacht *böswillig, mutwillig, in böser Absicht

**Bewußtlosigkeit:** Ohnmacht, Benommenheit, Bewußtseinstrübung, Koma, Betäubtheit

**Bewußtsein:** Wachzustand *Überzeugung, Gewißheit, Sicherheit

**bezahlen:** ab(be)zahlen, aufwenden, ausgeben, ausschütten, (zurück)zahlen, (zurück)erstatten, entrichten, finanzieren, investieren, nach(be)zahlen, verausgaben, abtragen

**bezahlt:** beglichen, erledigt, überwiesen

**Bezahlung:** Gehalt, Besoldung, Lohn, Entlohnung, Verdienst *Zahlung, Begleichung *gegen Bezahlung: gegen Entgelt

**bezähmbar:** willig, lenkbar, führbar, einsichtig

**bezaubern:** berücken, bestricken, faszinieren, behexen, verzaubern, verhexen, umgarnen, blenden *überreden, überzeugen, beschwatzen *bannen, beschwören, besprechen

**bezaubernd:** anziehend, sympathisch, gewinnend, angenehm, attraktiv, aufreizend, charmant, anmutig, betörend, lieb(lich), doll, toll, liebenswert

**bezeichnend:** kennzeichnend, charakteristisch, unverkennbar, typisch, spezifisch, wesensgemäß, charakterisierend, auszeichnend

**bezeichnet:** markiert *benannt, betitelt

**bezeigen:** bekunden, bezeugen, erwei-

**Bewohner:** Besucher, Tourist, Gast

**bewohnt:** frei, unbewohnt, leerstehend (Wohnung) *öde

**bewölken (s.):** heller werden, s. aufheitern / aufklaren / auflichten / aufhellen / aufklären / entwölken (Himmel)

**bewundern:** verachten, schlecht / lächerlich machen, hassen, ablehnen

**bewußt:** unbewußt, unbeabsichtigt, unabsichtlich, absichtslos, ohne Absicht, aus Versehen, ungewollt, versehentlich *unterbewußt, halbbewußt *fahrlässig *mechanisch, automatisch

**Bewußtlosigkeit:** Bewußtsein, Wachzustand

**Bewußtsein:** Bewußtlosigkeit, ohne Bewußtsein, Ohnmacht, Koma

**bezahlen:** fordern *einnehmen, erhalten, kassieren

**bezahlt:** unbezahlt, offen (Rechnung) *umsonst, kostenlos, kostenfrei, frei, unentgeltlich

**Bezahlung:** Forderung, *Einnahme, Erhalt, Kassierung *Gegenleistung *gegen Bezahlung: kostenlos, unentgeltlich, umsonst, kostenfrei, frei

**bezähmbar:** unbeugbar, hartgesotten, halsstarrig, kompromißlos, radikal, rechthaberisch, starrköpfig, starrsinnig, stur, verbohrt, un(be)zähmbar

**bezaubern:** kaltlassen, gleichgültig / unbeeindruckt lassen *meiden, abstoßen

**bezaubernd:** abstoßend, häßlich, entstellt, ekelhaft, widerlich

**bezeichnend:** uncharakteristisch, atypisch

**bezeichnet:** nicht ausgezeichnet / markiert, unmarkiert

**bezeigen:** verweigern, ablehnen (Ehr-

sen, danken, aussprechen, ausdrücken, zollen, abstatten *zeigen, zu erkennen geben

**bezichtigen:** verdächtigen, anschuldigen, beschuldigen, anklagen

**beziehen:** bestellen, abonnieren, in Auftrag geben *einziehen, bewohnen *spannen, ziehen *einnehmen, bekommen, erhalten, verdienen *s. berufen / stützen / anknüpfen *s. beziehen: s. bewölken / verfinstern / umwölken

**Bezug:** Überzug, Bettbezug, Überbezug *Einkünfte, Gehalt, Einkommen, Einnahme, Erträge, Rente, Pension, Honorar *Folgerung, Ableitung, Herleitung *Beziehung, Wechselbeziehung, Interaktion, Zusammenhang, Relation, Verbindung, Abhängigkeit, Interdependenz, Verhältnis

**bezweifeln:** (an)zweifeln, in Zweifel ziehen, nicht glauben, skeptisch sein

**bezwingbar:** besiegbar, überwindbar, schlagbar, schwach, leicht

**bezwingen:** besiegen, überwinden, unterjochen, unterwerfen, schlagen, vernichten, überwältigen, niederringen, ruinieren, aufreiben

**bieder:** ehrenhaft, brav, ehrbar, ehrenwert, ehrsam, achtbar, aufrecht, rechtschaffen, wacker, rühmenswert, verläßlich, redlich, unbestechlich, charakterfest, sauber, hochanständig *kleinbürgerlich

**biegen:** falzen, falten, kniffen, knicken, brechen, umbiegen *s. bücken / ducken / neigen / (nieder)beugen

**biegsam:** beweglich, elastisch, flexibel, geschmeidig, federnd, dehnbar, gelenkig

**Biegung:** Kurve, Krümmung, Bogen

**bieten:** anbieten, vorbereiten, bereitstellen *reichen, ausstrecken *s. zeigen, sichtbar werden *sehen, erkennen lassen

**Bigamie:** Doppelehe

erbietung) *verbergen, verheimlichen, verdecken, verhüllen *überspielen (Freude, Furcht, Mut)

**bezichtigen:** freisprechen, lossprechen *(s.) verteidigen

**beziehen:** wegziehen, ausziehen, umziehen (Wohnung) *(voraus)bestellen, anfordern, abonnieren *liefern (Waren) *bezahlen, auszahlen (Gehalt) *wechseln, abziehen (Bett) *abgelöst werden, verlassen (Wachposten) *wechseln, abmachen, ändern (Polsterstoff) *abbestellen, abrufen (Abonnement) *gewähren (Rente) *s. beziehen: s. aufhellen / aufheitern / aufklären, heller werden, aufklaren

**Bezug:** Umzug, Auszug, Wegzug (Wohnung) *Bestellung, Abonnement, Anforderung *Lieferung (Waren) *Bezahlung *Abbestellung (Abonnement)

**bezweifeln:** behaupten, unterstellen, hinstellen (als), ausgeben (als) *glauben, annehmen, übernehmen, vertrauen *überzeugt / sicher sein

**bezwingbar:** unbezwingbar, unbesiegbar, unschlagbar

**bezwingen:** unterliegen, nachgeben, einlenken, s. beugen / fügen / unterwerfen / ergeben, zurückstecken, klein beigeben, kapitulieren, s. unterordnen, aufgeben, passen, resignieren *s. hingeben, freien Lauf lassen (Gefühle)

**bieder:** schick, flott, gewagt, keck *fortschrittlich *großzügig *schwankend, unzuverlässig, unsolide

**biegen:** gerade lassen (Rohr) *s. aufrecken / strecken *gerade sein / verlaufen (Linie)

**biegsam:** steif, fest, starr, spröde, inflexibel, unbiegsam *(stein)hart, knochenhart *schlaff, lose, lasch

**Biegung:** Gerade

**bieten:** abschlagen, verweigern, ablehnen, zurückweisen, versagen *annehmen, empfangen, akzeptieren

**Bigamie:** Einehe, Monogamie *Vielehe, Mehrehe, Vielweiberei, Polygamie

**bilateral:** zwischenstaatlich, zweiseitig, zwischen zwei Staaten, zwei Staaten betreffend

**Bild:** Gemälde, Bildnis, Skizze, Studie, Abbild(ung), Figur, Ansicht, Darstellung *Eindruck, Vorstellung *Anblick

**bilden (s.):** erziehen, unterweisen, unterrichten, schulen, ausbilden, trainieren, stählen, drillen *machen, herstellen, gestalten, nachbilden, anfertigen, formen *bedeuten, ausmachen, ergeben *entstehen, s. entwickeln *bestehen aus, zusammensetzen *darstellen, ausmachen, sein *vergrößern, erweitern

**Bildung:** Gebildetsein, Gelehrsamkeit, Allgemeinbildung, Wissen, Kenntnisse *Ausbildung *Beschaffenheit, Qualität, Zustand *Entstehung, Entwicklung, das Bilden *Haltung, Einstellung

**billig:** nicht teuer, preiswert, preisgünstig, herabgesetzt, fast umsonst, halb geschenkt, günstig, spottbillig, wohlfeil *wertlos, dürftig, nichtssagend *minderwertig, schlecht, einfach, primitiv

**billigen:** akzeptieren, gutheißen, bejahen, zulassen, genehmigen, beistimmen, beipflichten, zustimmen, sanktionieren, bekräftigen, bestätigen, unterschreiben, tolerieren, dulden, respektieren, einwilligen, erlauben, zubilligen *ratifizieren

**Billigung:** Erlaubnis, Genehmigung, Einwilligung, Zustimmung, Einverständnis, Bekräftigung, Bestätigung, Bejahung, Sanktion *Ratifizierung, Ratifikation

**binden:** (zusammen)flechten, (zusammen)knüpfen, (zusammen)knoten, schnüren *anbinden, festbinden, zusammenbinden *broschieren, heften, holländern *eindicken, (an)dicken, abbinden, legieren *s. binden: abhängig machen, verpflichten, festlegen, heiraten

**Bindung:** Freundschaft, Kameradschaft, freundschaftliche Beziehung / Verbundenheit, Festlegung, Verpflichtung

**binnen:** in, innerhalb, in der Zeit / im Verlauf / im Laufe von, von Mal zu Mal

**biologisch:** naturkundlich *naturbelassen, naturrein, ungespritzt, unbehandelt *naturgemäß, natürlich

**bis:** inklusive, einschließlich, mit Ausnahme (von)

**bilateral:** multilateral

**Bild:** Realität, Wirklichkeit

**bilden (s.):** auflösen (Organisation) *abbauen, vernichten, zerstören, auflösen *s. nicht bilden, dumm / ungebildet bleiben *s. auflösen, untergehen, vergehen

**Bildung:** Unwissenheit, Unkenntnis, Dummheit, Wissensmangel, Bildungslücke *Untergang, Zerstörung, Zersetzung, Verheerung, Vernichtung, Auflösung *Demolierung

**billig:** teuer, kostspielig, aufwendig, unerschwinglich, überteuert, gesalzen *unbillig, unangemessen, ungerechtfertigt *edel, fein, kostbar (Parfüm) *gut, anständig, hochwertig (Qualität)

**billigen:** ablehnen, zurückweisen, mißbilligen, verwerfen, verurteilen, beanstanden, von s. weisen, bemängeln, kritisieren *demütigen, verabscheuen, verachten, geringschätzen

**Billigung:** Mißbilligung, Ablehnung, Verwerfung, Zurückweisung, Verurteilung, Beanstandung, Kritik *Verächtlichmachung, Abfälligkeit, Demütigung, Verachtung, Geringschätzung

**binden:** freigeben, lösen, befreien *aufbinden, lösen *entknoten, aufknoten *offenlassen, Freiraum lassen (Abmachen) verpflichten, festlegen, heiraten *s. binden: s. trennen / loslösen / scheiden lassen, Schluß machen, die Verbindung lösen

**Bindung:** Freiheit, Freizügigkeit *Loslösung, Lostrennung, Spaltung *Schneidung, Trennung *Ungebundenheit

**binnen:** außer, außen, über *vor(her) *nach(her) (Zeitraum)

**biologisch:** chemisch, künstlich, synthetisch

**bis:** seit (Zeit) *ab, von (Richtung, Zeit) *(dar)über (hinaus) (Zeit)

**bisher:** bis jetzt / heute / zum heutigen Tage / dato, bislang

**(ein) bißchen:** ein wenig, etwas, nicht viel / nennenswert, eine Spur / Nuance / Winzigkeit / Idee
**bissig:** gefährlich, scharf *spöttisch, beißend, verletzend, spitz, schnippisch, scharf(züngig), ironisch, bitter, höhnisch, kalt
**bitte:** bitte schön!, bitte sehr!
**Bitte:** Anliegen, Wunsch, Ansuchen, Ersuchen

**bitten:** erbitten, ansuchen, anflehen, ersuchen, (er)flehen, anrufen, bestürmen, betteln, beschwören, (be-)drängen

**bitter:** (essig)sauer, gallenbitter, unangenehm, scharf, streng *sehr, äußerst, höchst *spöttisch, scharfzüngig, ironisch, kalt, höhnisch, spitz, verletzend, schnippisch, beißend *schlecht, negativ *sehr, überaus, groß, stark *groß

**blank:** spiegelnd, glänzend, sauber, gesäubert, gereinigt, spiegelblank *abgenutzt, abgeschabt, abgewetzt, abgetragen *blank sein: zahlungsunfähig / insolvent / bankrott / abgebrannt / pleite sein

**blanko:** anstandslos, bedenkenlos, selbstverständlich, ohne Bedenken, ungeprüft *nicht ausgefüllt, leer
**blasen:** pusten, hauchen, schnauben, fauchen, zischen
**blaß:** bleich, (asch)grau, bläßlich, blaßgesichtig, blaßwangig, blutleer, blutarm, bleichgesichtig, bleichsüchtig, fahl, (kreide)weiß, kreidebleich, leichenblaß, totenblaß, totenbleich, aschfahl *farblos, langweilig, unanschaulich, ausdruckslos *schwach, leicht

**Blässe:** Bläßlichkeit, Blaßsein, Blaßwangigkeit, Blaßgesichtigkeit, Bleichheit, Bleichsüchtigkeit, Fahlheit, Durchsichtigkeit, Leichenblässe, Totenblässe

**bisher:** von nun / heute / jetzt an, in Zukunft, später, bald, künftig, weiterhin, demnächst, einst, zukünftig
**(ein) bißchen:** viel, reichlich, nicht wenig, massenhaft (Zeit, Menge) *groß, außergewöhnlich (Mut) *sehr, äußerst
**bissig:** zutraulich (Hund) *nett, freundlich (Worte) *nett, freundlich, wohlwollend, zustimmend, sanft, mild (Bemerkung)
**bitte:** danke! vielen Dank!
**Bitte:** Einwilligung, Genehmigung, Zustimmung, Erfüllung *Dank *Zurückweisung, Abfuhr, Weigerung, Ablehnung *Zusage, Angebot
**bitten:** gewähren, erfüllen, einwilligen, genehmigen *anbieten, versprechen, zusagen *danken *zurückweisen, ablehnen, ausschlagen, abfertigen, weigern
**bitter:** süß (Schokolade) *angenehm (Medizin) *würzig, aromatisch, angenehm (Tee) *erfreulich, groß, positiv, angenehm (Erfahrung) *süß, mild, sanft, tröstlich, ermutigend, nett, wohlwollend, verbindlich, freundlich (Worte) *schwach, leicht, gering (Kälte, Frost) *gering, mäßig, klein (Unrecht) *erträglich, gering (Not)
**blank:** schmutzig, unsauber, unrein, verschmutzt, schmierig, fleckig, verfleckt, angeschmutzt, unansehnlich, angestaubt, dreckig, ungeputzt *blind, matt, stumpf, glanzlos *bedeckt, angezogen, verhüllt (Körper) *blank sein: (viel) Geld haben, flüssig sein *angelaufen, blind werden
**blanko:** ausgefüllt, beschrieben (Papier, Scheck)

**blasen:** saugen, ziehen

**blaß:** frisch, rosig, natürlich, gesund, gerötet, braun (Gesicht) *ausdrucksstark, bilderreich, verständlich, lebhaft, farbig, ausdrucksvoll, drastisch, lebendig, anschaulich (Erinnerung, Redeweise, Darstellung) *kräftig, tief, dunkel, deutlich, satt, lebhaft (Farbton)
**Blässe:** Röte, Farbe (Gesicht)

**bleiben:** (ver)weilen, s. häuslich niederlassen / aufhalten, verbringen, zubringen, (ver)leben, verharren, wohnen, hausen, nicht weggehen *nicht ändern, Bestand haben *übrig sein, zurückbleiben, übrigbleiben *überleben, durchhalten, überstehen, von Bestand / Dauer sein, s. erhalten, standhalten, überdauern

**bleiben:** (an)kommen *(weg)gehen, weglaufen, fortlaufen, davonlaufen, wegziehen, (los)gehen, davongehen, weitergehen, dahingehen, weiterziehen, aufbrechen, s. aufmachen / weiterbegeben / fortbewegen / entfernen, verlassen, verschwinden, fortziehen *(ab-)transportieren, forträumen, wegschaffen, ausräumen, wegbringen, beseitigen *überkommen, aufkommen, überfallen, packen, überwältigen, erfassen, übermannen (Gefühle) *entlassen (Schule) *kündigen, entlassen (Betrieb) *abreisen, fortreisen, durchreisen, verreisen, wegreisen *abfliegen, fortfliegen *durchfahren, ausfahren, weiterfahren, wegfahren *mitkommen, mitfahren, mitgehen *vorbeigehen, vorübergehen, vorüber / vorbei sein *(ver)ändern (Zustand) *vergehen, abgehen, untergehen *s. ändern / (ver)wandeln, wechseln, variieren (Charakter, Einstellung, Wert) *veröden (Krampfadern)

**bleibend:** unvergänglich, fest, dauerhaft, von Bestand, unauflösbar, unauflöslich, unzerstörbar, unwandelbar, wertbeständig, krisenfest, für immer, ewig, zeitlebens, für alle Zeiten

**bleibend:** vorübergehend, flüchtig, kurz, eine Zeitlang, kurze Zeit, kurzfristig, zeitweilig, zeitweise, provisorisch *jetzt, eben, im Augenblick / Moment, derzeit(ig), soeben, zur Zeit, heute, momentan *wandelbar, vergänglich, endlich, sterblich, zeitlich

**bleich:** blaß, (asch)grau, bläßlich, blaßgesichtig, blaßwangig, blutleer, blutarm, bleichgesichtig, bleichsüchtig, fahl, (kreide)weiß, kreidebleich, leichenblaß, totenblaß, totenbleich, aschfahl

**bleich:** (hoch)rot, rosig, frisch, braun, gesund, natürlich, gerötet (Gesicht)

**bleichen:** blondieren, aufhellen, bleich / hell(er) machen *bleich / hell(er) werden

**bleichen:** nachdunkeln *färben *vergrauen (Vorhang)

**blenden:** beeindrucken, täuschen, bezaubern, faszinieren, verzaubern, betören *blind machen

**blenden:** abblenden (Scheinwerfer) *wahrhaftig / aufrichtig sein *untertreiben

**blendend:** glänzend, prachtvoll, prächtig, hervorragend, trefflich, ausgezeichnet, eindrucksvoll *spannend, interessant *auffallend

**blendend:** blendungsfrei (Scheinwerfer) *mittelmäßig, gering (Wissen) *langweilig, öde, trist, fad(e), reizlos, uninteressant, gleichförmig, eintönig, einförmig, einschläfernd, monoton *unscheinbar, unauffällig

**blind:** erblindet, sehbehindert, augenlos *abgöttisch, übermäßig, übersteigert *matt, glanzlos, stumpf *beschlagen

**blind:** voraussehend *sehend *besonnen, einsichtig, vernünftig *blank, klar, glänzend (Spiegel, Glas, Metall) *echt, ernst(haft) (Alarm) *zahlend, echt (Passagier) *gering, mäßig, klein (Haß) *echt (Bauteil)

**Blitzkrieg:** Erstürmung, Überrumpelung, Überraschungsangriff

**Blitzkrieg:** Stellungskrieg

**blitzschnell:** schnell, eilig, eilends, hastig, behende, hurtig, geschwind, zügig, fix, rasch, rasant, schleunig, pfeilschnell

**blitzschnell:** überlegt, geplant, langsam, vorsätzlich (Tat)

**blockieren:** verhindern, verwehren, abblocken, boykottieren *besetzen, verbarrikadieren *sperren, aufhalten, unmöglich machen, verstellen

**blockieren:** freigeben, frei machen / halten / lassen, räumen *weiterbringen (Verhandlungen)

**blöd(e):** geistesgestört, geisteskrank, schwachsinnig, idiotisch, verblödet, dumm, zurückgeblieben *unangenehm, unerfreulich *verregnet, regnerisch, naßkalt

**blöd(e):** intelligent, schlau, klug, begabt, gescheit, verständig, umsichtig, vernünftig (Mensch) *angenehm, erfreulich (Gefühl) *schön, sommerlich, warm, sonnig, freundlich (Wetter)

**bloß:** nackt, unangezogen, nicht bedeckt, barfüßig, entblößt, frei *ausschließlich, nur, lediglich, uneingeschränkt, alleinig

**bloß:** angezogen, bekleidet, verdeckt *bedeckt, verhüllt *noch, außerdem, sogar, obendrein, dazu

**bloßstellen:** blamieren, kompromittieren, erniedrigen, schlechtmachen, kränken, treffen, verletzen, verwunden, schmähen, brüskieren *entlarven, durchschauen *eine Blöße geben / bieten, s. lächerlich machen / blamieren

**bloßstellen:** (jmdn.) decken *zustimmen

**blühen:** aufgeblüht sein, Blüten haben / tragen *florieren, gedeihen, gutgehen *gesund aussehen

**blühen:** reifen *(ver)welken *untergehen, verfallen (Kultur)

**blühend:** aufgeblüht, gesund *florierend, gutgehend

**blühend:** welk, verwelkt, verblüht *gealtert, ungesund, verblüht (Aussehen)

**Blutandrang:** Blutfülle, Blutwallung

**Blutandrang:** (örtliche) Blutleere, verminderte Durchblutung

**Blüte:** das Blühen *Aufschwung, Boom, Hausse, Hochkonjunktur

**Blüte:** Ernte, Reife(zeit) *Rezession, Baisse, Tief *Niedergang, Verfall, Untergang

**bluten:** Blut verlieren

**bluten:** stillen, heilen *gerinnen

**blutleer:** empfindungslos, gefühllos, taub, eingeschlafen, abgestorben *bleich, wenig durchblutet

**blutleer:** durchblutet, rosig (Lippen)

**Blutleere:** verminderte Durchblutung

**Blutleere:** Blutandrang, Blutwallung, Blutfülle, vermehrte Durchblutung

**bockig:** dickköpfig, aufmüpfig, aufsässig, widerspenstig, widersetzlich, finster, störrisch, rechthaberisch, unbotmäßig, trotzig, unnachgiebig, unversöhnlich, verschlossen, ungehorsam, unzugänglich, widerborstig, unerbittlich, eigensinnig, starrsinnig, starrköpfig, verbohrt, steifnackig, unbelehrbar, unfolgsam, eisern, stur, verstockt

**bockig:** artig, brav, lieb, manierlich, wohlerzogen, gesittet, anständig, folgsam, gehorsam, (ein)fügsam, nett, aufmerksam, ergeben, gefügig, lenkbar, willig (Verhalten)

**Boden:** Speicher, Dachboden, Heuboden *Erde, Erdboden, Erdreich, Scholle, Krume

**Boden:** Decke *Keller

**böig:** stürmisch, luftig, steif, auffrischend, windig, zugig

**böig:** flau, windstill, lind, ruhig *steif, stürmisch

**bombenfest:** sehr stabil *fest, gesichert, sehr / absolut sicher

**Bonus:** Gutschrift, Vergütung, Prämie, Aufwandsentschädigung, Bonifikation

**Boom:** Aufschwung, Hoch(konjunktur), Hausse, Blütezeit

**borgen:** (ent)leihen, ausleihen, ausborgen, verborgen, verleihen

**borniert:** halsstarrig, rechthaberisch, finster, aufmüpfig, zugeknöpft, unbelehrbar, eisern, aufsässig, widersetzlich, ungehorsam, kratzbürstig, unfolgsam, kompromißlos, bockbeinig, dickköpfig, widerspenstig, unzugänglich, unaufgeschlossen, stur, hartgesotten, dickschädelig, starrköpfig, unversöhnlich, widerborstig, starrsinnig, bockig, eigensinnig, fest, steifnackig, verstockt, verbohrt, unerbittlich, trotzig, störrisch, verständnislos, unnachgiebig, unbotmäßig, unbequem, verschlossen

**Borniertheit:** Beschränktheit, Uneinsichtigkeit, Begriffsstutzigkeit, Unbedarftheit, Unbegabtheit, Dummheit, Unverständigkeit, Stupidität, Vernageltheit, Engstirnigkeit

**bösartig:** (bitter)böse, schlimm, boshaft, gemeingefährlich, garstig, übel (-gesinnt), unausstehlich, übelwollend *schlimm, (lebens)gefährlich

**böse:** schlimm, boshaft, bösartig, bitterböse, gemeingefährlich, garstig, übel(gesinnt), unausstehlich, übelwollend, arg, unfreundlich *verärgert, ärgerlich, wütend *streitsüchtig, aggressiv, angriffslustig *bösartig, gefährlich, heimtückisch, bedenklich, ernst, *schlecht, negativ

**Bosheit:** Boshaftigkeit, Bösartigkeit, Niedertracht, Garstigkeit, Gemeinheit, Schurkerei, Infamie, Unverschämtheit, Gehässigkeit, Schadenfreude, Übelwollen, Rachsucht

**Brachland:** Brache, Brachfeld, Brachflur, Brachacker, brachliegendes Land

**brachliegen:** unbebaut / ungenutzt / nicht bebaut sein

**brauchbar:** geeignet, passend, tauglich,

**bombenfest:** instabil, locker, lose, wack(e)lig, nicht fest *schlaff

**Bonus:** Abzug, Kürzung

**Boom:** Rezession, Baisse *Stagnation *Inflation

**borgen:** (s.) (ent)leihen / ausleihen / ausborgen *verkaufen *zurückfordern, zurückbekommen

**borniert:** einsichtig, verständig, duldsam, aufgeschlossen, freizügig, nachsichtig, versöhnlich, erträglich, friedlich, tolerant, gütlich, verträglich

**Borniertheit:** Duldsamkeit, Einsicht, Aufgeschlossenheit, Toleranz, Verträglichkeit, Friedfertigkeit

**bösartig:** gutartig, ungefährlich, harmlos, leicht, unbedenklich (Krankheit) *gutartig (Tumor) *freundlich, zuvorkommend, gutmütig, gutartig, höflich, ritterlich, galant, artig, rücksichtsvoll, taktvoll *aalglatt

**böse:** friedlich, zuvorkommend, freundlich, nett, harmlos, (gut)artig, taktvoll, brav, gutmütig *artig, folgsam, gehorsam, manierlich, gesittet, lieb, fügsam, brav *heil, gesund *zugetan, entgegenkommend, gutgesinnt, nett, verbindlich, wohlmeinend, freundlich, gewogen, (zu)geneigt *positiv, günstig (Zufall) *hervorragend, gut, vorzüglich (Leumund)

**Bosheit:** Güte, Milde, Gutmütigkeit *Freundlichkeit, Zuvorkommenheit, Fröhlichkeit *Harmlosigkeit, Schwachheit *Feigheit, Kleinmut, Unmännlichkeit, Hasenherzigkeit, Kleinmütigkeit, Mutlosigkeit *Diskretion, Takt

**Brachland:** Acker, Feld, Garten

**brachliegen:** kultiviert, bebaut, bestellt, bearbeitet, genutzt

**brauchbar:** unbrauchbar, ungeeignet,

verwendbar, gut *gelehrig, geschickt, praktisch, fingerfertig, anstellig *zweckmäßig, sachdienlich, zweckdienlich, praktikabel, geeignet, tauglich *gut, tauglich, lohnend
**brauchen:** benötigen, gebrauchen, bedürfen, nötig haben, nicht missen / entbehren können
**braun:** braungebrannt, (sonnen)gebräunt
**Bräune:** Sonnenbräune
**braungebrannt:** braun, (sonnen)gebräunt
**brausen:** toben, wüten, tosen, rauschen, stürmen *rasen, fegen, eilen *s.
**(ab)brausen:** s. duschen

**Braut:** Heiratskandidatin, Zukünftige, Verlobte
**Bräutigam:** Heiratskandidat, Hochzeiter, Verlobter, Zukünftiger
**brav:** artig, gesittet, manierlich, lieb, gehorsam, fügsam, folgsam *tüchtig, patent, ordentlich, fähig *redlich, achtbar, rechtschaffen, ehrenwert, aufrecht, unbescholten *bieder, treuherzig, einfältig, harmlos, kleinbürgerlich, prüde, hausbacken

**brechen:** (Freundschaft) aufkündigen, trennen, auflösen *s. übergeben / erbrechen *umbiegen, falzen, knicken, kniffen *zerfallen, abbrechen *ändern *s. brechen: in eine andere Richtung bringen, ablenken, ableiten (Licht) *s. verletzen

**breit:** ausführlich, eingehend, langatmig, umständlich, weitläufig, weitschweifig *weit ausgedehnt, großzügig *füllig, dick(lich), mollig, behäbig *geräumig, groß(räumig), weit, ausgedehnt, großflächig *klobig, ungefüge, ungeschlacht, grobschlächtig
**Breite:** Ausdehnung *Weite, Fülle, Umfang
**breiten:** ausstrecken *s. erstrecken / ausdehnen
**bremsen:** abbremsen, (an)halten, ver-

unpassend, unmöglich, untauglich, schlecht, unverwendbar

**brauchen:** nicht brauchen / benötigen *besitzen, haben *überflüssig, übrig sein
**braun:** fahl, weiß, käsig, blaß (Gesicht)

**Bräune:** Blässe, Fahlheit
**braungebrannt:** käsig, ungesund, bleich, (schnee)weiß
**brausen:** im Schritt / langsam fahren / gehen *plätschern, murmeln (Gewässer) *säuseln, blasen (Wind) *s. (ab-)
**brausen:** s. waschen *baden
**Braut:** Bräutigam, Verlobter, Heiratskandidat, Zukünftiger
**Bräutigam:** Braut, Verlobte, Heiratskandidatin, Zukünftige
**brav:** frech, unartig, unfolgsam, böse, vorlaut, keck, vorwitzig, dreist, keß, ungezogen, unmanierlich, unverschämt, impertinent *unanständig, frivol, schamlos, anstößig, schlecht, sittenlos, zuchtlos, verdorben, locker, lose, unsolide, pikant *liederlich, schlampig *feige, unmännlich, feigherzig, hasenherzig, memmenhaft *unehrenhaft, ehrlos *gefährlich, bissig (Tier) *schick, gewagt, flott, keck (Mode)
**brechen:** (stand)halten, aushalten (Material, Eis) *verdauen, behalten (Essen) *(ein)halten, aufrechterhalten (Vertrag, Eid, Versprechen) *kleben, festmachen, anleimen, kitten *beginnen, anfangen (Freundschaft) *(ab)schließen (Vertrag) *s. brechen: (geradlinig) ausbreiten, beibehalten (Lichtstrahl) *verstauchen *heil bleiben
**breit:** zart, schmal, zierlich, schlank (Hand, Körper) *schmal, eng (Bett) *lang *tief *eng (Straße) *eng, schmal, knapp, stramm

**Breite:** Länge *Höhe *Tiefe *Enge, Schmalheit
**breiten:** zusammenlegen, zusammenfalten (Stoff) *anlegen (Schwingen)
**bremsen:** beschleunigen, Gas / Dampf

ringern *einschränken, eindämmen

**brennbar:** feuergefährlich, (leicht) entflammbar *entzündlich / entzündbar
**brennen:** (ver)glühen, (ver)glimmen, schmoren, (ver)sengen, schwelen, aufbrennen, (auf)lodern, (auf)flammen, (auf)flackern, lohen, verbrennen, verkohlen *schmerzen *beißen
**Briefschreiber:** Schreiber, Absender, Briefpartner, Partner, Korrespondent
**bringen:** her(bei)bringen, (ein)liefern, abliefern, herschaffen, beschaffen, befördern, bewegen, (hin)tragen *bewältigen *begleiten, hinbringen *erzielen, ergeben, erreichen (Gewinn) *bieten, veröffentlichen *besprechen, diskutieren, darlegen, abhandeln, erörtern, untersuchen, verhandeln
**Brise:** Wind, Luftstrom, Luftströmung
**brüchig:** morsch, instabil, zerfallen, verfallen, baufällig, verkommen, schrottreif, alt(erssschwach)
**Brücke:** Steg, Übergang, Überweg, Überführung *Teppich, Läufer *Zahnersatz
**Bruder:**
**brühwarm:** aktuell, neu, akut

**brüllen:** (auf)schreien, rufen, kreischen, grölen, johlen, aufbrüllen, blöken
**brummig:** verärgert, entrüstet, empört, böse, aufgebracht, ärgerlich, ungehalten, unwirsch, unwillig, erzürnt, erbittert, erbost, zornig, wütend, grimmig, mürrisch, bärbeißig, verdrießlich, mißmutig, mißgestimmt, mißlaunig, mißvergnügt, übellaunig, gereizt, mißgelaunt, muffig, grantig
**brutal:** unbarmherzig, unsozial, verroht, roh, schonungslos, inhuman, gefühllos, erbarmungslos, ungesittet, barbarisch, unmenschlich, kaltblütig, herzlos, grausam, gnadenlos, mitleidlos
**brutto:** ohne / vor Abzug

**Bruttoeinkommen:** Gehalt vor Steuern, volles Gehalt
**Bruttogewicht:** Gesamtgewicht
**buckeln:** unterwürfig / devot sein / verhalten, kriechen, schöntun, schönre-

geben, anfahren (Fahrzeug) *hochjagen *antreiben (Maschine) *beschleunigen, vorantreiben (Vorgang) *(an-)treiben (Mensch, Tier)
**brennbar:** unbrennbar, feuerfest

**brennen:** erlöschen, (ver)löschen *schwelen *ausgeschaltet werden, aus sein (Licht)

**Briefschreiber:** Adressat, Empfänger

**bringen:** (ab)holen *erhalten, bekommen, empfangen, entgegennehmen *schicken, senden *fortschicken, nach Hause schicken (Betrunkenen) *für s. behalten, verbergen, unerwähnt lassen, nichts sagen, verschweigen, unterdrücken, verheimlichen (Tatsachen) *nicht bringen (Leistung)
**Brise:** Sturm, Orkan *Flaute
**brüchig:** fest, stabil, zäh

**Brücke:** Unterführung, Tunnel, Subway

**Bruder:** Schwester
**brühwarm:** alt, (stadt)bekannt, geläufig (Neuigkeit)
**brüllen:** schweigen, ruhig / still sein *flüstern, hauchen, munkeln, raunen, zischen, tuscheln, brummen
**brummig:** freundlich, zuvorkommend, nett, höflich, liebenswert, lustig, liebenswürdig, entgegenkommend, freundschaftlich, herzlich, gefällig, heiter, sympathisch

**brutal:** behutsam, zart, vorsichtig, empfindsam, schonend, mild, sorgfältig, sorgsam, schonungsvoll, sacht, lind, sanft, zartbesaitet

**brutto:** netto (Gewicht, Abgabe) *mit Abzug
**Bruttoeinkommen:** Nettoeinkommen

**Bruttogewicht:** Nettogewicht *Tara
**buckeln:** treten, unterwerfen, unterdrücken *aufmupfen, kritisch / skep-

den, s. unterwürfig zeigen, (katz)buk-
keln, (liebe)dienern, Staub lecken, s.
einschmeicheln

**bücken (s.):** (nieder)beugen, ducken,
neigen
**bucklig:** bergig, hügelig, gebirgig, wellig, alpin *verwachsen, krumm, mißgestaltet, schief, krüppelig, verkrüppelt
**büffeln:** lernen, pauken, ochsen

**Bug:** vorderer Teil eines Schiffes / Flug-
zeuges, Vorderseite, Vordersteven,
Vorderteil
**buhen:** (aus)pfeifen, (aus)zischen, ausbuhen, niederschreien, Buh rufen

**Bulle:** Bann(fluch), Bannbrief, Bann-
bulle *Polizist, Kriminalbeamter *(ge-
schlechtsreifes) männliches Rind
**bummeln:** spazierengehen, schlendern, promenieren, flanieren *langsam
arbeiten / ausführen, faulenzen

**Bund:** Bündnis, Verbindung, Schutz-
und Trutzbündnis, Liaison, Vereini-
gung, Allianz, Koalition, Entente, Zu-
sammenschluß, Fusion *Strohbund,
Bündel *Staat, Bundesstaat *Bündel,
Ballen, Packen
**Bundesgenosse:** Verbündeter, Freund,
Alliierter

**Bundesrat:** Ländervertretung
**Bundestag:** Volksvertretung, Parlament
**Bundestagsabgeordneter:** Abgeordneter, Delegierter, Mitglied des Bundestages, Volksvertreter
**Bundestagswahl:** Wahl, Abstimmung

**bündig:** sicher, überzeugend, stichhaltig *passend **\*kurz und bündig:** kurz,
präzise, genau
**Bündnis:** Bund, Verbindung, Schutz-
und Trutzbündnis, Liaison, Vereinigung, Allianz, Koalition, Entente, Zusammenschluß, Fusion
**bunt:** (mehr)farbig, (bunt)scheckig, in
Farbe, farbenfreudig, farbenfroh, farbenprächtig, lebhaft, leuchtend, kräftig, satt, poppig, grell
**bürgerlich:** etabliert, angepaßt, verbürgerlicht *konservativ
**bürokratisch:** buchstabengetreu, nach

tisch sein, s. auflehnen / aufbäumen /
widersetzen / erheben / zur Wehr setzen
/ sträuben / empören, auftrumpfen,
murren, (auf)mucken, trotzen
**bücken (s.):** s. aufrichten / recken /
strecken
**bucklig:** eben, gerade (Straße) *gerade
(Rücken)

**büffeln:** faulenzen, nichts tun, s. erholen
**Bug:** Heck, Achtersteven, Hintersteven (Schiff), Autoheck, Hinterteil, hinterer Teil, Rückteil
**buhen:** applaudieren, Beifall klatschen
/ spenden / zollen, zustimmen, (be)klat-
schen, mit Beifall überschütten
**Bulle:** Kuh *Ochse


**bummeln:** rennen, rasen, schnell gehen, eilen, flitzen, hasten, jagen, marschieren *fleißig sein, s. beeilen *schuften, s. abrackern / anstrengen
**Bund:** Trennung, Auseinandergehen,
Spaltung *Länder (staatliche Ordnung)



**Bundesgenosse:** Gegner, Hasser, Erbfeind, Todfeind, Erzfeind, Feind *Landesfeind, Staatsfeind
**Bundesrat:** Bundestag
**Bundestag:** Landtag *Bundesrat

**Bundestagsabgeordneter:** Landtagsabgeordneter


**Bundestagswahl:** Landtagswahl *Kommunalwahl
**bündig:** mit Absatz **\*kurz und bündig:**
langwierig, s. hinziehend, langdauernd

**Bündnis:** Zerwürfnis, Zwist, Trennung
*Feindschaft


**bunt:** einfarbig, uni *weiß *langweilig,
trist, eintönig, einförmig, grau, monoton, langwierig, einschläfernd, reizlos,
gleichförmig
**bürgerlich:** unkonventionell *progressiv, fortschrittlich
**bürokratisch:** unbürokratisch, großzü-

Vorschrift, peinlich genau, kleinlich, engstirnig, beamtenhaft, paragraphenhaft

**Buße:** Geldstrafe, Sühne, Gefängnisstrafe, Strafe

**büßen:** (be)zahlen / aufkommen / einstehen für, Strafe erleiden / auf s. nehmen

gig, elastisch, schnell, beweglich, entscheidungsfreudig

**Buße:** Schuld *Sünde

**büßen:** schuldig werden *sündigen, s. versündigen / vergehen

# C

**chancenlos:** aussichtslos, hoffnungslos

**chancenreich:** aussichtsreich, hoffnungsreich, hoffnungsvoll
**Chaos:** Gesetzlosigkeit, Herrschaftslosigkeit, Anarchie *Verwirrung, Konfusion, Gewirr, Hexenkessel, Wirrnis, Wirrsal, Durcheinander
**chaotisch:** durcheinander, wirr, vermischt, ungeordnet *gesetzlos, anarchistisch
**charakterfest:** ehrenhaft, sauber, brav, ehrbar, ehrenwert, ehrsam, achtbar, aufrecht, rechtschaffen, wacker, rühmenswert, redlich, unbestechlich, bieder, hochanständig
**charakteristisch:** kennzeichnend, unverkennbar, typisch, charakterisierend, spezifisch, wesensgemäß, bezeichnend, auszeichnend
**charakterlos:** ehrlos, würdelos, verächtlich, nichtswürdig, ehrvergessen
**chemisch:** synthetisch, künstlich


**chiffrieren:** (en)kodieren, (en)codieren, verschlüsseln, in Geheimschrift / Geheimsprache abfassen
**chronisch:** schleichend / langsam / gemächlich (verlaufend)
**City:** Innenstadt, Zentrum, Stadtmitte, Altstadt, Stadtzentrum, Stadtkern
**codieren:** chiffrieren, (en)kodieren, encodieren, verschlüsseln, in Geheimsprache / Geheimschrift abfassen
**codiert:** (en)kodiert, encodiert, verschlüsselt


**Courage:** Mut, Unverzagtheit, Beherztheit, Unerschrockenheit, Draufgängertum, Tollkühnheit, Furchtlosigkeit, Tapferkeit, Schneid, Kühnheit, Herzhaftigkeit


**Cousin:** Vetter
**Cousine:** Kusine, Base

---

**chancenlos:** aussichtsreich, chancenreich, hoffnungsvoll
**chancenreich:** aussichtslos, hoffnungslos, chancenlos
**Chaos:** Ordnung, Ruhe, Disziplin, Geordnetsein, Organisation


**chaotisch:** geordnet, ruhig, diszipliniert, organisiert


**charakterfest:** charakterlos, ehrlos, verächtlich, würdelos, nichtswürdig, gemein, unfair, unredlich, beleidigend, schuftig


**charakteristisch:** uncharakteristisch, atypisch


**charakterlos:** charakterfest, charaktervoll
**chemisch:** biologisch, natürlich, naturbelassen, (natur)rein, ungespritzt (Gemüse)
**chiffrieren:** dechiffrieren, entschlüsseln, auflösen, aufschlüsseln, dekodieren, decodieren, entwirren
**chronisch:** akut, schnell verlaufend (Krankheit)
**City:** Vorort, Vorstadt, Siedlung, Trabantenstadt, Peripherie
**codieren:** decodieren, dekodieren, entschlüsseln


**codiert:** uncodiert, unkodiert, offen, unverschlüsselt, klar *dekodiert, decodiert, entschlüsselt
**Courage:** Angst, Unterwürfigkeit, Feigheit, Furcht(samkeit), Scheu, Ängstlichkeit, Hasenherzigkeit, Kleinmut, Memmenhaftigkeit, Mutlosigkeit, Unmännlichkeit, Kleinmütigkeit, Bangigkeit
**Cousin:** Cousine, Kusine, Base
**Cousine:** Cousin, Vetter

# D

**da:** als, während *als, nachdem, wenn, wo, wie *hier *dann

**dabehalten:** belassen, stehenlassen, hängenlassen, liegenlassen, bei s. behalten, dalassen

**dabei:** aber, (je)doch, mindestens, immerhin, allerdings, freilich, sondern, ander(er)seits, allein, höchstens, nur, hinwieder, indes, dagegen *hierbei

**dabeibleiben:** verweilen *fortsetzen, fortfahren, fortführen, weiterführen, weitermachen

**dabeisein:** anwesend / zugegen / gegenwärtig sein, dasein, vertreten / zur Stelle sein

**dableiben:** nicht fortgehen / davonlaufen / weiterziehen / fortziehen / aufbrechen / abfahren / abreisen, verweilen, verbleiben, ausharren *s. aufhalten / befinden, anwesend / zugegen / dort / hier sein, wohnen, hausen

**dafür:** anstatt, anstelle, für, stellvertretend, statt dessen, an Stelle, ersatzweise, im Austausch *hierfür, zu diesem Zweck, ad hoc *zugunsten, zum Vorteil

**dagegen:** aber, (je)doch, mindestens, immerhin, allerdings, freilich, ander(er)seits, sondern, allein, höchstens, nur, hinwieder, indes, dabei *hiergegen

**daheim:** zu Hause, in der Heimat *daheim bleiben: zu Hause / in der Heimat bleiben

**daher:** deshalb, deswegen, aus diesem

**da:** dort *irgendwo *woanders *hier *weg, fort

**dabehalten:** gehen lassen, fortlassen, wegschicken, weglassen, fortschicken (Gäste) *fortbringen, fortschaffen, fortschicken, wegbringen, wegschikken, wegschaffen, versenden (Ware) *abgeben, weggeben, in Pflege / Obhut geben (Tiere)

**dabei:** extra *weg, abseits, abgesondert

**dabeibleiben:** abändern *aussteigen (Unternehmen)

**dabeisein:** absent / abwesend sein, nicht dabeisein / mitmachen, abseits stehen, zuschauen

**dableiben:** (an)kommen, besuchen, vorbeikommen *weggehen, davongehen, fortgehen, dahingehen, weglaufen, fortlaufen, weitergehen, wegziehen, davonlaufen, fortziehen, aufbrechen, weiterziehen, verlassen, verschwinden, entschwinden, s. weiterbegeben / aufmachen / fortmachen / fortbewegen / fortbegeben *abfahren, abreisen, wegreisen, durchreisen, wegfahren, durchfahren, ausfahren, weiterfahren *vorübergehen, vorbeigehen, s. ändern *mitfahren, mitkommen, mitgehen *s. absetzen, flüchten (Spion, Flüchtling)

**dafür:** dagegen, gegen, kontra *unentschieden / unentschlossen sein

**dagegen:** dafür, pro, für

**daheim:** auswärts, weg, fort, unterwegs, in der Fremde, im Ausland *daheimbleiben: verreisen, wegreisen, abreisen, in Urlaub / Ferien fahren *ausgehen, bummeln

**daher:** dorthin *trotzdem

Grunde, darum, dadurch, insofern
\*von dort \*hierher

**dahin:** an diesen / jenen Platz / Ort, dorthin, an diese / jene Stelle \*in dem Sinne \*bis zu dem Zeitpunkt

**dahin:** dorthin \*hierhin, hierher

**dahingehen:** vergehen, (ver)scheiden, sterben, ableben, abscheiden, entschlafen, (da)hinscheiden \*verfliegen, vorbeigehen, vorübergehen, verrinnen, verfließen, verrauschen, verstreichen, ins Land gehen / ziehen

**dahingehen:** am Leben bleiben, überleben \*erhalten bleiben, (da)bleiben

**dahinscheiden:** vergehen, (ver)scheiden, (hin)sterben, ableben, abscheiden, abgerufen werden, einschlummern, einschlafen, entschlafen, hinscheiden, heimgehen, umkommen, dahingehen

**dahinscheiden:** leben, am Leben bleiben

**dahinschwinden:** abnehmen, schwinden, nachlassen, abklingen, zurückgehen, (ab)sinken, s. vermindern / verkleinern / verringern, abflauen, verebben, abebben, zusammenschrumpfen, erkalten, einschlafen, geringer / schwächer / weniger werden, ausgehen, zu Ende gehen, zu Ende sein \*aussterben

**dahinschwinden:** vermehren, zunehmen, vervielfachen, aufstocken, ausweiten, anwachsen, anschwellen \*am Leben bleiben

**dahinter:** hinter

**dahinter:** davor, vorher, vordem, im vorhinein, voran, zuvorderst \*hervor

**dahintergehen:** (nach)folgen, verfolgen, nachlaufen, nachkommen, nachgehen

**dahintergehen:** vorangehen, führen, davorgehen, vorhergehen, vorausgehen \*hervortreten, hervorkommen

**dalassen:** dabehalten, belassen, bei s. belassen / behalten, liegenlassen, hängenlassen, stehenlassen

**dalassen:** mitnehmen, kassieren, wegbringen, wegnehmen, fortschaffen, wegschaffen, wegfahren, fortbringen, fortfahren, entfernen

**damals:** früher, zu jener Zeit, in jenen Tagen, einst, einmal, ehemals, derzeit, vormals, vordem, ehedem, einstmals, einstens, dazumal

**damals:** heute, jetzt, gegenwärtig, im Augenblick / Moment, augenblicklich, nun, eben, derzeit, gerade, just (-ament), momentan, soeben, zur Stunde / Zeit, am heutigen Tage \*zukünftig, in absehbarer Zeit, in Bälde / Kürze, künftig, nahe, nächstens (Zeitpunkt)

**Dame:** gnädige Frau, meine Dame \*Dame des Hauses: Gastgeberin

**Dame:** Herr \*König (Schachspiel) \*Dame des Hauses: Herr des Hauses, Hausherr \*Besuch

**damenhaft:** ladylike, aufmerksam, fein, kultiviert, manierlich, taktvoll, vornehm, höflich, zuvorkommend

**damenhaft:** kindisch \*jungenhaft, burschikos

**Dämmerschlaf:** Halbschlaf \*Heilschlaf, Schlaf

**Dämmerschlaf:** Tiefschlaf \*Wachzustand \*Koma, Ohnmacht, Bewußtlosigkeit

**dämpfen:** dünsten, in Dampf kochen, garen \*(ab)mindern, vermindern, (ein)dämmen, abdämmen, abschwächen, (ab)mildern, herunterspielen \*besänftigen, beruhigen, beschwichti-

**dämpfen:** anregen, aufpeitschen, beleben, steigern, aufpulvern, aufmöbeln, aufputschen (Drogen, Medikament) \*schüren, anfeuern, erregen, entfachen (Streit, Gefühle) \*kochen, braten

gen, bändigen, die Wogen glätten, begütigen

**dämpfend:** mindernd, mildernd, (ab-) dämmend, abschwächend, beruhigend
**danach:** also, jedenfalls, infolgedessen, mithin, demnach, folglich, demzufolge, ergo, somit, dementsprechend, demgemäß, sonach *hinterher, später, nach(her), dann, im nachhinein, nachträglich, sodann, hernach, sonach, hieran, im Anschluß an, rückschauend, rückblickend, retrospektiv
**danebenbenehmen (s.):** s. vorbeibenehmen, auffallen, aus der Rolle fallen, entgleisen, ausbrechen, aus der Haut fahren, s. abreagieren
**danebenhauen:** irren, im Irrtum sein, schlecht beraten sein, einen Fehler machen *danebentreffen, vorbeitreffen, vorbeizielen, danebenzielen, danebengreifen, vorbeigreifen, vorbeischlagen, danebenschlagen, vorbeihauen, vorbeischießen, danebenschießen, nicht treffen, verfehlen
**daniederliegen:** leiden, dahinsiechen, bettlägerig sein, das Bett hüten, kränkeln
**Dank:** Dankbarkeit, Anerkennung, Dankesschuld, Danksagung, Dankgebet, Belohnung, Vergeltung, Lohn, Dankgefühl
**dankbar:** dankerfüllt, verbunden, verpflichtet, erkenntlich *nützlich, dankenswert, lohnend, ergiebig, fruchtbar, ersprießlich
**danken:** s. bedanken, Dank sagen / abstatten / aussprechen / ausdrücken / bezeigen / bekunden, s. erkenntlich zeigen, anerkennen *verdanken, Dank schulden, zu danken haben *verzichten, pfeifen auf
**dann:** hinterher, nachher, später, nachträglich, danach, sodann, sonach, im nachhinein, hieran, hernach, im Anschluß an, rückschauend, rückblickend, retrospektiv *gelegentlich, manchmal, ab und zu, ab und an, zuzeiten, dann und wann, zuweilen, bisweilen, vereinzelt
**darauf:** daran, hieran, hierauf
**darauffolgend:** nacheinander, aufeinanderfolgend, hintereinander, (nach-)folgend, der Reihe / Ordnung nach

(Speise) *erheben, verstärken (Stimme) *s. aufregen *dopen (Leistung) *verstärken (Geräusch, Schwingung) *animieren *bügeln (Kleid)
**dämpfend:** anregend, belebend, aufputschend, stimulierend, steigernd
**danach:** davor, vorher, vorerst, zuvor, zunächst, vorab, zuerst, früher *nicht entsprechend (Handlung) *vorher, davor, voraus, voran (Abfolge) *danach
**kommen:** vorhergehen, vorausschicken, vorausgehen, vorangehen (Ereignis)

**danebenbenehmen (s.):** s. einordnen / eingliedern, anpassen, einbeziehen, angleichen *resozialisieren

**danebenhauen:** treffen (Nagel) *nicht daneben treffen, das Ziel erreichen, ins Schwarze / Ziel treffen *das Richtige treffen, (heraus)finden, erfassen

**daniederliegen:** gesund / munter sein *florieren, blühen, gedeihen, Hoch / Blütezeit haben (Handel, Kultur)
**Dank:** Undank *Bitte, Wunsch

**dankbar:** undankbar *schwierig, unergiebig, nicht lohnend, aufwendig (Arbeit, Aufgabe)

**danken:** nicht danken, undankbar sein *bitten, wünschen *vorwerfen

**dann:** (zu)erst, zunächst, vorher, davor, voran, vorerst

**darauf:** davor, vorher, zuvor
**darauffolgend:** vorhergehend

**darben:** hungern, Hunger leiden, schmachten, fasten, nichts zu essen haben

**darbieten:** (aus)geben, (hin)reichen, (an)bieten, hinhalten, offerieren *aufführen, spielen *darlegen *s. anbieten (Gelegenheit) *sichtbar / deutlich werden

**darin:** in, inmitten, zwischen, mittendrin *binnen *zentral

**Darsteller:** Schauspieler, Star, Leinwandgröße, Akteur, Filmstar

**darüber:** über *währenddessen, dabei

**darunterliegen:** schlechter / schwächer sein *unten sein / liegen

**dasein:** anwesend / greifbar / hier / zur Stelle / gegenwärtig / zugegen / dabei sein

**Dauer:** Länge, Zeitdauer *Fortbestand, Bestand, Fortbestehen, Weitergehen, Fortgang *Unvergänglichkeit, Unsterblichkeit, Unveränderlichkeit, Ewigkeit, Zeitlosigkeit, Weiterleben; Unwandelbarkeit *Durchhalten, Überstehen, Durchstehen, Überdauern

**Daueraufenthalt:** (ständiger) Wohnsitz

**dauerhaft:** bleibend, unvergänglich, fest, wertbeständig, krisenfest, von Bestand, unauflösbar, unauflöslich, unwandelbar, unzerstörbar, zeitlebens, für immer, ewig *strapazierfähig, kräftig, stabil *unverderblich *feuersicher *waschecht, farbecht, lichtecht *wetterfest

**dauern:** s. hinziehen, andauern, währen, bleiben, (fort)bestehen, s. halten, gleichbleiben, anhalten, fortdauern *leid tun, erbarmen, Mitleid erregen, schmerzen

**dauernd:** immer(zu), unaufhörlich, von je(her), seit je(her), seit eh und je, schon immer, immer noch, nach wie vor, immer wieder, immerfort, tagaus, tagein, jahraus, jahrein, stets, stetig, andauernd, beständig, fortgesetzt, fortdauernd, anhaltend, unaufhaltsam, unausgesetzt, konstant, kontinuierlich,

**darben:** schwelgen, schlemmen, (s.) vollschlagen, reinhauen, prassen, verschwenden, wüsten

**darbieten:** erhalten, annehmen, empfangen, in Empfang nehmen *verweigern, abschlagen, zurückweisen, versagen, ablehnen, ausschlagen, abweisen, verschmähen *s. entziehen / verstecken / verbergen *anhören, ansehen, anschauen (Werke)

**darin:** draußen, außerhalb *um... herum

**Darsteller:** Zuhörer *Zuschauer, Besucher

**darüber:** darunter, unter *dazwischen *hindurch

**darunterliegen:** darüberliegen *überlegen *übertreffen (Leistung)

**dasein:** absent / abwesend / nicht greifbar / anderwärts / weg / woanders sein, fehlen, schwänzen, ausgeblieben / weggeblieben / ferngeblieben sein, vermißt werden, durch Abwesenheit glänzen

**Dauer:** Wechsel *Provisorium *Vergänglichkeit

**Daueraufenthalt:** Besuch, Kurzbesuch, Visite

**dauerhaft:** vorübergehend, kurz, flüchtig *wechselnd *vergänglich *lose, locker, schwankend, wankend, unsolide

**dauern:** vergehen, enden, aufhören, vorbeigehen, vorübergehen, abbrechen, vorbei / vorüber sein *s. ändern, wechseln *kurzfristig sein *gleichgültig lassen, egal sein *erfreuen, Gefallen finden, Freude empfinden, erheitern, belustigen

**dauernd:** manchmal, gelegentlich, ab und zu, hin und wieder, von Zeit zu Zeit, ab und an, zuzeiten, dann und wann, zuweilen, vereinzelt, bisweilen *augenblicklich, momentan, zeitweilig, temporär, derzeitig, jetzig, gegenwärtig, soeben, heutig *wechselnd, periodisch *zeitlich, vergänglich *provi-

permanent, beharrlich, gleichbleibend, pausenlos, ständig, immerwährend, allezeit, allweil, rund um die Uhr *chronisch, schleichend, unheilbar, schleppend *traditionell, gewohnheitsmäßig, ererbt, gewohnt, althergebracht, beständig, bleibend, bestehend
**davon:** hiervon, dadurch
**davongehen:** davonrennen, wegrennen, weggehen, scheiden, (fort)gehen, abmarschieren, s. absetzen / entfernen / fortbegeben / wegbegeben, ausziehen, weglaufen, (davon)laufen, flüchten

**davonkommen:** entrinnen, entgehen, s. retten, Glück haben *gesunden, weiterleben, überleben, am Leben bleiben, nicht sterben
**davonlaufen:** davongehen, davonrennen, wegrennen, weggehen, scheiden, (fort)gehen, abmarschieren, s. absetzen / entfernen / fortbegeben / wegbegeben, ausziehen, weglaufen, flüchten
**davontragen:** wegtragen, wegbringen, entfernen *erlangen, gewinnen
**davor:** vor(her), zuerst, zuvor, vordem

**davorgehen:** vorhergehen, (an)führen, leiten
**davorstehen:** bevorstehen, vor s. haben
**dazugehören:** teilnehmen, mitmachen, teilhaben, s. beteiligen, mitwirken, mitarbeiten, mitspielen, beteiligt sein *s. solidarisch erklären mit, s. identifizieren
**dazukommen:** hinzukommen *kommen, erscheinen

**dazulegen:** hinzulegen, drauflegen, dazutun, hinzutun, auffüllen, dazugeben

**dazumal:** früher, damals, ehedem, derzeit, ehemals, einmal, einstmals, vormals, in jenen Tagen, seinerzeit
**dazurechnen:** hinzuzählen, addieren, zulegen

sorisch, behelfsmäßig, vorläufig, vorübergehend

**davon:** zurück, heran, (her)zu, herbei
**davongehen:** (da)bleiben *eintreffen, s. nähern, her(an)kommen, hinkommen, näherkommen, daherkommen, nahen, anrücken, erscheinen, s. einfinden / einstellen, (an)kommen, herangehen, beikommen *zurückkommen, wiederkommen, zurückkehren, wiederkehren, heimkommen, heimkehren, heimfinden, nach Hause kommen
**davonkommen:** betroffen sein *untergehen, zugrunde gehen, sterben (Leben) *verletzt werden (Gefahr) *ergriffen werden
**davonlaufen:** (da)bleiben *angelaufen / angerannt kommen, herbeilaufen *entgegentreten (Gefahr) *zurücklaufen, zurückrennen

**davontragen:** herbringen, herbeibringen *einliefern (Patient)
**davor:** dahinter, hinterher, danach *später, nachher, weiterhin, künftig, dann, darauf, bald, demnächst, in absehbarer / kurzer / nächster Zeit, zukünftig
**davorgehen:** hinterhergehen, folgen, hinterherlaufen
**davorstehen:** hinter s. haben (Examen)
**dazugehören:** isoliert / ausgestoßen / ausgesondert sein, s. verschließen / verkriechen / einigeln / zurückziehen / einpuppen / isolieren / verschließen, entsagen
**dazukommen:** wegbleiben, fernbleiben, abwesend / absent sein, fortbleiben *abgehen, abgezogen werden (Rechnung)
**dazulegen:** wegnehmen, abzweigen, verringern (Summe) *wegtun, weglegen (Ware)
**dazumal:** heute, jetzt, gegenwärtig, derzeit, augenblicklich *zukünftig, später, nachher, in Zukunft
**dazurechnen:** abziehen, (ab)streichen, vermindern, kürzen, heruntergehen, verkleinern, subtrahieren *ausschließen

**dazwischen:** zwischen, in(mitten), mittendrin *dabei, darunter

**dazwischentreten:** s. einschalten, eingreifen, einschreiten, s. (ein)mischen, einhaken, durchgreifen
**Dealer:** Händler, Peddler, Pusher, Rauschgifthändler

**Debet:** Mindereinnahme, Fehlbetrag, Soll, Minderertrag, Defizit, Schulden, Manko
**Debüt:** Start, Rollendebüt, (erster) Auftritt, erstes Auftreten
**dechiffrieren:** entschlüsseln, dekodieren, decodieren, auflösen, aufschlüsseln, entziffern

**decken:** bedecken, überziehen, überdecken, zudecken, verdecken *begatten, bespringen, besamen *schützen, verteidigen, beschirmen, Schutz gewähren *s. decken: s. gleichen, übereinstimmen, kongruieren, s. ähneln, ähnlich sein, gleichkommen, korrespondieren, gleich sein

**deckungsgleich:** übereinstimmend, gleich(artig), zusammenfallend, konform, parallel, einhellig, einheitlich, identisch, konvergierend, homogen, kongruent, analog
**Deduktion:** Ableitung, Herleitung, Beweis, Folgerung, Zurückführung
**defekt:** zerbrochen, zerrissen, mitgenommen, abgestoßen, angeschlagen, schadhaft, beschädigt, lädiert
**defensiv:** verteidigend, abwehrend *vorausschauend, vorsichtig

**Defensive:** Verteidigung, Abwehr, Widerstand, Rückzugsgefecht, Notwehr

**definitiv:** verbindlich, endgültig, obligatorisch, verpflichtend, feststehend, bindend, unwiderruflich, ein für allemal, unabänderlich
**Deflation:** Geldmangel, wirtschaftlicher Rückgang
**dehnbar:** unklar, ungenau, verschwommen, undeutlich *geschmeidig, biegsam, elastisch, plastisch
**dehnen:** länger / breiter / größer werden / machen *s. dehnen: s. recken / strek-

**dazwischen:** außen, außerhalb, (um) herum, ringsum (Ort) *vorher, nachher, außerhalb (Ereignis)
**dazwischentreten:** s. heraushalten, zusehen, gewähren lassen (Streit) *zuschauen *fliehen, flüchten
**Dealer:** Rauschgiftsüchtiger, Rauschgiftabhängiger, Drogenabhängiger, Fixer, Hascher
**Debet:** Guthaben, Haben, Kredit

**Debüt:** Abschiedsvorstellung *Abschiedsrede
**dechiffrieren:** chiffrieren, verschlüsseln, (en)codieren, (en)kodieren, in Geheimschrift / Geheimsprache abfassen

**decken:** abdecken (Dach) *abräumen (Tisch) *ausplaudern (Tat) *nicht decken, nicht abgesichert / gedeckt sein (Schulden) *Raum lassen (Sportler) *fallenlassen, im Stich lassen, ungedeckt lassen *nicht decken, ungedeckt lassen (Stute) *s. decken: deckungslos / ungeschützt sein *s. nicht decken, nicht übereinstimmen, s. unterscheiden, differieren (Dreiecke, Aussagen)
**deckungsgleich:** inkongruent, nicht deckungsgleich / übereinstimmend (Mathematik) *nicht übereinstimmend, differierend, unterschiedlich (Aussagen)
**Deduktion:** Induktion (Methode, Stromspannung)
**defekt:** heil, unbeschädigt, ganz, unversehrt, intakt, in Ordnung, instand, repariert *neu
**defensiv:** offensiv, aggressiv, angriffslustig, angreiferisch *rücksichtslos, brutal
**Defensive:** Offensive, Angriff, Attacke, Aggression, Überfall, Einfall *Rücksichtslosigkeit
**definitiv:** vorläufig, provisorisch

**Deflation:** Inflation *Hoch(konjunktur), wirtschaftlicher Aufschwung
**dehnbar:** undehnbar, unelastisch, starr, fest, unplastisch *klar umrissen, genau, bestimmt, präzise (Begriff)
**dehnen:** kürzen, zusammenziehen *stauchen (Metall) *(ein)halten (Naht)

ken / ausdehnen

**delegieren:** abordnen, entsenden, schicken, abkommandieren, beordern, deputieren, abstellen, kommandieren (zu), detachieren *übertragen, weitergeben an
**delikat:** appetitlich, fein, mundend, kräftig, köstlich, lecker, würzig, vollmundig, schmeckbar, vorzüglich, knusprig, wohlschmeckend, schmackhaft *heikel, problematisch, verwickelt, gefährlich, schwierig, schwer, kompliziert, prekär, langwierig *taktvoll, mit Feingefühl
**demaskieren:** bloßstellen, durchschauen *bloßlegen, aufdecken, vorzeigen, aufrollen, nachweisen, entschleiern, enthüllen *identifizieren, feststellen, dahinterkommen, erkennen
**dementieren:** abstreiten, (ab)leugnen, bestreiten, s. verwahren gegen, von s. weisen, verneinen, als unrichtig / unzutreffend / falsch / unwahr bezeichnen

**Demokratie:** Herrschaft des Volkes, parlamentarische Demokratie, Volksdemokratie, Volksherrschaft

**demokratisch:** den Grundsätzen der Demokratie entsprechend
**demolieren:** zerstören, zertreten, zerschmettern, destruieren, vernichten, ruinieren, verheeren, ausradieren, niederwalzen, zugrunde richten, verwüsten, zerbrechen, zerschlagen, niedermähen
**Demontage:** Zerlegung, Dekomposition, Zertrennung, Auflösung, Abbau, Zerstückelung, Abbruch, Zerteilung

**demontieren:** abbauen, auseinandernehmen, auflösen

**Demut:** Bescheidenheit, Gefügigkeit, Ergebenheit, Fügung in, Ergebung, Fügsamkeit
**demütig:** ergeben, demutsvoll, unterwürfig, devot, ehrerbietig, kniefällig, servil, kriechend, gottergeben, knechtisch
**Demütigung:** Verächtlichmachung,

*s. **dehnen:** eingehen, (zusammen-)schrumpfen, zusammenziehen (Gewebe) *zusammenziehen, verkürzen
**delegieren:** absetzen, zurückrufen *erledigen, selbst tun, an s. ziehen, s. aneignen

**delikat:** fade, geschmacklos, übelschmeckend, ungewürzt, wäßrig, ohne Geschmack, kraftlos, nüchtern (Geschmack) *taktlos, geschmacklos, unpassend, unangebracht, deplaciert, abgeschmackt, ohne Feingefühl (Verhalten) *gering, harmlos (Angelegenheit)

**demaskieren:** s. maskieren / verstecken / verbergen / tarnen / vermummen / verhüllen / verkleiden

**dementieren:** bestätigen, bejahen, zustimmen, billigen, gutheißen, akzeptieren, beistimmen, einverstanden sein *tolerieren, respektieren *offen lassen (Frage, Behauptung)
**Demokratie:** Tyrannei, Zwangsherrschaft, Willkürherrschaft, Terror, Zwang, Gewalt, Gesetzlosigkeit, Totalitarismus, totalitärer Staat, Diktatur
**demokratisch:** autoritär, diktatorisch, undemokratisch, totalitär, gesetzlos
**demolieren:** reparieren, ausbessern, erneuern, einen Schaden beseitigen / beheben, in Ordnung bringen, instand setzen, wiederherstellen

**Demontage:** Aufbau, Wiederherstellung, Instandsetzung, Montage, Bau, Erneuerung, Restaurierung, Renovierung, Ausbesserung
**demontieren:** montieren, (auf)bauen, erbauen, errichten, erstellen, aufrichten, hochziehen *ausbessern, instand setzen, erneuern, renovieren, restaurieren
**Demut:** Stolz, Hochmut, Hochmütigkeit, Überheblichkeit, Selbstsicherheit *Unbescheidenheit
**demütig:** stolz, selbstbewußt, hochmütig, überheblich, selbstsicher, arrogant, anmaßend *unbescheiden

**Demütigung:** Triumph, Erfolg, Sieg

Mißachtung, Verachtung, Respektlosigkeit, Nichtachtung, Abschätzigkeit, Abfälligkeit, Geringschätzigkeit, Pejoration, Herabsetzung, Naserümpfen, Despektierlichkeit, Geringschätzung, Herabwürdigung, Entwürdigung

**denkbar:** möglich, gangbar, erdenklich, durchführbar, potentiell, ausführbar *voraussichtlich, anscheinend, vermutlich, vermeintlich, (höchst)wahrscheinlich

**denken:** überlegen, (herum)rätseln, durchdenken, brüten, tüfteln, (nach-)sinnen, grübeln, knobeln, nachdenken, besinnen, reflektieren, sinnieren, meditieren *annehmen, meinen, glauben *beabsichtigen, vorhaben, wollen *s. (zurück)erinnern / entsinnen, zurückdenken, zurückschauen, zurückblicken

**deplaciert:** taktlos, unpassend, unangebracht, geschmacklos, abgeschmackt *unqualifiziert, abträglich, ungut, ungünstig, fehl am Platze, unerfreulich, leidig, blamabel, unerwünscht, ungemütlich, unbequem, unerquicklich, fatal, verdrießlich, unliebsam, unwillkommen, ärgerlich, mißlich, schlecht, peinlich, störend, unpassend, nachteilig, dumm, negativ, lästig, verpönt

**deprimieren:** mutlos machen, niederdrücken, enttäuschen, frustrieren, einengen, verprellen

**deprimierend:** betrüblich, bedauerlich, traurig, niederschmetternd

**deprimiert:** verzagt, resigniert, verzweifelt, gebrochen, (nieder)gedrückt, mutlos, kleinmütig, entmutigt, lebensmüde, niedergeschlagen, niedergeschmettert, geknickt, enttäuscht *pessimistisch

**derb:** unfein, hart, rauh, deftig, rüde, rücksichtslos, barsch, ungeschliffen, ungehobelt, vulgär, unanständig, grob *kräftig, gesund (Menschenschlag) *plump, einfach *bäuerlich

**derselbe:** der Obengenannte, der Vorhergenannte, eben derselbe, der nämliche / gleiche, eben der *ebenso / genauso einer, derselbe, der gleiche

**derzeitig:** jetzt, augenblicklich, momentan, heutig, gegenwärtig

*Glück

**denkbar:** undenkbar, unvorstellbar *unmöglich, ausgeschlossen, keineswegs, keinesfalls, unter keinen Umständen

**denken:** sprechen *fühlen *handeln, tun, machen, ausführen *zeigen *verdrängen, unterdrücken

**deplaciert:** passend, treffend, angebracht, angemessen, richtig, am Platz, schicklich, geboten, gebührlich, taktvoll

**deprimieren:** ermutigen, aufrichten *belustigen, erheitern, erbauen, erfreuen

**deprimierend:** tröstlich, tröstend, trostreich, beruhigend, ermutigend, rosig, aussichtsreich, hoffnungsvoll

**deprimiert:** froh, fröhlich, lustig, vergnüglich, frohgemut, heiter, lebensfroh, vergnügt, fidel, aufgeräumt, frohsinnig *optimistisch, hoffnungsvoll, zuversichtlich, hoffnungsfroh, zukunftsgläubig, unverzagt

**derb:** zart, schwach, fein, zierlich, zartgliedrig, feingliedrig, grazil, zerbrechlich *anständig (Scherz) *rücksichtsvoll, zuvorkommend, nett, freundlich (Verhalten) *elegant, geschmackvoll, schnittig, vornehm, flott, kleidsam, fesch, schick, nett (Mode)

**derselbe:** andere, verschiedene

**derzeitig:** früher, vorher, vor einiger Zeit *später, nachher, zukünftig, in Zukunft

**Desaster:** Unglück(sfall), Verderben, Unheil, Verhängnis, Not(lage), Heimsuchung, Geißel, Plage, Prüfung, Bürde, Last, Mißgeschick, Schreckensnachricht, Schicksalsschlag, Katastrophe, Tragödie, Drama, Trauerspiel

**deshalb:** deswegen, daher, dadurch, darum, aus diesem Grunde, insofern

**desinfizieren:** keimfrei machen, sterilisieren, auskochen, entseuchen

**Desinteresse:** Teilnahmslosigkeit, Unempfindlichkeit, Trägheit, Intereselosigkeit, Uninteressiertheit, Gleichgültigkeit, Abgestumpftheit, Stumpfheit, Abstumpfung, Stumpfsinn(igkeit), Geistesabwesenheit, Apathie, Lethargie, Gefühllosigkeit, Sturheit, Herzlosigkeit, Unaufgeschlossenheit, Ungerührtheit, Dickfelligkeit, Leidenschaftslosigkeit, Kühle, Phlegma

**desinteressiert:** träge, dickfellig, schwerfällig, gleichgültig, lethargisch, teilnahmslos, leidenschaftslos, unbeteiligt, apathisch, stumpfsinnig, unempfindlich, interesselos, ungerührt, unbewegt, kühl, gefühllos, unaufgeschlossen, inaktiv, lasch, stumpf, denkfaul

**desolat:** bedrückt, schwermütig, depressiv, melancholisch, trübsinnig, hypochondrisch, schwarzseherisch, pessimistisch, nihilistisch, defätistisch, wehmütig, trübselig, freudlos, traurig, trist, elegisch, (tod)unglücklich, elend, betrübt, trübe, bekümmert, unfroh *sorgenvoll, sorgenschwer, zentnerschwer, gramerfüllt, gramvoll, gramgebeugt *schlecht, miserabel

**Desorganisation:** Chaos, Anarchie, Verwirrung, Durcheinander, Wirrsal, Wirrnis, Wirrwarr, Gewirr, Konfusion

**desorganisiert:** chaotisch, verwirrt, durcheinander, ungeordnet, wirr

**desorientiert:** nicht / falsch informiert

**Dessert:** Nachspeise, Süßspeise, Nachtisch

**destruktiv:** zerstörerisch, umstürzlerisch, revolutionär, zersetzend, subversiv, anarchistisch

**Detail:** Einzelheit, Ausschnitt, Teilstück

**detailliert:** in allen Einzelheiten, genau, im einzelnen

**Desaster:** Happy-End

**deshalb:** trotz(dem)

**desinfizieren:** infizieren

**Desinteresse:** Interesse, Teilnahme, Mitgefühl, Neugier, Zuneigung, Mitleid, Erbarmen, Anteilnahme *Wißbegier(de), Wissensdurst, Interesse, Erkenntnisdrang, Forschergeist

**desinteressiert:** interessiert, mitfühlend, neugierig, anteilnehmend *neugierig, wißbegierig, wissensdurstig, strebsam *munter, lustig, fröhlich, heiter

**desolat:** zuversichtlich, hoffnungsvoll, optimistisch, hoffnungsfroh, unverzagt, voller Zuversicht, lebensbejahend, guten Mutes, hoffnungsfreudig, getrost, unverdrossen, siegessicher, siegesgewiß, sicher, positiv, zukunftsgläubig, ohne Furcht, vertrauensvoll

**Desorganisation:** Organisation, Ordnung, geordneter Zustand, Disziplin

**desorganisiert:** organisiert, geordnet, diszipliniert

**desorientiert:** orientiert, unterrichtet, wissend, informiert

**Dessert:** Vorgericht, Vorspeise, Entree *Hauptgericht, Hauptmahlzeit

**destruktiv:** konstruktiv, förderlich, aufbauend, nützlich, nutzbringend, hilfreich, gedeihlich

**Detail:** das Ganze, Gesamtheit, Ganzheit, Totalität, Gänze *Mehrheit *die große Linie *Übersicht

**detailliert:** im ganzen, pauschal, global, summarisch

**deutlich:** anschaulich, bildhaft, verständlich, lebendig, wirklichkeitsnah, farbig, einprägsam, demonstrativ, plastisch, drastisch, bilderreich, veranschaulichend, illustrativ *genau, bestimmt, festumrissen, exakt, klar, präzise, handfest, greifbar, prägnant, eindeutig, unmißverständlich, unzweideutig, sonnenklar, ungeschminkt, unverblümt *offenbar, augenscheinlich, augenfällig, sichtbar, sichtlich, offenkundig, erwiesen *eindringlich, nachdrücklich, inständig, drastisch, ausdrücklich, wirkungsvoll, flehentlich, schwörend *(wohl)artikuliert, gut zu verstehen, verstehbar, verständlich

**deutlich:** undeutlich, unklar, unscharf, unbestimmt, ungenau, vage, dunkel, schemenhaft, verschwommen, nebelhaft, verblaßt, ungeklärt, schattenhaft *unartikuliert, undeutlich, lallend, abgehackt, murmelnd (Stimme) *unleserlich, schlampig, unlesbar (Schrift) *vage, undeutlich, ungenau (Hinweis) *leise, flüsternd, lautlos, kaum hörbar / vernehmbar / vernehmlich (Sprache) *leise, undeutlich, schwer hörbar (Ton)

**devot:** unterwürfig, servil, knechtisch, demütig, ehrerbietig, kniefällig, untertänig, fußfällig, (gott)ergeben, kriechend, demutsvoll

**devot:** stolz, selbstsicher, selbstbewußt, erhaben, autoritär, streng, bestimmt, resolut, herrisch, gebieterisch

**dezent:** diskret, verschwiegen, taktvoll *zurückhaltend, bescheiden, einfach, unaufdringlich, nicht aufdringlich *gedämpft, schwach

**dezent:** aufdringlich, stark (Geruch) *supermodern, extravagant, auffällig, aufreizend, ultramodern, mondän (Kleidung) *unanständig, anstößig, ungehörig, unschicklich, taktlos, indezent *auffällig, aufdringlich, lebhaft (Farbe) *hell, grell (Beleuchtung)

**Diagnose:** Befund, Erkennung, Feststellung, Beurteilung, das Erkennen

**Diagnose:** Therapie *Prognose

**Dialog:** Gespräch, Aussprache, Unterhaltung, Meinungsaustausch, Unterredung, Gedankenaustausch, Konversation, Interview, Debatte, Diskussion, Streitgespräch

**Dialog:** Monolog, Selbstgespräch

**dicht:** kompakt, eng beieinander / nebeneinander *undurchlässig, undurchdringlich, geschlossen *(luft)dicht *wasserdicht, imprägniert, wasserundurchlässig, isoliert *kugelfest, gepanzert, kugelsicher *dicht bei dicht, (dicht)gedrängt, voll, besetzt *massiv, massig, fest, kompakt, gequetscht *dichtmaschig, festgewebt *zu, (ab)geschlossen *voll, kräftig, üppig

**dicht:** undicht *porös, durchlässig, durchlöchert, undicht (Material) *leck (Schiff) *licht, hell, gelichtet (Wald) *weit, entfernt (Entfernung) *luftig, dünn (Stoff) *aufgelockert, locker (Wolken) *dünn, gelichtet, schütter (Haare) *schwach (Nebel) *gering (Bevölkerung)

**dichten:** schreiben, reimen, Reime / Verse machen / schmieden, fabulieren, schriftstellern *isolieren, abdichten, undurchlässig / dicht machen *lügen, die Unwahrheit sagen

**dichten:** durchlässig machen *die Wahrheit sagen *ein Stück schreiben (Prosa)

**dick:** (wohl)beleibt, stark, stämmig, vollschlank, korpulent, füllig, breit, stramm, gemästet, unförmig, dicklich, mollig, rund(lich), üppig, kugelrund, wohlgenährt, drall, umfangreich, fett, pummelig, dickleibig, fettleibig, paus-

**dick:** dünn, schwach, kümmerlich, schmächtig *fein, schwach (Ast, Stamm) *dünn (Buch, Mauer) *schlank, dürr, mager, dünn, hager, ausgehungert, abgezehrt, gertenschlank, grazil, rank, schlankwüchsig

bäckig, aufgedunsen, dickwanstig, feist, fleischig, gewaltig, massig, vierschrötig, plump *aufgetrieben, (auf-)gedunsen, geschwollen, aufgebläht, aufgeschwemmt, schwammig *angeschwollen, entzündet, verdickt *kräftig, voll (Haar)

**dickfellig:** dickhäutig, robust, unempfindlich

**dienen:** untergeben / untertan sein, helfen, beistehen, entlasten, unterstützen, zur Verfügung stehen, an die Hand gehen, in Stellung sein *Soldat sein *s. eignen, zu gebrauchen sein, nützen, ersetzen *in Diensten / angestellt / beamtet / bedienstet sein

**dienlich:** nützlich, förderlich, zuträglich, fruchtbar, heilsam, konstruktiv, hilfreich, lohnend, nutzbringend, fördernd, ersprießlich, aufbauend

**Dienst:** Amt(spflicht), Pflicht, Aufgabe, Funktion, Posten, Obliegenheit *Gefälligkeit, Gefallen, Hilfe(leistung), Dienstleistung, Verrichtung, Besorgung, Liebesdienst *Fron, Plackerei, Joch, Verpflichtung

**dienstlich:** amtlich, streng offiziell, geschäftlich, von Amts wegen, berufsmäßig

**dieser:** der da / dort, dieser da / dort

**diesig:** dunstig, neb(e)lig

**diesseits:** auf dieser Seite, herüben

**different:** verschieden, ungleich, abweichend, unterschiedlich, differierend

**Differenz:** Unterschied, Abweichung, Unterschied(lichkeit) *Meinungsverschiedenheit, Unstimmigkeit, Nichtübereinstimmung

**differenzieren:** trennen, unterscheiden *abstufen

**differieren:** verschieden sein, voneinander abweichen

**differierend:** abweichend, verschieden, unterschiedlich

(Mensch) *abgeklungen, abgeschwollen (Verletzung) *wäßrig, flüssig, dünn (Masse) *dünn (Fell) *fein, schwach, haarfein, hauchdünn *licht, dünn, knapp, schütter, dürftig, sparsam *abgetragen, abgenutzt, verschlissen, abgewetzt, abgestoßen, schäbig

**dickfellig:** sensibel, empfindlich, anfällig, beeinflußbar, ansprechbar, dünnhäutig, empfindsam, feinfühlig, feinbesaitet, hochempfindlich, schwierig, reizbar, nachtragend, verletzbar, verletzlich, zartbesaitet

**dienen:** befehlen, herrschen, gebieten, anordnen, anweisen, auferlegen, aufgeben, (be)auftragen, bestimmen, verfügen, festlegen *schaden, Schaden zufügen, schädigen

**dienlich:** schädlich, abträglich, nicht zuträglich / nützlich, hinderlich, unheilvoll, unheilbringend, unheildrohend, todbringend, ruinös *gefährlich, ungesund

**Dienst:** Freizeit, Pause, Feierabend, Ruhestand, Urlaub, Ferien

**dienstlich:** privat, außerdienstlich *inoffiziell

**dieser:** jener, andere *vorige *nächste

**diesig:** klar, hell, sonnig, heiter, sommerlich, aufgeheitert, aufgeklart

**diesseits:** jenseits, gegenüber, auf der anderen Seite, drüben *beiderseits

**different:** gleich, indifferent, gleichartig

**Differenz:** Ähnlichkeit, Gleichheit *Summe (Mathematik) *Übereinstimmung, Einvernehmen, Einverständnis, Harmonie, Einigkeit, Einstimmigkeit, Einmütigkeit, Einigung *Ausgleich

**differenzieren:** gleichsetzen *aufgehen, integrieren, verschmelzen

**differieren:** übereinstimmen, gleich / identisch sein, s. gleichen / berühren / decken, kongruieren *s. einigen, einig sein

**differierend:** gleich, identisch, übereinstimmend

**Diktatur:** Tyrannei, Zwangsherrschaft, Willkürherrschaft, Terror, Zwang, Gewalt, Gesetzlosigkeit, Totalitarismus, totalitärer Staat *Eigenmächtigkeit, Rücksichtslosigkeit, Eigenwilligkeit, Selbstherrlichkeit, Willkür, Intoleranz, Herrschsucht, Gewaltsamkeit, Unduldsamkeit

**Diktatur:** Volksherrschaft, Demokratie, Herrschaft des Volkes

**Dilettant:** Nichtfachmann *Stümper, Besserwisser, Pfuscher

**Dilettant:** Fachmann, Profi, Experte, Könner

**dilettantisch:** stümperhaft, laienhaft, nicht fachmännisch, unzulänglich, oberflächlich, ungenügend, mangelhaft, schlampig, unfachmännisch

**dilettantisch:** fachmännisch, gekonnt, profihaft, meisterlich, fachgerecht, meisterhaft, einwandfrei

**diplomatisch:** durchtrieben, geschickt, gewieft, listig, verschmitzt, taktisch, (bauern)schlau, clever, abgefeimt, gewitzt, raffiniert, ausgefuchst, ausgekocht, gerissen, geschäftstüchtig, verschlagen

**diplomatisch:** kurzsichtig, direkt, unüberlegt, geradeheraus, unumwunden, freiweg, offen, freimütig

**direkt:** geradewegs, schnurstracks *regelrecht, geradezu, förmlich, buchstäblich, ganz und gar *rundheraus, offen, freimütig, rundweg, geradewegs, geradeheraus, freiheraus, unumwunden, einfach, ohne Zögern, freiweg

**direkt:** indirekt, mittelbar *weitschweifend, ausweichend (Antwort) *auf Umwegen

**Direktübertragung:** Direktsendung, Originalübertragung, Live-Sendung

**Direktübertragung:** Aufzeichung *Zusammenschnitt, Ausschnitt

**Disharmonie:** Dissonanz, Mißklang *Unausgeglichenheit, Zwiespältigkeit, Uneinigkeit, Mißklang, Streit, Zerrissenheit

**Disharmonie:** Harmonie, Einklang, Übereinstimmung, Wohlklang

**disharmonisch:** mißtönend, unrein, falsch, unsauber, unmelodisch, dissonant

**disharmonisch:** harmonisch, wohlklingend, übereinstimmend

**diskontinuierlich:** zusammenhanglos, unterbrochen, abgehackt, stückweise, mit Unterbrechungen, unzusammenhängend

**diskontinuierlich:** kontinuierlich, zusammenhängend, ununterbrochen *nacheinander, hintereinander, aufeinanderfolgend, (nach)folgend, der Reihe nach, darauffolgend

**Diskrepanz:** Unstimmigkeit, Ungleichmäßigkeit, Ungleichheit, Verschiedenheit, Mißverhältnis, Disproportion

**Diskrepanz:** Übereinstimmung, Deckung, Gleichheit, Einklang

**diskret:** taktvoll, zurückhaltend, dezent, verschwiegen, unaufdringlich, nicht aufdringlich

**diskret:** indiskret, taktlos *öffentlich, offen *verschwätzt, schwatzhaft, redefreudig *deutlich, direkt, auffällig (Hinweis)

**Diskretion:** Verschwiegenheit, Zurückhaltung, Takt

**Diskretion:** Taktlosigkeit, Indiskretion *Schwatzhaftigkeit, Redefreude *Vertrauensbruch

**diskriminieren:** benachteiligen, ungerecht / unterschiedlich behandeln, zurücksetzen, geringschätzen, mißachten, übergehen

**diskriminieren:** (be)fördern, bevorzugen *anerkennen, loben, würdigen *aufwerten

**diskutabel:** der Erwägung / Überlegung

**diskutabel:** indiskutabel, auf keinen

wert, gut, positiv, annehmbar

**Distanz:** Ferne, Weite, Abstand, Entfernung

**distanzieren:** abrücken, jmdn. vom Leibe halten, nicht mehr zu jmdm. halten *s. zurückziehen, abrücken von, Abstand nehmen *hinter s. lassen, führen

**Disziplin:** Zucht, Ordnung, Drill, Moral *Fachrichtung, Bereich, Fachbereich
**diszipliniert:** geordnet, züchtig, zuchtvoll, gesittet, ordentlich

**disziplinlos:** undiszipliniert, zuchtlos, frech, unverschämt *durcheinander, chaotisch
**Disziplinlosigkeit:** Unordnung, Zuchtlosigkeit *Chaos, Durcheinander
**divergierend:** ungleich(mäßig), inkongruent, unähnlich, verschieden
**dividieren:** teilen
**doch:** aber, jedoch, indessen, immerhin, dabei, dennoch, trotzdem
**doof:** dumm, unerfahren, unbedarft, unbedeutend, töricht, unintelligent, dümmlich
**Doppel:** Abschrift, Zweitschrift, Duplikat, Durchschrift, Durchschlag, Kopie
**doppeldeutig:** mehrdeutig, doppelsinnig, vieldeutig, zweideutig, mißverständlich, doppelzüngig, dunkel, rätselhaft, orakelhaft, geheimnisvoll
**doppelseitig:** zweiseitig
**doppelt:** zweimal, zweifach, zwiefach, verdoppelt, paarig, paarweise, gepaart, zweiteilig, zweispaltig, beidseitig, doppelseitig
**dörflich:** ländlich, bäuerlich, provinziell, rustikal
**dornig:** beschwerlich, leidvoll, schwer, schwierig *mit Dornen versehen
**dort:** bei euch / ihnen, an jener Stelle, in jenem Land, an jenem Ort
**dorther:** von dort, von jenem Ort (her)
**dorthin:** dahin, nach dort, nach jenem Ort hin
**dösen:** ruhen, schlummern, schlafen, ein Nickerchen machen

Fall, nicht nennenswert / erwähnenswert / erwägenswert / der Rede wert, unwichtig
**Distanz:** Nähe, geringer Abstand, Haaresbreite, kurze Entfernung, Umgebung *Vertraulichkeit, Nähe, Freundschaft
**distanzieren:** s. identifizieren / solidarisieren, zustimmen, eintreten, einwilligen, gutheißen, übereinstimmen *unterliegen, zurückbleiben (Wettkampf) *s. nahen / nähern, nahe rücken *s. anhängen / aufdrängen
**Disziplin:** Disziplinlosigkeit, Unordnung, Zuchtlosigkeit *Durcheinander, Chaos
**diszipliniert:** disziplinlos, zuchtlos, undiszipliniert, frech, unverschämt *durcheinander, chaotisch
**disziplinlos:** diszipliniert, geordnet, ordentlich, züchtig

**Disziplinlosigkeit:** Disziplin, Zucht, Ordnung
**divergierend:** konvergierend, zusammenlaufend
**dividieren:** multiplizieren, malnehmen
**doch:** zwar *nicht

**doof:** talentvoll, klug, intelligent, gescheit, wissend

**Doppel:** Original (Dokument) *Einzel (Sport)

**doppeldeutig:** eindeutig, deutlich, unzweideutig, klar

**doppelseitig:** einseitig
**doppelt:** einfach *einzeln *halb (Summe)

**dörflich:** (groß)städtisch *großmännisch, angeberisch (Verhalten)
**dornig:** stachelig *dornenfrei, dornenlos, glatt *einfach (Weg, Zukunft)
**dort:** hier, da

**dorther:** nach, zu, in(s)
**dorthin:** dahin *hierher, hierhin *von

**dösen:** (hell)wach / munter sein *schlafen

**Dramatik:** dramatische Dichtung *Aufregung, Spannung, Beunruhigung, Unruhe
**dramatisch:** aufregend, nervenaufreibend, spannend

**drängen:** zusetzen, bedrängen, nicht nachlassen / aufhören (mit), bohren, keine Ruhe lassen *drängeln, drücken, schieben *eilen
**dränieren:** entwässsern, dränen

**drastisch:** energisch, bestimmt, streng, entschieden, scharf, massiv, hart, rücksichtslos, strikt, rigoros *deutlich, nachdrücklich, eindringlich, inständig, unmißverständlich, ultimativ *plastisch, illustrativ, anschaulich, bilderreich, lebendig, veranschaulichend, bildhaft, verständlich, farbig, einprägsam, sprechend
**drauflegen:** zuzahlen, zuschießen, zusetzen, zubuttern *stapeln, aufeinanderlegen
**draußen:** im Freien, unter freiem Himmel, außerhalb
**dreckig:** schmutzig, fleckig, ölig, schmierig, angestaubt, verschmutzt speckig, trübe, unrein, angeschmutzt, fettig *unanständig, anstößig, pikant, schlecht, unkeusch, lasterhaft, liederlich, sittenlos, ruchlos, schlüpfrig, ungehörig, unmoralisch, unschicklich, verdorben, unzüchtig, unsittlich, unziemlich, zuchtlos, wüst, ungebührlich, verworfen, verrucht, zotig, zweideutig
**dreist:** frech, naseweis, vorlaut, vorwitzig, unartig, ungesittet, schamlos, keß, keck, ungezogen, unverschämt, unverfroren, unmanierlich
**drinnen:** (her)innen, (hier) drin, hier
**drogenabhängig:** (drogen)süchtig
**dröhnend:** schallend, (über)laut, schrill, ohrenzerreißend, grell, lautstark, ohrenbetäubend, markerschütternd
**drosseln:** begrenzen, verkleinern, verringern, verlangsamen, heruntergehen, herabsetzen, eingrenzen, herabmindern, streichen, beschränken, (ver)kürzen, herabdrücken, herunterschrauben

**Dramatik:** Epik *Lyrik *Langeweile, Monotonie, Einförmigkeit, Eintönigkeit
**dramatisch:** uninteressant, monoton, eintönig, einförmig, langweilig, fade, trist *episch *lyrisch *friedlich, entspannt, ruhig (Entwicklung) *unbedeutend, klein, leicht (Zwischenfall)
**drängen:** s. gedulden, Zeit lassen / haben

**dränieren:** sprengen, gießen, begießen, besprengen, befeuchten, netzen, wässern, spritzen
**drastisch:** entsprechend, maßvoll, bescheiden, angemessen, zurückhaltend (Maßnahmen) *unanschaulich, blaß, fade, langweilig (Schilderung)

**drauflegen:** d(a)runterlegen, unterlegen *erhalten (Geld)

**draußen:** drinnen, drin, herinnen, innerhalb, darin(nen)
**dreckig:** (blitz)blank, (blitz)sauber, fleckenlos, gereinigt, hübsch, frischgewaschen (Wäsche) *klar, rein (Wasser) *anständig (Witz)

**dreist:** schüchtern, scheu, zurückhaltend, ängstlich, zag(haft), bange, angstschlotternd, unsicher, beklommen, verschreckt, aufgeregt, besorgt
**drinnen:** draußen, herum, außerhalb
**drogenabhängig:** sauber, frei
**dröhnend:** leise, still, zart, gedämpft *schallisoliert (Maschine)

**drosseln:** steigern, verstärken, vermehren, erhöhen, ausbauen, heraufsetzen, vervielfachen *ausweiten (Einfuhr)

**drüben:** jenseits, am anderen Ufer, auf der anderen Seite

**Druck:** Pression, Einengung, Zwang, das Muß, Unterdrückung, Nötigung *Reproduktion, Abdruck

**drücken:** dränge(l)n, schieben *verringern, heruntergehen, reduzieren, herabsetzen, eingrenzen, herabmindern, beschränken, herabdrücken, herunterschrauben

**ducken:** demütigen, unterdrücken *gehorsam sein, gehorchen, parieren, Folge leisten, nachkommen, folgen *s. **ducken:** s. (nieder)beugen / bücken / krümmen

**dulden:** überwinden, ausstehen, bestehen, verschmerzen, verarbeiten, durchstehen, vertragen, erdulden, durchmachen, hinnehmen, (er)leiden, (er)tragen, fertig werden, aushalten, verkraften, auffangen, verdauen, bewältigen

**duldsam:** tolerant, weitherzig, verständnisvoll, nachsichtig, freizügig, aufgeschlossen, einsichtig, versöhnlich

**Duldsamkeit:** Großzügigkeit, Toleranz, Großmut, Liberalität, Nachgiebigkeit

**dumm:** töricht, dümmlich, doof, strohdumm, unerfahren, unverständig, unintelligent *abträglich, ungut, ungünstig, unerfreulich, leidig, ungemütlich, unbequem, unerquicklich, verdrießlich, unliebsam, unwillkommen, ärgerlich, mißlich, schlecht, störend, negativ, lästig, verpönt, unangenehm

**Dummheit:** Engstirnigkeit, Unbegabtheit, Begriffsstutzigkeit, Beschränktheit, Unbedarftheit, Stupidität, Borniertheit *Unkenntnis, Unbelesenheit, Unerfahrenheit, Nichtwissen, Bildungslücke, Uninformiertheit *Irrwitz, Wahnwitz, Widersinnigkeit, Absurdität, Unvernunft, Unsinn(igkeit), Sinnwidrigkeit, Blödsinnigkeit

**dumpf:** benommen, betäubt, schwindlig *schwach, gering *stockig, stickig, ungelüftet, modrig, dumpfig, kellerhaft *matt, klanglos, gedämpft, belegt, heiser *unklar, unbewußt, stumpf *teilnahmslos, lethargisch, abgestumpft, unempfindlich, apathisch

**dunkel:** (stock)finster, stockdunkel, dämmrig, abendlich, lichtlos, schwarz,

**drüben:** hier *hüben, diesseits

**Druck:** Freiheit, Zwanglosigkeit, Ungezwungenheit, Toleranz *Zug *Original (Bild) *Manuskript *Handschrift *Maschinenschrift

**drücken:** ziehen *heben, steigern (Preis, Stimmung) *saugen (Pumpe) *heben, stemmen, reißen (Sport)

**ducken:** aufbegehren, s. empören / aufbäumen / erheben / sträuben / widersetzen / auflehnen / zur Wehr setzen, auftrumpfen *s. **ducken:** s. aufrichten / strecken / (empor)recken

**dulden:** widersprechen, entgegnen *s. wehren / aufbegehren / zur Wehr setzen / auflehnen / widersetzen / erheben / empören / sträuben, ankämpfen *abwerfen (Joch) *untersagen, verbieten, unterbinden, verhüten, verhindern *klagen, jammern, schluchzen, seufzen

**duldsam:** ungeduldig, radikal, unduldsam, intolerant, unverträglich *herrisch, gebieterisch, autoritär

**Duldsamkeit:** Unduldsamkeit, Unversöhnlichkeit, Unverträglichkeit, Radikalismus, Intoleranz *Herrschsucht

**dumm:** klug, gebildet, allwissend, belesen, beschlagen, aufgeklärt, bewandert, gelehrt, weise, erfahren, wissend, vertraut, begabt, schlau, einsichtig, verständig, vernünftig, intelligent *angenehm, günstig, erfreulich (Gefühl, Ereignis)

**Dummheit:** Klugheit, Bildung, Weisheit, Schlauheit, Einsichtigkeit, Vernunft, Belesenheit, Erfahrenheit, Beschlagenheit, Gelehrtheit, Begabung, Intelligenz

**dumpf:** grell, scharf, schrill, hell, hoch, gellend (Ton) *stechend (Schmerz) *frisch (Mehl) *frisch, gesund (Luft) *deutlich, lebhaft, froh, intensiv (Gefühl, Eindruck) *interessiert, aufgeschlossen

**dunkel:** hell (Licht) *hell, beleuchtet (Straße) *blaß, zart, hell, schwach,

halbdunkel trübe, düster *unfreundlich, verfinstert, bezogen, bedeckt *vage, undurchsichtig, unbestimmt, undeutlich, unscharf, vieldeutig, geheimnisvoll, unlösbar, rätselhaft *dunkelfarbig *verdächtig, suspekt, nicht geheuer, undurchsichtig, heikel, kritisch

leuchtend, licht, strahlend (Farbe, Farbton) *hell, sommerlich, freundlich (Anzug) *grell, hell, gellend, schrill (Ton) *leuchtend, strahlend, froh (Augen) *gut, lebensfroh, optimistisch *genau, klar, deutlich (Vorstellung, Gedanke) *günstig, freundlich, hell, positiv (Zukunft, Aussichten) *aufgeklärt (Zeitalter, Geheimnis) *sauber, rein, geordnet, klar, durchsichtig, nachweisbar (Vergangenheit)

**Dunkelheit:** Nacht, Finsternis, Dämmerung, Halbdunkel, Düsterkeit

**Dunkelheit:** Helligkeit, Helle, Licht *Tag *Sonne *Deutlichkeit, Genauigkeit, Klarheit

**dunkeln:** dämmern, dunkel werden, düstern, eindunkeln

**dunkeln:** hell werden, grauen (Morgen)

**dünn:** leicht, sommerlich *schwach, instabil *schlank, (fein)gliedrig, mager, zart, schmal, hager, dürr *schütter, gelichtet, karg, knapp, spärlich *wäßrig, rinnend, fließend, dünnflüssig *hauchdünn, fein, schwach, fadendünn *durchsichtig, transparent, *abgetragen, abgewetzt, abgenützt, schäbig, verschlissen

**dünn:** dick, stark, tragend (Mauer) *dick, stark (Material) *dick (Stoff) *dick, warm, winterlich (Kleidung) *dick, steif (Brei) *steif (Grog) *stark, kräftig, gehaltvoll, aromareich (Kaffee) *dicht, buschig, üppig, kräftig (Haar) *voll, tief (Stimme) *dick, wohlbeleibt, korpulent, rundlich, fett, kräftig, füllig, vollschlank, massig, aufgebläht, aufgedunsen, aufgeschwollen, dickwanstig, aufgetrieben, massig, mächtig, fleischig, strotzend, stattlich, stark, plump, pausbäckig (Mensch) *dick, stark, kräftig (Ast) *tragend, stabil, dick (Eisdecke) *gut, überzeugend (Argument)

**dünnbevölkert:** schwachbevölkert, dünnbesiedelt, schwachbesiedelt

**dünnbevölkert:** dichtbevölkert, stark besiedelt *übervölkert

**dünsten:** dämpfen, garen

**dünsten:** braten, kochen (Nahrungsmittel)

**Duplikat:** Abschrift, Zweitschrift, Kopie, Durchschrift, Durchschlag

**Duplikat:** Original, Urschrift

**Dur:** harte Tonart

**Dur:** Moll, weiche Tonart

**durch:** hindurch *gar (gekocht), durchgebacken

**durch:** in *nach *um (herum) *über *(halb) roh, medium, rosé

**durchbrechen:** auseinanderbrechen, zerbrechen *durchleuchten, durchscheinen, durchdringen, durchschimmern

**durchbrechen:** anbrechen, schneiden (Brot) *(stand)halten

**durchdringend:** scharf, penetrant, intensiv, stark, beißend, stechend, streng *(über)laut, gellend, lautstark, ohrenzerreißend, schrill, grell, markerschütternd

**durchdringend:** leise, mild, sanft, wohltönend, weich, angenehm, warm (Stimme) *mild, liebevoll, sanft, sympathisch *unsicher (Blick) *unaufdringlich (Geruch)

**durcheinander:** chaotisch, wirr, vermengt, vermischt, ungeordnet ***durcheinander sein:** verwirrt / unkonzentriert / zerstreut / geistesabweisend / zerfahren sein

**durcheinander:** geordnet, aufgeräumt, der Reihe nach *nach und nach ***durcheinander sein:** gefaßt, konzentriert, bei der Sache

**Durcheinander:** Unordnung, Verwirrung, Hexenkessel, Wirrsal, Chaos, Wirrwarr, Konfusion
**durcheinanderbringen:** irremachen, verwirren, beunruhigen, beirren, irritieren, verunsichern, umtreiben *vertauschen, verwechseln, austauschen *verquicken, vermischen, vermengen, verbinden
**durchfahren:** hindurchfahren, weiterfahren *erschüttern, durchzucken, durchschießen, durchblitzen

**Durchfahrt:** Meerenge, Passage, Straße *Transit, Durchfuhr
**Durchfall:** Darmkatarrh, (heftige) Darmentleerung, Diarrhö

**durchfallen:** versagen, durchfliegen, nicht bestehen, nicht versetzt werden *hindurchfallen *nicht anerkannt werden, keine Beachtung / Aufmerksamkeit finden, keinen Erfolg haben

**durchfechten:** herausholen, herausschinden, erwirken, vermögen, durchbringen, schaffen, erzwingen, durchsetzen, erringen, erzielen, durchpeitschen
**durchfliegen:** flüchtig / rasch lesen, überfliegen *durchfallen, nicht bestehen, versagen, nicht versetzt werden *weiterfliegen
**durchfroren:** durchkältet, kalt
**durchführbar:** möglich, gangbar, denkbar, ausführbar
**durchführen:** realisieren, tätigen, ausführen, abwickeln, verwirklichen, erledigen, arrangieren, fertigbringen, verrichten, ausrichten, aufziehen, (ab)halten, machen, unternehmen, veranstalten, stattfinden lassen

**Durchführung:** Realisierung, Bewerkstelligung, Ausführung, Abwicklung, Verwirklichung, Erledigung, Veranstaltung, Arrangierung, Verrichtung, Ausrichtung, Abhaltung
**durchgehen:** davonlaufen, ausbrechen *unbeanstandet lassen *nachprüfen, kontrollieren, nachschauen, revidieren, nachsehen, inspizieren, (über)prüfen

**Durcheinander:** Geordnetsein, Zucht, Ordnung *Vorschrift

**durcheinanderbringen:** ordnen, in Ordnung bringen, entwirren *systematisieren

**durchfahren:** (an)kommen *(an)halten, stoppen (Fahrzeug) *verweilen, s. aufhalten, (da)bleiben *verlassen *umsteigen, aussteigen (Fahrgast) *umgehen, umfahren
**Durchfahrt:** Stop, Halt *Sperre, Hindernis
**Durchfall:** Stuhlverstopfung, Verstopfung, Darmträgheit, Hartleibigkeit, Obstipation
**durchfallen:** (Klassenziel) erreichen, bestehen, durchkommen, weiterkommen, aufrücken, aufsteigen (Schule) *anerkennen, gefallen, Erfolg haben (Theater, Buch) *gefallen, Erfolg haben, anerkannt sein (Künstler)
**durchfechten:** aufgeben, beenden, nachgeben, zurückziehen (Anspruch)

**durchfliegen:** zurückprallen (Ball, Geschoß) *bestehen (Prüfung) *durcharbeiten (Buch)

**durchfroren:** warm, heiß, durchwärmt
**durchführbar:** nicht machbar, (zu) schwierig, undurchführbar
**durchführen:** planen, vorbereiten, entwerfen, beabsichtigen, vorhaben, Vorbereitung treffen *(unter)lassen, zurückstellen, liegenlassen, absagen, aufschieben, verschieben, vertagen, aussetzen *befehlen, anordnen, veranlassen, verfügen, beauftragen, vorschreiben
**Durchführung:** Plan, Idee, Planung, Entwurf, Absicht, Vorsatz, Vorhaben, Intention, Projekt, Bestreben, Streben, Zielsetzung, Fernziel *Anordnung, Auftrag, Befehl, Verfügung
**durchgehen:** zügeln, gehorchen *übersehen *liegenlassen *beanstanden, kritisieren, monieren (Verhalten)

**durchgehend:** ausnahmslos, durchgängig *dauernd, immer(zu)

**durchgehend:** mit Unterbrechungen / Pausen, zeitweise

**durchhalten:** ausharren, nicht nachgeben / schlappmachen / aufgeben, standhalten

**durchhalten:** erlahmen, schwach werden, abbauen *abbrechen, aufgeben, abspringen, überlaufen *mitmachen *aufgeben, nachgeben, resignieren

**durchkommen:** bestehen, weiterkommen *überstehen, gesund werden, gesunden *weiterkommen, weiterfahren *angehen, anwachsen

**durchkommen:** vorbeifahren (Zug) *steckenbleiben (Mensch, Fahrzeug) *sterben, zugrunde gehen (Patient) *durchfallen (Prüfung) *eingehen (Pflanze)

**durchlassen:** vorbeigehen / durchgehen / passieren lassen *eindringen lassen

**durchlassen:** aufhalten (Mensch) *abfangen, abhalten (Regen, Mensch) *nicht durchlassen, isolieren, abhalten (Geräusch)

**durchlässig:** leck, porös, undicht, löcherig, durchlöchert

**durchlässig:** undurchlässig, dicht, undurchdringlich

**durchlesen:** lesen, überfliegen, überlesen, durchschauen, anblättern

**durchlesen:** überfliegen *durchblättern

**durchnehmen:** behandeln, durchführen, lehren, unterrichten

**durchnehmen:** nicht behandeln, aufschieben, verschieben, übergehen, liegenlassen (Lernstoff)

**durchreisen:** durchqueren, durchfahren, durchziehen, bereisen, befahren, durchwandern, durchkreuzen, besuchen, trampen / reisen durch

**durchreisen:** bleiben, verweilen, s. aufhalten *stoppen, Station machen, anhalten *umgehen *umkehren *umsteigen, aussteigen

**Durchschlag:** Abschrift, Zweitschrift, Kopie, Durchschrift, Duplikat

**Durchschlag:** Original *Fotokopie, Kopie

**Durchschnitt:** Mittelwert, mittleres Ergebnis *Alltäglichkeit *Dutzendware

**Durchschnitt:** Minimum *Spitzenleistung *Extrem *Ausnahme, Auswahl

**durchschnittlich:** mittelmäßig, gewöhnlich, üblich, alltäglich, selbstverständlich

**durchschnittlich:** außergewöhnlich, extrem, ungemein, hervorragend, überdurchschnittlich, toll, gut, kraß, hochgradig, auffällig, stark, außerordentlich *bekannt, namhaft (Künstler) *selten *unterdurchschnittlich, schlecht *überzählig, überschüssig

**Durchschrift:** Durchschlag, Duplikat, Kopie, Zweitschrift, Abschrift

**Durchschrift:** Original *Fotokopie

**durchsichtig:** durchscheinend, transparent, dünn *vordergründig, fadenscheinig, schwach, durchschaubar

**durchsichtig:** undurchsichtig, unklar, wirr, matt, verschwommen (Angelegenheit) *lichtundurchlässig (Material)

**durchstoßen:** aufbrechen, (gewaltsam) öffnen *vordringen, vorstoßen

**durchstoßen:** verriegeln, verbarrikadieren (Tür) *abwehren, zurückdrängen (Feind)

**durchwärmt:** aufgewärmt, warm, wohlig

**durchwärmt:** durchfroren, kalt

**dürfen:** befugt / berechtigt / zuständig / bevollmächtigt / ermächtigt / autorisiert sein

**dürfen:** wollen *nicht gestatten *müssen

**dürftig:** karg, kümmerlich, unergiebig, kärglich, wenig, ärmlich, armselig, spärlich, knapp, schmal, bescheiden, beschränkt *ertragsarm, dürr, trocken, unergiebig, unfruchtbar, karg *dünn

**dürftig:** ausreichend, reichlich, ergiebig, gut, genügend, zureichend, genug, stattlich *erfolgreich, gesichert *ergiebig, inhaltsreich, gehaltvoll, angemessen (Rede) *üppig, stattlich, kräftig,

*licht, schütter, dünn, sparsam

dicht (Haarwuchs) *üppig, reichhaltig, blütenreich, stattlich, kräftig (Pflanzenwuchs) *reichhaltig, üppig, verschwenderisch, opulent (Mahlzeit) *großzügig (Gabe) *prunkvoll, prächtig, stattlich (Kleidung)

**Dürftigkeit:** Armut, Mittellosigkeit, Bedürftigkeit, Spärlichkeit, Kärglichkeit, Knappheit, Geldmangel, Mangel, Geldnot, Verknappung *Verarmung, Verelendung

**Dürftigkeit:** Überfluß, Fülle, Reichtum *Völle

**dürr:** schlank(wüchsig), dünn, hager, mager, spindeldürr, schmal, gertenschlank, abgezehrt *trocken, vertrocknet, ausgetrocknet, ausgedörrt, verdorrt, abgestorben *mager, unfruchtbar, karg, trocken, ertragsarm, wüstenhaft

**dürr:** fett, gemästet, ausgefüttert (Tier) *schwer, fett, ertragreich, üppig (Boden) *frisch, saftig, grün, gesund, gepflegt (Pflanzen) *schwulstig, poetisch, geschwollen, weitschweifig (Worte) *dick, vollschlank, korpulent, fett, rundlich, kräftig, beleibt, massiv (Mensch)

**dürsten:** durstig sein, Durst haben *streben, zu erreichen suchen, lechzen, gieren, schmachten, trachten, verlangen

**dürsten:** hungern, Hunger haben *gleichgültig / egal sein (Angelegenheit)

**durstig:** dürstend, lechzend, Durst habend

**durstig:** hungrig *nicht durstig

**düster:** dunkel, finster, trübe, dämmrig, halbdunkel *zwielichtig, makaber, schaudererregend, grauenvoll, grauenerregend, gespenstig *schlecht, unangenehm, traurig

**düster:** hell, erleuchtet, freundlich, licht, klar, nett, warm, wohnlich, gemütlich (Zimmer) *erleuchtet, freundlich (Gegend) *hoffnungsvoll, hoffnungsreich, aussichtsreich, optimistisch, günstig, erfolgversprechend, positiv, heiter (Zukunft) *entspannt, gelöst (Lage)

**dynamisch:** schwungvoll, bewegt, voller Dynamik, vital, temperamentvoll, lebhaft, wild, vif, heißblütig, feurig, lebendig, blutvoll, getrieben, mobil, heftig

**dynamisch:** statisch

# E

**Ebbe:** Niedrigwasser, Vollebbe, Tiefwasser *Mangel, Flaute, Minus, Einbuße, Ausfall, Manko

**eben:** flach *glatt *soeben, gerade jetzt, in diesem Augenblick *genau, gerade *nun einmal, einfach

**Ebbe:** Flut, Hochwasser, auslaufendes Wasser *Menge, Überfluß (Geld)

**eben:** bergig, gebirgig, uneben, hügelig, wellig, buckelig, gewellt (Gelände) *ansteigend, absteigend (Weg, Gelände) *uneben, holperig (Weg) *vorher, schon lange, vor einiger / langer Zeit *nachher

**ebenbürtig:** gleichwertig, kongenial, wesensgleich

**Ebene:** flaches Land, Flachland, Tiefland

**ebenso:** auch, genauso, ebenfalls, gleichermaßen, gleicherweise, in gleicher Weise

**ebenbürtig:** unterlegen *überlegen

**Ebene:** Gebirge, Mittelgebirge, Bergland *Berg, Hang *Neigung

**ebenso:** verschieden(artig), anders, unterschiedlich, abweichend, andersartig, grundverschieden, divergent, ungleich

**echt:** natürlich, unverfälscht, richtig, genuin, authentisch, nicht imitiert / künstlich, ungekünstelt, rein, waschecht, originell, ursprünglich, urwüchsig *wahr, wirklich, tatsächlich, real, existent *beständig, dauerhaft, solid, reell, stabil, haltbar *ungezwungen, unverbildet

**echt:** unecht, künstlich, falsch, kopiert, imitiert, nachgemacht, gefälscht (Schmuck, Kunstwerk) *blind (Passagier) *falsch, unecht, unaufrichtig (Freund, Freundschaft) *künstlich, synthetisch (Material) *gemacht (Talent) *imitiert (Pelz) *unbeständig, nicht dauerhaft / haltbar (Farbe) *unecht (Bruch)

**eckig:** (scharf)kantig, spitz, schartig *linkisch, ungelenk, lahm, hölzern, ungewandt, unsportlich, steif, verkrampft, unbeholfen

**eckig:** rund, abgerundet *oval *geradlinig *geschickt (Wesen) *geschmeidig, abgestimmt, harmonisch (Bewegung)

**edel:** kostbar, wertvoll, erlesen, hochwertig, ausgesucht, exquisit, ausgewählt, teuer, fein, qualitätsvoll *ehrenhaft, brav, ehrbar, ehrenwert, ehrsam, achtbar, aufrecht, rechtschaffen, wakker, rühmenswert, redlich, unbestechlich, bieder, charakterfest, sauber, hochanständig *selbstlos, aufopfernd, uneigennützig, großherzig, idealistisch, edelmütig *fein, zart, schön

**edel:** unedel (Holz, Stein, Metall) *gemein, unedel, niederträchtig, schurkig, niedrig (Verhalten) *derb, grob (Gesichtszüge)

**Edelmut:** Uneigennützigkeit, Selbstverleugnung, Aufopferung, Selbstlosigkeit, Selbstüberwindung, Edelsinn

**Edelmut:** Niedertracht, Schurkerei, Boshaftigkeit, Bösartigkeit, Garstigkeit, Gehässigkeit, Rachsucht, Gemeinheit, Niederträchtigkeit, Unverschämtheit, Schadenfreude, Übelwollen, Infamie

**Effekt:** Folge, Wirkung, Folgerung, Ergebnis, Auswirkung *Erfolg, Durchbruch, Folge, Resultat, Fazit, Wirksamkeit

**Effekt:** Grund, Anlaß, Ursache *Einsatz, Aufwand *Fiasko, Reinfall, Mißlingen, Fehlschlag, Mißerfolg

**effektiv:** wirklich, tatsächlich, richtig *wirksam, entscheidend, nachhaltig, effizient, unvergeßlich, eindrucksvoll
**effektlos:** wirkungslos, ergebnislos, zwecklos, aussichtslos, unwirksam, erfolglos, nutzlos

**effektvoll:** wirksam, nachhaltig, effektiv, ergebnisreich, eindrucksvoll, wirkungsvoll, effizient, entscheidend
**egal:** gleich(artig), gleich gut *einerlei, gleichgültig
**Egoismus:** Ichbezogenheit, Ichsucht, Berechnung, Eigennutz

**Egoist:** egoistischer / eigennütziger / ichbezogener / selbstsüchtiger / ichsüchtiger Mensch
**egoistisch:** eigennützig, ichbezogen, selbstsüchtig, ichsüchtig

**ehe:** bevor, früher, vorher, als
**Ehe:** Ehebund, Ehestand, Eheband, Ehebündnis, Heirat, Partie, Verbindung, Verheiratung, Trauung, Eheschließung, Vermählung, Hochzeit, Zweisamkeit, Bund fürs Leben

**Ehefrau:** Angetraute, Frau, Gattin, Gemahlin, Lebensgefährtin, bessere Hälfte, Ehepartnerin, Lebenskameradin, Weib
**ehelich:** auf die Ehe bezogen *aus (gesetzlicher) Ehe stammend
**ehelos:** alleinstehend, ledig, frei, unverheiratet, unvermählt, unverehelicht, gattenlos, unbeweibt, (alt)jüngferlich, ehescheu, zölibatär
**Ehelosigkeit:** Zölibat, Junggesellenleben, Junggesellenstand, Junggesellenwirtschaft, Einspännerschaft, Einzelwirtschaft, Altjungfernstand

**effektiv:** unwirksam, wirkungslos, uneffektiv, ergebnislos

**effektlos:** effektvoll, wirksam, ergebnisreich, nachhaltig, effektiv, eindrucksvoll, wirkungsvoll, effizient, entscheidend
**effektvoll:** effektlos, wirkungslos, ergebnislos, zwecklos, unwirksam, aussichtslos, erfolglos, nutzlos
**egal:** ungleich *nicht egal / gleichgültig

**Egoismus:** Großherzigkeit, Idealismus, Aufopferung, Güte, Hilfsbereitschaft, Zuvorkommenheit, Altruismus, Milde, Edelmut, Selbstlosigkeit, Uneigennützigkeit
**Egoist:** Altruist *Helfer *Samariter

**egoistisch:** altruistisch, selbstlos, uneigennützig, edelmütig, unegoistisch, gütig, großherzig, aufopfernd, idealistisch
**ehe:** sobald, nachdem
**Ehe:** Zölibat *Jungfräulichkeit, Virginität, Keuschheit, Unschuld, Unberührtheit, Zölibat *Konkubinat *Altjungfernstand, Einzelwirtschaft, Ehelosigkeit, Nicht-verheiratet-Sein *Ehescheidung, Scheidung, Trennung, Aufhebung, Auflösung, Ungültigkeitserklärung, Spaltung, Loslösung, Geschiedensein *Verwitwetsein *freie / wilde Ehe, Ehe ohne Trauschein, Ehe auf Probe *Doppelehe, Bigamie *Polygamie, Mehrehe, Vielehe, Vielweiberei *Junggesellenleben, Junggesellenstand, Junggesellenwirtschaft, Junggesellendasein *Verlobung, Brautzeit, Brautstand, Aufgebot
**Ehefrau:** Ehemann, Lebenskamerad, Angetrauter, Gatte, Gemahl, Ehepartner, Lebensgefährte, Mann *Witwe *Konkubine *Jungfrau
**ehelich:** unehelich *außerehelich, vorehelich
**ehelos:** verheiratet, vergeben, getraut

**Ehelosigkeit:** Ehe(bund), Bund fürs Leben, Heirat, Vermählung, Zweisamkeit, Verbindung

ehemalig: gewesen, alt, verflossen, vormalig, vergangen

ehemals: damals, derzeit, dazumal, einst(mals), einmal, vormals, in jenen Tagen, seinerzeit, ehedem, früher, in / zu der Zeit

Ehemann: Mann, Gatte, Angetrauter, Ehegemahl, Ehepartner, Lebensgefährte, Erhalter, Lebenskamerad, Gemahl

Ehepaar: Eheleute, Mann und Frau, Ehegespann, Vermählte, Paar, Verheiratete

eher: frühestens, nicht vor, nicht eher / nicht früher als

Ehescheidung: Scheidung, Auflösung, Trennung, Ungültigkeitserklärung, Aufhebung

Eheschließung: Vermählung, Hochzeit, Heirat, Trauung, Verbindung, Verehelichung, Verheiratung

ehrbar: ehrenhaft, brav, ehrenwert, ehrsam, achtbar, aufrecht, rechtschaffen, wacker, rühmenswert, redlich, unbestechlich, bieder, charakterfest, sauber, hochanständig

Ehre: Ansehen, Geachtetheit, Ruf, Prestige, Würde, Größe, Geltung, Nimbus, Leumund, Autorität, Lauterkeit, Rang, Profil, Image, Unbescholtenheit, Name, Format, Stand

ehren: (hoch)achten, verehren, Ehre erweisen / erzeigen / bezeugen, schätzen, würdigen, bewundern, anbeten, anhimmeln, vergöttern, anerkennen, respektieren, honorieren *loben, auszeichnen, anerkennen, preisen, verherrlichen, rühmen, würdigen, idealisieren, glorifizieren, lobpreisen

ehrenamtlich: ohne Bezahlung, umsonst

ehrenhaft: brav, ehrbar, ehrenwert, ehrsam, achtbar, aufrecht, rechtschaffen, wacker, rühmenswert, redlich, unbestechlich, bieder, charakterfest, sauber, hochanständig

Ehrenhaftigkeit: Rechtschaffenheit, Ehrbarkeit, Ehrsamkeit, Honorigkeit, Redlichkeit, Unbestechlichkeit, Achtbarkeit, Biederkeit, Aufrichtigkeit

Ehrenmann: Gentleman, Ritter, Herr,

ehemalig: derzeitig, jetzig, heutig, augenblicklich, momentan, derzeitig (Freund) *(zu)künftig

ehemals: jetzt, heute, augenblicklich, momentan, gerade, derzeit *später, bald, in Bälde, künftig, demnächst, einst, zukünftig

Ehemann: Ehefrau, Ehepartnerin, Lebenskameradin, Weib, Angetraute, Frau, Gattin, Gemahlin, Lebensgefährtin, bessere Hälfte *Junggeselle *Witwer *Hausfreund

Ehepaar: Junggeselle, Alleinstehende(r), Ledige(r) *Verlobte(r) *Witwe(r)

eher: später, nachher *weniger (gern)

Ehescheidung: Eheschließung, Verehelichung, Verbindung, Heirat, (standesamtliche / kirchliche) Trauung / Hochzeit

Eheschließung: Ehescheidung, Auflösung, Scheidung, Aufhebung, Loslösung, Lostrennung, Trennung, Ungültigkeitserklärung

ehrbar: verachtet, unredlich, abgelehnt, mißachtet, geringgeschätzt, geringgeachtet, nicht angesehen, unwürdig

Ehre: Schande, Schmach, Ehrlosigkeit, Unehre, Bloßstellung, Schimpf, Demütigung, Verruf, Erniedrigung, Beschämung

ehren: mißachten, ablehnen, ignorieren, geringschätzen *schänden *Schande machen / bereiten, bloßstellen, beschämen, demütigen, erniedrigen, blamieren

ehrenamtlich: hauptamtlich (Tätigkeit)

ehrenhaft: unehrenhaft, ehrlos, schändlich *ignoriert, isoliert, geächtet, abgelehnt (Mensch)

Ehrenhaftigkeit: Ehrlosigkeit, Schande, Schmach

Ehrenmann: Ganove, Gauner, Ver-

Kavalier, Weltmann, ehrenhafter Mann, Persönlichkeit
**Ehrfurcht:** Achtung, Verehrung, Hochachtung, Pietät, Rücksicht, Respekt, Anerkennung
**ehrfürchtig:** respektvoll, ehrerbietig, ehrfurchtsvoll, respektierlich *unterwürfig, devot, demütig
**ehrfurchtslos:** geringschätzig, verächtlich, despektierlich, pejorativ

**Ehrgeiz:** Streben, Ambition, Ehrsucht, Ruhmsucht *Fleiß, Emsigkeit, Strebsamkeit, Betriebsamkeit, Eifer, Geschäftigkeit, Unermüdlichkeit, Rastlosigkeit *Geltungsdrang, Geltungsstreben, Geltungsbedürfnis *Machtgier, Machthunger, Machtstreben, Machtbesessenheit, Machtwahn, Machtanspruch
**ehrgeizig:** ehrsüchtig, streberhaft, ruhmsüchtig *fleißig, strebsam, eifrig, geschäftig, unermüdlich, rastlos, leistungswillig *anspruchsvoll *unkollegial, unkameradschaftlich, unfreundschaftlich
**ehrlich:** aufrichtig, freimütig, zuverlässig, offen, unverhohlen, wahrhaftig, unverhüllt, offenherzig, geradlinig, gerade, geradeheraus *sauber

**Ehrlichkeit:** Aufrichtigkeit, Unverblümtheit, Offenherzigkeit, Geradlinigkeit, Freimut, Offenheit, Geradheit, Lauterkeit
**ehrlos:** ehrvergessen, charakterlos, würdelos, verächtlich, nichtswürdig, niedrig, niederträchtig, schäbig, schändlich, schmählich, schmutzig, schimpflich, schnöde, schmachvoll, (hunds)gemein
**Ehrlosigkeit:** Abfall, Wortbrüchigkeit, Untreue, Wankelmütigkeit, Wankelmut, Abtrünnigkeit, Unredlichkeit, Unehrlichkeit, Charakterlosigkeit, Unbeständigkeit, Flatterhaftigkeit, Treuebruch, Treulosigkeit, Unstetigkeit
**Eid:** Schwur, Gelübde *Meineid
**Eifer:** Ehrgeiz, Bestreben, Streben, Tatenlust, Regsamkeit, Tatendrang, Betriebsamkeit, Rührigkeit, Beflissenheit, Bereitschaft, Bereitwilligkeit,

brecher, Betrüger, Schwindler, Halunke
**Ehrfurcht:** Verachtung, Mißachtung, Geringschätzung, Verabscheuung, Ablehnung
**ehrfürchtig:** ehrfürchtslos, geringschätzig, verächtlich, despektierlich

**ehrfurchtslos:** ehrfürchtig, respektvoll, ehrerbietig, ehrfurchtsvoll, respektierlich *devot, unterwürfig
**Ehrgeiz:** Gleichgültigkeit, Desinteresse, Interesselosigkeit, Teilnahmslosigkeit, Abgestumpftheit, Abstumpfung, Uninteressiertheit, Wurstigkeit, Trägheit, Stumpfsinn(igkeit), Passivität, Apathie

**ehrgeizig:** teilnahmslos, passiv, träge, gleichgültig, abgestumpft, wurstig, desinteressiert, apathisch, phlegmatisch, stumpfsinnig, tranig, untätig

**ehrlich:** unehrlich, betrügerisch, unlauter, unreell, falsch, unredlich, unsolid, lügnerisch, verlogen, scheinheilig, heuchlerisch, unwahrhaftig, unaufrichtig, lügenhaft, katzenfreundlich, aalglatt, verstellt, glatt, heimtückisch, verschlagen *schmutzig (Gewerbe)
**Ehrlichkeit:** Unehrlichkeit, Betrug, Falschheit, Verlogenheit, Unwahrhaftigkeit, Unaufrichtigkeit, Verstellung, Heimtücke, Verschlagenheit, Lüge
**ehrlos:** ehrenvoll, ehrenhaft, ehrenreich, angesehen, geachtet

**Ehrlosigkeit:** Ehre, Ehrenhaftigkeit, Achtung, Ansehen, Geachtetheit, Ruf, Prestige, Würde, Größe, Geltung, Nimbus, Rang, Profil, Image, Unbescholtenheit, Name, Format, Stand, Autorität
**Eid:** Meineid, Falschaussage
**Eifer:** Trägheit, Passivität, Nachlässigkeit, Desinteresse, Gleichgültigkeit, Tatenlosigkeit, Bequemlichkeit, Faulheit, Teilnahmslosigkeit, Abstump-

Dienstwilligkeit, Ergebenheit, Gefälligkeit, Anspannung, Mühe *Arbeitsfreude, Fleiß, Arbeitslust, Schaffenslust, Emsigkeit, Strebsamkeit *Begeisterung, Glut, Überschwang, Feuer, Inbrunst, Strohfeuer, Leidenschaft, Übereifer, Überschwenglichkeit, Gefühlsüberschwang, Schwärmerei

**Eiferer:** Schwärmer, Streiter, Kämpfer, Fanatiker, Fechter

**eiförmig:** oval, ellipsenförmig, eirund

**eifrig:** strebsam, bemüht, bestrebt, geschäftig, betriebsam, rührig, dabei, unermüdlich, unverdrossen, bemüht, versessen, pflichtbewußt, dienstfertig, betulich, diensteifrig, aktiv, beflissen, tätig, erpicht, zur Hand

**Eigelb:** Dotter, Eidotter

**eigen:** sonderbar, merkwürdig, komisch, schrullig, seltsam, eigenartig, absonderlich, befremdend, (ver)wunderlich, verschroben, kauzig, eigentümlich, eigenbrötlerisch *selbständig, unabhängig *genau, pingelig, sorgsam

**eigennützig:** berechnend, selbstsüchtig, ichbezogen, ichsüchtig

**eigensinnig:** starrköpfig, bockig, verbohrt, uneinsichtig

**eigenständig:** selbständig, ungebunden, frei, autark, autonom, unabhängig, unbehindert, souverän

**eigentlich:** ursprünglich, von Haus aus, primär, originär, original *wahr, gewiß, richtig, unleugbar, unwiderleglich, tatsächlich, wirklich *alias, in Wirklichkeit, tatsächlich, auch, anders, mit anderem Namen, außerdem (... genannt) *strenggenommen, gewissermaßen, sozusagen, Rechtens, ordnungsgemäß, ursprünglich, genaugenommen, im Grunde

**Eile:** Rastlosigkeit, Hetzerei, Tempo, Gehetze, Umtrieb, Gehetztheit, Zeitmangel, Gejagtheit, Treiberei, Hatz, Jagd, Gejage, Hast, Unrast, Unruhe, Hetze, Hetzjagd, Ruhelosigkeit *Spurt, Beschleunigung, Endspurt *Zügigkeit, Flinkheit, Raschheit, Fahrt, Überstürzung, Schnelligkeit, Behendigkeit *Wichtigkeit, Dringlichkeit, Notwendigkeit, Unaufschiebbarkeit

fung *Übereifer, Streß, Hast, Ruhelosigkeit

**Eiferer:** Mitläufer

**eiförmig:** rund *eckig

**eifrig:** träge, wurstig, faul, passiv, nachlässig, gleichgültig, bequem, desinteressiert, teilnahmslos, tatenlos, abgestumpft *hastig, übereifrig

**Eigelb:** Eiweiß

**eigen:** fremd *übernommen, entlehnt (Meinung) *feindlich, gegnerisch *geborgt, geliehen, gemietet, geleast

**eigennützig:** uneigennützig, honorig, edel, großzügig, nobel, spendabel, selbstlos, aufopfernd, edelmütig, großherzig, altruistisch

**eigensinnig:** nachgiebig, brav, gefügig, einordnend, (ein)fügsam

**eigenständig:** nachgemacht, nachgeahmt *übernommen *üblich, gewöhnlich, normal, alltäglich, gebräuchlich, selbstverständlich

**eigentlich:** unwirklich *übertragen (Bedeutung)

**Eile:** Ruhe, Muße, Zeit, Gemessenheit, Langsamkeit

**eilen:** schwirren, preschen, flitzen, hetzen, spritzen, laufen, hasten, rennen, stürzen, jagen, sausen, rasen, stürmen *drängen, brennen

**eilends:** sogleich, sofort, im Nu, stracks, eilfertig, so schnell wie möglich, schnell
**eilig:** schnell, schleunigst, rasch, zügig, rasant, schnellstens, hastig, flink, forsch, hurtig, fix, geschwind *drängend, dringlich, unaufschiebbar, wichtig, möglichst sofort
**ein:** jemand, irgendeiner *man *ich

**einarmig:** mit einem Arm

**einäschern:** kremieren, verbrennen *abbrennen, niederbrennen, in Schutt und Asche legen, verbrennen
**einatmen:** atmen, Atem / Luft holen / schnappen, schnaufen, wittern, riechen, schnuppern, röcheln, inhalieren
**einbauen:** hineinbauen, montieren *einschieben, einbetten, einarbeiten, einfügen
**Einbau:** Montage *Einfügung, Einschiebsel, Einarbeitung, Einschiebung, Zusatz
**einbegriffen:** einschließlich, mit erfaßt / berücksichtigt, inklusive, inbegriffen, bis auf, einbezogen
**einbehalten:** zurückhalten, nicht herausrücken, aushändigen, (für sich) behalten
**einberufen:** rekrutieren, einziehen, ausheben, mobil machen, heranziehen *zusammenrufen
**Einberufung:** Rekrutierung, Einziehung, Aushebung *Ladung

**einbeziehen:** (mit)berücksichtigen, beachten, anrechnen, einkalkulieren, einplanen, einschließen, in Rechnung stellen / setzen *eingliedern, einordnen, resozialisieren, angleichen
**einbezogen:** einschließlich, einbegriffen, inklusive, inbegriffen, bis auf, mit berücksichtigt / erfaßt
**einbiegen:** abbiegen, einschwenken, abschwenken, um die Ecke biegen / schwenken, einen Bogen machen, die Richtung ändern

**eilen:** trödeln, langsam vergehen (Zeit) *(an)dauern *waten, pilgern, schleichen, schlurfen, wallen, (langsam) gehen, trotten, schlendern *hinauszögern, verzögern, hinausschieben
**eilends:** langdauernd, lang andauernd

**eilig:** langsam, bedächtig, schleppend, gemächlich, ruhig, geruhsam, gemessen *säumig, zögernd *nicht eilig / dringend (Auftrag)

**ein:** viele *alle *beide *einige, ein paar *niemand, kein
**einarmig:** beidarmig (Übung) *mehrarmig *zweiarmig (Leuchter)
**einäschern:** beerdigen, begraben (Leiche) *errichten, wiederaufbauen (Gebäude)
**einatmen:** ausatmen, ausstoßen, (her-)auspressen *den Atem anhalten

**einbauen:** ausbauen, herausnehmen *weglassen

**Einbau:** Ausbau

**einbegriffen:** nicht inbegriffen / erfaßt / berücksichtigt (Preis) *ohne, exklusiv(e), ausschließlich
**einbehalten:** herausgeben, aushändigen, zurückgeben, ausliefern, zur Verfügung stellen
**einberufen:** entlassen (Soldaten) *auflösen, beenden (Konferenz, Versammlung) *absagen *vertagen, verschieben
**Einberufung:** Entlassung, Zurückstellung (Soldat) *Vertagung, Verschiebung (Sitzung, Konferenz, Gericht) *Auflösung, Beendigung (Versammlung) *Absage
**einbeziehen:** s. beschränken, ausschließen, weglassen, ausnehmen, isolieren, übergehen

**einbezogen:** ausgeschlossen, exklusiv(e), ausschließlich, ausgenommen *abzüglich
**einbiegen:** stehenbleiben, anhalten, stoppen *geradeaus fahren / gehen

**einbilden (s.):** vermuten, spekulieren, schätzen, annehmen, kalkulieren, fürchten, erahnen, wähnen, befürchten, riechen, s. zusammenreimen, erwarten, mutmaßen, rechnen mit

**einbilden (s.):** wirklich / tatsächlich / real sein

**Einbildung:** Vorstellung, Spekulation, Phantasie, Erdichtung, Annahme, Befürchtung, Täuschung, Trugbild, Mutmaßung, Luftschloß, Halluzination, Sinnestäuschung

**Einbildung:** Realität, Tatsache, Wirklichkeit

**einblenden:** einfügen, einschieben *einschalten

**einblenden:** ausblenden (Reportage, Text)

**einbringen:** einträglich / gewinnbringend / lukrativ / rentabel sein, s. lohnen / rentieren, s. bezahlt machen *einfahren, (ab)ernten, (ab)pflücken *vorlegen, vorbringen, zur Sprache bringen, vorschlagen

**einbringen:** kosten *verlieren, Verlust einbringen *säen, pflanzen, stecken *verabschieden, ablehnen (Gesetzesentwurf) *kosten

**einbringlich:** einträglich, gewinnbringend, lukrativ, rentabel, lohnend

**einbringlich:** mager, kärglich, klein, unbedeutend, gering (Geschäft)

**einbuchten:** festsetzen, gefangenhalten, einkerkern, internieren, einsperren

**einbuchten:** entlassen (Gefängnis)

**Einbuchtung:** Einschnitt, Fjord, Bucht

**Einbuchtung:** Vorsprung, Nehrung, Halbinsel, Landzunge

**einbürgern:** die Staatsangehörigkeit geben / verleihen, nationalisieren, integrieren, aufnehmen *s. einbürgern: heimisch / üblich / zur Gewohnheit werden

**einbürgern:** ausbürgern, verweisen, ausweisen, verjagen, abschieben *s. einbürgern: außer Mode / Gebrauch kommen, vergessen werden

**Einbuße:** Verlust, Verringerung, Abnahme, Mangel, Verlustgeschäft, Ausfall, Minus

**Einbuße:** Gewinn, Erlös, Profit, Ertrag, Reingewinn, Zunahme, Verdienst

**einbüßen:** verlieren, zusetzen, abnehmen, verringern, ausfallen

**einbüßen:** gewinnen, profitieren, gutmachen, verdienen

**eindeutig:** klar, genau, anschaulich, bestimmt, deutlich, exakt, fest umrissen, handfest, greifbar, unmißverständlich, unzweideutig, unverblümt, präzise, bildhaft, klipp und klar, einfach

**eindeutig:** mehrsinnig, zweideutig, mehrdeutig, mißverständlich *harmlos, anständig (Witz) *anfechtbar, zwiespältig, zweifelhaft (Urteil)

**eindringen:** einsteigen, einbrechen, s. einschleichen / einschmuggeln *s. niederlassen / einschmeicheln / einnisten / eindrängen *s. einschalten / einmischen / einmengen, dreinreden, belästigen, stören *einmarschieren, erobern, nehmen, Besitz ergreifen, stürmen, einrücken, einziehen, einfallen

**eindringen:** abhalten, abdichten, abgestoßen werden (Wasser) *nicht verstehen / eindringen (Wissenschaft) *abprallen, abgleiten (Geschoß, Worte) *zurückmarschieren, umkehren, nicht besetzen (Gebiet) *abwehren, vorsorgen, s. schützen (Diebe)

**eindruckslos:** langweilig, wirkungslos, monoton, stumpfsinnig, einschläfernd, trist, fade, öde, trostlos, reizlos, uninteressant, gleichförmig, einförmig, ermüdend, trocken

**eindruckslos:** eindrucksvoll, großartig, wunderbar, wirkungsvoll, hervorragend, sagenhaft, herrlich, schön

**eindrucksvoll:** großartig, wunderbar, wirkungsvoll, schön, herrlich, sagen-

**eindrucksvoll:** eindruckslos, langweilig, wirkungslos, monoton, stumpfsin-

haft, hervorragend

**einebnen:** nivellieren, eben / flach machen, gleichmachen, ebnen, planieren, glattmachen, glätten

**Einehe:** Monogamie

**einengen:** beengen, einschränken, beschränken, einschnüren, begrenzen \*enttäuschen, frustrieren, vor den Kopf stoßen \*s. einengen: s. beschränken
**einerlei:** gleichgültig, egal, wurstig

**Einerlei:** unausgefüllte / leere Stunden, Eintönigkeit, Langeweile, Gleichförmigkeit, Einförmigkeit, die alte Leier
**einfach:** primitiv, ungegliedert, unkompliziert, gradlinig, schlicht, ungekünstelt, glatt, schmucklos, natürlich, kunstlos \*anspruchslos, frugal, bescheiden, genügsam \*naiv, arglos, harmlos, kindhaft, leichtgläubig, einfältig, unbedarft, treuherzig, kritiklos, weltfremd, unkritisch \*primitiv, farblos, unscheinbar, unauffällig \*bescheiden, zurückhaltend, schlicht, anspruchslos, gelassen \*kurzerhand, ohne weiteres, ohne Umstände \*ungebildet, unqualifiziert \*primitiv, bescheiden, allgemein \*leicht(verdaulich)

**Einfachheit:** Anspruchslosigkeit, Schlichtheit, Offenheit, Geradlinigkeit, Natürlichkeit, Aufrichtigkeit, Freimut \*Einfalt, Harmlosigkeit, Arglosigkeit, Unschuld, Gutgläubigkeit, Leichtgläubigkeit, Unbedarftheit \*Klarheit, Übersichtlichkeit, Verständlichkeit, Unkompliziertheit, Undifferenziertheit, Eingängigkeit \*Natürlichkeit, Naturzustand, Naturverbundenheit, Naturnähe, Urwüchsigkeit \*Kritiklosigkeit, Urteilslosigkeit
**einfädeln:** einleiten, arrangieren, in die Wege leiten, bewerkstelligen, bewirken \*einziehen, durchziehen \*s. einfädeln: (ein)fahren, einordnen
**einfahren:** hineinfahren, einfädeln,

nig, einschläfernd, trist, fade, öde, trostlos, reizlos, uninteressant, gleichförmig, einförmig, ermüdend, trocken
**einebnen:** auskoffern, ausschachten, vertiefen, ausbaggern, ausheben, ausgraben \*aufschütten, aufhäufen, erhöhen
**Einehe:** Bigamie, Vielehe, Polygamie, Mehrehe
**einengen:** ausweiten, ausbreiten, erweitern \*s. einengen: aus s. herausgehen, befreien

**einerlei:** zweierlei, vielerlei \*betreffend
**Einerlei:** Vielfalt, Abwechslung, Variation, Zerstreuung, Unterhaltung, Kurzweil \*Abenteuer
**einfach:** mehrfach, vielfach, doppelt, zweifach, zwiefach, mannigfach, zusammengesetzt \*schwer, schwierig, mühselig, unbequem, mühsam, mühevoll, diffizil, heikel, langwierig, beschwerlich (Arbeit, Aufgabe) \*umständlich, kompliziert, verwickelt, problematisch \*kompliziert, schwer verständlich (Charakter) \*anspruchsvoll, raffiniert, verfeinert, verwöhnt, aufwendig, luxuriös \*gebildet, qualifiziert (Mensch) \*fürstlich, verschwenderisch, luxuriös, feudal, üppig, (über-)reich \*ausführlich, umfangreich, überschauend, groß, umfassend (Wissen) \*reichhaltig, variationsreich, abwechslungsreich (Essen) \*opulent, lukullisch, kulinarisch (Speise) \*schwer (verdaulich) (Essen) \*doppelt (Knoten)
**Einfachheit:** Kompliziertheit, Mannigfaltigkeit, Reichtum, Buntheit, Fülle, Abwechslung, Vielfalt, Variation \*Luxus, Aufwand \*Verschwendung, Reichtum, Überfluß, Wohlstand, Vergeudung \*Schwere

**einfädeln:** herausziehen (Faden) \*beenden, abschließen (Angelegenheit) \*s. einfädeln: warten, stehenbleiben (Verkehr)
**einfahren:** ausfahren (Zug, Bergleute,

einordnen, kommen *einbringen, heimbringen *schonen, mäßig / langsam fahren

**Einfahrt:** Tür, Tor(einfahrt), Hauseinfahrt, Zugang, Portal *Ankunft, das Eintreffen / Einlaufen

**einfallen:** s. erinnern / entsinnen, dämmern, kommen, aufblitzen *eine Idee / Einfälle haben, schöpferisch denken *ins Wort fallen, einwerfen, einflechten, einfügen, einstreuen, einschalten, zu bedenken geben, einsetzen, entgegnen, unterbrechen *mitsingen, anheben, beginnen, anfangen, aufnehmen *einstürzen, zusammenstürzen, zusammenfallen, zusammenbrechen *einmarschieren, einrücken, eindringen, besetzen, einziehen, erobern, Besitz ergreifen, nehmen, stürmen *zusammenfallen, altern

**einfallslos:** langweilig, wirkungslos, monoton, phantasielos, einfach, alltäglich, üblich, unoriginell, ohne Pfiff, trist, fade, öde, trostlos, reizlos, uninteressant, gleichförmig, einförmig, ermüdend, trocken

**Einfallslosigkeit:** Gedankenarmut, Phantasielosigkeit, Unoriginalität, Banalität, Seichtheit, Plattheit, Ideenlosigkeit, Oberflächlichkeit *Langeweile, Monotonie

**einfallsreich:** ideenreich, schöpferisch, gedankenreich, kreativ, findig, produktiv, originell, phantasiereich *listig *schlagfertig

**Einfallsreichtum:** Phantasie, Originalität, Ideenreichtum, Kreativität, Produktivität, Erfindungsgabe

**Einfalt:** Arglosigkeit, Leichtgläubigkeit, Gutgläubigkeit, Vertrauensseligkeit, Einfältigkeit, Naivität, Treuherzigkeit, Kritiklosigkeit *Schlichtheit, Einfachheit, Herzenseinfalt, Biederkeit, Redlichkeit

**einfältig:** arglos, harmlos, naiv, treuherzig, gutgläubig, vertrauensselig, kritiklos *schlicht, einfach, bieder, redlich *beschränkt, borniert, stumpfsinnig *tölpelhaft, schwerfällig, ungeschickt

**einfangen:** (er)greifen, fangen, (er)haschen *festhalten (Stimmung), ausdrücken, fixieren

**einfarbig:** uni, monochrom, nicht bunt, eintönig

Fahrgestell) *preschen, hochjagen, schinden (Fahrzeug)

**Einfahrt:** Ausfahrt *Abfahrt

**einfallen:** nicht einfallen (Gedanke) *aufgehen (Teig) *vergessen *verdrängen *halten (Bauwerk) *aussetzen, pausieren, aufhören (Stimme) *zuhören *abwehren, ausfallen, offensiv werden (Armee) *verquellen, anschwellen (Gesicht)

**einfallslos:** einfallsreich, ideenreich, schöpferisch, gedankenreich, findig, kreativ, produktiv, originell, phantasiereich *schlagfertig *listig

**Einfallslosigkeit:** Einfallsreichtum, Phantasie, Originalität, Ideenreichtum, Kreativität, Erfindungsgabe, schöpferischer Geist, Produktivität, Erfindungsgabe *Schlagfertigkeit *List

**einfallsreich:** einfallslos, einfach, primitiv, phantasielos, üblich, ohne Pfiff, unoriginell *langweilig, monoton, alltäglich

**Einfallsreichtum:** Einfallslosigkeit, Einfachheit, Gedankenarmut, Phantasielosigkeit, Unoriginalität *Langeweile, Monotonie, Alltäglichkeit

**Einfalt:** Überheblichkeit, Selbstüberschätzung *Intelligenz

**einfältig:** kritisch, durchblickend *intelligent, gescheit, clever *durchtrieben, aalglatt

**einfangen:** ausbrechen, entspringen *freilassen *nicht interessiert / gleichgültig / desinteressiert / wurstig sein

**einfarbig:** (mehr)farbig, farbenfreudig, farbenfroh, farbenprächtig, poppig,

einfetten: einreiben, fetten, einschmieren, (ein)cremen, (ein)salben, (ein-) ölen

einfinden (s.): (her)kommen, erscheinen, eintreffen, anrücken, s. nähern, anmarschieren, ankommen, s. einstellen

einfliegen: hineinfliegen, überfliegen, eindringen *(hin)transportieren

einfließen: (beiläufig) bemerken, einwerfen, zu bedenken geben

einflußlos: einflußarm, ohne Beziehungen, alleine *machtlos, schwach, ohnmächtig, hilflos

Einflußlosigkeit: Machtlosigkeit, Wirkungslosigkeit, Schwäche, Ohnmacht, Hilflosigkeit, Kraftlosigkeit, Autoritätslosigkeit

einflußreich: mächtig, wichtig, stark

einfordern: eintreiben, fordern, verlangen, einklagen

einförmig: eindruckslos, langweilig, wirkungslos, monoton, stumpfsinnig, einschläfernd, trist, fade, öde, trostlos, reizlos, uninteressant, gleichförmig, ermüdend, trocken

einfrieren: nicht weiterführen, ruhen, stocken, stagnieren *bleiben, belassen *konservieren, tiefkühlen, (ein)gefrieren, (ein)frosten

einfügen: einpassen, einschieben, einbauen, integrieren, einbetten, einarbeiten *einblenden *vervollständigen, ergänzen, hinzufügen, auffüllen *s. einfügen: s. einordnen / anpassen / integrieren / unterordnen

einfühlsam: (ein)fühlend, gefühlvoll, (an)teilnehmend, empfindend, herzlich, innig, warm, seelenvoll, beseelt, entgegenkommend, taktvoll, zartfühlend, rücksichtsvoll

Einfühlungsvermögen: Verständnis, Höflichkeit (Takt)gefühl, Anteil(nahme), Mitgefühl, Sympathie, Teilnahme, Wärme, Herzlichkeit, Entgegenkommen, Verstehen, Rücksicht, Innigkeit, Einfühlungsgabe

Einfuhr: Import

einführen: importieren, aus dem Ausland beziehen *einarbeiten, anlernen,

bunt, vielfarbig *gemustert, gestreift, gefleckt, scheckig, kariert, getigert, gepunktet, meliert, geblümt

einfetten: entfetten, abwaschen

einfinden (s.): davongehen, weggehen, fortgehen, scheiden, s. entfernen, aufbrechen *nicht erscheinen, ausbleiben, wegbleiben *warten lassen

einfliegen: ausfliegen, verlassen, hinausbringen, hinausschaffen

einfließen: (her)ausfließen (Flüssigkeit) *nichts sagen, schweigen *zuhören

einflußlos: einflußreich, mächtig, wichtig

Einflußlosigkeit: Macht, Geltung, Wirkung, Einwirkung, Gewicht, Machtposition, Autorität, Ansehen

einflußreich: einflußlos, ohne Beziehungen, alleine *schwach, machtlos

einfordern: stunden, erlassen (Schulden) *warten

einförmig: belebt, variationsreich, abwechslungsreich, bunt, kurzweilig, abwechslungsvoll, unterhaltsam, unterhaltend, interessant, mannigfaltig

einfrieren: auftauen *weiterführen (Verhandlungen) *herausgeben, ausschütten, auszahlen (Gewinn, Guthaben)

einfügen: streichen (Wort, Satz) *herausnehmen *s. einfügen: aufbegehren, rebellieren, s. nicht einordnen, quertreiben, kontern, kritisieren

einfühlsam: brutal *direkt, taktlos, unhöflich, abweisend, kalt, ruppig, unfreundlich, unritterlich, ungeschliffen, brüsk, unliebenswert

Einfühlungsvermögen: Mangel an Feingefühl, Grobschlächtigkeit, Plumpheit, Schroffheit, Unaufmerksamkeit, Unfreundlichkeit, Ungefälligkeit, Taktlosigkeit, Unhöflichkeit

Einfuhr: Ausfuhr, Export

einführen: ausführen, exportieren (Waren) *zurückziehen, herausziehen

einweisen, anleiten, lehren, unterweisen, führen *einschmuggeln, einschleusen *bekannt machen, anbieten *erneuern *hineinschieben, hineinstecken

**einfüllen:** (ab)füllen, eingießen, voll machen, nachfüllen, auffüllen, vollschütten

**Eingabe:** Gesuch, Antrag, Bittschrift, Anfrage, Bittschreiben, Bittgesuch, Petition

**Eingang:** Öffnung, Tür, Tor(einfahrt), Portal, Pforte, Hauseingang, Zugang, Hauseinfahrt *Entgegennahme, Empfang, Aufnahme

**eingängig:** leicht faßlich / begreifbar, leichtverständlich

**eingeben:** eintippen, aufnehmen lassen *beeinflussen, Einfluß nehmen, suggerieren, einflüstern *einreichen, einen Antrag stellen, beantragen, vorlegen

**eingebildet:** dünkelhaft, überheblich, hoffärtig, selbstgefällig, aufgeblasen, eitel *unwirklich, illusorisch, irreal, abstrakt, phantastisch, imaginär

**eingedenk:** erinnernd, beherzigend

**eingefangen:** eingesperrt, inhaftiert, eingekerkert *überzeugt sein *eingefangen sein: beeinflußt / unfrei sein

**eingefettet:** fettig, eingerieben, eingeschmiert, eingecremt, eingeölt, eingesalbt

**eingefleischt:** überzeugt, unbekehrbar, unverbesserlich

**eingefroren:** (tief)gekühlt, geeist, gefroren *beendet, unterbrochen, abgebrochen, abgegeben, eingestellt *illiquid, festliegend

**eingeführt:** gültig, geltend, anerkannt, alteingeführt *üblich, gebräuchlich, alltäglich, verbreitet *importiert

**eingehen:** vertrocknen, (ver)dorren, (ab)sterben, nicht anwachsen / angehen, (ver)welken *sterben, heimgehen, hinscheiden, vergehen, verscheiden, abgerufen werden, abscheiden, ableben *einlaufen, zusammenschrumpfen, kürzer / enger / kleiner werden, zusammenschnurren *heiraten *wetten *riskieren, wagen *s. verbünden *jmdm. antworten, einwenden, reagieren, beantworten *aufgreifen, weiterführen, weiterspinnen *eintreffen, kommen *annehmen, akzeptieren, nachgeben, billigen *s. verweigern *s. hinwenden

(Sonde) *aufgeben, abschaffen, absetzen (Ware, Artikel) *verabschieden, entlassen, kündigen *nachahmen

**einfüllen:** ausschütten, ausgießen, abgießen, ablassen *abpumpen

**Eingabe:** Ausgabe (Daten) *Rückgabe (Antrag) *Antwort, Bescheid

**Eingang:** Ausgang, Abgang (Post) *Ausgang (Gebäude) *Absatz, Verkauf, Versand (Ware) *Ausgabe (Material)

**eingängig:** schwer faßlich / verständlich, schwer, schwierig (Spruch)

**eingeben:** ausgeben, ausdrucken (Computer) *zurückbekommen, zurückgeben, zurücksenden (Antrag) *verarbeiten, bearbeiten (Daten)

**eingebildet:** einfach, bescheiden, anspruchslos, genügsam, schüchtern, zurückhaltend *tatsächlich, wirklich, real, existent

**eingedenk:** ungeachtet

**eingefangen:** frei(gelassen), entlassen *flüchtig *eingefangen sein (von): frei / unabhängig sein

**eingefettet:** fettfrei, fettlos, nicht geschmiert, entfettet, ungefettet

**eingefleischt:** einsichtig, offen, änderbar

**eingefroren:** (auf)getaut, flüssig *lebendig, intakt, lebhaft, intensiv (Beziehungen) *flüssig, liquid (Gelder)

**eingeführt:** ausgeführt, exportiert *inländisch, (ein)heimisch *neu (Artikel)

**eingehen:** ausdehnen, ausweiten, ausleiern (Stoff) *gedeihen, (an)wachsen, florieren, s. entwickeln, leben, s. erholen, angehen, blühen (Pflanzen) *abgehen, weggehen, auslaufen, ausgehen (Postsendung) *herumreden, streifen, nicht eingehen, ablenken, abbiegen (Thema) *abgehen, überweisen (Konto) *Form behalten (Material) *auflösen, geschieden werden (Ehe) *nichts riskieren (Risiko) *abschlagen, abweisen, zurückweisen, nicht einhalten (Wette, Handel, Vertrag)

**eingehend:** wortreich, gründlich, ausführlich, breit, langatmig, weitschweifig, umständlich

**eingehüllt:** angezogen, vermummt, bedeckt, bekleidet, verhüllt *verpackt, eingepackt

**eingeschlossen:** inklusive, inbegriffen *eingesperrt, gefangen *implizit, mitgemeint, inbegriffen

**eingeschränkt:** behindert, gehandicapt *einfach, spartanisch, genügsam, anspruchslos, bedürfnislos, schlicht, zurückhaltend, gemäßigt, bescheiden *unter Vorbehalt, bedingt, mit Einschränkungen, vorbehaltlich *beschränkt, beschnitten *verkürzt, vermindert *schwach

**eingestehen:** bekennen, aussagen, einräumen, zugeben, geständig sein, offenbaren, auspacken, beichten, gestehen, die Wahrheit sagen, ein Bekenntnis / Geständnis ablegen

**eingeübt:** vorbereitet, geübt, geprobt

**eingeweiht:** aufgeklärt, wissend, unterrichtet, erfahren

**eingewöhnen (s.):** s. anpassen / assimilieren / akklimatisieren / einordnen / unterordnen / einleben

**eingießen:** einschenken, einschütten, füllen

**eingleisig:** einseitig, einsträngig, einspurig

**eingliedern:** einordnen, angleichen, einbeziehen, integrieren, resozialisieren, anpassen, aufnehmen

**eingraben:** vergessen, bereinigen *vergraben, verscharren *bestatten, begraben, beerdigen, beisetzen *einkerben, einkratzen, s. verewigen *s. schützen, Stellung beziehen / halten *s. eingraben: s. verschanzen, eine Schanze bauen, s. decken / schützen

**eingreifen:** einschreiten, dazwischentreten, durchgreifen, s. einmengen / einschalten, dreinreden, strenger vorgehen, Ordnung schaffen, verhindern,

**eingehend:** flüchtig, kurz, oberflächlich

**eingehüllt:** nackt, entblößt, enthüllt, ausgezogen, bloß, frei, entkleidet, unbekleidet, kleidungslos, unbedeckt, hüllenlos, unangezogen *unverpackt (Ware)

**eingeschlossen:** ausgeschlossen, exklusive, ausschließlich, ausgenommen, außer *extra *abzüglich *ausdrücklich, explizit *befreit, frei (Festung)

**eingeschränkt:** uneingeschränkt, groß, unumschränkt, unbeschränkt, schrankenlos, absolut (Macht) *uneingeschränkt, normal, fließend (Verkehr) *normal, uneingeschränkt (Betrieb)

**eingestehen:** abstreiten, lügen, (ver-)leugnen, ableugnen, bestreiten, verneinen, s. verwahren gegen, dementieren, von s. weisen, absprechen, als unwahr / unzutreffend / falsch / unrichtig bezeichnen *widerrufen *verschweigen, verheimlichen, verhehlen, nichts sagen, verbergen

**eingeübt:** improvisiert, unvorbereitet, ohne Vorbereitung, aus dem Stegreif / Handgelenk, ungeübt

**eingeweiht:** uneingeweiht, unaufgeklärt, nicht wissend

**eingewöhnen (s):** s. fremd fühlen, s. nicht wohl fühlen *s. wie zu Hause fühlen

**eingießen:** ausgießen, ausschütten, abgießen

**eingleisig:** zweigleisig, zweispurig, zweisträngig *mehrgleisig, mehrsträngig, mehrspurig

**eingliedern:** ignorieren, ablehnen, ausschließen, isolieren, absondern, auseinanderbringen, nicht annehmen, ausstoßen, verstoßen, trennen (von)

**eingraben:** ausgraben, ausmachen *ausgraben (Kriegsbeil) *ausbuddeln *s. eingraben: vorwärtsmarschieren, stürmen, attackieren, angreifen (Armee) *s. zurückziehen, fliehen, (zurück)weichen

**eingreifen:** gehenlassen, zögern, zaudern, schwanken, zagen, unschlüssig / unentschlossen sein, in Ruhe lassen, nichts tun, untätig / tatenlos zusehen,

Schluß machen, zuschlagen
**eingrenzen:** einzäunen, umzäunen, abzäunen, umfrieden, einfrieden, begrenzen, umgrenzen, einhegen, um-
hecken *schmälern, (ver)kürzen, reduzieren, herabmindern, dezimieren, begrenzen, einschränken, beschränken,
verringern, verkleinern, streichen, vermindern
**einhaken:** stützen, Halt / Arm geben, s.
einhenken / einhängen, Arm in Arm
gehen *verbinden, schließen *kritisieren, beanstanden, reklamieren, angehen gegen, herumkritteln, Klage führen, bemängeln, anfechten, monieren,
nörgeln, unmöglich finden, bemäkeln,
Kritik üben, etwas auszusetzen haben,
ablehnen, s. beschweren, klagen über,
s. stoßen / stören an, mißbilligen
**einhalten:** befolgen, nachkommen, beherzigen, beachten, s. fügen / unterwerfen / beugen / richten nach, s. an etwas
halten *nicht abweichen *rasten, ausruhen, stocken, aussetzen, stillstehen,
pausieren, innehalten, eine Pause machen / einlegen, unterbrechen *aufhören, enden *festhalten, nicht abweichen *einlösen, erfüllen, zufriedenstellen, befriedigen

**einhändig:** mit einer Hand, mit der
linken / rechten Hand
**einhängen:** beenden, auflegen *s. einhängen: unterhaken, s. einhaken / einhenken, Arm in Arm gehen, stützen,
Halt / Arm geben
**einheimisch:** heimisch, (orts)ansässig,
beheimatet, zu Hause, wohnhaft, niedergelassen, eingeboren, eingebürgert,
bodenständig
**Einheit:** Abteilung, Verband, Forma-
tion, Truppenteil, Trupp(e), Geschwader, Pulk, Kolonne, Schar, Haufen,
Heeresverband *Unendlichkeit, Ewigkeit, Absolutheit, Allmacht, Allwis-
senheit (Gott) *Einheitlichkeit, Totalität, Gesamtheit, Geschlossenheit,
Vollständigkeit *Ganzes, Ganzheit,
Gemeinsamkeit, Gefüge
**einheitlich:** organisch, gewachsen, zusammenhängend *gleich(artig), identisch, analog, konform, zusammenfallend, kongruent, konvergent, homogen, einhellig, übereinstimmend

dabeistehen, säumen *nicht berühren
**eingrenzen:** unbegrenzt lassen, offen
lassen *erweitern

**einhaken:** aushaken *stützen *übernehmen (Aussage) *tolerieren

**einhalten:** zusagen, versprechen *dehnen (Naht) *übertreten, überschreiten,
nicht beachten / einhalten, mißachten,
s. nicht an etwas halten, s. hinwegsetzen über (Befugnisse, Vorschrift) *weiterarbeiten, nicht unterbrechen *überschreiten (Zeit) *brechen, mißachten,
umgehen (Gesetz, Vertrag) *beginnen,
anfangen, antreten, in Angriff nehmen
(Tätigkeit) *abweichen (Thema, Kurs)
*versäumen (Termin) *abkommen, s.
verfahren (Fahrtroute)
**einhändig:** zweihändig, beidhändig

**einhängen:** ausheben, aushängen (Tür)
*abnehmen (Telefonhörer) *s. einhän-
gen: lösen (von)

**einheimisch:** auswärtig, fremd, ausländisch *eingeführt, importiert

**Einheit:** Vielfalt, Variation *Zerwürfnis *Gegensatz *Trennung (Staat)
*Uneinheitlichkeit *Teil

**einheitlich:** uneinheitlich, verschieden
(-artig), mannigfaltig, heterogen, inhomogen, individuell, vielfältig *gegensätzlich

**einheizen:** (er)wärmen, (an)heizen, Feuer machen, beheizen, warm machen, feuern *anstacheln, antreiben, anspornen, aufstacheln, anstiften, anfeuern, anzetteln

**einhellig:** einmütig, einstimmig, einträchtig, im Einvernehmen mit *gleich (-artig), identisch, analog, konform, zusammenfallend, kongruent, konvergent, homogen, übereinstimmend

**einholen:** ereilen, erreichen *(ein)fangen, (er)haschen *nachholen, wettmachen, ausgleichen, gleichziehen, nachziehen, aufholen *(ein)kaufen, erstehen, erwerben *einziehen, s. geben lassen

**einhüllen:** einmumme(l)n, einwickeln, (warm) anziehen, umhüllen *einnebeln, tarnen, unsichtbar machen

**einig:** gemeinsam, vereint, solidarisch, geschlossen, verbündet, verschworen, gemeinschaftlich *gleichgestimmt, gleichgesinnt, übereinstimmend, einmütig, einhellig, einträchtig, unzertrennlich, einverstanden, harmonisch *zusammenstehend, zusammenhaltend, zusammengehörend, zusammenwohnend, beisammen sein

**einige:** verschiedene, etliche, wenige, ein paar, mehrere, diverse, eine Reihe / Anzahl *ein wenig / bißchen *beträchtlich, nicht wenig, ziemlich viel / groß

**einigemal:** zuweilen, mehrmals, ein paarmal

**einigen (s.):** s. vertragen / versöhnen / aussöhnen / vergleichen *bereinigen, klären, schlichten, beilegen *übereinkommen, einig werden, vereinbaren, verabreden, aushandeln, ausmachen, abmachen, absprechen

**Einigkeit:** Übereinstimmung, Harmonie, Gleichtakt, Gleichklang, Brüderlichkeit, Frieden, Einstimmung, Einmütigkeit, Partnerschaft, Gleichgesinntheit, Einhelligkeit, Einigung, Konsens, Einvernehmen, Einklang, Einheit, Eintracht, Zustimmung, Bejahung

**einjährig:** ein Jahr alt *ein Jahr dauernd

**einkalkulieren:** einplanen, einbeziehen, berücksichtigen, berechnen, in Betracht ziehen *vermuten, spekulieren, schätzen, annehmen, (be)fürchten, erahnen, wähnen, riechen, s. zu-

**einheizen:** entschärfen, normalisieren (Situation) *kaltlassen *bestätigen, loben, würdigen, unterstützen, helfen

**einhellig:** uneinheitlich, gegensätzlich, gegenteilig, unterschiedlich, verschieden(artig), grundverschieden, anders(artig), abweichend, divergent

**einholen:** auswerfen (Netz) *nachlaufen, zurücklaufen, zurückliegen (Sportler) *säen *hissen (Flagge) *geben, erteilen (Auskunft, Rat) *setzen (Segel)

**einhüllen:** s. ausziehen / entblößen / freimachen *sichtbar / frei werden (Gipfel)

**einig:** uneinig, uneins, zwieträchtig, gespalten, zerstritten, zerfallen, verschiedener Meinung / Ansicht *getrennt sein, nicht beisammen wohnen

**einige:** viele, alle, eine Menge / Masse *meiste *zahllos, zahlreich, ungezählt, unzählig, unzählbar *niemand, kein *ein *zwei

**einigemal:** einmal *mehrmals, öfters *nie *immer, stets, dauernd

**einigen (s.):** s. streiten / auseinandergehen, zanken, uneinig sein / bleiben, in Streit geraten, zusammenstoßen, anfeinden, s. entzweien / verfeinden / auseinandersetzen

**Einigkeit:** Auseinandersetzung, Gezänk, Entzweiung, Handgreiflichkeit, Handgemenge, Krawall, Reiberei, Konflikt, Streit(erei), Tätlichkeit, Wortstreit, Zank, Zusammenstoß, Uneinigkeit, Anfeindung, Zwietracht, Zwist, Unfriede, Spannungen, Unverträglichkeit

**einjährig:** zweijährig, dreijährig, mehrjährig

**einkalkulieren:** nicht berechnen / berücksichtigen / einplanen / einbeziehen, außer Betracht lassen

sammenreimen / einbilden, erwarten,
mutmaßen, rechnen mit
**Einkauf:** Kauf, Erwerb(ung), Anschaffung, Ankauf
**einkaufen:** kaufen, erstehen, erwerben, anschaffen, an s. bringen, ankaufen, einholen, aufkaufen, abkaufen,
übernehmen, abnehmen, s. versorgen /
abdecken mit / eindecken mit
**Einkaufspreis:** Kaufpreis *Hersteller-
preis
**Einklang:** Einigkeit, Übereinstimmung, Harmonie, Gleichtakt, Gleichklang, Brüderlichkeit, Gleichgesinntheit, Einhelligkeit, Sympathie, Verbundenheit, Frieden, Einstimmung,
Einmütigkeit, Partnerschaft
**einkleben:** in etwas kleben


**einkommen:** ansuchen, nachsuchen,
vorstellig werden, (er)bitten, ersuchen,
einreichen, beantragen, ein Gesuch
stellen *ankommen, ins Ziel gelangen
*zusammenkommen, eingehen, an-
sammeln
**Einkommen:** Einnahme, Honorar, Erträge, Bezüge, Rente, Pension, Einkünfte, Verdienst, Lohn, Gehalt
**einladen:** zu Gast laden, (zu sich) bitten, bestellen, rufen *auffordern, kommen lassen, beordern, (vor)laden


**einlagern:** (ab)lagern, speichern, deponieren, magazinieren, auf Lager legen
**einlassen:** öffnen, aufmachen, Einlaß
gewähren, hereinkommen lassen *polieren, wachsen *einlaufen lassen, füllen *s. einlassen: teilnehmen, mitmachen, mithalten, mittun, mitspielen, s.
beteiligen, mitarbeiten
**einlaufen:** eingehen, (zusammen-)
schrumpfen, zusammenschnurren,
kürzer / kleiner / enger werden *kommen, nahen, hereinfahren, eintreffen,
*s. füllen, vollfüllen


**einlegen:** frisieren, ondulieren, wellen,
legen *hineinlegen, hineinbringen, legen (in) *konservieren, einmachen,
einpökeln, einwecken, erhalten, haltbar machen *beanstanden, protestieren, Beschwerde einreichen, Klage
führen, Einspruch erheben, anfechten
*unterbrechen, pausieren, innehalten,
eine Pause machen *unterstützen, s.

**Einkauf:** Verkauf, Absatz, Veräußerung
**einkaufen:** verkaufen, abstoßen, abgeben, veräußern, absetzen, feilbieten,
handeln, verschleudern, vertreiben,
anbieten

**Einkaufspreis:** Verkaufspreis, Betrag,
Bruttopreis, Ladenpreis
**Einklang:** Mißverhältnis, Mißklang,
Disharmonie, Dissonanz, Mißlaut,
Mißton, Zank, Streit, Streitigkeit, Un-
frieden, Differenzen, Mißhelligkeit

**einkleben:** lösen, entfernen, herausreißen
**einkommen:** ausbleiben (Geld) *liegen
bleiben, aufgeben (Läufer)


**Einkommen:** Auslagen, Ausgaben,
Kosten


**einladen:** abladen, ausladen, entladen
(Kisten, Pakete) *empfangen *folgen,
mitgehen *ausladen, (die Einladung)
rückgängig machen / zurücknehmen
**einlagern:** verbrauchen, verarbeiten
*liegen lassen
**einlassen:** hinauslassen, herauslassen,
gehenlassen (Menschen) *ablassen, ablaufen lassen (Wasser) **s. einlassen:**
ignorieren *abweisen


**einlaufen:** s. ausleiern / ausdehnen
(Stoff) *auslaufen, verlassen (Schiff)
*ablaufen, auslaufen (Flüssigkeit)
*ausbleiben (Spenden, Beiträge) *star-
ten (Lauf) *abgehen (Meldungen)
*nicht eingehen (Beschwerden)
**einlegen:** verbrauchen (Obst, Gemüse)
*tiefgefrieren (Obst, Gemüse) *zu-
stimmen *herausziehen, herausnehmen, herausholen (Film) *waschen, fönen (Haare) *streichen, ausfallen lassen, herausnehmen, weglassen (Programm, Einlage) *übereinstimmen
*schlechtmachen (Mensch) *unterlas-
sen (Wort)

verwenden, helfen, managen, befürworten, fördern *einfügen, einschieben

**einleiten:** anbahnen, vorbereiten, in
die Wege leiten, anknüpfen, Fühlung /
Kontakt aufnehmen *beginnen, eröffnen, in Gang setzen

**einleiten:** beenden, (ab)schließen (Musik, Prozeß, Verfahren)

**Einleitung:** Einführung, Vorbemerkung *Vorwort, Geleit(wort), Vorrede
*Vorspiel, Prolog *Ouvertüre, Prälu-
dium, Vorspiel *Vorspann *Beginn,
Anfang, Eröffnung

**Einleitung:** Schluß *Durchführung
(Aufsatz) *Nachwort, Epilog

**einlenken:** nachgeben, entgegenkommen, s. unterwerfen / beugen / fügen /
ergeben / unterordnen, schwach werden *abbiegen, einbiegen, nach rechts /
links fahren

**einlenken:** geradeaus fahren *festbleiben, beharren, nicht nachgeben

**einleuchtend:** glaubhaft, überzeugend,
bestehend, augenfällig, evident, verständlich, einsichtig, faßlich, faßbar,
begreiflich, stichhaltig, klar, genau, anschaulich, bestimmt, deutlich, exakt,
fest umrissen, handfest, greifbar, unmißverständlich, unzweideutig, präzise

**einleuchtend:** unplausibel, unverständlich, unbegreiflich, unklar, unerklärbar, nicht zu begreifen, undurchsichtig

**einliefern:** einquartieren, zur Behandlung übergeben, einweisen, ins Krankenhaus bringen *abliefern, hinschaffen, hinbringen, aufgeben, abgeben,
zur Post bringen

**einliefern:** entlassen (Patient) *empfangen, abholen, annehmen, austragen
(Postsendung)

**Einlieferung:** Einquartierung, Einwei-
sung *Abgabe, Aufgabe, Ablieferung

**Einlieferung:** Entlassung (Patient)
*Empfang, Annahme

**einmachen:** konservieren, einwecken,
eindosen, einkochen, haltbar machen,
einlegen

**einmachen:** tiefgefrieren *einlegen *essen, verbrauchen

**einmal:** ein einziges Mal, nicht zweimal
/ mehrmals *irgendwann, früher oder
später, irgendeinmal, über kurz oder
lang, eines Tages *künftig, in Bälde /
absehbarer Zeit / Kürze, nahe, nächstens, nächste Woche, nächsten Monat
*früher, vordem, einst, damals, ehe-
dem, ehemals, vormals *auf einmal:
plötzlich, unerwartet, unversehens, unvermutet, überraschend, unverhofft,
unvermittelt, unvorhergesehen, blitzschnell

**einmal:** oft, wiederholt, alle paar Tage /
Wochen / Monate / Jahre / Stunden /
Minuten / Sekunden, vielmals, mehrmals, öfter(s), ein paarmal, häufig, immer wieder, meist, meistens, manchmal, oftmals, des öfteren, überwiegend, vorwiegend, mehrfach, x-mal,
zigmal, mehrmalig, vielfältig, vielfach,
wiederholt *wiederkehrend, periodisch *nie, später (Zeit) *auf einmal:
nach und nach, hintereinander, nacheinander

**einmalig:** unersetzlich, kostbar, einzig,
unentbehrlich *beispiellos, hervorragend, außergewöhnlich, großartig, mustergültig, überragend, exemplarisch,
beispielgebend, vorbildlich

**einmalig:** häufig, oft, öfter(s), des öfteren, oftmals, wiederholt, immer wieder, meistens, meist, zumeist, überwiegend, in der Regel, verschiedentlich,
mehrmals, zigmal, x-mal, vielfach, vielmalig *(immer)wiederkehrend, periodisch *normal, alltäglich, üblich, gewöhnlich *langweilig, uninteressant,
traurig (Ereignis)

**Einmarsch:** Besetzung, Anschluß, Intervention, Okkupation, Invasion, Eindringen, Überrumpelung, Einfall, Aggression

**einmarschieren:** einfallen, eindringen, einziehen, einrücken

**einmischen (s.):** eingreifen, dazwischentreten, durchgreifen, einschreiten, dreinreden, s. einmengen

**einmünden:** münden, fließen in, hineinfließen, zusammenströmen, zusammenlaufen, zusammenfließen

**einmütig:** einhellig, einträchtig, einheitlich, konform, einstimmig, gleichgesinnt / gleichgestimmt, gemeinsam, geschlossen, vereint, solidarisch, im Einvernehmen mit, in gegenseitigem Einverständnis

**Einnahme:** Annexion, Aneignung, Bemächtigung, Beschlagnahme, Besitznahme, Eroberung, Besetzung, Okkupation, Unterwerfung *Ausbeute, Gewinn, Reinerlös, Erlös, Ertrag, Nettoertrag *Einkommen

**einnehmen:** verdienen, erhalten, in Empfang nehmen, bezahlt bekommen, Gewinn erzielen, kassieren, erwerben, aufbringen, erarbeiten, Lohn / Gehalt beziehen *zu s. nehmen, essen, trinken *in Anspruch nehmen, ausfüllen (Platz) *erobern, okkupieren, stürmen, unterwerfen, annektieren, aneignen, beschlagnahmen, eindringen, Besitz ergreifen, in Besitz nehmen *versehen, bekleiden, innehaben, ausüben

**einnehmend:** anziehend, bezaubernd, sympathisch, gewinnend, angenehm, attraktiv, aufreizend, charmant, anmutig, betörend, lieb(lich), doll, toll, liebenswert

**einordnen:** einfügen, einheften, einrangieren, zuordnen, hineinlegen, eingliedern, einsortieren, eingruppieren, einreihen, zustellen, einrichten *s. einordnen: s. anpassen / (ein)fügen / einordnen / integrieren

**einpacken:** einrollen, einschlagen, verpacken, einwickeln, in Papier rollen / hüllen / wickeln, zuschnüren, verschnüren, zubinden, abpacken *verstauen, wegpacken, unterbringen, zusammenpacken, verpacken

**einpflanzen:** (ein)setzen, in die Erde pflanzen *implantieren

**Einmarsch:** Abzug, Rückzug, Rückmarsch (Armee)

**einmarschieren:** abziehen, (s.) zurückziehen, abmarschieren

**einmischen (s.):** s. heraushalten / zurückhalten, neutral / unentschieden bleiben, desinteressiert sein

**einmünden:** entspringen (Gedanke, Fluß) *abbiegen, abgehen, abzweigen (Weg)

**einmütig:** uneins, uneinig, zwieträchtig, gespalten, zerstritten, zerfallen, verschiedener Meinung / Ansicht

**Einnahme:** Ausgabe, Bezahlung, Einzahlung, Zahlung *Lebenshaltungskosten *Verlust, Aufgabe, Räumung, Verteidigung (Gebiet)

**einnehmen:** ausgeben, bezahlen *(ein-)zahlen (Geld) *verteidigen, verlieren, aufgeben *zurücklassen, räumen (Gebiet) *von s. geben, ausscheiden *abwarten (Meinung) *abführen, bezahlen (Steuern) *austeilen, verteilen, ausgeben (Gegenstände) *verschreiben, verordnen (Medizin) *abstoßen (Mensch) *aufgeben, verlieren (Posten)

**einnehmend:** abstoßend, häßlich, schrecklich, furchtbar, frech, aufdringlich, impertinent (Wesen)

**einordnen:** herausholen (Bücher) *durcheinanderbringen *s. einordnen: s. nicht anpassen (Gemeinschaft) *in der Fahrspur bleiben (Fahrzeug)

**einpacken:** auspacken, auswickeln, herausnehmen *stehen / liegen lassen

**einpflanzen:** ausreißen, verpflanzen, auspflanzen, umpflanzen, eintopfen, umtopfen *säen

**einplanen:** einkalkulieren, vorsehen, einbeziehen, (vor)bedenken, berücksichtigen, in Betracht / Erwägung ziehen, Rechnung tragen, mitrechnen

**einprägen:** einschärfen, einhämmern, beibringen, eingraben, einpauken, lehren, eintrommeln, einrichtern, einbleuen *prägen, eingravieren, einpressen, eingraben, einstanzen, eindrücken

**einquartieren:** unterbringen, beherbergen, aufnehmen, Quartier zuweisen / geben, Obdach / Unterkunft gewähren, jmdn. einweisen

**einräumen:** einordnen, bringen / stellen / legen in, an seinen Platz stellen *(zu-)billigen, zugestehen, gewähren (lassen), erlauben, überlassen, gestatten, zulassen, einwilligen, tolerieren, konzedieren

**einreden:** weismachen, aufhängen, aufbinden, einflüstern, auftischen, erzählen, eingeben, suggerieren, aufschwatzen

**einreichen:** vorlegen, präsentieren, abgeben, überreichen, übergeben

**Einreise:** Einwanderung, Immigration, Zuzug

**einreisen:** einwandern, immigrieren, zuziehen

**einreißen:** abreißen, abbrechen, niederreißen, niederschlagen, demontieren, abbauen, abtragen, demolieren, zerstören *einen Riß bekommen / machen *um s. greifen, überhandnehmen, einschleichen

**einrenken:** einkugeln, in die richtige Lage bringen *bereinigen, schlichten, beilegen, klären, in Ordnung bringen, aussöhnen, einigen

**einrollen:** verpacken, einwickeln, zusammenlegen, einschlagen, in Papier rollen / hüllen / wickeln, versandfertig machen *ankommen, anrollen, eintreffen *s. einrollen: s. zusammenkugeln / zusammenkauern / zusammenrollen

**einrücken:** einmarschieren, einziehen, eindringen, einbrechen, einfallen, Einzug halten *eingezogen, Soldat werden

**eins (sein):** übereinstimmen, s. decken / gleichen, einiggehen, konform gehen, einer Meinung sein, eines Sinnes sein, einig sein, korrespondieren *harmonisieren, im Einklang stehen, zusammenpassen, (zusammen)stimmen

**einplanen:** vergessen, übersehen

**einprägen:** vergessen, verdrängen, übersehen

**einquartieren:** hinauswerfen, kündigen *Quartier verweigern / ablehnen *gekündigt werden

**einräumen:** ausräumen, entrümpeln (Zimmer) *verweigern, vorenthalten, nicht gewähren / zugestehen (Freiheit, Recht)

**einreden:** ausreden *lauschen, zuhören

**einreichen:** zurückziehen, zurücknehmen (Klage, Beschwerde, Antrag) *erhalten, (zurück)bekommen

**Einreise:** Ausreise, Auslandsreise

**einreisen:** ausreisen, verreisen

**einreißen:** (auf)bauen, anlegen, errichten, erbauen, aufrichten *belassen *ganz / heil bleiben / lassen (Material) *unterdrücken, aufgeben (Gewohnheit) *beseitigen, wegräumen, aufräumen (Mißstände)

**einrenken:** s. ausrenken / verrenken (Wirbel, Extremität) *verderben, verschlechtern (Angelegenheit)

**einrollen:** entrollen, aufrollen *verlassen, hinausrollen (Zug) *s. einrollen: s. (aus)strecken (Mensch)

**einrücken:** ausrücken, hinausziehen (Armee) *entlassen werden (Militär) *nicht einrücken (Absatz)

**eins (sein):** uneins / uneinig / verschiedener Meinung / zerstritten / gespalten sein

**einsam:** allein, isoliert, abgesondert, mutterseelenallein, verlassen, zurückgezogen, vereinsamt, verwaist, abgeschlossen, abgeschieden, separat, ausgestoßen, einsiedlerisch, klösterlich, weltverloren, ohne Freunde / Gesellschaft / Kontakt, einzeln, vereinzelt, für sich, ohne Begleitung, solo *abgelegen, abgeschieden, entfernt, gottverlassen, entlegen, abseits, öde, unberührt, unbelebt, unwirtlich, unbewohnt, geisterhaft, ausgestorben, entvölkert, tot

**einsam:** verkehrsreich, belebt, bevölkert, besucht (Gegend) *geborgen, gesellig, soziabel, kontaktfreudig, kommunikationsfreudig, extravertiert, kommunikationsfähig, extrovertiert, umgänglich (Mensch) *inmitten, umgeben (Lage)

**Einsamkeit:** Alleinsein, Vereinsamung, Verlassensein, Zurückgezogenheit, Isolation, Vereinzelung, Abkapselung, Verschlossenheit, Menschenscheu, Kontaktarmut, Beziehungslosigkeit, Einsiedlerleben, Ungeselligkeit *Einöde, Öde, Wüste, Ödland, unbewohnte / einsame Gegend

**Einsamkeit:** Gesellschaft, Geselligkeit, Umgänglichkeit, Soziabilität *Getriebe, Betrieb(samkeit), Verkehr, Durcheinander, Unruhe, Tumult, Aufregung, Treiben, Gewimmel, Getümmel

**einsammeln:** einkassieren, (ab)kassieren, einnehmen, einstecken, einziehen, eintreiben, einheimsen, erheben, sammeln

**einsammeln:** bezahlen, ausgeben, austeilen, verteilen, austragen (Geld, Gegenstände) *verstreuen, auslegen, hinwerfen

**Einsatz:** Pfand, Kapitalanlage, Einlage, Investierung, Investition *Aufwendung, Aufwand, Aufgebot, Aufbietung *Gebrauch, Verwendung, Anwendung *Start, Einsetzen, Anfang, Beginn, Eintritt, Auftakt *Anstrengung, Bemühung, Eifer, Hingabe, Bereitschaft, Aufopferung

**Einsatz:** Abwarten, Zurückhaltung *Durchführung, Gesang, Spiel, Aufführung (Musik) *Effekt, Nutzen, Gewinn, Erfolg *Verlust, Gewinn (Spiel)

**einsaugen:** einschlürfen, einziehen, (auf)saugen, einatmen

**einsaugen:** ausstoßen, von s. geben (Flüssigkeit)

**einschalten:** anstellen, anschalten, andrehen, anmachen, anknipsen *(hin-) einschieben, einblenden, ergänzen, (hin)zufügen, abrunden *eingreifen, einschreiten, dazwischentreten, durchgreifen, dazwischenfahren, einmengen, einmischen, aufräumen mit, ausgleichen, vermitteln, hindern, ein Machtwort sprechen, Ordnung schaffen, reinen Tisch machen

**einschalten:** ausschalten, ausmachen, löschen, ausknipsen, abschalten (Licht, Elektrogerät) *ausschalten, abschalten, ausmachen, abdrehen (Heizung) *ausschalten, heraushalten (Polizei) *stillsetzen, ruhigstellen (Gerät) *s. heraushalten, zusehen, zuhören

**einschenken:** einschütten, eingießen, auffüllen, einfüllen, vollgießen

**einschenken:** ausschenken, leeren *trinken *verschütten

**einschieben:** (hinein)schieben, einblenden, ergänzen, (hin)zufügen, abrunden

**einschieben:** streichen, weglassen

**einschiffen:** verschiffen, (aufs Schiff) laden, an Bord / auf ein Schiff bringen

**einschiffen:** (an)landen, ausbooten, absetzen, ausschiffen, von Bord / an Land bringen

**einschlafen:** einnicken, einschlummern, entschlummern, eindämmern, in

**einschlafen:** erwachen, aufwachen, munter werden, zu s. kommen *auf-

Schlaf versinken *absterben, gefühllos / taub werden *sterben, entschlafen, dahinscheiden, entschlummern, ableben, abscheiden, verscheiden *zu Ende gehen, nachlassen, aufhören, enden, erkalten, erlöschen, abebben, verebben, versiegen, abbrechen, auflösen, einschlummern

**einschläfern:** narkotisieren, anästhesieren, schmerzunempfindlich / bewußtlos machen, betäuben, eine Narkose geben, chloroformieren *beruhigen, einwiegen, einlullen, beschwichtigen

**einschlagen:** hineinschlagen, eintreiben, schlagen in, einrammen, einstoßen, einklopfen *einpacken, verpacken, einrollen, einwickeln, umwickeln, verschnüren, zubinden *zertrümmern, zerstören, beschädigen, demolieren, entzweischlagen, zerschmettern *(in eine bestimmte Richtung) gehen *kürzer machen, umschlagen *einwilligen, beipflichten, zustimmen, einverstanden sein, ja sagen *Erfolg haben, Aufsehen erregen, wirken, Wirkung erzielen

**einschließen:** einsperren, einriegeln *verwahren, sicherstellen, wegschließen, verschließen, aufbewahren, aufheben, unter Verschluß bringen *einbeziehen, umfassen, implizieren, mitberücksichtigen, beeinhalten, einkalkulieren *umstellen, umklammern, umzingeln, einkreisen, einkesseln, umkreisen, belagern *abschließen, absperren, abtrennen, internieren, gefangenhalten, ausschließen, abseits stellen, verborgen halten

**einschließlich:** plus, dazu, inbegriffen, mit(gerechnet), inklusive, zugehörig, eingeschlossen, eingerechnet, außerdem, umfassend, ferner, bis auf alles, in allem, einbegriffen, implizite, samt, zuzüglich

**einschlummern:** einschlafen, einnicken, entschlummern, eindämmern, in Schlaf versinken *sterben, entschlafen, dahinscheiden, entschlummern, ableben, einschlafen, abscheiden, verscheiden

**einschmeicheln:** schönreden, schöntun, hofieren, zu Gefallen reden, kriechen, heucheln, lobhudeln, einwickeln, s. anbiedern

kommen *wachen, wach / munter / ausgeschlafen / hellwach sein *aufleben (Betrieb)

**einschläfern:** ermuntern, aufmuntern, wachhalten, (auf)wecken *anregen, erwecken

**einschlagen:** (her)ausziehen (Nagel) *s. wehren (Mensch) *auswickeln, auspacken (Ware) *durchfallen (Produkt)

**einschließen:** frei lassen, laufen lassen, herauslassen (Mensch) *aufgeben, entsetzen, befreien (Festung) *offen lassen, offen liegen / stehen lassen *ausschließen, aussondern, isolieren, absondern, ignorieren, ausnehmen, nicht beachten, übersehen, übergehen (Mensch)

**einschließlich:** ausschließlich, uneingeschränkt, alleinig, nur, lediglich, bloß *ausgenommen *außer, ausgenommen, bis auf, abgesehen von, ohne, sonder, ausschließlich, nicht einbegriffen / inbegriffen, exklusive

**einschlummern:** erwachen, aufwachen, zu s. kommen, munter werden *am Leben bleiben, leben

**einschmeicheln:** kritisieren, angreifen, attackieren *s. unbeliebt machen, unangenehm auffallen

**einschmuggeln:** einschleusen, unbemerkt hineinbringen / über die Grenze bringen, heimlich einführen

**einschneidend:** eindrucksvoll, tiefgreifend, durchgreifend, merklich, tiefgehend, einprägsam, gravierend, bedeutend, entscheidend, fühlbar, intensiv, unvergeßlich, durchdringend, nachhaltig, empfindlich, richtungweisend, wegweisend, ernstlich, wirksam, schwerwiegend, folgenschwer, weitreichend, wichtig, ausschlaggebend, stark, maßgeblich, bestimmend, grundlegend

**einschneien:** zuschneien, verschneien, eindecken, zudecken

**einschränken:** reduzieren, dezimieren, (ver)mindern, begrenzen, kürzen, verringern, herabsetzen, beschneiden, schmälern, beschränken, drosseln, abbauen, einengen, hemmen, Schranken setzen *Grenzen ziehen, restringieren *s. einschränken: s. begnügen, sparen, kürzer treten

**Einschränkung:** *Vorbehalt, Auflage, Klausel, Nebenbedingung, Nebenbestimmung *Kürzung, Verminderung, Verringerung, Reduzierung, Herabsetzung, Drosselung, Reduktion, Abstrich, Dezimierung, Beschneidung, Minderung, Begrenzung, Beschränkung, Einsparung, Schmälerung, Abbau, Streichung, Einengung, Restriktion

**einschrauben:** (hin)eindrehen, hineinschrauben

**einschreiten:** eingreifen, dazwischentreten, durchgreifen, dazwischenfahren, einmengen, einmischen, aufräumen mit, ausgleichen, vermitteln, hindern, ein Machtwort sprechen, Ordnung schaffen, reinen Tisch machen

**einschrumpfen:** (zusammen)schrumpfen, zusammenfallen, kleiner / leichter werden, zusammenlaufen, verkümmern, eintrocknen, verdorren, einschnurren, einfallen

**einschüchtern:** beängstigen, verängstigen, bange machen, den Mut / das Selbstvertrauen nehmen, entmutigen, schrecken *niederschlagen, bekümmern, bedrücken

**einschulen:** in die Schule aufnehmen

**einschmuggeln:** verzollen, angeben, nennen, deklarieren (Ware) *hinausbefördern

**einschneidend:** gering, klein, unbedeutend, minimal, unerheblich, nicht nennenswert, unbeträchtlich (Maßnahmen, Änderungen)

**einschneien:** abtauen, auftauen *freischaufeln

**einschränken:** erweitern, aufblähen, vergrößern, heraufsetzen, ausbauen, verbreiten *erweitern (Rechte) *s. einschränken: kürzer treten, sparen *s.vervielfachen / vermehren / verstärken / ausdehnen / ausweiten / vergrößern /erweitern / erhöhen / steigern *s. übernehmen *einbeziehen, umfassen, erfassen

**Einschränkung:** Erweiterung, Ausdehnung, Ausweitung, Ausbreitung, Verlängerung, Verbreiterung, Vergrößerung, Steigerung, Expansion *Verstärkung, Ausbau *Vielfalt, Auswahl, Überfluß

**einschrauben:** herausschrauben, herausdrehen, herausnehmen (Glühbirne) *lösen (Schraube)

**einschreiten:** gewähren / gehen lassen, tolerieren, dulden *ignorieren, ungerührt sein / bleiben

**einschrumpfen:** quellen, schwellen, s. (aus)dehnen, aufgehen, wachsen

**einschüchtern:** loben, ermutigen, würdigen, unterstützen *dulden, tolerieren *ignorieren, ungerührt lassen

**einschulen:** entlassen, verabschieden

**Einschulung:** Schulaufnahme

**einseitig:** eingleisig, einsträngig, einspurig, eindimensional *voreingenommen, vorurteilsvoll, parteiisch, gefärbt, tendenziös, engstirnig, subjektiv, verzerrt, unsachlich, schief, entstellt, verdreht, festgefahren *auf eine Seite beschränkt, nur auf einer Seite, nicht vielseitig *unerwidert, unerfüllt, unglücklich, nicht erhört (Liebe)

**einsenden:** einschicken, zusenden, zuschicken, überlassen, übergeben

**einsetzen:** einordnen, einbauen, einfügen, einpassen, hineinbringen *einschalten, einschieben, verwenden, anwenden, in Anspruch nehmen, dienstbar machen, verwerten, (be)nutzen *einspannen, in Aktion treten / arbeiten lassen *bestimmen, berufen, bestallen, ernennen, einstellen, designieren *in die Erde pflanzen, einpflanzen *riskieren (Leben) *anfangen, beginnen, intonieren, starten, anheben *s.

**einsetzen:** s. bemühen / Mühe geben / kümmern um / einer Sache annehmen, eintreten / verwenden (für)

**Einsetzung:** Amtseinführung, Amtseinsetzung, Investitur, Ordination, Installation *Implantation, Einpflanzung

**Einsicht:** Einblick, Eindruck, Vorstellung, Überblick, Anschauung, Kenntnis, Bescheid, Wissen, Kunde, Aufklärung *Erfahrung, Erkenntnis, Überblick, Weitblick, Bildung, Wissen, Weisheit, Überlegenheit, Vertrautheit, Beschlagenheit, Menschenkenntnis, Lebenserfahrung, Weltkenntnis, Praxis, Klugheit, Reife, Routine

**einsichtig:** vernünftig, verständnisvoll, verständig, verstehend, überlegt, besonnen, klug, einfühlend *weitherzig, tolerant, nachsichtig, aufgeschlossen *einleuchtend, überzeugend, plausibel, verständlich, erklärlich, begreiflich, glaubhaft, faßbar, faßlich, evi-

**Einschulung:** Entlassung, Abschied, Schulabschluß, Abschluß

**einseitig:** zweiseitig, doppelseitig, beid(er)seitig *umfassend, vielseitig groß, universell (Begabung, Wissen) *objektiv *vielseitig (Verwendung)

**einsenden:** zurücksenden, zurückschicken (Unterlagen, Manuskripte)

**einsetzen:** herausfallen, ziehen, s. ausbrechen (Zahn) *herausschneiden (Stoff) *absetzen, abservieren, abberufen, entlassen, suspendieren, (des Amtes) entheben, verabschieden (Minister, Professor) *kündigen, entlassen, fortschicken, ablösen *herausnehmen, durchbrechen (Bauteil) *zurück(be)halten, bereithalten (Geldmittel) *(her)ausreißen, pflücken (Pflanzen) *abziehen, zurückziehen, zurückbeordern (Polizei, Truppen, Flugzeug, Waffen) *ausschalten, kaltstellen, ausbooten (Mensch) *aussetzen, abbrechen (Ton) *herausnehmen (Busse, Züge) *profitieren, gewinnen, kassieren, verlieren (Spiel, Geld) *aufgeben *aufhören, enden (Wetterperiode) *s.

**einsetzen:** ablehnen, verurteilen *ignorieren *zurückhalten, aufheben, s. schonen (Kraft)

**Einsetzung:** Extraktion (Zahn) *Suspendierung, Entlassung, Amtsenthebung, Abberufung (Minister, Professor) *Kündigung, Entlassung, Ablösung

**Einsicht:** Dummheit, Beschränktheit, Borniertheit, Trotz, Unkenntnis, Engstirnigkeit, Begriffsstutzigkeit, Unverständigkeit, Vernageltheit

**einsichtig:** uneinsichtig, dumm, beschränkt, borniert, trotzig, engstirnig, begriffsstutzig, vernagelt

dent, augenfällig, klar, stichhaltig, zwingend, deutlich, unzweideutig, triftig, schlagend, treffend

**einsilbig:** wortlos, verschwiegen, schweigsam, stumm, wortkarg, lakonisch, verschlossen, sprachlos, still, reserviert, nicht mitteilsam, muffig, zugeknöpft, mundfaul

**einsilbig:** mehrsilbig (Wort) *beredsam, wortgewandt, redegewandt, redegewaltig, sprachgewaltig, zungenfertig, beredt, eloquent

**einspannen:** heranziehen, hinzuziehen, beanspruchen, beschäftigen, arbeiten lassen *anspannen, anschirren, (auf-) zäumen, Zaum anlegen *einziehen, einsetzen, in etwas befestigen

**einspannen:** ausspannen (Schreibblatt, Pferd) *entlasten *ruhen

**einsparen:** (er)sparen, aufsparen, s. beschränken / einschränken / bescheiden / zügeln / mäßigen / zurückhalten, haushalten, maßhalten, geizen, weglegen, wirtschaften, einteilen, abbauen, reduzieren, rationieren, aufheben, sparsam sein, knausern *anhäufen, speichern, horten, scheffeln, ansammeln, zusammentragen, stapeln, auftürmen, weglegen, zurücklegen

**einsparen:** ausgeben, verbrauchen, verwenden, verprassen, vergeuden, verschwenden, verausgaben, aufwenden, aufzehren

**Einsparung:** Beschränkung, Abbau, Reduzierung, Einschränkung, Ersparung, Ersparnis, Zurückhaltung, Maßhaltung, Geiz, Haushaltung, Rationierung, Sparsamkeit

**Einsparung:** Verbrauch, Verwendung, Vergeudung, Verschwendung, Ausgabe

**einspeichern:** deponieren, magazinieren, ansammeln, (ein)lagern, ablegen, horten, zurückbehalten, an s. nehmen, scheffeln, zusammentragen, weglegen, zurücklegen *festhalten

**einspeichern:** ausdrucken, abrufen (Daten) *verbrauchen (Waren)

**einsperren:** gefangensetzen, gefangennehmen, einkerkern, arretieren, internieren, verhaften, inhaftieren, in Haft / Arrest setzen, ins Gefängnis werfen, in Haft / Gewahrsam nehmen, eingittern, einbunkern, einkassieren, einlochen, einbuchten

**einsperren:** freilassen, befreien *entlassen *loslassen, laufen lassen (Tier)

**Einspruch:** Berufung, Beschwerde, Klage, Protest, Einwendung, Reklamation, Veto, Widerspruch, Widerrede, Beanstandung, Einwurf, Entgegnung, Zweifel, Anfechtung, Gegenstimme, Gegenargument, Gegenmeinung *Hinderungsgrund

**Einspruch:** Annahme, Zustimmung, Billigung, Genehmigung, Einwilligung, Bestätigung, Erlaubnis, Sondergenehmigung, Ratifizierung, Plazet, Bekräftigung, Einverständnis

**einspurig:** einsträngig, eingleisig, nur eine Spur

**einspurig:** zweispurig, dreispurig, vierspurig, mehrspurig

**einstecken:** einwerfen, abschicken, wegschicken, absenden, versenden, aufgeben *s. aneignen, einstreichen, einkassieren, an s. nehmen / bringen, stehlen *in die Tasche stecken, hineinstecken, mitnehmen *hinnehmen, er-

**einstecken:** vergessen *steckenlassen (Schlüssel) *herausgeben, aus der Tasche ziehen / holen *s. nicht bieten lassen, aufbegehren, Widerstand leisten, trotzen, s. widersetzen / wehren, protestieren *zurückbleiben, zurück-

tragen, (er)dulden, akzeptieren, (hinunter)schlucken, in Kauf nehmen *überflügeln, übertreffen, überbieten, siegen, übertrumpfen, überholen, überrunden

**einsteigen:** einbrechen, eindringen, einen Einbruch ausführen / verüben / begehen *eintreten, betreten, hineinsteigen, besteigen, hineinklettern, zusteigen *aufspringen *s. beteiligen, mitmachen, investieren

**einstellen:** abstellen, aufbewahren, hineinlegen, hineinstellen, unterstellen, einordnen, eingruppieren, einfügen *ein Ende / Schluß machen, beendigen, aufhören, haltmachen, innehalten, abbrechen, abschließen, einen Schlußstrich ziehen *regulieren, justieren, einrichten *anstellen, engagieren, beschäftigen, verpflichten, einsetzen, dingen, anheuern, anwerben, chartern, in Dienst nehmen *s. einstellen: s. einfinden, (an)kommen, erscheinen, auftauchen, eintreffen *geschehen, zum Vorschein kommen, zutage treten, passieren, s. abspielen / zutragen / ereignen, vorfallen, *s. mit einer Sache vertraut machen / beschäftigen, nachdenken (über)

**Einstellung:** Beendigung, Ende, Schließung, Abschaffung, Aufhebung, Beseitigung, Abbruch, Aufgabe, Auflösung, Außerkraftsetzung, Annullierung *Einsetzung, Ernennung, Anstellung, Dienstantritt *Meinung, Ansicht, Gesinnung, Sinnesart, Standpunkt, Verhalten, Denkweise, Grundhaltung, Überzeugung, Auffassung, Weltbild, Weltanschauung, Ideologie, Mentalität, Geisteshaltung

**Einstieg:** Einlaß, Öffnung, Zutritt, Eintritt, Eingang, Zugang *Tür, Luke *Anfang, Beginn, Start

**einstig:** ehemalig, vormalig, einstmalig, früher, sonstig, alt, bisherig

**einstimmig:** einmütig, einhellig, vereint, geschlossen, gemeinschaftlich, gemeinsam, einheitlich, konform, einig *homophon, gleichstimmig

**einstürzen:** zusammenfallen, zusammenstürzen, einfallen, zusammensinken, einbrechen, zusammenbrechen,

liegen

**einsteigen:** aussteigen, absteigen (Fahrzeug) *flüchten, verlassen (Einbrecher) *s. trennen, aussteigen (Unternehmen) *s. zurückziehen, aufhören (Politik)

**einstellen:** herausholen, herausziehen (Gegenstand, Bücher) *weiterführen, fortsetzen, weitermachen, entfalten, ausweiten (Aktion) *entlassen, kündigen, ausbooten, abbauen (Arbeitskräfte) *verstellen, verstimmen (Instrumente) *abschaffen (Nutztier) *beginnen, anfangen, s. angewöhnen (Gewohnheit, Verhalten) *beginnen, anfangen, starten (Aktion) *verstellen (Kamera) *ausdrehen (Radio) *s. einstellen: wegbleiben, s. nicht einstellen, absent sein, ausbleiben, nicht kommen (Besuch) *selbständig / frei / eigenständig / ungebunden / unabhängig / für s. allein / eigenmächtig sein (Verhalten) *enden (Jahreszeit, Wetter) *ausbleiben, s. nicht einstellen (Erfolg, Ereignis) *s. nicht gewöhnen (an) / anpassen (Publikum) *s. entfernen, weggehen, aufbrechen, fortziehen

**Einstellung:** Abbau, Kündigung, Entfernung, Entlassung (Stelle) *Fortsetzung, Weiterführung, Entfaltung, Ausweitung (Aktion) *Beginn, Anfang (Verhalten, Gewohnheiten)

**Einstieg:** Ausstieg (Fahrzeug) *Austritt, Ausstieg, Rückzug (Unternehmen) *Ausstieg (Drogenszene)

**einstig:** jetzig, heutig *morgig, (zu-)künftig, später

**einstimmig:** zweistimmig, dreistimmig usw., mehrstimmig, vielstimmig (Musik) *mehrheitlich, nicht einstimmig (Abstimmung, Wahl)

**einstürzen:** halten, stehen bleiben *aufbauen, errichten, (wieder)aufgebaut werden, sanieren, wiederherstellen

zusammenkrachen, zusammenklappen, zusammensacken *überfallen, einmarschieren

**eintauchen:** eintunken, tunken in, einsenken *untertauchen, in die Tiefe / unter Wasser gehen

**einteilen:** aufteilen, zumessen, bemessen, zuteilen, rationieren, zuweisen, dosieren, haushalten, zusprechen, planen, sparen *(unter)gliedern, (unter-)teilen, zerlegen, gruppieren, klassifizieren, rubrizieren, aufgliedern, (auf-)fächern, staffeln, einordnen, eingliedern, einstufen, periodizieren, segmentieren, systematisieren, differenzieren

**eintönig:** eindruckslos, langweilig, wirkungslos, monoton, stumpfsinnig, einschläfernd, trist, fade, öde, trostlos, reizlos, uninteressant, gleichförmig, einförmig, ermüdend, trocken

**Eintönigkeit:** Einerlei, unausgefüllte / leere Stunden, Langeweile, Gleichförmigkeit, Einförmigkeit, die alte Leier, Öde

**Eintracht:** Einigkeit, Übereinstimmung, Harmonie, Gleichtakt, Gleichklang, Brüderlichkeit, Einklang, Gleichgesinntheit, Einhelligkeit, Sympathie, Verbundenheit, Frieden, Einstimmung, Einmütigkeit, Partnerschaft

**einträchtig:** einig, gemeinsam, vereint, solidarisch, geschlossen, partnerschaftlich, verbündet, verschworen, gemeinschaftlich *gleichgestimmt, gleichgesinnt, übereinstimmend, einmütig, einhellig, unzertrennlich, einverstanden, harmonisch

**eintragen:** ergeben, erreichen, erbringen, tragen, abwerfen, erzielen *registrieren, verbuchen, verzeichnen, einschreiben, einzeichnen, inskribieren

**einträglich:** profitbringend, ertragreich, lukrativ, nutzbringend, nutzbar, ergiebig, zugkräftig, profitabel, nützlich, dankbar, segensreich, interessant, lohnend, gewinnbringend, rentabel, vorteilhaft, günstig, attraktiv

**Eintragung:** das Eintragen, Anmeldung, Einschreibung, Immatrikulation *das Eingetragene / Geschriebene

**eintreffen:** ankommen, geschickt / zu-

*ausbleiben (Erinnerung) *verdrängen (Erlebnisse) *renovieren

**eintauchen:** auftauchen *herausziehen, herausholen (Pinsel)

**einteilen:** sofort / auf einmal verbrauchen / tun *zusammenfassen

**eintönig:** spannend, interessant, unterhaltsam *vielfältig, mannigfaltig, abwechslungsvoll, kurzweilig, abwechslungsreich *(bunt)scheckig, farbenfreudig, farbenpächtig, in Farbe, grell, kräftig, leuchtend, poppig, satt, lebhaft, farbig, bunt, lieblich, farbenfroh (Farben)

**Eintönigkeit:** Abwechslung, Vielfalt, Variation *Unterhaltung, Spannung *Abenteuer

**Eintracht:** Streit, Zwietracht, Zwiespalt, Uneinigkeit, Zwist, Fehde, Streitigkeit, Unfriede, Hader, Streiterei, Entzweiung, Reiberei *Feindschaft, Haß *Verkrampfung, Spannung, Kampf

**einträchtig:** verfeindet, verhaßt *uneins, uneinig, zerstritten, zwieträchtig, gespalten, verschiedener Meinung / Ansicht

**eintragen:** austragen, (aus)streichen, löschen (Liste, Name) *verlieren (Gewinn, Anerkennung)

**einträglich:** karg, mager, nicht lohnend, gering, klein, minimal, niedrig (Gewinn) *mager, karg, schlecht gehend, nicht lohnend, klein (Geschäft, Angelegenheit)

**Eintragung:** Streichung, Löschung *Exmatrikulation, Abmeldung

**eintreffen:** verlassen, weggehen, weg-

gestellt bekommen, eingehen, einlaufen *einfinden, erscheinen, (an)kommen, auftauchen, landen, anrücken, anrollen, einlaufen, antanzen, aufkreuzen

**eintreiben:** einschlagen, hineinstoßen, hineinrammen, hineinklopfen *(ein-) fordern, einmahnen, einkassieren, einsammeln, einziehen, erheben

**eintreten:** Mitglied / Teilhaber werden, s. beteiligen / anschließen / einkaufen, einsteigen *hereinkommen, hereintreten, hineingehen, hineinkommen, betreten, treten / gehen in, hineingelangen *s. erfüllen / bewahrheiten / verwirklichen / realisieren / zutragen / ereignen / abspielen, eintreffen, passieren, geschehen, erfolgen, wahr werden, als richtig / wahr erweisen *anfangen, beginnen (mit), erreichen *zerstören, vereiteln *einlaufen, eintragen *s. einsetzen / verwenden / erklären / stark machen / engagieren / bekennen / bemühen, etwas vertreten / verfechten / verteidigen

**Eintritt:** Zutritt, Einlaß, Zulaß, Zugang, Eingang, Entree *Eintreten, Beitreten, Beitritt *Eintrittsgeld, Eintrittsgebühr, Eintrittspreis *Anfang, Anbruch, Beginn, Auftakt, Start, Eröffnung, Entstehung, Antritt, Inangriffnahme

**eintrocknen:** vertrocknen, austrocknen, verdorren, ausdörren, ausdorren, dürr / trocken werden *(ein)schrumpfen, zusammenschrumpfen, verkümmern, einfallen, zusammengehen

**eintrüben (s.):** s. umwölken / bedecken / beziehen / bewölken / zuziehen / trüben / verdunkeln / verdüstern / verfinstern, trübe / wolkig werden

**eintrudeln:** s. einfinden / einstellen, auftauchen *langsam ankommen

**einüben:** proben, üben, einstudieren, vorbereiten, ausprobieren, versuchen, einen Versuch anstellen *einprägen, (er)lernen, pauken, einstudieren, s. aneignen / beibringen, memorieren, auswendig lernen

**Einvernehmen:** Einigkeit, Übereinst-

fahren, abgehen, abreisen, abfahren, starten, aufbrechen, wegfahren, scheiden, s. fortbegeben / weiterbegeben / entfernen, davongehen, fortgehen, weiterfahren, weiterziehen, s. verabschieden *nicht eintreffen, ausbleiben, s. nicht bewahrheiten, nicht wahr sein (Ahnung) *abgehen, abschicken (Ware) *vermißt werden, ausbleiben, fehlen

**eintreiben:** herausziehen (Pfahl) *bezahlen *schulden *stunden, erlassen (Schulden) *austreiben, wegschicken, fortschicken (Vieh)

**eintreten:** ausscheiden, verlassen, austreten (Verein, Partei) *verlassen, hinausgehen (Zimmer) *draußen bleiben, warten *verlassen, abgehen, hinausgehen (Schule) *ablehnen, im Stich lassen, s. distanzieren *abbrechen, unterbrechen, beendigen, beenden (Verhandlungen) *(s.) desinteressieren

**Eintritt:** Austritt (Verein, Partei) *Verlassen, Austritt (Raum) *Abschied, Abgang, Austritt (Schule) *Abbruch, Unterbrechung, Beendigung (Verhandlungen)

**eintrocknen:** quellen, schwellen *naß / feucht werden *saftig werden

**eintrüben (s.):** s. aufklaren / aufheitern / aufhellen / aufklären, heller werden

**eintrudeln:** ausbleiben, nicht kommen, fehlen *angerannt kommen

**einüben:** improvisieren, aus dem Stegreif spielen / sprechen / handeln *aufführen

**Einvernehmen:** Unterschied, Mei-

stimmung, Harmonie, Gleichtakt, Gleichklang, Brüderlichkeit, Einklang, Gleichgesinntheit, Einhelligkeit, Sympathie, Verbundenheit, Frieden, Einstimmung, Einmütigkeit

**einverstanden sein:** zustimmen, billigen, einwilligen, gutheißen, zusagen, Zustimmung geben

**Einverständnis:** Billigung, Einvernehmen, Einwilligung, Genehmigung, Gewährung, Zustimmung

**Einwand:** Einspruch, Klage, Protest, Beschwerde, Reklamation, Veto, Einwendung, Einwurf, Widerspruch, Entgegnung, Beanstandung, Widerrede, Anfechtung, Zweifel, Gegenstimme, Gegenargument, Gegenmeinung

**Einwanderer:** Immigrant, Asylant

**einwandern:** immigrieren, einreisen, zuwandern, zuziehen, ansässig werden, s. niederlassen / ansiedeln

**einwandfrei:** fehlerlos, fehlerfrei, tadellos, untadelig, makellos, vollkommen, vollendet, richtig, perfekt, lupenrein, meisterhaft, mustergültig *genießbar, eßbar, trinkbar *sauber *frisch *fehlerlos

**Einwegflasche:** Wegwerfflasche, Ex-und-hopp-Flasche

**einweihen:** weihen, eröffnen, enthüllen, in Betrieb nehmen, taufen, aus der Taufe heben, der Öffentlichkeit / seiner Bestimmung übergeben *informieren, unterrichten, aufklären, orientieren, einführen, die Augen öffnen, belehren, in Kenntnis setzen, s. anvertrauen, Auskunft erteilen

**einweisen:** einliefern, einquartieren, ins Krankenhaus bringen, zur Behandlung übergeben *(an)leiten, lehren, unterweisen, anweisen, einführen, anlernen, beraten, einarbeiten, unterrichten, ausbilden, vorbereiten, schulen

**einwenden:** entgegenhalten, entgegnen, dagegenreden, dawiderreden, zu bedenken geben, erwidern, kontern, einwerfen, protestieren, dagegenhalten, widerlegen, widersprechen, entkräften, dazwischenwerfen, vorbringen, dazwischenrufen, Kontra geben, Veto einlegen

nungsverschiedenheit, Differenz, Gegensatz, Mißverhältnis, Kontrast

**einverstanden sein:** nicht einverstanden / dagegen / anderer Meinung (sein)

**Einverständnis:** Unterschied, Kontrast, Gegensatz, Abweichung

**Einwand:** Einwilligung, Billigung, Gewährung, Einverständnis, Zustimmung

**Einwanderer:** Auswanderer, Emigrant *Flüchtling *Asylant, Asylsuchender

**einwandern:** auswandern, emigrieren *vertreiben, fliehen, ausgewiesen werden

**einwandfrei:** verdorben, schlecht, unbrauchbar, ungenießbar, verschimmelt, vergiftet (Speise) *ranzig (Butter) *gärig *unkorrekt, tadelnswert, unangenehm, frech (Verhalten) *faul, anrüchig, krumm, strafbar (Geschäfte, Angelegenheit) *faul, wurmig, wurmstichig, madig (Obst) *fehlerhaft (Ware)

**Einwegflasche:** Mehrzweckflasche, Pfandflasche, Leihflasche

**einweihen:** schließen (Gebäude) *ablegen, abschreiben, wegwerfen, beiseite legen (Kleider, Gegenstand) *verschweigen (Geheimnis)

**einweisen:** entlassen (Patient) *(selbst) überlassen (Arbeitsstelle)

**einwenden:** zustimmen, übereinstimmen, billigen, bejahen (zu), gutheißen, annehmen, genehmigen, akzeptieren, beistimmen, beipflichten, etwas richtig / nicht falsch finden *zurückhalten, verheimlichen, (ver)schweigen, ruhig / still sein, nichts sagen

**einwickeln:** einpacken, einrollen, einschlagen, verschnüren, zuschnüren, zubinden, in Papier wickeln / rollen / hüllen / schlagen *betrügen, hintergehen, täuschen, beschwindeln, blenden, übertölpeln, foppen, überlisten, hereinlegen, verschaukeln, beschummeln *überreden, beschwatzen, erweichen, bereden, bearbeiten, beeinflussen, andrehen, breitschlagen, herumbekommen *s. **einwickeln:** s. fest / warm zudecken

**einwickeln:** auspacken, auswickeln, entrollen .*hochheben (Bettdecke) *s.
**einwickeln:** s. aufdecken

**einwilligen:** einverstanden sein, zustimmen, billigen, gutheißen, zusagen, Zustimmung geben

**einwilligen:** anfragen, (er)bitten, (er-)fragen *ablehnen, abschlagen, zurückweisen, abweisen, ausschlagen, verweigern, versagen, untersagen, verbieten *s. sträuben / weigern

**Einwohner:** Bewohner, Mitbürger, Staatsbürger, Staatsangehöriger, Ansässiger, Bevölkerung
**Einzahl:** Singular
**einzahlen:** (be)zahlen, abliefern, abführen, aufs Konto überweisen, an eine Kasse zahlen

**Einwohner:** Gast, Durchreisender, Landfahrer, Umherziehender

**Einzahl:** Mehrzahl, Plural
**einzahlen:** auszahlen, geben *abheben *bekommen, erhalten, empfangen, vereinnahmen, einnehmen *überweisen

**Einzahlung:** Bezahlung, Zahlung, Anzahlung

**Einzahlung:** Auszahlung *Abhebung

**Einzelgänger:** Außenstehender, Außenseiter, Sonderling, Individualist, Nonkonformist, Eigenbrötler, Outsider, Outcast

**Einzelgänger:** Mitläufer, Gruppenmitglied

**Einzelhandel:** Ladenverkauf, Kleinhandel, Kleinverkauf, Detailhandel, offenes Geschäft, Sortiment (Buchhandel)

**Einzelhandel:** Großhandel, Zwischenhandel, Produktionszwischenhandel, Durchfuhrhandel

**Einzelhandelsgeschäft:** Geschäft, Tante-Emma-Laden, Fachgeschäft, Spezialgeschäft, Kaufhaus

**Einzelhandelsgeschäft:** Großhandlung, Großmarkt

**Einzelhändler:** Kleinhändler, Einzelhandelsunternehmer, Wiederverkäufer

**Einzelhändler:** Großhändler, Grossist, Großhandelsunternehmer, Zwischenhändler

**Einzelheit:** Detail, Teilstück, Ausschnitt

**Einzelheit:** das Ganze, Gesamtheit, Ganzheit, Totalität, Gänze *Masse *die große Linie *Übersicht

**einzeln:** vereinzelt, extra, isoliert, separat, für sich, (ab)gesondert, (ab)getrennt *punktweise, detailliert, ganz genau, Punkt für Punkt, im einzelnen, prägnant, präzis(e), exakt, speziell, partikulär, en detail

**einzeln:** gemeinsam, zusammen, kollektiv, geschlossen, vereint, gemeinschaftlich, kooperativ, genossenschaftlich *im ganzen, insgesamt *doppelt, zweifach, zwiefach, zu zweit / dritt / viert *als Paar, paarweise *haufenweise, als Masse, massenweise *mannigfach, vielfach, vielfältig

**einzelne:** manche, einige, ein paar, wenige, dieser und jener
**Einzelne:** Individuum, Einzelperson,

**einzelne:** mehrere, eine Menge, viele, etliche *alle
**Einzelne:** Masse, Menge, Gruppe *Ge-

Subjekt, Einzelwesen, Geschöpf, Wesen, Gestalt, Figur

**einziehen:** zurückziehen, nach innen ziehen *sicherstellen, pfänden, abnehmen, konfiszieren, wegnehmen, beschlagnahmen, mit Beschlag belegen, sichern, die Hand legen auf *bergen, niederholen, einholen, reffen *eintreiben, fordern, einmahnen, kassieren, erheben, einsammeln *einrücken, einmarschieren, einfallen, eindringen *mobil machen, einberufen, ausheben, mobilisieren, verpflichten, rekrutieren (Soldat) *s. erkundigen / informieren *einatmen, einsaugen, inhalieren, Atem holen *einfädeln, durchführen, durchziehen, durchstecken *eindringen (Salbe) *s. einziehen: s. einreißen / eintreten, unter die Haut bekommen

**Einziehung:** Beschlagnahme, Konfiszierung, Sicherstellung, Sicherung, Beschlagnahmung, Pfändung *Einberufung, Aushebung, Rekrutierung, Musterung *Eintreibung, Einkassierung, Erhebung, Inkasso *Enteignung, Verstaatlichung, Beschlagnahme, Kollektivierung, Nationalisierung

**einzig:** ausschließlich, ausnahmslos, nur, allein

**einzigartig:** ausgefallen, ansehnlich, verblüffend, auffällig, ungewöhnlich, außergewöhnlich, überwältigend, beachtlich, überragend, bedeutsam, sondergleichen, beträchtlich, sagenhaft, bewundernswürdig, eindrucksvoll, nennenswert, imposant, enorm, erstaunlich, großartig, abenteuerlich, ohnegleichen, aufsehenerregend, unvergleichlich, spektakulär, stattlich, überraschend, ungeläufig, sensationell, auffallend, bedeutend, bedeutungsvoll, beeindruckend, bewunderswert, brillant, märchenhaft, hervorragend, imponierend, außerordentlich, entwaffnend, groß, fabelhaft

**Einzug:** das Einziehen / Beziehen *Einmarschieren, (feierliches) Hineingehen

**eisig:** sehr kalt, eiskalt, frostig, bitter-

sellschaft *Gesamtheit

**einziehen:** ausziehen, räumen, verlassen (Wohnung, Gebäude, Stadion) *wohnen (bleiben) *zeigen, ausstrecken (Krallen) *wechseln (Wohnung) *entlassen, zurückstellen (Armee) *herausziehen (Schnürsenkel) *ausziehen (Kaserne) *(vor)strecken (Bauch) *(hoch)heben, emporrecken, wedeln (Schwanz) *abziehen, räumen, aufgeben, verlassen, ausziehen (Hausbesetzer) *ausstoßen, ausblasen (Luft) *abziehen, räumen, verlassen, ausziehen (Stadion) *abstellen, aufstellen (Wachposten) *freigeben, zurückgeben (Besitz) *ausgeben, in Umlauf setzen, freigeben (Geld) *stunden, erlassen (Schulden) *bezahlen (Forderung) *ausfahren, ausziehen (Autoantenne) *s. nicht erkundigen (über), s. nicht interessieren *s. einziehen: herausziehen (Splitter)

**Einziehung:** Rückgabe (Besitz) *Entlassung (Soldat)

**einzig:** auch *unter anderem *eine(r) unter vielen

**einzigartig:** schlecht, minderwertig, unerfreulich, wertlos *normal, gewöhnlich, üblich, geläufig, gewohnheitsmäßig, gebräuchlich, herkömmlich, eingebürgert, regelmäßig, gängig

**Einzug:** Auszug, Räumung, Weggang, Aufgabe, Wechsel (Wohnung, Gebäude) *Abzug, Räumung, Auszug, Aufgabe (Besitz) *Herausnahme, Wechsel (Geld) *Stundung (Schulden)

**eisig:** heiß, glühend, erhitzt, warm

kalt *gefühlskalt, gefühlsarm, herzlos, hartherzig, abgestumpft, gemütsarm, gefühllos, mitleidlos, erbarmungslos, unzugänglich, lieblos, seelenlos, gleichgültig, roh, unbarmherzig, unsozial, verroht, schonungslos, brutal, inhuman, ungesittet, barbarisch, unmenschlich, kaltblütig, grausam, gnadenlos

**eitel:** geckenhaft, gefallsüchtig, kokett, putzsüchtig, stutzerhaft, geziert *überheblich, aufgeblasen, hoffärtig, selbstgefällig, dünkelhaft, hochmütig, blasiert, hochnäsig, herablassend, großspurig, angeberisch, snobistisch, eingenommen, von oben herab, gespreizt, prahlerisch, wichtigtuerisch *rein, pur, lauter, unverfälscht

**Eiweiß:** Eiklar

**Ekel:** Abscheu, Abneigung, Widerwille, Ungeneigtheit, Überdruß, Übersättigung, Abgeneigtheit, Antipathie *Scheusal, Ungeheuer, Schurke, widerliche Person, Lump, Barbar

**ekelhaft:** ekel, eklig, ekelerregend, widerlich, widerwärtig, unappetitlich, abscheulich, abstoßend, schmierig, schleimig *unerträglich, unausstehlich, widrig, unsympathisch, unleidlich, antipathisch, unliebsam, unbeliebt, unangenehm, verhaßt, übel, scheußlich, gräßlich, grauenhaft, abschreckend, schauderhaft, greulich, verabscheuenswert, verabscheuenswürdig, Abscheu erregend *verwerflich, gemein, niederträchtig, schrecklich, wüst, schändlich, ruchlos

**elastisch:** dehnbar, flexibel, biegsam, beweglich, gelenkig, wendig, federnd, weich, geschmeidig *aufgeschlossen, modern, fortschrittsgläubig

**elegant:** chic, schick, nobel, vornehm, kultiviert, (aus)erlesen, apart, gewählt, stilvoll, schmuck, smart, mondän *gewandt, geschliffen, weltläufig, weltmännisch, routiniert, erfahren

**elegisch:** desolat, bedrückt, schwermütig, depressiv, melancholisch, trübsinnig, hypochondrisch, schwarzseherisch, pessimistisch, nihilistisch, defätistisch, wehmütig, trübselig, freudlos,

(Temperatur) *freundlich, warm, herzlich, gütig, mild, menschlich, zuvorkommend, entgegenkommend, nett (Verhalten) *sommerlich, heiß, lau (-warm), überschlagen (Wetter) *freundlich, herzlich, innig, nett, entgegenkommend, freundschaftlich, kollegial, kooperativ, kameradschaftlich (Arbeitsklima) *handwarm, temperiert (Wasser)

**eitel:** nachlässig, schlampig, liederlich, ungepflegt, unordentlich, schludrig, unsorgsam *einfach, bescheiden, anspruchslos, genügsam, schüchtern, zurückhaltend *verfälscht

**Eiweiß:** Eigelb

**Ekel:** Zuneigung, Sympathie, Liebe, Vorliebe, Wohlgefallen, Wohlwollen, Mitgefühl, Freundschaft *Reiz, Lust *Goldkind, Schatz, Liebling (Mensch)

**ekelhaft:** sympathisch, liebenswert, freundlich, charmant, liebenswürdig, entgegenkommend, nett, beliebt, angenehm, anziehend, bezaubernd, reizend, lieb, umgänglich, hinreißend, heiter, gewinnend (Mensch) *wohlschmeckend, wohlriechend, angenehm, appetitlich, schmackhaft, frisch, knusprig, delikat, fein, köstlich (Speise) *vollmundig, kräftig, aromatisch (Getränk) *schön, angenehm (Wetter) *vorbildlich, gut (Tat)

**elastisch:** steif, unelastisch, starr, fest *unbiegsam, undehnbar *schwerfällig, träge, unsportlich, steif, plump, stur *konservativ *bürokratisch, verhaftet, beamtenhaft, paragraphenhaft, genau, pingelig (Mensch) *schleppend, schlurfend, trödelnd, hinkend, lahm (Gang)

**elegant:** schlicht, einfach *lumpig, geschmacklos, schäbig, unelegant *unmodern, altmodisch, altbacken, veraltet, gestrig (Kleidung) *ungeschickt, tölpelhaft (Verbeugung)

**elegisch:** zuversichtlich, optimistisch, unverzagt, hoffnungsfroh, zukunftsgläubig, hoffnungsvoll, lebensbejahend, fortschrittsgläubig

traurig, trist, (tod)unglücklich, elend,
betrübt, trübe, bekümmert, unfroh
*sorgenvoll, zentnerschwer, gram-
erfüllt, gramvoll, gramgebeugt

**Element:** Passion, Hobby, Lieblings-
beschäftigung, Fahrwasser, Leidenschaft, Steckenpferd *Naturgewalt,
Elementarkraft *Komponente, Wesenszug, Ingrediens, Grundstoff, Bestandteil

**Element:** Menge, das Ganze

**elementar:** grundlegend, grundsätzlich, fundamental, konstitutiv, entscheidend, prinzipiell, maßgeblich,
maßgebend, bestimmend, wichtig, bedeutend, ausschlaggebend, schwerwiegend *naturhaft, ursprünglich, urwüchsig, erdhaft, erdverbunden, bodenständig

**elementar:** schwierig, schwer *leicht,
schwach

**elend:** jämmerlich, schwach, schwächlich, miserabel, erbärmlich, kläglich,
schlecht, unpäßlich, übel, unwohl, indisponiert, mitgenommen, erbarmungswürdig, hilfsbedürftig *gemein,
verwerflich, verworfen, verächtlich,
unwürdig, niedrig, ehrlos, ruchlos,
häßlich, verdammenswert, verabscheuenswert, scheußlich, schändlich,
erbärmlich, abscheulich, charakterlos
*ausgehungert, krank, geschwächt,
zerbrechlich *arm(selig), verelendet,
verarmt, unvermögend, notleidend,
unbemittelt, bedürftig, güterlos, bettelarm, hilfsbedürftig, ärmlich

**elend:** herrlich, schön, gut, beneidenswert, angenehm, luxuriös, üppig (Leben) *luxuriös, angenehm, wohnlich,
feudal, verschwenderisch, fürstlich
(Unterkunft) *stattlich, ordentlich,
groß, feudal (Haus) *gesund, wohl, fit,
frisch, heil, kerngesund, kraftstrotzend
(Gesundheit) *glücklich, beneidenswert, angenehm (Lage) *nobel, großzügig, freigebig, gebefreudig, hochherzig, verschwenderisch, spendabel
(Mensch)

**Elend:** Unglück, Not, Armut, Notstand, Krise, Ärmlichkeit, Armseligkeit,
Bedürftigkeit, Entbehrung, Verelendung, Geldnot, Beschränkung, Besitzlosigkeit, Knappheit, Kargheit *Leid,
Kummer, Sorge, Unglück, Schmerz,
Qual, Gram, Jammer, Not, Kümmernis, Last, Trauer, Trübsal, Kreuz, Seelenschmerz, Verzweiflung, Trostlosigkeit, Misere, Marter, Pein, Martyrium

**Elend:** Reichtum, Vermögen, Wohlstand, Überfülle, Überfluß, Besitz
(-tum), Geld, Kapital, Güter, Mittel
Schätze *Freude, Frohsinn, Glück,
Vergnügen, Wohlgefallen, Begeisterung, Zufriedenheit, Behagen

**Elite:** die Blüte / Besten, Auslese,
Oberschicht, Establishment, Jet-set,
die oberen Zehntausend, vornehme /
hohe Gesellschaft, Geldadel, Schicke-
ria, Hautevolee

**Elite:** Normalbürger *Pöpel, Unterpri-
vilegierte

**Eltern:** Vater und Mutter, die Alten

**Emigrant:** Auswanderer

**Eltern:** Kind(er), Sohn, Tochter

**Emigrant:** Immigrant, Einwanderer,
Ansiedler, Siedler, Kolonist, Zugezo-
gener, Asylant

**Emigration:** Auswanderung, Emigrieren *Exil, Ausland, Zufluchtsort, Ver-
bannungsort

**Emigration:** Immigration, Einwanderung, Ansiedelung, Zuzug, Kolonisa-
tion

**emigrieren:** auswandern, weggehen, scheiden, fortgehen, umsiedeln, übersiedeln, die Heimat / Land verlassen, ins Ausland gehen

**emotional:** emotionell, gefühlsmäßig, gefühlsbetont, gefühlvoll, irrational, expressiv, affektiv

**Empfang:** Aufnahme, Willkomm, Begrüßung *Ankunft, Annahme, Entgegennahme, Eintreffen, Erhalt *Einladung, Feier, Gesellschaft, Party, Fest (-lichkeit) *Anmeldung, Empfangsbüro, Empfangsraum, Rezeption, Anmeldebüro, Anmelderaum *Sehen / Hören einer Sendung

**empfangen:** entgegennehmen, bekommen, erhalten, in Empfang nehmen, annehmen *eine Sendung hören / sehen / hereinbekommen *begrüßen, willkommen heißen, aufnehmen *ein Kind erwarten, befruchtet / schwanger werden, in andere Umstände kommen

**Empfänger:** Adressat, Briefpartner *Kunde *Beschenkte(r) *Radioapparat, Fernsehapparat

**empfänglich:** aufgeschlossen, interessiert, zugänglich, offen, aufnahmefähig, geweckt, ansprechbar, aufnahmebereit, feinfühlig, geneigt, gestimmt *anfällig, zart, labil, schwächlich, allergisch, disponiert

**empfehlen:** anbieten, anpreisen, animieren, einladen / auffordern zu, hinweisen auf, werben, Reklame machen für *(an)raten, zuraten, vorschlagen, einen Vorschlag machen, anregen, nahelegen, eine Anregung geben, etwas ans Herz legen *s. empfehlen: weggehen, verlassen, s. trennen / verabschieden, Abschied nehmen, scheiden, auf Wiedersehen / Lebewohl sagen, verlassen, fortgehen

**empfindlich:** beeinflußbar, anfällig, empfindsam, hochempfindlich, schwierig, sensibel, überempfindlich, verletz-

**emigrieren:** immigrieren, einwandern, (an)siedeln, kolonisieren, zuziehen

**emotional:** rational, verstandesmäßig *begrifflich *objektiv

**Empfang:** Aushändigung, Auslieferung, Belieferung, Ablieferung, Ausgabe, Verteilung, Lieferung, Übergabe (Ware) *Anforderung, Bestellung, Order (Ware) *Versand *Sendung, Ausstrahlung (Funk, Fernsehen) *Bestellung (Grüße) *Rückgabe *Einzahlung *Einladung (Besuch) *Verabschiedung, Abschied (Besuch)

**empfangen:** aushändigen, hingeben, zurückgeben, ausliefern, (be)liefern, abliefern, überreichen, (ab)geben, (dar)bieten, übergeben *bestellen, ordern, anfordern (Ware) *verschicken, fortschicken, expedieren, aufgeben, (ab)senden, abschicken, versenden *senden, ausstrahlen (Funk, Fernsehen) *einzahlen *auszahlen *schenken, zuwenden, spenden, spendieren *vererben, überlassen *hingehen (Besuch) *verabschieden, entlassen, hinauskomplimentieren *einladen *austeilen, verteilen, (her)ausgeben *abschlagen, zurückweisen, wegschicken

**Empfänger:** Absender, Adressant, Briefschreiber, Korrespondent, Briefpartner, Partner *Mäzen, Geber, Spender *Sender (Funk)

**empfänglich:** unsensibel, stumpf, unempfänglich, verschlossen, kontaktschwach, undurchschaubar, undurchdringlich, frostig, kühl *isoliert, zurückgezogen, einsam, abgeschieden

**empfehlen:** abraten, warnen, widerraten, zu bedenken geben, ausreden, abbringen (von) *verbieten, untersagen *s. empfehlen: begrüßen, kommen

**empfindlich:** unempfindlich, abgestumpft, unsensibel, fischblütig, gefühllos, kaltherzig, verhärtet, abge-

lich, zartbesaitet, verletzbar, nachtragend, dünnhäutig, feinbesaitet, feinfühlig, lebhaft, reizbar *zimperlich, verweichlicht, mimosenhaft, wehleidig *gravierend, einschneidend, spürbar, merklich, tiefgreifend, fühlbar, schwerwiegend, nachhaltig, hoch, schmerzlich *dünn, schwach

**empfindsam:** gefühlstief, gefühlvoll, beseelt, innerlich, seelenvoll, tränenselig, gefühlsselig, gemüthaft, gemütvoll, rührselig, schmalzig, schwärmerisch, überspannt, verinnerlicht, sinnenhaft, mimosenhaft, feinfühlend, zart(fühlend), feinfühlig, feinsinnig, zartbesaitet, feinbesaitet, sensibel, überempfindlich, weich, einfühlsam, gefühlsbetont, romantisch *verwundbar, verletzbar, verletzlich, leicht zu kränken

**Empfindung:** Einfühlungsvermögen, Verständnis, Höflichkeit, Takt(gefühl), Anteil, Anteilnahme, Mitgefühl, Sympathie, Teilnahme, Wärme, Herzlichkeit, Entgegenkommen, Verstehen, Rücksicht, Innigkeit, Einfühlungsgabe *Gefühlseindruck, Sinneswahrnehmung, Sinneseindruck, Eindruck

**empfindungslos:** fühllos, gefühllos, unempfindlich *bewußtlos, benommen, betäubt *blutleer, abgestorben, eingeschlafen, taub, gefühllos

**empor:** aufwärts, hinauf, in die Höhe, herauf, hoch, himmelwärts

**emporarbeiten (s.):** avancieren, emporkommen, vorwärtskommen, aufsteigen, weiterkommen, s. verbessern / durchsetzen / hocharbeiten / heraufarbeiten, erfolgreich sein, populär werden, hochkommen, etwas werden

**empören (s.):** s. ärgern / aufbäumen / auflehnen / dagegenstellen / entgegenstellen / erheben / widersetzen / wehren / sträuben / sperren / bäumen / stemmen, trotzen, opponieren, meutern, auftrumpfen, revoltieren, rebellieren, protestieren, mucken, murren *s. entrüsten, verärgern, s. erregen, brüskieren, schockieren

**emporfliegen:** (hin)auffliegen, starten, abheben

**emporgehen:** hinaufgehen, nach oben gehen

**Emporkömmling:** Aufsteiger, Neurei-

brüht, kaltsinnig, hartherzig, schwer kränkbar, gefühlskalt *gleichgültig, wurstig, unberührt, teilnahmslos *robust, unempfindlich (Gerät) *taub (Tastgefühl) *robust (Mensch) *erträglich, aushaltbar (Kälte) *gering, mild (Strafe) *robust, unempfindlich, kräftig, dick (Material) *erträglich, gering (Verlust)

**empfindsam:** unempfindsam, rational, unsentimental *derb, roh, brutal, abgestumpft, stumpfsinnig

**Empfindung:** Teilnahmslosigkeit, Gefühlskälte, Unnahbarkeit, Gefühllosigkeit, Empfindungslosigkeit, Härte, Kälte, Kaltherzigkeit, Mitleidlosigkeit, Lieblosigkeit, Fühllosigkeit

**empfindungslos:** empfindlich, sensibel, anfällig, feinfühlig, ansprechbar, beeinflußbar, feinbesaitet, zartbesaitet

**empor:** abwärts, hinunter, hinab *herunter, herab

**emporarbeiten (s.):** absteigen *auf der Stelle treten, bleiben *degradieren

**empören (s.):** (s.) beruhigen / besänftigen, s. zufriedengeben *zustimmen, übereinstimmen, s. identifizieren *schweigen, nichts sagen *s. anpassen

**emporfliegen:** herunterfliegen, herabfliegen, landen, wassern

**emporgehen:** niedergehen, s. senken (Vorhang)

**Emporkömmling:** Absteiger *Aus-

cher, Arrivierter, Selfmademan, Moneymaker, Karrieremensch

**emporrecken:** recken, strecken, *s.
**emporrecken:** s. strecken / hochrecken

**emporsteigen:** (hin)aufsteigen *aufkommen, beginnen *avancieren, emporarbeiten, emporkommen, aufsteigen, weiterkommen, vorwärtskommen, hochkommen
**Empörung:** Protest, Aufstand, Revolte, Erhebung, Rebellion, Meuterei, Krawall, Putsch, Aufruhr, Volkserhebung, Massenerhebung, Auflehnung, Freiheitskampf *Wut, Zorn, Entrüstung, Erregung, Aufgebrachtheit, Ärger, Erbitterung, Raserei, Furor
**emporziehen:** hochziehen, (her)aufziehen

**emsig:** eifrig, strebsam, bemüht, bestrebt, betriebsam, geschäftig, rührig, dabei, unermüdlich, unverdrossen, bemüht, versessen, pflichtbewußt, dienstfertig, arbeitsam, fleißig, arbeitsfreudig, arbeitswillig, produktiv, schaffensfreudig, tatkräftig, rastlos, tüchtig, diensteifrig, aktiv, beflissen, tätig, erpicht, zur Hand
**Ende:** Abschluß, Ausgang, Schluß (-punkt), Beendigung, Ausklang, Finale, Torschluß, Schlußakt, Endpunkt, Abbruch, Neige *Tod, Lebensende, Ableben, Heimgang, Absterben, Verscheiden, Entschlafen, Abberufung, Abschied

**enden:** vollenden, erledigen, fertigstellen *aufhören, endigen, versiegen, ausklingen, auslaufen, verebben, abreißen, verhallen, erlöschen, stillstehen, zum Abschluß kommen / gelangen, zum Erliegen / zur Ruhe kommen, zur Neige gehen *beendigen, beenden, beschließen, aufgeben, zu Ende bringen / führen, einstellen, Schluß / ein Ende machen, aufstecken, aussteigen, begraben

**en detail:** detailliert, ganz genau, im

steiger

**emporrecken:** einziehen (Schwanz) *senken, sinken lassen *s. emporrecken: s. ducken, zusammensinken, s. fallen lassen
**emporsteigen:** (hin)absteigen, hinuntersteigen *herabsteigen, heruntersteigen *sinken, fallen *ausrutschen *fallen (Rauch) *untergehen, verschwinden, ausrotten (Kultur)
**Empörung:** Zustimmung, Übereinstimmung, Identifikation *Stillschweigen *Anpassung, Adaption *Beruhigung, Besänftigung

**emporziehen:** herunterlassen, senken, herablassen (Vorhang) *niederdrücken
**emsig:** faul, arbeitsscheu, müßig, bequem, tadellos, untätig, träge

**Ende:** Anfang, Beginn (Straße, Zug, Veranstaltung) *Eröffnung, Beginn (Sitzung) *Anbruch, Anbeginn, Sonnenaufgang (Tag) *Beginn, Ausbruch (Krankheit, Seuche, Krieg) *Eintritt *Auftakt (Musik, Ereignis) *Startschuß (Sport) *Aufnahme, Beginn, erster Schritt (Beziehungen)
**enden:** anfangen, beginnen, losgehen, angehen, anlaufen, anbrechen (Veranstaltung) *eröffnen, beginnen, losgehen (Sitzung) *anbrechen (Tag) *ausbrechen, beginnen, aufkommen, übergreifen (Seuche) *beginnen, anfangen, losgehen (Krieg) *anstimmen, intonieren, den Ton angeben (Musik) *s. durchsetzen, an Bedeutung gewinnen (Einfluß) *s. einstellen, kommen, beginnen (Jahreszeit, Hitze, Kälte) *hinziehen, weitergehen, fortdauern, (an-)dauern, währen (Verhandlungen) *reichen, s. erstrecken (Machtbereich, Gebiet) *anlaufen, beginnen (Produktion)
**en detail:** in großen Mengen, en gros,

einzelnen, punktweise, speziell, präzise, Punkt für Punkt

**endgültig:** beschlossen, entschieden,
besiegelt, definitiv, obligatorisch, bindend, unwiederbringlich, ein für allemal, für immer, abgemacht, verbindlich, unwiderruflich, unabänderlich, irreversibel, unumstößlich

**endlich:** zu guter Letzt, letzten Endes,
zum Schluß, schließlich, nach längerer
Zeit / längerem Warten, zuletzt *zeitlich gebunden, von kurzer Dauer,
sterblich, begrenzt, irdisch, kurzlebig,
am Ende

**endlos:** unermeßlich, grenzenlos, unbegrenzt, unbeschränkt, weit, unzählbar, uferlos, ohne Ende, unabsehbar,
unendlich

**Endlosigkeit:** Unbegrenztheit, Unbe-
schränktheit, Weite, Unermeßlichkeit,
Ewigkeit, Unendlichkeit, Grenzenlosigkeit, Unzählbarkeit, Zahllosigkeit,
Ungezähltheit

**Endprodukt:** Endergebnis, (fertige)
Ware, Produkt

**Endpunkt:** Ziel, Ende, Bestimmungsort, Endstation

**Energie:** Kraft *Tatendrang, Trieb-
kraft, Spannkraft, Tatkraft, Stoßkraft,
Willenskraft, Lebenskraft, Tatendurst,
Aktivität, Schaffensdrang, Willensstär-
ke, Entschiedenheit, Ausdauer, Ent-
schlossenheit,      Unternehmungslust,
Unternehmungsgeist, Arbeitslust, In-
itiative, Schwung, Dynamik, Vitalität,
Temperament, Emsigkeit, Rührigkeit,
Leistungsfähigkeit, Reserven, Betrieb-
samkeit, Geschäftigkeit, Regsamkeit,
Eifer, Feuer, Vehemenz *Bestimmt-
heit,   Nachdruck,   Eindringlichkeit,
Emphase

**energielos:**   schwächlich,   schlapp,
schlaff, kraftlos, willenlos, (willens-)
schwach, gelangweilt, lahm, entschlußlos, matt, lasch, initiativlos,
inaktiv

**Energielosigkeit:**   Schwächlichkeit,
Schwachheit, Kraftlosigkeit, Willenlosigkeit, Willensschwäche, Entschlußlo-
sigkeit, Mattheit, Laschheit, Inaktivität

**energisch:** entschlossen, entschieden,
zielstrebig, zielbewußt, zielsicher, fest,
resolut, willensstark, aktiv, vehement,
zupackend, tatkräftig, tätig, tüchtig,

im großen, im Großhandel

**endgültig:** vorläufig, provisorisch, notdürftig, zunächst, zeitweilig, zeitweise,
vorübergehend, fürs erste, zuerst, als
erstes / nächstes, vorderhand, vorerst,
bis auf weiteres, behelfsmäßig, schlecht
und recht *widerruflich

**endlich:** unendlich, endlos, grenzenlos,
(un)begrenzt, unbeschränkt, unermeßlich, ohne Ende

**endlos:** begrenzt, in Grenzen, beschränkt, übersehbar *kurz (Streit)

**Endlosigkeit:** Begrenzung, Begrenztheit, Beschränktheit, Grenze

**Endprodukt:** Rohprodukt, Rohling,
Muster

**Endpunkt:** Ausgangspunkt

**Energie:** Energielosigkeit, Langewei-
le,   Abgeschlafftheit,   Schlappheit,
Schlaffheit, Müdigkeit, Tatenlosigkeit,
Antriebsschwäche,   Willenlosigkeit,
Willensschwäche

**energielos:** tatkräftig, energisch, ausdauernd, zielstrebig, leistungsfähig,
elastisch

**Energielosigkeit:** Tatkraft, Energie,
Ausdauer, Leistungsfähigkeit, Spannkraft, Willenskraft, Elastizität

**energisch:** nachgiebig, unentschlossen,
unentschieden, kümmerlich *machtlos
*schwach, lasch, matt, ausgepumpt,
schlapp, schlaff, abgespannt, gestreßt,

rührig, betriebsam, schwungvoll, dynamisch *eindringlich, bestimmt, nachdrücklich, ernsthaft, intensiv, streng, strikt, massiv, rigoros, scharf, ultimativ, entschieden, emphatisch

**eng:** eingeengt, beengt, schmal, begrenzt *eingeklemmt, eingekeilt, dicht, gedrängt, zusammengedrückt, zusammengepreßt *hauteng, stramm, körpernah, enganliegend, knapp *intim, intensiv, nah, innig, freundschaftlich, herzlich, fest, dauerhaft, vertraut

**Engagement:** Anstellung, Arbeitsplatz, Arbeitsstelle, Verpflichtung, Beschäftigung, Beruf, Posten, Position, Job *Einsatz, Unterstützung, Verpflichtung, Beteiligung, Interesse, Anteilnahme, Mitwirkung, Hingabe, Aktivität, Begeisterung, Eifer

**engagieren:** verpflichten, beschäftigen, anstellen, einstellen, eine Stelle / Arbeit geben, in Dienst nehmen, mit einer Arbeit betrauen *auffordern, um den nächsten Tanz bitten *s. engagieren: s. einsetzen / verwenden / erklären / bekennen / bemühen / einlassen auf / binden, eintreten für, Partei ergreifen, plädieren

**Enge:** Engpaß, Klemme, Hohlweg *Gedränge, Gewoge, Gewühl *Beklemmung, Beklommenheit, Beengung *Platzmangel, Raummangel, Raumnot, Knappheit, Engigkeit, Beengtheit, Gedrängtheit *Engherzigkeit, Engstirnigkeit, Borniertheit, Kurzsichtigkeit, Kleinlichkeit, Beschränktheit, Voreingenommenheit, Intoleranz, Unduldsamkeit, Spießigkeit, Provinzialismus

**Engel:** Himmelsbote, überirdisches / himmlisches Wesen, Bote Gottes, Himmelswächter, Paradieswächter, Seraph, Cherub * liebes / braves Kind

**engherzig:** kleinlich, spießig, unduldsam, hinterwäldlerisch, provinziell, übergenau, kleinstädtisch, pingelig, kleinbürgerlich, pedantisch, spießbürgerlich, kleinkariert, muffig

**Engpaß:** Enge, schmale Stelle, enge Durchfahrt, Hohlweg, schmaler Durchgang *Mangelerscheinung, Erschwerung, Erschwernis, Behinderung, Hindernis, Barriere, Hemmung *Not(lage), Zwangslage, Misere, Komplikation, Übel(stand), Mißstand

müde *willenlos, gelangweilt, träge, gleichgültig, schwerfällig, stumpfsinnig, traurig, teilnahmslos, unbeteiligt, apathisch

**eng:** geräumig, grenzenlos, großräumig, ausgedehnt, großflächig, groß, weit, breit *weit, leger, lose (Kleidung) *weit (Kurve) *weit, umfassend, gebildet (Gesichtskreis) *universell, allgemein (Anwendbarkeit) *großzügig, weitherzig (Mensch) *lose, locker

**Engagement:** Desinteresse, Gleichgültigkeit, Teilnahmslosigkeit, Ungerührtheit, Uninteressiertheit, Interesselosigkeit, Abgestumpftheit, Stumpfsinn, Geistesabwesenheit, Apathie, Lethargie *Arbeitslosigkeit *Entlassung

**engagieren:** entlassen, entpflichten, nicht engagieren, sitzenlassen (Künstler, Koch) *nicht auffordern *s. engagieren: uninteressiert / gleichgültig / teilnahmslos / desinteressiert / abgestumpft / geistesabwesend / stumpfsinnig / apathisch / lethargisch sein, s. nicht einlassen / festlegen / binden *entlassen werden *arbeitslos werde / sein

**Enge:** Distanz, Weite, Breite, Geräumigkeit, Grenzenlosigkeit, Ausdehnung, Großräumigkeit, Größe, Entfernung *Großzügigkeit, Freigebigkeit, Großherzigkeit *Toleranz, Aufgeschlossenheit, Interesse, Interessiertheit

**Engel:** Teufel, Satan *Bengel, Lausbub

**engherzig:** großzügig, weit(herzig), großmütig, freigebig, entgegenkommend, nachsichtig, freizügig, hochherzig, gebefreudig, spendabel, nobel, verschwenderisch

**Engpaß:** Überangebot, Auswahl, Fülle, Vielfalt, Masse (Ware) *(genügend) Platz/ Raum

**en gros:** im großen, in großen Mengen, im Großhandel

**engstirnig:** beschränkt, borniert, einfältig, kleinlich, provinziell, unverbesserlich, dogmatisch, unbekehrbar, unbelehrbar, stupid(e), stumpfsinnig, zurückgeblieben, schmalspurig, spießig, spießbürgerlich, voreingenommen, unduldsam, intolerant, kurzsichtig, verblendet

**Enkel:** Enkelkind, Kindeskind

**Enklave:** eingeschlossenes Gebiet

**en masse:** massenhaft, in großer Menge / Auswahl / Zahl, in Massen, massenweise, scharenweise, dutzendweise, üppig, reichlich, übergenug, ausgiebig, unzählig, zahllos, haufenweise

**enorm:** außergewöhnlich, ungewöhnlich, ungeläufig, ausgefallen, erstaunlich, außerordentlich, überraschend, groß, entwaffnend *ausgefallen, ansehnlich, verblüffend, auffällig, ungewöhnlich, außergewöhnlich, überwältigend, beachtlich, überragend, bedeutsam, sondergleichen, beträchtlich, sagenhaft, bewundernswürdig, eindrucksvoll, nennenswert, imposant, erstaunlich, großartig, abenteuerlich, ohnegleichen, aufsehenerregend, unvergleichlich, spektakulär, stattlich, überraschend, ungeläufig, sensationell, auffallend, bedeutend, bedeutungsvoll, beeindruckend, bewundernswert, brillant, märchenhaft, hervorragend, imponierend, außerordentlich, entwaffnend, groß, fabelhaft, einzigartig *übergroß, monumental, voluminös, titanisch, immens, überdimensional, sehr groß *äußerst, sehr

**entartet:** ungewöhnlich, unüblich, ungebräuchlich, nicht alltäglich, ungeläufig, normwidrig, abnorm, anormal *krankhaft, unnatürlich, naturwidrig, absonderlich, verrückt

**entäußern (s.):** s. trennen von, preisgeben, aufgeben, abtreten, verzichten, weggeben, verschenken, entsagen, überlassen

**entbehren:** arm sein, hungern, dürsten, darben, verschmachten vegetieren, Not / Mangel / Hunger leiden, in Armut leben *Mangel haben an, ermangeln, nicht haben, fehlen, vermissen

**en gros:** en detail, im kleinen

**engstirnig:** weitblickend, aufgeschlossen, progressiv, fortschrittlich, tolerant, weitsichtig, offen, vorausschauend, voraussehend, vorausblickend, weitschauend, umsichtig

**Enkel:** Großvater *Großmutter *Großeltern

**Enklave:** Exklave (Gebiet)

**en masse:** klein, nichts, wenig, gering (Geld, Ware)

**enorm:** (ein) wenig, klein, lächerlich, winzig, minimal (Menge, Preis) *gering, klein (Kraft) *unerheblich, geringfügig, unbedeutend, unbeträchtlich, lächerlich, unwichtig, unerheblich, unscheinbar, nebensächlich, uninteressant, legal, nichtig, nicht der Rede wert, zweitrangig, nachgeordnet

**entartet:** normal, geläufig, gewöhnlich, üblich, gebräuchlich, verbreitet, alltäglich, gängig, landläufig, weitverbreitet, herkömmlich (Kunst) *normal, üblich (Züchtung) *genormt, gewohnt, üblich, gebräuchlich (Sitten)

**entäußern (s.):** (s.) aneignen, beschlagnahmen (Vermögen) *mitnehmen (Besitz) *annektieren (Gebiet)

**entbehren:** besitzen, haben, verfügen, in Besitz haben *bekommen, erhalten, annehmen (Rat) *zu etwas kommen *genießen *schlemmen, schwelgen, prassen, im Überfluß haben

**entbehrlich:** abkömmlich, überflüssig, überzählig, zuviel, übrig, unnütz, nutzlos, unnötig

**Entbehrung:** Elend, Unglück, Not, Armut, Notstand, Krise, Ärmlichkeit, Armseligkeit, Bedürftigkeit, Verelendung, Geldnot, Beschränkung, Besitzlosigkeit, Knappheit, Kargheit, Mangel

**entbieten:** übermitteln, sagen, mitteilen

**entbinden:** zur Welt bringen, niederkommen, gebären, ein Baby / Kind bekommen, Mutter werden *freistellen, befreien, zurückstellen, entheben, entbürden, freigeben, loslassen, erlösen, beurlauben, erlassen, dispensieren

**entblößen (s.):** s. ausziehen / auskleiden/entkleiden/entblättern/enthüllen / freimachen, die Kleider abwerfen / ablegen / abstreifen / abnehmen

**entbrennen:** entflammen, erglühen, leidenschaftlich / heftig ergriffen werden, den Kopf verlieren, Feuer fangen, s. verlieben / begeistern *ausbrechen, entstehen, aufflackern, aufflammen, auflodern, aufsteigen

**entdecken:** erblicken, sichten, bemerken, wahrnehmen, stoßen auf, aufmerksam werden auf, auf die Spur kommen, gewahren *ausfindig machen, auskundschaften, erkunden, ermitteln, erforschen, herausbekommen, herausfinden, eruieren

**Ente:** Unwahrheit, Erfindung, Falschmeldung

**entehren:** entweihen, entheiligen, beschmutzen, beflecken, entwürdigen, schänden, die Ehre nehmen / rauben *vergewaltigen, notzüchtigen, s. vergreifen / vergehen an, mißhandeln, mißbrauchen, schänden

**enteignen:** beschlagnahmen, verstaatlichen, kollektivieren, sozialisieren, nationalisieren, vergesellschaften, expropriieren, in Volkseigentum / Staatseigentum überführen

**enterben:** von der Erbschaft / vom Erbe ausschließen, um das Erbe bringen

**entfachen:** anzünden, anbrennen, entzünden, anschüren, anstecken, einheizen, Feuer legen, in Brand stecken /

**entbehrlich:** unentbehrlich, notwendig, erforderlich, unersetzlich, nötig, unumgänglich, unersetzbar, einzig, unbedingt, lebensnotwendig
**Entbehrung:** Schlemmerei, Völlerei, Genuß(sucht), Schwelgerei, Prasserei *Wohlleben, Sättigung, Labsal

**entbieten:** erhalten, bekommen

**entbinden:** verpflichten, einstellen, beschäftigen, anstellen, betrauen *dingen *bestallen

**entblößen (s.):** bekleiden, umhüllen, verstecken, einhüllen, verhüllen, verhängen, überhängen, s. bedecken / anziehen, verdecken, überziehen
**entbrennen:** enden, beilegen, aufhören, zu Ende sein, zu einem Ende kommen (Krieg, Streit) *zu Ende sein, absterben, erlöschen, aussein (Liebe, Freundschaft)

**entdecken:** suchen, forschen *erfinden *übersehen, übergehen (Fehler) *verbergen, verstecken (Gauner) *verschweigen, verhehlen, verheimlichen

**Ente:** Enterich, Erpel *Küken *Tatsache, Wahrheit, Realität, Wirklichkeit (Nachricht)
**entehren:** ehren, achten, hochachten, schätzen, bewundern, respektieren, anerkennen, würdigen

**enteignen:** schenken, zuwenden, geben, zuweisen, übereignen

**enterben:** vererben, beerben, vermachen, hinterlassen, als Erbe einsetzen *schenken
**entfachen:** ausmachen, (aus)löschen (Feuer) *unterdrücken, dämpfen, zurückhalten (Gefühl, Zorn, Streit)

setzen, zum Brennen bringen *hervorrufen, heraufbeschwören, entfesseln,
auslösen, bewirken, verursachen, verschulden, starten, heraufrufen
**entfahren:** entschlüpfen, ausplaudern,
verraten, s. verplaudern / versprechen,
nicht für s. behalten, den Mund nicht
halten, unbeabsichtigt aussprechen
**entfallen:** vergessen, aus dem Gedächtnis schwinden / kommen / verlieren,
nicht mehr wissen, nicht im Kopf behalten, keine Erinnerung haben *entgleiten, herunterfallen, aus der Hand fallen *ausfallen, wegfallen, fortfallen, s.
erübrigen
**entfalten:** auseinanderlegen, öffnen,
auseinanderfalten, entrollen, auseinanderlegen *an den Tag legen, zeigen,
entwickeln *darlegen, erläutern, skizzieren, auseinandersetzen, verdeutlichen, demonstrieren *s. entfalten: heranwachsen, reifen, erwachsen / reif
werden, gedeihen, aufblühen, s. entwickeln, erwachen
**entfernen:** wegschaffen, fortschaffen,
fortbringen, wegbringen, beseitigen,
ausräumen, abtransportieren, auslöschen, ausmerzen, ausradieren, ausscheiden, annullieren, eliminieren *s.
**entfernen:** weggehen, s. auf den Weg
machen / aufmachen / wegbegeben /
fortbegeben / fortmachen / absetzen,
aufbrechen, verschwinden, davongehen, wegrennen, losmarschieren, abmarschieren, weglaufen, abrücken,
scheiden

**entfernt:** entlegen, weit fort / weg, fern,
abseits, abgelegen, unerreichbar *weitläufig *undeutlich, gering, schwach,
nicht ausgeprägt

**Entfernung:** Abstand, Distanz, Zwi-
schenraum, Ferne, Weite, Raumab-
stand, Kluft *Abschaffung, Beseitigung, Aufhebung, Tilgung, Streichung, Annullierung, Säuberung, Be-
hebung, Abtransport
**entfesseln:** veranlassen, verschulden,
zur Folge haben, verursachen, bedin-

**entfahren:** unterdrücken, zurückhalten
(Wort, Fluch)

**entfallen:** einfallen, kommen (Name,
Gedanke) *aufgenommen / berücksichtigt werden *(fest)halten (Tasse)
*gelten

**entfalten:** zusammenfalten *verkommen / verkümmern lassen, nicht fördern (Können, Begabung, Fähigkeit)
*einstellen, aufhören (Tätigkeit) *s.
**entfalten:** verkümmern, verkommen
*s. schließen (Blüte)

**entfernen:** beflecken, beschmutzen,
schmutzig machen (Fleck) *(da)lassen,
belassen *aufnehmen, zulassen (Schule) *anbringen, festmachen, befestigen
(Bild) *hinstellen, her(bei)bringen, anbringen *rosten / Rost ansetzen lassen
(Rost) *machen, schöpfen, erzeugen,
hervorbringen *aufnehmen (Partei) *s.
**entfernen:** (an)kommen, herbeikommen, her(an)kommen, hinkommen,
(s.) nahen / einfinden / einstellen / (an-)
nähern, erscheinen, eintreffen, herangehen *setzen (Ofen) *bei der Wahrheit bleiben, die Wahrheit sagen *wiederkommen, wiederkehren, zurückkehren, zurückkommen *dableiben
(Unfallstelle)
**entfernt:** benachbart, in der Nähe, nahe, dicht an / bei, in nächster Nähe,
unweit (Raum) *anliegend, hart / dicht
(bei) *beieinander, beisammen *nahe,
eng (Verwandte) *stark, genau, deutlich (Ähnlichkeit)
**Entfernung:** Nähe *geringer Abstand,
kurze Entfernung (Verkehr) *Einstellung, Aufnahme (Amt) *Annäherung
(Standpunkte) *Befestigung, Anbrin-
gung

**entfesseln:** fesseln *verkleinern, hemmen *s. zurückhalten / mäßigen, zügeln

gen, bewirken, hervorbringen, heraufbeschwören, auslösen, herbeiführen, evozieren, provozieren, erzeugen, erregen, erwecken

\*abschwächen (Naturgewalten)

**entfesselt:** ungezügelt, ungezwungen, ungehemmt, unbefangen, frei, ungeniert, ausgelassen, übermütig, hemmungslos

**entfesselt:** gefesselt \*verkrampft, scheu, ängstlich, schüchtern, verängstigt, bang, furchtsam, gehemmt, verklemmt

**entflechten:** entwirren, auseinanderbekommen, zergliedern, zerpflücken, auflösen

**entflechten:** verknüpfen, verflechten, verbinden

**entfliegen:** fortfliegen, entweichen

**entfliegen:** (zugeflogen) kommen, zufliegen (Vogel) \*kommen, einfallen (Gedanke)

**entfliehen:** entlaufen, flüchten, fliehen, davonlaufen, ausbrechen, s. absetzen, entwischen, entrinnen, das Weite suchen, entkommen, durchbrennen, Reißaus nehmen, wegschleichen, türmen, durchgehen, verschwinden \*desertieren, abtrünnig / fahnenflüchtig werden, seinen Posten verlassen, aus dem Wege gehen, meiden, ausweichen, einen Bogen machen um, scheuen, umgehen

**entfliehen:** fassen, fangen (Häftling) \*(langsam) dahingehen, schleichen (Zeit)

**entfremden:** in fremde Hände / Gewalt geben / bringen \*entzweien, trennen, verfeinden, auseinanderbringen, spalten, gegeneinander aufbringen, uneins machen, die Verbindung stören, Zwietracht säen \***s. entfremden:** s. auseinanderleben / fremd werden / loslösen / entzweien / zurückziehen / verfeinden / zerstreiten / verzanken / überwerfen / trennen, uneins werden, nebeneinander(her) leben

**entfremden:** integrieren, einordnen, aufnehmen, annehmen, eingliedern \*resozialisieren \***s. entfremden:** s. annähern

**Entfremdung:** Abkühlung, das Sichfremdwerden, das Sichauseinanderleben

**Entfremdung:** Annäherung \*Integration, Aufnahme, Annahme, Einordnung, Eingliederung \*Resozialisierung

**Entführer:** Kidnapper, Kindesentführer, Luftpirat

**Entführer:** Geisel

**Entführung:** Wegführung, Verschleppung, Wegschaffen, Kidnapping, Menschenraub, Kindesraub, Kindesentführung, Flugzeugentführung, Luftpiraterie

**Entführung:** Freilassung

**entgegen:** wider, kontra, gegen, im Gegensatz / Widerspruch zu

**entgegen:** gemäß, entsprechend \*in gleicher Richtung \*zurück (Feind)

**entgegenbringen:** erweisen, zuteil werden lassen, bezeigen, bekunden, erzeigen

**entgegenbringen:** verweigern, versagen (Vertrauen) \*s. nicht interessieren (für), nicht interessiert sein (Sache)

**entgegeneilen:** aufeinander zukommen, s. nähern, zugehen, nahen, herantreten

**entgegeneilen:** flüchten, davonrennen, davoneilen, (ent)fliehen, (ent)weichen, weggehen, davongehen, den Rücken kehren, s. entfernen / fortbege-

**entgegengesetzt:** gegensätzlich, widersprüchlich, widersinnig, widerstimmig, widerspruchsvoll, gegenteilig, konträr, disparat, unvereinbar, unvereinbar, oppositionell, kontradiktorisch, entgegenstellend, umgekehrt, polar, nicht übereinstimmend / vereinbar, extrem
**entgegenkommen:** begünstigen, anbieten, zuvorkommen *zukommen auf, entgegengehen *nachgeben, klein beigeben, weich werden, gelten lassen, s. bequemen / herablassen / breitschlagen lassen *Verständnis zeigen für, handlungsbereit / gefällig / kompromißbereit / kooperativ / hilfsbereit sein, einen Gefallen tun, es ermöglichen
**Entgegenkommen:** Zuvorkommenheit, Gefälligkeit, Bereitwilligkeit, Gefallen, Dienst, Freundlichkeit, Verbindlichkeit, Geneigtheit, Bereitschaft, Artigkeit, Wohlwollen, Neigung, Liebenswürdigkeit, Höflichkeit, Nettigkeit, Nachsicht, Nachgiebigkeit, Zugeständnis, Eifer, Beflissenheit, Dienstwilligkeit, gute Manieren / Umgangsformen, Konzilianz

**entgegenkommend:** freundlich, liebenswürdig, nett, anständig, wohlmeinend, wohlgesinnt, hilfsbereit, huldreich, gutgesinnt, verbindlich, leutselig, wohlwollend, huldvoll, zuvorkommend, gefällig, aufmerksam, beflissen, kulant, großzügig, großmütig, konziliant, höflich, dienstwillig, bereitwillig, verbindlich

**entgegennehmen:** bekommen, erhalten, annehmen, in Empfang nehmen, empfangen

ben / wegbegeben, davonlaufen, wegrennen, weglaufen, fortrennen *s. verbergen / verstecken
**entgegengesetzt:** identisch, einig, konform, analog, einhellig, übereinstimmend, gleich (Standpunkt, Meinung) *in gleicher Richtung

**entgegenkommen:** stehenbleiben *ausweichen, zurückweisen *ablehnen, abweisen, zurückweisen *beharren, hart / stur / fest bleiben *Schwierigkeiten machen / bereiten

**Entgegenkommen:** Ablehnung, Abweisung, Zurückweisung, Weigerung, Verweigerung, Absage, Versagung, ablehnende Haltung, abschlägiger Bescheid, ablehnende / abschlägige Antwort, Abfuhr *Bedenken, Skepsis, Reserve, Bescheidenheit, Einfachheit, Eingeschränktheit *Passivität, Tatenlosigkeit, Untätigkeit, Reserviertheit, Zurückhaltung *Scheu, Ängstlichkeit, Schüchternheit *Verschwiegenheit, Takt, Diskretion *Rücksichtslosigkeit, Skrupellosigkeit, Gewissenlosigkeit, Bedenkenlosigkeit *Gleichgültigkeit, Teilnahmslosigkeit, Desinteresse, Interesselosigkeit, Uninteressiertheit, Abgestumpftheit, Stumpfsinn, Lethargie, Apathie *Unfreundlichkeit
**entgegenkommend:** ablehnend, abweisend, zurückweisend *skeptisch, reserviert *schüchtern, einfach *passiv, tatenlos, untätig, reserviert, zurückhaltend *verschwiegen, diskret *rücksichtslos, skrupellos, gewissenlos, bedenkenlos *gleichgültig, uninteressiert, teilnahmslos, wurstig, desinteressiert, stumpf, (geistes)abwesend, lethargisch, apathisch *unfreundlich
**entgegennehmen:** schenken, übereignen, spenden, zuwenden *(über)bringen, (über)geben, übermitteln, aushändigen, (über)reichen, darbieten, darreichen *abschicken, senden (Paket) *entgegenbringen, erweisen (Huldigungen) *bestellen, senden, übermitteln, schicken (Grüße)

**entgegensehen:** erhoffen, erwarten, ersehnen, rechnen mit, herbeiwünschen, zählen auf, harren

**entgegentreten:** verhüten, unterbinden, eindämmen, verhindern, zu Fall bringen, Einhalt gebieten, vereiteln, hintertreiben, unmöglich machen, zunichte machen, durchkreuzen, im Keim ersticken, ankämpfen, bekämpfen

**entgegnen:** beantworten, antworten, eingehen auf, Kontra / Bescheid geben, kontern, erwidern, Widerspruch erheben, zurückschießen, Bescheid geben, einwenden, zurückgeben, entgegenhalten, aufbegehren, Einwände machen / erheben, reagieren

**Entgegnung:** Antwort, Erwiderung, Beantwortung, Kontra, Bescheid

**entgehen:** ignorieren, nicht beachten / bemerken, überhören, übersehen *entkommen, entwischen, entrinnen, verschont bleiben, davonkommen, vermeiden, ausweichen

**Entgelt:** Einkommen, Bezüge, Einkünfte, Einnahmen, Provision, Vergütung, Entschädigung, Fixum, Bezahlung, Lohn, Gehalt, Honorar *gegen Entgelt: gegen Bezahlung *ohne Entgelt: kostenlos, unentgeltlich, ohne Geld, umsonst, gratis, gebürenfrei, kostenfrei, geschenkt

**enthalten:** einbegreifen, bestehen aus, innewohnen, s. zusammensetzen, umfassen, einschließen, umgreifen, umschließen, beinhalten *s. enthalten: unterlassen, nicht tun, aufgeben, entsagen, s. versagen, ablassen / zurücktreten von, zurückstehen *nicht dafür / dagegen stimmen

**enthaltsam:** genügsam, sparsam, bescheiden, beschränkt, gemäßigt, maßvoll, mäßig, zurückhaltend, bedürfnislos, anspruchslos, asketisch, abstinent, entsagend

**entheben:** befreien *entlassen, suspendieren, kündigen, verabschieden, absetzen, abberufen, davonjagen, entmachten, hinauswerfen, fortschicken, stürzen, entthronen

**enthemmt:** ausschweifend, maßlos,

**entgegensehen:** nicht rechnen (mit) (Gefahr)

**entgegentreten:** dulden, einstecken, zurückweisen, ausweichen, nachgeben

**entgegnen:** (an)fragen, ausfragen, aushorchen, s. erkundigen, nachfragen, umfragen *zur Rede stellen

**Entgegnung:** Frage, Nachfrage, Umfrage

**entgehen:** entgegensehen (Tod, Gefahr) *(s.) begegnen *teilnehmen (Vortrag) *erwischt / ereilt / ertappt werden *bemerken *vorbeugen (Gefahr)

**Entgelt:** Arbeit, Leistung, Mühe, Gegenleistung *gegen Entgelt: kostenlos, gratis, umsonst, kostenfrei, unentgeltlich *ohne Entgelt: gegen Bezahlung / Rechnung, kostenpflichtig, abgabenpflichtig, unfrei

**enthalten:** leer sein (Gefäß) *fehlen (Vorschriften, Vitamine) *s. enthalten: fehlen, mangeln *andeuten, hinweisen, einen Hinweis geben, mitteilen *antworten, aufbegehren, dagegenhalten, entgegnen, erwidern, kontern, reagieren, widersprechen, zurückgeben, zurückschießen *argumentieren, begründen, erörtern *diskutieren, abhandeln, auseinandersetzen, debattieren, verhandeln *fragen *schelten, zanken, zetern, zurechtweisen

**enthaltsam:** genießerisch, schwelgerisch, genußvoll, genüßlich, genußreich, genußfroh, genußfreudig *übersteigert, maßlos

**entheben:** einsetzen, berufen, befördern, geben, berufen werden (Posten, Amt) *belasten (Sorge)

**enthemmt:** verklemmt, ängstlich,

hemmungslos, ungestüm, vehement, zügellos, impulsiv, wild *ungeniert, zutraulich, zwanglos, ungehemmt, ohne Hemmung, entspannt, locker, ungeniert, frei, gelöst
**Enthemmung:** Zügellosigkeit, Maßlosigkeit, Hemmungslosigkeit, Vehemenz, Ausschweifung *Zutraulichkeit, Zwanglosigkeit, Entspannung, Freiheit
**enthüllen:** aufrollen, aufwickeln, offenlegen, entschleiern, entlarven, auspacken, darlegen *herausfinden, herausbekommen, feststellen, aufstöbern, herausbringen

**enthüllt:** frei, unverhüllt, unverdeckt, offen *nackt, frei, bloß, entblößt, ausgezogen, entkleidet, unbedeckt, unbekleidet, hüllenlos, kleidungslos, blank, ohne Bekleidung, unverhüllt
**entjungfert:** defloriert

**entkleiden:** s. freimachen, entblößen, auskleiden, herunternehmen, entfernen, abstreifen, abwerfen, abnehmen
**entknoten:** lösen, aufmachen, aufbinden
**entkommen:** verschont bleiben, entschlüpfen, s. entziehen, ausweichen, davonkommen, vermeiden, entrinnen, entgehen, entwischen
**entkorken:** öffnen, aufmachen, den Korken ziehen
**entkräften:** schmälern, beeinträchtigen, auszehren, aufzehren, verzehren, abnützen, abnutzen, verschleißen, strapazieren, aufreiben, schaden, lahmlegen, mitnehmen, angreifen, aufbrauchen *erschöpfen, schwächen, ermatten, erlahmen, ermüden, erschlaffen, aushöhlen, müde / kraftlos / schwach / matt werden *widerlegen, das Gegenteil nachweisen / beweisen
**entkräftet:** gerädert, durchgedreht, ausgelaugt, entnervt, schlaff, schlapp, müde, atemlos, mitgenommen, kaputt, schwach, kraftlos, erschöpft, abgehetzt, am Ende, aufgerieben, erholungsbedürftig, halbtot, abgeschlafft, schachmatt, groggy, angegriffen, abgespannt, angeschlagen, erschlagen, zerschlagen, k.o., matt, ermattet, überlastet, überanstrengt, abgewirtschaftet,

schüchtern, angstvoll, gehemmt, scheu, verängstigt, befangen, beklommen, zag, zaghaft

**Enthemmung:** Verklemmung, Angst, Schüchternheit, Hemmung, Scheu, Zurückgezogenheit, Befangenheit

**enthüllen:** verhüllen, verdecken, einhüllen, bedecken *verheimlichen, verhehlen, verschleiern, vertuschen, verbergen, verdecken, verschweigen, verdunkeln (Plan, Geheimnis) *tolerieren, dulden, übergehen *forschen, suchen, nachfragen
**enthüllt:** verdeckt, verhüllt, eingehüllt, bedeckt (Denkmal) *bekleidet, bedeckt, angezogen, verdeckt (Körper) *unaufgeklärt, offen (Geheimnis, Plan)
**entjungfert:** unberührt, jungfräulich, keusch
**entkleiden:** s. anziehen / bekleiden / (an)kleiden / überziehen

**entknoten:** verknoten, verknüpfen, zubinden
**entkommen:** gefangen / gefaßt werden *entgegensehen (Gefahr)

**entkorken:** zukorken, verkorken, verschließen (Flasche)
**entkräften:** festigen, stark werden, (er)stärken, kräftigen *bestätigen, bekräftigen

**entkräftet:** kräftig, athletisch, kraftstrotzend, stark, stramm, gesund, muskulös *korpulent, fett, fleischig, stattlich, vollgestopft, vollschlank, wohlbeleibt *fit, erholt

geschafft, erledigt, urlaubsreif, verbraucht, überfordert, abgekämpft

**entkrampfen:** entspannen, lösen, lockern *s. entschärfen, beruhigen, beschwichtigen, (ab)mildern, entgiften

**entkrampft:** ruhig, gelockert, entspannt

**entladen:** ausräumen, auspacken, ausladen, abladen, (ent)leeren, löschen, ausschiffen *s. **entladen:** rasen, toben, aufbrausen, wüten *bersten, zerspringen, in die Luft fliegen, explodieren, platzen, hochgehen, detonieren, knallen

**entlang:** seitlich, am Rand hin, neben, längs, an der Seite hin, seitwärts

**entlassen:** entheben, suspendieren, kündigen, verabschieden, absetzen, abberufen, davonjagen, abservieren, kaltstellen, ablösen, stürzen, entthronen, ausbooten, entmachten, hinauswerfen, fortschicken *nach Hause schicken, freilassen

**Entlassung:** Kündigung, Sturz, Fall, Entfernung, Entmachtung, Zwangspensionierung, Zwangsbeurlaubung, Ablösung, Amtsenthebung, Enthebung, Abschiebung, Suspendierung *Freiheit

**entlasten (s.):** beispringen, entbürden, befreien, Arbeit abnehmen / abgeben, erleichtern, helfen, unterstützen, frei machen, verringern *lossprechen, entsühnen, rehabilitieren, freisprechen *rechtfertigen, entschuldigen *verringern, mindern *anerkennen, gutheißen, billigen, zustimmen, bestätigen, Entlastung erteilen

**entlastet:** unbelastet, frei

**entlaubt:** entblättert, kahl, leer, frei

**entlaufen:** flüchten, (ent)fliehen, da-

**entkrampfen:** s. verkrampfen / verklemmen / zurückziehen

**entkrampft:** verkrampft, verklemmt, zurückgezogen, gehemmt, scheu, befangen, ängstlich, verängstigt, zag

**entladen:** (be)laden, volladen, vollpacken, bepacken, einladen, verladen (Fahrzeug) *einschiffen, verschiffen, beladen, einladen, volladen (Schiff) *aufziehen, vorübergehen (Unwetter) *s. **entladen:** (auf)laden (Batterie) *stauen, ansammeln (Zorn) *s. zusammenballen / zusammenbrauen (Gewitter)

**entlang:** quer, mitten / quer durch *(hin)über

**entlassen:** einstellen, anstellen, engagieren, beschäftigen, anwerben *berufen, einsetzen, bestallen, ernennen, einführen (Professor, Minister) *verhaften, einkerkern, einsperren, in Haft nehmen (Häftling) *einladen, empfangen, begrüßen (Besucher) *aufnehmen, einliefern (Patient) *einschulen, aufnehmen (Schüler) *einberufen (Soldaten)

**Entlassung:** Anstellung, Engagement, Beschäftigung, Einstellung, Anwerbung *Amtseinsetzung, Berufung, Bestallung, Ernennung, Einsetzung (Professor, Minister) *Haft, Einkerkerung, Freiheitsentzug, Sicherungsverwahrung, Arrest, Freiheitsstrafe, Gefängnisstrafe (Häftling) *Einladung, Empfang, Begrüßung (Besucher) *Aufnahme, Einlieferung (Patient) *Einschulung, Aufnahme (Schüler) *Einberufung (Soldat)

**entlasten (s.):** beanspruchen, belasten, einspannen, Arbeit geben *belasten (Herz, Gewissen, Angeklagter)

**entlastet:** belastet, schuldig *beansprucht, eingespannt

**entlaubt:** belaubt, grün, beblättert, blattreich, begrünt

**entlaufen:** herrennen, herlaufen, kom-

vonlaufen, ausbrechen, s. absetzen, entwischen, entrinnen, das Weite suchen, entkommen, durchbrennen, Reißaus nehmen, wegschleichen, türmen, durchgehen, verschwinden *desertieren, abtrünnig / fahnenflüchtig werden, seinen Posten verlassen, aus dem Wege gehen, meiden, ausweichen, einen Bogen machen um, scheuen, umgehen

**entledigen (s.):** abtun, s. freimachen, abschütteln, s. befreien / loskommen / freikommen von, loswerden *s. freimachen / entblößen / entkleiden / auskleiden / ausziehen *herunternehmen, entfernen, abstreifen, abwerfen, abnehmen

**entleeren:** ausräumen, auspacken, ausschütten, ausladen, abladen, leer machen, wegschaffen *löschen *s.entleeren: weniger werden, leeren

**entlegen:** verlassen, fern, abgelegen, abgeschieden, unerreichbar, einsam, weit weg / fort *sonderbar, absonderlich, abwegig, weit hergeholt, unmöglich, befremdlich, ausgefallen

**entlehnt:** in Anlehnung an, angelehnt

**entleihen (s.):** (aus)borgen, verborgen, ausleihen, verleihen, überlassen, auslegen, vorlegen, vorstrecken, herleihen

**s. etwas entleihen:** s. leihen / (aus-) borgen / ausleihen / entlehnen

**entlohnen:** bezahlen, geben

**entmutigen:** ängstigen, verängstigen, bange machen, den Mut / das Selbstvertrauen nehmen, einschüchtern, schrecken *niederschlagen, bekümmern, bedrücken

**entnehmen:** herausnehmen *erkennen, feststellen, folgern, ersehen, ableiten

**entnervt:** erschöpft, gerädert, durchgedreht, ausgelaugt, schlaff, schlapp, müde, atemlos, mitgenommen, kaputt, schwach, kraftlos, entkräftet, abgehetzt, am Ende, aufgerieben, erholungsbedürftig, halbtot, abgeschlafft, (schach)matt, groggy, angegriffen, abgespannt, angeschlagen, erschlagen, zerschlagen, k.o., ermattet, überlastet, überanstrengt, abgewirtschaftet, geschafft, erledigt, urlaubsreif, verbraucht, überfordert, abgekämpft

men (Hund) *einfangen, erwischen, stellen, fangen

**entledigen (s.):** erhalten, bekommen (Mandat, Amt) *aufhalsen (Feinde, Sorgen, Arbeit) *verschieben, hinausziehen, nicht ausführen (Auftrag) *umhängen, s. anziehen / ankleiden / bedekken / überwerfen / überstreifen / bekleiden

**entleeren:** auffüllen, (voll)füllen, (auf-) tanken, einfüllen, nachfüllen, ergänzen *vollstopfen, füllen *s. entleeren: voll / gefüllt sein / werden, s. füllen

**entlegen:** nah(e), dicht (bei), daneben, beisammen, neben(an), unweit, naheliegend, beisammen, benachbart, neben(an)

**entlehnt:** selbständig, eigen

**entleihen (s.):** leihen, borgen *vermieten *zurückbekommen, zurückerhalten, zurückfordern *verschenken *verkaufen *s. etwas entleihen: verleihen, borgen *kaufen *zurückgeben, zurückzahlen *abgeben, zurückgeben (Bücher)

**entlohnen:** leisten, arbeiten

**entmutigen:** zuraten, ermutigen, loben, würdigen, ermuntern, aufmuntern, zureden, Mut machen

**entnehmen:** hineinschütten, hineinlegen, beilegen *aufladen, speichern (Energie) *belassen

**entnervt:** ausgeruht, ausgeglichen, harmonisch, still, gefaßt, gemessen, besonnen, überlegen, erholt, ruhig, gelassen, entspannt

**entpflichten:** entlassen, entheben, suspendieren, kündigen, verabschieden, absetzen, abberufen, davonjagen, abservieren, kaltstellen, ablösen, stürzen, entthronen, ausbooten, entmachten, hinauswerfen, fortschicken

**entreißen:** nehmen, entwinden, entwenden, fortnehmen, abnehmen, abjagen, Besitz ergreifen, s. aneignen, an s. reißen *(be)stehlen, wegnehmen, mitnehmen, berauben, ausräubern, ausplündern, ausräumen, beiseite schaffen / bringen, erbeuten, s. aneignen / bemächtigen / an fremdem Eigentum vergreifen, unterschlagen, betrügen, veruntreuen, einsacken, wegtragen

**entrichten:** begleichen, (be)zahlen, ab-(be)zahlen, unterstützen, zurückzahlen, abtragen, nachzahlen, zuzahlen, ausgeben, bezuschussen, subventionieren, zurückerstatten, die Kosten tragen, hinterlegen, in Raten zahlen, ausschütten, finanzieren

**entringen:** (ringend) abnehmen / wegnehmen *s. (los)lösen / befreien

**entrinnen:** entfliehen, entlaufen, flüchten, fliehen, davonlaufen, ausbrechen, s. absetzen, entwischen, das Weite suchen, entkommen, durchbrennen, Reißaus nehmen, wegschleichen, türmen, durchgehen, verschwinden *desertieren, abtrünnig / fahnenflüchtig werden, seinen Posten verlassen *aus dem Wege gehen, meiden, ausweichen, einen Bogen machen um, scheuen, umgehen *davonkommen, Glück haben, entgehen, entkommen, s. retten können

**entrollen:** öffnen, auseinanderfalten, entfalten, ausbreiten, auswickeln, auspacken, auseinanderlegen

**entrosten:** von Rost befreien, abschmirgeln

**entrüsten (s.):** empören, verärgern, schockieren, brüskieren, vor den Kopf stoßen, wütend / zornig machen, s. empören / erbittern / erzürnen / erbosen / erregen / ereifern, aufbrausen, heftig / böse / wild werden, seinen Unwillen äußern

**entsagen:** verzichten, abgeben, aufgeben, hergeben, absagen, abschwören, s. enthalten / versagen / nicht gönnen / ersparen / befreien von, unterlassen, bleibenlassen, nicht tun

**entpflichten:** engagieren, verpflichten, anstellen *bestallen, berufen, ernennen, einstellen, einsetzen (Minister, Professor)

**entreißen:** (be)lassen *überreichen, geben

**entrichten:** erhalten, bekommen, einnehmen (Beitrag, Gebühr, Steuern) *verweigern, ablehnen

**entringen:** (her)geben *zurückhalten, unterdrücken (Seufzer) *(jmdn.) bedrängen

**entrinnen:** hineinkommen, hineingezogen werden, hineingeraten (Sache) *aufgehalten / festgehalten werden

**entrollen:** aufrollen (Seil) *zusammenfalten, zusammenlegen (Fahne, Papier)

**entrosten:** verrosten / verrostet lassen, Rost bilden / ansetzen (lassen)

**entrüsten (s.):** kaltbleiben, ruhig bleiben, nicht aufregen

**entsagen:** behalten, beibehalten, beharren, bestehen (auf) *(s.) angewöhnen / zuwenden, verfallen (Gewohnheit)

**entschädigen:** ersetzen, abfinden, wiedergutmachen, rückvergüten, entgelten, erstatten, sühnen, abgelten, wettmachen, Schuld tilgen, Schadenersatz leisten, ausgleichen

**Entschädigung:** Wiedergutmachung, Ersatz, Gegenwert, Gegenleistung, Ausgleich, Abfindung, Schadenersatz, Anstandssumme, Vergütung, Rückerstattung, Abfindungssumme, Erstattung, Rückzahlung, Schmerzensgeld, Abstand(ssumme), Kompensation

**entschärfen:** beruhigen, (ab)mildern, entspannen, beschwichtigen, entgiften

**entscheiden:** durchgreifen, wählen, ein Machtwort sprechen, eine Entscheidung treffen, ein Urteil fällen, bestimmen, festsetzen, festlegen, verfügen *s. zeigen / herausstellen

**entschieden:** ausgesprochen, klar ersichtlich, eindeutig, bei weitem, in jedem Falle *beschlossen, ausgemacht, abgemacht, perfekt, geregelt, gebilligt, vereinbart, anerkannt, vollzogen, akzeptiert, besiegelt, angenommen

**entschleiern:** aufdecken, bloßlegen, enthüllen, freilegen, nachweisen, offenbaren, durchschauen, offenlegen, ausfindig machen, finden, Licht bringen in, klarlegen, entblößen, entlarven, aufspüren, aufklären, aufweisen, aufrollen, aufzeigen, demaskieren

**entschließen (s.):** beschließen, s. durchringen, seine Wahl treffen, einen Beschluß fassen, eine Entscheidung fällen / treffen, zum Entschluß kommen

**entschlossen:** energisch, nachdrücklich, konsequent, rücksichtslos, tatkräftig, zupackend, zielbewußt, unbeirrt, zielsicher, willensstark, resolut, aktiv, fest, charakterfest *willig, gesonnen, gewillt, willens

**entschlüpfen:** entfliehen, entwischen, entrinnen, entgehen, ausweichen, davonkommen *aussprechen, ausplaudern, sagen

**entschlüsseln:** entziffern, dekodieren, decodieren, dechiffrieren *entdecken, erforschen, (heraus)finden, erschließen, ergründen, eruieren, enträtseln, entschleiern, (auf)lösen, durchschauen, verstehen, ermitteln, aufdecken

**entschuldbar:** verzeihlich, verständlich, zu rechtfertigen, verzeihbar

**entschädigen:** zufügen, schädigen, schaden

**Entschädigung:** Schaden, Verlust, Ausfall, Einbuße, Manko

**entschärfen:** scharfmachen (Sprengkörper) *schüren, einheizen, s. zuspitzen / verschlimmern / verschärfen

**entscheiden:** hinauszögern, hinausziehen, vertagen, ruhen lassen

**entschieden:** ungewiß, unentschieden, unbestimmt, in der Schwebe, offen *nicht klar / eindeutig

**entschleiern:** verschleiern, verbergen (Gesicht, Geheimnis)

**entschließen (s.):** zögern, s. scheuen, zaudern, s. verkneifen, unentschlossen sein

**entschlossen:** unentschlossen, unsicher, ängstlich, unschlüssig, wankelmütig, verzagt, zaudernd, zögernd, unenergisch, unentschieden, ziellos, zaghaft, schwach *zimperlich, kleinlich

**entschlüpfen:** hineingeraten, hineinkommen, hineingezogen werden (Sache) *zurückhalten, unterdrücken (Wort, Fluch)

**entschlüsseln:** verschlüsseln, kodieren, codieren, umarbeiten *verbergen, verheimlichen

**entschuldbar:** unentschuldbar, unverzeihlich

**entschuldigen:** verzeihen, nachsehen, vergeben, nicht übelnehmen / nachtragen, exkulpieren, Verzeihung gewähren, Nachsicht zeigen

**entschwinden:** entfliehen, entlaufen, flüchten, fliehen, davonlaufen, ausbrechen, s. absetzen, entwischen, entrinnen, das Weite suchen, entkommen, durchbrennen, Reißaus nehmen, wegschleichen, türmen, durchgehen, verschwinden *desertieren, abtrünnig / fahnenflüchtig werden, seinen Posten verlassen *aus dem Wege gehen, meiden, ausweichen, einen Bogen machen um, scheuen, umgehen *s. entziehen *vergehen, dahinschwinden, dahineilen

**entsenden:** beordern, abkommandieren, schicken, abordnen, deputieren, delegieren

**entsetzen:** aus der Fassung bringen, in Angst / Panik / Schrecken versetzen *s.

**entsetzen:** schlottern, s. grausen / fürchten / ängstigen, bangen, außer Fassung geraten, erzittern, erbleichen, erbeben, erschrecken

**Entsetzen:** Bestürzung, Betroffenheit, Erschrockenheit, Fassungslosigkeit, Horror, Erschütterung, Grauen, Grausen, Schreck(en), Schock, Schauder

**entsetzlich:** grauenerregend, gräßlich, grauenvoll, grauenhaft, schaurig, unheimlich, gespenstig, schauerlich, verheerend, katastrophal, horrend, fürchterlich, furchtbar, schrecklich, grausig, greulich, (be)ängstigend, schau(d)ervoll

**entsetzt:** bestürzt, betroffen, verwirrt, entgeistert, verdattert, außer sich, starr, erstarrt, erschrocken, verstört, fassungslos

**entsinnen (s.):** ins Gedächtnis rufen, in Erinnerung bringen, auffrischen, (ge-)mahnen *wiedererkennen, einfallen, wiedererwachen, s. (wieder)erinnern / besinnen (auf), eingedenk / erinnerlich / unvergeßlich / lebendig / gegenwärtig / präsent sein, zurückschauen, zurückblicken, s. merken, nicht vergessen, zurückdenken, aktivieren, auffrischen

**entsorgen:** beseitigen, vernichten, fortschaffen, entfernen, wegschaffen, wegbringen, fortbringen, abschaffen

**Entsorgung:** Atommüllbeseitigung *Abwässerbeseitigung

**entschuldigen:** verzeihen, vergeben, lossprechen *(jmdn.) nicht entschuldigen

**entschwinden:** (da)bleiben *(herbei-) kommen, ankommen, herankommen, herangehen, herkommen *einfallen (Telefonnummer, Name) *haften(bleiben) (Erinnerung) *s. hinziehen (Zeit)

**entsenden:** gehen *heimkommen, zurückkehren, (an)kommen

**entsetzen:** erfreuen, ergötzen, entzücken *kaltlassen, gleichgültig lassen *s.

**entsetzen:** s. freuen, Freude haben / empfinden, s. vergnügen / weiden an, froh / fröhlich / vergnügt sein

**Entsetzen:** Freude, Glück, Wonne, Entzücken *Gleichgültigkeit, Desinteresse, Interesselosigkeit, Teilnahmslosigkeit, Gleichmut

**entsetzlich:** freudig, beglückend, angenehm, erfreulich, entzückt, schön

**entsetzt:** erfreut, entzückt, fröhlich, glücklich *gleichgültig, desinteressiert, kühl, kalt, gefaßt

**entsinnen (s.):** vergessen, aus den Augen / dem Gedächtnis verlieren, entfallen, nicht mehr wissen, übersehen *verdrängen, unterdrücken, nicht wahrhaben wollen, abwehren

**entsorgen:** versorgen, bestücken

**Entsorgung:** Bestückung, Versorgung

**entspannen:** entkrampfen, lösen, lokkern *entschärfen, (ab)mildern, beschwichtigen, beruhigen, die Spitze nehmen *s. entspannen: (aus)ruhen, s. erholen, ausspannen, pausieren, verschnaufen, auftanken
**entspannt:** gelöst, ruhig, gelockert, entkrampft *zwanglos, ungezwungen, frei, offen, lässig, natürlich, unbefangen, unzeremoniell, ungehemmt, ungeniert, gelöst, salopp, leger, familiär, formlos, nonchalant *gesichert
**Entspannung:** Beruhigung, Entkrampfung *Disengagement

**entspinnen (s.):** entstehen, s. zeigen / entfalten / (heraus)bilden / ergeben, erwachsen werden, s. formen, beginnen, anfangen, zustande kommen, seinen Anfang nehmen, aufkommen
**entsprechen:** stattgeben, gehorchen, nachkommen, willfahren, entgegenkommen, erfüllen, genehmigen, gerecht werden, zusagen, einlösen, halten *s. entsprechen: übereinstimmen, gleichen, gleichkommen, ähneln, angemessen / gemäß sein, genügen, korrespondieren, zusammenstimmen, zusammenpassen, zugeschnitten / abgestimmt sein auf
**entsprechend:** angemessen, gebührlich, gebührend, angebracht, gemäß, angezeigt, konform, korrespondierend, passend, adäquat, kongruent, analog, opportun *diesbezüglich, einschlägig, zusammengehörig, dazugehörig, betreffend *vergleichbar, verwandt, gleich, ähnlich *gemäß, nach, nach Maßgabe, laut, zufolge, auf ... hin
**entspringen:** aus dem Boden kommen *entlaufen *stammen von

**entstaubt:** staubfrei, sauber
**entstehen:** entwickeln, zum Vorschein kommen, herauskristallisieren, s. zeigen / entfalten / (heraus)bilden, erwachsen, werden, s. formen, s. entspinnen, beginnen, anfangen, zustande kommen, seinen Anfang nehmen, aufkommen, anbahnen, s. ankündigen / abzeichnen, kundtun, aufkeimen, ausbrechen, s. ergeben

**entspannen:** anspannen, zusammenziehen, verkrampfen (Muskel) *(an)spannen (Seil) *s. entspannen: arbeiten schuften, s. anstrengen / anspannen *verschärfen, verschlimmern, verkrampfen (Lage)
**entspannt:** gespannt *verkrampft (Muskel) *entsichert, geladen (Gewehr) *gespannt, angespannt, verkrampft, gestreßt (Mensch) *gespannt, spannungsgeladen, verkrampft, geladen, explosiv, aussichtslos (Lage)
**Entspannung:** Spannung *Verkrampfung *Arbeit *Anspannung, Anstrengung (Kräfte) *Verschärfung, Verschlimmerung, Aussichtslosigkeit (Situation)
**entspinnen (s.):** ausbleiben, nicht entstehen (Gespräch)

**entsprechen:** enttäuschen *nicht nachkommen, ausbleiben *s. entsprechen: (voneinander) abweichen, s. unterscheiden

**entsprechend:** abweichend, inadäquat *zuwider, entgegen *unpassend

**entspringen:** (ein)münden (Gewässer) *(ein)gefangen / gefaßt werden (Tier, Häftling) *einfallen, kommen (Gedanken)
**entstaubt:** staubig, bestaubt
**entstehen:** sein, existieren, bestehen *vergehen, untergehen, verschwinden, s. auflösen, zerstört / vernichtet werden

**Entstehung:** Entwicklung, Beginn, Anfang, Aufkommen, Bildung, Genese, Geburt

**entstellen:** verunstalten, verunzieren, deformieren, verstümmeln, entwerten, häßlich machen

**entstört:** störungsfrei, einwandfrei, störungslos

**enttäuschen:** frustrieren, ernüchtern, verbittern, desillusionieren, Erwartungen / Hoffnungen nicht erfüllen, die Illusionen rauben *nicht genügen / entsprechen, versagen, unbrauchbar sein, s. nicht bewähren

**entthronen:** entlassen, entheben, suspendieren, kündigen, verabschieden, absetzen, abberufen, davonjagen, abservieren, kaltstellen, ablösen, stürzen, ausbooten, entmachten, hinauswerfen, fortschicken *besiegen, schlagen, vernichten

**entvölkert:** verlassen, öde, menschenleer, unbelebt, ausgestorben, leer, tot

**entwaffnen:** wehrlos machen, demobilisieren, die Waffen abnehmen *in Erstaunen versetzen, Überraschung auslösen, für s. gewinnen, besiegen

**entwässern:** trockenlegen, trocknen, entsumpfen, dränieren

**entweder ... oder:** eines von beiden

**entweichen:** (ent)fliehen, entlaufen, flüchten, davonlaufen, entschwinden, untertauchen, ausbrechen, s. absetzen, entwischen, entrinnen, das Weite suchen, entkommen, durchbrennen, Reißaus nehmen, wegschleichen, türmen, durchgehen, verschwinden *desertieren, abtrünnig / fahnenflüchtig werden, seinen Posten verlassen *aus dem Wege gehen, meiden, ausweichen, einen Bogen machen um, scheuen, umgehen *entströmen, auslaufen, ausfließen, ausrinnen, austreten, aussickern, herauslaufen *vergessen *verdrängen *schwinden, nicht mehr wissen, verfliegen, enteilen

**entweihen:** entwürdigen, entheiligen, schänden, verletzen, ins Profane ziehen

**entwenden:** (be)stehlen, wegnehmen, mitnehmen, berauben, ausräubern, ausplündern, ausräumen, abnehmen, beiseite schaffen / bringen, erbeuten, s. aneignen / bemächtigen / an fremdem

**Entstehung:** Existenz, Sein, Bestand *Untergang, Auflösung, Zerstörung, Vernichtung, Tod

**entstellen:** verschönern, schöner machen (Gesicht) *beschönigen *verklären *berichtigen, klarstellen

**entstört:** gestört

**enttäuschen:** (er)freuen *entsprechen *nachkommen

**entthronen:** inthronisieren, einsetzen, krönen (König, Herrscher) *besiegen, schlagen (Rivale)

**entvölkert:** bevölkert, besiedelt, bewohnt, volkreich

**entwaffnen:** bewaffnen, nachrüsten, (auf)rüsten, mobilisieren

**entwässern:** bewässern, sprengen, befeuchten

**entweder ... oder:** und *auch *weder ... noch

**entweichen:** einströmen, einsperren, füllen *s. stauen *hineinkommen (Gefängnis *auf dem Posten bleiben, gegenwärtig sein, wissen

**entweihen:** (ein)segnen, weihen, konsekrieren

**entwenden:** (her)geben, reichen, aushändigen *schenken, geben

Eigentum vergreifen, unterschlagen, betrügen, veruntreuen, einsacken, wegtragen
**entwerfen:** skizzieren, planen, projektieren, konzipieren, konstruieren, umreißen, entwickeln, erarbeiten, ausarbeiten, s. zurechtlegen / ausdenken *aufsetzen, einen Entwurf / ein Konzept machen, ins unreine schreiben
**entwerten:** herabwürdigen, diffamieren, abqualifizieren, herabsetzen, diskreditieren, verunglimpfen, geringschätzen *wertlos / ungültig machen, lochen, stempeln, knipsen *abwerten, mindern, verkleinern, die Kaufkraft / den Wert / den Kurs herabsetzen
**entwickeln:** entstehen, zum Vorschein kommen, herauskristallisieren, s. zeigen / entfalten / (heraus)bilden, erwachsen, werden, s. formen, s. entspinnen, beginnen, anfangen, zustande kommen, seinen Anfang nehmen, aufkommen, anbahnen, s. ankündigen / abzeichnen, kundtun, aufkeimen, ausbrechen, s. ergeben *heranbilden, fortbilden, qualifizieren *ausbilden / entstehen lassen *planen, konstruieren, projektieren, erfinden, hervorbringen, schaffen, ausbauen, ausarbeiten *erkennen lassen, zeigen, entfalten, beweisen, an den Tag legen *sichtbar werden lassen *darlegen, demonstrieren, verdeutlichen, aufzeichnen, veranschaulichen, illustrieren, definieren *s. entwickeln: s. entfalten, in der Entwicklung begriffen sein *erblühen, aufblühen, geraten, gedeihen, erwachen, aufleben, s. vermehren / fortpflanzen / fortsetzen / erweitern / steigern, anwachsen, florieren *heranwachsen, heranreifen, verändern, entwachsen, flügge / groß werden
**entwickeln:** reif, ausgebildet, kräftig, ausgewachsen

**Entwicklung:** Entstehung, Beginn, Anfang, Aufkommen, Bildung, Reife, Wachstum, Werden, Fortschritt *Werdegang, Geschichte *Reifezeit, Entwicklungsphase, Entwicklungsperiode, Wachstum, Reifungsprozeß
**Entwicklungsländer:** die dritte Welt, junge Völker, unterentwickelte Länder
**entwinden:** (be)stehlen, wegnehmen, mitnehmen, berauben, ausräubern,

**entwerfen:** durchführen, durcharbeiten, ausführen, ausarbeiten *nacharbeiten *ruhenlassen, liegenlassen (Plan) *schreiben (Brief) *halten (Ansprache)

**entwerten:** aufwerten (Geld) *nicht lochen (Fahrkarte)

**entwickeln:** (be)lassen *reduzieren *verkümmern (Saatgut) *beiseite legen, vergessen (Plan, Gedanke) *belichten (Film) *s. entwickeln: eingehen, stillstehen, steckenbleiben, stehenbleiben, verkümmern, zurückgehen *verkümmern (Talent)

**entwickelt:** verkümmert, unreif, primitiv, unterentwickelt, unentwickelt, kümmerlich *neu *belichtet (Film)
**Entwicklung:** Stillstand, Stagnation *Rückschritt, Rückgang, Reduktion *Belichtung (Film)

**Entwicklungsländer:** Industrieländer, Industrienationen, Industriemächte
**entwinden:** (be)lassen *geben *s. entwinden: unterdrücken, unterjochen,

ausplündern, ausräumen, abnehmen, beiseite schaffen / bringen, erbeuten, s. aneignen / bemächtigen / an fremdem Eigentum vergreifen, unterschlagen, betrügen, veruntreuen, einsacken, wegtragen *s. befreien

**entwirren:** entflechten, zergliedern, zerpflücken, (auf)lösen, auseinanderbekommen *klarstellen, erhellen, klären, berichtigen, verdeutlichen, korrigieren, revidieren, klarlegen

**entwirren:** verwirren, durcheinanderbringen

**entwischen:** entfliehen, entlaufen, flüchten, fliehen, davonlaufen, ausbrechen, s. absetzen, entrinnen, das Weite suchen, entkommen, durchbrennen, Reißaus nehmen, wegschleichen, türmen, durchgehen, s. entziehen, verschwinden *desertieren, abtrünnig / fahnenflüchtig werden, seinen Posten verlassen *aus dem Wege gehen, meiden, ausweichen, einen Bogen machen um, scheuen, umgehen

**entwischen:** nachlaufen, hetzen, (nach)jagen, nachstellen, nachrennen, (ver)folgen

**entwöhnen:** abstillen, absetzen, nicht mehr stillen *abbringen von, abstreifen, ablegen, aberziehen, abgewöhnen, austreiben

**entwöhnen:** stillen (Säugling) *gewöhnt sein

**entwöhnt:** sauber, frei

**entwöhnt:** süchtig, drogenabhängig, rauschgiftsüchtig

**Entwurf:** Plan, Konzept(ion), Skizze, Konstruktion, Modell, Projektierung, Exposé, Überblick

**Entwurf:** Ausgestaltung, Durchführung, Ausführung *Endprodukt *Endfassung

**entwurzeln:** mit der Wurzel ausreißen *der Heimat entfremden, aus der Heimat treiben

**entwurzeln:** anwachsen, anwurzeln, angehen (Pflanze) *gewöhnen (an)

**entziehen:** wegziehen, nicht mehr geben *abschirmen, nicht ausliefern, bewahren, schützen *verweigern, versagen, wegnehmen, vorenthalten, untersagen, nicht mehr gewähren / zuteil werden / geben, fortnehmen *s. entziehen: s. lösen / losmachen / befreien / entwinden, entgleiten, abschütteln *s. abkapseln / isolieren / zurückziehen *entkommen, flüchten, fliehen, davonlaufen, entrinnen, durchbrennen, durchgehen, türmen *nicht ausführen / erledigen / erfüllen, vermeiden, nicht mitmachen, teilnehmen, drücken, kneifen

**entziehen:** (be)lassen, überlassen *geben, gewähren, zuwenden, zuführen, bewilligen, versorgen, genehmigen *hinreichen, geben, reichen, hinstrekken (Hand) *verfallen, zusprechen (Sucht) *ausliefern (Menge) *erteilen (Wort) *s. entziehen: nachkommen, stellen (Verantwortung, Aufgabe) *teilnehmen, mitmachen, beiwohnen, dabeisein, dazugehören, mittun, mitwirken, mitspielen, beteiligt sein *s. darbieten / zeigen (Blick)

**entzücken:** erfreuen, glücklich machen, gefallen, ergötzen, beglücken, Vergnügen bereiten *begeistern, mitreißen, fortreißen, entzünden, bezaubern, entflammen, erfreuen, gefallen, berauschen, in Begeisterung versetzen

**entzücken:** entsetzen, erschrecken, erstaunen, schockieren, aufregen, erschüttern, mit Abscheu erfüllen, anwidern, anekeln *kaltlassen, gleichgültig / gleichmütig lassen, teilnahmslos / gelassen sein

**Entzücken:** Lust, Ausgelassenheit, Freude, Frohsinn, Erregung, Begeisterung, Heiterkeit, Lebenslust, Lebensfreude, Seligkeit, Vergnügen, Vorfreude, Lustigkeit

**entzückend:** anziehend, reizvoll, hübsch, bezaubernd, sympathisch, gewinnend, angenehm, attraktiv, aufreizend, charmant, einnehmend, anmutig, betörend, lieb(lich), doll, toll, liebenswert

**entzünden:** anzünden, anstecken, anschüren, anbrennen, anfachen, einheizen, in Brand setzen / stecken, zum Brennen bringen, Feuer entfachen / legen *erregen *s. entzünden: s. entfachen *anschwellen, röten

**entzwei:** defekt, dahin, zerbrochen, kaputt, auseinander(gefallen)

**entzweien:** trennen, entfremden, auseinanderbringen, verfeinden, spalten, Zwietracht säen, uneins machen, gegeneinander aufbringen *s. entzweien: s. verzanken / überwerfen / verfeinden / zerstreiten / entfremden / trennen / verkrachen, auseinandergeraten, uneins sein

**entzweischlagen:** zerstören, vernichten, entzweihauen, spalten, trennen

**Epik:** epische / erzählende Dichtung / Literatur, Erzählkunst, Prosa

**Epilog:** Nachwort, Nachspiel, Nachtrag, Schlußwort

**episch:** erzählend

**epochal:** ausgefallen, ansehnlich, verblüffend, auffällig, ungewöhnlich, außergewöhnlich, überwältigend, beachtlich, überragend, bedeutsam, sondergleichen, beträchtlich, sagenhaft, bewundernswürdig, eindrucksvoll, nennenswert, imposant, enorm, erstaunlich, großartig, abenteuerlich, ohnegleichen, aufsehenerregend, unvergleichlich, spektakulär, stattlich, überraschend, ungeläufig, sensationell, auffallend, bedeutend, bedeutungsvoll, beeindruckend, bewundernswert, brillant, märchenhaft, hervorragend, imponierend, außerordentlich, entwaffnend, groß, fabelhaft, einzigartig *wochenweise, monatsweise (Unterricht)

**erarbeiten:** erreichen, erwerben, erlan-

**Entzücken:** Abscheu, Entsetzen, Grauen, Grausen, Horror, Widerwille, Schreck(en), Schauer, Antipathie, Ekel, Schock, Furcht, Widerwillen *Angst, Panik *Teilnahmslosigkeit, Interesselosigkeit, Desinteresse, Gleichmut, Gleichgültigkeit, Trägheit, Abstumpfung, Stumpfsinn

**entzückend:** reizlos, unschön, schrecklich, scheußlich, schauderhaft, entsetzlich *langweilig, uninteressant, fade, eintönig, monoton, gleichförmig (Geschichte) *unsympathisch

**entzünden:** ausmachen, (aus)löschen, ausblasen (Feuer, Streichholz) *s. entzünden: (ab)heilen (Wunde) *s. abkühlen, zurückgehen, schwinden (Leidenschaft) *gelöscht werden, löschen (Feuer)

**entzwei:** zusammen, ganz, heil, unbeschädigt, intakt, in Ordnung, instand

**entzweien:** verbünden, vereinigen, zusammenschließen *s. entzweien: s. vertragen / versöhnen / einigen, Frieden schließen *Frieden halten

**entzweischlagen:** (be)lassen, ganz lassen

**Epik:** Dramatik *Lyrik

**Epilog:** Prolog, Vorwort, Vorspiel

**episch:** dramatisch *lyrisch

**epochal:** geringfügig, mittelmäßig, klein, gering, unbedeutend (Ereignis, Erfindung)

**erarbeiten:** zufallen, zukommen (Ver-

gen, erzielen, erwirken, schaffen, leisten, vollbringen, zustande bringen, fertigstellen *lernen, aneignen *entwerfen, ausarbeiten, entwickeln, konzipieren

**erbarmen (s.):** dauern, leid tun, mitempfinden, mitfühlen, Anteil nehmen, mitleiden, Mitgefühl / Sympathie / Teilnahme zeigen

**Erbarmen:** Mitgefühl, Mitleid, Teilnahme, Barmherzigkeit, Anteil(nahme), Menschlichkeit, Verständnis, Mitempfinden, Sympathie, Mitfühlen

**erbärmlich:** kläglich, jämmerlich, (herz)ergreifend, (herz)zerreißend, jammervoll, bedauerlich, herzbewegend, beklagenswert, bedauernswert *elend, jämmerlich, schwach, schwächlich, miserabel, kläglich, schlecht, unpäßlich, übel, unwohl, indisponiert, mitgenommen, erbarmungswürdig, hilfsbedürftig *gemein, verwerflich, verworfen, verächtlich, unwürdig, niedrig, ehrlos, ruchlos, häßlich, verdammenswert, verabscheuenswert, scheußlich, schändlich, erbärmlich, abscheulich, charakterlos *ausgehungert, krank, geschwächt, zerbrechlich *arm(selig), verelendet, verarmt, unvermögend, notleidend, unbemittelt, bedürftig, güterlos, bettelarm, hilfsbedürftig, ärmlich *sehr groß / stark (Angst) *mangelhaft, herabgekommen, (her)abgewirtschaftet (Anwesen)

**erbarmungslos:** eisig, gefühlskalt, gefühlsarm, herzlos, hartherzig, abgestumpft, gemütsarm, gefühllos, mitleidlos, unzugänglich, lieblos, seelenlos, gleichgültig, roh, unbarmherzig, unsozial, verroht, schonungslos, brutal, inhuman, ungesittet, unnachsichtig, unnachgiebig, kompromißlos, streng, fest, hart, barbarisch, unmenschlich, kaltblütig, grausam, gnadenlos

**Erbarmungslosigkeit:** Unbarmherzig-

mögen) *verkümmern lassen (Fähigkeiten) *übernehmen

**erbarmen (s.):** mitleidlos / erbarmungslos / unbarmherzig / gefühlskalt / ungerührt / kalt / schonungslos / kaltblütig / brutal / gnadenlos / verroht / roh / herzlos / entmenscht / barbarisch / grausam / gefühllos / unsozial / unmenschlich / gemein sein *schadenfroh sein

**Erbarmen:** Mitleidlosigkeit, Gefühlskälte, Erbarmungslosigkeit, Unbarmherzigkeit, Empfindungslosigkeit, Herzlosigkeit, Kaltherzigkeit, Lieblosigkeit, Härte, Kälte, Fühllosigkeit, Gefühllosigkeit, Ungerührtheit, Brutalität, Gnadenlosigkeit, Kaltblütigkeit, Grausamkeit, Unmenschlichkeit, Barbarei, Gemeinheit *Schadenfreude

**erbärmlich:** anziehend, angenehm, anmutig, bezaubernd, betörend, charmant, sympathisch, gewinnend, lieb(enswert), nett, freundlich, heiter, glücklich (Wesen) *prächtig, gesund, ordentlich, stattlich, gesichert, großartig (Verhältnisse) *ordentlich, sauber, stattlich, gepflegt (Gebäude) *erhaben *reich (Ausbeute, Ergebnis) *gering (Angst) *gesund, wohlgenährt, kräftig

**erbarmungslos:** erbarmungsvoll, mitfühlend, (an)teilnehmend, gerührt, teilnahmsvoll, mitleidig, voller Mitleid, von Mitleid erfüllt, *gelassen, desinteressiert, gleichgültig, teilnahmslos, unberührt, wurstig

**Erbarmungslosigkeit:** Erbarmen, An-

keit, Schonungslosigkeit, Unmenschlichkeit, Gnadenlosigkeit, Brutalität, Roheit, Gefühlsroheit, Härte, Kälte, Gefühlskälte, Herzensverhärtung, Lieblosigkeit, Mitleidlosigkeit, Kaltherzigkeit, Unnachgiebigkeit, Kompromißlosigkeit, Grausamkeit

**erbarmungsvoll:** mitleidig, mitfühlend, teilnahmsvoll, (an)teilnehmend, gerührt, bedauernd, voller Mitleid, von Mitleid erfüllt

**erbauen:** hochziehen, bauen, aufrichten, aufführen, errichten, erstellen, bebauen *machen, verursachen *erfreuen, aufrichten, ergötzen, belustigen, erheben *s. erbauen: s. erfreuen / aufrichten / ergötzen / laben

**erbaulich:** besinnlich, bewegend, erhebend, beschaulich *feierlich, getragen, salbungsvoll, eindringlich, pathetisch, nachdrücklich, gewichtig

**Erbe:** Erbschaft, Erbgut, Erbteil, Hinterlassenschaft, Nachlaß, Vermächtnis, ererbter Besitz, ererbtes Vermögen *Tradition, Überlieferung *Erbberechtigter, Überlebender, Überbliebener, Nachkomme, Nachfolger

**erben:** (mit)bekommen, als Erbe / Mitgift erhalten, eine Hinterlassenschaft / Erbschaft machen / antreten

**erbitten:** erbetteln, s. wenden an / (aus)bitten, anfragen / angehen / ansuchen / ersuchen / nachsuchen um, vorstellig werden

**erbittert:** ärgerlich, zornig, mißlaunig, übellaunig, peinlich, gekränkt, wütend, wutschnaubend, wutentbrannt, wutschäumend, unerfreulich, erzürnt, entrüstet, böse, erbost, fuchsteufelswild, zähneknirschend, verärgert, grantig, gereizt, aufgebracht, brummig, verdrossen, verdrießlich, unangenehm, muffig, grimmig, mißmutig, mürrisch, mißgestimmt, (gries)grämig *hartnäckig, unbeirrt, standhaft, eisern, unnachgiebig, stur

**erblassen:** erbleichen, bleich / fahl / blaß werden, s. verfärben, die Farbe wechseln / verlieren

**Erblasser:** der eine Erbschaft Hinterlassende

**erblich:** angeboren, vererbt, vererb-

teilnahme, Mitfühlen, Rührung, Mitleid, Teilnahme *Gelassenheit, Desinteresse, Gleichgültigkeit, Teilnahmslosigkeit, Unberührtheit, Apathie

**erbarmungsvoll:** erbarmungslos, mitleidlos, unbarmherzig, empfindungslos, herzlos, kaltherzig, lieblos, hart, kalt, (ge)fühllos, ungerührt, brutal, gnadenlos, kaltblütig, grausam, unmenschlich, barbarisch, gemein *schadenfroh

**erbauen:** abreißen, abbrechen, einreißen, niederreißen, abtragen *sprengen *bedrücken, deprimieren *s. erbauen: desinteressiert sein, nicht berührt / angetan sein

**erbaulich:** lästig, unangenehm, peinlich

**Erbe:** Erblasser

**erben:** vererben, vermachen, hinterlassen *schenken *übertragen *erwerben

**erbitten:** anbieten, versprechen, zusagen *fordern *gewähren, genehmigen, erfüllen, einwilligen *geben *verweigern, ablehnen

**erbittert:** schwach, gering, klein (Einsatz) *beschränkt, begrenzt *erfreut, froh, heiter, freudig, fröhlich, munter, vergnügt, aufgelegt, wohlgemut, frohgestimmt, lustig

**erblassen:** erröten, rot werden

**Erblasser:** Erbe(n)

**erblich:** nicht erblich, anerzogen (Ei-

bar, eingeboren, von Geburt her, natürlich, ursprünglich, in die Wiege gelegt

**erblühen:** aufblühen, aufgehen, aufbrechen, s. aufblättern / entfalten / öffnen / auftun, werden, reifen, (heran-)wachsen, aufkeimen, aufbersten, aufplatzen, aufspringen

**erbosen (s.):** verärgern, erregen, aufbringen, aufregen, beunruhigen, empören, erzürnen, erhitzen, verstimmen, verdrießen, ergrimmen, herausfordern

**erbringen:** (herbei)bringen, aufbringen, beschaffen, vorlegen *eintragen, einbringen, erzielen, erreichen, ergeben, abwerfen, tragen, s. rentieren / auszahlen / lohnen / bezahlt machen, Früchte tragen, Ertrag / Gewinn / Nutzen bringen

**Erde:** Erdreich, Boden, Erdboden, Ackerscholle, Scholle, Ackerboden *Fußboden, Grund *Planet, Erdball, Erdkugel, Globus, Erdkreis, Welt

**erdichtet:** unwahr, gelogen, erschwindelt, falsch, unrichtig, unzutreffend, erlogen, unlauter

**erdulden:** überwinden, ausstehen, bestehen, verschmerzen, verarbeiten, durchstehen, vertragen, durchmachen, hinnehmen, (er)leiden, (er)tragen, fertig werden, aushalten, verkraften, auffangen, verdauen, bewältigen

**ereignen (s.):** geschehen, verlaufen, s. abspielen / zutragen / begeben / einstellen, zustande kommen, s. vollziehen, eintreten, vorgehen, sein, vorfallen, vorkommen, passieren, erfolgen

**Ereignis:** Zwischenfall, Vorfall, Geschehnis, Geschehen, Erlebnis, Zwischenspiel, Einmaligkeit, Besonderheit, Episode, Begebenheit, Wirbel, Intermezzo, Zufall, Vorkommnis, Phänomen, Sensation

**ereilen:** einholen, treffen, erfassen, überraschend / schnell erreichen

**ererbt:** angeboren, vererbt, eingeboren, von Geburt her, natürlich, ursprünglich, in die Wiege gelegt

**erfahren:** hören, vernehmen, herausbekommen, ermitteln, in Erfahrung bringen, Kenntnis erhalten, aufschnappen *kennenlernen, erleben, erdulden, erleiden, selbst sehen, durchleben, Erfahrungen sammeln / machen *weise,

genschaft) *erworben, erlernt

**erblühen:** verblühen, (ver)welken, verdorren, vertrocknen

**erbosen (s.):** erfreuen, beglücken *s. beruhigen

**erbringen:** verlieren *behalten

**Erde:** Himmel, Weltall *Sonne *Mond *Traumwelt (Leben)

**erdichtet:** wahr, tatsächlich, wirklich, real

**erdulden:** aufbegehren, jammern, protestieren, kritisieren, s. auflehnen / erheben / empören / widersetzen / wehren, klagen, auftrumpfen, (auf)mucken, murren, trotzen, rebellieren *revoltieren *meutern

**ereignen (s.):** ausbleiben, nicht stattfinden, ausfallen, unterbleiben

**Ereignis:** Alltag *normale Aufführung / Begebenheit

**ereilen:** verschonen, verschont werden / bleiben (Tod, Krankheit)

**ererbt:** erworben, aufgebaut *übernommen, angenommen, gelernt, angeeignet (Verhalten, Gewohnheit)

**erfahren:** ausbleiben (Ereignis) *wiedergeben, weitergeben *informieren, unterrichten *unerfahren, naiv, neu, grün *angehend (Künstler, Meister) *jungfräulich, keusch, unberührt, unschuldig *naiv, kindlich

klug, kundig, geschult, geübt, bewandert, beschlagen, sachverständig, erprobt, qualifiziert, unterrichtet, routiniert, sicher, fit, firm, gelernt

**Erfahrung:** Erkenntnis, Überblick, Weitblick, Bildung, Wissen, Weisheit, Überlegenheit, Vertrautheit, Beschlagenheit, Menschenkenntnis, Lebenserfahrung, Weltkenntnis, Praxis, Klugheit, Reife, Routine

**Erfahrung:** Theorie, Praxisferne *Unkenntnis, Unwissenheit, Wissensmangel, Unerfahrenheit, Ahnungslosigkeit, Nichtwissen, Bildungslücke *Unschuld

**erfassen:** erreichen, packen, ergreifen *bemächtigen, beschleichen, überwältigen, überkommen, überfallen, Besitz ergreifen, anwandeln *verstehen, nachvollziehen, begreifen, durchschauen, durchblicken, folgen können, klarsehen *einbeziehen, einkalkulieren, berücksichtigen, mitrechnen, einplanen *festhalten, registrieren, aufführen, eintragen, buchen, verzeichnen

**erfassen:** ausweichen (Verkehrsteilnehmer) *nicht begreifen / erfassen *s. beschränken, ausschließen *(ver-)schont werden, vorbeigehen, vorübergehen (Krankheit) *freigeben, loslassen

**erfinden:** entwickeln, ersinnen, entdecken, konstruieren, entwerfen, eine Erfindung machen, ausgrübeln, ausklügeln *phantasieren, (er)dichten, (er)schwindeln, (er)lügen

**erfinden:** suchen, forschen, nachdenken *plagiieren, imitieren, nachahmen, kopieren *entdecken

**Erfindung:** Entdeckung, Erdichtung, Fiktion, schöpferischer Einfall, Entwurf *Lüge, Schwindel, Unwahrheit, Märchen, Lügenmärchen

**Erfindung:** Imitation, Nachahmung, Kopie, Plagiat *Entdeckung *Wirklichkeit, Realität, Tatsache, Wahrheit, Sein

**Erfolg:** Triumph, Errungenschaft, Glück, Gedeihen, Sieg, Fortschritt, Durchbruch, Wirksamkeit, Volltreffer, Gewinn, Trumpf *Effekt, Fazit, Auswirkung, Folge, Resultat, Bilanz, Ergebnis, Endsumme *Publikumserfolg, Verkaufsschlager, Kassenschlager, Hit *Zulauf, Zuspruch, Anerkennung, Zustrom *Attraktion

**Erfolg:** Mißerfolg, Fehlschlag, Fiasko, Reinfall, Niederlage *Bankrott, Pleite, Konkurs *Irrtum, Versehen, Fehler *Einsatz, Aufwand *Demütigung

**erfolgen:** ereignen (s.), geschehen, verlaufen, s. abspielen / zutragen / begeben / einstellen, zustande kommen, s. vollziehen, eintreten, vorgehen, sein, vorfallen, vorkommen, passieren

**erfolgen:** veranlassen *ausbleiben, nicht stattfinden, ausfallen, unterbleiben, (s.) nicht ereignen

**erfolglos:** vergeblich, vergebens, nutzlos, ohne Erfolg, umsonst, unnütz, wirkungslos, fruchtlos, mißglückt, mißlungen, negativ, verfehlt *sieglos

**erfolglos:** erfolgreich, mit Erfolg *preisgekrönt, begünstigt, aussichtsreich, glücklich, vielversprechend, gesegnet, erfolggekrönt *siegreich (Armee) *angesehen *gelungen

**erfolgreich:** mit Erfolg *angesehen *gelungen *siegreich, sieghaft *preisgekrönt, begünstigt, aussichtsreich, glücklich, vielversprechend, gesegnet, erfolggekrönt

**erfolgreich:** erfolglos, vergeblich, vergebens, nutzlos, fruchtlos, mißglückt, mißlungen, negativ, verfehlt, ohne Erfolg, umsonst, unnütz, wirkungslos *sieglos, erfolglos (Armee)

**erforderlich:** (lebens)wichtig, notwen-

**erforderlich:** unnötig, überflüssig, ent-

dig, unerläßlich, unumgänglich, unentbehrlich, unvermeidlich, gewichtig, unausweichlich, obligat, zwingend, dringend, wesentlich, geboten

**erfreuen:** beglücken, glücklich machen, amüsieren, Spaß / Freude machen, Freude bereiten / spenden / machen, froh / glücklich / selig machen, amüsieren, erheitern, anregen, genießen, belustigen, ergötzen, aufheitern, aufmuntern *genießen, im Besitz sein von

**erfreulich:** wohltuend, erquicklich, angenehm, gut, willkommen *glücklich, günstig, vorteilhaft, positiv

**erfrischen:** stärken, laben, erquicken, anregen, beleben, anregend / belebend wirken *s. erfrischen: s. kräftigen / erquicken / stärken / frisch machen

**erfüllbar:** erreichbar, machbar, durchführbar, realisierbar

**erfüllen:** entsprechen, nachkommen, einlösen, befriedigen, zufriedenstellen, Genüge tun *ausfüllen, beherrschen, in Anspruch nehmen, beschäftigen *ausfüllen, s. entfalten / ausdehnen / ausbreiten *beseelen, durchfluten, durchrieseln, durchbeben, durchströmen, durchziehen, durchdringen, durchpulsen, durchglühen *Wirklichkeit werden, eintreten, eintreffen

**erfüllt:** glücklich, glückselig, beglückt, freudig, freudevoll, selig, hingerissen

**Erfüllung:** Befriedigung, Zufriedenheit

**ergänzen:** vervollkommnen, vollenden, vervollständigen, abrunden, nachtragen, hinzufügen, auffüllen, ausbauen, komplettieren, erweitern, hinzutun, perfektionieren

**ergeben:** demütig, anhänglich, treu, hingebungsvoll, geduldig, beständig *fügsam, gehorsam, folgsam, gefügig, lenkbar, gottergeben *unterwürfig, devot, untertänig, servil, knechtisch, kriecherisch, sklavisch, resigniert *einbehrlich, nutzlos, abkömmlich, unnütz

**erfreuen:** betrüben, bekümmern, dauern, jammern, traurig machen, resignieren, verzagen, verzweifeln, niederschlagen, ängstigen *empören, erzürnen, erbosen *entsetzen, anwidern *gleichgültig lassen, kaltlassen *enttäuschen, verdrießen, frustrieren *s. ärgern / aufregen / bekümmern / quälen

**erfreulich:** unerfreulich, unangenehm, schlecht, schmerzlich, schmerzhaft, trübselig, ärgerlich, verdrießlich, unerquicklich, unbequem, unliebsam, lästig, schlecht, unpassend, störend, unerhört, widrig, leidig, unerwünscht, ungut, fatal, peinlich, ungemütlich, ungünstig *schauderhaft, scheußlich, grausig, schrecklich, übel, entsetzlich, schaurig, ekelhaft, eklig

**erfrischen:** lähmen, bedrücken *s. erfrischen: ermüden, erschöpfen, ermatten *schwitzen

**erfüllbar:** wünschenswert, unerfüllbar *unerreichbar

**erfüllen:** verlangen, wünschen, (er)bitten, fordern *nicht ausfüllen (Arbeit) *übererfüllen (Plan) *nicht erfüllen, versagen (Wunsch) *nicht geschehen

**erfüllt:** gefordert, verlangt, gewünscht *leer, unerfüllt (Leben) *übererfüllt (Plan) *nicht erfüllt / erreicht

**Erfüllung:** Wunsch, Bitte, Forderung, Verlangen *Übererfüllung *Nichterfüllung (Plan)

**ergänzen:** weglassen, streichen, auslassen *verringern, schmälern, kürzen

**ergeben:** stolz, selbstbewußt, unbescheiden, selbstsicher, ichbewußt, erhobenen Hauptes, von s. überzeugt, siegessicher *ungehorsam, ungezogen, unartig, widersetzlich, verzogen, nicht brav *widerspenstig, aufsässig, auf-

bringen, ertragen, abwerfen, betragen, erbringen, kosten, ausmachen, zur Folge haben, s. belaufen auf *s. **ergeben:** resultieren / folgen / hervorgehen / s. abzeichnen / herausschälen / erhellen aus, als Folge entstehen; zustande kommen *nachgeben, s. beugen / unterwerfen / unterordnen / schicken / besiegen lassen, gehorchen, aufgeben, kapitulieren *s. aufopfern / hingeben / in die Arme werfen

**Ergebnis:** Resultat, Fazit, Resümee, Schlußfolgerung, Endsumme, Quintessenz, Befund, Bilanz, Folge, Effekt, Konsequenz, Gewinn, Ertrag, Ausbeute, Endstand, Produkt

**ergebnislos:** nutzlos, fruchtlos, erfolglos, ineffektiv, wirkungslos, unwirksam, zwecklos, vergeblich, vergebens, umsonst, unnütz, mißglückt, mißlungen, verfehlt, negativ, ohne Resultat / Erfolg

**ergebnisreich:** effektiv, fruchtbar, erfolgreich, effektvoll

**ergiebig:** einträglich, lohnend, rentabel, ertragreich, gewinnbringend, lukrativ, profitbringend, vorteilhaft, nutzbringend, dankbar, nützlich, einbringlich

**ergötzen (s.):** freuen, beglücken, glücklich machen, amüsieren, Spaß / Freude machen *s. freuen, anregen, genießen, erfreuen, belustigen, aufheitern, aufmuntern

**ergreifen:** fassen, nehmen, zugreifen, packen, an s. reißen *erwischen, fangen, aufgreifen, habhaft werden *beschleichen, befallen, überwältigen, überkommen, anwandeln, Besitz ergreifen, s. bemächtigen, erregen, beeindrucken, nahegehen, berühren, betroffen machen, aufwühlen, fesseln, schockieren, zu Herzen gehen

**ergriffen:** bewegt, betroffen, gerührt, erschüttert, erregt, beeindruckt

**erhaben:** feierlich, (ehr)würdig, festlich, erlaucht, würdevoll, erhebend, gravitätisch, solenn, majestätisch, achtunggebietend *überlegen, souverän, unberührbar *konkav, nach außen gewölbt

**erhalten:** empfangen, bekommen, zuteil werden *erreichen, erlangen, gewinnen, erzielen *haltbar machen, konservieren, einkochen, einmachen,

müpfig, unfügsam *herrisch, forsch auftretend, gebieterisch, streng, bestimmt, resolut, erhaben *bewirken, verursachen *s. **ergeben:** s. wehren / sträuben / standhalten / (weiter)kämpfen *(be)siegen, *s. verweigern / versagen

**Ergebnis:** Ursache, Grund, Anlaß, Voraussetzung *Sitzungen, Verhandlungen, Beratungen

**ergebnislos:** effektiv, fruchtbar, erfolgreich, ergebnisreich, effektvoll

**ergebnisreich:** nutzlos, fruchtlos, ergebnislos, erfolglos, ineffektiv

**ergiebig:** gering, schmal, klein, wenig

**ergötzen (s.):** (s.) ärgern / peinigen / verstimmen / kränken / quälen / betrüben

**ergreifen:** loslassen *kaltlassen, gleichgültig lassen *aufgeben (Beruf)

**ergriffen:** ungerührt, unberührt, gleichgültig, teilnahmslos, kalt

**erhaben:** glatt, platt, flach, flächenhaft, eben *hohl, konkav (Linse) *unwürdig, erbärmlich, niedrig, jämmerlich, verächtlich, lächerlich *berührt *devot *betroffen *unfeierlich, unfestlich *prosaisch

**erhalten:** verschicken, versenden, abschicken, expedieren, fortschicken, wegschicken, ausliefern (ab)liefern, absenden, übergeben, überreichen,

sterilisieren, tiefkühlen, tiefgefrieren, pasteurisieren, einlegen, räuchern, (ein)pökeln, marinieren, beizen, präparieren *beköstigen, ernähren, durchfüttern, versorgen, unterhalten, am Leben halten, sorgen für *aufrechterhalten, beibehalten *pflegen, unterhalten, in Ordnung / instand halten, schonen, fortbestehen, weiterbestehen, bleiben, fortdauern *gut erhalten: neu(wertig), geschont, gepflegt *schlecht erhalten: verbraucht *alt, abgearbeitet, verbraucht, herabgewirtschaftet, heruntergekommen

erhältlich: lieferbar, vorhanden, vorrätig, (ver)käuflich, zu haben, verfügbar, auf Lager, vorliegend, parat *veräußerlich, absetzbar, zu verkaufen
Erhaltung: Instandhaltung, Pflege, Unterhalt(ung), Wartung *Lebensunterhalt, Lebenshaltung(skosten), Haushaltungskosten, Ernährung, Versorgung, Alimentation *Pflege
erhärten: untermauern, festigen, bekräftigen, stabilisieren, konsolidieren, bestätigen, vertiefen, (unter)stützen, zementieren

erheben: hochheben, (auf)heben, lüften, in die Höhe heben *erheitern, aufrichten, erfreuen, stärken, trösten, erbauen *kassieren, einziehen, einfordern, einsammeln, eintreiben, einen Betrag verlangen *befördern, auszeichnen, aufrücken lassen, in eine höhere Stellung versetzen, einen höheren Rang geben *s. erheben: aufstehen, aufschnellen, aufspringen, s. aufsetzen / aufrichten *davonfliegen, wegfliegen, aufstieben, s. heben / aufschwingen / in die Luft heben, aufsteigen *aufragen, emporragen, aufstreben, in die Höhe ragen, s. auftürmen *s. aufbäumen / auflehnen / empören / entgegenstellen / widersetzen / wehren / sträuben, trotzen, opponieren, auftrumpfen, meutern, revoltieren, rebellieren, protestieren, verweigern, aufmucken
erhebend: feierlich, (ehr)würdig, erha-

übermitteln *ausbleiben, fehlen *s. wünschen, erstreben, verlangen *besitzen, haben *entbehren *loswerden, verlieren, (her)geben (müssen), abgeben, zurückgeben *spenden, (ver)schenken, verteilen, austeilen *ausgeben, auszahlen *bezahlen, einzahlen *sterben *(um)ändern, wechseln, wandeln, verändern *verdienen (Lob, Tadel) *zerstören, ruinieren, vernichten *abnutzen, verbrauchen, verschleißen *preisgeben, aufgeben *beseitigen, tilgen *vernachlässigen (Gesundheit) *zerstört *abgerissen (Haus) *verbraucht *gut erhalten: schlecht erhalten, verbraucht *abgearbeitet, verbraucht, alt (Mensch) *herabgewirtschaftet, heruntergekommen (Haus) *schlecht erhalten: gut erhalten, neu (-wertig), geschont
erhältlich: nicht lieferbar / vorhanden / erhältlich / vorrätig

Erhaltung: Untergang, Verschleiß, Abnutzung, Verbrauch, Abnützung, Materialverschleiß, Beschädigung *Kräfteverschleiß (Mensch)

erhärten: weich werden / machen, (auf-) weichen, erweichen *widerlegen, umstoßen (Behauptung) *s. annähern / angleichen / entspannen / lockern / lösen (Fronten)
erheben: senken, fallen lassen (Hand) *absetzen, senken, zu Boden werfen, niederwerfen *verzichten (Erbe) *schweigen *dämpfen, senken (Stimme) *zurückzahlen, erlassen, stunden (Steuern, Beitrag) *schließen, senken, niederschlagen (Augen) *nachgeben, aufgeben (Anspruch) *s. erheben: sitzen bleiben, liegen bleiben *s. hinsetzen / niedersetzen / hinlegen / niederlassen / hinwerfen *zu Bett gehen, schlafen gehen *zu Boden gehen, ausgezählt werden (Boxer) *aufhören, s. legen (Sturm) *s. senken (Gelände) *unterdrücken, unterwerfen *s. unterwerfen / beugen

erhebend: trist, traurig, trostlos

ben, festlich, erlaucht, würdevoll, gravitätisch, majestätisch, achtunggebietend, solenn

**erheblich:** beachtlich, ungewöhnlich, ungeläufig, außergewöhnlich, ausgefallen, extraordinär, außerordentlich, bedeutend, groß(artig), überraschend, erstaunlich, umwerfend, entwaffnend, bewunderungswürdig, formidabel, ersten Ranges, bewundernswert, hervorragend, brillant, überragend, beeindruckend, eindrucksvoll, eminent, überwältigend, stattlich, ansehnlich, beträchtlich, erklecklich, sondergleichen, ohnegleichen, unvergleichlich, nennenswert, einzigartig, bedeutsam, bedeutungsvoll, grandios, imposant, imponierend, enorm, phänomenal, sensationell, epochemachend, epochal, aufsehenerregend, spektakulär, auffällig, auffallend, abenteuerlich, verblüffend, frappant, sagenhaft, märchenhaft, fabelhaft *wichtig

**Erhebung:** Hügel, Berg, Steigung, Anhöhe *Feststellung, Ermittlung, Erkundung, Recherche, Sondierung, Untersuchung, Nachforschung, Überprüfung *Forderung, Eintreibung, Einziehung *Befragung, Umfrage, demoskopische Untersuchung, Demoskopie *Aufstand, Rebellion, Revolte, Putsch, Empörung, Aufruhr, Meuterei, Krawall, Auflehnung, Massenerhebung, Volkserhebung

**erheitern:** erfreuen, beglücken, glücklich machen, amüsieren, Spaß / Freude machen, Freude bereiten / spenden / machen, froh / glücklich / selig machen, amüsieren, anregen, genießen, belustigen, ergötzen, aufheitern, aufmuntern

**erheitert:** heiter, vergnügt, lustig, aufgelegt, fröhlich, ausgelassen, gutgelaunt, übersprudelnd, wohlgemut, aufgeheitert, aufgeweckt, lebensfroh, übermütig, schelmisch, freudig, fidel, aufgekratzt, vergnüglich, frohsinnig, frohgestimmt, aufgeschlossen, strahlend, lebenslustig, froh, freudestrahlend, frohgemut, sonnig, überschäumend, munter, heiteren Sinnes, feuchtfröhlich, frisch

**erhellen:** anstrahlen, bestrahlen, bescheinen, beleuchten, Licht / hell machen, illuminieren *aufheitern, verklären, glücklich / strahlend / schön ma-

(Augenblick, Gefühl)

**erheblich:** unerheblich, unwichtig, belanglos, unwesentlich, bedeutungslos, unbedeutend, nebensächlich, unmaßgeblich, nicht erwähnenswert, zufällig, banal, unscheinbar, nichtssagend, wertlos, nachgeordnet, untergeordnet, zweitrangig, uninteressant, unbeträchtlich, nicht nennenswert, minimal, lächerlich, (sehr) wenig / klein

**Erhebung:** Tal, Senke, Tiefe, Senkung *Druck, Unterdrückung, Unterwerfung *Niederschlagung

**erheitern:** betrüben, bekümmern, dauern, ärgern, bedrücken

**erheitert:** ernst, traurig, bedrückt, bekümmert, schwermütig, freudlos, gedrückt, trübselig, deprimiert

**erhellen:** verdunkeln, verfinstern (Fenster) *ignorieren, vertuschen (Angelegenheit) *s. verfinstern (Sonne, Miene)

chen *verdeutlichen, aufhellen, aufklären, erklären, entschleiern, entschlüsseln, enträtseln, enthüllen, aufzeigen,
aufdecken, offenlegen, klarlegen, bewußt machen, zutage fördern
**erhitzen:** erwärmen, aufwärmen, warm
/ heiß machen, großer Hitze aussetzen
***s. erhitzen:** s. aufregen / erregen /
erbosen / erzürnen / entrüsten, grollen,
toben, zornig / heftig / wütend / böse
werden, hochfahren, auffahren
**erhoffen:** erwarten, ersehnen, entgegenblicken, entgegensehen, träumen
von, wünschen, den Mut nicht sinken
lassen *vertrauen / bauen / setzen auf, s.
errechnen / ausrechnen / versprechen
von
**erhöhen:** aufstocken, höher machen
*befördern, erheben, auszeichnen,
aufrücken lassen, einen höheren Rang
geben, in eine höhere Stellung versetzen *steigern, aufbessern, aufwerten,
anheben, heraufsetzen, vervielfachen,
intensivieren, vermehren, vergrößern,
potenzieren *verteuern, aufschlagen,
steigern, hochschrauben, hochtreiben,
hochjagen, anheben, heraufsetzen, in
die Höhe treiben *zunehmen, anwachsen, anschwellen, s. erweitern / ausdehnen / steigern, eskalieren *glorifizieren,
ehren, hochloben, würdigen, preisen
*steigen

**Erhöhung:** Heraufsetzung, Anhebung,
Gehaltserhöhung, Lohnerhöhung
*Preisanstieg, Verteuerung, Preisstei-
gerung, Teuerung *Steigerung, Zunahme, Zuwachs, Wachstum, Anstieg,
Vermehrung, Vergrößerung, Verstärkung, Eskalation, Eskalierung, Progression *Verfeinerung, Sublimation,
Sublimierung, Läuterung, Veredelung,
Zivilisierung, Kultivierung *Zuschlag,
Aufschlag, Aufgeld, Aufpreis, Mehrpreis *Podium, Podest, Tritt
**erholen (s.):** aufleben, erstarken, gesunden, genesen, s. kräftigen / regenerieren, zu Kräften kommen *hochkommen, wieder zu s. kommen / ein Mensch
werden *(aus)ruhen, entspannen, ausschlafen, Urlaub nehmen, verschnaufen, erquicken, kräftigen, stärken, aufblühen, abschalten, aufatmen *anziehen (Preise), besser werden, s. beleben

**erhitzen:** (ab)kühlen, erkalten (Speise,
Material) *unterkühlen *s. abkühlen,
nachlassen (Diskussion) *s. erhitzen:
s. beruhigen, entspannen / abregen /
abreagieren, ruhiger werden

**erhoffen:** befürchten *wissen

**erhöhen:** niedriger machen, abtragen
(Mauer, Damm) *abtragen, vertiefen,
einebnen, egalisieren (Boden) *heruntersetzen, herabsetzen, senken, nachlassen, zurücksetzen (Preis) *kürzen
(Lohn, Gehalt) *herabsetzen, erniedrigen, heruntersetzen, herabwürdigen,
schelten, abkanzeln (Mensch) *streichen, heruntersetzen, senken, herabsetzen (Steuer) *senken (Temperatur)
*kürzen, einschränken, senken, strei-
chen (Zuschüsse) *verringern, einschränken, dezimieren, mindern, verkleinern (Freundeskreis) *drosseln,
vermindern, reduzieren, verringern,
herabsetzen, senken, zurückgehen
(Geschwindigkeit, Druck)
**Erhöhung:** Reduzierung, Kürzung,
Senkung, Abstrich, Verringerung
*Verbilligung, Preisreduzierung, Her-
absetzung, Preissenkung, Ermäßigung,
Prozente, Skonto, Diskont

**erholen (s.):** arbeiten, s. anstrengen /
strapazieren / abmühen / abarbeiten
*ermüden, ermatten, erlahmen, er-
schöpft sein *zusammenbrechen, zusammenklappen, verfallen, abbauen
*zusammenfallen, zusammenbrechen
(Wirtschaft) *erstarren (Schreck) *absterben, eingehen, verblühen, (ver-)
welken (Pflanzen)

**erholsam:** der Erholung dienend / förderlich, Erholung bewirkend *beschaulich, gemütlich, ruhevoll, gemächlich, ruhig, friedlich, behaglich, ohne Überstürzung / Eile / Hast

**erholsam:** beschwerlich, anstrengend, strapaziös, (nerven)aufreibend, aufregend, mühevoll, mühselig, mühsam

**erholt:** frisch, ausgeruht, gesund, munter, rüstig, blühend, unverbraucht, knackig, lebendig, fit, leistungsfähig, kraftvoll, in Form

**erholt:** nervös, abgespannt, gestreßt, müde, ausgelaugt, ausgepumpt, erschöpft, abgejagt, mitgenommen, angegriffen, abgehetzt, abgearbeitet, kreuzlahm, erholungsbedürftig, krank, abgezehrt, überanstrengt

**Erholung:** Entspannung, Ruhe, Urlaub, Atempause, Pause, Rast *Genesung, Regeneration, Erneuerung, Belebung, Rekonvaleszenz, Wiederherstellung, Heilung, Neubelebung, Stärkung, Gesundung, Aufschwung *Schlaf, Bettruhe, Schlummer, Nickerchen, Siesta

**Erholung:** Arbeit(szeit) *Zusammenbruch, Erschöpfung, Hetze, Krankheit, Streß, Strapaze, Anstrengung

**erhören:** nachgeben, gewähren, erfüllen, befriedigen

**erhören:** bitten, flehen

**erinnern:** s. entsinnen, ins Gedächtnis rufen, in Erinnerung bringen, auffrischen, (ge)mahnen *wiedererkennen, einfallen, wiedererwachen, s. (wieder-) erinnern / besinnen (auf), eingedenk / erinnerlich / unvergeßlich / lebendig / gegenwärtig / präsent sein, zurückschauen, zurückblicken, s. merken, nicht vergessen, zurückdenken, aktivieren, auffrischen

**erinnern:** vergessen (haben) *verdrängen

**Erinnerung:** Blick in die Vergangenheit, Rückblende, Retrospektive, Rückschau, Rückblick, Reminiszenz *Gedächtnis, Andenken *Gedächtniskraft, Merkfähigkeit, Erinnerungsvermögen *Aufzeichnungen, Tagebuch, Biographie, Memoiren, Lebensabriß, Lebensbeschreibung, Lebensgeschichte

**Erinnerung:** Verdrängung *Vergessenheit *Vergeßlichkeit *Gegenwart (Ereignis)

**erkalten:** auskühlen, abkühlen, kalt / kühl werden *abflauen *nachlassen, aufhören (Gefühle)

**erkalten:** s. erwärmen, verbessern (Beziehungen) *s. erhitzen / erwärmen, glühen, erhitzt / erwärmt werden

**erkannt:** offen, unverhohlen, öffentlich *bekannt

**erkannt:** unerkannt, heimlich, verborgen, im geheimen, geheim, insgeheim, still und leise, unbemerkt

**erkennbar:** sichtbar, aufnehmbar, wahrnehmbar, zu sehen, lesbar, sehbar, in Sicht, entzifferbar, kenntlich *voraussehbar, absehbar, zu erwarten, vorauszusehen, vorhersagbar, voraussagbar *offenbar, greifbar, wahrnehmbar, faßbar, augenscheinlich, augenfällig, eindeutig, erwiesen, offenkundig *bekannt

**erkennbar:** nicht sichtbar *unvorhersehbar *unbekannt

**erkennen:** sehen, wahrnehmen, entdecken, erfassen, sichten, gewahren, gewahr werden, erblicken, erspähen, bemerken *s. bewußt werden, herausfinden, durchschauen, zu der Erkenntnis gelangen / kommen, Klarheit gewinnen *nachweisen, feststellen, konstatieren, näher bestimmen, lokalisieren, registrieren, ausfindig machen, identifizieren

**erkennen:** nicht sehen / erkennen, übersehen (Gegenstand, Person, Problem) *s. irren / täuschen, verwechseln, verkennen, verdrehen

**erklären:** erläutern, verständlich / deutlich / klar / begreiflich machen, auseinandersetzen, darlegen, klarlegen, ausführen, entwickeln, aufzeigen, exemplifizieren, konkretisieren, veranschaulichen *begründen, interpretieren, deuten, kommentieren, motivieren, auslegen *aufklären, einweihen, einführen, unterrichten, orientieren, eröffnen, ins Bild setzen *mitteilen, verbalisieren, artikulieren, sagen, reden, erzählen, verkündigen, deklarieren

**erklären:** (nicht) zuhören / hinhören *nichts sagen, (ver)schweigen

**erklärlich:** einleuchtend, überzeugend, plausibel, verständlich, begreiflich, glaubhaft, faßbar, faßlich, evident, augenfällig, klar, stichhaltig, zwingend, deutlich, unzweideutig, triftig, schlagend, treffend

**erklärlich:** unerklärlich, unfaßbar, sonderbar, unergründlich, unbegreiflich, rätselhaft, undurchschaubar, unverständlich *geheimnisvoll, mysteriös, mystisch, übernatürlich, orakelhaft *dunkel, verborgen *göttlich

**erklimmen:** ersteigen, besteigen, klettern auf, hinaufsteigen, hochsteigen, bezwingen, hochklettern *erreichen, erlangen, erzielen, erarbeiten

**erklimmen:** herabsteigen, hinabklettern *absteigen (Beruf)

**erkranken:** krank werden, unpäßlich sein, s. infizieren / anstecken / eine Krankheit zuziehen

**erkranken:** gesund bleiben / sein *gesund werden, gesunden, heilen, genesen

**erlahmen:** erschöpfen, schwächen, ermatten, ermüden, erschlaffen, aushöhlen, müde / kraftlos / schwach / matt werden *abflauen, aufhören, abebben, zurückgehen, nachlassen, ausklingen, abnehmen *festfahren, stagnieren, stocken, ins Stocken geraten

**erlahmen:** festigen, kräftigen, stärken *fit bleiben *gespannt / straff bleiben (Feder) *weiterarbeiten, weitermachen, weiterführen, durchhalten (Mensch)

**erlangen:** erreichen, erzielen, erarbeiten, gewinnen, bekommen, erwerben, gelangen zu, s. zulegen / beschaffen / aneignen

**erlangen:** suchen, wünschen, (er-)streben

**erlassen:** anordnen, verfügen, veranlassen, auferlegen, festlegen, anweisen, aufgeben, bestimmen, diktieren, verordnen, vorschreiben, befehlen, administrieren *schenken, entbinden / befreien von

**erlassen:** einreichen, beraten, abschließen (Gesetzentwuf) *formulieren, machen *aufheben, außer Kraft setzen (Gesetz, Verordnung) *(ein)fordern, anfordern, erheben, eintreiben (Steuern, Schulden) *ruhenlassen *ignorieren *verbüßen / absitzen (Strafe)

**erlauben:** s. gefallen lassen / einverstan-

**erlauben:** verbieten, untersagen, ver-

den erklären, stattgeben, gestatten, genehmigen, bewilligen, einwilligen, gewähren, zustimmen, zulassen, beipflichten, zubilligen, zugestehen, die Erlaubnis geben / gewähren, seine Einwilligung / Zustimmung / Einverständnis geben, konzedieren *ermöglichen, die Möglichkeit geben, in die Lage versetzen, instand setzen, die Gelegenheit bieten *ermächtigen, befugen, bevollmächtigen, berechtigen, autorisieren *s. etwas erlauben: s. gestatten / anmaßen *herausnehmen / die Freiheit nehmen *s. die Ehre geben / beehren

**Erlaubnis:** Einwilligung, Zustimmung, Genehmigung, Zusage, Jawort, Einverständnis, Billigung, Gewährung, Plazet, Einvernehmen, Verlaub, Konsens, Freibrief *Ermächtigung, Vollmacht, Berechtigung, Bevollmächtigung, Autorisierung, Recht

**erlaubt:** statthaft, legal, zulässig, bejaht, bewilligt, gestattet, berechtigt, genehmigt, rechtmäßig, Rechtens, gesetzlich, zugestanden

**erledigen:** durchführen, ausführen, besorgen, abfertigen, abwickeln, bewerkstelligen, tätigen, verrichten, vollführen, vollstrecken, vollziehen, fertigmachen, beend(ig)en, abschließen, absolvieren, vollbringen, machen, tun, in die Tat umsetzen, zustande / zuwege bringen, zu Ende führen *besiegen, vernichten, ruinieren, zugrunde richten, eine Niederlage bereiten, ins Unglück bringen, stürzen, fertig machen

**erledigt:** fertig, geregelt, ausgeführt, beendet, vollzogen, entschieden, angenommen, besiegelt, gebilligt, akzeptiert *vernichtet, verloren, besiegt, zerrüttet, gebrochen *gescheitert, ruiniert, bankrott *verurteilt, verfemt, verpönt, bloßgestellt, kompromittiert *erschöpft, gerädert, durchgedreht, ausgelaugt, entnervt, schlaff, schlapp, müde, atemlos, mitgenommen, kaputt, schwach, kraftlos, entkräftet, abgehetzt, am Ende, aufgerieben, erholungsbedürftig, halbtot, abgeschlafft, schachmatt, groggy, angegriffen, abgespannt, angeschlagen, erschlagen, zerschlagen, k.o., matt, ermattet, überlastet, überanstrengt, abgewirtschaftet, geschafft, erledigt, urlaubsreif, verbraucht, überfordert, abgekämpft

wehren, verhindern, versagen *s. etwas erlauben: einschränken (Konsum)

**Erlaubnis:** Verbot, Untersagung *Beschwerde, Einwendung, Protest, Einsprache, Veto, Gegenstimme, Einspruch, Reklamation, Klage, Einwand, Beanstandung *Ablehnung

**erlaubt:** unerlaubt, illegal, verboten, ungesetzlich, unzulässig, unstatthaft

**erledigen:** vertagen, verschieben, vernachlässigen, liegenlassen, aufschieben, ruhenlassen *(unter)lassen *aufgeben (Aufgabe) *offenlassen (Problem)

**erledigt:** fit, frisch, ausgeschlafen (Mensch) *unerledigt *offen

**erlegen:** abschießen, zur Strecke bringen, töten

**erleichtern:** vereinfachen, ebnen, bahnen, bequemer / leichter machen *entlasten, unterstützen, helfen, beispringen, befreien, mildern, lindern, erträglicher machen, bessern, Arbeit abnehmen, Beanspruchung verringern / mindern *abnehmen, bestehlen, berauben, ausrauben, ausräubern

**erleiden:** leiden, ertragen, (er)dulden, überstehen, aushalten, durchstehen, fertig werden, auf s. nehmen, s. fügen / abfinden *erfahren, erleben, durchleben, zustoßen, widerfahren

**erlernt:** gelernt, angeeignet, eingeübt, eingeprägt

**erlesen:** hervorragend, ausgezeichnet, vorzüglich, fein, delikat, vortrefflich, überragend, unübertroffen, exquisit, himmlisch, köstlich *auswählen, erwählen, aussuchen, erküren

**erleuchten:** erhellen, aufhellen, beleuchten, anstrahlen, illuminieren, bescheinen, Licht / hell machen *verdeutlichen, aufklären, erklären, erhellen, aufdecken, aufzeigen, enthüllen, enträtseln, entschleiern, klarlegen, offenlegen *aufheitern, verklären, strahlend / schön / glücklich machen

**erliegen:** unterliegen, verlieren, scheitern, besiegt werden, ins Unglück kommen, Fiasko / Niederlage / Schiffbruch erleiden *s. täuschen, hereinfallen

**erlogen:** verlogen, gelogen, unwahr (-haftig), unrichtig, entstellt, unglaubhaft, erfunden, lügnerisch, lügenhaft, aus der Luft gegriffen, den Tatsachen nicht entsprechend

**Erlös:** Gewinn, Einkommen, Profit, Verdienst, Überschuß, Plus, Geschäft, Gewinnspanne, Handelsspanne, Ertrag, Vorteil, Nutzen

**erloschen:** erkaltet, abgestorben, fort, abgekühlt *bankrott, pleite

**erlöschen:** verlöschen, auslöschen, ausgehen, zu leuchten / brennen aufhören, schwinden, verglühen, verglimmen, verkohlen *abflauen, kühler / kälter werden

**erlegen:** am Leben lassen, laufen lassen (Wild) *finden, aufspüren (Wild)

**erleichtern:** packen (Gepäck) *beschweren, belasten, laden (Fahrzeug) *(s.) quälen, erschweren (Arbeit) *belasten (Gewissen) *verstärken, verschlimmern (Schmerz)

**erleiden:** zufügen (Qualen, Leiden, Schaden) *handeln, tun *bereiten (Niederlage) *verspotten *s. widersetzen, aufbegehren, trotzen, aufmucken, (dagegen) angehen

**erlernt:** angeboren, natürlich, (erbgenetisch) festgelegt

**erlesen:** normal, gutbürgerlich, schlicht, durchschnittlich, einfach, gewöhnlich (Speisen)

**erleuchten:** verdunkeln, verfinstern *verschleiern, verbergen *betrüben, bekümmern, unfroh machen

**erliegen:** überleben, weiterleben, überstehen (Krankheit) *angehen (gegen), (be)siegen, bekämpfen (Kampf, Leidenschaft) *weiterrollen, weitergehen, weiterlaufen (Verkehr) *durchschauen, durchblicken (Täuschung)

**erlogen:** wahr, belegt, gewiß, glaubhaft, beglaubigt *aufrichtig, ehrlich, wahr *wirklich, real, tatsächlich, gewesen

**Erlös:** Einzahlung, Beitrag, Einsatz (Summe)

**erloschen:** vorhanden, da *heißblütig, dynamisch, heftig, temperamentvoll, vital, wild, glühend, feurig, innig (Gefühl) *tätig (Vulkan) *weiterbestehen, existieren (Unternehmen)

**erlöschen:** brennen, s. entzünden, anfachen (Feuer) *ausbrechen, ausweiten, vergrößern, s. ausbreiten (Feuer, Seuche) *aufleben, anbahnen (Gefühl)

**erlösen:** befreien, loskaufen, freipressen, freibekommen, freikämpfen, die Freiheit schenken *retten *einnehmen, Gewinn erzielen, verdienen, kassieren
**Erlösung:** Befreiung, Freiheit *Rettung

**ermäßigen:** herabsetzen, senken, verringern, verbilligen, nachlassen, unterbieten, heruntergehen, reduzieren, billiger geben / verkaufen, Prozente / Rabatt geben, Vergünstigungen gewähren
**ermatten:** erschöpfen, schwächen, erlahmen, ermüden, erschlaffen, aushöhlen, müde / kraftlos / schwach / matt werden *abflauen, nachlassen, s. verringern / abschwächen
**ermitteln:** analysieren, untersuchen, nachgehen, ergründen, erforschen, erfragen, eruieren, recherchieren, fahnden nach, auskundschaften, zutage fördern, suchen, fahnden, auf der Suche sein, nachforschen, ausspähen, s. umschauen / umsehen / Ausschau halten
**ermöglichen:** möglich machen, sehen, Gelegenheit suchen, erlauben, gestatten, einrichten *befähigen, instand setzen, vorbereiten, ausbilden, vorarbeiten, ertüchtigen, ausrüsten, präparieren, helfen, schulen, protegieren, unterstützen *fertigbringen, erreichen, bewirken, arrangieren

**ermüden:** erschöpfen, schwächen, ermatten, erlahmen, erschlaffen, aushöhlen, müde / kraftlos / schwach / matt werden *zermürben, aufreiben, jmdn. erschöpft / müde machen / zu sehr beanspruchen / überanstrengen / abhetzen / überfordern, jmdm. zuviel zumuten
**ermuntern:** erheitern, aufheitern, aufrichten, ablenken, zerstreuen, erfreuen, belustigen, amüsieren *ermutigen, bestärken, Mut verleihen / machen, bestätigen, bekräftigen, aufrichten, aufrütteln, aktivieren, anspornen, begeistern, unterstützen, helfen *überreden, ermutigen, bestärken, einreden (auf), anstiften, zuraten, zureden
**ermutigen:** bestärken, Mut verleihen / machen, bestätigen, bekräftigen, aufrichten, aufrütteln, aktivieren, anspor-

**erlösen:** zufügen (Qualen) *verstoßen, verdammen

**Erlösung:** Verdammnis, Verdammung, Verstoßen *Acht, Bann, Ächtung, Fluch, Verfluchung, Verurteilung, Verwünschung *Kirchenbann, Exkommunikation
**ermäßigen:** ansteigen, zunehmen, anwachsen, erhöhen, heraufsetzen, steigern (Beitrag, Preis)

**ermatten:** s. erholen, erstarken, kräftigen, nicht nachlassen (Kräfte) *s. erfrischen / erquicken / stärken / ermuntern / aufmuntern / beleben, wiederbeleben *steigen, wachsen (Interesse)
**ermitteln:** orten, finden, aufspüren, herausfinden, feststellen, entdecken, herausbekommen, enträtseln, entschleiern, entschlüsseln, ausfindig machen

**ermöglichen:** behindern, verhüten, abstellen, unterbinden, durchkreuzen, vereiteln, zu Fall bringen, zunichte machen, verhindern, abblocken, blockieren, boykottieren, sabotieren, abwenden, abwehren (Beziehungen) *verhindern, nicht möglich machen, unterbinden, durchkreuzen, behindern, vereiteln (Pläne, Vorhaben)
**ermüden:** erfrischen, erlahmen, ermuntern, aufmuntern, beleben, aufpeitschen, erstarken *s. stärken / ausruhen / erholen *s. konzentrieren *(s.) interessieren, anregen, fesseln *(s.) aufregen

**ermuntern:** abraten, abhalten, warnen, abreden, entmutigen, abbringen (von), ausreden, zu bedenken geben *ignorieren *betrüben, bedrücken *erschöpfen, ermatten, erlahmen, beleben

**ermutigen:** einschüchtern, (be)ängstigen, entmutigen, verschüchtern, verwirren, schrecken *bedrücken, niederschlagen, bekümmern *ignorieren

nen, begeistern, unterstützen, helfen *überreden, bestärken, einreden (auf), anstiften, zuraten, zureden

**ernennen:** nominieren, berufen, (er-)wählen, (er)küren, abordnen, ausersehen, beauftragen, designieren, ein Amt anvertrauen, eine Stellung antragen / anbieten / übertragen, befördern

**Ernennung:** Nominierung, Berufung, Beförderung, Bestallung, Amtseinsetzung, Designation

**erneuern:** neu machen, renovieren, ausbessern, auffrischen, reparieren, restaurieren, modernisieren, instand setzen, überholen, ändern, ersetzen, verbessern, umarbeiten, wiederbeleben, neu gestalten *wiederholen, wieder tun, neu schließen, nochmals tun, bekräftigen *verlängern, für gültig erklären

**Erneuerung:** Neubelebung, Wiedererstehung, Neuwerdung, Auferstehung *Ausbesserung, Instandsetzung, Renovierung, Auffrischung, Restaurierung, Wiederherstellung, Änderung, Reparatur, Umarbeitung *Bekräftigung, Wiederholung, Wiederaufbau, Restauration

**erniedrigen:** demütigen, herabwürdigen, herabsetzen, diskriminieren, beschämen, diffamieren, degradieren, abqualifizieren, entwürdigen, verleumden, verletzen, anschwärzen, lästern, schlechtmachen, verunglimpfen, entwerten

**Erniedrigung:** Demütigung, Herabsetzung, Erniedrigung, Verächtlichmachung, Herabwürdigung, Verunglimpfung, Diffamierung, Degradierung, Diskreditierung, Schmähung, Ächtung, Verachtung, Deklassierung, Beleidigung, Desavouierung, rechtliche / soziale Benachteiligung

**ernst:** ernsthaft, seriös, würdevoll, feierlich, gemessen, gesetzt, nicht heiter / fröhlich / lustig *kritisch, gefährlich, gefahrvoll, bedenklich, heikel, bedrohlich, besorgniserregend *trocken, todernst, gestreng, humorlos, unnachsichtig, unnachgiebig, unerbittlich, eisern, hart *gewichtig, eindringlich, bedeutungsvoll, gravierend, ernstlich, energisch, nachdrücklich, ernsthaft, fest,

**ernennen:** entlassen, stürzen, des Amtes entheben, abberufen, entfernen, absetzen, ablösen (Minister) *kündigen *degradieren (Soldat) *entthronen, entmachten (Herrscher) *abberufen, zurückrufen (Botschafter)

**Ernennung:** Entlassung, Sturz, Abberufung, Entfernung, Absetzung, Ablösung *Kündigung *Degradierung *Entmachtung

**erneuern:** abnutzen, verbrauchen, verschleißen, abnützen *abscheuern, abwetzen, beschädigen *verfallen / auslaufen lassen (Vertrag)

**Erneuerung:** Abnutzung, Verbrauch, Verschleiß, Abnützung *Beschädigung *Verfall

**erniedrigen:** loben, bestätigen, würdigen, preisen, erhöhen, anerkennen, feiern, auszeichnen, ehren, belohnen, schmeicheln (Mensch)

**Erniedrigung:** Lob, Bestätigung, Würdigung, Anerkennung, Auszeichnung, Ehre, Belohnung

**ernst:** heiter, angeheitert, aufgelegt, aufgeheitert, munter, ausgelassen, freudig, fröhlich, froh, lustig, übermütig, vergnüglich, witzig, vergnügt, glücklich *schelmisch *im Scherz, spaßeshalber, scherzhaft *unwichtig, unbedeutend, leicht (Vorgang) *nachlässig, oberflächlich, fahrlässig, leicht *aufgelockert, heiter, unbeschwert, schön, lustig, feuchtfröhlich, ausgelas-

intensiv, ultimativ, merklich, spürbar, fühlbar, einschneidend, tiefgehend, schwer(wiegend), akut, drängend, beachtlich, relevant, bedeutend, entscheidend, brennend, folgenreich, von Bedeutung / Wichtigkeit *ehrlich, aufrichtig, ohne Spaß / Scherz, ernsthaft, wirklich / wörtlich / so gemeint, ernstlich, im Ernst
**Ernst:** Seriosität, Ernsthaftigkeit, Entschiedenheit, Feierlichkeit *Humorlosigkeit, Strenge, Härte *Tragweite, Bedeutung, Bedeutsamkeit, Rang, Größe, Schwere, Tiefe, Zweck, Würde *Eifer, Ehrgeiz, Bestreben, Streben, Tatenlust, Regsamkeit, Tatendrang, Betriebsamkeit, Rührigkeit, Beflissenheit, Bereitschaft, Bereitwilligkeit, Dienstwilligkeit, Ergebenheit, Gefälligkeit, Anspannung, Mühe *Arbeitsfreude, Fleiß, Arbeitslust, Schaffenslust, Emsigkeit, Strebsamkeit *Gefahr, Gefährlichkeit, Bedrohung, Bedrängnis, Gefährdung, heikle Situation
**ernsthaft:** im Ernst, ernstlich *groß, bedeutungsvoll, gewichtig, eindringlich *aufrichtig, ehrlich, offen *sehr, überaus, stark

**Ernte:** Haupternte, Mißernte, Durchschnittsernte, Rekordernte *Grünmahd, Grumt, Grummet(ernte) *Beerenernte, Obsternte, Weinlese, Traubenernte, Lese *Schnitt, Getreideschnitt, Getreideernte *Zeugnis *Lohn
**ernten:** erzielen, erhalten, erreichen, gewinnen, bekommen *mähen (Heu) *lesen (Wein) *schütteln, pflücken, einsammeln (Obst) *einfahren, einbringen *bekommen, erhalten *bestätigt bekommen
**ernüchtert:** geheilt sein *ohne Illusionen
**erobern:** besiegen, bezwingen, besetzen, okkupieren, (ein)nehmen, (er-)stürmen, unterwerfen, beschlagnahmen, erbeuten, erzwingen, erkämpfen, erringen, ergattern, kapern, wegnehmen, abgewinnen, s. aneignen, annektieren, an s. bringen / reißen *(für sich) gewinnen, auf Sympathie / Gegenliebe stoßen
**Eroberung:** Einnahme, Besetzung, Okkupation, Bezwingung, Erstür-

sen, fröhlich, quietschvergnügt, übermütig, aufgelegt (Stimmung) *entspannt, entkrampft, ungefährlich, nicht ernst (Situation, Lage) *gering, klein, unbedeutend, minimal (Schwierigkeiten) *leicht, ungefährlich (Krankheit) *blind, falsch (Alarm) *nicht ernst (Vorschlag, Versprechen) *freundschaftlich, gütig (Ermahnung)
**Ernst:** Scherz, Jokus, Possen, Spaß, Ulk, Streich *Humor, Scherz, Komik *Nachlässigkeit, Oberflächlichkeit, Fahrlässigkeit *Heiterkeit, Ausgelassenheit, Freude, Fröhlichkeit, Übermut, Vergnügen, Spaß *Entspannung, Entkrampfung *Spiel, Probe, Übung

**ernsthaft:** spaßig, scherzhaft, im Scherz, spaßeshalber *falsch (Alarm) *gering, klein, geringfügig (Mängel) *nachlässig, lose, oberflächlich, leicht *unseriös, falsch (Angebot) *nachlässig, oberflächlich *närrisch
**Ernte:** Aussaat *Bestellung *Blütezeit *Reifezeit

**ernten:** (aus)säen, legen, bestellen, (an)pflanzen, anbauen *bebauen, bepflanzen *ausbleiben (Applaus)

**ernüchtert:** (be)trunken, verrückt, benebelt, berauscht, im Rausch
**erobern:** überlassen, schenken, hergeben, abtreten, aufgeben, preisgeben, verlieren *einfallen *zurückerobern *zurückgeben *zurückziehen

**Eroberung:** Verteidigung, Abwehr, Kampf *Verlust, Rückgabe, Aufgabe,

mung, Unterwerfung, Beschlagnahme, Annexion

**eröffnen:** einweihen, gründen, einrichten, in Betrieb nehmen, ins Leben rufen, dem Publikum / der Öffentlichkeit übergeben / zugänglich machen, starten, aufmachen *anfangen, beginnen, anbrechen, einsetzen, starten, anlaufen *informieren, aufklären, einweihen, die Augen öffnen, belehren *(ein-) gestehen, zugeben, bekennen, einräumen, enthüllen, aussagen, beichten, offenbaren, ein Geständnis / Bekenntnis ablegen, die Wahrheit sagen, eine Aussage / ein Geständnis machen

**Eröffnung:** Beginn, Anfang, Anbeginn, . Auftakt, Ausbruch, erster Schritt, Startschuß, Anbruch, Eintritt *Mitteilung, Bekanntmachung, Information, Verkündigung, Bulletin, Bekanntgabe *Vernissage

**erörtern:** abhandeln, besprechen, darlegen, darstellen, verhandeln, untersuchen, auseinandersetzen, beraten, bereden, debattieren, diskutieren, sprechen über, s. streiten über

**erotisch:** sinnlich, sexuell, sinnenhaft, körperlich, genußfreudig, fleischlich, triebhaft, wollüstig

**erprobt:** anerkannt, zuverlässig, verläßlich, (alt)bewährt, fähig, geeignet, bekannt, renommiert, probat, eingeführt, gängig, gültig, gebräuchlich, geltend *erfahren, routiniert, qualifiziert, geübt, sachverständig, unterrichtet, sicher, firm, fit

**erquicken:** erfrischen, stärken, laben, beleben, anregen, belebend wirken

**erquicklich:** erfrischend, belebend, anregend, stimulierend, wohltuend, aufmunternd, erfreulich, labend, angenehm

**erraten:** raten, enträtseln, vom Gesicht / von den Augen ablesen, auflösen, herausbekommen, herausfinden, ein Rätsel lösen / knacken, dahinterkommen

**errechnen:** berechnen, kalkulieren, ausrechnen, überschlagen, ermitteln, taxieren, eine Berechnung anstellen

**erregen:** (auf)reizen, entflammen, bezaubern, anziehen, berücken, betören, bezirzen, faszinieren, umgarnen *hervorrufen *aufregen, aufbringen, nervös machen, empören, beunruhigen

Preisgabe, Überlassung

**eröffnen:** schließen, aufgeben (Geschäft) *abschließen, (be)schließen, enden (Versammlung, Kongreß) *beschließen, abschließen, abbrechen, beenden, vertagen (Diskussion) *verheimlichen, verschweigen, verbergen, verhehlen (Absicht) *löschen, aufgeben (Bankkonto)

**Eröffnung:** Aufgabe, Schließung *Ende, Schluß *Abschluß, Abbruch, Vertagung *Geheimnis

**erörtern:** (ver)schweigen *unterdrükken, verdrängen (Problem)

**erotisch:** nicht ansprechend / anziehend, ernüchternd, unerotisch *kalt, kühl (Beziehungen)

**erprobt:** neu, unerprobt *unerfahren, jung, unwissend, grün

**erquicken:** ermüden, erschöpfen, ermatten, schwächen

**erquicklich:** unerfreulich, unerquicklich, unangenehm, ärgerlich, unliebsam, unbequem, leidig, lästig, verdrießlich, störend

**erraten:** wissen, kennen, informiert sein

**errechnen:** überschlagen, raten, schätzen, glauben

**erregen:** kaltlassen, langweilen, gleichgültig lassen *beruhigen, besänftigen, dämpfen, abkühlen, beschwichtigen, begütigen *beseitigen (Zweifel)

**erregt:** aufgeregt, gereizt, unruhig, ungeduldig, zappelig, bewegt, fiebrig, nervenschwach, nervös, unstet, ruhelos, hektisch, turbulent

**erregt:** geistesgegenwärtig, kaltblütig *gelangweilt, gelassen, desinteressiert, gleichgültig *ruhig, bedacht, beherrscht, ausgeglichen, gezügelt, gleichmütig, harmonisch, gesetzt, still *gleichmütig, stoisch, ungerührt

**Erregung:** Aufregung, Nervosität, Unruhe, Aufgeregtheit, Zappeligkeit, Rastlosigkeit, Hektik, Erregtheit, Ruhelosigkeit, Hochspannung, Anspannung *Ärger, Wut, Zorn, Empörung, Unwille, Entrüstung *Glut, Fieber, Ekstase, Leidenschaft, Affekt, Taumel, Passion, Enthusiasmus, Überschwang, Rausch, Aufwallung, Hochstimmung

**Erregung:** Geistesgegenwart *Ruhe, Gelassenheit, Gleichmut *Langeweile, Gleichgültigkeit, Desinteresse *Ruhe, Stille

**erreichbar:** nicht weit, in der Nähe, um die Ecke, nah(ebei) *durchführbar, möglich, vorstellbar, verfügbar, denkbar, nicht ausgeschlossen, ausführbar, zugänglich

**erreichbar:** unerreichbar, abwesend, absent (Mensch) *entfernt, abseits, abgelegen, fern (Gegend) *aussichtslos (Ziel)

**erreichen:** ereilen, einholen, fangen, hingelangen, ankommen, eintreffen, kommen / gelangen zu, s. einfinden *antreffen, vorfinden, in Verbindung treten *verwirklichen, realisieren, durchsetzen, schaffen, bewerkstelligen, ausrichten, zuwege / zustande bringen, vollbringen, erwirken, bewirken, erlangen, erzielen, erzwingen, ertrotzen, durchkämpfen, durchfechten, erringen, managen, deichseln, durchboxen, durchdrücken

**erreichen:** suchen, wollen, erstreben, verlangen, wünschen *stehenbleiben (Ziel, Vorhaben) *nicht erreichen (Position) *verfehlen, verpassen, versäumen, nicht erreichen (Zug)

**errichten:** (auf)bauen, hochziehen, erbauen, aufrichten, erstellen, aufstellen, aufschlagen, fertigstellen, hinstellen

**errichten:** abreißen, niederreißen, einreißen, abbrechen, abtragen (Gebäude, Mauer, Denkmal) *schleifen (Festung) *sanieren *abschaffen (Einrichtung)

**erringen:** erkämpfen, erkaufen, erarbeiten, erfechten, erreichen, erwerben

**erringen:** erstreben, wünschen *haben, besitzen

**erröten:** (scham)rot werden, erglühen, verlegen sein, s. röten / genieren / verfärben / schämen

**erröten:** erbleichen, erblassen, Farbe verlieren *unbeeindruckt / unberührt sein

**Errungenschaft:** Kauf, Anschaffung, Erwerb(ung) *Triumph, Sieg, Erfolg, Glück, Gewinn, Trumpf, Volltreffer, Fortschritt, Durchbruch, Wirksamkeit

**Errungenschaft:** Verlust *Nachteil *Niederlage

**Ersatz:** Surrogat, Behelf, Ersatzstoff, Ersatzmittel, Äquivalent *Rückerstattung, Rückzahlung, Vergütung, Abfindungssumme, Abstand(ssumme), Ausgleich, Schadenersatz, Abfindung, Wiedergutmachung, Gegenwert, Entschädigung, Abgeltung, Gegenleistung

**Ersatz:** Original

**erschaffen:** schaffen, hervorbringen,

**erschaffen:** vernichten, zerstören, be-

hervorrufen, entstehen lassen, erzeugen, schöpfen, entwickeln, kreieren, ins Leben rufen, in die Welt setzen

**erscheinen:** herauskommen, publiziert / herausgebracht / veröffentlicht werden, gedruckt vorliegen *eintreffen, ankommen, eintreten, s. einstellen / einfinden *auftreten, vorkommen, auftauchen, zu finden sein, s. finden, zum Vorschein kommen, zutage / in Erscheinung treten *scheinen, anmuten, dünken, vorkommen, den Anschein erwecken / haben, s. geben / gebärden

**erschlaffen:** erschöpfen, ermüden, ermatten, erlahmen, matt / müde / schwach / kraftlos werden, schwächen

**erschließen:** zugänglich / urbar / nutzbar machen, kultivieren, bevölkern, kolonisieren, aufschließen, besiedeln *eruieren, herausfinden, entziffern, entschlüsseln, dechiffrieren, decodieren, herausbekommen, ermitteln, enträtseln

**erschlossen:** baureif, bebaubar *genutzt

**erschöpfen:** schwächen, ermatten, erlahmen, ermüden, erschlaffen, aushöhlen, müde / kraftlos / schwach / matt werden *entkräften, verschleißen, abnützen, schmälern, beeinträchtigen, aufreiben, strapazieren, beanspruchen, schaden, lahmlegen *gründlich diskutieren / beraten / erörtern / durchsprechen / bereden, s. auseinandersetzen, ausloten, ausschöpfen *s. erschöpfen: s. verausgaben, zermürben / verzehren / abhetzen / abmühen / aufreiben / überfordern / übernehmen / überanstrengen *nicht abbrechen / enden / aufhören, ständig von vorn anfangen / wiederholen

**erschöpft:** gerädert, durchgedreht, ausgelaugt, entnervt, schlaff, schlapp, müde, atemlos, mitgenommen, kaputt, schwach, kraftlos, entkräftet, abgehetzt, am Ende, aufgerieben, erholungsbedürftig, halbtot, abgeschlafft, schachmatt, groggy, angegriffen, abgespannt, angeschlagen, erschlagen, k.o., matt, ermattet, überlastet, überanstrengt, abgewirtschaftet, geschafft, erledigt, urlaubsreif, verbraucht, überfordert, abgekämpft

**Erschöpfung:** Schwäche, Abgespannt-

seitigen, ruinieren, verheeren, zertrümmern, zerschlagen, verwüsten

**erscheinen:** weggehen, fortgehen, entfernen, davongehen, ausziehen, aufbrechen, (ver)schwinden, abmarschieren, abtreten *ausbleiben, fehlen, krank / absent / abwesend sein (Dienst) *nicht erscheinen (Buch, Zeitung) *s. verlieren

**erschlaffen:** aufleben, kräftigen, stärken, wach / munter werden, s. erholen

**erschließen:** brach liegen lassen, ruhen lassen (Land) *nicht nutzen (Möglichkeiten)

**erschlossen:** unerschlossen, brach, ungenutzt *nicht genutzt (Möglichkeiten) *unwegsam (Gebiet)

**erschöpfen:** nicht erschöpfen / ausschöpfen, offenlassen (Thema) *s. erholen, erstarken, kräftigen, erfrischen, stärken, aufmuntern, ermuntern *aufheben, (er)sparen, schonen (Kräfte) *nicht nachlassen *aufhören, nachlassen (Verwünschungen) *(auf)füllen, speichern, lagern (Vorräte) *s. erschöpfen: langen, reichen *(darüber) hinausgehen (Aufgabe)

**erschöpft:** gesund, kräftig, munter, gesundheitsstrotzend, fit, frisch, kerngesund, kraftstrotzend, erholt, ausgeruht

**Erschöpfung:** Erholung, Wohlbefin-

heit, Ermattung, Schwachheit, Schlappheit, Schlaffheit, Mattheit, Flauheit, Mattigkeit, Übermüdung, Ermüdung, Schwächezustand, Erschöpfungszustand, Entkräftung, Unwohlsein, Kräfteverfall, Kraftlosigkeit, Schwunglosigkeit, Abspannung, Zerschlagenheit, Schwächlichkeit

**erschrecken:** zusammenzucken, zusammenfahren, zusammenschrecken, Furcht / Angst / einen Schrecken bekommen, (er)beben, (er)schaudern, (er)zittern *in Angst versetzen, einen Schrecken einflößen, Furcht erregen / einjagen, verschüchtern, einschüchtern, angst und bange machen, jmdn. ängstigen, Panik auslösen / machen

**erschweren:** komplizieren, mühevoll / schwierig machen, aufhalten, behindern, hemmen, lähmen, blockieren, stören, entgegenarbeiten, entgegentreten, beschränken, beengen, in den Rücken / Arm fallen, Grenzen setzen, Hindernisse / Steine in den Weg legen, querschießen

**Erschwernis:** Erschwerung, Schwierigkeit, Hindernis, Komplikation, Problem, Fessel, Hemmschuh, Behinderung, Handicap, Barriere

**erschwinglich:** preiswert, (spott)billig, herabgesetzt, (preis)günstig, preiswürdig, wohlfeil, (halb) geschenkt, fast umsonst

**ersetzen:** austauschen, auswechseln, erneuern, substituieren, Ersatz schaffen, einen Austausch vornehmen *ausgleichen, kompensieren, wettmachen, begleichen, wiedergutmachen

**erspähen:** wahrnehmen, sehen, erblicken, entdecken, erkennen, bemerken, sichten, zu Gesicht bekommen

**ersparen:** (ein)sparen, aufsparen, Geld zurücklegen / beiseite legen / auf die Seite legen, maßhalten, s. beschränken / einschränken, weglegen, wirtschaften, rationieren, sparsam sein, rechnen *beschützen / bewahren / beschirmen / behüten vor, fernhalten, abwenden (von), abwehren, nicht herankommen lassen

**ersprießlich:** hilfreich, heilsam, gedeihlich, gut, segensreich, wertvoll, handlich, nütze, behilflich, von Wert / Nutzen, fruchtbar, förderlich, brauchbar, zweckdienlich, zweckmäßig, verwend-

den, Wohlsein

**erschrecken:** kaltlassen, gleichgültig / ungerührt lassen *gefaßt sein *unterlassen, bleibenlassen

**erschweren:** vereinfachen, simplifizieren (Aufgabe, Arbeit) *erleichtern, fördern, begünstigen, helfen, unterstützen, verstärken

**Erschwernis:** Vereinfachung, Simplifizierung *Erleichterung, Förderung, Begünstigung, Hilfe, Unterstützung, Verstärkung

**erschwinglich:** teuer, unerschwinglich, kostspielig *kostbar, wertvoll

**ersetzen:** zufügen (Schaden) *abnutzen, verschleißen, verbrauchen, verkümmern

**erspähen:** übersehen *nicht sehen

**ersparen:** ausgeben *vergeuden, verprassen, verschwenden *(geschenkt) bekommen, erhalten, erben (Haus) *nichts (er)sparen *zufügen (Ärger)

**ersprießlich:** unersprießlich, unfruchtbar *schlecht (Zusammenarbeit)

bar, anwendbar *lukrativ, profitbringend, dankbar, ergiebig, profitabel, rentabel, günstig, ertragreich, einträglich, lohnend, einbringlich, nutzbar, nutzbringend, vorteilhaft, positiv

**erst:** vor allem, zunächst, zuvor, voraus, zuerst, erst einmal, an erster Stelle *um wieviel mehr, aber *nicht eher als *nicht mehr als

**erst:** danach, hinterher, im Anschluß an, dann, anschließend, hieran, hernach, nach(her), später, nachträglich *später, bald, in Bälde, weiterhin, demnächst *(zu)künftig, in Kürze, nahe, nächstens *schon (Zeit)

**erstarken:** strotzen, gedeihen, s. kräftigen, stark / kräftig werden, Kraft bekommen, an Stärke zunehmen

**erstarken:** ermüden, ermatten, schwächer werden, erlahmen

**erstarren:** leblos / unlebendig sein *steif / starr / unbeweglich werden, s. versteifen, gefrieren, erfrieren, einfrieren, zufrieren *eine starre Haltung einnehmen *versteinern, hart / starr / unflexibel werden, s. verhärten

**erstarren:** auftauen, warm werden *geschmeidig / weich werden (Hand) *s. beleben, aufhellen (Gesicht) *zugänglich / freundlich werden *schmelzen, tauen *zu s. kommen, s. erholen

**erstatten:** ausgleichen, wiedergutmachen, wettmachen, begleichen, ersetzen, abfinden, (rück)vergüten, entgelten, abgelten, zurückgeben, zurückzahlen, entschädigen, Schuld tilgen

**erstatten:** (ein)behalten, bekommen, vereinnahmen, verrechnen (Auslagen, Gebühren, Geld) *zurückhalten, nicht herausgeben (Geld) *entgegennehmen (Anzeige)

**erstaunlich:** ausgefallen, ansehnlich, verblüffend, auffällig, ungewöhnlich, außergewöhnlich, überwältigend, beachtlich, überragend, bedeutsam, sondergleichen, beträchtlich, sagenhaft, bewundernswürdig, eindrucksvoll, nennenswert, imposant, enorm, großartig, abenteuerlich, ohnegleichen, aufsehenerregend, unvergleichlich, spektakulär, stattlich, überraschend, ungeläufig, sensationell, auffallend, bedeutend, bedeutungsvoll, beeindruckend, bewundernswert, brillant, märchenhaft, hervorragend, imponierend, außerordentlich, entwaffnend, groß, fabelhaft, einzigartig *hoch, schnell *sehr, überaus

**erstaunlich:** gering, klein, schwach (Leistung) *schwach, gering (Geschwindigkeit)

**erste:** allererste *beste

**erste:** (aller)letzte *oberste (Etage) *letzte, schlechteste (Hotel)

**erstehen:** erwerben, (ein)kaufen, ankaufen, aufkaufen, abkaufen, anschaffen, abnehmen, besorgen, s. versorgen / eindecken mit, beziehen, übernehmen, ersteigern, Einkäufe / Besorgungen machen

**erstehen:** veräußern, anbieten, vertreiben, absetzen, abstoßen, (aus)verkaufen, verschleudern

**ersteigen:** aufsteigen, besteigen, bezwingen, erklimmen, erklettern

**ersteigen:** hinuntersteigen, (hin)absteigen, hinuntergehen

**ersteigern:** auf einer Auktion kaufen / erwerben / erstehen

**ersteigern:** veräußern, verkaufen, anbieten, abstoßen

**erstellen:** (er)bauen, hochziehen, auf-

**erstellen:** abreißen, einreißen (Gebäu-

richten, errichten *anfertigen, schreiben, verfertigen, verfassen, abfertigen, schreiben, abfassen, formulieren

**ersticken:** erdrosseln, erwürgen, strangulieren, töten, abschnüren *sterben *unterdrücken, (aus)löschen, abwehren, vereiteln

**erstklassig:** auserlesen, nobel, ausgezeichnet, auserkoren, ausgewählt, ausgesucht, ausersehen, elitär *kostbar, erlesen, exzellent, überragend, edel, hervorragend, smart, hochwertig, fein, unübertrefflich, schön, stilvoll, geschmackvoll, kultiviert, nobel, distinguiert, exquisit

**erstmalig:** zum erstenmal, erstmals, das erste Mal

**erstmals:** erstmalig, zum erstenmal, das erste Mal

**erstrangig:** ausgefallen, ansehnlich, verblüffend, auffällig, ungewöhnlich, außergewöhnlich, überwältigend, beachtlich, überragend, bedeutsam, sondergleichen, beträchtlich, sagenhaft, bewundernswürdig, eindrucksvoll, nennenswert, imposant, enorm, erstaunlich, großartig, abenteuerlich, ohnegleichen, aufsehenerregend, unvergleichlich, spektakulär, stattlich, überraschend, ungeläufig, sensationell, auffallend, bedeutend, bedeutungsvoll, beeindruckend, bewundernswert, brillant, märchenhaft, hervorragend, imponierend, außerordentlich, entwaffnend, groß, fabelhaft, einzigartig *vorrangig, vordringlich, wichtig

**erstreben:** anstreben, streben nach, wollen, zu erhalten / erreichen suchen, trachten nach, zielen / reflektieren auf, s. bemühen um, absehen / anlegen / gerichtet sein / hinauswollen / hinzielen / hinsteuern / zusteuern / abzielen / hinarbeiten auf, beabsichtigen, vorhaben

**erstrecken:** s. ausdehnen / (aus)spannen / hinziehen / langziehen / strecken / ausbreiten, verlaufen, reichen *dauern

**erstürmen:** angreifen, vorrücken, erobern, vordringen, vormarschieren, bestürmen, bezwingen, besiegen *rasch erklettern / ersteigen / besteigen / bezwingen / erklimmen

**ersuchen:** bitten, betteln, anflehen, anrufen, ansprechen um, s. wenden an, bohren, drängeln, ansuchen, erbitten

**Ersuchen:** Bitte, Anliegen, Wunsch

de) *sanieren *in Auftrag geben (Gutachten) *einhalten (Plan)

**ersticken:** nähren (Hoffnung) *schüren, anfachen, legen (Feuer)

**erstklassig:** zweitklassig *drittklassig *minderwertig, mangelhaft, wertgemindert, schlecht, wertlos, geringwertig, halbwertig

**erstmalig:** letztmalig

**erstmals:** zum zweiten / dritten / ... Mal

**erstrangig:** zweitrangig, sekundär *unbedeutend, unwichtig, belanglos, unerheblich, unwesentlich, bedeutungslos, nebensächlich, irrelevant (Problem) *durchschnittlich, schlecht, miserabel (Aufführung) *normal

**erstreben:** erhalten, bekommen, erreichen, erlangen (Posten) *verfehlen *besitzen, haben

**erstrecken:** enden (Gebiet, Zeit)

**erstürmen:** verteidigen *aufgeben

**ersuchen:** fordern *gewähren *gehorchen, Folge leisten, nachkommen

**Ersuchen:** Forderung, Befehl

**erteilen:** zukommen / zuteil werden lassen, geben *beauftragen, jmdn. betrauen mit, einen Auftrag geben / zuweisen *(be)raten, einen Rat / Ratschläge geben, zuraten *ermächtigen, befugen, bevollmächtigen, berechtigen, autorisieren *mitteilen, informieren, sagen *unterrichten, lehren, unterweisen *beauftragen, anordnen, reglementieren, verfügen, veranlassen, auferlegen, festlegen, anweisen, aufgeben, bestimmen, administrieren

**ertragen:** erdulden, mitmachen, durchmachen, erleiden, überstehen, überwinden, durchstehen, überleben, verkraften, verschmerzen, vertragen, standhalten, hinnehmen, aushalten, fertigwerden, bewältigen, tragen, bestehen, auf s. nehmen, s. in etwas fügen / ergeben / schicken, s. bieten lassen / abfinden mit, über s. ergehen lassen

**erträglich:** passabel, (er)tragbar, leidlich, annehmbar, mittelmäßig, tauglich, genießbar, brauchbar, vertretbar, akzeptabel, dienlich, einigermaßen zufriedenstellend / befriedigend

**ertragreich:** fruchtbar, fruchtbringend, üppig, tragend, ergiebig, einbringlich *gut, einträglich, günstig, gewinnbringend, lohnend, rentabel, lukrativ, profitabel, profitbringend, ergiebig, nutzbringend, nutzbar, dankbar, nützlich, zugkräftig, interessant, segensreich

**erträumen:** erhoffen, wünschen, wollen, ersehnen, begehren, erwarten *s. Illusionen machen / etwas vorgaukeln / vormachen

**erwachen:** aufwachen, munter / wach werden, die Augen öffnen / aufmachen / aufschlagen, zu s. kommen *auftauchen, aufkommen, auflodern, aufsteigen, aufblitzen, aufbrechen, aufblühen, aufkeimen, anwachsen, entstehen, anheben, erscheinen, (heran)reifen, zum Vorschein kommen, s. regen / entspinnen / entwickeln / heranbilden / entfalten

**erwachsen:** flügge, herangewachsen, reif, mündig, volljährig, selbständig, voll entwickelt, heiratsfähig, geschlechtsreif, alt genug, groß *entstehen, s. entwickeln / entfalten / formen, anfangen, beginnen

**Erwachsener:** ausgewachsener / er-

**erteilen:** abschneiden, entziehen (Wort) *verweigern, zurückziehen (Genehmigung, Auftrag) *einholen (Rat)

**ertragen:** kaputtgehen, zusammenbrechen, zusammenstürzen (Last) *zusammenbrechen (Mensch) *zerreißen, zusammenbrechen, einstürzen, zerbrechen *abwerfen (Joch) *aufbegehren, aufmucken, s. widersetzen, kritisieren (Unterdrückung) *nicht ertragen (Schmerzen)

**erträglich:** unerträglich, unausstehlich, untragbar, qualvoll (Schmerzen) *unmenschlich, katastrophal, schrecklich, schlimm (Verhältnisse) *bitter, schwer, groß (Not, Leid) *verheerend, katastrophal (Wetter)

**ertragreich:** gering, unergiebig, schlecht (Ernte) *schlecht (Geschäft)

**erträumen:** (s.) erfüllen / genehmigen *erledigen, durchführen, machen, tun

**erwachen:** (ein)schlafen, (ein)dösen, einnicken, einschlummern *weiterschlafen, schlummern, ruhen *unterdrücken, ruhen, schlafen, verkümmern (Ehrgeiz)

**erwachsen:** kindlich *jugendlich, jung, halbwüchsig, heranwachsend, minderjährig *zart, unentwickelt, unerfahren, unreif

**Erwachsener:** Kind *Jugendlicher,

wachsener Mensch, die Großen

**erwägen:** bedenken, überdenken, durchdenken, überlegen, in Betracht / Erwägung ziehen, überschlagen, überrechnen, s. fragen, gegenüberstellen, beurteilen, abwägen, einschätzen, ermessen, abmessen, (über)prüfen, ins Auge fassen, überschlafen
**erwägenswert:** beachtlich, wichtig, bedeutsam, großartig, beeindruckend, erheblich, enorm, imposant, erwähnenswert, lobenswert, außergewöhnlich
**erwähnen:** andeuten, anbringen, ansprechen, einflechten, vorbringen, aufzählen, berühren, aufführen, zur Sprache bringen, nebenbei sagen, beiläufig nennen, streifen, kurz sprechen über / von
**erwärmen:** erhitzen, heizen, wärmen, warm machen *s. **erwärmen:** aufhorchen, Beachtung schenken, s. interessieren, aufmerksam zuhören / beachten, s. begeistern
**erwarten:** rechnen mit, harren, entgegenblicken, entgegensehen, zählen / warten / reflektieren / spekulieren auf, nicht zweifeln, setzen / vertrauen / bauen auf, s. versprechen von *ersehnen, erträumen, erhoffen, wollen, wünschen, herbeisehnen, herbeiwünschen, Hoffnungen hegen, s. sehnen / schmachten nach
**erwartet:** erwünscht, herbeigesehnt, vermutet, erhofft, geplant

**erwecken:** munter / wach machen, aufrütteln, wachrütteln, wachrufen, (auf-)wecken, aus dem Schlaf reißen *hervorrufen, provozieren, erzeugen, erregen, in Gang / Bewegung setzen
**erwehren (s.):** s. verteidigen / wehren / zur Wehr setzen, nichts gefallen lassen, Widerstand entgegenstellen / bieten / leisten
**erweichen:** umstimmen, bereden, überreden, bearbeiten, überzeugen, bekehren, breitschlagen *mild stimmen, rühren, weichmachen, innerlich bewegen
**erweitern:** ausbauen, ausweiten, ausdehnen, vergrößern, entfalten, verbreitern *ergänzen, vervollkommnen,

Heranwachsender *Jüngling, Bursche *Fräulein, Jungfrau, junge Dame / Frau
**erwägen:** übergehen, übersehen, abtun, mißachten, geringschätzen, geringachten (Möglichkeit, Einwand, Vorschlag) *machen, tun, ausführen, durchführen (Tat)

**erwägenswert:** unwichtig, unbedeutend, belanglos, unerheblich, unwesentlich, bedeutungslos, nebensächlich, unmaßgeblich, trivial, indiskutabel, irrelevant
**erwähnen:** verschweigen, verheimlichen, unerwähnt lassen, für s. behalten, geheimhalten, verbergen, verhehlen, übergehen

**erwärmen:** (ab)kühlen, unterkühlen *s. **erwärmen:** opponieren, dagegen sein, kritisieren, s. auflehnen *s. abkühlen, erkalten *s. abkühlen (Wetter)

**erwarten:** eintreffen, (an)kommen *ausbleiben, nicht eintreffen

**erwartet:** unerwartet, plötzlich, unvorhergesehen, unverhofft, jäh, unvermittelt, unvermutet, unversehens, überraschend
**erwecken:** ruhen / schlummern lassen *töten, betäuben *(ab)töten, unterdrücken (Gefühle)

**erwehren (s.):** angreifen, attackieren

**erweichen:** (er)härten, hart machen / werden (Material) *verhärten *bestärken *nicht umstimmen / erweichen

**erweitern:** einengen, eingrenzen, begrenzen, beschränken, einschränken *verringern, reduzieren, drosseln, ver-

vervollständigen, abrunden, hinzufügen, vollenden, auffüllen, nachtragen, komplettieren, hinzutun, perfektionieren *s. **erweitern:** s. ausdehnen / ausbreiten / verbreiten
**Erweiterung:** Ausweitung, Ausdehnung, Vergrößerung, Entfaltung, Verbreiterung, Verlängerung

**Erwerb:** Kauf, Aufkauf, Ankauf, Anschaffung, Einkauf *Anstellung, Broterwerb, Arbeit, Lebensunterhalt, Erwerbstätigkeit
**erwerben:** kaufen, erstehen, bestellen, aufkaufen, anschaffen, ankaufen *erlangen, erreichen, gewinnen, erarbeiten, erzielen, bekommen, gelangen zu, s. aneignen / zulegen / beschaffen

**erwerbsfähig:** arbeitsfähig, dienstfähig, gesund
**erwerbslos:** arbeitslos, ohne Einkommen / Beschäftigung / Arbeit / Anstellung / Erwerb / Arbeitsplatz, stellenlos, unbeschäftigt, stellungslos, brotlos, beschäftigungslos
**erwerbsunfähig:** arbeitsunfähig, dienstunfähig, invalid
**erwidern:** entgegnen, antworten, zurückgeben, bestätigen, reagieren, zur Antwort geben, Bescheid / Nachricht / Auskunft geben, versetzen, kontern, replizieren, einwenden
**Erwiderung:** Entgegnung, Antwort, Beantwortung
**erwiesen:** sicher, klar, bewiesen, wahr, unumstößlich, gewiß, zweifelsfrei, hieb- und stichfest, beglaubigt, besiegelt, bestätigt, offiziell, dokumentiert, beurkundet, amtlich, unanfechtbar, unwiderleglich, unzweifelhaft, unangreifbar, unbestreitbar, unbestritten, unumstritten
**erwischen:** (gerade noch) fangen / fassen / packen / ergreifen, (auf)greifen, habhaft werden *(gerade noch) erreichen, erhalten, kommen, gelangen zu, hingelangen, rechtzeitig ankommen / eintreffen *überraschen, überführen, abfangen, ertappen *verunglücken, sterben *krank werden

kleinern, (ver)mindern (Produktion) *kürzen, straffen (Rede) *resümieren, zusammenfassen *kürzen (Bruch) *s. **erweitern:** (s.) verengen / verjüngen

**Erweiterung:** Einengung, Eingrenzung, Begrenzung, Beschränkung, Einschränkung *Reduktion, Reduzierung, Verringerung, Drosselung, Verkleinerung *Kürzung, Straffung *Resümee, Zusammenfassung *Verengung, Verjüngung
**Erwerb:** Verkauf, Veräußerung, Vertrieb, Umsatz, Absatz, Abgabe

**erwerben:** verkaufen, veräußern, abstoßen, absetzen, vertreiben, anbieten, ausschreiben, feilbieten, verschleudern *haben, besitzen (Besitz, Vermögen) *ausgeben (Geld) *angeboren sein *geschenkt bekommen *leihen, pachten, mieten, borgen, leasen *stehlen *erben
**erwerbsfähig:** arbeitsunfähig, dienstunfähig, invalid, erwerbsunfähig
**erwerbslos:** tätig, arbeitend, schaffend

**erwerbsunfähig:** dienstfähig, erwerbsfähig, arbeitsfähig
**erwidern:** (an)fragen, nachsuchen, ausfragen *grüßen

**Erwiderung:** Frage, Anfrage, Befragung, Interview
**erwiesen:** nicht bewiesen, zweifelhaft, nicht / kaum möglich, unwahrscheinlich

**erwischen:** entwischen, davonlaufen, fliehen *versäumen (Verkehrsmittel) *nicht erwischen (Tat) *verschonen (Krankheit) *überleben (Absturz)

**erworben:** gelernt *gekauft

**erwünscht:** willkommen, passend, gern gesehen, gelegen, lieb, genehm, richtig, recht, angebracht *gewünscht, begehrt, gesucht, geschätzt, gefragt, beliebt, begehrenswert, erstrebenswert, wünschenswert

**erzählen:** sagen, miteinander sprechen / reden, plaudern, s. unterhalten *schildern, beschreiben, berichten, darstellen, veranschaulichen, wiedergeben, ausmalen, ausführen, illustrieren, vortragen *informieren, mitteilen, darstellen, vermitteln, übermitteln, verkünden, verkündigen, vortragen, vorbringen, verraten, schwatzen, referieren, preisgeben, schildern, losschießen, Kenntnis geben, Bericht erstatten / geben, ausrichten, ausplaudern, kundmachen

**Erzähler:** Vortragender

**erzeugen:** anfertigen, erschaffen, hervorbringen, erstellen, produzieren, verfertigen, gestalten, bilden, formen *hervorrufen, erregen, verursachen, entstehen lassen

**Erzeuger:** Hersteller, Fabrikant, Fertiger, Unternehmer, Produzent *Vater, Stammvater *Gründer

**Erzfeind:** Feind, Gegner, Todfeind, Rivale, Kontrahent, Widersacher

**erzogen:** artig, brav, gesittet, gehorsam, lieb, manierlich

**erzürnen:** aufregen, erhitzen, zornig / wütend machen, verstimmen, verdrießen, ergrimmen, aus dem Gleichgewicht / der Fassung / der Ruhe bringen, beunruhigen

**eßbar:** unverdorben, genießbar, einwandfrei, bekömmlich *ungiftig

**essen:** (ver)speisen, aufessen, einverleiben, ernähren, tafeln, schwelgen, schlemmern, picknicken, naschen, knabbern, löffeln, genießen, frühstükken, ernähren

**etablieren:** gründen, einrichten, errichten, eröffnen, aufbauen, organisieren, konstituieren, neu schaffen, ins Leben rufen *s. etablieren: s. niederlassen /

**erworben:** angeboren (Krankheit) *gemietet, geliehen, gepachtet, geleast *geschenkt *geerbt *gestohlen

**erwünscht:** unerwünscht, unerfreulich, unliebsam, lästig, störend, unangenehm, unwillkommen, nicht gern gesehen

**erzählen:** verschweigen, verheimlichen *s. zurückhalten *vorlesen *zuhören

**Erzähler:** Zuhörer *Vorleser

**erzeugen:** planen *verkaufen, handeln, vertreiben, absetzen *verbrauchen, konsumieren *vernichten, zerstören *entfernen, wegmachen, beseitigen

**Erzeuger:** Verbraucher, Konsument, Endverbraucher *Zerstörer

**Erzfeind:** Freund *Liebling

**erzogen:** unerzogen, ungezogen, verzogen, schlecht erzogen, unartig *verhätschelt

**erzürnen:** beruhigen, besänftigen, beschwichtigen *erfreuen, beglücken, ergötzen

**eßbar:** ungenießbar, giftig, verdorben, alt *ranzig (Butter) *madig *gärig (Flüssigkeit) *wurmig, wurmstichig *sauer (Milch) *schimm(e)lig, verschimmelt

**essen:** trinken *hungern, fasten, darben

**etablieren:** verlegen, umziehen (Praxis) *ausziehen (Hotel) *s. etablieren: ausziehen, fortziehen *aussteigen

ansiedeln / festsetzen, ansässig / seßhaft werden, Wohnung nehmen, eine Existenz aufbauen *bürgerlich werden, anpassen, verbürgerlichen

**etabliert:** verbürgerlicht, angepaßt, zum Bürgertum gehörend *traditionell, konventionell, herkömmlich, überliefert, überkommen

**etabliert:** in einer Subkultur / im Underground lebend, zu einer Minderheit gehörend

**Etappe:** Weglänge, Teilstück, Teilstrecke, Abschnitt *Zeitabschnitt, Zeitraum, Zeitspanne, Phase, Stufe, Periode, Stadium

**Etappe:** das Ganze, die ganze Strecke

**etliche:** einige, mehrere, einzelne, ein paar, verschiedene, eine Reihe / Anzahl, diverse

**etliche:** einige, einzelne *ein, zwei (Jahre) *wenig, kaum etwas, keine (Kosten)

**etwa:** annähernd, ungefähr, rund, fast, zirka, annäherungsweise, schätzungsweise, beinahe, vielleicht, pauschal, überschlägig, an die ..., nahezu, einigermaßen, abgerundet, eventuell *möglicherweise, womöglich, gegebenenfalls, unter Umständen, gar *beispielsweise, zum Beispiel / Exempel, um ein Beispiel zu nennen

**etwa:** genau, exakt, präzise, eindeutig, deutlich, unmißverständlich, bestimmt, festgelegt, (fest) umrissen *abgezählt (Summe)

**etwas:** ein bißchen / wenig / Hauch / Deut / Quentchen / Schuß, nicht nennenswert / viel, eine Winzigkeit / Idee / Kleinigkeit / Spur / Prise / Nuance

**etwas:** alles, viel, eine Menge / Masse, in Hülle und Fülle, unzählig, ungezählt, zahllos, in großer Zahl *(gar) nichts, überhaupt nichts, nicht das geringste / mindeste

**Europa:** Abendland, der Westen, die Alte Welt, Okzident

**Europa:** Orient *Amerika (Kontinent) *Asien *Afrika *Australien *Antarktis

**eventuell:** möglicherweise, vielleicht, womöglich, gegebenenfalls, allenfalls, vermutlich, möglichenfalls, je nachdem, es ist denkbar / möglich, unter Umständen, es kann sein, wohl

**eventuell:** gewiß, sicherlich, unter (allen) Umständen, bestimmt, zweifellos, zweifelsfrei, zweifelsohne, fraglos, sicher, unbestreitbar, unstreitig, unbestritten, natürlich, selbstverständlich

**Evolution:** Entwicklungsverlauf, Entwicklungsprozeß, Entwicklungsgang, Reifung, Fortentwicklung, allmählich fortschreitende Entwicklung

**Evolution:** Stagnation (Wirtschaft)

**ewig:** ohne Ende, unendlich, unaufhörlich, nie / nicht endend, unausrottbar, unauslöschlich, unveränderlich, unwandelbar, unzerstörbar, für immer, immer(während), fortwirkend, immerdar, bis in alle Ewigkeit / ins Unendliche, allezeit, bleibend, zeitlos, unvergänglich, unsterblich, ad infinitum, dauernd

**ewig:** (zeitlich) begrenzt, kurz, vergänglich, befristet, vorübergehend

**Ewigkeit:** Jenseits, Himmel, Reich Gottes, himmlisches Paradies *Unendlichkeit, Endlosigkeit, Unvergänglichkeit, Unveränderlichkeit, Unwandelbarkeit, Unsterblichkeit, Zeitlosigkeit

**Ewigkeit:** Vergänglichkeit, Endlichkeit, Zeitlichkeit *Kürze, Begrenztheit

**exakt:** (haar)genau, präzise, akkurat, (haar)scharf, treffsicher, prägnant, deutlich

**Exaktheit:** Sorgfalt, Genauigkeit, Gewissenhaftigkeit, Sorgfältigkeit, Sorgsamkeit, Gründlichkeit, Präzision, Schärfe, Genauheit, Bestimmtheit, Akribie, Akkuratesse
**Exekutive:** ausführende / vollziehende Gewalt

**exhumieren:** ausgraben

**existent:** vorhanden, existierend, real, wirklich, tatsächlich, greifbar, echt, konkret, faktisch, bestehend
**existieren:** sein, s. aufhalten / befinden *leben, da sein, vorhanden sein, atmen, lebendig / am Leben / auf der Welt / nicht tot sein
**Exklave:** Gebiet außerhalb der Staatsgrenze
**exklusiv:** außer, ohne, ausgenommen, mit Ausnahme / abgesehen / mit Ausschluß von, bis auf, ausschließlich, abzüglich, abgerechnet, vermindert um, nicht einbegriffen / inbegriffen
**Exmatrikulation:** Abmeldung

**exmatrikulieren (s.):** ausscheiden, austreten, weggehen, abgehen, s. abmelden
**exorbitant:** übergroß, enorm, außerordentlich, monumental, titanisch, voluminös, überdimensional, immens, kolossal, gigantisch, monströs, wuchtig, riesengroß, riesenhaft, riesig, massig, sehr groß, von ungeheurem / beachtlichem Ausmaß, maßlos
**expedieren:** transportieren, befördern, spedieren, überführen
**Experte:** Fachmann, Profi, Meister, Sachverständiger, Sachkundiger, Sachkenner, Spezialist, Professioneller, Fachkraft, Könner, Fachgröße, Koryphäe, Kapazität, Autorität
**Explantation:** Auspflanzung, Organauspflanzung, Gewebsauspflanzung

**explizit:** ausdrücklich, extra, nach-

**exakt:** ungenau, vage, etwa, rund, unbestimmt, unklar, zirka *verschwommen, schemenhaft, schattenhaft (Sicht) *oberflächlich, nachlässig, lax, unordentlich, ungenau (Mensch)
**Exaktheit:** Ungenauigkeit, Unbestimmtkeit, Unklarheit *Verschwommenheit, Schemenhaftigkeit, Schatten *Ungenauigkeit, Oberflächlichkeit, Nachlässigkeit, Laxheit
**Exekutive:** Legislative, gesetzgebende Gewalt *Jurisdikative, Judikative, richterliche Gewalt, rechtsprechende Gewalt
**exhumieren:** begraben, bestatten, beerdigen, beisetzen (Leiche)
**existent:** inexistent, eingebildet, nicht vorhanden, in der Vorstellung *ausgestorben
**existieren:** nicht existieren *entstehen, werden *untergehen, aussterben, vergehen

**Exklave:** Enklave, eingeschlossenes Gebiet
**exklusiv:** inklusiv, einschließlich, eingeschlossen, einbezogen

**Exmatrikulation:** Immatrikulation, Einschreibung, Eintragung (Studium)
**exmatrikulieren (s.):** immatrikulieren, einschreiben, eintragen (lassen) (Student)
**exorbitant:** gering, minimal *ungenügend, unterdurchschnittlich, mangelhaft *durchschnittlich, normal, gewöhnlich (Wissen)

**expedieren:** bekommen, annehmen, erhalten, empfangen *einliefern
**Experte:** Laie, Anfänger, Amateur, Pfuscher, Dilettant

**Explantation:** Implantation, Gewebseinpflanzung, Einpflanzung, Organeinpflanzung *Wiedereinpflanzung, Gewebswiedereinpflanzung, Organwiedereinpflanzung, Reimplantation
**explizit:** implizit, eingeschlossen, mit-

drücklich, mit Nachdruck, eigens, genau, klar, präzise, bestimmt, deutlich, entschieden, kategorisch, eindringlich, namentlich, drastisch

**explodieren:** (zer)springen, (zer)bersten, (zer)platzen, detonieren, in die Luft fliegen, auffliegen, krachen, splittern, sprengen, krepieren, s. entladen *aufbrausen, aus der Haut fahren, schäumen, sieden, kochen, platzen, wild werden

**explodieren:** implodieren *s. beruhigen, ruhig werden

**Explosion:** Detonation, Ausbruch, Entladung, Eruption *Anfall, Anwandlung, Erregung, Wutausbruch, Koller, Aufwallung, Zornesausbruch, Wutanfall

**Explosion:** Implosion *Ruhe, Ausgeglichenheit, Stille

**explosiv:** feuergefährlich, explodierbar, brisant *spannungsgeladen, kritisch, dramatisch, gespannt *aufbrausend, aufschäumend, auffahrend, wütend, (jäh)zornig, cholerisch, unbeherrscht, ungezügelt

**explosiv:** ungefährlich *ruhig, gelassen, reif, abgeklärt, verhalten, ausgeglichen, besonnen, gemessen, gesetzt, bedacht(sam), harmonisch, gleichmütig, gemächlich (Charakter) *eintönig, uninteressant, einschläfernd, ermüdend, langweilig, monoton, traurig, trist, trostlos (Stimmung)

**Exponent:** hochstehende Zahl *Repräsentant, Vertreter

**Exponent:** Basis, Grundzahl *Mitläufer

**Export:** Außenhandel, Ausfuhr, Überseehandel

**Export:** Import, Einfuhr

**Exporteur:** Exportkaufmann

**Exporteur:** Importeur

**exportieren:** ins Ausland verkaufen, ausführen

**exportieren:** importieren, einführen

**exportiert:** ausgeführt, ins Ausland verkauft / geliefert

**exportiert:** importiert, eingeführt, ausländisch

**exquisit:** erlesen, kostbar, erstklassig, exzellent, edel, hochwertig, qualitätsvoll, fein, hervorragend, unübertrefflich, überragend, ausgezeichnet

**exquisit:** mangelhaft, ungenügend, minderwertig, schlecht *normal, gewöhnlich

**extensiv:** ausgedehnt *ohne großen Aufwand

**extensiv:** intensiv (Landwirtschaft)

**Exterieur:** Äußeres, Außenseite

**Exterieur:** Interieur, (das) Innere

**extern:** fremd, auswärts

**extern:** intern, begrenzt, innere

**extra:** für sich, gesondert, allein, getrennt, separat *eigens, besonders, gerade, ausschließlich *über das Übliche hinaus, mehr, zusätzlich, dazu *absichtlich *ausgesucht

**extra:** inklusiv, eingeschlossen

**extraordinär:** außergewöhnlich, ungewöhnlich, ungeläufig, ausgefallen, erstaunlich, außerordentlich, überraschend, groß, entwaffnend

**extraordinär:** ordinär, alltäglich, gewöhnlich, normal

**extravagant:** ausgefallen, verblüffend, auffällig, ungewöhnlich, außergewöhnlich, eindrucksvoll, ohnegleichen, aufsehenerregend, unvergleichlich, spektakulär, stattlich, überraschend, unge-

**extravagant:** unauffällig, konventionell, einfach, schmucklos, farblos, schlicht, unscheinbar (Mode) *normal, vernünftig

enthalten, mitgemeint

läufig, sensationell, auffallend, hervorragend, außerordentlich, einzigartig
*überspannt, überspitzt, übersteigert,
exzentrisch, skurril, phantastisch

**Extravaganz:** Ausgefallenheit, Auffäl-
ligkeit, Überspanntheit, Überspitzt-
heit, Verstiegenheit, Übertriebenheit,
Skurrilität, Verrücktheit, Verdreht-
heit, närrischer Einfall

**Extravaganz:** Unauffälligkeit, Einfachheit, Schmucklosigkeit, Farblosigkeit,
Schlichtheit, Unscheinbarkeit *Norm
*normales Verhalten

**extravertiert:** kontaktfreudig, aufgeschlossen, kommunikationsfähig, gesellig, (welt)offen

**extravertiert:** ruhig, introvertiert, unzugänglich, kontaktarm, kontaktschwach, in s. gekehrt, still, verhalten,
verschlossen, reserviert, ungesellig
(Verhalten)

**extrem:** übermäßig, übertrieben, exzessiv, maßlos, allzu, äußerst, ohne
Maß und Ziel, sehr, außerordentlich,
stark, außergewöhnlich, in höchstem
Maße, frappant, hochgradig, kraß, ungeheuer, ausgeprägt, auffällig *radikal,
unnachgiebig, bedingungslos, rücksichtslos, kompromißlos *überspannt,
verstiegen, exzentrisch, phantastisch,
extravagant, ausgefallen, exaltiert

**extrem:** normal, durchschnittlich, üblich, (mittel)mäßig, gemäßigt, konservativ

**Extrem:** höchster Grad, äußerster
Standpunkt *Übertreibung

**Extrem:** Durchschnitt, Mittelmaß,
Mitte, Norm *Nullpunkt

**exzellent:** ausgezeichnet, vorzüglich,
hervorragend, überragend, vortrefflich, unübertroffen, unübertrefflich,
bestens, herrlich, exquisit, brillant, beispiellos, mustergültig, wunderbar, genial

**exzellent:** minderwertig, schlecht, unterdurchschnittlich, mangelhaft *ausreichend, durchschnittlich, befriedigend *normal, gewöhnlich

**exzentrisch:** überspannt, verstiegen,
phantastisch, extravagant, ausgefallen,
exaltiert *launenhaft, wetterwendig,
unzuverlässig, unberechenbar, unbeständig, kapriziös, flatterhaft, unausgeglichen, wechselhaft, wankelmütig,
grillenhaft, voller Launen, schwankend

**exzentrisch:** normal, durchschnittlich,
vernünftig *konzentrisch

# F

**fabelhaft:** ausgefallen, ansehnlich, verblüffend, auffällig, ungewöhnlich, außergewöhnlich, überwältigend, beachtlich, überragend, bedeutsam, sondergleichen, beträchtlich, sagenhaft, bewundernswürdig, eindrucksvoll, nennenswert, imposant, enorm, erstaunlich, großartig, abenteuerlich, ohnegleichen, aufsehenerregend, unvergleichlich, spektakulär, stattlich, überraschend, ungeläufig, sensationell, auffallend, bedeutend, bedeutungsvoll, beeindruckend, bewundernswert, brillant, märchenhaft, hervorragend, imponierend, außerordentlich, entwaffnend, groß, wunderbar, einzigartig
**Facharbeiter:** qualifizierter / spezialisierter Arbeiter, Experte, Spezialist
**Facharzt:** Spezialist, Spezialarzt, Fachmediziner
**Fachmann:** Sachkenner, Kapazität, Professioneller, Fachkraft, Sachverständiger, As, Sachkundiger, Meister, Koryphäe, Könner, Mann vom Fach, Routinier, Autorität, Spezialist
**fachmännisch:** professionell, qualifiziert, sachkundig, werkgerecht, sachgerecht, fachgerecht, fachkundig, routiniert, kunstgerecht, gekonnt, meisterhaft, fachmäßig, sachgemäß, sachverständig
**Fachwissen:** Spezial-, Detailwissen
**fade:** geschmacklos, flau, kraftlos, abgestanden, salzlos, salzarm, schal, ohne Geschmack *nichtssagend, nüchtern, reizlos *eindruckslos, langweilig, wirkungslos, monoton, stumpfsinnig, einschläfernd, trist, öde, trostlos, reizlos, uninteressant, gleichförmig, einförmig, ermüdend, trocken
**fadenscheinig:** plump, dünn, unglaubwürdig, schäbig, transparent, schwach, vordergründig, durchschaubar, durchsichtig
**fähig:** (hoch)begabt, tüchtig, geschickt, geeignet, tauglich, patent, talentiert, genial, begnadet, gelehrig, befähigt, qualifiziert, gewandt, berufen, prädestiniert, verwendbar, brauchbar *potent, zeugungsfähig, fruchtbar

**fabelhaft:** ärmlich, karg, einfach, spartanisch, schlicht *schlecht, unterbezahlt (Stellung)

**Facharbeiter:** Hilfsarbeiter, ungelernter / angelernter Arbeiter
**Facharzt:** Allgemeinarzt, Allgemeinmediziner, Hausarzt
**Fachmann:** Nichtfachmann, Außenstehender, Exoteriker, Laie, Amateur, Anfänger *Pfuscher, Dilettant

**fachmännisch:** schlampig, unsauber, schludrig, gepfuscht, laienhaft, dilettantisch

**Fachwissen:** Allgemeinwissen
**fade:** würzig, aromatisch, gut, feurig, herzhaft, vorzüglich, scharf (gewürzt), pikant, schmackhaft, delikat (Speise) *geistreich, witzig, geistvoll, interessant, anregend (Mensch)

**fadenscheinig:** unverfänglich, wirklich, ehrlich, überzeugend (Grund)

**fähig:** unfähig, untauglich, ungeeignet, außerstande *impotent, zeugungsunfähig, unfruchtbar

**Fähigkeit:** Begabung, Intelligenz, Klugheit, Talent, Geschick, starke Seite, Fertigkeit, Kraft, Macht, Voraussetzung, Berufung, Genialität, Geistesgaben, Auffassungsgabe, Ingenium, Veranlagung, Befähigung, Gaben, Genie *Potenz, Zeugungsfähigkeit

**fahl:** blaß, bleich(gesichtig), bleichsüchtig, blutarm, blutleer, (asch)grau, aschfahl, (kalk)weiß, totenbleich, totenblaß, farblos

**fahrbereit:** verkehrstüchtig, verkehrstauglich *repariert

**fahren:** s. fortbewegen *steuern, lenken, kutschieren, chauffieren, bedienen, führen *s. begeben nach, auf der Reise sein, eine Tour / Reise machen

**Fahrer:** Führer, Lenker, Chauffeur, Kraftfahrer, Autofahrer

**Fahrgestell:** Rahmen, Chassis, Fahrwerk

**fahrig:** nervös, unruhig, hastig, zerfahren, zerstreut, hektisch, schusselig, konfus, zappelig, unstet, unaufmerksam, unkonzentriert, flatterig

**fahrlässig:** unvorsichtig, unachtsam, nachlässig, leichtsinnig, unbesonnen, leichtfertig, verantwortungslos, pflichtvergessen, unverantwortlich, unüberlegt, gewissenlos, gedankenlos

**Fahrlässigkeit:** Unvorsichtigkeit, Unachtsamkeit, Nachlässigkeit, Leichtsinnigkeit, Unbesonnenheit, Leichtfertigkeit, Verantwortungslosigkeit, Pflichtvergessenheit, Unüberlegtheit, Gewissenlosigkeit, Gedankenlosigkeit

**Fahrt:** Reise, Ausflug, Tour, Trip, Exkursion, Abstecher, Rundfahrt, Ausfahrt, Expedition, Überquerung, Durchzug

**fair:** gerecht, ehrenhaft, ehrlich, anständig, lauter, rechtschaffen, gebührlich, sauber, sportlich, redlich, ritterlich, zuverlässig, solidarisch

**fakultativ:** freiwillig, wahlfrei, freigestellt, von s. aus, aus eigenem Willen / Antrieb, ungeheißen, unaufgefordert, dem eigenen Belieben / Ermessen anheimgestellt

**fallen:** stürzen, hinfallen, ausgleiten, hinschlagen, zu Fall kommen, zu Boden gehen, niederstürzen, niederge-

**Fähigkeit:** Unfähigkeit, Schwäche, Unvermögen, (menschliches) Versagen, Untauglichkeit *Machtlosigkeit, Ohnmacht *Impotenz, Zeugungsunfähigkeit

**fahl:** gesund, rosig, braun, frisch (Gesicht) *leuchtend, lebhaft, strahlend, farbig, farbenfroh, licht (Farbe) *klar, blau (Himmel)

**fahrbereit:** nicht verkehrstüchtig, verkehrsuntauglich (Fahrzeug)

**fahren:** gehen, laufen, wandern, marschieren *fliegen *nicht fahren / besitzen (Fahrzeug) *stoppen, (an)halten, stehen *tragen, rollen (Gepäck)

**Fahrer:** Beifahrer, Mitfahrer, Begleiter *Sozius

**Fahrgestell:** Karosserie, Fahrzeugaufbau

**fahrig:** gelassen, bedacht(sam), besonnen, ausgeglichen, harmonisch, sicher, geruhsam, gefaßt, beherrscht, gezügelt, gleichmütig, ruhig, überlegt

**fahrlässig:** vorsätzlich, beabsichtigt, absichtlich, mit Absicht, bewußt, wissentlich

**Fahrlässigkeit:** Vorsatz, Absicht

**Fahrt:** Pause, Halt, Stopp *Besonnenheit, Ruhe, Zurückgezogenheit

**fair:** unfair, foul, unsportlich, unkameradschaftlich, gemein, unanständig *heimtückisch, niederträchtig, unredlich, unreell, gemein, unehrlich, unwahrhaftig, übel, lügnerisch, verlogen, heuchlerisch, falsch, unlauter, bestechlich

**fakultativ:** obligatorisch, verpflichtend, verbindlich, vorgeschrieben

**fallen:** (an)steigen, emporsteigen, (hin)aufsteigen, klettern *aufstehen, s. aufrichten *(an)steigen, (hoch)klettern

hen, den Halt verlieren, stolpern, rutschen, glitschen, purzeln *niederfallen, umfallen, herunterfallen, herabfallen, umkippen *sterben, nicht wiederkommen, im Feld bleiben, den Heldentod sterben, nicht aus dem Krieg heimkehren (Soldat) *sinken, heruntergehen, nachlassen, abnehmen, niedriger werden, abklingen, s. senken, schwinden, nachgeben, zurückgehen, abebben, abflauen *fallen lassen: herunterwerfen, loslassen

**fallenlassen:** erwähnen, (beiläufig) nennen, andeuten, einfließen lassen, äußern, anschneiden, ansprechen, vorsprechen, zur Sprache bringen, zitieren *s. abwenden (von), s. lösen / lossagen / zurückziehen, abrücken von, brechen mit, verlassen *s. fallenlassen: aufgeben, abspringen, fahrenlassen, nicht mehr mitmachen

**falsch:** fehlerhaft, verkehrt, unrichtig, irrtümlich, verfehlt, unzutreffend, unrecht, inkorrekt, unkorrekt, widersinnig, widersprüchlich, unlogisch, sinnwidrig, regelwidrig, widerspruchsvoll, irrig, schief, unhaltbar *künstlich, gefälscht, nachgemacht, imitiert, nachgebildet, unecht *heuchlerisch, tückisch, unaufrichtig, hinterlistig, arglistig, verlogen, verstellt, scheinheilig, unwahr, unlauter, unredlich, unehrlich, erlogen, lügnerisch, entstellt, den Tatsachen / der Wahrheit nicht entsprechend *unsauber *falsch machen: verkehrt machen

**Fälschung:** Falsifikat, Nachahmung, Nachmachung, Kopie, Plagiat, Betrug, Falschmünzerei, Falsifikation, Vortäuschung

**falten:** falzen, (um)knicken, kniffen, zusammenlegen, umbiegen, umschlagen, brechen, fälteln, in Falten legen, einen Knick machen

**faltenlos:** eben, glatt, gleichmäßig, poliert *anliegend, passend, wie angegossen

**faltig:** runz(e)lig, zerknittert, knittrig, kraus, zerklüftet, gekerbt, durchfurcht, zerfurcht, gefurcht, verhutzelt, verrunzelt, schlaff, welk, nicht glatt, hutzelig, faltenreich, furchig, zerschründet

**Familienname:** Beiname, Zuname, Nachname, Vatername

(Temperatur) *steigen, hochgehen (Barometer) *(an)schwellen, (an)steigen, hochgehen (Flut) *steigen, anziehen, klettern (Preis) *stehen(bleiben) *fallen lassen: (fest)halten, stützen *(auf)fangen *aufheben, hochheben, aufnehmen

**fallenlassen:** festhalten, beharren, nicht aufgeben (Plan) *(fest)halten, stützen, decken, unterstützen, nicht aufgeben (Person) *s. fallenlassen: s. zusammennehmen / zusammenreißen / aufraffen / fangen

**falsch:** echt, natürlich, ungekünstelt, originell, ursprünglich, rein, urwüchsig (Mensch, Verhalten) *wirklich, richtig, wahr, tatsächlich, gewesen *richtig, treffend, sauber, rein (Ton) *echt (Zahn, Haare) *angemessen, richtig, recht, passend *triftig, wirklich (Grund) *tief, aufrichtig, treu, ehrlich, zuverlässig (Freundschaft) *ernst(haft) (Alarm) *falsch machen: richtig machen / anstellen, berichtigen, verbessern, korrigieren, richtigstellen

**Fälschung:** Original *Kopie

**falten:** auseinanderfalten, entfalten, glätten

**faltenlos:** faltig, zerknittert, knitt(e)rig *runz(e)lig, zerfurcht, faltig (Gesicht) *schlaff, welk *trocken
**faltig:** faltenlos, glatt, jung

**Familienname:** Vorname, Taufname, Rufname

**Fan:** Anhänger, Gefolgsmann, Getreuer, Sympathisant, Schwärmer, Freund

**fangen:** haschen, einfangen, auffangen *fassen, ergreifen, packen, dingfest machen, stellen, erwischen, aufgreifen, nehmen, ertappen, schnappen *s. **fangen:** wieder ins Gleichgewicht kommen, s. beruhigen, zu s. kommen, die Fassung wiedergewinnen

**Farbe:** Bemalung, Schimmer, Ton, Tönung, Färbung, Anstrich, Couleur, Schattierung, Nuance, Kolorit

**farbecht:** lichtecht, wetterfest, waschfest, kochfest, indanthren

**färben:** farbig machen, kolorieren, tönen, anstreichen, bemalen, anmalen, die Farbe verändern, einfärben, mit Farbe versehen

**farbenprächtig:** bunt, farbig, mehrfarbig, vielfarbig, in Farbe, farbenfroh, farbenfreudig, scheckig, farbenreich, schillernd, leuchtend, lebhaft, poppig, satt, kräftig, grell

**Farbfernsehen:** Fernsehen in Farbe

**Farbfilm:** Colorfilm, Film in Farbe

**farbig:** farbenprächtig, bunt, mehrfarbig, vielfarbig, in Farbe, farbenfroh, farbenfreudig, scheckig, farbenreich, schillernd, leuchtend, lebhaft, poppig, satt, kräftig, grell *interessant, spannend, aufschlußreich, fesselnd

**Farbiger:** Neger

**farblos:** eindruckslos, langweilig, wirkungslos, monoton, stumpfsinnig, einschläfernd, trist, fade, öde, trostlos, reizlos, uninteressant, gleichförmig, einförmig, ermüdend, trocken *ohne Farbe, blaß, ungefärbt, unbemalt, naturfarben

**faßbar:** faßlich, begreiflich, verständlich, durchschaubar, durchsichtig, eingängig, greifbar, einfach, einsichtig, zugänglich, verstehbar, unkompliziert, auf der Hand liegend

**fassen:** (er)greifen, packen, fangen, erwischen, nehmen, stellen, dingfest machen, habhaft werden, aufgreifen, ertappen *hineinpassen, hineingehen, aufnehmen *s. **fassen:** s. zusammennehmen / beruhigen / erholen, zu s. kommen, die Fassung wiedergewinnen, wieder ins Gleichgewicht kommen

**Fassung:** Einfassung, Umfassung, Umrahmung, Umrandung, Rahmen *Bearbeitung, Auflage, Ausgabe, Ausfüh-

**Fan:** Idol, Künstler

**fangen:** verfolgen *freilassen *entspringen, ausbrechen, weglaufen *(zu-)werfen (Ball) *fallen lassen *s. **fangen:** stürzen, s. fallenlassen *s. gehenlassen, verkommen, abgleiten, absteigen

**Farbe:** Blässe (Gesicht) *Farblosigkeit

**farbecht:** nicht waschfest / kochfest / waschbar

**färben:** entfärben, (ver)bleichen, verblassen

**farbenprächtig:** farblos, fahl, einfarbig *eintönig, monoton, trist, traurig

**Farbfernsehen:** Schwarzweißfernsehen

**Farbfilm:** Schwarzweißfilm

**farbig:** farblos, fahl, einfarbig *schwarz *weiß (Farbe, Bevölkerung) *ungefärbt *grau, trist, monoton, eintönig *unanschaulich, blaß (Vorstellung)

**Farbiger:** Weißer (Mensch)

**farblos:** farbig, bunt, farbenfroh, farbenfreudig, buntscheckig, grell, kräftig, leuchtend, mehrfarbig *anschaulich, lebendig, lebhaft (Darstellung)

**faßbar:** unfaßbar, unfaßlich, unergründlich, unerklärlich, unbegreiflich, rätselhaft, unverständlich, undurchschaubar *geheimnisvoll, geheimnisumwittert, mystisch, mythisch

**fassen:** loslassen, fallen lassen *laufenlassen, freilassen (Mensch) *durchführen *herausnehmen (Edelstein) *sinkenlassen (Mut) *nicht fassen / begreifen *s. **fassen:** fassungslos / erschüttert sein

**Fassung:** Fassungslosigkeit, Bestürzung *Edelstein

rung, Gestaltung, Darstellung, Formulierung, Text *Version, Deutung, Erklärung, Interpretation, Auffassung, Lesart *Ruhe, Gleichmut, Selbstbeherrschung, Besonnenheit, Gefaßtheit, Gelassenheit, innere Haltung, Abgeklärtheit, Umsicht, Bedacht(samkeit), Gleichgewicht, Kontenance

**fassungslos:** verwirrt, verstört, starr, betroffen, entsetzt, verdattert, bestürzt, entgeistert, erstaunt, überrascht, verwundert, perplex, sprachlos, wortlos, platt, betreten, versteinert, verblüfft, erschrocken

**Fassungslosigkeit:** Erstaunen, Überraschung, Verwirrung, Verwunderung, Sprachlosigkeit, Befremden, Verblüffung, Betroffenheit, Entsetzen, Bestürzung, Erschrockenheit, Betretenheit

**fast:** nahezu, beinahe, um ein kleines, gerade noch, halb, kaum, knapp, nicht viel

**fasten:** abmagern, s. kasteien, hungern, nichts essen, abnehmen

**faul:** verdorben, verfault, verwest, verrottet, ungenießbar, schlecht, verkommen, faulig, alt, nicht mehr gut / frisch *träge, untätig, arbeitsscheu, bequem, müßig, passiv, phlegmatisch, inaktiv, faulenzerisch *illegal, nicht einwandfrei, ungesetzlich, unkorrekt, unsauber, unzuverlässig *faul sein: nicht arbeiten, nicht fleißig / arbeitsam sein, nichts tun, faulenzen

**faulenzen:** nichts tun / arbeiten, untätig / faul / müßig / arbeitsscheu sein, die Hände in den Schoß legen, die Zeit totschlagen, s. die Zeit vertreiben

**Faulheit:** Trägheit, Müßigkeit, Untätigkeit, Müßiggang, Bequemlichkeit, Passivität, Arbeitsscheu, Faulenzerei, Phlegma

**Fausthandschuh:** Fäustling
**Faustrecht:** Selbstjustiz, Selbsthilfe

**federleicht:** leicht, ohne Gewicht, gewichtslos

**Fegefeuer:** Vorhölle, Purgatorium
**Fehde:** Feindschaft, Streit, Zwist, Kampf, Auseinandersetzung, Konflikt, Kontroverse, Zank, Hader, Händel, Feindseligkeit, Konfrontation,

**fassungslos:** gefaßt, ruhig, besonnen, beherrscht, abgeklärt, gezügelt, bedacht, gelassen, stoisch, bedachtsam, seelenruhig *geistesgegenwärtig *kaltblütig

**Fassungslosigkeit:** Fassung, Selbstbeherrschung, Besonnenheit, Gefaßtheit, Gelassenheit, Ausgeglichenheit, Gemütsruhe, Seelenruhe, Haltung, Beherrschung, Beherrschtheit *Geistesgegenwart *Kaltblütigkeit

**fast:** ganz (und gar), total, vollständig, völlig

**fasten:** essen *prassen, schwelgen *trinken

**faul:** frisch, genießbar, gesund, einwandfrei, gut (Nahrung) *gesund (Holz) *fleißig, emsig, zielstrebig, arbeitsam, strebsam *sauber, ordentlich, einwandfrei, glaubwürdig, korrekt, legal, zuverlässig, ordnungsgemäß (Geschäfte, Angelegenheit) *faul sein: arbeiten, s. (ab)mühen / anstrengen, ausüben, fleißig sein, erledigen, tätig sein, schaffen

**faulenzen:** s. anstrengen / abplagen / abquälen / abschinden / strapazieren, schuften *arbeiten, schaffen, tätig sein, wirken

**Faulheit:** Fleiß, Strebsamkeit, Ehrgeiz, Eifer, Tätigkeit, Arbeitswille, Mühe, Tüchtigkeit, Arbeitseifer, Arbeitsfreude, Emsigkeit, Tatenlust, Tatendrang, Tatendurst, Schaffenslust

**Fausthandschuh:** Fingerhandschuh
**Faustrecht:** (geschriebenes) Recht, Gesetzbuch
**federleicht:** (blei)schwer, wuchtig, lastend, bleiern, drückend, massig, schwer wie Blei
**Fegefeuer:** Himmel *Hölle
**Fehde:** Friede, Friedenszustand, Freundschaft, Partnerschaft

Reiberei, Gefecht, Unfriede, Zerwürfnis

**fehl:** deplaziert, unangebracht, nicht angebracht, taktlos, unpassend, geschmacklos, abgeschmackt, fehl am Platze, unerwünscht, unwillkommen, peinlich

**fehl:** angebracht, richtig plaziert, am richtigen Ort, an der richtigen Stelle

**Fehlbetrag:** Verlust, Minus, Defizit, Manko, Ausfall, Einbuße, Unterbilanz, Unterschuß, Differenzbetrag

**Fehlbetrag:** Guthaben, Haben, Spareinlage

**fehlen:** mangeln, knapp sein, benötigen, brauchen, vermissen, abgehen, nicht genug haben *abwesend / fern / fort / abgängig / ausgeblieben / absent sein, vermißt werden, wegbleiben, fernbleiben, nicht da / zugegen / anwesend sein, s. fernhalten, nicht teilnehmen, ausfallen *entbehren, Sehnsucht haben *sündigen, freveln, schuldig werden, gegen ein Gebot verstoßen, ungehorsam sein, Böses tun

**fehlen:** anwesend / vorhanden / zugegen sein, dasein *(im Überfluß) haben, besitzen (Zeit, Geld) *beschaffen, besorgen, kaufen, zulegen (Ware) *überschüssig sein *verbessern, korrigieren, wiedergutmachen *recht / richtig handeln

**fehlend:** absent, abwesend, fort, weg, anderwärts, nicht anwesend, anderswo, anderweitig, woanders, sonstwo *mangelnd

**fehlend:** vorhanden, da, zugegen, anwesend *besitzend *überschüssig

**Fehler:** Mißgriff, Irrtum, Inkorrektheit, Unstimmigkeit, Versehen, Unrichtigkeit, Lapsus, Fehlgriff, Fehlleistung, Verrechnung, Fehlschluß *Schwäche, Mangel, Laster, Gebrechen, Nachteil, Defekt, schwache Stelle, Unzulänglichkeit, wunder Punkt, Makel *Fehltritt, Verfehlung, Vergehen, Verstoß, Zuwiderhandlung, Übertretung *Taktlosigkeit, Entgleisung, Ungeschick, Fauxpas

**Fehler:** Tugend, Vorteil, Vorzug *Erfolg, Durchbruch, Errungenschaft, Glück, Gedeihen, Fortschritt, Gewinn, Trumpf, Volltreffer, Treffer

**fehlerfrei:** fehlerlos, vollendet, vollkommen, richtig, zutreffend, korrekt, tadellos, einwandfrei, ohne Fehl(er), makellos, untadelig, ideal, genau, in Ordnung, vorbildlich, komplett, perfekt, meisterhaft, vorzüglich, recht, lupenrein, mustergültig

**fehlerfrei:** unvollkommen, nicht einwandfrei, voller Fehler, schadhaft, mangelhaft, unzulänglich, beschädigt, defekt, schlecht, minderwertig, ungenügend, halbwertig, billig, miserabel, zweitklassig, den Anforderungen nicht entsprechend, fehlerhaft

**fehlerhaft:** unvollkommen, nicht einwandfrei, voller Fehler, schadhaft, mangelhaft, unzulänglich, beschädigt, defekt, schlecht, minderwertig, ungenügend, halbwertig, billig, miserabel, zweitklassig, den Anforderungen nicht entsprechend

**fehlerhaft:** fehlerlos, vollendet, vollkommen, richtig, zutreffend, korrekt, tadellos, einwandfrei, ohne Fehl(er), makellos, untadelig, ideal, genau, in Ordnung, vorbildlich, komplett, perfekt, meisterhaft, vorzüglich, recht, lupenrein, mustergültig, fehlerfrei

**fehlgehen:** einen falschen Weg einschlagen, das Ziel verfehlen, s. verlaufen / verirren, irregehen, vom Weg abkommen, die Orientierung verlieren

**fehlgehen:** sitzen, treffen (Schuß) *recht haben (Meinung)

**Fehlschlag:** Fehlpaß, Fehlschuß *Ver-

**Fehlschlag:** Erfolg, Durchbruch, Er-

sagen, Rückschlag, Mißerfolg, Katastrophe, Debakel, Enttäuschung, Mißgeburt, Niederlage, Durchfall, Zusammenbruch, Fiasko, Mißlingen, Abfuhr, Pech, Niete, Ruin, Bankrott

rungenschaft, Glück, Gedeihen, Fortschritt, Gewinn, Trumpf, Volltreffer, Treffer *Attraktion

**Feierabend:** Dienstschluß, Büroschluß, Geschäftsschluß, Arbeitsschluß, Arbeitsruhe *Freizeit, Muße

**Feierabend:** Dienst(zeit), Arbeitszeit, Schicht

**feierlich:** würdevoll, festlich, weihevoll, erhaben, gehoben, getragen, pathetisch, andächtig, majestätisch, zeremoniell, gravitätisch, stimmungsvoll, glanzvoll, galamäßig, solenn

**feierlich:** unfeierlich, unfestlich *prosaisch *alltäglich *laut (Stimmung)

**feiern:** festlich begehen, zelebrieren *verherrlichen, ehren, rühmen, loben, bejubeln, glorifizieren, (lob)preisen, Beifall spenden, hochhalten *ein Fest / eine Gesellschaft geben, eine Feier veranstalten, s. vergnügen / belustigen / amüsieren

**feiern:** übergehen, verdrängen *arbeiten *trauern *s. zurückziehen / isolieren / verkriechen

**Feiertag:** (kirchlicher / weltlicher / staatlicher) Festtag

**Feiertag:** Werktag, Alltag, Arbeitstag, Wochentag

**feige:** ängstlich, zag(haft), aufgeregt, bänglich, zähneklappernd, angsterfüllt, angstverzerrt, befangen, beklommen, aufgeregt, bang, angstvoll, angstbebend, verängstigt, feigherzig, kleinmütig, memmenhaft, mutlos, hasenherzig, scheu, schüchtern, angstschlotternd, argwöhnisch, betroffen, besorgt, gehemmt, schreckhaft, verschreckt, verschüchtert

**feige:** tapfer, draufgängerisch, heldenmütig, heldenhaft, kämpferisch, unerschrocken, (wage)mutig, beherzt, furchtlos, herzhaft, todesmutig, toll (-kühn), waghalsig, vermessen, verwegen, mannhaft *scharf, bissig (Hund) *standhaft, aufrecht, aufrichtig, couragiert

**Feigheit:** Furchtsamkeit, Zaghaftigkeit, Mutlosigkeit, Bangigkeit, Hasenherzigkeit, Waschlappigkeit, Ängstlichkeit, Kleinmut, Kleinmütigkeit, Unmännlichkeit, Schwachherzigkeit, Memmenhaftigkeit

**Feigheit:** Mut, Courage, Tapferkeit, Beherztheit, Herzhaftigkeit, Tollkühnheit, Kühnheit, Unerschrockenheit, Furchtlosigkeit, Unverzagtheit

**Feigling:** Angsthase, Memme, Hasenfuß, Hasenherz, Schwächling, Weichling, Drückeberger

**Feigling:** Draufgänger, Teufelskerl, Tausendsassa, Malefizkerl *Gewinner, Sieger, Kämpfer, Held, Volksheld, Nationalheld

**fein:** dünn, duftig, hauchfein, durchsichtig, durchscheinend, (hauch)zart, zerbrechlich, weich, grazil, zierlich, subtil, wie aus Porzellan *empfindlich *exakt, scharf, treffend, präzise, genau, akkurat *erste Wahl, edel, qualitätsvoll, exquisit, erlesen, köstlich, appetitlich, lecker, kulinarisch, pikant, delikat, aromatisch *elegant, chic, vornehm, nobel *empfindlich, genau *schön, sonnig, klar, heiter, warm, sommerlich *höflich, zuvorkommend, aufmerksam, vornehm, manierlich,

**fein:** dick, dicht (Haar, Gewebe) *grob(körnig) (Kaffee) *minderwertig, alltäglich, schlecht (Essen) *schwer, grob, füllig, plump, klobig, derb *schlecht (Gehör) *schlecht, trübe, regnerisch, verregnet (Wetter) *stark, heftig, stürmisch (Regen) *plump, ordinär, gewöhnlich, rauh, roh, grob, unfein (Benehmen) *minderwertig (Gold) *grob, schwer, hart (Arbeit) *billig (Zigarre) *stumpf (Empfinden)

taktvoll, galant, artig, ritterlich, pflichtschuldigst, rücksichtsvoll, kultiviert

**Feind:** Widersacher, Gegenspieler, Gegner, Antipode, Rivale, Gegenpart, Kontrahent, Erbfeind, Konkurrent, Todfeind, Erzfeind, Staatsfeind, Landesfeind

**Feind:** Freund, Verbündeter, Anhänger, Kamerad, Vertrauter, Alliierter

**feindlich:** gegnerisch (Truppen, Land) *feind(selig), böswillig, haßerfüllt, verfehdet, verfeindet, zerstritten, gram, überworfen, verstimmt, unfreundlich, unversöhnlich, gehässig, abgeneigt, entzweit, gereizt, spinnefeind

**feindlich:** freundlich, freundschaftlich, kameradschaftlich, zugeneigt, herzlich, wohlwollend *verbündet, eigen, alliiert (Truppen)

**Feindschaft:** Fehde, Streit, Zwist, Kampf, Auseinandersetzung, Konflikt, Kontroverse, Zank, Hader, Händel, Feindseligkeit, Konfrontation, Reiberei, Gefecht, Unfriede, Zerwürfnis

**Feindschaft:** Freundschaft, Kameradschaft, Bindung, Zuneigung *Takt, Höflichkeit

**feinfühlig:** empfindsam, zartfühlend, sensibel, einfühlsam, zartbesaitet, feinnervig, empfindlich, feinsinnig, mimosenhaft, hellhörig, sensitiv, verletzbar, verletzlich

**feinfühlig:** dünkelhaft, anmaßend, unempfindlich, stumpf, robust *indiskret, taktlos, unpassend

**Feinheit:** Zartheit, Qualität, Feine, Kostbarkeit, Finesse, Raffinesse, Anmut, Erlesenheit, Exklusivität *Vornehmheit, Erhabenheit, Noblesse, Distinktion *Verfeinerung, Einzelheit, Unterschied, Differenziertheit, Nuance

**Feinheit:** Grobheit, Derbheit *Gesamtheit

**feminin:** weiblich, frauenhaft, fraulich

**feminin:** maskulin, männlich

**Ferien:** Urlaub, Reisezeit, Erholungszeit, Pause *Semesterferien, Schulferien

**Ferien:** Arbeitszeit, Dienst(zeit) *Saison, Spielzeit (Theater) *Schulzeit, Schuljahr, Semester

**fern:** weit(ab), entfernt, fernab, abseits, fernliegend, entlegen, unbekannt, fremd, abgelegen, unzugänglich, unerreichbar, abgeschieden *vorbei, vergangen, aus verflossenen / früheren Tagen, überlebt, gewesen, der Vergangenheit angehörig

**fern:** nah(e), beisammen, dicht (bei), benachbart, unweit, zusammen, nahestehend, naheliegend, (da)neben, eng, gegenüber *anwesend, zugegen, da *jetzt *gestern, kürzlich, vor kurzem, jüngst, vorgestern, vor einigen Tagen *morgen, übermorgen, in einigen Tagen, bald *nahe, gut (Bekannte)

**fernbleiben:** fehlen, abwesend / fern / fort / absent / abgängig / ausgeblieben sein, vermißt werden, wegbleiben, s. fernhalten, nicht teilnehmen / dabeisein / mittun / mitwirken / mitmachen / mitspielen

**fernbleiben:** (an)kommen, anmarschieren, anrücken, s. einfinden / nähern / einstellen, erscheinen, nahen, näher kommen, dazukommen *anwesend / zugegen sein, dasein, s. beteiligen, beiwohnen, teilnehmen, beteiligt sein, mitarbeiten, mitmachen, mitwirken, mittun, mitspielen, dabeisein, dazugehören

**Fernbleiben:** Abwesenheit, Absenz

**Fernbleiben:** Teilnahme, Beteiligung, Anwesenheit, Mitarbeit *Ankunft

**Ferne:** Weite, Entfernung, Distanz, Abstand, Zukunft, Gestern, Vergangenheit *Ausland, Übersee, die weite Welt

**ferner:** weiterhin, außerdem, ebenfalls, dazu, überdies, zudem, daneben, ansonsten, sonst, zum anderen, zusätzlich, auch, obendrein, darüber hinaus, alsdann, und

**Ferngespräch:** Fernruf, Telefonat

**fernhalten:** aufhalten, zurückhalten, abhalten, abschirmen, abschrecken, abwehren, nicht herankommen / in die Nähe lassen, Halt gebieten, den Zugang verhindern / versperren, schützen vor, nicht zulassen

**fernliegen:** nicht einfallen / erwägen / bezwecken / vorhaben / planen / beabsichtigen / wollen / abzielen auf / zu tun gedenken, nicht in Frage / auf die Idee / den Gedanken kommen, s. nicht einfallen lassen, nicht mit dem Gedanken spielen

**fernstehen:** zu jmdm. ohne Beziehung sein / keine Beziehung haben, jmdm. nicht vertraut sein, jmdm. fremd sein

**fernstehend:** fremd, nicht vertraut

**Fernverkehr:** Transitverkehr, Straßenverkehr, Seeverkehr, Schienenverkehr

**fertig:** zu Ende, getan, geschafft, zum Abschluß gelangt / gekommen, aus sein *abgeschlossen, ausgeführt, beendet, vollendet, fertiggestellt, erledigt *bezugsfertig, beziehbar, komplett *vorbereitet, soweit, (start)bereit, gerüstet, gerichtet, verfügbar, in Bereitschaft, disponibel, abfahrbereit, abmarschbereit, reisefertig, gestiefelt, gespornt *tischfertig, angerichtet, gekocht, gar *fertig sein: erschöpft / gerädert / durchgedreht / ausgelaugt / entnervt / schlaff / schlapp / müde / atemlos / mitgenommen / kaputt / schwach / kraftlos / entkräftet / abgehetzt / am Ende / aufgerieben / erholungsbedürftig / halbtot / abgeschlafft / schachmatt / groggy / angegriffen / abgespannt / angeschlagen / erschlagen / zerschlagen / k.o. / matt / ermattet / überlastet / überanstrengt / abgewirtschaftet / geschafft / erledigt / urlaubsreif / verbraucht / überfordert / abgekämpft sein

**Fertigkeit:** Fähigkeit, Geschick(lichkeit), Gewandtheit, Fingerfertigkeit,

**Ferne:** Nähe, kurze Entfernung, Nachbarschaft, geringer Abstand *in Bälde / nächster Zukunft *Inland

**ferner:** zunächst, (zu)erst

**Ferngespräch:** Ortsgespräch

**fernhalten:** anknüpfen, Kontakt aufnehmen *hineinziehen (Sache)

**fernliegen:** naheliegen, s. aufdrängen (Vermutung, Gedanke) *vorhaben, beabsichtigen *ausführen, tun, machen

**fernstehen:** nahestehen, vertraut sein

**fernstehend:** nahestehend, vertraut, bekannt (Person) *gut (Bekannter)

**Fernverkehr:** Nahverkehr, Ortsverkehr (Verkehrswesen, Telefon)

**fertig:** halbfertig, unvollendet, unfertig, unvollständig, lückenhaft, bruchstückhaft, fragmentarisch, unbeendet, halb, unabgeschlossen (Arbeit) *im Bau / Rohbau, halbfertig (Haus) *nicht fertig sein *unerledigt, unausgeführt *unausgereift, unfertig, unreif (Mensch) *fertig sein: frisch / munter / fit / wie neugeboren / jung sein (Mensch) *nicht schaffen / bewältigen, verdrängen, verschieben (Problem, Aufgabe)

**Fertigkeit:** Ungeschicklichkeit, Schwerfälligkeit, Unbeholfenheit,

Wendigkeit, Kunstfertigkeit *Routine, Erfahrung, Übung, Technik, Praxis

**fertigmachen:** (vor)bereiten, zurechtmachen, richten, bereitmachen, reparieren *vollenden, abschließen, fertigstellen, beenden, verrichten, vollstrekken, beendigen, abwickeln, aufarbeiten, erledigen, (ab)leisten, zu Ende führen, letzte Hand anlegen *(aus-) schimpfen, tadeln, herunterputzen, herabsetzen, rügen, attackieren, zurechtweisen, angreifen *ruinieren, bankrott richten, erledigen *besiegen *erschöpfen, schwächen, ermatten, erlahmen, ermüden, erschlaffen, aushöhlen, müde / kraftlos / schwach / matt werden

**fessellos:** frei, ohne Fesseln / Ketten
**fesseln:** anketten, anbinden, festbinden, knebeln, Fesseln / Ketten anlegen, an Händen / Füßen binden *mitreißen, bannen, Spannung / Interesse / Aufmerksamkeit erregen

**fest:** dick, steif, trocken, erstarrt, starr, eisern, hart, stählern, steinern *standhaft, unbeugsam, beharrlich, unnachgiebig, aufrecht, hartnäckig, willensstark *haltbar, strapazierfähig, massiv, stabil, widerstandsfähig, unverwüstlich, unzerbrechlich, bruchfest, kompakt, solide *sicher, verbindlich, unlösbar, langlebig, unverbrüchlich, von Bestand / Dauer, für immer, stetig, unerschütterlich, unauflöslich, untrennbar, zuverlässig, unzerstörbar, bindend, dauernd, bleibend, beständig, feststehend, dauerhaft **fest stehen:** stehen, nicht wanken / schwanken **fest stehend:** stabil, standhaft

**festbinden:** anbinden, zusammenbinden, verknüpfen, zuschnüren, anschnallen, festmachen, befestigen *fesseln, anketten, an Händen / Füßen binden, Fesseln / Ketten anlegen
**festbleiben:** ausharren, ausdauern, durchhalten, aushalten, standhalten, einer Sache treu / dabei / auf dem Posten bleiben, widerstehen, beharren, hart bleiben, beständig / beharrlich sein, widersetzen, unbeirrt fortführen, nicht

Umständlichkeit

**fertigmachen:** unvollendet lassen, abbrechen, aufhören, aufgeben, einstellen (Arbeit) *helfen, unterstützen, fördern, protegieren, aufmuntern *stärken, unterstützen *s. wehren, aufbegehren (Mensch)

**fessellos:** gefesselt
**fesseln:** losbinden, befreien, entfesseln *langweilen, anöden, ermüden

**fest:** flüssig *gasförmig *locker, lose, aufgelockert *leicht (Schlaf) *wankelmütig, schwankend, weich, labil, unentschieden, unbeständig (Charakter) *nachgiebig, biegsam, flexibel (Material) *biegsam, beweglich, elastisch, geschmeidig, federnd, flexibel, gelenkig (Mensch) *gelöst, lose, locker, unbefestigt *fließend, vage, nicht abgegrenzt (Grenze) *schwankend, unsicher, wechselnd, wackelig, wankelmütig (Meinung) *sumpfig, unsicher, moorig, schlammig, morastig, grundlos (Boden) *dehnbar *morsch *gebrochen, rissig, brüchig *unsicher, ungewiß, schwankend, vage *labil, unbestimmt *instabil, inkonstant, veränderlich, unfest, variabel, beliebig, unbeständig **fest stehen:** umfallen, umstürzen, umkippen, wanken, wackeln **fest stehend:** labil, wack(e)lig, schwankend
**festbinden:** losbinden, loslösen, abbinden, losmachen, lösen, abnehmen

**festbleiben:** nachgeben, zurückstecken, kapitulieren, unterordnen, resignieren, aufgeben, passen, entgegenkommen, s. ergeben / unterwerfen / beugen / fügen, einlenken *schwanken, wanken, umfallen, lockerlassen, um-

weichen / wanken / nachlassen / nachgeben / aufgeben / ablassen von, s. nicht beirren / abbringen lassen, s. durchsetzen / behaupten / bestehen auf / widersetzen

**festfahren:** festlaufen, festsitzen, stekkenbleiben, festliegen, stocken, erlahmen, in eine Sackgasse geraten, auf der Strecke bleiben *stagnieren *nicht / weder ein noch aus wissen

**festgelegt:** gebunden, konservativ *nicht verfügbar

**festgesetzt:** anberaumt, bestimmt, vorgesehen, einberufen, disponiert

**festhalten:** fixieren, einfangen, konservieren, registrieren *bestehen / dringen / pochen / beharren auf, fordern, verlangen, nicht ablassen / nachgeben / wanken, standhaft sein

**festigen:** stärken, kräftigen, befestigen, stabilisieren, erhärten, (ab)stützen, zementieren, ausbauen, sichern, erstarken, vertiefen, sichern, fundieren, untermauern, verdichten, verankern, konsolidieren

**Festigkeit:** Dichte, Stabilität, Härte, Zähigkeit, Widerstandsfähigkeit, Resistenz, Haltbarkeit *Beständigkeit, Geradlinigkeit, Hartnäckigkeit, Zielstrebigkeit, Zuverlässigkeit, Verbissenheit, Entschlossenheit

**Festigung:** Stabilisierung, Befestigung, Stärkung, Ausbau, Konsolidierung, Stützung, Kräftigung, Sicherung, Zementierung, Verdichtung, Vertiefung, Verankerung

**festkleben:** halten, (an)haften, fest sein, klebenbleiben, festsitzen *ankleben, anleimen, befestigen, anbringen, anmachen, aufkleben

**festlegen:** beim Wort nehmen, nötigen *festsetzen, bestimmen, fixieren, vorsehen, einberufen, disponieren, anberaumen *beschließen, entscheiden, abreden, absprechen, bestimmen, abstimmen, abmachen *s. festlegen: fest versprechen, verbindlich / ganz fest zusagen, s. verpflichten / binden, eine Bindung eingehen, eine Verpflichtung auf s. nehmen

**festlich:** feierlich, würdevoll, weihe-

kippen *abweichen

**festfahren:** weiterkommen, loskommen (Fahrzeug) *weiterkommen, weitergehen, vorankommen, fortschreiten *einen Kompromiß / Ausweg finden, eine Lösung finden

**festgelegt:** beweglich, frei, fortschrittlich, modern, aufgeschlossen, offen, aufnahmebereit, empfänglich (Meinung) *flüssig (Gelder)

**festgesetzt:** variabel, beliebig *ungewiß, fraglich, offen, unbestimmt (Zeit)

**festhalten:** loslassen, fallen / locker lassen, nachgeben *s. lösen (Gegenstand) *abfallen (von) *ablassen, fallenlassen, abschwören *ablegen, abgehen (Gewohnheit) *freigeben, weglassen, fortlassen, ziehen / gehen / entrinnen lassen, freilassen

**festigen:** (s.) lockern *schwächen, s. verschlimmern / verschlechtern (Gesundheit) *schwächen, schwanken, lockern (Position)

**Festigkeit:** Nachgiebigkeit, Weichheit (Material) *Schwäche, Unsicherheit, Nachgiebigkeit (Eigenschaften)

**Festigung:** Abschwächung, Lockerung

**festkleben:** (s.) lockern / lösen, losgehen, abfallen, ablösen, loslösen

**festlegen:** offenlassen, nicht planen (Termin) *flüssig / bar haben (Geld) *s. **festlegen:** s. nicht festlegen / entscheiden, unschlüssig / unsicher sein

**festlich:** unfestlich *alltäglich *nüch-

voll, erhaben, gehoben, getragen, pathetisch, andächtig, majestätisch, zeremoniell, gravitätisch, stimmungsvoll, glanzvoll, galamäßig, solenn

tern, trocken, prosaisch *normal

**festliegen:** festgelaufen / festgefahren / steckengeblieben, auf Grund gelaufen sein, festsitzen *feststehen, endgültig / gewiß / festgesetzt / abgemacht / fixiert / verbindlich / abgesprochen / verabredet / anberaumt sein, außer Zweifel stehen, keinem Zweifel unterliegen

**festliegen:** weiterkommen, weiterfahren (Schiff) *offen sein (Termin)

**festliegend:** bestimmt *nicht frei verfügbar

**festliegend:** offen, unbestimmt (Zeit) *beweglich (Tage) *variabel, beliebig

**festmachen:** anlegen, vor Anker gehen, ankern *anmachen, anstecken, anbringen, ankleben, anschlagen, anschrauben, annageln, anbinden, anmontieren, aufhängen, verankern, fixieren, befestigen *festlegen, festsetzen, aushandeln, vereinbaren, absprechen, versprechen, abmachen

**festmachen:** lockern, (los)lösen, losmachen, locker machen *offenlassen, s. nicht binden

**Festnahme:** Verhaftung, Inhaftierung, Gefangennahme, Ergreifung, Arretierung, Inhaftnahme

**Festnahme:** Freilassung, Entlassung, Haftentlassung, Haftverschonung

**festnehmen:** verhaften, gefangennehmen, gefangensetzen, einsperren, inhaftieren, internieren, ins Gefängnis stecken, arretieren, in Verwahrung / Haft / Gewahrsam nehmen, festsetzen, dingfest / unschädlich machen, festhalten, abführen, ergreifen, abholen, fangen, erwischen, fassen

**festnehmen:** freilassen, entlassen, laufenlassen, nach Hause schicken

**festschnallen:** anschnallen, befestigen, anbinden, festbinden, anschnüren, anseilen

**festschnallen:** (los)lösen, losmachen, locker machen, lockern, aufmachen (Gurt)

**festschrauben:** anschrauben, hineinschrauben, anziehen

**festschrauben:** (her)ausdrehen, lösen, herausziehen, herausschrauben, herausmachen

**festsetzen:** bestimmen, fixieren, vorsehen, einberufen, disponieren, anberaumen *beschließen, entscheiden, abreden, absprechen, bestimmen, abstimmen, abmachen *festnehmen, verhaften, gefangennehmen, gefangensetzen, einsperren, inhaftieren, internieren, ins Gefängnis stecken, arretieren, in Verwahrung / Haft / Gewahrsam nehmen, festsetzen, dingfest / unschädlich machen, festhalten, abführen, ergreifen, abholen, fangen, erwischen, fassen

**festsetzen:** offenlassen, nicht (fest) planen (Reise) *verjagen, vertreiben, zurücktreiben, gehen lassen (Demonstranten) *(los)lösen, abgehen, abfallen (Schnee, Schmutz) *freilassen, freisetzen, freigeben, loslassen, entlassen, Freiheit schenken / geben, laufen / gehen / springen lassen, auf freien Fuß setzen

**festziehen:** anziehen, festschrauben

**festziehen:** herausziehen, herausschrauben, (los)lösen, lockern

**fett:** üppig, fruchtbar, gehaltvoll, kräftig, reich *lohnend, lukrativ, profitabel, profitbringend, einträglich, ergie-

**fett:** mager, dünn, dürr, hager, schmal, abgezehrt, rank, schlank(wüchsig) (Mensch) *mager (Fleisch) *mager,

big, ertragreich *dick, feist, korpulent, massig, füllig, voll, fleischig, wohlgenährt, üppig, umfangreich *schmierig, tranig, schmalzig, fetttriefend, fettig, ölig, fetthaltig *kräftig, dick

**Fett:** Schmalz, Speck, Fettpolster, Fettgewebe, Fettmasse, Schmer

**Fett:** Fleisch, Muskel

**fettarm:** fettfrei, fettlos, mager, kalorienarm, gesundheitsbewußt

**fettarm:** fett(reich), kalorienreich, dick machend, reich an Fett (Speise)

**fetten:** schmieren, ölen, abschmieren *einreiben, einfetten, eincremen, (ein-)salben, ölen

**fetten:** nicht fetten (Creme) *entfetten (Maschinenlager)

**fettig:** ölig, fetthaltig, fetttriefend, tranig, schmierig *unansehnlich (Haare)

**fettig:** fettfrei, fettlos, un(ein)gefettet *trocken, frisch, locker (Haare)

**fettreich:** reich an Fett, dick machend, fett, kalorienreich, belastend

**fettreich:** fettarm, fettfrei, fettlos, mager, kalorienarm

**feucht:** näßlich, naß, klamm, humid *benetzt, begossen, bewässert, beträuft *verregnet, regnerisch, tröpfelnd *beschlagen, angelaufen, überzogen

**feucht:** trocken, ausgedörrt, ausgetrocknet, dürr, wasserlos, knochentrocken (Boden) *trocken, getrocknet (Wäsche) *dürr (Holz)

**Feuchtigkeit:** Nässe, Naß, Humidität

**Feuchtigkeit:** Trockenheit, Dürre *Lufttrockenheit

**feudal:** üppig, überladen, strotzend, prassend, verschwenderisch, luxuriös *prunkvoll, prachtvoll, nobel, fürstlich, vornehm, fein, distinguiert, erlaucht, kultiviert, herrschaftlich *ritterlich, adelig, höfisch, aristokratisch, junkerlich, edelmännisch

**feudal:** einfach, dürftig, schlicht, spartanisch, bürgerlich (Wohnung)

**Fiasko:** Fehlschlag, Niederlage, Zusammenbruch, Bankrott, Pech, Mißlingen, Reinfall, Pleite, Katastrophe, Versagen, Mißerfolg, Rückschlag

**Fiasko:** Sieg, Erfolg, Triumph, Gewinn, Attraktion, Trumpf, Gelingen, Volltreffer, Durchbruch, Glück

**fidel:** heiter, vergnügt, lustig, aufgelegt, fröhlich, ausgelassen, gutgelaunt, übersprudelnd, wohlgemut, aufgeheitert, aufgeweckt, lebensfroh, übermütig, schelmisch, freudig, aufgekratzt, vergnüglich, frohsinnig, frohgestimmt, aufgeschlossen, strahlend, lebenslustig, froh(gemut), freudestrahlend, sonnig, überschäumend, munter, heiteren Sinnes, feuchtfröhlich, frisch *interessiert, aufgeweckt, offen, aufnahmebereit

**fidel:** traurig, trübsinnig, bedrückt, gedrückt, betrübt, niedergeschlagen, desolat, sorgenvoll, deprimiert, niedergedrückt, entmutigt, mutlos, trübsinnig

**Fieber:** erhöhte Temperatur

**Fieber:** Untertemperatur, Kollapstemperatur, Hypothermie

**fieberfrei:** normale Temperatur habend, ohne Fieber sein

**fieberfrei:** fiebrig, erhöhte Temperatur, Fieber habend

**fieberhaft:** fieberkrank, fiebrig *unruhig, gespannt, nervös, zitternd, erwartungsvoll *ungeduldig, krampfhaft, hastig, angespannt, emsig, aufgeregt, eifrig, geschäftig, ehrgeizig, eilfertig, in rasender Eile, Hals über Kopf

**fieberhaft:** langsam, geruhsam, gemächlich, überlegt, besonnen, phlegmatisch, gelassen, ruhig, träge

**fiebrig:** erhöhte Temperatur / Fieber habend
**Filiale:** Nebengeschäft, Zweigniederlassung, Nebenstelle, Tochterfirma, Außenstelle, Zweiggeschäft, Zweigstelle
**finden:** auffinden, gewahren, antreffen, erblicken, sichten, vorfinden, sehen, erkennen, entdecken, orten, ermitteln, ausfindig machen, feststellen, herausfinden, stoßen auf, herauskommen, aufspüren, aufstöbern, ausmachen, auf die Spur kommen, ans Licht bringen, zutage bringen / fördern, *meinen *s. finden: zusammenfinden, zusammenkommen, ein Paar werden *s. vorfinden / gegenübersehen *s. erweisen / herausstellen / ergeben *an die Oberfläche / zum Vorschein kommen, auftauchen, aufkreuzen, s. zeigen *vorkommen, in Erscheinung treten, vorhanden sein, existieren, auftreten
**fingerfertig:** geschickt, praktisch, gewandt, handfertig, anstellig, gelenkig, beweglich, wendig, kunstfertig
**finit:** begrenzt, endlich
**finster:** (stock)dunkel, schwarz, düster, schummrig *unheimlich, obskur, ominös, unheilvoll, nicht geheuer, vage, suspekt, nebulös, zweideutig, halbseiden, rätselhaft, undurchsichtig, zweifelhaft *mürrisch, unfreundlich, unleidlich, unwirsch, mißmutig, übelgelaunt, verdrießlich, mißgestimmt, verdrossen, verstimmt *dunkel, gedämpft, lichtlos *negativ, schlecht
**Finsternis:** Dunkel, Düsternis, Finsterkeit, Dunkelheit, Nacht, Schwärze
**fit:** gesund, kräftig, frisch, rüstig *leistungsfähig, qualifiziert, trainiert, topfit, in Form, vorbereitet, in guter körperlicher Verfassung, Kondition habend, s. wohl fühlend
**fix:** fest(stehend) *flink, flott, eilig, zügig, wie ein Blitz / Pfeil / der Wind, schnell *wendig, agil, leichtfüßig, behende, elastisch, rasch, gewandt
**fixiert:** festgelegt, aufgeschrieben, aufgezeichnet, protokolliert, vermerkt, notiert *befestigt
**flach:** eben, glatt, platt, waagrecht, plan, ausgedehnt, ausgestreckt, gerade, breitgedrückt *abgedroschen, fad(e), oberflächlich, banal, nichtssagend, unbedeutend, abgeschmackt,

**fiebrig:** normale Temperatur, ohne Fieber, fieberfrei
**Filiale:** Zentralstelle, Hauptgeschäftsstelle, Hauptsitz, Unternehmenssitz

**finden:** verlieren, verlegen, vermissen *nicht finden, s. (her)umwälzen (Schlaf) *nicht finden / meinen *suchen, s. anstrengen, forschen, nachdenken, überlegen *unruhig / nervös sein *suchen, ausschauen, ausspähen, ausblicken, s. umschauen / umsehen, kramen, wühlen, Ausschau halten *aussetzen (Kind) *verfehlen (Weg) *s. finden: s. verfehlen, auseinandergehen *die Haltung verlieren *verborgen bleiben, nicht auftauchen

**fingerfertig:** ungeschickt, unpraktisch, unbeholfen, umständlich, schwerfällig, tölpelhaft
**finit:** infinit, unbegrenzt
**finster:** beleuchtet, (hell)erleuchtet, (taghell) erleuchtet, erhellt, lichtdurchflutet, angestrahlt (Licht) *freundlich, hell, angenehm, licht, heiter (Farbe) *gut, günstig, hell, glänzend, hervorragend, positiv (Aussichten) *heiter, freundlich, ansprechend, fröhlich, froh (Gesicht) *positiv, gut, erfreulich, angenehm, erquickend (Gedanken) *redlich, lauter, hervorragend, gut (Ruf)
**Finsternis:** Helligkeit, Licht, Helle *Tag *Himmel (Ort)
**fit:** schwach, kränklich, anfällig, kraftlos, schwächlich, labil, unwohl

**fix:** beweglich, veränderlich *schwerfällig, träge, behäbig, plump, langsam, gemächlich

**fixiert:** offen, nicht fixiert, freibleibend, veränderlich *ungebunden

**flach:** aufrecht, vertikal, lotrecht (Lage) *hoch (aufragend) (Bau) *üppig, vollbusig (Busen) *hohl (Hand) *tief, grundlos (Gewässer) *bergig, wellig, gewellt, gebirgig, hüg(e)lig (Land-

ohne Gehalt, schal, vordergründig, inhaltsleer, geistlos, trivial, phrasenhaft, gewöhnlich *niedrig, untief, seicht, klein, fußhoch, von geringer Höhe

**Fläche:** Ebene, Platte, Tafel, Flachland, Plattform, Plateau, Areal, Terrain

**flächenhaft:** eben, platt, breit, ausgedehnt

**Flachküste:** Sandküste

**Flachland:** Ebene, Niederung, Tiefebene, Tiefland, Platte, Fläche, Plateau, Tafel(land), Ausdehnung

**flatterhaft:** unbeständig, unstet, unberechenbar, leichtfertig, wechselnd, veränderlich, wandelbar, schwankend, leichtlebig, wankelmütig, sprunghaft, unzuverlässig, wechselhaft, unsolide, wetterwendisch, launenhaft

**flau:** leicht übel, schwächlich, schwach, schlecht, unpäßlich, matt, schlaff, schlapp, weichlich, unwohl, kraftlos *schal *eindruckslos, langweilig, wirkungslos, monoton, stumpfsinnig, einschläfernd, trist, fade, öde, trostlos, reizlos, uninteressant, gleichförmig, einförmig, ermüdend, trocken, kontrastarm

**flaumig:** flaumweich, flauschig, weich

**Flaute:** Kalme, Windstille *Baisse, Rezession, Konjunkturniedergang, Tiefstand, Krise, Depression, Konjunkturrückgang

**fleckenlos:** sauber, geputzt, rein(lich), gereinigt, blitzsauber, blitzblank, proper, hygienisch, gesäubert

**fleckig:** befleckt, beschmutzt, dreckig, schmutzig, speckig, unsauber

**flegelhaft:** ungezogen, lümmelhaft, pöpelhaft, rüpelig, frech, ungehobelt, unhöflich, plump, ohne Benehmen, unerzogen, ruppig, ungebührlich, unmanierlich, rüde, derb

**Fleiß:** Eifer, Ehrgeiz, Bestreben, Streben, Tatenlust, Regsamkeit, Tatendrang, Betriebsamkeit, Rührigkeit, Beflissenheit, Bereitschaft, Bereitwilligkeit, Dienstwilligkeit, Ergebenheit, Gefälligkeit, Anspannung, Mühe *Arbeitsfreude, Arbeitslust, Schaffenslust, Emsigkeit, Strebsamkeit

**fleißig:** emsig, eifrig, strebsam, bemüht, bestrebt, betriebsam, geschäftig,

schaft) *gerundet, gewölbt *hoch, gewaltig (Wellen) *steil, schroff, jäh (Steigung) *tiefgründig, phantastisch (Idee) *erhaben, plastisch

**Fläche:** Körper, Raum *Linie

**flächenhaft:** erhaben, plastisch, räumlich, körperhaft

**Flachküste:** Steilküste

**Flachland:** Gebirge, Bergland, Mittelgebirgslandschaft

**flatterhaft:** beständig, zuverlässig, verantwortungsbewußt, treu, verbunden

**flau:** kräftig, frisch, lebhaft, auffrischend (Wind) *informativ, interessant, mitreißend, spannend, packend (Vortrag) *kräftig, wohl, angenehm, gesund (Befinden) *hart, kräftig (Negativ) *frisch, heiter, ausgelassen, vergnügt, aufgeheitert, aufgekratzt, aufgelegt, (feucht)fröhlich, aufgeweckt, freudig, überschäumend, übersprudelnd, vergnüglich (Stimmung)

**flaumig:** bärtig *frei

**Flaute:** Sturm (Wetter) *Hoch(konjunktur), Hausse, Aufschwung (Wirtschaft)

**fleckenlos:** fleckig, befleckt, beschmutzt, dreckig, unsauber, speckig, schmutzig

**fleckig:** fleckenlos, sauber, geputzt, rein(lich), gesäubert, gereinigt, hygienisch, blitzblank, blitzsauber, proper

**flegelhaft:** anständig, nett, artig, manierlich, folgsam, fügsam, gesittet, zuvorkommend, hilfsbereit, freundlich, liebenswert

**Fleiß:** Faulheit, Trägheit, Müßiggang, Untätigkeit, Nachlässigkeit

**fleißig:** faul, arbeitsscheu, bequem, tatenlos, untätig, müßig, nachlässig, trä-

rührig, dabei, unermüdlich, unverdrossen, bemüht, versessen, pflichtbewußt,
dienstfertig, arbeitsam, arbeitsfreudig,
arbeitswillig, produktiv, schaffensfreudig, tatkräftig, rastlos, tüchtig, diensteifrig, aktiv, beflissen, tätig, erpicht
(auf)
**flektiert:** gebeugt, dekliniert, konjun-
giert
**flexibel:** gewandt, leichtfüßig, behende
*biegsam, dehnbar, beweglich, ge-
schmeidig, federnd, weich, gelenkig,
wendig, elastisch *formbar, anpassungsfähig, empfänglich, beeinflußbar,
undogmatisch, aufnahmefähig, offen
*beugbar

**fliegen:** flattern, segeln, schweben,
schwirren, durch die Luft schießen,
schwingen, gleiten *mit dem Flugzeug
reisen *eilen, sausen, hetzen, jagen,
spurten *entlassen werden, hinausge-
worfen / hinausgeschmissen werden,
gehen, seinen Hut / den Abschied
nehmen
**fliehen:** entfliehen, entlaufen, flüchten, davonlaufen, ausbrechen, s. absetzen, entwischen, entrinnen, das Weite
suchen, entkommen, durchbrennen,
Reißaus nehmen, wegschleichen, türmen, durchgehen, verschwinden *desertieren, abtrünnig / fahnenflüchtig
werden, seinen Posten verlassen *aus
dem Wege gehen, meiden, ausweichen,
chen, einen Bogen machen um, scheu-
en, umgehen
**fließen:** herausströmen, herausschie-
ßen, herausrinnen, herausquellen, ausfließen, auslaufen, heraustropfen, her-
aussprudeln *s. ergießen, strömen, rinnen, quellen, sprudeln, wallen, fluten,
laufen, rieseln, sickern, plätschern,
wogen
**fließend:** ohne feste Abgrenzung, ineinander übergehend, ohne Übergang,
unbestimmt, offen *zügig, geläufig, ohne Schwierigkeiten / Stocken, flüssig,
mühelos, perfekt, ununterbrochen,
schnell und stetig, in einem Zuge, tadellos, sicher, fehlerlos
**flink:** eilig, flott, geschwind, schnellstens, eilends, fix, flugs, im Nu / Flug,
blitzartig, schnell *rasch, agil, wendig,
gewandt, leichtfüßig, behende, flexibel
**flitzen:** laufen, hasten, eilen, rasen,

ge *fleißig sein: faulenzen, dabeistehen, nichts tun, faul sein, krankfeiern,
s. erholen

**flektiert:** unflektiert, ungebeugt

**flexibel:** fest, unbiegsam (Buchein-
band) *inflexibel, spröde, fest, unbiegsam, hart (Material) *inflexibel, nicht
beugbar, unbeugbar (Wort) *starrköpfig, träge, nicht anpassungsfähig, halsstarrig, aufsässig, dickköpfig, unbequem, unbotsam, kleinlich, kompromißlos, uninteressiert
**fliegen:** gehen, laufen *fahren *stehenbleiben (Zeit) *da(bei)bleiben, weiterarbeiten (Betrieb) *trotteln, zotteln

**fliehen:** angreifen, entgegentreten, attackieren, vorrücken, vorwärtsgehen,
vorgehen, vormarschieren *ausharren,
standhalten, erwarten, s. stellen *suchen, verfolgen *schleichen, langsam
vergehen, dahinschreiten (Zeit)

**fließen:** versiegen, austrocknen (Quel-
le) *ausbleiben, versiegen, aufhören
(Geldquelle) *(still)stehen, s. stauen
(Blut)

**fließend:** stehend (Gewässer) *fest(gelegt) (Grenze) *unsicher, stockend, abgehackt, fehlerhaft (Rede) *gebrochen
(Sprache)

**flink:** langsam, behäbig, schwerfällig,
plump, träge

**flitzen:** langsam gehen, pilgern, wan-

preschen, rennen, jagen, sprinten, schnell laufen / fahren, spurten

**florieren:** vorwärtskommen, blühen, gedeihen, erstarken, s. entwickeln / entfalten, prosperieren, in Schwung sein, Fortschritte machen, einen Aufschwung erleben
**flott:** schnell, fix, flugs, eilig, geschwind *keß, kleidsam, gefällig, adrett, schick, hübsch, alert, fesch *schneidig, schwungvoll, schmissig, rasant, geschickt, beweglich, aufgeweckt
**flottmachen:** fahrbereit machen *in Gang setzen, in Schwung bringen, funktionabel machen, in Betrieb setzen, leistungsfähig machen
**Fluch:** Schmähung, Verwünschung, Verdammung, Lästerung, Verfemung, Drohwort, Gotteslästerung *Unheil, Verhängnis, Verderben, Unsegen, schlechter Stern, Heimsuchung
**Flucht:** Entkommen, Ausbruch

**fluchtartig:** hastig, eilig, in großer Eile, geschwind, augenblicklich, schleunigst, eilends, blitzartig, ungesäumt, sofort, unverzüglich, überstürzt, Hals über Kopf, in Windeseile, auf der Stelle, prompt, im Nu
**flüchten:** entfliehen, entlaufen, fliehen, davonlaufen, ausbrechen, s. absetzen, entwischen, entrinnen, das Weite suchen, entkommen, durchbrennen, Reißaus nehmen, wegschleichen, türmen, durchgehen, verschwinden *desertieren, abtrünnig / fahnenflüchtig werden, seinen Posten verlassen *aus dem Wege gehen, meiden, ausweichen, einen Bogen machen um, scheuen, umgehen
**flüchtig:** entwichen, entlaufen, ausgebrochen, verschwunden, entflohen, fliehend *kurzlebig, endlich, vergänglich, von kurzer Dauer, begrenzt, vorübergehend, zeitweilig, kurzfristig, passager *kurz, oberflächlich *unkonzentriert

**flüssig:** geschmolzen, zerflossen, aufgetaut, verflüssigt *fließend, ohne feste Abgrenzung, ineinander übergehend, ohne Übergang, unbestimmt, offen *zügig, geläufig, ohne Schwierigkeiten /

deln, wallfahren, waten, zockeln, zotteln, zuckeln, wandern *langsam / im Schritt fahren (Fahrzeug)
**florieren:** stagnieren (Wirtschaft) *zurückgehen, verkümmern, eingehen

**flott:** langsam, schwerfällig, behäbig, träge *bieder, bürgerlich, brav, solide, konventionell, konservativ (Lebensweise) *aufgelaufen, auf Grund gelaufen (Schiff)
**flottmachen:** aufsitzen (Schiff) *vernachlässigen, verkommen lassen, herunterwirtschaften (Unternehmen)

**Fluch:** Segen, Wohl, Heil

**Flucht:** Angriff, Attacke, Invasion, Einmarsch, Vormarsch
**fluchtartig:** überlegt, geplant, langsam, sukzessiv(e), allmählich

**flüchten:** attackieren, vorrücken, vorwärtsgehen, einmarschieren, entgegentreten, angreifen, vormarschieren *standhalten, s. stellen *ergreifen, fassen, fangen (Verbrecher)

**flüchtig:** gut, vertraut, eng (Bekannter) *(ein)gefangen, gefaßt (Verbrecher) *dauerhaft *lang, genau, stechend, prüfend, intensiv (Blick) *intensiv, nachhaltig, dauerhaft (Beziehung, Gefühl) *(sehr) gut, meisterlich, hervorragend, gründlich, sauber, solide, genau (Arbeit) *eingehend, genau, intensiv, gründlich (Beschäftigung)
**flüssig:** fest *gasförmig *stockend, ungelenk, plump, unsicher, abgehackt, abgerissen, unartikuliert, stotternd, kurzatmig (Rede) *unsicher, einfach, schlicht, unbeholfen (Stil) *(ein)gefro-

Stocken, mühelos, perfekt, ununterbrochen, schnell und stetig, in einem Zuge, tadellos, sicher, fehlerlos

**flüstern:** tuscheln, hauchen, wispern, fispern, raunen, murmeln, zischeln, leise reden, mit gedämpfter Stimme sprechen, jmdm. etwas heimlich / ins Ohr sagen

**Flut:** ansteigendes / auflaufendes Wasser, Hochwasser *Menge, Unmenge, Schwall, Anhäufung, Vielzahl

**fluten:** strömen, s. ergießen, rinnen, quellen, fließen, branden, wogen, laufen *einfallen, eindringen, hereinkommen

**Folge:** Wirkung, Auswirkung, Ergebnis, Konsequenz, Resultat, Erfolg, Frucht, Strafe, Antwort, Effekt, Lohn, Reichweite, Tragweite, Dank, Fazit, Summe, Endprodukt, Nachspiel, Nachwirkung, Nachwehen *Reihe, Sequenz, Serie, Fortsetzung, Reihenfolge, Abfolge, Aufeinanderfolge, Reihung, Turnus, Zyklus

**folgen:** hinterhergehen, nachfolgen, s. anschließen, nachgehen, mitgehen, hinterdreinkommen *s. richten nach / halten an / leiten lassen, gehen nach *die Nachfolge antreten, ein Amt übernehmen *gehorchen, hören auf, gehorsam sein, Gefolgschaft leisten, befolgen, spuren *zuhören, lauschen, s. konzentrieren / anhören, verfolgen, Aufmerksamkeit / Beachtung schenken, hellhörig / aufmerksam sein, das Augenmerk richten auf

**folgend:** später, kommend, (zu)künftig, nachfolgend, darauffolgend, weiter, hinterher, nächst *weiter unten, an späterer Stelle, nachstehend

**folgerichtig:** folgerecht, zielstrebig, unbeirrt, zielbewußt, durchdacht, konsequent, logisch, denknotwendig, systematisch, schlüssig

**folgewidrig:** unlogisch, widersprüchlich, widersprechend, entgegengesetzt, gegenteilig, umgekehrt, gegensätzlich, ungleichartig

**folgsam:** brav, gehorsam, gefügsam, artig, ergeben, anständig, lieb, gefügig, gutwillig, zahm, willfährig, wohlerzo-

ren, tiefgefroren *eingefroren, angelegt, festgelegt (Gelder) *illiquid, insolvent, bankrott (Betrieb, Geschäft)

**flüstern:** (auf)schreien, rufen, (auf-) brüllen, grölen, kreischen, blöken, laut sprechen

**Flut:** Ebbe *geringe Menge, Mangel (Geld, Kasse, Briefe)

**fluten:** ruhen, stocken, stillstehen (Verkehr) *ablassen (Wasser)

**Folge:** Ursache, Anlaß, Veranlassung, Grund, Voraussetzung, Prämisse *Anordnung, Befehl

**folgen:** anordnen, auferlegen, anweisen, aufgeben, veranlassen, beauftragen, bestimmen, befehlen, auffordern *s. widersetzen / weigern *vorausgehen, vorweggehen, vor(her)gehen, vorangehen *vor(aus)schicken *vorausfahren *vorangehen, vorausgehen (Jahreszeit) *bewirken, verursachen, veranlassen, vorausgehen, vorausgesetzt werden *führen, leiten

**folgend:** vorangehend, vorausgehend, vorhergehend, letzte, vorige, obige

**folgerichtig:** widersprüchlich, widersinnig, widersprechend, widerspruchsvoll, einander ausschließend, entgegengesetzt, gegensätzlich, gegenteilig, ungleichartig, folgewidrig, inkonsequent, unlogisch, umgekehrt, unvereinbar

**folgewidrig:** konsequent, folgerichtig, zielstrebig, unbeirrt, energisch, zielbewußt, planmäßig, planvoll, methodisch, gezielt, überlegt, systematisch, durchdacht

**folgsam:** unfolgsam, unmanierlich, ungesittet, böse, bösartig, garstig, dickköpfig, aufsässig, aufmüpfig, trotzig,

gen, lenkbar, willig, manierlich

**förderlich:** fruchtbar, gedeihlich, effektiv, produktiv, dienlich, wirksam, aufbauend, konstruktiv, gut, sinnvoll, hilfreich, programmatisch

**fordern:** verlangen, bestehen auf, beanspruchen, s. ausbedingen / ausbitten, geltend machen, wünschen, wollen, begehren, dringen auf, ansinnen, beharren / pochen auf, heischen, den Anspruch erheben, zur Bedingung machen, postulieren *s. fordern: s. anstrengen / befleißigen / anstrengen / etwas abverlangen / bemühen / (ab)mühen / befleißen / abschleppen / abarbeiten / (ab)plagen / abrackern / (ab)quälen / aufreiben / schinden / Mühe geben, anspannen

**fördern:** abbauen, ausbeuten, gewinnen *unterstützen, helfen, emporbringen, protegieren, vorwärtsbringen, begünstigen, favorisieren, aufbauen, Förderung angedeihen lassen, die Bahn ebnen

**Forderung:** Anforderung, Gewohnheitsrecht, Mindestforderung, Anrecht, Recht auf Anspruch *Liquidation, Kostenrechnung, Rechnung

**Förderung:** Abbau, Gewinnung *Hilfe, Beistand, Unterstützung, Fürsprache, Protektion, Gönnerschaft

**Form:** Gestalt, Formung, Zuschnitt, Kontur, Machart, Bauweise, Design, Styling, Fasson *Manieren, Etikette, Anstand(sregeln), Benehmen, Anstandsvorschriften, Haltung, Art

**formal:** formell, äußerlich, unpersönlich, bürokratisch, vorschriftsmäßig, dem Buchstaben nach

**formell:** konventionell, unpersönlich, äußerlich, steif, der Form nach, zeremoniell, in aller Form

**förmlich:** amtlich, offiziell, dienstlich, nach Vorschrift *zum Schein, nach außen hin, pro forma, nur der Form halber *regelrecht, buchstäblich, direkt, nachgerade, ausgesprochen, regelrecht *unpersönlich, äußerlich, steif, zere-

ungehorsam, unnachgiebig, widersetzlich, frech, dreist, unartig *leichtsinnig, unbesonnen

**förderlich:** hinderlich, negativ, hemmend, widrig, unersprießlich *schädlich, ungesund *destruktiv, schädlich

**fordern:** zusagen, erfüllen, geben, gewähren, zugestehen *ablehnen, verweigern *anbieten, bitten *erlassen (Abgaben, Schulden) *ablegen (Rechenschaft) *s. fordern: s. treiben lassen / hängenlassen / gehenlassen *nichts tun, faulenzen, faul sein, s. erholen, krankfeiern, dabeistehen, zuschauen

**fördern:** erschweren, hemmen, (be-)hindern, verhindern, vereiteln, hintertreiben, verhüten, unterbinden, zurückwerfen *abbrechen, unterbrechen (Beziehung) *unterdrücken *ruinieren, vernichten, verderben, schaden, schädigen, (zer)stören *(ab)stoppen, Einhalt gebieten *vernachlässigen *preisgeben

**Forderung:** Angebot, Anfrage, Bitte *Ablehnung *Zusage, Zugeständnis, Erfüllung *Order, Gesetz, Erlaß

**Förderung:** Erschwernis, Hindernis, Hemmung, Behinderung, Verhütung *Abbruch *Unterdrückung

**Form:** Inhalt, Wesen

**formal:** stofflich, inhaltlich *sinngemäß, inhaltsgemäß *anschaulich

**formell:** informell, locker, lose, zwanglos, unförmlich, ungezwungen, frei, formlos, gelöst, leger, nachlässig, lässig, unzeremoniell, ungeniert, ungehemmt, unbefangen

**förmlich:** freundschaftlich, zwanglos, familiär, persönlich

moniell, konventionell, der Form nach, in aller Form

**formlos:** ungezwungen, unzeremoniell, unbefangen, informell, offen, nonchalant, zwanglos *ungegliedert, ungeformt, ungestaltet, unstrukturiert, unförmig, amorph, strukturlos, gestaltlos

**formlos:** geformt, gestaltet, gelenkt *förmlich, offiziell

**formulieren:** ausdrücken, artikulieren, verbalisieren, mitteilen, benennen, äußern, in Worte kleiden / fassen, von s. / zum Ausdruck geben

**formulieren:** verschweigen, verheimlichen, nicht(s) sagen, zurückhalten

**formvollendet:** förmlich, der Etikette entsprechend, zeremoniell, offiziell *perfekt, meisterhaft, hervorragend, gekonnt

**formvollendet:** grob, häßlich *unförmig, formlos *leger, formlos, nachlässig, unzeremoniell, ungehemmt

**forsch:** schneidig, frisch, wendig, rasant, unternehmend, munter, zielbewußt, dynamisch, schwungvoll, resolut, kühn, beherzt, flott, furchtlos, selbstbewußt, tatkräftig, schmissig

**forsch:** ängstlich, aufgeregt, feige, gehemmt, bang(e), scheu, schüchtern, verkrampft, unsicher, zag(haft), verschreckt, eingeschüchtert, unruhig, schwachherzig

**forschen:** ermitteln, recherchieren, (unter)suchen, eruieren, zu entdecken / erkennen / finden suchen, auskundschaften, durchleuchten, nachspüren, ausfindig machen / auf die Spur kommen / in Erfahrung bringen wollen, s. (eingehend) beschäftigen / befassen / auseinandersetzen mit

**forschen:** erfinden, entdecken, enthüllen, (heraus)finden

**fort:** weg, nicht da(heim) / anwesend / zu Hause / zugegen, von dannen, dahin, absent, auswärts, unterwegs, ausgegangen, fortgegangen, fern, auf Reisen, verreist *weg, verschollen, unauffindbar, abhanden gekommen, verschwunden *verschwunden, nicht zu finden, von dannen / hinnen, verloren

**fort:** hier, da, anwesend, zugegen, zu Hause (Person) *vorhanden, da (Sache, Gegenstand)

**fortbegeben (s.):** s. auf den Weg machen / entfernen / aufmachen / fortmachen / absetzen, das Feld räumen, wegtreten, wegrennen, weglaufen

**fortbegeben (s.):** ankommen, eintreffen, angelangen *rasten, (da)bleiben, verbleiben, hierbleiben, wohnen

**fortbleiben:** fernbleiben, wegbleiben, ausbleiben, fehlen, nicht anwesend / da sein, nicht eintreffen / kommen, s. fernhalten

**fortbleiben:** s. einfinden / einstellen, zurückkehren, zurückkommen, wiederkommen, wiederkehren, dazukommen

**fortbringen:** wegräumen, wegbringen, wegschaffen, wegnehmen, beseitigen, aus den Augen / auf die Seite / beiseite bringen, abtransportieren, wegstellen

**fortbringen:** her(bei)bringen, (zurück-)holen, zurückbringen, anbringen *(da)behalten, stehenlassen, dalassen

**fortdauern:** fortbestehen, weiterbestehen, weitergehen, (fort)währen, überleben, von Dauer sein, s. hinziehen / erstrecken, überdauern, kein Ende haben / nehmen

**fortdauern:** enden, aufhören *unterbrechen

**forte:** laut, stark, kräftig

**forte:** piano, pianissimo, leise (Lautstärke)

**fortfahren:** abreisen, verreisen, wegfahren, aufbrechen, s. auf dieReise machen / begeben, auf Reisen gehen, Urlaub / Ferien machen *weiterführen, fortführen, weitermachen, fortsetzen, fortschreiten, weitergehen, weiterspinnen, weiterverfolgen, wieder beginnen / aufnehmen

**fortfliegen:** abheben, wegfliegen, auffliegen, starten, davonfliegen, anheben

**fortführen:** fortsetzen, weiterführen, weitermachen, weitergehen, weiterspinnen, weiterverfolgen, wieder beginnen / aufnehmen
**Fortführung:** Fortsetzung, Weiterführung, Fortbestand

**fortgehen:** weggehen, losgehen, s. entfernen / aufmachen / fortmachen / absetzen / abkehren / abwenden / umdrehen / fortbegeben / wegbegeben, aufbrechen, davongehen, weglaufen, losmarschieren, wegrennen, abmarschieren, enteilen, abrücken, kehrtmachen, wegtreten, (zurück)weichen

**fortkommen:** verlorengehen, abhandenkommen, verschwinden, wegkommen, nicht mehr vorhanden sein *Erfolg haben, weiterkommen, vorankommen, aufrücken, aufsteigen, arrivieren, Fortschritte erzielen, s. verbessern / hocharbeiten / emporarbeiten / durchsetzen *s. entfernen / aufmachen / fortmachen / absetzen / abkehren / abwenden / umdrehen / fortbegeben / wegbegeben, aufbrechen, davongehen, weglaufen, losmarschieren, wegrennen, abmarschieren, enteilen, abrücken, kehrtmachen, wegtreten, (zurück)weichen

**fortlassen:** auslassen, weglassen, überschlagen, überspringen, übersehen, übergehen, aussparen, ausklammern, ausschließen, vernachlässigen

**fortlaufen:** davonrennen, fortrennen,

**fortfahren:** (da)bleiben, verbleiben, rasten, hierbleiben, stehenbleiben *pausieren, stoppen *dalassen *s. nahen / nähern, ankommen, angefahren kommen, eintreffen *anhalten, stoppen *wiederkommen, wiederkehren, zurückkehren, zurückkommen, heimkehren, heimfahren, zurückfahren *innehalten, anlangen, ankommen, aufhören, stehenbleiben, abbrechen, beenden, aussetzen, (ab)schließen (Handlung)
**fortfliegen:** ankommen, angeflogen kommen, eintreffen, landen *(da)bleiben, hierbleiben, verbleiben *sitzen bleiben (Insekt, Vogel) *zufliegen (Vogel) *zurückfliegen *liegen bleiben (Blätter)
**fortführen:** pausieren, abbrechen, unterbrechen, aussetzen *her(bei)führen *beenden, aufgeben, abschließen, einstellen
**Fortführung:** Abschluß, Beendigung, Abbruch, Einstellung, Aufgabe *Unterbrechung, Aussetzung, Aufgabe
**fortgehen:** (her)beikommen, (her)ankommen, s. nähern / einfinden / einstellen / nahen, erscheinen, eintreffen, zugehen (auf), herangehen *(da)bleiben, rasten, pausieren, verbleiben, stoppen *wiederkehren, zurückkehren, zurückkommen, wiederkommen, heimkehren, heimgehen, heimkommen, heimfinden
**fortkommen:** ankommen, eintreffen *finden (Geld) *aufgehalten werden, hängenbleiben, steckenbleiben *verkümmern, nicht gedeihen, eingehen (Pflanzen) *erfolglos sein, stehenbleiben, nicht weiterkommen (Beruf)

**fortlassen:** aufhalten, festhalten, zurückhalten, dabehalten, (an)halten *einfügen, hinzufügen, hinzusetzen (Text, Worte) *stehenlassen, beibehalten (Textstelle)
**fortlaufen:** (her)beilaufen, herkom-

davonsausen, davonhasten, wegrennen, davonstieben *flüchten, fliehen, davonlaufen, ausbrechen, s. absetzen, entwischen, entrinnen, das Weite suchen, entkommen, durchbrennen, Reißaus nehmen, wegschleichen, türmen, durchgehen, verschwinden *desertieren, abtrünnig / fahnenflüchtig werden, seinen Posten verlassen *aus dem Wege gehen, meiden, ausweichen, einen Bogen machen um, scheuen, umgehen

**fortlaufend:** kontinuierlich, ohne Unterbrechung, anschließend, kursorisch *dauernd, fortwährend, fortdauernd

**fortleben:** fortbestehen, (an)dauern, bleiben, anhalten, überdauern, überleben, s. erhalten / fortsetzen

**fortschicken:** wegschicken, hinauswerfen, abwimmeln, zum Weggehen veranlassen, zu gehen auffordern, die Tür weisen, den Laufpaß geben

**fortschreiten:** vorankommen, weitergehen, reifen, florieren, gedeihen, Fortschritte machen, vorwärtskommen, s. weiterentwickeln / entfalten *fortsetzen, weitermachen, weitergehen

**Fortschritt:** Fortentwicklung, Aufwärtsentwicklung, Weiterentwicklung, Erfolg, Zunahme, Progreß, Neuerung, Entfaltung, Wachstum, Aufstieg, Aufschwung, Weiterkommen, Verbesserung, Steigerung

**fortschrittlich:** progressiv, zukunftsweisend, avantgardistisch, revolutionär, zeitgemäß, zukunftsorientiert, zukunftsgerichtet, mit der Zeit, modern, zeitgemäß, en vogue

**fortsetzen:** fortschreiten, fortführen, weiterführen, weitermachen, wieder aufnehmen / beginnen, weiterverfolgen, weiterspinnen

**Fortsetzung:** Weiterführung, Fortführung, Fortbestand, Fortdauer

**forttragen:** abräumen, wegtragen, abservieren

**fortwerfen:** wegwerfen, wegschaffen,

men, angerannt kommen, angelaufen kommen, hinzukommen, zulaufen *(da)bleiben, verbleiben, rasten, pausieren *heimgehen, heimlaufen, zurücklaufen, zurückkommen

**fortlaufend:** abschnittsweise, in Abschnitten *(in sich) abgeschlossen

**fortleben:** (aus)sterben, ausgerottet werden, vernichtet werden *vergessen werden, verblassen (Erinnerung, Brauch)

**fortschicken:** erhalten, bekommen, empfangen (Paket) *begrüßen, empfangen, einladen (Mensch) *(da)behalten *herschicken *(hin)zuziehen, heranziehen, einweihen, her(bei)holen (Fachmann)

**fortschreiten:** stehenbleiben, zurückgehen, zurückbleiben, stagnieren *s. bessern, zurückgehen (Krankheit)

**Fortschritt:** Rückschritt, Reaktion, Fortschrittsfeindlichkeit *Rückgang, Abfall, toter Punkt, Rückschlag, Rückschritt, (das) Nachlassen, Niedergang, Stockung, Stauung, Stillstand, Stagnation

**fortschrittlich:** konservativ *fortschrittsfeindlich, rückschrittlich, reaktionär

**fortsetzen:** unterbrechen, pausieren, abbrechen, aussetzen, innehalten, einhalten, eine Pause machen / einlegen, Station machen, rasten *beenden, aufgeben, einstellen, abstellen, abschließen, abbrechen

**Fortsetzung:** Unterbrechung, Pause, Abbruch, Aussetzung, Station, Rast *Beendigung, Aufgabe, Abschluß

**forttragen:** auftischen, auftragen, herbeibringen, auftafeln (Speisen) *her(bei)tragen *festmachen, anbringen

**fortwerfen:** behalten, aufheben *auf-

ausrangieren, aussondern, ausmustern, aussieben, entfernen, aussortieren, eliminieren

**fortziehen:** wegziehen, umziehen, verziehen, umsiedeln, ausziehen, übersiedeln, weggehen, s. verändern, seine Wohnung wechseln / aufgeben / räumen / auflösen * aufdecken *verschwinden *verweigern, entziehen *mitnehmen, wegstellen

**foul:** unsportlich, unsauber, regelwidrig

**Foul:** Regelwidrigkeit, Verstoß, Unsauberkeit, Unsportlichkeit

**Frage:** Nachfrage, Anfrage, Ermittlung, Erkundung *Problem, Thema, Fragestellung, Aufgabe, Angelegenheit, Sache, Fall, Punkt, Schwierigkeit, Problematik

**fragen:** um Auskunft bitten, eine Auskunft erbitten, eine Frage stellen / aufwerfen / vorlegen / richten an / vorbringen, ermitteln, konsultieren, antippen, anklopfen, zu Rate ziehen, um Aufschluß bitten

**fraglich:** betreffend, genannt, besagt, vorerwähnt, in Rede stehend *zweifelhaft

**fraglos:** bestimmt, ohne Frage, sicher, zweifellos, unbestritten, unbezweifelbar, außer Zweifel, auf jeden Fall, gewiß, uneingeschränkt, absolut

**fragmentarisch:** unvollständig, unfertig, abgebrochen, halb, lückenhaft, torsohaft, bruchstückhaft

**fragwürdig:** zweifelhaft, fraglich, ungewiß, unglaubwürdig, unsicher *verrufen, suspekt, verschrien, obskur, anrüchig

**frankiert:** freigemacht, Porto bezahlt

**Frau:** Dame, Sie, weibliches Wesen, Ehefrau

**Frauen:** Frauenwelt, das schwache Geschlecht, Frauenvolk, die Weiblichkeit

**Fräulein:** Unverheiratete, Jungfrau, Jungfer *Kellnerin, Serviererin, Bedienung, Serviermädchen

**fraulich:** weiblich, feminin, frauenhaft

**frech:** naseweis, vorlaut, vorwitzig, unartig, ungesittet, schamlos, keß, keck,

bewahren, aufheben, speichern, lagern *auflesen, aufheben

**fortziehen:** hinlegen, zurechtlegen (Kissen) *(am Ort) bleiben, (da)bleiben, wohnen bleiben *überziehen, überlegen (Decke) *aufziehen, heranziehen, kommen, heraufziehen (Wolken) *geben, ausstrecken, hinstrecken (Hand) *hinziehen, s. niederlassen, zuziehen *zuziehen, vorziehen, verdunkeln (Vorhang) *stehen lassen (Leiter)

**foul:** fair, sportlich, anständig

**Foul:** Fairneß, Wohlanständigkeit, Fair play, Anständigkeit, Sportlichkeit

**Frage:** Auskunft, Beantwortung, Antwort, Erwiderung *Klärung, Lösung, Abschluß

**fragen:** antworten, beantworten, entgegnen, erwidern *dagegenhalten, einwenden, einwerfen, entgegenhalten, kontern, reagieren, widersprechen *klären, lösen *Auskunft / Antwort erhalten

**fraglich:** fraglos, unstrittig, geklärt, zweifellos, sicher, unzweifelhaft, zweifelsfrei, gesichert

**fraglos:** fraglich, offen, strittig, zweifelhaft, fragwürdig

**fragmentarisch:** vollendet, komplett, abgeschlossen, vollständig

**fragwürdig:** anständig (Lokal) *zweifelsfrei, sicher

**frankiert:** unfrankiert, unfrei (Brief)

**Frau:** Mann, Herr *Gatte, Ehepartner, Angetrauter, Lebensgefährte, Lebenskamerad, Ehemann, Mann *Fräulein *Mädchen

**Frauen:** Herrenwelt, das starke Geschlecht, die Herren der Schöpfung

**Fräulein:** (verheiratete) Frau *Bursche, (junger) Mann, Herr *Ober

**fraulich:** burschikos, burschenhaft, jungenhaft *mädchenhaft *kindlich

**frech:** brav, anständig, gehorsam, freundlich, nett, höflich, anziehend,

dreist, ungezogen, unverschämt, unverfroren, unmanierlich

**frei:** uneingeschränkt, unkontrolliert, für s. allein, auf s. gestellt, unabhängig, selbständig, ungebunden, autonom, autark, unbeschränkt, sein eigener Herr, emanzipiert, unbehindert, selbstverantwortlich, ohne Zwang, souverän, unbelastet *verfügbar, disponibel, unbesetzt, leer, zu haben, vakant, offen, zur Verfügung *ledig, allein(stehend), unverheiratet, noch zu haben *entlassen, in Freiheit, befreit, erlöst *improvisiert, aus dem Stegreif, unvorbereitet *unverbaut, durchgängig *sinngemäß *ungezwungen, formlos, leger, lässig, gelöst, zwanglos, ungeniert, unzeremoniell, hemdsärmelig, natürlich, nachlässig, salopp, unbefangen *nicht verdächtig, (ast)rein, unverdächtig, ehrenhaft, achtbar, ehrbar, bieder, brav, ehrsam *großzügig *unbebaut, brachliegend, ungenutzt, nicht bebaut *frankiert, freigemacht *offen, unkonventionell, modern, fortschrittlich, progressiv, neuartig, supermodern *natürlich, unbeschwert *gratis, gebührenfrei, umsonst, unentgeltlich, ohne Geld, kostenlos *frei lassen: nicht blockieren, offen lassen, nicht ausfüllen *frei sprechen: ohne Konzept / Notizen sprechen

**freibleibend:** offen, nicht verbindlich / fixiert, festgelegt
**Freigabe:** Freilassung, Begnadigung

**freigeben:** freilassen, entlassen, laufen lassen, gehen lassen, die Freiheit geben

liebenswürdig, wohlerzogen *zurückhaltend, eingeschüchtert, schüchtern *ängstlich, bang, verschreckt, beklommen, feige, angsterfüllt

**frei:** reich (an) *abgelesen, gebunden (Rede) *belastet (Verpflichtungen) *vergeben, besetzt, eingenommen (Arbeitsplatz) *geschützt (Lage) *okkupiert, unterdrückt, eingenommen, besetzt (Gebiet) *vorgeschrieben, nicht frei (Arbeitszeit) *beschränkt (Verfügung) *unfrei, hörig, versklavt (Mensch, Volk) *krank, fiebrig (Fieber) *abgeschnitten, verstellt, verbaut, gesperrt, versperrt (Zugang) *umgeleitet (Zufahrtsstraße) *reserviert, besetzt, belegt (Sitz, Tisch) *(wort)wörtlich (Übersetzung) *verhaftet, gefaßt, (ein)gefangen *überrascht (Täter) *beobachtet (Täter) *gehemmt, gezwungen, gefangen, konventionell, verhaftet, kleinbürgerlich, spießbürgerlich, ängstlich, kleinkariert, furchtsam, geziert, bescheiden (Verhalten) *belastet, verdächtigt (Verdacht) *beamtenhaft, kleinlich, pingelig, engherzig, engstirnig, pedantisch, spießig, verhaftet, paragraphenhaft (Mensch) *gegen Bezahlung, bezahlt (Leistung) *fest angestellt / eingestellt (Mitarbeiter) *gebunden (chemisches Element) *interniert, eingesperrt, festgesetzt (Gefangener) *belegt, bewohnt, vermietet, besetzt (Wohnung) *(urheberrechtlich) geschützt (Publikation, Erfindung) *bebaut (Fläche) *vergeben, gebunden (Verlobte, Verheiratete) *besetzt (Toilette) *gebunden, nicht frei, vergeben, verplant, ausgebucht (Zeit) *unfrankiert, unfrei (Postsendung) *festgelegt, streng, eng (begrenzt) (Ansichten) *belastet, gequält, bekümmert (Mensch) *frei lassen: blockieren, versperren, umleiten, verstellen (Weg) *bebauen, verstellen *ausfüllen, beschreiben, ankreuzen, anstreichen (Formular) *frei sprechen: ablesen
**freibleibend:** (vertraglich) festgelegt, verbindlich, fixiert, niedergeschrieben
**Freigabe:** Inhaftierung, Freiheitsentzug, Arrest, Freiheitsberaubung, Freiheitsstrafe, Einkerkerung, Internierung (Gefangene)
**freigeben:** inhaftieren, arrestieren, einkerkern, internieren (Gefangene)

/ schenken, in Freiheit / auf freien Fuß setzen *beurlauben, befreien, suspendieren, freistellen, entbinden, Urlaub geben / gewähren *zulassen, übergeben

**freigebig:** großzügig, nobel, gebefreudig, schenkfreudig, weitherzig, hochherzig, splendid, spendabel, generös
**freihalten:** besetzen, belegen, offenhalten, vorbestellen, einen Platz sichern, reservieren *spendieren, einladen,
**Freiheit:** Selbständigkeit, Unabhängigkeit, Eigenständigkeit, Freizügigkeit, Autarkie, Selbstbestimmung, Ungebundenheit, Autonomie, Libertät, Zwanglosigkeit, Ungezwungenheit

**freiheitlich:** freiheitsliebend, demokratisch, liberal, ohne Zwang, repressionslos

**Freiheitsstrafe:** Freiheitsentzug, Gefangenschaft, Arrest, Haft, Einkerkerung, Freiheitsberaubung, Gewahrsam, Gefängnis, Einschließung
**freilassen:** laufenlassen, entlassen, herauslassen, freisetzen, freigeben, auf freien Fuß / in Freiheit setzen, die Freiheit schenken / wiedergeben *reservieren, vormerken
**freilegen:** ausheben, sichtbar machen, an die Oberfläche bringen, aufdecken, ausschaufeln, bloßlegen, ausgraben
**freischaffend:** selbständig, unabhängig

**freisprechen:** lossprechen, vergeben, die Absolution erteilen, absolvieren, entsühnen, verzeihen, von einer Schuld / Sünde befreien, exkulpieren *für unschuldig erklären
**Freispruch:** Absolution, Lossprechung *die Unschuld erklären

**freiwillig:** ungeheißen, ungefragt, unaufgefordert, aus eigenem Antrieb / Willen, aus freien Stücken, ohne Druck / Zwang

*blockieren, (ver)sperren, umleiten (Straße) *einziehen, einbehalten, beschlagnahmen, verwahren *unterrichten, beschulen (Schüler) *frei halten, belegen, besetzen (Sitzplatz) *binden *besetzen, okkupieren, annektieren, einbehalten (Gebiet) *sperren, hemmen (Mechanik) *erfassen, festhalten, umfassen
**freigebig:** geizig, knauserig, sparsam, kleinlich, pingelig
**freihalten:** selbst bezahlen (Zeche) *freigeben, freimachen (Tisch, Sitz) *versperren, blockieren, verstellen
**Freiheit:** Zwang, Unfreiheit, Einengung, Unterdückung *Bindung, Strenge, Zwang *Haft, Gefangenschaft, Inhaftierung, Einkerkerung *Gesetz, Notwendigkeit, Norm *Enge *Hemmung *Gleichgültigkeit *Beschränkung, Eingrenzung *Zwang, Drohung, Druck, Nötigung, Pression, Gebundenheit *Dirigismus
**freiheitlich:** eingegrenzt *repressiv, hemmend, unfreiheitlich, autoritär, Zwang ausübend, frustrierend, unterdrückt *undemokratisch (Verfassung)
**Freiheitsstrafe:** Geldstrafe *Bewährung *Freispruch, Freilassung

**freilassen:** verhaften, internieren, einkerkern, einsperren, inhaftieren, gefangennehmen, (ein)fangen, festsetzen *knechten, unterdrücken *packen, fassen, (fest)halten, zurückhalten
**freilegen:** eingraben, vergraben, verschütten, zuschütten *verscharren, begraben *verschneien
**freischaffend:** (fest) angestellt *verbeamtet
**freisprechen:** beschuldigen, ahnden, vergelten, rächen, aufbrummen, anschuldigen, verurteilen, schuldig sprechen, (be)strafen, abrechnen

**Freispruch:** Urteilsspruch, Verurteilung, Aburteilung, Richterspruch, Schuldspruch, Urteilsfällung *Einstellung (Verfahren)
**freiwillig:** gezwungen, unfreiwillig, zwangsweise

**Freizeit:** Feierabend, nach Dienstschluß / der Arbeit, Mußestunden
**Freizügigkeit:** Toleranz, Großzügigkeit, Hochherzigkeit, Nachgiebigkeit, Freigiebigkeit
**fremd:** fremdländisch, ortsfremd, wildfremd, exotisch, ausländisch, auswärtig, nicht von hier, von außerhalb *ungeläufig, nicht gegenwärtig / geläufig / zugänglich *unbekannt, fremdartig, ungewohnt, verschieden, nicht vertraut, fern(stehend)
**Fremde:** Ferne, Übersee, Ausland, die weite Welt *Urlauber, Gäste, Touristen, Reisende *Unbekannte, Ausländer, Fremdlinge
**fremdländisch:** ortsfremd, (wild-)fremd, exotisch, ausländisch, nicht von hier, auswärtig, von außerhalb
**Fremdsprache:** Sprache eines fremden / ausländischen Landes

**fremdsprachlich:** nicht in der Muttersprache, ausländisch
**fressen:** grasen, weiden, äsen, schlingen, futtern *essen *verschlingen, verbrauchen, schlucken *angreifen, zersetzen, zerstören *s. fressen: s. nicht mögen, hassen, bekämpfen
**Freude:** Entzücken, Frohsein, Frohsinn, Glück(seligkeit), Fröhlichkeit, Wonne, Jubel, Triumph, Vergnügen, Begeisterung, Wohlgefallen, Zufriedenheit, Behagen, Hochgefühl *Vergnüglichkeit, Lust, Spaß, Genuß, Ergötzen, Befriedigung, Pläsier

**freudig:** gut, vergnüglich, erfreulich, wohltuend, günstig, vorteilhaft, angenehm, erquicklich, freudenreich *freudestrahlend, froh, voll Freude, freudvoll, frohmütig, frohgemut, munter, fröhlich, zufrieden, beschwingt, ungetrübt, wohlgefällig, optimistisch, heiter, (glück)selig, fidel, vergnügt, freudestrahlend, glücklich, erfreut, sonnig, wohlgemut

**freudlos:** desolat, bedrückt, schwermütig, depressiv, melancholisch, trübsin-

**Freizeit:** Arbeits(zeit), Dienst(zeit) *Ferien, Urlaub
**Freizügigkeit:** Bevormundung, Bestimmung, Bindung

**fremd:** eigen, gehörig *inländisch, einheimisch, eigen (Sprache) *bekannt, vertraut, befreundet *verlobt, verwandt, verheiratet

**Fremde:** Heimat, Geburtsland, Inland, Heimatland, Ursprungsland, Vaterland *Bekannte, Freunde, Vertraute *Einheimische, Ortsansässige (Bürger)
**fremdländisch:** (ein)heimisch, ansässig, (alt)eingesessen, ortsansässig, eingeboren, beheimatet, eingebürgert
**Fremdsprache:** Muttersprache, Nationalsprache, Landessprache, Amtssprache, Verkehrssprache
**fremdsprachlich:** muttersprachlich, eigensprachlich
**fressen:** saufen (Tier) *nicht begreifen / verstehen (Grammatik) *s. fressen: s. lieben / mögen / verstehen, auskommen (mit) (Menschen)

**Freude:** Trauer, Leid, Qual, Pein, Traurigkeit, Kummer, Bedrücktheit, Freudlosigkeit, Bekümmernis, Bekümmertheit, Gedrücktheit, Mutlosigkeit, Betrübtheit, Trübsinn(igkeit), Trübsal, Niedergeschlagenheit, Schwermut, Verzagtheit, Wehmut *Mühe, Last, Arbeit *Zorn, Groll, Gereiztheit, Verärgerung, Erbostheit, Wut *Trauerspiel, Ärger(nis), Verdruß, Mißstimmung *Entsetzen, Grauen, Grausen, Schauder, Schreck(en), Bestürzung, Schock, Horror
**freudig:** traurig, ärgerlich, freudlos, bedrückt, bekümmert, elend, deprimiert, gedrückt, pessimistisch, schwermütig, unglücklich, trübe, trübselig, trübsinnig *zornig, gereizt, verärgert, erbost, wütend, grimmig, böse *jämmerlich, kläglich, jammervoll *widerstrebend, widerwillig, bockig, starrköpfig, widerborstig, widerspenstig, störrisch *verschlossen, frostig, kontaktschwach, undurchdringlich, undurchschaubar, kühl
**freudlos:** freudig, erfreut, heiter, wohlgemut, frohgestimmt, fröhlich, frohsin-

nig, hypochondrisch, schwarzseherisch, pessimistisch, nihilistisch, defätistisch, wehmütig, trübselig, traurig, trist, elegisch, (tod)unglücklich, elend, betrübt, trübe, bekümmert, unfroh
**freuen:** beglücken, glücklich machen, amüsieren, Spaß / Freude machen
**\*s. freuen:** anregen, genießen, belustigen, erfreuen, ergötzen, aufheitern, aufmuntern

nig, lustig, munter, strahlend, vergnügt, fidel

**freuen:** jammern, klagen, schluchzen, seufzen, wimmern, winseln, stöhnen, wehklagen \*kaltlassen, gleichgültig lassen \*s. grauen / entsetzen / anwidern / anekeln \*empören, erzürnen, enttäuschen, verdrießen \*s. freuen: s. ärgern / bedauern / bekümmern / betrüben / kränken / quälen / grämen \*trauern, jammern, klagen

**Freund:** Kamerad, Gespiele, Vertrauter, Gefährte, Verbündeter \*Liebhaber, Geliebter, Bekannter, Liebling, Kavalier, ständiger Begleiter, Schatz
**Freundin:** Kameradin, Gespielin, Vertraute, Gefährtin, Verbündete \*Geliebte, Liebste, Bekannte, Liebling, Partnerin, ständige Begleiterin, Schatz
**freundlich:** entgegenkommend, liebenswürdig, zuvorkommend, freundschaftlich, gutgemeint, jovial, nett, herzlich, wohlwollend, gefällig, wohlmeinend, kordial, einnehmend, gutgelaunt, heiter, höflich, zugetan, warm, lieb, sympathisch, annehmlich, wohlgesinnt, gütig, warmherzig, (herzens)gut, barmherzig, mild, gutmütig, weichherzig, lindernd, gutherzig, sanftmütig, gnädig \*befreundet, verbündet, alliiert \*angenehm, wohlig, erfreulich \*lieb, sympathisch, einnehmend \*sonnig, warm, heimelig, wohnlich, behaglich, gemütlich, komfortabel, angenehm, intim, traulich, bequem \*sicher, gefahrlos, ungefährlich, ungefährdet, geschützt \*schön, sonnig, warm, heiß, sommerlich, heiter, wolkenlos, lau, lind

**Freund:** Feind, Gegner, Widersacher, Gegenspieler, Rivale, Konkurrent \*Freundin, Vertraute, Gefährtin, Kameradin, Geliebte, Begleiterin
**Freundin:** Freund, Gefährte, Kamerad, Geliebter, Vertrauter, Begleiter

**freundlich:** abscheulich, greulich, scheußlich \*böse, brummig, grantig, gereizt, giftig, spitz, erbost, entrüstet, aufgebracht, ungehalten, verärgert, übel, unwirsch, unausstehlich, eklig, grob, grimmig, wütend, zornig, wutentbrannt \*bekümmert, freudlos, bedrückt, betrübt, traurig, trist, elend, trübsinnig, deprimiert, wehmütig \*aufsässig, dickköpfig, finster, trotzig, verschlossen, widerspenstig, aufmüpfig, störrisch, unnachgiebig, unzugänglich \*frostig, kalt, feindselig \*feindselig, gehässig, abgeneigt, böswillig, haßerfüllt, unfreundlich, unversöhnlich, feind, zerstritten, verstimmt, verfeindet, verfehdet \*unbarmherzig, barbarisch, brutal, kaltblütig, mitleidlos, erbarmungslos, grausam, unmenschlich, verroht \*unausstehlich, widerwärtig \*unpersönlich, nüchtern, unfreundlich \*sauer, muffig, mürrisch, ungehalten, unleidlich, unwirsch, unwillig (Verhalten) \*gegnerisch, feindlich (Armee) \*bitter, unangenehm (Gefühl) \*düster, finster, unfreundlich, schief, vernichtend, stechend (Blick) \*düster, kalt, unfreundlich, dunkel, unwohnlich (Zimmer) \*gefährlich, unfreundlich, verrufen (Gegend) \*regnerisch, trüb, unfreundlich, diesig, naß(kalt), schrecklich, neblig, feucht(kalt) (Wetter)

**Freundlichkeit:** Güte, Herzlichkeit, Wärme, Wohlwollen, Herzensgüte, Warmherzigkeit, Liebenswürdigkeit, Entgegenkommen, Nächstenliebe, Aufmerksamkeit, Selbstlosigkeit, Gutmütigkeit, Innigkeit, Hilfsbereitschaft, Aufgeschlossenheit, Anteilnahme, Zuwendung, Zuneigung, Milde, Sanftmut, Barmherzigkeit, Verbindlichkeit, Nettigkeit *Höflichkeit, Galanterie, Zuvorkommenheit, Anstand, Feingefühl, Zartgefühl, Taktgefühl *Eintracht, Harmonie

**Freundschaft:** Kameradschaft, Brüderschaft, Verhältnis, Verbindung, Beziehung, Bund, Verbundenheit, Zusammengehörigkeit, Gemeinschaft, Eintracht

**freundschaftlich:** brüderlich, einträchtig, einig, harmonisch, kameradschaftlich, partnerschaftlich, einmütig

**Frieden:** Ruhe, Eintracht, Einvernehmen, Harmonie, Einigkeit, Partnerschaft *Einklang, Stille, Verständigung, Entspannung *Friedenszustand, Friedenszeit, Kampfende, Waffenstillstand *Frieden schließen: den Kriegszustand beenden, die Feindseligkeiten einstellen, die Waffen ruhen lassen

**friedfertig:** friedlich, friedliebend, friedsam, friedvoll, versöhnlich, friedselig, gütlich, einträchtig, verträglich, harmonisch

**friedlich:** still, ruhig, beschaulich, idyllisch *friedliebend, friedfertig, friedvoll, versöhnlich, friedselig, gütlich, einträchtig, verträglich, harmonisch

**frieren:** gefrieren, erstarren, vereisen, zufrieren, zu Eis werden, unter den Gefrierpunkt sinken *frösteln, schauern, zittern, kalt sein, unter Kälte leiden, schlottern, mit den Zähnen klappern

**frigid(e):** gefühlskalt, leidenschaftslos, unempfindlich, unempfänglich, kühl,

**Freundlichkeit:** Bosheit, Bösartigkeit, Boshaftigkeit, Garstigkeit, Rachsucht, Schadenfreude, Übelwollen, Unverschämtheit, Gehässigkeit *Aufsässigkeit, Dickköpfigkeit, Dickschädeligkeit, Halsstarrigkeit, Starrsinn, Trotz, Widerspenstigkeit, Sturheit, Rechthaberei *Streitsucht, Streitlust, Zanksucht, Streitsüchtigkeit, Händelsucht *Fehde, Feindschaft, Entzweiung, Zwist, Zwietracht, Streit, Spannung, Gegnerschaft, Unversöhnlichkeit *Unhöflichkeit, Barschheit, Grobheit, Unfreundlichkeit *Zwietracht, Feindschaft, Konflikt, Meinungsverschiedenheit, Zwiespalt, Zwistigkeit, Spannung, Streitigkeit, Mißverständnis

**Freundschaft:** Feindschaft, Abneigung, Gegnerschaft, Spannung, Zwietracht, Streit, Fehde, Feindseligkeit, Entzweiung, Zwist *Desinteresse, Nebeneinander, Gleichgültigkeit, Teilnahmslosigkeit (Beziehung)

**freundschaftlich:** feindlich, entzweit, unversöhnlich, verfehdet, feind(selig), gegnerisch, verfeindet, spinnefeind *desinteressiert, gleichgültig, teilnahmslos

**Frieden:** Krieg, bewaffnete Auseinandersetzung, bewaffneter Konflikt, Kampf, Gefecht, Gewalt, kriegerische Handlung *Streit, Auseinandersetzung, Gezänk, Händel, Entzweiung, Handgemenge, Handgreiflichkeit, Krawall, Konflikt, Zank, Zwietracht, Zwist, Zusammenstoß, Spannungen, Unfrieden *Unruhe, Krach, Lärm, Radau *Frieden schließen: (s.) bekriegen / befehden / bekämpfen

**friedfertig:** aggressiv, streitsüchtig, angreiferisch, angriffslustig

**friedlich:** (über)laut, unruhig, schrill, grell, geräuschvoll *bewegt, dramatisch, spannungsgeladen, unruhig (Zeit) *kriegerisch, aggressiv

**frieren:** schwitzen, dampfen, warm / heiß sein, glühen *(auf)tauen, schmelzen

**frigid(e):** leidenschaftlich, heiß(blütig), dynamisch, feurig, temperament-

impotent, nicht hingabefähig

**frisch:** erholt, ausgeruht, gesund, munter, rüstig, blühend, unverbraucht, knackig, lebendig, fit, leistungsfähig, kraftvoll, in Form *frostig, kühl, kalt, eisig *von heute, taufrisch, jung, frischgebacken, neugebacken *rosig, gesund, durchblutet, straff, glatt, faltenfrei, jugendlich *gut, sauber, rein *erfrischend, prickelnd *(ofen)warm, von heute, ofenfrisch *gegenwärtig, präsent *deutlich, vorhanden, sichtbar *neu, ungetragen *ungebraucht *angenehm *blühend, grün *naß, feucht

**Frischobst:** frisches Obst

**frisiert:** gekämmt, onduliert, zurechtgemacht, gebürstet *verbessert, verändert
**fristgemäß:** pünktlich, rechtzeitig, genau, exakt, fristgerecht, wie vereinbart, ordnungsgemäß, fahrplanmäßig, ohne Verspätung, zur rechten / richtigen Zeit
**fristlos:** sofort, augenblicklich, im Nu, auf der Stelle, ungesäumt, ohne Frist, (ab) sofort, unverzüglich
**frivol:** dreist, keck, frech, forsch, draufgängerisch, unverfroren, beherzt, ungeniert, keß *ordinär, vulgär, lose, schamlos, gewagt, anstößig
**froh:** glücklich, dankbar, erlöst, erleichtert, befreit, beruhigt, erfreut, entlastet, heilfroh *vergnügt, fröhlich, gutgelaunt, freudig, lustig, zufrieden, frohgemut, frohen Mutes, ungetrübt, fidel, optimistisch

voll, gefühlvoll, vital, blutvoll, wild, vollblütig, warm
**frisch:** abgearbeitet, abgehetzt, abgeschlafft, abgespannt, schlaff, schläfrig, matt, ausgelaugt, mitgenommen, erholungsbedürftig, müde, fertig, gestreßt, abgejagt *alt, gealtert, grau (Haut) *ungesund, käsig, blaß, fahl, bleich, verblüht (Gesicht) *stickig, verbraucht, muffig, schlecht, dumpf (Luft) *schal, abgestanden (Getränk) *weich, faulig, alt, madig (Obst) *alt(backen), hart, trocken, ungenießbar, verschimmelt (Brot) *alt (Narbe) *vergessen, vergangen, gestrig (Ereignis) *verdorben, alt, von gestern / vorgestern, aufgewärmt, aufgebacken (Speise) *verwischt, verweht (Spur) *getrocknet, verdorrt, vertrocknet, dürr, welk, trocken, verkümmert, abgeblüht, verblüht (Pflanze) *flau, schwach(windig), lind (Wind) *alt, faul (Eier) *alt, ranzig (Butter) *verblaßt, schwach, vage, blaß, verschwommen (Erinnerung) *benutzt, getragen, gebraucht *schwül, warm, tropisch, feuchtwarm, (glühend-)heiß, sommerlich (Wetter) *(ein)getrocknet, trocken (Farbe) *gewesen, verfallen (Zeitpunkt)
**Frischobst:** getrocknetes / gedörrtes Obst *Eingemachtes, Konserve
**frisiert:** unfrisiert, ungekämmt, strubbelig, strähnig, verstrubbelt, zerzaust, zottig, strobelig, struppig, stubblig
**fristgemäß:** zu spät, verspätet, säumig, unpünktlich, mit Verspätung, nicht zur vereinbarten / rechten Zeit, endlich, schließlich, überfällig *vorzeitig, zu früh, davor, früher, vorher, verfrüht
**fristlos:** fristgemäß, fristgerecht

**frivol:** anständig, artig, brav, gesittet, sauber, unanstößig

**froh:** betrübt, bekümmert, elend, bedrückt, freudlos, traurig, trist, wehmütig, unglücklich, trübsinnig, verärgert, kummervoll, depressiv, schwermütig, melancholisch, schwarzseherisch, betrüblich, vergrämt, pessimistisch, todunglücklich, trübe, gedrückt, unfroh (Mensch) *ernst(haft), traurig, trüb, bedrohlich, sauer, betrüblich (Gesicht)

**fröhlich:** vergnügt, in froher Stimmung, gutgelaunt, froh(mütig), voll Freude, freudvoll, frohgemut, munter, zufrieden, beschwingt, ungetrübt, wohlgefällig, optimistisch, heiter, (glück)selig, fidel, freudestrahlend, glücklich, erfreut, sonnig, wohlgemut
**Fröhlichkeit:** Freude, Vergnügen, Frohsinn, Lebensfreude, Lebenslust, Vergnügtheit, Glück, Entzücken, Optimismus, Daseinsfreude, Vergnügtheit, Lustigkeit, Wonne

**fröhlich:** wütend, geladen, zornig, ärgerlich, erzürnt, böse, aufgebracht, verärgert, empört, entrüstet, erbittert, wutschäumend, erbost *schief, ernst, sauer (Gesicht) *brummig, mißgestimmt, mißvergnügt, mißmutig, mißgelaunt, bärbeißig
**Fröhlichkeit:** Traurigkeit, Wehmut, Schwermut, Trübsinn(igkeit), Freudlosigkeit, Gedrücktheit, Bedrücktheit, Betrübnis, Bekümmernis, Bekümmertheit, Niedergeschlagenheit, Verzagtheit, Mutlosigkeit, Depression, Apathie, Trauer, Melancholie, Trübsal

**fromm:** gläubig, religiös, gottgefällig, gottergeben, gottesfürchtig, glaubensstark, heilsgewiß, orthodox, kirchlich, demütig, andächtig, gottselig
**Frömmigkeit:** Gläubigkeit, Religiosität, Gottesfürchtigkeit, Glauben, Gottesglaube

**fromm:** glaubenslos, freidenkerisch, gottesleugnerisch, ungläubig, unreligiös, freigeistig, konfessionslos

**Frömmigkeit:** Glaubenslosigkeit, Freigeist, Unglaube, Religionslosigkeit, Konfessionslosigkeit

**Front:** Hauptkampflinie, Feld, Kriegsschauplatz, Schlachtfeld, Kampfplatz, Kampfzone, Kampflinie, Feuerlinie, Gefechtslinie *Fassade, Vorderansicht, Vorderseite, Straßenseite, Stirnseite, Hauptansicht, Schauseite

**Front:** Hinterseite, Hinterfront, Rückseite, Rückfront, Hinteransicht, Hofseite, Gartenseite (Gebäude) *Heck (Auto) *Seitenansicht *Hintergrund, hinter der Kampflinie

**frontal:** von vorn, an der Vorderseite, vorn befindlich, frontseitig

**frontal:** von hinten, rücklings *seitlich, seitwärts

**Frost:** Kälte, Temperatur unter dem Gefrierpunkt / unter Null

**Frost:** Sommerwetter, Hitze, Glut(hitze), Wärme *Tauwetter

**frostig:** (bitter)kalt, frisch, kühl, winterlich, eisig, unterkühlt, frostklirrend *unfreundlich, unzugänglich, abweisend, distanziert, unnahbar, spröde, herb, reserviert

**frostig:** warm, sommerlich, tropisch, heiß, mild, sonnig (Wetter) *entgegenkommend, liebenswürdig, freundschaftlich, nett, wohlwollend, warm, freundlich, herzlich, überschwenglich

**fruchtbar:** nützlich, produktiv, ersprießlich, effektiv, erfolgreich, gedeihlich, nutzbringend, dienlich, förderlich, konstruktiv, aufbauend, positiv, gut, sinnvoll, hilfreich, wegweisend, von Nutzen, programmatisch, interessant, schöpferisch, lohnend *ertragreich, ergiebig, fett, fruchtbringend, üppig, einbringlich, tragend, trächtig *zeugungsfähig, geschlechtsreif, fortpflanzungsfähig, fertil, potent

**fruchtbar:** unwichtig, unbedeutend, klein, fruchtlos (Beitrag) *uneffektiv, unersprießlich, unfruchtbar *impotent, zeugungsunfähig, unfruchtbar, infertil *sterilisiert *fruchtlos, öde, arm, unwirtlich, karg, dürftig, unfruchtbar, mager (Boden) *ergebnislos, schwach (Diskussion)

**fruchtlos:** kümmerlich, karg, inhaltsleer, nichtssagend, ohne Inhalt / Gehalt, unersprießlich, ergebnislos, unproduktiv, unschöpferisch *unergiebig, dürr, trocken, karg, mager, öde, unrentabel, erschöpft, ertragsarm, ausgelaugt *impotent, infertil, zeugungsunfähig, steril

**fruchtlos:** fruchtbar, urbar, ertragreich, gut, fett, nutzbar, anbaufähig *effektiv, ergebnisreich, fruchtbar *potent, zeugungsfähig, fortpflanzungsfähig

**früh:** bald, am Morgen, in aller / der Frühe, (früh)zeitig, (früh)morgens, rechtzeitig, bei Tagesanbruch, zur (rechten) Zeit, beim ersten Hahnenschrei

**Frühe:** Tagesanbruch, Morgendämmerung, Tagesbeginn, Morgengrauen, Zwielicht

**früher:** vormals, ehedem, ehemals, vordem, vorzeiten, vorher, einmal, damals, seinerzeit, einstens, vor Zeiten, in fernen Tagen, vorig, alt, gewesen, damalig *einstig, ehemalig, bisherig, bis dato / jetzt *eher, vorher, sonst, wie immer, davor

**Frühgebet:** Morgengebet, Prim

**frühzeitig:** früh, am Morgen, (früh-)morgens, bei Tagesanbruch, in der / in aller Frühe

**fügen:** verbinden, verknüpfen, anschließen, vereinigen, verquicken, anreihen, koppeln, zusammenfügen *s.

**fügen:** nachgeben, anpassen, ja sagen, gehorchen, einlenken, s. beugen / unterwerfen / unterordnen / richten nach, zurückstecken, kapitulieren, parieren, konform gehen

**fügsam:** gehorsam, folgsam, brav, anständig, lieb, gefügig, zahm, wohlerzogen, manierlich, gutwillig

**Fülle:** Reichtum, Farbigkeit, großes Angebot, große Auswahl, Palette, Variationsbreite, Vielfalt *Reichtum, Üppigkeit, Überangebot, Überfluß *Anhäufung, Ansammlung, Ballung, Flut, Menge *Füllung, Füllsel, Einlage, Farce, Füllmasse *Körperfülle, Leibesfülle, Stärke

**füllen:** vollgießen, vollschütten, vollmachen, auffüllen, abfüllen, einschenken, anfüllen *ausfüllen, beanspruchen, fordern, (ver)brauchen, nötig haben, (mit Beschlag) belegen *s. füllen: voll werden

**füllig:** dick, (wohl)beleibt, stark, stämmig, vollschlank, korpulent, breit, stramm, gemästet, unförmig, dicklich, mollig, rund(lich), üppig, kugelrund, wohlgenährt, drall, umfangreich, fett(-leibig), pummelig, dickleibig, pausbäckig, aufgedunsen, dickwanstig, feist, fleischig, gewaltig, massig, vier-

**früh:** spät *nachmittags, abends *nachts

**Frühe:** Nachmittag, Mittag, Abend *Nacht *Spätzeit

**früher:** jetzt, heute, just, gerade, momentan, soeben, augenblicklich, gegenwärtig, am heutigen Tage, derzeitig *später, danach, bald, demnächst, in Zukunft, zukünfig

**Frühgebet:** Abendgebet, Komplet

**frühzeitig:** verspätet, zu spät

**fügen:** zerlegen *s. fügen: aufbegehren, (auf)mucken, trotzen, murren, widerstehen, s. auflehnen / widersetzen / aufbäumen / erheben / sträuben / zur Wehr setzen / wehren, protestieren *revoltieren, rebellieren *meutern *streiken

**fügsam:** trotzig, aufsässig, dickschädelig, störrisch, spröde, widerstrebend, kompromißlos, rechthaberisch, widerborstig, widerspenstig, widersetzlich, eigensinnig, hartnäckig *autoritär, streng, herrisch

**Fülle:** Mangel, Armut, Not *Schlichtheit, Bescheidenheit *Leere, Nichts *Schlankheit, schlanker / graziler Körperbau

**füllen:** (aus)leeren, entleeren, ausschütten (Sack) *räumen (Lager) *ausheben, auskoffern, aufgraben, auswerfen, ausschachten (Grube) *(aus)leeren, ausschütten (Gefäß) *s. füllen: s. leeren

**füllig:** dünn, grazil, dürr, schmächtig, hager, mager, rank, schmal(wüchsig), abgezehrt, gerten(schlank), fein *ausgemergelt, hohlwangig, eingefallen, abgezehrt

schrötig, plump *aufgetrieben, gedunsen, geschwollen, aufgebläht, aufgeschwemmt, schwammig

**Fund:** Fundsache, Entdeckung, Freilegung, Ausgrabung, Enthüllung, Ausbeute

**Fund:** Verlust

**Fundament:** Grundmauer, Grundstein, Grundfeste, Unterbau, Unterteil, Sockel, Fuß, Postament, Piedestal *Basis, Grundstock, Grundlage, Voraussetzung, Ansatz, Ausgangspunkt, Vorbedingung, Plattform, Vorbedingung

**Fundament:** Aufbau, Überbau, Oberbau, Mauern (Gebäude)

**fundiert:** hieb- und stichfest, begründet, zuverlässig, gesichert, unangreifbar, unwiderlegbar, zuverlässig, verbürgt, untermauert *kundig, bewandert, gebildet, geschult, informiert, gelehrt, sicher, wissend, unterrichtet

**fundiert:** unbegründet, ungesichert, frei, ohne Grund / Begründung / Erklärung, grundlos, aus der Luft gegriffen (Meinung) *allgemein, oberflächlich, banal

**funktionieren:** gehen, arbeiten, gut abgehen, richtig / reibungslos / ordnungsgemäß ablaufen, auf Touren / in Gang / Betrieb sein, nach Wunsch gehen

**funktionieren:** nicht gehen / laufen / arbeiten, versagen, gestört sein (Maschine, Herz)

**für:** (an)statt, anstelle / an Stelle von, stellvertretend, ersatzweise, gegen, im Austausch, im Tausch gegen *auf, zugunsten, zuliebe, pro, an, um, zu

**für:** (da)gegen, wider, kontra *unentschieden, unentschlossen

**Furcht:** Feigheit, Furchtsamkeit, Zaghaftigkeit, Mutlosigkeit, Bangigkeit, Hasenherzigkeit, Waschlappigkeit, Ängstlichkeit, Kleinmut, Kleinmütigkeit, Unmännlichkeit, Schwachherzigkeit, Memmenhaftigkeit

**Furcht:** Mut, Tapferkeit, Furchtlosigkeit, Draufgängertum, Tollkühnheit, Unverzagtheit, Unerschrockenheit *Verehrung, Achtung, Respekt, Ehrfurcht, Ehrerbietung, Bewunderung, Wertschätzung, Anerkennung, Hochachtung, Liebe, Pietät *Verachtung, Mißachtung

**furchtbar:** entsetzlich, grauenerregend, gräßlich, grauenvoll, grauenhaft, schaurig, unheimlich, gespenstig, schauerlich, verheerend, katastrophal, horrend, fürchterlich, schrecklich, grausig, greulich, (be)ängstigend, schau(d)ervoll

**furchtbar:** klein, wenig, gering, harmlos *ungefährlich, unschädlich, unverfänglich, harmlos

**fürchten:** ahnen, bangen, befürchten, s. sorgen, s. Kummer / Sorgen / Gedanken machen, argwöhnen, Bedenken / Argwohn haben *s. fürchten: Furcht / Angst empfinden / haben, beben, erschauern, sich ängstigen, zittern

**fürchten:** verehren, achten, respektieren, bewundern, anerkennen, lieben *verachten, mißachten *ignorieren, nicht beachten *s. fürchten: mutig / tapfer/ selbstbewußt / furchtlos / kühn / mannhaft / couragiert / unerschrocken / verwegen / wagemutig / beherzt / draufgängerisch / heldenmütig / heldenhaft sein

**furchtlos:** mutig, wagemutig, tapfer, draufgängerisch, tollkühn, verwegen, beherzt, waghalsig, todesmutig, vermessen, heldenhaft, kühn, unverzagt,

**furchtlos:** ängstlich, zähneklappernd, bang, zag(haft), angstvoll, angsterfüllt, verängstigt, furchtsam, feige, feigherzig, mutlos, memmenhaft, hasenher-

heldenmütig, unerschrocken, herzhaft, mannhaft, kämpferisch

**furchtsam:** ängstlich, zag(haft), aufgeregt, bänglich, zähneklappernd, angsterfüllt, angstverzerrt, hasenherzig, feigherzig, memmenhaft, mutlos, kleinmütig, befangen, beklommen, aufgeregt, bang, angstvoll, angstbebend, verängstigt, scheu, schüchtern, angstschlotternd, argwöhnisch, betroffen, besorgt, gehemmt, schreckhaft, verschreckt, verschüchtert

**fürsorglich:** besorgt, sorgsam, umsichtig, liebevoll, betulich, schonungsvoll, hingebungsvoll, rührend, hingebend, rücksichtsvoll, schonend, achtsam, väterlich, mütterlich

**Fürsprecher:** Anwalt, Verteidiger, Rechtsbeistand, Advokat

**fürstlich:** üppig, prächtig, pompös, reichlich, stattlich, aufwendig, glanzvoll, märchenhaft, prunkvoll, glänzend, prangend, hervorragend, bestechend, opulent, großartig, wundervoll

zig, kleinmütig, aufgeregt, bänglich, angsterfüllt, beklommen

**furchtsam:** mutig, tapfer, selbstbewußt, furchtlos, kühn, mannhaft, couragiert, unerschrocken, verwegen, draufgängerisch, wagemutig, beherzt, heldenhaft, heldenmütig, waghalsig, todesmutig, vermessen, tollkühn, unverzagt, herzhaft, kämpferisch

**fürsorglich:** nachlässig, kalt(herzig), gefühllos, hartherzig

**Fürsprecher:** Gegner, Hintertreiber, Widersacher

**fürstlich:** gering, kleinlich, wenig, mäßig (Trinkgeld) *mager, schlicht, karg, kärglich, einfach, bescheiden, frugal (Mahl)

# G

**galant:** höflich, zuvorkommend, aufmerksam, vornehm, manierlich, taktvoll, fein, artig, ritterlich, pflichtschuldigst, rücksichtsvoll, kultiviert, glatt

**gallig:** (gallen)bitter *(bitter)böse, schlimm, boshaft, bösartig, gemeingefährlich, garstig, übelgesinnt, unausstehlich, übel(wollend)

**Gang:** Schritt, Tritt, Gangart, Fortbewegungsart *Marsch, Spazierweg, Spaziergang, Promenade *Flur, Korridor, Diele *Fortgang, Ablauf, Verlauf, Prozeß, Vorgang, Hergang, Lauf, Entwicklung *Einzelgericht, Speisenfolge *Besorgung, Verrichtung, Erledigung, Weg

**gangbar:** möglich, denkbar, vorstellbar, erdenklich, vermutlich, möglichenfalls, womöglich, gegebenenfalls, allenfalls, unter Umständen

**gängig:** gewohnt, üblich, allgemein bekannt, eingeführt, herkömmlich, verbreitet, eingewurzelt, vertraut, gebräuchlich, geläufig, normal, alltäglich *begehrt, verkäuflich, gesucht, vielverlangt, empfohlen, beliebt, gefragt, gern gekauft

**ganz:** intakt, heil, unbeschädigt, unversehrt, unberührt, wohlbehalten, gesund, nicht kaputt / entzwei *total, in vollem Maße / Umfang, (ins)gesamt, in jeder Beziehung / Hinsicht, überhaupt, ganz und gar, wirklich, schlechtweg, schlechterdings, hundertprozentig, überhaupt, absolut, genau, grundlegend, voll(kommen), völlig, lückenlos, vollständig, vollends, alles, sämtlich

**Ganzheit:** Ganze, Gesamtheit, Vollständigkeit, Einheit, Allgemeinheit

**gar:** weich, fertig, genügend gebraten / gekocht / gebacken *womöglich, etwa, vielleicht, ja wirklich

**garstig:** (bitter)böse, schlimm, boshaft, bösartig, gemeingefährlich, übelgesinnt, unausstehlich, (übel)wollend, *dickköpfig, aufmüpfig, aufsässig, widerspenstig, widersetzlich, finster, störrisch, rechthaberisch, unbotmäßig, trotzig, unnachgiebig, unversöhnlich,

**galant:** unhöflich, barsch, unritterlich, plump, taktlos, ungehobelt, ungeschliffen, abweisend, unkultiviert, unliebenswürdig

**gallig:** freundlich, nett, zugeneigt, herzlich, wohlwollend (Bemerkung)

**Gang:** Stand, Stillstand, Ruhe

**gangbar:** ungangbar, neu, unüblich, ungewöhnlich (Methode) *ungangbar, unbegehbar (Weg)

**gängig:** unbekannt, neu (Ware) *unüblich, ungewöhnlich, verschieden, andersartig (Meinung)

**ganz:** halb, zeitweise, stellenweise, nicht uneingeschränkt, zum Teil, partiell, fast *wenig *knapp, halbwegs *kaputt, zerstört, defekt, entzwei, zerbrochen, beschädigt *(nur) teilweise, mit Einschränkung

**Ganzheit:** Teil, Glied, Stück, Element

**gar:** roh, ungekocht, frisch (Kartoffel) *zäh *nicht durchgebraten, angebraten, (halb)roh, medium, blutig, rosa (Fleisch)

**garstig:** artig, brav, folgsam, gehorsam, gesittet, manierlich, lieb, fügsam *aufgeschlossen, empfänglich, interessiert, zugänglich, geneigt, aufnahmebereit, ansprechbar *nett, freundlich, zuvorkommend, sympathisch, attraktiv, lieb, hilfsbereit *sonnig, heiter, warm,

verschlossen, ungehorsam, unzugänglich *unfreundlich, scheußlich, häßlich, schauerlich, unschön, fürchterlich, widerlich, ekelhaft (Wetter)
**Gast:** Besucher, Fremder, Geladener, Eingeladener *Pensionär, Stammgast

**gastfreundlich:** gastlich, wirtlich, gastfrei, großzügig

**Gastgeber:** Herr des Hauses, Hausherr
**Gatte:** Ehemann, Mann, Lebensgefährte, Angetrauter, Gemahl, Lebenskamerad
**Gattin:** Gemahlin, Angetraute, Ehepartner, Frau, Lebenskameradin, Lebensgefährtin, Weib
**gealtert:** alt, angegraut, bejahrt, betagt, verbraucht *faltig, faltenreich, alt, verhärmt
**gebefreudig:** freigebig, großzügig, spendabel, weitherzig, hochherzig, nobel, honorig, verschwenderisch, verschwendungssüchtig
**geben:** (be)schenken, verehren, zueignen, mitgeben, stiften, mitbringen, bedenken / beglücken mit, angedeihen lassen, spendieren, weggeben, zuteilen, vermachen, (aus)teilen *vorkommen, erscheinen, da / vorhanden sein, auftreten, existieren, bestehen, s. befinden *abliefern, verabfolgen, abtreten, verabreichen, überreichen, (dar-)reichen, darbieten, aushändigen, präsentieren, übergeben, versorgen / ausstatten / versehen mit, überantworten, übertragen, übereignen, überstellen, überlassen, in die Hand drücken *veranstalten, aufführen
**gebeten:** (ein)geladen, willkommen, gerufen, gern gesehen, gerngesehen
**gebeugt:** flektiert, dekliniert, konjugiert *niedergedrückt, niedergeschlagen, demutsvoll *mit rundem / krummem Rücken, gebückt
**gebieten:** anordnen, reglementieren,

sommerlich, freundlich

**Gast:** Gastgeber *Wirt(in) *Bevölkerung, Zivilbevölkerung, Population, Ureinwohner, Einwohner, Bürger, Staatsangehöriger, Eingeborener, Einheimischer, Eingesessener, Niedergelassener, Landbewohner, Dorfbewohner, Anwohner *Einwanderer, Immigrant, Asylant, Siedler, Kolonist *Auswanderer, Aussiedler, Umsiedler, Emigrant, Flüchtling, Vertriebener, Heimatvertriebener, Ausgewiesener, Verbannter
**gastfreundlich:** ungastlich, unwirtlich, zurückgezogen *unfreundlich, abweisend, barsch, schroff
**Gastgeber:** Besuch(er), Gast
**Gatte:** Gattin, Ehepartner, Gemahlin, Lebensgefährtin, Lebenskameradin, Ehefrau, Frau, Weib
**Gattin:** Gatte, Ehemann, Ehepartner, Gemahl, Lebenskamerad, Lebensgefährte, Mann, Angetrauter
**gealtert:** (blut)jung, jugendlich, kindlich *zart, zierlich, blühend, frisch (Aussehen)
**gebefreudig:** geizig, sparsam, knauserig, filzig, knickrig, schofel

**geben:** (an)nehmen, an s. reißen, abnehmen, erhalten, bekommen, kriegen, Besitz nehmen / ergreifen (von), empfangen, entgegennehmen *zurückziehen, zurücknehmen (Gegenstand, Hand, Zusage, Wort) *verlangen, fordern, (er)bitten, wünschen *verweigern, nicht erlauben / zustimmen, versagen, wegnehmen, vorenthalten, entziehen, entreißen *fragen, (ein)holen (Rat) *absagen, verschieben (Konzert, Party, Fest)

**gebeten:** ungebeten, ungeladen, ungerufen, lästig, unwillkommen
**gebeugt:** ungebeugt, unflektiert (Wort) *gestreckt (Muskel) *gerade, ungebeugt, aufrecht *froh, fröhlich, heiter, beschwingt, zuversichtlich
**gebieten:** gehorsam sein, folgen, Folge

verfügen, veranlassen, auferlegen, festlegen, anweisen, aufgeben, bestimmen, administrieren *herrschen, regieren, befehligen, beherrschen, führen, lenken, leiten *erfordern, bedingen, beanspruchen, verlangen, in Anspruch nehmen

**gebieterisch:** herrisch, tyrannisch, gebietend, diktatorisch, despotisch, machthaberisch, autoritär, herrschsüchtig, rücksichtslos, erbarmungslos, gnadenlos, unerbittlich, unnachgiebig, unnachsichtig, rechthaberisch, selbstherrlich, entschieden, bestimmt, barsch, grob, brüsk, scharf, repressiv

**gebildet:** kultiviert, gelehrt, studiert, geschult, kenntnisreich, niveauvoll, qualifiziert, belesen, beschlagen, akademisch, bewandert, erfahren, fit, firm, kundig, weise, klug, wissend, gescheit, versiert, (sach)verständig

**Gebirge:** Gebirgskette, Gebirgszug, Höhenzug, Berge, Gebirgsmassiv, Felsmassiv

**gebirgig:** bergig, hügelig, alpin, steil, uneben, abfallend, wellig, abschüssig

**gebogen:** krumm, geschwungen, geschweift, nicht gerade, gewölbt, gekrümmt, verkrümmt, halbrund

**geboren:** stammend aus, gebürtig

**geborgen:** beschützt, geschützt, sicher, daheim, wohl, beschirmt, in guten Händen, gut aufgehoben, zu Hause

**Geborgenheit:** Sicherheit, Schutz, Geborgensein, Obhut, Behütetsein, Gesichertheit, Abschirmung, Sicherung

**Gebot:** Befehl, Anweisung, Auftrag, Geheimbefehl, Geheimauftrag, Verordnung, Vorschrift, Mußvorschrift, Mußbestimmung, Geheiß, Diktat, Weisung, Verhaltensmaßregel, Order, Instruktion, Aufforderung, Kommando, Bestimmung, Verfügung *Gesetz, Glaubenssatz, Forderung, Maxime, Postulat

**gebräuchlich:** gängig, gewohnt, üblich, (allgemein) bekannt, eingeführt, herkömmlich, verbreitet, eingewurzelt, vertraut, landläufig, eingefahren, eingespielt, regulär, gang und gäbe, geläufig, normal, alltäglich

**gebraucht:** antiquarisch, alt, aus zweiter Hand, nicht mehr neu, second hand

leisten, auf jmdn. hören, s. beugen / fügen / unterwerfen, befolgen, gehorchen *ignorieren *ablehnen, zurückweisen, aufbegehren, s. empören / auflehnen / erheben / sträuben / wehren / weigern / widersetzen, aufmucken

**gebieterisch:** devot, untertänig, schwach, duldsam, gehorsam, unterwürfig, ergeben, servil, duckmäuserisch, kriecherisch, demütig, subaltern, liebedienerisch, ohne Stolz / Rückgrat

**gebildet:** ungebildet, unwissend, unkultiviert, einfach, primitiv *dumm, blöde

**Gebirge:** Flachland, Ebene, Tiefland

**gebirgig:** eben, flach

**gebogen:** krumm *gerade, gestreckt, geradlinig

**geboren:** ungeboren *gestorben

**geborgen:** einsam, verlassen *unsicher *heimatlos, wurzellos, umgetrieben, ohne Heimat, ungeborgen, nicht geborgen

**Geborgenheit:** Ungeborgenheit, Ungeborgensein, Heimatlosigkeit, Wurzellosigkeit, Umgetriebensein *Unsicherheit *Einsamkeit, Ruhe

**Gebot:** Verbot, Untersagung *Weigerung *Einhaltung, Beachtung, Befolgung

**gebräuchlich:** ungebräuchlich, unüblich, anormal, ausgefallen, unkonventionell, ungewohnt, ungewöhnlich, neu(artig) *unerprobt

**gebraucht:** neu, ungebraucht, fabrikneu, unbenutzt, unberührt, neuartig

**Gebrechen:** Krankheit, Leiden, Beschwerden, Siechtum, Übel *Nachteil, Mangel, Fehler, Manko, Schaden, Defekt, Unzulänglichkeit

**gebrechlich:** altersschwach, dünn, hinfällig, kränklich, wackelig, zittrig, abgespannt, abgenutzt, abgelebt, kraftlos, schwächlich, abgezehrt, matt, schlapp

**gebrochen:** deprimiert, verzagt, resigniert, verzweifelt, (nieder)gedrückt, mutlos, kleinmütig, entmutigt, lebensmüde, niedergeschlagen, niedergeschmettert, geknickt *holprig, stokkend, stammelnd, abgehackt, nicht flüssig / fließend

**Gebrüll:** Geschrei, Geplärr, Gejohle, Geheul, Lärm, Getöse, Gekreisch

**gebührend:** angemessen, angebracht, geziemend, geziemlich, entsprechend, geeignet, gemäß, zukommend, zustehend *ordentlich, anständig, in Ordnung, richtig, passend, angezeigt, schicklich

**gebührenfrei:** gratis, kostenlos, unentgeltlich, geschenkt, umsonst, ohne Geld, (kosten)frei, gebührenlos

**Gebührenfreiheit:** kostenloser Eintritt, Nulltarif

**gebührenpflichtig:** nicht kostenlos, stempelpflichtig, mit einer Gebühr versehen

**gebunden:** unfrei, abhängig, unselbständig, untertan, angewiesen auf, untergeordnet, unterworfen, unterdrückt, unterjocht *legiert (Soße)

**Geburt:** Entbindung, Ankunft, Niederkunft, Lebensbeginn, freudiges Ereignis, schwere Stunde *Herkunft, Herkommen, Abkunft, Abstammung *Beginn, Anfang, Auftakt, Anbruch, Wiege, Quelle, Ursprung, Keim, Entstehung, Ausgangspunkt

**gebürtig:** geboren, stammend aus

**gedämpft:** halblaut, leise, *ruhig, dumpf, tonlos, piano, klanglos *unauffällig, dezent *dämmrig, schummrig, halbdunkel

*unerprobt, frisch *erneuert *frisch (Handtuch) *übrig
**Gebrechen:** Gesundheit, Fitness

**gebrechlich:** fit, gesundheitsstrotzend, frisch, (kern)gesund, heil, kraftstrotzend, stark

**gebrochen:** mutig, ehrenhaft, standhaft, ungebrochen, aufrecht, gerade, couragiert, offen, ehrlich *fließend, flüssig, geläufig, beredt, wortgewandt (Sprachfertigkeit) *unnachgiebig, unbeugsam *heil, fest, zusammen

**Gebrüll:** Ruhe, Schweigen, Stille

**gebührend:** unangebracht, ungeziemend, deplaziert, ungemäß, ungeeignet, unangemessen, unpassend, ungehörig, unschicklich, fehl am Platze / Ort

**gebührenfrei:** gebührenpflichtig, nicht kostenlos, stempelpflichtig, mit einer Gebühr versehen

**Gebührenfreiheit:** Abgabe, Tribut, Zoll, Gebühr *Steuer *Maut (Straße)

**gebührenpflichtig:** gratis, umsonst, kostenlos, unentgeltlich, geschenkt *portofrei, freigemacht, franko, postfrei, (gebühren)frei, gebührenlos

**gebunden:** frei (Rede) *ungebunden, broschiert (Buch) *frei (chemisches Element) *lose, gelöst *ungebunden, frei, unabhängig

**Geburt:** Tod, Abgang *Totgeburt

**gebürtig:** fremd, zugezogen, wildfremd
**gedämpft:** grell, poppig, schreiend, lebhaft (Farbe) *prall, strahlend, hell, grell (Sonnenlicht) *grell, gellend, durchdringend, hörbar, überlaut, vernehmlich, schallend, lauthals, lautstark, aus Leibeskräften, ohrenbetäubend, ohrenzerreißend, schrill, hell, laut, dröhnend (Ton)

**gedankenlos:** automatisch, mechanisch, blind, teilnahmslos *zerstreut, zerfahren, fahrig, unkonzentriert, kopflos, konfus, gedankenverloren, unaufmerksam, (geistes)abwesend, unüberlegt, unachtsam, unbedacht, achtlos, unbesonnen, impulsiv, ohne Bedacht / Überlegung

**Gedankenlosigkeit:** Vergeßlichkeit *Zerfahrenheit, Unbesonnenheit, Unklugheit, Unverstand, Unvernunft, Unbedachtsamkeit, Unbedachtheit

**gedankenvoll:** besinnlich, besonnen, nachdenklich, tiefsinnig, grüblerisch, grübelnd, in s. gekehrt

**gedanklich:** gedacht, vorgestellt, imaginär, angenommen, theoretisch, immateriell, ideell, fiktiv

**gedeckt:** blaß, matt, nicht leuchtend *hergerichtet, vorbereitet, zurechtgemacht *geschützt *begattet *zu, geschützt

**gedeihen:** florieren, (auf)blühen, erblühen, gut gehen / wachsen, ansteigen, anwachsen, voranschreiten, geraten, s. steigern / entfalten / entwickeln, Erfolg haben, Fortschritte machen, einen Aufschwung / Aufstieg erleben *strotzen, erstarken, dicker / stärker / kräftiger werden

**gedenken:** beabsichtigen, vorhaben, wollen, bezwecken, planen, trachten nach, s. bemühen / vornehmen / zum Ziel setzen, ins Auge fassen *s. erinnern / entsinnen / ins Gedächtnis rufen, in Erinnerung bringen, auffrischen, (ge)mahnen, wiedererkennen, einfallen, wiedererwachen, s. besinnen (auf), eingedenk / erinnerlich / unvergeßlich / lebendig / gegenwärtig / präsent sein, zurückschauen, zurückblicken, s. merken, nicht vergessen, zurückdenken, aktivieren

**Gedenken:** Erinnerung, Gedächtnis, Andenken

**gediegen:** wertbeständig, ordentlich, solid(e), reell, verläßlich, vertrauenswürdig, zuverlässig *qualitätsvoll, haltbar, stabil, gut, echt, lauter, pur, rein, unverfälscht *dezent, unauffällig

**Gedränge:** Gewühl, Gewimmel, Getriebe, Gewoge, Getümmel, Gemenge, Enge, Tumult, Auflauf, Zusammenrottung, Zusammenlauf, Durch-

**gedankenlos:** (wohl)überlegt, geplant, bewußt, vorsätzlich *ausgereift *nachdenklich *gedankenvoll, besonnen, besinnlich, nachdenklich, in s. gekehrt, *kaltblütig

**Gedankenlosigkeit:** Gewissenhaftigkeit, Sorgfalt, Gründlichkeit, Pflichtbewußtsein, Verantwortungsgefühl, Pflichtgefühl *mit voller Absicht, bei vollem Bewußtsein, Vorsätzlichkeit

**gedankenvoll:** gedankenlos, flüchtig, huschelig, nachlässig, oberflächlich, ungenau, schnell, hastig

**gedanklich:** körperlich, stofflich, materiell

**gedeckt:** ungedeckt, leer (Tisch) *deckungslos, ungeschützt, ungedeckt (Soldat) *ungedeckt (weibliches Tier, Scheck, Dach)

**gedeihen:** verwelken, abblühen, verblühen, verdorren, vertrocknen, zugrunde gehen, zurückgehen (Pflanze) *verfallen, untergehen, verblühen, zugrunde gehen, aussterben (Kultur) *stehenbleiben, nicht weitergehen, stocken (Bau, Verhandlungen)

**gedenken:** vergessen, verschwitzen, nicht behalten *verdrängen *ignorieren, nicht erwähnen, übergehen, unbeachtet lassen, nicht zur Kenntnis nehmen / beachten, hinwegsehen, nicht wissen wollen

**Gedenken:** Vergessenheit

**gediegen:** unseriös, unsolide, abenteuerlich, ungediegen, widerlich (Charakter) *unrein (Metall) *protzig, auffällig (Schmuck) *primitiv, einfach, kurzlebig (Möbel)

**Gedränge:** Öde, Einsamkeit, Menschenleere, Verlassenheit, (gähnende) Leere, Einöde, Abgeschiedenheit

einander, Aufruhr, Menschenmenge, Menschenansammlung

**gedrängt:** zusammengepreßt, eingekeilt, eingeklemmt, beengt, dicht an dicht, Kopf an Kopf, Schulter an Schulter *kurz, bündig, präzise, klar

**gedrückt:** deprimiert, verzagt, resigniert, verzweifelt, gebrochen, niedergedrückt, mutlos, kleinmütig, entmutigt, lebensmüde, niedergeschlagen, niedergeschmettert, geknickt

**gedrungen:** stämmig, massiv, untersetzt, bullig, kompakt, pyknisch

**Geduld:** Ausdauer, Langmut, Gelassenheit, Nachsicht, Gleichmut, Friedfertigkeit, Toleranz, Ruhe, Milde, Sanftmut

**gedulden (s.):** geduldig sein, (aus)harren, zuwarten, abwarten, Geduld üben / haben, s. Zeit lassen

**geduldig:** langmütig, gleichmütig, nachsichtig, gelassen, tolerant, ruhig, friedfertig, voller Mitgeduld *ausdauernd, beharrlich, unermüdlich, durchhaltend

**geeignet:** richtig, recht, passend, gegeben, gelegen, ideal, wie geschaffen für *nützlich, brauchbar, verwendbar, praktisch, praktikabel, zweckmäßig, dienlich *qualifiziert, befähigt, tauglich, fähig, berufen, talentiert, begabt, prädestiniert

**Gefahr:** Gefährdung, Bedrohung, Krise, Gefährlichkeit, Risiko, Unsicherheit

**gefährdet:** bedroht, in Gefahr

**gefährlich:** gefahrvoll, bedrohend, beängstigend, gefahrbringend, beunruhigend, nicht geheuer, bedenklich, unheilvoll, unheilbringend, zugespitzt, kritisch, ernst, brenzlig *ansteckend, heimtückisch, infektiös, übertragbar, bösartig *riskant, gewagt, abenteuerlich, tollkühn, verwegen, heikel, halsbrecherisch, selbstmörderisch, zweischneidig, lebensgefährlich

**gefahrlos:** ungefährdet, ungefährlich, harmlos, unschädlich, risikolos, sicher, unverfänglich

**gedrängt:** ausführlich, lang(atmig), eingehend, breit, weitschweifig, umständlich, wortreich, weitläufig *weit auseinander (Bauweise) *Platz habend *Zeit habend

**gedrückt:** ausgelassen, heiter, beschwingt, beflügelt, schwungvoll, aufgeräumt, gutgelaunt, wohlgemut, aufgeschlossen, aufgeheitert, aufgelegt, fidel, lebensfroh, vergnügt, übermütig, munter, froh(gestimmt)

**gedrungen:** (gerten)schlank, hager, schlankwüchsig, mager, hochgewachsen *schmächtig

**Geduld:** Ungeduld, Eile, Hast, Voreiligkeit, Treiben, Heftigkeit

**gedulden (s.):** drängen, mahnen, zusetzen, nicht nachlassen / aufhören (mit), bohren, keine Ruhe lassen / geben

**geduldig:** unruhig, unleidlich, unausstehlich, dränge(l)nd, ungeduldig

**geeignet:** ungeeignet, unbrauchbar, unmöglich, unpassend *unqualifiziert, untauglich, unfähig, untalentiert, unbegabt

**Gefahr:** Sicherheit, Schutz, Geborgenheit *Gefahrlosigkeit

**gefährdet:** geschützt, gesichert, geborgen, sicher

**gefährlich:** ungefährlich, gefahrlos, harmlos, unverfänglich, unschädlich, sicher, gesichert *harmlos, friedlich, friedliebend, verträglich, gutartig, brav (Mensch) *harmlos, gutartig, leicht, schwach (Krankheit) *sicher, harmlos, ungefährlich (Unternehmen)

**gefahrlos:** gefährlich, abenteuerlich, gefahrvoll, brenzlig, riskant, selbstmörderisch, kritisch, lebensgefährlich, tödlich, gewagt, halsbrecherisch, waghalsig

**Gefahrlosigkeit:** Risikolosigkeit, Harmlosigkeit, Unschädlichkeit, Sicherheit, Unverfänglichkeit

**Gefälle:** Neigung, Abfall, Senkung, Schräge, Steile, Höhenunterschied, Abschüssigkeit

**gefallen:** gute Aufnahme / Beifall / Anklang finden, ansprechen, zusagen, behagen, imponieren, bestechen, entsprechen, beliebt sein, schön / Gefallen / Geschmack finden, passen, recht / sympathisch / (an)genehm sein, mögen, zufriedenstellen, belieben, anziehen, Geschmack abgewinnen / treffen, es jmdm. angetan haben, für s. einnehmen *Chancen haben, nach jmds. Herzen sein, jmds. Typ sein *s. etwas gefallen lassen: nachgeben, erdulden, ertragen

**Gefallen:** Zuneigung, Interesse, Wohlwollen, Sympathie, Geschmack *Liebesdienst, Freundesdienst, Entgegenkommen, Gefälligkeit, Hilfestellung, Hilfeleistung, Freundlichkeit *Anklang, Zustimmung, Resonanz, Beifall, Anerkennung

**Gefallene:** Tote, Kriegsopfer

**gefällig:** dienstwillig, diensteifrig, bereitwillig, hilfsbereit, entgegenkommend, zuvorkommend, erbötig, aufmerksam, beflissen, kulant, freundlich, höflich, konziliant *reizend, entzückend, anziehend, reizvoll, hübsch, bezaubernd, sympathisch, gewinnend, angenehm, attraktiv, aufreizend, charmant, einnehmend, anmutig, betörend, lieb(lich), doll, toll, liebenswert

**gefälscht:** nachgemacht, nachgeahmt, unecht, imitiert, künstlich, falsch

**gefangen:** ergriffen, begeistert, gefesselt, gepackt, fasziniert *in Haft sitzen, interniert, inhaftiert, festgesetzt, arretiert, im Kerker / Gefängnis, hinter Gittern / Stacheldraht

**gefangenhalten:** internieren, festsetzen, arretieren, inhaftieren

**gefangennehmen:** begeistern, fesseln, beeindrucken, faszinieren, erschüttern, ergreifen, erregen, in den Bann ziehen *festnehmen, inhaftieren, gefangensetzen, einsperren, arretieren, verhaften, internieren, aufgreifen, abführen, dingfest machen, hinter Gitter / Schloß und Riegel / Stacheldraht brin-

**Gefahrlosigkeit:** Gefahr, Bedrohung, Gefährlichkeit, Gefährdung, Unsicherheit, Not, Waghalsigkeit

**Gefälle:** Steigung *Ebene

**gefallen:** ablehnen, mißfallen, abschlagen, abweisen, ausschlagen, zurückweisen, verwerfen, verschmähen, verweigern, negieren, dagegen sein, mißbilligen *s. etwas gefallen lassen: s. wehren / auflehnen / verbitten / aufmukken / empören / sträuben / widersetzen / zur Wehr setzen / nicht gefallen lassen, kritisieren, auftrumpfen, murren, trotzen *streiken

**Gefallen:** Mißfallen, Ablehnung, Zurückweisung

**Gefallene:** Überlebende, Heimkehrer, Kriegsheimkehrer *Kriegsgefangene

**gefällig:** abscheulich, verwerflich, widerlich, verabscheuungswert, bärbeißig, verdrossen, unausstehlich *anmaßend, arrogant, hochmütig, stolz, überheblich *ungünstig, unvorteilhaft, ungefällig, unangenehm, unglücklich (Kleidung)

**gefälscht:** original, echt *pur, rein, natur(belassen)

**gefangen:** frei *desinteressiert, apathisch, teilnahmslos, wurstig, stumpf *unbeeindruckt, gelangweilt, ungerührt, unberührt *flüchtig

**gefangenhalten:** freilassen, laufen lassen

**gefangennehmen:** freilassen, laufen lassen *befreien *langweilen, anöden, ermüden, einschläfern, ennuyieren

gen, in Gewahrsam / Haft nehmen, in Ketten legen

**Gefangenschaft:** Haft, Verwahrung, Gewahrsam, Freiheitsentzug, Freiheitsstrafe, Arrest

**gefaßt:** ruhig, ausgeglichen, beherrscht, geruhsam, gleichmütig, sicher, würdevoll, harmonisch, abgeklärt, bedacht(sam), besonnen, still, kaltblütig, gezügelt, gemessen, ruhevoll, überlegen, gemächlich

**Geflüster:** Flüstern, Gezischel, Geraune, Gewisper, leises Sprechen

**gefrieren:** einfrieren, tiefkühlen, einfrosten, tiefgefrieren *erstarren, vereisen, zufrieren, starr / unbeweglich / steif werden

**Gefrierpunkt:** null Grad, Nullpunkt

**gefügig:** gewillt, geneigt, gesonnen, willig, willfährig, lenkbar, ergeben, folgsam, gehorsam, fügsam, brav, nachgiebig, zahm, untertan, hörig

**Gefühl:** Innenleben, Seele, Innenwelt, Inneres, Psyche *Tastsinn *Emotion, Stimmung, Gefühlsbewegung, Gemütsbewegung, Empfinden, Empfindung, Gespür, Spürsinn, seelische Regung, Organ, Witterung, Instinkt *innere Stimme, Vorgefühl, Vermutung, Ahnung, Spürnase

**gefühllos:** gefühlskalt, gefühlsarm, herzlos, hartherzig, abgestumpft, gemütsarm, mitleidlos, erbarmungslos, unzugänglich, lieblos, seelenlos, gleichgültig, roh, unbarmherzig, unsozial, verroht, schonungslos, brutal, inhuman, ungesittet, barbarisch, unmenschlich, kaltblütig, grausam, gnadenlos *blutleer, eingeschlafen, taub, empfindungslos, abgestorben *unempfindlich, abgestumpft, gleichgültig

**gefühlsmäßig:** instinktiv, unbewußt, intuitiv, emotionell, emotional

**gefühlvoll:** empfindsam, gefühlsbetont, emotional, emotionell, gemütvoll, sensibel, sensitiv, innerlich, beseelt, zartfühlend, einfühlsam, feinfühlig

**gefüllt:** (rand)voll, angefüllt, zum Überlaufen

**Gefangenschaft:** Freiheit *Entlassung *Befreiung

**gefaßt:** bestürzt, fassungslos, nervös, betroffen, verstört, verwirrt, erschrocken, entgeistert, starr *frei *flüchtig (Verfolgter) *ungefaßt (Edelstein)

**Geflüster:** Geschrei, Aufschrei, Schrei

**gefrieren:** schmelzen, (auf)tauen *sieden, kochen

**Gefrierpunkt:** Schmelzpunkt *Siedepunkt

**gefügig:** uneinsichtig, bockig, trotzig, halsstarrig, aufmüpfig, dickköpfig, dickschädelig, eigensinnig, unzugänglich, verbohrt, verschlossen, hartgesotten, kompromißlos, starrköpfig, hartnäckig, starrsinnig, ungehorsam, unversöhnlich, widerspenstig, zugeknöpft, unbeugsam

**Gefühl:** Verstand, Vernunft *Wissen, Kenntnis

**gefühllos:** gefühlvoll, empfindend, fühlend, herzlich, innig, beseelt, seelenvoll, warm, empfindsam, gefühlsbetont, emotional, emotionell, gemütvoll, sensibel, sensitiv, innerlich, zartfühlend, einfühlsam, feinfühlig

**gefühlsmäßig:** verstandesmäßig, intellektuell

**gefühlvoll:** gefühllos, hartherzig, gefühlskalt, gefühlsarm, verhärtet *frigid *objektiv, sachlich, nüchtern, frei von Emotionen

**gefüllt:** leer, geleert, entleert *nüchtern, leer (Magen)

**gegen:** kontra, wider *im Gegensatz zu, verglichen mit, im Verhältnis / Vergleich zu *circa, fast, rund, etwa, beinahe, ungefähr, zirka

**gegeneinander:** zueinander, einer gegen den anderen

**Gegenleistung:** Vergeltung, Entgelt, Dank, Lohn, Belohnung, Entschädigung, Ersatz, Erkenntlichkeit, Preis, Ausgleich, Gegenwert, Gegendienst, Abfindung, Abgeltung, Wiedergutmachung, Abstand

**Gegenrede:** Antwort, Erwiderung, Gegenbemerkung

**Gegensatz:** Gegensätzlichkeit, Kontrast, Kehrseite, Widerspruch, Gegenpol, Antagonismus, Antithese, Gegenteil, Unterschied, Verschiedenheit, Abweichung, Divergenz, Diskrepanz, Gegenstück, Kluft, Trennung *Antonym

**gegensätzlich:** nicht vereinbar / übereinstimmend, widersprüchlich, extrem, entgegenstellend, widerspruchsvoll, widersinnig, umgekehrt, kontradiktorisch, polar, widerstimmig, antagonistisch, gegenteilig, oppositionell, entgegengesetzt, diametral, dualistisch, konträr, disparat, inkompatibel, unverträglich *antonym

**Gegenspieler:** Feind, Widersacher, Gegner, Antipode, Rivale, Gegenpart, Kontrahent, Konkurrent, Todfeind, Erzfeind

**gegenständlich:** dinglich, konkret, bildlich, wirklichkeitsnah, figurativ, bildhaft, greifbar, anschaulich, figürlich

**gegenstandslos:** überflüssig, unnütz, ungültig, unnötig, nutzlos, zwecklos, sinnlos, wertlos, null (und nichtig), nicht mehr notwendig *haltlos, hinfällig, grundlos, ohne Grund, unbegründet, unmotiviert, aus der Luft gegriffen

**gegenüber:** gegen, verglichen mit, im Gegensatz / Verhältnis / Vergleich zu *jenseits, auf der anderen Seite, vis-à-vis

**Gegenwart:** Anwesenheit, Zugegensein, Dabeisein, Präsenz, Teilnahme, Beteiligung *Augenblick, das Heute / Jetzt, Jetztzeit, das Hier und Jetzt, die gegenwärtige / heutige / jetzige Zeit

**gegenwärtig:** heutzutage, heute, zur Zeit, jetzt, momentan, im Augenblick / Moment, zur Stunde, gerade, derzeit(ig) *laufend, brisant, spruchreif,

**gegen:** (da)für, pro *von (Richtung) *genau (Zeitpunkt, Menge)

**gegeneinander:** füreinander, zusammen, miteinander, kooperativ

**Gegenleistung:** Leistung, Arbeit *Zahlung, Bezahlung, Entgelt

**Gegenrede:** Rede, Vortrag

**Gegensatz:** Einheit *Gleichheit, Ähnlichkeit, Übereinstimmung, Deckung, Gleichmaß *Wortgleichheit, Synonym *Übereinstimmung, Einvernehmen, Einverständnis

**gegensätzlich:** übereinstimmend, uniform, kongruierend, identisch *einheitlich *synonym, gleichbedeutend, sinngleich, sinnähnlich, bedeutungsähnlich, bedeutungsverwandt, ähnlich bedeutend *gleich(artig), ähnlich, (einander) entsprechend, harmonierend

**Gegenspieler:** Mitspieler (Sport) *Anhänger, Sympathisant, Mitläufer, Verehrer, Gefolgschaft *Jünger, Schüler

**gegenständlich:** abstrakt, begrifflich, ungegenständlich, gegenstandslos, unkonkret, gedanklich

**gegenstandslos:** wichtig, notwendig, bedeutsam, belangvoll, bedeutungsvoll, folgenreich, folgenschwer, substantiell, relevant, signifikant, zentral, gewichtig, essentiell

**gegenüber:** hier, diesseits *neben(an) *oberhalb *unterhalb *seitlich, seitwärts *nebeneinander

**Gegenwart:** Vergangenheit, frühere Zeiten *Zukunft, Ferne *Abwesenheit, Absenz, Fehlen

**gegenwärtig:** gestrig, vergangen, damals, früher, damalig *später, bald, demnächst, einst, sogleich, einmal, weiterhin, (zu)künftig *irgendwann,

aktuell *vorhanden, anwesend, hier, da, präsent, am Platze, zur Stelle *der gleichen Zeit angehörend, heutig, jetzig, zeitgenössisch

**gegliedert:** untergliedert, aufgegliedert, aufgeteilt, unterteilt, gestaffelt, aufgefächert, klassifiziert, strukturiert, (an)geordnet, systematisiert, segmentiert

**Gegner:** Feind, Widersacher, Gegenspieler, Antipode, Rivale, Gegenpart, Kontrahent, Konkurrent, Todfeind, Erzfeind

**gegnerisch:** feindlich *feind(selig), böswillig, haßerfüllt, verfehdet, verfeindet, zerstritten, gram, überworfen, verstimmt, unfreundlich, unversöhnlich, gehässig, abgeneigt, entzweit, gereizt, spinnefeind

**Gegnerschaft:** Feindschaft, Fehde, Streit, Zwist, Kampf, Auseinandersetzung, Konflikt, Kontroverse, Zank, Hader, Händel, Feindseligkeit, Konfrontation, Reiberei, Gefecht, Unfriede, Zerwürfnis

**gehaltlos:** geistlos, ideenlos, (inhalts-)leer, stumpfsinnig, substanzlos, einfallslos, banal, platt, nichtssagend, witzlos, trivial *ohne Geschmack / Gehalt, geschmacklos *nährstoffarm

**Gehaltserhöhung:** Gehaltszulage, Aufstockung, Aufbesserung, Höherstufung, Beförderung

**Gehaltskürzung:** Kürzung des Gehalts, Rückstufung

**gehaltvoll:** inhaltsreich, inhaltsvoll, substantiell, aussagekräftig, geistreich, ausdrucksstark *würzig, schmackhaft, nahrhaft, kräftig, kalorienreich

**gehandikapt:** behindert, eingeschränkt, benachteiligt, gehemmt, gefesselt

**gehässig:** bissig, giftig, haßerfüllt, schadenfroh, niederträchtig, übelwollend, infam, übelgesinnt, böse, bösartig, boshaft

**geheilt:** gesund, wiederhergestellt

**geheim:** verdeckt, verschleiert, verborgen, sekret, verhüllt, nicht bekannt / öffentlich, im geheimen, heimlich, hinter verschlossenen Türen *unerkannt, unbemerkt, verstohlen, unauffällig, insgeheim, inoffiziell, intern, still, dis-

früher oder später *vergangen, gewesen, vergessen, verwichen, verflossen, nicht erinnerlich *abwesend *müde, verträumt, abgespannt

**gegliedert:** amorph, gestaltos, strukturlos, formlos, unstrukturiert, ungegliedert, ohne Struktur / Gliederung, nicht gegliedert / strukturiert

**Gegner:** Freund, Genosse, Gefährte, Vertrauter, Verbündeter *Mitspieler (Sport) *Sympathisant, Anhänger, Verehrer, Gefolgschaft

**gegnerisch:** freundlich, entgegenkommend, freundschaftlich, wohlwollend, zugeneigt, zugetan, hold, herzlich, charmant *verbündet, eigen (Truppen) *eigen (Mannschaft)

**Gegnerschaft:** Freundschaft, Bindung, Bund, Verbrüderung, Kameradschaft, Brüderlichkeit, Zuneigung

**gehaltlos:** gehaltvoll, inhaltsreich (Film) *blumig, edel, fein, feurig, gehaltvoll, herzhaft, kernig, lieblich, vornehm, würzig (Wein)

**Gehaltserhöhung:** Kürzung des Gehaltes, Gehaltskürzung *Einfrierung

**Gehaltskürzung:** Gehaltserhöhung, Erhöhung des Gehaltes, Aufstocken, Gehaltszulage, Zulage *Einfrierung

**gehaltvoll:** gehaltlos, primitiv, dürftig, inhaltslos, inhaltsleer *nährstoffarm, kalorienarm (Nahrung) *geschmacklos, wäßrig, abgestanden, schal (Wein)

**gehandikapt:** gesund *unbehindert, nicht benachteiligt / gehandikapt / behindert

**gehässig:** freundlich, nett, sympathisch, charmant, hilfsbereit

**geheilt:** arbeitsunfähig, verletzt, bettlägerig, verwundet, wund

**geheim:** öffentlich, in / vor aller Öffentlichkeit, bekannt *wahrscheinlich, offensichtlich, offenbar

kret, verschwiegen, unter der Hand *illegal, ungesetzlich *undurchsichtig, geheimnisvoll, inkognito, anonym, intim, vertraulich, unter vier Augen, unter dem Siegel der Verschwiegenheit

**geheimhalten:** verheimlichen, verhehlen, verbergen, verschweigen, vorenthalten, nicht verraten, totschweigen, unterschlagen, kaschieren, tarnen, verhüllen, vertuschen, nicht verraten, verschleiern, für s. behalten *(still)schweigen, kein Sterbenswort sagen

**geheimhalten:** auspacken, veröffentlichen, verlautbaren, ausposaunen, bekanntmachen, kundmachen, verkündigen, ausrufen, verraten, andeuten, verkünden, austrompeten, ausklingeln

**Geheimschrift:** Code, Geheimcode, chiffrierter Text

**Geheimschrift:** Klartext, Klarschrift, dechiffrierter Text

**gehemmt:** gezwungen, blockiert, verkrampft, befangen, verklemmt, scheu, ängstlich, schüchtern, unsicher, steif *(an)gebunden, behindert, gefesselt, verpflichtet, unfrei, angewiesen auf

**gehemmt:** ungezügelt, unbefangen, ungehemmt, frei, ungezwungen, enthemmt, hemmungslos, ausgelassen, übermütig *entgegenkommend, freundlich, leutselig *aktiv, rührig, tätig, unternehmend, unternehmungslustig, regsam *gesprächig, beredt, klatschsüchtig, mitteilsam, redefreudig, redelustig, redselig *selbstsicher

**gehen:** schreiten, spazieren, wandeln, flanieren, wandern, bummeln, schlendern, trippeln, stapfen, schlurfen, schleichen, trödeln, marschieren, s. begeben / fortbewegen *abgehen, starten, abfahren *möglich / ausführbar / gangbar / denkbar sein, im Bereich des Möglichen liegen *(regelmäßig) besuchen, frequentieren *s. befinden / fühlen, zumute sein *weggehen, aufbrechen, s. entfernen / aufmachen / auf den Weg machen / fortmachen *kündigen, aufhören, abdanken, seine Stellung / Funktion aufgeben, seinen Rücktritt erklären *s. erstrecken / ausdehnen

**gehen:** (an)kommen, anmarschieren, anrücken, eintreffen, erscheinen, hinkommen, s. nähern, nahen her(an)kommen *stillstehen, stehen(bleiben) (Uhr, Mensch) *unmöglich sein, nicht gehen *außer Betrieb sein, ruhen, stehen(bleiben) (Maschine) *(da)bleiben, verweilen, s. aufhalten, rasten *fahren *fliegen

**gehenlassen:** in Ruhe / Frieden lassen *s. gehenlassen: keine Energie / Antriebskraft besitzen / aufbringen, s. nicht zusammenreißen / zusammennehmen, niedergeschlagen / mutlos / depremiert / energielos sein

**gehenlassen:** belästigen, (ver)ärgern, kränken, verstimmen, bekümmern, betrüben, quälen, peinigen, reizen *s. gehenlassen: s. beherrschen / fangen / zusammennehmen / zusammenreißen / zügeln / (selbst) besiegen, an s. halten, Selbstbeherrschung üben *s. aufraffen

**geheuchelt:** gelogen, unwahr, die Wahrheit / Anteilnahme vortäuschend

**geheuchelt:** ehrlich, aufrichtig, freimütig, gerade, geradlinig, offenherzig, unverhüllt, wahr(haftig), zuverlässig

**geheuer:** sicher, vertrauensvoll

**geheuer:** nicht geheuer, unsicher, unheimlich, gruselig, beklemmend, schauerlich

**gehoben:** erhaben, feierlich, getragen, weihevoll, würdevoll, andächtig, solenn, majestätisch *obere, bessere (Position, Sprache)

**gehoben:** niedere, untere (Position) *schlicht, einfach, anspruchslos, einfältig *natürlich, alltäglich, ungekünstelt (Sprache)

**gehorchen:** s. beugen/fügen/anpassen/ unterordnen/unterwerfen, (be)folgen, willfahren, artig/brav/gehorsam sein, ja sagen, den Wünschen entsprechen/ nachkommen, klein beigeben

**gehörig:** gebührend, geziemend, geziemlich, geeignet, entsprechend, angebracht, angemessen *tüchtig, ausreichend, feste, nicht zu knapp, anständig, groß, reichlich, prächtig

**gehorsam:** folgsam, brav, gefügsam, artig, ergeben, anständig, lieb, gefügig, gutwillig, zahm, willfährig, wohlerzogen, lenkbar, willig, manierlich

**geil:** lüstern, gierig, wollüstig, sinnlich, begehrlich, giererfüllt, triebhaft, liebestoll, brünstig, hungrig *dünn, hochaufgeschossen (Pflanze)

**Geisel:** Gefangener, Gekidnappter, Faustpfand, Unterpfand
**Geist:** Verstand, Vernunft, Intellekt, Bewußtsein, Denkvermögen, Denkfähigkeit, Klugheit, Auffassungsgabe, Esprit, Scharfsinn *Gesinnung, Sinn, Einstellung, Grundhaltung, Denkweise, Denkart *Genie, Genius, Begabung, Koryphäe. Kapazität, Phänomen *Gespenst, Phantom, Erscheinung, Spukgestalt
**geistesabwesend:** unkonzentriert, abwesend, versunken, gedankenverloren, verträumt, grübelnd, in Gedanken, nachdenklich, unerreichbar, traumverloren, entrückt, träumerisch, selbstvergessen, zerstreut, nicht bei der Sache, unansprechbar
**geistesgegenwärtig:** reaktionsschnell, entschlossen, gefaßt, kaltblütig

**geistesgestört:** geisteskrank, blöde, blödsinnig, verblödet, unzurechnungsfähig, idiotisch, wahnsinnig, irrsinnig, schwachsinnig, debil, dumm
**geistig:** irreal, imaginär, begrifflich, unwirklich, ideell, abstrakt *platonisch, metaphysisch, immateriell, unkörperlich, unsinnlich

**gehorchen:** befehlen, auffordern, vorschreiben, anordnen, sagen, ersuchen, verfügen, gebieten, anweisen, auferlegen, aufgeben, bestimmen, festlegen *ignorieren, nicht hinhören, überhören *zuwiderhandeln, widerstehen, verweigern, s. sträuben/widersetzen, aufbegehren, trotzen
**gehörig:** ungehörig, ungeheuerlich *(zu)wenig, zu gering/klein, ungenügend (Strafe) *nicht gehörig

**gehorsam:** ungehorsam, unerzogen, frech, dreist, unverschämt, bockig, trotzig, widersetzlich, widerspenstig, zugeknöpft, widerborstig, dickköpfig, dickschädelig, aufmüpfig, aufsässig, rechthaberisch, stur, unfolgsam
**geil:** spärlich, karg, mager (Boden) *fruchttragend, fruchtbringend (Pflanzentrieb) *kräftig, dick (Kaktus) *keusch, anständig, gesittet, sittsam, korrekt *scheu, ängstlich, furchtsam, gehemmt, verängstigt, schüchtern
**Geisel:** Geiselnehmer, Entführer, Kidnapper, Menschenentführer
**Geist:** Körper *Materie

**geistesabwesend:** konzentriert, aufmerksam, (an)gespannt, angestrengt *andächtig *wach

**geistesgegenwärtig:** aufgeregt, nervös, nervenschwach, gereizt, unruhig, ruhelos, unstet, ungeduldig, fahrig, hektisch, fiebrig, bewegt
**geistesgestört:** normal, heil, (kern)gesund

**geistig:** körperlich, leiblich, physisch *sinnlich *real, materiell *ungeistig *alkoholfrei

**geistlich:** nicht weltlich, kirchlich, sakral, klerikal, theologisch

**geistlos:** ideenlos, substanzlos, gehaltlos, (inhalts)leer, witzlos, schal, gewöhnlich, verbraucht, abgegriffen, stumpfsinnig, mechanisch, geisttötend, dumpf, stupid(e), alltäglich, stereotyp, phrasenhaft, ohne Tiefe / Gehalt, abgeschmackt, nichtssagend, unbedeutend, oberflächlich, einfallslos, flach, trivial, banal, billig, platt, hohl, seicht

**geistreich:** geistvoll, sprühend, einfallsreich, witzig, unterhaltsam, spritzig, anregend, erfindungsreich, ideenvoll, ideenreich, erfinderisch, kreativ, originell, genial, produktiv *intelligent, gescheit, begabt, gelehrig, denkfähig

**Geiz:** Sparsamkeit, Raffgier, Habgier, Gewinngier, Profitgier, Geldgier, Kleinlichkeit, Besitzgier

**geizen:** geizig sein, kargen, übertrieben haushalten / sparen, das Geld zusammenhalten, sparsam leben, knausern

**Geizhals:** Geizkragen, Knauser, Knikker, Pfennigfuchser

**geizig:** geldgierig, gewinnsüchtig, übertrieben sparsam, raffgierig, habsüchtig, profitsüchtig, schäbig, kleinlich, berechnend

**gekämmt:** frisiert, gebürstet

**geklärt:** klar, deutlich, bewiesen, offen dargelegt *bereinigt, erledigt *sauber, rein

**gekocht:** erhitzt, aufgekocht, gar

**gekonnt:** fachmännisch, professionell, qualifiziert, sachkundig, werkgerecht, sachgerecht, fachgerecht, fachkundig, routiniert, kunstgerecht, meisterhaft, fachmäßig, sachgemäß, sachverständig

**gekrümmt:** krumm, nicht gerade, geschwungen, verkrümmt, gewölbt, halbrund, geschweift *gebeugt

**geistlich:** weltlich (Lieder, Stand)

**geistlos:** geistvoll, geistreich, spritzig, schlagfertig, sprühend, witzig, einfallsreich, unterhaltsam, anregend, erfindungsreich, ideenvoll, ideenreich, erfinderisch, kreativ, originell, genial, produktiv

**geistreich:** geistlos, fade, leer, witzlos, trocken, nüchtern, platt, schal, ideenlos, gehaltlos, gewöhnlich, alltäglich, stereotyp, einfallslos, flach, trivial, billig, hohl, seicht

**Geiz:** Großzügigkeit, Hochherzigkeit, Gebefreudigkeit, Generosität, Spendenfreudigkeit, Freigebigkeit

**geizen:** verschwenden, vergeuden, durchbringen, verjubeln, verprassen, verschleudern, vertun, verwirtschaften *schlemmen, schwelgen *hergeben, veräußern, verschenken, verkaufen (Besitz) *ausgeben (Pfennig) *bestätigen, ermuntern, aufmuntern, anerkennen, auszeichnen, (be)loben, ehren, belobigen, würdigen, rühmen

**Geizhals:** Verschwender, Vergeuder, Verschleuderer, Prasser *Spender *Mäzen

**geizig:** freigebig, weitherzig, großzügig, spendabel, hochherzig, honorig, verschwenderisch, nobel, gebefreudig

**gekämmt:** ungekämmt, zerzaust, verwirrt, wirr, strubb(e)lig, unordentlich, strähnig, unfrisiert, verstrubbelt, zottig, strobelig

**geklärt:** offen, strittig, fraglich, ungeklärt, unbestimmt, unscharf, unklar, verschwommen, dunkel *ungeklärt, unausgegoren

**gekocht:** gegrillt *gedünstet, gedämpft, geschmort, gebraten *roh, ungekocht, unzubereitet, frisch

**gekonnt:** schlecht, stümperhaft, mangelhaft, ungekonnt, ungenügend, mäßig, schülerhaft, anfängerhaft, gepfuscht

**gekrümmt:** gerade, kurvenfrei, kurvenlos (Strecke) *aufrecht, gerade, aufgerichtet (Mensch)

**gekünstelt:** geziert, blumenreich, geblümt, gemacht, gequält, geschraubt, geschwollen, gespreizt, gestelzt, gesucht, gezwungen, phrasenhaft, unecht, unnatürlich

**gekürzt:** teilweise, verkürzt, unvollständig, lückenhaft, nicht komplett

**Gelächter:** Lachen, Lachsalve, Gekicher

**geladen:** voll *entsichert *eingeladen, willkommen, gern gesehen *vorgeladen *geladen sein: wütend, erbost, erbittert, empört, wild, rabiat, verärgert, außer sich, entrüstet *hitzig, cholerisch

**gelangweilt:** gleichgültig, desinteressiert, interesselos, unbeteiligt, teilnahmslos, ungerührt, passiv, nicht betroffen, apathisch, ohne Interesse

**gelassen:** ruhig, ausgeglichen, beherrscht, gefaßt, geruhsam, gleichmütig, sicher, würdevoll, harmonisch, abgeklärt, bedacht(sam), besonnen, still, kaltblütig, gezügelt, gemessen, ruhevoll, überlegen, gemächlich, bedächtig, mit Bedacht, gesetzt, ausgeglichen, stoisch, ohne Übereilung / Überstürzung

**Gelassenheit:** Ruhe, Gleichmut, Selbstbeherrschung, Besonnenheit, Gefaßtheit, innere Haltung, Abgeklärtheit, Umsicht, Bedacht(samkeit), Gleichgewicht, Kontenance, Beschaulichkeit, Muße, Stille, Besinnlichkeit

**geläufig:** gewohnt, vertraut, nicht fremd, alltäglich, (wohl)bekannt *fließend, zügig, mühelos, perfekt, flüssig

**Geldschein:** Banknote, Note, Papiergeld

**Geldstrafe:** Geldbuße, Strafe

**geleert:** leer, ohne Inhalt, nichts enthaltend

**gelegen:** günstig, passend, willkommen, opportun, lieb, gerngesehen, bequem, erwünscht

**gelegentlich:** zur passenden Zeit, bei Gelegenheit *wegen, aus Anlaß, bei,

**gekünstelt:** natürlich, echt, ungekünstelt, ursprünglich, naiv, einfach, schlicht

**gekürzt:** ungekürzt, vollständig, ganz, ausführlich, lückenlos, total, komplett

**Gelächter:** Weinen, Schluchzen, Klagen, Heulen

**geladen:** entladen, leer (Batterie) *ungeladen (Gewehr) *ungeladen, ungebeten, nicht eingeladen, ausgeschlossen, lästig, ungerufen (Gast) *ausgeladen (Zeuge) *geladen sein: *freundlich, nett, zuvorkommend, entgegenkommend, ausgeglichen, heiter, froh, strahlend *gelassen, ruhig (Mensch)

**gelangweilt:** interessiert, ungeduldig, beschäftigt, begierig, fiebrig, gespannt *gefesselt, angeregt, beeindruckt *erschüttert, bestürzt

**gelassen:** bestürzt, erschüttert, betroffen, schockiert, erregt *fahrig, unruhig, zappelig, hektisch, fiebrig, hastig, kribb(e)lig, überreizt, wuselig, fieberhaft, rastlos *aufgeregt, nervös, ruhelos, bewegt, erregt, fahrig, turbulent, ungeduldig, unruhig, unstet *närrisch, toll *wütend, zornig, geladen, erbittert, erzürnt, böse, hitzköpfig, ungehalten, fuchtig, gereizt, grollend, zornmütig, verärgert

**Gelassenheit:** Bestürzung, Betroffenheit, Schock, Erregung *Ärger, Jähzorn, Laune, Raserei, Streit, Verstimmung, Wut, Groll, Zorn *Unruhe, Hektik, Hast, Rastlosigkeit *Spannung, Anspannung *Unausgeglichenheit, Zerrissenheit, Disharmonie, Zwiespältigkeit, Mißklang

**geläufig:** ungewöhnlich, neu, unbekannt, unüblich, ausgefallen, ungebräuchlich (Name, Ausdruck) *stokkend, einfach, unsicher (Sprachfertigkeit)

**Geldschein:** Münze, Hartgeld

**Geldstrafe:** Freiheitsstrafe *Freispruch

**geleert:** voll, prall, gefüllt

**gelegen:** ungelegen, unpassend, störend (Zeitpunkt) *nicht gelegen, entfernt (Raum)

**gelegentlich:** immer(zu), stets, permanent, (be)ständig *normalerweise *tur-

zu, dank, weil, ob, bei Gelegenheit, anläßlich *verschiedentlich, bisweilen, mitunter, zeitweise, manchmal, ab und zu

**gelehrig:** lernfähig, gelehrsam, wach, intelligent, aufgeweckt, verständig *fähig, talentiert, begabt, gescheit, intelligent

**gelehrt:** geschult, gebildet, akademisch, studiert, kenntnisreich, belesen, bewandert, beschlagen, erfahren, weise, klug, kundig, sachverständig, versiert, gescheit, verständig

**gelenkig:** elastisch, flexibel, biegsam, geschmeidig, wendig, federnd

**gelernt:** geschult, ausgebildet, sachverständig, erprobt, bewährt, routiniert, eingearbeitet, qualifiziert, erfahren, versiert

**gelichtet:** ausgelichtet, dünn, spärlich, kahl

**geliebt:** bewundert, (hoch)geschätzt, angebetet, gefeiert, vergöttert

**geliehen:** ausgeliehen, ausgeborgt, geborgt

**gelinde:** vorsichtig, schonend, rücksichtsvoll, sacht, sorgsam, behutsam *mild, sanft, leicht, nicht stark

**gelingen:** siegen, weiterkommen, emporkommen, das Ziel erreichen, es schaffen, s. durchsetzen, Erfolg / Glück haben, Karriere machen *gut ausgehen / ablaufen, funktionieren, geraten, gehen, werden, fertigbringen, nach Wunsch gehen, in Ordnung gehen, wunschgemäß verlaufen

**gellend:** laut(hals), durchdringend, markerschütternd, geräuschvoll, (ohren)betäubend, ohrenzerreißend, schrill, grell, unüberhörbar, lärmend, dröhnend, schallend, lautstark

**geloben:** sein Wort geben, feierlich zusichern / zusagen / versprechen, schwören, garantieren, beeid(ig)en, s. verpflichten / verbürgen

**gelockt:** lockig, onduliert, gewellt, kraus, gekraust, wellig, geringelt

**gelogen:** erlogen, unwahr, geschwindelt, falsch, der Wahrheit / den Tatsachen nicht entsprechend, unehrlich, unlauter, entstellt, erdacht

**gelöst:** entkrampft, ruhig, gelockert, entspannt *zwanglos, ungezwungen,

nusmäßig, regelmäßig *(tag)täglich

**gelehrig:** unwillig, ungelehrig *eigen, selbständig *bockig, uneinsichtig, widerborstig, halsstarrig, trotzig, verstockt, zugeknöpft, stur, verbohrt

**gelehrt:** ungelehrt, unausgebildet, einfach (Mensch) *einfach, verständlich (Sprache)

**gelenkig:** ungelenk(ig), steif, linkisch, eckig, hölzern, ungewandt, unsportlich, lahm, eingerostet

**gelernt:** ungelernt (Arbeiter) *versäumt, vergessen (Unterrichtsstoff)

**gelichtet:** dicht, dunkel (Wald) *dicht, kräftig (Haar)

**geliebt:** ungeliebt *geduldet *gehaßt, verhaßt

**geliehen:** sein eigen *geschenkt *gekauft

**gelinde:** stark, schwer, groß, heftig, grob, empfindsam

**gelingen:** mißlingen, schiefgehen, scheitern, danebengehen, mißglücken, mißraten *platzen, auffliegen, s. zerschlagen, zusammenfallen (Angelegenheit) *in die Brüche gehen (Freundschaft)

**gellend:** sanft, weich, gedämpft, dunkel, leise (Stimme) *verschmitzt, zurückhaltend (Lachen) *dumpf, gedämpft, dunkel, weich, sanft (Klang)

**geloben:** brechen, nicht einhalten, s. nicht an eine Vereinbarung / Verpflichtung halten

**gelockt:** strohig, strähnig, glatt (Haar)

**gelogen:** wahr, nicht übertrieben, zuverlässig, wirklich, beglaubigt, belegt, glaubhaft, glaubwürdig, gewiß, tatsächlich, unleugbar, zutreffend, aufrichtig, ehrlich, richtig

**gelöst:** traurig, frostig, kühl, ungastlich, bedrückt, deprimiert, beküm-

gelockert, natürlich, ungehemmt, ungeniert, nonchalant *locker, schlaff *entknotet *gelockert, herausgedreht *enträtselt, aufgelöst *offen, klar *geschieden, aufgelöst (Verbindung)

**gelten:** walten, (vor)herrschen, gültig / verbindlich sein, Gültigkeit haben, s. durchgesetzt haben *wert sein, zählen, bedeuten, Gewicht haben, ausmachen, schwer wiegen, ins Gewicht fallen *berühren, tangieren, betreffen, anbelangen, Bezug haben, zu tun haben mit, s. beziehen auf

**gelüsten:** schmachten / lechzen / hungern / dürsten / fiebern / brennen nach, erstreben, wünschen, vor Sehnsucht vergehen, begehren *sinnlich / wollüstig / lüstern / begierig sein

**gemächlich:** langsam, bedächtig, schleppend, sachte, mit geringer Geschwindigkeit, gemütlich, betulich, zögernd, stockend

**Gemahl:** Ehemann, Mann, Lebensgefährte, Angetrauter, Lebenskamerad, Ehepartner

**Gemahlin:** Ehefrau, Frau, Lebensgefährtin, Angetraute, Lebenskameradin, Ehepartner(in)

**gemäß:** zufolge, entsprechend, laut, nach, nach Maßgabe

**gemäßigt:** nicht extrem, ausgeglichen (Klima) *maßvoll, bescheiden, ausgeglichen, mit Maßen, in Grenzen, enthaltsam, zurückhaltend *schwach, dürftig, mittelmäßig, durchschnittlich

**gemein:** niederträchtig, schäbig, schändlich, schmählich, schmutzig, schimpflich, schnöde, schmachvoll, hundsgemein *heuchlerisch, scheinheilig, unredlich, falsch, unreell, unwahrhaftig, unsolid, unlauter, unehrlich, katzenfreundlich, lügenhaft, lügnerisch, hinterhältig, frömmelnd, doppelzüngig, verstellt, unaufrichtig, scheinfromm *(bitter)böse, schlimm, boshaft, bösartig, gemeingefährlich, garstig, unausstehlich, übelwollend, übel(-gesinnt)

mert, elend, freudlos, gedrückt, ernsthaft, pessimistisch, unglücklich, trübselig, trübsinnig, schwermütig (Stimmung) *verkrampft, abgeschieden, vereinsamt, weltabgewandt, einsam, einsiedlerisch (Mensch) *gebunden, fest *angezogen, hineingedreht (Schraube) *offen *rätselhaft, verschwommen, dunkel, geheimnisvoll (Problem)

**gelten:** ungültig sein / werden, verfallen (Briefmarke, Geldstück) *novellieren, ändern, erneuern (Gesetz) *gehaßt / mißachtet / verachtet werden, nichts gelten (Mensch) *nicht zutreffen, falsch sein *wertlos sein, nicht gelten (Wort)

**gelüsten:** verschmähen, besiegen, unterdrücken, verbergen, verdrängen, zurückhalten (Wunsch)

**gemächlich:** schnell, eilig, fix, flüchtig, rasch, geschwind, scharf, hoch (Geschwindigkeit) *abenteuerlich (Reise) *hastig, übereilt, überstürzt

**Gemahl:** Gemahlin, Ehepartner, Angetraute, Frau, Lebensgefährtin, Lebenskameradin, Ehefrau

**Gemahlin:** Gemahl, Mann, Ehepartner, Angetrauter, Lebensgefährte, Lebenskamerad, Ehemann

**gemäß:** (zu)wider, entgegen

**gemäßigt:** maßlos, übertrieben, unmäßig, überspannt, aufgebauscht, dick aufgetragen, überzogen, hochgespielt *radikal (Partei) *rücksichtslos *ausgelassen, frohsinnig, überschäumend, aufgelegt, übersprudelnd, aufgeheitert, munter, fröhlich, heiter

**gemein:** besserstehend, höherstehend (Volk) *anständig, höflich, edel, zuvorkommend, nobel, manierlich (Verhalten) *klein, gering (Streich) *einzeln, besondere, speziell *selten

**Gemeingut:** Allgemeingut, Allgemeinbesitz, Gemeineigentum, Gemeinschaftsbesitz, Gütergemeinschaft, Allmende

**Gemeinheit:** Bosheit, Niedertracht, Hinterlist, Gehässigkeit, böser Wille, Teufelei, Schikane, Bösartigkeit, Übelwollen, Schadenfreude, böse Absicht, Schlechtigkeit, Ruchlosigkeit, Unverschämtheit, Böswilligkeit, Abscheulichkeit *Heuchelei, Verstellung, Vortäuschung, Lippenbekenntnis, Gleisnerei, Scheinheiligkeit

**gemeinsam:** zusammen, kooperativ, vereint, gemeinschaftlich, Seite an Seite, in Zusammenarbeit, alle, im Verein mit, geschlossen, Arm in Arm, im Chor

**gemessen:** ruhig, ausgeglichen, beherrscht, gefaßt, geruhsam, gleichmütig, sicher, würdevoll, harmonisch, abgeklärt, bedacht(sam), besonnen, still, kaltblütig, gezügelt, ruhevoll, überlegen, gemächlich

**Gemessenheit:** Ruhe, Gleichmut, Selbstbeherrschung, Besonnenheit, Gefaßtheit, Gelassenheit, innere Haltung, Abgeklärtheit, Umsicht, Bedacht(samkeit), Gleichgewicht, Kontenance

**gemischt:** undeutlich, nicht eindeutig, vage, unbestimmt, unklar, verschwommen, widersprüchlich, nicht klar *variabel, mannigfaltig, abwechslungsreich, (kunter)bunt, komplex, zusammengesetzt, (verschieden)artig

**gemustert:** gestreift, getupft, meliert, gefleckt, streifig, geblümt, gesprenkelt, kariert, getigert

**gemütlich:** traut, anheimelnd, behaglich, wohlig, lauschig, wohnlich, wohltuend, idyllisch, friedlich, harmonisch, intim *freundlich, umgänglich, ruhig, angenehm, gemächlich

**gemütlos:** kalt, empfindungslos, abscheulich, scheußlich, verabscheuenswürdig, verwerflich, widerlich, hochnäsig, rabiat, unausstehlich

**gemütvoll:** einfühlsam, verständnisvoll, verstehend, weitherzig, einsichtig, gefühlvoll, innerlich, rührselig, sinnenhaft, verinnerlicht

**genannt:** benannt, benamst, sogenannt, zubenannt, beibenannt, des Namens, geheißen

**Gemeingut:** Privatbesitz, Privatvermögen, Privateigentum

**Gemeinheit:** Edelmut, Sanftmut, Geradlinigkeit, Lauterkeit, Aufrichtigkeit, Ehrlichkeit, Geradlinigkeit

**gemeinsam:** einzeln, allein, individuell, getrennt, gesondert, separat

**gemessen:** ruhelos, unruhig, getrieben, rastlos, umhergetrieben *ausgelassen, turbulent, unstet *übereilt, eilig, rasch, überstürzt, schnell, hastig

**Gemessenheit:** Ruhelosigkeit, Unruhe, Rastlosigkeit, Eile *Ausgelassenheit, Turbulenz *Hast, Schnelligkeit

**gemischt:** separat, getrennt, ungemischt *rein *sortiert *eindeutig, bestimmt, klar

**gemustert:** einfarbig, uni, ungemustert, musterlos

**gemütlich:** ungemütlich, unwirtlich, kalt, unbehaglich *herrisch, autoritär, streng, hochnäsig, selbstgefällig, selbstsicher, selbstüberzogen, stolz, überheblich, herablassend, hochmütig (Mensch)

**gemütlos:** gemütvoll, einfühlsam, verständnisvoll, verstehend, weitherzig, einsichtig, gefühlvoll, innerlich, rührselig, sinnenhaft, verinnerlicht

**gemütvoll:** kalt, gemütlos, empfindungslos, abscheulich, scheußlich, verabscheuenswürdig, verwerflich, widerlich, hochnäsig, rabiat, unausstehlich

**genannt:** anonym, ungenannt, namenlos, ohne Namensnennung, inkognito

**genau:** rechtzeitig, auf die Minute / Sekunde, pünktlich *exakt, akkurat, treffsicher, haargenau, prägnant, deutlich, bestimmt, eindeutig, sauber, speziell, unmißverständlich, reinlich, tadellos, wohlgezielt, säuberlich, klar, haarklein, (haar)scharf, treffend, präzise *gründlich, tief, umfassend, eingehend, grundlegend, vollständig, erschöpfend, detailliert, ausführlich, intensiv, profund *buchstäblich, (wort-)wörtlich, (wort)getreu, buchstabengetreu *unbedingt, gerade, eben (noch) *sorgfältig, ordentlich, richtig, fehlerlos, zuverlässig, penibel, pedantisch, fein, minuziös, korrekt, gewissenhaft, sorgsam, kleinlich

**genau:** etwa, rund, ungefähr, zirka, gegen, annähernd, aufgerundet, abgerundet, in etwa, schätzungsweise, überschlägig *pauschal (Preis) *vielleicht, gegen (Zeit) *flüchtig, oberflächlich, vage, lax, großzügig *schlampig, oberflächlich, miserabel, schlecht, mangelhaft (Arbeit) *ungenau, nicht exakt, unpräzise, inexakt *träge, bequem, apathisch, desinteressiert, wurstig, gleichgültig, schwerfällig, teilnahmslos, unbeteiligt

**Genauigkeit:** Akkuratesse, Zuverlässigkeit, Prägnanz, Sorgfalt, Gewissenhaftigkeit, Pflichtbewußtsein, Pflichtgefühl, Schärfe, Bestimmtheit, Sorgfältigkeit, Ausführlichkeit, Akribie, Präzision, Exaktheit, Genauheit, Verantwortungsbewußtsein, Behutsamkeit, Sorgsamkeit, Peinlichkeit, Gründlichkeit, Treffsicherheit

**Genauigkeit:** Ungenauigkeit, Oberflächlichkeit *Unbestimmtheit *Unschärfe, Verschwommenheit, Schemenhaftigkeit, Schattenhaftigkeit, Nebelhaftigkeit *Undurchsichtigkeit *Verblaßtheit

**genauso:** gleicherweise, ebenso, item, gleichermaßen, geradeso, in gleicher Weise, in demselben Maße, auch

**genauso:** verschieden(artig), anders (-artig), abweichend, unterschiedlich, umgekehrt

**genehm:** günstig, passend, willkommen, opportun, lieb, geeignet, erwünscht

**genehm:** unwillkommen, unpassend, unangenehm

**genehmigen:** erlauben, billigen, gutheißen, gewähren, einräumen, zugestehen, s. gefallen lassen, konzedieren *befugen, berechtigen, ermächtigen, autorisieren, bevollmächtigen

**genehmigen:** beantragen, anfragen, einreichen, nachfragen, (er)bitten, einen Antrag stellen *ablehnen, abweisen, verweigern, abschlagen, versagen, untersagen, verhindern, verbieten, verschmähen, entziehen, zurückweisen, weigern, verwerfen

**Genehmigung:** Zustimmung, Zusage, Einverständnis, Plazet, Freibrief, Einvernehmen, Billigung *Erlaubnis, Bevollmächtigung, Vollmacht, Recht, Autorisierung

**Genehmigung:** Antrag, Vorschlag, Bitte *Gesetzesvorlage *Ablehnung, Absage, Abweis(ung), Verweigerung, Zurückweisung, Weigerung, Verschmähung, ablehnende / abschlägige Antwort, Verbot

**geneigt:** gewogen, wohlgesinnt, gnädig, wohlmeinend, freundlich *willig, gefügig, zuvorkommend, willens, gesonnen *krumm, schief, schräg, aufsteigend, absteigend, abfallend

**geneigt:** abhold, abgeneigt, feind, übelwollend, böse, zuwider, gram *aufrecht, gerade, stramm

**generell:** weithin, im allgemeinen, gemeinhin, mehr oder weniger / minder, alles in allem, fast immer, oft, vielfach, grundsätzlich, für gewöhnlich, in aller Regel

**generell:** besonders *individuell *besondere, speziell

**genesen:** gesunden, wiederhergestellt / geheilt werden

**genesen:** krank werden, erkranken, krank sein, zusammenbrechen *gestorben, tot

**Genesung:** Heilung, Besserung, Aufschwung, Stärkung, Rekonvaleszenz, Kräftigung, Wiederherstellung, Neubelebung, Erholung

**Genesung:** Krankheit, Zusammenbruch *Tod

**genial:** ideenreich, einfallsreich, hochbegabt, überdurchschnittlich, schöpferisch, kreativ, begnadet, hochtalentiert, genialisch, geistvoll, geistreich, produktiv, originell

**genial:** unbegabt, unintelligent, dumm (Mensch) *mittelmäßig, normal (Mensch, Erfindung) *unbrauchbar (Plan)

**genießbar:** einwandfrei, trinkbar, eßbar, bekömmlich *annehmbar, passabel, erträglich, leidlich, vertretbar *angenehm, sympathisch, gewinnend, liebenswert, liebenswürdig, lieb, freundlich, nett, reizend, charmant

**genießbar:** ungenießbar, verschimmelt, verdorben *sauer (Getränk) *scharf, schlecht, sauer, versalzen (Suppe) *alt, ranzig (Butter) *madig, faul, wurmig (Obst) *schal (Wasser) *giftig *schlechtgelaunt, übellaunig, mißmutig, grantig, fuchtig, gereizt, grollend, zornig, hitzköpfig, ungehalten, verärgert, verschnupft (Mensch)

**genießen:** auskosten, schwelgen, durchkosten, frönen, Genuß empfinden, ausschöpfen *bekommen, empfangen, erhalten, zuteil werden

**genießen:** entbehren, ver(ab)säumen *entsagen, verschmähen, ablehnen *leiden

**genießerisch:** schlemmerhaft, lukullisch, genüßlich, genußsüchtig, sinnenfreudig, genußfreudig, kulinarisch

**genießerisch:** enthaltsam, mäßig, maßvoll, gemäßigt, abstinent, asketisch, entsagend, zurückhaltend, bescheiden *borstig, garstig, widerwillig, bockig, trotzig

**genormt:** der Norm entsprechend

**genormt:** ungenormt

**genug:** zureichend, sattsam, genügend, hinreichend, zur Genüge, hinlänglich, ausreichend *genug haben: jmdm. widerstehen, überdrüssig / angewidert / angeekelt sein, Ekel / Abscheu empfinden, eine Sache leid sein, bedient sein *satt sein *viel / reichlich / in (großen) Mengen / ausreichend / zur Genüge haben

**genug:** zuwenig, ungenügend *zuviel *überflüssig *nichts *genug haben: mangeln, Not haben / leiden, (ver)missen, entbehren, Mangel haben (an), fehlen, Hunger / Durst haben, hungrig / durstig sein

**genügen:** ausreichen, hinreichen, auskommen, zufriedenstellen, zur Genüge / genug haben, den Bedarf decken

**genügen:** nicht genügen / nachkommen / erfüllen *zuwenig / bitterwenig / spottwenig / lächerlich wenig sein, kaum etwas, nicht genug / genügend sein, gering / nicht viel sein

**genügend:** genug, hinreichend, zureichend, sattsam, ausreichend, zur Genüge

**genügend:** ungenügend, zuwenig, blutwenig, bitterwenig, spottwenig, nicht ausreichend, kaum etwas, minimal, nicht viel, nicht genug / genügend

**genügsam:** bescheiden, anspruchslos, einfach, schlicht, zurückhaltend, frugal *bescheiden, geizig, sparsam, wirtschaftlich, haushälterisch

**genügsam:** anspruchsvoll, ungenügsam, wählerisch, unbescheiden *freigeberisch, großzügig, splendid, spendabel

**Genügsamkeit:** Bescheidenheit, Einfachheit, Anspruchslosigkeit, Schlichtheit, Zurückhaltung

**Genügsamkeit:** Ungenügsamkeit, Anspruch, Unbescheidenheit *Großzügigkeit, Generosität, Hochherzigkeit

**Genuß:** Vergnügen, Wonne, Wohlbehagen, Sinnenfreude, Freude, Hochgenuß, Entzücken, Wollust, Lust, Ergötzen *Schwelgerei, Schlemmerei *Labsal, Annehmlichkeit, Erquickung, Augenweide, Ohrenschmaus, Gaumenkitzel
**genutzt:** gebraucht, verwendet

**geöffnet:** offen, unverschlossen, aufgeschlossen, aufgesperrt, offenstehend, zugänglich, nicht (zu)geschlossen

**geordnet:** ordentlich, aufgeräumt, untadelig, sauber, adrett, gepflegt, genau, korrekt, in Ordnung

**Gepfeife:** Mißfallenskundgebung, Ausbuhen, Auspfeifen, Buhrufe *Kreischen, Gejohle
**gepflastert:** mit Pflastersteinen belegt

**gepflegt:** elegant, apart, adrett, kleidsam, gut angezogen, schick, schmuck, gefällig *ordentlich, sorgfältig, ausgewogen, sauber, überlegt *gewählt, vornehm, geschmackvoll, nobel, kultiviert, soigniert, distinguiert

**geplant:** vorgeplant, überlegt *planmäßig

**gepreßt:** gedrückt, gequetscht *zusammengedrückt, eingezwängt, eingeschnürt, eingeklemmt *entsaftet, ausgepreßt, ausgequetscht
**geputzt:** sauber, rein, poliert, glänzend

**gerade:** eben, vor einem / in diesem Augenblick, jetzt, just, vorhin, unmittelbar vorher *erst recht, sowieso, überhaupt *genau, ausgerechnet, eben noch *aufrichtig, geradewegs, geradeheraus, freiheraus, einfach, direkt, deutlich, unumwunden *wahrhaftig, zuverlässig, vertrauenswürdig, redlich,

**Genuß:** Entbehrung, Mangel, Nachholbedarf, Entsagen *Ekel, Abneigung, Abgeneigtheit, Antipathie, Widerwille, Abscheu *Versagen *Unbehagen

**genutzt:** ungenutzt, offengelassen, ausgelassen
**geöffnet:** zu, verschlossen, (ab)geschlossen, versperrt, zugesperrt, zugeschlossen *zu, versperrt, geschlossen (Schranke) *zu, geschlossen (Augen) *ungeöffnet, zu(geklebt), geschlossen (Brief)
**geordnet:** ungeordnet, wirr, verwirrt, durcheinander, unordentlich, chaotisch, wüst, (kunter)bunt, vermischt, vermengt, wie Kraut und Rüben *ungekämmt, wirr, strubb(e)lig, kraus, zerzaust, struppig, zottig, wüst (Haar)
**Gepfeife:** Applaus, Klatschen, Beifallsdonner, Beifallsorkan, Jubel, Ovation
**gepflastert:** ungepflastert, natürlich, wie gewachsen *geteert *naturbelassen, betoniert (Weg)
**gepflegt:** ungepflegt, vernachlässigt *schmutzig, dreckig, unsauber, unrein (Haut) *abgetragen, verschlissen, ungebügelt, ungewaschen (Kleidung) *zerzaust, kraus, ungekämmt, wirr, strubb(e)lig, strähnig, strobelig, verstrubbelt, zottig, wüst (Haar) *verwildert, ungepflegt, naturbelassen (Garten)
**geplant:** ungeplant, planlos, unbesonnen, unüberlegt, wahllos, ziellos, unbedacht, leichtsinnig, leichtfertig, impulsiv, vorsichtig, fahrlässig, unachtsam *unerwartet, außerplanmäßig
**gepreßt:** natürlich, unbefangen (Stimme) *frisch (Blumen) *leicht, unbeschwert, heiter (Herz) *ungepreßt, locker, lose (Material)
**geputzt:** schmutzig, unsauber, unrein, verschmutzt, ungeputzt
**gerade:** schräg, (wind)schief *abfallend, absteigend, aufsteigend *gekrümmt, krumm, gebeugt, gebückt, geneigt *unaufrichtig, falsch, (hinter-)listig, (aal)glatt, verabscheuenswert, widerlich, (heim)tückisch, unehrlich, charakterlos, ausweichend, ehrvergessen, verächtlich, würdelos, nichtswür-

verläßlich, aufrecht, wahr(haftig), vertrauenerweckend, geradlinig *aufrecht, lotrecht, seiger

dig *krumm, geschlängelt, gekrümmt, gebogen, kurvenreich *gewölbt *kursiv (Schrift) *ungerade (Zahl) *vorhin, heute früh, (vor)gestern (Zeit) *indirekt (Abstammung)

**Gerade:** gerade Linie / Zeile, gerader Strich / Zug

**Gerade:** Schräge, Neigung, Schiefe, Schräglage, Schiefheit, Seitenlage *Kurve, Kehre, Krümmung, Abknikkung, Bogen, Biegung

**geradeaus:** immer in eine Richtung *geradeaus fahren: immer in eine Richtung fahren

**geradeaus:** (nach) links *(nach) rechts *seitlich, seitwärts *in Kurven / Bögen, geschlängelt *geradeaus fahren: abbiegen, einlenken, abschwenken, um die Ecke biegen / schwenken, die Richtung ändern / beibehalten, einbiegen, einschwenken, einen Bogen machen, ablenken

**geradebiegen:** gerademachen *in Ordnung bringen, bereinigen, begleichen, aus der Welt schaffen, versöhnen, vermitteln, einigen

**geradebiegen:** verbiegen, verdrehen *(s.) streiten

**geradelegen:** ordentlich / sauber / akkurat hinlegen

**geradelegen:** hinwerfen, hinschmeißen, verlegen, aufeinanderlegen, durcheinanderlegen, übereinanderlegen

**gerade(n)wegs:** direkt, gradlinig, (schnur)stracks, zielgerichtet, ohne Umweg / Umschweife

**gerade(n)wegs:** auf Umwegen

**gerädert:** erschöpft, durchgedreht, ausgelaugt, entnervt, schlaff, schlapp, müde, atemlos, mitgenommen, kaputt, schwach, kraftlos, entkräftet, abgehetzt, am Ende, aufgerieben, erholungsbedürftig, halbtot, abgeschlafft, schachmatt, groggy, angegriffen, abgespannt, angeschlagen, erschlagen, zerschlagen, k.o., matt, ermattet, überlastet, überanstrengt, abgewirtschaftet, geschafft, erledigt, urlaubsreif, verbraucht, überfordert, abgekämpft, ausgelaugt

**gerädert:** fit, wach, frisch, munter, ausgeschlafen, gesundheitsstrotzend, kraftstrotzend, gestählt

**geraten:** glücken, wunschgemäß verlaufen, gelingen, funktionieren, glattgehen, werden *florieren, gutgehen, gedeihen, Fortschritte machen, ansteigen, Erfolg / Glück haben

**geraten:** mißraten, mißlingen, mißglücken (Arbeit) *vorbeigehen, meiden (Stelle) *herauskommen, s. heraushalten (Lage, Situation)

**geräuchert:** geselcht, aus dem Rauch

**geräuchert:** ungeräuchert, luftgetrocknet (Fleisch, Schinken, Stockfisch)

**geräumig:** weit, breit, groß(flächig), großräumig, ausgedehnt, viel Raum / Platz bietend

**geräumig:** eng, beengt, klein *intim

**Geräumigkeit:** Weite, Breite, Größe, Weiträumigkeit, Platz, Weitflächigkeit, Großzügigkeit

**Geräumigkeit:** Enge, Beengtheit, Raummangel, Platzmangel, Raumnot, Einengung

**Geräusch:** Laut, Ton *Rascheln, Kni-

**Geräusch:** Stille, Geräuschlosigkeit,

stern, Brummen, Gebrumm, Summen, Gesumm *Lärm, Dröhnen, Tumult, Radau

**geräuschlos:** lautlos, still, auf Zehenspitzen / Fußspitzen, leise, kaum vernehmbar / hörbar, ruhig, friedlich, geräuscharm

**Geräuschlosigkeit:** Stille, Lautlosigkeit, Ruhe, Todesstille, Grabesstille

**geräuschvoll:** lärmend, dröhnend, lautstark, polternd, (über)laut, vernehmbar, schallend, (unüber)hörbar, schrill, grell, ohrenbetäubend

**gerecht:** billig, verdient, rechtmäßig, abgemessen, richtig, gebührend, in Ordnung *rechtdenkend, unvoreingenommen, unparteiisch, objektiv, vorurteilslos, unbestechlich, fair, loyal, vorurteilsfrei, redlich

**Gerechtigkeit:** Unvoreingenommenheit, Objektivität, Vorurteilslosigkeit, Fairneß, Unbestechlichkeit, Loyalität, Redlichkeit

**geregelt:** planmäßig, geordnet, ordentlich

**gereift:** (ernte)reif, ausgereift, saftig, genießbar *erwachsen, (voll)mündig, herangewachsen

**gering:** wenig, winzig, karg, dürftig, kümmerlich, spärlich, kärglich, mager, schmal, minimal, jämmerlich, kläglich, geringwertig, nicht viel, lumpig, kaum genug *einfach, nieder, gewöhnlich, von niederer Herkunft, sozial niedrig gestellt *leicht, erträglich, ertragbar *mindere, schlechtere (Qualität) *langsam, schleichend *abgeschwächt *nicht der Rede wert, minimal, unterdurchschnittlich *klein, zierlich, zwergenhaft *niedrig (Geschwindigkeit, Turm, Höhe, Luftdruck) *tief, niedrig (Flughöhe) *gesunken, abgeschwollen, flach, niedrig, seicht (Wasserstand) *klein, zwergwüchsig, niedrig, kriechend (Pflanze) *mäßig, klein (Preis) *wenig, primitiv, einfach, mangelhaft (Kenntnisse) *mittlere, durchschnittlich, unbefriedigend, mangelhaft, klein, ausreichend, ungenügend (Leistung) *mäßig, schwach, unterentwickelt (Handel) *schwach, leicht *billig, geringwertig, preiswert *schleppend,

Ruhe, Lautlosigkeit, Todesstille, Grabesstille

**geräuschlos:** geräuschvoll, durchdringend, hörbar, grell, gellend, lauthals, laut(stark), überlaut, vernehmlich, schrill, ohrenzerreißend, ohrenbetäubend, markerschütternd, aus Leibeskräften, unüberhörbar

**Geräuschlosigkeit:** Krach, Lärm, Gedröhn, Gepolter, Rabatz, Radau, Spektakel, Tumult, Geräusch

**geräuschvoll:** still, ruhig, friedlich, leise, verhalten, lautlos, kaum hörbar / vernehmlich / vernehmbar, geräuscharm, geräuschlos

**gerecht:** voreingenommen, ungerecht, subjektiv, parteiisch, befangen, einseitig (Mensch) *ungerecht (Strafe) *schmutzig, übel, anrüchig (Angelegenheit, Tat) *überhöht, ungerechtfertigt (Forderung)

**Gerechtigkeit:** Ungerechtigkeit, Ungleichkeit, Voreingenommenheit

**geregelt:** ungeregelt, liederlich, planlos, regellos, unregelmäßig

**gereift:** unreif, unvernünftig, kindisch *grün (Obst)

**gering:** hoch, hübsch, genügend, sagenhaft, ordentlich, stattlich, reichlich, einträglich, außergewöhnlich, beträchtlich, ansehnlich (Einkünfte, Summe, Gewinn) *schlimm, arg, folgenreich, furchtbar (Versehen) *stark, heftig, fürchterlich, wahnsinnig, furchtbar, unmenschlich, unsagbar, unerträglich (Schmerz) *lebhaft, intensiv, rege (Handel) *(sehr) gut, hervorragend (Qualität) *stark, intensiv, unerhört, groß, gewaltig, imposant, hoch, beachtlich, fabelhaft, beträchtlich, äußerst, enorm, ungeheuer, unheimlich *unbändig, groß, heftig (Zorn) *unermeßlich, wertvoll, unschätzbar, hoch, ohnegleichen (Wert) *hoch, rasend, überhöht (Geschwindigkeit) *beißend, eisig, grimmig, schneidend, abscheulich, stark, wahnsinnig, sibirisch (Kälte) *groß, anerkennenswert, rühmlich, lobenswert, hervorragend, beachtlich, sensationell (Leistung) *gesalzen, ansehnlich, übermäßig, überhöht, hoch

im Kriechtempo / Schrittempo, schleichend, langsam, bedächtig *preiswert, (spott)billig, preisgünstig, fast umsonst *wenig, leicht *überschlagen, mollig, warm, angenehm, lau, lind *niedrig, limitiert

**geringfügig:** unbedeutend, unwichtig, unwesentlich, leicht, nicht ins Gewicht fallend, unbeträchtlich, belanglos, unerheblich, lächerlich, sehr klein, nicht der Rede wert, von geringem Ausmaß
**geringschätzig:** abfällig, abschätzig, abwertend, mißbilligend, verächtlich, despektierlich, pejorativ, wegwerfend, respektlos, unfreundlich, übel, schlimm, schlecht, scharf, tadelnd, vernichtend, entwürdigend
**gern(e):** anstandslos, bereitwillig, freudig, mit Freude / Vorliebe / Vergnügen

**Gerücht:** Sage, Legende, Fama, Ondit, Gerede, Klatsch, Flüsterpropaganda

**gerührt:** ergriffen, betroffen, bewegt, überwältigt, aufgewühlt, erschüttert, erregt, (tief) beeindruckt

**geruhsam:** ruhig, gemächlich, ruhevoll, gemütlich, behaglich, beschaulich, friedlich, ohne Eile / Überstürzung / Hast *überlegen, gemessen, beherrscht, gezügelt, sicher, gelassen, bedacht

**gesalzen:** salzig, versalzen *übertrieben, übermäßig, unerschwinglich, teuer, kostspielig, überteuert, zu teuer *bitterböse, garstig, boshaft
**gesammelt:** gebunden, abgeheftet *aufmerksam, andächtig, angespannt, angestrengt, konzentriert

**gesamt:** total, in vollem Maße / Umfang, insgesamt, in jeder Beziehung / Hinsicht, überhaupt, ganz und gar, wirklich, schlechtweg, schlechterdings,

(Rechnung) *stattlich, beachtlich, strotzend, massig, stämmig, groß, gigantisch, riesenhaft (Größe) *tüchtig, ordentlich, recht(schaffen), stattlich *umfangreich, viel *verheerend, katastrophal *heftig, stark, katastrophal (Niederschlag) *bitter, schreiend (Unrecht) *unmenschlich, irr, tropisch, wahnsinnig, glühend, heiß (Hitze) *hoch, reich, gewinnbringend, einträglich (Ausbeute) *schlimm, herb (Enttäuschung) *eindrucksvoll, beeindruckend (Eindruck) *hoch (Auflage)
**geringfügig:** stark, groß, schlimm (Verletzungen)

**geringschätzig:** ehrfurchtsvoll, ehrerbietig, respektvoll, ehrfürchtig, achtungsvoll, pietätvoll

**gern(e):** ungern, lustlos, ungeneigt, widerwillig, widerstrebend, widerspenstig, abgeneigt
**Gerücht:** Wahrheit, Wirklichkeit, Realität, Tatsache, Gegebenheit, Sachverhalt, Sachlage
**gerührt:** ungerührt, unberührt, abgeklärt, ruhig, unbeteiligt, ausgeglichen, beherrscht, besonnen, unerschütterlich, gefaßt, sicher, still, überlegen, kalt(blütig) *gleichgültig, desinteressiert, wurstig, teilnahmslos
**geruhsam:** hektisch, eilig, stürmisch, ungestüm, übereilt, wild, unstet, fiebrig, heftig, hitzig, hastig, turbulent, überstürzt, ruhelos, fieberhaft, fahrig *aktiv, regsam, unternehmend, unternehmungslustig, rührig, tätig *aggressiv, hitzig, leidenschaftlich, offensiv
**gesalzen:** ungesalzen, salzlos *versalzen *süß *naturbelassen, ungewürzt *freundlich, höflich, nett (Brief) *angemessen, niedrig (Rechnung)
**gesammelt:** unkonzentriert, (geistes-)abwesend, zerfahren, unaufmerksam, abgelenkt, zerstreut *lose, ungebunden, ungebündelt
**gesamt:** teilweise *im einzelnen, einzeln

hundertprozentig, überhaupt, absolut, genau, grundlegend, voll(kommen), völlig, lückenlos, vollständig, vollends, alle, sämtliche

**Gesamtausgabe:** Edition, (ungekürzte) Ausgabe

**Gesamtheit:** Ganzheit, das Ganze, Vollständigkeit, Einheit, Allgemeinheit

**gesättigt:** satt, zufrieden, nicht mehr hungrig

**geschäftlich:** dienstlich, offiziell, behördlich, formell, von Amts wegen, unpersönlich *finanziell, geldlich, pekuniär, kommerziell, merkantil, wirtschaftlich, kaufmännisch, gewerblich, beruflich

**Geschäftsführung:** Chef, Geschäftsleitung

**Geschäftsmann:** Kaufmann, Händler, Businessman

**geschäftstüchtig:** durchtrieben, geschickt, gewieft, listig, verschmitzt, taktisch, (bauern)schlau, clever, diplomatisch, abgefeimt, gewitzt, raffiniert, ausgefuchst, ausgekocht, gerissen, verschlagen

**geschehen:** verlaufen, s. ereignen / vollziehen / abspielen / zutragen / begeben / einstellen, zustande kommen, eintreten, vorgehen, sein, vorfallen, vorkommen, passieren, erfolgen *etwas geschehen lassen:* billigen, tolerieren, zulassen, gewähren / gelten lassen

**gescheit:** intelligent, klug, begabt, vernünftig, scharfsinnig, wach, aufgeweckt, klar denkend, geistreich, vernunftbegabt, lernfähig, denkfähig, besonnen, weise, mit Geist *gut, klug, positiv, hervorragend

**geschichtlich:** historisch, überliefert, authentisch, verbürgt, bezeugt *zukunftsweisend, geschichtsträchtig, bedeutsam, bedeutungsvoll, bedeutungsschwer

**geschickt:** fingerfertig, geschicklich, kunstfertig, praktisch, anstellig, routiniert, flink, fix, geübt *aufgeweckt, gewandt *begabt, talentiert, patent, fähig *positiv, gut, klug, vorteilhaft

**geschieden:** getrennt, nicht mehr verheiratet

**Gesamtausgabe:** Auszug, Auswahl, Teilwerk

**Gesamtheit:** Individuum, Einzelne(r) *Feinheit, Einzelheit, Detail

**gesättigt:** ungesättigt (chemische Lösung) *ungesättigt, hungrig, ausgehungert, unterernährt, nüchtern (Lebewesen)

**geschäftlich:** privat

**Geschäftsführung:** Arbeiter, Arbeitnehmer, Beschäftigte

**Geschäftsmann:** Privatmann, Privatperson

**geschäftstüchtig:** brav, naiv, primitiv *verschwenderisch, großzügig

**geschehen:** unterbleiben, unterlassen werden, ausbleiben *ausfallen, absetzen, abblasen *etwas geschehen lassen:* verhindern, abwenden, hindern an, unterbinden, verhüten, abstellen, durchkreuzen, vereiteln, zunichte machen, hintertreiben, blockieren

**gescheit:** dumm, dümmlich, töricht, unbedarft, unintelligent, unverständig, unklug, schlicht, einfach (Mensch) *schlecht, dumm, töricht, blöd, unverständig, unsinnig, unverständlich, unklug (Einfall)

**geschichtlich:** gleichzeitig, jetzt *zukünftig, nachher, später

**geschickt:** ungeschickt, unbeholfen, plump, schwerfällig, ungewandt, tölpelhaft, träge, einfältig, tappig (Mensch) *unklug, ungeschickt, dumm, unvorteilhaft, schlecht, nachteilig (Tat)

**geschieden:** verehelicht, verheiratet *getrennt lebend *ledig

**geschlagen:** besiegt, bezwungen, erledigt, am Boden, unterlegen, schachmatt, k.o., knockout, außer Gefecht
**geschlechtlich:** erotisch, sexuell

**geschliffen:** routiniert, sicher, erfahren, geschickt, taktisch, diplomatisch, flexibel, gewandt *schneidend, spitz, scharf(kantig), geschärft *gewandt, ausgefeilt, gewählt, stilistisch
**geschlossen:** zusammenhängend, einheitlich, organisch, gewachsen, unteilbar, aus einem Guß *gemeinschaftlich, kollektiv, kooperativ, zusammen, alle, gemeinsam *zugeschlossen, abgeschlossen, abgesperrt, verschlossen, abgeriegelt, zugesperrt, dicht, unbetretbar, nicht offen / zugänglich / geöffnet, zu
**Geschmack:** Würze, Aroma *Zuneigung, Gefallen, Echo, Resonanz, Anklang, Sympathie, Interesse, Wohlwollen *Stilgefühl, Stil(empfinden), Kunstverständnis, Qualitätsgefühl, Formgefühl, Gout, Kultur, künstlerisches / ästhetisches Empfinden
**geschmacklos:** stillos, unschön, formlos, kitschig, häßlich, überladen, stilwidrig *ohne Geschmack / Aroma / Würze, würzlos, ungewürzt, abgestanden, lau, schal *taktlos, ohne Takt / Zartgefühl / Feingefühl, unverschämt, ungebührlich
**Geschmacklosigkeit:** Stilwidrigkeit, Formlosigkeit, Kitsch *Fadheit *Taktlosigkeit, Unverschämtheit
**geschmackvoll:** apart, stilvoll, hübsch, passend, kultiviert, schön, ästhetisch, vornehm, nobel, elegant, künstlerisch, schick, kleidsam, gewählt, auserlesen, fein, smart, gut angezogen, distinguiert *schmackhaft, lecker, kulinarisch
**geschmeidig:** elastisch, flexibel, beweglich, wendig, weich

**geschminkt:** schön / zurechtgemacht, gepudert, angemalt, aufgedonnert *andeutungsweise, gelogen, erlogen

**geschmort:** gedünstet, weich, gar

**geschmückt:** verziert, verschnörkelt, verbrämt
**geschraubt:** geziert, gekünstelt, affektiert, manieriert, schwülstig, hochtra-

**geschlagen:** ungeschlagen, siegreich, unbesiegt (Sportler)

**geschlechtlich:** geistig, platonisch *ungeschlechtlich (Vermehrung)
**geschliffen:** ungeschliffen, roh (Edelstein) *holprig, stockend, schlecht formuliert (Rede) *roh, ungeschliffen, grob, tölpelhaft, ungeschickt, einfältig (Benehmen)
**geschlossen:** geöffnet, unverschlossen, aufgeschlossen, sperrangelweit, offen (-stehend), auf *(verkaufs)offen (Geschäft) *uneinig, uneins *öffentlich (Veranstaltung) *separat, getrennt, einzeln *auseinanderliegend, verstreut (Ortschaft)

**Geschmack:** Geschmacklosigkeit, Schalheit, Fadheit, Flauheit, Geschmacksleere, Nüchternheit, Saftlosigkeit (Essen) *Geschmacklosigkeit, Albernheit, Gemeinheit, Abgeschmacktheit, Plattheit, Verrohung, Taktlosigkeit (Verhalten)
**geschmacklos:** geschmackvoll, chic, entsprechend (Kleidung) *höflich, taktvoll (Bemerkung, Antwort) *gefällig, geschmackvoll

**Geschmacklosigkeit:** Geschmack, Aroma, Würze *Geschmack (Kleidung) *Höflichkeit, Takt(gefühl)
**geschmackvoll:** geschmacklos, albern, flach, gemein, abgeschmackt, platt, gewöhnlich (Einstellung) *geschmacklos, fad(e), flau, abgestanden, salzarm, ohne Geschmack, ungewürzt, würzlos, nichtssagend, kraftlos, unappetitlich
**geschmeidig:** hart, spröde *ungeschickt, plump, schwerfällig, tolpatschig, tappig, steif(beinig)
**geschminkt:** ungeschminkt, natürlich, naturbelassen (Gesicht) *ungeschminkt, wahr, offen, wirklich, tatsächlich, gewesen
**geschmort:** gebraten *gekocht *gegrillt *naturbelassen *roh
**geschmückt:** ungeschmückt, einfach, schlicht, schmucklos
**geschraubt:** natürlich, einfach, genau, präzise (Stil, Ausdruck) *genagelt *ge-

bend, unecht, gespreizt, gestelzt, gestellt, gezwungen, geschwollen, künstlich, unnatürlich

**Geschrei:** Brüllen, Lärm, Gebrüll, Krach, Johlen *Gejammer, Lamentieren, Wehklagen, Gewimmer, Geheul, Gezeter, Stöhnen, Wehgeschrei

**geschützt:** windstill, nicht zugig, windgeschützt *sicher, abgeschirmt, unbedroht, behütet, ungefährlich, geborgen, gesichert

**geschwätzig:** klatschhaft, klatschsüchtig, redselig, schwatzhaft, aufdringlich / viel redend

**geschwind:** schnell, hurtig, rasch, blitzartig, wie ein Pfeil / ein Blitz / der Wind

**Geschwindigkeit:** Tempo, Eile, Schnelle, Schnelligkeit, Hast, Behendigkeit

**geschwollen:** dick, aufgebläht, aufgedunsen, aufgetrieben *geziert, geschraubt, gekünstelt, affektiert, manieriert, schwülstig, hochtrabend, unecht, gespreizt, gestelzt, gestellt, gezwungen, künstlich, unnatürlich *überheblich, eingebildet, aufgeblasen

**gesellig:** unterhaltsam, vergnügt, unterhaltend, amüsant, angenehm, anregend, kurzweilig, lustig, fröhlich, fidel, ergötzlich *gastfreundlich, gastfrei, großzügig, freigebig, spendabel, gastlich *kontaktfreudig, soziabel, menschenfreundlich, kontaktfähig, aufgeschlossen, umgänglich, kommunikationsfreudig, extravertiert

**Geselligkeit:** gesellschaftlicher Verkehr / Umgang, Soziabilität *Gesellschaft, festliches / geselliges Beisammensein, Fest, Zusammenkunft

**Gesellschaft:** geselliges / festliches Beisammensein, Zusammensein, Zusammenkunft, Fest, Festivität, Geselligkeit *Begleitung, Verkehr, Umgang *Allgemeinheit, Öffentlichkeit *Firma, Betrieb, Unternehmen *Gruppe, Gemeinschaft, Team *in Gesellschaft: mit anderen, in Begleitung, zu zweit usw.

**gesellschaftlich:** politisch, sozial, allgemein, kollektiv, öffentlich *bedeutsam, bedeutend, wichtig, groß, bedeutungsvoll

leimt, geklebt *gedübelt

**Geschrei:** Schweigen, Frieden, Grabesstille, Lautlosigkeit, Ruhe, Geräuschlosigkeit, Stille, Totenstille *Pause

**geschützt:** ungeschützt, schutzlos, ungeborgen, hilflos, unsicher, unbehütet, unbeschirmt, ausgeliefert, wehrlos, preisgegeben *allein *frei (Lage, Ware)

**geschwätzig:** still, stumm, (wort)karg, steif, lakonisch, verschwiegen, mundfaul, maulfaul, schweigsam, einsilbig, verschlossen

**geschwind:** langsam, bedächtig, schleppend, im Schneckentempo / Schritt, gemächlich

**Geschwindigkeit:** Langsamkeit, Gemächlichkeit, Schneckentempo, Trödelei, Bummelei, Saumseligkeit

**geschwollen:** abgeschwollen (Verletzung) *einfach, natürlich, genau, präzise (Stil)

**gesellig:** ungesellig, abweisend, ungastlich, unwirsch, unzugänglich, unnahbar, zurückhaltend *verlassen, zurückgezogen, isoliert, abgeschieden, einsam, vereinsamt, (mutterseelen)allein

**Geselligkeit:** Einsamkeit, Alleinsein, Zurückgezogenheit, Vereinsamung, Isolierung, Abgeschiedenheit, Verlassenheit

**Gesellschaft:** Einsiedelei, Eremitage, Klause, *Individuum, Einzelne(r), Subjekt *Einsamkeit, Zurückgezogenheit, Alleinsein, Abgeschiedenheit, Verlassenheit, Vereinsamung, Isolierung *in Gesellschaft: allein, zurückgezogen, abgeschieden, einsam, verlassen, vereinsamt *individuell

**gesellschaftlich:** individuell, persönlich, subjektiv, individualistisch, einzelgängerisch, eigenbrötlerisch *privat, anonym, inkognito, namenlos, ungenannt

**gesellschaftsfähig:** salonfähig, (welt-) gewandt, geschliffen, (welt)erfahren *anständig, manierlich, höflich, sittsam, korrekt

**gesellschaftsfähig:** verschlossen, unzugänglich, aufmüpfig, bockig, aufsässig, eigensinnig, eisern, halsstarrig, frostig, kontaktarm, kontaktschwach, kühl, menschenscheu, menschenfeindlich, unaufgeschlossen, unbelehrbar, unterkühlt, verhalten, verstockt, widerborstig, zugeknöpft, widerspenstig, undurchdringlich, undurchschaubar, unnahbar

**Gesetz:** Verfassung, Recht, Lex *Regelmäßigkeit, Gesetzmäßigkeit, Norm, Regel, Ordnung, Prinzip, Standard, Grundsatz *Verfügung, Verordnung, Vorschrift, Statut, Bestimmung, Weisung, Paragraph, Diktat, Order, Gebot, Geheiß, *Erlaß, Edikt, Maßnahme, Richtlinie

**Gesetz:** Willkür, Gewalt, Zwang *Einmaligkeit, Zufall

**gesetzgebend:** legislativ, Gesetze erlassen

**gesetzgebend:** ausführend, vollziehend, exekutiv *richterlich(e) / judikativ(e) (Gewalt)

**gesetzlich:** rechtmäßig, legal, juristisch, legitim, rechtlich, gesetzmäßig, rechtskräftig, begründet, ordnungsgemäß, vorschriftsmäßig, geschrieben, dem Gesetz / Recht entsprechend, zu Recht / Gesetz, nach den Paragraphen / dem Gesetz *genehmigt, abgesprochen, abgesichert, legal *zwangsweise, vorgeschrieben

**gesetzlich:** ungesetzlich, illegal, gesetzwidrig, kriminell, strafbar, unerlaubt, unzulässig, verfassungswidrig, untersagt, illegitim, unstatthaft *krumm, schwarz, faul, dunkel, verschwommen *willkürlich, wahllos, unkritisch, unüberlegt, ohne Überlegung *wild, ungesetzlich, nicht abgesichert / abgesegnet / genehmigt (Aktion) *freiwillig (Abgabe)

**gesetzmäßig:** rechtmäßig *regelmäßig, naturgemäß *angeordnet

**gesetzmäßig:** ungesetzmäßig, planlos, zufällig, wild

**gesetzt:** ruhig, ausgeglichen, beherrscht, gefaßt, geruhsam, gleichmütig, sicher, würdevoll, harmonisch, abgeklärt, bedacht(sam), besonnen, still, kaltblütig, gezügelt, gemessen, ruhevoll, überlegen, gemächlich

**gesetzt:** ungestüm, aktiv, regsam, tätig, unternehmungslustig, unternehmend *temperamentvoll, forsch, draufgängerisch, furchtlos, herzhaft, todesmutig, toll(kühn), unerschrocken, unverzagt, waghalsig, verwegen, beherzt, wagemutig (Verhalten) *nervös, hektisch, getrieben, rastlos, unruhig, ruhelos *unreif, unausgegoren, unbesonnen

**gesetzwidrig:** verfassungswidrig, rechtswidrig, ordnungswidrig, unrechtmäßig, ungesetzlich, unrechtlich, widerrechtlich, sträflich, strafbar, illegal, illegitim, kriminell, verboten, verpönt, unerlaubt, unzulässig, unstatthaft, tabu, untersagt, unbefugt, irregulär, ohne Recht / gesetzliche Grundlage

**gesetzwidrig:** legitim, gesetzlich, legal, rechtlich begründet, rechtmäßig, juristisch, gesetzmäßig, rechtskräftig, ordnungsgemäß

**gesichert:** ungefährlich, ungefährdet, gefahrlos, geborgen, geschützt, unbedroht, behütet, beschirmt, risikolos, sicher *begründet, unangreifbar, fundiert, hieb- und stichfest

**gesichert:** ungesichert, gefährlich, riskant, brenzlig, gefahrvoll, gewagt *hypothetisch *ungesichert, nicht fundiert, unbegründet (Meinung) *ärmlich, primitiv, einfach, kümmerlich, dürftig

**gesittet:** sittsam, korrekt, gehorsam, folgsam, brav, gefügsam, artig, ergeben, anständig, lieb, gefügig, (gut)willig, zahm, willfährig, wohlerzogen, lenkbar, manierlich

**gesondert:** extra, individuell, einzeln, isoliert, speziell, separat, für s. (allein), (ab)getrennt

**gespannt:** straff, nicht locker, stramm *dramatisch, spannungsgeladen, explosiv, kritisch, gereizt, verhärtet, dramatisch *erwartungsvoll, gefesselt, neugierig, ungeduldig, begierig, fiebrig, interessiert, aufmerksam

**gespenstisch:** grauenhaft, grauenerregend, grauenvoll, greulich, gräßlich, grausig, düster, schrecklich, entsetzlich, schauervoll, schauderhaft, schauerlich, schaurig, spukhaft, furchtbar, fürchterlich, unheimlich, gruselig, katastrophal, horrend *(stock)dunkel

**gesperrt:** verstellt, unbefahrbar, unbegehbar

**gesprächig:** redefreudig, mitteilsam, redselig, redelustig, geschwätzig

**gestaltet:** geformt, strukturiert, gegliedert, gebildet, geordnet, untergliedert, unterteilt, aufgeteilt, systematisiert *klar formuliert / gegliedert, ausgefeilt, einwandfrei, gewählt, geschliffen

**gestaltlos:** ungestaltet, ohne Gliederung / Struktur, strukturlos, formlos, ungeformt, ungegliedert, amorph, unstrukturiert

**Geständnis:** Beichte, Eingeständnis, Schuldbekenntnis, Sündenbekenntnis, Offenbarung

**Gestank:** übler / schlechter Geruch, Ausdünstung, verbrauchte Luft

**gestatten:** erlauben, stattgeben, genehmigen, gewähren, einwilligen, tolerieren, bewilligen, einräumen, billigen *s.

*ausgeliefert, ausgesetzt, preisgegeben, unbeschirmt, ungeborgen, wehrlos, unbehütet, unsicher, schutzlos, ungeschützt

**gesittet:** ungesittet, lasterhaft, sittenlos, liederlich, unkeusch, unmoralisch, ordinär, verrucht, zuchtlos, verworfen, verdorben *ungesittet, böse, garstig, schlimm, aufsässig, widerspenstig, frech, unartig, ungezogen, vorwitzig, trotzig, unfolgsam, unruhig

**gesondert:** gemeinsam, zusammen *anliegend, beiliegend (Post) *mit anderen, zu zweit / dritt / ...

**gespannt:** entspannt, spannungslos, beruhigt, entkrampft (Lage) *entspannt, locker, schlaff, schwer, lose, aufgelockert *lasch

**gespenstisch:** hell, klar, sternenklar (Nacht) *real, wirklich, tatsächlich, wahrhaftig (Erscheinung)

**gesperrt:** frei, offen, durchgängig, befahrbar (Zufahrt)

**gesprächig:** schweigsam, wortlos, mundfaul, maulfaul, verschwiegen, verschlossen, still(schweigend), stumm, einsilbig, lakonisch *gehemmt, verkrampft, unsicher, schüchtern

**gestaltet:** ungestaltet, gestaltlos, ohne Gliederung / Struktur, strukturlos, formlos, ungeformt, ungegliedert, amorph, unstrukturiert *umständlich, weitschweifig, langatmig *fehlerhaft, abgehackt, unsicher, stümperhaft

**gestaltlos:** ausgefeilt, klar formuliert / gegliedert, (stilistisch) einwandfrei, gewählt, geschliffen (Rede) *gestaltet, geformt, gegliedert, gebildet, geordnet, strukturiert

**Geständnis:** Widerruf, Ableugnung, Absage, Sinneswandel, Sinneswechsel, Zurücknahme, Zurückziehung *Lüge, Leugnen, Erfindung, Geflunker, Lügenmärchen

**Gestank:** Wohlgeruch, Duft *Bukett, Blume (Wein) *Aroma

**gestatten:** verbieten, untersagen, versagen, verwehren, verhindern, unterbinden *verhindern, abwehren, (ver-)

gefallen lassen / einverstanden erklären, zustimmen, beipflichten

**gestehen:** aussagen, beichten, bekennen, eingestehen, einräumen, geständig sein, zugeben, offenbaren, sein Gewissen erleichtern, eine Beichte ablegen, eine Aussage machen, ein Geständnis ablegen / machen, jmdm. etwas entdecken / eröffnen, die Karten aufdecken / offen auf den Tisch legen

**gestern:** am gestrigen Tage *vergangen, vorbei *altmodisch

**gestorben:** erledigt, geliefert, knock out *tot, abgelebt, heimgegangen, (ab)geschieden, verstorben, verschieden, leblos, entseelt, erloschen, selig, von uns gegangen

**gestört:** störungsreich *(an)gespannt, unkollegial, aggressiv *unterbrochen

**gestreßt:** erschöpft, gerädert, durchgedreht, ausgelaugt, entnervt, schlaff, schlapp, müde, atemlos, mitgenommen, kaputt, schwach, kraftlos, entkräftet, abgehetzt, am Ende, aufgerieben, erholungsbedürftig, halbtot, abgeschlafft, schachmatt, groggy, angegriffen, abgespannt, angeschlagen, erschlagen, zerschlagen, k.o., matt, ermattet, überlastet, überanstrengt, abgewirtschaftet, geschafft, erledigt, urlaubsreif, verbraucht, überfordert, abgekämpft

**gestrig:** altmodisch, unmodern, vergangen, veraltet, vorbei, überholt, konservativ, unzeitgemäß, ungebräuchlich

**Gesuch:** Antrag, Eingabe, Anfrage, Bitte, Bittschrift, Ansuchen, Petition,

wehren, vorbeugen *s. nicht wagen / trauen / erlauben

**gestehen:** abstreiten, bestreiten, (ab)leugnen, absprechen, dementieren, verneinen, als falsch / unrichtig / unwahr / unzutreffend bezeichnen, s. verwahren gegen, von s. weisen, lügen, Ausflüchte machen, Ausreden haben *geheimhalten, verheimlichen, vorenthalten, (ver)schweigen, verbergen, verschleiern, verstecken, bemänteln, vertuschen, für s. behalten, totschweigen, nichts sagen, stillschweigen, hart bleiben, verstummen, übergehen, unerwähnt lassen *täuschen, anlügen, belügen, irreführen, betrügen *widerrufen, absagen, dementieren, zurücknehmen, abstreiten

**gestern:** heute, jetzt, augenblicklich, eben, gegenwärtig, gerade, just (-ament), momentan, soeben, zur Zeit, am heutigen Tage, zur Stunde, im Augenblick / Moment, derzeit *später, bald, demnächst, einmal, einst, künftig, weiterhin, zukünftig, in Zukunft, morgen

**gestorben:** lebend(ig), geboren, atmend, belebt, lebensfähig, lebenskräftig *genesen, kerngesund, gerettet

**gestört:** ungestört, störungsfrei, entstört, störungslos *ruhig, einsam, ungestört, intim *intakt, funktionierend, in Ordnung

**gestreßt:** frisch, fit, munter, kraftstrotzend, gesundheitsstrotzend, wach, (kern)gesund, ausgeruht, unverbraucht, erholt, leistungsfähig, in Form

**gestrig:** heutig, jetzig, augenblicklich, gerade, gegenwärtig, (so)eben, just, momentan *morgig, demnächst, später, bald, (zu)künftig, weiterhin, in Zukunft

**Gesuch:** Ablehnung, Absage, Abweisung, Verweigerung, Weigerung, Zu-

Fürbitte, Bittgesuch, Bewerbung, Bittschreiben, Bettelbrief

**gesund:** nicht krank, blühend, kerngesund, arbeitsfähig, wohl(auf) *intakt, heil, unverletzt, unversehrt *natürlich, normal, einsichtig, verständig, vernünftig *gesundheitsfördernd, nahrhaft, bekömmlich, kräftigend, zuträglich, aufbauend *rein, durchblutet, rosig, glatt *frisch, rein, sauber (Luft) *gesundheitsbewußt, ernährungsbewußt *ausgeglichen *harmonisch, gemessen, ruhig *erholt, frisch *vitaminreich *einwandfrei *intakt, stabil *gepflegt *partnerschaftlich, intakt *normal

**gesunden:** genesen, auf dem Weg der Besserung sein, geheilt / gesund / wiederhergestellt werden, seiner Genesung entgegensehen *s. erholen / bessern, aufwärtsgehen
**Gesundheit:** Wohl(befinden), Wohlergehen, gutes Befinden, Rüstigkeit, Wohlsein, Frische, langes Leben, gute Verfassung
**geteilt:** zweigeteilt, auseinander, getrennt, in Teile / Abschnitte zerlegt, aufgeteilt, eingeteilt
**getragen:** gebraucht, second hand *langsam, mäßig, gemäßigt, moderato

**getrauen (s.):** riskieren, wagen, s. unterstehen / erdreisten / erkühnen / vorwagen / unterfangen
**geträumt:** unwirklich, unreal, erträumt

**getrennt:** geteilt, unverbunden *für sich, isoliert, vereinzelt, gesondert, einzeln, separat ***getrennt lebend:** ge-

rückweisung, Versagung, ablehnende / abschlägige Antwort *Bewilligung, Zustimmung, Einwilligung, Gewährung, Genehmigung, Einverständnis *Forderung, Ultimatum
**gesund:** krank, unwohl, arbeitsunfähig, bettlägerig, kränklich, erschöpft, kränkelnd, elend, unpäßlich, übel, unheilbar, kaputt, gestreßt, siech(end), krankhaft, leidend, gebrechlich, invalid, dienstunfähig, klapprig *krankhaft, übersteigert, unersättlich, rücksichtslos, übertrieben, maßlos, unstillbar, unmäßig (Ehrgeiz) *unrein, pickelig, fleckig (Haut) *verpestet, verbraucht, stickig, ungesund, stinkig (Luft) *unvernünftig, unbesonnen, fahrlässig, impulsiv, leichtsinnig, planlos, unvorsichtig, ziellos, leichtfertig (Menschenverstand) *verdorben, krank, schlecht (Magen) *ungesund, hastig, unstet, rastlos, nervös, getrieben, ruhelos (Lebensweise) *faul(ig), modrig (Holz) *ungesund, kränklich, käsig, fahl, kreidebleich, (leichen-) blaß, (toten)bleich, totenblaß, krank (Aussehen) *gespritzt (Fleisch, Gemüse, Obst) *faul (Gemüse) *alt, grau, welk (Teint) *krank, instabil (Wirtschaft) *krank, faul, kariös (Zähne) *krank, gestört (Ehe)
**gesunden:** erkranken, s. anstecken / etwas zuziehen, eine Krankheit bekommen, krank werden / sein / bleiben, kränkeln *heruntergehen, niedergehen, zusammenbrechen (Wirtschaft)
**Gesundheit:** Krankheit, Beschwerden, Kränklichkeit, Leiden, Qual, Pein, Seuche, Übel, Unwohlsein, Zusammenbruch, Gebrechen, Siechtum
**geteilt:** ungeteilt, einig, zusammen, ganz, im ganzen

**getragen:** frisch, neu, ungebraucht, ungetragen (Wäsche, Kleider) *schnell, bewegt, rhythmisch, modern, flott (Musik)
**getrauen (s.):** s. fürchten / scheuen / zurückhalten, zögern, zagen, zaudern, Angst haben, abwarten, bangen
**geträumt:** wirklich, tatsächlich, real, gewesen, passiert
**getrennt:** beisammen, beieinander, aneinander, im ganzen *zusammen, ungetrennt, gemeinsam, geschlossen *ge-

schieden sein *nicht miteinander lebend, getrennt sein

**getreu:** treu(gesinnt), anhänglich, zuverlässig, ergeben, loyal, fest, beständig, treu und brav, getreulich *genau,
exakt, akkurat, treffend, präzise, haargenau, haarklein, (haar)scharf, klar,
deutlich, gemäß
**Getriebe:** Räderwerk, Maschinerie
*Gedränge, Gewühl, Getümmel, Ge-
woge, Menschenansammlung, Durcheinander
**getrocknet:** trocken, ausgetrocknet,
gedorrt, gepreßt
**getrost:** vertrauensvoll, zuversichtlich,
unverzagt, ruhig, guten Mutes
**getrübt:** trübe, unklar, unsauber *gedrückt

**Getümmel:** Menge, Gewühl, Tumult,
Menschenansammlung, Auflauf,
Durcheinander, Wirbel, Betrieb
**geübt:** geprobt, einstudiert, vorbereitet

**gewachst:** eingewachst, behandelt
**gewagt:** abenteuerlich, waghalsig, gefährlich, riskant, tollkühn, verwegen,
mutig, heikel, zweischneidig, selbstmörderisch *der letzte Schrei, ultramodern, ausgefallen, extravagant
**gewählt:** bestimmt, ausgewählt *gehoben, nobel, vornehm, gepflegt, distinguiert *elegant, auserlesen, ausgesucht, kultiviert
**gewähren:** genehmigen, gestatten, zugestehen, zustimmen, zulassen, billigen, beipflichten, s. einverstanden erklären, bewilligen *jmdn. gewähren
lassen: die Freiheit geben, tolerieren,
schalten und walten lassen, nicht hindern / stören, freien Lauf / freies Spiel
lassen

**Gewährung:** Zustimmung, Einwilligung, Bewilligung, Genehmigung, Bejahung, Erlaubnis, Bestätigung, Bekräftigung, Einverständnis

mischt *koedukativ (Klassen) *ge-
**trennt lebend:** zusammen / beieinander
/ verheiratet sein, zusammen lebend
**getreu:** nicht entsprechend / gemäß
*un(ge)treu, ungenau (Wiedergabe,
Übersetzung) *un(ge)treu (Mensch)

**Getriebe:** Stille, Ruhe, Pause, Stillstand, Reg(ungs)losigkeit *Leere, Einsamkeit

**getrocknet:** feucht, naß *frisch (Farbe)
*saftig, grün, frisch (Pflanze)
**getrost:** bang, aussichtslos, trostlos,
hoffnungslos
**getrübt:** sauber, rein, ungetrübt *freudig, heiter, fröhlich, vergnügt, munter,
aufgelegt, frohsinnig, froh(gestimmt),
gutgelaunt, lebensfroh, lustig, strahlend
**Getümmel:** Leere, Öde, Menschenleere, Einsamkeit, Verlassenheit

**geübt:** ungeübt, unvorbereitet, ohne
Vorbereitung, improvisiert, aus dem
Stegreif / Handgelenk
**gewachst:** ungewachst, natur(belassen)
**gewagt:** ungefährlich, harmlos, unschädlich, unverfänglich, gefahrlos
*konventionell, brav, bieder, her-
kömmlich, bekannt, konservativ
(Mode)
**gewählt:** eingesetzt, berufen *natürlich
*einfach, unbeholfen, primitiv, schlicht
(Sprache)

**gewähren:** beantragen, (auf)fordern,
nachsuchen (um), bestürmen, einreichen, ersuchen, (er)bitten, einen Antrag stellen, s. wenden an, anflehen,
verlangen, vorlegen *abschlagen, verweigern, entziehen, vorenthalten, versagen *jmdn. gewähren lassen: unterbinden, verbieten, Einhalt gebieten,
(ab)stoppen, untersagen, aufhalten,
verhindern, verwehren
**Gewährung:** Bitte, Anliegen, Ersuchen, Wunsch, Ansuchen, Antrag,
Vorlage *Absage, Weigerung, Verbot,
Versagung, Verweigerung, ablehnende / abschlägige Antwort *Ausrede,
Rückzieher, Trick, Täuschung, Vorwand *Zurücknahme

**Gewalt:** Macht, Regiment, Regentschaft, Herrschaft *Gewaltsamkeit, Zwang, Druck, Pression, Brachialgewalt *Stärke, Kraft, Wucht, Heftigkeit, Vehemenz

**gewaltig:** massig, sehr groß, voluminös, titanisch, riesig, gigantisch, enorm, außerordentlich, exorbitant, wuchtig, monströs, übermächtig, kolossal, unermeßlich, immens, riesenhaft, überdimensional

**gewaltlos:** friedfertig, verträglich, friedlich, friedliebend

**gewaltsam:** unter Zwang, mit Gewalt, wider Willen *brutal, rabiat, gewalttätig, hart, unbarmherzig, erbarmungslos, schonungslos, mitleidlos, rigoros, unmenschlich

**gewalttätig:** handgreiflich, tätlich *brutal, roh, rabiat, grob *anarchistisch, gesetzlos, zerstörerisch

**gewandt:** elastisch, geschmeidig, gelenkig, wendig, beweglich, flexibel, behende, flink, leichtfüßig, rasch, agil *geschliffen, taktisch, diplomatisch, routiniert, erfahren, weltmännisch, geschickt, aufgeweckt, sicher *fähig

**geweckt:** aufgeweckt, vif, intelligent, gescheit

**gewellt:** lockig, gelockt, gekräuselt, wellig, kraus, onduliert, wuschelig, geringelt *wellig, hügelig

**gewerblich:** gewerbsmäßig, berufsmäßig, professionell, beruflich

**Gewicht:** Druck, Kraft, Gewalt, Stärke, Vehemenz, Härte, Heftigkeit *Schwere, Masse, Last *Wichtigkeit, Bedeutsamkeit, Bedeutung, Tragweite, Relevanz, Wert, Ernst, Rang, Größe, Tiefe, Einfluß, Geltung *Akzent, Betonung, Unterstreichung, Hervorhebung

**gewichtig:** erforderlich, (lebens)wichtig, notwendig, unerläßlich, unumgänglich, unentbehrlich, unvermeidlich, unausweichlich, obligat, zwingend, dringend, wesentlich, geboten

**gewillt:** willens, willig, gesonnen, geneigt, bereit, entschlossen, einsichtig, gutwillig, gefügig, gefüge, willfährig

**Gewinn:** Erlös, Einkommen, Profit, Verdienst, Überschuß, Plus, Geschäft,

**Gewalt:** Frieden *Recht *Schwäche

**gewaltig:** klein, winzig, wenig, gering (-fügig), minimal, nicht nennenswert / erwähnenswert, unbedeutend, unbeträchtlich, lächerlich, bescheiden *machtlos, ohnmächtig, schwach, hilflos

**gewaltlos:** gewaltsam, aggressiv, handgreiflich, mit Gewalt

**gewaltsam:** friedlich, gewaltlos, friedvoll, ruhig, still

**gewalttätig:** friedlich, friedfertig, verträglich, friedliebend, arglos, rücksichtsvoll

**gewandt:** ungewandt, ungeschickt, schwerfällig, unbeholfen, ungelenk, plump, steif, umständlich, tölpelhaft, tolpatschig *unsicher, ungewandt, unbeholfen, weltfremd, schüchtern, wortkarg *undiplomatisch

**geweckt:** einfältig, einfach, beschränkt, dumm, unintelligent, feige, memmenhaft, träge

**gewellt:** strohig, strähnig, glatt (Haar) *eben, flach (Gelände)

**gewerblich:** privat, persönlich

**Gewicht:** Leichtigkeit *Unwichtigkeit, Belanglosigkeit, Bedeutungslosigkeit, Wertlosigkeit, Nichtigkeit, Nebensächlichkeit, Trivialität, Unwesentlichkeit, Unerheblichkeit, Unbedeutendheit

**gewichtig:** unbedeutend, belanglos, bedeutungslos, wertlos, nichtig, nebensächlich, trivial, unwesentlich, unerheblich

**gewillt:** unwillig, ungehalten, böse, aufgebracht, verärgert, brummig, mißlaunig, mißgelaunt, muffig, grantig, unwirsch, bärbeißig, wütend, zornig, gereizt, uneinsichtig

**Gewinn:** Verlust, Minus, Verlustgeschäft, Flaute, Ebbe, Einbuße, Aus-

Gewinnspanne, Handelsspanne, Ertrag, Vorteil, Nutzen

**gewinnen:** siegen, triumphieren, überlegen sein, Sieger sein, als Sieger hervorgehen, den Preis / Sieg erringen / erlangen / davontragen, jmdn. schlagen *erwerben, erreichen, bekommen, erlangen, gelangen / kommen zu *ernten, Nutzen ziehen / haben, Gewinn erzielen / haben / ziehen aus *abbauen, fördern

**Gewinner:** Sieger, Bezwinger, Überwinder, Meister, Champion, Matador, Triumphator

**gewiß:** gesichert, wirklich, wahr, authentisch, unwiderlegbar, unbezweifelbar, unbestritten *ganz gewiß, freilich, natürlich, aber ja *sicher(lich), unstreitig, zweifelsohne, ohne Frage / Zweifel, auf jeden Fall, selbstverständlich, bestimmt, schon, allemal

**gewissenhaft:** exakt, genau, sorgfältig, ordentlich, korrekt, fehlerlos, minuziös, richtig, zuverlässig, sorgsam, fein, pedantisch, penibel, gründlich, peinlich, präzis(e), akkurat, sorgfältig, pflichtbewußt, pflichtgetreu, verantwortungsbewußt, ausdauernd, stetig, beharrlich, beständig, pünktlich, verläßlich, vertrauenerweckend, vertrauenswürdig

**gewissenlos:** rücksichtslos, skrupellos, gnadenlos, unmenschlich, entmensch, bedenkenlos, unbarmherzig, mitleidlos, kalt, lieblos, herzlos

**Gewissenlosigkeit:** Skrupellosigkeit, Bedenkenlosigkeit, Rücksichtslosigkeit, Unbarmherzigkeit, Kälte, Lieblosigkeit, Herzlosigkeit

**Gewißheit:** Sicherheit, Klarheit, sichere Kenntnis, Überzeugung

fall, Lücke, Manko, Verlegenheit *Niete (Los) *Unkosten, Kosten, Einsatz, Investition

**gewinnen:** verlieren, einbüßen, ausfallen *zusetzen, investieren, einsetzen, hineinstecken *besitzen, haben *verlieren (Kampf) *schenken (Glauben) *verlieren (Ansehen)

**Gewinner:** Verlierer, Unterlegener, Besiegter

**gewiß:** ungewiß, unsicher, unbestimmt, vage, unklar *vielleicht, voraussichtlich, (höchst)wahrscheinlich, vermeintlich, dem Anschein nach, denkbar, möglich, nicht ausgeschlossen, unter Umständen, gegebenenfalls, notfalls, eventuell, anscheinend, vermutlich *unwirklich, trügerisch, irreführend, voll Zweifel, eingebildet, zweifelnd, illusorisch *hypothetisch, angenommen *keinesfalls, in keiner Weise, auf (gar) keinen Fall, unter keinen Umständen, (überhaupt) nicht

**gewissenhaft:** unzuverlässig, (nach)lässig, unüberlegt, unvorsichtig, sorglos, locker, liederlich, salopp, unbeschwert, ziellos, gedankenlos, impulsiv, fahrlässig, unbesonnen, leichtfertig, lax, leichtsinnig, planlos, unbedacht, wahllos, oberflächlich *gewissenlos, rücksichtslos, entmenscht, bedenkenlos, gnadenlos, herzlos, unbarmherzig, unmenschlich, mitleidlos, lieblos, kalt, skrupellos

**gewissenlos:** rücksichtsvoll, aufmerksam, zuvorkommend, bescheiden, verantwortungsvoll, liebenswürdig, ehrerbietig, einfühlend, gefällig, zartfühlend, verbindlich, taktvoll *gewissenhaft, ehrlich, aufrichtig, gerade, offen (-herzig), vertrauenswürdig, wahrhaftig, zuverlässig

**Gewissenlosigkeit:** Schuldgefühl, Gewissensangst, Gewissensbisse, Zerknirschung, Gewissenslast, Gewissensnot, Schuldbewußtsein, Gewissensqual, Schuldkomplex, Zerknirschtheit

**Gewißheit:** Ungewißheit, Unsicherheit, Unklarheit, Unbestimmtheit, Vagheit *Vermutung, Annahme, An-

**gewogen:** zugetan, wohlmeinend, wohlgesinnt, geneigt, hold, wohlwollend, freundlich gesinnt

**gewöhnen:** annehmen, s. aneignen / zu eigen machen / angewöhnen *bekannt / vertraut machen mit

**gewöhnlich:** unfein, gemein, ordinär, niveaulos, unbedeutend, nichtssagend, banal, nieder, primitiv, vulgär *im allgemeinen, meist(ens), in der Regel *alltäglich, gewohntermaßen, üblich, normal, geläufig, gebräuchlich, herkömmlich, gewohnheitsmäßig, eingebürgert, eingespielt, gewohnt, regelmäßig, allgemein, eingewurzelt, eingefahren, regulär, gängig

**gewohnt:** bekannt, geläufig, nicht fremd, vertraut
**gewölbt:** halbrund, gebogen, geschwungen, bauchig
**gewollt:** absichtlich, beabsichtigt, bewußt, wissentlich, geplant, ausdrücklich, eigens, extra, vorbedacht, absichtsvoll

**gewürzlos:** schal, fad(e), geschmacklos, ungesalzen, ungepfeffert, ohne Aroma / Geschmack, nach nichts schmeckend, schlecht gewürzt

**gewürzt:** würzig, herzhaft, scharf, kräftig, aromatisch, geschmackvoll, schmackhaft, delikat
**gezählt:** abgezählt, genau festgelegt / bestimmt
**gezähmt:** zahm, gebändigt, zutraulich, abgerichtet, an den Menschen ge-

schein, Wahrscheinlichkeit, Möglichkeit *Zweifel, Irreführung, Vorbehalt *Anschein, Augenschein, Schein
**gewogen:** abgeneigt, grantig, zuwider, verärgert, garstig, ungerecht, subjektiv, böse, übelwollend, gram, voreingenommen, unsachlich, parteilich, einseitig *unredlich, unaufrichtig, unehrlich, heuchlerisch, katzenfreundlich, lügenhaft, unsolid, unwahrhaftig, unreell, falsch, betrügerisch, scheinheilig, unlauter
**gewöhnen:** entwöhnen, entsagen

**gewöhnlich:** ungewöhnlich, merkwürdig, ausgefallen, entwaffnend, sonderbar, erstaunlich, groß, seltsam, ungeläufig, außerordentlich, außergewöhnlich, überraschend *eigenständig, originell, selbständig, souverän, frei, unbehindert, autonom *phantastisch, großartig, märchenhaft, hervorragend, sagenhaft, klasse, unheimlich, toll, außergewöhnlich *vornehm, schlicht, fein, ehrenhaft, ehrsam, wohlerzogen, rechtschaffen, redlich, gesittet, hochanständig, wacker, sauber, rühmenswert *außergewöhnlich, sensationell, extraordinär, sagenhaft, ungemein *festtäglich, feiertäglich, sonntäglich
**gewohnt:** ungewohnt, neu, nicht gewohnt *fortschrittlich, modern
**gewölbt:** gerade, flach, platt

**gewollt:** ungewollt, irrtümlich, versehentlich, aus Versehen, absichtslos, fälschlich, unbeabsichtigt *natürlich, hemdsärmelig, lässig, salopp, ungezwungen, ungeniert, zwanglos, leger, unbefangen, gelöst
**gewürzlos:** würzig, aromatisch, gut, feurig, köstlich, lecker, delikat, prickelnd, vorzüglich, herzhaft, scharf, wohlschmeckend, kräftig, vollmundig, abgestimmt, angenehm, appetitlich, schmackhaft, stark / scharf gewürzt, pikant
**gewürzt:** ungewürzt, gewürzlos, salzarm, wäßrig, fade, nichtssagend, flau, geschmacklos
**gezählt:** ungezählt, viele *unabgezählt, lose, locker
**gezähmt:** ungezähmt, wild, verwildert, verwahrlost, verlottert, verkommen

wöhnt, domestiziert *willig, gefügig, brav, artig, folgsam, gehorsam, manierlich, fügsam *mild, behutsam, gemäßigt, sanft, gelinde, rücksichtsvoll, schonungsvoll

**gezeichnet:** signiert, unterschrieben, unterzeichnet

**gezielt:** geplant, zielbewußt, planvoll, überlegt, durchdacht, konsequent, systematisch, methodisch

**geziemend:** angemessen, geziemlich, angebracht, gebührlich, gebührend, entsprechend, s. gehörend

**geziert:** blumenreich, geblümt, gekünstelt, gemacht, gequält, geschraubt, geschwollen, gespreizt, gestelzt, gesucht, gezwungen, phrasenhaft, unecht, unnatürlich

**gezügelt:** ruhig, ausgeglichen, beherrscht, gefaßt, geruhsam, gleichmütig, sicher, würdevoll, harmonisch, abgeklärt, bedacht(sam), besonnen, still, gemessen, ruhevoll, überlegen, gemächlich

**gezwungen:** notgedrungen, gezwungenermaßen, zwangsweise, zwangsläufig, unfreiwillig, ungern, schweren Herzens *geziert, blumenreich, geblümt, gekünstelt, gemacht, gequält, geschraubt, geschwollen, gespreizt, gestelzt, gesucht, phrasenhaft, unecht, unnatürlich

**Gier:** Begierde, Begehrlichkeit, Unersättlichkeit, Habsucht, Begehren, (heftiges) Verlangen *Wollust, Geilheit, Lüsternheit, Triebhaftigkeit, Erotik *Hast, Eile, Überstürztheit

**gierig:** lüstern, begierig, unersättlich, verlangend, hungrig, versessen, erpicht, wild, süchtig, lechzend, nimmersatt, dürstend *hastig, eilig, überstürzt

**giftfrei:** einwandfrei, genießbar, eßbar, trinkbar, rückstandsfrei, entgiftet, ungiftig

**giftig:** schädlich, gifthaltig, tödlich, ge-

(Tier) *ungezähmt, ungezügelt, hemmungslos, hitzköpfig, jähzornig, unbeherrscht, unkontrolliert, wild, temperamentvoll, zügellos (Mensch)

**gezeichnet:** anonym, ungezeichnet, ununterschrieben, unsigniert

**gezielt:** wahllos, planlos, durcheinander, gedankenlos, leichtfertig, unbedacht, ungezielt, unüberlegt, unvorsichtig, impulsiv

**geziemend:** ungeziemend, ungebührlich, unziemlich, frech, aufbrausend, dreist, unartig, ungesittet, ungezogen, vorlaut, unverfroren (Verhalten) *unangebracht, ungeziemend (Worte)

**geziert:** natürlich, ungekünstelt, unverfälscht, urwüchsig, rein, naiv, originell, echt, ursprünglich, offen, aufrichtig (Verhalten)

**gezügelt:** ungezügelt, zügellos, draufgängerisch, furchtlos, heldenmütig, heldenhaft, kühn, tapfer, unerschrocken, wagemutig, verwegen, vermessen, tollkühn, waghalsig, todesmutig, kämpferisch

**gezwungen:** freiwillig, aus freien Stükken *natürlich, ursprünglich, unverfälscht, naiv, ungekünstelt, rein, originell, urwüchsig, offen, aufrichtig *zwanglos, vergnüglich, munter, fröhlich, ungezwungen, entspannt, informell, unförmlich, entkrampft, entzückend, ungeniert, gelöst, lässig

**Gier:** Mäßigung, Zurückhaltung, Beschränkung, Bescheidenheit, Anspruchslosigkeit, Bescheidung, Demut, Mäßigkeit, Fügsamkeit, Einfachheit *Langsamkeit, Gemächlichkeit, Zeitlupentempo, Schneckentempo, Verlangsamung *Übersättigung, Überdruß, Übersättigtsein, Abscheu, Abneigung, Abgeneigtheit, Ungeneigtheit, Ekel, Desinteresse, Widerwille

**gierig:** bescheiden, zurückhaltend, anspruchslos, fügsam, einfach, mäßig *langsam, bedächtig, gemächlich, schleppend *überdrüssig, übersättigt, teilnahmslos, wurstig, gleichgültig, desinteressiert

**giftfrei:** giftig, vergiftet, schädlich, ungesund, ungenießbar

**giftig:** giftfrei, rückstandsfrei, entgiftet,

fährlich, toxisch *gehässig, böse, haßerfüllt, bissig, garstig, boshaft, bösartig, häßlich

ungiftig, gefahrlos, harmlos, unverfänglich, unschädlich *gesund, eßbar,
genießbar *nett, freundlich, friedlich,
höflich, fein, galant, kultiviert, ritterlich, taktvoll, vornehm, zuvorkommend, heiter, humorvoll, gutgelaunt

**gigantisch:** gewaltig, massig, sehr groß,
voluminös, titanisch, riesig, enorm, außerordentlich, exorbitant, wuchtig,
monströs, übermächtig, kolossal, unermeßlich, immens, riesenhaft, überdimensional

**gigantisch:** klein, winzig, unbedeutend,
unwichtig, lächerlich, minimal

**Gipfel:** Bergspitze, Spitze, Bergkuppe,
Kuppe, Scheitel *Baumkrone, Krone,
Wipfel *Krönung, Höhepunkt, Glanz-
punkt, Nonplusultra

**Gipfel:** Fuß (Berg) *Abgrund, Kessel,
Tiefe, Kluft, Krater, Schlucht, Tal
*Anfang, Beginn, Ende, Schluß (Kar-
riere) *Tiefpunkt

**glänzend:** blank, poliert, spiegelnd,
spiegelblank *funkelnd, blinkend,
strahlend, blitzend, leuchtend, glitzernd, strahlend, schimmernd, schillernd, opalisierend, gleißend *glanzvoll, trefflich, meisterhaft, brillant,
vorbildlich, genial, hervorragend,
grandios, überwältigend, ausgezeichnet, einmalig, hinreißend, einzigartig,
wundervoll, bestechend, erstklassig,
berückend, famos, vorzüglich, exzellent, außerordentlich, großartig, ruhmvoll, glorreich, phantastisch, ruhmreich, glorios, prächtig, triumphal,
herrlich

**glänzend:** schlecht, ungenügend, mangelhaft, miserabel, elend, mäßig
(Zeugnis) *blind, schmierig, glanzlos,
trübe, rauh, fleckig, matt, angestaubt,
stumpf, unrein, verschmutzt *durchschnittlich, normal, mäßig, bescheiden
(Laufbahn)

**Glanzleistung:** Krönung, Höhepunkt,
Glanzpunkt, Nonplusultra, Vollendung, Gipfelpunkt, Sternstunde, Spitzenleistung, Meisterleistung, Maximum, Optimum, das Schönste / Höchste / Beste

**Glanzleistung:** Durchschnittsleistung,
Normalleistung, Durchschnitt

**glanzlos:** matt, stumpf, blind, schmierig, trübe, rauh, fleckig, unrein, verschmutzt

**glanzlos:** glänzend, (blitz)blank, glanzvoll, hübsch, klar, rein(lich), blitzsauber, fleckenlos, leuchtend, strahlend

**glanzvoll:** glänzend, blank, poliert,
spiegelnd, spiegelblank *funkelnd,
blinkend, strahlend, blitzend, leuchtend, glänzend, glitzernd, strahlend,
schimmernd, schillernd, opalisierend,
gleißend *glänzend, trefflich, meisterhaft, brillant, vorbildlich, genial, hervorragend, grandios, überwältigend,
ausgezeichnet, einmalig, hinreißend,
einzigartig, wundervoll, bestechend,
erstklassig, berückend, famos, vorzüglich, exzellent, außerordentlich, großartig, ruhmvoll, glorreich, phantastisch, ruhmreich, glorios, prächtig,
triumphal, herrlich

**glanzvoll:** bitter, glanzlos *durchschnittlich, normal, mäßig, bescheiden
(Laufbahn) *schlecht, ungenügend,
mangelhaft, miserabel, elend, mäßig
*blind, schmierig, glanzlos, trübe,
rauh, fleckig, matt, stumpf, unrein,
verschmutzt, angestaubt

**glatt:** platt, plan, ganz flach / eben, poliert, ebenmäßig, faltenlos *eisglatt, spiegelglatt, rutschig, schlüpfrig, glitschig *einfach, reibungslos, mühelos, ruhig, ungehindert, perfekt, zügig, einwandfrei, ohne Zwischenfälle / Hindernisse / Komplikationen *aalglatt, schmierig, undurchschaubar *gekämmt, frisiert *strähnig *still, bewegungslos *rasiert *einfach, unverziert, schlicht, schmucklos *poliert, blank, spiegelnd

**glatt:** wellig, hügelig, uneben, gewellt (Gelände) *rauh, uneben, porig, grob, rissig, nicht glatt / zart (Oberfläche) *schwierig, verzwickt, prekär, hart, diffizil, heikel, gefährlich, kitzlig, kompliziert, beschwerlich, subtil, langwierig, problematisch, umständlich, brisant (Unternehmen) *uneben, löcherig, steinig, nicht eben, holperig (Weg) *ehrlich, achtbar, aufrecht, rechtschaffen, gerade, redlich, sauber, wacker, offen, freimütig, aufrichtig, vornehm, zuvorkommend, ritterlich (Charakter) *wirr, zerzaust, gewellt, geringelt, gekräuselt, onduliert, wellig, gelockt, ungekämmt, lockig, wüst, verwirrt, struppig, kraus (Haar) *matt, stumpf, unpoliert (Oberfläche) *(da)zwischenliegend, schwach (Note) *bewegt, aufgewühlt, aufgepeitscht, stürmisch (Meer) *stoppelig, stach(e)lig, bärtig, unrasiert *geschmückt, verziert, gedrechselt, gedreht, geschweift, verschnörkelt

**glätten:** glattstreichen, glattziehen, glattmachen *nivellieren, ausgleichen, (ein)ebnen, egalisieren, begradigen, planieren, walzen, abschleifen, (glatt-)schleifen, polieren, (ab)schmirgeln, (glatt)hobeln, abfeilen, glattfeilen *ausgleichen, einrenken, einpendeln, neutralisieren, bereinigen, in Ordnung bringen *s. glätten: glatt werden
**Glatze:** Glatzkopf, Platte, Kahlkopf
**glatzköpfig:** kahl, haarlos, kahlköpfig

**glätten:** knittern, kniffen, zerknüllen, zerknautschen, zusammenballen, verknautschen, zusammenpressen, verkrumpeln, zusammenfalten *falten, runzeln (Stirn) *zerzausen, verwirren (Haar) *aufrauhen, rauh machen *s. **glätten:** s. verwerfen (Material) *(s.) aufwühlen / bewegen, aufpeitschen (Meer) *s. sträuben (Fell)
**Glatze:** Haar, Kopfhaar, Wuschelkopf
**glatzköpfig:** behaart, haarig, vollhaarig, wuschelig

**Glaube:** Religion, Konfession, Glaubensrichtung, Glaubensbekenntnis, Bekenntnis *Gläubigkeit, Frömmigkeit, Religiosität, Gottvertrauen *Gewißheit, (gefühlsmäßige) Überzeugung *Zuversicht, Erwartung, Vertrauen, Hoffnung
**glauben:** überzeugt sein, für wahr halten, Glauben schenken, für bare Münze nehmen *meinen, vermuten, erachten, denken, für richtig erachten, annehmen, schätzen, wähnen, für möglich halten *Vertrauen schenken, bauen / vertrauen auf, rechnen mit

**Glaube:** Unglaube, Atheismus, Ungläubigkeit, Heidentum, Gottesleugnung, Gottlosigkeit, Glaubenslosigkeit *Wissen, Sicherheit, Überblick *Mißtrauen, Bedenken, Argwohn, Skepsis, Zweifel

**glauben:** verleugnen *argwöhnen, (an-)zweifeln, mißtrauen, kritisieren, stutzen, bezweifeln, nicht abnehmen, beargwöhnen *annehmen, wissen, kennen, klarsehen, orientiert / unterrichtet / eingeweiht sein, überblicken *glaubenslos / atheistisch / gottesleugnerisch / heidnisch / gottlos / ungläubig sein, nicht glauben

**glaubhaft:** einleuchtend, plausibel, überzeugend, glaubwürdig, unzweideutig, deutlich, zuverlässig, vertrauenswürdig, vertrauenerweckend

**glaubhaft:** unglaubhaft, unglaubwürdig, unwahrscheinlich, unglaublich, kaum glaublich / denkbar, unvorstellbar, außergewöhnlich

**gläubig:** religiös, gottergeben, gottgefällig, gottesfürchtig, glaubensstark, kirchlich, andächtig, heilsgewiß, orthodox, fromm *vertrauensselig, vertrauenswürdig, gutgläubig, ergeben, in gutem Glauben, unkritisch, naiv, arglos, nicht fragend / zweifelnd

**Gläubige:** Kirchengemeinde, Gemeindemitglieder, Kirchenbesucher

**Gläubiger:** Kreditgeber, Geldgeber, Kreditor *Gemeindemitglied, Kirchgänger, Christ

**glaubwürdig:** zuverlässig, vertrauenswürdig, vertrauenerweckend, verläßlich, ehrlich, aufrichtig, wahr(haftig)

**gleich:** übereinstimmend, identisch, konform, kongruent, analog, homogen, ähnlich, einheitlich, unterschiedslos, genauso, nicht verschieden, ohne Unterschied *vollwertig, gleichrangig, gleichwertig, gleichgestellt, paritätisch, gleichberechtigt, ebenbürtig *eins, einerlei, gleichbedeutend *entsprechend, adäquat, vergleichbar, gemäß *prompt, unverzüglich, augenblicklich, direkt, unvermittelt, im Nu / Augenblick, schnellstens, flink, sofort *gleichgültig, uninteressant, unbeteiligt, teilnahmslos, achtlos, interesselos, kühl, passiv, apathisch, nicht betroffen, leidenschaftslos, wurstig

**gleichaltrig:** im gleichen / selben Alter

**gleichartig:** analog, ähnlich, entsprechend, gleich, vergleichsweise, komparabel

**gleichberechtigt:** gleichgestellt, gleichwertig, gleichrangig, gleich

**gleichbleibend:** dauerhaft, bleibend, fest, von Bestand / Dauer, beständig, unveränderlich, konstant, gleichmäßig

**gleichen (s.):** übereinstimmen, kongruieren, korrespondieren, s. decken / entsprechen, gleichkommen, gleichwertig / gleichrangig / ebenbürtig / gleich sein *ähneln, gleichsehen, ähnlich sein, erinnern an

**gleichförmig:** gleichartig, vergleichbar,

**gläubig:** ungläubig, gottlos, atheistisch, gottesleugnerisch, heidnisch, glaubenslos *argwöhnisch, mißtrauisch, skeptisch, kritisch, ungläubig, stutzig, zweifelnd

**Gläubige:** Ungläubige, Glaubenslose, Konfessionslose, Religionsverächter, Freidenker, Freigeistige

**Gläubiger:** Ungläubiger, Atheist, Gottesleugner, Heide, Ketzer, Gotteslästerer, Nihilist *Hauptschuldner, Schuldner, Mitschuldner, Gesamtschuldner

**glaubwürdig:** anrüchig, faul, krumm, dunkel *unglaubwürdig, unglaubhaft, unwahrscheinlich

**gleich:** verschieden, unterschiedlich (Ziel) *unterschiedlich, andersartig, abweichend, verschiedenartig, anders, grundverschieden, wesensfremd (Mensch) *ungleich, andere, anders, abweichend, different, unegal, differierend, unterschiedlich, andersartig *nicht gleichgültig *ähnlich *gegensätzlich *unterlegen *überlegen *sofort, jetzt *später, nachher, verzögert, (über)morgen, bald

**gleichaltrig:** jünger *älter

**gleichartig:** verschiedenartig, abweichend, anders(artig), grundverschieden, unterschiedlich *heterogen, inhomogen

**gleichberechtigt:** unterlegen *überlegen

**gleichbleibend:** schwankend, variabel, wandelbar, veränderlich *unbeständig, wechselnd *fortschreitend *schwankend, labil, beeinflußbar, unausgeglichen, unstet, rastlos, wandelbar

**gleichen (s.):** s. unterscheiden / abheben (von), differieren, kontrastieren, abstechen, abweichen (von), divergieren *widerspruchsvoll / gegensätzlich / widersprüchlich / unlogisch / widersinnig / gegenteilig / umgekehrt / unvereinbar / konträr / polar / kontradiktorisch sein

**gleichförmig:** variierend, abwechs-

verwandt *schablonenhaft, uniform, schematisch *langweilig, eintönig, einförmig, ereignislos, ermüdend, grau, reizlos, monoton, uninteressant, fad(e)

**Gleichförmigkeit:** Langeweile, Einförmigkeit, Eintönigkeit, Fadheit, Öde, Einerlei, Alltäglichkeit, Monotonie
**gleichgeordnet:** gleichgestellt, gleichwertig, gleichrangig, gleich(berechtigt)

**gleichgestellt:** gleichwertig, gleichrangig, gleich, gleichberechtigt, gleichgeordnet
**gleichgültig:** einerlei, egal, wie dem auch sei, wie auch immer, gleichwie *desinteressiert, träge, dickfellig, schwerfällig, lethargisch, teilnahmslos, leidenschaftslos, unbeteiligt, apathisch, stumpfsinnig, unempfindlich, interesselos, ungerührt, unbewegt, kühl, gefühllos, unaufgeschlossen, inaktiv, lasch, stumpf, denkfaul *unbedeutend, nichtig, nicht nennenswert / erwähnenswert, unwichtig, bedeutungslos, belanglos, trivial, unerheblich, unwesentlich, unmaßgeblich, zufällig, akzidentiell *achtlos, unbedacht, sorglos, gedankenlos, unachtsam

**Gleichgültigkeit:** Desinteresse, Teilnahmslosigkeit, Unempfindlichkeit, Trägheit, Interesselosigkeit, Uninteressiertheit, Abgestumpftheit, Stumpfheit, Abstumpfung, Stumpfsinn(igkeit), Geistesabwesenheit, Apathie, Lethargie, Wurstigkeit, Gefühllosigkeit, Sturheit, Herzlosigkeit, Unaufgeschlossenheit, Ungerührtheit, Dickfelligkeit, Leidenschaftslosigkeit, Kühle, Phlegma, Laschheit *Belanglosigkeit, Bedeutungslosigkeit, Trivialität, Unerheblichkeit, Zufälligkeit *Unachtsamkeit, Achtlosigkeit, Unbedachtsam-

lungsreich, verschiedenartig, abwechselnd (Kost) *kontrastierend, abweichend, abwechslungsreich, andersartig, aktiv, unternehmend (Leben) *verschieden, wechselnd (Rhythmus) *s. ändernd, variierend, wechselnd
**Gleichförmigkeit:**          Abwechslung, Wechsel, Variation, Änderung

**gleichgeordnet:** untergeordnet, nachgeordnet, niedriger, untere, nachgestellt *übergeordnet, vorgeordnet, vorgesetzt
**gleichgestellt:** untergeben *überlegen, vorgesetzt

**gleichgültig:** aufgeschlossen, interessiert, offen, ansprechbar, aufnahmebereit, zugänglich, erregt, gestimmt, geneigt, aufnahmefähig, empfänglich, geweckt, beeindruckt *ärgerlich, böse, aufgebracht, entrüstet, gereizt, übellaunig, bärbeißig, grantig, empört, entrüstet, zornig, wutschnaubend, wütend, verärgert, unwirsch, rabiat, fuchsteufelswild, grimmig, mißmutig, grantig, ungehalten *bedrückt, bekümmert, unfroh, trist, trübselig, traurig, freudlos, deprimiert, elend, unglücklich *betroffen, fassungslos, verstört, verwirrt, entgeistert, entsetzt, erschrocken *mitfühlend, teilnehmend, teilnahmsvoll, anteilnehmend, gerührt, mitleidig *temperamentvoll, lebhaft, blutvoll, beweglich, lebendig, quecksilbrig, unruhig, vollblütig, wild, ausgelassen, glühend, hitzig, leidenschaftlich, begeistert *eifrig, strebsam, lernbegierig, aufgeschlossen *wählerisch *froh, fröhlich, erfreut, heiter, wohlgemut
**Gleichgültigkeit:** Interesse, Aufgeschlossenheit, Offenheit, Anteilnahme *Sympathie, Mitleid, Mitgefühl, Mitempfinden, Teilnahme, Anteil(nahme) *Abscheu, Abgeneigtheit, Widerwille, Ungeneigtheit, Ekel, Haß, Feindschaft, Antipathie *Angst, Furcht (-samkeit), Panik, Scheu, Lampenfieber, Hemmung, Verlegenheit, Unsicherheit, Entsetzen *Ärger, Kränkung, Jähzorn, Unzufriedenheit, Wut, Zorn, Streit, Raserei *Heißblütigkeit, Leidenschaft, Erregbarkeit, Ungestüm *Klage, Seufzer, Gewimmer, Geheul,

keit, Gedankenlosigkeit, Sorglosigkeit

Gestöhn, Geseufze, Klageton, Schluchzer *Ausgelassenheit, Lust, Begeisterung, Erregung, Spaß, Wollust, Vergnügen, Freude, Heiterkeit, Glück, Lebensfreude, Liebe, Begierde, Leidenschaft *Entsetzen, Rührung *Temperament, Vitalität, Elan, Feuer, Spannkraft, Schwung, Munterkeit, Lebhaftigkeit *Schlagfertigkeit, Witz (-igkeit), Geist *Zorn, Wutanfall, Groll, Erbostheit, Gereiztheit, Verärgerung *Engagement, Interesse, Strebsamkeit

**Gleichheit:** Übereinstimmung, Kongruenz, Homogenität, Harmonie, Konformität, Einklang, Entsprechung, Ebenmaß *Gleichberechtigung, Gleichstellung, Gleichrangigkeit, Gleichwertigkeit, Parität, Emanzipation, Ebenbürtigkeit

**Gleichheit:** Unterschied, Ungleichheit, Differenz *Unterschied, Andersartigkeit, Anderssein, andere Art / Wesensart, Verschiedenheit *Ähnlichkeit *Überlegenheit *Unterlegenheit *Opposition, Kontrast, Gegensatz *Wechsel, Wandel

**gleichkommen:** gleichen, übereinstimmen, kongruieren, korrespondieren, s. decken / entsprechen, gleichwertig / gleichrangig / ebenbürtig / gleich sein *ähneln, gleichsehen, ähnlich sein, erinnern an

**gleichkommen:** überlegen sein, übertreffen *streben (nach) *nicht erreichen, nachstehen, unterlegen sein

**gleichlautend:** homonym(isch), gleichklingend, gleichnamig

**gleichlautend:** verschieden(artig), anders, unterschiedlich

**gleichmäßig:** regelmäßig, harmonisch, ausgewogen, proportioniert, symmetrisch, ebenmäßig *gleichförmig, einförmig, gleichartig, monoton, uniform, einheitlich *halb und halb, zu gleichen Teilen

**gleichmäßig:** ungleichmäßig, inkonstant, verschieden, sprunghaft, unstet, schwankend, impulsiv *unregelmäßig, unausgewogen, asymmetrisch, unebenmäßig

**Gleichmut:** Ruhe, Selbstbeherrschung, Besonnenheit, Gefaßtheit, Gelassenheit, innere Haltung, Abgeklärtheit, Umsicht, Bedacht(samkeit), Gleichgewicht, Kontenance

**Gleichmut:** Unruhe, Erregung, Entsetzen *Begeisterung, Entzücken, Eifer, Feuer, Glut, Überschwang, Übereifer, Überschwenglichkeit, Gefühlsüberschwang, Inbrunst, Strohfeuer

**gleichmütig:** ruhig, ausgeglichen, beherrscht, gefaßt, geruhsam, sicher, würdevoll, harmonisch, abgeklärt, bedacht(sam), besonnen, still, gelassen, gezügelt, gemessen, ruhevoll, überlegen, gemächlich

**gleichmütig:** unruhig, erregt, entsetzt, bewegt *begeistert, lebhaft, dynamisch, vif, vital, wild, lebendig, mobil, temperamentvoll, vollblütig, entzückt, feurig, heiß, inbrünstig

**gleichsetzen:** gleichstellen, auf eine Stufe stellen, gleich behandeln, identifizieren, als dasselbe betrachten

**gleichsetzen:** unterscheiden, differenzieren *bevorzugen *benachteiligen

**gleichzeitig:** zugleich, in einer Person *zur selben / gleichen Zeit, im selben Augenblick, simultan, synchron, zusammen, auf einmal, gleichlaufend

**gleichzeitig:** vorher, bevor *geschichtlich, historisch *hinterher, nachher, demnächst, bald, (zu)künftig, später *hintereinander, nacheinander, aufeinander

**gleiten:** (aus)rutschen, schlittern, nicht fest / sitzen / stehen / haften, hinfallen, den Halt verlieren *schwebend fliegen

**gleiten:** rollen *klemmen *flattern

**Glied:** Bestandteil, Komponente, Einzelheit, Detail, Element, Teil *Angehöriger, Beteiligter, Mitarbeiter, Teilnehmer, Genosse, Mitglied *Penis, männliches Glied

**glimpflich:** leidlich, schlecht und recht, erträglich, passabel, halbwegs, einigermaßen *nachsichtig, behutsam, rücksichtsvoll, sanft, gnädig, mild, schonend, vorsichtig, sorgsam, pfleglich, sorgfältig

**glitschig:** rutschig, glatt, matschig, schlüpfrig

**global:** allgemein(gültig), total, gesamt, allseitig, generell, umfassend, absolut, erschöpfend, enzyklopädisch *umfassend, umspannend, weltweit, universal, universell, international, mondial

**glorreich:** rühmlich, glanzvoll, ruhmvoll, ruhmreich, ehrenvoll, glänzend, glorios, triumphal, herrlich

**Glück:** Glücksfall, das Große Los, Glückssache, Segen, Heil, Wohl, Gelingen, guter Verlauf, Erfolg, Sieg, günstige Umstände *Beglückung, Beseligung, Wonne, Entzücken, Freude, Sonnenschein, Hochgefühl, Begeisterung, Jubel *Zufriedenheit, Wohlbehagen, Wohlgefühl *alle neune (Kegeln)

**glücken:** gelingen, siegen, weiterkommen, emporkommen, das Ziel erreichen, es schaffen, s. durchsetzen, Erfolg / Glück haben, Karriere machen *gut ausgehen / ablaufen, funktionieren, geraten, gehen, werden, fertigbringen, nach Wunsch / in Ordnung gehen, wunschgemäß verlaufen

**glücklich:** glückstrahlend, (glück)selig, beglückt, erfüllt, freudestrahlend, überglücklich, freudig, beseligt, beflügelt, begeistert, beschwingt, fröhlich, froh(gemut) *günstig, erfolgreich, vorteilhaft, sorgenlos, wolkenlos, ungetrübt, gedeihlich, gesegnet

**Glied:** Gemeinschaft, das Ganze, Allgemeinheit, Gesamtheit *Belegschaft, Gesamtbelegschaft

**glimpflich:** schrecklich, schlimm, hart, furchtbar (Ausgang) *rücksichtslos, unbarmherzig, bedenkenlos, herzlos, unmenschlich, mitleidlos, skrupellos, gnadenlos, entmenscht, kalt, lieblos, hart, unnachsichtig

**glitschig:** trocken *rutschfest

**global:** regional, begrenzt, gebietsweise, landschaftlich, strichweise, provinziell *im einzelnen, detailliert *der Einzelne, das Individuum / Subjekt

**glorreich:** unrühmlich, verabscheuenswert, verwerflich, widerlich, unschön (Vergangenheit) *niedergeschlagen, ängstlich, bang, eingeschüchtert, gehemmt, scheu, verängstigt, zag(haft) (Mensch)

**Glück:** Unglück, Unheil, Tragik, Pech, Katastrophe, Mißgeschick, Tragödie, Schlag, Unglücksfall, Verhängnis *Fehlschlag, Niete, Pechsträhne *Unzufriedenheit, Bitternis, Bitterkeit, Verdrossenheit, Verbitterung, Unlust, Mißmut, Mißfallen, Mißbehagen, Unbehagen *Leid, Kummer, Jammer, Kümmernis, Trauer, Gram, Qual, Pein, Martyrium, Sorge, Schmerz, Unglück, Marter, Verdruß *Pudel, Nullwurf (Kegeln)

**glücken:** mißglücken, scheitern, straucheln, schiefgehen, auffliegen, mißraten, mißlingen, ohne Erfolg bleiben, fehlschlagen, Schiffbruch erleiden, stranden, zerbrechen an, zugrunde gehen, s. zerschlagen, schlecht ausfallen / ausgehen / ablaufen

**glücklich:** unglücklich, traurig, bedauernswert, arm, jammervoll, erbärmlich, schrecklich, leidvoll, schlimm (Tage, Krankheit, Zeit) *tragisch, verheerend, katastrophal, unglücklich, verhängnisvoll (Verlauf) *unzufrieden, bitter, freudlos, verdrossen, bekümmert, betrübt, wehmütig, trübsinnig, unfroh, elend, bedrückt, schwermütig, depressiv, gedrückt, mißmutig, unbe-

haglich (Zustand) *schwarz (Tag) *ungeschickt, unbeholfen, unglücklich,
schwerfällig, umständlich (Arbeit)
*widrig, unglücklich, ungünstig (Zu-
fall) *klagend, schmerzbewegt, tief-
traurig, weinerlich, wehklagend

**glücklicherweise:** gottlob, erfreulicherweise, zum Glück, Gott / dem Himmel
sei Dank

**glücklicherweise:** unglücklicherweise,
leider, schade, bedauerlicherweise, zu
allem Unglück, unglückseligerweise,
dummerweise

**Glückspilz:** Glückskind, Sonntagskind,
Hans im Glück, Goldmarie

**Glückspilz:** Pechvogel, Pechrabe, Unglücksrabe, Unglückswurm, Pechmarie, Unglücksvogel

**glückstrahlend:** glücklich, (glück)selig,
beglückt, erfüllt, freudestrahlend,
überglücklich, freudig, beseligt, beflügelt, begeistert, beschwingt, fröhlich,
froh(gemut)

**glückstrahlend:** traurig, betrübt, bekümmert, unglücklich, trübe, trübselig, freudlos, deprimiert, elend, trist,
desolat, jammervoll, bedauernswert

**Glückwunsch:** Gratulation, Segenswunsch

**Glückwunsch:** Beileid, Kondolenz

**glühen:** heiß / hochrot sein *glimmen,
schwelen, brennen *sengen, scheinen
*leuchten

**glühen:** verglühen, s. abkühlen, erkalten, kalt sein / werden *kalt / gleichgültig sein *s. abkühlen (Leidenschaft)
*kalt sein, frieren, schlottern, zittern

**glühend:** brennend, siedend, heiß, brü-
tend *strahlend, feurig, leuchtend *leidenschaftlich, begeistert, entzückt,
entflammt, hingerissen, enthusiastisch,
passioniert

**glühend:** eisig, kühl, fischblütig, gefühllos, (eis)kalt, gefühlskalt, kaltherzig, herzlos, verhärtet, hartherzig, frostig *wurstig, teilnahmslos, desinteressiert *erloschen, abgeschwächt, abgeklungen, abgekühlt (Gefühl)

**Glut:** Hitze, Gluthitze, Schwüle, Wär-
me *Leidenschaft, Feuer, Inbrunst,
Sturm, Ekstase, Elan, Temperament,
Enthusiasmus

**Glut:** Kälte, Kühle *Asche *Kälte, Gefühllosigkeit, Kühle, Empfindungslosigkeit, Härte, Lauheit, Herz(ens)ver-
härtung, Herzlosigkeit, Phlegma, Lieblosigkeit *Blässe

**glutrot:** hochrot, gerötet

**glutrot:** kreidebleich, käsebleich,
käs(e)weiß, blaß

**Gnade:** Güte, Gunst, Huld, Wohlwollen, Entgegenkommen, Kulanz, Liebenswürdigkeit, Freundlichkeit, Jovialität *Straferlaß, Begnadigung, Amnestie, Straffreiheit, Absolution *Milde,
Nachsicht, Verzeihung, Erbarmen,
Schonung, Barmherzigkeit, Vergebung

**Gnade:** Ungnade, Verdammung, Verurteilung *Vergehen *Bann(fluch),
Bannstrahl, Bannspruch, Bannbrief,
Ächtung, Fluch, Verwünschung, Verdikt

**gnädig:** wohlmeinend, wohlwollend,
entgegenkommend, kulant, gütig, gutgesinnt, freundlich, liebenswürdig *jovial, herablassend, gönnerhaft *nachsichtig, mild, rücksichtsvoll, schonend,
sanft, glimpflich, behutsam, vorsichtig

**gnädig:** ungnädig *hart, autoritär,
streng, unduldsam, genau *schlecht,
ungünstig

**Gnom:** Kobold, Zwerg, Wicht

**Gnom:** Riese, Hüne, Gigant, Koloß

**gönnen:** zubilligen, gewähren, vergön-
nen, einräumen, (neidlos) zugestehen,
bewilligen

**gönnen:** mißgönnen, (be)neiden, nicht
gönnen, scheel sehen, mißgünstig / neidisch sein, grün und gelb vor Neid sein,

**Gott:** Herr(gott), Allvater, Er, himmlischer Vater, Schöpfer, Erhalter, Weltenlenker, der Allmächtige / Allwissende / Ewige / Höchste / höchste Richter, Gottheit, Göttlichkeit, Jahwe, Jehova, der Herr Zebaoth, Richter *Gott sei Dank: gottlob, zum Glück, dem Himmel sei Dank, erfreulicherweise, glücklicherweise

**gottesfürchtig:** gläubig, religiös, gottergeben, gottgefällig, glaubensstark, kirchlich, andächtig, heilsgewiß, orthodox, fromm

**gottgläubig:** gläubig, religiös, gottesfürchtig, kirchlich, fromm, orthodox, glaubensstark

**göttlich:** gottähnlich, götterhaft, gottgleich *vollkommen, unübertroffen, vollendet, perfekt, einzigartig, vortrefflich, unerreicht *heilig, numinos, himmlisch, sakrosant *allmächtig, barmherzig, allwissend, omnipotent, gnädig *ausgezeichnet, überwältigend

**gottlos:** ungläubig, unreligiös, religionslos, freigeistig, atheistisch, glaubenslos, freidenkerisch, gottesleugnerisch

**graben:** ausschachten, ausheben, aushöhlen, wühlen, scharren, schaufeln, schürfen *stöbern, das Haus auf den Kopf stellen

**Graben:** Mulde, Grube, Vertiefung, Furche, Rinne, Stollen, Gang

**Grabesstille:** Friede, Stillschweigen, Geräuschlosigkeit, Lautlosigkeit, Stummheit, Totenstille, Stille, Ruhe, Schweigen

**graduell:** allmählich, Schritt für Schritt, sukzessiv(e), in Etappen

**gram:** abgeneigt, übelwollend, böse, zuwider

**Gram:** Leid, Unglück, Kummer, Schmerz, Sorge, Qual, Bürde, Kümmernis, Jammer, Not

**grämen (s.):** s. beunruhigen / ängstigen /

vor Neid platzen / bersten *nicht zugestehen

**Gott:** Teufel, Antichrist, Beelzebub, Diabolus, Erzfeind, Höllenfürst, Satan, Widersacher, Versucher, Luzifer, Mephisto **Gott sei Dank:** leider, umsonst, um Gottes willen, unglücklicherweise

**gottesfürchtig:** gotteslästerlich, gottlos, heillos, sündig, verrucht, unheilig, unfromm, unandächtig, scheinheilig, scheinfromm, heuchlerisch *glaubenslos, freigeistig, gottesleugnerisch, freidenkerisch, ohne Religion, unchristlich, unreligiös, ungläubig, konfessionslos, religionslos

**gottgläubig:** ungläubig, gottlos, heidnisch, glaubenslos, gottesleugnerisch, atheistisch

**göttlich:** teuflisch, bösartig, dämonisch, gottlos, höllisch, satanisch, sündhaft, teufelhaft, verdammt, unrettbar, verteufelt *menschlich, irdisch

**gottlos:** gläubig, gottesfürchtig, gottgläubig, strenggläubig, kirchlich, religiös, fromm, glaubensstark, orthodox

**graben:** hineinschütten, einfüllen, auffüllen, hinterfüllen, zuschütten (Erde) *(nicht) finden (Gold)

**Graben:** Hügel, Haufen

**Grabesstille:** Geschrei, Gedröhn, Gepolter, Trubel, Heidenlärm, Krach, Getöne, Krakeel, Rabatz, Gekreisch, Radau, Spektakel, Tumult *Beifallsdonner, Beifallsorkan, Beifalls(sturm), Jubel, Huldigung, Beifallskundgebung, Applaus, Ovation

**graduell:** stufenlos, kontinuierlich

**gram:** gewogen, hold, (zu)geneigt, zugetan, entgegenkommend, gutgesinnt, wohlgesinnt, wohlwollend, verstehend

**Gram:** Freude, Wonne, Glück(seligkeit), Vergnügen

**grämen (s.):** s. freuen / amüsieren /

bekümmern / härmen / Sorgen / Gedanken machen, bangen

**grandios:** überwältigend, erstklassig, großartig, fabelhaft, exzellent, prächtig, sehr gut, vorzüglich, wunderschön, prachtvoll, genial, famos, wunderbar, wundervoll, himmlisch, hervorragend, ausgezeichnet, phantastisch, märchenhaft, traumhaft, sagenhaft, klassisch

**gräßlich:** abscheulich, widerlich, verwerflich, verabscheuungswert, scheußlich, greulich, häßlich, verabscheuenswürdig, unschön, horrend, grauenerregend, furchtbar, grauenhaft, grauenvoll, beängstigend, schauderhaft, katastrophal, verheerend, unheimlich, gespenstig, schrecklich, entsetzlich *naß (-kalt), regnerisch, stürmisch *ungemütlich, unbequem, unbehaglich, unwohnlich *abstoßend, furchterregend

**gratis:** kostenlos, frei, umsonst, gebührenfrei, ohne Geld, geschenkt, unentgeltlich

**Gratulation:** Glückwunsch, Segenswunsch

**gratulieren:** Glück / Segen wünschen, beglückwünschen, Glückwünsche / Segenswünsche darbringen / aussprechen / übermitteln / überbringen

**grauen:** dämmern, tagen, Tag / hell werden

**grausam:** brutal, herzlos, roh, gefühllos, erbarmungslos, unbarmherzig, rücksichtslos, schonungslos, gewalttätig, gnadenlos, bestialisch, kaltblütig, tierisch, kaltschnäutzig, verroht, entmenscht, unmenschlich, barbarisch, unerbittlich, ungerührt, inhuman, rigoros *stark, grimmig, bitterkalt

**grausig:** grauenhaft, grauenvoll, gräßlich, greulich, grauenerregend, düster, entsetzlich, schaurig, schauervoll, fürchterlich, scheußlich, erschreckend

**grazil:** zierlich, zart, zartgliedrig, schlank, gertenschlank, rank, schmächtig, gazellenhaft, schmal, mager, hager, dürr, fragil, durchsichtig, wie Por-

belustigen / erfreuen / ergötzen / erheitern, vergnügen, genießen, glücklich sein

**grandios:** gering, schwach, klein, minimal, wenig, winzig, karg, dürftig, spärlich, kümmerlich, kärglich, mager, schmal *durchschnittlich, gewöhnlich, alltäglich, normal (Leistung)

**gräßlich:** schön, überwältigend, einmalig, herrlich (Anblick) *schön, wunderbar, heiß, sonnig, strahlend, sommerlich, wolkenlos, warm, heiter (Wetter) *herrlich, nett, sagenhaft, wunderbar (Tag) *nett, freundlich, anziehend, sympathisch, liebenswert, hilfreich, munter, lebensfroh, heiter, fröhlich, strahlend, gutgelaunt, vergnügt, geistreich, entgegenkommend, wohlwollend, wohlgesinnt (Mensch) *behaglich, gemütlich, angenehm, schön (Zustand) *angenehm, anmutig, süß, lieb (-lich), reizend, betörend, attraktiv, bezaubernd, begierlich, (bild)hübsch, charmant, entzückend, gewinnend, niedlich, gewinnend, goldig (Aussehen)

**gratis:** kostenpflichtig, gegen Bezahlung / Entgelt *bezahlt

**Gratulation:** Beileid(sbezeigung), Kondolenz *Neid, Mißgunst

**gratulieren:** Beileid ausdrücken / aussprechen, kondolieren *neiden, mißgönnen

**grauen:** dunkel werden *s. freuen (auf)

**grausam:** gering, mild (Kälte) *gefühlvoll, innig, herzlich, teilnahmsvoll, warm, beseelt, fühlend, empfindend, seelenvoll, mild, anständig, freundlich, entgegenkommend, wohlwollend, liebenswürdig, gutgesinnt, wohlgesinnt, großmütig

**grausig:** erfreulich, angenehm, positiv, günstig, wohltuend, erquicklich, gut, willkommen

**grazil:** plump, schwerfällig, korpulent, füllig, grob, aufgebläht, massiv, massig, mächtig, groß, gigantisch, vierschrötig, wohlbeleibt, feist, aufgetrie-

zellan *mit Grazie

greifbar: verfügbar, parat, anwesend, präsent *ganz nah, nahe(her)bei, in Reichweite, zum Greifen nah *wahrnehmbar, erkennbar, offenbar *materiell, körperlich, faßbar, real

Greis: der Alte, alter Herr / Mann

greisenhaft: alt, senil, (hoch)bejahrt, (hoch)betagt, ergraut, grau, uralt, steinalt

grell: schrill, gellend, unüberhörbar, laut *stechend, blendend, hell, ungedämpft *grellfarben, unangenehm auffallend / hervorstechend, kontrastierend, leuchtend, aufdringlich, in die Augen stechend / fallend, reißerisch, kunterbunt, knallig, scheckig, schreiend

grenzenlos: unbegrenzt, überaus groß, unübersehbar, unendlich, immens, schrankenlos, unerschöpflich, unbeschränkt, endlos, sehr, gewaltig, ohne Grenzen

griesgrämig: ärgerlich, zornig, mißlaunig, übellaunig, gekränkt, unerfreulich, erzürnt, entrüstet, böse, erbost, zähneknirschend, verärgert, grantig, gereizt, aufgebracht, brummig, verdrossen, verdrießlich, unangenehm, muffig, grimmig, mißmutig, mürrisch, mißgestimmt, grämig, erbittert, knurrig, bärbeißig, unwillig, unwirsch, verbittert, mißgelaunt, mißvergnügt, schlechtgelaunt, unmutig, unzufrieden, übelgelaunt, unbefriedigt, unlustig, unleidlich, in schlechter Stimmung

griffig: handlich, handgerecht, praktisch, zweckmäßig, leicht / bequem benutzbar

grillen: auf dem Grill braten / rösten

grimmig: zornig, wild, wütend, böse, aufgebracht, verärgert, ärgerlich, unwirsch, entrüstet, wutentbrannt, empört, wutschnaubend, martialisch *heftig, schneidend, übermäßig, unerträglich, schlimm

grob: schlimm, übel, arg, böse, unangenehm, schrecklich, stark, gröblich *grobschlächtig, derb, unfein, roh, drastisch, unmanierlich, unkultiviert, grobschrötig, ungeschliffen, ungehobelt, ungesittet, unzivilisiert *taktlos, abweisend, barsch, schroff, unwirsch,

ben, dick, fleischig, riesenhaft, vollgestopft *plump, unbeholfen, schwerfällig, ungeschickt (Bewegungen)

greifbar: ungreifbar, unnahbar, schleierhaft, undeutlich, verschwommen, schemenhaft, nebelhaft *entfernt, weg, fort

Greis: Kind

greisenhaft: kindlich, kindisch

grell: gedämpft, dumpf, sanft, dunkel, weich (Ton) *weich, mild, zart, pastell (Farbe) *weich, sanft, gedämpft, zart (Licht) *schattig

grenzenlos: begrenzt, beschränkt, eingeengt (Ausdehnung) *kurz, begrenzt (Ausdauer) *eingeengt, eingeschränkt, begrenzt, gering, klein (Liebe)

griesgrämig: heiter, (lebens)froh, vergnüglich, vergnügt, lebenslustig, glücklich, humorvoll, lose, entgegenkommend, aufgeschlossen, freudig, schelmisch, strahlend, übermütig, aufgelegt, gutgelaunt, lustig, fröhlich, guten Mutes, munter, fidel, vergnüglich, frohgemut, frohgesinnt, lebenslustig (Mensch)

griffig: glatt, seidig (Stoff) *rutschig, glatt, naß, glitschig *fein (Mehl)

grillen: braten *kochen *dünsten

grimmig: froh, heiter, erfreut, freudig, gutgelaunt, wohlgemut, frisch, frohsinnig, munter, aufgeheitert, fröhlich, strahlend, vergnügt *leicht, erträglich

grob: fein, zart, zierlich, zartgliedrig, feingliedrig, niedlich, grazil (Hände, Züge) *fein (gemahlen) (Kaffee) *glatt, poliert, abgeschliffen (Oberfläche) *fein (Sieb, Stoff) *anziehend, angenehm, sympathisch, lieblich, toll, liebenswert, bezaubernd, anmutig,

sehr unfreundlich / unhöflich, ruppig, roh, brüsk, rauh, rüpelhaft, rüde *nicht fein, großkörnig, grobgemahlen *grobmaschig *ungenau, unklar, schemenhaft, vage, verschwommen, unbestimmt, unscharf, dunkel *schwer *leichtsinnig, fahrlässig, vorsätzlich, groß, schlimm, ernst

charmant, gewinnend, attraktiv, lieb *empfindsam, gefühlstief, rührselig, gemüthaft, verinnerlicht, schwärmerisch *höflich, zuvorkommend, entgegenkommend, wohlwollend, wohlgesinnt, wohlerzogen, freundlich, nett (Mensch) *genau, deutlich, exakt (Umrisse) *fein, (kinder)leicht (Arbeit) *geschliffen, gut, anständig, korrekt, sittsam, gesittet (Benehmen) *gering, leicht, kindlich (Unfug) *zärtlich, herzlich, warm, innig (Mensch) *zart, fein, grazil, hager (Gestalt)

**Grobheit:** Unhöflichkeit, Unfreundlichkeit, Ungefälligkeit, Unaufmerksamkeit, Unliebenswürdigkeit, Taktlosigkeit, Barschheit, Schroffheit *Grobschlächtigkeit, Plumpheit, Ungeschliffenheit, Derbheit, Roheit, Unkultiviertheit *Fahrlässigkeit, Leichtsinn

**Grobheit:** Anstand, Artigkeit, Höflichkeit, Feingefühl, Hilfsbereitschaft, Zuvorkommenheit, Takt(gefühl), Zartgefühl, Frohsinn, Frohmut, Ritterlichkeit *Mitgefühl, Anteil(nahme), Mitleid, Teilnahme, Sympathie, Mitempfinden *Selbstlosigkeit, Edelmut, Uneigennützigkeit, Selbstverleugnung, Aufopferung, Edelsinn, Selbstüberwindung *Spaß, Schabernack, Streich, Schelmenstreich, Albernheit, Jux, Gaukelei, Narretei, Witz *Empfindsamkeit, Zartgefühl, Feinheit, Sentimentalität, Zartheit, Gefühlsseligkeit

**gröblich:** sehr, erheblich, stark

**gröblich:** schwach, leicht, gering, klein, wenig

**groß:** außergewöhnlich, ungewöhnlich, ungeläufig, ausgefallen, erstaunlich, außerordentlich, überraschend *beachtlich, ungeläufig, extraordinär, bedeutend, großartig, überraschend, umwerfend, entwaffnend, bewunderungswürdig, formidabel, ersten Ranges, bewundernswert, hervorragend, brillant, überragend, beeindruckend, eindrucksvoll, eminent, überwältigend, stattlich, ansehnlich, beträchtlich, erklecklich, sondergleichen, ohnegleichen, unvergleichlich, nennenswert, einzigartig, bedeutsam, bedeutungsvoll, erheblich, grandios, imposant, imponierend, enorm, phänomenal, sensationell, epochemachend, epochal, aufsehenerregend, spektakulär, auffällig, auffallend, abenteuerlich, verblüffend, frappant, sagenhaft, märchenhaft, fabelhaft *hochgewachsen, lang, hochaufgeschossen, hünenhaft, von hohem Wuchs *erwachsen, flügge, reif, mündig *stark, intensiv, kräftig, hochgradig, nicht schwach / gering *berühmt, prominent, bekannt, namhaft, gefei-

**groß:** klein *gering, mäßig, wenig, klein, minimal (Vorräte, Menge) *zärtlich, klein, kurz geraten, schmächtig, zierlich (Gestalt) *jung, kindlich, klein, kindhaft (Mensch) *eng(stirnig), klein, begrenzt (Denken) *scheu, ängstlich, bang, schüchtern, bescheiden, zurückhaltend (Auftreten) *klein, kurz (Pause, Ferien) *gelinde, ein bißchen, (ein) wenig, leicht (Stärke) *klein, geringfügig, unerheblich, minimal, nicht nennenswert, lächerlich, unbeträchtlich, unbedeutend (Summe) *klein, gering (Hungergefühl) *gering, mäßig, bescheiden, klein (Wert) *unbekannt, unbedeutend, mittelmäßig (Redner) *klein, gering, unbedeutend, mittelmäßig, durchschnittlich, normal, üblich, erwartet, unterdurchschnittlich (Tat) *normal, alltäglich, werktäglich (Tag) *unbedeutend, unbekannt, klein, mittelmäßig, durchschnittlich (Künstler) *dörflich, provinziell, klein, unbekannt (Ort)

ert, renommiert, angesehen, anerkannt, populär

**großartig:** grandios, überwältigend, ausgezeichnet, einmalig, hinreißend, einzigartig, wundervoll, bestechend, erstklassig, berückend, famos, vorzüglich, exzellent, außerordentlich, ruhmvoll, glorreich, phantastisch, ruhmreich, glorios, prächtig, triumphal, herrlich *spannend, packend, fesselnd, interessant, mitreißend

**Größe:** Höhe, Länge, Körpermaß, Stattlichkeit, Statur *Ausdehnung, Ausmaß, Weite, Tiefe, Geräumigkeit, Unermeßlichkeit, Mächtigkeit, Dimension, Umfang, Reichweite *Star, Meister, Könner, Koryphäe, Berühmtheit, Virtuose, As *Bedeutung, Gewicht, Belang, Geltung, Wert

**großherzig:** großzügig, freigebig, spendabel, weitherzig, hochherzig, nobel, honorig, gebefreudig, verschwenderisch, verschwendungssüchtig *tolerant, duldsam, nachsichtig, freizügig, verständnisvoll, nicht kleinlich / engherzig

**großartig:** schlecht, kümmerlich, jämmerlich, erbärmlich, kläglich (Leistung) *heruntergekommen, klein, abgewirtschaftet, verkommen, alt (Gebäude) *unbekannt, mittelmäßig, durchschnittlich, klein, unbedeutend (Künstler) *langweilig, monoton, uninteressant, einförmig, unbedeutend, eindruckslos, einschläfernd, eintönig, ermüdend (Aufführung)

**Größe:** Kleinheit *Geringfügigkeit *Enge, Engigkeit, Engstirnigkeit, Beschränktheit (Gedanken) *Laie, Amateur *Bedeutungslosigkeit *Bescheidenheit

**großherzig:** kleinmütig, beschränkt, engstirnig, kleinherzig, unaufgeschlossen, kleinlich, spießbürgerlich, spießig, übergenau, nicht weitblickend, pedantisch, engherzig, hinterwäldlerisch, kleinbürgerlich, eng *barsch, abweisend, unhöflich, grob, ruppig, taktlos, unfreundlich, unbeherrscht, hitzköpfig, jähzornig, heftig, hitzig *kontaktarm, unzugänglich, dickköpfig, dickschädelig, bockbeinig, hartgesotten, kompromißlos, kühl, radikal, rechthaberisch, menschenscheu, finster, eigensinnig, distanziert, eisern, spröde, starrsinnig, zugeknöpft, verstockt, verständnislos, unerbittlich, unbequem, steifnackig, störrisch, unterkühlt

**Großmarkt:** Supermarkt, Einkaufsmarkt, Einkaufszentrum

**Großmutter:** Ahne, Oma, Großmama

**Großstadt:** Millionenstadt, Metropole, Weltstadt

**großstädtisch:** weltstädtisch, städtisch

**Großteil:** Mehrheit, Mehrzahl, Vielzahl, Überzahl, Masse, Majorität, mehr als / über die Hälfte, der überwiegende Teil

**großtuerisch:** großspurig, arrogant, überheblich, hochnäsig, anmaßend, hochmütig, dünkelhaft, unbescheiden, prahlerisch, großsprecherisch, großspurig, angeberisch, aufschneiderisch,

**Großmarkt:** Kleinmarkt, Einzelhandelsgeschäft, Kleinpreismarkt

**Großmutter:** Großvater *Enkel, Enkelin

**Großstadt:** Kleinstadt *Dorf, Gemeinde *Provinz *Land

**großstädtisch:** kleinstädtisch *dörflich, ländlich, hinterwäldlerisch, verlassen, einsam

**Großteil:** Minderheit, Minorität, Minderzahl, der geringere Teil

**großtuerisch:** scheu, ängstlich, angstbebend, (angst)schlotternd, zähneklappernd, aufgeregt, bang, angstvoll, feige, furchtsam, verängstigt, verkrampft, betroffen, benommen, be-

wichtigtuerisch *weltmännisch

**Großvater:** Ahne, Opa, Großpapa

**Großwuchs:** Riesenwuchs, Hypersomie, Gigantismus

**grün:** sauer, unreif *umweltbewußt, ökologisch, alternativ, naturbewußt, umweltschützend, gegen Atomkraft (-werke), für Umweltschutz *unreif, naiv, jung, unfertig, unerfahren, ahnungslos, unentwickelt, kindisch, infantil, kindlich *keinen Schimmer / blassen Dunst haben, unwissend sein

**Grund:** Begründung, Argument, Beweisgrund, Erklärung *Boden, Grundstück, Gelände, Land, Acker, Terrain, Anwesen, Erde *Motiv, Ursache, Veranlassung, Ansporn, Anstoß, Hintergrund, Beweggrund, Impuls, Antrieb, Bedingung, Triebfeder, Aufhänger *Grundlage, Basis, Unterbau, Unterlage, Fundament

**grundanständig:** sittsam, korrekt, gesittet, höflich, ordentlich, sittlich, rechtschaffen, unbescholten, tugendhaft, lauter, fair, fein, angemessen, schicklich, brav, keusch, gebührend, solide, manierlich, gesellschaftsfähig, ehrenhaft, honorig, wohlerzogen, achtbar, redlich, zuverlässig, sauber, charaktervoll, ehrlich, von guter Gesinnung

**gründen:** begründen, errichten, konstituieren, ins Leben rufen, etablieren, aus der Taufe heben, schaffen, stiften, eröffnen, anfangen, beginnen, das Fundament legen zu

**grundlegend:** fundamental, grundsätzlich, elementar, von Grund auf, prinzipiell, wesentlich, entscheidend, bestimmend, radikal, einschneidend, durchgreifend, ausschlaggebend, durch und durch, maßgebend, maßgeblich, konstitutiv, wichtig, bedeutend,

klommen, befangen, verschreckt, schüchtern, eingeschüchtert, zitternd, bebend, käsebleich *reserviert, passiv, zurückhaltend, still, teilnahmslos, untätig *kleinlaut, verlegen, befangen, betreten, verwirrt, schamhaft, beschämt *zurückgezogen, weltabgewandt, einsam, abgeschieden, einsiedlerisch, vereinsamt

**Großvater:** Großmutter *Enkel, Enkelin

**Großwuchs:** Kleinwuchs, Zwergwuchs, Minderwuchs, Kümmerwuchs

**grün:** welk, dürr, trocken, getrocknet, verdorrt, vertrocknet (Blätter, Pflanzen) *rot, gelb (Ampel) *ausgereift, reif (Frucht) *verarbeitet, eingelegt, geräuchert (Hering) *erfahren, reif, alt, erwachsen (Mensch)

**Grund:** Wirkung, Folge, Ergebnis, Auswirkung, Konsequenz, Folgerung, Weiterung, Tragweite *Zweck, Sinn, Ziel, Absicht, Sinn und Zweck *Erfolg, Folge, Effekt, Resultat, Fazit, Wirksamkeit, Auswirkung *Oberfläche (Gewässer) *Berg, Hügel *Berggipfel

**grundanständig:** abscheulich, verwerflich, widerlich, verabscheuenswert, greulich, häßlich, scheußlich, verdorben, verrucht, unsolide, unanständig, ungehörig, unsittlich, unzüchtig, asozial, gemeinschaftsschädigend, unsozial, gemeinschaftsfeindlich *gemein, niedrig, schmachvoll, schändlich, niederträchtig *unredlich, betrügerisch, unwahrhaftig, falsch, unsolid, unreell, heuchlerisch, katzenfreundlich, unaufrichtig, unlauter, scheinheilig, lügenhaft, lügnerisch, unehrlich

**gründen:** aufgeben, aufhören, stillegen, verkaufen, abgeben (Unternehmen) *auflösen (Partei, Familie) *abreißen, niederreißen (Bauwerk)

**grundlegend:** zeitweilig, momentan, kurzfristig, vorübergehend, für einige Zeit *unwesentlich, nebensächlich *abgeleitet, sekundär

schwerwiegend, gründlich, bis in die / Wurzel / ins letzte / kleinste

**gründlich:** intensiv, ausführlich, profund, umfassend, eingehend, eindringlich, erschöpfend, detailliert, vollständig *genau, exakt, akkurat, treffend, präzise, haargenau, haarklein, (haar-)scharf, klar, deutlich, reinlich, prägnant, unmißverständlich, speziell, säuberlich, eindeutig, sauber, tadellos, bestimmt, wohlgezielt *sorgfältig, ordentlich, korrekt, fehlerlos, gewissenhaft, minuziös, richtig, zuverlässig, sorgsam, fein, pedantisch, penibel *gehörig, tüchtig, sehr, überaus, gewaltig *total, völlig, von Grund auf, radikal, bis ins letzte

**gründlich:** oberflächlich, ungenau, leichtfertig, geistlos, inhaltslos, gehaltlos, flach, seicht, flüchtig, verflacht, (ver)äußerlich(t), ohne Tiefgang, nichtssagend, banal, trivial, vordergründig *vorübergehend, provisorisch, notdürftig, behelfsmäßig, zur Not, mangelhaft, unzureichend, schlecht und recht, zur Aushilfe, primitiv, unzulänglich

**grundlos:** abgründig, bodenlos, abgrundtief *ohne Anlaß / Grund / Motiv / Erklärung / Begründung, unmotiviert, unberechtigt, ungerechtfertigt, beliebig, haltlos, gegenstandslos, aus der Luft gegriffen

**grundlos:** begründet, überlegt, durchdacht, geformt, fundiert, unanfechtbar, hieb- und stichfest (Meinung) *fest (Boden) *seicht, flach (Gewässer)

**Grundriß:** Aufriß, Entwurf, Bauplan, Plan *Auszug, Leitfaden, Kompendium, Zusammenfassung, Abriß, Einführung

**Grundriß:** Aufriß *Profil

**grundsätzlich:** grundlegend, prinzipiell, fundamental, von Grund auf

**grundsätzlich:** nebensächlich, unwichtig, gering, belanglos (Bedeutung) *aber, dennoch, dagegen, doch

**grundverkehrt:** (grund)falsch, unrichtig, unwahr, irrig, unzutreffend, fehlerhaft

**grundverkehrt:** vollkommen / völlig richtig, völlig korrekt

**grundverschieden:** verschieden(artig), ungleichmäßig, abweichend, different, divergent

**grundverschieden:** identisch, gleich, (s.) deckend, unterschiedslos (Ansichten, Vorstellungen)

**grünen:** sprießen, treiben, keimen, grün werden

**grünen:** verdorren, welk werden, verwelken, vertrocknen, abblühen, verblühen

**Gruppe:** Gemeinschaft, Team, Clique, Clan, Schar, Kreis, Zirkel, Runde, Kollektiv, Ring, Gang, Korona *Fraktion, Lager, Block, Sektion *Schicht, Klasse, Stand, Kaste *Kolonne, Zug, Pulk, Truppe, Reihe *Abteilung, Verband, Einheit, Geschwader, Belegschaft, Mannschaft

**Gruppe:** (der) Einzelne, Individuum

**gültig:** geltend, amtlich / behördlich bescheinigt, beglaubigt, unanfechtbar, gesetzmäßig, unbestreitbar, verbindlich, unbezweifelbar, authentisch

**gültig:** ungültig, wertlos (Briefmarke) *verfallen, ungültig, überfällig, überzogen, hinfällig (Ausweis, Reisepaß) *gegenstandslos, nichtig, hinfällig *falsch, gefälscht

**Gültigkeit:** Geltung, Geltungsdauer, Laufzeit

**Gültigkeit:** Ungültigkeit, Wertlosigkeit *Falschheit *Verfall, Hinfälligkeit *Nichtigkeit, Gegenstandslosigkeit

**Gunst:** Freundlichkeit, Gewogenheit, Geneigtheit, Wohlwollen, Liebenswürdigkeit, Güte, Aufmerksamkeit, Herzlichkeit, Liebe, Anteilnahme *Huld, Gnade, Ehre, Auszeichnung

**günstig:** billig *positiv, wohlwollend, optimistisch, wohlmeinend, freundlich, huldvoll, hold, gnädig, wohlgesinnt *erfreulich, glücklich, gut, angenehm *vorteilhaft, vielversprechend, erfolgversprechend, verheißungsvoll, aussichtsreich, hoffnungsvoll, voller Möglichkeiten / Chancen, mit Aussicht / Perspektive auf

**gut:** entspannt, entkrampft, natürlich, freundschaftlich, friedlich *einwandfrei, positiv, gedeihlich, angenehm *sonnig, heiter, klar, sommerlich, wolkenlos, strahlend *spaßig, lustig *witzig, geistreich, geistvoll, unterhaltsam, spritzig, anregend, erfindungsreich, ideenvoll, originell, genial (Gedanke, Witz) *positiv, angenehm (Seite, Gefühl) *leicht, einfach, schnell (Lernen) *hilfreich, nützlich, richtig, entsprechend, passend (Werkzeug) *treffend, überzeugend, glaubhaft, glaubwürdig (Ausrede) *wohlerhalten, gepflegt, geschont, guterhalten *anständig, sittsam, korrekt, gesittet, höflich, ordentlich, sittlich, rechtschaffen, unbescholten, tugendhaft, lauter, fair, fein, schicklich, brav, keusch, gebührend, solide, manierlich *gesellschaftsfähig, grundanständig, ehrenhaft, honorig, wohlerzogen, achtbar, redlich, zuverlässig, sauber, charaktervoll, ehrlich, von guter Gesinnung *fruchtbar, nützlich, nutzbringend, effektiv, ersprießlich, gedeihlich, erfolgreich, positiv, aufbauend, sinnvoll, hilfreich, von Nutzen, lohnend *vortrefflich, ausgezeichnet, vorzüglich, vorbildlich, tadellos, lobenswert, nicht schlecht / übel *nobel, edel, uneigennützig, human, gütig, selbstlos, herzensgut, lieb(enswert), wertvoll, hilfsbereit, gutherzig, gutartig, mitfühlend, gutmütig *ja, sicher, jawohl, gewiß, bestimmt, auf jeden Fall, freilich, einverstanden,

**Gunst:** Mißgunst, Neid, Ressentiment, Scheelsucht, Eifersucht, Eifersüchtelei, Mißvergnügen, Unbehagen *Amtsneid, Brotneid, Futterneid (Kollegen) *Konkurrenzneid, Handelsneid (Geschäftspartner) *Ungnade *zuungunsten, zum Nachteil *Benachteiligung, Zurücksetzung, Vernachlässigung, Übervorteilung

**günstig:** negativ, ungünstig, schlecht (Eindruck) *teuer, überzogen, hoch (Angebot) *katastrophal, verheerend, schrecklich, ungünstig, negativ, schlecht, vernichtend, dumm (Verlauf) *rauh, schlecht (Klima) *negativ, ungünstig, übel, trübe, schlecht, dunkel, finster (Aussichten) *unglücklich, ungünstig, böse, widrig (Zufall) *ablehnend, negativ, verwerfend

**gut:** spannungsgeladen, schlimm, explosiv, verhärtet, getrübt, schlecht, kritisch, gespannt (Lage) *schlecht, desolat, miserabel, mies, elend, traurig (Zustand) *schlecht (Gehör) *schlecht, minderwertig (Arbeit) *schlecht, naßkalt, feuchtkalt, schrecklich, scheußlich, schauderhaft, schaurig, unangenehm (Wetter) *elend, dürftig, primitiv, miserabel, erbärmlich, schlecht, mies (Verhältnisse) *schlecht, schlüpfrig, ungehörig, unschicklich, verdorben, nicht salonfähig / stubenrein, schwach, geistlos, fad(e), nüchtern, platt, schal, trocken, (un)zweideutig (Witz) *abscheulich, greulich, böse, boshaft, garstig, unausstehlich, widerlich (Mensch) *negativ, häßlich, unangenehm, schlecht (Seite) *fadenscheinig, (weit) herbeigeholt (Ausrede) *übelschmeckend, ekelhaft, unschmackhaft, unappetitlich, ungenießbar, widrig, widerlich, verdorben (Essen) *gärig (Getränk) *faulig, moderig (Wasser) *ungut, bedrückt, betrübt, bedrückend (Gefühl) *verschimmelt (Nahrungsmittel) *schwer, schwierig (Lernen) *langweilig, einschläfernd (Buch) *verdreht, schlecht, verrückt (Meinung) *schlecht, faul (Ei) *ranzig (Butter) *selbstsüchtig, eigennützig (Tat) *schlecht, gering, ungenügend, mangelhaft, ausreichend, mittlere, durchschnittlich, alltäglich, geläufig, mittelmäßig (Leistung) *fern(stehend), flüchtig (Bekannte) *schwach,

selbstverständlich, natürlich, jedenfalls
*eßbar, genießbar, trinkbar, einwand-
frei, (quell)frisch *interessant, spannend, fesselnd *gesund, rein, staubfrei
(Luft) *(qualitativ / quantitativ) hochwertig, übermäßig, (über)reich(lich)
(Ernte) *positiv, angenehm, willkommen (Nachricht) *freundlich, wohlmeinend, wohlwollend, herzlich, wohlgesinnt *erfreulich, günstig, schön, wohltuend, willkommen, glücklich, vorteilhaft, angenehm *trainiert, ausgebildet,
fein, geschult (Gehör) *lesbar, leserlich, ordentlich, deutlich, klar, sauber
(Schrift) *hervorragend, ausgefallen,
ansehnlich, verblüffend, auffällig, ungewöhnlich, außergewöhnlich, überwältigend, beachtlich, überragend, bedeutsam, sondergleichen, beträchtlich,
sagenhaft, bewunderungswürdig, eindrucksvoll, nennenswert, imposant,
enorm, erstaunlich, groß(artig), ohnegleichen, aufsehenerregend, unvergleichlich, spektakulär, stattlich, überraschend, ungeläufig, sensationell, auffallend, bedeutend, bedeutungsvoll,
beeindruckend, bewundernswert, brillant, imponierend, außerordentlich, fabelhaft, einzigartig (Leistung) *nahestehend (Bekannte) *ausgelassen, aufgekratzt, angeheitert, froh(gemut),
übermütig, strahlend, vergnügt, vergnüglich, munter (Laune) *(lern)wil-
lig, eifrig, strebsam, tüchtig, fleißig
(Schule)

schlecht (Gedächtnis) *mittelmäßig,
durchschnittlich, schwach, normal
(Zeugnis) *übel, zweifelhaft, böse, verrufen, schlecht (Leumund) *böse,
feindselig, abgeneigt, böswillig, gehässig, gram, verstimmt, haßerfüllt
(Mensch) *böse, schlimm, schwarz,
übelwollend, unüberlegt, unausgereift,
nicht durchdacht / ausgefeilt /ausgear-
beitet (Gedanke) *kritisch, verworfen,
unterkühlt, schlecht, unglücklich, verfeindet, zerstritten, verzankt (Verhältnis) *beschädigt, nicht einwandfrei
(Ware) *böse, störrisch, boshaft, unkultiviert, schlecht, elend, ehrlos, arg,
würdelos, verächtlich, erbärmlich, gemein, schnöde, schmutzig, schurkisch,
niederträchtig, schäbig, charakterlos
(Charakter) *böse, elend, schlimm, abscheulich, ruchlos, greulich, verabscheuungswert, widerlich (Tat) *ver-
franzt, abgewetzt (Stoff) *halsstarrig,
unaufgeschlosssen, unbequem, unversöhnlich, verständnislos, widerspenstig, zugeknöpft, widerborstig, unfolgsam, hartgesotten, eigensinnig, dickschädelig, bockbeinig, trotzig, stur,
störrisch, steifnackig (Verhalten)
*rachsüchtig, rachgierig, rachedurstig,
racheglühend *schadenfroh, gehässig,
hämisch, mißgünstig *streitbar, grimmig, angriffslustig, streitsüchtig, zanksüchtig, händelsüchtig, hitzig *unbarmherzig, unmenschlich, grausam, gnadenlos, gefühllos, erbarmungslos, verroht, unsozial, inhuman *untauglich,
schlecht, primitiv, einfach (Hilfsmittel,
Werkzeug) *unmöglich, frech, rabiat,
schlecht, peinlich, ungesittet, garstig
(Benehmen, Verhalten) *schlecht, unzufrieden, mürrisch, unlustig, verstört,
verstimmt, zornig, grollend, verärgert,
verdrossen, verbittert (Laune) *verbraucht, dick, schlecht, verpestet, stinkig, verräuchert, verqualmt (Luft)
*verwurmt, madig (Obst) *katastro-
phal, schlecht, durchschnittlich, mittelmäßig, normal (Ernte) *übel, unangenehm, schrecklich, schlimm, schlecht
(Nachricht) *verrückt, albern, verdreht, eng, beschränkt, kurzsichtig,
schlecht (Idee) *mittelmäßig, durchschnittlich, schwach, dumm, faul
(Schüler) *nein, auf (gar) keinen Fall,
überhaupt nicht

**gutartig:** harmlos, ungefährlich, unverfänglich, unschädlich, nicht ansteckbar, heilbar *warmherzig, (herzens-)gut, barmherzig, mild, gutmütig, weichherzig, lindernd, gutherzig, sanftmütig, gnädig, gütig

**Güte:** Freundlichkeit, Herzlichkeit, Wärme, Wohlwollen, Herzensgüte, Warmherzigkeit, Liebenswürdigkeit, Entgegenkommen, Nächstenliebe, Aufmerksamkeit, Selbstlosigkeit, Gutmütigkeit, Innigkeit, Hilfsbereitschaft, Aufgeschlossenheit, Anteilnahme, Zuwendung, Zuneigung

**gutgelaunt:** aufgelegt, ausgelassen, froh(gemut), fröhlich, lustig, munter, übermütig, vergnügt, wohlgemut

**gutgesinnt:** entgegenkommend, freundlich, liebenswürdig, nett, wohlwollend
**gutgläubig:** arglos, leichtgläubig, treuherzig, naiv, einfältig
**Guthaben:** gespartes Geld, Erspartes, Aktiva, Aktivposten, Positivsaldo

**gutheißen:** billigen, für angebracht / richtig erklären, bejahen, befürworten, annehmen, akzeptieren, für gut befinden

**gutartig:** bösartig, (bitter)böse, grantig, übel, garstig, mißlaunig, rabiat, wütend, unwillig, aufgebracht, brummig (Mensch) *widerborstig, unbequem, verbohrt, verstockt, widerspenstig, ungesellig, unfolgsam, spröde, hartgesotten, finster, kompromißlos, radikal, rechthaberisch, renitent *bösartig, gefährlich (Krankheit, Geschwür)
**Güte:** Abscheulichkeit, Ekelhaftigkeit, Widerwärtigkeit, Widerlichkeit, Scheußlichkeit, Verabscheuenswürdigkeit *Zwietracht, Feindschaft, Spannung, Uneinigkeit, böses Blut, Gereiztheit, Konflikt, Meinungsverschiedenheit *Abscheu, Ekel, Haß, Ungeneigtheit, Antipathie, Feindschaft, Abgeneigtheit, Feindseligkeit *Eigensinn, Bockigkeit, Halsstarrigkeit, Hartnäckigkeit, Hartgesottenheit, Rechthaberei, Starrköpfigkeit, Starrsinn, Steifnackigkeit, Störrigkeit, Sturheit, Trotz(igkeit), Unbelehrbarkeit, Widerspenstigkeit, Verbohrtheit, Unnachsichtigkeit, Unlenksamkeit *Niedertracht, Bosheit, Bösartigkeit, Garstigkeit, Gehässigkeit, Gemeinheit, Unverschämtheit, Rachsucht, Schadenfreude, Übelwollen, Schurkerei *Bissigkeit, Zorn, Erbostheit, Gereiztheit, Zornröte, Wutanfall, Härte, Groll, Schärfe, Verärgerung *schlechte / mindere Qualität, Mangel, Minderwertigkeit
**gutgelaunt:** schlechtgelaunt, flegelhaft, überreizt, mürrisch, unlustig, abweisend, verstimmt, ruppig, mißgelaunt, taktlos, übellaunt, unleidlich, mißmutig, grob *zornig, hitzköpfig, ungehalten, böse, erzürnt, (v)erbittert, grollend, verärgert, fuchtig, gereizt
**gutgesinnt:** schlechtgesinnt, übelgesinnt *wurstig, teilnahmslos, desinteressiert, apathisch, gleichgültig
**gutgläubig:** kritisch, argwöhnisch, mißtrauisch, skeptisch, ungläubig
**Guthaben:** Fehlbetrag, Defizit, Mindereinnahme, Minderertrag, Schuld, Minus, Soll, Debet
**gutheißen:** (an)fragen, bitten *ablehnen, abschlagen, versagen, verwerfen, zurückweisen, verweigern, verschmähen, mißbilligen *untersagen, verbieten

**gütig:** freundlich, entgegenkommend, liebenswürdig, zuvorkommend, freundschaftlich, gutgemeint, jovial, nett, herzlich, wohlwollend, gefällig, wohlmeinend, einnehmend, gutgelaunt, heiter, höflich, zugetan, warm, lieb, sympathisch, annehmlich, wohlgesinnt *warmherzig, (herzens)gut, barmherzig, mild, gutmütig, weichherzig, lindernd, gutherzig, sanftmütig, gnädig, gutartig

**gutmachen:** abfinden, rückvergüten, entgelten, wettmachen, entschädigen *wiedergutmachen, klären, klarstellen, richtigstellen, bereinigen

**gutriechend:** duftend, wohlriechend

**gutwillig:** geneigt, gewillt, gesonnen, willfährig, bereit, willens, willig, gefügig *freiwillig, ohne Aufforderung, ohne Drück / Zwang, von selber / selbst, aus s. heraus

**gütig:** böse, boshaft, hart, bösartig, grantig, dickköpfig, rechthaberisch, bitterböse, übel, garstig, mißlaunig, rabiat, wütend, unwillig, aufgebracht, brummig *ekelhaft, widerwärtig, widerlich, eklig

**gutmachen:** verursachen, anrichten (Schaden) *verursachen (Fehler)

**gutriechend:** schlechtriechend, stinkig, übelriechend *geruchlos

**gutwillig:** trotzig, kompromißlos, dickköpfig, aufsässig, aufmüpfig, eisern, fest, finster, ungehorsam, widersetzlich, zugeknöpft, widerspenstig, starrsinnig, steifnackig, stur, unaufgeschlossen, rechthaberisch, starrköpfig, unerbittlich, unfolgsam, verstockt

# H

haarig: behaart *heikel, delikat, problematisch, nicht geheuer, verfänglich, bedenklich, besorgniserregend, gefährlich, kritisch

haarlos: kahl, kahlköpfig, glatzköpfig

haben: besitzen, innehaben, gehören, verfügen über, sein eigen / Eigentum nennen, gebieten / disponieren über

Haben: Guthaben, Plus

Habenichts: Armer, Besitzloser, Clochard, Bedürftiger

Haft: Arrest, Gewahrsam, Gefangenschaft, Freiheitsentzug, Verwahrung

haften: halten, festhängen, festsitzen, (fest)kleben *garantieren, bürgen, Garantie leisten / übernehmen, s. verbriefen / verpflichten

haftenbleiben: hängenbleiben *stekkenbleiben, feststecken, festsitzen

hager: schlank, dünn, mager, dürr, zart, rank, schmächtig, schmal, abgezehrt, abgemagert, knochig, eingefallen, feingliedrig, ausgemagert, ausgehungert, geschwächt, zerbrechlich, krank

halb: zweigeteilt, zur Hälfte

halbfertig: unbeendet, ungenügend, unfertig, mangelhaft, minderwertig, unvollendet, abgebrochen, unabgeschlossen, lückenhaft, unvollständig, fast fertig

halbieren: zweiteilen, brüderlich teilen, in zwei Hälften zerlegen / trennen / teilen / schneiden

halblaut: gedämpft, nicht laut, kaum vernehmlich / vernehmbar / hörbar, flüsternd, im Flüsterton

Halbschlaf: Dämmerzustand, Halbschlummer, Dämmerschlaf

Halbschuh:

Halbstarke: Halbwüchsige, Rocker, Rowdies

halbwegs: einigermaßen, in etwa, annähernd, passabel, leidlich, ziemlich, hinlänglich, ungefähr

haarig: glatzköpfig, haarlos, unbehaart, kahl *unproblematisch, geheuer, angenehm, sicher, unverfänglich, unbedenklich (Sache)

haarlos: behaart, haarig

haben: wünschen, begehren, ersehnen, erträumen, erhoffen, wollen *brauchen, benötigen *fehlen, mangeln, vermissen, entbehren, abgehen *bekommen, erhalten, erwerben

Haben: Soll, Schuld, Debet

Habenichts: Reicher, Geldmann, Kapitalist, reicher Mann, Millionär

Haft: Freiheit, Bewegungsfreiheit *Bewährung

haften: abfallen, s. lösen, losgehen, herunterfallen, abgehen

haftenbleiben: verschwinden, vergessen, entschwinden, verdrängen (Ereignisse) *abfallen, herunterfallen

hager: dick, mollig, korpulent, aufgeschwollen, fett, feist, vollschlank, wohlbeleibt, vollgefressen, ungelenk, vierschrötig, pausbäckig, massiv, massig, mächtig, fleischig, aufgedunsen, gigantisch, dickwanstig, plump, stattlich, vollgestopft, umfänglich

halb: ganz *voll (Stunde, Kraft)

halbfertig: vollendet, abgeschlossen, fertig(gestellt), fertiggemacht

halbieren: verdoppeln *(selbst)behalten, nicht hergeben / teilen

halblaut: laut, mit voller Stimme, durchdringend, grell, überlaut, ohrenzerreißend, lauthals, markerschütternd, ohrenbetäubend, schrill

Halbschlaf: Tiefschlaf *Heilschlaf

Halbschuh: Stiefel *Sandale

Halbstarke: Kinder *Erwachsene

halbwegs: völlig, ganz, vollkommen

**Halbzeit:** Pause, Spielunterbrechung, Unterbrechung, Verschnaufpause, Ruhepause
**Hälfte:** halbe Portion / Ration, halber / halbes Teil, halbes Stück, das Halbe *Halbzeit *fifty-fifty, halbe-halbe
**halsstarrig:** rechthaberisch, finster, aufmüpfig, zugeknöpft, unbelehrbar, eisern, aufsässig, widersetzlich, ungehorsam, kratzbürstig, unfolgsam, kompromißlos, bockbeinig, dickköpfig, widerspenstig, unzugänglich, unaufgeschlossen, stur, hartgesotten, dickschädelig, starrköpfig, unversöhnlich, widerborstig, starrsinnig, bockig, eigensinnig, fest, steifnackig, verstockt, verbohrt, unerbittlich, trotzig, störrisch, verständnislos, unnachgiebig, unbotmäßig, unbequem, verschlossen
**Halt:** Unterbrechung, Pause, Stillstand, Aufenthalt, Stockung, Anhalten, Rast *Hilfe, Beistand, Rückhalt, Stütze
**haltbar:** unverweslich, unverderblich *fest, dauerhaft, beständig, solid, widerstandsfähig, stabil, massiv, unverwüstlich, resistent, langlebig
**halten:** nicht loslassen, festhalten *beibehalten, bewahren, nicht verändern / abgehen von, bleiben bei *veranstalten, stattfinden lassen, durchführen, abhalten, geben *zurückhalten, nicht hergeben / fortlassen, dabehalten *haltmachen, anhalten, stehenbleiben, abstoppen, rasten, ausruhen, bleiben, s. niederlassen, Atem schöpfen, bremsen, aussetzen, einhalten, innehalten, abstellen, stocken *unterhalten, beziehen, abonniert haben, angeschafft / angestellt haben *einhalten *stehenbleiben *haftenbleiben *fest / starr / stark / stabil bleiben *weiterleben, weiterexistieren *(weiter)blühen *nicht abweichen, geradeaus fahren *beibehalten *s. bestätigen / bewahrheiten *decken, unterstützen, protegieren *s. **an etwas halten:** befolgen, gehorchen, beherzigen, einhalten, s. fügen / richten nach, handeln nach, Folge leisten *an s. halten: s. beherrschen / bezwingen / bändigen / zurückhalten / bezähmen / überwinden / zusammennehmen / zügeln / mäßigen, Ruhe bewahren, ruhig bleiben *den Mund halten: (ver)schweigen, dichthalten, geheimhalten, nichts

**Halbzeit:** Anpfiff *erste Hälfte (des Spiels) *zweite Hälfte *Spielende, Abpfiff
**Hälfte:** Anfang, Beginn *Ende, Schluß *Ganze(s)

**halsstarrig:** brav, artig, folgsam, gesittet, manierlich, fügsam, lieb, gehorsam, ergeben, anständig, gefügig, zahm, botmäßig, willfährig, (gut)willig, lenkbar

**Halt:** Betrieb *Weiterfahrt, Durchfahrt, Fahrt, Weitermarsch, Marsch

**haltbar:** unhaltbar (Ball) *unhaltbar, untragbar (Behauptung) *leicht verderbend / verderblich (Lebensmittel) *kurzlebig (Verbrauchsgüter)
**halten:** anfahren, losgehen, losfahren *weitergehen *(weiter)fahren, vorüberfahren, vorbeifahren, rechts / links liegenlassen, durchfahren *nicht halten, absagen, verschieben (Vortrag) *zusammenbrechen, einfallen, einstürzen (Bau) *zusagen, versprechen, versichern (Wort) *brechen, nicht halten (Wort) *abspringen, abplatzen, abbröckeln (Farbe) *in Gang setzen, anfangen, beginnen *nicht bestehen können, untergehen (Beruf) *loslassen, nicht (fest) fassen / halten, fallen lassen (Gegenstand) *freilassen, weglassen, fortlassen, gehen / laufen lassen *verwelken, verblühen (Blumen) *ändern, abbiegen, abweichen (Richtung) *aufgeben (Festung) *räumen, aufgeben, s. zurückziehen, weichen (Gebiet) *nicht halten, kaputtgehen, zerbrechen, (an-)brechen, springen, (zer)reißen, platzen, durchbrechen, nachgeben (Material) *(dicht) auffahren (Abstand) *nicht (mit)halten (Schritt) *anspornen, (an)treiben, fordern *s. lösen, losgehen, abgehen *zusammenbrechen, einstürzen (Aussagen) *aufgeben, fallenlassen, nicht unterstützen (Mensch)

sagen, unerwähnt lassen, verheimlichen, stillschweigen, ruhig / still sein

*untergehen, schlechter gehen (Geschäft) *ändern, abweichen (Kurs) *verderben, verfaulen (Obst) *s. an etwas halten: ignorieren *übertreten, mißachten, umgehen, nicht befolgen (Vorschrift) *an s. halten: s. nicht beherrschen, s. gehenlassen / treibenlassen *den Mund halten: aussagen, reden, sprechen, darlegen, hinweisen, nennen, zu Protokoll geben, artikulieren, andeuten *schwätzen

**haltlos:** labil, willenlos, willensschwach, haltungslos, ohne Rückgrat, verführbar, ohne jeden Halt *ehrlos, charakterlos, verächtlich, würdelos, ehrvergessen, nichtswürdig *unmotiviert, erfunden, hinfällig, grundlos, gegenstandslos, unbegründet, aus der Luft gegriffen

**haltlos:** charaktervoll, ehrenhaft, gefestigt, zuverlässig, hochanständig, charakterfest, achtbar, aufrecht, brav, ehrbar, sauber, wacker, unbestechlich, rechtschaffen, willensstark, ehrsam (Mensch) *begründet, wirklich, tatsächlich, nachweisbar

**haltmachen:** anhalten, stehenbleiben, abstoppen, rasten, ausruhen, bleiben, s. niederlassen, Atem schöpfen, bremsen, aussetzen, einhalten, innehalten, abstellen, stocken

**haltmachen:** weitergehen, weiterlaufen *weiterfahren, durchfahren, rechts / links liegenlassen, vorbeifahren, vorüberfahren

**handeln:** Geschäfte machen, kaufen und verkaufen, Handel treiben *feilschen, den Preis drücken, herunterhandeln, schieben, schachern *Initiative ergreifen / entwickeln, verfahren, agieren, vorgehen, tätig sein, operieren, wirken

**handeln:** zögern, zaudern, unterlassen, ruhen *erzeugen, produzieren, herstellen

**handfest:** unwiderlegbar, genau, überzeugend, exakt, eindeutig, unzweifelhaft, unmißverständlich, klar, augenfällig, bestechend, deutlich, anschaulich *rüstig, kräftig, rauh, hart, robust, standfest, widerstandsfähig, unempfindlich, derb, kraftvoll, kernig, markig

**handfest:** wäßrig, verschwommen, doppeldeutig, zweideutig, unklar (Behauptungen) *schwach, ängstlich, zag, angstschlotternd (Burschen)

**handgreiflich:** gewalttätig, tätlich, aggressiv

**handgreiflich:** versteckt, heimlich, unklar, undeutlich (Lüge) *gewaltlos, friedlich

**Handikap:** Hindernis, Behinderung

**Handikap:** Vorteil

**handlich:** bequem / leicht benutzbar, griffig, zweckmäßig, handgerecht, praktisch, dienlich, gut zu handhaben / gebrauchen, tauglich, brauchbar, nützlich, zweckgemäß

**handlich:** unhandlich, unbequem, unpraktisch, unbeweglich, umständlich, ungeeignet, unzweckmäßig

**handlungsfähig:** einsatzfähig, aktionsfähig

**handlungsfähig:** handlungsunfähig, aktionsunfähig *patt, zugunfähig (Schach)

**handlungsunfähig:** aktionsunfähig *zugunfähig, patt

**handlungsunfähig:** handlungsfähig, einsatzfähig, aktionsfähig

**Handschrift:** Schreibart, Schreibweise

**Handschrift:** Maschinenschrift *Druck

**handschriftlich:** handgeschrieben

**handschriftlich:** maschinengeschrieben *gedruckt

**Hang:** Lehne, Abhang, Abfall, Böschung, Gefälle, Schräge, Steile, Abschüssigkeit *Neigung, Faible, Vorliebe, Talent, Schwäche, Sympathie, Disposition, Sehnsucht, Interesse

**hängen:** baumeln, schweben, pendeln *aufziehen, aufstecken, aufhängen, befestigen, hinhängen, anbringen, festmachen

**hängenbleiben:** feststecken, festsitzen, haftenbleiben, steckenbleiben *s. festtreten, zu lange bleiben *behalten *durchfallen, nicht schaffen

**hängenlassen:** dalassen, vergessen mitzunehmen *entspannen, pendeln / baumeln lassen **s. hängenlassen:** s. gehenlassen / nicht zusammenreißen / nicht zusammennehmen, mutlos / energielos / niedergeschlagen / deprimiert sein

**Hänger:** Anhänger

**härmen (s.):** s. sorgen / ängstigen um, bangen

**harmlos:** unverfänglich, ungefährlich, gutartig, unschädlich, nicht anstekkend, heilbar *treuherzig, friedlich, zutraulich, leichtgläubig, gutgläubig, offenherzig, vertrauensselig, naiv, unschuldig, einfältig, arglos, kritiklos, ohne Argwohn, ahnungslos, unkritisch, undifferenziert, bieder, unbedarft, simpel, einfach *eindeutig *ungefährlich, gefahrlos *anständig, astrein, salonfähig (Witz) *ängstlich, bang, beklommen, befangen, verängstigt, scheu, verschüchtert, zaghaft *schwach, leicht, ungefährlich *artig, brav, folgsam, manierlich, gesittet, lieb, gehorsam, fügsam *bescheiden, einfach, schlicht, anspruchslos, gelassen, zurückhaltend

**Hang:** Ebene *Haß, Abneigung, Widerwille, Abgeneigtheit, Ekel, Ungeneigtheit

**hängen:** liegen, stehen *herumliegen *legen, stellen, setzen *abfallen, herunterfallen *verabscheuen, hassen, nicht mögen, abgeneigt sein (Mensch) *mitkommen, erfassen

**hängenbleiben:** durchkommen, (ab-) rutschen, (ab)gleiten *ausgeräumt werden, verschwinden (Verdacht) *weiterkommen, versetzt werden, vorrücken, aufrücken (Schule) *vergessen werden (Gelerntes)

**hängenlassen:** (auf)binden (Haare) *mitnehmen (Mantel) *wegnehmen, abnehmen, mitnehmen, stehlen *aufrichten, heben (Körperteil) *s. hängenlassen: weiterkämpfen, nicht aufgeben, weitermachen, weitergehen

**Hänger:** Zugwagen, Zugfahrzeug

**härmen (s.):** vernachlässigen, leichtnehmen

**harmlos:** bösartig, böse, bärbeißig, unangenehm, grantig, zornig, aufgebracht, brummig, unausstehlich, übelwollend, garstig, schlimm, abscheulich, mißmutig, gereizt, grämlich, unerfreulich, fuchsteufelswild *halsstarrig, eisern, aufmüpfig, aufsässig, bockbeinig, dickköpfig, dickschädelig, trotzig, unaufgeschlossen, widerspenstig, widersetzlich, starrsinnig, steifnackig, störrisch, stur, ungehorsam, unnachgiebig, unversöhnlich, eigensinnig *hochmütig, anmaßend, arrogant, selbstsicher, stolz, überheblich, wichtigtuerisch, dünkelhaft, aufgeblasen, selbstüberzeugt *mutig, furchtlos, unerschrocken, wagemutig, waghalsig, verwegen, vermessen, tollkühn, kämpferisch, aggressiv, draufgängerisch, heldenmütig, kampfesfreudig, streitbar, leidenschaftlich, furios, angriffslustig, streitsüchtig *mißtrauisch, kritisch, skeptisch, argwöhnisch *gefährlich, bösartig, tückisch, schädlich, fürchterlich *(un)zweideutig, eindeutig, verdorben, unanständig, schlecht, unschicklich (Witz) *stark, (sehr) wirksam (Medikament) *delikat, pikant (Angelegenheit) *schwer, schlimm, tückisch, bösartig, gefährlich (Krankheit)

**Harmlosigkeit:** Unschädlichkeit, Zuträglichkeit, Verträglichkeit, Bekömmlichkeit *Arglosigkeit, Unverfänglichkeit, Leichtgläubigkeit, Gutgläubigkeit, Vertrauensseligkeit, Einfältigkeit, Einfalt, Treuherzigkeit, Kinderglaube, Naivität, Unbedarftheit, Kritiklosigkeit

**Harmlosigkeit:** Bosheit, Abneigung, Übelwollen, Unverschämtheit, Boshaftigkeit, Garstigkeit, Tücke, Niedertracht, Schadenfreude, Rachsucht, Gemeinheit, Bösartigkeit *Frechheit, Unverfrorenheit, Dreistigkeit, Kaltschnäuzigkeit, Ungezogenheit *Jähzorn, Ungezügeltheit, Heftigkeit, Unkontrolliertheit, Zügellosigkeit, Hitzköpfigkeit, Hemmungslosigkeit *Skepsis, Mißtrauen, Argwohn

**Harmonie:** Zusammenklang, Wohlklang *Einklang, Eintracht, Gleichgesinntheit, Gleichheit, Einvernehmen, Einigkeit, Einheit, Einhelligkeit, Einverständnis, Zufriedenheit, Friede, Brüderlichkeit, gegenseitige Anerkennung / Bejahung / Zustimmung

**Harmonie:** Disharmonie, Mißklang *Zwietracht, Spannung, böses Blut, Feindschaft, Meinungsverschiedenheit, Uneinigkeit, Zwistigkeit, Zwiespalt, Streit(frage), Streitigkeit, Gereiztheit, Konflikt, Mißverständnis

**harmonieren:** s. verstehen / vertragen / schätzen / zu nehmen wissen, übereinstimmen, (zusammen)passen, zusammenstimmen, einander ergänzen, in Frieden/einig/einträchtig/harmonisch leben, in Einklang stehen

**harmonieren:** streiten, zanken, zusammenstoßen, anfeinden, s. entzweien / verfeinden / beißen / anekeln, nicht zueinander passen *s. beißen (Farben)

**harmonisch:** abgestimmt, ausgewogen, gleichmäßig, ebenmäßig, im Gleichgewicht, wohlproportioniert, im richtigen Verhältnis, symmetrisch, (zusammen-)passend *melodisch, wohlklingend, wohltönend, wohllautend, abgewogen, stimmig, zusammenstimmend *friedlich, einträchtig, friedfertig, brüderlich, ausgeglichen, abgestimmt, abgeklärt, mit s. ausgesöhnt / im Frieden / im reinen

**harmonisch:** disharmonisch, unharmonisch *unausgeglichen, unharmonisch, unstet, rastlos, ruhelos, getrieben, unruhig, unverträglich, chaotisch, gestört, problematisch, schwierig, kompliziert *uninteressant, einförmig, langweilig, eintönig (Zusammenleben)

**hart:** ausgedörrt, ausgetrocknet, altbacken, trocken *heftig, scharf, stark, kräftig *schmerzlich, schwer, bitter, betrüblich, traurig *fest, eisenhart, knochenhart, steinhart, stählern, steif, stahlhart *vor nichts zurückschreckend, streng, keinen Bitten zugänglich, grausam, ohne Erbarmen / Mitleid / Rücksicht(nahme), böse, nicht zu erweichen, unnachsichtig, unzugänglich, unnachgiebig, eisig, eisern, unerbittlich, unsanft, grob, hartherzig, schonungslos, ungerührt, rücksichtslos, herzlos, gnadenlos, gefühllos, mitleidslos, kalt, rigoros, brutal, lieblos, unbarmherzig *Dur (Tonart) *kalkhaltig (Wasser) *stabil *frostig, kalt, schneereich *grell *eng auffahrend (Distanz)

**hart:** leicht, einfach (Kampf) *weich, kalkarm (Wasser) *gütig, barmherzig, gnädig, (herzens)gut, weich(herzig), herzlich, mild, gutmütig, sanftmütig, warmherzig (Mensch) *nachgiebig, einsichtig, schwach, kompromißbereit (Mensch) *schwammig *weich (Material, Holz) *unsicher, weich, schwach (Währung) *mild (Winter) *nachgiebig, weich, aufgeweicht, sumpfig (Boden) *weich, sanft, gütig, mild, herzlich, sympathisch (Stimme) *frisch, weich (Brot) *weich, flau (Licht, Farbe) *erträglich (Schicksal) *(kinder-)leicht, gelinde (Arbeit) *mild, glimpflich (Strafe) *weich, wohlwollend, entgegenkommend, gefühlvoll, beseelt, warm, innig, seelenvoll, fühlend, herzlich, gutmütig (Herz) *langweilig, trostlos, einschläfernd, monoton, ein-

**Härte:** Stabilität, Widerstandsfestigkeit, Zähigkeit, Festigkeit, Unverwüstlichkeit, Robustheit *Schärfe, Gewalt, Anstrengung *Ungerechtigkeit, Benachteiligung, Vernachlässigung, Zurücksetzung *Strenge, Unerbittlichkeit, Grausamkeit, Schonungslosigkeit, Kompromißlosigkeit, Rücksichtslosigkeit, Ungerührtheit, Brutalität, Verhärtung, Gefühlskälte, Kälte, Unnachsichtigkeit, Unzugänglichkeit, Unnachgiebigkeit, Grobheit, Hartherzigkeit, Mitleidlosigkeit, Lieblosigkeit, Unbarmherzigkeit

**härten:** festigen, hart machen / werden, erhärten, stählen

**Hartgeld:** Münze(n), Kleingeld, Metallgeld, Geldstück(e)

**hartnäckig:** starr, verstockt, dickköpfig, halsstarrig, stur, rechthaberisch, störrisch, unnachgiebig, eigensinnig *unentwegt, unbeirrt, unbeirrbar, unerschütterlich, unverbrüchlich, beharrlich

**Haß:** Feindseligkeit, Odium, Mißgunst, Feindschaft, Groll, Haßgefühl, Rachsucht, Verbitterung, Rachgier, Animosität

**hassen (s.):** verachten, Haß empfinden, feindselig gesinnt sein, anfeinden, nicht leiden können, verabscheuen, zürnen, Zorn hegen

**häßlich:** scheußlich, unästhetisch, nicht schön, schauerlich, unansehnlich, abstoßend, widerlich, abschreckend, widerwärtig, ekelhaft, verunstaltet, mißgestaltet, unvorteilhaft *gemein, schändlich, niederträchtig, schäbig, abscheulich *regnerisch, naßkalt *negativ, schlecht, unangenehm

**Hast:** Unruhe, Eile, Hektik, Ruhelosigkeit, Rastlosigkeit, Unrast, Gejagtheit, Geschäftigkeit, Wirbel, Betriebsamkeit, Zeitmangel

**hasten:** hetzen, eilen, stürmen, jagen, stürzen, rasen, sprinten, spurten, sausen, rennen, huschen, preschen, stieben

förmig (Spiel) *gütig, liebenswert, nett, freundlich (Worte) *entfernt, weit (Distanz) *Moll, weich (Tonart)

**Härte:** Weichheit (Wasser, Material) *Feigheit, Schwäche *Milde (Winter) *Milde, Güte, Gutherzigkeit, Herzensgüte, Weichherzigkeit, Seelengüte

**härten:** aufweichen, weich machen / werden, erweichen

**Hartgeld:** Papiergeld, Schein, Banknote, Geldschein

**hartnäckig:** einsichtig, einordnungswillig, nachgiebig, kompromißbereit, fügsam, gefügig, geduldig, schwach (Mensch) *schwach, leicht, kurz (Krankheit)

**Haß:** Liebe, Zuneigung, Sympathie, Anteil(nahme), Mitempfinden, Teilnahme *Menschenfreundlichkeit, Menschlichkeit, Menschenliebe, Nächstenliebe

**hassen (s.):** lieben, mögen, verstehen, gernhaben, leiden können, liebhaben

**häßlich:** adrett, schön, sympathisch, frisch, (bild)hübsch, formvollendet, ordentlich (Mensch) *schön, sonnig, wunderbar, angenehm (Wetter) *bessere, angenehmere, beste, gut, positiv (Seite) *günstig, positiv, erfreulich, angenehm (Angelegenheit) *brav, anständig, korrekt, höflich, folgsam, fügsam, gehorsam, manierlich, lieb (Benehmen)

**Hast:** Ruhe, Atempause, Pause, Untätigkeit, Ruhezustand, Stillstand *Besonnenheit, Behutsamkeit, Bedacht(-samkeit), Umsicht, Vorsicht, Wachsamkeit, Sorgfalt

**hasten:** schreiten, pilgern, schlurfen, schleichen, trotten, wallen, zockeln, trippeln, zuckeln, zotteln, waten

**hastig:** eilig, Hals über Kopf, in wilder / fliegender Hast, schnell, sofort, wie der Wind / Blitz, fluchtartig, eilends, in rasender / fliegender / großer Eile, fix, hurtig, rasant, rasch, geschwind, flugs, zügig *unüberlegt, übereilt, überhastet

**häufig:** ein paarmal, oft, vielmals, viele Male, vielfach, immer wieder, in vielen Fällen, öfter(s), nicht selten, des öfteren, wiederholt, oftmals, ungezählt, oftmalig, mehrmalig, mehrmals, etlichemal, mehrfach

**Hauptrolle:** Hauptfigur, Hauptakteur, Hauptdarsteller, Titelrolle, Schlüsselfigur, Held, Heros, tragende Rolle / Figur

**Hauptsache:** Schwergewicht, Schwerpunkt, Kern(punkt), Inbegriff, das Entscheidende / Wichtige / Wesentliche, Grundgedanke, der springende Punkt, das A und O, Kardinalpunkt, Quintessenz

**hauptsächlich:** insbesondere, in der Hauptsache, vorwiegend, ausdrücklich, besonders *wesentlich, zentral, relevant, substantiell, entscheidend, maßgeblich, vorherrschend, ausschlaggebend, signifikant, (ge)wichtig *erst (einmal), zuerst

**Haus:** Gebäude, Anwesen, Bau(werk) *Heim, Zuhause, Unterkunft, Domizil *Geschlecht, Herrscherhaus, Familie, Sippe, Stamm, Clan, Dynastie

**Hausfrau:** Hausbesitzerin, Hauswirtin, Vermieterin, Hauseigentümerin

**haushalten:** sparen, ersparen, einsparen, auf die Seite legen, rationieren, einteilen, wirtschaften, sparsam umgehen / sein, s. nicht viel leisten

**Hausherr:** Hausbesitzer, Hauseigentümer, Hauswirt, Vermieter *Familienvater, Familienvorstand, Familienoberhaupt, Haushalt(ung)svorstand

**Hausse:** Aufschwung, Boom, Blüte, Hoch(konjunktur)

**hauteng:** stramm, eng(anliegend), körpernah, knapp(sitzend)

**Hautrelief:** Hochrelief

**heben:** hochheben, anheben, aufheben, hochnehmen, hochziehen, hochbringen, emporheben, erheben, lüften *steigern, verbessern, stärken, erhöhen, aufwerten, vergrößern *ans Licht bringen, zutage fördern, ausgraben *lauter werden / sprechen (Stimme) *s.

**hastig:** langsam, ruhig *abgeklärt, ausgeglichen, würdevoll, ruhevoll, sicher, still, bedacht(sam), harmonisch, überlegen, gesetzt, geruhsam, gefaßt, besonnen, ruhig, gleichmütig, beherrscht, gemessen, gemächlich

**häufig:** selten, rar, sporadisch, verstreut, vereinzelt, alle Jubeljahre, nicht oft, manchmal, kaum, ab und zu *einmal(ig) *ein paarmal, einige Male *nie(mals) *ausnahmsweise

**Hauptrolle:** Nebenrolle, Charge(nrolle), Episode(nrolle), Bedientenrolle

**Hauptsache:** Nebensache, Unwichtigkeit, Bedeutungslosigkeit, Wertlosigkeit, Nichtigkeit, Belanglosigkeit, Trivialität, Äußerlichkeit, Unerheblichkeit, Unwesentlichkeit

**hauptsächlich:** unwichtig, nebensächlich, belanglos, trivial, unerheblich, nicht erwähnenswert, bedeutungslos, ohne Belang, unwesentlich, wertlos, nichtig, äußerlich, unbedeutend *nebenher, nebenbei *außerdem, obendrein

**Haus:** Hütte *zu Hause: fort, außer Haus, außerhalb, auswärts, unterwegs, woanders *im Ausland, in der Fremde

**Hausfrau:** Berufstätige, Werktätige *Hausherr, Herr des Hauses

**haushalten:** verschwenden, vergeuden, prassen, durchbringen, verjubeln, verwirtschaften, verschwelgen, verspielen, vertun, verprassen

**Hausherr:** Hausfrau, Dame des Hauses *Besuch

**Hausse:** Baisse, (wirtschaftliches) Tief (Börse, Konjunktur)

**hauteng:** weit, lässig, leger, locker, lose (Kleidung)

**Hautrelief:** Basrelief, Flach(bild)werk

**heben:** senken, sinken *absetzen, hinstellen, fallen lassen *senken, neigen, hängenlassen (Kopf) *niederschlagen, senken (Augen) *trüben, drücken, verderben (Stimmung) *stemmen, drücken, reißen (Sport) *senken, drücken (Preise) *verstecken, versenken, ver-

**heben:** aufplatzen, aufspringen, hochgehen

**Hebung:** Zunahme, Zuwachs, Zustrom, Vermehrung, Verstärkung, Anstieg, Intensivierung, Eskalation, Eskalierung *Bergung *Preisanstieg, Heraufsetzung, Anpassung

**Heck:** Hinterteil, Achtersteven, Hintersteven *Autoheck

**heftig:** leidenschaftlich, passioniert *stark, kräftig, massiv, toll, gewaltig, scharf, wild, gewaltsam *ungeduldig, unbeherrscht, hitzköpfig, cholerisch, aufbrausend *roh, grob, schroff, derb, rüde, barsch, brutal *schneidend, scharf, grimmig ·

**hegen:** empfinden, (ver)spüren, erleben, empfinden *pflegen, umsorgen, behandeln, hüten, warten, betreuen, schonend / fürsorglich / pfleglich behandeln, kultivieren

**Heide:** Antichrist, Atheist, Gottloser, Gottesleugner, Ungetaufter, Nichtchrist

**heidnisch:** ungläubig, religionslos, glaubenslos, freidenkerisch, freigeistig

**heikel:** delikat, diffizil, prekär, problematisch, neuralgisch, kritisch, zweischneidig, zwiespältig, nicht geheuer, verfänglich, bedenklich, kompliziert, peinlich *verwöhnt, wählerisch, schwer zu befriedigen, eigen, anspruchsvoll

**heil:** gesund, unverletzt, wohl(behalten), unversehrt *ganz, intakt, nicht entzwei, unbeschädigt

**Heil:** Glück, Wohl(ergehen), Wohlbefinden, Segen, Rettung *Seelenheil, Gnade, Seligkeit

**heilbar:** rettbar, behandelbar

**heilen:** genesen, vergehen, gesunden, verschwinden, zurückgehen, abklingen, wieder erholen, auf dem Weg zur Besserung sein, s. bessern / erholen *gesund machen, abheilen, ausheilen, (aus)kurieren, helfen, (wieder)herstellen), retten, (erfolgreich) behandeln, sanieren

**heilend:** heilkräftig, heilsam, wohltuend, gesundheitsfördernd

**heilig:** geweiht, gesegnet, geheiligt, sakral, selig, göttlich, himmlisch, gna-

graben (Schatz) *senken, dämpfen (Stimme) *s. heben: s. senken / setzen (Erdreich)

**Hebung:** Untergang, Versenkung (Schiff) *Senkung (Erdreich, Vers) *Reduzierung, Senkung, Preisnachlaß (Preis) *Verringerung, Verschlechterung (Umsatz) *Reduktion

**Heck:** Bug (Schiff) *Front (Auto)

**heftig:** schwach, leicht, gering, gelinde (Schmerzen) *sacht, sanft, leise, zart, fein *gleichgültig, träge, gelangweilt (Reaktion)

**hegen:** vernachlässigen, verkommen lassen *aufgeben (Zweifel, Wunsch, Haß) *mißhandeln

**Heide:** Christ, Gläubiger, Getaufter

**heidnisch:** christlich, gläubig, getauft

**heikel:** angenehm, günstig, gut, leicht (Situation, Thema) *anspruchslos, schlicht, einfach, bedürfnislos, zufrieden, ohne Ansprüche (Mensch)

**heil:** verwundet, verletzt, gebrochen, wund, schlimm, krank, böse, weh, invalid, versehrt (Körperteil) *krank, leidend, bettlägerig, siech(end) *defekt, kaputt, schadhaft, entzwei, zerbrochen (Material, Gegenstand)

**Heil:** Unheil, Unglück, Verderben, Katastrophe, Verhängnis, Mißgeschick

**heilbar:** unheilbar, verloren, unrettbar

**heilen:** schaden, schädigen, verpfuschen *erkranken, s. entzünden, krank werden, s. anstecken, s. verletzen

**heilend:** vorbeugend, prophylaktisch *schadend, schädigend

**heilig:** selig *teuflisch, satanisch, dämonisch, teufelhaft, verteufelt

denreich, sakrosankt *ernst, tabu, unantastbar

**heiligsprechen:** kanonisieren
**Heiligsprechung:** Kanonisation
**Heilung:** Gesundung, Genesung, Gesundungsprozeß, Wiederherstellung, Heilungsprozeß, Erholung, Rekonvaleszenz, Regeneration
**heim:** heimwärts, nach Hause, zurück, Richtung Heimat

**Heimat:** Vaterland, Heimatland, Geburtsland, Geburtsort
**heimatlich:** heimisch, vertraut, in der / aus der Heimat
**heimatlos:** ohne Heimat, ungeboren, entwurzelt, wurzellos
**heimatverbunden:** heimattreu, heimatliebend *heimatverbunden sein:** mit der Scholle verwachsen sein, an der Scholle kleben / haften

**heimfahren:** s. auf den Heimweg / Nachhauseweg / Rückweg machen / begeben, s. heimbegeben / nach Hause begeben
**Heimfahrt:** Rückfahrt, Heimreise, Heimkehr, Rückkehr, Rückweg, Nachhauseweg
**heimfinden:** zurückkommen, wiederkommen, zurückkehren, wiederkehren, heimkehren, nach Hause kommen
**heimgehen:** sterben, verscheiden, versterben *heimkehren, zurückkehren, nach Hause gehen, s. zurückbegeben / heimbegeben / auf den Heimweg / Rückweg / Nachhauseweg machen / begeben
**heimisch:** wohlbekannt, wie zu Hause, vertraut, nicht fremd *einheimisch, ortsansässig, beheimatet, eingeboren, niedergelassen, wohnhaft, seßhaft
**heimkehren:** heimreisen, heimfliegen, heimgehen, heimkommen, wiederkommen, zurückkommen, nach Hause finden / kehren, zurückfinden, heimfinden, umkehren, wiederkehren, zurückkehren
**Heimkehrer:** heimkehrender Mensch

**heimlich:** unerkannt, sang- und klanglos, diskret, geheim, unbeobachtet,

**heiligsprechen:** seligsprechen
**Heiligsprechung:** Seligsprechung
**Heilung:** Erkrankung, Ansteckung, Siechtum, Leiden, Gebrechen, Pein, Zusammenbruch

**heim:** fort, weg, entfernt *außerhalb, auswärts, hinaus *außer Haus, unterwegs
**Heimat:** Ferne, Fremde, Ausland

**heimatlich:** fremd, andersartig, auswärtig, ausländisch
**heimatlos:** ansässig, beheimatet, wohnhaft
**heimatverbunden:** heimatliebend, heimattreu *heimatverbunden sein:** auswandern, übersiedeln, ziehen, umziehen, ausziehen, fortziehen, wegziehen, seine Wohnung aufgeben, seinen Wohnsitz wechseln / verlassen
**heimfahren:** wegfahren, fortfahren, hinfahren, ausfahren

**Heimfahrt:** Aufbruch, Hinfahrt, Ausfahrt *Irrfahrt *Weiterfahrt

**heimfinden:** s. verirren / verlaufen *hinausziehen, hinausfahren, herumkutschieren, herumkreuzen
**heimgehen:** fortgehen, (weg)gehen, ausgehen, ausziehen, davongehen, verschwinden *gesunden, gesund werden *leben, am Leben bleiben *geboren werden

**heimisch:** fremd, ausländisch, auswärtig *importiert, eingeführt *fremd, ausgestoßen, isoliert

**heimkehren:** fortgehen, scheiden, ausgehen, weggehen, hinausgehen, davongehen, hinausziehen *fortfahren, wegreisen, verreisen, hinausziehen, hinausfahren *ausbleiben

**Heimkehrer:** Auswanderer, Ausgewiesener, Heimatvertriebener, Vertriebener, Flüchtling, Verbannter, Emigrant, Aussiedler, Umsiedler
**heimlich:** öffentlich, offen, unverhohlen, in / vor aller Öffentlichkeit, vor

stillschweigend, ohne viel Aufhebens, verborgen, verschwiegen, unbemerkt, verstohlen, ungesehen, unauffällig, unbeachtet *still und leise, im geheimen, hinter verschlossenen Türen, hinter jmds. Rücken, insgeheim, hinter den Kulissen, unterderhand, im stillen / verborgenen, unerlaubt, ohne Aufsehens, unstatthaft, verboten, in aller Stille / Heimlichkeit, verbotenerweise, illegal
**heimreisen:** heimkehren, zurückfahren, nach Hause fahren

**heimsuchen:** befallen, beschleichen, überfallen, überkommen, übermannen, erfassen, treffen, schlagen, ergreifen, s. jmds. bemächtigen
**heimtückisch:** tückisch, versteckt, unaufrichtig, hinterlistig, meuchlings, bösartig, diabolisch, niederträchtig, intrigant, perfide, falsch, infam, satanisch, teuflisch, gefährlich, arglistig, verschlagen, unehrlich, hinterhältig
**heimwärts:** heim, nach Hause, Richtung Heimat, zurück
**Heimweh:** Sehnsucht, Sehnen

**Heirat:** Hochzeit, Eheschließung, Vermählung, Verheiratung, Verehelichung, Trauung, Ringwechsel, Verbindung
**heiraten:** hochzeiten, s. trauen lassen / vermählen / verehelichen / verheiraten / eine Frau / einen Mann nehmen, ehelichen, eine Ehe eingehen / schließen, Hochzeit machen / feiern / halten, einen Hausstand gründen
**heiser:** rauh, belegt, kratzig, krätzig, rauchig, stimmlos, tonlos, klanglos
**heiß:** brenzlig, explosiv, hochaktuell, heikel, brisant, brennend, spannend, drängend *leidenschaftlich, passioniert *(sehr) warm, glühend, kochend (-heiß), sommerlich, schwül, tropisch, drückend *erfolgversprechend *stierig, läufig, brunftig, rammelig, rossig, brünstig
**heißblütig:** leidenschaftlich, besessen, rassig, hitzig, wild, dynamisch, flammend, brennend

**heiter:** sonnig, freundlich, schön, wolkenlos, klar, aufgehellt, sommerlich, hell *froh(gemut), frohgestimmt, le-

allen Leuten, auf offener Straße, allen zugänglich, vor aller Welt / Augen, coram publico *offiziell, amtlich, allgemein(gültig), behördlich

**heimreisen:** wegreisen, wegziehen, davonreisen, abreisen, scheiden, hinausgehen, davongehen, hinausziehen
**heimsuchen:** verschonen, vorübergehen (Unglück, Krankheit) *hinwegziehen, davonziehen (Unwetter)

**heimtückisch:** offen, offenherzig, zutraulich, ehrlich, gerade, aufrichtig, fair, gutmütig, freimütig

**heimwärts:** hinwärts *fort, weg, nach auswärts
**Heimweh:** Fernweh, Sehnsucht, Reiselust, Reisetrieb, Wandertrieb, Wanderlust
**Heirat:** Scheidung, Trennung, Loslösung *Zölibat *Jungfräulichkeit, Unschuld, Virginität, Keuschheit, Unberührtheit
**heiraten:** s. trennen, auseinandergehen, lösen, scheiden, weggehen, verlassen, s. scheiden lassen, geschieden werden, die Ehe auflösen *ledig / jungfräulich / zölibatär leben / bleiben, sitzenbleiben *sitzenlassen *(s.) verloben
**heiser:** klar, exakt, deutlich, vernehmlich, laut
**heiß:** kalt, lauwarm (Nahrung) *leicht, schwach, einfach (Kampf) *eisig, kalt, kühl, frostig *langweilig, langsam (Rhythmus) *verschwommen, verwischt (Spur) *lau (Gefühl) *unwichtig, unbedeutend, nicht aktuell

**heißblütig:** langweilig, widerwillig, unwillig, leidenschaftslos, träge, unbeteiligt, ohne Temperament, lustlos, temperamentlos, ungeneigt, unlustig, trist
**heiter:** bedeckt, bewölkt, wolkig, bezogen (Wetter) *diesig, neb(e)lig, dunstig *regnerisch, feucht, naß, schrecklich

benslustig, fröhlich, vergnügt, gutgelaunt, gut aufgelegt, munter, fidel, sorgenlos, sorgenfrei, strahlend, vergnüglich, lebenslustig, lebensfroh, beschwingt, erheiternd *vergnügt, lustig *aufheiternd, fröhlich, ausgelassen (Gespräch) *lustig, froh (Geschichte)

*traurig, trübe, niedergeschlagen, deprimiert, entmutigt, lebensmüde, mutlos, resigniert, verzagt, gebrochen, verzweifelt, (nieder)gedrückt, ernst, betrübt, bekümmert, schwarzseherisch, trist, wehmütig, bedrückt, schwermütig, trübsinnig, melancholisch (Stimmung) *muffig, sauer, ernst, finster, traurig (Gesicht) *tragisch, traurig, schwierig, ernst, freudlos, kritisch (Angelegenheit) *mühsam, ernst, mühselig, traurig (Gespräch) *traurig, ernst, tragisch (Geschichte) *verdrossen, verärgert, verdrießlich, unwirsch, rabiat, empört, aufgebracht, brummig, böse, gereizt, zornig, mißgelaunt, mißlaunig, griesgrämig, grimmig, grantig *betroffen, fassungslos, verstört, verwirrt, entgeistert, entsetzt, erschrocken *demütig, zerknirscht, ergeben, gedemütigt, demutsvoll *furchtsam, angsterfüllt, ängstlich, bänglich, beunruhigt, bang, verängstigt, scheu, zag(haft) *träge, apathisch, phlegmatisch, melancholisch, stumpfsinnig, unbeteiligt, leidenschaftslos, desinteressiert, gleichgültig, teilnahmslos, schwerfällig

**Heiterkeit:** Wohlbehagen, Behagen, Humor, gute Laune, Fröhlichkeit, Frohmut, Frohsinn, Lustigkeit, Vergnügtheit, Zufriedenheit, Harmonie *Optimismus *Gelassenheit

**Heiterkeit:** Ärger, Trübsal, Verstimmung, Wut, Zorn, Laune, Raserei *Empfindungslosigkeit, Gefühlskälte, Fühllosigkeit, Mitleidlosigkeit, Lieblosigkeit, Kälte, Kaltherzigheit, Herzlosigkeit, Gefühllosigkeit *Leid, Gram, Jammer, Kummer, Kümmernis, Sorge *Resignation, Mutlosigkeit, Verzagtheit, Verzweiflung, Gebrochenheit *Trauer, Trübsal, Melancholie, Traurigkeit

**Hektik:** Eile, Hast, Unrast, Unruhe, Ruhelosigkeit, Eiligkeit, Wirbel, Getriebe, Jagd, Geschäftigkeit, Betriebsamkeit, Zeitmangel, Gejagtheit, Rastlosigkeit, Zappeligkeit, Erregtheit, Anspannung, Hochspannung, Nervosität, Erregung

**Hektik:** Ruhe, Gelassenheit, Fassung, Gefaßtheit, Gemütsruhe, Gleichmut, Unempfindlichkeit, Selbstbeherrschung, Kaltblütigkeit, Seelenruhe, Haltung *Geistesgegenwart, Reaktionsvermögen, Entschlußkraft, Reaktionsschnelligkeit *Ruhe, Vernunft *Trägheit, Phlegma, Desinteresse, Gleichgültigkeit, Teilnahmslosigkeit

**hektisch:** fieberhaft, gehetzt, fiebrig, unruhig, ruhelos, unstet, fahrig, nervös, aufgelöst, erregt, turbulent, hastig, eilig, geschäftig, rastlos, zappelig, angespannt, übereilt *gedankenlos, kopflos, ohne lange nachzudenken

**hektisch:** gesetzt, geruhsam, ruhig, besonnen, gefaßt, gelassen, gleichmütig, unempfindlich, beherrscht, kaltblütig *träge, wurstig, phlegmatisch, gleichgültig, teilnahmslos, apathisch, stumpfsinnig, unbeteiligt, leidenschaftslos, desinteressiert *geistesgegenwärtig, reaktionsschnell, kaltblütig *vernünftig

**Held:** Heros, Recke, Heroe, Matador, Sieger, Kämpe, Gewinner, Gigant, Draufgänger *Berühmtheit, Stern, Star, Publikumsliebling, Mittelpunkt *Hauptdarsteller, Hauptperson, Titelrolle, Titelfigur, tragende Rolle / Figur

**heldenhaft:** mutig, beherzt, couragiert, tapfer, unverzagt, furchtlos, wacker, kämpferisch

**helfen:** unterstützen, mitarbeiten, anpacken, zugreifen, zur Seite stehen, mithelfen, Hilfe / Beistand leisten, beistehen, Hand anlegen *nützen, hilfreich / dienlich / förderlich sein, guttun, von Nutzen / nützlich sein, gute Dienste leisten

**hell:** leuchtend, licht(erfüllt), strahlend, hellicht, sonnig, glänzend, freundlich, lichtdurchflutet, erleuchtet, beleuchtet *(glas)klar, (glocken-)rein, hohe (Stimme), silbern *hellauf, sehr, ganz, völlig *taghell, beleuchtet

**hellhörig:** wachsam, achtsam, bei der Sache, mit wachen Sinnen / Interesse geistesgegenwärtig, aufmerksam *laut, schlecht isoliert, schalldurchlässig

**Helligkeit:** Licht(fülle), Schein, Leuchten, Lichtstrom, Helle, Lichtstrahl, Lichtflut, Glanz, Schimmer

**hemmen:** aufhalten, lähmen, (be)hindern, ohnmächtig / handlungsunfähig machen, hinderlich sein, (ab)drosseln, blockieren, (ein)dämmen, sabotieren, zügeln, beeinträchtigen, entgegenwirken, erschweren, einschränken, im Wege stehen, einengen, Schranken setzen, Fesseln anlegen

**hemmend:** hinderlich, störend, (be-)hindernd, lästig, belastend, nachteilig, erschwerend, unbequem, ungünstig, unangenehm, ungelegen, unvorteilhaft, zeitraubend

**Hemmung:** Befangenheit, Verlegenheit, Unsicherheit, Scheu, Schüchternheit, Gehemmtsein, Gehemmtheit, Verkrampfung, Komplex, Minderwertigkeitskomplex *Skrupel, Bedenken *Hindernis, Behinderung, Erschwerung, Erschwernis

**hemmungslos:** unbedenklich, beden-

**Held:** Feigling, Schwächling, Drückeberger, Hasenfuß, Angsthase, Hasenherz *Nebenrolle, Charge(n)rolle, Episode(n)rolle, Bedientenrolle

**heldenhaft:** feige, feigherzig, mutlos, kleinmütig, memmenhaft, hasenherzig *ängstlich, furchtsam, zag(haft)

**helfen:** (be)hindern, schaden, schädigen *links liegenlassen, im Stich lassen, verlassen, sitzenlassen *vorbeugen, versorgen, verhindern *versagen, nicht helfen (Medikament) *ignorieren *verdrängen

**hell:** dunkel, düster, finster, trüb, matt (Licht) *dunkel, pessimistisch, finster, trüb (Aussichten) *kräftig, satt, tief, dunkel, matt (Farbton) *dunkel, dumpf, tief, gedämpft, rauh (Ton) *diesig, neb(e)lig, trübe, bedeckt, regnerisch (Wetter) *schwach, intim, gedämpft (Beleuchtung)

**hellhörig:** isoliert, schalldicht, abgeschirmt, ruhig (Wohnung) *naiv, arglos, unerfahren, unzugänglich, verbohrt, schwer von Begriff, verschlossen, dickköpfig (Mensch) *verträumt, vertieft, nachdenklich, träumerisch, versonnen, gedankenvoll, versunken

**Helligkeit:** Tiefe (Ton) *Dunkel(heit), Finsternis, Dämmerung, Halblicht, Schatten, Halbdunkel

**hemmen:** fördern, anstacheln, anspornen, (an)treiben, vorantreiben *freigeben, hergeben *entfesseln *fördern, favorisieren, begünstigen, unterstützen, protegieren, helfen, aufbauen, herausstellen, herausbringen, lancieren

**hemmend:** treibend, förderlich, nützlich, hilfreich, nutzbringend, konstruktiv, aufbauend, fruchtbar

**Hemmung:** Hemmungslosigkeit, Ungezügeltheit, Unkontrolliertheit, Zügellosigkeit, Unbeherrschtheit *Freiheit *Förderung, Favorisierung, Unterstützung

**hemmungslos:** gehemmt, zurückhal-

kenlos, verantwortungslos, rücksichtslos, skrupellos, gewissenlos *ohne
Hemmung, ungehemmt, enthemmt,
frei, zwanglos, ungeniert *ungezügelt,
zügellos, ausschweifend, unkontrolliert, liederlich, undiszipliniert, disziplinlos, zuchtlos, unbeherrscht, leidenschaftlich, maßlos, exzessiv, triebhaft,
gierig, unersättlich, unstillbar, schrankenlos

**Hemmungslosigkeit:** Ungezügeltheit,
Unbeherrschtheit, Zügellosigkeit, Unkontrolliertheit, Heftigkeit, Hitzköpfigkeit, Jähzorn *Skrupellosigkeit, Gewissenlosigkeit, Rücksichtslosigkeit

**her:** herzu, heran, herbei, hierher,
hierhin

**herab:** herunter, hinunter, hinab,
(her)nieder, nach unten, abwärts, in
die Tiefe

**herabblicken:** herabsehen, herab-
schauen

**herabfliegen:** herunterfliegen, landen,
wassern

**herablassen:** herunterlassen, herunterrollen, herunterziehen

**herablassend:** gönnerhaft, gnädig *eingebildet, von oben herab, hochmütig,
anmaßend, von s. eingenommen, süffi-
sant, dünkelhaft, selbstgefällig

**herabsetzen:** (herunter)senken, heruntergehen (mit), reduzieren, vermindern, verringern, drücken, herunterschrauben, einschränken, beschränken, dezimieren, nachlassen, ermäßigen, verbilligen *verlangsamen *drosseln *demütigen, erniedrigen, beschämen, degradieren, diffamieren, diskriminieren, abqualifizieren

**Herabwürdigung:** Diskriminierung,
Herabsetzung, Demütigung, ungleiche
/ ungerechte / unmenschliche / men-
schenunwürdige Behandlung, Erniedrigung, Verächtlichmachung, Degradierung, Diffamierung

**heran:** her, herzu, herbei, hierher,
hierhin

**herangehen:** zugehen auf, nahen, herantreten, lossteuern auf, s. (an)nähern
*anfangen, ans Werk gehen, an die
Arbeit gehen

tend, schüchtern, bescheiden, ängstlich, bang, scheu, schamhaft, verkrampft, verschüchtert, zag(haft), beklommen, besorgt, furchtsam, zitternd
*uninteressant, einförmig, eintönig,
langweilig, monoton, ermüdend, einschläfernd

**Hemmungslosigkeit:** Zurückhaltung,
Schüchternheit, Beklommenheit,
Angst, Scheu, Scham, Besorgnis, Zaghaftigkeit, Furchtsamkeit, Verkrampfung

**her:** weg (damit), hin(weg) *fort, davon, weg *zurück *hinwärts *in (Zeit)

**herab:** hinauf, aufwärts, empor, herauf, hinan *hinab

**herabblicken:** hinaufschauen, aufschauen, (hin)aufblicken, emporblik-
ken, emporschauen

**herabfliegen:** (empor)steigen, emporfliegen, (hin)auffliegen

**herablassen:** emporziehen, hochziehen, (her)aufziehen, heraufheben, hin-
aufheben (Last)

**herablassend:** kollegial, gleichgestellt,
kooperativ *nett, freundlich, zuvorkommend, entgegenkommend, rücksichtsvoll, liebenswert, anständig, gutgesinnt, wohlgesinnt, wohlwollend,
großmütig

**herabsetzen:** steigern, anziehen, erhöhen, anheben (Geschwindigkeit) *hinaufsetzen, erhöhen, hinaufstellen (Gegenstand) *anerkennen, loben, würdigen, preisen, verherrlichen, schätzen
(Mensch, Tat) *steigern, erhöhen, vergrößern, vervielfachen, hinaufsetzen,
heraufsetzen, erweitern, verstärken

**Herabwürdigung:** Lob, Unterstützung,
Würdigung, Auszeichnung, Lobpreisung, Ehrung

**heran:** fort, (hin)weg, davon, zurück

**herangehen:** beenden, aufhören, beschließen, aufgeben *s. entfernen / zurückziehen, fortgehen, weggehen, fortlaufen, davongehen, zurückgehen

**herankommen:** erreichen, heranreichen, ebenbürtig sein, es aufnehmen können, nicht nachstehen, gleichkommen *s. (an)nähern, näherkommen, nahekommen, zukommen auf, (da-)herkommen
**heranmachen:** nahekommen, umwerben, s. nähern / nahen / einschmeicheln / anbiedern

**heranrücken:** anrücken, näherrücken, näher kommen, einmarschieren *herschieben

**herantragen:** (her)bringen, hinbringen, herbeitragen, heranholen, herbeischaffen, transportieren *in Kenntnis / ins Bild setzen, informieren, verständigen, wissen lassen, kundtun
**heranziehen:** (hin)zuziehen, herbeiziehen, bemühen, zu Rate ziehen, herbeiholen, heranholen, einsetzen, zu Hilfe holen *erwägen, in Betracht ziehen, verwerten, auswerten, (be)nutzen, berücksichtigen, s. nutzbar / zunutze machen *heraufziehen, im Anzug sein, drohen, dräuen, s. zusammenbrauen / nähern *aufziehen, großziehen, aufzüchten, hochbringen, zum Gedeihen bringen
**herauf:** nach oben, aufwärts, (hin)auf, empor, von unten her, in der Höhe

**heraufarbeiten (s.):** avancieren, aufrücken, befördert werden, emporkommen, weiterkommen, vorwärtskommen, Erfolg / Glück haben
**heraufbeschwören:** verursachen, veranlassen, evozieren, herbeiführen, hervorrufen, hervorbringen, bewirken, ins Rollen bringen *in Erinnerung haben, ins Gedächtnis zurückrufen
**heraus:** hervor, hinaus, aus
**herausbekommen:** ausfindig machen, ergründen, eruieren, in Erfahrung bringen, feststellen, die Lösung finden, enträtseln, zutage fördern, auf die Spur kommen *zurückerhalten, zurückbekommen, wiederbekommen, die Differenz erhalten
**herausdrehen:** herausschrauben

**herausfahren:** ausfahren *über die Lippen kommen, entwischen

**herankommen:** fortgehen, s. entfernen / zurückziehen, weggehen, fortlaufen, davongehen, entschwinden, zurückgehen *nicht herankommen (Bücher, Mensch)

**heranmachen:** ablehnen, zurückweisen, abschlagen, abweisen, ausschlagen, versagen *beenden, beschließen, aufhören, aufgeben (Aufgabe)
**heranrücken:** abziehen, s. entfernen, abmarschieren, abrücken (Armee) *wegschieben, abrücken, wegrücken (Gegenstand)
**herantragen:** wegtragen, wegschaffen, forttragen, entfernen *verheimlichen, verschweigen, geheimhalten, verhehlen, vorenthalten, vertuschen, verbergen
**heranziehen:** wegschieben, fortschieben, verschieben (Sessel) *abziehen, fortziehen, vorüberziehen, vorbeiziehen, s. entfernen (Gewitter) *hinziehen *ignorieren *verzichten (auf), fortschicken, wegschicken (Mensch) *verkümmern / verkommen lassen (Pflanze, Tier) *ausschlagen, nicht in Anspruch nehmen, nicht brauchen / benötigen (Sachverständigen, Arbeitskräfte)
**herauf:** hinunter, hinab, abwärts *herunter, herab, hernieder, nach unten *hinauf, hinan
**heraufarbeiten (s.):** abfallen, absteigen, zurückgestuft / degradiert werden *verhindern, vereiteln

**heraufbeschwören:** beruhigen, besänftigen, bannen (Gedanke, Gefahr)

**heraus:** hinein *herein *hinaus
**herausbekommen:** tüfteln, nachdenken, überlegen, (durch)denken, bedenken, (nach)grübeln, brüten, rätseln, sinnieren, nachsinnen (Problem) *(be)lassen (Schraube)

**herausdrehen:** (hin)einschrauben, (hin)eindrehen
**herausfahren:** (her)einfahren *(hin-)ausfahren *(hin)einfahren *unterdrücken, zurückhalten (Bemerkung)

**herausfinden:** finden, stoßen auf, entdecken, vorfinden, sehen auf, aufspüren, orten, ausmachen *s. **herausfinden:** s. zurechtfinden, den Weg finden, auf den richtigen Weg / Pfad zurückfinden, herauskommen

**herausgeben:** wiedergeben, zurückgeben, wiederbringen, ausliefern, preisgeben, freigeben, übergeben *publizieren, veröffentlichen, (ab)drucken, herausbringen, verlegen, erscheinen lassen

**herausgehen:** aus dem Haus / der Wohnung / der Tür gehen / treten *aus s.
**herausgehen:** auftauen, die Hemmung / Scheu verlieren / ablegen, munter / warm werden, s. entspannen / lockern

**heraushalten (s.):** s. distanzieren / nicht beteiligen / nicht die Finger schmutzig machen / verbrennen, nicht teilnehmen, die Finger lassen von

**herausholen:** herausnehmen *bergen, in Sicherheit bringen, (er)retten, aus einer Gefahr befreien *herauslocken, aushorchen, ausfragen *herausschälen, entschlüsseln, erhellen, klarlegen, herausarbeiten *Nutzen ziehen, Profit / Nutzen / Vorteil / Gewinn erzielen, profitieren

**herauskommen:** heraustreten, verlassen, nach außen kommen *ins Freie gelangen, nach außen dringen *erscheinen, veröffentlicht / publiziert werden *s. ergeben / zeigen / entfalten, endigen *formuliert / vorgebracht werden *herausspringen, s. lohnen / rentieren *an die Öffentlichkeit treten, s. herumsprechen

**herauslassen:** freilassen, entlassen, freigeben, auf freien Fuß setzen, freisetzen, laufenlassen, gehenlassen, die Freiheit schenken

**herausnehmen:** herausholen, entnehmen, wegnehmen, nehmen von / aus *s.
**herausnehmen:** s. anmaßen / vermessen / erkühnen / erfrechen / nicht scheuen, nicht zurückschrecken

**herausplatzen:** entschlüpfen, unbeabsichtigt aussprechen, entfahren, den Mund nicht halten, nicht für s. behalten

**herausfinden:** (durch)suchen, fahnden *forschen, suchen *nachdenken, überlegen, bedenken, nachsinnen, tüfteln, (durch)denken, (nach)grübeln; brüten, rätseln, sinnieren *s. **herausfinden:** s. verirren / verlaufen / verstricken

**herausgeben:** zurück(be)halten, (ein-)behalten, vorenthalten, einstecken *bekommen, erhalten, empfangen, kriegen *schreiben (Buch)

**herausgehen:** hineingehen, eintreten, betreten (Zimmer) *hineingehen *aus s. **herausgehen:** s. zurückhalten / verkrampfen / verschließen / ängstigen / zurückziehen, ängstlich / einsiedlerisch sein

**heraushalten (s.):** teilnehmen, beiwohnen, dabeisein, mitarbeiten, mitmachen, mitspielen, mittun, mitwirken, mitziehen, s. beteiligen / einlassen auf / einschalten / einmischen / mischen (in)

**herausholen:** einwerfen *unterstellen, einstellen *investieren, hineinstecken, anlegen (Geld) *unterdrücken, zurückhalten, kurztreten, s. schonen (Kraft) *hineinschaffen *versenken, eintauchen *beiliegen, (hin)einstecken, einlegen, hineintun *einstecken *schonen (Motor) *s. schonen / zurückhalten (Sportler)

**herauskommen:** d(a)rinbleiben, s. aufhalten *hereinkommen *hineingehen *s. stauen (Qualm) *s. einbrocken / einbröckeln (Situation) *herumreden (Problem)

**herauslassen:** (hin)einlassen *hereinlassen *hinauslassen *einschließen, abhalten, den Ausgang verwehren

**herausnehmen:** hineinlegen, hineintun, beilegen *(be)lassen *einbauen, einsetzen *fassen (Edelstein) *(ein-)rahmen, (ein)fassen (Bild) *einlegen, einfügen *s. **herausnehmen:** zögern, s. nicht trauen, s. zurückhalten, zagen
**herausplatzen:** zurückhalten, unterdrücken, (ver)schweigen, verbergen, verheimlichen, vertuschen *s. zurückhalten / beherrschen / (ab)warten

**herausreden (s.):** etwas vorschieben, eine Ausrede gebrauchen, Ausflüchte machen

**herausschreien:** laut / lauthals schreien, plärren, kreischen

**herausstreichen:** streichen, kürzen *hervorheben, betonen

**herausziehen:** (her)ausreißen, (her-) auszupfen, (her)ausrupfen, jäten, entfernen, ausziehen *hervorziehen, greifen nach, zücken

**herb:** hart, schwer, schmerzlich *trokken, bitter, streng, sauer, scharf *kühl, spröde, unzugänglich, unaufgeschlossen, verschlossen, reserviert *erbittert *unangenehm, schlecht *trocken

**herbei:** her, heran, herzu, hierher, hierhin

**herbeiführen:** bewirken, verursachen, auslösen, heraufbeschwören, erwekken, anrichten, veranlassen

**her(bei)schaffen:** (auf)bringen, besorgen, heranschaffen, bekommen, vermitteln, beschaffen

**herbeiströmen:** zusammenlaufen, zusammenströmen, herbeieilen

**herbestellen:** (herbei)zitieren, beordern, bestellen, bescheiden, kommen lassen

**herbringen:** besorgen, heranschaffen, bekommen, vermitteln, beschaffen, (auf)bringen

**herein:** daherein

**hereinfahren:** einfahren, hineinfahren

**hereinfallen:** in die Schlinge / Falle / ins Garn / Netz gehen, hintergangen / betrogen / getäuscht / überlistet werden

**herausreden (s.):** zugeben, (dazu) stehen, gestehen, aussagen, offenbaren, zustimmen, bestätigen *klarstellen, korrigieren, richtigstellen, klären *schweigen, nichts sagen, übergehen, verheimlichen, verbergen, verhehlen, verschweigen, verstummen

**herausschreien:** s. zurückhalten / beherrschen *schweigen, still / ruhig sein

**herausstreichen:** einfügen *ausdehnen, ausweiten (Rede)

**herausziehen:** hereinziehen *hineinziehen *hineinschieben, hineindrücken *hinausziehen *hineinstecken, einziehen, einführen, einsetzen, (hin)einlegen *steckenlassen, (be)lassen (Schlüssel, Nagel) *einhämmern, einschlagen (Nagel) *s. einziehen (Splitter) *(hin-) eintreiben, einschlagen, einbetonieren (Pfosten)

**herb:** lieblich, süffig, süß, anmutig, mild, feurig, rassig, fruchtig, gezukkert, kernig, verbessert, voll(mundig) (Wein) *positiv, günstig (Schicksal) *angenehm, weich, weiblich (Gesichtszüge) *lieblich, angenehm, süßlich (Duft) *wonniglich, angenehm, süß (Gefühl) *zugänglich, entgegenkommend, sanft, lieb, nett, zärtlich, höflich, heiter, vergnüglich (Mensch) *süßlich (Geruch)

**herbei:** (hin)weg, davon, fort, hinzu *zurück

**herbeiführen:** hinausziehen, verschieben, vertagen (Entscheidung)

**her(bei)schaffen:** zurückbringen, wegbringen, fortbringen, fortschaffen, hinbringen, hinschaffen

**herbeiströmen:** auseinandergehen, auseinanderlaufen, s. verlaufen, weggehen, weglaufen, davonrennen

**herbestellen:** hingehen, aufsuchen, besuchen

**herbringen:** fortbringen, fortschaffen, entfernen, zurückbringen, wegbringen, hinbringen

**herein:** heraus *hinaus *hinein *vorüber, vorbei

**hereinfahren:** herausfahren *hinausfahren *hineinfahren

**hereinfallen:** s. vorsehen, aufpassen, achtgeben

**hereinkommen:** betreten, hereinspazieren, hineingelangen, (her)eintreten, hineinkommen, hineingehen, treten / gehen in, Einzug halten

**hereinlassen:** jmdn. hereinkommen / eintreten lassen, die Tür aufschließen / aufmachen / aufsperren / öffnen, Einlaß gewähren

**hereinschauen:** besuchen, vorbeischauen, vorsprechen, s. blicken lassen

**hereinziehen:** einziehen, s. einquartieren

**herfahren:** fahren, (her)kommen, s. nähern

**Herfahrt:**

**herführen:** herbeiführen

**hergeben:** reichen, geben, aushändigen, zuschieben *schenken, überreichen, übergeben

**hergebracht:** herkömmlich, gewohnt, althergebracht, gewohnheitsmäßig, geläufig, traditionell, konventionell, klassisch, normal, gängig, usuell, bewährt, alltäglich, anerkannt, eingefahren, eingespielt, überkommen, überliefert

**herholen:** herbeischaffen, herbringen

**herkommen:** (ab)stammen / kommen von, beruhen auf, herstammen *entgegenkommen, erreichen, herankommen, s. nähern / einfinden / nahen / herbemühen

**herlaufen:** herbeilaufen *hinterherlaufen

**hernieder:** ab, hinunter, abwärts, herab, herunter, nieder

**Herr:** Mann, männliches Wesen, Weltmann, Kavalier, Ehrenmann *Herrscher, Regent *Gott *__Herr des Hauses:__ Besitzer, Hausherr, Eigentümer, Inhaber, Eigner, Halter

**herrichten:** ausbessern, instand setzen, richten, in Ordnung bringen, zurechtmachen, bereitmachen, fertigmachen, zurechtlegen *anordnen, arrangieren, zurechtstellen

**Herrin:** Gebieterin, Besitzerin, Vermieterin, Hauseigentümerin

**herrisch:** tyrannisch, gnadenlos, diktatorisch, rücksichtslos, despotisch, selbstherrlich, gebieterisch, autokra-

**hereinkommen:** herauskommen, heraustreten *hinausgehen *hineingehen *vor der Tür bleiben, draußen bleiben, vorübergehen, passieren, vorbeigehen

**hereinlassen:** abhalten, den Eintritt verweigern / verwehren / versperren *hinauslassen *hineinlassen *herauslassen

**hereinschauen:** hinausblicken, hinausschauen *vorbeigehen, vorübergehen, passieren

**hereinziehen:** hineinziehen *entfernen, herausziehen *hinausziehen

**herfahren:** wegfahren, verlassen, hinfahren, fortfahren, verreisen *zurückfahren

**Herfahrt:** Hinfahrt *Rückfahrt

**herführen:** wegführen, fortführen *hinführen

**hergeben:** bekommen, erhalten *nehmen *behalten, bewahren *verweigern, geizen

**hergebracht:** neu(artig), fortschrittlich, aktuell, erneuert, (neu)modisch, nagelneu, supermodisch, neuzeitlich, taufrisch, originell, supermodern, ultramodern *unerprobt

**herholen:** wegschicken, fortschicken *hinbringen *vertreiben

**herkommen:** hingehen *hinführen *s. entfernen, verschwinden, entschwinden, davongehen, davonrennen, fortgehen, zurückgehen, hinweggehen, abschieben

**herlaufen:** fortlaufen, fortrennen, weglaufen, davonlaufen, s. entfernen, hinlaufen

**hernieder:** herauf *hinauf, hinan

**Herr:** Dame, (gnädige) Frau, Fräulein *Herrin, Frau *__Herr des Hauses:__ Dame des Hauses *Besuch

**herrichten:** (be)lassen *vernachlässigen, verkommen / vergammeln / verkümmern lassen

**Herrin:** Herr, Mann, Herrscher

**herrisch:** schüchtern, ängstlich, fügsam, duldsam, eingeschüchtert, zag, gehemmt, verschüchtert, bang, bäng-

tisch, gebietend, apodiktisch, machthaberisch, rechthaberisch, herrschsüchtig, rigoros, autoritär, massiv, unerbittlich, energisch, unnachsichtig, (ge-) streng, unnachgiebig, entschieden, unbarmherzig, bestimmt, erbarmungslos, drastisch, hart, barsch, grob, brüsk, schroff, obrigkeitlich, patriarchalisch, repressiv, scharf, drakonisch

**herrlich:** unnachahmlich, großartig, unvergleichlich, zauberhaft, wunderschön, überdurchschnittlich, bildschön, köstlich, phantastisch, wonnig (-lich), wonnevoll, wie gemalt, himmlisch, strahlend, göttlich, vollkommen, glanzvoll, paradiesisch, unübertrefflich, unübertroffen

**herrschen:** gebieten, regieren, befehligen, beherrschen, walten / schalten über, vorstehen, lenken, führen, verwalten *existieren, sein

**herstellen:** anfertigen, erzeugen, produzieren, arbeiten an, verfertigen, erstellen, bilden, ausarbeiten, erschaffen *zustande bringen

**herum:** allseitig, rundherum, ringsherum, ringsum, reihum, umher, an allen Seiten, allseitig, im Kreise

**herumdrücken (s.):** faulenzen, nichts tun, nicht arbeiten, untätig / faul / müßig / arbeitsscheu sein, die Hände in den Schoß legen, die Zeit totschlagen, s. die Zeit vertreiben

**herunter:** hinunter, hinab, herab, (her)nieder, in die Tiefe, nach unten, abwärts

**herunterfliegen:** abstürzen, hinabfallen, herunterfallen, herabstürzen, herabsausen, hinuntersausen, niedergehen, abfallen

**heruntergekommen:** verwahrlost, ruiniert, verlebt, verwildert, abgewirtschaftet, verlottert, verschlampt, verkommen, verdorben

**herunterlassen:** herablassen, herunterziehen (Rollo)

**heruntermachen:** anbrüllen, attackieren, (aus)schelten, auszanken, (aus-)schimpfen, tadeln, zetern, zurechtweisen

**hervor:** heraus, aus *von dort hinten nach hier vorn

**hervorbrechen:** zum Vorschein kommen, ausbrechen, s. zeigen

lich, angstschlotternd, angstvoll *devot, unterwürfig, knechtisch, servil

**herrlich:** abscheulich, greulich, widerlich, verwerflich, scheußlich, unschön, verabscheuenswürdig, gräßlich, schauderhaft, abschreckend, unerfreulich, jammervoll, elend

**herrschen:** dienen *unterdrückt / ausgebeutet werden *ausgerottet werden, aussterben, zurückgehen (Seuche)

**herstellen:** hinstellen *verbrauchen, konsumieren *vertreiben, handeln, absetzen, verkaufen *wegstellen *unterbrechen, ruhen lassen, abbrechen (Beziehungen) *zerstören, vernichten

**herum:** inmitten, innen, d(a)rin, (da)zwischen

**herumdrücken (s.):** schaffen, arbeiten, tätig / fleißig sein, s. regen / abarbeiten / abplagen / abplacken

**herunter:** hinauf, hinan, empor, aufwärts *hinab *herauf

**herunterfliegen:** (hin)auffliegen, (auf-) steigen, emporfliegen

**heruntergekommen:** renoviert, restauriert, saniert, zurechtgemacht, gepflegt (Gebäude) *geordnet, ordentlich, anständig (Familie)

**herunterlassen:** hinaufziehen, hochziehen

**heruntermachen:** würdigen, loben, schätzen, anerkennen *ignorieren *dulden, tolerieren

**hervor:** hinein *darunter, dahinter

**hervorbrechen:** unterdrücken, dämpfen, zurückhalten

**hervorbringen:** (er)schaffen, anfertigen, machen, bilden, entwickeln, kreieren, erzeugen, produzieren *hervorrufen

**hervorheben:** betonen, akzentuieren, artikulieren *pointieren, herausstellen, ausdrücklich / nachdrücklich bemerken / erwähnen, unterstreichen, hervorkehren

**hervorkommen:** zutage treten, s. enthüllen / zeigen / entpuppen / herausstellen, ans Licht / zum Vorschein kommen, offenbar / erkennbar werden

**hervorragend:** ausgefallen, ansehnlich, verblüffend, auffällig, ungewöhnlich, außergewöhnlich, überwältigend, beachtlich, überragend, bedeutsam, sondergleichen, beträchtlich, sagenhaft, bewundernswürdig, eindrucksvoll, nennenswert, imposant, enorm, erstaunlich, großartig, abenteuerlich, ohnegleichen, aufsehenerregend, unvergleichlich, spektakulär, stattlich, überraschend, ungeläufig, sensationell, auffallend, bedeutend, bedeutungsvoll, beeindruckend, bewundernswert, brillant, märchenhaft, imponierend, außerordentlich, entwaffnend, groß, fabelhaft, einzigartig

**hervorrufen:** herbeiführen, evozieren, verursachen, bedingen, zeitigen, bewirken, auslösen, heraufbeschwören, hervorbringen, veranlassen, erregen, (er)wecken, erzeugen, entfesseln, verschulden, heraufrufen

**herzhaft:** würzig, pikant, gut gewürzt *kräftig, ordentlich, nach Herzenslust, gehörig, tüchtig, anständig, fest *heiter, lustig, überschäumend, vergnügt

**herzlich:** entgegenkommend, freundlich, liebenswürdig, nett, anständig, wohlmeinend, wohlgesinnt, hilfsbereit, huldreich, gutgesinnt, verbindlich, leutselig, wohlwollend, huldvoll, zuvorkommend, gefällig, aufmerksam, beflissen, kulant, großzügig, großmütig, konziliant, höflich, dienstwillig, bereitwillig, liebenswürdig *sehr, überaus

**Herzlichkeit:** Entgegenkommen, Zuvorkommenheit, Gefälligkeit, Bereitwilligkeit, Gefallen, Dienst, Freundlichkeit, Verbindlichkeit, Geneigtheit,

**hervorbringen:** vernichten, zerstören *entfernen, wegmachen, beseitigen

**hervorheben:** verschweigen, übergehen, hinwegsehen *ignorieren *tolerieren

**hervorkommen:** verschwinden, s. verstecken / verbergen, dahinterstellen *daruntergehen, s. unterstellen

**hervorragend:** schlecht, minderwertig, miserabel, mangelhaft, fehlerhaft, schadhaft, defekt, wertgemindert, billig, geringwertig, minder, nichts wert, zu nichts zu gebrauchen *durchschnittlich, mittelmäßig, gewöhnlich, mäßig, alltäglich, erträglich, einigermaßen, nicht überwältigend

**hervorrufen:** vertreiben, beseitigen, verjagen

**herzhaft:** ängstlich, bang, zag(haft), verzagt, befangen, beklommen, deprimiert, scheu, gehemmt, verschüchtert, verschreckt, furchtsam, feige *fade, geschmacklos, flau, abgestanden, salzarm, salzlos, schal, matt, kraftlos, ungewürzt, würzlos *nichtssagend

**herzlich:** kalt, eisig, kühl, herzlos, unfreundlich, abweisend, brüsk, grob, rüde, ruppig, unliebenswürdig, unkultiviert, ungehobelt, flegelhaft, barsch *gleichgültig, unpersönlich, teilnahmslos, wurstig, apathisch, unberührt, stumpf

**Herzlichkeit:** Kühle, Herzlosigkeit, Barschheit, Unfreundlichkeit, Kälte *Teilnahmslosigkeit, Unpersönlichkeit, Stumpfheit, Apathie, Gleichgül-

Bereitschaft, Artigkeit, Wohlwollen, Neigung, Liebenswürdigkeit, Höflichkeit, Nettigkeit, Nachsicht, Nachgiebigkeit, Zugeständnis, Eifer, Beflissenheit, Dienstwilligkeit, gute Manieren / Umgangsformen

**herzlos:** gefühlskalt, gefühlsarm, hartherzig, abgestumpft, gemütsarm, gefühllos, mitleidlos, erbarmungslos, unzugänglich, lieblos, seelenlos, gleichgültig, roh, unbarmherzig, unsozial, verroht, schonungslos, brutal, inhuman, ungesittet, barbarisch, unmenschlich, kaltblütig, grausam, gnadenlos

**Herzlosigkeit:** Erbarmungslosigkeit, Unbarmherzigkeit, Schonungslosigkeit, Unmenschlichkeit, Gnadenlosigkeit, Brutalität, Roheit, Gefühlsroheit, Härte, Kälte, Gefühlskälte, Herzensverhärtung, Lieblosigkeit, Mitleidlosigkeit, Kaltherzigkeit, Gefühlsarmut, Hartherzigkeit, Gefühllosigkeit, Unzugänglichkeit, Gleichgültigkeit, Kaltblütigkeit, Grausamkeit, Taktlosigkeit, Verständnislosigkeit

**heterogen:** nicht gleichartig, in s. nicht einheitlich, einer anderen Gattung angehörend

**Hetze:** Eile, Rastlosigkeit, Hetzerei, Tempo, Gehetze, Umtrieb, Gehetztheit, Zeitmangel, Gejagtheit, Treiberei, Hatz, Jagd, Gejage, Hast, Unrast, Unruhe, Hetzjagd, Ruhelosigkeit *Spurt, Beschleunigung, Endspurt *Zügigkeit, Flinkheit, Raschheit, Fahrt, Überstürzung, Schnelligkeit, Behendigkeit *Wichtigkeit, Dringlichkeit, Notwendigkeit, Unaufschiebbarkeit *üble Nachrede

**hetzen:** aufpeitschen, aufstacheln, sticheln, aufreizen, fanatisieren, angreifen, lästern, aufwiegeln, aufhetzen, aufrühren *vorwärtstreiben, nachsetzen, nachstellen, verfolgen, scheuchen, bedrängen *eilen, stürzen, sausen, stürmen, rennen, fliegen, laufen, traben, schwirren, wieseln, wetzen, spritzen, pesen, galoppieren, springen, jagen, stieben, huschen, sprinten

**Heuchelei:** Verstellung, Vortäuschung, Lippenbekenntnis, Gleisnerei, Scheinheiligkeit

**heuchlerisch:** scheinheilig, unredlich,

tigkeit, Wurstigkeit *Unbarmherzigkeit, Unmenschlichkeit, Brutalität, Roheit, Gefühlsarmut, Hartherzigkeit, Mitleidlosigkeit, Lieblosigkeit

**herzlos:** herzlich, gütig, gnädig, barmherzig, gutherzig, gutmütig, herzensgut, mild, sanftmütig, warm(herzig), weich(herzig), freundlich, entgegenkommend, liebenswürdig, nett, hilfsbereit, gutgesinnt, aufmerksam

**Herzlosigkeit:** Güte, Wärme, Herzlichkeit, Barmherzigkeit, Gutmütigkeit, Milde, Sanftmut, Takt, Entgegenkommen, Zuvorkommenheit, Gefälligkeit, Freundlichkeit, Wohlwollen, Liebenswürdigkeit

**heterogen:** homogen, gleichartig, einheitlich

**Hetze:** Ruhe, Stille, Schonung, Pause *Versunkenheit, Versenkung, Beschaulichkeit, Meditation, Vertiefung, Nachdenken, Kontemplation *Versöhnung

**hetzen:** ruhen, pausieren, schonen, in Ruhe lassen, s. Zeit lassen *s. versöhnen, besänftigen, begütigen, beruhigen *s. versenken / vertiefen, meditieren, nachdenken, betrachten

**Heuchelei:** Ehrlichkeit, Aufrichtigkeit, Geradheit, Geradlinigkeit, Freimut, Offenherzigkeit, Offenheit, Unverblümtheit, Lauterkeit

**heuchlerisch:** aufrichtig, freimütig,

falsch, unreell, unwahrhaftig, unsolid, unlauter, unehrlich, katzenfreundlich, lügenhaft, lügnerisch, hinterhältig, frömmelnd, doppelzüngig, verstellt, unaufrichtig, scheinfromm

**heuer:** in diesem Jahr, dieses Jahr

**heute:** an diesem Tag, am heutigen Tag *gegenwärtig, heutigentags, neuerdings, heutig, heutzutage, jetzt

**heutig:** gegenwärtig, heute, augenblicklich, heutzutage, jetzt, jetzig, momentan, heutigentags *an diesem Tag, am heutigen Tag, heute stattfindend *von heute (Brief, Zeitung)

**hier:** an / auf dieser Seite / Stelle, diesseits, an diesem Ort, hierzulande, bei uns

**hierher:** von dort nach hier

**hierhin:** von hier nach dort

**hiesig:** einheimisch, niedergelassen, eingesessen, (orts)ansässig, beheimatet

**Hilfe:** Beitrag, Zuschuß, Mitwirkung, Befreiung, Assistenz, Unterstützung, Abhilfe, Hilfestellung, Dienst(leistung), Mitarbeit, Aushilfe *Mitarbeiter, Gehilfe, Hilfskraft, Assistent, Stütze, Rückhalt, Helfer

**hilflos:** schwach, ohnmächtig, machtlos, unselbständig, hilfsbedürftig, abhängig *verlegen, ratlos, verwirrt, unbeholfen

**hilfreich:** hilfsbereit, gefällig, entgegenkommend, dienstfertig, zuvorkommend *aufopfernd, fürsorglich, brüderlich, aufopferungsfähig *nützlich, dienlich, von Nutzen

**Himmel:** Sternenzelt, Firmament, Himmelsgewölbe, Himmelsdom, Himmelskuppel, Himmelsdach *Paradies, ewige Seligkeit, Reich Gottes, Jenseits, Ewigkeit, Nirwana, Olymp

**hin:** dorthin, hinzu

**hinaufgehen:** emporsteigen, hochsteigen, ansteigen, (her)aufsteigen, nach oben / aufwärts gehen / steigen, hochgehen

**hinaufsetzen:** erhöhen, (an)heben,

ehrlich, gerade, offen(herzig), unverblümt, lauter, klar, rundweg, direkt, deutlich, frei heraus, unumwunden

**heuer:** letztes Jahr *nächstes Jahr

**heute:** gestern, einst, kürzlich, vorher, ehemals, einst, damals, seinerzeit, vormals, früher *morgen, später, (zu-)künftig, in Bälde / Kürze, in absehbarer Zeit, nächstens, nahe, künftig

**heutig:** gestrig, ehemalig, früher, davor, ehe, vorangehend, vorangegangen, vergangen *morgig, später, (zu-)künftig, bald *von (vor)gestern

**hier:** da, dort *weg, fort

**hierher:** hierhin *dorthin, dahin *fort!

**hierhin:** dahin, dorthin *hierher *her!

**hiesig:** fremd, auswärtig, wildfremd, unbekannt

**Hilfe:** Schaden *Desinteresse, Gleichgültigkeit, Teilnahmslosigkeit *Behinderung

**hilflos:** selbständig *entschlossen, energisch, zielstrebig, resolut, tatkräftig, zupackend, zielsicher, unbeirrt *aktiv, rührig, tätig, unternehmend, regsam *geschützt, beraten, behütet *gleichgültig, wurstig, apathisch *unterstützt

**hilfreich:** unwichtig, unnütz, nutzlos, wertlos *machtlos, ohnmächtig *gleichgültig, teilnahmslos, desinteressiert *schädlich, hinderlich, negativ

**Himmel:** Erde, Land, Boden *Hölle *Fegefeuer

**hin:** von *weg *heran, her(bei), herzu *zurück

**hinaufgehen:** hinuntergehen, hinabgehen, runtergehen, nach unten gehen, absteigen *hinunterklettern, hinabklettern *herabklettern, herunterklettern

**hinaufsetzen:** heruntersetzen, herab-

heraufsetzen

**hinaus:** ab! fort! weg! nach außen

**hinausfahren:** wegfahren, (davon)ziehen, scheiden

**hinausfliegen:** nach draußen fliegen *(weg)befördern *seine Stellung verlieren

**hinausgehen:** hinaustreten, frische Luft schnappen, spazierengehen, ins Freie treten, verlassen, einen Spaziergang machen

**hinauswerfen:** abschieben, hinausjagen, fortjagen, hinausweisen, ausquartieren, die Tür weisen, aus dem Haus weisen / werfen / jagen

**hinausziehen:** aufschieben, säumen, verlangsamen, verschieben, verschleppen, verzögern, retardieren, anstehen / hängen lassen, in die Länge ziehen, vertagen, verziehen, aussetzen, prolongieren, zurückstellen *verlegen (Wohnsitz) *gehen, verlassen, scheiden (davon)ziehen *s. **hinausziehen:** s. hinschleppen / verlängern

**hinauszögern:** warten, auf später verschieben

**hinbringen:** bringen, zuschicken, zustellen, zusenden, zuleiten, liefern, herbeibringen, heranbringen *hinbegleiten, hinlenken

**hinderlich:** störend, hemmend, lästig, nachteilig, unvorteilhaft, ungelegen, zeitraubend, unangenehm, belastend, beschwerlich, erschwerend, im Wege, ungünstig, destruktiv

**hindern:** behindern, hinderlich sein, entgegenarbeiten, Einhalt gebieten, komplizieren, bremsen, drosseln, erschweren, aufhalten, beengen, entgegentreten, zurückhalten *jmdm. etwas unmöglich machen, durchkreuzen, einschreiten, vereiteln, jmdn. von etwas abhalten

**Hindernis:** Barriere, Schranke, Sperre, Blockade, Hürde, Absperrung, Barrikade *Fessel, Widerstand, Hemm-

setzen, herabnehmen, herunternehmen, senken, zurücknehmen, reduzieren (Preis)

**hinaus:** herein *hinein *heim, daheim *nach Hause *heraus

**hinausfahren:** hineinfahren *herausfahren *hereinfahren *heimkommen, zurückkommen, zurückkehren, zurückfahren, heimfahren, s. einfinden, zurückfinden *(da)bleiben, zu Hause bleiben

**hinausfliegen:** zurückkommen, zurückkehren, s. einfinden, heimkommen, zurückfinden (Vogel) *einfliegen (Soldaten) *eingestellt werden (Betrieb)

**hinausgehen:** hereinkommen, eintreten, betreten *herauskommen *hineingehen *darinbleiben, verweilen *heimkehren, zurückkommen, zurückkehren, heimkommen

**hinauswerfen:** hineinwerfen *betreten (Raum) *einstellen, engagieren, anstellen, dingen, anheuern, verpflichten

**hinausziehen:** zurückkommen, heimkehren, heimfinden, s. einfinden / einstellen, heimkommen *s. **hinausziehen:** anfangen, beginnen *vollenden, beschleunigen, übereilen, beschließen, abschließen (Verhandlungen) *treffen (Entscheidung), s. entscheiden

**hinauszögern:** verkürzen *erledigen, tun, durchführen, machen, geschehen

**hinbringen:** erhalten, entgegennehmen, bekommen *(ab)holen, herbringen, her(bei)holen, besorgen *zurückholen, zurückbringen

**hinderlich:** förderlich, behilflich, dienlich, positiv, gut, nützlich, nutzbringend, zuträglich, fruchtbar, aufbauend, konstruktiv

**hindern:** fördern, beistehen, unterstützen, helfen, behilflich sein, nützen, vorantreiben, protegieren, lancieren *beschleunigen, antreiben, nachhelfen, vorwärtsstreiben, forcieren, aktivieren

**Hindernis:** Förderung, Erleichterung, Hilfe(leistung), Unterstützung, Hilfestellung, Beistand, Stütze, Hilfskraft,

schuh, Hemmung, Schwierigkeit, Handikap, Hemmnis, Erschwerung, Erschwernis, Behinderung

**hinein:** von hier draußen nach dort drinnen, in

**hineindenken (s.):** s. einfühlen / einleben / hineinversetzen

**hineinfallen:** (in etwas) fallen *übertölpelt werden, Mißerfolg haben, schlecht abschneiden *betrogen / getäuscht werden

**hineinfliegen:** transportieren, einfliegen *Mißerfolg / Pech haben

**hineingehen:** hineingelangen, hineinspazieren, betreten, gehen / treten in, eintreten *hineinpassen, fassen, aufnehmen

**hineingeraten:** verwickelt / hineingezogen werden, dazwischengeraten *hinzutreten, dazukommen, hineinkommen, hinzukommen

**hineinlegen:** einordnen, hineinstellen, einreihen, einsortieren, einfügen *betrügen, täuschen

**hineinreden:** unterbrechen, alles besser wissen, das Wort abschneiden, ins Wort fallen, dazwischenreden, nicht ausreden lassen *intervenieren, einschreiten, s. einmischen / einmengen, eingreifen

**hineinstecken:** eingeben, einführen *anlegen, unterbringen, einsetzen, daransetzen, investieren, aufbieten, aufwenden

**hineinsteigern (s.):** s. aufregen / erhitzen / echauffieren, hochspielen, Feuer fangen, entflammen, entbrennen, übertreiben

**hineintun:** hineinlegen, hineinstellen, einreihen, einsortieren, einordnen, einfügen

**hineinziehen:** verwickeln, verstricken, gefährden, hineinmanövrieren, hineinreiten, in eine unangenehme Situation / Lage bringen

**hinfahren:** streichen (über etwas) (Hand) *fahren *bringen

**Hinfahrt:** Ausfahrt, Weiterfahrt

**hinfallen:** hinfliegen, (nieder)stürzen, hinschlagen

**hinfällig:** überflüssig, ungültig, unnütz, bedeutungslos, unnötig, wertlos,

Dienst(leistung)

**hinein:** hinaus *heraus, hervor *herein *vorüber, vorbei

**hineindenken (s.):** s. sträuben / weigern *ignorieren

**hineinfallen:** herauskommen, herausschwimmen (Teich) *durchschauen, durchblicken (Angelegenheit)

**hineinfliegen:** herauskommen, herausfliegen (Nebel) *ausfliegen, herausbekommen *Glück / Erfolg haben

**hineingehen:** hinausgehen *passieren, vorbeigehen, vorübergehen *draußen bleiben *herausgehen

**hineingeraten:** herauskommen (Sache) *s. heraushalten / distanzieren (Angelegenheit)

**hineinlegen:** durchschauen *entnehmen, holen, herausnehmen, herausziehen, herauslegen

**hineinreden:** zuhören, lauschen, anhören, hinhören, aufpassen *unterdrücken

**hineinstecken:** bekommen, profitieren, herausholen, kassieren, gewinnen *herausziehen, abziehen (Schlüssel) *herausfallen

**hineinsteigern (s.):** s. beruhigen / abkühlen / entspannen / normalisieren / fassen *s. nicht aufregen

**hineintun:** herausholen, (ent)leeren, ausleeren, entnehmen, herausnehmen

**hineinziehen:** herausziehen *hinausziehen *hereinziehen *verlassen

**hinfahren:** wegfahren, zurückfahren, heimfahren, nach Hause fahren *herfahren *(da)bleiben

**Hinfahrt:** Herfahrt *Rückfahrt, Heimfahrt

**hinfallen:** stolpern *aufstehen, s. aufrichten

**hinfällig:** wichtig, unerläßlich, unumgänglich, ausschlaggebend, unentbehr-

zwecklos, (null und) nichtig, unwichtig *gegenstandslos, aus der Luft gegriffen, grundlos, unbegründet, haltlos, ohne Grund, unmotiviert, ungerechtfertigt, wesenlos *gebrechlich, altersschwach, zittrig, kränklich, abgelebt, kraftlos, schlapp, abgezehrt

**hinführen:** hinbegleiten, hinlenken, hinbringen *enden

**hingeben:** wegschenken, vergeben, preisgeben, fortgeben, herschenken, weggeben, hergeben, opfern, abtreten, verschenken *s. **hingeben:** verfallen sein, frönen, huldigen, s. überlassen *s. darbringen / widmen / (auf)opfern / ergeben

**hingehen:** gehen, besuchen *schweifenlassen, streifenlassen (Blick) *vergehen, verstreichen, vorübergehen

**hinhalten:** Zeit gewinnen wollen, warten lassen, vertrösten *hinziehen, verzögern, aufhalten, hemmen *(hin)reichen, entgegenstrecken, anbieten

**hinkommen:** näher kommen, (hin)gelangen, (heran)kommen, s. einfinden / nähern / einstellen, nahen, erscheinen, erreichen, eintreffen *reichen

**hinlegen:** niederlegen, deponieren, ablegen, abstellen, absetzen, plazieren *s. **hinlegen:** s. hinstrecken / (nieder)legen / zur Ruhe begeben, schlafen legen, ins / zu Bett gehen

**hinlenken:** hinführen, hinbringen, hinbegleiten

**hinnehmen:** s. etwas gefallen / bieten lassen, (er)dulden, s. abfinden mit, in Kauf nehmen, (er)tragen, (er)leiden, auf s. nehmen, durchmachen, s. in etwas fügen / ergeben / schicken

**hinreichend:** ausreichend, genug, zur Genüge, sattsam, zureichend

**hinreißend:** entzückend, anziehend, reizvoll, hübsch, bezaubernd, sympathisch, gewinnend, angenehm, attraktiv, aufreizend, charmant, einnehmend, anmutig, betörend, lieb(lich), doll, reizend, toll, liebenswert

**hinschicken:** (aus)liefern, zustellen, beliefern, (zu)senden, zuleiten

**hinstellen:** niederlegen, abstellen, niederstellen, niedersetzen, ablegen, de-

lich, bedeutungsvoll, bedeutsam, gültig *kräftig, gesund, rüstig, eisern, muskulös, stählern, stramm, athletisch, beweglich, leistungsfähig, gut zuwege, fit

**hinführen:** herführen, herbegleiten (Mensch) *herkommen (Straße)

**hingeben:** bekommen, erhalten, empfangen, entgegennehmen *s. **hingeben:** s. verweigern / versagen *entsagen (Alkohol)

**hingehen:** zurückgehen, zurückkommen, s. entfernen *(an)dauern *geraten *herkommen *(her)bestellen (Besucher)

**hinhalten:** verkürzen, beschleunigen, s. beeilen, vollenden, abschließen *wegnehmen *beginnen, anfangen, starten *Wunsch / Bitte gewähren / erfüllen

**hinkommen:** zurückkommen, kommen (von) *s. entfernen, weggehen, fortgehen *nicht ausreichen / langen (Geld)

**hinlegen:** aufheben, aufnehmen, in die Hand nehmen, wegnehmen *herausnehmen (Baby) *s. **hinlegen:** aufstehen, s. erheben, aufspringen

**hinlenken:** ablenken, abbringen, täuschen, irreführen

**hinnehmen:** widersprechen, aufmukken, s. rühren, aufbegehren, ankämpfen, s. verbitten, abstreiten, verneinen, dementieren, kritisieren, mißbilligen, monieren, nörgeln, reklamieren, anfechten

**hinreichend:** unzureichend, ungenügend, unzulänglich, mangelhaft, dürftig, schlecht, miserabel

**hinreißend:** langweilig, traurig, monoton, ermüdend, uninteressant, einschläfernd, eintönig

**hinschicken:** herschicken, zurückschikken, heimschicken, wegschicken

**hinstellen:** verschieben, wegnehmen, weglegen, entfernen, wegstellen,

ponieren, absetzen \*postieren, plazieren, aufstellen

**hinstrecken:** hinreichen, entgegenstrecken, ausstrecken, geben, darbieten

**hintansetzen:** vernachlässigen, mißachten, s. nicht genügend kümmern, nicht berücksichtigen

**hinten:** am Ende / Schluß, rückseitig, zuhinterst, an letzter Stelle, im Hintergrund / Rücken, auf der Rückseite / Kehrseite \*achtern (Schiff)

**hintenherum:** auf Umwegen, mittelbar, indirekt \*falsch, heuchlerisch, scheinheilig, unredlich, unreell, unwahrhaftig, unsolid, unlauter, unehrlich, katzenfreundlich, lügenhaft, lügnerisch, hinterhältig, frömmelnd, doppelzüngig, verstellt, unaufrichtig, scheinfromm

**hintereinander:** zusammenhängend, (aufeinander)folgend, ununterbrochen, in Reih und Glied, nacheinander, einer / eins nach dem anderen, der Reihe nach, in Aufeinanderfolge

**Hintergrund:** Ursache, Wurzel, Voraussetzung, Bezug, Zusammenhang, Grund, das Warum \*Tiefe, Rückseite, Folie, Fond, Background, Rückwand

**hintergründig:** geheimnisvoll, schwer durchschaubar, doppelbödig, abgründig

**hinterhältig:** (bitter)böse, schlimm, boshaft, bösartig, gemeingefährlich, garstig, übelgesinnt, unausstehlich, übel(wollend) \*unaufrichtig, verschlagen, meuchlings, unehrlich, versteckt, hinterrücks, arglistig, gemein, niederträchtig, schäbig, schändlich, schmählich, schmutzig, schimpflich, schnöde, schmachvoll, hundsgemein, hinterlistig

**hinterher:** (hinten)nach, hintendrein \*danach, nachher, hernach, später, hiernach, dann, nachfolgend, im Anschluß an, schließlich, endlich \*demnach, sonach, also, logischerweise, entsprechend, ergo, somit, demzufolge

**hinterherlaufen:** nachlaufen, nachrennen, nachsetzen, nachjagen, nachfolgen, nacheilen, hinterherrennen, hinterherkommen, hinterherjagen \*nachstellen, nachgehen

**hinterlassen:** vererben, weitergeben, überschreiben, vermachen, nachlassen, überlassen

\*(auf)heben, hochheben, anheben \*verstecken, vorenthalten

**hinstrecken:** fortziehen, wegziehen, entziehen (Hand)

**hintansetzen:** berücksichtigen, bevorzugen, vorziehen, begünstigen \*gleich / gerecht behandeln

**hinten:** vorn(e), im Vordergrund \*seitlich, seitwärts, neben \*frontal \*unten \*oben

**hintenherum:** (von) vorn(e) \*ehrlich, unverhohlen, offen, wahrhaftig, gerade, aufrichtig, redlich, freimütig

**hintereinander:** parallel, nebeneinander \*gleichzeitig, simultan, zur gleichen Zeit, zugleich, synchron, gleichlaufend

**Hintergrund:** Vordergrund \*Vorderseite

**hintergründig:** vordergründig, durchschaubar, durchsichtig, fadenscheinig, schwach, einfach

**hinterhältig:** aufrichtig, ehrlich, gerade, offen, vertrauensselig, zutraulich, gutmütig, freimütig, geradlinig \*gutgesinnt, freundlichgesinnt, wohlwollend, zugetan, wohlmeinend, (zu)geneigt, gewogen, huldvoll, huldreich, gnädig

**hinterher:** vordem, vorher, voraus, davor, zuvor, (im) voraus, vorneweg, erst \*gleichzeitig, zur gleichen Zeit, zugleich, simultan, synchron, gleichlaufend \*nebeneinander, parallel

**hinterherlaufen:** vorangehen, vorausgehen, vorauslaufen, vorhergehen, davorgehen, vorneweggehen \*entschwinden, flüchten \*fallenlassen \*ignorieren

**hinterlassen:** beerben, erben \*schenken \*enterben

**hinterlistig:** heuchlerisch, scheinheilig, unredlich, falsch, unreell, unwahrhaftig, unsolid, unlauter, unehrlich, katzenfreundlich, lügenhaft, lügnerisch, hinterhältig, frömmelnd, doppelzüngig, verstellt, unaufrichtig, scheinfromm

**Hintermann:** Hauptperson, Schlüsselfigur, Anstifter, Chef, Auftraggeber, Drahtzieher, Obskurant, graue Eminenz, Hauptfigur, Boß *Verteidiger

**Hintermannschaft:** Verteidigung

**Hinterseite:** Hinterfront, Rückfront, Hofseite, Kehreite, Rückseite, Schattenseite, Abseite, Gartenseite, Hoffront *Rücken *Achterfront

**Hinterteil:** Achtersteven, Hintersteven, Heck (Schiff) *Ende, Schluß, Schwanz, hinterer Teil, Rückteil *Gesäß, Hintern

**Hintertreffen:** Nachteil, nachteilige Lage, Rückstand

**hintertreiben:** verhindern, boykottieren, lahmlegen, sabotieren, verhüten, unterbinden, hindern an, abwehren, abwenden, abstellen, verwehren, ein Ende machen

**Hintertür:** Hilfe, Hoffnung, Mittel, Ausweg, Lösung, Rückzugsmöglichkeit *Gartentür, Hoftür

**hinterziehen:** unterschlagen, nicht bezahlen, betrügen, veruntreuen, in die eigene Tasche stecken

**hinüber:** dorthin, dahin, nach drüben *vergangen, gewesen, vorbei *gestorben, heimgegangen, verschieden, tot *betrunken, voll, blau

**hinunter:** herunter, zu Boden, hiernieder, herab, nach unten, abwärts, hinab, in die Tiefe

**hinuntergehen:** hinabgehen, runtergehen, nach unten gehen, absteigen *hinunterklettern, hinabklettern *herabklettern, herunterklettern

**hinunterschlucken:** (ver)schlingen, hinunterwürgen, hastig essen / trinken, (ver)schlucken, hinunterstürzen, hinunterschlingen *nicht hochkommen / aufkommen lassen, niederhalten, ersticken, bezwingen (Worte)

**hinuntersteigen:** hinabsteigen, absteigen, nach unten steigen *herabklettern, herunterklettern

**hinterlistig:** aufrichtig, ehrlich, offen, gutmütig, gerade, geradlinig, freimütig, vertrauensselig, zutraulich *gutgesinnt, freundlichgesinnt, wohlwollend, zugetan, wohlmeinend, (zu)geneigt, gewogen, huldvoll, huldreich, gnädig

**Hintermann:** Vordermann *Ausführender, Täter *Stürmer (Sport)

**Hintermannschaft:** Sturm (Sport)

**Hinterseite:** Vorderseite, Vorderfront, Stirnseite, Straßenseite, Front, Fassade, Vorderansicht (Gebäude) *Oberseite, rechte Seite (Stoff)

**Hinterteil:** Vorderteil, vorderer Teil *Bug, Vordersteven (Schiff) *Vorderseite

**Hintertreffen:** Nutzen, Vorteil

**hintertreiben:** vorantreiben, fördern, unterstützen, beschleunigen, helfen, nachhelfen, vorwärtstreiben, forcieren, aktivieren

**Hintertür:** Vordertür, Haustür

**hinterziehen:** bezahlen, entrichten, abgeben, abführen (Steuern)

**hinüber:** herüber *längs, entlang *(noch) am Leben *nüchtern *noch gut

**hinunter:** herauf *hinauf, aufwärts, hinan, empor

**hinuntergehen:** hinaufgehen, nach oben / aufwärts gehen, heraufkommen, hochsteigen, (hinauf)steigen, heraufsteigen, emporgehen *hinaufklettern, heraufklettern, emporklettern

**hinunterschlucken:** (herauf)würgen, (er)brechen, s. übergeben *loswerden, abreagieren (Ärger) *s. wehren / rühren / verbitten, aufbegehren, widersprechen, abstreiten, aufmucken, ankämpfen, dementieren, verneinen

**hinuntersteigen:** hinaufgehen, (hinauf-)steigen, hochsteigen, emporsteigen, bergan / bergauf / aufwärts gehen, heraufkommen

**hinwärts:** (da)hin, dort hin, nach, fort

**hinwegsehen:** ignorieren, s. hinwegsetzen über, keine Notiz nehmen, übersehen, nicht beachten / berücksichtigen, außer acht lassen, keine Beachtung schenken

**hinwegsetzen (s.):** Unrecht tun, übertreten, überschreiten, ein Gesetz brechen / verletzen verstoßen gegen, entgegenhandeln, mißachten, nicht beachten / einhalten / befolgen, abweichen, s. nicht halten an

**hinwenden (s.):** s. zuwenden / hindrehen / zukehren, s. beschäftigen / abgeben mit

**hinwerfen:** fallen lassen, (zu)werfen, hinschleudern *aufgeben, beenden, beendigen, aussteigen, aufhören, ein Ende machen / setzen, abbrechen, aufstecken, schließen

**hinziehen:** verlangsamen, hängen / anstehen lassen, hinausziehen, hinausschieben, retardieren, hinauszögern, auf die lange Bank schieben *s. hinziehen:** s. hinschleppen / verzögern, (lange) währen / anhalten / dauern, in Verzug geraten / kommen, s. in die Länge ziehen

**hinzufügen:** anreihen, beimischen, erweitern, komplettieren, aufrunden, anfügen, (hin)zusetzen, dazutun, dazulegen, ergänzen, vervollständigen, nachtragen, beifügen, zufügen, zugeben, beigeben, beimengen, anschließen

**hinzukommen:** hineingeraten, dazukommen, s. hinzugesellen / beigesellen / anschließen

**hinzuziehen:** heranziehen, zuziehen, herbeiziehen, bemühen, zu Rate ziehen, herbeiholen, heranholen, einsetzen, zu Hilfe holen

**hissen:** hieven, flaggen, hochziehen, in die Höhe ziehen, hochwinden

**Hitze:** Bruthitze, Glut(hitze), Schwüle, Knallhitze *Schwung, Verve, Dynamik, Intensität, Elan, Anstrengung, Feuer, Leidenschaft, Passion

**hitzig:** hitzköpfig, aufbrausend, heißblütig, rasend, auffahrend *aufgeregt, gereizt, unruhig, ungeduldig, zappelig, erregt, bewegt, fiebrig, nervenschwach, nervös, unstet, ruhelos, hek-

**hinwärts:** herwärts, zurück, her *heim(-wärts)

**hinwegsehen:** beachten, sehen, bemerken, berücksichtigen *reagieren

**hinwegsetzen (s.):** beachten, durchführen, machen, befolgen

**hinwenden (s.):** s. (ab)wenden / wegkehren / abkehren, s. (los)lösen

**hinwerfen:** aufheben, auflesen, (ein)sammeln *zurückwerfen *aufstehen, s. erheben

**hinziehen:** herziehen, herholen *wegziehen, abstoßen *wegziehen, ausziehen, fortziehen, fortgehen (Wohnsitz) *s. hinziehen:** anfangen, beginnen, starten (Verfahren, Verhandlungen) *beschleunigen, abkürzen, übereilen, s. beeilen *abschließen, beenden

**hinzufügen:** vorausschicken *streichen, weglassen, fortlassen *wegnehmen *in Ruhe lassen, ignorieren, nichts tun, nicht beachten

**hinzukommen:** weggehen, fortlaufen, weglaufen, fortgehen, s. entfernen *wegbleiben *entfallen, wegfallen

**hinzuziehen:** verzichten (auf), wegschicken, fortschicken, nicht benötigen / brauchen (Berater) *ablehnen

**hissen:** einholen, einziehen, niederholen, streichen (Flagge)

**Hitze:** Kälte, Kühle, Abkühlung, Frost(wetter), Kälteeinbruch, Kälterückfall, Kältesturz, Temperaturrückgang, Temperatursturz, Frische *Ruhe, Besonnenheit, Gleichmut, Überlegenheit, Bedachtsamkeit, Mäßigung

**hitzig:** frostig, kühl, frisch, frostklar, froststarr, gefroren, grimmig, schneidend kalt, beißend, (bitter)kalt, durchgefroren, eiskalt *besonnen, gemäßigt, ruhig, gemessen, gleichmütig, harmo-

tisch, turbulent *(glühend)heiß, (hoch-) sommerlich, sehr warm, kochend

**hoch:** hinauf, nach oben, herauf, von unten her, in die Höhe, aufwärts *glasklar, (glocken)rein, hell *nicht niedrig, lang, hochaufgeschossen, hochgewachsen, emporragend, groß, stattlich, von hohem Wuchs *hochgestellt, vorgesetzt, gehoben, hochstehend, in leitender Stellung, führend, übergeordnet, angesehen, bedeutend *sehr, maßlos, übertrieben, immens *drastisch, lang, drakonisch, lebenslänglich *außergewöhnlich, ungewöhnlich, ungeläufig, ausgefallen, erstaunlich, außerordentlich, überraschend, groß, entwaffnend *groß *angestaut *stürmisch, haushoch *teuer, überhöht
**Hoch:** Sommerwetter, Hochdruckzone, Hochdruckgebiet, Schönwetterzone *Vivat, Hochruf, Toast
**Hochachtung:** Ehrerbietung, Bewunderung, Hochschätzung, Tribut, Achtung, Verehrung, Ehrfurcht, Pietät, Rücksicht, Respekt, Anerkennung

**Hochbetrieb:** Betrieb, große Geschäftigkeit, reges Leben, Wirbel, Aufregung, Umtrieb, Treiben
**Hochdeutsch:** Schriftsprache, Bühnensprache, Schriftdeutsch, Literatursprache, Hochsprache
**Hochdruck:** Macht, Verve, Passion, Leidenschaft, Schwung, Angespanntheit, Dynamik, Intensität, Elan, Anstrengung *Hochbetrieb, Betrieb, große Geschäftigkeit, Wirbel, reges Leben, Aufregung, Umtrieb, Treiben * Überdruck *Hypertonie, Überdruck

**hochfahrend:** hochmütig, stolz, überheblich, herablassend, aufgeblasen, selbstüberzeugt, anmaßend, wichtigtuerisch, selbstüberzogen, arrogant, eingebildet, selbstgefällig, selbstsicher, gnädig, dünkelhaft, selbstbewußt
**Hochland:** Bergland, Hochebene

**Hochmut:** Dünkel, Eitelkeit, Hochmütigkeit, Vermessenheit, Geziertheit, Anhabe, Blasiertheit, Dünkelhaftigkeit, Eingebildetheit, Einbildung, Überheblichkeit, Stolz, Affektiertheit, Hoffart, Hybris

nisch, ruhevoll, still, überlegen, beherrscht, ausgeglichen, bedacht(sam), gefaßt, gemächlich

**hoch:** niedrig (Turm, Berg, Haus, Höhe, Luftdruck, Maß) *niedrig, tief (Flughöhe) *gesunken, abgeschwollen, niedrig, flach, seicht (Fluß) *flach (Wellen) *niedrig, klein, zwergwüchsig (Baum, Strauch) *mäßig, klein, gering, niedrig (Preis) *tief, dunkel, sonor (Stimme) *dumpf, tief (Ton, Klang) *lächerlich, gering, wenig (Grad) *niedrig, einfach, untere (Rang, Adel) *primitiv, einfach, gering, mangelhaft, wenig (Kenntnisse) *klein, einfach, gering (Strafe) *mittlere, durchschnittlich, gering, unbefriedigend, mangelhaft, klein, ausreichend, ungenügend (Leistung) *normal (Leistung)
**Hoch:** Tief, Schlechtwetter, Regenwetter, Tiefdruck, Wettersturz (Wetter)

**Hochachtung:** Mißachtung, Abscheu, Abgeneigtheit, Abneigung, Verachtung, Antipathie, Ekel, Widerwille, Feindschaft, Feindseligkeit, Haß *Neid, Mißgunst
**Hochbetrieb:** Leere, Öde, Nichts, Flaute

**Hochdeutsch:** Mundart, Dialekt, Umgangssprache

**Hochdruck:** Ruhe, Langsamkeit, Bedacht (Arbeit) *Stillstand, Stagnation, Rezession, Tief (Wirtschaft) *Tief (-druck), Wettersturz, Schlechtwetter, Regenwetter, Veränderlichkeit, Unbeständigkeit (Wetter) *Niederdruck (Behälter) *Hypotonie, Unterdruck (Blut)
**hochfahrend:** bescheiden, einfach, anspruchslos, schlicht, zurückhaltend, gelassen (Verhalten) *ruhig, ausgeglichen, gefaßt, beherrscht, besonnen, geruhsam, ruhevoll, still, gezügelt, gesetzt *ängstlich, scheu
**Hochland:** Tiefland, Tal, Senke, Niederung, Ebene, Flachland
**Hochmut:** Bescheidenheit, Einfachheit, Anspruchslosigkeit, Schlichtheit, Gelassenheit, Zurückhaltung, Ergebenheit, Gefügigkeit

**Hochspannung:** Neugier, Vorfreude, Unruhe, Anspannung, gespannte Erwartung, Nervosität, Ungeduld, Gespanntheit
**hochspielen:** aufbauschen, übertreiben, übersteigern, überziehen, aufblasen, hochputschen, ausweiten, dramatisieren
**Hochsprache:** Schriftsprache, öffentliche Sprache, Literatursprache
**hochstehend:** hochgestellt, vorgesetzt, gehoben, in leitender Stellung, von hohem Rang, führend
**höchstens:** äußerstenfalls, allenfalls, bestenfalls, längstens, im äußersten Fall, nicht mehr als, maximal *es sei denn, abgesehen von, außer, mit Ausnahme von, bis auf, ausgenommen
**Höchstwert:** Maximum, Höchststand

**hochwertig:** hervorragend, qualitätsvoll, ausgezeichnet, vortrefflich, gediegen, fein, edel, kostbar, wertvoll, erste Wahl, exquisit, erstklassig, ausgesucht, auserlesen, süperb, von bester Qualität, erstrangig, vorzüglich, prächtig
**Hochwasser:** Flut, auflaufendes Wasser, hoher Wasserstand / Pegelstand
**Hochzahl:** Exponent
**Hochzeit:** Eheschließung, Trauung, Verbindung, Vermählung, Heirat, Verheiratung, Ringwechsel
**hochziehen:** nach oben / in die Höhe ziehen, emporziehen, hinaufziehen, (hoch)hieven, heben *hochreißen, aufrichten, hochzerren *hissen, flaggen, hieven, hochwinden, in die Höhe ziehen *bauen, errichten
**hoffen:** erwarten, harren, wünschen, die Hoffnung hegen / haben, der Hoffnung sein, phantasieren, s. ausmalen, s. der Hoffnung hingeben
**Hoffnung:** Optimismus, Zukunftsglaube, Zuversicht, Lichtblick, Ausweg, Chance, Möglichkeit, Silberstreifen, Zutrauen, Aussicht, Vertrauen, positive Perspektive
**hoffnungslos:** sinnlos, ausweglos, unheilbar, unglücklich, aussichtslos, ohne Aussicht auf Erfolg, verbaut, verstellt, verschlossen, deprimierend, ohne Hoffnung, düster, verfahren, unrettbar *deprimiert, verzagt, resigniert, verzweifelt, gebrochen, (nieder)gedrückt,

**Hochspannung:** Niederspannung *Desinteresse, Teilnahmslosigkeit, Interesselosigkeit, Uninteressiertheit *Ruhe, Stille, Alltag
**hochspielen:** verharmlosen, herunterspielen *verdrängen

**Hochsprache:** Mundart, Dialekt, Umgangssprache
**hochstehend:** liegend *niedere, untere, einfache (Stellung)

**höchstens:** mindestens, zumindest, minimal, wenigstens, geringstenfalls, nicht weniger als, zuwenigst

**Höchstwert:** Minimum, Tiefstwert, Kleinstwert
**hochwertig:** schlecht, minderwertig, schadhaft, fehlerhaft, mangelhaft, wertgemindert, defekt, beschädigt, geringwertig, minder, nichts wert

**Hochwasser:** normaler Wasserstand / Pegelstand

**Hochzahl:** Basis, Grundzahl
**Hochzeit:** Verlobung *Scheidung, Trennung, Ehescheidung

**hochziehen:** herunterlassen, herablassen, niederlassen, abstellen (Last) *einholen, niederholen, einziehen, streichen (Flagge) *abtragen, einreißen, sprengen (Mauer)

**hoffen:** wissen, sicher sein *s. sorgen, (be)fürchten *verzweifeln *untergehen

**Hoffnung:** Besorgnis, Sorge, Befürchtung *Leid, Jammer, Pein, Sorge, Marter, Martyrium, Kummer, Kümmernis, Gram, Schmerz *Unterdrückung *Hoffnungslosigkeit, Sinnlosigkeit
**hoffnungslos:** hoffnungsvoll, zuversichtlich, rosig, hilfreich, getrost, trostreich *lebensbejahend, optimistisch, zukunftsgläubig, fortschrittsgläubig *froh, fröhlich, heiter, freudig, wohlgemut, gutgelaunt, guter Laune, gut aufgelegt, fidel, munter

mutlos, kleinmütig, entmutigt, lebensmüde, niedergeschlagen, niedergeschmettert, geknickt *pessimistisch, skeptisch, schwarzseherisch

**Hoffnungslosigkeit:** Sinnlosigkeit, Ausweglosigkeit, Aussichtslosigkeit, Verfahrenheit, Depression, Resignation, Entmutigung, Niedergeschlagenheit, Verzweiflung *Pessimismus, Skepsis, Schwarzseherei

**hoffnungsvoll:** zuversichtlich, rosig, hilfreich, getrost, trostreich *optimistisch, zukunftsgläubig, lebensbejahend, fortschrittsgläubig

**höflich:** entgegenkommend, aufmerksam, artig, ritterlich, zuvorkommend, galant, taktvoll, rücksichtsvoll, wohlerzogen, manierlich, anständig, freundlich, umgänglich

**Höflichkeit:** Anstand, Artigkeit, Zuvorkommenheit, Zartgefühl, Aufmerksamkeit, gutes Benehmen, Galanterie, Courtoisie, Liebenswürdigkeit, Freundlichkeit, Takt(gefühl), Herzensbildung, Feingefühl, Ritterlichkeit

**Höhe:** Abmessung, Größe, Reichweite, Dimension, Ausdehnung, Ausmaß *Hügel, Anhöhe, Höhenzug, Bodenerhöhung

**Höhepunkt:** Gipfel, Wendepunkt, Optimum, das Höchste, Maximum, Nonplusultra, Kulmination, Höchstwert, Höchstmaß, Krönung, Wollust, Orgasmus

**hohl:** konkav, eingebogen, ausgehöhlt *geistlos, ideenlos, substanzlos, gehaltlos, (inhalts)leer, witzlos, schal, gewöhnlich, verbraucht, abgegriffen, stumpfsinnig, mechanisch, geisttötend, dumpf, stupid(e), alltäglich, stereotyp, phrasenhaft, ohne Tiefe / Gehalt, abgeschmackt, nichtssagend, unbedeutend, oberflächlich, einfallslos, flach, trivial, banal, billig, platt, hohl, seicht

**hohlwangig:** dünn, dürr, knochig, schmal, eingefallen, abgemagert, unterernährt, ausgemergelt, mager

**hold:** entzückend, anziehend, reizvoll, hübsch, bezaubernd, sympathisch, gewinnend, angenehm, attraktiv, aufreizend, charmant, einnehmend, anmutig, betörend, lieb(lich), doll, toll, liebenswert

**Hoffnungslosigkeit:** Hoffnung, Zuversicht, Vertrauen, Zutrauen *Optimismus, Zuversichtlichkeit, Hoffnungsfreude, Lebensbejahung, Lebensmut, Fortschrittsglaube, Zukunftsglaube, Lichtblick, Ausweg, Chance

**hoffnungslos:** hoffnungslos, aussichtslos, deprimierend, deprimiert, ausweglos, verfahren, unhaltbar, verbaut, verstellt, verschlossen *traurig, trostlos

**höflich:** unhöflich, böse, (un)flätig, ungezogen, grob, unartig, unerzogen, ungeschliffen, ungehörig, barsch, abweisend, schroff, flegelhaft, plump, rüde, ruppig, taktlos, unkultiviert, unverbindlich

**Höflichkeit:** Unhöflichkeit, Barschheit, Grobheit, Grobschlächtigkeit, Ungeschliffenheit, Unliebenswürdigkeit, Ungefälligkeit, Ruppigkeit, Plumpheit, Rüpelhaftigkeit, Ungezogenheit, Unaufmerksamkeit, Schroffheit

**Höhe:** Tiefe *Länge *Breite *Tal, Flachland, Tiefland, Ebene *Primitivität *Geringfügigkeit (Summe) *Tiefe (Ton, Stimme)

**Höhepunkt:** Tief, Nullpunkt, Tiefpunkt, Krise, Tiefgang, Talsohle *Vorbereitung, Hinführung, Vorspiel *Einleitung (Erzählung)

**hohl:** voll, massiv, solide *inhaltsvoll, inhaltsreich, gehaltvoll, substanzhaltig, substantiell, geistreich, aussagekräftig, bedeutungsvoll, vielsagend, ideenreich (Rede) *voll (Wangen) *konvex (Linse) *flach (Hand)

**hohlwangig:** rund, pausbäckig, voll, fleischig, aufgetrieben, aufgedunsen, fett, stattlich, vollwangig

**hold:** abstoßend, entstellt, häßlich, unschön *abweisend, flegelhaft, barsch, brüsk, taktlos, unfreundlich, unkultiviert

**holen:** besorgen, nehmen, herbringen, herholen, abholen, wegholen, her(bei)-schaffen, beschaffen, heranschaffen, fortholen, heranholen

**Hölle:** ewige Finsternis, Hades, Schattenreich, Inferno, Unterwelt, Ort der Verdammnis / Finsternis

**holprig:** felsig, steinig, rumpelig, nicht glatt, höckerig, uneben, ungleichmäßig *abgehackt, stottrig, stockend, stammelnd

**homogen:** in Einklang stehend, übereinstimmend, konvergent, homolog, konform, gleich(artig), einheitlich, kongruent

**hörbar:** vernehmbar, laut, vernehmlich, deutlich, unüberhörbar, mit lauter Stimme, geräuschvoll, lautstark, lauthals

**hören:** lauschen, horchen (auf), hinhören, zuhören, mithören, s. anhören, ganz Ohr sein, jmdm. Gehör schenken / sein Ohr leihen, vernehmen, verstehen, akustisch wahrnehmen, abhören, abhorchen

**Hörer:** Zuhörer *Student *Telefonhörer

**hörig:** verfallen, ausgeliefert, willfährig, untertan, gefügig, (drogen)abhängig, (drogen)süchtig

**horizontal:** waagrecht

**horrend:** furchtbar, entsetzlich, grauenerregend, gräßlich, grauenvoll, grauenhaft, schaurig, unheimlich, gespenstig, schauerlich, verheerend, katastrophal, fürchterlich, schrecklich, grausig, greulich, (be)ängstigend, schau(d)ervoll *übertrieben, überspitzt, zu hoch / stark, übermäßig, exzessiv, über Gebühr, unverhältnismäßig, maßlos, immens

**hübsch:** entzückend, anziehend, reizvoll, bezaubernd, sympathisch, gewinnend, angenehm, attraktiv, aufreizend, charmant, einnehmend, anmutig, betörend, lieb(lich), doll, toll, liebenswert *ansehnlich, groß

**holen:** hinbringen, zurücktragen, fortbringen, wegbringen *(über)bringen *erteilen, geben (Rat) *trösten

**Hölle:** Himmel *Fegefeuer

**holprig:** eben, glatt *gleichmäßig, ruhig (Fahrt) *flüssig, fließend (Sprachgewandtheit)

**homogen:** inhomogen, uneinheitlich, heterogen, ungleichartig, mannigfaltig

**hörbar:** lautlos, leise, unhörbar, unvernehmbar, still, tonlos, geräuschlos, unmerklich, nicht vernehmbar

**hören:** mitteilen, ausdrücken, äußern, (aus)sprechen *bekanntmachen, ankündigen, ausrufen, kundtun, kundmachen, verkündigen, ausschreien *anflehen, ansprechen um, (er)bitten *schelten, ausschimpfen, (aus)zanken, schmähen, schimpfen, zetern *lesen *sehen *rufen, brüllen, grölen, (auf-)schreien, *senden (Funk) *überhören, nichts hören *nicht hören / gehorchen, ignorieren *aufbegehren, trotzen

**Hörer:** Berichterstatter, Korrespondent, Mitarbeiter, Reporter *Redner, Sprecher, Referent, Vortragender

**hörig:** unabhängig, frei, ungebunden, selbständig

**horizontal:** senkrecht, lotrecht, vertikal, aufrecht

**horrend:** unterdurchschnittlich, gering *normal, durchschnittlich *erfreulich, angenehm, behaglich, günstig *billig, angemessen

**hübsch:** häßlich, unansehnlich, verunstaltet *unfreundlich, bärbeißig, trotzig, aufsässig *gering, klein, wenig (Geldsumme)

**Hügel:** Anhöhe, Bodenerhebung, Höhenrücken, Höhe, Erhebung, Höcker, Höhenzug, Buckel, Steigung, (kleiner) Berg

**hüg(e)lig:** bergig, gebirgig, uneben, abschüssig, abfallend

**huldigen:** (ver)ehren, rühmen, preisen, würdigen, (hoch)achten, vergöttern, hochschätzen, aufschauen / aufsehen / aufblicken zu, zu Füßen liegen *genießen, frönen, s. hingeben / widmen / ergeben, verfallen

**Hülle:** Verpackung, Umschlag, Einband, Hülse, Schale *Überzug, Schoner, Schutzhülle *Etui, Behälter, Futteral

**human:** menschlich, sozial, mitfühlend, wohltätig, philanthropisch, wohlwollend, entgegenkommend, gütig, tolerant, barmherzig, freundlich, hilfsbereit, gutherzig, hilfreich, gefällig, dienstfertig, zuvorkommend, aufopfernd, fürsorglich, brüderlich, aufopferungsfähig

**Humor:** Freude, Fröhlichkeit, Frohmut, Lebenslust, Ausgelassenheit, Übermut, Lustigkeit, Heiterkeit / Frohsinn, Vergnügen, heitere / fröhliche Stimmung / Laune *Witz *Scherz

**humorlos:** ernsthaft, ohne Humor, langweilig, todernst, trocken, empfindlich, lebensfremd

**humorvoll:** freudig, heiter, fröhlich, fidel, aufgelegt, gestimmt, frohsinnig, vergnügt, lustig, übermütig *witzig, launig

**Hunger:** Nahrungsmangel, Hungersnot, Not, Mangel *Eßlust, Appetit, Heißhunger, Bärenhunger, Riesenhunger *Verlangen, Lust, Gier, Sehnsucht, Bedürfnis, Begehrlichkeit, Begehren, Gelüste

**hungern:** Hunger haben / leiden, nichts zu essen haben, fasten, darben, Mangel / Not leiden, arm sein

**hungrig:** ungesättigt, ausgehungert, unterernährt, nüchtern *begierig / gierig / lüstern sein

**hurtig:** schnell, eilig, flink, fix, behende, flott, zügig

**Hügel:** Tal, Grund, Senkung, Senke, Ebene

**hüg(e)lig:** eben, flach, glatt, platt

**huldigen:** hassen, verabscheuen, mißachten, verachten, nicht leiden können, Haß empfinden, feindselig gesinnt sein *ignorieren *aufgeben, entsagen, s. enthalten, abkommen / abgeben von

**Hülle:** Inhalt

**human:** inhuman, unmenschlich, unwürdig (Behandlung) *satanisch, teuflisch, unbarmherzig, barbarisch, brutal, erbarmungslos, verroht, unsozial, schonungslos, roh, mitleidlos, kaltblütig, herzlos, grausam, gnadenlos, gefühllos, misanthropisch *tierisch, animalisch *überirdisch

**Humor:** Ernst, Todesernst, Ernsthaftigkeit *Teilnahmslosigkeit, Desinteresse, Gleichgültigkeit, Interesselosigkeit, Trägheit, Uninteressiertheit

**humorlos:** humorvoll, aufgelegt, gestimmt, heiter, fröhlich, freudig, fidel, frohsinnig, vergnügt, übermütig, lustig *witzig, launig

**humorvoll:** empfindlich, ernsthaft, langweilig, todernst, trocken, lebensfremd

**Hunger:** Durst *Völlerei, Schlemmerei, Prasserei, Verschwendung, Schwelgerei *Wohlleben, Sättigung

**hungern:** dürsten, Durst haben / verspüren *essen, s. nähren, verspeisen, aufzehren, (ver)konsumieren, leer machen *satt / überdrüssig /gesättigt sein *schwelgen, prassen, schlemmen, verschwenden

**hungrig:** satt, gesättigt *gestopft voll, übersatt, überdrüssig, (über)voll, übersättigt, vollgegessen, vollgestopft *durstig

**hurtig:** langsam, bedächtig, gemessen, geruhsam, gemächlich, schleppend

**hüten:** warten, pflegen, schonen, sorgsam umgehen mit / behandeln, Pflege / Fürsorge angedeihen lassen *beaufsichtigen, beschützen, bewahren, betreuen, beschirmen, bewachen, sehen nach, s. annehmen / kümmern um, umsorgen *s. **hüten:** vorsichtig sein, aufpassen, achtgeben, s. vorsehen / in acht nehmen

**hygienisch:** sauber, rein(lich) *keimfrei, gesundheitsfördernd, steril

**Hypertonie:** Hochdruck, Überdruck

**hypochondrisch:** melancholisch, trübsinnig, pessimistisch, schwarzseherisch, nihilistisch, desolat, bedrückt, schwermütig, depressiv, melancholisch, defätistisch, wehmütig, trübselig, freudlos, traurig, trist, elegisch, (tod)unglücklich, elend, betrübt, trübe, bekümmert, unfroh *sorgenvoll, sorgenschwer, zentnerschwer, gramerfüllt, gramvoll, gramgebeugt

**hypothetisch:** unbewiesen, unsicher, ungewiß, ungesichert, unbestimmt, angenommen

**Hypotonie:** Unterdruck

**hüten:** vernachlässigen, alleine / im Stich lassen, s. genügend kümmern um, nicht berücksichtigen, verwahrlosen / verlottern lassen, seine Pflicht versäumen, unterlassen *verlieren *verlassen (Bett) *s. **hüten:** s. überwinden / trauen, wagen

**hygienisch:** verunreinigt, schmutzig, unhygienisch, verschmutzt, dreckig *verseucht

**Hypertonie:** Hypotonie, Unterdruck (Blutdruck)

**hypochondrisch:** zuversichtlich, hoffnungsfroh, getrost, lebensbejahend, optimistisch, unverzagt, rosig, fortschrittsgläubig, zukunftgläubig *froh, sorgenfrei, sorglos, unbesorgt, unbekümmert

**hypothetisch:** bewiesen, bestimmt, sicher, gewiß, gesichert, real, wirklich *kategorisch, (unbedingt) gültig

**Hypotonie:** Hypertonie, Hochdruck, Überdruck (Blutdruck)

# I

**ideal:** wundervoll, vollkommen, mustergültig, treffend, perfekt, beispiellos, einwandfrei, herrlich, blendend, prächtig, vorbildlich, erstklassig, unvergleichbar, unerreicht, unübertroffen, ausgezeichnet, grandios, vollendet, göttlich, hervorragend, klassisch, phantastisch, makellos, traumhaft, bestmöglich, vorzüglich, exzellent, glänzend, sehr gut, untadelig, das Beste *geeignet, passend, berufen, richtig, gegeben, wie geschaffen für

**Ideal:** Leitbild, Wunschbild, Vorbild, Traumbild, Leitstern, Richtschnur, Leitfigur, Musterbild, Modell, Abgott, Maßstab, Idee *Perfektion, Vollkommenheit, Vollendung

**Idee:** Einfall, Gedanke, Vorstellung, Eingebung, Impuls, Funke, Geistesblitz, Erleuchtung, Intuition, Inspiration *Gag, Attraktion *Leitgedanke, Leitmotiv, Urform, Urbild, Grundgedanke, Grundgerüst, Grundvorstellung, Gedankengut, Gehalt, Begriff, Abstraktion, Essenz, Bedeutung, Substanz

**ideell:** geistig, vorgestellt, nur gedacht, begrifflich, gedanklich, ungegenständlich, unkörperlich, abstrakt, metaphysisch, abgezogen, theoretisch, irreal, angenommen, fiktiv, immateriell, imaginär

**ideenarm:** passiv, träge, unoriginell, einfallslos, phantasielos, unschöpferisch, nüchtern, ohne Phantasie / Einfälle, trocken, einförmig

**ideenreich:** kreativ, aktiv, schöpferisch, gestalterisch, künstlerisch, erfinderisch, geniös, einfallsreich, originell, produktiv, phantasievoll

**identisch:** ein und dasselbe, völlig gleich, eins, gleichartig, übereinstimmend, kongruent, deckungsgleich, unterschiedslos, ununterscheidbar, konvergierend, gleichbedeutend, zusammenfallend, homogen, s. deckend

**Ignoranz:** Unwissenheit, Nichtwissen, Unkenntnis, Unerfahrenheit, Ahnungslosigkeit, Uninformiertheit, Des-

**ideal:** real, faßbar, dinglich, wirklich, tatsächlich, existent, greifbar, gegenständlich *schlecht, ungeeignet, ungesund (Klima) *mangelhaft, unpassend, unvollkommen, unbrauchbar

**Ideal:** Wirklichkeit *Unvollkommenheit *Idol

**Idee:** Wirklichkeit, Realität *Ausführung, Tat, Ausübung, Praktizierung (Vorhaben)

**ideell:** wirklich, tatsächlich, real, existent, greifbar, gegenständlich *dinglich, materiell, substantiell

**ideenarm:** ideenreich, kreativ, aktiv, schöpferisch, gestalterisch, künstlerisch, erfinderisch, geniös, einfallsreich, originell, produktiv, phantasievoll

**ideenreich:** ideenarm, passiv, träge, unoriginell, einfallslos, phantasielos, unschöpferisch, nüchtern, ohne Phantasie / Einfälle, trocken, einförmig

**identisch:** ungleichartig, abweichend, anders(artig), (grund)verschieden, unterschiedlich

**Ignoranz:** Wissen, Beschlagenheit, Einblick, Einsicht, Erfahrung, Bildung, Erkenntnis, Fachwissen, Welt-

informiertheit, Einfältigkeit, Dummheit, Desinteresse

**ignorieren:** unbeachtet lassen, übersehen, überhören, mißachten, keine Beachtung schenken, keine Notiz nehmen, nicht ansehen / zur Kenntnis nehmen / beachten, hinweggehen / hinwegsehen über, vernachlässigen, meiden, übergehen, umgehen, s. abwenden von / hinwegsetzen über, nicht mehr kennen

**illegal:** gesetzwidrig, rechtswidrig, verfassungswidrig, widerrechtlich, unrechtlich, unrechtmäßig, ordnungswidrig, gegen die Vorschrift / das Gesetz, ohne Recht, kriminell, strafbar, sträflich, verboten, illegitim, verpönt, unerlaubt, unstatthaft, unzulässig, untersagt, tabu, unbefugt, nicht erlaubt, irregulär

**Illegalität:** Ungesetzlichkeit, Verfassungswidrigkeit, Gesetzwidrigkeit, Widerrechtlichkeit, Unrecht(mäßigkeit), Unzulässigkeit, Unstatthaftigkeit, Strafbarkeit

**illegitim:** gesetzwidrig, verfassungswidrig, rechtswidrig, ordnungswidrig, unrechtmäßig, ungesetzlich, unrechtlich, widerrechtlich, sträflich, strafbar, illegal, kriminell, verboten, verpönt, unerlaubt, unzulässig, unstatthaft, tabu, untersagt, unbefugt, irregulär, ohne Recht / gesetzliche Grundlage *außerehelich, vorehelich, unehelich, nicht ehelich

**illiquid:** zahlungsunfähig, pleite, insolvent, finanzschwach, bankrott, finanziell ruiniert

**illoyal:** treulos, un(ge)treu, unsolidarisch, unredlich, vertragsbrüchig, falsch

**Illusion:** Selbsttäuschung, falsche / trügerische Hoffnung, Einbildung, Phantasiegebilde, Wunschvorstellung

**Imitation:** Nachbildung, Nachahmung, Kopie, Reproduktion, Wiedergabe, Abguß, Abklatsch, Plagiat, Fälschung, Anleihe, Falsifikat, Dublette, Verdopplung

**imitieren:** nachahmen, nachbilden, nachformen, nachfolgen, nacheifern, nachstreben, wiedergeben, gleichtun, reproduzieren, abschauen, absehen, wiederholen, entlehnen, lernen von,

kenntnis, Können, Kenntnis, Menschenkenntnis, Praxis, Weitblick, Weltgewandtheit, Weisheit, Überblick, Vertrautheit, Weitsicht

**ignorieren:** beachten, bemerken, sehen, hören, zur Kenntnis nehmen, merken *berücksichtigen, einbeziehen, anrechnen

**illegal:** legal, gesetzlich, rechtmäßig, nach Recht und Gesetz, mit / zu Recht, dem Recht / Gesetz entsprechend, legitim, gesetzmäßig, juristisch, de jure, rechtskräftig, ordnungsgemäß, recht und billig

**Illegalität:** Legalität, Gesetzmäßigkeit, Regel, Norm, Gesetz, Lex, Verfassung, Prinzip, Standard

**illegitim:** legitim, rechtmäßig, ehrlich, legal, gesetzlich, nach / entsprechend dem Gesetz, zu / mit Recht, gesetzmäßig, juristisch, de jure, rechtskräftig, ordnungsgemäß, recht und billig

**illiquid:** liquid, solvent, flüssig, zahlungsfähig

**illoyal:** loyal, gesetzmäßig *aufrichtig, ehrlich, gerade

**Illusion:** Wirklichkeit, Wahrheit, Tatsache, Realität

**Imitation:** Vorbild, Original

**imitieren:** vormachen, erfinden *selbst (er)schaffen / machen / tun

kopieren, s. anlehnen / richten nach / anzugleichen suchen / zum Vorbild nehmen

**imitiert:** gefälscht, unecht, nachgeahmt, nachgemacht, falsch, nachgebildet, kopiert, künstlich, plagiiert

**imitiert:** echt, original, ursprünglich, unverfälscht, waschecht, rein, eigen

**immateriell:** unkörperlich, unstofflich, übersinnlich

**immateriell:** materiell, stofflich, dinglich, faßbar

**Immatrikulation:** Einschreibung, Eintragung, Anmeldung

**Immatrikulation:** Exmatrikulation, Abmeldung (Student)

**immatrikulieren (s.):** s. einschreiben / eintragen / anmelden (lassen)

**immatrikulieren (s.):** exmatrikulieren, abmelden (Student)

**immatrikuliert:** eingeschrieben, eingetragen, angemeldet

**immatrikuliert:** exmatrikuliert, abgemeldet

**immens:** sehr groß, riesig, unermeßlich, beträchtlich, ungeheuer, mächtig, gigantisch, enorm, gewaltig, kolossal, überdimensional, riesengroß

**immens:** winzig, klein, gering, minimal, wenig, dürftig, schmal, knapp

**immer:** fortgesetzt, unablässig, unverwandt, fortwährend, fortdauernd, anhaltend, fortlaufend, beharrlich, kontinuierlich, immer wieder, immerfort, in einem fort, andauernd, ununterbrochen, unaufhaltsam, unaufhörlich, endlos, pausenlos, ewig

**immer:** nie(mals) *jetzt, (so)eben, gegenwärtig, gerade, heute, just(ament), momentan *manchmal, temporär, zuweilen, zeitweilig, vereinzelt, ab und zu, gelegentlich, ein paarmal, sporadisch

**immerzu:** immer wieder, ständig (sich wiederholend)

**immerzu:** mit Pausen, unterbrochen, diskontinuierlich

**Immigrant:** Einwanderer, Siedler, Ansiedler, Kolonist, Asylant

**Immigrant:** Emigrant, Auswanderer *Einwohner, Bewohner

**immigrieren:** einwandern, zuwandern, zuziehen, einreisen, ansässig werden, s. ansiedeln, kolonisieren

**immigrieren:** emigrieren, auswandern *(da)bleiben

**immobil:** unbeweglich, verhaftet, starr, gebunden

**immobil:** mobil, ungebunden, ortsveränderlich, beweglich

**Immobilien:** Grundstücke, Grundbesitz, Häuser, Grundvermögen, Grundeigentum, Liegenschaften, Grund und Boden, unbewegliches Vermögen

**Immobilien:** Mobilien, bewegliche Habe

**immun:** widerstandsfähig, geschützt, resistent, unempfindlich, geimpft, abwehrfähig, nicht anfällig *(rechtlich) unantastbar, vor Strafverfolgung sicher / geschützt, unter Immunität stehend

**immun:** ansteckungsgefährdet, empfänglich *ungeschützt

**impertinent:** frech, naseweis, vorlaut, vorwitzig, unartig, ungesittet, schamlos, keß, keck, dreist, ungezogen, unverschämt, unverfroren, unmanierlich, kaltschnäuzig

**impertinent:** bescheiden, zurückhaltend, wohlerzogen, gehorsam, einfach, schlicht, gelassen *gleichgültig, stumpf, unberührt, teilnahmslos, wurstig *freundlich, zuvorkommend, höflich, nett, verbindlich, liebenswürdig

**Impertinenz:** Frechheit, Dreistigkeit, Unverschämtheit, Unverfrorenheit, Ungezogenheit, Kaltschnäuzigkeit, Unartigkeit, Keckheit, Keßheit, Schamlosigkeit, Beleidigung, Zumutung, Bedenkenlosigkeit, Unart, Arro-

**Impertinenz:** Bescheidenheit, Zurückhaltung, Gehorsam, Einfachheit, Schlichtheit, Gelassenheit *Freundlichkeit *Gelassenheit, Desinteresse, Gleichgültigkeit, Teilnahmslosigkeit, Abgestumpftheit *Freundlichkeit, Zu-

ganz, Vorwitz, Bosheit

**impfen:** immun machen, vorbeugen, immunisieren, schutzimpfen, eine Impfung vornehmen

**Implantation:** Einpflanzung, Gewebseinpflanzung, Organeinpflanzung *Replantation, Wiedereinpflanzung, Gewebswiedereinpflanzung, Reimplantation

**implizit:** inbegriffen, einschließlich, mit einbezogen / eingeschlossen, mit enthalten

**implodieren:** platzen, bersten

**Import:** Einfuhr

**importieren:** einführen

**importiert:** fremdländisch, ausländisch, eingeführt

**imposant:** ausgefallen, ansehnlich, verblüffend, auffällig, ungewöhnlich, außergewöhnlich, überwältigend, beachtlich, überragend, bedeutsam, sondergleichen, beträchtlich, sagenhaft, bewundernswürdig, eindrucksvoll, nennenswert, enorm, erstaunlich, großartig, abenteuerlich, ohnegleichen, aufsehenerregend, unvergleichlich, spektakulär, stattlich, überraschend, ungeläufig, sensationell, auffallend, bedeutend, bedeutungsvoll, beeindruckend, bewundernswert, brillant, märchenhaft, hervorragend, imponierend, außerordentlich, entwaffnend, groß, fabelhaft, einzigartig

**impotent:** unfruchtbar, zeugungsunfähig, steril, infertil *einfallslos, kraftlos, unbegabt, untauglich, ungeeignet, phantasielos

**Impotenz:** Zeugungsunfähigkeit, Mannesschwäche, Erektionsschwäche *Unfähigkeit, Schwäche

**improvisieren:** phantasieren, unvorbereitet / aus dem Stegreif ausführen, rasch aufführen / herstellen, aus dem Boden stampfen

**improvisiert:** frei, unvorbereitet, auf Anhieb, ohne Probe / Übung / Vorbereitung, aus dem Handgelenk / Stegreif

**impulsiv:** leidenschaftlich, vehement, leicht erregbar, lebhaft, temperamentvoll, wild, dynamisch, vif, vital, heißblütig, beweglich, triebhaft, jäh, unge-

vorkommenheit, Höflichkeit, Verbindlichkeit, Liebenswürdigkeit

**impfen:** schlucken

**Implantation:** Explantation, Gewebsauspflanzung, Auspflanzung, Organauspflanzung

**implizit:** explizit, ausdrücklich, ausführlich dargestellt / erklärt

**implodieren:** explodieren

**Import:** Export, Ausfuhr

**importieren:** exportieren, ausführen (Waren)

**importiert:** (ein)heimisch, inländisch *exportiert, ausgeführt

**imposant:** langweilig, monoton (Landschaft) *unauffällig, bescheiden, schlicht, zurückhaltend, genügsam, anspruchslos, zufrieden (Person)

**impotent:** (zeugungs)fähig, fruchtbar, potent, kräftig, lebensstrotzend, stark, leistungsfähig *schöpferisch, kreativ, gestalterisch, produktiv, geniös, einfallsreich, phantasievoll (Künstler)

**Impotenz:** Potenz, Fähigkeit, Zeugungsfähigkeit, Lebenskraft, Stärke, Kraft

**improvisieren:** vorbereiten, planen, verabreden, absprechen *abspielen, ablesen, abschauen

**improvisiert:** vorbereitet, geplant, eingeübt, verabredet, abgesprochen, wie vereinbart *abgespielt, abgelesen, abgeschaut

**impulsiv:** bedacht, ausgeglichen, ruhig, gemessen, gesetzt, gezügelt, gemächlich, beherrscht, besonnen, gelassen, gefaßt, gleichmütig, reif, überlegt

stüm, feurig, lebendig, unruhig, quecksilbrig, blutvoll, getrieben, mobil, heftig *unbesonnen, unbedacht, unüberlegt, unvorsichtig, ziellos, wahllos, gedankenlos, fahrlässig, leichtfertig, ohne Hemmung
**imstande:** fähig, geeignet, kräftig *sicher
**in:** inmitten, innerhalb, zwischen, unter, im Bereich, mittendrin *während,
binnen, in der Zeit / im Laufe / im
Verlauf von

**inadäquat:** unangebracht, unangemessen, ungerecht, nicht entsprechend,
unpassend, fehl am Ort / Platz, ungehörig, unwillkommen, unqualifiziert, ungebührlich, ungeziemend, ungeeignet,
deplaciert, störend
**inakkurat:** ungenau, leger, lässig, oberflächlich, nachlässig

**inaktiv:** faul, träge, untätig, arbeitsscheu, bequem, müßig, passiv, phlegmatisch, faulenzerisch

**inaktuell:** unwichtig, vergangen, von
gestern, unmodern, gestrig
**inakzeptabel:** nicht annehmbar, ungünstig, ungeeignet
**inäquivalent:** ungleichwertig
**inattraktiv:** häßlich, nicht anziehend /
hübsch / schön / attraktiv, unästhetisch,
scheußlich, unansehnlich, abstoßend,
mißgestaltet, verunstaltet, geschmacklos, stillos, unvorteilhaft, unschön

**inbegriffen:** einschließlich, einbegriffen, eingeschlossen, inklusive, mitein-
gerechnet, zuzüglich, eingerechnet,
samt, mit, plus
**indifferent:** undifferenziert, unscharf,
ungeklärt, unbestimmt *gleichgültig,
unbeteiligt, uninteressiert, teilnahmslos
**indirekt:** nicht unmittelbar / direkt, mittelbar, auf Umwegen, unartikuliert,
ungesagt, unausgesprochen, andeutungsweise, verschleiert, verblümt,
verkappt, verklausuliert, verhüllt,
durch Vermittlung / die Blume
**indiskret:** neugierig, gesprächig, nicht
verschwiegen, taktlos

**imstande:** unfähig, außerstande,
schwach *ängstlich
**in:** neben *über, auf *nach (Richtung)
*vor(her) (Zeit) *jetzt, augenblicklich,
momentan (Zeit) *aus, von, hinaus
(Richtung) *um (Ort) *außer(halb)
(Ort) *außerhalb (Zeit) *außer, aus
(Zustand)
**inadäquat:** adäquat, entsprechend, gerecht, angemessen

**inakkurat:** akkurat, gewissenhaft, pingelig, kleinlich, engstirnig, beamtenhaft, paragraphenhaft, (über)genau
**inaktiv:** aktiv, regsam, rührig, unternehmend, unternehmungslustig, zielstrebig, energisch, entschlossen, unbeirrt, zupackend, zielbewußt, tätig
**inaktuell:** aktuell, zeitgemäß, wichtig,
bedeutsam
**inakzeptabel:** annehmbar, akzeptabel,
günstig
**inäquivalent:** äquivalent, gleichwertig
**inattraktiv:** attraktiv, reizvoll, adrett,
ordentlich, sauber, reizend, anziehend,
hübsch, anmutig, gut aussehend, betörend, bezaubernd, bildschön, bildhübsch, charmant, entzückend, gewinnend, herzig, lieb, süß, lieblich, niedlich, sympathisch
**inbegriffen:** ausgenommen, außer, ohne, ausschließlich, mit Ausnahme, bis
auf, sonder, abgesehen von, exklusive,
nicht inbegriffen / einbegriffen
**indifferent:** aktiv, beteiligt, anteilnehmend, rege, regsam, unternehmend
*different, andersartig, verschieden,
ungleich, unterschiedlich
**indirekt:** direkt, unmittelbar *direkt,
offen, gerade(heraus), spontan (Verhalten) *direkt, gerade, geradlinig
(Abstammung) *direkt (Beleuchtung)

**indiskret:** diskret, feinfühlig, verschwiegen, taktvoll

**Indiskretion:** Neugierde, Taktlosigkeit, Gesprächigkeit

**Indiskretion:** Diskretion, Takt, Verschwiegenheit, Zurückhaltung

**indiskutabel:** unmöglich, unausführbar, nicht zur Debatte stehend / in Frage kommend, nicht der Rede / Erörterung / Diskussion wert sein

**indiskutabel:** diskutabel, erwähnenswert, erwägenswert, möglich

**Individualist:** Sonderling, Einzelgänger, Nonkonformist, Eigenbrötler, Außenseiter, Original

**Individualist:** Mitläufer, Abhängiger

**individuell:** eigen, subjektiv, persönlich, mich betreffend, von der Person abhängig, auf die Person bezogen *jedesmal anders, verschieden, spezifisch *besonders, einzigartig, in besonderer Weise, originell, speziell, einmalig, mit besonderer Note

**individuell:** gemeinsam, gesellschaftlich, eingeordnet, gruppenmäßig *generell, typisch *unpersönlich

**Individuum:** Einzelperson, Einzelwesen, Einzelmensch, Geschöpf, Wesen, Gestalt, Figur, Subjekt, Erdensohn, Erdenbürger

**Individuum:** Gesamtheit, Gesellschaft

**Industriegebiet:** Industrielandschaft, Ballungszentrum, Ballungsgebiet

**Industriegebiet:** Wohngebiet *Erholungsgebiet, Erholungslandschaft

**Industriestaat:** Industrieland, Industriemacht, Industrienation

**Industriestaat:** Agrarstaat *Entwicklungsland

**ineffektiv:** unwirksam, wirkungslos, ergebnislos, aussichtslos, uneffektiv, erfolglos

**ineffektiv:** wirkungsvoll, wirksam, ergebnisreich, aussichtsreich, erfolgreich

**inexakt:** ungenau, unordentlich, unexakt, vage

**inexakt:** exakt, genau, ordentlich, pingelig

**inexistent:** nicht vorhanden, eingebildet *ausgestorben

**inexistent:** existent, da, vorhanden, wirklich

**infinit:** unbegrenzt, unendlich, weit

**infinit:** finit, begrenzt, endlich

**infiziert:** verseucht, angesteckt, befallen

**infiziert:** keimfrei, steril *desinfiziert

**inflexibel:** starr, fest, unveränderlich, unbiegsam, spröde *unbeugbar, indeklinabel, nicht beugbar

**inflexibel:** flexibel, schmiegsam, biegsam, veränderbar (Material) *flexibel, beugbar, deklinabel (Wörter)

**informell:** zwanglos, ungezwungen, frei, offen, lässig, natürlich, unbefangen, unzeremoniell, ungehemmt, ungeniert, gelöst, salopp, leger, familiär, formlos, nonchalant

**informell:** formell, gezwungen, verkrampft, förmlich, steif, unpersönlich, äußerlich, der Form nach, konventionell, in aller Form

**informieren:** einführen, aufklären, einweihen, unterrichten, orientieren, vertraut machen mit, die Augen öffnen, belehren, instruieren, Auskunft erteilen, ins Bild / in Kenntnis setzen *unterrichten, verständigen, benachrichtigen, Bescheid / Auskunft / Nachricht geben, wissen lassen, eröffnen, unterbreiten, mitteilen, melden, sagen, eine Meldung / Mitteilung machen, kundtun, kundmachen, kundgeben, bekanntgeben, bekanntmachen, Bericht geben / erstatten, berichten, übermit-

**informieren:** nichts sagen, verheimlichen, geheimhalten, stillschweigen, unerwähnt lassen, verbergen, verhehlen, (ver)schweigen, nicht informieren, in Unkenntnis lassen, vertuschen, für s. behalten, vorenthalten, unterschlagen, totschweigen, (mit Schweigen) zudecken, bewußt nicht erzählen, in s. bewahren / verschließen ***s. informieren:** erfahren, hören, zur Kenntnis nehmen, in Erfahrung bringen, vernehmen, Kenntnis erhalten, ermitteln, zu Ohren bekommen, herausbekommen

teln, vermitteln, erzählen, aufmerksam machen / hinweisen auf *s. **informieren:** s. umhören / unterrichten / Informationen / Kenntnis / Einblick / Klarheit verschaffen, auskundschaften

**Inhaber:** Eigentümer, Eigner, Besitzer, Herr, Halter, Wirt, Chef

**Inhaber:** Mieter *Pächter

**inhaftieren:** festnehmen, verhaften, gefangennehmen, gefangensetzen, einsperren, internieren, ins Gefängnis stecken, arretieren, in Verwahrung / Haft / Gewahrsam nehmen, festsetzen, dingfest / unschädlich machen, festhalten, abführen, ergreifen, abholen, fangen, erwischen, fassen

**inhaftieren:** freilassen, entlassen, herauslassen, freigeben, auf freien Fuß / in die Freiheit setzen, gehen lassen, laufen lassen *verschonen, begnadigen *freisprechen, nicht bestrafen / verurteilen, lossprechen, für unschuldig erklären

**inhalieren:** Rauch / Dämpfe einatmen / einziehen / einsaugen, Lungenzüge machen

**inhalieren:** ausatmen, ausstoßen, ausblasen, (aus)pusten

**Inhalt:** Gehalt, Substanz, Kern, Gedankengut, Sinn, Essenz, Bedeutung, das Ausgedrückte / Mitgeteilte, Mitteilung, Botschaft, Gedankengehalt, Ideengehalt, Wesen *das Verpackte, Füllung, Ware, Produkt

**Inhalt:** Verpackung, Umhüllung *das Äußere, Form

**inhaltslos:** inhaltsleer, dürftig, gehaltlos, leer, geistlos, ideenlos, substanzlos, stumpfsinnig, seicht, flach, trivial, banal, nichtssagend, unbedeutend, phrasenhaft, primitiv

**inhaltslos:** inhaltsreich, ideenreich, inhaltsvoll, substantiell, geistreich, bedeutungsvoll, vielsagend, ausdrucksvoll, ausdrucksstark, gehaltvoll, inhaltsträchtig

**inhaltsreich:** ideenreich, inhaltsvoll, substantiell, geistreich, bedeutungsvoll, vielsagend, ausdrucksvoll, ausdrucksstark, gehaltvoll, inhaltsträchtig

**inhaltsreich:** inhaltsleer, dürftig, gehaltlos, leer, geistlos, ideenlos, substanzlos, stumpfsinnig, seicht, flach, trivial, banal, nichtssagend, unbedeutend, phrasenhaft, inhaltslos, primitiv

**inhomogen:** mannigfaltig, heterogen, ungleichartig, uneinheitlich

**inhomogen:** homogen, gleichartig, einheitlich

**inhuman:** erbarmungslos, eisig, gefühlskalt, gefühlsarm, herzlos, hartherzig, abgestumpft, gemütsarm, gefühllos, mitleidlos, unzugänglich, lieblos, seelenlos, gleichgültig, roh, unbarmherzig, unsozial, verroht, schonungslos, brutal, ungesittet, unnachsichtig, unnachgiebig, kompromißlos, streng, fest, hart, barbarisch, unmenschlich, kaltblütig, grausam, gnadenlos

**inhuman:** entgegenkommend, wohlwollend, nett, freundlich, gutgesinnt, wohlgesinnt, human, menschlich, menschenfreundlich, sozial, mitfühlend, wohltätig, philanthropisch, gütig, tolerant, barmherzig, gefällig, dienstfertig, zuvorkommend, aufopfernd, fürsorglich, brüderlich, aufopferungsfähig

**inklusive:** inbegriffen, eingeschlossen, einschließlich, einbegriffen, (mit)eingerechnet, samt, mit, plus, zuzüglich

**inklusive:** exklusive, ausgenommen, extra, ausgeschlossen, ausschließlich *abzüglich

**inkompetent:** unberechtigt, unbefugt, nicht autorisiert / maßgebend / zuständig / bevollmächtigt / verantwortlich *außerstande, unfähig, einfallslos, untauglich, unvermögend, ungeeignet, nicht gewachsen

**inkompetent:** kompetent, maßgebend, befugt, zuständig *maßgeblich

**inkonsequent:** wankelmütig, schwankend, flatterhaft, unbeständig, unstet, wetterwendisch, sprunghaft, wechselhaft *unlogisch, folgewidrig, widerspruchsvoll, widersprüchlich

**inkonsequent:** konsequent, widerspruchsfrei, widerspruchslos, folgerichtig *beharrlich, konsequent, fest, stur, hartgesotten, hartnäckig *unbeirrbar, unentwegt, unverdrossen, zäh, unbeirrt (Verhalten)

**Inkonsequenz:** Widersprüchlichkeit, Folgewidrigkeit *Unbeständigkeit, Flatterhaftigkeit, Wankelmut, Unstetigkeit, Sprunghaftigkeit, Wechselhaftigkeit

**Inkonsequenz:** Konsequenz, Widerspruchslosigkeit, Folgerichtigkeit *Beharrlichkeit, Hartnäckigkeit, Konsequenz, Sturheit, Hartgesottenheit, Unbeirrbarkeit

**inkonstant:** schwankend, veränderlich, wandelbar, unfest, variant, variabel *wechselnd, unstetig, wechselhaft

**inkonstant:** konstant, unveränderlich, (fest)stehend, stabil, sicher, beständig *regelmäßig, gleichmäßig, stetig

**Inkonstanz:** Veränderlichkeit *Wechselhaftigkeit, Unstetigkeit

**Inkonstanz:** Konstanz, Stabilität, Beständigkeit, Sicherheit *Stetigkeit, Regelmäßigkeit

**inkonziliant:** unfreundlich, unversöhnlich, kompromißlos, nicht verhandlungsbereit

**inkonziliant:** konziliant, umgänglich, diplomatisch, versöhnlich

**inkorrekt:** unrichtig, verkehrt, fehlerhaft, irrtümlich, unzutreffend, verfehlt, unrecht, unkorrekt, widersprüchlich, widersinnig, widerspruchsvoll, unlogisch, regelwidrig, sinnwidrig

**inkorrekt:** korrekt, gerade, richtig, einwandfrei, aufrichtig, ehrlich, geradlinig, zuverlässig, vertrauenswürdig (Verhalten, Einstellung)

**Inland:** Heimat, Vaterland

**Inland:** Ausland, Ferne, Fremde

**inländisch:** einheimisch, hiesig, von hier, national, regional

**inländisch:** ausländisch, fremd *importiert, eingeführt (Erzeugnisse) *international

**inliegend:** anbei, anliegend, beigefügt, beigelegt, innen, als Anlage / Beilage, beiliegend, eingeschlossen, inklusive

**inliegend:** extra, gesondert

**inmitten:** im Herzen / Zentrum von, zentral, mitten in, in der Mitte von, im Kern / Mittelpunkt *bei, während

**inmitten:** abgesondert, außer(halb), abseits

**innehaben:** verwalten, bekleiden, ausüben, besitzen, einnehmen, haben, amtieren, versehen mit, verfügen über, tätig sein als, in Händen haben

**innehaben:** abtreten, abgeben (Amt) *antreten, übernehmen

**innehalten:** unterbrechen, aussetzen, pausieren, aufhören, stoppen, einhalten, stehenbleiben, einstellen, zögern, stocken, eine Pause einlegen

**innehalten:** fortfahren, weiterfahren, weitermachen (Tätigkeit) *überschreiten (Termin)

**innen:** im Innern, inwendig, drinnen, darin, innerhalb *anbei, inliegend, anliegend, beigefügt, beigelegt, als Anlage / Beilage, beiliegend

**innen:** außen, draußen, ringsum, (her-)um, außerhalb

**Innenseite:** im Innern, an der inneren Seite

**Innenseite:** Außenseite, das Äußere *rechte Seite (Stoff)

**Innenstadt:** Stadtmitte, Stadtkern, Zentrum, Stadtzentrum, das Stadtinnere, City

**Innenstadt:** Vorort, Stadtrand, Vorstadt, Peripherie, Trabantenstadt

**innere:** inwendig vorhanden, s. innen befindend *innerstaatlich

**innere:** äußere, äußerste *extern, auswärtig (Angelegenheit)

**Innere:** das Innerste, Tiefe, Mitte,

**Innere:** das Äußere, Oberfläche, Exte-

Kern, Zentrum, Seele, Herz, Wesen, Innenwelt, Gemüt, Gefühlsleben, Seelenleben, Innenleben *Innenraum, Inneneinrichtung, Innenausstattung, Interieur, Zubehör

**innerhalb:** inmitten, im Bereich, in *während, binnen, in der Zeit / im Laufe / im Verlauf von

**innerlich:** drinnen, im Innern, inwendig *empfindlich, empfindsam, zartbesaitet, feinfühlig, sensibel

**innig:** herzlich, sehr nah, warmherzig, tief empfunden, eng *inständig, inbrünstig, flehentlich, flehend, sehnlich, fest, intensiv, eindringlich, nachdrücklich, beschwörend, kniefällig, demütig, ernsthaft, stürmisch

**inoffiziell:** außerdienstlich, intern, vertraulich, nicht öffentlich / amtlich, inoffiziös

**Insel:** Eiland, Werder, Koralleninsel, Hallig, Au(e), Schäre, Atoll, Sand (-bank), Riff, Klippe, Barre, Wört(h)

**insgesamt:** im ganzen, pauschal, zusammen, alles in allem, gesamt, alles eingerechnet, vollends, total, summa summarum, ganz

**insolvent:** illiquid, pleite, zahlungsunfähig, bankrott, finanzschwach, finanziell ruiniert

**instabil:** veränderlich, unsicher, unbeständig, unfest, wackelig, schwankend, wechselnd, brüchig

**installieren:** anschließen, anbringen, einbauen, einsetzen, montieren, festmachen, anmachen, befestigen

**instand:** in Ordnung, gehend, funktionierend, laufend (Maschine, Motor) *instand halten: unterhalten, erhalten, pflegen, warten, schonen, umsorgen, schützen, betreuen, konservieren *instand setzen: reparieren, wiederherstellen, wiederherrichten, erneuern, restaurieren, renovieren

**Instinkt:** Trieb, Impuls, natürliche Regung *Spürsinn, Gespür, Scharfsinn, Gefühl, Spürnase, Organ, Empfindung, Witterung

**instinktiv:** unbewußt, intuitiv, gefühlsmäßig, emotional, emotionell, nachtwandlerisch, sicher *triebmäßig, instinktbedingt, instinktsicher

**insuffizient:** ungenügend, mangelhaft, schwach, ungeeignet, leistungsunfähig,

rieur, Außenseite *Rand *Verhalten, das Äußere, Benehmen *Fassade

**innerhalb:** außerhalb, draußen, außen (Raum) *außerhalb (Zeit)

**innerlich:** äußerlich *unempfindlich, unsentimental, rational *abgestumpft, stumpf(sinnig)

**innig:** oberflächlich, lose, unvollkommen (Beziehung) *herzlos, lieblos, unliebenswürdig *unbarmherzig, brutal, unmenschlich, kaltblütig, inhuman, herzlos, gnadenlos, grausam, verroht, schonungslos, mitleidlos, erbarmungslos, roh, unsozial

**inoffiziell:** offiziell, förmlich, amtlich

**Insel:** Festland *Halbinsel

**insgesamt:** teilweise, partiell *im einzelnen, einzeln

**insolvent:** solvent, zahlungsfähig, zahlungskräftig

**instabil:** stabil, beständig, fest(stehend), sicher, unveränderlich

**installieren:** abklemmen *(ab)trennen *entfernen

**instand:** kaputt, defekt, schadhaft, mangelhaft, entzwei *instand halten: vernachlässigen, verkommen / verwahrlosen / verwildern / verlottern / verschlampen lassen *instand setzen: zerstören, demolieren, zerbrechen, beschädigen, fallen lassen

**Instinkt:** Verstand, Wille, Geist, Intelligenz

**instinktiv:** verstandesmäßig, geplant, überlegt *willkürlich

**insuffizient:** suffizient, hinreichend, zulänglich

unvermögend, unzureichend, dürftig, unbefriedigend

**intakt:** unbeschädigt, in Ordnung, ganz, heil, unversehrt, unverletzt, wohlbehalten, einwandfrei, solide, rund, funktionierend

**integer:** redlich, charakterfest, makellos, rechtschaffen, ordentlich, achtbar, unbescholten, anständig, vertrauenswürdig, einwandfrei, untadelig, solide, ohne Makel, in Ordnung, unbestechlich

**Integration:** Eingliederung, Rückführung, Einverleibung, Rückgliederung, Eingemeindung

**integrieren:** zusammenfassen, zusammenschließen, eingliedern, einflechten, einfügen, einbetten, vereinigen, einpassen, vereinen, verbinden, einverleiben

**intelligent:** einsichtig, klug, gescheit, scharfsinnig, gelehrig, aufgeweckt, (vernunft)begabt, umsichtig, lernfähig, denkfähig, kombinationsfähig, verständig, geistreich, geistvoll

**Intelligenz:** Klugheit, Gelehrtheit, Gescheitheit, Weisheit, Scharfsinn, Schlauheit, gesunder Menschenverstand

**intensiv:** angestrengt, angespannt, konzentriert, mit größter Kraft / Anstrengung, gesammelt, aufmerksam, angeregt *stark, fest, heftig, ernsthaft, tief, umfassend, erschöpfend, groß, hochgradig, eindringlich, gründlich, nachdrücklich, durchdringend, nachhaltig

**intensivieren:** verstärken, steigern, erhöhen, erweitern, vertiefen, ausbauen, vorantreiben, ankurbeln, aktivieren, verdoppeln, vervielfachen

**interessant:** aufschlußreich, belehrend, vielsagend, wissenswert, informatorisch, informativ *außergewöhnlich, ungewöhnlich, ungeläufig, ausgefallen, erstaunlich, außerordentlich, überraschend, groß, entwaffnend *lohnend, rentabel, ertragreich, gewinnbringend, lukrativ, einträglich *anregend, unterhaltsam, ansprechend, beflügelnd, anziehend, reizvoll, attraktiv, einnehmend

**Interesse:** Aufmerksamkeit, Anteil (-nahme), Augenmerk, Beachtung, Beteiligung, Neugier, Gespanntheit,

**intakt:** kaputt, defekt, beschädigt, zerbrochen, schadhaft *gespannt, gestört (Verhältnis)

**integer:** unlauter, anstößig, tadelig, anrüchig (Persönlichkeit, Charakter)

**Integration:** Trennung, Auflösung *Ausschließung (Gemeinschaft)

**integrieren:** trennen, auflösen *ausschließen *nicht aufgenommen / anerkannt werden (Gemeinschaft)

**intelligent:** dumm, beschränkt, unintelligent, töricht, dümmlich, unbedarft, unerfahren, unverständig

**Intelligenz:** Dummheit, Torheit, Beschränktheit, Unbedarftheit, Unerfahrenheit

**intensiv:** oberflächlich, hastig, ungenau (Arbeit) *flüchtig, lose, oberflächlich (Beziehung) *extensiv (Landwirtschaft) *matt, dumpf, gering, schwach (Wirkung, Eindruck)

**intensivieren:** geringer werden, nachlassen, abschwächen

**interessant:** uninteressant, langweilig, stumpfsinnig, fade, einförmig, öde, einschläfernd, monoton, ermüdend, unwichtig, unwesentlich, unerheblich, nicht von Belang / Interesse *unrentabel, uninteressant, wertlos, nicht rentabel *abstoßend, häßlich, unattraktiv

**Interesse:** Desinteresse, Teilnahmslosigkeit, Gleichgültigkeit, Faulheit, Geistesträgheit, Stumpfsinn, Stumpf-

Achtsamkeit, Eifer *Lerneifer, Wissensdurst *Gewicht, Belang, Wert, Rang, Bedeutung, Wichtigkeit *Nutzen, Vorteil, Angelegenheiten, Belange *Neigung, Hang, Faible, Tendenz, Zuneigung, Zug, Sympathie
**intereselos:** gleichgültig, ohne Interesse, uninteressiert, unbeteiligt, teilnahmslos, leidenschaftslos, ungerührt, kühl, passiv, apathisch, nicht betroffen
**interessieren:** fesseln, in seinen Bann ziehen, anregen, jmdn. gewinnen für *s. **interessieren:** interessiert sein, s. interessiert zeigen, Beachtung schenken, teilnehmen, Wert legen auf
**interessiert:** erwartungsvoll, gespannt, begierig, fieberhaft, ungeduldig, mit verhaltenem Atem, in atemloser Spannung *geflissentlich, angelegentlich

**Interieur:** das Innere, Innenraum, Inneneinrichtung, Zubehör, Innenausstattung
**intern:** vertraulich, nicht öffentlich, inoffiziell, unter dem Siegel der Verschwiegenheit
**international:** zwischenstaatlich, überstaatlich, weltweit, staatenverbindend, weltumfassend, völkerumfassend, global, nicht national begrenzt
**internieren:** festnehmen, verhaften, gefangennehmen, gefangensetzen, einsperren, inhaftieren, ins Gefängnis stecken, arretieren, in Verwahrung / Haft / Gewahrsam nehmen, festsetzen, dingfest / unschädlich machen, festhalten, abführen, ergreifen, abholen, fangen, erwischen, fassen
**intim:** sehr genau, fundiert, sicher, begründet, verbürgt, zuverlässig, gesichert *innig, vertraut, eng, freundschaftlich, liiert, familiär, wohlbekannt, heimisch, gewohnt, tief, sehr nah, warm *persönlich, geheim, privat, verborgen, nicht für fremde Ohren bestimmt *heimelig, behaglich, traulich, gemütlich
**intolerant:** dogmatisch, unduldsam, engstirnig, starr, unaufgeschlossen, unflexibel, borniert, doktrinär, eng(herzig), voller Vorurteile, voreingenommen, parteiisch, befangen, einseitig
**Intoleranz:** Vorurteil, Voreingenommenheit, Parteilichkeit, Befangenheit, Einseitigkeit, Engstirnigkeit, Unduld-

heit, Denkfaulheit, Gedankenträgheit, Interesselosigkeit, Unempfindlichkeit, Trägheit, Uninteressiertheit, Indolenz, Indifferenz, Apathie, Lethargie

**intereselos:** interessiert, strebsam, eifrig, gespannt, begierig, fiebrig, fieberhaft, ungeduldig, erwartungsvoll, mit verhaltenem Atem
**interessieren:** langweilen, ermüden *s. **interessieren:** s. langweilen, (fast) einschlafen, ermüden, Langweile haben, keine Beachtung / Teilnahme zeigen

**interessiert:** uninteressiert, gelangweilt, gleichgültig, desinteressiert, interesselos, abwesend, ungerührt, teilnahmslos, wurstig, unberührt, stumpf, denkfaul
**Interieur:** Exterieur, das Äußere

**intern:** extern, auswärtig *öffentlich

**international:** national *einheimisch, inländisch

**internieren:** freilassen, laufenlassen, entlassen, herauslassen, in die Freiheit / auf freien Fuß setzen, freisetzen, freigeben, gehenlassen, die Freiheit schenken / wiedergeben

**intim:** oberflächlich, schwach, gering (Kenntnis) *öffentlich, offiziell *oberflächlich, lose, schwach, leicht, harmlos (Beziehung) *hell, geräumig, groß (Raum) *bekannt *oberflächlich

**intolerant:** tolerant, duldsam, aufgeschlossen, einsichtig, freizügig, weitherzig, nachsichtig, versöhnlich, verständnisvoll, verträglich

**Intoleranz:** Toleranz, Duldsamkeit, Aufgeschlossenheit, Einsichtigkeit, Freizügigkeit, Weitherzigkeit, Nach-

samkeit, Verblendung, Unversöhnlichkeit
**intravenös:** in die Vene (spritzen)

**introvertiert:** verschlossen, unzugänglich, zugeknöpft, nach innen gerichtet /
gekehrt / gewendet, schweigsam, verschwiegen, zurückhaltend, undurchdringlich
**intuitiv:** instinktiv, gefühlsmäßig,
nachtwandlerisch, unbewußt, eingege-
ben, spontan
**Invalide:** Körperbehinderter, Versehr-
ter, Schwerbeschädigter, Beschädig-
ter, Krüppel
**Invalidität:** Körperbehinderung, Behinderung, Berufsunfähigkeit, Ar-
beitsunfähigkeit
**invariabel:** unveränderlich, konstant,
festbleibend, fest(liegend), festgesetzt,
feststehend
**Invariante:** Invariable, unveränderliche / konstante Größe, Konstante
**investieren:** aufwenden, anlegen, verausgaben, ausgeben, zur Verfügung
stellen *aufbieten, anwenden, einsetzen, opfern, mobilisieren, daransetzen,
hineinstecken
**Investition:** Kapitalanlage, Geldanla-
ge, Investierung
**inwendig:** innen, im Innern, drinnen,
innerhalb, innerlich
**irdisch:** vergänglich, diesseitig, erdge-
bunden, eitel, weltlich, zeitgebunden,
begrenzt, profan, fleischlich, leiblich,
säkular
**irgendwann:** früher oder später, (irgend)einmal, eines Tages, über kurz
oder lang
**irgendwie:** gleichgültig wie, auf die eine
oder andere Weise, so oder so
**irgendwo:** gleichgültig / egal wo, an
irgendeinem Ort / Platz / irgendeiner
Stelle
**irr:** geistesgestört, geisteskrank, blöde,
blödsinnig, verblödet, unzurechnungsfähig, idiotisch, wahnsinnig, irrsinnig,
schwachsinnig, debil *unwahrscheinlich, sehr *enorm, groß(artig) *überhöht, wahnsinnig (Preis)
**irrational:** gefühlsbetont, emotional,
emotionell, affektiv, expressiv

**irreal:** traumhaft, vergeblich, aussichtslos, imaginär, unwirklich, unreali-

sichtigkeit, Versöhnlichkeit, Verständnis, Verträglichkeit
**intravenös:** subkutan, intraarteriell, in-
tramuskulär
**introvertiert:** extravertiert, aufgeschlossen, offen, empfänglich, geweckt, zugänglich, ansprechbar

**intuitiv:** verstandesmäßig *überlegt,
geplant

**Invalide:** Gesunder, Berufstätiger,
Dienstfähiger, Arbeitsfähiger

**Invalidität:** Gesundheit, Arbeitsfähig-
keit, Dienstfähigkeit, Berufsfähigkeit

**invariabel:** variabel, veränderlich, ab-
wandelbar, schwankend

**Invariante:** Variable, veränderliche
Größe
**investieren:** gewinnen, kassieren, herausholen, profitieren

**Investition:** Gewinn, Profit, Erlös, Ertrag, Reingewinn
**inwendig:** außen

**irdisch:** überirdisch *außerirdisch
*unirdisch

**irgendwann:** morgen *heute *um ...,
am ..., nächste(n)... *vor...

**irgendwie:** so, genauso, auf diese
Weise
**irgendwo:** in ... (Ort) *dort *da *nirgends, nirgendwo, an keinem Ort /
Platz, an keiner Stelle
**irr:** sinnvoll, sinnreich, sinnhaft *klar,
exakt, deutlich, eindeutig *vernünftig,
besonnen, erfahren *normal *niedrig,
gering (Geschwindigkeit, Hitze)

**irrational:** rational, vernünftig, vernunftmäßig *ganz, rational, berechenbar (Zahl)
**irreal:** real, wirklich *durchschaubar

stisch, wirklichkeitsfremd, eingebildet, phantastisch, illusorisch, hoffnungslos, utopisch

**Irrealität:** Unwirklichkeit, Phantasie, Illusion, Hoffnungslosigkeit, Utopie, Trugbild, Einbildung, Wunschtraum, Luftschloß, leerer Dunst, Hirngespinst, Gaukelei, Spekulation

**Irrealität:** Realität, Wirklichkeit, Tatsache

**irreduktibel:** irreduzibel, unwiederherstellbar, nicht ableitbar, nicht zurückführbar

**irreduktibel:** (zu)rückführbar, ableitbar, bestimmbar, erklärbar, begründet, reduzibel

**irreführen:** täuschen, hereinlegen, (be)trügen, belügen, beschwindeln, mogeln

**irreführen:** hinführen *fördern, unterstützen, helfen *angeben, darlegen, hinweisen, nennen, gestehen, aussagen

**irregulär:** regelwidrig, unüblich, außerplanmäßig, anormal, atypisch, unregelmäßig, abnorm

**irregulär:** regulär, gesetzmäßig, regelgemäß, regelmäßig

**Irregularität:** Regelverstoß, Abweichung, Sonderfall, Ungleichheit, Divergenz, Variante, Mißverhältnis, Ausnahme, Regelwidrigkeit, Unterschiedlichkeit, Diskrepanz

**Irregularität:** Norm, Gesetz(mäßigkeit), Faustregel, Leitlinie, Richtlinie, Leitschnur, Regel(mäßigkeit), Regularität, Prinzip

**irrelevant:** unwichtig, unbedeutend, unbedeutsam, unwesentlich

**irrelevant:** relevant, wesentlich, (ge-)wichtig, bedeutungsvoll, belangvoll, bedeutsam

**irren (s.):** s. verrechnen / verkalkulieren / versehen / täuschen, fehlschlagen, fehlgehen

**irren (s.):** recht haben *erkennen, einsehen *s. verbessern / korrigieren

**irreparabel:** irreversibel, nicht umkehrbar, nicht wiedergutzumachen, unwiederherstellbar

**irreparabel:** reparabel, wiederherstellbar

**irrig:** falsch, regelwidrig, inkorrekt, irrtümlich, unrecht, fehlerhaft, unzutreffend, verkehrt, widersinnig

**irrig:** wahr, triftig, richtig, zutreffend

**Irrlehre:** Ketzerei, Irrglaube, Abweichung, Sektenbildung, Abspaltung *Abweichlertum

**Irrlehre:** Dogma, Grundsatz, Lehrmeinung *Glaube, Evangelium, Glaubenssatz, Katechismus

**Irrtum:** Fehler, Versehen, Fehlurteil, Verrechnung, Verkennung, Täuschung, Denkfehler, Lapsus, Trugschluß, Mißgriff, Fehleinschätzung

**Irrtum:** Recht *Wahrheit, Erkenntnis *Erfolg

**Isolation:** Einsamkeit, Zurückgezogenheit, Vereinsamung, Kontaktarmut, Einsiedlerleben, Abkapselung, Menschenscheu, Beziehungslosigkeit

**Isolation:** Kontakt, Verbindung, Kommunikation, Anschluß, Berührung, Fühlungnahme, Annäherung, Brückenschlag

**isolieren:** (aus)sondern, absondern, entfernen, eliminieren, verbannen, ausschließen, abspalten, ausstoßen *abdichten, (ab)dämmen *s. isolieren: s. abkapseln / absondern / einsperren / abschließen / zurückziehen / einigeln

**isolieren:** einbeziehen, beteiligen, akzeptieren *zusammenlegen (Kranke) *leiten (Elektrizität) *durchlässig machen / lassen, hinauslassen, hineinlassen, hereinlassen, herauslassen (Kälte, Wärme, Feuchtigkeit) *s. isolieren: s. beteiligen / anschließen, mitmachen, mitfeiern

# J

**ja:** bestimmt, gewiß, selbstverständlich, auf jeden Fall, freilich, einverstanden, sehr wohl, gut, jedenfalls, natürlich, aber ja, jawohl *überdies, zugleich, darüber hinaus, auch, mehr noch, dazu, sogar, geradezu, selbst *doch, eben, (nun) einmal, einfach *auf keinen Fall, bloß (nicht), nur (nicht)

**ja:** nein, nicht, keinesfalls, keineswegs, nie(mals), unmöglich, unter keinen Umständen, auf keinen Fall *vielleicht, eventuell, möglich, denkbar

**jäh:** ruckartig, überstürzt, stürmisch, plötzlich, unerwartet, unversehens, schlagartig, abrupt, zufällig, blitzartig, unvermutet, ungeahnt, unverhofft, jählings, überraschend, unvorhergesehen, (blitz)schnell, unvermittelt, übergangslos *steil, abschüssig, schroff, abfallend, absteigend, schräg

**jäh:** sanft, langsam, flach (Abgrund, Abfall, Anstieg) *nach und nach, sukzessiv(e), allmählich, langsam (Zeit) *nach der Reihe *schleichend, langsam, allmählich (Ende, Krankheit, Veränderung)

**jähzornig:** aufbrausend, wütend, rasend, hitzig, reizbar, cholerisch, explosiv, wild, ungezügelt, hysterisch, unbeherrscht, erregbar, aufschäumend

**jähzornig:** sanftmütig, gütig, herzensgut, warmherzig, gut(herzig), gutmütig *ruhig, gelassen, besonnen, abgeklärt, gleichmütig, seelenruhig, gefaßt *freundlich, zuvorkommend, nett, verbindlich, entgegenkommend, froh

**Jammer:** Gejammer, Klagen, Lamento, Lamentation, Wehgeschrei, Wehklagen *Elend, zu beklagender Zustand, Not, Armut, Primitivität

**Jammer:** Freude, Glück, Seligkeit, Wonne *Überfluß, Reichtum

**jämmerlich:** kläglich, (herz)ergreifend, (herz)zerreißend, jammervoll, bedauerlich, herzbewegend, beklagenswert, bedauernswert *elend, ärmlich, primitiv

**jämmerlich:** glücklich, freudig *großartig, prächtig, prachtvoll *viel

**jammern:** weinen, lamentieren, wimmern, stöhnen, schluchzen, quäken, winseln, (weh)klagen *betrauern, trauern über / um, beklagen, beweinen, untröstlich sein

**jammern:** jubeln, s. freuen / amüsieren / aufheitern / belustigen / erheitern, genießen *s. zusammennehmen / zurückhalten / beherrschen / (selbst) besiegen, an s. halten, (er)dulden, einstecken, überwinden, verwinden

**jauchzen:** jubeln, frohlocken, juchzen, triumphieren, glücklich sein, strahlen, Freudenschreie ausstoßen

**jauchzen:** schluchzen, (aus)weinen, (aus)heulen, trauern, plärren

**Jawort:** Billigung, Einverständnis, Zustimmung, Einwilligung, Zusage

**Jawort:** Nein *Veto *Ablehnung, Abweis(ung), Absage, Versagung, Verweigerung, Zurückweisung

**je:** irgendwann, jemals *pro, jeweils, à, jedesmal, von jedem

**je:** nie(mals)

**jedenfalls:** auf jeden Fall, schließlich, immerhin, wie auch immer, jedoch, allerdings, in jedem Fall, freilich, wenigstens

**jedenfalls:** keinesfalls, auf (gar) keinen Fall, unter keinen Umständen, nie(-mals), keineswegs

**jeder:** alle, vollzählig, ausnahmslos, sämtliche, allesamt, Mann für Mann, jedermann, geschlossen, alle möglichen, samt und sonders, ohne Ausnahme, alle Welt, total, gesamt, reich und arm, jeglicher, allerseits, jedweder

**jederzeit:** dauernd, immer(zu), fortwährend, ewig, stets, jedesmal, fortdauernd, anhaltend, ununterbrochen, allzeit, permanent, konstant, allemal, unausgesetzt, fortgesetzt, unaufhaltsam, unentwegt, pausenlos, endlos, ohne Unterbrechung / Pause / Ende / Unterlaß

**jedesmal:** in jedem Fall, immer wenn *jederzeit, dauernd, immer(zu), fortwährend, ewig, stets, fortdauernd, anhaltend, ununterbrochen, allzeit, permanent, konstant, allemal, unausgesetzt, fortgesetzt, unaufhaltsam, unentwegt, pausenlos, endlos, ohne Unterbrechung / Pause / Ende / Unterlaß

**jemals:** irgendwann, je, überhaupt einmal

**jemand:** irgend jemand, eine Person, sonst einer, irgendwer, irgendeiner

**jener:** derjenige, der dort / da, dieser

**jenseits:** gegenüber, entgegengesetzt, auf der anderen Seite, am anderen Ufer / Ende, drüben

**Jenseits:** ewige Seligkeit, Paradies, Himmelreich, Ewigkeit, Gottesreich

**jetzig:** momentan, aktuell, gegenwärtig, heutig, gegeben, derzeitig

**jetzt:** augenblicklich, nun, im Moment / Augenblick, gerade (eben), just(ament), heute, aktuell, zur Stunde / Zeit, momentan, (so)eben

**Jubel:** Freude, Begeisterung, Gejubel, Jauchzen, Gejauchze, Frohlocken, Freudentaumel, Enthusiasmus, Freudenausbruch, Freudengeheul, Freudensturm

**jubeln:** frohlocken, jauchzen, juchzen, triumphieren, glücklich sein, strahlen, Freudenschreie ausstoßen

**jeder:** keiner, niemand *einer *dieser und jener, mancher *einzelne, (nur) ein paar / einige

**jederzeit:** manchmal, ab und zu, gelegentlich, von Zeit zu Zeit, ab und an, dann und wann, zuweilen, vereinzelt, bisweilen, zuzeiten, hie und da, ein oder das andere Mal, mitunter *nie (-mals)

**jedesmal:** nie(mals) *manchmal, sporadisch, gelegentlich, ab und zu, hie und da, ab und an, von Zeit zu Zeit, hin und wieder, zuzeiten, vereinzelt, dann und wann *ein paarmal, einige Male

**jemals:** nie(mals)

**jemand:** keiner, keine Seele, (gar) niemand, überhaupt niemand, kein Mensch

**jene(r, s):** diese(r, s)

**jenseits:** diesseits, auf dieser Seite, herüben, hüben *beiderseits

**Jenseits:** Diesseits, Erde, Welt

**jetzig:** alt, früher, ehemalig, einstig, einstmalig, damalig, vergangen, vorige, verflossen, letzte *(zu)künftig, bald, in Bälde / Kürze, nahe, nächstens, in absehbarer Zeit

**jetzt:** einst(ig), damals, ehedem, früher, sonst, vordem, vormals, ehemals, vor kurzem, ehedem *später, nachher, (zu)künftig, bald, in Bälde / Kürze, in absehbarer Zeit, (über)morgen, am ..., in ... Stunden / Tagen / Wochen / Monaten *nie(mals)

**Jubel:** Gewimmer, Seufzer, Geheul, Klage, Jammer *Ablehnung, Protest, Abneigung, Abscheu, Widerwille, Haß, Feindseligkeit, Feindschaft, Ekel, Antipathie, Abgeneigtheit, Ungeneigtheit

**jubeln:** wimmern, seufzen, heulen, trauern, klagen, jammern, schluchzen *ablehnen, verschmähen, versagen, protestieren

**Judikative:** rechtsprechende / richterliche Gewalt

**Jugend:** Jugendalter, Jugendzeit, Blütezeit, Reifejahre, Entwicklungsjahre, Adoleszenz
**jugendlich:** jung, blühend, halbwüchsig, heranwachsend, jungenhaft, knabenhaft, lausbübisch, mädchenhaft, unreif, unmündig, unerfahren, unentwickelt

**Jugendlicher:** Backfisch, Halbwüchsiger, Jüngling, Teenager, Bursche, Fräulein, junger Kerl / Mann / Herr, junge Dame / Frau
**jung:** klein, heranwachsend, kindlich, unreif, unerfahren, unfertig, halbwüchsig, knabenhaft, mädchenhaft, zart, zierlich, minderjährig ***jung bleiben:** s. jung / jugendlich erhalten

**Junge:** Knabe, Bengel, Knirps, Kerl, Wicht, Dreikäsehoch, Jüngling, Sohn, Bub, der Kleine, Kind
**Jungfrau:** Mädchen, Fräulein, Jungfer

**jungfräulich:** unbefleckt, unschuldig, unverdorben, keusch, rein, unberührt *unentdeckt, unerschlossen, unerforscht, unbetreten (Land)
**Junggeselle:** Alleinstehender, Single, Unverheirateter, Hagestolz, Einspänner
**jüngst:** kürzlich, letztens, letzthin, eben erst noch, neulich, vor kurzer / in jüngster Zeit, vor einer Weile, vorhin, unlängst
**Jüngster:** Benjamin, Kleinste(r), Nesthäkchen, Küken

**Junior:** Sohn, Juniorchef, der Jüngere

**Judikative:** Exekutive, ausführende Gewalt *Legislative, gesetzgebende Gewalt
**Jugend:** Alter, Bejahrtheit, Lebensabend, Greisenalter *ältere Generation, die Alten / Erwachsenen *Kind
**jugendlich:** alt, abgeklärt, abgelebt, ehrwürdig, grauhaarig, verbraucht, vergrämt, senil, verkalkt, greisenhaft, verlebt, weise, weißhaarig, bejahrt, betagt, grauköpfig *erwachsen, ausgereift, gereift, groß, mündig, reif, selbständig
**Jugendlicher:** Kleinkind, Kind, Baby *Erwachsener, ausgewachsener / erwachsener Mensch *Ältere, Ahnen, Graukopf, Graubart, Greis(in)
**jung:** alt *erwachsen, (aus)gereift, groß, mündig, reif, selbständig, geschlechtsreif *grau, bejahrt, steinalt, uralt, weißhaarig *verbraucht, abgelebt, abgewirtschaftet, vergrämt, verlebt ***jung bleiben:** altern, grauen, alt werden
**Junge:** Mädchen *Mann *Erwachsener *die Alte (Tier)

**Jungfrau:** Ehefrau, Verheiratete *Junggeselle
**jungfräulich:** verheiratet *erfahren, eingeweiht *entjungfert

**Junggeselle:** Ehemann, Verheirateter *Jungfrau

**jüngst:** vor (sehr) langer Zeit, vor langem, fern (Vergangenheit) *einst, (zu-)künftig, demnächst

**Jüngste(r):** Älteste(r), Erstgeborene(r), Erstgeburt, Größte(r) *Hoferbe, Thronerbe
**Junior:** Senior(chef)

# K

**kahl:** unbewachsen, versteppt, baumlos *glatzköpfig, haarlos, kahlköpfig *leer, frei, entblößt *entblättert, entlaubt *unbehaglich, ungemütlich, kalt, unwohnlich

**kalt:** frisch, eisig, ausgekühlt, abgekühlt, kühl, winterlich, frostig, frostklirrend, eis(ig)kalt, unterkühlt, bitterkalt *erbarmungslos, eisig, gefühlskalt, gefühlsarm, herzlos, hartherzig, abgestumpft, gemütsarm, gefühllos, mitleidlos, unzugänglich, lieblos, seelenlos, gleichgültig, roh, unbarmherzig, unsozial, verroht, schonungslos, brutal, inhuman, ungesittet, unnachsichtig, unnachgiebig, kompromißlos, streng, fest, hart, barbarisch, unmenschlich, kaltblütig, grausam, gnadenlos *lieblos, unfreundlich, unzugänglich, leidenschaftslos, seelenlos, mitleidlos

**kaltbleiben:** ruhig / unberührt / kaltblütig / beherrscht bleiben

**kaltblütig:** erbarmungslos, eisig, gefühlskalt, gefühlsarm, herzlos, hartherzig, abgestumpft, gemütsarm, gefühllos, mitleidlos, unzugänglich, lieblos, seelenlos, gleichgültig, roh, unbarmherzig, unsozial, verroht, schonungslos, brutal, inhuman, ungesittet, unnachsichtig, unnachgiebig, kompromißlos, streng, fest, hart, barbarisch, unmenschlich, grausam, gnadenlos *ruhig, beherrscht, gefaßt, sicher, abgeklärt, bedacht(sam), besonnen, gezügelt, gemessen, überlegen

**Kälte:** Erbarmungslosigkeit, Unbarmherzigkeit, Schonungslosigkeit, Unmenschlichkeit, Gnadenlosigkeit, Brutalität, Roheit, Gefühlsroheit, Härte, Gefühlskälte, Herzensverhärtung, Lieblosigkeit, Mitleidlosigkeit, Kaltherzigkeit *Kühle, Bodenfrost, Nachtfrost, Frost, Frische, niedrige Temperatur, kalte Jahreszeit *Ungerührtheit, Steifheit, Frostigkeit

**kaltlassen:** s. nicht anfechten lassen, Abstand bewahren, an jmdm. abpral-

**kahl:** behaart, haarig *geschmückt, behangen (Wand) *wohnlich, behaglich, gemütlich, warm, heimelig (Zimmer) *bewachsen, belaubt, grün (Baum)

**kalt:** warm, heiß, lau(warm), lind, durchwärmt, mild, schön, freundlich, mollig, sommerlich, schwül, sonnig, überschlagen, glühend heiß (Wetter) *heiß, (lau)warm, aufgewärmt, dampfend (Essen) *warm, leuchtend, hell, angenehm (Farben, Licht) *wohnlich, behaglich, gemütlich (Zimmer) *herzlich, glühend, warm, temperamentvoll, entgegenkommend, empfindend, fühlend, gefühlvoll, beseelt (Gefühl) *bewegt, beeindruckt, erschüttert, bestürzt, beeinflußt *entgegenkommend, freundlich, großmütig, gutgesinnt, leutselig, nett, wohlwollend, wohlgesinnt *gleichgültig, teilnahmslos, wurstig, unberührt

**kaltbleiben:** s. aufregen / erschrecken / entsetzen / erregen, nervös / kribb(e)lig / unruhig werden

**kaltblütig:** warmblütig (Tier) *bewegt, beeindruckt, betroffen, fassungslos, erschrocken, erschüttert, bestürzt, verwirrt, sprachlos, perplex, wortlos *ängstlich, angstvoll, zag(haft), scheu, gehemmt, beklommen, aufgeregt, bang, deprimiert *feige, hasenherzig, kleinmütig, memmenhaft, mutlos

**Kälte:** Hitze, Bruthitze, Glut(hitze), Wärme (Wetter) *Nächstenliebe, Menschlichkeit, Menschenliebe, Menschenfreundlichkeit *Begeisterung, Rührung, Herzlichkeit *Leidenschaft, Lebhaftigkeit, Temperament, Elan, Feuer, Munterkeit, Vitalität, Schwung, Hitze

**kaltlassen:** (s.) beunruhigen / erregen / aufregen / beleben, ergreifen, reizen,

len / vorbeigehen, jmdn. unbeeindruckt / unberührt / gleichgültig lassen, nicht beeindrucken / tangieren / (be)rühren

**kaltschnäuzig:** unbewegt, schonungslos, kaltlächelnd, unbewegt, ungerührt, herzlos, frech, rücksichtslos, unbeeindruckt, mitleidlos, erbarmungslos

**kameradschaftlich:** freundschaftlich, partnerschaftlich, gefällig, brüderlich, in aller Freundschaft, als Freund *entgegenkommend, freundlich, liebenswürdig, nett, anständig, wohlmeinend, wohlgesinnt, hilfsbereit, huldreich, gutgesinnt, verbindlich, leutselig, wohlwollend, huldvoll, zuvorkommend, gefällig, aufmerksam, beflissen, kulant, großzügig, großmütig, konziliant, höflich, dienstwillig, bereitwillig, liebenswürdig, verbindlich

**kämmen:** durchkämmen, das Haar ordnen, die Haare machen, frisieren, s. die Frisur / Haare richten, bürsten

**Kampf:** Krieg, Waffengang, Schlacht, Gefecht, Streit, Auseinandersetzung, kriegerische Handlungen, Fehde *Konkurrenz, Gegnerschaft, Wettstreit, Rivalität, Wetteifer *Streben, Eintreten, Engagement, Einsatz, Tauziehen, Bemühen, Hin und Her, Mühe *Behauptung, Abwehr, Bekämpfung, Widerstand

**kämpfen:** streiten, schießen, s. messen mit, Kugeln wechseln, Krieg führen, s. schlagen, Blut vergießen

**Kämpfer:** Krieger, Fechter, Waffenträger, Soldat *Verteidiger, Verfechter, Streiter, Pionier, Avantgardist, Schrittmacher, Vorkämpfer

**kämpferisch:** streitbar, furios, angriffslustig, herausfordernd, hitzig, händelsüchtig, zanksüchtig, leidenschaftlich, streitsüchtig, kampfesfreudig, kampfbereit, kampflustig, aggressiv, zänkisch, provokant, militant, couragiert, draufgängerisch, beherzt, engagiert, unverzagt, eifernd, (wage)mutig

**kampffähig:** bereit, aggressiv *kampf-

rühren *aufbrausen, auffahren, rasen, wüten *bangen, s. grämen / sorgen *anwidern, erschrecken, entsetzen *begeistern, hinreißen, mitreißen, beeindrucken, berauschen, fesseln, entflammen, entzücken, in Begeisterung versetzen, bezaubern, erfreuen

**kaltschnäuzig:** freundlich, gutgesinnt, verbindlich, entgegenkommend, nett, zuvorkommend

**kameradschaftlich:** unkameradschaftlich, kühl, dickköpfig, dickschädelig, kratzbürstig *rücksichtslos, entmenscht, gnadenlos, herzlos, kalt, lieblos, skrupellos, unmenschlich, unbarmherzig, gewissenlos *kaltschnäuzig *arrogant, anmaßend, eingebildet, hochnäsig, stolz, überheblich *gleichgültig, wurstig, teilnahmslos, uninteressiert, desinteressiert

**kämmen:** verwirren, (zer)zausen *durchfahren, glatt streichen

**Kampf:** Frieden(szeit), Friedenszustand, Eintracht *Kampfpause, Waffenruhe *Niederlage, Mißerfolg *Sieg, Gewinn, Erfolg, Triumph

**kämpfen:** aufgeben, s. ergeben *unterliegen *siegen, triumphieren, gewinnen *(Kampf) einstellen *friedlich / friedvoll / friedfertig sein

**Kämpfer:** Mitläufer, Angsthase

**kämpferisch:** ängstlich, angstbebend, angstvoll, bang, zag(haft), verängstigt, gehemmt, schreckhaft, schüchtern, scheu, besorgt, beklommen *duldsam, niedergeschlagen, deprimiert, entmutigt, gebrochen, gedrückt, kleinmütig, lebensmüde, verzagt, verzweifelt, resigniert *bedächtig, bedacht, vorsichtig, behutsam, ruhig, wachsam, umsichtig, sorgfältig, besonnen *feige

**kampffähig:** kampfunfähig, unter-

bereit, kampfentschlossen, abwehrbereit, waffenstarrend, angriffsbereit, aufgerüstet, bewaffnet, gewappnet, gepanzert, kriegslüstern, gerüstet
**kampfunfähig:** unterjocht, überwunden, unterworfen, vernichtet, bezwungen, überwältigt, ruiniert, aufgerieben, fertiggemacht *k. o., ausgezählt

**Kandidat:** Postulant, Antragsteller, Anwärter, Aspirant, Bittsteller, Bewerber, Exspektant *Absolvent, Prüfling, Examenskandidat, Examinand
**kannibalisch:** erbarmungslos, eisig, gefühlskalt, gefühlsarm, herzlos, hartherzig, abgestumpft, gemütsarm, gefühllos, mitleidlos, unzugänglich, lieblos, seelenlos, gleichgültig, roh, unbarmherzig, unsozial, verroht, schonungslos, brutal, inhuman, ungesittet, unnachsichtig, unnachgiebig, kompromißlos, streng, fest, hart, barbarisch, unmenschlich, kaltblütig, grausam, gnadenlos
**kantig:** scharf, spitz, eckig

**Kapelle:** Bethaus, kleine Kirche *Band, Orchester, Truppe, Ensemble
**Kapitalismus:** Feudalkapitalismus, Großkapitalismus, Monopolkapitalismus, Frühkapitalismus, Spätkapitalismus
**Kapitalist:** Finanzmann, Bankier, Geldmann, Geldmagnat, Besitzender, Finanzier, reicher Mann, Fabrikant, Unternehmer, Krösus, Finanzgröße
**kapitalistisch:** den Kapitalismus betreffend / entsprechend
**kapitulieren:** aufgeben, s. beugen / geschlagen geben / ergeben, passen, zurückstecken, die Waffen niederlegen / strecken
**kaputt:** defekt, beschädigt, schadhaft, angehauen, ramponiert, angeschlagen, abgestoßen, lädiert, angeknackst, angestoßen, fehlerhaft, lückenhaft, morsch, brüchig, entzwei, mitgenommen, baufällig
**kaputtgehen:** zerspringen, zerschellen, zerplatzen, zerbrechen, zersplittern, zusammenfallen, abreißen, einreißen, einstürzen, einfallen
**kaputtmachen:** zerstören, zerrütten, zerschmettern, untergraben, un-

jocht, überwunden, unterworfen, vernichtet, bezwungen, überwältigt, ruiniert, aufgerieben, fertiggemacht *k.o., ausgezählt (Boxsport)
**kampfunfähig:** kampffähig, bereit, aggressiv *kampfbereit, abwehrbereit, kampfentschlossen, waffenstarrend, angriffsbereit, (auf)gerüstet, bewaffnet, gewappnet, gepanzert, kriegslüstern
**Kandidat:** Prüfer, Kommission *Wähler, Stimmvolk, Wahlvolk, Wählerschaft

**kannibalisch:** menschenwürdig, menschlich, angemessen, sozial, menschenfreundlich, mitmenschlich (Behandlung) *humanitär, menschlich, philanthropisch, mitfühlend, wohltätig, wohlwollend, gütig, freundlich *zivilisiert, kultiviert

**kantig:** abgeschliffen, abgerundet, rund
**Kapelle:** Kirche, Basilika, Dom(kirche), Münster *Solist, Solomusiker
**Kapitalismus:** Kommunismus

**Kapitalist:** Kommunist *Normalbürger *Armer

**kapitalistisch:** kommunistisch

**kapitulieren:** standhalten, aushalten, weiterkämpfen *siegen, triumphieren, gewinnen *fliehen, weglaufen, flüchten

**kaputt:** unversehrt, unverletzt, intakt, heil, ganz, unbeschädigt, in Ordnung *repariert, instand (gesetzt), saniert, renoviert

**kaputtgehen:** heil bleiben, (aus)halten, ertragen, standhalten (Material)

**kaputtmachen:** reparieren, instand setzen *heil / unversehrt / intakt / ganz /

brauchbar machen, demolieren, verheeren, zerschlagen, zertreten, zertrümmern, entzweischlagen, zerdrükken, zerhauen, einschlagen, destruieren, zerreißen, zerhauen, zugrunde richten, verwüsten *herunterwirtschaften

**Kardinalzahl:** Grundzahl

**karg:** trocken, unfruchtbar, ertragsarm, unergiebig *einfach, bescheiden, dürftig, gering, knapp, kümmerlich, sparsam, spärlich, mager, jämmerlich *dünn, schmächtig

**Karosserie:** Wagenoberbau, Wagenaufbau

**kassieren:** einstreichen, vereinnahmen, einkassieren, einnehmen, eintreiben, einsammeln *zurückziehen, annullieren, auflösen, einstellen, abschaffen, aufheben, abstellen, streichen, rückgängig machen

**Kassierer:** Eintreiber, Einzieher, Kassenwart, Kassenverwalter

**katastrophal:** furchtbar, entsetzlich, grauenerregend, gräßlich, grauenvoll, grauenhaft, schaurig, unheimlich, gespenstig, schauerlich, verheerend, horrend, fürchterlich, schrecklich, grausig, greulich, (be)ängstigend, schau(d)ervoll *sehr schlecht, miserabel

**Katastrophe:** Desaster, Unglücks(fall), Verderben, Unheil, Verhängnis, Not(-lage), Heimsuchung, Geißel, Plage, Prüfung, Bürde, Last, Mißgeschick, Schreckensnachricht, Schicksalsschlag, Tragödie, Drama, Trauerspiel

**kategorisch:** entschieden, ausdrücklich, unbedingt geltend / gültig, nachdrücklich, keinen Widerspruch zulassend / duldend, behauptend

**Kathedrale:** Münster, Dom(kirche), bischöfliche Hauptkirche

**Kat(h)ode:** Minuspol, negative Elektrode

**katzbuckeln:** kriechen, herumschwänzeln um, s. einschmeicheln / unterwürfig zeigen, radfahren, (liebe)dienern, schöntun, schönreden

**kauern:** (zusammengekrümmt) dasitzen / dahocken

**Kauf:** Erledigung, Besorgung, Abnahme, Anschaffung, Einkauf, Erwerb, Ankauf

unbeschädigt lassen

**Kardinalzahl:** Ordinalzahl, Ordnungszahl

**karg:** üppig, viel, genug, nicht wenig, ausreichend, auskömmlich *fruchtbar, ergiebig, ertragreich, nährstoffreich (Boden) *geil (Boden, Pflanzentrieb) *völlerisch, schwelgerisch, (über-)reichlich, prasserisch (Mahlzeit)

**Karosserie:** Fahrgestell

**kassieren:** (ein)zahlen, bezahlen (Geld) *aussprechen, bestätigen (Urteil)

**Kassierer:** Kassiererin *Einzahler *Kunde

**katastrophal:** geordnet, ordentlich (Zustände) *reichlich, genug, ausreichend *gering, erträglich *gut, ansehnlich, außerordentlich, beachtlich, stattlich (Ernte) *günstig, glücklich *gesittet, sittsam, streng

**Katastrophe:** Ordnung, Geordnetsein *Glück(sfall)

**kategorisch:** unentschieden *mild, gering, gerecht (Strafe) *möglich, angenommen, vermutet, vermutlich, hypothetisch

**Kathedrale:** Kapelle, Kirche

**Kat(h)ode:** Anode, Pluspol, positive Elektrode

**katzbuckeln:** auftrumpfen, s. wehren / verteidigen, zurückgeben, zurückschlagen

**kauern:** s. (aus)strecken / recken *s. breitmachen / ausbreiten

**Kauf:** Verkauf, Veräußerung *Erbe *Schenkung

**kaufen:** beziehen, ersteigern, übernehmen, erstehen, anschaffen, besorgen, erwerben, s. versorgen / eindecken mit, einen Kauf tätigen, Einkäufe / Besorgungen / Shopping machen

**Käufer:** Auftraggeber, Interessent, Abnehmer, Kunde, Kundschaft, Verbraucher, Konsument

**käuflich:** feil, erwerbbar, lieferbar, vorhanden, zu haben, auf Lager, vorrätig, erhältlich *bestechlich, korrupt, bestechbar, zugänglich, empfänglich, verführbar

**kaum:** schwerlich, vermutlich / wahrscheinlich / wohl nicht *zur Stunde, im Augenblick / Moment, (so)eben, gerade *knapp, vereinzelt, so gut wie nie, ab und zu, wenig, gerade noch, fast nichts, unmerklich *schlecht und recht, nur mit Mühe, beinahe, fast nicht

**keck:** munter, kühn, unverfroren, vorlaut, selbstsicher, (toll)dreist, ungeniert, unbefangen, forsch, beherzt

**keimen:** knospen, s. entwickeln / heranbilden / auftun / entfalten, aufkeimen, sprießen, werden, wachsen, sprossen, (aus)treiben, zu wachsen / blühen beginnen, zum Vorschein kommen, hervorbrechen, grün werden, grünen

**keimfrei:** sterilisiert, steril, aseptisch, antiseptisch

**kein:** nicht ein, nicht irgendein *niemand, keiner

**keinesfalls:** auf keinen Fall, mitnichten, unter keinen Umständen, niemals, keineswegs, gewiß / sicher / bestimmt nicht

**kennen:** wissen, Kenntnis haben von, s. zurechtfinden / auskennen, informiert / orientiert / unterrichtet sein, Bescheid wissen

**kenntlich:** sichtbar, erkennbar, wahrnehmbar, ersichtlich

**Kenntnis:** Einblick, Wissen, Praxis, Überblick, Know-how, Verständnis, Vertrautheit

**kenntnisarm:** unwissend, ungebildet, bildungsbedürftig, unbelesen, ungeschult, unkundig, nicht unterrichtet, unerfahren, uneingeweiht, unaufgeklärt

**kenntnisreich:** wissend, allwissend,

**kaufen:** verkaufen, abstoßen, veräußern, anbieten, ausverkaufen, feilbieten, verschleudern, vertreiben *ausschreiben *mieten, leasen, borgen, leihen, pachten *verschenken, herschenken *geschenkt bekommen *erben

**Käufer:** Verkäufer *Verkäuferin

**käuflich:** unverkäuflich *treu, gewissenhaft, hart, unbestechlich, ehrenhaft (Mensch)

**kaum:** oft, häufig, meist(ens), zumeist *sicher, wahrscheinlich, vermutlich *ziemlich, äußerst, sehr

**keck:** schüchtern, zag(haft), verzagt, ängstlich, bang, scheu, gehemmt, verschüchtert, feige

**keimen:** eingehen, zugrunde gehen, verkommen, verdorren, verkümmern, nicht anwachsen (Pflanze) *begraben, aufgeben (Hoffnung)

**keimfrei:** infiziert, angesteckt, septisch

**kein:** viel, eine Menge *viele, unzählbar, unzählig, zahllos, ungezählt *jemand, ein(e,r) *jeder, alle (zusammen)

**keinesfalls:** sicher, gewiß, auf jeden Fall, unter allen Umständen, jedenfalls, unweigerlich, unbedingt

**kennen:** nicht kennen *verdrängen *ignorieren, verleugnen

**kenntlich:** unkenntlich, verschwommen, schemenhaft, unklar, unscharf, ungenau

**Kenntnis:** Unkenntnis, Mangel, Unwissen(heit), Unerfahrenheit

**kenntnisarm:** kenntnisreich, wissend, allwissend, (wohl)informiert, gut unterrichtet, aufgeklärt, weise, belesen, eingeweiht, erfahren

**kenntnisreich:** unwissend, ungebildet,

wohl informiert, gut unterrichtet, aufgeklärt, weise

**Kerl:** (ganzer / richtiger) Mann, Held

**kerngesund:** nicht krank, blühend, wohl(auf) *intakt, heil, unverletzt, unversehrt *gesundheitsfördernd, nahrhaft, bekömmlich, kräftigend, zuträglich, aufbauend
**kernig:** kräftig, robust, stramm, stark, kraftvoll, urwüchsig, markig, stählern, sportlich
**kerzengerade:** gerade, aufrecht, stocksteif

**keß:** frech, selbstsicher, unverfroren, ungeniert, draufgängerisch, keck, forsch, dreist, kühn, mutig

**Kettenraucher:** Nikotinsüchtiger, Nikotinabhängiger
**keusch:** rein, jungfräulich, unverdorben, unbefleckt, unberührt, sittsam, enthaltsam, züchtig, unschuldig *anständig, gesittet, brav *zölibatär

**Kind:** Nachwuchs, Nachkomme, Abkömmling, Erbe, Sproß, Sprößling, Nachfahr
**kinderleicht:** leicht, (sehr) einfach, spielend, bequem, problemlos, unkompliziert, unschwer, simpel, unproblematisch, nicht schwierig
**kinderreich:** viele Kinder habend
**Kindheit:** Kindesalter, Kinderjahre, Jugend, Kinderzeit
**kindisch:** infantil, lachhaft, dumm, albern, einfältig, blöd, töricht, närrisch, lächerlich
**kindlich:** naiv, kindhaft, unentwickelt, ahnungslos, kindisch, unreif, infantil, unmündig, unfertig, jung
**kippen:** ausgießen, ausleeren, (her-)ausschütten, entleeren *schräg (hin-)stellen *umsinken, umschlagen, umkippen, umfallen
**kitschig:** abgeschmackt, geschmacklos, schnulzig, sentimental, schmalzig, überladen, süßlich

bildungsbedürftig, unbelesen, ungeschult, unkundig, nicht unterrichtet, unerfahren, uneingeweiht, unaufgeklärt
**Kerl:** Feigling, Schwächling, Drückeberger, Hasenfuß, Hasenherz, Duckmäuser, Angsthase
**kerngesund:** krank, schwach, anfällig, erschöpft, kraftlos, kränkelnd, kränklich, bettlägerig, sterbenskrank, todkrank, übel, siech, leidend *infiziert, giftig *nährstoffarm
**kernig:** schwach, hasenherzig, memmenhaft, kleinmütig, feige, ängstlich, weichlich
**kerzengerade:** krumm, gebeugt, gebogen, geneigt, geschwungen, halbrund, verkrümmt, verbogen, gewölbt, bauchig, gebaucht, ausladend, geschweift
**keß:** schüchtern, scheu, bang, ängstlich, argwöhnisch, aufgeregt, bänglich, befangen, verkrampft, verzagt, eingeschüchtert, feige

**Kettenraucher:** Gelegenheitsraucher *Nichtraucher
**keusch:** unkeusch, verdorben, anstößig, liederlich, lasterhaft, sittenlos, unanständig, unsolide, unziemlich, schlecht, ungehörig, unmoralisch, unzüchtig, zuchtlos, zotig, wüst (Verhalten) *ausschweifend (Leben) *entjungfert

**Kind:** Erwachsene(r) *Eltern, Mutter, Vater *Greis

**kinderleicht:** schwierig, schwer, anstrengend, beschwerlich, aufregend, strapaziös, mühevoll, mühsam, mühselig
**kinderreich:** kinderlos
**Kindheit:** Jugend(zeit) *Erwachsenenalter *Greisenalter, Alter
**kindisch:** erwachsen, reif, gesetzt

**kindlich:** frühreif, altklug *erfahren, abgebrüht, raffiniert *groß, erwachsen

**kippen:** aufrichten, aufstellen *fest stehen *die Balance halten

**kitschig:** geschmackvoll, gefällig, sachlich, nüchtern

**Klage:** Anklage, Belastung, Bezichtigung, Anzeige, Beschwerde, Anschuldigung *Klagelied, Lamentation, Klagegesang, Wehklage(n), Jammer, Gewimmer, Geschrei, Geheul, Elegie, Händeringen, Jeremiade, Stöhnen

**klagen:** schluchzen, lamentieren, wimmern, jammern, winseln, wehklagen, ächzen, krächzen, s. beschweren, in Klagen ausbrechen *anklagen, anzeigen, bezichtigen, anschuldigen, verdächtigen *verklagen, prozessieren, Anzeige erstatten

**Kläger:** Ankläger

**kläglich:** jämmerlich, (herz)ergreifend, (herz)zerreißend, jammervoll, bedauerlich, herzbewegend, beklagenswert, bedauernswert *knapp, spärlich, kärglich, schäbig, mager, bescheiden, ungenügend, unzureichend, unbefriedigend, mangelhaft, schmählich

**klanglos:** belegt, matt, stumpf, heiser, hohl *unauffällig, verstohlen, unmerklich, ungesehen, unhörbar, heimlich, still und leise *gering, dürftig, mager, ungenügend, unzureichend, bescheiden, unbefriedigend *elend, beklagenswert, negativ

**klangvoll:** weich, (wohl)klingend, tönend, tragend, melodisch, wohllautend

**klapperig:** alt(ersschwach), abgenutzt *dünn, schwach, dürr, schwächlich

**klar:** eindeutig, genau, anschaulich, bestimmt, deutlich, exakt, fest umrissen, handfest, greifbar, unmißverständlich, unzweideutig, unverblümt, präzis(e), bildhaft, klipp und klar, einfach *durchsichtig, rein, kristallklar, hell, glasklar, sauber, ungetrübt, transparent, gläsern, durchscheinend *schön, strahlend, heiter, sonnig, wolkenlos, unbewölkt, aufgeklärt, sommerlich *verstehbar, (gut) wahrnehmbar, deutlich, erkenntlich, artikuliert, fest umrissen, prägnant *erwiesen, sicher, unbezweifelbar, evident, offensichtlich, unleugbar, selbstverständlich, unbestreitbar, gewiß *ungetrübt, weit *einfach, ordentlich, geordnet *entschlüsselt, gelöst, enträtselt

**Klage:** (außergerichtlicher) Vergleich / Kompromiß *Anerkennung, Bestätigung, Rückhalt, Hilfe *Freude, Jubel, Wonne *Urteilsspruch

**klagen:** (ver)urteilen *anerkennen, bestätigen, helfen *jubeln, s. freuen, jauchzen *s. beherrschen / zusammennehmen / zusammenreißen, (er)dulden *freisprechen

**Kläger:** Klagegegner, Angeklagter

**kläglich:** großartig, prächtig, stolz, tüchtig, hervorragend, außergewöhnlich, außerordentlich, brillant, überdurchschnittlich, erstaunlich, ungewöhnlich (Leistung, Mensch, Rolle, Zustand) *triftig, bedeutend, wichtig (Grund)

**klanglos:** klangvoll, (wohl)klingend, weich, wohllautend, tönend, melodisch *euphorisch *verstimmt

**klangvoll:** klanglos, unbemerkt, gedämpft, einfach, rauh *unbekannt, neu (Name)

**klapperig:** gesund, kräftig, wohlgenährt, rüstig *jung (Alter) *neu, renoviert, hergerichtet, zurechtgemacht, solide (Pkw, Gegenstand, Gebäude)

**klar:** trübe, schmutzig, unklar, dreckig, verdreckt (Wasser) *verschwommen, nebelig, nebelhaft, unklar (Sicht) *bezogen, regnerisch, bewölkt, bedeckt, diesig, neb(e)lig, wolkig, schlecht, trübe (Wetter) *unklar, undeutlich, nicht erkennbar, mißverständlich, doppeldeutig (Begriff) *verkommen, ungeordnet, wirr, unsozial (Verhältnisse) *undeutlich, nebelhaft, dunkel, undurchsichtig, unklar, ungeklärt, unverständlich, schleierhaft, schwer verständlich, sonderbar, mehrdeutig, vage, zweideutig (Angelegenheit) *unscharf, verzerrt, unklar (Ton) *kompliziert, verwickelt, verworren, schwierig (Problem) *codiert, kodiert, verschlüsselt (Information) *unklar, ungenau (Anweisungen, Befehle) *undurchsichtig, dunkel, gefärbt (Material)

**klären:** läutern, sieben, reinigen, filtern *klarlegen, offenlegen, aufdecken, aufhellen, aufklären, s. Klarheit verschaffen, abklären, ordnen, bereinigen, klarstellen, richtigstellen, enträtseln, in Ordnung bringen

**Klarheit:** Deutlichkeit, Eindeutigkeit, Genauigkeit, Ungeschmicktheit, Unverblümtheit, Unmißverständlichkeit, Bestimmtheit, Exaktheit, Präzision *Anschaulichkeit, Unzweideutigkeit, Einfachheit

**klarlegen:** klarmachen, auseinandersetzen, darlegen, auseinanderlegen, erläutern, erklären, umreißen, explizieren, ausdeuten, darstellen, begreiflich / deutlich / verständlich machen, dartun, konkretisieren, (auf)zeigen, verdeutlichen

**klarstellen:** aufdecken, verdeutlichen, (auf)lösen, klären, richtigstellen, dementieren, verbessern, korrigieren, klarlegen, revidieren, erhellen, entwirren, beleuchten, berichtigen, ins rechte Licht setzen / rücken

**Klartext:** Klarschrift, dechiffrierter Text

**Klärung:** Aufklärung, Aufdeckung, Antwort, Auflösung, Lösung, Enthüllung, Erklärung

**klassisch:** unübertroffen, musterhaft, nachahmenswert, ausgereift, ideal, vorbildlich, beispielhaft, vorbildgebend, beispielgebend, vollkommen, vollendet, beispiellos, ausgewogen, mustergültig, perfekt, unerreicht, exemplarisch *alt, antik *charakteristisch, bezeichnend, kennzeichnend, symptomatisch, unverkennbar, spezifisch, typisch *gewohnt, altbewährt, (alt)hergebracht, traditionell, herkömmlich, üblich, überkommen, konventionell *zeitgebunden, zeitlos, allgemeingültig, nicht der Mode / Zeit unterworfen

**klatschen:** applaudieren, Beifall klatschen / zollen / spenden / bekunden, akklamieren, Ovationen bereiten, mit Applaus überschütten

**kleben:** kitten, zusammenkleben, leimen, kleistern, zusammenfügen, befestigen *halten, fest sein, haften, festsitzen, festkleben

**kleiden:** zieren, zu jmdm. passen,

**klären:** offenlassen, überbrücken *übergehen, ignorieren *vertuschen, verschleiern *verwirren *verschmutzen, trüben

**Klarheit:** Unklarheit, Verwirrung, Vagheit, Ungenauigkeit, Unschärfe, Unverständlichkeit *Dunkelheit, Eintrübung

**klarlegen:** verheimlichen, verschleiern, verbergen, verhehlen, unerwähnt lassen, verschweigen

**klarstellen:** verzerren, übertreiben, entstellen, aufbauschen *offenlassen (Problem)

**Klartext:** Geheimschrift, Geheimcode, Code, Chiffreschrift

**Klärung:** Mißverständnis, Unklarheit, Versehen, Irrtum, Fehlgriff *Frage

**klassisch:** modern *romantisch *aktuell, (neu)modisch *unpassend, ungeeignet (Beispiel)

**klatschen:** pfeifen, zischen, buhen, stampfen

**kleben:** zerspringen, reißen, zerbrechen *losgehen, abgehen, abfallen, s. lösen *nicht kleben (Papier, Klebstoff) *streicheln, tätscheln *besänftigen, beruhigen

**kleiden:** nicht passen / stehen, verunzie-

jmdm. schmeicheln / stehen

**klein:** knapp, zierlich, kurz, klein gewachsen, winzig, wenig, von geringer
Größe, zwergenhaft *jung, heranwachsend, unreif, unfertig, kindlich *gering,
wenig, unbedeutend, geringfügig, unbeträchtlich, nicht nennenswert, minimal, lächerlich, verschwindend, sehr
wenig, von geringem Ausmaß *nebensächlich, nichtig, nicht erwähnenswert,
egal, unwichtig, unmaßgeblich, nichtssagend, bedeutungslos, unwesentlich,
unerheblich, unscheinbar, belanglos,
farblos, uninteressant, peripher, irrelevant

**kleinbürgerlich:** kleinlich, spießig, un-
duldsam, engherzig, hinterwäldlerisch,
provinziell, übergenau, kleinstädtisch,
pingelig, pedantisch, spießbürgerlich,
kleinkariert, muffig
**Kleingeld:** kleines Geld, Hartgeld,
Wechselgeld, Münzen, Geldstücke
**Kleinhandel:** Ladenverkauf, offenes
Geschäft, Einzelhandel, Kleinverkauf,
Detailhandel
**Kleinheit:** Begrenztheit, Knappheit,
Beschränktheit, Geringfügigkeit, Gedrängtheit
**Kleinigkeit:** Bedeutungslosigkeit, Kinderspiel, Lächerlichkeit, Geringfügigkeit, Nichts, Unwichtigkeit, Nebensache, Lappalie, Belanglosigkeit, Nichtigkeit, Nebensächlichkeit, Bagatelle
*Stückchen, Kostprobe, Imbiß, Mund-
voll, Happen
**kleinlaut:** still, eingeschüchtert, verlegen, verstummt, (nieder)gedrückt, eingeschüchtert, verschämt, beschämt,
befangen, betreten
**kleinlich:** spießig, unduldsam, engherzig, hinterwäldlerisch, provinziell,
übergenau, kleinstädtisch, pingelig,
kleinbürgerlich, pedantisch, spießbürgerlich, kleinkariert, muffig

**kleinmütig:** ängstlich, zag(haft), aufgeregt, bänglich, zähneklappernd, angsterfüllt, angstverzerrt, hasenherzig,
feigherzig, memmenhaft, mutlos, befangen, beklommen, aufgeregt, bang,
angstvoll, angstbebend, verängstigt,

ren, verunstalten *s. ausziehen / entkleiden / auskleiden / entblößen / freimachen
**klein:** groß, stattlich (Haus) *groß(flächig) (Land) *groß(flächig), einwoh-
nerstark (Stadt) *groß, anerkannt, bekannt, bedeutend, berühmt (Künstler)
*groß, schwer (Fehler) *enorm, riesig,
riesengroß *bedeutsam, mächtig, einflußreich, gewaltig *stattlich, beträchtlich, hübsch, ansehnlich, ordentlich,
groß, enorm (Summe) *groß(wüchsig),
wuchtig, erwachsen, stattlich, männlich, fraulich (Figur) *hoch, groß, stattlich (Baum) *ausgefallen, beachtlich,
fabelhaft, großartig, brillant, sondergleichen, imposant, ungewöhnlich,
überwältigend, unvergleichlich, spektakulär
**kleinbürgerlich:** weitsichtig, weltmännisch, (welt)gewandt, weltläufig, sicher, aufgeschlossen, fortschrittsgläubig

**Kleingeld:** Großgeld *Schein

**Kleinhandel:** Großhandel

**Kleinheit:** Größe *Weitsichtigkeit, Gewandtheit, Sicherheit, Geistesgröße

**Kleinigkeit:** Menge, Vielzahl, Quantität, Anzahl, Unmenge, Masse, Unmas-
se *Schwierigkeit, Problem, Streitfrage, Kernfrage, Hauptschwierigkeit,
Hauptproblem, Kernproblem, Gegen-
wartsfrage, Gegenwartsproblem, Lebensfrage, Kardinalfrage
**kleinlaut:** wichtigtuerisch, großsprecherisch, protzig, großspurig, säbelras-
selnd, großtuerisch, prahlerisch, dünkelhaft
**kleinlich:** großzügig, weitherzig, nachsichtig, großmütig *spendabel, nobel,
großzügig, gebefreudig, honorig, hochherzig, verschwenderisch, freigebig
*unpedantisch, oberflächlich, unge-
nau, lasch, leger
**kleinmütig:** mutig, draufgängerisch,
furchtlos, heldenmütig, tapfer, mannhaft, (toll)kühn, waghalsig, wagemutig, unverzagt, verwegen, vermessen,
unerschrocken, beherzt

scheu, schüchtern, angstschlotternd, argwöhnisch, betroffen, besorgt, gehemmt, schreckhaft, verschreckt, verschüchtert

**Kleinstadt:** Städtchen, Kreisstadt, Provinzstadt, Winkel, Siedlung, Ortschaft
**kleinstädtisch:** spießig, ländlich, eng, provinziell, spießbürgerlich, kleinbürgerlich, hinterwäldlerisch, bieder

**Kleinstadt:** Großstadt *Dorf, Weiler, Gemeinde
**kleinstädtisch:** großstädtisch, weltstädtisch

**Kleinstwert:** Minimum, Mindestmaß
**Kleinwagen:** kleines Fahrzeug / Auto (-mobil)

**Kleinstwert:** Maximum, Höchstwert
**Kleinwagen:** Luxusgefährt, Luxuswagen, Limousine, Luxuslimousine, Straßenkreuzer, Schlitten

**Kleinwuchs:** Zwergwuchs, Minderwuchs, Kümmerwuchs
**klemmen:** eindrücken, einschnüren, quetschen, einzwängen *sperren, blokkieren *tragen, zwängen, halten
**klerikal:** sakral, geistlich, theologisch, nicht weltlich, kirchlich
**klettern:** emporklettern, erklimmen, (auf)steigen, bergauf gehen

**Kleinwuchs:** Großwuchs, Riesenwuchs, Hypersomie
**klemmen:** gleiten, rutschen, rollen

**klerikal:** weltlich

**klettern:** (herunter)fallen, stürzen, sinken *wandern, aufsteigen *hinuntergehen, hinuntersteigen

**Klient:** Mandant, Kunde, Auftraggeber
**klingen:** schwingen, erklingen, (er-)dröhnen, hallen (er)tönen, lauten, (er-)schallen *s. ausnehmen / anhören, den Anschein haben, wirken, den Eindruck hervorrufen / machen

**Klient:** Anwalt

**klingen:** hören, aufnehmen, vernehmen

**klobig:** klotzig, schwerfällig, grobschlächtig, plump, ungelenk, ungefüge, breit, derb, ungeschlacht, unförmig, vierschrötig, breit, ungraziös, massig
**klotzig:** klobig, unförmig *sehr, kolossal

**klobig:** fein, zierlich, zart, klein

**klotzig:** klein (Gebäude) *schmächtig, grazil, zart, fein(besaitet)

**klug:** fähig, (hoch)begabt, tüchtig, geschickt, geeignet, tauglich, patent, talentiert, genial, weitblickend, scharfsinnig, begnadet, gelehrig, befähigt, qualifiziert, gewandt, berufen, prädestiniert, verwendbar, brauchbar
**Klugheit:** Intelligenz, Weisheit, gesunder Menschenverstand, Scharfsinn, Gelehrtheit, Gescheitheit, Schlauheit

**klug:** dumm, dümmlich, beschränkt, unerfahren unintelligent, unverständig, blöde, uneinsichtig, töricht, primitiv, unklug, schlicht *ungeschickt, schlecht erwogen, unklug

**Klugheit:** Dummheit, Torheit, Beschränktheit, Unerfahrenheit, Unintelligenz, Unverstand, Uneinsichtigkeit, Primitivität

**Knabe:** Bub(e), Junge, Kind, Jüngling

**Knabe:** Mädchen, Mädel *Mann, Erwachsener

**knapp:** eng(anliegend), hauteng, stramm, körpernah, knappsitzend *kurz, klein, von geringer Ausdehnung / Länge *kaum, wenig, fast gar nichts, unmerklich, gerade noch, selten, so gut wie nie, vereinzelt, ab und zu *selten,

**knapp:** überdurchschnittlich, reichlich, auskömmlich, stattlich, gut (Einkommen) *weitschweifig, umständlich, ausholend, langatmig (Worte) *locker, lose, weit (Kleidung) *mehr, gut und gern, über *ganz, voll

rar, nicht vorrätig / da / vorhanden, kaum zur Verfügung *kläglich, schäbig, mager, spärlich, kärglich, bescheiden, ungenügend, unzureichend, unbefriedigend, mangelhaft, schmählich

**Knappheit:** Mangel, Beschränktheit, Not, Bedürftigkeit, Verknappung, Bedrängnis, Entbehrung, Kargheit

**Knappheit:** Überfluß, Reichtum, Überangebot, Überfülle, Überschuß, Überproduktion

**knauserig:** geizig, geldgierig, gewinnsüchtig, übertrieben sparsam, raffgierig, habsüchtig, profitsüchtig, schäbig, kleinlich, berechnend

**knauserig:** großzügig, spendabel, honorig, freigebig, gebefreudig, hochherzig, nobel, verschwenderisch

**knautschen:** (zer)knittern, Falten werfen, (zer)knüllen, verknautschen, zerknautschen, s. zusammendrücken

**knautschen:** glätten, glattstreichen

**Knecht:** Feldarbeiter, Landarbeiter, Arbeitskraft *Diener, Abhängiger, Untergebener, Ausgebeuteter, Sklave

**Knecht:** Dienstherr, Brotherr, Brötchengeber, Brotgeber, Arbeitgeber *Magd, Landarbeiterin, Stallmagd

**knechten:** beherrschen, niederhalten, unterdrücken, knebeln, versklaven, ducken, unterjochen, tyrannisieren / ins Joch spannen, nicht hochkommen / aufkommen lassen, in Schach halten, terrorisieren, drangsalieren, bedrängen, jmdm. das Rückgrat brechen / seinen Willen aufzwingen, jmdn. in Unfreiheit halten / kurzhalten

**knechten:** vorgehen (gegen), entgegenwirken, angehen, begegnen, bekämpfen, befehden, entgegentreten, entgegenarbeiten, Front machen *s. erheben / auflehnen / befreien, kämpfen *freilassen, befreien, helfen

**kneten:** durchkneten, (durch)walken, quetschen, durcharbeiten, drücken, vermengen *massieren, durchreiben

**kneten:** streichen, klatschen, reiben, zirkeln (Massage) *rühren

**kniefällig:** flehentlich, inständig, fußfällig, demutsvoll, demütig, eindringlich, innig, inbrünstig, devot, unterwürfig

**kniefällig:** herablassend, großtuerisch, eingebildet, anmaßend, dünkelhaft, hochnäsig, stolz, überheblich, selbstgefällig

**knien:** auf Knien liegen, s. hinknien / niederknien, auf die Knie fallen

**knien:** stehen *sitzen *flachliegen

**knifflig:** heikel, brenzlig, mulmig, kitzlig, haarig, verzwickt *schwer (lösbar), schwierig, kompliziert

**knifflig:** einfach, mühelos, unkompliziert, narrensicher, (kinder)leicht, spielend, unproblematisch, unschwer *leicht (lösbar), einfach

**knittern:** zerknittern, Falten werfen, (zer)knüllen, (ver)knautschen, zerknautschen, s. zusammendrücken

**knittern:** glätten, glattziehen *s. aushängen (Stoff) *auseinanderfalten, glätten, auseinanderlegen

**Knüller:** Attraktion, Anreiz, Glanznummer, Glanzstück, Höhepunkt, Zugpferd, Schlager, Gag, Werbegag, Sensation

**Knüller:** Pleite, Reinfall (Maßnahme, Film, Aktion) *Wirkungslosigkeit *Altbekanntes, Altes, nichts Neues

**knüpfen:** (zusammen)knoten, binden, zusammenschnüren, zusammenflechten

**knüpfen:** lösen (Knoten) *aufgeben, fallenlassen, lösen (Hoffnungen, Erwartungen, Beziehungen)

**knusprig:** rösch, kroß *jung, frisch, anziehend, blühend, lecker

**knusprig:** weich *alt *abstoßend, unsympathisch, häßlich (Mädchen)

**Koalition:** Bund, Bündnis, Vereinigung, Verbindung, Zusammenschluß, Interessengemeinschaft, Pakt, Allianz

**Koalition:** Einparteienregierung *Opposition

**kokett:** putzsüchtig, gefallsüchtig, ge-

**kokett:** schüchtern, ängstlich, bang,

ziert, eitel, eingebildet, selbstgefällig, geckenhaft, stutzerhaft

**kollegial:** hilfsbereit, kameradschaftlich, gefällig, wie unter Kollegen, partnerschaftlich, solidarisch, loyal, freundschaftlich, entgegenkommend, freundlich, liebenswürdig, nett, anständig, wohlmeinend, wohlgesinnt, gutgesinnt, verbindlich, leutselig, wohlwollend, zuvorkommend, aufmerksam, beflissen, kulant, großzügig, großmütig, konziliant, höflich, dienstwillig, kooperativ, bereitwillig *anpassungsfähig, einordnungswillig *beliebt, geliebt, sympathisch, angenehm, liebenswert, gewinnend

**kollektiv:** gemeinsam, zusammen, gemeinschaftlich, geschlossen, vereinigt, kooperativ, Seite an Seite, Arm in Arm, Hand in Hand, alle
**Kollektiv:** Gruppe, Team, Aktiv, Produktionsgemeinschaft, Arbeitsgemeinschaft, Brigade, Gespann, Ensemble
**kollidieren:** aufeinanderprallen, zusammenstoßen, zusammenfahren, auffahren, karambolieren, zusammenprallen, rammen, s. ineinander verkeilen *zusammenfallen, zusammenlaufen, zusammentreffen, konvergieren, s. überlappen / überkreuzen / überschneiden
**Koloß:** Riese, Hüne, Goliath, Gigant *Fettwanst
**kolossal:** außergewöhnlich, ungewöhnlich, ungeläufig, ausgefallen, erstaunlich, außerordentlich, überraschend, groß, entwaffnend *sehr, hochgradig, enorm
**kombinieren:** zusammenfügen, verbinden, verknüpfen, verschmelzen, zusammenschmieden, aneinanderfügen, koppeln *schließen, (schluß)folgern

bänglich, zurückhaltend, scheu, verängstigt, zag(haft), gehemmt, furchtsam, aufgeregt, argwöhnisch *abweisend, züchtig, brav
**kollegial:** unkollegial, arrogant, anmaßend, dünkelhaft, eingebildet, herablassend, stolz, hochmütig, hochnäsig, überheblich, selbstüberzeugt, selbstsicher *unaufgeschlossen *unfreundlich, brüsk, abweisend, unhöflich, unritterlich, taktlos, plump, ruppig, schroff, widerlich *kaltherzig, gefühlskalt, gefühllos, verhärtet, fischblütig *gemein, feige, schäbig, schändlich, niederträchtig, niedrig, schmachvoll, schnöde, schmutzig *rücksichtslos, unmenschlich, unbarmherzig, mitleidlos, skrupellos, bedenkenlos, gewissenlos, entmenscht, herzlos, kalt, gnadenlos, lieblos *ichsüchtig, ichbezogen, selbstsüchtig, eigennützig *spießbürgerlich, eng, spießerhaft, kleinlich, kleinkariert, hausbacken *unsympathisch, verhaßt, unbeliebt, mißliebig *ungesellig, unzugänglich, zurückhaltend, unwirsch, unnahbar *einzelgängerisch, zurückgezogen, abgeschieden, einsam, vereinsamt *nicht anpassungsfähig / einordnungswillig / anpassungswillig
**kollektiv:** einzeln, individuell *persönlich, privat

**Kollektiv:** Individuum, der Einzelne

**kollidieren:** übereinstimmen, s. decken / gleichen (Meinungen) *ausweichen *(ab)bremsen, stoppen

**Koloß:** Zwerg *Feigling, Drückeberger, Schwächling
**kolossal:** winzig, klein *minimal, (ein) wenig, gering

**kombinieren:** disharmonieren, s. schneiden / beißen *nicht dahinterblicken / durchschauen

**Komfort:** Bequemlichkeit, Behaglichkeit, Annehmlichkeit, Luxus

**komfortabel:** behaglich, bequem, gemütlich, wohnlich, heimelig, mit Komfort, wohlig, luxuriös

**Komik:** Lachhaftigkeit, Lächerlichkeit, Drolligkeit

**komisch:** drollig, erheiternd, putzig, spaßig, possenhaft, köstlich, ulkig, burlesk, närrisch, vergnüglich, belustigend, lustig, humorvoll, zum Lachen, trocken, amüsant, witzig *skurril, merkwürdig, eigen(artig), sonderbar

**kommen:** gelangen, eintreffen, entgegenkommen, hinkommen, her(an-)kommen, daherkommen, ankommen, herbeikommen, landen, anlangen, erreichen, näher kommen, zukommen, einlaufen, des Weges / gegangen kommen, anmarschieren, anrollen, anrücken, im Anzug / Anmarsch sein, s. einfinden / nahen / nähern / herbeibemühen / einstellen *zu erwarten sein, bevorstehen, s. ankündigen / bemerkbar machen / abzeichnen / anbahnen / andeuten *hervorkommen, in Erscheinung treten, sichtbar werden, s. zeigen / erfüllen / bestätigen, an die Oberfläche treten / kommen, auftreten, auftauchen, eintreten

**Kommission:** Ausschuß, Gremium, Komitee, Beirat, Kreis, Sektion, Rat, Begutachter, Kuratorium, Kollegium, Jury, Prüfer

**Kommunalwahl:** Gemeinderatswahl, Stadtratswahl, Bürgermeisterwahl

**Kommunismus:** Marxismus-Leninismus, Bolschewismus, Leninismus, Trotzkismus, Diamat, dialektischer Materialismus, Stalinismus, Titoismus, Maoismus, Menschewismus

**Kommunist:** Marxist, Bolschewist, Leninist, Trotzkist, Titoist, Maoist, Stalinist, Menschewist, Linksorientierter

**kommunistisch:** marxistisch, bolschewistisch, menschewistisch, stalinistisch, leninistisch, titoistisch, maoistisch, trotzkistisch, linksorientiert, linksradikal, links

**Komödie:** Posse, Lustspiel, Possenspiel, Farce, Schwank, Burleske

**kompakt:** massiv, dicht, eng, fest(gefügt), gedrängt, (zusammen)gepreßt

**Komfort:** Einfachheit, Primitivität, Anspruchslosigkeit, Unbequemlichkeit, Schlichtheit, Bescheidenheit, Zurückhaltung

**komfortabel:** einfach, primitiv, unbequem, schlicht, anspruchslos, bescheiden, zurückhaltend

**Komik:** Tragik *Traurigkeit *Ernst

**komisch:** tragisch *traurig *ernst *reif, vernünftig, natürlich, verständnisvoll, entgegenkommend

**kommen:** weggehen, ausschwärmen, davongehen, fortgehen, abziehen, scheiden, s. verabschieden, fortmarschieren, entschwinden *vorüberziehen, fortziehen (Gewitter) *ausbleiben, fernbleiben, fehlen *verlassen, abfahren (Zug) *abgehen (Post) *auslaufen (Schiff) *hingehen, gehen (zu, nach)

**Kommission:** Vollversammlung, Plenum

**Kommunalwahl:** Landtagswahl *Bundestagswahl

**Kommunismus:** Kapitalismus

**Kommunist:** Kapitalist

**kommunistisch:** kapitalistisch

**Komödie:** Tragödie, Trauerspiel

**kompakt:** locker, lose, undicht *zierlich, zart *zerbrechlich, dünn, fragil

*stämmig, untersetzt, bullig, gedrungen
**komparabel:** vergleichbar *steigerungsfähig

**kompetent:** maßgebend, zuständig, maßgeblich, ausschlaggebend, urteilsfähig *verantwortlich, befugt, berechtigt, ermächtigt, autorisiert
**Kompetenz:** Zuständigkeit, Verantwortlichkeit *Autorität
**komplett:** (ab)geschlossen, vollständig, fertig(gestellt), vollendet, ausgeführt, vollkommen, umfassend, vervollständigt, vollzählig, total, lückenlos, ausgereift, rund, perfekt, aus einem Guß, ganz
**komplex:** schwer faßbar / verständlich / zugänglich, unübersichtlich, kompliziert, zusammengesetzt, vielschichtig, mehrteilig, verschlungen, verstrebt, verflochten, verworren, beziehungsreich, zusammenhängend, verwickelt, verzweigt
**Kompliment:** schöne Worte, Schmeichelei, Artigkeit, Höflichkeitsbekundung, Aufmerksamkeit, Bewunderung
**komplizieren:** erschweren, verlängern, zu ausführlich machen / darstellen / gestalten
**kompliziert:** schwer, mühsam, subtil, diffizil, schwierig, heikel, mit Schwierigkeiten verbunden, problematisch, dornig, verflochten, verschlungen, komplex, prekär, verwickelt, schwer zu fassen / zugänglich / verständlich, unübersichtlich
**kondensieren:** verflüssigen, verdichten *eindampfen, eindicken, verkochen, verdampfen, verdicken
**kondolieren:** sein Beileid / seine Teilnahme bezeigen / ausdrücken / bekunden / aussprechen
**Konflikt:** Zwiespalt, Unentschiedenheit, Zerrissenheit, Unschlüssigkeit, Widerstreit, Schwierigkeit, Kalamität, Bedrängnis, Ratlosigkeit, Notlage, Engpaß, Dilemma, Bredouille *Streit, Aggression, Auseinandersetzung, Kontroverse, Auftritt, Händel, Spannung, Zerwürfnis
**konform:** einig, gleichgesinnt, übereinstimmend, gleichgerichtet, unterschiedslos, einheitlich, uniform, gleich-

*aufgelockert, weit, auseinander(liegend)
**komparabel:** inkomparabel, unvergleichlich, unvergleichbar *nicht steigerungsfähig, inkomparabel (Wortform)
**kompetent:** inkompetent, nicht zuständig, unmaßgeblich, unberechtigt, unbefugt, nicht autorisiert / maßgebend / zuständig / bevollmächtigt / verantwortlich
**Kompetenz:** Inkompetenz, Nichtzuständigkeit
**komplett:** unkomplett, unvollständig, unvollzählig *lückenhaft, fragmentarisch, unabgeschlossen

**komplex:** einfach, durchschaubar, einsehbar *allein, isoliert

**Kompliment:** Beleidigung, Diskriminierung, Erniedrigung, Verleumdung, Schmähung
**komplizieren:** vereinfachen, simplifizieren, abkürzen

**kompliziert:** einfach, simpel, leicht, unkompliziert, klar, bequem, selbstverständlich, übersichtlich *trivial, banal, schlicht, einfach, primitiv *verträglich, einfach, direkt, offen, durchschaubar, einordnungswillig, kontaktfreudig, kontaktbereit, umgänglich
**kondensieren:** verdunsten, verfliegen, verdampfen *verdünnen

**kondolieren:** gratulieren, beglückwünschen

**Konflikt:** Eintracht, Harmonie, Frieden, Friedlichkeit, Friedfertigkeit

**konform:** unterschiedlich, verschieden, anders

geordnet, einhellig, korrespondierend, entsprechend

**konfus:** verwirrt, verworren, durcheinander, wirr *chaotisch, ungeordnet, zusammenhanglos, kunterbunt, sinnlos, planlos

**kongruent:** deckungsgleich, übereinstimmend, gleich, identisch, konvergent, unterschiedslos, konform, dasselbe, eins, konvergierend, gleichartig, s. deckend / genau entsprechend

**Konjunktion:** Bindewort *Zusammentreffen (Planeten) *Stellungsgleichheit (Gestirne)

**konkav:** nach innen gewölbt (Linse)

**Konkavlinse:** Zerstreuungslinse, Negativlinse

**Konklusion:** Folgerung, Schluß, Konsequenz, Schlußfolgerung, Herleitung, Folge, Ableitung, Deduktion, Induktion, Lehre

**konkret:** gegenständlich, wirklich, sinnlich wahrnehmbar, anschaulich, greifbar, dinglich, fest umrissen, faktisch, real(iter), tatsächlich, vorhanden, bestehend, existent, körperlich, stofflich, faßbar, deutlich, im Zusammenhang

**Konkubinat:** wilde Ehe, Ehe ohne Trauschein

**Konkurrent:** Feind, Widersacher, Gegenspieler, Gegner, Antipode, Rivale, Gegenpart, Kontrahent, Todfeind, Erzfeind

**können:** denkbar / möglich sein, nicht von der Hand zu weisen sein, im Bereich des Möglichen liegen *erlaubt / berechtigt / gestattet / befugt / ermächtigt sein, die Erlaubnis / Macht / Einwilligung / Genehmigung / Möglichkeit / das Recht haben *beherrschen, meistern, taugen zu, nicht schwerfallen, vermögen, s. verstehen auf, gewachsen / fähig / in der Lage / mächtig / imstande sein, in der Hand / im Griff haben

**Können:** Fähigkeit, Begabung, Talent, Gabe, Anlage, Eignung, Veranlagung, Macht, Kraft

**Könner:** Fachmann, Sachkenner, Kapazität, Professioneller, Fachkraft, Sachverständiger, As, Sachkundiger, Meister, Koryphäe, Mann vom Fach, Routinier, Autorität, Spezialist

**konfus:** geordnet, ordentlich *einfach, leicht (durchschaubar)

**kongruent:** inkongruent, nicht deckungsgleich, ungleich *unterschiedlich, verschieden (Ansichten)

**Konjunktion:** Disjunktion (Sprachwissenschaft) *Opposition (Gestirne)

**konkav:** konvex, nach außen gewölbt (Linse)

**Konkavlinse:** Konvexlinse, Sammellinse

**Konklusion:** Voraussetzung, Prämisse

**konkret:** abstrakt, ungegenständlich, unkonkret, begrifflich, unanschaulich *nicht faßbar *ungenau, vage, unkorrekt, verschwommen, mißverständlich (Angaben) *allgemein, unbestimmt *ausweichend (Antwort)

**Konkubinat:** Ehe *Zölibat *Jungfräulichkeit, Ehelosigkeit

**Konkurrent:** Mitspieler, Mitläufer, Mitfahrer (Sport) *Kamerad

**können:** unfähig *werden, sein, eintreten *nicht dürfen

**Können:** Unvermögen, Beschränktheit, Ohnmacht, Unfähigkeit, Schwäche, Ungenügen, Versagen, Untauglichkeit, Untüchtigkeit

**Könner:** Anfänger, Neuling, Unerfahrener *Dilettant *Newcomer, Greenhorn *Debütant

**konsequent:** beständig, zielstrebig, beharrlich, stetig, planmäßig, streng, fest, zäh, unbeirrt, eisern, systematisch, entschlossen, resolut, energisch, willensstark, charakterfest, ausdauernd, hartnäckig, geradlinig, unerschütterlich, stur *logisch, folgerecht, folgerichtig, schlüssig

**konsequent:** widersprüchlich, einander ausschließend, entgegengesetzt, folgewidrig, inkonsequent, widersinnig, unvereinbar, unlogisch, gegenteilig, widersprechend, zwiespältig, umgekehrt *gleichgültig, desinteressiert, wurstig

**Konsequenz:** Ergebnis, Folge, Resultat, Erfolg *Folgerichtigkeit, Systematik, Strenge, Logik *Entschlossenheit, Kontinuität, Konstanz, Zielbewußtsein, Beständigkeit

**Konsequenz:** Widerspruch, Zwiespalt, Folgewidrigkeit, Inkonsequenz, Unvereinbarkeit, Gegenteil

**konservativ:** rückschrittlich, rückwärtsgewandt, rückständig, rückwärtsgerichtet, unzeitgemäß, rechts, reaktionär, schwarz, illiberal, auf dem Alten beharrend, fortschrittsfeindlich, den Fortschritt behindernd / blockierend / hemmend, am Überlieferten / Bestehenden festhaltend

**konservativ:** fortschrittlich, modern, progressiv, vorkämpferisch *sozialistisch, linksliberal, linksorientiert, links(radikal) *lebensnah, gegenwartsbezogen, gegenwartsnah, zeitgemäß

**Konservativer:** Rechter, Bürgerlicher, Reaktionär

**Konservativer:** Sozialist, Linker, Linksorientierter *Liberaler

**Konserve:** Blechdose, Blechbüchse, Konservendose, Konservenbüchse *haltbar gemachte Lebensmittel

**Konserve:** Frischobst, Frischgemüse, Frischwurst, Frischfleisch

**Konsonant:** Mitlaut

**Konsonant:** Selbstlaut, Vokal

**konstant:** dauernd, ewig, permanent, immerzu, regelmäßig, gleichbleibend, stetig, stets, unveränderlich, unzerstörbar, unverrückbar

**konstant:** unregelmäßig *schwankend, inkonstant, variant, variabel, veränderlich, wandelbar, unstet(ig), wechselhaft, wechselnd *stufenweise, schrittweise

**Konstante:** unveränderliche Größe, Parameter

**Konstante:** Variable, Veränderliche, veränderliche Größe

**Konstanz:** Beständigkeit, Zielbewußtsein, Gleichmaß, Kontinuität, Beharrlichkeit, Unerschütterlichkeit, Unbeugsamkeit

**Konstanz:** Wechsel, Inkonstanz, Wandel, Unstetigkeit, Veränderung, Veränderlichkeit

**konstruktiv:** nutzbringend, erfolgreich, wirksam, förderlich, aufbauend, fruchtbar *produktiv, künstlerisch, gestalterisch, einfallsreich, schöpferisch

**konstruktiv:** hinderlich, negativ, unnütz, abbauend *zersetzend, destruktiv, zerstörerisch

**Konsum:** Verbrauch, Verzehr, Konsumierung

**Konsum:** Produktion, Herstellung

**Konsument:** Verbraucher, Käufer, Abnehmer, Kunde, Bedarfsträger

**Konsument:** Produzent, Hersteller, Erzeuger

**Konsumgüter:** Gebrauchsgüter, Verbrauchsgüter, Gebrauchswaren, Bedarfsartikel, Bedarfsgegenstände, Bedarfsgüter

**Konsumgüter:** Luxusgüter

**konsumieren:** verzehren, essen, verbrauchen, aufbrauchen

**konsumieren:** herstellen, produzieren, erzeugen, (er)schaffen, hervorbringen, machen

**Kontakt:** Verbindung, Berührung, Beziehung, Umgang, Anschluß, Kommu-

**Kontakt:** Isolation, Absonderung, Abstand, Weltabgewandtheit, Weltver-

nikation, Tuchfühlung, Verhältnis, Verkehr, Konnexion, Interaktion, Brückenschlag

**Kontaktlinse:** Haftschale, Kontaktschale, Contactlinse, Kontaktglas, Haftglas

**kontaktlos:** introvertiert, kontaktarm, zugeknöpft, unzugänglich, menschenscheu, zurückhaltend, verhalten, ungesellig, verschlossen

**kontinuierlich:** (an)dauernd, immer (-zu), unaufhörlich, von / seit je(her), seit eh und je, schon immer, immernoch, nach wie vor, immer wieder, immerfort, tagaus, tagein, jahraus, jahrein, stets, stetig, beständig, fortgesetzt, fortdauernd, anhaltend, unaufhaltsam, unausgesetzt, konstant, permanent, beharrlich, gleichbleibend, pausenlos, ständig, immerwährend, allezeit, alleweil, rund um die Uhr *chronisch, schleichend, unheilbar, schleppend *traditionell, gewohnheitsmäßig, ererbt, gewohnt, althergebracht, beständig, bleibend, bestehend

**Kontra:** Widerspruch, Mißbilligung, Gegenmeinung

**Kontrahent:** Gegner, Feind, Widersacher, Gegenspieler, Antipode, Rivale, Gegenpart, Konkurrent, Todfeind, Erzfeind

**Kontrast:** Gegensätzlichkeit, Antithese, Trennung, Gegenteil, Gegenpol, Unterschied, Widerspruch, Divergenz, Differenz, Kluft, Kehrseite, Abweichung, Gegenstück, Gegensatz

**Kontrolle:** Zensur, Überwachung, Beobachtung, Beaufsichtigung, Aufsicht, Wacht *Übersicht, Regiment, Beherrschung, Herrschaft, Gewalt, Macht *Besichtigung, Überprüfung, Untersuchung, Musterung, Test, Nachprüfung, Probe, Stichprobe, Visitation, Inspizierung, Durchsicht

**kontrollierbar:** überprüfbar, nachprüfbar, offen

**kontrollieren:** nachsehen, nachrechnen, untersuchen, nachschauen, visitieren, mustern, revidieren, testen, nachzählen, s. vergewissern, (ab)checken, nachprüfen, (über)prüfen, einsehen, inspizieren, examinieren, durchsehen *s. kontrollieren: s. unter Kontrolle haben

achtung, Abkapselung, Abgeschiedenheit, Isoliertheit, Selbstisoliertheit, Zurückgezogenheit

**Kontaktlinse:** Brille

**kontaktlos:** gesellig, gesellschaftlich, umgänglich, weltgewandt, weltläufig, kontaktfähig, kontaktfreudig *anlehnungsbedürftig, kontaktsuchend, anschmiegsam, liebebedürftig

**kontinuierlich:** stufenweise, abrupt, sprunghaft, ruckweise, diskret, graduell *unterbrochen, diskontinuierlich, unzusammenhängend

**Kontra:** Pro *Re (Kartenspiel) *Zustimmung

**Kontrahent:** Kamerad, Freund *Mitspieler, Mitstreiter *Geschäftsfreund

**Kontrast:** Übereinstimmung, Einvernehmen, Einverständnis *Gleichheit, Ähnlichkeit

**Kontrolle:** Ignorierung, Tolerierung, Duldung, Nichtbeachtung

**kontrollierbar:** unkontrollierbar, versteckt

**kontrollieren:** gewähren lassen, dulden, tolerieren *nicht beachten, ignorieren *s. kontrollieren: s. gehenlassen / treibenlassen *aus der Haut fahren, aufbrausen, aufbegehren

**kontrolliert:** ruhig, ausgeglichen, beherrscht, gefaßt, geruhsam, gleichmütig, sicher, würdevoll, harmonisch, abgeklärt, bedacht(sam), besonnen, still, kaltblütig, gezügelt, gemessen, ruhevoll, überlegen, gemächlich *überprüft, nachgesehen, nachgeprüft

**kontrolliert:** unruhig, zappelig, nervös, fiebrig, rastlos, wuselig, hastig *unkontrolliert

**Kontroverse:** Wortwechsel, Disput, Unstimmigkeit, Meinungsverschiedenheit, Kollision, Uneinigkeit, Spannung, Gefecht, Unzuträglichkeit, Streitgespräch, Auseinandersetzung, Zusammenstoß, Tauziehen, Zwistigkeit, Verstimmung, Streitigkeit, Kampf, Konflikt, Polemik, Auftritt, Zwist, Krieg, Gezänk, Fehde, Zwietracht, Divergenz, Zerwürfnis, Wortgefecht, Konflikt, Händel, Szene, Reibung

**Kontroverse:**          Übereinstimmung *Kompromiß

**konventionell:** klassisch, traditionell, herkömmlich, hergebracht, überkommen, überliefert, gebräuchlich, üblich, gewohnt *zeremoniell, in aller Form, steif, förmlich, formell, nach Sitte / Brauch

**konventionell:** unkonventionell, ungewöhnlich, ungeläufig, unüblich, neu *ausgefallen, imposant, ohnegleichen, sondergleichen, außergewöhnlich, verblüffend, sensationell *herzlich, natürlich, unbefangen, frei, unförmlich, ungezwungen, leger, hemdsärmelig, lässig, formlos (Verhalten) *schick, keck, flott, extravagant, gewagt, frech, ultramodern (Mode) *neu, modern (Waffen) *frei, kreativ, schöpferisch, originell, ungewöhnlich (Arbeit)

**konvergieren:** zusammenfallen, zusammenlaufen, aufeinander zustreben, s. nahekommen / (über)kreuzen / annähern / überschneiden / fast gleichen

**konvergieren:** auseinandergehen, s. unterscheiden, divergieren (Meinung, Ziel) *divergieren, auseinandergehen, auseinanderstreben

**konvergierend:**          übereinstimmend, kongruent, zusammenfallend, homogen, identisch, analog, gleich(artig)

**konvergierend:** divergierend, auseinandergehend,          auseinanderstrebend *parallel (Linien)

**konvertieren:** s. bekehren, überwechseln, übertreten, die Religion / Konfession / den Glauben wechseln

**konvertieren:** bleiben (Konfession)

**konvex:** nach außen gewölbt, erhaben

**konvex:** konkav, nach innen gewölbt, hohl (Linse)

**Konvexlinse:** Sammellinse

**Konvexlinse:** Konkavlinse, Zerstreuungslinse, Negativlinse

**Konzentration:** Interesse, Anteilnahme, Achtsamkeit, Sammlung, Beteiligung, höchste Aufmerksamkeit, Hingabe, Anspannung, Andacht *Zusammenziehung, Zusammenballung, Zentralisation, Konzentrierung, Zusammenfassung, Zusammenlegung, Zusammendrängung

**Konzentration:** Abwesenheit, Zerstreutheit, Zerfahrenheit *Verdünnung (Lösung) *Nervosität

**konzentrieren:** verdichten, anreichern, sättigen *zusammenschließen, straf-

**konzentrieren:** zerstreuen, (ver)streuen *verteilen *verwässern, verdünnen

fen, zusammenballen, zusammenlegen, (an)sammeln, zusammendrängen, zusammennehmen, komprimieren, zusammenziehen, zusammenfassen, vereinigen *s. konzentrieren: achtgeben, aufmerksam sein, aufpassen, s. vertiefen / versenken / sammeln, seine Gedanken hinwenden / richten auf
**konzentriert:** stark, angereichert, intensiv, gehäuft, hochprozentig, gesättigt, geballt *kurz, gedrängt, gestrafft, gerafft, straff, komprimiert, verdichtet, abgekürzt, umrißhaft, verkürzt, nicht ausführlich

**konziliant:** versöhnlich, wohlwollend, umgänglich, entgegenkommend, freundlich, nett, anständig, wohlmeinend, wohlgesinnt, hilfsbereit, huldreich, gutgesinnt, verbindlich, leutselig, huldvoll, zuvorkommend, gefällig, aufmerksam, beflissen, kulant, großzügig, großmütig, höflich, dienstwillig, bereitwillig, liebenswürdig, verbindlich, verträglich
**Kooperation:** Teamwork, Gruppenarbeit, gemeinsames Wirken / Arbeiten, Kollektivarbeit, Gemeinschaftsarbeit
**kooperieren:** zusammenarbeiten, zusammenwirken

**kopflos:** konsterniert, durcheinander, verstört, desorientiert, verwirrt, konfus, aufgelöst, außer Fassung *überstürzt, ohne zu überlegen, blind, unüberlegt, unbedacht, gedankenlos, ohne Überlegung, vorschnell, voreilig, Hals über Kopf, zu schnell, flüchtig
**Kopie:** Duplum, Pause, Duplikat, Durchschlag, Zweitschrift, Wiedergabe, Abschrift *Reprint, Lichtpause, Hektographie, Xerokopie *Nachahmung, Nachformung, Fälschung, Imitation, Plagiat, Dublette, Nachbildung, Abklatsch, Abguß
**kopieren:** abzeichnen, abmalen, abschreiben, wiedergeben *nachahmen, nachformen, fälschen, imitieren, plagieren, nachbilden *reproduzieren, ablichten, abziehen, vervielfältigen, xerokopieren, fotokopieren, hektographieren
**Körper:** Statur, Konstitution, Organismus, Fleisch (und Blut), Leib, Gestalt

*s. konzentrieren: s. auflockern / entspannen / ablenken *s. verzetteln *abweichen, abschweifen, vom Thema abkommen

**konzentriert:** unkonzentriert, unaufmerksam, abgelenkt, (geistes)abwesend, zerfahren, zerstreut *unruhig, fiebrig, nervös *aufgelockert, verteilt *wäßrig, verwässert, unkonzentriert, verdünnt (Lösung) *ausholend, ausladend, weitschweifig, herumredend, umständlich, langatmig (Worte)
**konziliant:** barbarisch, unfreundlich, mißlaunig, rabiat, mißmutig, muffig, verdrossen, wutschnaubend, unwirsch, empört, entrüstet, erbittert, grantig *rechthaberisch, dickköpfig, eigensinnig, bockig, störrisch, ungesellig, unversöhnlich, verschlossen

**Kooperation:** Streit, Gegnerschaft *Scheelsucht, Neid, Mißgunst *Anfeindung, Haß
**kooperieren:** s. streiten, bekämpfen, gegeneinander arbeiten *neiden, scheel sehen, mißgönnen *s. hassen / anfeinden
**kopflos:** kaltblütig *gefaßt, ausgeglichen, harmonisch, überlegen, ruhevoll, geruhsam, ruhig, gesetzt, besonnen, gelassen, gleichmütig

**Kopie:** Original, Urbild, Originaltext, Urschrift, Urform, Urfassung *Vorbild, Urbild, Original *Fälschung

**kopieren:** selbst (er)schaffen / machen / schöpfen

**Körper:** Seele, Geist *Fläche (Mathematik)

**körperbehindert:** invalide, dienstunfähig, arbeitsunfähig, (schwer)beschädigt, versehrt, erwerbsunfähig, verkrüppelt

**körperlich:** somatisch, leiblich, physisch

**korpulent:** (wohl)beleibt, stämmig, stark, vollschlank, füllig, breit, stramm, gemästet, unförmig, dick(leibig), mollig, rund(lich), üppig, kugelrund, wohlgenährt, drall, umfangreich, fett(leibig), pummelig, dickleibig, pausbäckig, aufgedunsen, dickwanstig, feist, fleischig, gewaltig, massig, vierschrötig, plump

**korrekt:** anständig, gesittet, sittsam, höflich *gründlich, intensiv, ausführlich, profund, umfassend, eingehend, eindringlich, erschöpfend, detailliert, vollständig *genau, exakt, akkurat, treffend, präzis(e), haargenau, haarklein, (haar)scharf, klar, deutlich, reinlich, prägnant, unmißverständlich, speziell, säuberlich, eindeutig, sauber, tadellos, bestimmt, wohlgezielt *sorgfältig, ordentlich, fehlerlos, gewissenhaft, minuziös, richtig, zuverlässig, sorgsam, fein, pedantisch, penibel *fehlerfrei, fehlerlos, vollendet, vollkommen, richtig, zutreffend, tadellos, einwandfrei, ohne Fehl(er), makellos, untadelig, ideal, genau, in Ordnung, vorbildlich, komplett, perfekt, meisterhaft, vorzüglich, recht, lupenrein, mustergültig

**korrigieren:** verbessern, berichtigen, richtigstellen, revidieren, klären, umändern, umarbeiten, dementieren

**korrupt:** bestechlich, käuflich, empfänglich, verführbar, bestechbar

**kostbar:** erlesen, edel, hochwertig, fein, wertvoll, qualitätsvoll, unersetzbar, exquisit, teuer, einmalig, kostspielig, von guter Qualität, selten, unschätzbar, unbezahlbar, viel wert, erstklassig

**kosten:** ausmachen, betragen, einen Preis haben von, s. beziffern / belaufen auf *vorkosten, begutachten, probieren, versuchen, (ab)schmecken, eine Kostprobe nehmen

**Kosten:** Ausgaben, Preis, Aufwand, Summe, Unkosten, Auslagen

**körperbehindert:** gesund, intakt, heil

**körperlich:** seelisch, psychisch, geistig, gedanklich, ideell

**korpulent:** (gerten)schlank, abgezehrt, dünn, hager, mager, grazil, rank, schmal, schlankwüchsig, knochig *sportlich, drahtig, athletisch

**korrekt:** falsch, unkorrekt, unrichtig, inkorrekt, nicht einwandfrei *illegal, schwarz, krumm, faul, gesetzwidrig, ordnungswidrig (Geschäfte) *übel, schlecht, schlimm (Behandlung) *ungeniert, salopp, (nach)lässig, leger (Verhalten) *bärbeißig, brüsk, barsch, rüde, plump, unfreundlich, unhöflich, unkultiviert, taktlos (Mensch) *oberflächlich, nachlässig, unkorrekt, flüchtig *fehlerhaft, unvollkommen, unzulänglich

**korrigieren:** begehen, falsch machen, Fehler machen, fehlen, s. irren / täuschen

**korrupt:** unbestechlich, ehrenhaft, lauter, aufrecht, achtbar, (charakter)fest, ehrenfest, ehrenwert, hochanständig, sauber, wacker, rühmenswert, rechtschaffen, redlich

**kostbar:** wertlos, billig, minderwertig, schlecht

**kosten:** einbringen, abwerfen, abfallen, hereinbringen *aufessen *ablehnen, verweigern *verabscheuen (Mahlzeit)

**Kosten:** Gewinn

**kostenlos:** gratis, unentgeltlich, umsonst, kostenfrei, ohne Entgelt *franko, portofrei, postfrei, frei(gemacht) *gebührenfrei
**kostenpflichtig:** gegen Bezahlung / Entgelt

**Kostenvoranschlag:** Kostenaufstellung, Kalkulation, Kostenplan, Vorausberechnung, Berechnung, Kostenanschlag, Schätzung, Überschlag
**köstlich:** schmackhaft, aromatisch, abgestimmt, appetitlich, delikat, lecker, wohlschmeckend, gut abgeschmeckt, angenehm *blumig *amüsant, unterhaltsam, lustig, interessant

**kostspielig:** teuer, aufwendig, überteuert, nicht billig, überhöht, unerschwinglich, unbezahlbar *luxuriös, verschwenderisch
**Krach:** Knall, Donnerschlag, Aufruhr, Radau, Geschrei, Spektakel, Lärm, Krachen, Getöse, Ruhestörung, Gerassel, Gepolter *Streit, Zank
**Kraft:** Potential, Arbeitsvermögen, Vitalität, Energie, Lebenskraft, Können, Reserven *Körperkräfte, Potenz, Stärke
**kräftig:** (wohl)beleibt, stämmig, stark, vollschlank, füllig, breit, stramm, gemästet, unförmig, dicklich, mollig, rund(lich), üppig, kugelrund, wohlgenährt, drall, umfangreich, pummelig, dick(leibig), fett(leibig), pausbäckig, aufgedunsen, dickwanstig, feist, fleischig, gewaltig, massig, vierschrötig, plump *stämmig, baumstark, athletisch, stark, rüstig, stabil, markig, sportlich, drahtig, resistent, nervig, fest, kraftvoll, kraftstrotzend, kernig, nicht anfällig, gefeit, immun, wehrhaft, bärenstark, stramm, robust, hart, sehnig, zäh *ungehobelt, derb, vulgär, unfein, ungeschliffen, rauh, grob *vehement, gewaltig, wuchtig, heftig *saftig, farbig, intensiv, satt, grell, leuchtend, bunt *stark, orkanartig, steif, böig, frisch, heftig, stürmisch *kräftig(er) werden: zunehmen, stärker werden *gesunden, erstarken

**kostenlos:** kostenpflichtig, bezahlt, gegen Entgelt / Bezahlung *unfrankiert

**kostenpflichtig:** kostenlos, gratis, umsonst, unentgeltlich, kostenfrei *franko, portofrei, postfrei, frei(gemacht) *gebührenfrei
**Kostenvoranschlag:** Endrechnung, Rechnung

**köstlich:** salzig, (gallen)bitter, scharf *ekelerregend, ekelhaft, übelschmeckend, faul(ig), ungenießbar, unschmackhaft, verdorben, widerlich, widerwärtig, widrig *madig *ranzig (Butter) *schimmelig *gärig *traurig (Geschichte) *langweilig, uninteressant, monoton, einförmig, ermüdend, einschläfernd
**kostspielig:** billig, (kosten)günstig, erträglich *einfach, spartanisch, bescheiden, billig

**Krach:** Geräuschlosigkeit, Ruhe, Stille *Harmonie, Eintracht, Frieden

**Kraft:** Kraftlosigkeit, Entkräftung, Schwächlichkeit, Schlappheit, Ermattung, Mattheit, Schwäche

**kräftig:** schwach, matt, zart, flau, schwächlich, kraftlos *schlaff, abgestumpft, energielos, leblos, stumpf, gleichgültig, teilnahmslos, willenlos *erschöpft, müde, entkräftet, ausgepumpt, krank, klapprig *siech, leidend, hinfällig, sterbend, bewußtlos *gelähmt *dünn (Stoff) *wäßrig, dünn, verwässert (Suppe) *abgeschlagen, erschöpft, ausgelaugt, ausgepumpt, mitgenommen, kreuzlahm, urlaubsreif, erholungsbedürftig, angeschlagen, abgehetzt, abgeschlafft *schwach, kränklich, kümmerlich (Pflanze) *zart, fein (Farbe) *leicht, flau (Wind) *dünn, schwach (Pfeiler) *fade, ungewürzt, flau, salzlos, salzarm, gewürzlos, gewürzarm (Geschmack) *fein, gewählt, gebildet (Ausdruck) *kräftig(er) werden: vergeilen (Kaktus) *schwächen, schwach werden, abschlaffen

**kräftigen:** erfrischen, stärken, aufrichten, ertüchtigen, stabilisieren, stählen

**kraftlos:** schwach, zart, hinfällig, kränklich, anfällig, gebrechlich, ohne Kraft, entkräftet *müde, schlaff, marklos, matt, geschwächt, widerstandslos, energielos, übermüdet, erschöpft, abgespannt, zerschlagen, gestreßt

**Kraftlosigkeit:** Erschöpfung, Schwäche, Abgespanntheit, Ermattung, Schwachheit, Schlappheit, Schlaffheit, Mattheit, Flauheit, Mattigkeit, Übermüdung, Ermüdung, Schwächezustand, Erschöpfungszustand, Entkräftung, Unwohlsein, Kräfteverfall, Schwunglosigkeit, Abspannung, Zerschlagenheit, Schwächlichkeit *Machtlosigkeit, Einflußlosigkeit, Hilflosigkeit, Ohnmacht, Impotenz *Haltlosigkeit, Willensschwäche, Unentschiedenheit, Unentschlossenheit, Verführbarkeit, Weichheit, Willenlosigkeit

**krampfhaft:** zäh, verzweifelt, verbissen, beharrlich, bis zum Letzten, mit aller Kraft, gewaltsam

**krank:** todkrank, nicht gesund, sterbenskrank, elend, leidend, morbid, befallen von, schwerkrank, dienstunfähig, erkrankt an, angegriffen, siech, pflegebedürftig, fiebrig, unpäßlich, unwohl, indisponiert, todgeweiht, bettlägerig, kränklich, kränkelnd *krank werden: erkranken, s. anstecken / infizieren, unpäßlich sein, s. nicht wohl fühlen, fiebern

**kränkeln:** das Bett hüten, darniederliegen, liegen müssen, klagen über, bettlägerig / krank sein, im Bett liegen, ans Bett gefesselt sein, dahinsiechen

**kränken:** verwunden, verletzen, beleidigen, schmerzen, schmähen, verbittern, einen Stich versetzen, brüskieren

**krankhaft:** extrem, anormal, zwanghaft, maßlos, pervers, übertrieben, übermäßig, pathologisch, abnorm, unnatürlich

**Krankheit:** Beschwerden, Seuche, Siechtum, Unwohlsein, Erkrankung, Gebrechen, Leiden, Übel, Störung, Unpäßlichkeit

**kränklich:** empfänglich, labil, schwächlich, empfindlich, zart, anfällig

**kräftigen:** schwächen, entkräften *hintertreiben

**kraftlos:** kräftig, athletisch, breitschultrig, bullig, eisern, gigantisch, stählern, stämmig, stramm, vierschrötig, gewaltig, hünenhaft, markig, muskulös, stark, kernig, reckenhaft, riesig, urgewaltig *(kern)gesund

**Kraftlosigkeit:** Kraft *Kräfte, Körperkräfte, Kraft, Riesenkräfte, Bärenkräfte *Einfluß, Macht *Sicherheit

**krampfhaft:** entkrampft, natürlich, salopp, entspannt, formlos, zwanglos, gelöst, unzeremoniell, ungeniert, familiär, ungezwungen

**krank:** gesund, genesen, geheilt *dienstfähig, arbeitsfähig, arbeitsbereit *rüstig, munter, wohlauf, stark, kräftig *krank werden: gesund werden, genesen, gesunden

**kränkeln:** gesunden, gesund werden *wohlauf / gesund sein

**kränken:** s. entschuldigen / versöhnen *leichtnehmen, übersehen, ignorieren, überhören, abwinken

**krankhaft:** gesund, normal *intakt, heil *harmonisch, partnerschaftlich, intakt

**Krankheit:** Gesundheit, Wohlbefinden, Wohlsein, Rüstigkeit *Aufschwung, Erholung, Genesung

**kränklich:** gesund, erholt, ausgeheilt, heil *widerstandsfähig, abgehärtet, resistent, gefeit, gestählt, unempfänglich, unempfindlich

**krankmachen:** nicht arbeiten, faulenzen, krankfeiern, fehlen, s. erholen, ausschlafen, nichts tun

**kratzbürstig:** dickköpfig, aufmüpfig, aufsässig, widerspenstig, widersetzlich, finster, störrisch, rechthaberisch, unbotmäßig, trotzig, unnachgiebig, unversöhnlich, verschlossen, ungehorsam, unzugänglich

**kraus:** geringelt, gewellt, wuschelig, nicht glatt, gekräuselt *wirr, konfus, verwirrt, verworren, zerfahren, durcheinander

**Kredit:** Darlehen, Anleihe *Soll(seite), Schulden

**kreieren:** entwickeln, schaffen, entwerfen, gestalten, schöpfen

**kribbelig:** unruhig, fiebrig, hastig, fieberhaft, fahrig, wuselig, rastlos, überreizt

**Kriecher:** Schmeichler, Liebediener, Duckmäuser, Heuchler, Speichellecker, Pharisäer

**Krieg:** Kampf, Gefecht, Waffenkampf, kriegerische Handlung, bewaffneter Konflikt, militärische Auseinandersetzung

**kriegerisch:** kämpferisch, streitbar, furios, angriffslustig, herausfordernd, hitzig, händelsüchtig, zanksüchtig, leidenschaftlich, streitsüchtig, kampfesfreudig, kampfbereit, kampflustig, aggressiv, zänkisch, provokant, militant

**kritisch:** urteilssicher, beurteilend, unterscheidend, argwöhnisch, urteilsfähig, prüfend, differenziert *bedenklich, brenzlig, ernst, gefährlich, folgenschwer, schwierig, heikel, bedrohlich, gefahrvoll, prekär, diffizil, zweischneidig, delikat, besorgniserregend, nicht geheuer, problematisch

**kritisieren:** werten, beurteilen, Stellung nehmen, rezensieren, abhandeln

**krumm:** nicht gerade, verbogen, verkrümmt, halbrund, gewölbt, gebogen, geschwungen *verwachsen, höckrig, gebeugt, mißgestaltet, schief, bucklig *illegal, ungesetzlich, schwarz, undurchsichtig *heuchlerisch, scheinheilig, unredlich, falsch, unreell, unwahr-

**krankmachen:** zum / den Dienst antreten, kommen, erscheinen, arbeiten, schaffen, wirken

**kratzbürstig:** nett, freundlich, zuvorkommend, entgegenkommend, aufgeschlossen, einsichtig, verstehend, weitherzig, beliebt, fröhlich, heiter, gutgelaunt, freudig, strahlend

**kraus:** glatt, strähnig, schlicht (Haar) *klar, durchsichtig, durchschaubar, geordnet, übersichtlich (Ideen)

**Kredit:** Haben, Guthaben, Außenstände, Bankeinlage, Spareinlage, Sparguthaben

**kreieren:** nachahmen, plagiieren

**kribbelig:** ruhig, geruhsam, gefaßt, bedacht, abgeklärt, ausgeglichen, beherrscht, besonnen, überlegen, ruhevoll, gleichmütig, gezügelt *ruhig, (an-)gespannt, konzentriert

**Kriecher:** Angeber, Gernegroß, Möchtegern, Prahlhans, Schaumschläger, Großtuer, Aufschneider *Kritiker, Aufsässiger *Revolutionär *Demonstrant

**Krieg:** Frieden, Friedenszustand, Ruhe *Waffenstillstand, Waffenruhe, Friedensschluß *Sieg *Niederlage

**kriegerisch:** friedlich, ruhig, still, verträglich, friedfertig, friedliebend, ausgeglichen (Mensch) *friedlich (Auseinandersetzung)

**kritisch:** unkritisch, kritiklos, leichtgläubig *verträumt, weltfremd *harmlos, ungefährlich, gefahrlos *willensschwach, weich

**kritisieren:** gutheißen, unterstützen

**krumm:** (kerzen)gerade, aufrecht, stocksteif *kurvenlos, kurvenfrei, gerade (Strecke) *legal, gesetzlich, einwandfrei, ordnungsgemäß, richtig, korrekt (Angelegenheit, Geschäfte) *aufrecht, lotrecht *gerade, offen (Charakter)

haftig, unsolid, unlauter, unehrlich, katzenfreundlich, lügenhaft, lügnerisch, hinterhältig, frömmelnd, doppelzüngig, verstellt, unaufrichtig, scheinfromm

**krümmen:** anwinkeln, winden, biegen, beugen, schlängeln

**krümmen:** strecken, aufrichten

**Krümmung:** Biegung, Schleife, Kurve, Kehre, Bogen, Drehung, Knie, Abknickung

**Krümmung:** Gerade

**kühl:** kalt, frisch, eisig, ausgekühlt, abgekühlt, winterlich, frostig, frostklirrend, eis(ig)kalt, unterkühlt, bitterkalt *erbarmungslos, eisig, gefühlskalt, gefühlsarm, herzlos, hartherzig, abgestumpft, gemütsarm, gefühllos, mitleidlos, unzugänglich, lieblos, seelenlos, gleichgültig, roh, unbarmherzig, unsozial, verroht, schonungslos, brutal, inhuman, ungesittet, unnachsichtig, unnachgiebig, kompromißlos, streng, fest, hart, barbarisch, unmenschlich, kaltblütig, grausam, gnadenlos *lieblos, unfreundlich, unzugänglich, leidenschaftslos, seelenlos, mitleidlos

**kühl:** heiter, klar, sonnig, strahlend, sommerlich, heiß, (lau)warm, lind, mild, mollig, überschlagen, schwül (Wetter) *freundlich, hell, warm, angenehm, leuchtend (Farbe) *freundlich, herzlich, angenehm, anmutig, gewinnend, liebenswert, sympathisch, nett, wohlgesinnt, wohlwollend, wohlmeinend *hilfsbereit, fürsorglich, opferwillig, brüderlich *zärtlich, glühend, lieb, warm, herzlich, gutmütig *frohsinnig, lebensfroh, aufgelegt, fidel, freudig, lustig, vergnügt, unbesorgt *anteilnehmend, mitfühlend, gerührt, teilnahmsvoll, teilnehmend, mitleidig *natürlich, echt, ursprünglich, urwüchsig, ungekünstelt, originell, unverfälscht *leidenschaftlich, überschwenglich, temperamentvoll, lebendig, aktiv

**Kühle:** Kälte, Erbarmungslosigkeit, Unbarmherzigkeit, Schonungslosigkeit, Unmenschlichkeit, Gnadenlosigkeit, Brutalität, Roheit, Gefühlsroheit, Härte, Gefühlskälte, Herzensverhärtung, Lieblosigkeit, Mitleidlosigkeit, Kaltherzigkeit *Bodenfrost, Kälte, Nachtfrost, Frost, Frische, niedrige Temperatur, kalte Jahreszeit *Ungerührtheit, Steifheit, Frostigkeit

**Kühle:** Sommerwetter, Wärme, Hitze, Gluthitze, Mittagshitze *Wärme, Herzlichkeit, Heiterkeit, Frohmut, Frohsinn, Glut, Hilfsbereitschaft, Zärtlichkeit, Anteilnahme *Sympathie, Wohlwollen *Hilfsbereitschaft *Anteilnahme, Teilnahme *Natürlichkeit *Leidenschaft, Temperament, Aktivität

**kühlen:** auskühlen, erkalten lassen, auf Eis legen, kalt machen / stellen, abkühlen, abschrecken *erfrischen, wedeln, fächeln, fächern

**kühlen:** erhitzen, erwärmen, anwärmen, (auf)wärmen *überhitzen

**kühn:** mutig, wagemutig, tapfer, draufgängerisch, tollkühn, verwegen, beherzt, waghalsig, furchtlos, todesmutig, vermessen, heldenhaft, unverzagt, heldenmütig, unerschrocken, herzhaft, mannhaft, kämpferisch

**kühn:** ängstlich, angsterfüllt, angstbebend, bang, aufgeregt, befangen, benommen, scheu, eingeschüchtert, feige, zag(haft), zähneklappernd, verschüchtert, verschreckt, verkrampft, depremiert, furchtsam, verzagt, schreckhaft *gemessen, bedacht(sam), abgeklärt, besonnen, ruhevoll, gezügelt, geruhsam, gesetzt, maßvoll

**Kühnheit:** Mut, Beherztheit, Furchtlosigkeit, Draufgängertum, Unverzagt-

**Kühnheit:** Feigheit, Angst, Feigherzigkeit, Kleinmut, Kleinmütigkeit, Un-

heit, Tapferkeit, Tollkühnheit, Herzhaftigkeit, Unerschrockenheit, Wagemut, Verwegenheit, Todesmut, Vermessenheit, Heldentum

**kulant:** entgegenkommend, freundlich, nett, anständig, wohlmeinend, wohlgesinnt, hilfsbereit, gutgesinnt, leutselig, wohlwollend, zuvorkommend, gefällig, großzügig, großmütig, konziliant, bereitwillig, liebenswürdig, verbindlich

**kultivieren:** erschließen, besiedeln, bewässern, roden, kolonisieren, urbar / ertragreich / zugänglich / nutzbar machen, bebauen *vervollkommnen, verbessern, veredeln, zivilisieren, erhöhen, verfeinern, verschönern

**kultiviert:** gebildet, gelehrt, studiert, geschult, kenntnisreich, niveauvoll, qualifiziert, belesen, beschlagen, akademisch, bewandert, erfahren, fit, firm, kundig, weise, klug, wissend, gescheit, versiert, (sach)verständig *gepflegt, elegant, apart, adrett, kleidsam, gut angezogen, schick, schmuck, gefällig *ordentlich, sorgfältig, ausgewogen, sauber, überlegt *gewählt, vornehm, geschmackvoll, nobel, soigniert, distinguiert, gepflegt, *zivilisiert

**Kultur:** Bildung, Zivilisation *Züchtung, Zucht *Anbau, Aufzucht, Bebauung, Bestellung *Lebensart, Lebensweise, Lebensstil

**Kummer:** Leid, Sorge, Unglück, Schmerz, Qual, Gram, Jammer, Not, Kümmernis, Last, Trauer, Trübsal, Kreuz, Seelenschmerz, Verzweiflung, Trostlosigkeit, Misere, Marter, Pein, Martyrium

**kümmerlich:** kläglich, jämmerlich, (herz)ergreifend, (herz)zerreißend, jammervoll, bedauerlich, herzbewegend, beklagenswert, bedauernswert *knapp, mager, spärlich, kärglich, schäbig, bescheiden, ungenügend, unzureichend, unbefriedigend, mangelhaft, schmählich *(ein) wenig, sparsam, gering

**kümmern (s.):** betreuen, sorgen für, pflegen, umsorgen, Anteilnahme / Beachtung schenken, s. annehmen / interessiert zeigen / bemühen um

**kummervoll:** desolat, bedrückt, schwermütig, depressiv, melancholisch, trübsinnig, hypochondrisch,

männlichkeit, Mutlosigkeit, Memmenhaftigkeit, Schwachherzigkeit, Hasenherzigkeit *Vorsicht *Gemessenheit, Bedachtsamkeit, Besonnenheit

**kulant:** inkulant, ungefällig, pingelig, kleinlich, engherzig, pedantisch, übergenau *stur, überzeugt, rigoros, fest (-gelegt), unbarmherzig, gnadenlos, skrupellos

**kultivieren:** brachliegen lassen (Acker) *nicht fördern, vernachlässigen (Land, Sprache, Stimme)

**kultiviert:** unkultiviert, natürlich, unbebaut, wüst, urtümlich *ungebildet, unwissend, unkundig, uninformiert *barbarisch, primitiv, unzivilisiert, kannibalisch

**Kultur:** Kulturlosigkeit, Unkultur *Natur

**Kummer:** Freude, Glück(seligkeit), Lust, Seligkeit, Wonne, Vergnügen

**kümmerlich:** kräftig, gewaltig, gigantisch, hünenhaft, muskulös, stramm, stämmig, urgewaltig, bullig (Gestalt) *ausreichend, gesichert, gut, hervorragend, überdurchschnittlich (Gehalt) *großartig, stolz, erfolgreich, hervorragend (Erfolg) *stattlich, (gut) entwickelt, üppig, kräftig, gesund (Pflanze)

**kümmern (s.):** vernachlässigen, unterlassen, liegenlassen, ruhenlassen *ignorieren, nicht kümmern

**kummervoll:** sorglos, unbekümmert, sorgenfrei, beruhigt, unbeschwert *froh, fröhlich, gutgelaunt, heiter,

schwarzseherisch, pessimistisch, nihilistisch, defätistisch, wehmütig, trübselig, freudlos, traurig, trist, elegisch, (tod)unglücklich, elend, betrübt, trübe, bekümmert, unfroh *sorgenvoll, sorgenschwer, zentnerschwer, gramerfüllt, gramvoll, gramgebeugt

wohlgemut, aufgelegt, glücklich, vergnügt, frohgemut, lustig, zufrieden, ungetrübt, optimistisch, fidel

**kundgeben:** informieren, benachrichtigen, mitteilen, melden, kundtun, kundmachen *publizieren, bekanntmachen, publik machen, veröffentlichen, bekanntgeben

**kundgeben:** verheimlichen, (ver-) schweigen, zurückhalten

**kundig:** informiert, erfahren, orientiert, bewandert, versiert, beschlagen, geschult, qualifiziert, sachverständig, unterrichtet, belesen, kenntnisreich, wissend

**kundig:** unkundig, unwissend, nicht informiert

**kündigen:** suspendieren, von seinem Amt / Posten entheben / entbinden, fortschicken, hinauswerfen, entlassen *abmustern, abheuern *abtreten, den Dienst quittieren, abdanken, die Arbeit / sein Amt niederlegen, seinen Abschied nehmen, s. verändern / zur Ruhe setzen, ausscheiden, aufhören

**kündigen:** aufnehmen (Verhandlungen) *(ab)schließen, bestehen lassen (Beziehungen, Vertrag) *einzahlen (Gelder) *einstellen, antreten, aufnehmen, annehmen, einwilligen (Stelle) *behalten *mieten, einziehen (Wohnung) *kommen, aufnehmen, übernehmen, antreten

**Kündigung:** Hinauswurf, Amtsenthebung, Ablösung, Entfernung, Entmachtung, Zwangspensionierung, Entlassung *Austritt, Rücktritt, Amtsverzicht, Abdankung, Demission, Abschied

**Kündigung:** Abschluß, Unterzeichnung (Vertrag) *Einzug *Antritt, Einstellung *Engagement

**kundtun:** zu erkennen geben, vortragen, mitteilen, ausdrücken, äußern *bekanntgeben, bekanntmachen, kundgeben, publik machen, veröffentlichen, publizieren *unterrichten, verständigen, informieren

**kundtun:** hören, vernehmen, zur Kenntnis nehmen, aufnehmen

**künftig:** in Zukunft, in spe, fortan, forthin, hinfort, fortab, weiterhin, demnächst, des weiteren, fernerhin, von nun / jetzt / heute an, nach wie vor, eines Tages, (der)einst, über kurz oder lang, einmal *kommend, später, zukünftig, (nach)folgend, nächst, angehend, darauffolgend

**künftig:** vergangen, früher, ehemalig, damals, ehedem, ehemals, einst(ig) *jetzt, nun, momentan, gegenwärtig, just, gerade, augenblicklich, heute, jetzig, heutig, derzeitig, diesjährig

**Kunstdünger:** Mineraldünger, Düngemittel

**Kunstdünger:** Naturdünger, organischer / biologischer Dünger

**künstlerisch:** stilvoll, kunstreich, kunstvoll, schön, formvollendet, ästhetisch *ideenreich, schöpferisch, kreativ, phantasievoll, einfallsreich, erfinderisch, originell

**künstlerisch:** unkünstlerisch *dilettantisch *wissenschaftlich (Darstellung) *schematisch (Form) *angelehnt, übernommen (Darstellung)

**künstlich:** unnatürlich, synthetisch, chemisch, unecht, falsch, nachgemacht, auf künstlichem Weg, aus der

**künstlich:** natürlich, biologisch, echt, organisch *natürlich, normal, klar, ungeschminkt, einfach, schlicht, unge-

Retorte, imitiert *geziert, blumenreich, geblümt, gekünstelt, gemacht,
gequält, geschraubt, geschwollen, gespreizt, gestelzt, gesucht, gezwungen,
phrasenhaft, unecht, unnatürlich
**kunstlos:** einfach, primitiv, ungegliedert, unkompliziert, gradlinig, ungekünstelt, glatt, schmucklos, natürlich,
schlicht

**kunstvoll:** stilvoll, künstlerisch, schön,
formvollendet, ästhetisch, kunstreich

**kunterbunt:** zusammengewürfelt, gemischt, wirr, ungeordnet, wild, chaotisch, planlos, durcheinander, unordentlich, vermengt
**Kür:** Kürübung
**kurios:** befremdlich, merkwürdig, verschroben, seltsam, skurril, eigenartig,
schrullig, eigentümlich, eigen(brötle-
risch), sonderbar, kauzig, bizarr,
(ver)wunderlich, fremd anmutend,
(ab)sonderlich, abstrus, ominös, ungewöhnlich, spaßig, anders, komisch,
drollig, abwegig, anomal, närrisch, abweichend, befremdend, unüblich, ausgefallen, abnorm, atypisch
**Kurpfuscher:** Quacksalber, Scharla-
tan, Medikaster, Nichtskönner, Stümper, Dilettant
**Kurve:** Kehre, Abbiegung, Wegkrüm-
mung, Bogen, Biegung, Schleife, Wende, Windung, Krümmung, Knick, Abknickung, Knie, Schwenkung, Haken,
Schlinge, Serpentine, Wendung
**kurvenlos:** (schnur)gerade, ohne Kurven, kerzengerade, kurvenfrei
**kurvenreich:** gewunden, in Kurven /
Serpentinen
**kurz:** kurzzeitig, vorübergehend, kurzlebig, kurzfristig, flüchtig, schnell (vorbei), nicht für immer / lange / dauernd,
zeitweise, zeitweilig, auf Zeit, eine
Zeitlang / Weile *kurz und bündig,
straff, gedrängt, in wenigen Worten,
kursorisch, lapidar, summarisch, bestimmt, komprimiert, verkürzt, abgekürzt, nicht ausführlich, im Tele-
grammstil *von geringer Länge / Ausdehnung, knapp, klein
**Kürze:** Kleinheit, Knappheit, Begrenztheit, Geringfügigkeit, Gedrängtheit *Hast, Eile, Hetze

künstelt

**kunstlos:** kunstvoll, kunstfertig, kunstreich, effektvoll, wirkungsvoll, schöpferisch, originell, produktiv, kreativ,
gestalterisch, gestaltend, erfinderisch,
ingeniös, ideenreich, einfallsreich
**kunstvoll:** kunstlos, einfach, natürlich,
schlicht, ungeschminkt, nicht künstlerisch *primitiv
**kunterbunt:** geordnet, ordentlich

**Kür:** Pflicht (Sport)
**kurios:** erklärbar, einsichtig, wahrscheinlich, einleuchtend, glaubhaft,
augenfällig, evident, begreiflich, bestechend, überzeugend, faßlich, faßbar,
plausibel

**Kurpfuscher:** Mediziner, Arzt

**Kurve:** Gerade

**kurvenlos:** kurvenreich, gewunden, in
Kurven / Serpentinen
**kurvenreich:** kurvenlos, (kerzen)gera-
de, kurvenfrei (Strecke)
**kurz:** lang (Rock, Strecke, Haar) *lange, langdauernd, dauerhaft, nachhaltig
(Zeit) *(lang)atmig, weitschweifig,
ausführlich, ausholend, ausladend,
endlos (Vortrag) *umständlich

**Kürze:** Länge, Dauer (Zeit) *Ausmaß,
Dimension, Länge, Reichweite, Weite,
Ausdehnung (Raum) *Weitschweifig-
keit, Langatmigkeit, Ausführlichkeit

**kürzen:** verringern, schmälern, senken, dezimieren, reduzieren, drosseln, herabsetzen, heruntergehen, herunterschrauben, abstreichen, abziehen, beschränken, einschränken *abschneiden, verkürzen, wegschneiden, abscheren, verkleinern, abtrennen, kürzer machen, abzwicken, abhacken, abschlagen, kupieren, beschneiden, stutzen

**Kurzfassung:** Zusammenfassung, Abriß, Inhaltsangabe, Resümee, Extrakt

**kurzfristig:** kurz(zeitig), vorübergehend, kurzlebig, flüchtig, schnell (vorbei), nicht für immer / lange / dauernd, eine Zeitlang / Weile, zeitweilig, zeitweise, auf Zeit

**kürzlich:** neuerdings, in letzter Zeit, seit kurzem *unlängst, vor kurzem, letzthin, neulich, vor nicht langer / kurzer Zeit, noch nicht lange her, vorhin, eben (noch), gerade, just(ament)

**kurzsichtig:** nicht weitblickend / vorausschauend, beschränkt, eng(stirnig) *sehbehindert, schwachsichtig, schlecht sehend

**Kurzsichtigkeit:** Borniertheit, Beschränktheit, Engstirnigkeit *Schwachsichtigkeit, Fehlsichtigkeit, Sehbehinderung

**Kürzung:** Verringerung, Verminderung, Reduzierung, Drosselung, Herabsetzung, Beschränkung, Einschränkung, Streichung, Begrenzung, Schmälerung, Abbau, Minderung, Abstrich, Dezimierung, Reduktion, Beschneidung

**Kurzweil:** Unterhaltung, Amüsement, Zeitvertreib, Vergnügen, Zerstreuung, Lustbarkeit, Abwechslung, Spaß, Freude, Belustigung, Ablenkung, Geselligkeit

**kurzweilig:** gesellig, vergnüglich, unterhaltsam, anregend, spaßig, ergötzlich, unterhaltend, erheiternd, abwechslungsreich, zerstreuend, interessant, erfrischend, angenehm, ergötzend, belebend

**kuschen:** parieren, spuren, gehorchen *s. niedersetzen / niederlegen

**Kusine:** Base, Cousine

**kürzen:** verlängern, ansetzen (Rock) *ausweiten, erweitern, hinzufügen (Text) *erhöhen, aufstocken (Gehalt) *erhöhen, vergrößern, vermehren (Summe) *zugeben, auslassen (Naht, Saum) *dehnen, strecken, recken, verlängern (Material) *verlängern, erweitern, ausdehnen (Aufenthalt)

**Kurzfassung:** Original(ausgabe), Originalfassung (Roman)

**kurzfristig:** langfristig, auf längere Zeit

**kürzlich:** vor langer Zeit, vor langem, längst

**kurzsichtig:** weitsichtig *normalsichtig *überlegt, weitblickend, vorausschauend, organisierend, vorausplanend

**Kurzsichtigkeit:** Weitsichtigkeit, Hyperopie, Hypermetropie *Normalsichtigkeit *Weitblick, Vorausschau, Vorausplanung, Organisation

**Kürzung:** Erhöhung, Aufbesserung (Gehalt) *Zulage, Gratifikation (Lohn) *Verlängerung *Erweiterung *Original(ausgabe), Originalfassung (Roman)

**Kurzweil:** Langeweile, Eintönigkeit, ewiges Einerlei, Einförmigkeit, Öde, Langweiligkeit

**kurzweilig:** langweilig, eintönig, monoton, einschläfernd, uninteressant, altbekannt, trist, trostlos, öde, fad(e), einförmig

**kuschen:** aufbegehren, s. auflehnen, auffahren, in die Höhe fahren, rasen, wüten, aufbrausen

**Kusine:** Cousin, Vetter

# L

labil: schwächlich, anfällig, schwach, leicht aus dem Gleichgewicht zu bringen, nicht widerstandsfähig / stabil *schwankend, unstet, beeinflußbar, unentschlossen, ratlos, zerrissen, gespalten, ohne jeden Halt, unentschieden, unzuverlässig, unsicher, mit s. uneins

labil: stabil, resistent, gesund, gesundheitsstrotzend, kräftig, nicht anfällig (Gesundheit) *gefestigt, fest, stark (Charakter) *sicher, fest(stehend), stabil

lachen: ein Gelächter anstimmen, in Lachen / Gelächter ausbrechen, hellauf lachen, kichern, einen Lachanfall / Lachkrampf bekommen, Tränen / schallend / aus vollem Halse lachen, s. vor Lachen ausschütten *froh / fröhlich / vergnügt / gut aufgelegt / guter Laune sein

lachen: (aus)heulen, (aus)weinen, Tränen vergießen, flennen, plärren, schluchzen *traurig / bedrückt / bekümmert / deprimiert / elend / unglücklich / schwermütig / trübe / trübselig / trübsinnig / pessimistisch sein *unberührt / unbeteiligt / teilnahmslos / wurstig / apathisch sein

Lachen: Humor, Freude, Fröhlichkeit, Frohmut, Lebenslust, Lustigkeit, Heiterkeit, Frohsinn, Vergnügen, heitere / fröhliche Stimmung / Laune

Lachen: Weinen, Tränen *Traurigkeit, Bedrückung, Schwermut, Trübseligkeit *Desinteresse, Teilnahmslosigkeit, Apathie, Wurstigkeit, Gleichgültigkeit

lächerlich: lachhaft, absurd, läppisch, ridikül, töricht, grotesk, verrückt, kindisch, närrisch, spaßig, ulkig, albern *wenig, gering, winzig (Menge)

lächerlich: traurig, tragisch, jämmerlich *respektabel, (ehr)würdig *groß, enorm, hoch, sehr, überaus *ernstzunehmend, seriös, geschätzt

lackieren: lacken, Lack auftragen, (an-)streichen, (an)malen

lackieren: beizen (Möbel) *(roh)belassen, naturbelassen, natürlich lassen

laden: beladen, volladen, bepacken, einladen, aufladen, verladen, auflasten, belasten, aufbürden *einladen, zum Kommen auffordern, zu s. bitten *durchladen, schußbereit machen, mit Munition versehen *vorladen, beordern, bestellen, zu s. bescheiden, kommen lassen *aufladen, speichern (Strom)

laden: entladen, ausladen, (aus)leeren, entleeren, auskippen *platzen *löschen (Schiff) *s. entladen (Batterie) *entnehmen (Strom) *sichern, entladen (Gewehr) *Folge leisten, kommen (Zeuge) *absagen, ausladen, rückgängig machen (Einladung, Besuch)

Ladenhüter: Schleuderware, Altware, Ramsch, Schund, Plunder, Ausschuß (-ware), schlechte Ware, Tand

Ladenhüter: Hit, Neuheit, Knüller, Attraktion, Sensation, Neuigkeit

lagern: einlagern, deponieren, speichern, ablegen, magazinieren, aufbewahren, aufstapeln, horten, schichten, türmen, stauen *rasten, pausieren, eine Ruhepause einlegen / einschieben / machen, ruhen, s. ausruhen / niedersetzen / Ruhe gönnen

lagern: verbrauchen, aufbrauchen (Ware) *verkaufen (Ware) *weitergehen, weitermarschieren, fortziehen *verfüttern (Futter)

lahm: gehbehindert, gelähmt, gehunfähig *träge *langweilig, wirkungslos, monoton, stumpfsinnig, einschläfernd, trist, fad(e), öde, trostlos, reizlos, unin-

lahm: agil, flink, sportlich, schnell, beweglich, lebhaft *überzeugend, ausreichend, glaubhaft (Entschuldigung) *interessant, unterhaltsam, spannend,

teressant, gleichförmig, einförmig, ermüdend, trocken *kraftlos, erschöpft
**lähmen:** behindern, beeinträchtigen, einschränken, einengen, hemmen *schwächen, paralysieren
**lahmlegen:** stoppen, außer Betrieb setzen, stillegen, zum Erliegen / Stillstand bringen *hemmen, behindern, beeinträchtigen, einengen, einschränken *sabotieren, blockieren, hintertreiben, systematisch / planmäßig stören
**Laie:** Unkundiger, Dilettant, Amateur, Nichtfachmann, Anfänger, Nichtskönner

**laienhaft:** dilettantisch, dilettantenhaft, stümperhaft, unzulänglich, nicht fachgerecht / fachgemäß, unzureichend, ungenügend, unvollständig, mangelhaft, lückenhaft
**lammfromm:** zahm, gezähmt, gebändigt, fromm, domestiziert

**Land:** Erde, Grund, Boden, Erdreich, Scholle, Feld, Acker, Gelände, Flur, Terrain, Areal *Landbesitz, Grundbesitz, Grundstück, Bodenbesitz *Staat, Nation *Vaterland, Heimat, Geburtsland *Provinz, Gebiet, Region, Distrikt, Bezirk
**Landbewohner:** Dorfbewohner

**landen:** an Land gehen, (auf dem Land) ankommen *niedergehen, aufsetzen, wassern

**Landesregierung:** Landtag, Landesparlament
**ländlich:** provinziell *bäuerlich, dörflich, rustikal, außerhalb / fern der Stadt
**Landtag:** Landesparlament, Bürgerschaft (Hamburg, Bremen), Abgeordnetenhaus (Berlin)
**Landung:** Eintreffen, Ankommen, Ankunft, Arrival

**landwärts:** ins Land / Landesinnere hinein
**lang:** groß, von hohem Wuchs, hochaufgeschossen *(aus)gedehnt, ellen-

aufregend *munter, kräftig, frisch, mobil, fit, erholt, wach
**lähmen:** erfrischen, erquicken, beleben, ermuntern, laben *stärken, kräftigen
**lahmlegen:** in Gang bringen / setzen, anlassen, starten, flottmachen, in Betrieb nehmen, den Motor anlaufen lassen

**Laie:** Fachmann, Profi, Experte, Sachverständiger, Sachkenner, Kenner, Sachkundiger, Kundiger, Könner, As, Kapazität, Fachgröße, Autorität, Spezialist, Berühmtheit
**laienhaft:** fachmännisch, fachgerecht, zünftig, sachgemäß, gekonnt, kundig, kunstgerecht, routiniert, qualifiziert, gut, profihaft

**lammfromm:** aufsässig, aufmüpfig, kritisch, unfolgsam, ungehorsam, unmanierlich, störrisch, trotzig, widerspenstig *bissig, wild (Tier)
**Land:** See, Wasser, Meer *Stadt, Großstadt

**Landbewohner:** Städter, Stadtbewohner, Stadtmensch, Großstädter, Großstadtmensch
**landen:** ausfahren, in See stechen, ablegen (Schiff) *starten, abfliegen, aufsteigen (Flugzeug) *aussteigen, abspringen (Fallschirmspringer)
**Landesregierung:** Bundesregierung

**ländlich:** (groß)städtisch, kleinstädtisch, urban, weltstädtisch
**Landtag:** Bundestag *Senat (Bayern)

**Landung:** Start, Aufstieg, Abflug (Flugzeug) *Abschuß, Start (Rakete) *Abmarsch, Aufbruch (Unternehmen) *Auslaufen (Schiff) *Absprung (Fallschirmspringer)
**landwärts:** seewärts (Wind) *stadt(ein)wärts (Verkehr)
**lang:** kurz, abgekürzt, gedrängt, verkürzt, kurz und bündig, knapp (Zeit)

lang, nicht kurz, langgezogen *ausgiebig, ausführlich, eingehend, umfassend *langfristig, lange, unabsehbar, langwierig, endlos, wochenlang, tagelang, jahrelang, stundenlang, ewig, unendlich, ohne Ende, geraume Zeit

**langatmig:** umständlich, weitschweifig, lang und breit, zeitraubend, ausholend, wortreich, weitläufig, ausführlich, eingehend, in extenso

**Länge:** Größe, Körpergröße, hoher Wuchs *Zeitdauer, Dauer, Verlauf *Ausdehnung, Ausmaß, Erstreckung, Tiefe, Breite, Abmessung, Dimension, Umfang, Größenordnung, Weite, Reichweite

**langen:** aushändigen, abliefern, abtreten, in die Hand drücken, geben *auslangen, hinkommen, genügen, (aus-)reichen *ohrfeigen

**Längenmaß:** Millimeter, Zentimeter, Dezimeter, Meter, Kilometer, Meile

**Langeweile:** Einerlei, unausgefüllte / leere Stunden, Eintönigkeit, Gleichförmigkeit, Einförmigkeit, die alte Leier, Öde

**langfristig:** unabsehbar, langwierig *dauerhaft, bleibend, geraume Weile, auf lange / längere Sicht / Zeit

**langjährig:** anhaltend, andauernd, lang, fortgesetzt, ununterbrochen, kontinuierlich, fortwährend, beständig, stetig, mehrjährig, jahrelang, über Jahre

**langlebig:** dauerhaft, andauernd, stets, ewig, konstant

**Langmut:** Ausdauer, Nachsicht, Gelassenheit, Geduld, Toleranz, Gleichmut, Milde, Ruhe, Sanftmut, Friedfertigkeit

**längs:** entlang, seitlich, seitwärts, der Länge nach, am Rand / an der Seite hin, von oben nach unten

**langsam:** gemächlich, säumig, geruhsam, gemütlich, stockend, bedächtig, zögernd, schleppend, betulich, sachte, kriechend, mit geringer Geschwindigkeit, nicht überstürzt / übereilt, gemessenen Schrittes, im Schrittempo, saumselig *allmählich, stufenweise, nach und nach, Schritt für Schritt, kaum merklich, nicht auf einmal, unmerklich, im Laufe der Zeit, mit der Zeit,

*kurz (Distanz) *kurz, knapp, markig, kernig, umrißhaft, lapidar, lakonisch *kurz, geschnitten, geschoren (Haar)

**langatmig:** kurz, treffend, knapp, lakonisch, umrißhaft, kernig, markig *abgehackt, abgebrochen, abgerissen, kurzatmig, stockend, stotternd

**Länge:** Kürze *Breite *Höhe

**langen:** bekommen, erhalten (Teller) *erhalten, einstecken, bekommen (Ohrfeige) *nicht (aus)reichen, knapp sein, s. erschöpfen, nicht auskommen

**Längenmaß:** Flächenmaß *Raummaß

**Langeweile:** Pflicht, Beschäftigung, Arbeit *Abwechslung, Vergnügen, Kurzweil, Ablenkung, Lustigkeit, Gaudium, Belustigung, Amüsement, Vergnügtheit *Spannung, Aufregung *Unterhaltung, Zeitvertreib, Zerstreuung *Abenteuer

**langfristig:** kurzfristig, bald, schnell, in Bälde, in kurzer Zeit *immerwährend, ewig

**langjährig:** einjährig, kurz (Vertragsdauer) *angehend, neu (Mitarbeiter) *kurzfristig

**langlebig:** kurzlebig, ephemer, kurzfristig, transitorisch, vorübergehend

**Langmut:** Ungeduld, Treiben, Voreiligkeit, Hast, Heftigkeit

**längs:** quer, der Breite / Quere nach

**langsam:** schnell, eilig, rasch, geschwind, flüchtig, fix, flink, flott *übereilt, hastig, überstürzt, hektisch *schlagfertig, prompt, sofort *gierig, hastig (essen) *plötzlich, sprunghaft, unvorhergesehen, überraschend, abrupt, jäh, schlagartig, auf einmal, mit einem Mal, unvermittelt, unversehens, unverhofft, aus heiterem Himmel, von heute auf morgen, über Nacht

graduell, etappenweise, sukzessive, schrittweise, stückweise, peu à peu
**Langsamkeit:** Gemächlichkeit, Saumseligkeit, Trödelei, Schneckentempo

**Langsamkeit:** Schnelligkeit, Geschwindigkeit, Tempo, Schnelle *Hast, Eile, Wirbel, Überstürzung, Geschäftigkeit, Geschwindigkeit, Hektik, Getriebe, Trubel

**längst:** bereits, seit längerer / langer Zeit, nicht erst, lange (vorher), seit längerem / langem, von langer Hand

**längst:** jetzt, momentan, im Augenblick, augenblicklich, derzeit, gegenwärtig, gerade, just(ament), (so)eben *neulich, kürzlich, jüngst, letztens, letzthin, vorhin, unlängst, in letzter Zeit, vor kurzer Zeit

**langweilen:** einschläfern, ermüden, anöden, abstumpfen, Überdruß bereiten *s. langweilen: die Zeit totschlagen, nichts mit s. anfangen können, vor Langeweile umkommen, Langeweile haben, fast einschlafen vor Langeweile

**langweilen:** fesseln, packen, amüsieren, interessieren, entzücken, berauschen, mitreißen, aufwühlen, in Begeisterung versetzen, mit Begeisterung erfüllen, begeistern, erregen, aufregen *s. langweilen: s. beschäftigen / ablenken, arbeiten *s. vergnügen / amüsieren / berauschen / begeistern / erregen / aufregen

**langweilig:** einfallslos, wirkungslos, monoton, phantasielos, einfach, alltäglich, üblich, unoriginell, ohne Pfiff, trist, fad(e), öde, trostlos, reizlos, uninteressant, gleichförmig, einförmig, ermüdend, trocken *desinteressiert, träge, dickfellig, schwerfällig, gleichgültig, lethargisch, teilnahmslos, leidenschaftslos, unbeteiligt, apathisch, stumpfsinnig, unempfindlich, interesselos, ungerührt, unbewegt, kühl, gefühllos, unaufgeschlossen, inaktiv, lasch, stumpf, denkfaul

**langweilig:** interessant, anregend, spannungsreich, lebendig, fesselnd, packend, atemberaubend, zündend, mitreißend, vergnüglich, aufschlußreich, kurzweilig, bemerkenswert, informativ, reizend *sehenswert, lesenswert, hörenswert, beachtenswert, wissenswert, markant *unternehmend, aktiv, regsam, rührig, unternehmungslustig, tatkräftig, zielstrebig, energisch, entschlossen, zupackend, konsequent *aufgeschlossen, vergnüglich, fröhlich, frohgestimmt, lustig, munter, vergnügt, aufgelegt, ausgelassen (Stimmung) *bunt, anschaulich, abwechslungsreich *lebhaft, wild, vollblütig, vital, heftig, temperamentvoll, heißblütig, dynamisch, feurig

**langwierig:** anhaltend, andauernd, zeitraubend, chronisch, schleichend, schleppend, s. in die Länge ziehend
**Lärm:** Geräusch, Radau, Tumult, Dröhnen, Trubel, Geschrei, Gekreische, Ruhestörung
**lasch:** schwach, entkräftet, geschwächt, lahm, kraftlos *ohne Würze / Geschmack / Aroma, würzlos, dünn, fad(e), ungewürzt, schal *unordentlich, schlampig, lässig, leichtfertig, nachlässig *schwach *laissez-faire
**lässig:** oberflächlich, flüchtig, ungenau, leichtfertig, unsorgfältig, liederlich, nachlässig, schlampig, unordentlich

**langwierig:** kurz *unkompliziert, einfach

**Lärm:** Ruhe, Stille, Geräuschlosigkeit, Frieden

**lasch:** kräftig, fest (Händedruck) *konsequent, streng, autoritär, geführt, gelenkt (Erziehung) *aufgebläht, straff (Fahne)

**lässig:** gespannt, gestrafft, straff (Haltung) *konzentriert *gewissenhaft, aufmerksam, zuverlässig, eifrig

*zwanglos, ungezwungen, unzeremoniell, unbefangen, unverbindlich, formlos, informell, locker, aufgelockert, leger, frei, offen, salopp, nonchalant, natürlich, gelockert, ungeniert *pfundig, toll, prima, großartig

**lastenfrei:** ohne Belastung / Hypothek, schuldenfrei

**Laster:** schlechte Angewohnheit, Unsitte, Untugend, Ausschweifung, Übel, Verirrung, Schwäche, wunder Punkt, wunde / schwache Stelle, Sünde *Lastkraftwagen

**lasterhaft:** verkommen, unkeusch, verdorben, unzüchtig, verworfen, liederlich, verderbt, lose, heruntergekommen, locker, unsittlich, zügellos, unsolide, untugendhaft, lotterhaft, hemmungslos, tugendlos, einem Laster verfallen, sittenlos, ausschweifend, zweifelhaft, zuchtlos, unschicklich, verrucht, haltlos, ruchlos, unziemlich, unmoralisch, ungehörig, schmutzig, wüst

**lästerlich:** frevelhaft, abscheulich, greulich, widerwärtig, gemein, abscheuerregend, lasterhaft, frevlerisch, unverzeihlich, sündhaft, verbrecherisch, fluchwürdig, gottlos, gotteslästerlich, böse, ruchlos, blasphemisch, schändlich

**Lästermaul:** Lästerer, Kritiker, böse Zunge, Lästerzunge

**lästig:** plump, aufdringlich, ekelhaft, zudringlich, indiskret, penetrant, frech, unverschämt, unangenehm, taktlos, widerlich *unbequem, unpassend, unliebsam, unangebracht, störend, unwillkommen, beschwerlich, unerwünscht, mühsam, hinderlich, mühselig, hemmend, mühevoll, ungelegen, belastend, widrig

**latent:** unterschwellig, verborgen, unter der Oberfläche, versteckt, schlummernd, verhüllt, unmerklich, verkappt, unbemerkt, verdeckt, unerkannt, nicht offenkundig, dem Auge entzogen, verschleiert

**lau:** mäßig warm, lauwarm, überschlagen, lind, handwarm, leicht temperiert, mild *halbherzig, ohne Begeisterung, mit halbem Herzen, lustlos, ohne Freude / Lust, unwillig, widerstrebend *teilnahmslos, desinteressiert, kühl, interesselos, ungerührt, gleichgültig, ohne

*zuvorkommend, entgegenkommend, verbindlich *energisch, zielstrebig, entschlossen, zupackend, zielsicher, willensstark, unbeirrt, resolut, konsequent, nachdrücklich, aktiv, tatkräftig

**lastenfrei:** belastet (Grundstück)

**Laster:** Tugend(haftigkeit), Anständigkeit, Unbescholtenheit, Sittsamkeit *Personenkraftwagen

**lasterhaft:** anständig, sittsam, gesittet, tugendhaft, korrekt, unbescholten, abstinent

**lästerlich:** fromm, religiös, gottergeben, gläubig, gottesfürchtig, orthodox, andächtig

**Lästermaul:** Duckmäuser, Angsthase, Kriecher, Radfahrer, Mitläufer *Persönlichkeit *Kritiker

**lästig:** angenehm, brav, sympathisch, beliebt, anmutig, attraktiv, lieb(enswert), einnehmend, liebenswürdig, nett, reizend

**latent:** offen, sichtbar, (be)merkbar, merklich *akut (Krankheit)

**lau:** (glühend) heiß, sommerlich, tropisch, sonnig (Wetter) *(bitter)kalt, eisig, frisch, frostig, frostklar, gefroren, grimmig, kühl, starr, vereist *frisch, windig, böig, auffrischend, steif, zugig, stürmisch (Wind) *kalt (Mahlzeit) *packend, spannend, mitreißend, in-

Interesse, uninteressiert, ohne Teilnahme, passiv, nicht betroffen

**Lauf:** Ablauf, Verlauf, Hergang, Fortgang, Nacheinander, Prozeß, Weg; Aufeinanderfolge, Bahn, Fluß, Strom *Wettlauf, Wettrennen, Rennen *Tritt, Schritt, Gang

**laufen:** stürmen, hasten, stürzen, eilen, sausen, rennen, preschen, rasen, sprinten, spurten, traben, galoppieren, s. beeilen *s. fortbewegen, wandern, (zu Fuß) gehen, spazieren(gehen) *arbeiten, gehen, funktionieren, eingeschaltet / angestellt / in Tätigkeit / Betrieb / Gang / Funktion sein *rieseln, sickern, plätschern, wogen, strömen, fließen *gelten, verbindlich / gültig sein, Gültigkeit / Laufzeit haben *auslaufen, lekken, tropfen, undicht sein, tröpfeln

**laufende:** derzeitige, jetzige, diese (Zeit) *wiederkehrende, ständige, fixe (Kosten)

**launisch:** wetterwendisch, unbeständig, übelnehmerisch, unzuverlässig, voller Launen, exzentrisch, verletzt, bizarr, grillenhaft, kapriziös, reizbar, unausgeglichen, unberechenbar, flatterhaft, empfindlich, unstet, mißlaunisch, wankelmütig, sauertöpfisch, wechselnd, mißgelaunt, gekränkt, launenhaft

**lauschig:** wohnlich, gemütlich, bequem, behaglich, traut, anheimelnd, traulich, heimelig, häuslich, intim, wohlig, beschaulich, friedlich, harmonisch, angenehm

**Lausebengel:** Frechdachs, Strolch, Range, Schlingel, Lausbube, Flegel, Schelm, Lausejunge, Frechling, Lauser, Spitzbube

**lausig:** schlecht, übel, katastrophal *wenig, spartanisch, ungenügend

**laut:** geräuschvoll, ohrenzerreißend, voller Lärm, durch Mark und Bein gehend, nicht leise / ruhig, gellend, (ohren)betäubend, schrill, lautstark, grell, lauthals, aus Leibeskräften / voller Kehle, durchdringend, unüberhörbar, aus vollem Hals, lärmend, mit erhobener Stimme, dröhnend, vernehmlich, mit voller Lautstärke, vernehmbar, schallend, hörbar, fortissimo, markerschütternd *entsprechend,

teressant, informativ (Rede) *subjektiv, voreingenommen, parteilich (Einstellung) *leidenschaftlich, innig, warm, herzlich, heiß (Gefühle)

**Lauf:** Ruhe, Stillstand, Pause, Unterbrechung, Stockung

**laufen:** fliegen *fahren *stehen bleiben, ruhen, (still)stehen, sitzen bleiben, liegen bleiben *mitgenommen / gefahren / getragen werden *stottern, stocken, stehen(bleiben) (Motor) *abstellen (Wasser) *anlaufen, beginnen (Spielsaison) *auslaufen, enden (Spielsaison)

**laufende:** letzte, vorige (Monat, Jahr, Nummer) *(über)nächste, folgende, kommende

**launisch:** berechenbar, ausgeglichen, ausgewogen, stetig, einschätzbar, beständig, ausgereift, überlegt, unbeirrbar *fröhlich, heiter, munter, strahlend, frohsinnig, froh *zuverlässig

**lauschig:** unbequem, unwirtlich, ungemütlich, unbehaglich, unangenehm, unwohnlich, unfreundlich, kühl

**Lausebengel:** Musterknabe, Vorbild, Tugendbold

**lausig:** gut, fett (Zeiten) *viel, genug, reichlich (Menge)

**laut:** leise, flüsternd, geräuschlos, verhalten, kaum hörbar / vernehmbar / vernehmlich, nicht laut, lautlos, schwach (Stimme) *ruhig, verkehrsarm, wenig befahren, still (Straße) *gedämpft, verhalten (Ton) *einsam, lauschig, still, friedlich, intim, ruhig *entgegen, zuwider

gemäß, nach (Maßgabe), zufolge, auf...hin

**lauter:** aufrichtig, geradlinig, offen, redlich, anständig, ohne Hintergedanken *nur, ausschließlich, bloß, lediglich, (einzig und) allein, nichts (anderes) als *rein, sauber, makellos, ungetrübt, unverdorben, unverfälscht, pur, durch nichts vergiftet / beeinträchtigt / entstellt

**lautlos:** leise, nicht / kaum hörbar / vernehmbar

**lauwarm:** mäßig warm, lau, überschlagen, lind, handwarm, leicht temperiert, mild

**lax:** nachlässig, liederlich, unordentlich, schlampig, oberflächlich, leichthin, obenhin

**leben:** existieren, atmen, am Leben / auf der Welt / lebendig sein *ein Dasein führen; ein Leben haben / führen, sein Leben verbringen *s. aufhalten / befinden, wohnen, weilen, sitzen, hausen

**Leben:** Existenz, Atem, Dasein, Sein, Bestehen, Fleisch und Blut *Trubel, Regsamkeit, Aktivität, Betriebsamkeit *Lebensbahn, Werdegang, Lebenszeit, Lebensdauer, Lebensweg, Lebenstage

**lebendig:** lebend, nicht tot, mit Leben erfüllt, am Leben, existierend *lebhaft, temperamentvoll, wild, dynamisch, vif, vital, heißblütig, beweglich, feurig, unruhig, quecksilbrig, blutvoll, getrieben, mobil, heftig *anschaulich, deutlich, leicht verständlich, klar, lebhaft, sprechend, greifbar, lebensnah, plastisch, veranschaulichend, konkret, bildlich, eingängig *groß, farbig, reich *im Gedächtnis, in Erinnerung (Brauch)

**lebensfremd:** theoretisch, verträumt, weltfremd, unrealistisch, weltverloren, idealistisch, ohne Lebenserfahrung, wirklichkeitsfern, versponnen, weltentrückt, lebensfern, utopisch

**Lebensfreude:** Humor, Freude, Fröhlichkeit, Frohmut, Lebenslust, Lustigkeit, Heiterkeit, Frohsinn, Vergnügen, heitere / fröhliche Stimmung / Laune *Witz *Scherz, Ausgelassenheit

**lebenslänglich:** auf Lebenszeit, (s)ein Leben lang, bis zum Tode dauernd

**lebenslustig:** heiter, vergnügt, lustig,

**lauter:** unlauter, finster, unehrlich, schmutzig, unrein

**lautlos:** laut, hörbar, vernehmlich, geräuschvoll

**lauwarm:** heiß *kalt (Mahlzeit)

**lax:** pingelig, fest, streng, sorgfältig, gewissenhaft, exakt, konsequent, genau

**leben:** sterben, ableben, (ab)scheiden, (da)hinscheiden, entschlafen, heimgehen, verscheiden *verdrängen *vergessen (Ereignis)

**Leben:** Tod, Ableben, Verscheiden, Ende, Absterben, Abscheiden

**lebendig:** tot, abgeschieden, verschieden, verstorben, unbelebt, gestorben, erloschen, entseelt, heimgegangen, ohne Leben, leblos *ausgestorben, vergangen, gewesen (Brauch, Lebewesen) *ruhig, still, besonnen, phlegmatisch, bedacht, langweilig, träge, ruhevoll, brav (Kind) *arm, phantasielos, farblos, mager (Phantasie) *müde, matt, ausgepumpt, gestreßt, abgespannt, abgejagt, abgeschafft *blaß, farblos, langweilig, nüchtern, trocken, unanschaulich (Aufsatz)

**lebensfremd:** lebensnah, wirklichkeitsnah, praxisnah, am Leben / an der Praxis orientiert

**Lebensfreude:** Depression, Gebrochenheit, Lebensmüdigkeit, Verzweiflung, Pessimismus, Niedergeschlagenheit, Gedrücktheit, Schwermut, Verzagtheit, Melancholie

**lebenslänglich:** zeitig, (zeitlich) begrenzt (Strafe)

**lebenslustig:** bedrückt, ernsthaft,

aufgelegt, fröhlich, ausgelassen, gutgelaunt, übersprudelnd, wohlgemut, aufgeheitert, aufgeweckt, lebensfroh,
übermütig, schelmisch, freudig, fidel,
aufgekratzt, vergnüglich, froh(sinnig),
frohgestimmt, aufgeschlossen, strahlend, freudestrahlend, frohgemut, sonnig, überschäumend, munter, heiteren
Sinnes, feuchtfröhlich, frisch
**lebensnah:** am Leben / an der Praxis
orientiert, wirklichkeitsnah, praxisnah

**lebenstüchtig:** geschäftstüchtig, clever
*geschickt, gewandt, anstellig *wen-
dig, diplomatisch

**lebhaft:** temperamentvoll, wild, dynamisch, vif, vital, heißblütig, beweglich,
ungestüm, feurig, lebendig, unruhig,
quecksilbrig, blutvoll, getrieben, mobil, heftig *leuchtend, farbenprächtig,
kräftig, auffällig, farbenfreudig, satt,
bunt, farbig, grell *anschaulich, deutlich, leicht verständlich, lebendig, klar,
sprechend, greifbar, lebensnah, plastisch, veranschaulichend, konkret,
bildlich, eingängig *intensiv, stark,
groß *florierend, schwungvoll, blühend *vivace, allegro *belebt, verkehrsreich, bevölkert *unbesorgt,
sorglos, unbekümmert

**leblos:** entseelt, bewegungslos, unbewegt, erstarrt, unbelebt, starr, ausgestorben, ohne Leben, abgestorben, regungslos *nicht organisch, anorganisch
**leck:** undicht, porös, durchlässig, löcherig *mitgenommen, angeschlagen,
defekt, schadhaft, lädiert
**lecker:** delikat, appetitlich, mundend,
kräftig, köstlich, fein, würzig, vollmundig, wohlschmeckend, schmackhaft

freudlos, gedrückt, pessimistisch,
schwermütig, unglücklich, trübsinnig,
trübe, trübselig, apathisch, leidenschaftslos *zurückgezogen, vereinsamt, weltabgewandt, einsam, abgeschieden, einsiedlerisch

**lebensnah:** theoretisch, verträumt,
weltfremd, unrealistisch, weltverloren,
idealistisch, ohne Lebenserfahrung,
wirklichkeitsfern, versponnen, weltentrückt, lebensfern, utopisch
**lebenstüchtig:** ängstlich, verschüchtert,
argwöhnisch, eingeschüchtert, gehemmt, scheu, furchtsam, besorgt, zitternd *unsicher, unselbständig, hilflos
**lebhaft:** bescheiden, zurückhaltend,
schlicht, einfach, gelassen, anspruchslos *furchtsam, ängstlich, angstvoll, bebend, befangen, zag(haft), zitternd,
scheu, schüchtern, verstört, verwirrt,
schlotternd, gehemmt, feige, bänglich,
bang, verkrampft, eingeschüchtert *gelassen, seelenruhig, abgeklärt, besonnen, ruhig, gleichmütig, gesetzt, gefaßt
*müde, matt, schlaff, unausgeschlafen,
schläfrig, verschlafen *träumerisch,
nachdenklich, gedankenverloren, gedankenvoll, vertieft, verträumt, versunken, versonnen *ruhig, abgeklärt,
still, phlegmatisch, ruhevoll, überlegen, würdevoll, gezügelt, gefaßt, gemessen, harmonisch *abgeschieden,
zurückgezogen, vereinsamt, einsam,
weltabgewandt *schwerfällig, träge,
unbeweglich, teilnahmslos, unbeteiligt, zähflüssig, gleichgültig *zart, gedämpft, dezent, blaß, trist, eintönig,
einfarbig (Farbe) *farblos, blaß, trokken, unanschaulich, gequält (Bericht,
Aufsatz) *matt, verschwommen, blaß
(Eindruck) *mäßig, klein, gering,
schwach (Handel)
**leblos:** lebend(ig), atmend, lebenskräftig, lebensfähig, belebt *organisch

**leck:** dicht, undurchlässig, geschlossen,
luftdicht, wasserdicht *water-proof
(Uhr)
**lecker:** unappetitlich, übelschmek-
kend, unschmackhaft, widerlich, ungenießbar

**ledig:** ehelos, frei, alleinstehend, unverheiratet, unverehelicht, unabhängig, single, unvermählt

**Lee:** auf / nach der vom Wind abgewandten Seite (Schiff)

**leer:** ohne Inhalt, leerstehend, unbewohnt, unbesetzt, nichts enthaltend *ausgegossen, ausgetrunken *unbeschrieben, vakant, frei, unbedruckt *geistlos, ideenlos, substanzlos, gehaltlos, inhaltsleer, witzlos, schal, gewöhnlich, verbraucht, abgegriffen, stumpfsinnig, mechanisch, geisttötend, dumpf, stupid(e), alltäglich, stereotyp, phrasenhaft, ohne Tiefe / Gehalt, abgeschmackt, nichtssagend, unbedeutend, oberflächlich, einfallslos, flach, trivial, banal, billig, platt, hohl, seicht

**Leere:** luftleerer Raum, Vakuum, Nichts *Ausgestorbenheit, Einsamkeit, Unbelebtheit, Einöde, Verlassenheit *Gedankenleere, Hohlheit, Geistesarmut, Seichtheit, Geistlosigkeit, Plattheit, Einfallslosigkeit, Stumpfsinn, Gehaltlosigkeit, Inhaltslosigkeit, Beschränktheit, Gedankenarmut, Trivialität

**leeren:** ausleeren, herausnehmen, entleeren, (aus)räumen, ausschütten, auspacken, entladen, leer werden / machen, ausgießen *(aus)trinken, ausschlürfen, ex trinken *s. leeren: leer werden

**Leerlauf:** Stillstand, Verlustgeschäft, Vergeblichkeit, Nutzlosigkeit, unnötige / sinnlose / nutzlose / unrationelle Tätigkeit / Arbeitsgänge

**leerstehend:** leer, unbewohnt, unbesetzt, nichts enthaltend, ohne Inhalt

**legal:** gesetzlich, rechtmäßig, juristisch, legitim, rechtlich, gesetzmäßig, rechtskräftig, begründet, ordnungsgemäß, vorschriftsmäßig, geschrieben, dem Gesetz / Recht entsprechend, zu Recht / Gesetz, nach den Paragraphen / dem Gesetz

**Legalität:** Rechtmäßigkeit, Berechtigung, Gesetzmäßigkeit, Norm, Regel, Ordnung, Prinzip, Standard, Grundsatz, Gesetzlichkeit

**legen:** betten, plazieren, placieren, hinlegen, hinstellen, deponieren, niederlegen, unterbringen, absetzen, ablegen *s. legen: abflauen, nachlassen, vereb-

**ledig:** verheiratet, verehelicht, vermählt

**Lee:** Luv, dem Wind zugekehrte Seite

**leer:** (rand)voll, gefüllt (Faß) *besetzt (Stuhl) *halbvoll, halbleer (Behälter) *eingerichtet, möbliert (Raum) *reich, befriedigend, erfüllt (Leben) *dichtgedrängt, voll, gerammelt / gestopft / zum Platzen voll (Kino) *inhaltsreich, gehaltvoll, (ge)wichtig, informativ, bedeutend (Worte) *beschrieben

**Leere:** Betrieb(samkeit), Getriebe, Treiben *Fülle, Menge *Halt

**leeren:** (voll)füllen, auffüllen, volltanken *s. leeren: s. füllen, gefüllt werden *s. beleben, füllen (Saal, Straßen)

**Leerlauf:** Betrieb(samkeit), Arbeit, Inbetriebsein, das Laufen *Hochbetrieb, Hochtour

**leerstehend:** möbliert, eingerichtet (Zimmer) *bewohnt, besetzt (Wohnung, Haus)

**legal:** illegal, illegitim, ungesetzlich, rechtswidrig, verboten, untersagt, kriminell, strafbar, gesetzwidrig, unrechtmäßig, widerrechtlich, unzulässig, unstatthaft, unerlaubt *untersagt, wild, ungenehmigt, spontan (Demonstration) *krumm, schwarz, faul

**Legalität:** Gesetzwidrigkeit, Ungesetzlichkeit, Illegalität, Unstatthaftigkeit, Unzulässigkeit, Unrechtmäßigkeit, Strafbarkeit *Untergrund

**legen:** (weg)nehmen, aufnehmen, aufheben *stellen, setzen, hängen *ernten, ausgraben, ausmachen, roden, buddeln (Kartoffeln) *pflücken, ernten

ben, abebben, einschlafen, verstummen, abflachen, erlahmen, versanden, schwinden *s. hinstrecken / hinlegen / niederlegen, s. zur Ruhe begeben, ruhen, schlafen gehen

**leger:** entspannt, gelöst, ruhig, gelockert, entkrampft *zwanglos, ungezwungen, frei, offen, lässig, natürlich, unbefangen, unzeremoniell, ungehemmt, ungeniert, gelöst, salopp, familiär, formlos, nonchalant, informell
**legiert:** sämig, eingedickt, (ab)gebunden, angedickt *verschmolzen, zusammengeschmolzen
**Legislative:** Gesetzgeber, Legislation, Legislatur, Gesetzgebung, gesetzgebende Gewalt / Versammlung
**legitim:** gesetzlich, rechtmäßig, legal, juristisch, rechtlich, gesetzmäßig, rechtskräftig, begründet, ordnungsgemäß, vorschriftsmäßig, geschrieben, dem Gesetz / Recht entsprechend, zu Recht / Gesetz, nach den Paragraphen / dem Gesetz
**lehren:** unterrichten, Unterricht erteilen, instruieren, unterweisen, zeigen, beibringen, dozieren, ausbilden, anleiten, vertraut machen mit
**Lehrer:** Dozent, Ausbilder, Lehrkraft, Pädagoge, Erzieher, Lehrmeister
**Lehrling:** Auszubildender, Lehrjunge, Praktikant, Volontär, Lehrmädchen
**Lehrmeister:** Lehrherr, Meister *Vorbild, Leitbild, Leitfigur, Ideal, Leitstern
**leichenblaß:** fahl, bleichgesichtig, kreideweiß, kreidebleich, aschfahl, totenblaß, weiß
**Leichnam:** Leiche, der Verstorbene / Tote / Abgeschiedene, toter Körper, die sterblichen Überreste, die Gebeine
**leicht:** tragbar, gewichtlos, federleicht, nicht massiv / schwer, ohne / von geringem Gewicht, wie eine Feder *gesund, bekömmlich, gut / leicht verdaulich, zuträglich, verträglich *kinderleicht, simpel, unproblematisch, unschwer, unkompliziert, einfach, spielend, bequem, problemlos, mit Leichtigkeit, nicht schwierig, gefahrlos, ohne Mühe / Schwierigkeiten, mühelos, babyleicht *gut, unbedingt, unter allen Umständen, absolut, auf jeden Fall, durchaus

(Erbsen) *s. legen: toben, rasen, s. erheben, auffrischen, wehen (Wind) *entfachen, aufleben, beginnen, aufflammen, entflammen (Streit, Zorn) *aufstehen, s. aufrichten / erheben *stehen bleiben, sitzen bleiben *s. setzen / stellen
**leger:** geziert, streng, verhalten, verkrampft, unnahbar, förmlich, unnatürlich, affektiert, gezwungen, gestelzt

**legiert:** unvermischt, rein, pur *ungebunden, natur(belassen), ohne Bindemittel (Soße, Suppe)
**Legislative:** Exekutive, ausführende Gewalt *Judikative, richterliche Gewalt
**legitim:** illegal, illegitim, ungesetzlich, gesetzwidrig, rechtswidrig, unrechtmäßig, verboten, untersagt, kriminell, strafbar, unzulässig, widerrechtlich *krumm, schwarz (Geschäfte)

**lehren:** aufnehmen, s. aneignen, annehmen, auffassen, bewältigen, büffeln, einstudieren, (er)lernen, erwerben, üben, trainieren, studieren
**Lehrer:** Schüler, Zögling *Lehrerin

**Lehrling:** Geselle *Meister *Hilfsarbeiter
**Lehrmeister:** Lehrling, Auszubildender, Azubi

**leichenblaß:** gesund, rosa, rot, braun, gebräunt, hochrot (Gesichtsfarbe)

**Leichnam:** Lebender, lebender / lebendiger Körper

**leicht:** tief, bleiern, fest (Schlaf) *schwer (Herz) *wuchtig, schwer, heftig, kräftig (Schlag) *heftig, schwer, heiß, stürmisch, tobend (Kampf) *groß, schwer, nachhaltig, stark (Wirkung) *(blei)schwer, wuchtig, massig, bleiern, lastend, drückend (Gewicht) *ernst(haft), schwer, ernstlich, unheimlich, (lebens)gefährlich, tödlich, letal (Krankheit) *schwer, schlimm, tief, herb (Enttäuschung) *massiv, heftig, schwer, tödlich (Angriff) *schwer

*überraschend, schlagartig, beim geringsten Anlaß, unvermittelt, ohne weiteres, schnell, unversehens, unvermutet *seicht, oberflächlich, unterhaltsam, entspannend, nicht anspruchsvoll, trivial, erbaulich, unterhaltend, von geringem Gehalt, angenehm *unbedeutend, unwichtig, belanglos, unerheblich, unmaßgeblich, unwesentlich, irrelevant, nebensächlich, zweitrangig, folgenlos, nichtssagend, unscheinbar *minimal, lächerlich, nicht ins Gewicht fallend, gering(fügig), unbeträchtlich, verschwindend *luftig, schwachwindig, lind (Wind) *sandig, wasserdurchlässig

**leichtbewaffnet:** nur mit leichten / einfachen / primitiven Waffen bewaffnet

**leichtblütig:** lebensfroh, übermütig, aufgelegt, froh(gemut), fröhlich, vergnügungssüchtig, entgegenkommend, heiter, (quietsch)vergnügt, amüsant, freudig, unbesorgt, vergnüglich, stillvergnügt, fidel, frohsinnig, schwungvoll, lustig, humorvoll, munter, leichtlebig, glücklich, lebenslustig, lose, unkompliziert

**leichtentzündlich:** leicht entflammbar

**leichtern:** entladen, ausladen, löschen

**leichtfertig:** leichtsinnig, unvorsichtig, unverantwortlich, fahrlässig, verantwortungslos, unvertretbar, unbedacht, unbekümmert, unbesonnen, unüberlegt, ziellos, wahllos, impulsiv, gedankenlos, bedenkenlos, sträflich, sorglos, pflichtvergessen

**leichtfüßig:** flink, elastisch, wendig, behende, rasch, geschmeidig, beweglich, gewandt, gelenkig

**leichtgläubig:** arglos, vertrauensselig, getrost, naiv, treuherzig, einfältig, gutgläubig, lauter, harmlos, vertrauend, unschuldig

**Leichtigkeit:** Kleinigkeit, Bedeutungslosigkeit, Kinderspiel, Lächerlichkeit, Geringfügigkeit, Nichts, Unwichtigkeit, Nebensache, Lappalie, Belanglosigkeit, Nichtigkeit, Nebensächlichkeit, Bagatelle

(-verständlich) (Musik) *schwer, lehmig, wasserundurchlässig (Boden) *schwer, gröblich, grob, vorsätzlich, fahrlässig (Verfehlung) *grimmig, arktisch, bitter, winterlich, polar, sibirisch, abscheulich (Kälte) *schwer verdaulich, mastig, kalorienreich, nahrhaft, kräftig(end), nährend, sättigend, gehaltvoll (Speise) *schwierig, schwer, kompliziert, unlösbar, hart, umständlich, beschwerlich, mühselig, mühsam, mühevoll, unmöglich, diffizil, problematisch (Arbeit) *gefährlich, heikel (Aufgabe) *tolpatschig, schwer(fällig), plump, tapsig, tappig (Bewegung) *steif (Brise) *schwer, lebensgefährlich (Verletzung)

**leichtbewaffnet:** waffenstrotzend, schwerbewaffnet, waffenstarrend, gepanzert, aufgerüstet

**leichtblütig:** schwerblütig, melancholisch, schwerfällig, schwermütig, trübsinnig, depressiv, pessimistisch, schwarzseherisch

**leichtentzündlich:** schwerentzündlich, schwer entflammbar *feuersicher, feuerbeständig

**leichtern:** (be)laden, volladen, befrachten, verladen, verschiffen, einschiffen, belasten

**leichtfertig:** überlegt, bedächtig, gewissenhaft, umsichtig, sorgfältig, gründlich, besonnen, abgeklärt, bedachtsam, vernünftig

**leichtfüßig:** schwer, schleppend (Gang)

**leichtgläubig:** kritisch, zweifelnd, mißtrauisch, skeptisch

**Leichtigkeit:** Schwierigkeit, Anstrengung, Mühe, Plage *Gewicht, Schwere

**leichtnehmen:** etwas auf die leichte Schulter nehmen, s. keine Gedanken / Sorgen machen

**leichtnehmen:** schwernehmen, als belastend / bedrückend / schlimm empfinden

**Leichtsinn:** Mutwille, Übermut, Unbekümmertheit, Ausgelassenheit, Unbesonnenheit, Unbedachtsamkeit, Gedankenlosigkeit, Sorglosigkeit, Pflichtvergessenheit, Fahrlässigkeit

**Leichtsinn:** Sorgfalt, Bedacht, Vorsicht, Umsicht, Gewissenhaftigkeit, Verantwortung

**leichtsinnig:** leichtfertig, unvorsichtig, unverantwortlich, fahrlässig, verantwortungslos, unvertretbar, unbedacht, unbekümmert, unbesonnen, unüberlegt ziellos, wahllos, impulsiv, gedankenlos, bedenkenlos, sträflich, sorglos, pflichtvergessen

**leichtsinnig:** sorgfältig, bedächtig, umsichtig, vorsichtig, gewissenhaft, verantwortungsbewußt, vernünftig, besonnen, bedacht, sorgsam

**leichtverständlich:** anschaulich, durchsichtig, einfach, klar, verständlich, geordnet, gegliedert

**leichtverständlich:** schwerverständlich, verworren, dunkel, unklar, unverständlich, durcheinander, abstrus

**Leid:** Elend, Unglück, Not(stand), Armut, Krise, Ärmlichkeit, Armseligkeit, Bedürftigkeit, Entbehrung, Verelendung, Geldnot, Beschränkung, Besitzlosigkeit, Knappheit, Kargheit *Kummer, Sorge, Unglück, Schmerz *Qual, Gram, Jammer, Not, Kümmernis, Last, Trauer, Trübsal, Kreuz, Seelenschmerz, Verzweiflung, Trostlosigkeit, Misere, Marter, Pein, Martyrium

**Leid:** Lust, Glück, Freude, Heil, Segen, Wohl, Glücksfall, Gunst, Zufall *Glückseligkeit, Beglückung, Entzücken, Wonne, Hochgefühl, Begeisterung

**leiden:** ausstehen, bestehen, aushalten, erdulden, hinnehmen, durchstehen, bewältigen, s. fügen, (er)tragen, vertragen, verdauen, verarbeiten, verkraften, verschmerzen, überleben, überstehen, hinwegkommen, mitmachen, zu klagen haben, schlecht gehen, krank sein *leiden können: mögen, sympathisieren, gern haben, liebhaben, hängen an, lieben, gut finden, nicht abgeneigt sein, bevorzugen, s. hingezogen fühlen

**leiden:** s. wohl fühlen, glücklich / gesund sein *ignorieren, unterdrücken, übergehen (Schmerzen) *laben, genießen, schwelgen, schlemmen *leiden können: nicht leiden können, nicht mögen, hassen *ignorieren

**Leiden:** Krankheit, Beschwerden, Erkrankung, Störung, Unpäßlichkeit, Gebrechen, Unwohlsein

**Leiden:** Gesundheit, Wohlbefinden, Wohlsein, Rüstigkeit

**leidend:** (tod)krank, nicht gesund, sterbenskrank, elend, morbid, befallen von, schwerkrank, dienstunfähig, erkrankt an, angegriffen, siech, pflegebedürftig, fiebrig, unpäßlich, unwohl, indisponiert, todgeweiht, bettlägerig, kränklich, kränkelnd

**leidend:** (kern)gesund, fit, heil, frisch, kraftstrotzend, gesundheitsstrotzend

**Leidenschaft:** Glut, Fieber, Ekstase, Affekt, Taumel, Passion, Enthusiasmus, Überschwang, Rausch, Aufwallung, Hochstimmung, Feuer, Inbrunst, Begeisterung *Verlangen, Begierde, Gier

**Leidenschaft:** Kälte, Frigidität, Kühle, Unnahbarkeit *Gleichgültigkeit, Stumpfsinn, Desinteresse, Teilnahmslosigkeit *Ruhe, Besonnenheit, Ausgeglichenheit, Überlegenheit, Beherrschung, Gelassenheit

**leidenschaftlich:** lebhaft, temperamentvoll, wild, dynamisch, vif, vital, heißblütig, beweglich, stürmisch, glühend, impulsiv, flammend, vulkanisch, heiß, besessen, feurig, lebendig, unruhig, quecksilbrig, blutvoll, getrieben, mobil, heftig

**leider:** bedauerlicherweise, unglücklicherweise, (jammer)schade, fatalerweise, mit Bedauern

**leidig:** unangenehm, unerfreulich, unerquicklich, unerwünscht, unliebsam, unwillkommen, ungut, ungelegen, unbefriedigend, schlimm, peinlich, fatal, böse, verdrießlich, beschwerlich, schlecht, prekär, peinlich, lästig, übel, traurig, arg, schrecklich, skandalös, verdrießlich, dumm

**leidlich:** einigermaßen, halbwegs erträglich, passabel, annehmbar, akzeptabel, hinlänglich, notdürftig, genügend, ausreichend, halbwegs befriedigend, (mittel)mäßig, zufriedenstellend

**leidvoll:** kummervoll, desolat, bedrückt, schwermütig, depressiv, melancholisch, trübsinnig, hypochondrisch, schwarzseherisch, pessimistisch, nihilistisch, defätistisch, wehmütig, trübselig, freudlos, traurig, trist, elegisch, (tod)unglücklich, elend, betrübt, trübe, bekümmert, unfroh *sorgenvoll, sorgenschwer, zentnerschwer, gramerfüllt, gramvoll, gramgebeugt

**leihen:** (aus)borgen, verborgen, ausleihen, verleihen, überlassen, auslegen, vorlegen, vorstrecken, herleihen *s.

**leihen:** beleihen, verpfänden, versetzen, Verbindlichkeiten eingehen, entlehnen, Schulden machen, (aus)borgen

**leise:** flüsternd, nicht laut / störend, gedämpft, tonlos, heimlich, ruhig, verhalten, geräuschlos, still, piano, kaum vernehmlich / vernehmbar / hörbar, auf Zehenspitzen

**Leisetreter:** Kriecher, Schmeichler, Liebediener, Duckmäuser, Heuchler, Speichellecker, Pharisäer

**leisten:** vollbringen, bewerkstelligen, vollführen, tun, verrichten, arbeiten, ausführen, durchführen, abwickeln, erledigen, fertigbekommen *s. etwas leisten: s. gönnen / gestatten / etwas genehmigen / finanziell ermöglichen

**leidenschaftlich:** gleichgültig, kalt, gefühlskalt, fischblütig, hartherzig, gefühllos, verhärtet, kühl *ruhig, besonnen, gemessen, beherrscht, ausgeglichen, gefaßt, überlegen, gelassen

**leider:** glücklicherweise, zum Glück, Gott sei Dank, erfreulicherweise, gottlob, dem Himmel sei Dank

**leidig:** erfreulich, angenehm, positiv, wohltuend, gut, willkommen, erquicklich *entgegenkommend, freundlich, gutgesinnt, liebenswürdig, nett, wohlwollend, wohlmeinend, verbindlich

**leidlich:** unannehmbar, unerträglich, heruntergekommen, abgewirtschaftet, verbesserungsbedürftig, miserabel, holperig, schlecht (Zustand) *prächtig, gut

**leidvoll:** glücklich, freudig, froh, fröhlich, erfreut, heiter, erleichtert, vergnügt, zufrieden, munter, frohgemut, fidel, optimistisch

**leihen:** verkaufen *verschenken *s. leihen: stehlen *zurückbekommen, zurückfordern, anfordern *zurückbringen, zurückzahlen, zurückgeben *s. kaufen *verleihen, verborgen

**leise:** durchdringend, dröhnend, hörbar, grell, gellend, überlaut, vernehmlich, schrill, ohrenbetäubend, ohrenzerreißend, laut(stark), lauthals (Stimme) *kräftig, stark, heftig, deutlich, spürbar

**Leisetreter:** Nörgler, Kritiker, Beckmesser, Meckerer, Meckerfritze, Miesmacher, Wichtigtuer, Splitterrichter, Kritikaster

**leisten:** abnehmen (Eid) *faulenzen, nichts tun *s. etwas leisten: verzichten, versagen, entbehren, entsagen

**Leistung:** Leistungsfähigkeit, Kraft, Arbeitskraft, Leistungsvermögen, Leistungspotential, Können, Funktionieren *Aufwendung, Zahlung *Arbeit, Verdienst, Tat, Werk, Großtat, Meisterwerk, Schöpfung, Ergebnis, Kunststück

**Leistung:** Gegenleistung *Leerlauf (Motor) *Impotenz *Versagen, Schwäche

**leistungsfähig:** patent, fit, arbeitsfähig, tüchtig, fähig, stark, gesund, strapazierbar, sehr gut, kräftig

**leistungsfähig:** faul *schwach, verbraucht, alt (Motor) *schwach, impotent

**leiten:** weiterleiten, hindurchgehen lassen, fortführen, weiterführen, übertragen (Elektrizität) *lotsen, dirigieren, den Weg vorzeichnen / zeigen / weisen, einweisen, bugsieren *führen, vorsitzen, lenken, präsidieren, verwalten, gebieten, an der Spitze stehen, anführen, befehligen, den Vorsitz führen, maßgeblich sein, die Führung / Leitung innehaben, kommandieren, die Fäden in der Hand halten / haben, die Zügel führen, die Sache in die Hand nehmen

**leiten:** mitmachen, (be)folgen, mitarbeiten, s. beteiligen / halten an / handeln / richten nach *wegleiten, ableiten (Wasser) *isolieren (Strom)

**Leiter:** Chef, Vorsteher, Direktor, Manager, Führungskraft, Geschäftsführer, Präsident, Lenker, Anführer, Dirigent, Oberhaupt, Prinzipal, Leader *Anstellleiter, Treppenleiter, Trittleiter, Tritt, Stiege

**Leiter:** Nichtleiter (Material) *Mitarbeiter, Arbeiter, Angestellte

**Leitung:** Management, Oberaufsicht, Aufsicht, Regie, Führung, Direktion, Vorsitz, Regiment, Lenkung, Kommando *Vorstand, Verwaltung, Spitze, Direktorium, Präsidium *Draht, Kabel, Verbindungsschnur, Zuleitung, Telefonleitung, Rohrleitung

**Leitung:** Arbeitnehmerschaft (Betrieb)

**lernen:** s. etwas beibringen / einprägen / anlesen / zu eigen machen, studieren, auswendig lernen, memorieren, s. Wissen / Fähigkeiten / Kenntnisse aneignen *s. ausbilden lassen, in die Lehre gehen, einen Beruf lernen, eine Berufsausbildung (durch)machen

**lernen:** unterrichten, (be)lehren, beibringen, unterweisen, zeigen, vortragen *vergessen, verlernen *verdrängen

**lesbar:** leserlich, sauber, klar, deutlich, verständlich, übersichtlich, entzifferbar, leicht / gut zu lesen / zu verstehen / zu entziffern

**lesbar:** unlesbar, unleserlich

**lesen:** studieren, durchlesen, auslesen, durcharbeiten, ein Buch zur Hand nehmen *vorlesen, vortragen, deklamieren, ablesen, wiedergeben *dozieren, unterrichten, eine Vorlesung halten *pflücken, einbringen, ernten

**lesen:** schreiben, verfassen (Brief) *lauschen, (zu)hören

**Leser:** Bücherfreund, Leseratte, Bücherwurm *Abonnent

**Leser:** Verfasser, Autor, Schriftsteller, Dichter

**letzte:** vergangene, verflossene, vorige

**letzte:** (aller)erste *vorderste *früheste

*allerletzte, äußerste, letztmögliche
*restliche, überschüssige, übriggebliebene, übrige, übriggelassene
**letztmalig:** zum letzten Mal
**leuchten:** strahlen, glänzen, funkeln, glitzern, gleißen, schimmern, blinken, blitzen *erhellen, blenden, Helligkeit / Licht aussenden / ausstrahlen / verbreiten
**leuchtend:** grell, in die Augen fallend, unangenehm, auffallend *glänzend, blinkend, funkelnd, strahlend, schimmernd
**leugnen:** verleugnen, abstreiten, ableugnen, bestreiten, verneinen, als unwahr / unrichtig / unzutreffend / falsch hinstellen / bezeichnen
**leutselig:** jovial, gönnerhaft, wohlwollend, huldreich, gütig, konziliant, entgegenkommend, kulant *extravertiert, munter, selbstbewußt, sicher

**licht:** dünn bewachsen, spärlich, gelichtet *hell, lichterfüllt, strahlend, glänzend, lichtdurchflutet, sonnig, hellicht *hell, freundlich
**Licht:** Lichtquelle, Lampe, Beleuchtung(skörper), Leuchte *Helligkeit, Helle, Lichtstrom, Lichtfülle, Glanz, Schimmer, Strahlenkegel, Lichtkegel
**lichten:** hochziehen, heraufziehen, aufholen *kürzen, zurückschneiden, abholzen, roden *s. lichten: hell / klar / schön / freundlich/ sonnig werden, s. aufklären / aufhellen / entwölken *abnehmen, schwinden, s. verringern, durchsichtiger/weniger/dünner/schütter werden
**lichtscheu:** anrüchig, zwielichtig, übelbeleumdet, verrufen, berüchtigt, verschrieen, undurchsichtig, suspekt, obskur, dunkel, finster, gemein
**lieb:** gut, nobel, edel, uneigennützig, human, gütig, selbstlos, herzensgut, liebenswert, wertvoll, hilfsbereit, gutherzig, gutartig, mitfühlend, gutmütig *liebevoll, zärtlich, hingebungsvoll, sorgfältig, innig, aufopfernd, weich, sanft *folgsam, fügsam, gehorsam, anständig, brav, wohlerzogen, lenkbar, manierlich *sympathisch, liebenswert, angenehm, einnehmend, liebenswürdig, nett, charmant, reizend *erwünscht, wie gerufen, (an)genehm, (hoch)willkommen, recht, erfreulich,

*kommende, nächste, folgende *erste, beste *(ge)wichtig, bedeutungsvoll (Aussage)
**letztmalig:** erstmalig, zum ersten Mal
**leuchten:** ausgehen, verlöschen

**leuchtend:** dunkel, matt, glanzlos, stumpf, fahl, blind, dumpf, beschlagen

**leugnen:** bekennen, zugeben, (ein)gestehen, aussagen, nennen, darlegen *nachweisen, beweisen

**leutselig:** autoritär, streng (Vorgesetzter) *kühl, unnahbar, kontaktarm, kontaktschwach, verschlossen *zurückgezogen, vereinsamt, abgeschieden, weltabgewandt, einsiedlerisch
**licht:** voll, kräftig, dicht (Haar) *dicht, dunkel (Wald) *matt, dunkel, fahl (Farbe) *düster, dunkel, finster (Raum)
**Licht:** Finsternis, Dunkel(heit) *Schatten

**lichten:** aufforsten *werfen (Anker) *s.
**lichten:** dunkler / dichter werden (Wald) *kräftiger / dichter / voller werden (Haar) *s. verdichten, stärker / dichter werden (Nebel) *verdunkeln *besetzt werden, s. füllen (Sitzreihen)

**lichtscheu:** geachtet, angesehen, (hoch)geschätzt, gefeiert, populär, verdient, verehrt, geehrt, bekannt, vergöttert, volksverbunden
**lieb:** gehaßt, verhaßt *widerlich, scheußlich, abscheulich *unfreundlich, kühl, unliebenswert, unnahbar, verschlossen, ungesellig, menschenscheu *arrogant, hochnäsig, anmaßend, stolz, überheblich, herablassend, dünkelhaft *rabiat, übellaunig, bärbeißig, böse, brummig, grantig, mürrisch, zornig *störrisch, dickköpfig, aufsässig, aufmüpfig, widerspenstig, verschlossen, trotzig, rechthaberisch, finster, unnachgiebig, unversöhnlich, widersetzlich *unartig, frech, dreist, unma-

gerngesehen *teuer, wert, unentbehrlich, unersetzlich, vergöttert, verehrt, (hoch)geschätzt, angebetet, kostbar, ans Herz gewachsen, (heiß)geliebt

nierlich, unverschämt, vorlaut *gekränkt, beleidigt, verstimmt, pikiert, verletzt *eisern, finster, fest, kratzbürstig, starrsinnig, stur, starrköpfig, kompromißlos, eigensinnig, unbelehrbar, ungehorsam, unversöhnlich, zugeknöpft *herausfordernd, streitbar, streitsüchtig, zanksüchtig, kämpferisch, hitzig, grimmig, händelsüchtig, kampfeslustig *kaltblütig, unbarmherzig, grausam, unmenschlich, verroht, gefühllos, brutal, herzlos, barbarisch, erbarmungslos, mitleidlos

**Liebe:** Zuneigung, Hinneigung, Verliebtheit, Hingebung, Hingabe, Amor, Anhänglichkeit, Hingezogenheit, Schwäche für, Leidenschaft, Verbundenheit, Zärtlichkeit, Innigkeit, Herzlichkeit, Herzenswärme, Liebesgefühl

**Liebe:** Haß(gefühl), Gehässigkeit, Abneigung, Haßliebe, Feindseligkeit, Ablehnung, Abscheu *Desinteresse, Gleichgültigkeit, Teilnahmslosigkeit *Furcht, Angst(gefühle)

**lieben:** verliebt sein, verehren, eine Neigung haben für, schmachten nach, ins Herz geschlossen haben, sein Herz verschenken, zärtliche Gefühle hegen, begehren

**lieben:** nicht mögen / ausstehen / riechen können, hassen, anfeinden, ablehnen, verabscheuen, verschmähen *desinteressiert / gleichgültig / teilnahmslos sein *fürchten *meiden *ignorieren

**liebenswürdig:** nett, entgegenkommend, lieb, gefällig, zuvorkommend, großzügig, wohlmeinend, wohlgesinnt, gütig, warmherzig, aufmerksam, hilfsbereit

**liebenswürdig:** barsch, grob, unwirsch, rauh, böse, unliebenswürdig

**liebestoll:** verliebt, entflammt, vernarrt, entbrannt, schmachtend

**liebestoll:** vereinsamt, zurückgezogen, ängstlich, bang, scheu, gehemmt, schüchtern, zag(haft), verängstigt, verkrampft *frigide, kalt

**liebevoll:** lieb, von Liebe erfüllt, rührend, hingebungsvoll, zart, innig, liebend, aufopfernd, gefühlvoll, sensibel, weich, sanft, empfindsam, voller / mit Liebe / Hingebung, mit (viel) Mühe und Sorgfalt

**liebevoll:** lieblos, abgeneigt, nicht gewogen, barsch, abweisend, unfreundlich, unhöflich, unkultiviert, böse, unwirsch, wütend

**lieblich:** entzückend, anziehend, reizvoll, hübsch, bezaubernd, sympathisch, gewinnend, angenehm, attraktiv, aufreizend, charmant, einnehmend, anmutig, betörend, lieb, doll, toll, liebenswert *süß, süffig *gut, wohlschmeckend *anmutig, schön, gefällig, wohlriechend, angenehm

**lieblich:** herb, trocken, streng, rauh, bitter *herb, (sehr) trocken, zusammenziehend, adstringierend (Wein) *scharf, unangenehm, versalzen, streng (Geschmack) *eintönig, trostlos, monoton, wüst, einförmig, öde, schroff (Landschaft) *streng, vergrämt, herb, hart (Gesicht) *scharf, unangenehm, stinkend (Geruch)

**lieblos:** herzlos, unfreundlich, hartherzig, unliebenswürdig, kühl, ohne Liebe / Wärme / Mitgefühl, frostig, gefühllos, eisig, abweisend, eiskalt, stiefmütterlich, rüde, barsch, grob, kränkend, verletzend

**lieblos:** nett, verbindlich, liebevoll, erfreulich, angenehm (Worte) *zugeneigt, anhänglich, liebevoll, liebend, innig, zugetan, gewogen, freundlich, hold, eingenommen für, liebreich

**liederlich:** anrüchig, flatterhaft, unseriös, vergnügungssüchtig, bedenkenlos, skrupellos, frivol, lose *unsorgfältig, lässig, lax, leichthin, pflichtvergessen, schludrig, nicht gewissenhaft / sorgfältig / gründlich, nachlässig *verdorben, die gute Sitte / den Anstand verletzend, anstößig

**lieferbar:** vorrätig, verfügbar, auf / am Lager, erhältlich, feil, parat, disponibel, (jederzeit) zu haben

**liefern:** versenden, zustellen, übermitteln, ausliefern, übergeben, anliefern, austragen, beliefern, ausfahren, mit Waren versorgen, zuleiten, herbeischaffen, (zu)schicken, spedieren, zukommen lassen, ins Haus schaffen, beibringen, (zum Versand) bringen, hergeben, bieten

**Lieferung:** Versand, Auslieferung, Zuleitung, Belieferung, Übergabe, Anlieferung, Überstellung, Ablieferung, Weiterleitung, Zustellung, Verschickung, Zuführung, Expedition

**liegen:** daliegen, ruhen, ausgestreckt sein *anwesend sein, s. aufhalten / befinden *ausgebreitet sein, s. erheben / erstrecken / hinziehen *eine Bewandtnis haben, bestellt sein, s. verhalten, stehen *rangieren, einen Platz einnehmen *entsprechen, schön finden, behagen *liegen lassen: dort lassen, zurücklassen *unbeachtet / unversorgt lassen *schlafen / ruhen lassen

**liegenbleiben:** nicht aufstehen, ausschlafen, im Bett bleiben *übrigbleiben, überzählig / übrig / zuviel sein *nicht weiterkommen / weiterkönnen, eine Panne haben

**liegenlassen:** zurücklassen, vergessen, belassen *in Ruhe / unbeachtet lassen, nicht in Angriff nehmen / anrühren / bewegen, übersehen

**Liegenschaften:** Grundbesitz, Bodenbesitz, Grund und Boden, Ländereien, Immobilien
**Liliputaner:** Zwerg, Pygmäe, Gnom, Kobold

**liederlich:** ordentlich, gewissenhaft, genau, gründlich, sorgfältig, peinlich (Arbeit) *freundlich, nett, entgegenkommend, verbindlich, wohlwollend *geregelt, geordnet (Zustand) *gepflegt, adrett, sauber, frisch, ordentlich (Aussehen) *ordentlich, anständig, sauber, brav, tugendhaft, gesittet, korrekt, sittsam (Mensch)

**lieferbar:** vergriffen, (aus)verkauft, nicht lieferbar

**liefern:** ordern, (voraus)bestellen *abonnieren, anfordern, beziehen *empfangen, bekommen, beziehen, abnehmen, annehmen, erhalten *zurückgehen lassen, zurückliefern, zurückschicken *(Annahme) verweigern

**Lieferung:** Bestellung, Order, Vorausbestellung, Besorgung *Abonnement, Anforderung, Bezug *Empfang, Annahme, Abnahme, Bezug *Verweigerung *Rücksendung *Gesamtwerk (Buch)

**liegen:** sitzen, stehen (Mensch) *hängen, stehen (Gegenstand) *auf sein (Kranker) *liegen lassen: aufheben (Stein) *versorgen, pflegen (Verunglückten) *aufstehen lassen, aufwecken

**liegenbleiben:** aufstehen, s. erheben / aufsetzen *weiterkommen, weiterfahren (Fahrzeug) *verkauft werden, an den Mann bringen (Ware) *abgehen, s. verkaufen (Ware) *mitnehmen, mitgenommen werden (Gegenstand) *erledigen, bearbeiten, besorgen, durchführen, machen (Arbeit) *tauen, schmelzen (Schnee) *(weiter)rollen (Ball)

**liegenlassen:** mitnehmen, mitgenommen werden *wegnehmen, beseitigen, mitnehmen, aufraffen *mitreißen, fortreißen, wegreißen (Flut) *(be)achten, würdigen (Mensch)
**Liegenschaften:** bewegliche Güter / Habe, Mobilien

**Liliputaner:** Riese, Hüne, Gigant, Koloß

**lindern:** erträglich machen, dämpfen, mildern, bessern, erleichtern, (ab-) schwächen, trösten, helfen bei, mäßigen, (den Schmerz) stillen

**linientreu:** überzeugt, (treu) ergeben, geradlinig, konform, auf Parteilinie, zuverlässig, angepaßt

**linkisch:** unbeholfen, ungeschickt, wie ein Stück Holz / Stock

**links:** zur Linken, auf der linken Seite, linksseitig, backbord(s), linker Hand, an der Herzseite *linksorientiert, linksgerichtet, sozialistisch, kommunistisch *innen, auf der Unterseite / Innenseite / Rückseite *zukunftsorientiert, fortschrittlich, revolutionär, progressiv

**liquid:** solvent, zahlungsfähig, verfügbar *flüssig, zerflossen, geschmolzen, aufgetaut

**List:** Täuschung, Trick, Schachzug, Manöver, Winkelzug, Verschlagenheit, Tücke, Irreführung, falsches Spiel, Übertölpelung, Bauernschläue, Ränke(spiel), Pfiffigkeit, Gewitztheit, Durchtriebenheit, Kunstgriff, Intrige

**listig:** (bauern)schlau, durchtrieben, geschickt, gewieft, verschmitzt, taktisch, clever, diplomatisch, abgefeimt, gewitzt, raffiniert, ausgefuchst, ausgekocht, gerissen, geschäftstüchtig, verschlagen

**live:** direkt / original (übertragen)

**Livesendung:** Direktsendung, Direktübertragung

**Lob:** Auszeichnung, Belobung, Ehrung, Belobigung, Vorschußlorbeeren, Lobpreis(ung), anerkennende Worte, Anerkennung, Beifall, Zustimmung, Würdigung, Billigung, Wertschätzung, Huldigung

**loben:** anerkennen, würdigen, verherrlichen, beloben, auszeichnen, feiern, ehren, (lob)preisen, rühmen, belobigen, Lob zollen / spenden / erteilen, schwärmen von, s. anerkennend äußern, verklären, idealisieren, jmdn. mit Lob überhäufen, ein Loblied anstimmen, von jmdm. schwärmen

**lobenswert:** anerkennenswert, verdienstvoll, rühmlich, achtbar, ein Lob

**lindern:** verschlimmern, verstärken *(be)lassen *reizen

**linientreu:** abweichend, abweichlerisch, staatsfeindlich, regimegegnerisch *heuchlerisch, scheinheilig, falsch *ketzerisch

**linkisch:** geschickt, gelenkig, wendig, behende, gewandt, agil, beweglich

**links:** rechts *beiderseits *geradeaus (Richtung) *zur Rechten, auf der rechten Seite, rechtsseitig, steuerbord(s), rechter Hand *rechts, rechtsorientiert, konservativ

**liquid:** zahlungsunfähig, illiquid, insolvent, pleite, bankrott *eingefroren, festgelegt, angelegt

**List:** Ehrlichkeit, Offenheit, Freimut, Vertrauensseligkeit *Einfallslosigkeit, Eintönigkeit, Langeweile, Einerlei, Fadheit, Monotonie

**listig:** ehrlich, offen, freimütig, vertrauensselig, gerade *einfallslos, eintönig, langweilig, fad(e), monoton, einförmig

**live:** aufgezeichnet *verschoben (Sendung)

**Livesendung:** Aufzeichnung (Rundfunk, Fernsehen)

**Lob:** Tadel, Maßregelung, Rüge, Vorwurf, Zurechtweisung, Attacke, Beschimpfung *Mahnung

**loben:** tadeln, maßregeln, (aus)schelten, attackieren, (aus)schimpfen, beschimpfen, zurechtweisen, rügen, deutsch reden, auszanken, Bescheid sagen, wettern, zetern, fluchen *fertigmachen, abkanzeln, herunterreißen, verreißen, schmähen, verleumden, schlechtmachen *vorwerfen, s. beschweren, vorhalten, aussetzen, verweisen *ignorieren *schweigen, nichts sagen

**lobenswert:** wegwerfend, abfällig, abwertend, absprechend, geringschätzig,

verdienend, löblich, dankenswert, achtenswert, gut, musterhaft, nicht tadelnswert, beifallswürdig, rühmenswert, hoch anzurechnen, beachtlich

**löcherig:** undicht, leck, durchlöchert, porös, durchlässig

**locken:** ködern, (heran)rufen, anlocken, anziehen / heranlocken *begeistern, reizen, anziehen, interessieren, verlocken, den Mund wässerig / wäßrig machen

**locker:** lose, gelockert, unbefestigt, wackelig, losgelöst, nicht fest, abgelöst *entspannt, gelöst, ruhig, gelockert, entkrampft *zwanglos, ungezwungen, frei, offen, lässig, natürlich, unbefangen, unzeremoniell, ungehemmt, ungeniert, gelöst, salopp, leger, familiär, formlos, nonchalant, informell *mürbe, zart, bröckelig, weich, durchlässig, zerfallend

**lockerlassen:** nachgeben, aufgeben, (klein) beigeben

**lockermachen:** ausgeben, hinauswerfen, spendieren, bezahlen

**lockern:** freimachen, auflockern, aufmachen, losgehen, locker machen / werden, abgehen, s. (ab)lösen *entspannen, entkrampfen, s. öffnen

**Lockerung:** Entspannung, Entkrampfung, Öffnung

**lockig:** onduliert, gelockt, wellig, geringelt, nicht glatt, gekräuselt, wuschelig, kraus

**lodern:** brennen, flammen, flackern, leuchten, knistern, lohen, in Flammen stehen

**lodernd:** flammend, begeistert, leidenschaftlich *flackernd, flammend, lichterloh

**logisch:** folgerichtig, stichhaltig, einleuchtend, durchdacht, folgegemäß, systematisch, konsequent, methodisch, schlüssig, denkrichtig, überlegt, widerspruchsfrei, vernünftig

**lohnend:** einträglich, rentabel, gewinnbringend, lukrativ, günstig *ergiebig,

verächtlich, mißfällig, despektierlich *verächtlich, verrucht, unkorrekt, tadelnswert

**löcherig:** heil, unversehrt, geschlossen *glatt

**locken:** verjagen, verscheuchen, vertreiben, abschrecken, zurückhalten, hindern, hemmen *warnen

**locker:** fest(sitzend) (Nagel) *befestigt, fest *angezogen, fest(sitzend) (Schraube) *kompakt, gestampft, (zusammen-) gepreßt (Material) *stramm, straff, (an)gespannt, angezogen (Seil, Zügel) *überlegt, reserviert, zurückhaltend, verhalten, bedächtig (Redensweise) *sittsam, anständig, gewissenhaft, solide, moralisch, zuverlässig, prinzipientreu

**lockerlassen:** weitermachen, standhalten, beharren, fest / stur bleiben

**lockermachen:** behalten, nicht ausgeben, sparen (Geld)

**lockern:** festschnallen, festziehen, zuziehen, schließen (Gürtel) *anziehen, (an)spannen, straffen (Muskeln, Seil) *knüpfen, festigen, ausbauen (Beziehungen) *anziehen, hineindrehen (Schraube) *verdichten, stampfen (Erde) *festmachen, befestigen, festkleben *verschärfen, anspannen, festfahren, verkrampfen, verfestigen (Beziehungen)

**Lockerung:** Verschärfung, Anspannung, Verkrampfung, Verfestigung (Beziehungen) *Spannung *Verdichtung

**lockig:** strähnig, glatt (Haar)

**lodern:** schwelen, glimmen (Flamme) *ausgehen *löschen

**lodernd:** zurückhaltend, mäßig, gering (Begeisterung) *schwelend, glimmend (Flamme)

**logisch:** unlogisch, nicht folgerichtig, gegensätzlich, widersprüchlich, widersinnig, gegenteilig, umgekehrt, folgewidrig

**lohnend:** nicht lohnend (Aussicht) *unerquicklich, unergiebig, undankbar

dankbar

**lokal:** räumlich, örtlich, regional, begrenzt, beschränkt

**los:** abgerissen, abgetrennt, locker, nicht fest (verbunden), unbefestigt, frei, (los)gelöst *fort! schnell! weg! vorwärts! voran! Tempo! Beeilung! weiter! marsch! avanti!

**lösbar:** auflösbar, entwirrbar *aussichtsreich, hoffnungsreich, möglich, offen *löslich (Kaffee) *(er)ratbar, zu (er)raten

**losbinden:** abbinden, ablösen, entfesseln

**losbrechen:** wegbrechen, abbrechen *aufbrechen, s. auf den Weg machen, fortgehen *entbrennen, zum Ausbruch kommen, auflodern, entflammen, aufkeimen, ausbrechen, entstehen

**löschen:** beseitigen, aufheben, tilgen, aus der Welt schaffen, beenden *ausräumen, leeren, ausladen, entladen *auslöschen, austreten, ersticken, ausdrücken, ausschalten, abschalten, zum Erlöschen bringen *auflösen (Konto, Firma)

**lose:** abgerissen, abgetrennt, locker, nicht fest (verbunden), unbefestigt, frei, (los)gelöst *mutwillig, frech, keck *locker, munter, leichtfertig, vergnügungssüchtig, leichtsinnig, lebenslustig, leichtlebig, liederlich, flott, anrüchig, lotterhaft, unseriös, flatterhaft, bedenkenlos, unsolide, skrupellos, ausschweifend, frivol, freizügig, zügellos, charakterlos, ausgelassen, ungezügelt

**lösen:** auflösen, ausrechnen, klären, herausfinden, enträtseln, herausbekommen, entschlüsseln, (er)raten, bewältigen, meistern, bestehen *losbinden, aufmachen, losknüpfen, aufbinden, entwirren, aufknoten, auseinanderbringen, aufhaken, aufknöpfen, auseinanderbekommen, lockern, abtrennen, lostrennen *zerfallen / zergehen lassen, flüssig machen / werden, s. fein verteilen / verflüssigen *s. trennen / lossagen, weggehen, trennen, auseinandergehen, (s.) scheiden (lassen)

**losfahren:** anfahren, wegfahren, abgehen, abfahren, starten, fortfahren, s. in Bewegung setzen

(Thema) *zu teuer *unrentabel

**lokal:** überregional *landesweit, national

**los:** angenäht, fest *angekettet *(nur) langsam! sachte! (nur) mit der Ruhe! Ruhe!

**lösbar:** unlösbar, fest (Knoten, Verbindung) *ausweglos, unlösbar, aussichtslos, hoffnungslos, unmöglich, trostlos, verfahren, zerfahren, verstellt, verbaut, verschlossen *unlöslich

**losbinden:** festmachen, festbinden, anbinden *fesseln

**losbrechen:** verweilen *stillstehen *vorüberziehen, abziehen (Unwetter) *ausgehen, verlöschen, verkümmern

**löschen:** anzünden, entzünden, anfachen, entfachen, schüren, anstecken, anmachen, anlegen, anbrennen, Feuer legen, zünde(l)n (Feuer) *anzünden (Kerze) *einschalten, anknipsen, anmachen (Licht) *eröffnen (Konto) *gründen (Firma) *aufnehmen (Tonaufnahme) *(be)laden (Schiff)

**lose:** schlimm, übel, böse (Streich) *befestigt, fest *angenäht (Knopf) *stramm, gespannt, straff (Seil) *intensiv, fest, freundschaftlich, dauerhaft, gefestigt, eng (Beziehungen) *unbeweglich *verschnürt, verpackt, eingepackt (Ware) *fest, angezogen, hineingedreht (Schraube) *kompakt, (zusammen)gepreßt, gestampft, zusammengebunden (Material) *artig, gesittet, brav, moralisch, gefestigt (Charakter)

**lösen:** festmachen, befestigen, ankleben, anheften, anbringen *verknoten, binden, knüpfen *fesseln, schließen (Fesseln) *unterzeichnen, eingehen, einwilligen, abschließen (Vertrag) *anziehen, hineinschrauben, festdrehen (Schraube) *offenlassen (Frage, Problem) *eingehen, einwilligen (Verlobung) *heiraten, s. vereinen / verbinden, zusammenleben *aufgeben, stellen, fragen (Rätsel) *ignorieren, übergehen *grübeln, nachdenken, brüten (Problem) *verschweigen

**losfahren:** (stehen)bleiben, stoppen, (an)halten *s. zurückhalten

**losgehen:** s. (ab)lösen / lockern, losbrechen, abspringen, abbröckeln *weggehen, fortgehen, s. auf den Weg machen / entfernen / aufmachen / fortmachen *in Schwung / ins Rollen kommen, beginnen, einsetzen, starten, anfangen
**loslassen:** freilassen, freigeben, freisetzen, die Freiheit schenken / geben, nicht mehr festhalten, springen / gehen / laufen lassen
**löslich:** auflösbar *lösbar (Kaffee)

**loslösen:** s. trennen / freimachen / verabschieden, weggehen, abschütteln *abreißen, entfernen

**losmachen:** losbinden, aufmachen, aufbinden, lösen, lockern

**losreißen (s.):** abbrechen, abreißen, herausreißen, wegreißen *wegrennen, davongehen
**lossagen:** abschwören, aufgeben *ausstoßen, verstoßen, verbannen *s. lossagen: s. trennen, weggehen, fortgehen, (s.) scheiden (lassen), auseinandergehen, lösen *ablehnen
**Lösung:** Trennung, Auflösung, Loslösung, Scheidung, Spaltung, Aufgabe, Auseinandergehen, Bruch *Tinktur, Lauge *Ausweg, Schlüssel, Ergebnis, Ei des Kolumbus, Resultat, Aufklärung, Patentrezept
**loswerden:** losbringen, an die Leute bringen, verhökern, verkaufen *s. vom Halse schaffen, loskommen *draufzahlen, verlieren (Geld)
**losziehen:** weggehen, fortgehen, aufbrechen, s. in Bewegung / Marsch setzen
**löten:** zusammenschweißen, verbinden, anschweißen, verschweißen, anlöten, zusammenlöten, verlöten
**lotrecht:** vertikal, fallrecht, senkrecht, seiger
**loyal:** anständig, redlich, fair, zuverlässig *regierungstreu, gesetzestreu, ergeben, getreu
**lückenhaft:** unvollständig, unvollkommen, fragmentarisch, unfertig, halb(-fertig), unabgeschlossen, unbeendet
**lückenlos:** vollständig, komplett, ganz, vollkommen, restlos, total

**losgehen:** s. verzögern *enden, vorüber / vorbei sein, aufhören (Veranstaltung) *ankommen *abwehren (Gegner) *haften(bleiben), (fest)halten, (fest-)kleben *(stehen)bleiben

**loslassen:** festhalten, (er)fassen, (zurück)halten, ergreifen, (an)packen, umfassen *anleinen, anketten (Tier)

**löslich:** unlöslich, dauerhaft, fest (Verbindung) *unlöslich (Chemikalien)
**loslösen:** s. integrieren / anpassen (Meinung) *anheften, befestigen, festmachen, festkleben, anbinden, anschrauben *untergehen *einordnen, integrieren
**losmachen:** festmachen, befestigen *anlegen, anketten *anbinden *festhalten

**losreißen (s.):** anbinden, an die Leine nehmen (Tier) *festhalten, zurückhalten (Kind)
**lossagen:** (s.) binden, festigen *s. lossagen: s. binden, heiraten, ehelichen, vermählen, zusammengehen, s. vereinen, zusammenleben *s. ausschließen / identifizieren, übernehmen
**Lösung:** Problem(stellung), Frage(stellung), Aufgabe, Rätsel

**loswerden:** belästigen *behalten (Erinnerung) *behalten *bekommen, erhalten, auflesen *sparen (Geld)

**losziehen:** bleiben *würdigen, anerkennen, loben

**löten:** kleben, kaltlöten *(kalt-)schweißen

**lotrecht:** waagrecht, horizontal

**loyal:** illoyal, untreu, unaufrichtig, unredlich, unanständig, hinterrücks, gemein
**lückenhaft:** lückenlos, vollständig, komplett, ganz, vollkommen, restlos, total
**lückenlos:** unvollständig, unvollkommen, fragmentarisch, unvollendet, bruchstückhaft, unfertig, halb(fertig),

unabgeschlossen, inkomplett, unbeendet

**luftdicht:** (luft)undurchlässig, dicht, geschlossen
**luftdurchlässig:** porös, luftig, leicht

**lüften:** anheben, hochheben, (auf)heben, aufnehmen, aufziehen, hochnehmen *durchlüften, entlüften, ventilieren, die Fenster öffnen, Luft hereinlassen
**luftig:** luftdurchlässig, leicht *windig, zugig, böig, auffrischend, frisch, dem Wind ausgesetzt, hochgelegen, bewegt
**Luftwaffe:** Luftstreitkräfte

**Lüge:** Unwahrheit, Lug und Trug, Schwindel, Entstellung, falsche Behauptung / Aussage, Verdrehung, Unwahres, Erfindung, Lügerei, Ausrede, Ausflucht, Vorwand, Irreführung
**lügen:** beschwindeln, falsch darstellen, anschwindeln, ein falsches Bild geben, vorschwindeln, unaufrichtig sein, nicht bei der Wahrheit bleiben, Lügen auftischen, Ausflüchte machen, erfinden, die Unwahrheit sagen, täuschen, erlügen, belügen, s. etwas aus den Fingern saugen, anlügen, verdrehen, verfälschen, verzerren
**lügnerisch:** unredlich, unreell, unlauter, unaufrichtig, unwahrhaftig, verlogen, scheinheilig, betrügerisch, unehrlich
**lukrativ:** lohnend, rentabel, gewinnbringend, ertragreich, profitabel, günstig
**Lust:** Freude, Vergnügen, Fröhlichkeit, Lebenslust, Wonne, Begeisterung, Hochgefühl *Laune, Bereitwilligkeit, Geneigtheit, Stimmung, Neigung *Begehren, Begierde, Sehnsucht, Leidenschaft, Gier, heißer Wunsch, Gelüste
**lüstern:** begehrlich, gierig, voll / mit Gier, wollüstig, giererfüllt, sinnlich, liebestoll, triebhaft
**lustig:** lebensfroh, übermütig, vergnügt, aufgelegt, froh(gemut), fröhlich, vergnügungssüchtig, entgegenkommend, heiter, quietschvergnügt, amüsant, freudig, unbesorgt, vergnüglich, stillvergnügt, fidel, frohsinnig, schwungvoll, humorvoll, munter, leichtlebig, glücklich, lebenslustig, lo-

**luftdicht:** luftdurchlässig, porös, luftig, leicht
**luftdurchlässig:** (luft)dicht, (luft)undurchlässig
**lüften:** überstreifen, vorhalten, vorziehen (Maske, Schleier) *auflassen (Hut) *verschließen, (ab)dichten (Zimmer)

**luftig:** windstill, (wind)geschützt *erstickend, stickig *schwer, dicht, fest, kräftig (Stoff)
**Luftwaffe:** Landstreitkräfte *Seestreitkräfte
**Lüge:** Wahrheit, Wirklichkeit, Tatsache, Richtigkeit *Geständnis

**lügen:** wahrhaftig / aufrichtig / ehrlich sein, die Wahrheit sagen / sprechen *auspacken, aussagen, bekennen, geständig sein, zugeben, einräumen, offenbaren, (ein)gestehen

**lügnerisch:** ehrlich, wahrhaftig, aufrichtig, offen(herzig), zuverlässig, geradlinig *offen, unverhohlen, unverhüllt, freimütig
**lukrativ:** schlecht, nicht lohnend, negativ (Geschäft, Angebot)

**Lust:** Ekel, Widerwillen, Abscheu, Abneigung, Überdruß, Unlust *Schmerz, Pein, Qual *Traurigkeit, Ärger(nis), Verdruß, Trübsal, Leid, Klage

**lüstern:** anständig, gesittet, sittsam, keusch *mit / voll Widerwillen

**lustig:** verwirrt, fassungslos, betroffen, verstört, bestürzt, entsetzt, erschrocken, entgeistert *entmutigt, deprimiert, verzagt, verzweifelt, resigniert, niedergeschlagen, gebrochen, kleinmütig, gedrückt *gleichgültig, wurstig, unberührt, teilnahmslos, desinteressiert, apathisch, stumpf *lustlos, wider-

se, unkompliziert, sonnig, lebensfroh, amüsant, vergnügt, leichtlebig, locker, aufgeräumt, gut aufgelegt, lebhaft, übermütig

willig, unlustig, abgeneigt, ungeneigt, unwillig, temperamentlos *traurig, ernst(haft), unglücklich, trübe, trübsinnig, schwermütig, freudlos, gedrückt, bedrückt, deprimiert, elend, pessimistisch *frostig, kontaktarm, verschlossen, kontaktschwach, kühl, unnahbar, undurchdringlich *böse, zornig, erbittert, gereizt, grollend, verärgert, ungehalten

**Lustspiel:** Schwank, Burleske, Komödie, heiteres Schauspiel, Posse, Farce
**lustvoll:** lustbetont

**Lustspiel:** Trauerspiel, Tragödie

**lustvoll:** widerwillig, unwillig, ungeneigt, abgeneigt, widerstrebend, unlustig, ungern, mit Todesverachtung

**Luv:** auf / nach der dem Wind zugekehrten Seite
**luxuriös:** komfortabel, kostbar, edel, prunkvoll, pompös, prächtig, funkelnd
**Lyrik:** Poesie, Dichtkunst, Wortkunst, (lyrische) Dichtung
**lyrisch:** poetisch, dichterisch

**Luv:** Lee, dem Wind abgewandte Seite

**luxuriös:** einfach, genügsam, sparsam, schlicht, spartanisch
**Lyrik:** Epik *Dramatik

**lyrisch:** episch *dramatisch *nüchtern (Darstellung, Aussage) *lustlos (Stimmung)

# M

machbar: durchführbar, ausführbar, möglich

machen: anfertigen, (ver)fertigen, zubereiten, herstellen, bereiten, fabrizieren, arbeiten (an), basteln, modellieren, kneten, schnitzen, schmieden, meißeln, nähen *(nieder)schreiben, aufschreiben *anordnen, befehlen, auftragen, verfügen, bestimmen, festlegen, aufgeben *bewältigen, meistern, vollbringen, erledigen, verwirklichen, erreichen, schaffen, vollenden, durchführen *zubereiten, anrichten, vorbereiten, anfertigen, fertig machen, bereitmachen, herrichten

Macht: Herrschaft, Regierung, Befehlsgewalt, Regentschaft, Regiment, Obrigkeit, Gewalt *Ansehen, Prestige, Stärke, Vermögen, Einwirkung, Einfluß, Geltung, Können, Achtung

mächtig: vermögend, machtvoll, wirkungsvoll, wichtig, stark, potent, tonangebend, achtunggebietend, angesehen, maßgebend, wirksam *dick, stark, gewaltig

machtlos: einflußlos, entmachtet, ausgeliefert, ohnmächtig, schutzlos, hilflos, schwach, wehrlos

Machtlosigkeit: Einflußlosigkeit, Autoritätslosigkeit, Hilfsbedürftigkeit, Ohnmacht, Schwäche, Hilflosigkeit, Kraftlosigkeit

Mädchen: Fräulein, junge Frau

Magd: Landarbeiterin, Stallmagd

mager: dürr, (gerten)schlank, schmal, hager, abgezehrt, schlankwüchsig *unfruchtbar, dürftig, kümmerlich, karg

Magermilch: fettarme / entrahmte Milch

mahnen: zurückfordern, ermahnen,

machbar: undurchführbar, unausführbar

machen: aufschieben, hinausziehen, hinauszögern (Arbeit) *zerstören, vernichten, zerschlagen *absagen, abblasen (Veranstaltung) *(unter)lassen *anordnen, befehlen, (be)auftragen, anweisen, auferlegen, aufgeben, bestimmen, verfügen, festlegen, machen lassen *wegwischen, (weg)löschen, wegmachen, entfernen (Fleck)

Macht: Schwäche, Machtlosigkeit, Einflußlosigkeit, Ohnmacht, Hilfsbedürftigkeit, Hilflosigkeit, Kraftlosigkeit

mächtig: schwach, machtlos, ohnmächtig, hilflos, hilfsbedürftig, unvermögend *leicht, kalorienarm, bekömmlich (Speise) *schwach, dünn (Balken, Baum) *nicht mächtig (Sprache) *zart, zierlich, schwach, niedlich, klein, winzig

machtlos: mächtig, machtvoll, stark, einflußreich, übermächtig, allmächtig, potent, gewaltig, herrschend, hilfreich

Machtlosigkeit: Macht, Einfluß, Gewalt, Autorität

Mädchen: Junge, Bursche, Knabe *Frau

Magd: Dienstherr(in), Brotherr, Brötchengeber, Brotgeber, Arbeitgeber(in) *Knecht, Feldarbeiter, Landarbeiter, Stallknecht

mager: fett (Fleisch, Milch, Weide) *dick, korpulent, mollig, vollschlank, beleibt, rundlich, pausbäckig, aufgeschwollen, aufgebläht, stattlich, üppig, stämmig, wohlbeleibt, umfänglich (Figur) *stattlich, reich (Ernte) *fett, schwer (Boden) *fruchtbar (Felder)

Magermilch: Vollmilch

mahnen: erledigen, durchführen, nach-

verlangen, ersuchen, nachsuchen, erbitten *beschwören, tadeln, zureden, gemahnen, rügen
**Majorität:** Mehrheit, Überzahl, Großteil, Masse, Vielzahl
**Makel:** Verunstaltung, Verunzierung, Mißbildung *Schandfleck, dunkler Punkt
**makellos:** untadelig, tadellos, meisterhaft, perfekt, vollkommen, korrekt, einwandfrei, fehlerfrei, vollendet
**malnehmen:** vervielfachen, multiplizieren
**manche(r, s):** mehrere, einige, wenige, dieser und jener, etliche, diverse, verschiedene, ein paar
**manchmal:** bisweilen, zeitweise, gelegentlich, dann und wann, vereinzelt, streckenweise, sporadisch, hin und wieder, ab und zu, stellenweise, zuzeiten

**Mangel:** Knappheit, Fehlen, Armut, Ausfall, Beschränkung, Verknappung *Unzulänglichkeit, Defekt, Lücke, Manko, Fehler, Nachteil, Schwäche
**mangelfrei:** in Ordnung, instand *vorbildlich, vollkommen, vollendet, ideal, klassisch *solide, gut, profund, hervorragend, überdurchschnittlich, befriedigend, ausreichend
**mangelhaft:** unzureichend, unzulänglich, ungenügend, halbwertig, kümmerlich, schlecht, primitiv

**mangeln:** fehlen, knapp sein, benötigen, brauchen, nicht genug haben, vermissen *bügeln
**mangels:** fehlend, nicht vorhanden
**maniert:** geziert, blumenreich, geblümt, gekünstelt, gemacht, gequält, geschraubt, geschwollen, gespreizt, gestelzt, gesucht, gezwungen, phrasenhaft, unecht, unnatürlich
**manierlich:** gehorsam, folgsam, brav, gefügsam, artig, ergeben, anständig, lieb, gefügig, gutwillig, zahm, willfährig, wohlerzogen, lenkbar, willig
**Mann:** Er, Herr, männliches Wesen, das starke Geschlecht *Ehemann, Angetrauter, Lebenskamerad, Lebensgefährte

kommen *abwarten, s. gedulden

**Majorität:** Minderheit, Minderzahl, Minorität
**Makel:** Vorteil, Vorzug *Tugend

**makellos:** fehlerhaft, behaftet, befleckt, tadelnswert

**malnehmen:** dividieren, teilen

**manche(r,s):** alle, sämtlich(e), jede(r,s) *kein(e, r, s)

**manchmal:** turnusmäßig, regelmäßig *immer(zu), unaufhörlich, schon / noch immer, permanent, gleichbleibend, fortdauernd, unablässig, beharrlich, (be)ständig, ununterbrochen, stets, fortwährend, immerwährend, unausgesetzt, stetig *oft, häufig, (zu-) meist, meistens
**Mangel:** Fülle, Reichtum, Überfluß, Überschuß, Überfülle, Überangebot, Überproduktion, Menge *Güte *Vorteil, Nutzen, Profit, Trumpf, Plus
**mangelfrei:** mangelhaft, kümmerlich, schlecht, primitiv, unzureichend, unzulänglich, ungenügend, halbwertig

**mangelhaft:** mangelfrei, in Ordnung, instand *vorbildlich, vollkommen, vollendet, ideal, klassisch *solide, gut, profund, hervorragend, überdurchschnittlich, befriedigend, ausreichend
**mangeln:** (genug) haben, verfügen (über), vorhanden / vorrätig sein *s. beschaffen
**mangels:** aufgrund *mit Hilfe
**maniert:** echt, natürlich, ursprünglich, ungekünstelt

**manierlich:** lästig, unmanierlich, penetrant, böse, ungesittet, übel, garstig, lebhaft, laut, unerzogen

**Mann:** Frau *Gattin, Lebensgefährtin, Angetraute, Lebenskameradin, Ehefrau *Bursche, Junge, Knabe

**Männer:** die Herrenwelt, die Herren der Schöpfung, das starke Geschlecht

**mannhaft:** mutig, wagemutig, tapfer, draufgängerisch, tollkühn, verwegen, beherzt, waghalsig, furchtlos, todesmutig, vermessen, heldenhaft, kühn, unverzagt, heldenmütig, unerschrocken, herzhaft, kämpferisch
**mannigfach:** mannigfaltig, vielfältig, abwechslungsreich, reichhaltig, vielförmig, allerhand, kunterbunt, allerlei, verschiedenerlei, mancherlei, mehrere, diverse
**männlich:** maskulin, viril, stark, kräftig

**manuell:** mit der / per Hand

**märchenhaft:** zauberhaft, traumhaft, schön, ausgefallen, umwerfend, außergewöhnlich, eindrucksvoll, formidabel, bewundernswert, beeindruckend, ohnegleichen, einzigartig, sagenhaft, unglaublich, unwirklich, imponierend
**markant:** interessant, charakteristisch, scharfgeschnitten, einprägsam, klar, deutlich, ausgeprägt *auffallend, auffällig, kraß, frappant, augenfällig
**markiert:** gekennzeichnet, kenntlich gemacht, angekreuzt, bezeichnet *vorgetäuscht, geheuchelt
**markig:** kernig, stämmig, robust, sehnig, widerstandsfähig
**Marktwirtschaft:** soziale / freie Marktwirtschaft
**Marsch:** Schwemmland, Marschland *Fußmarsch, Tour, Wanderung, Fußreise
**marschieren:** im Gleichschritt / in Reih und Glied gehen *wandern, einen Spaziergang / Ausflug / Marsch / eine Wanderung machen
**maschinell:** serienmäßig, maschinenmäßig, seriell *mechanisch, automatisch, mit Maschinenkraft
**maschinenschriftlich:** mit der Maschine / Schreibmaschine geschrieben, getippt
**maskieren:** s. verkleiden / vermummen / kostümieren, s. eine Maske / ein Kostüm anlegen *s. tarnen / verhüllen / unkenntlich machen, (das Gesicht) verdecken / verbergen / verstecken
**Masse:** Menge, Mehrzahl, Anzahl, Vielzahl, Unzahl, Schwarm, Ballung, Unmenge, große Zahl, Fülle

**Männer:** Frauen(sleute), Damenwelt, das schwache Geschlecht, die Weiblichkeit
**mannhaft:** feige, feigherzig, hasenherzig, memmenhaft, mutlos, kleinmütig *ängstlich, bang, furchtsam, angstbebend

**mannigfach:** eintönig *vereinzelt, einzeln *einfach *einheitlich

**männlich:** weiblich *sächlich *unmännlich, weibisch
**manuell:** maschinell, automatisch, mechanisch, mit Maschinenkraft
**märchenhaft:** wirklich, realistisch *gewöhnlich, selbstverständlich, alltäglich

**markant:** unauffällig, unausgeprägt

**markiert:** unausgezeichnet, unmarkiert, unbezeichnet

**markig:** schwach, unausgebildet, verkümmert
**Marktwirtschaft:** Planwirtschaft

**Marsch:** Pause, Ruhe, Halt, Rast *Fahrt

**marschieren:** laufen *rasten, pausieren, halten, ausruhen *fahren

**maschinell:** manuell, in Handarbeit, mit der Hand, von Hand

**maschinenschriftlich:** handschriftlich, handgeschrieben *gedruckt
**maskieren:** (s.) demaskieren, entkleiden

**Masse:** wenige, einige, (der) einzelne *Gruppe, Teil

**massenhaft:** reichlich, übergenug, zahllos, unzählig, reihen- / massenweise

**massenhaft:** vereinzelt, wenig, selten

**maßgeblich:** ausschlaggebend, wegweisend, beherrschend, kompetent, gewichtig, tonangebend, bestimmend, entscheidend

**maßgeblich:** unmaßgeblich, inkompetent

**massieren:** (ab)reiben, (durch)kneten, streichen, bürsten, zirkeln *konzentrieren, sammeln, zusammenziehen

**massieren:** zurückziehen (Truppen)

**massig:** (wohl)beleibt, stämmig, stark, vollschlank, korpulent, füllig, breit, stramm, gemästet, unförmig, dicklich, mollig, rund(lich), üppig, kugelrund, wohlgenährt, drall, umfangreich, fett (-leibig), pummelig, dick(leibig), pausbäckig, aufgedunsen, dickwanstig, feist, fleischig, gewaltig, vierschrötig, plump *in Massen, massenhaft, übergenug

• **massig:** zart, zierlich, schmächtig (Körper) *wenig (Geld)

**mäßig:** maßvoll, gemäßigt, abstinent, enthaltsam, mit Maßen, beherrscht, zurückhaltend, gezügelt, in Grenzen *nicht besonders, durchschnittlich, schwach, mittelmäßig, dürftig *gering, klein, wenig

**mäßig:** lebhaft, intensiv, groß (Handel) *schlecht *üppig, völlerisch, schwelgerisch (Essen) *schwer, bitter, groß (Unrecht) *hoch, beachtlich, ordentlich, überzogen, überhöht (Preis) *maßlos, unmäßig, ungeheuer, unwahrscheinlich, über die / alle Maßen *hervorragend, glänzend, sehr gut, prima, meisterhaft, richtig, bedeutend, herausragend, toll, gekonnt (Leistung) *riesig, umfangreich, reich(haltig), reichlich (Auswahl, Ausbeute)

**mäßigen:** zügeln, drosseln, abmildern, (ab)schwächen, entschärfen, dämpfen, herabsetzen, herabmindern, bremsen

**mäßigen:** (s.) erregen / steigern / erhitzen, aufbrausen *steigern, erhöhen (Geschwindigkeit)

**massiv:** solide, stabil, unverwüstlich, fest, haltbar, stark, kräftig, unzerstörbar, widerstandsfähig *grob, drastisch, gewaltig, heftig, schwer, scharf, rigoros, energisch, hart, außerordentlich, entschieden

**massiv:** wackelig, unsolide, leicht, windig, nicht dauerhaft (Haus) *hohl (Gegenstand, Stamm) *schwach (Drohung) *leicht, schwach (Angriff)

**maßlos:** extrem, unmäßig, übersteigert *radikal, extremistisch, radikalistisch, scharf, rücksichtslos

**maßlos:** bescheiden, maßvoll, in Maßen, gemäßigt *enthaltsam, abstinent, gemäßigt

**maßregeln:** heruntermachen, (aus)schelten, anbrüllen, attackieren, auszanken, (aus)schimpfen, tadeln, zetern, zurechtweisen *degradieren

**maßregeln:** würdigen, loben, anerkennen *befördern (Beamter)

**maßvoll:** bescheiden, in Maßen *enthaltsam, abstinent, gemäßigt

**maßvoll:** maßlos, extrem, unmäßig, übersteigert *radikal, extremistisch, radikalistisch, kompromißlos, rücksichtslos, scharf

**materiell:** stofflich, nicht ideell, gegenständlich

**materiell:** ideell, geistig, gedanklich

**Matinee:** Vormittagsveranstaltung, Vormittagsvorstellung

**Matinee:** Abendveranstaltung, Soiree

**Matriarchat:** Mutterherrschaft, Mutterrecht

**matt:** erschöpft, gerädert, durchgedreht, ausgelaugt, entnervt, schlaff, schlapp, müde, atemlos, mitgenommen, kaputt, schwach, kraftlos, entkräftet, abgehetzt, am Ende, aufgerieben, erholungsbedürftig, halbtot, abgeschlafft, schachmatt, groggy, angegriffen, abgespannt, angeschlagen, erschlagen, zerschlagen, k.o., ermattet, überlastet, überanstrengt, abgewirtschaftet, geschafft, erledigt, urlaubsreif, verbraucht, überfordert, abgekämpft *glanzlos, stumpf, blind, dumpf, beschlagen, fahl *gedämpft, belegt, klanglos

**maulfaul:** einsilbig, wortlos, wortkarg, schweigsam, reserviert, verschlossen, lakonisch, ruhig, still, verschwiegen, sprachlos

**maximal:** größtmöglich, höchstmöglich *höchstens

**Maximum:** Höchstwert, Meisterleistung, Höchstmaß, Nonplusultra, Höhepunkt, Optimum, Höchstleistung, Spitzenleistung

**mechanisch:** zwangsläufig, selbsttätig, automatisch, gedankenlos, von selbst, unüberlegt, unwillkürlich, unbewußt *maschinell, serienmäßig, seriell, mit Maschinenkraft, maschinenmäßig, fabrikmäßig *geisttötend, stumpfsinnig, stupid, gewohnheitsmäßig

**meckern:** nörgeln, querulieren, schimpfen, mißbilligen, monieren, angreifen, verurteilen, bemängeln

**mehr:** vielmehr als, reichlich

**mehrdeutig:** doppeldeutig, zweideutig, doppelsinnig, mißverständlich, vieldeutig, verschwommen, undurchsichtig, strittig, unklar, vage *hintergründig, geheimnisvoll, rätselhaft

**mehren:** vermehren, steigern, vergrößern

**mehrere:** einige, einzelne, manche, verschiedene, ein paar

**mehrfach:** oft(mals), wiederholt, mehrmalig, mehrmals, immer wieder, nicht selten

**mehrfarbig:** bunt, vielfarbig, poppig, farbenfroh

**Matriarchat:** Patriarchat, Vaterherrschaft, Vaterrecht

**matt:** wach, munter, frisch, temperamentvoll, energisch, kräftig, hellwach, rege, regsam, agil, quecksilbrig, vif, lebendig *kräftig, stark, hell (Licht) *poliert, (spiegel)blank, spiegelnd, glänzend *intensiv, kräftig, leuchtend, hell, strahlend (Farben)

**maulfaul:** redefreudig, beredt, gesprächig, geschwätzig, redelustig, redselig, mitteilsam

**maximal:** minimal, kleinste, niedrigste *mindestens, wenigstens, zumindest, zum wenigsten / mindesten

**Maximum:** Minimum, das kleinste / wenigste / mindeste, Mindestmaß, Mindestwert, Untergrenze, Kleinstwert

**mechanisch:** manuell, von Hand, mit der Hand, in Handarbeit *überlegt, bewußt (Arbeit) *ausdrucksvoll, expressiv (Spielart)

**meckern:** zustimmen, zusagen, gutheißen, billigen, einwilligen, Zustimmung geben *schweigen, den Mund halten, ruhig / still sein, nichts sagen, stillschweigen, verstummen

**mehr:** weniger, geringer

**mehrdeutig:** eindeutig, unmißverständlich, (glas)klar, bestimmt, prägnant, genau, fest umrissen, deutlich, anschaulich, sonnenklar, unverblümt, ungeschminkt

**mehren:** (ver)mindern, verringern

**mehrere:** alle *kein(e) *ein(e), zwei

**mehrfach:** einfach *zum ersten Mal

**mehrfarbig:** einfarbig, uni

**Mehrheit:** Mehrzahl, mehr als die Hälfte, Masse, Großteil, Majorität, Überzahl, Vielzahl, Gros

**mehrmalig:** häufig, oft, wiederholt, vielmalig, immer wieder, öfters

**mehrmals:** oft(mals), häufig, immer wieder, vielmals, etlichemal, ungezählt, nicht selten, viele / etliche Male

**mehrsprachig:** vielsprachig, mehrere Sprachen beherrschend / sprechend, polyglott

**Mehrzahl:** Mehrheit, mehr als die Hälfte, Masse, Großteil, Majorität, Überzahl, Vielzahl, Gros *Plural

**meiden:** umgehen, ausweichen, scheuen, fernbleiben, fliehen, vermeiden, s. herumdrücken *jmdn. ignorieren / übergehen / schneiden, abrücken / s. abwenden von

**Meineid:** Falschschwur, falsche Aussage, Wortbruch, Eidbruch, falscher Eid / Schwur

**Meinungsverschiedenheit:** Differenz, Nichtübereinstimmung, Dissens, Unstimmigkeit

**meistens:** durchweg, vorwiegend, weitgehend, gewöhnlich, meistenteils, zumeist, überwiegend, erfahrungsgemäß, in der Mehrzahl / Regel

**Meister:** Fachmann, Experte, Spezialist, Könner, Mann vom Fach *Gewinner, Crack, Sieger, Champion, Spitzensportler *Lehrmeister, Lehrherr

**meisterhaft:** ausgefallen, ansehnlich, verblüffend, auffällig, ungewöhnlich, außergewöhnlich, überwältigend, beachtlich, überragend, bedeutsam, sondergleichen, beträchtlich, sagenhaft, bewundernswürdig, eindrucksvoll, nennenswert, imposant, enorm, erstaunlich, großartig, abenteuerlich, ohnegleichen, aufsehenerregend, unvergleichlich, spektakulär, stattlich, überraschend, ungeläufig, sensationell, auffallend, bedeutend, bedeutungsvoll, beeindruckend, bewunderswert, brillant, märchenhaft, hervorragend, imponierend, außerordentlich, entwaffnend, groß, fabelhaft, einzigartig

**meistern:** bewältigen, vollbringen, ausführen, erreichen, verwirklichen, beikommen, können, erledigen, vollenden, bewerkstelligen

**Melancholie:** Kummer, Trübsinn,

**Mehrheit:** Minderheit, Minderzahl, der geringere Teil, Minorität *Diaspora (Religion)

**mehrmalig:** einmalig, einzig(artig), ohne Beispiel, sondergleichen, ohnegleichen, noch nie dagewesen

**mehrmals:** einmal *nie(mals)

**mehrsprachig:** einsprachig *zweisprachig

**Mehrzahl:** einige, wenige, einzelne *Einzelfall *kein(e, r) *Singular, Einzahl

**meiden:** suchen, begehren, wollen, wünschen, s. bemühen (um)

**Meineid:** Eid, Schwur *Gelübde

**Meinungsverschiedenheit:** Einverständnis, Einvernehmen, Einigkeit, Einstimmigkeit

**meistens:** nie(mals) *kaum, selten, manchmal *immer

**Meister:** Lehrling, Auszubildende(r) *Schüler *Anfänger

**meisterhaft:** schlecht, stümperhaft, anfängerhaft, ungekonnt, ungeschickt, mäßig *durchschnittlich, normal *unbeholfen, ungewandt, ungelenk, unpraktisch, umständlich, schwerfällig, plump, linkisch, tolpatschig, eckig, steif, tölpelhaft, hölzern, hilflos

**meistern:** nicht bewältigen, resignieren, aufgeben, verzichten

**Melancholie:** Fröhlichkeit, Heiterkeit,

Wehmut, Leid, Sorge, Unglück, Schmerz, Qual, Gram, Jammer, Not, Kümmernis, Last, Trauer, Trübsal, Kreuz, Seelenschmerz, Verzweiflung, Trostlosigkeit, Misere, Marter, Pein, Martyrium

**melancholisch:** kümmerlich, desolat, bedrückt, schwermütig, depressiv, trübsinnig, hypochondrisch, schwarzseherisch, pessimistisch, nihilistisch, defätistisch, wehmütig, trübselig, freudlos, traurig, trist, elegisch, (tod-)unglücklich, elend, betrübt, trübe, bekümmert, unfroh *sorgenvoll, sorgenschwer, zentnerschwer, gramerfüllt, gramvoll, gramgebeugt

**melodisch:** wohlklingend, musikalisch, sonor, klangrein, klangvoll, wohltönend, melodiös

**Menge:** Masse, Mehrzahl, Serie, große Zahl, Schwall, Ballung, Unzahl, Anzahl, Vielzahl, Armee *Allgemeinheit, Öffentlichkeit, die breite Masse, Volk, das breite Publikum, die schweigende Mehrheit

**mengen:** (durch)mischen, vermischen, mixen, verrühren, verquirlen, zusammenschütten

**Mensch:** Erdenbürger, Person, Individuum, Homo sapiens, jemand

**Menschenfeind:** Menschenverächter, Menschenhasser, Misanthrop

**menschenfeindlich:** menschenverachtend, inhuman, unmenschlich

**Menschenfreund:** Humanist, Philanthrop, Wohltäter der Menschheit

**Menschenfreundlichkeit:** Philanthropie, Nächstenliebe, Barmherzigkeit, Wohltätigkeit, Menschlichkeit, Humanität

**Menschenverachtung:** Menschenscheu, Menschenhaß, Menschenfeindschaft, Menschenfurcht, Misanthropie

**menschenleer:** unzivilisiert, ausgestorben, unbewohnt, unkultiviert, entvölkert, unbevölkert *leer, geräumt

**menschlich:** freundlich, entgegenkommend, liebenswürdig, zuvorkommend, freundschaftlich, nett, herzlich, wohlwollend, gefällig, wohlmeinend, tolerant, einnehmend, höflich, zugetan, warm, lieb, sympathisch, annehmlich,

Freude, Glückseligkeit, gute Laune, heitere Stimmung, Humor, Frohmut, Geselligkeit, Munterkeit, Laune *Optimismus, Lebensfreude

**melancholisch:** froh, heiter, fröhlich, glücklich, beschwingt *zuversichtlich, hoffnungsfroh, hoffnungsvoll, unverzagt, zukunftsgläubig, optimistisch, lebensbejahend, getrost, fortschrittsgläubig

**melodisch:** unmelodisch *hart

**Menge:** etwas, (ein) wenig, einige, wenige, Kleinigkeit *der einzelne, Individuum

**mengen:** trennen, scheiden, sortieren, (aus)sondern, auseinanderhalten

**Mensch:** Tier

**Menschenfeind:** Philanthrop, Menschenfreund, Wohltäter

**menschenfeindlich:** human, menschlich, entgegenkommend, nett, freundlich, wohlwollend, verbindlich

**Menschenfreund:** Menschenverachter, Menschenfeind, Misanthrop

**Menschenfreundlichkeit:** Menschenscheu, Menschenhaß, Menschenfeindschaft, Menschenfurcht, Misanthropie

**Menschenverachtung:** Philanthropie, Nächstenliebe, Barmherzigkeit, Wohltätigkeit, Menschlichkeit, Menschenliebe, Menschenfreundlichkeit, Humanität, Agape, Caritas

**menschenleer:** voll, überfüllt, bevölkert

**menschlich:** tierisch, animalisch *technisch (Versagen) *unmenschlich, unbarmherzig, roh, inhuman, barbarisch, grausam, brutal, erbarmungslos, gnadenlos, verroht, schonungslos, kaltblütig, mitleidlos, herzlos *autoritär,

wohlgesinnt, gütig, warmherzig, (herzens)gut, barmherzig, mild, gutmütig, weichherzig, gutherzig, sanftmütig, gnädig *human, sozial, menschenfreundlich, philanthropisch, mitfühlend, wohltätig, wohlwollend

streng (Vorgesetzter) *streitbar, grimmig, herausfordernd, hitzig, kämpferisch, streitsüchtig, zanksüchtig *unzugänglich, verschlossen, trotzig, aufsässig, störrisch, renitent, unerbittlich, starrsinnig, starrköpfig, eigensinnig, steifnackig, unbelehrbar, ungehorsam, unnachgiebig, unversöhnlich, unterkühlt, frostig, kontaktarm, menschenfeindlich, unempfänglich, unaufgeschlossen *übermenschlich (Kräfte, Leistung) *göttlich (Religion) *asozial, gemeinschaftsschädigend, unsozial

**merken:** s. einprägen, lernen, nicht vergessen, aufnehmen, s. ins Gedächtnis schreiben *durchschauen, durchblicken, dahinterblicken, registrieren

**merken:** vergessen, verlernen, verschwitzen *verdrängen *übersehen, ignorieren *mitmachen, mitspielen (Spaß)

**merklich:** erkennbar, auffallend, erheblich, spürbar, fühlbar, sichtbar, sichtlich, deutlich, zusehends

**merklich:** unmerklich, unbemerkbar, undeutlich, nicht erkennbar, unspürbar *unsichtbar, latent, verborgen *spurlos

**merkwürdig:** eigen, sonderbar, komisch, schrullig, seltsam, eigenartig, absonderlich, befremdend, wunderlich, verwunderlich, verschroben, kauzig, eigentümlich, eigenbrötlerisch

**merkwürdig:** gewohnt, gewöhnlich, alltäglich, normal *erklärbar, deutbar *selbstverständlich, natürlich

**messen:** ermitteln, vermessen, dosieren, berechnen, abmessen, ausmessen, abzirkeln

**messen:** (ab)schätzen, überschlagen

**messerscharf:** äußerst / sehr scharf *bissig, streng, sehr / äußerst hart

**messerscharf:** stumpf, ungeschärft *schwach (Torschuß) *schwach, mäßig, zurückhaltend (Kritik)

**methodisch:** programmäßig, planmäßig, systematisch, folgerichtig, wissenschaftlich, zielbewußt, konsequent, planvoll, bedacht, taktisch

**methodisch:** unmethodisch, nicht durchdacht, unsystematisch, planlos, unüberlegt

**mieten:** eine Wohnung beziehen / nehmen, pachten, in Pacht nehmen, s. einlogieren / einquartieren / einmieten *(aus)leihen, heuern (Schiff), chartern

**mieten:** vermieten *erwerben, kaufen *kündigen

**Mieter:** Dauermieter, Mietpartei, Hauptmieter, Einlieger, Nachmieter

**Mieter:** Vermieter, Hauseigentümer, Wohnungsvermieter *Besetzer, Instandbesetzer, Hausbesetzer

**milchig:** trüb, weißlich, undurchsichtig

**milchig:** klar, durchsichtig

**mild:** nicht rauh / kalt, warm, lau, gemäßigt, lind *gütig, freundlich, entgegenkommend, liebenswürdig, zuvorkommend, freundschaftlich, nett, herzlich, wohlwollend, gefällig, wohlmeinend, menschlich, einnehmend, zugetan, warm, lieb, sympathisch, wohlgesinnt, warmherzig, (herzens)gut, barmherzig, gutmütig, weichherzig, gutherzig, sanftmütig, gnädig *menschlich, gnädig, nachsichtig (Richter) *lieblich,

**mild:** rauh, (schneidend) kalt, beißend, frisch, grimmig, kühl (Klima, Wetter) *unnachsichtig, hart, streng, unbarmherzig (Richter) *(bitter)kalt, eisig, frostig, grimmig (Winter) *bissig, unverfroren, hart, scharf (Bemerkung) *sauer, herb, adstringierend, zusammenziehend (Wein) *grell (Licht) *hart, streng durchdringend, bohrend, stechend (Blick) *hart, vernichtend, gerecht, kategorisch, empfindlich

süffig *gedämpft *wohlwollend (Blick) *gering, klein (Strafe) *gütig, wohlwollend, sanft (Worte)

**Milde:** Güte, Freundlichkeit, Herzlichkeit, Wärme, Wohlwollen, Herzensgüte, Warmherzigkeit, Liebenswürdigkeit, Entgegenkommen, Nächstenliebe, Aufmerksamkeit, Selbstlosigkeit, Gutmütigkeit, Innigkeit, Hilfsbereitschaft, Aufgeschlossenheit, Anteilnahme, Zuwendung, Zuneigung *Schönwetter, Wärme *Duldung, Nachsicht, Geduld, Langmut, Hinnahme *Süße

**mildern:** lindern, ausgleichen, glätten, abmildern, erleichtern, verringern, beruhigen, bessern, entschärfen, (ab-) dämpfen, herunterspielen
**mildtätig:** selbstlos, uneigennützig, großherzig, edelmütig, idealistisch, aufopfernd
**militärisch:** soldatisch, militaristisch, militärähnlich
**militarisieren:** (auf)rüsten, bewaffnen, mobilisieren
**Minderheit:** Minderzahl, Minorität, der kleinere / geringere Teil, weniger als die Hälfte
**minderjährig:** unmündig, halbwüchsig, noch nicht mündig / erwachsen, unter 18 Jahren

**mindern:** verringern, vermindern, verkleinern, drosseln, drücken, beeinträchtigen, schmälern, heruntersetzen, reduzieren, beschränken
**minderwertig:** wertlos, geringwertig, halbwertig, nichts wert, billig, ungenügend, wertgemindert, zweitklassig, mangelhaft *charakterlos, charakterlich schlecht, verdorben, verrucht, verworfen
**mindeste:** wenigste, kleinste, geringste
**mindestens:** wenigstens, geringstenfalls, auf jeden Fall, zuwenigst, (zu-) mindest
**minimal:** klein, kümmerlich, winzig,

(Strafe, Urteil) *unbarmherzig, unerbittlich, kompromißlos, brutal, barbarisch, erbarmungslos, unnachsichtig, gefühllos, gnadenlos, unmenschlich, verroht, kaltblütig, grausam, unnachgiebig, schonungslos, inhuman, herzlos, streng, hart (Verfahrensweise, Mensch) *hart, herzlos, grob (Worte)
**Milde:** Strenge, Härte, Kälte, Kaltherzigkeit, Lieblosigkeit *Frost, Eiseskälte, Frostwetter, Hundekälte, Temperatursturz, Kälteeinbruch, Kältesturz (Wetter) *Grausamkeit, Kaltblütigkeit, Unbarmherzigkeit, Unerbittlichkeit, Kompromißlosigkeit, Brutalität, Barbarei, Erbarmungslosigkeit, Unnachsichtigkeit, Gefühllosigkeit, Gnadenlosigkeit, Mitleidlosigkeit, Fühllosigkeit, Herzensverhärtung, Unmenschlichkeit, Verrohung, Unnachgiebigkeit, Schonungslosigkeit, Herzlosigkeit *Schärfe *Pression, Zwang
**mildern:** verschärfen, erhöhen, (s.) verschlimmern, verstärken *erschweren *anstacheln, aufpulvern, schüren, (auf-) reizen, nähren
**mildtätig:** geizig, knauserig, sparsam

**militärisch:** zivil *unmilitärisch *friedlich *diplomatisch *antiautoritär
**militarisieren:** abrüsten, entmilitarisieren
**Minderheit:** Mehrheit, Mehrzahl, Masse, Menge, Überzahl *Majorität

**minderjährig:** volljährig, mündig, erwachsen, (aus)gereift, groß, heiratsfähig, herangewachsen, reif, voll entwickelt
**mindern:** vermehren, vervielfachen, erhöhen, steigern, (hervor)heben, verstärken, erweitern, vergrößern

**minderwertig:** hervorragend, hochwertig, (sehr) gut, vollwertig *rein, fein (Qualität) *(herzens)gut, menschlich, ehrlich, gerade, aufrichtig, offenherzig, uneigennützig, mitfühlend (Mensch)
**mindeste:** höchste, größte *sehr, viel
**mindestens:** höchstens, maximal

**minimal:** maximal, höchste, größte,

karg, dürftig, schmal, mager, gering
*unbedeutend, unwesentlich, belang-
los, verschwindend, unbeträchtlich, geringfügig, unwichtig, unerheblich

**Minimum:** Untergrenze, Mindestzahl,
Mindestwert, Mindestmaß, das kleinste / wenigste / mindeste

**Minorität:** Minderheit, der kleinere /
geringere Teil, Minderzahl, weniger als
die Hälfte

**minus:** abzüglich, ohne, exklusive, ausgenommen, abgezogen, abgerechnet,
weniger

**Minus:** Differenzbetrag, Fehlbetrag,
Defizit, Ausfall, Einbuße, Manko,
Verlust(geschäft)

**Misanthrop:** Menschenfeind, Menschenhasser, Menschenverächter

**mischen:** durcheinanderwirken, verrühren, zusammenschütten, mixen,
durchmischen, vermischen, versetzen
mit, unterarbeiten *durcheinanderbringen, durcheinanderwerfen, zusammenstellen, durcheinanderwürfeln

**miserabel:** kläglich, jämmerlich,
(herz)ergreifend, (herz)zerreißend,
jammervoll, bedauerlich, herzbewegend, beklagenswert, bedauernswert
*knapp, schäbig, mager, spärlich, kärg-
lich, bescheiden, ungenügend, unzureichend, unbefriedigend, schlecht, mangelhaft, schmählich *minderwertig, ungenügend, stümperhaft, mangelhaft
*defekt, ungenügend

**Misere:** Unordnung, Mängel, Elend,
schlimmer Zustand, katastrophale / unerträgliche Situation *Elend, Unglück,
Not, Armut, Notstand, Krise, Ärmlichkeit, Armseligkeit, Bedürftigkeit,
Entbehrung, Verelendung, Beschränkung, Besitzlosigkeit, Knappheit,
Kargheit

**mißachten:** verachten, geringschätzen,
geringachten, verschmähen, verpönen,
ablehnen, ignorieren, zurückweisen,
ausschlagen, abweisen

**Mißachtung:** Verachtung, Respektlosigkeit, Geringschätzung, Herabwürdigung, Pejoration, Verächtlichmachung, Despektierlichkeit, Herabsetzung, Naserümpfen

größtmöglich, höchstmöglich *höchstens

**Minimum:** Maximum, Optimum,
Höchstwert, Höchstmaß, das Höchste,
das meiste *Nullwert, Nullpunkt

**Minorität:** Majorität, der größere Teil,
Mehrheit

**minus:** zuzüglich, inklusive, inbegriffen, plus, dazu, obendrein, zusätzlich

**Minus:** Plus, Gewinn, Ertrag, Profit,
Reingewinn, Erlös

**Misanthrop:** Philanthrop, Menschenfreund, Wohltäter

**mischen:** auseinanderhalten, (ab)son-
dern, scheiden, sortieren, trennen, aus-
einanderlesen *s. absondern *s. heraushalten

**miserabel:** ausgefallen, außerordentlich, hervorragend, bedeutend, großartig, beachtlich, ausgezeichnet, brillant,
sehr gut, überragend, ungewöhnlich,
hervorragend, imposant, erstaunlich,
sensationell, spektakulär *makellos,
einwandfrei, fehlerlos, fehlerfrei, untadelig, ohne Fehl / Makel, perfekt, korrekt

**Misere:** Glück, Frieden *Glückszu-
stand, Glücksfall, Idealzustand

**mißachten:** (be)achten, (be)folgen,
einhalten, s. halten (an), respektieren
(Vorschriften, Gesetze, Verkehrszei-
chen) *anerkennen, (hoch)achten, bewundern, anbeten, würdigen, respektieren, honorieren, schätzen, (ver-)
ehren *tolerieren

**Mißachtung:** Achtung, Hochachtung,
Respekt, Verehrung, Anerkennung,
Ehrfurcht, Ehrerbietung, Wertschät-
zung, Bewunderung, Pietät, Rücksicht
*Beachtung, Befolgung, Achtung
(Vorschriften) *Toleranz

**Mißbehagen:** Widerwillen, Beklemmung, Lustlosigkeit, Mißfallen, Beklommenheit, unangenehmes Gefühl
**mißbilligen:** ablehnen, verweigern, versagen, negieren, ausschlagen, verneinen, dagegen sein, abweisen, zurückweisen
**Mißbilligung:** Ablehnung, Zurückweisung, Absage, Nein, negative Antwort, Durchfall, Fiasko, Abfuhr, abschlägiger Bescheid
**mißbräuchlich:** zu einem falschen / schlechten Zweck, einen Mißbrauch darstellend
**Mißerfolg:** Katastrophe, Bankrott, Pech, Ruin, Enttäuschung, Zusammenbruch, Versagen, Debakel, Durchfall, Rückschlag, Mißlingen
**mißfallen:** abstoßen, nicht erbaut sein, unangenehm berühren, Mißfallen erregen, stören, anwidern, widerstreben, verdrießen
**Mißfallen:** Lustlosigkeit, Beklommenheit, Widerwillen, Beklemmung, unangenehmes Gefühl
**mißgelaunt:** bärbeißig, wütend, wutschnaubend, wutentbrannt, wutschäumend, zornig, erzürnt, fuchsteufelswild, böse, grimmig, ärgerlich, empört, mißlaunig, mißmutig, peinlich, mürrisch, aufgebracht, brummig, verdrossen, verdrießlich, unwillig, rabiat, erbost, erbittert, grantig, gereizt, übellaunig, unwirsch, entrüstet, muffig, griesgrämig
**Mißgeschick:** Elend, Unglück, Not, Armut, Notstand, Krise, Ärmlichkeit, Armseligkeit, Bedürftigkeit, Entbehrung, Verelendung, Geldnot, Beschränkung, Besitzlosigkeit, Knappheit, Kargheit
**mißglücken:** scheitern, zerbrechen an, s. zerschlagen, stranden, straucheln, fehlschlagen, Schiffbruch erleiden, zusammenbrechen
**mißgönnen:** schielen nach, (be)neiden, nicht gönnen, neidisch / mißgünstig / eifersüchtig sein
**Mißgunst:** Neid, böser Wille, Eifersucht, Scheelsucht
**mißhandeln:** quälen, schlecht behandeln, weh tun, terrorisieren, drangsalieren, schikanieren, schinden, tyrannisieren, traktieren
**Mißklang:** Paraphonie, Kakophonie,

**Mißbehagen:** Behagen, Heiterkeit, Wohlbehagen, Humor, Zufriedenheit, Harmonie, gute Laune
**mißbilligen:** billigen, akzeptieren, zustimmen, einwilligen, gutheißen, zusagen, einsehen, Zustimmung geben, sanktionieren, anerkennen
**Mißbilligung:** Billigung, Zustimmung, Einverständnis, Einwilligung, Sanktionierung, Anerkennung, Einsicht

**mißbräuchlich:** gerechtfertigt, berechtigt, notwendig

**Mißerfolg:** Erfolg, Resultat, Wirksamkeit, Durchbruch, Auswirkung, Bombenerfolg, Effekt

**mißfallen:** gefallen, mögen, lieben, zusagen, imponieren

**Mißfallen:** Gefallen, Wohlgefallen, Wohlwollen *Zustimmung, Applaus, Klatschen, Beifall
**mißgelaunt:** gutgelaunt, heiter, fröhlich, aufgelegt, ausgelassen, munter, lustig, strahlend, übermütig, überschäumend, übersprudelnd, vergnügt, vergnüglich, aufgeheitert, freudestrahlend, wohlgelaunt, froh, erfreut, freudig

**Mißgeschick:** Glück, Erfolg, Durchbruch

**mißglücken:** gelingen, geraten, glücken, gutgehen, glattgehen, hinhauen, klappen, nach Wunsch gehen

**mißgönnen:** gönnen, wünschen

**Mißgunst:** Gunst, Wohlwollen

**mißhandeln:** pflegen, hegen, gut behandeln

**Mißklang:** Wohlklang, Wohllaut, Har-

Disharmonie, Mißton, Dissonanz, Mißlaut

**Mißkredit:** schlechtes Ansehen, übler Ruf / Leumund

**mißliebig:** unbeliebt, unsympathisch, verhaßt

**mißmutig:** bärbeißig, wütend, wutschnaubend, wutentbrannt, wutschäumend, zornig, erzürnt, fuchsteufelswild, böse, grimmig, ärgerlich, empört, mißlaunig, mürrisch, aufgebracht, brummig, verdrossen, verdrießlich, unwillig, rabiat, erbost, erbittert, grantig, gereizt, mißgelaunt, übellaunig, unwirsch, entrüstet, muffig, griesgrämig

**Mißordnung:** Durcheinander, Unordnung, Chaos, Lotterwirtschaft, Konfusion, Schlamperei

**mißorganisiert:** durcheinander, chaotisch, unübersichtlich, wirr, unordentlich, abstrus, konfus

**mißraten:** impertinent, frech, naseweis, vorlaut, vorwitzig, unartig, ungesittet, schamlos, keß, keck, dreist, ungezogen, unverschämt, unverfroren, unmanierlich

**Mißstand:** Elend, Ungerechtigkeit, Unordnung, Mängel, Auswüchse, schlimmer Zustand, Misere, unerträgliche / katastrophale Situation, Übelstand

**Mißstimmung:** Verdrossenheit, Unmut, Spannung, Überdruß, Mißvergnügen, Unbehagen, schlechte Laune, Übellaunigkeit, Mißmut, Mißlaune, Lustlosigkeit, Verbitterung, Verdrießlichkeit, Verstimmtheit

**mißtönend:** verzerrt, disharmonisch, dissonant, unrein, falsch, kakophonisch, paraphonisch, unmelodisch, unsauber

**mißtrauen:** (be)argwöhnen, Argwohn schöpfen / hegen, nicht glauben, verdächtigen, in Frage stellen, bezweifeln

**Mißtrauen:** Verdacht, Argwohn, Zweifel, Skepsis, Bedenken, Unglaube

**mißtrauisch:** zweifelnd, zweiflerisch, kritisch, skeptisch, ungläubig, argwöhnisch, vorsichtig, kleinmütig

**Mißverhältnis:** Widerspruch, Gegen-

monie, Einklang, Euphonie

**Mißkredit:** guter Ruf / Leumund, Ansehen

**mißliebig:** beliebt, angesehen, geachtet, lieb, teuer, wert, verehrt, angebetet, vergöttert

**mißmutig:** froh, fröhlich, wohlgelaunt, gutgelaunt, freudig, wohlgemut, glücklich, selig, hochbeglückt, zufrieden, guten Mutes, vergnügt, in froher Stimmung / Laune, frohgestimmt, sonnig, guter Laune / Dinge, heiter, fidel, schwungvoll, optimistisch

**Mißordnung:** Ordnung, Geordnetheit

**mißorganisiert:** (wohl)organisiert, geregelt, geordnet

**mißraten:** (wohl)geraten, gelungen

**Mißstand:** Ordnung, geregelte Zustände, erfreulicher Zustand, Zucht (und Ordnung)

**Mißstimmung:** Heiterkeit, Freude, Vergnügtheit, Frohmut, Fröhlichkeit, frohe Laune, Frohsinn, Lebenslust, freudige Stimmung, Lustigkeit, heitere Stimmung, Ausgelassenheit *Übereinstimmung, Harmonie, Einigkeit

**mißtönend:** wohlklingend, wohllautend, klangvoll, euphonisch

**mißtrauen:** (ver)trauen, glauben

**Mißtrauen:** Vertrauen, Hinwendung, Glaube *Harmlosigkeit, Arglosigkeit, Schwäche, Naivität, Treuherzigkeit, Einfalt, Kritiklosigkeit, Vertrauensseligkeit

**mißtrauisch:** zuversichtlich, vertrauend, vertrauensvoll *leichtgläubig, harmlos, einfältig, naiv, treuherzig, arglos, vertrauensselig, unkritisch

**Mißverhältnis:** Gleichheit, Überein-

satz, Diskrepanz, Kontrast, Disproportion

**mißverständlich:** mehrdeutig, doppeldeutig, zweideutig, doppelsinnig, vieldeutig, ambivalent, verschwommen, undurchsichtig, strittig, unklar, vage *hintergründig, geheimnisvoll, rätselhaft

**Mißverständnis:** Verwechslung, falsche Auslegung, Fehldeutung, Irrtum, Fehlschluß, Verkennung

**mißverstehen:** s. täuschen / irren, verkennen, falsch verstehen / auffassen / auslegen / interpretieren

**mit:** samt, einschließlich, einbegriffen, und, eingeschlossen, eingerechnet, inklusive

**mitbringen:** mitnehmen *schenken

**miteinander:** gemeinsam, mitsammen, kollektiv, kooperativ, geschlossen, zusammen, gemeinschaftlich

**mitfahren:** begleiten, trampen, per Anhalter / Autostopp fahren, hitch-hiken

**mitfühlend:** teilnahmsvoll, gerührt, mitleidig, einfühlsam, (ein)fühlend, *gefühlvoll, (an)teilnehmend, empfindend, herzlich, innig, warm, seelenvoll, beseelt, entgegenkommend, taktvoll, zartfühlend, rücksichtsvoll

**Mitgefühl:** Einfühlungsvermögen, Verständnis, Höflichkeit, Takt(gefühl), Anteil(nahme), Sympathie, Teilnahme, Wärme, Herzlichkeit, Entgegenkommen, Verstehen, Rücksicht, Innigkeit, Einfühlungsgabe

**mitgehen:** begleiten, geleiten, s. anschließen / beigesellen, mitkommen *entflammt / enthusiastisch / entzückt / begeistert / hingerissen sein

**Mitglied:** Teilnehmer, Genosse, Mitwirkender, Glied, Beteiligter, Mitarbeiter, Angehöriger

**mitkommen:** verstehen, erfassen, begreifen, nachempfinden *nachkommen, Schritt halten, folgen können *begleiten, geleiten, mitgehen

**Mitleid:** Einfühlungsvermögen, Verständnis, Höflichkeit, Takt(gefühl), Anteil(nahme), Mitgefühl, Sympathie,

stimmung, Entsprechung *gutes / richtiges Verhältnis,. gutes Auskommen, Einklang

**mißverständlich:** deutlich, klar, anschaulich, exakt, genau, handfest, festumrissen, präzise, unmißverständlich, unzweideutig, glasklar, eindeutig

**Mißverständnis:** Eindeutigkeit, Genauigkeit, Deutlichkeit, Unzweideutigkeit *Klärung, Aufklärung

**mißverstehen:** verstehen, richtig auffassen

**mit:** ohne *nicht

**mitbringen:** erhalten, entgegennehmen, bekommen *verweigern *zurückhalten

**miteinander:** feindlich, gegeneinander, getrennt

**mitfahren:** alleine fahren *(da)bleiben

**mitfühlend:** (gefühls)kalt, hartherzig, kaltherzig, verhärtet, gefühllos, *verständnislos *wurstig, unberührt, teilnahmslos, gleichgültig, desinteressiert

**Mitgefühl:** Gefühlskälte, Mitleidlosigkeit, Lieblosigkeit, Kaltherzigkeit, Empfindungslosigkeit, Gefühllosigkeit, Härte, Fühllosigkeit, Herzlosigkeit *Brutalität, Verrohung, Unbarmherzigkeit, Barbarei, Gnadenlosigkeit, Unmenschlichkeit, Herzlosigkeit *Gleichgültigkeit, Teilnahmslosigkeit, Desinteresse

**mitgehen:** alleine gehen *zu Hause bleiben, (da)bleiben *vorübergehen *vorbeigehen (Rede)

**Mitglied:** Außenstehender, Nichtmitglied *Außenseiter

**mitkommen:** zu Hause bleiben, (da-)bleiben *(jmdn.) mitnehmen *nicht verstehen / folgen können, zurückbleiben, hängen(bleiben) (Schule)

**Mitleid:** Härte, Mitleidlosigkeit, Kaltherzigkeit, Gefühllosigkeit, Herzlosigkeit *Schadenfreude *Desinteresse,

Teilnahme, Wärme, Herzlichkeit, Entgegenkommen, Verstehen, Rücksicht
**mitleidig:** einfühlsam, (ein)fühlend, gefühlvoll, (an)teilnehmend, empfindend, herzlich, innig, warm, seelenvoll, beseelt, entgegenkommend, taktvoll, zartfühlend, rücksichtsvoll
**mitleid(s)los:** roh, barbarisch, kalt, unbarmherzig *schadenfroh, hämisch, gehässig, rachsüchtig, rachgierig, rach(e)durstig, mißgünstig *gleichgültig, teilnahmslos, desinteressiert, wurstig, stumpf, unberührt
**mitmachen:** mitwirken, mitarbeiten, teilnehmen, dabeisein, partizipieren, s. beteiligen

**mitnehmen:** bei s. tragen / haben, mitführen *erschöpfen *(be)stehlen, wegnehmen, berauben, ausräubern, ausplündern, ausräumen, abnehmen, beiseite schaffen / bringen, erbeuten, s. aneignen / bemächtigen / an fremdem Eigentum vergreifen, unterschlagen, betrügen, veruntreuen, einsacken, wegtragen
**mitreißend:** spannend, fesselnd, interessant, faszinierend, spannungsreich, ergreifend, dramatisch, bewegend, aufwühlend, atemberaubend, packend
**mitschuldig:** schuldig, schuldbeladen, schuldhaft
**Mittag:** Mittagsstunde, Mittagszeit *Mittagspause, Siesta, Mittagsruhe
**Mittagessen:** Dinner, Diner, Mittagsmahl, Mittagstisch, Mittagsbrot
**mittags:** über / zu Mittag, um zwölf Uhr

**mittelbar:** auf Umwegen, verblümt, unausgesprochen, andeutungsweise, verklausuliert, verschleiert
**mittellos:** (bettel)arm, notleidend, bedürftig, verelendet, unvermögend
**mittelmäßig:** alltäglich, leidlich, durchschnittlich, mäßig, passabel, bescheiden, genügend, hinlänglich, einigermaßend, gewöhnlich, erträglich

**Mittelschicht:** Bürgertum, Mittelstand, Kleinbürgertum
**mitten:** inmitten, zentral, in der Mitte von, im Herzen / Zentrum von

Stumpfheit, Wurstigkeit, Gleichgültigkeit, Teilnahmslosigkeit
**mitleidig:** roh, barbarisch *schadenfroh, hämisch, gehässig, rachsüchtig, rachgierig, rachedurstig, mißgünstig *gleichgültig, teilnahmslos, desinteressiert, unberührt, wurstig, stumpf
**mitleid(s)los:** mitleidig, mitfühlend, (an)teilnehmend, verbindlich, teilnahmsvoll, wohlwollend, entgegenkommend, gerührt

**mitmachen:** auslassen, fallenlassen, verzichten *s. ausschließen / isolieren / absondern / zurückziehen, abseits stehen *zuschauen, zusehen
**mitnehmen:** da(be)lassen, belassen, liegenlassen, stehenlassen, hängenlassen *zu Hause lassen (Kinder) *vergessen *auslassen, verzichten (Vergnügen) *aussteigen lassen, absetzen (Fahrgast) *vorbeigehen, abprallen (Vorwürfe)

**mitreißend:** langweilig, monoton, uninteressant, matt, einschläfernd, (f)lau, eintönig, ermüdend (Rede)

**mitschuldig:** unschuldig, unbelastet, rein *alleinschuldig
**Mittag:** Frühe, Morgen *Nachmittag *Abend *Nacht
**Mittagessen:** Frühstück *Abendessen

**mittags:** früh, morgens *nachmittags *abends *nachts
**mittelbar:** unmittelbar, direkt

**mittellos:** bemittelt, reich, wohlhabend, begütert
**mittelmäßig:** ausgefallen, prachtvoll, außergewöhnlich, (sehr) gut, brillant, hervorragend, erstaunlich, verblüffend, ausgezeichnet, sensationell, prima, überwältigend, bedeutend, stattlich, blendend, prächtig, sagenhaft, unvergleichbar, genial, spektakulär *genial, (hoch)begabt *schlecht, miserabel
**Mittelschicht:** Oberschicht *Unterschicht
**mitten:** rechts *links *am Rand, abseits *am Anfang *am Ende *zu Beginn

**mobil:** beweglich, versetzbar, zerlegbar, fahrbar, tragbar, verrückbar *agil, rege, betriebsam, vif, geschäftig, anpassungsfähig, wandlungsfähig
**Mobilien:** bewegliche Habe / Güter

**mobil:** immobil, ortsfest, unbeweglich *träge, faul, müde, matt
**Mobilien:** Immobilien, Liegenschaften, Grundstücke, Land

**mobilisieren:** aktivieren, aufwenden, einsetzen, hineinstecken, anspornen, anstacheln
**möbliert:** eingerichtet, ausgestattet

**mobilisieren:** demobilisieren, abrüsten (Armee)
**möbliert:** unmöbliert, leer (Zimmer)

**modern:** neuartig, hochmodern, zeitgemäß, neuzeitlich, super, fortschrittlich, aktuell, aufgeschlossen, progressiv *verwesen, (ver)faulen, verrotten, verschimmeln, verderben, vermodern, verkommen, umkommen, s. zersetzen

**modern:** unmodern, altmodisch, veraltet, unzeitgemäß *abgegriffen, abgedroschen, alt (Wort) *klassisch, antik *zeitlos

**mögen:** bevorzugen, angetan / eingenommen sein, Gefallen finden / haben, liebhaben, sympathisieren mit
**möglich:** vorstellbar, denkbar, erdenklich, wahrscheinlich, ausführbar, erwägenswert, realisierbar, gangbar, potentiell

**mögen:** hassen, mißfallen, verachten, verabscheuen, ablehnen *unsympathisch finden
**möglich:** unmöglich, unwahrscheinlich, undenkbar, ausgeschlossen, keinswegs, keinesfalls, unter keinen Umständen, ganz und gar nicht *chancenlos *sicher, bestimmt, zweifelsfrei, zweifellos, wahr, gewiß

**Möglichkeit:** Mittel (und Wege), Weg *Chance, Sprungbrett, Glück(sfall), Aussicht (auf Erfolg) *Fall, Eventualität
**Moll:** weiche Tonart
**mollig:** kräftig, (wohl)beleibt, stämmig, stark, vollschlank, füllig, breit, stramm, wohlgenährt, gemästet, unförmig, dicklich, rund(lich), üppig, kugelrund, drall, umfangreich, fett(leibig), pummelig, dick(leibig), pausbäckig, aufgedunsen, dickwanstig, feist, fleischig, vierschrötig, plump *warm, heimelig, angenehm, wohlig, gemütlich

**Möglichkeit:** Unmöglichkeit, Unerreichbarkeit, Ausweglosigkeit *Gewißheit, Sicherheit, Wahrheit *Chancenlosigkeit
**Moll:** Dur (Musik)
**mollig:** (gerten)schlank, mager, dünn, grazil, hager, schmal, schlankwüchsig, abgezehrt, dürr (Mensch) *ungemütlich, kalt, kühl, unbehaglich (Zimmer)

**momentan:** augenblicklich, jetzt, nun, derzeit(ig), im Augenblick / Moment, heute, jetzig, gegenwärtig
**Mönch:** Ordensmann, Ordensbruder, Ordensgeistlicher, Pater *Eremit, Einsiedler

**momentan:** immer, dauernd, permanent, ständig, bleibend *langfristig

**Mönch:** Nonne, Schwester, Ordensfrau, Ordensschwester, Klosterfrau

**Mond:** Himmelskörper, abnehmender / zunehmender Mond, Neumond, Vollmond, Halbmond, erstes / letztes Viertel
**mondän:** weltmännisch, elegant, exklusiv, schick, extravagant, fein, modisch, von Welt, weltläufig

**Mond:** Sonne **\*abnehmender Mond:** zunehmender Mond **\*zunehmender Mond:** abnehmender Mond

**mondän:** bescheiden, einfach, schlicht *normal

**monochrom:** polychrom, mehrfarbig
**Monogamie:** Einehe

**monochrom:** einfarbig, uni
**Monogamie:** Polygamie, Mehrehe *Bigamie

**Monolog:** Selbstgespräch

**monoton:** einfallslos, langweilig, wirkungslos, phantasielos, einfach, alltäglich, üblich, unoriginell, ohne Pfiff, trist, fad(e), öde, trostlos, reizlos, uninteressant, gleichförmig, einförmig, ermüdend, trocken

**Montage:** das Zusammenstellen / Aufstellen, Aufbau

**montieren:** zusammenbauen, zusammensetzen, installieren, zusammenfügen *aufmontieren, anbringen, befestigen, festmachen, anmontieren

**moralisch:** sittlich, tugendhaft, tugendreich, züchtig, sittenreich, sittenstreng, puritanisch

**morbid:** morsch, brüchig *krank(haft), im Verfall begriffen, angekränkelt

**Morgen:** Tagesbeginn, Tagesanbruch, Frühe, Vormittag, Morgenstunde, erste Tageshälfte

**Morgengebet:** Frühgebet, Prim

**Morgengrauen:** Tagesanbruch, Morgenröte, Sonnenaufgang, Frühlicht, Morgendämmerung, Tagesschimmer, Tagesgrauen, Tagesbeginn, Morgenrot

**Morgenland:** Orient, Ferner Osten, Naher Osten, Vorderer Orient, Nahost, Mittlerer Osten

**morgens:** des Morgens, früh am Tag, bei Tagesanbruch, vor Tau und Tag, vor Tage, frühmorgens

**Morgenveranstaltung:** Vormittagsveranstaltung, Matinee, Morgenvorstellung

**morsch:** brüchig, baufällig, bröcklig, schrottreif, faul, verfallen, zerfallen, vermodert, verrottet, verkommen, mürbe

**motiviert:** begründet, durchdacht, fundiert, geformt, methodisch, unanfechtbar

**müde:** todmüde, verschlafen, ermüdet, übernächtigt, übermüdet, schlaftrunken, ruhebedürftig *müde werden: die Augen fallen zu, ermüden, Müdigkeit verspüren

**muffelig:** beleidigt, mißmutig, mürrisch, verdrossen, bärbeißig, mißgestimmt, mißgelaunt

**Monolog:** Dialog, Zwiegespräch, Gespräch

**monoton:** abwechslungsreich, variationsreich, variierend, interessant *spannend, interessant, packend, mitreißend (Vortrag)

**Montage:** Demontage, Abriß, Abbruch, Zerlegung

**montieren:** demontieren, abreißen, abbrechen, zerlegen *herausdrehen, herausschrauben, abnehmen (Lampe)

**moralisch:** amoralisch *unmoralisch, lose, locker, leicht, geil, unanständig (Mensch) *ausschweifend, lasterhaft, unmoralisch (Leben)

**morbid:** gesund, intakt *stahl, fest, solide, gesund

**Morgen:** Nacht *Nachmittag *Abend

**Morgengebet:** Abendgebet, Nachtgebet *Komplet, Vesper

**Morgengrauen:** Abendlicht, Abenddämmerung, Abendrot, Sonnenuntergang, Abendröte

**Morgenland:** Abendland, Okzident

**morgens:** nachts, des Nachts, bei Nacht, während / in der Nacht *nachmittags *abends, am Abend, des Abends, spät

**Morgenveranstaltung:** Soiree, Abendveranstaltung

**morsch:** fest, stabil, solide

**motiviert:** unmotiviert, unbegründet

**müde:** (hell)wach, ausgeschlafen, munter, kräftig, frisch, fit, lebendig, mobil, ausgeruht, erholt *müde werden: wach werden, erwachen, zu s. kommen, munter werden, aufwachen, die Augen aufmachen

**muffelig:** gesprächig, gesprächsbereit, redefreudig, redelustig, mitteilsam *freundlich, gutgelaunt

**muffig:** bärbeißig, böse, grimmig, ärgerlich, mißlaunig, mißmutig, mürrisch, aufgebracht, brummig, verdrossen, verdrießlich, unwillig, erbittert, grantig, gereizt, mißgelaunt, übellaunig, unwirsch, entrüstet, griesgrämig *dumpf, schlecht riechend, modrig

**Mühe:** Anstrengung, Arbeit, Aktivität, Bemühung, Arbeitsaufwand *Plage, Streß, Strapaze, Last, Anspannung, Beanspruchung, Mühsal

**mühelos:** ohne Mühe, unkompliziert, (kinder)leicht, einfach, narrensicher, mit Leichtigkeit, spielend, unproblematisch

**mühen (s.):** s. befleißigen / anstrengen / fordern / etwas abverlangen / bemühen / abmühen / befleißen / abschleppen / abarbeiten / (ab)plagen / (ab)placken / abrackern / (ab)quälen / aufreiben / schinden / Mühe geben, anspannen

**mühevoll:** (nerven)aufreibend, ermüdend, aufregend, anstrengend, krampfhaft, strapaziös, beschwerlich, mühsam, mühselig

**Multiplikation:** Vervielfachung, Malnehmen *Vervielfältigung

**multiplizieren:** malnehmen, vervielfachen *vervielfältigen

**Mundart:** Dialekt, Idiom, Idiolekt, regionale Sprachvariante

**münden:** enden, zusammenlaufen, zusammenfließen, fließen in, hineinfließen, zusammenströmen

**mundfaul:** einsilbig, stumm, schweigsam, reserviert, wortlos, verschwiegen, verschlossen, lakonisch, nicht mitteilsam, wortkarg

**mündig:** erwachsen, großjährig, volljährig

**mündlich:** verbal, persönlich, nicht schriftlich, mit Worten, gesprochen

**Mündung:** Delta, Flußmündung, Einmündung *Auslauf, Zusammenfluß, Ende, Endpunkt

**munter:** leidenschaftlich, lebhaft, temperamentvoll, wild, dynamisch, vif, vital, heißblütig, beweglich, stürmisch, glühend, impulsiv, flammend, vulka-

**muffig:** frisch, angenehm, sauber (Geruch) *aufgeschlossen, heiter, freudig, fröhlich, lustig, gutgelaunt, übermütig, strahlend, vergnügt, wohlgemut, umgänglich (Mensch) *freundlich, entgegenkommend, nett, zuvorkommend, ritterlich

**Mühe:** Leichtigkeit, Mühelosigkeit, Unbeschwertheit *Faulheit, Trägheit *Nachlässigkeit *Freude

**mühelos:** mühevoll, (nerven)aufreibend, ermüdend, aufregend, anstrengend, krampfhaft, strapaziös, mühsam, mühselig, beschwerlich

**mühen (s.):** faulenzen, faul sein, nichts tun *s. keine Mühe geben, nachlässig sein *s. erholen *zusehen, zuschauen, dabeistehen

**mühevoll:** mühelos, ohne Mühe, unkompliziert, (kinder)leicht, einfach, narrensicher, mit Leichtigkeit, spielend, unproblematisch *lustig, heiter, angenehm, entsprechend, angemessen, menschlich (Arbeit)

**Multiplikation:** Division, Teilung

**multiplizieren:** dividieren, teilen

**Mundart:** Hochdeutsch, Literatursprache, Schriftdeutsch, Bühnensprache, Schriftsprache, Hochsprache, Landessprache

**münden:** entspringen, quellen, anfangen (Fluß) *entspringen, kommen, einfallen (Gedanke) *abzweigen, ausgehen, abgehen (Weg)

**mundfaul:** redefreudig, geschwätzig, beredt, gesprächig, redelustig, redselig, mitteilsam

**mündig:** minderjährig, (blut)jung, heranwachsend, jugendlich, unentwickelt, unerfahren, unfertig, unreif, unmündig

**mündlich:** (hand)schriftlich, maschinenschriftlich, schwarz auf weiß

**Mündung:** Quelle (Fluß)

**munter:** müde, abgespannt, abgeschlafft, erschöpft, gestreßt, abgejagt, fertig, kaputt, ausgepumpt *krank, leidend *schläfrig, schwerfällig, verschla-

nisch, heiß, heftig, besessen, feurig, lebendig, unruhig, quecksilbrig, blutvoll, getrieben, mobil, frisch

**Münze:** Geldstück, Silbergeld, Kleingeld, Hartgeld
**mürbe:** locker, leicht, krümelig, butterweich, zart, (pflaumen)weich, zerfallend *nachgiebig, schwach, widerstandslos, entnervt, demoralisiert, ohne Widerstandskraft *bröckelig, brüchig, spröde, morsch, rissig, wackelig, bröckelnd
**murmeln:** vor s. hinreden / hinsagen, brummen *gurgeln, glucksen, blubbern, gluckern

**mürrisch:** bärbeißig, böse, grimmig, ärgerlich, empört, mißlaunig, mißmutig, aufgebracht, brummig, verdrossen, verdrießlich, unwillig, erbittert, grantig, gereizt, mißgelaunt, übellaunig, unwirsch, entrüstet, muffig, griesgrämig
**musikalisch:** musikalisch begabt / begnadet, schöpferisch, kreativ
**musisch:** kunstsinnig, kunstverständig, feinsinnig, schöpferisch, kunstempfänglich
**Muße:** Freizeit, Stille, Nichtstun, Beschaulichkeit *Atempause, Arbeitsschluß, Urlaub, Ferien, Rast, Feiertag
**müssen:** genötigt / gehalten / verpflichtet / auferlegt / verurteilt / gezwungen sein, zollen, obliegen, die Pflicht haben
**müßig:** träge, untätig, arbeitsscheu, bequem, passiv, phlegmatisch, inaktiv, faulenzerisch

**Müßiggang:** Faulheit, Trägheit, Müßigkeit, Untätigkeit, Bequemlichkeit, Passivität, Arbeitsscheu, Faulenzerei, Phlegma
**Müßiggänger:** Faulenzer, Nichtstuer, Tagedieb, Drohne, Flaneur, Drückeberger, Nichtsnutz, Faultier
**mustergültig:** musterhaft, einwandfrei, nacheifernswert, exemplarisch, vorbildlich, ideal, makellos, fehlerlos, perfekt, vollkommen, beispielgebend
**Musterknabe:** Tugendbold, Vorbild, Musterschüler

fen, müde *träge, ruhig, phlegmatisch *desinteressiert, gleichgültig, schwerfällig, teilnahmslos, stumpfsinnig, unbeteiligt, apathisch
**Münze:** Papiergeld, Banknote, Schein, Geldschein
**mürbe:** zäh, led(e)rig (Fleisch) *hart *unnachgiebig, starrsinnig, halsstarrig, dickköpfig, fest, eisern, dickschädelig, aufsässig, verbohrt, zugeknöpft, widersetzlich, hart, zäh, unbeugsam *fest, stabil

**murmeln:** deutlich sprechen *schreien, laut sprechen / rufen, brüllen, kreischen, aufbrüllen, aufschreien *tosen, brausen (Gewässer)

**mürrisch:** freundlich, gutgelaunt, wohlgelaunt, heiter, aufgelegt, ausgelassen, munter, lustig, entgegenkommend, charmant, wohlwollend, zugeneigt, zugetan, fröhlich, überschäumend

**musikalisch:** unmusikalisch, unkünstlerisch, unschöpferisch
**musisch:** amusisch, unmusisch *prosaisch, nüchtern, trocken, phantasielos

**Muße:** Arbeit, Beschäftigung, Tätigkeit, Anstrengung *Streß *Tempo, Eile, Hetze
**müssen:** dürfen *wollen, wünschen

**müßig:** eifrig, tätig, beschäftigt, emsig, fleißig, rastlos, aktiv, getrieben, unternehmend, unternehmungslustig, regsam, zielstrebig, energisch, tatkräftig, zupackend, unbeirrt, entschlossen, ruhelos, forsch, kühn, wagemutig
**Müßiggang:** Arbeit, Fleiß, Eifer, Emsigkeit, Strebsamkeit *Betriebsamkeit, Geschäftigkeit, Unermüdlichkeit, Rastlosigkeit
**Müßiggänger:** Arbeiter, Beschäftigte *Streber

**mustergültig:** schlampig, nachlässig, oberflächlich, unordentlich, flüchtig, ungenau, liederlich, fehlerhaft, voller Fehler / Mängel
**Musterknabe:** Raufbold, Lümmel, Strolch, Flegel, Lausbub, Rowdy, Rabauke, Schläger

**musterlos:** einfarbig, uni, nicht bunt, monochrom

**Mut:** Kühnheit, Beherztheit, Furchtlosigkeit, Draufgängertum, Unverzagtheit, Tapferkeit, Tollkühnheit, Herzhaftigkeit, Schneid, Unerschrockenheit

**mutig:** wagemutig, tapfer, draufgängerisch, tollkühn, verwegen, beherzt, waghalsig, furchtlos, todesmutig, vermessen, heldenhaft, kühn, unverzagt, heldenmütig, unerschrocken, herzhaft, mannhaft, kämpferisch *optimistisch, zuversichtlich, siegesbewußt, siegessicher, hoffnungsvoll, sicher, unverdrossen, guten Mutes, voller Zuversicht, siegesgewiß

**mutlos:** ängstlich, zag(haft), aufgeregt, bänglich, zähneklappernd, angsterfüllt, angstverzerrt, hasenherzig, feigherzig, memmenhaft, kleinmütig, befangen, beklommen, aufgeregt, bang, angstvoll, angstbebend, verängstigt, scheu, schüchtern, angstschlotternd, argwöhnisch, betroffen, besorgt, gehemmt, schreckhaft, verschreckt, verschüchtert *pessimistisch, geknickt, deprimiert

**Mutlosigkeit:** Feigheit, Furchtsamkeit, Zaghaftigkeit, Bangigkeit, Hasenherzigkeit, Waschlappigkeit, Ängstlichkeit, Kleinmut, Kleinmütigkeit, Unmännlichkeit, Schwachherzigkeit, Memmenhaftigkeit *Pessimismus

**mutmaßen:** vermuten, spekulieren, schätzen, annehmen, kalkulieren, fürchten, erahnen, wähnen, befürchten, riechen, s. zusammenreimen / einbilden, erwarten, rechnen mit

**Mutmaßung:** Vermutung, Unterstellung, Bedenken, Mißtrauen, Zweifel, Argwohn, Befürchtung

**mutmaßlich:** wahrscheinlich, vermutlich, höchstwahrscheinlich, möglicherweise, vielleicht, wohl, voraussichtlich

**mütterlich:** besorgt, hingebungsvoll, selbstlos, uneigennützig, besorgt, fürsorglich, aufopfernd, gütig, zärtlich

**mutwillig:** absichtlich, wissentlich, absichtsvoll, beabsichtigt, gewollt, vorsätzlich, bewußt, willentlich, wohlweis-

**musterlos:** gemustert, geblümt, gefleckt, gepunktet, gestreift, gescheckt, getupft, getigert, kariert (Stoff)

**Mut:** Angst, Furcht(samkeit), Ängstlichkeit, Befangenheit, Beklemmung, Bangigkeit, Entsetzen, Beklommenheit, Feigheit, Hemmung, Scheu, Panik, Schüchternheit, Hasenherzigkeit, Argwohn, Unsicherheit, Verlegenheit, Lampenfieber, Torschlußpanik, Mutlosigkeit

**mutig:** ängstlich, angstbebend, zag (-haft), gehemmt, deprimiert, eingeschüchtert, feige, angsterfüllt, schüchtern, angstverzerrt, angstvoll, aufgeregt, benommen, bewegt, furchtsam, zähneklappernd, hasenherzig, verschüchtert, argwöhnisch, besorgt, bänglich, verkrampft, scheu, schreckhaft *unterdrückt, kleinlaut *meinungslos *pessimistisch, deprimiert

**mutlos:** mutig, tapfer, draufgängerisch, beherzt, waghalsig, wagemutig, vermessen, furchtlos, heldenhaft, herzhaft, heldenmütig, kühn, unerschrocken, verwegen, todesmutig, mannhaft, kämpferisch *optimistisch, zuversichtlich

**Mutlosigkeit:** Mut, Beherztheit, Furchtlosigkeit, Draufgängertum, Tollkühnheit, Unverzagtheit, Unerschrockenheit, Schneid, Herzhaftigkeit, Kühnheit, Tapferkeit *Optimismus, Zuversicht

**mutmaßen:** wissen, kennen *nachweisen

**Mutmaßung:** Wissen, Kenntnis *Nachweis, Indiz

**mutmaßlich:** sicher, aller Wahrscheinlichkeit nach, mit Sicherheit

**mütterlich:** väterlich *streng, autoritär *kalt, hilflos, herzlos, brutal, grausam, mitleidlos, kaltblütig

**mutwillig:** unabsichtlich, unbeabsichtigt, ohne Absicht, absichtslos, von ungefähr, unbewußt, versehentlich

lich, mit Absicht / Bedacht / Willen,
zum Trotz, nun gerade, erst recht, mit
Fleiß *böswillig, in böser Absicht
**Mutwilligkeit:** Absicht(lichkeit), Vorsätzlichkeit, Bedacht, Bewußtheit

**Mutwilligkeit:** Unabsichtlichkeit, Unbewußtheit, Versehentlichkeit, Versehen, Ungewolltheit

# N

nach: danach, im Anschluß an, später, nachher, hinterher, dann, darauf, nachfolgend *in Richtung, gen …
*nach und nach: allmählich, langsam, kaum merklich, mit der Zeit

nach: von, aus, ab (Richtung) *(da)vor (Zeit) *in, zu (Ort) *vor *nach und nach: gleichzeitig, auf einmal, sofort, jetzt

nachahmen: absehen, nachmachen, abschauen, nachbilden, wiederholen, nachformen, entlehnen, nacheifern, lernen von, nachfolgen, kopieren, nachstreben, s. richten nach / anzugleichen suchen / zum Vorbild nehmen, gleichtun, wiedergeben, in jmds. Spuren wandeln, imitieren, reproduzieren

nachahmen: erfinden, schöpfen, kreieren, entwickeln, (s.) ausdenken, erdenken, ersinnen, konstruieren, ausklügeln, austüfteln, einführen *zeigen, lehren, unterrichten, unterweisen, vormachen

Nachahmung: Imitation, Nachbildung, Reproduktion, Wiedergabe, Kopie, Abklatsch, Fälschung, Plagiat, Anleihe, Falsifikat

Nachahmung: Erfindung, Original, Entdeckung, Einfall *Vorbild

nacharbeiten: aufarbeiten, nachholen, nachlernen, gutmachen, später erledigen, wettmachen, nachziehen, gleichziehen

nacharbeiten: vorarbeiten *planen, entwerfen, entwickeln

nachdem: (da)nach, später, nachher, dann, darauf *als *weil, da, zumal

nachdem: bevor, ehe

nachdenken: denken, (nach)sinnen, (nach)grübeln, reflektieren

nachdenken: lösen, (heraus)finden

nachdenklich: in Gedanken versunken, versonnen, besinnlich, gedankenvoll, überlegt, grübelnd, tiefsinnig, grüblerisch, abwägend, abwesend, in s. gekehrt

nachdenklich: hastig, gedankenlos, vorschnell, unüberlegt, planlos, spontan, impulsiv *vorlaut

nachdrücklich: mit Nachdruck / Gewicht, betont, entschieden, entschlossen, energisch, unmißverständlich, drastisch, bestimmt, ultimativ

nachdrücklich: unverbindlich, leichthin, einfach so, oberflächlich, ohne Nachdruck

nachdunkeln: dunkler werden

nachdunkeln: verblassen, (ver)bleichen *aufhellen, blondieren, bleichen (Haare)

nacheinander: der Reihe nach, in kurzen Abständen, einer nach dem anderen, der Ordnung nach, hintereinander, in Aufeinanderfolge, (aufeinander)folgend

nacheinander: gleichzeitig, simultan, auf einmal, parallel, zugleich *nebeneinander *diskontinuierlich, unterbrochen

nacherzählen: wiedererzählen, wiedergeben, wiederholen, referieren

nacherzählen: vorlesen, vorspielen, vorführen, aufführen

nachfahren: folgen, hinterherfahren

nachfahren: vor(aus)fahren, voranfahren *vorausschicken, voranschicken

nachfolgen: nachkommen, hinterhergehen, nachgehen, s. anschließen *folgen, ein Amt übernehmen, die Nachfolge antreten

nachfolgen: vor(an)gehen, vorausgehen, vorausfahren, vorhergehen *vorausschicken

**Nachfolger:** Nachkomme, Abkommen, Verwandter, Angehöriger, Abkömmling, Nachwuchs, Sproß, Deszendent *(designierter) Amtsnachfolger, Rechtsnachfolger, Sukzessor, Juniorchef, Thronfolger

**Nachfrage:** Bedarf, Kaufinteresse, Verlangen, Wunsch, Bedürfnis, Kauflust
**nachfragen:** nachforschen, auskundschaften, aushorchen, ausfragen *fragen nach, um Auskunft bitten, s. erkundigen
**nachgeahmt:** nachgemacht, nachgebildet, imitiert, nachgeformt
**nachgeben:** nicht standhalten, s. dehnen / biegen *einlenken, zurückstecken, zurückweichen, gehorchen, kapitulieren, Zugeständnisse machen, schwach werden, s. ergeben / erweichen /anpassen/zurückziehen/unterordnen/ unterwerfen / fügen / beugen / überreden lassen *tolerieren, gewähren, zulassen, erhören

**nachgehen:** nachforschen, ermitteln, eruieren *verfolgen, nachfolgen, nachstellen, nachschleichen, hinter jmdm. her sein, auf der Fährte / Spur bleiben *s. beschäftigen / auseinandersetzen / befassen mit
**nachgeordnet:** sekundär, an zweiter Stelle, nebensächlich, unbedeutend, ephemer
**Nachgeschmack:** Nachhall, Nachklang, Erinnerung, Andenken
**nachgiebig:** geschmeidig, biegsam, formbar, elastisch, schmiegsam *weich(lich), willig, widerstandslos, ohne Widerstand, willensschwach, gütig, schwach, beugsam, gutmütig, willenlos, sanft(mütig), zart, gutherzig *einordnungsbereit, einordnungswillig, einsichtig, kollegial, kooperativ

**nachhaltig:** anhaltend, für längere Zeit, dauernd *einschneidend, tiefgreifend, entscheidend, durchgreifend
**nachher:** danach, hinterher, später, hiernach, darauf, seitdem, sodann, alsdann, nachdem, nachfolgend, anschließend

**Nachfolger:** Vorgänger (Amt) *Vorläufer, Pionier, Vorbild, Schrittmacher, Wegbereiter, Vorkämpfer, Avantgardist, Bahnbrecher (Entwicklung) *Vorfahr, Ahn(e), Ahnherr, Urvater, die Altvorderen, Väter, Aszendent (Abstammung)
**Nachfrage:** Angebot, Gebot *Antwort, Beantwortung

**nachfragen:** (be)antworten, bescheinigen, bestätigen *anbieten, feilbieten, feilhalten
**nachgeahmt:** echt, original *ursprünglich, originell, eigenständig
**nachgeben:** aushalten, beharren, standhalten, widerstehen, widersetzen, ausharren, fest bleiben, Widerstand leisten, s. behaupten / wehren / weigern *besiegt werden, verlieren, unterliegen *k.o. gehen, ausgezählt werden (Boxsport) *(stand)halten, s. (ver)festigen (Material) *standhalten, s. verbohren / verfestigen / versteifen (Verhalten) *durchbrechen (Boden) *steigen
**nachgehen:** vorgehen (Uhr) *vorangehen, vorausgehen *vergessen, verdrängen (Erlebnis)

**nachgeordnet:** vorgeordnet, vorgesetzt, übergeordnet, höher *gleichgeordnet
**Nachgeschmack:** Vorgeschmack

**nachgiebig:** hart, eisern, unbotmäßig, unerbittlich, widersetzlich, zugeknöpft, widerspenstig, fest, dickköpfig, starrsinnig, steifnackig, stur, kratzbürstig, zäh, starr, kompromißlos, hartgesotten, bockig, trotzig, ungehorsam, verstockt, widerborstig, eigensinnig, unbequem, unaufgeschlossen, unbelehrbar, unerschütterlich, unbeugsam, hartnäckig (Mensch) *fest, hart, starr, steif (Material)
**nachhaltig:** kurz(zeitig), oberflächlich, flüchtig

**nachher:** vorher, zuerst, davor, zuvor, vorerst, (im) voraus *gleichzeitig, zugleich, simultan, synchron, gleichlaufend

**Nachhut:** die Letzten, Nachzügler, Nachkömmling(e), Schlußlicht
**nachkommen:** Schritt halten, folgen können, auf dem laufenden bleiben, mitkommen, den Anforderungen gewachsen sein *erfüllen, entsprechen, einlösen, vollziehen, Genüge tun, zufriedenstellen, befriedigen *später kommen, hinterherkommen, (nach-) folgen, s. anschließen
**Nachkommen:** Abkommen, Abkömmling, Verwandter, Angehöriger
**Nachlaß:** Erbe, Hinterlassenschaft, Erbschaft, Erbteil, Erbgut, Vermächtnis, Besitz, Vermögen *Preisnachlaß, Rabatt
**nachlassen:** vererben, hinterlassen, weitergeben, vermachen, überlassen, weiterreichen *abebben, verebben, zurückgehen, s. beruhigen / abschwächen / legen / dem Ende zuneigen, einschlafen, zur Ruhe kommen, abflauen *abbauen, kraftlos werden, nicht Schritt halten, zurückfallen, s. verschlimmern / verschlechtern, absteigen, kraftlos werden, im Abstieg begriffen sein, regredieren, rückwärtsgehen *erlassen, herabsetzen, den Preis senken, ablassen, einen Preisnachlaß / Rabatt gewähren, billiger / Prozente geben, ermäßigen, heruntersetzen, heruntergehen mit, verbilligen
**nachlassend:** stagnierend, rückläufig, rezessiv, zurückgehend, regressiv, schwindend, abflauend, sinkend
**nachlässig:** gleichgültig, lieblos, gedankenlos, indifferent, unachtsam, achtlos *unordentlich, ungenau, flüchtig, unaufmerksam, salopp, unsorgfältig, lax, obenhin, pflichtvergessen, so nebenher, übereilt, nicht sorgfältig / gewissenhaft / gründlich, beiläufig, schludrig, sorglos, leichthin, liederlich, leichtfertig, lässig, unkorrekt, schlampig, oberflächlich
**Nachlässigkeit:** Schlamperei, Schluderei, Unordentlichkeit, Unsorgfältigkeit, Ungenauigkeit, Oberflächlichkeit, Flüchtigkeit, unordentliches Arbeiten, mangelnde Sorgfalt

**nachlaufen:** nachrennen, nachstürzen, nacheilen, verfolgen, hinterherlaufen, hinterherjagen *umwerben, den Hof machen

**Nachhut:** Vorhut, Truppenspitze, Tete (Armee)
**nachkommen:** vor(an)gehen, vorausfahren, vorausgehen, vorhergehen, voranfahren *vor(aus)schicken *auskundschaften *befehlen, anordnen, auffordern

**Nachkommen:** Vorfahr(en), Ahn(en), Altvorderen, Ahnherr, Urvater
**Nachlaß:** Aufpreis, Aufschlag, Zuschlag, Preisaufschlag

**nachlassen:** s. verbessern / verstärken, intensivieren, s. steigern, zunehmen (Leistung) *anschwellen, lauter werden, zunehmen, weiterdröhnen (Geräusche) *straffen, anziehen, spannen (Seil) *s. verschärfen / zuspitzen (Lage, Spannung) *zunehmen, s. steigern, auffrischen (Wind) *anspannen, konzentrieren, s. zusammennehmen (Aufmerksamkeit) *anziehen, steigen, erhöhen (Preis) *zunehmen, s. steigern, erhöhen (Wirkung) *verstärken, stärker werden, verschlimmern (Widerstand, Regen)

**nachlassend:** steigend, anziehend (Preise) *beruhigend (Börsenkurs) *unermüdlich
**nachlässig:** sorgfältig, gewissenhaft, korrekt, streng, sorgsam, zuverlässig, genau, engstirnig, engherzig, peinlich, pingelig, gründlich, penibel *behutsam, bedacht, umsichtig, vorsichtig *gepflegt, akkurat, korrekt, ordentlich (Kleidung) *eifrig, ernsthaft, ernstlich, fleißig *aufmerksam, konzentriert (Schüler)

**Nachlässigkeit:** Sorgfalt, Gewissenhaftigkeit, Strenge, Peinlichkeit, Korrektheit, Zuverläsigkeit, Gründlichkeit, Pingeligkeit *Umsicht, Bedacht, Behutsamkeit, Vorsorge, Vorsicht *Ernst, Fleiß, Eifer, Mühe
**nachlaufen:** davonrennen, wegrennen, vorrennen, vorlaufen

**nachmachen:** nachahmen, imitieren, nacheifern, gleichtun, nachstreben
**Nachmittag:** zweite Tageshälfte

**nachmittags:** in der zweiten Tageshälfte
**Nachname:** Zuname, Familienname, Personenname, Vatername
**nachrücken:** aufschließen, aufrücken, die Lücke / den Abstand schließen, (nach)folgen

**nachschicken:** nachliefern, nachsenden

**Nachsicht:** Verzeihung, Entschuldigung, Vergebung *Verständnis, Geduld, Milde, Schonung, Gnade, Rücksicht, Duldsamkeit, Indulgenz, Toleranz, Behutsamkeit, Großzügigkeit
**nachsichtig:** mild, zahm, duldsam, tolerant, großzügig, freizügig, weitherzig, verständnisvoll, geduldig, mit Fingerspitzengefühl

**Nachsilbe:** Suffix
**Nachspann:** Absage, Abkündigung

**Nachspeise:** Dessert, Nachtisch, Süßspeise
**Nachspiel:** Epilog *Folge, Nachwirkung, Nachwehen
**nächst:** räumlich unmittelbar folgend *zeitlich unmittelbar folgend *nahestehende
**nachstehen:** unterlegen / nachgeordnet / zurückgesetzt / benachteiligt sein, hintenanstehen, das Nachsehen haben, hinter jmdm. zurückstehen, zurückbleiben, jmdm. nicht das Wasser reichen können
**nachstehend:** weiter unten, an anderer / späterer Stelle, (nach)folgend, darauffolgend, kommend
**Nacht:** Finsternis, Schwärze, Dunkel (-heit)
**Nachtdienst:** Schicht(dienst), Bereitschaftsdienst
**Nachteil:** Mangel, Ungunst, Manko, ungünstiger Umstand, schwacher Punkt, Verlust, wunde / schwache Stelle, Schaden, Kehrseite, Schattenseite, Makel, Minus
**nachteilig:** schädlich, hinderlich, nachträglich, verlustreich, schlecht, unvorteilhaft, unratsam, widrig, unerfreu-

**nachmachen:** vormachen, lehren, (unter)weisen, zeigen, unterrichten
**Nachmittag:** Vormittag, Frühe, Morgen *Abend *Nacht
**nachmittags:** vormittags, früh, morgens *abends *nachts
**Nachname:** Vorname, Taufname, Rufname
**nachrücken:** bleiben (Posten) *zurückbleiben, stehenbleiben, steckenbleiben (Armee) *s. zurückziehen, zurückweichen
**nachschicken:** mitnehmen *vor(aus)schicken
**Nachsicht:** Brutalität, Härte, Unnachsichtigkeit, Kaltblütigkeit, Barbarei, Unmenschlichkeit, Unerbittlichkeit, Mitleidlosigkeit, Grausamkeit, Gnadenlosigkeit *Strenge, Härte
**nachsichtig:** streng, rigoros, kompromißlos, radikal, störrisch, unnachsichtig, unerbittlich *pingelig, kleinlich, paragraphenhaft, engstirnig, (über)genau, beamtenhaft, verhaftet, engherzig
**Nachsilbe:** Vorsilbe, Präfix
**Nachspann:** Vorspann, Titelvorspann, Ankündigung, Ansage
**Nachspeise:** Vorspeise *Hauptgericht, Hauptgang
**Nachspiel:** Vorspiel, Prolog *Präludium *Zwischenspiel, Intermezzo
**nächste:** entfernteste, fernste (Raum) *letzte, vergangene, vorige (Zeit) *diese, laufende, jetzige
**nachstehen:** vorstehen (Amt) *überlegen sein, übertreffen *vorgezogen / bevorzugt werden *gleichstehen, gleichkommen *vorangehen

**nachstehend:** vorstehend, obenstehend

**Nacht:** Tag *Helligkeit, Licht, Helle

**Nachtdienst:** Tagesschicht, Tag(es)dienst, Tagesarbeit
**Nachteil:** Vorteil, Profit, Nutzen, Trumpf, Plus, Begünstigung, Vergünstigung, Gunst, Errungenschaft, Vorzug

**nachteilig:** nutzbringend, förderlich, heilsam, aufbauend, fruchtbar, gedeihlich, positiv, ersprießlich, dankbar,

lich, ungut, mißlich, hemmend, ungünstig, Nachteile bringend, verderblich, abträglich, negativ, unzweckmäßig, unwirtschaftlich, von Übel

**nachtragen:** hinzutun, hinzufügen, ergänzen, erweitern, vervollständigen, hinzusetzen, vervollkommnen, ausbauen, komplettieren, dazutun *übelnehmen, verargen, anlasten, zürnen, übel vermerken, nicht vergessen / verzeihen können

**nachtragend:** grollend, unversöhnlich, zürnend, rachsüchtig, hart, verbittert

**nachträglich:** hinterher, danach, nachfolgend, im Anschluß an, im nachhinein, verspätet, daraufhin, hintennach, anschließend, dann, nachher, später *nachteilig, hinderlich, negativ, schlecht, abträglich

**nachts:** inmitten / in / während der Nacht, bei Nacht, des Nachts, bei Dunkelheit, im Dunkeln, nächtens, nächtlicherweile, zu nachtschlafender Zeit / nächtlicher Stunde

**nachwachsen:** s. regenerieren / erneuern

**Nachweis:** Begründung, Argument, Richtigkeitserweis, Rechtfertigung *Bescheinigung, Attest, Zeugnis, Beglaubigung, Bestätigung

**nachweislich:** nachweisbar, beweisbar, erwiesenermaßen, bewiesenermaßen

**Nachwort:** Schlußwort, Epilog, Nachtrag

**nachzahlen:** zahlen, nachbezahlen

**Nachzahlung:** Rest(summe), nachträgliche Zahlung

**nackt:** unbekleidet, ohne Bekleidung, unverhüllt, frei, bloß, hüllenlos, splitternackt, enthüllt, entkleidet, ausgezogen, unbedeckt, kleidungslos, blank *ungeschminkt, tatsächlich, wirklich (Wahrheit, Tatsache) *kahl *pur

**Nacktbadestrand:** FKK-Strand, FKK-Gelände, Naturistenstrand, Nudistenstrand, Nacktbadeplatz

**Nadelhölzer:** Nadelgehölze, Koniferen, Zapfenträger

**nah(e):** nahestehend, eng, vertraut, intim, innig *unweit, nahebei, daneben, in Reichweite, leicht erreichbar, in der Nähe, direkt / dicht bei

**Nähe:** Reichweite, Nachbarschaft,

**nachtragen:** mitnehmen (Ware) *liegenlassen *verzeihen, vergeben, vergessen, entschuldigen, etwas nachsehen, rechtfertigen

**nachtragend:** gütig, vergessend, gutherzig, gnädig

**nachträglich:** im voraus, vorher, zuvor *vorbeugend, vorsorglich *von vornherein, a priori *förderlich, gut, positiv, zuträglich, zum Vorteil

**nachts:** tagsüber, untertags, während des Tages, am hellichten Tag, (mitten) am Tag, bei Tag

**nachwachsen:** ausfallen, verlieren (Haare, Zähne) *aussterben

**Nachweis:** Vorwurf, Vorhaltung

**nachweislich:** nicht nachweisbar, unbeweisbar

**Nachwort:** Vorwort, Einleitung, Prolog, Einführung, Vorbemerkung, Geleitwort, Vorrede, zum Geleit

**nachzahlen:** vorauszahlen, vorstrecken, vorschießen, vorlegen (Geld)

**Nachzahlung:** Vorschuß, Vorauszahlung

**nackt:** angezogen, bekleidet, gekleidet, verhüllt *halbnackt *belaubt (Baum) *verschleiert, verdeckt (Wahrheit)

**Nacktbadestrand:** Textilstrand

**Nadelhölzer:** Laubbäume, Laubgehölze

**nah(e):** fern, abgelegen, weit(ab), entfernt (Ort) *fern, weit (Zeit) *weitläufig, fern, entfernt (Verwandte)

**Nähe:** Distanz, Entfernung, Ferne,

Hörweite, Sichtweite, Rufweite, kurze Entfernung, Umkreis *Anwesenheit, Berührung, Kontakt, Umgebung
**naheliegen:** in der Nähe / nah sein *auf der Hand liegen
**naheliegend:** einleuchtend, offenbar, einsehbar, begreiflich, auf der Hand liegend, eingängig, faßbar
**nahen (s.):** s. (an)nähern / zubewegen, zusteuern / zugehen auf, näher kommen, herankommen, anrücken, aufziehen

**nähen:** schneidern, anfertigen *flicken, sticheln, zunähen, zusammennähen
**näher:** intensiver, genauer, gründlicher, tiefer, detailliert, ausführlich, umfassend, eingehend
**nahestehend:** zusammengehörend, gut / eng befreundet / bekannt / vertraut, verwandt
**nähren:** stillen, säugen, an die Brust nehmen, die Brust geben *nahrhaft / gehaltvoll / kalorienreich / kräftigend / nährend / sättigend sein *vergrößern, steigern, eskalieren, schüren, verstärken, vermehren, fördern, vorantreiben
**Nahverkehr:** Stadtverkehr, Berufsverkehr

**naiv:** treuherzig, leichtgläubig, arglos, unerfahren, kritiklos, unkritisch, unvorbereitet, ahnungslos, natürlich, unbedarft, unreif, harmlos, infantil, jung, ohne Hintergedanken, nichtsahnend, unschuldig, unfertig, einfältig, vertrauensselig, unbefangen, gutgläubig, kindlich
**namenlos:** ungenannt, inkognito, ohne Namen *unsagbar, unbeschreiblich, unglaublich, horrend, unsäglich
**namentlich:** mit Namen, explizit(e), im einzelnen, ausdrücklich, expressis verbis *besonders, vorwiegend, im besonderen, in erster Linie
**namhaft:** prominent, bekannt, berühmt, bedeutend, gefeiert, (hoch)geschätzt, anerkannt
**närrisch:** verstiegen, toll, überspannt, verschroben, phantastisch, skurril, überspitzt, ausgefallen *albern, lächerlich, dumm, lachhaft
**naß:** durchnäßt, feucht, triefend, durchweicht, triefnaß, regennaß, klatschnaß, klamm, naß bis auf die

Abstand, Weite, Strecke

**naheliegen:** fernliegen (Lösung, Gedanke, Vermutung)
**naheliegend:** (himmel)weit, entfernt, fernliegend, fern, abseits *fernliegend (Gedanke)
**nahen (s.):** s. entfernen, weggehen, wegfahren, (ver)schwinden, abrücken, abziehen, fortfahren *abrücken, s. distanzieren / entfernen (Meinung) *fernbleiben, entfernt bleiben
**nähen:** (auf)trennen *s. verletzen (Wunde)
**näher:** ungenau, verschwommen *weiter weg, weit *entfernt (Verwandtschaft)
**nahestehend:** fremd, fernstehend, unbekannt

**nähren:** verkommen / verhungern lassen *verringern, verkleinern *zerstören, ersticken (Hoffnung) *s. **nähren:** (ver)hungern *die Nahrung verweigern, in Hungerstreik treten

**Nahverkehr:** Reiseverkehr, Transitverkehr, Durchgangsverkehr, Fernverkehr
**naiv:** kritisch *raffiniert *hellhörig *erfahren, eingeweiht, wissend, aufgeklärt *verschlagen, unehrlich *gezwungen, befangen *intelligent *erwachsen

**namenlos:** genannt *bekannt

**namentlich:** nicht genannt, anonym *allgemein *nicht besonders, nicht betroffen

**namhaft:** unbedeutend, klein, unbekannt *mittelmäßig, durchschnittlich *neu
**närrisch:** großartig, gut, intelligent *gelassen, ernsthaft *verständig, weise, erwachsen, reif

**naß:** vertrocknet, dürr, verdorrt, abgestorben, (pulver)trocken, (aus)getrocknet *trocken

Haut, humid *benetzt, bewässert, begossen *angelaufen, beschlagen, überzogen

**Nässe:** Naß, Feuchtigkeit, Wasser, Humidität

**Nässe:** Trockenheit *Dürre

**nässen:** Wasser / Nässe / Feuchtigkeit abgeben *anfeuchten, befeuchten, naß machen, benässen, (be)netzen

**nässen:** trocken sein / werden *(ab)heilen (Wunde) *trocknen

**national:** einheimisch, volksbewußt, patriotisch, vaterländisch, vaterlandsliebend

**national:** international *regional *lokal

**Naturalien:** Naturprodukte, Waren, Rohstoffe

**Naturalien:** Geld

**naturgemäß:** natürlich, der Natur / dem Charakter entsprechend, verständlicherweise, erwartungsgemäß

**naturgemäß:** unnatürlich, widernatürlich, naturwidrig, pervers

**natürlich:** rein, echt, unverfälscht, original, genuin, authentisch, spontan, urtümlich, ursprünglich, unmittelbar, unverdorben, naturgemäß, urwüchsig *entspannt, gelöst, ruhig, gelockert, entkrampft *zwanglos, ungezwungen, frei, offen, lässig, unbefangen, unzeremoniell, ungehemmt, ungeniert, gelöst, salopp, leger, familiär, formlos, nonchalant, informell *schmucklos, elementar, bodenständig, ungeniert *zweifelsohne, freilich, zweifellos, bestimmt, mit Sicherheit *biologisch *ungekünstelt, normal, klar, ungeschminkt, einfach, schlicht

**natürlich:** erlernt, anerzogen *manipuliert, gemacht *steif, betreten, unnatürlich, konventionell, förmlich, gezwungen, verkrampft *merkwürdig, komisch, unheimlich *pervers, unnatürlich, widernatürlich, naturwidrig, pervertiert *künstlich, unecht (Blumen) *übernatürlich, göttlich, himmlisch *verstellt, gepreßt (Stimme) *gemacht, gezogen (Grenze) *abstrakt *theatralisch, unnatürlich, schauspielerhaft, gewollt, affektiert, gekünstelt, gezwungen (Verhalten) *synthetisch, künstlich, gemacht, erzeugt *unecht, falsch *gesteuert, gelenkt (Verhalten) *zivilisiert

**Natürlichkeit:** Ungezwungenheit, Burschikosität, Ungeniertheit, Zwanglosigkeit, Unbefangenheit, Lässigkeit, Gelöstheit *Schlichtheit, Einfachheit

**Natürlichkeit:** Gezwungenheit, Verkrampfung *Perversion, Widernatürlichkeit *Theater *Geziertheit, Gekünsteltheit, Künstelei, Unnatürlichkeit, Geschwollenheit, Geschraubtheit, Ziererei, Gezwungenheit

**naturrein:** echt, unvermischt, pur, unversetzt, sauber, naturbelassen, rein, unverfälscht, natürlich, biologisch

**naturrein:** gespritzt *konserviert *verbessert, gesüßt *behandelt

**naturwidrig:** unnatürlich, wider die Natur

**naturwidrig:** natürlich, naturgemäß, biologisch

**nebelhaft:** unklar, verschwommen, undeutlich, ungenau, unscharf, unsicher, unpräzis(e), vage, wirr, unübersichtlich, nebulös

**nebelhaft:** klar, deutlich, eindeutig, greifbar, unzweideutig, präzise, exakt, genau *nahe

**neben:** seitlich von, an der Seite, daneben, nächst, zu seiten *im Gegensatz / Verhältnis / Vergleich zu, gegenüber, verglichen *abgesehen / mit Ausnahme von, ausgenommen, ohne, nicht mitgerechnet / inbegriffen, bis auf

**neben:** in *unter *auf *gegenüber *zwischen *über *oben *unten

**nebenbei:** nebenher, am Rande, wie zufällig, beiläufig, leichthin, obenhin,

**nebenbei:** absichtlich, bewußt, voller Absicht, vorsätzlich, geplant, absichts-

apropos, übrigens *bisweilen, gelegentlich, außer der Reihe / Zeit, unregelmäßig

**Nebenberuf:** Nebenbeschäftigung, Nebenerwerb

**nebeneinander:** beieinander, beisammen, zusammen, einer neben dem anderen

**Nebensache:** Belanglosigkeit, Bagatelle, Lächerlichkeit, Kinderspiel, Kleinigkeit, Nebensächlichkeit *Beiwerk, Zutat, schmückende Ergänzung

**nebensächlich:** an zweiter Stelle, sekundär, ephemer, unwichtig, folgenlos, unwesentlich, bedeutungslos, unerheblich, untergeordnet, unmaßgeblich, nachgeordnet, unscheinbar, zweitrangig, nichtssagend, uninteressant, wertlos, nicht der Rede wert / von Interesse, belanglos, irrelevant, wesenlos, nicht erwähnenswert, farblos, egal, einflußlos, ohne Einfluß / Relevanz / Belang, unbedeutend

**neblig:** dunstig, trübe, diesig, getrübt, verhangen, grau, nebelig

**Neffe:** Bruderkind, Schwesterkind

**Negation:** Verneinung, Ablehnung

**negativ:** ablehnend, verneinend, abschlägig *ohne Ergebnis / Resultat, umsonst, erfolglos, unwirksam, wirkungslos, vergeblich, vergebens, nutzlos, unnütz, zwecklos, mißglückt *nachteilig, ungünstig, schädlich, verderblich, abträglich *kleiner als Null (Mathematik)

**Neger:** Farbiger, Afrikaner, Schwarzer, Mohr

**negieren:** nein sagen, mit Nein beantworten, abstreiten *ablehnen, verneinen

**nehmen:** fortnehmen, wegnehmen, entreißen, abnehmen, entwinden, entwenden, in Besitz bringen / nehmen, Besitz ergreifen, abjagen, zu seinem Eigentum machen, s. aneignen / zu eigen machen / einer Sache bemächtigen, an s. reißen *entgegennehmen, annehmen, an s. nehmen, in Empfang nehmen, s. schenken lassen *essen, s. einverleiben, einnehmen, zu s. nehmen *zur Hand / in die Hand nehmen, pak-

voll, mutwillig, extra *zentral, signifikant, ausschlaggebend, vorherrschend, substantiell, entscheidend, maßgebend, wesentlich, hauptsächlich

**Nebenberuf:** Hauptberuf, Haupttätigkeit

**nebeneinander:** aufeinander, nacheinander, hintereinander (Zeit) *übereinander, aufeinander, untereinander, zueinander, hintereinander *gegenüber *entfernt, (weit) weg

**Nebensache:** Hauptsache, Kernpunkt, Grundgedanke, Quintessenz, das A und O, das Wichtigste / Wesentliche / Entscheidende *Wichtigkeit

**nebensächlich:** hauptsächlich, besonders, insbesondere, vorzugsweise, ausdrücklich, vornehmlich, vor allem, in erster Linie, in der Hauptsache, namentlich *substantiell, signifikant, relevant, grundlegend, vordringlich, folgenreich, folgenschwer, zentral, wesentlich, notwendig, belangvoll, bedeutsam, bedeutungsvoll, (ge)wichtig, essentiell, wesenhaft, schwerwiegend, prinzipiell, primär

**neblig:** klar, sonnig, strahlend, sommerlich, heiter, wolkenlos

**Neffe:** Nichte *Onkel *Tante

**Negation:** Bejahung, Bekräftigung, Affirmation, Bestätigung

**negativ:** positiv *zustimmend, bestätigend, bejahend, affirmativ *erfreulich, günstig, erfolgreich, vorteilhaft, gut, aussichtsreich, verheißungsvoll, voller Chancen / Möglichkeiten *optimistisch, fortschrittsgläubig *größer als Null (Mathematik)

**Neger:** weiße Rasse, Weißer, Europäer *Rothaut, Indianer *mongolische / gelbe Rasse, Chinese, Japaner *Mischling

**negieren:** bejahen, affirmieren, bestätigen, bekräftigen

**nehmen:** (an)bieten, überreichen, darbieten *hineinschieben, einordnen (Buch) *(her)geben, hingeben, zuwenden *schenken, vermachen *zurückgeben, zurückbringen *abstellen, absetzen *austeilen (Boxsport) *verweigern, verschmähen, ablehnen (Medikamente) *verteidigen (Festung) ***auf s. nehmen:** abschieben, von s. weisen (Schuld, Vorwürfe)

ken, ergreifen, zugreifen (er)fassen *s. einer Sache bedienen / zunutze machen, benutzen, gebrauchen, Gebrauch machen von *aufnehmen, auffassen, auslegen, deuten, verstehen, halten für, einschätzen, beurteilen, herauslesen, empfinden als, interpretieren, denken über *stehlen, wegnehmen, einkassieren *kaufen, erwerben *erobern, einnehmen *auf s. nehmen: s. aufbürden / auflasten

**Neid:** Mißgunst, Eifersucht, Scheelsucht, böser Wille

**Neid:** Gönnen, Wohlwollen *Duldung, Toleranz, Verständnis, Gewährung *Bedauern

**neiden:** mißgönnen, beneiden, eifersüchtig / neidisch / mißgünstig sein, nicht gönnen, scheel ansehen, scheele Augen machen, vor Neid platzen

**neiden:** gönnen *tolerieren, dulden, verstehen, gewähren lassen *verdrängen *ignorieren, nicht wahrhaben / sehen wollen

**neidisch:** mißgünstig, eifersüchtig, scheel(blickend), scheelsüchtig

**neidisch:** anerkennend, lobend, gewogen, freundlich / positiv gesinnt, neidlos

**neidlos:** anerkennend, lobend, gewogen, wohlgesinnt, freundlich / positiv gesinnt

**neidlos:** neidisch, mißgünstig, scheel (-süchtig), scheelblickend

**neigen:** beugen, senken, nach unten biegen, zur Seite drehen / bewegen, sinken lassen *s. neigen: s. senken

**neigen:** aufrichten, aufwerfen, heben (Kopf) *s. neigen: aufrichten *hochwachsen (Baum)

**Neigung:** Schräge, Gefälle, Senkung, Abfall, Höhenunterschied, Steile, Abschüssigkeit *Vorliebe, Hang, Interesse, Talent, Hinneigung, Zuneigung, Veranlagung, Faible, Schwäche, Sympathie, Bedürfnis, Sehnsucht

**Neigung:** Steigung *Ebene *Widerwillen, Abgeneigtheit, Feindseligkeit, Ungeneigtheit, Antipathie, Haß, Abneigung, Ablehnung

**nein:** keinesfalls, durchaus nicht, nie und nimmer, weit gefehlt, unmöglich, kommt nicht in Frage, nicht (doch)

**nein:** ja(wohl), gewiß, aber ja, freilich, natürlich, sehr wohl, selbstredend, in der Tat, auf jeden Fall, allemal *doch

**nervös:** gereizt, unruhig, überreizt, fahrig, nervenschwach, reizbar, ruhelos, rastlos, hektisch, überanstrengt, aufgeregt, zerfahren, unstet, schusselig, schußlig, zappelig, flatterig

**nervös:** ruhig, würdevoll, überlegen, ruhevoll, sicher, still, ausgeglichen, abgeklärt, bedacht(sam), gefaßt, gemächlich, beherrscht, harmonisch, kaltblütig, gleichmütig, gezügelt, gesetzt, geruhsam *reaktionsschnell, kaltblütig, geistesgegenwärtig

**Nervosität:** Herzklopfen, Erregung, Lampenfieber *Managerkrankheit, Streß *Unrast, Unruhe, Ruhelosigkeit, Getriebensein, Umhergetriebensein

**Nervosität:** Geistesgegenwart, Reaktionsschnelligkeit, Reaktionsvermögen, Entschlußkraft *Ruhe, Würde, Überlegenheit, Sicherheit, Ausgeglichenheit, Fassung, Gleichmut, Kaltblütigkeit

**nett:** freundlich, sympathisch, reizend, lieb, gefällig, höflich, ansprechend, liebenswürdig, einnehmend, warm, herzlich, entgegenkommend *wohltuend, angenehm, zusagend, erquicklich, annehmlich, gemütlich, behaglich, wohlig

**nett:** jähzornig, auffahrend, aufbrausend, unbeherrscht, heftig, hitzig, hitzköpfig *unnachsichtig, kompromißlos, unnachgiebig, unerbittlich, fest, hart *ruppig, taktlos, unfreundlich, ungeschliffen, unliebenswürdig, unritter-

*hübsch, entzückend, anziehend, reizvoll, bezaubernd, sympathisch, gewinnend, angenehm, attraktiv, aufreizend, charmant, einnehmend, anmutig, betörend, lieb(lich), doll, toll, liebenswert *ansehnlich, groß, stattlich (Summe) *interessant, informativ, anregend *ordentlich, gepflegt, adrett *wohnlich, heimelig, angenehm, aufgeräumt

lich, plump, unhöflich, abweisend, barsch, flegelhaft, brüsk, grob *falsch, betrügerisch, unredlich, unaufrichtig, scheinheilig, unwahrhaftig, unsolid, unlauter, unreell, unehrlich, katzenfreundlich, lügenhaft, lügnerisch *kühl, menschenfeindlich, radikal, aufmüpfig, aufsässig, bockig, unbotmäßig, unempfänglich, unerbittlich, unzugänglich, rechthaberisch, unfolgsam, menschenscheu, eisern, eigensinnig, distanziert, unversöhnlich, verbohrt, verhalten, dickschädelig, renitent, zugeknöpft, widerspenstig, widerborstig, verstockt, verschlossen, widersetzlich, starrköpfig, spröde, steifnackig,˙ stur, unaufgeschlossen, unbequem *böse, zornig, fuchtig, zornmütig, hitzköpfig, ungehalten, verärgert, grollend, gereizt, erbittert *streitbar, kämpferisch, streitsüchtig, zanksüchtig, grimmig, händelsüchtig, angriffslustig, kampflustig *eingebildet, gnädig, herablassend, hochmütig, selbstsicher, stolz, überheblich, hochfahrend, selbstüberzeugt *gekränkt, grillenhaft, launisch, verletzt, unberechenbar, übelnehmerisch, mißlaunig, sauertöpfisch, mißgelaunt, reizbar *unordentlich, unaufgeräumt, unfreundlich, kalt, düster (Zimmer) *langweilig, einschläfernd, uninteressant, traurig (Abend) *schlampig, nachlässig, unordentlich, ungepflegt

**netto:** nach Abzug
**Nettoeinkommen:** Einkommen nach Abzug
**Nettogewicht:** tatsächliches Gewicht

**netto:** brutto
**Nettoeinkommen:** Bruttoeinkommen, Gesamteinkommen
**Nettogewicht:** Bruttogewicht, Gesamtgewicht *Tara

**neu:** ungebraucht, ungenutzt, ungetragen, unberührt, nicht verwendet, neuwertig, (funkel)nagelneu, fabrikneu, taufrisch, neugebacken *fremd, unbekannt, anders, ungewohnt, erstmalig, neuartig, originell, noch nie dagewesen / gesehen / gehört *abermals, nochmals, erneut, noch einmal, aufs neue, von neuem / vorn, wieder(um) *wiederhergestellt, erneuert, renoviert, neugemacht, repariert, restauriert, saniert *modern, modisch *aktuell, brandneu *unerfahren *frisch (gespurt) (Spur) *frisch, jung (Wein) *blank, glänzend

**neu:** alt, abgewetzt, gebraucht, abgegriffen (Münze) *alt, antik, antiquarisch *alt, gebraucht, second hand, aus zweiter Hand *(alt)bekannt (Nachrichten) *altmodisch, unmodern, veraltet, gestrig *erfahren, eingespielt, ausgelernt, ausgebildet, geschult, angelernt (Arbeitskraft) *früher, einstig, damalig, ehemalig *vage, verwischt, verschwommen (Spur) *abgewetzt, fadenscheinig, (alt)bekannt (Begründung) *altgedient, (alt)hergebracht, überliefert, gängig, eingeführt, bewährt (Methode) *gängig, eingeführt, laufend (Ware) *alt, verkommen, verfallen (Haus) *welk (Wein) *gelagert, alt (Wein) *verbraucht (Truppen)

neubacken: frisch gebacken

neuerdings: nun, letztens, in letzter Zeit, seit neuem / kurzem / kurzer Zeit

neugierig: von Neugier erfüllt, schaulustig, vorwitzig, indiskret, sensationslüstern, wißbegierig, wissensdurstig

Neujahr: Jahresbeginn, Jahresanfang, 1. Januar

neulich: kürzlich, unlängst, jüngst, vor kurzem, dieser Tage, noch nicht lange her, vor einer Weile

neumodisch: modern, zeitgemäß, mit der Zeit, auf dem neuesten Stand, up to date, à la mode, neuartig

neutral: unparteiisch, parteilos, unbefangen, wertfrei, objektiv, unvoreingenommen, indifferent, unabhängig, sachlich, gerecht, vorurteilslos, vorurteilsfrei, fair, nicht festgelegt

Neutralität: Nichtbeteiligung, Nichteinmischung

Neuwert: Anschaffungswert, Anschaffungspreis

neuzeitlich: neumodisch, modern, zeitgemäß, mit der Zeit, auf dem neuesten Stand, up to date, à la mode, neuartig

nicht: nein, keinesfalls, durchaus nicht, nie und nimmer, weit gefehlt, unmöglich, kommt nicht in Frage

Nichtachtung: Mißachtung, Geringschätzung, Geringachtung, Verachtung, Respektlosigkeit, Pejoration, Herabsetzung, Demütigung, Despektierlichkeit

nichtamtlich: privat, inoffiziell, außerdienstlich

Nichtanerkennung: Ablehnung, Verachtung, Schimpf, Mißachtung *Tadel, Rüge

Nichtbeachtung: Außerachtlassung, Nichteinhaltung, Mißachtung, Verletzung, Zuwiderhandlung, Überschreitung, Übertretung

Nichte: Schwesterkind, Bruderkind

Nichtfachmann: Laie, Amateur, Unkundiger, Dilettant, Nichtskönner, Anfänger

nichtig: ungültig, wertlos, hinfällig, unwirksam, außer Kraft, verfallen, gegenstandslos, grundlos, wesenlos, haltlos, zwecklos, unbrauchbar, überflüssig, es erübrigt sich

neubacken: alt(backen)

neuerdings: seit langem, schon lange / immer

neugierig: uninteressiert, desinteressiert, teilnahmslos, gleichgültig, träge, unbeteiligt, lethargisch

Neujahr: Silvester, Jahresende, Jahresabschluß, 31. Dezember

neulich: vor langer Zeit, vor langem, längst *künftig, in Zukunft, bald

neumodisch: altmodisch, unmodern, veraltet, gestrig, nicht modern

neutral: parteilich (vor)eingenommen, parteiisch *sauer (Chemie) *basisch (Chemie) *gebunden, verbunden, eingegliedert, integriert *beteiligt, aktiv

Neutralität: Voreingenommenheit, Parteilichkeit

Neuwert: Zeitwert, Tageswert

neuzeitlich: veraltet, unmodern, altmodisch, aus grauer Vorzeit, vorsintflutlich, altväterlich, altertümlich *zeitlos *antik

nicht: gewiß, doch, sicher *auf jeden Fall, unbedingt *sondern

Nichtachtung: Hochachtung, Respekt, Verehrung, Achtung, Wertschätzung, Ehrerweisung

nichtamtlich: amtlich, maßgeblich, amtshalber, offiziell

Nichtanerkennung: Lob, anerkennende Worte, Zuspruch, Beifall, Billigung, Zustimmung, Ehrung, Anerkennung

Nichtbeachtung: Einhaltung, Befolgung, Beachtung (Vorschrift, Gesetz)

Nichte: Neffe *Onkel *Tante

Nichtfachmann: Fachmann, Profi, Sachverständiger, Sachkenner, Sachkundiger, Könner, Meister, As, Kanone, Kundiger, Fachgröße, Autorität, Spezialist, Berühmtheit, Größe

nichtig: authentisch, gesetzmäßig, bescheinigt, unbestreitbar, valid, geltend *gültig *beständig *bedeutsam, (ge-)wichtig, signifikant, wertvoll

**Nichtigkeit:** Kleinigkeit, Unwichtigkeit, Geringfügigkeit, Bedeutungslosigkeit
**Nichtmitglied:** Außenstehender, Outsider

**nichts:** überhaupt / gar nichts, nicht das geringste / mindeste

**nichtssagend:** unbedeutend, bedeutungslos, wesenlos, unwesentlich, klein, belanglos, ausdruckslos, ohne Ausdruck, leer, fade, farblos *geistlos, ohne Inhalt / Gehalt *phrasenhaft, leer, hohl, banal, inhaltslos, stereotyp
**nicken:** ja sagen, mit Ja antworten, begrüßen, bejahen *zunicken, grüßen
**nie:** nein, nie und nimmer, niemals, auf keinen Fall, keineswegs, absolut / ganz und gar / gewiß / sicher / beileibe / bestimmt / durchaus nicht, undenkbar, ausgeschlossen, nicht um alles in der Welt, weit gefehlt

**nieder:** zu Boden, herunter, hinunter, nach unten, in die Tiefe, hinab, abwärts *bodennah, flach, ebenerdig, nicht hoch, klein, fußhoch, kniehoch, von geringer Höhe, niedrig
**niedere:** flache, kleine, tiefe *einfache

**Niedergang:** Zerfall, Verfall, Untergang, Abstieg, Zerrüttung, Rückwärtsentwicklung, Verschlechterung, Zusammenbruch, Sinken des Niveaus, Fall, Vernichtung
**niedergehen:** s. senken, zu Boden gehen, fallen *landen, aufsetzen, an Land setzen, ankommen, s. auf die Erde senken *auftreffen, abstürzen *untergehen, versinken, hinter dem Horizont verschwinden

**niedergeschlagen:** deprimiert, verzagt, resigniert, verzweifelt, gebrochen, (nieder)gedrückt, mutlos, kleinmütig, entmutigt, lebensmüde, niedergeschmettert, geknickt, freudlos, melancholisch, traurig, trübsinnig
**Niedergeschlagenheit:** Depression,

**Nichtigkeit:** Wichtigkeit, Wichtiges, Bedeutsamkeit, Gewichtigkeit, Signifikanz *Gültigkeit *Beständigkeit
**Nichtmitglied:** Mitglied, Gruppenmitglied, Mitwirkender, Parteigenosse, Beteiligter, Glied, Angehöriger
**nichts:** etwas, ein wenig / bißchen, manches, eine Winzigkeit / Kleinigkeit / Spur, einiges, ein kleines / geringes *alles *weiteres
**nichtssagend:** wichtig, bedeutsam, bedeutungsvoll *ausreichend, verständlich (Antwort) *aufgeweckt, interessiert, ausdrucksvoll, reizend, sympathisch, gewinnend (Gesicht)

**nicken:** (Kopf) schütteln

**nie:** immer(zu), unaufhaltsam, tagaus, tagein, ständig, fortwährend, rund um die Uhr, alleweil, allzeit, ohne Unterlaß / Pause / Unterbrechung / Ende, (fort)dauernd, immerfort, stets, stetig, beständig, beharrlich, ewig, endlos, fortgesetzt, ununterbrochen, pausenlos *manchmal, zeitweilig, zuweilen, mehrmals *meistens, oft, häufig, zumeist *jetzt, augenblicklich, momentan, soeben, just *morgen *gestern
**nieder:** höher (Adel) *hoch *hinauf!

**niedere:** hohe, hoch, obere, höhere *mittlere
**Niedergang:** Aufschwung, Aufstieg *Hoch(konjunktur), Hausse *Glanzzeit, Blütezeit, Hochkultur

**niedergehen:** starten, aufsteigen, abfliegen, wegfliegen (Flugzeug) *(wieder)aufstehen, s. erheben, weitermachen (Boxer) *vorüberziehen, vorbeiziehen (Unwetter) *emporgehen (Vorhang) *gesunden, aufsteigen, blühen, (wieder)aufleben (Kultur, Wirtschaft)
**niedergeschlagen:** glücklich, froh, optimistisch, heiter, erfreut, gutgelaunt, fröhlich, beschwingt, zuversichtlich, munter, strahlend, vergnügt

**Niedergeschlagenheit:**  Fröhlichkeit,

Schwermut, Bedrückung, Gedrückt-heit, Verzagtheit, Tief, Trübsinn, Verzweiflung, Trauer, Melancholie, Mutlosigkeit, Freudlosigkeit, traurige Stimmung

**Niederlage:** Mißerfolg, Abfuhr, Durchfall, Debakel, Versagen, Mißlingen, Fiasko, Zusammenbruch, Bankrott, Pech, Ruin

**niederlassen:** herablassen, hinunterlassen, herunterlassen, hinablassen, senken *s. niederlassen: s. ansiedeln / etablieren, ansässig / seßhaft werden *eine Praxis / ein Geschäft / ein Unternehmen / eine Firma eröffnen / gründen *bleiben

**niederlegen:** niederschreiben, schriftlich festhalten, aufzeichnen, aufschreiben *hinlegen, hinstellen, ablegen, deponieren *s. niederlegen: s. hinlegen / zur Ruhe begeben / schlafen legen / hinstrecken, schlafen / ins Bett gehen

**niederreißen:** beseitigen, zerstören, abreißen, einreißen, abtragen, abbrechen, entfernen, schleifen, dem Erdboden gleichmachen

**niederschlagen:** niederstrecken, niederschmettern, niederstoßen, zu Boden schlagen / werfen, verprügeln, zusammenschlagen, k.o. / knockout schlagen *beenden, unterbinden, im Keim ersticken, vereiteln, unterdrücken *s. niederschlagen: s. ablagern / ansammeln / absetzen / abschlagen, einen Bodensatz bilden, sedimentieren

**niedersetzen:** niederlegen, niederstellen, absetzen, hinabstellen, herabstellen, hinstellen, deponieren, plazieren *s. niedersetzen: s. (hin)setzen / niederlassen, Platz nehmen

**niederträchtig:** schäbig, schändlich, schmählich, schmutzig, schimpflich, schnöde, schmachvoll, (hunds)gemein

**Niederung:** Ebene, Platte, Plateau, Tafel, Fläche, Flachland, Tafelland

**niederwerfen:** niederschlagen, beenden, unterbinden, ein Ende machen, im Keim ersticken, vereiteln, lahmlegen *besiegen, überwältigen, überrennen, schlagen *s. niederwerfen: s. auf den Boden / die Knie / die Erde / jmdn. zu Füßen werfen, auf die Knie fallen

**niedlich:** reizend, entzückend, anziehend, reizvoll, hübsch, bezaubernd,

gute Laune, Optimismus, Heiterkeit, Glücksgefühl, Zuversicht

**Niederlage:** Sieg, Erfolg, Triumph, Durchbruch *Kampf, Krieg, Streiterei, Streitigkeiten

**niederlassen:** hochziehen, hinaufziehen, hissen (Fahne) *aufziehen, emporziehen, aufnehmen *s. niederlassen: wegziehen, fortziehen, verlassen, fortgehen, umziehen

**niederlegen:** (auf)nehmen, aufheben *aufnehmen, übernehmen, antreten, bekleiden (Amt) *s. niederlegen: aufstehen, s. erheben

**niederreißen:** errichten, hochziehen, erbauen, aufbauen (Mauer) *gründen *setzen (Ofen) *hochleben / weiterleben / weiterbestehen lassen, (be)lassen (Schranken)

**niederschlagen:** einstecken, bekommen (Schlag) *(er)heben (Blick) *aufheben, aufrichten *aufheitern, ermutigen, helfen *s. erheben, demonstrieren, marschieren *kämpfen *s. niederschlagen: verdunsten, verfliegen (Tau)

**niedersetzen:** (er)greifen, (auf)nehmen, aufheben *s. niedersetzen: aufstehen, s. erheben

**niederträchtig:** entgegenkommend, gutgesinnt, wohlgesinnt, anständig, gerecht, fair, wohlwollend, edel, zuvorkommend, freundlich, nett

**Niederung:** Hochland, Bergland, Oberland, Höhe

**niederwerfen:** s. erheben, aufstehen, demonstrieren *erheben, aufstehen, aufrichten *s. niederwerfen: aufspringen, s. erheben

**niedlich:** plump, grob, groß, kräftig, gewaltig, mächtig, markig, breitschult-

sympathisch, gewinnend, angenehm, attraktiv, aufreizend, charmant, einnehmend, anmutig, betörend, lieb (-lich), doll, toll, liebenswert
**niedrig:** schlecht, unfein, gemein, ordinär, gewöhnlich, niveaulos, primitiv, pöbelhaft *gemein, niederträchtig, gehässig, böswillig *gering, von niederer Herkunft, niedrigstehend, einfach, gewöhnlich *kläglich, wenig, gering, minimal

**Niedrigkeit:** Gemeinheit, Niederträchtigkeit, Niedertracht, Gehässigkeit, Übelwollen, böser Wille, böse Absicht, Bosheit, Böswilligkeit
**niedrigste:** tiefste *unterste *seichteste *gemeinste, böseste
**niedrigstehend:** verrufen, unbeliebt, berüchtigt, schlechtbeleumundet
**Niedrigwasser:** Ebbe, Hollebbe

**niemand:** nicht einer, keiner, kein einziger / Mensch, keine Menschenseele

**Niete:** Metallbolzen *Fehllos *Taugenichts, Nichtsnutz, Versager, Blindgänger, Niemand
**nihilistisch:** desolat, bedrückt, schwermütig, depressiv, melancholisch, trübsinnig, hypochondrisch, schwarzseherisch, pessimistisch, defätistisch, wehmütig, trübselig, freudlos, traurig, trist, elegisch, (tod)unglücklich, elend, betrübt, trübe, bekümmert, unfroh
**nirgends:** an keiner Stelle / keinem Ort / Platz, nirgendwo

**niveaulos:** geistig / kulturell nicht hochstehend, ohne Niveau, anspruchslos
**niveauvoll:** anspruchsvoll, von / mit Niveau, kulturell / geistig hochstehend

**nobel:** vornehm, elegant, fein, exklusiv, kultiviert, feinfühlend, feinsinnig *großzügig, spendabel, freigebig, splendid, gebefreudig *elegant, schick

rig, bullig, stämmig, vierschrötig

**niedrig:** hoch, gewaltig, mächtig (Berg) *überzogen, hoch, überhöht, aufgeschlagen (Preis) *hoch (Luftdruck) *hoch, gehoben, kultiviert (Niveau) *hoch, gewaltig, stattlich (Mauer, Bauwerk) *rasend, hoch, irr, wahnsinnig, überhöht, schnell (Geschwindigkeit) *überschwemmt, überflutet *angeschwollen, hoch (Wasserstand) *nobel, anständig, fair, edel, groß, wohlwollend, entgegenkommend, freundlich (Gesinnung)
**Niedrigkeit:** Höhe *Anstand, Fairneß, Edelmut, Entgegenkommen, Freundlichkeit, Wohlwollen (Charakter)

**niedrigste:** maximal, äußerste, höchste, erhabenste
**niedrigstehend:** hochstehend, bedeutend, angesehen, bekannt, honorig
**Niedrigwasser:** Hochwasser *Normalstand
**niemand:** jemand, ein(e, r) *alle, jede(r, s) *viele, eine Menge *manche *einige
**Niete:** Fachmann, Meister, Könner, As, Größe, Profi *großes Los, Gewinn(los)
**nihilistisch:** zuversichtlich, optimistisch, lebensbejahend, zukunftsgläubig, unverzagt, getrost, hoffnungsfroh *gläubig, religiös

**nirgends:** überall, weit und breit, an allen Orten, vielerorts, allerorts, allerorten, so weit das Auge reicht, allseits, da und dort, an allen Ecken und Enden *dort, an dieser / jener Stelle *in, zwischen, inmitten, binnen, mittendrin
**niveaulos:** niveauvoll, anspruchsvoll, mit / von Niveau, (geistig) hochstehend
**niveauvoll:** niveaulos, kulturell / geistig nicht hochstehend, ohne Niveau, anspruchslos
**nobel:** gemein, schurkisch, niederträchtig, schnöde, schmutzig, schimpflich, schäbig, niedrig, schändlich, schmachvoll, elend *kleinlich, geizig, knauserig, spießig, spießbürgerlich,

**noch:** momentan, augenblicklich, bis jetzt / zu diesem / Zeitpunkt, derzeit, zur Zeit *weiterhin, für die nächste Zeit, für kurz, nach wie vor
**nochmals:** wieder, erneut, noch einmal, abermals, von neuem / vorn, neuerlich, wiederholt, mehrfach, mehrmals, vielfach, wiederkehrend, abermalig, nochmalig
**Nonne:** Ordensfrau, Ordensschwester, Schwester, Klosterfrau, Klosterschwester
**Norm:** Richtlinie, Richtschnur, Maßstab, Regel, Direktive *Arbeitsnorm, Leistungssoll, Planaufgabe, Pflicht *Mittelmaß, Durchschnitt, Mittelmäßigkeit
**normal:** regelrecht, landläufig, vorschriftsmäßig, herkömmlich, gewohnt, der Regel / Norm / Gewohnheit entsprechend, gebräuchlich, obligat, alltäglich, gängig, verbreitet, gang und gäbe *(geistig / körperlich) gesund, zurechnungsfähig, rüstig, stabil, mit gesundem Menschenverstand

**normalisieren:** regulieren, ins rechte Gleis / in Ordnung bringen, beruhigen, regeln, normal gestalten, der Norm angleichen, ins Gleichgewicht bringen
**Not:** Armut, Elend, Krise, mißliche Lage / Umstände, Drangsal, Armseligkeit *peinliche / schwierige / unangenehme Situation / Lage, Bedrängnis, Kalamität, Schwierigkeit *Hilflosigkeit, Ausweglosigkeit, Hoffnungslosigkeit, Sackgasse
**nötig:** geboten, dringend, wesentlich, unbedingt, erforderlich, notwendig, zwingend, unvermeidlich, unausweichlich, unentbehrlich, unerläßlich
**nüchtern:** ohne Essen / zu essen / Frühstück, nichts getrunken / gegessen habend, mit leerem Magen *trocken, realistisch, verstandesmäßig, rational, ohne Emotion / Phantasie, logisch, sach-

engherzig, pingelig (über)genau
**noch:** schon *nicht (bis, in) *kein

**nochmals:** nicht mehr, auf keinen Fall

**Nonne:** Mönch, Klosterbruder, geistlicher Ordensmann, Ordensgeistlicher

**Norm:** Abweichung, Ausnahme *Sonderfall, Ausnahmefall, Einzelfall, Notfall, Extremfall *Extrem

**normal:** ano(r)mal, unnormal, abnorm *anders(artig), besonders *außergewöhnlich, bedeutungsvoll, imposant, brillant, großartig, imponierend, sensationell, ohnegleichen, verblüffend, ungewöhnlich, unvergleichlich, sagenhaft, überwältigend, extrem, außerordentlich *abweichend, sonderbar, auffällig *krank(haft) (Kreislauf) *besser, schlimmer (Krankheitsverlauf) *zusätzlich *exzentrisch, übersteigert, übertrieben, extravagant *sonderbar, bizarr, skurril *verrückt, wahnsinnig, irr *pervers, krankhaft, unnatürlich *übergewichtig, untergewichtig, unterdurchschnittlich, überdurchschnittlich (Gewicht) *unrund (Motorlauf)
**normalisieren:** verdüstern, verschlimmern, verschlechtern (Lage)

**Not:** Reichtum, Wohlstand, Überfluß, Überfülle, Überschuß, Wohlleben, Fülle * Überproduktion *Überangebot *Völlerei, Prasserei, Schwelgerei, Schlemmerei

**nötig:** unnötig, nutzlos, überflüssig, entbehrlich, unwichtig

**nüchtern:** voll, satt (Magen) *betrunken, blau, voll, angeheitert, berauscht *persönlich, betroffen, engagiert *überladen, übervoll, schmuck, wohnlich, nett, warm, gemütlich (Zimmer)

lich, unromantisch *langweilig, spannungslos, leer, öde, fad(e), reizlos, schal, schmucklos *besonnen *fad

**Nullpunkt:** null Grad, Gefrierpunkt *Ruin, Bankrott, Endpunkt, Tiefstand, Ende

**nun:** just(ament), (so)eben, momentan, zur Stunde, gerade, gegenwärtig, derzeit, im Moment / Augenblick, augenblicklich, diese Sekunde / Minute / Stunde

**nur:** nichts als, bloß, allein(ig), niemand sonst, lediglich

**Nut:** Vertiefung

**nutzen:** wahrnehmen, ausbeuten, gebrauchen, (be)nützen, verwerten, anwenden, einsetzen, verwenden *helfen

**Nutzen:** Ertrag, Ausbeute, Einnahme, Vorteil, Gewinn, Erlös, Verdienst, Wert, Frucht *Zweckmäßigkeit, Verwendbarkeit, Hilfe, Brauchbarkeit, Zweckdienlichkeit, Nützlichkeit

**nützlich:** tauglich, förderlich, hilfreich, heilsam, ersprießlich, sinnvoll, gedeihlich, konstruktiv, zu gebrauchen, wirksam, zweckvoll *lohnend, gewinnbringend, rentabel, vorteilhaft, nutzbar, profitbringend, ergiebig, ertragreich, profitabel, lukrativ, einträglich

**nutzlos:** unnötig, wertlos, überflüssig, unnütz, fruchtlos, umsonst, ungeeignet, aussichtslos, verfehlt, zwecklos, unbrauchbar, entbehrlich, erfolglos, wirkungslos, unwirksam

*verärgert, wütig, gereizt *neu, interessant, spannend *überladen, aufgeblasen, würzig, geschmackvoll (Salat)

**Nullpunkt:** Höhepunkt (Verhalten) *Minimum *Maximum *Extrem

**nun:** später, bald, (zu)künftig *morgen *gestern *früher, einst(mals), damals, ehedem, ehemals

**nur:** noch, außerdem, sogar, obendrein, dazu

**Nut:** Feder

**nutzen:** schaden, schädigen, zerrütten, (be)hindern *belassen, nicht ausbeuten (Bodenschätze)

**Nutzen:** Nachteil, Ungunst, Manko, Schattenseite, Kehrseite, Schaden *Einsatz, Engagement, Aufwand, Arbeit

**nützlich:** schädlich, hinderlich *nutzlos, unnütz, wertlos, aussichtslos, umsonst, überflüssig *unrentabel, unlohnend, nicht rentabel / lohnend *zwecklos, wirkungslos, erfolglos, umsonst

**nutzlos:** nützlich, nutzbringend, förderlich, aufbauend, hilfreich, ersprießlich, gedeihlich, dankbar, fruchtbringend, heilsam, konstruktiv, lohnend *erfolgreich, positiv (Bemühungen)

# O

**oben:** droben, in der Höhe, hoch, (oben)auf, an der Spitze, auf dem Gipfel

**obenauf:** darüber, (oben) darauf, droben, oben, in der Höhe, hoch, an der Spitze, auf dem Gipfel *fröhlich, frohgemut, vergnügt, frohmütig, guter Laune / Stimmung, heiter, beschwingt, fidel, munter, unkompliziert, lebendig, frohen Mutes

**obendrein:** außerdem, auch, überdies, zudem, darüber hinaus, des weiteren, ferner

**obenhin:** vorschnell, leichthin, ohne zu überlegen, am Rande, nebenbei, beiläufig, flüchtig

**obenliegend:** obenauf, zuoberst

**Ober:** Kellner, Bedienung, Garçon

**obere:** höhere *äußere

**Oberfläche:** Oberseite, Außenseite, Fassade, Hülle, das Äußere, Schale, Überzug

**oberflächlich:** ohne Tiefgang, äußerlich, veräußerlicht, geistlos, gehaltlos, banal, nichtssagend, trivial, vordergründig, platt, seicht *unordentlich, flüchtig, schlampig, ungenau, unaufmerksam, lässig, salopp, nachlässig *sorglos, unbekümmert, unbedacht, leichtsinnig, flatterhaft, sprunghaft, zerfahren, wechselhaft

**Oberflächlichkeit:** Plattheit, Gehaltlosigkeit, Inhaltslosigkeit, Geistlosigkeit, Seichtheit, Flachheit, Trivialität *Flatterhaftigkeit, Sprunghaftigkeit, Wechselhaftigkeit, Zerfahrenheit

**oberhalb:** höher als, über

**Oberhaus:** House of Lords (im engl. Parlament)

**oberste:** höchste, allerbeste, erste, maximale *äußerste

**obig:** obengenannt, weiter oben stehend, vorgenannt, obenerwähnt, vorstehend, besagt, bewußt

**objektiv:** vorurteilsfrei, sachlich, un-

**oben:** unten, unterwärts, unterhalb, darunter, drunten, in der Tiefe *(da-) neben *seitlich *links *rechts

**obenauf:** darunter, unten *down, deprimiert, entmutigt, gebrochen, niedergeschlagen, resigniert, verzweifelt, verzagt, gedrückt, kleinmütig, mutlos, lebensmüde, unten, geknickt (Laune, Stimmung)

**obendrein:** nur, bloß *hauptsächlich

**obenhin:** gründlich, ausreichend, genügend, zufriedenstellend (Antwort, Arbeit)

**obenliegend:** untenliegend

**Ober:** Unter (Kartenspiel) *Serviererin, Fräulein

**obere:** untere, niedere *mittlere (Schicht, Stockwerk)

**Oberfläche:** Tiefe, Grund (Wasser) *Tiefe, Gründlichkeit, Wesentliche, Ausführlichkeit *Inneres, Tiefe *Untergrund

**oberflächlich:** tief *gründlich, genau, exakt, solide, sorgfältig, ernst(haft), gewissenhaft *pingelig, kleinkariert, akkurat, (über)genau *radikal, konsequent, wirksam, nachhaltig *vertieft, scharfsinnig, tiefgründig *umfassend, profund, gründlich *ernst(lich), innig, versunken

**Oberflächlichkeit:** Ernst, Genauigkeit, Akribie, Akkuratesse, Sorgfalt, Exaktheit *Tiefe *Konsequenz *Scharfsinn (-igkeit), Kombinationsgabe, Hellsichtigkeit, Weitblick, Scharfsichtigkeit, Scharfblick

**oberhalb:** unterhalb, unten drunten, darunter

**Oberhaus:** Unterhaus, House of Commons (im engl. Parlament)

**oberste:** unterste, niedrigste

**obig:** (nach)folgend, später, unten erwähnt

**objektiv:** subjektiv, persönlich *par-

voreingenommen, vorurteilslos, unbefangen, nüchtern, parteilos, unparteiisch, wertneutral, wertfrei, unverblendet, unbeeinflußt, sachdienlich, gerecht

teiisch, voreingenommen *wahllos, willkürlich, unüberlegt, unkritisch

**Objektivität:** Vorurteilslosigkeit, Sachlichkeit, Unparteilichkeit, Unvoreingenommenheit, Überparteilichkeit, Neutralität

**Objektivität:** Subjektivität, Unsachlichkeit, Willkür

**obligat:** alltäglich, gebräuchlich, normal *geboten, dringend, nötig

**obligat:** ad libitum (Musik)

**obligatorisch:** verpflichtend, bindend, endgültig fest(stehend), unabänderlich, bestimmt, verordnet, pflichtgemäß, verbindlich, vorgeschrieben, definitiv, unwiderruflich

**obligatorisch:** fakultativ, wahlfrei, unverbindlich, nach freiem Ermessen, nicht vorgeschrieben

**obszön:** anstößig, frech, wüst, gemein, pornographisch, gewöhnlich, unziemlich, unfein, pikant, schlüpfrig, locker, schmutzig, schamlos, gewagt, ordinär

**obszön:** anständig, schamvoll, züchtig *gesittet, höflich, sittsam, anständig, korrekt

**ochsen:** lernen, büffeln, bimsen, s. einhämmern, (ein)pauken

**ochsen:** faulenzen, nichts tun, s. erholen, dabeistehen

**öde:** verwildert, ungenutzt, felsig, karg, trist, wild, unbebaut, unfruchtbar, wüst, trostlos, kahl, steinig, brach, unergiebig *einsam, verlassen, menschenleer, unbevölkert, entvölkert, verödet, tot, entlegen, vereinsamt, abgelegen, (wie) ausgestorben, unbelebt *langweilig, einfallslos, wirkungslos, monoton, phantasielos, einfach, alltäglich, üblich, unoriginell, ohne Pfiff, trist, fad(e), trostlos, reizlos, uninteressant, gleichförmig, einförmig, ermüdend, trocken

**öde:** fruchtbar, ertragreich (Boden) *interessant, abwechslungsreich, lieblich (Gegend) *bevölkert, belebt, verkehrsreich, bewohnt, (dicht)besiedelt *interessant, abwechslungsreich, variationsreich, bewegt, reich (Leben, Zeit) *lebendig, interessant, spannend, unterhaltsam, informativ, aufschlußreich, instruktiv (Unterhaltung)

**oder:** besser gesagt, oder auch, (oder) vielmehr, beziehungsweise, respektive, das heißt, im anderen Fall, anderenfalls, sonst, je nachdem, entweder ...oder

**oder:** und *weder ... noch

**offen:** nicht (zu)geschlossen, geöffnet, unverschlossen, aufgesperrt, aufgeschlossen, offenstehend, (frei) zugänglich *freimütig, (offen)herzig, unmißverständlich, ungeschminkt, aufrichtig *freigegeben, begehbar, erschlossen, betretbar, erreichbar, wegsam, befahrbar *empfänglich, aufnahmebereit, interessiert, aufnahmewillig, aufgeschlossen *frei, (noch) zu vergeben, nicht besetzt *einzeln, ohne Verpackung, nicht verpackt, lose *hell, licht, weit, groß, nicht begrenzt, geräumig, ausgedehnt *unentschieden, unerledigt, unbewältigt, ungelöst, unabge-

**offen:** bekannt, abgeschlossen (Ausgang, Verhandlungsergebnis) *verschlüsselt, kodiert, codiert (Nachricht) *still, versteckt, diplomatisch, verborgen, heimlich (Vorgehensweise) *abgeschlossen, erledigt (Problem) *niedergeschrieben, formuliert, aufgeschrieben, fixiert (Formulierungen) *geschlossen (Bauweise) *(hoch)gesteckt, zusammengebunden (Haar) *zu, geschlossen (Schranke, Augen) *zu, verschlossen, (ab)geschlossen, zugeschlossen (Fenster, Tür) *heimlich, versteckt, geheim, unterdrückt, verborgen (Liebe, Feindschaft, Kampf)

schlossen, unvollendet, ungewiß, ungeklärt, ausstehend, unsicher, unbestimmt, umstritten *aufgelockert (Bauweise) *locker, lose (Haar) *nicht verschlossen / verheilt, eiternd (Wunde)
*ungeklärt, nicht behandelt / geklärt
(Frage) *unbefestigt *nicht bezahlt /
beglichen / überwiesen *unverschlüsselt, encodiert, enkodiert, geknackt
*öffentlich, vor aller Öffentlichkeit
aufgelegt *frei *sichtbar

*geschlossen, zu, verheilt (Wunde)
*verstellt, verbaut (Aussicht, Aufstieg)
*ungeöffnet, zu, verschlossen (Brief)
*schief (Blick) *vergeben, besetzt (Ar-
beitsstelle) *ruhig, bedacht(sam), introvertiert, besonnen, gefaßt, gemessen, beherrscht, gleichmütig, geruhsam, ruhevoll, still, reserviert, in s.
geklärt (Verhalten) *(ab)geklärt, be-
sprochen, behandelt (Frage) *versperrt, abgeschnitten, gesperrt (Zugang) *befestigt (Stadt) *hinterlistig,
unaufrichtig, (aal)glatt, verschlagen,
widerlich, katzenfreundlich, hintenherum, unredlich, unreell, unwahrhaftig, unsolid, betrügerisch, falsch, lügenhaft, lügnerisch, heuchlerisch,
unehrlich, scheinheilig, unlauter
(Mensch) *verdeckt (Karten) *klar,
(vor)bestimmt, festgelegt (Ausgang)
*verblümt, verhohlen, andeutungswei-
se, ausweichend, mit Umschweife, verhüllt (Worte) *bezahlt, beglichen
(Rechnung) *verborgen, latent

**offenbar:** offensichtlich, sichtbar, evident, glaubhaft, einleuchtend, bestehend, klar, plausibel

**offenbaren:** eine Aussage machen,
beichten, die Wahrheit sagen, enthüllen, gestehen *s. offenbaren: s. äußern
in / zeigen / präsentieren / darstellen /
auftun *s. anvertrauen / mitteilen / aussprechen / öffnen, gestehen, bekennen

**offenhalten:** geöffnet halten *s. nicht
entscheiden / festlegen, offenlassen

**offenherzig:** freimütig, offen, freiheraus, unverblümt, frank und frei, aufrichtig *frei(zügig), (stark) dekolle-
tiert, (tief) ausgeschnitten

**offenlassen:** geöffnet lassen, nicht
schließen *s. nicht festlegen / vorbehalten / nicht entschließen können, noch
nicht entschieden, in der Schwebe lassen, schwanken, zögern, abwarten

**offensiv:** angriffslustig, angreifend,
kämpferisch, kampfesfreudig, aktiv,
zum Angriff übergehend, die Initiative
ergreifend

**Offensive:** Angriff, Überfall, Attacke,
Gewaltstreich, Einfall, Vorstoß, Über-
rumpelung, Einmarsch, Invasion,
Übergriff

**offenbar:** sicher, gewiß *geheim *vage,
verschwommen, ungenau, undeutlich
*verborgen

**offenbaren:** (ver)schweigen, verhüllen,
verstecken, verbergen, verdunkeln,
nichts sagen, totschweigen, verstummen, verhehlen, für s. behalten, stillschweigen *übergehen, unerwähnt lassen *s. offenbaren: in s. kehren / gehen,
s. verschließen, zugeknöpft sein

**offenhalten:** schließen (Laden, Augen)
*abschließen, festmachen, fixieren
(Abmachung, Möglichkeit) *lösen

**offenherzig:** unaufrichtig, unehrlich
*ausweichend, versteckt, verstohlen
(Andeutung) *undurchsichtig *verschlossen, in s. gekehrt, reserviert, introvertiert *dicht, verhüllt

**offenlassen:** (ab)schließen, dichtmachen, zumachen (Fenster, Tür) *entscheiden, abschließen, klären, lösen,
erledigen, regeln (Problem, Frage) *fixieren, abschließen, festmachen

**offensiv:** defensiv, abwehrend, verti-
digend *zurückhaltend, risikolos, abwartend, zögernd, zaudernd *ängstlich, feige, feig-, hasenherzig, angstvoll

**Offensive:** Defensive, Abwehr, Verteidigung, Widerstand, Selbstverteidigung *Rückzug

**offenstehen:** offen, geöffnet *noch nicht bezahlt

**offenstehen:** zu, geschlossen *eingeschränkt, begrenzt (Möglichkeiten) *begleichen, bezahlen (Rechnung)

**öffentlich:** allen zugänglich, vor allen Leuten, für alle sichtbar / hörbar, vor aller Augen / Welt, auf offener Straße, für die Öffentlichkeit bestimmt, coram publico *amtlich, allgemein, behördlich, allgemeingültig, offiziell

**öffentlich:** geheim, intern, vertraulich *verstohlen, versteckt *unsichtbar, unhörbar *geschlossen (Sitzung) *intim, privat *privat (Platz)

**offiziell:** dienstlich, amtshalber, öffentlich, amtlich, allgemein, behördlich, allgemeingültig *formell, konventionell, förmlich, steif

**offiziell:** inoffiziell, formlos, nichtamtlich *privat, persönlich, intim, freundschaftlich, familiär (Empfang)

**öffnen:** aufbrechen, aufreißen, aufziehen, aufschneiden, aufstoßen *aufsperren, aufschließen, zugänglich machen, Einlaß gewähren *auswickeln, aufpakken, auspacken *s. öffnen: s. erschließen / entfalten / entrollen / erschließen, aufspringen *s. anvertrauen / offenbaren / mitteilen

**öffnen:** verkorken, zukorken (Flasche) *schließen, zumachen, zuknallen, zuwerfen, zuschmettern, zuklinken, einklinken (Tür) *schließen, dichtmachen, sperren (Grenze) *(ver)schließen, zumachen, zukleben (Brief) *(ver)schließen, zumachen, zukneifen (Augen) *zumachen, schließen (Geschäft) *schließen, zudrehen, abdrehen (Wasserhahn) *schließen, herunterlassen (Schranke) *s. öffnen: s. schließen (Blüte)

**oft:** immer wieder, viele / etliche Male, in vielen Fällen, des öfteren, öfter(s), wiederholt, oftmals, oftmalig, nicht selten, häufig, wiederholt, mehrmals, ungezählt, mehrfach, etlichemal, ein paarmal, mehrmalig, vielmals, vielfach

**oft:** selten, verstreut, rar, sporadisch, vereinzelt *manchmal, kaum, selten, zuweilen, ein paarmal, hin und wieder, einige Male, einmal, zweimal, dreimal… *nie(mals)

**ohne:** außer, ausgenommen, abgesehen von, abzüglich, bis auf, abgerechnet, mit Ausnahme von, exklusive, nicht einbegriffen / inbegriffen *frei von, bar

**ohne:** mit, zusammen, samt

**ohnmächtig:** bewußtlos, besinnungslos, ohne Besinnung / Bewußtsein, nicht bei sich / da *hilflos, machtlos, handlungsunfähig, gelähmt, schwach, paralysiert, einflußlos, schutzlos, ausgeliefert, wehrlos

**ohnmächtig:** bei Besinnung / Bewußtsein *stark, kräftig, nützlich, hilfreich, tatkräftig

**okkupieren:** besetzen, erobern, in Besitz / Beschlag nehmen, entmachten, unterwerfen, annektieren, s. bemächtigen / aneignen, gefügig machen

**okkupieren:** räumen, freimachen, abziehen, s. zurückziehen

**ökonomisch:** kommerziell, wirtschaftlich, geschäftlich, kaufmännisch *sparsam, genau, haushälterisch, achtsam, sorgfältig, rationell, überlegt

**ökonomisch:** unwirtschaftlich, unökonomisch, aufwendig, teuer, übertrieben

**Okzident:** Abendland, Europa, der Westen, die Alte Welt

**Okzident:** Orient, Morgenland

**Oma:** Großmutter, Großmama, Ahne *Greisin, alte Dame / Frau

**Oma:** Opa, Großvater *Enkel(in)

**Onkel:** Oheim

**Onkel:** Tante *Neffe *Nichte

**Ontogenese:** Ontogenie

**Opa:** Großvater, Großpapa, Ahnherr *Greis, der alte Herr

**Opfer:** Opfergabe, Sammlung, Beitrag, Spende *Verunglückter, Betroffener, Leidtragender, Geschädigter *Hingabe, Aufopferung, Verzicht, Entbehrung, Entsagung

**opponieren:** aufbegehren, s. widersetzen / aufbäumen / auflehnen / erheben / wehren, trotzen, nein sagen

**opportun:** vernünftig, zweckmäßig, sinnvoll, angebracht, gegeben, angemessen, geeignet, tauglich, zweckentsprechend, sachdienlich, ratsam, klug

**Opposition:** Gegenseite, Gegenpartei, Gegner, Kontrahent, Widersacher, Widerpart, Opponent *Gegensatz, Widerstand, Einspruch, Widerspruch, Weigerung, Protest, Aufstand, Auflehnung, Rebellion, Gegenwehr

**Optimismus:** Fortschrittsglaube, Lebensfreude, Zuversicht(lichkeit), Lebensbejahung, Heiterkeit, Glaube an das Gute, Hoffnung, positive Lebenseinstellung

**Optimist:** Idealist, Zukunftsgläubiger, Frohnatur, Schwärmer, Sanguiniker

**optimistisch:** vertrauensvoll, zukunftsgläubig, siegesbewußt, voller Zuversicht, siegessicher, guten Mutes, unverzagt, hoffnungsfreudig, hoffnungsvoll, getrost, hoffnungsfroh, unverdrossen, lebensbejahend, siegesgewiß, zuversichtlich, sicher, positiv, ohne Furcht

**opulent:** reichlich, üppig, schwelgerisch, reichhaltig, feudal, lukullisch, fürstlich, luxuriös, ausgedehnt

**oral:** per os, durch den Mund

**ordentlich:** planmäßig, regelmäßig, regulär, regelrecht, vorschriftsmäßig, nach der Regel / Vorschrift *höflich, anständig, rechtschaffen, zuverlässig, artig, schicklich, fein, gesittet *ausreichend, herzhaft, weidlich, nach Herzenslust, gehörig, richtig, kräftig, nicht zu knapp *korrekt, wohlgeordnet, genau, tadellos, penibel, sauber, sorgsam, akkurat, präzis, auf Ordnung achtend / haltend / bedacht, ordnungsliebend, sorgfältig, adrett, mit Sorgfalt, untadelig, gepflegt, aufgeräumt, geordnet; in Ordnung, diszipliniert

**Ontogenese:** Phylogenese, Stammesgeschichte, Phylogenie

**Opa:** Oma, Großmutter *Enkel(in)

**Opfer:** Verbrecher, Täter (Verbrechen) *Kleinigkeit, Geringfügigkeit

**opponieren:** übereinstimmen, zustimmen, einwilligen, gutheißen, zusagen *zusammenarbeiten, kooperieren

**opportun:** unangebracht, unangemessen, unzweckmäßig, inadäquat *unnütz(lich), unbequem *schlecht, untauglich, unvernünftig

**Opposition:** Regierung(spartei) *Zustimmung, Übereinstimmung, Einwilligung, Einverständnis, Einvernehmen, Gleichheit *Konjunktion (Gestirne)

**Optimismus:** Pessimismus, Schwarzseherei, Schwarzmalerei, Panikmache, Skeptizismus, Skepsis *Melancholie, Defätismus, Resignation, Depression, Verzagtheit, Fatalismus, Nihilismus

**Optimist:** Pessimist, Schwarzseher, Miesmacher, Defätist, Fatalist, Nihilist

**optimistisch:** pessimistisch, schwarzseherisch, nihilistisch *melancholisch, wehleidig, deprimiert, niedergeschlagen, resigniert, verzagt, traurig, verzweifelt, kleinmütig, gedrückt, lebensmüde, elegisch, bekümmert, unfroh, trübsinnig

**opulent:** einfach, kärglich, mäßig, mager, klein (Mahlzeit)

**oral:** rektal, anal, per rectum, per anum

**ordentlich:** unordentlich, schlampig, nachlässig, liederlich, ungenau, oberflächlich (Mensch) *unordentlich, unaufgeräumt, ungeordnet, liederlich (Zimmer) *außerordentlich (Mitglied, Sitzung) *unbrauchbar, schlecht, minder (Qualität) *klein, bescheiden (Schluck) *klein, gering, wenig, bescheiden, geringfügig (Summe, Leistung) *abgewirtschaftet, elend, ärmlich, erbärmlich, heruntergekommen (Gebäude) *schlampig, unordentlich, nachlässig, flüchtig, liederlich, schlecht, unbrauchbar, oberflächlich, unexakt, ungenau (Arbeit)

**ordinär:** vulgär, gewagt, lose, frivol, zotig, schamlos, anstößig *immer dasselbe, fade, banal, belanglos, alltäglich

**ordnen:** wegräumen, aufräumen, richten, in Ordnung bringen, Ordnung machen / schaffen, geradestellen, graderücken, zurechtrücken *zusammenstellen, rubrizieren, anordnen, katalogisieren, in die richtige Reihenfolge / Ordnung bringen, systematisieren, sortieren, in ein System bringen, gruppieren, strukturieren, s. formieren, in Reih und Glied stellen, (auf)gliedern, einreihen, einteilen, eingliedern, aufteilen, ausrichten, unterteilen, aufstellen

**Ordnung:** Genauigkeit, Korrektheit, Regelmäßigkeit, geregelter Gang / Tagesablauf / Zustand, Gleichmaß, Planmäßigkeit, Richtigkeit, Disziplin, Drill *Gruppierung, Anordnung, Reihenfolge, Gliederung, Schema, Abstufung, Arrangement, Systematik, Zusammenstellung, Zuordnung, Folge *Kategorie, Klasse, Reihe, Rubrik, Gattung, Abteilung *in Ordnung: einverstanden, o.k., okay, gut, ja(wohl) *ordnungsgemäß, nach der Regel, geordnet, ordentlich, richtig

**ordnungsgemäß:** in Ordnung, nach / laut Vorschrift, vorschriftsgemäß, ordentlich, wie vorgeschrieben, der Vorschrift entsprechend, legal, geordnet, vorschriftsmäßig, nach der Regel, richtig

**ordungswidrig:** gesetzwidrig, rechtswidrig, illegal, verfassungswidrig, widerrechtlich, unrechtmäßig, ungesetzlich, strafbar, kriminell, unerlaubt

**Organisation:** Organisierung, Planung, Veranstaltung, Abwicklung, Durchführung *Gliederung, Aufbau, Einteilung, Anlage, Struktur, Zusammensetzung, Organismus, Gefüge *Verband, Bündnis, Zusammenschluß, Verein (-igung), Gesellschaft, Körperschaft

**organisch:** gewachsen, einheitlich, zusammenhängend, naturgemäß, unteilbar, eine Einheit bildend, homogen *anatomisch *belebt, beseelt, lebend

**organisiert:** veranstaltet, inszeniert, arrangiert *vereinigt, zusammengeschlossen, assoziiert *besorgt, beschafft, gestohlen

**Orient:** Morgenland, Nahost, Ferner / Mittlerer Osten, (Naher) Osten

**ordinär:** außergewöhnlich, ungewöhnlich, extraordinär *ordentlich, fein, gesittet, vornehm, gewählt

**ordnen:** durcheinanderbringen, verwirren, verquicken, in Unordnung bringen *verwirren, (zer)zausen (Haar) *konfus / verwirrt machen, durcheinanderbringen (Gedanken)

**Ordnung:** Unordnung, Durcheinander, Chaos, Mißordnung *Mißorganisation, Desorganisation, Schlamperei *Willkür, Regellosigkeit, Gesetzlosigkeit, Anarchie *in Ordnung: durcheinander, wirr, chaotisch, ungeordnet, wie Kraut und Rüben, kunterbunt, vermengt *kaputt, defekt, entzwei, zerbrochen *gestört (Verhältnis)

**ordnungsgemäß:** ordnungswidrig, gesetzwidrig, rechtswidrig, illegal, verfassungswidrig, unrechtmäßig, unerlaubt, kriminell, strafbar *nicht entsprechend *illegal, schwarz, faul, krumm, gesetzwidrig (Geschäft)

**ordnungswidrig:** korrekt, legal, gesetzmäßig, gesetzlich, ordnungsgemäß, entsprechend, in Ordnung, ordentlich, vorschriftsmäßig

**Organisation:** Durcheinander, Chaos, Desorganisation, Mißorganisation, Unordnung, Konfusion, Tohuwabohu, Schlendrian, Wirrnis, Wirrwar, Liederlichkeit

**organisch:** psychisch, seelisch *psychisch, nervös, eingebildet, nichtorganisch (Leiden) *anorganisch (Stoffe) *unorganisch

**organisiert:** durcheinander, chaotisch, ungeordnet, wirr, kunterbunt, vermengt, wie Kraut und Rüben *unorganisiert, sporadisch *gekauft (Ware)

**Orient:** Okzident, Europa, die Alte Welt, Abendland

**orientalisch:** morgenländisch, (fern-) östlich

**original:** urschriftlich, ursprünglich, primär *originell, geistvoll, geistreich, kreativ, gestalterisch

**Original:** Urschrift, Urfassung, Grundtext, Urtext, Grundlage, Urbild, Vorlage, erste Fassung, Handschrift, Quelle, echtes Stück, Erstschrift, Originalausgabe *Sonderling, Kauz, Eigenbrötler, Wunderling, Outsider, Einzelgänger, besonderes Exemplar

**Originalausgabe:** Erstausgabe, erste Fassung, Urschrift

**originell:** erfinderisch, schöpferisch, gestalterisch, ideenreich, erfindungsreich, phantasiebegabt, phantasievoll, kreativ, geistvoll, original, genial, findig *eigentümlich, eigenartig, ungewöhnlich, spezifisch, besonders, eigen *komisch *attraktiv, neu(artig)

**Orkan:** Unwetter, Wirbelsturm, Aufruhr der Elemente, Sturmwind, Taifun, Zyklon, Tornado, Hurrikan

**orten:** aufspüren: ausfindig machen, herausfinden, ertappen, auf die Spur kommen, zutage bringen / fördern

**orthodox:** strenggläubig, rechtgläubig, gottesfürchtig, kirchlich *stur, halsstarrig, unbelehrbar, unnachgiebig, obstinat, verbohrt, kompromißlos

**ortsfest:** ortsgebunden, stillstehend, stationär, standörtlich, bleibend

**ortsfremd:** fremd(ländisch), exotisch, ausländisch, wildfremd, nicht von hier, von außerhalb

**ortskundig:** vertraut, von hier, einheimisch

**ortsüblich:** bekannt, gewohnt, vom / im Ort

**Osten:** Oststaaten, Ostblock(staaten), sozialistische / kommunistische Länder, Warschauer-Pakt-Staaten *Orient, Naher / Mittler / Ferner Osten, Nahost

**östlich:** orientalisch, fernöstlich, morgenländisch

**Ovation:** Applaus, Beifall, das Klatschen, Akklamation, Beifallsäußerung, Beifallskundgebung

**orientalisch:** okzidental, westlich, abendländisch, europäisch

**original:** kopiert, nachgemacht, nachgeahmt, imitiert *reproduziert

**Original:** Abschrift, Zweitschrift, Doppel, Duplikat, Kopie, Durchschrift, Durchschlag, Nachbildung *Plagiat, Nachahmung, Imitation *Fälschung *Druck, Kopie, Wiedergabe, Reproduktion *Replik (Kunstwerk) *Übersetzung *Durchschnittsbürger, Durchschnittsmensch *Abguß, Abbildung, Abdruck, Gipsabguß, Gipsabdruck *Fälschung, Falsifikat(ion) *Zerrbild, Karikatur, Verunstaltung, Entstellung

**Originalausgabe:** Nachdruck, Lizenzdruck *Raubdruck, Piratendruck, Freibeuterausgabe

**originell:** normal, gewöhnlich, durchschnittlich, üblich, abgegriffen, alltäglich, geläufig, hergebracht *unselbständig, unschöpferisch

**Orkan:** Lüftchen, Lufthauch, Windhauch, Windstoß *Sturm

**orten:** suchen, ausschauen / ausspähen / ausblicken / auslugen (nach)

**orthodox:** fortschrittlich, neu(artig), modern, aufgeschlossen

**ortsfest:** ambulant, herumziehend, mobil, ohne festen Sitz, wandernd, nicht ortsgebunden, umherziehend

**ortsfremd:** heimisch *ortskundig, wissend, vertraut

**ortskundig:** ortsunkundig, unwissend, ortsfremd, nicht vertraut

**ortsüblich:** fremd, andersartig *ausländisch

**Osten:** Westen *Süden *Norden *Westmächte, die Alliierten, die freie Welt, die westliche Hemisphäre

**östlich:** westlich *südlich *nördlich

**Ovation:** Pfiffe, Buhrufe, Mißfallen(skundgebung)

# P

paar: einige, etliche, verschiedene, mehrere, diverse, eine Reihe / Anzahl

Paar: Ehepaar, Eheleute, Verheiratete *Liebespaar *zwei

paaren: vereinigen, verbinden, verknüpfen, verketten, verflechten, zusammenstellen, verkoppeln *s. paaren: koitieren, begatten, mit jmdm. schlafen / ins Bett gehen, intim werden, Geschlechtsverkehr / intime Beziehungen haben, beiwohnen, s. lieben / hingeben / schenken *kopulieren *decken, bespringen, besteigen, beschälen (Pferd), beschlagen (Rehbock), treten (Huhn, Gans), ranzen (Wolf), rollen (Fuchs), rammeln (Hase)

paarmal: einige / mehrere Male, öfters

paar: ein *alle, sämtliche, vollzählig, jeder, allesamt *viele, zahlreiche, unzählige, zahllose, nicht wenige

Paar: einzelne *Mann *Frau *Individuum, Einzelperson

paaren: auseinanderstellen, entflechten, auseinanderhalten, trennen *s. paaren: auseinandergehen *s. (ver-) weigern / sträuben

paarmal: (schon) immer, jedesmal, unaufhörlich *häufig, oft(mals), viele Male, öfter, des öfteren, wiederholt, vielmals, meist(ens) *einmal

paarweise: zusammen, als Paar, zu zweien / zweit, gepaart

Pacht: Miete, Pachtzins, Mietzins, Gebühr

pachten: mieten, in Pacht nehmen

packen: einpacken, einrollen, einwikkeln, zusammenpacken, zusammenstellen *ergreifen, fangen, erwischen, erfassen

packend: spannend, fesselnd, interessant, aufregend, prickelnd, atemberaubend, faszinierend, dramatisch, bewegend, ergreifend, aufrüttelnd

Panik: Entsetzen, Schrecken, Erschrecken, Verwirrung, Lähmung, Kopflosigkeit, Konfusion, Angst, Bestürzung, Schock, Furcht, Horror, Unruhe, Sorge, Befürchtung, Besorgnis

panisch: stark, intensiv, heftig, massiv, maßlos, wild, stürmisch, lebhaft, unbändig, rasend, leidenschaftlich, von Panik ergriffen / bestimmt

Papiergeld: Schein, Note, Banknote, Geldschein

Paradies: Schlaraffenland, Traumland, Zauberwelt, Märchenland *Garten Eden, Jenseits, Garten Gottes, Insel der Seligen, Elysium

paarweise: einzeln, alleine, getrennt *zu dritt / viert...

Pacht: Kauf, Anschaffung, Erwerb

pachten: erwerben, (an)kaufen, anschaffen, erstehen

packen: loslassen, lockerlassen, freilassen (Arm) *auspacken, ausräumen (Koffer) *langweilen (Rede, Geschichte) *vorübergehen, (ver)schonen

packend: ermüdend, langweilig, monoton, uninteressant, einförmig, einschläfernd, eintönig (Vortrag, Aufführung, Spiel)

Panik: Ruhe, Gelassenheit, Abgeklärtheit, Besonnenheit, Beherrschung, Sicherheit, Überlegenheit, Kaltblütigkeit, Gefaßtheit, Gleichmut *Ordnung, geordneter Zustand

panisch: ruhig, gelassen, bedacht (-sam), beherrscht, besonnen, gemessen, überlegen, gezügelt, gefaßt, gleichmütig, kaltblütig

Papiergeld: Hartgeld, Münze

Paradies: Fegefeuer, Vorhölle *Hölle(nreich), Ort der Verdammnis / Finsternis (Religion) *Hölle *Wüste

**paradiesisch:** idyllisch, malerisch, schön, friedlich, harmonisch, abgeschieden, ländlich, lauschig, verträumt *himmlisch, beglückend, sorgenlos, ungetrübt, elysisch, elysäisch

**paradox:** folgewidrig, absurd, unlogisch, abstrus, unsinnig, widersprechend, widersprüchlich, unvereinbar, widersinnig, vernunftwidrig

**parallel:** gleichgerichtet, gleichgeschaltet, nebeneinandergeschaltet, gleichlaufend, gleichzeitig, simultan, zusammenfallend, zeitgleich, synchron, zugleich, zur gleichen / selben Zeit

**parieren:** gehorchen, s. fügen / anpassen / beugen, (be)folgen *abwehren, halten

**parteiisch:** parteilich, vorurteilsvoll, voreingenommen, nicht objektiv, einseitig, eingleisig, unsachlich, parteigebunden, befangen, tendenziös, subjektiv

**Parterre:** Erdgeschoß

**partiell:** zum Teil, teilweise, teils, nicht unbedingt / ganz / eingeschränkt, unter Umständen

**passabel:** erträglich, tauglich, zufriedenstellend, leidlich, annehmbar, mittelmäßig, vertretbar, akzeptabel, brauchbar

**passen:** zusammenpassen, (zusammen)stimmen, s. eignen, harmonieren *behagen, zusagen *kapitulieren, zurücktreten, aufgeben, aufhören *zuspielen, weiterleiten, abspielen

**passend:** harmonisch, zusammenstimmend, stimmig, stilgerecht *angemessen, geboten, adäquat, angebracht, tauglich, dienlich, sinnvoll, annehmbar, gegeben, angezeigt, recht, ideal, richtig *abgezählt (Geld) *(gut)sitzend, formgerecht, bequem, angenehm, tragbar (Kleidung)

**passiv:** desinteressiert, träge, dickfellig, schwerfällig, gleichgültig, lethargisch, teilnahmslos, leidenschaftslos, unbeteiligt, apathisch, stumpfsinnig, unempfindlich, interesselos, ungerührt, unbewegt, kühl, gefühllos, unaufgeschlossen, inaktiv, lasch, stumpf, denkfaul, uninteressiert, abgestumpft, geistesabwesend, wurstig

**Passiv:** Leideform

**paradiesisch:** karg, unfruchtbar, häßlich (Landschaft) *höllisch

**paradox:** systematisch, durchdacht, einleuchtend, konsequent, denkrichtig, folgerichtig, widerspruchsfrei, logisch

**parallel:** nacheinander *vor(her) (Zeit) *konvergierend, s. schneidend, über Kreuz (Linien) *hintereinander, hinterher

**parieren:** aufbegehren, widersprechen, kritisieren, aufmucken, ungehorsam sein *durchlassen (Ball)

**parteiisch:** sachlich, wertfrei, unbefangen, wertneutral, vorurteilsfrei, unvoreingenommen, unparteiisch, unentschieden, gerecht, neutral, nüchtern, objektiv *passiv, desinteressiert, uninteressiert, gleichgültig, wurstig

**Parterre:** Keller *Obergeschoß, erster, zweiter, dritter ... Stock *Dach

**partiell:** ganz und gar, völlig, gänzlich, total

**passabel:** unerträglich, schlimm, furchtbar, scheußlich *schmutzig, dreckig *unangemessen

**passen:** s. beißen / fressen / streiten *unangenehm / unbequem / leidig sein *zu groß / klein sein *dribbeln, behalten, (selbst) weiterspielen (Ball)

**passend:** unbequem, nicht passend, zu eng / groß / klein / weit (Kleidung) *unpassend, ungelegen (Gelegenheit) *falsch (Nagel) *unpassend, unverschämt, offen, unverhohlen, rückhaltlos, frech, freimütig, ungehörig (Äußerung)

**passiv:** aktiv, tätig, forsch, kühn, tatkräftig, wagemutig, unternehmend, unternehmungslustig, rührig, regsam, wirksam, handelnd, zielstrebig, lebendig, tüchtig, engagiert, energisch, rege, betriebsam, geschäftig

**Passiv:** Aktiv, Tatform

**passives Wahlrecht:** Recht gewählt zu werden

**Passivität:** Desinteresse, Teilnahmslosigkeit, Unempfindlichkeit, Trägheit, Interesselosigkeit, Uninteressiertheit, Gleichgültigkeit, Abgestumpftheit, Stumpfheit, Abstumpfung, Stumpfsinn(igkeit), Geistesabwesenheit, Apathie, Lethargie, Wurstigkeit, Gefühllosigkeit, Herzlosigkeit, Unaufgeschlossenheit, Ungerührtheit, Dickfelligkeit, Leidenschaftslosigkeit, Kühle, Phlegma, Schwerfälligkeit

**patent:** tüchtig, geschickt, erfahren, qualifiziert, gewandt, begabt, befähigt

**pathetisch:** feierlich, festlich, würdevoll, stimmungsvoll, erhaben, solenn, weihevoll, glanzvoll, majestätisch *ausdrucksvoll, expressiv, gefühlvoll, dramatisch

**Patient:** Kranker, Leidender, Bettlägeriger

**Patriarchat:** Vaterherrschaft, Vaterrecht

**patzig:** impertinent, frech, naseweis, vorlaut, vorwitzig, unartig, ungesittet, schamlos, keß, keck, dreist, ungezogen, unverschämt, unverfroren, unmanierlich

**pauschal:** in toto, komplett, alles umfassend, im ganzen, alles in allem, total, zusammen

**Pause:** Unterbrechung, Rast, Ruhepause, Halt, Verschnaufpause, Erholungspause, Atempause *Durchzeichnung, Abzug, Durchschlag, Kopie *Mußestunde, Einkehr *Ferien, Urlaub

**pausenlos:** dauernd, immer(zu), unaufhörlich, von je(her), seit je(her), seit eh und je, schon immer, nach wie vor, immer wieder, immerfort, tagaus tagein, jahraus jahrein, stets, stetig, andauernd, beständig, fortgesetzt, fortdauernd, anhaltend, unaufhaltsam, unausgesetzt, konstant, kontinuierlich, permanent, beharrlich, gleichbleibend, ständig, immerwährend, allezeit, alleweil, rund um die Uhr

**pausieren:** rasten, ruhen, haltmachen, verschnaufen, lagern, verweilen, entspannen, unterbrechen, s. ausruhen, innehalten, Rast machen / halten, eine Ruhepause einlegen / machen / einschieben

**passives Wahlrecht:** aktives Wahlrecht

**Passivität:** Aktivität, Tätigkeitsdrang, Tatkraft, Betätigungsdrang, Unternehmungslust, Regsamkeit, Unternehmungsgeist, Betriebsamkeit, Vitalität, Lebenskraft, Willenskraft, Spannkraft, Tatendrang, Schaffenskraft, Entschlossenheit, Ehrgeiz, Feuer

**patent:** langsam, ungeschickt, schwerfällig, unbeholfen, umständlich

**pathetisch:** nüchtern, sachlich, trocken, leidenschaftslos, unpoetisch, phantasielos

**Patient:** Gesunder *Arzt

**Patriarchat:** Matriarchat, Mutterherrschaft, Mutterrecht

**patzig:** nett, freundlich, höflich, anständig, liebenswürdig, entgegenkommend, zuvorkommend, wohlwollend, verbindlich

**pauschal:** detailliert, im einzelnen *genau, exakt

**Pause:** Arbeit(szeit), Dienst *Unterricht(sstunde) *Betrieb *Fortsetzung, Fortführung *Vorstellung, Aufführung (Theater) *Weiterfahrt, Fahrt

**pausenlos:** unterbrochen, mit Pausen *gestört *intermittierend

**pausieren:** fortsetzen, fortfahren, weitermachen, fortführen, dabeibleiben, weiterverfolgen, weiterführen, (weiter)arbeiten *marschieren *(weiter-)fahren

**Pech:** Desaster, Unglück(sfall), Verderben, Unheil, Verhängnis, Not(lage), Heimsuchung, Geißel, Plage, Prüfung, Bürde, Last, Mißgeschick, Schreckensnachricht, Schicksalsschlag, Katastrophe, Tragödie, Drama, Trauerspiel

**Pechvogel:** Unglücksmensch, Unglücksrabe, Pechmarie, Unglückswurm

**Pedal:** Fußhebel, Tretkurbel

**pedantisch:** kleinlich, spießig, unduldsam, engherzig, hinterwäldlerisch, provinziell, übergenau, kleinstädtisch, pingelig, kleinbürgerlich, spießbürgerlich, kleinkariert, muffig

**Pediküre:** Fuß(nagel)pflege *Fußpflegerin

**pediküren:** (Füße) pflegen

**Pein:** Elend, Unglück, Not, Armut, Notstand, Krise, Ärmlichkeit, Armseligkeit, Bedürftigkeit, Entbehrung, Verelendung, Geldnot, Beschränkung, Besitzlosigkeit, Knappheit, Kargheit *Leid, Kummer, Sorge, Unglück, Schmerz, Qual, Gram, Jammer, Not, Kümmernis, Last, Trauer, Trübsal, Kreuz, Seelenschmerz, Verzweiflung, Trostlosigkeit, Misere, Marter, Martyrium

**peinigen:** quälen, terrorisieren, schinden, mißhandeln, tyrannisieren, foltern, drangsalieren, martern, weh tun

**peinlich:** unangenehm, in Verlegenheit bringend, heikel, beschämend, genierlich, genant, unerquicklich, fatal, unerfreulich, mißlich, prekär, blamabel, ungut, fehl am Platz, unangebracht *gewissenhaft, ordentlich, genau, zuverlässig, exakt

**penetrant:** zudringlich, lästig, plump, aufdringlich, unangenehm, unverschämt, indiskret, frech, taktlos *durchdringend, streng, beißend, scharf, stechend, intensiv

**penibel:** sauber, ordentlich, eigen, kleinlich, übergenau, auf Ordnung achtend / haltend

**perfekt:** vollendet, vollkommen, unübertroffen, unerreicht, tadellos, fehlerlos, untadelig, mustergültig, makellos, fehlerfrei, meisterhaft, vorbildlich, glänzend, unangreifbar, unfehlbar,

**Pech:** Glück(sfall), Segen, Wohl, Heil, günstige Umstände, Erfolg, Gelingen, guter Verlauf, Fortuna *Glückssträhne

**Pechvogel:** Glückskind, Glückspilz, Sonntagskind, Goldmarie, Hans im Glück

**Pedal:** Manual (Orgel)

**pedantisch:** großzügig, weitherzig, spendabel, freigebig, nobel, gebefreudig, verschwenderisch, hochherzig, honorig *schlampig, oberflächlich, sorglos, nachlässig, ungenau

**Pediküre:** Maniküre

**pediküren:** maniküren

**Pein:** Lust, Freude, Vergnügen, Erregung, Rausch, Spaß, Frohsinn, Begeisterung, Entzücken, Fröhlichkeit, Glück, Hochgefühl, Jubel, Stimmung, Zufriedenheit, Behagen

**peinigen:** hegen, pflegen *in Ruhe lassen, (ver)schonen

**peinlich:** angenehm, erfreulich, vorteilhaft, willkommen, gut, günstig *ungenau, nachlässig, oberflächlich, sorglos, unordentlich, schlampig, flüchtig, unaufmerksam

**penetrant:** angenehm, gut *unaufdringlich, aromatisch, würzig *unaufdringlich, gesittet, zurückhaltend, dezent

**penibel:** großzügig, ungenau, modern, aufgeschlossen, aufnahmebereit, geneigt, geweckt, interessiert, zugänglich, ansprechbar, aufnahmefähig, empfänglich, offen

**perfekt:** unperfekt, unvollkommen, lückenhaft, fragmentarisch, unvollendet, unfertig, halb(fertig), bruchstückhaft *angehend (Köchin) *bruchstückhaft, gebrochen, unzulänglich, unaus-

druckreif, routiniert, aus einem Guß, erstklassig, korrekt, ausgereift *gemacht, abgeschlossen, gültig, vollzogen, erledigt *fließend, mühelos, zügig, geläufig, in einem Zug

**perfide:** niederträchtig, schäbig, schändlich, schmählich, schmutzig, schimpflich, schnöde, schmachvoll, (hunds)gemein *hinterhältig, infam, niederträchtig, intrigant, arglistig

**Perfidie:** Ehrlosigkeit, Abfall, Wortbrüchigkeit, Untreue, Wankelmütigkeit, Wankelmut, Abtrünnigkeit, Unredlichkeit, Unehrlichkeit, Charakterlosigkeit, Unbeständigkeit, Flatterhaftigkeit, Treuebruch, Treulosigkeit, Unstetigkeit, Gemeinheit

**periodisch:** in gleichmäßigen / regelmäßigen / gleichen / bestimmten Intervallen / Abständen, zyklisch, regelmäßig wiederkehrend / auftretend, in bestimmter / regelmäßiger Folge

**peripher:** äußerlich, am Rande befindlich / liegend, oberflächlich *unbedeutend, nicht der Rede wert, irrelevant, ohne Relevanz

**Peripherie:** Außenbezirk, Randgebiet, Rand(bezirk), Stadtrand, Tangente

**permanent:** dauernd, unausgesetzt, fortwährend, anhaltend, unentwegt, unablässig, beharrlich, ewig

**perplex:** überrascht, sprachlos, fassungslos, reglos, verwirrt, verblüfft, verdutzt, versteinert, erstaunt, konsterniert

**persönlich:** höchstpersönlich, eigenhändig, selbst, direkt, unmittelbar *an die Person gebunden, unübertragbar *privat, eigen, individuell, außerdienstlich, nicht öffentlich / amtlich *beleidigend, ausfällig, anzüglich, kränkend

**pervers:** unnatürlich, abnorm, abartig, widernatürlich, anomal, anormal, anders geartet, krankhaft veranlagt

**Pessimismus:** Skepsis, Schwarzseherei, Schwarzmalerei, Panikmache, Skeptizismus, Agnostizismus, Defätismus, Fatalismus, Nihilismus

**Pessimist:** Schwarzmaler, Schwarzseher, Skeptiker, Nihilist, Defätist, Fatalist, Miesmacher, Unheilsprophet

**pessimistisch:** desolat, bedrückt,

gebildet (Sprachfertigkeit) *in Vorbereitung, unabgeschlossen, (noch) in der Schwebe (Vertrag)

**perfide:** ehrlich, gerade, lauter, offen (-herzig), aufrichtig, vertrauensselig, freimütig, mitteilsam

**Perfidie:** Freimut, Offenheit, Aufrichtigkeit, Ehrlichkeit, Geradlinigkeit, Offenherzigkeit, Lauterkeit, Geradheit, Treue, Vertrauensseligkeit

**periodisch:** unperiodisch *ständig, immer(während), dauernd, ununterbrochen, allzeit, unausgesetzt, anhaltend, durchgehend *einmal(ig)

**peripher:** wichtig, bedeutend, zentral, erstrangig, belangvoll, bedeutsam, substantiell, relevant, signifikant, wesenhaft, wesentlich (Problem) *in der Mitte, zentral

**Peripherie:** City, Innenstadt, Geschäftszentrum, Zentrum, Altstadt, Stadtmitte

**permanent:** zeitweise, gelegentlich, zeitweilig, manchmal, zuweilen *unterbrochen, mit Unterbrechung

**perplex:** gelassen, (seelen)ruhig, abgeklärt, gleichmütig, gefaßt, gesetzt

**persönlich:** unpersönlich, sachlich, nüchtern *unpersönlich (Pronomen) *allgemein *sachlich, dinglich *gesellschaftlich *öffentlich

**pervers:** normal, natürlich, üblich, gebräuchlich, (weit)verbreitet, gängig, eingewurzelt, regelmäßig

**Pessimismus:** Optimismus, Zuversichtlichkeit, Fortschrittsgläubigkeit, Zukunftsglaube, Lebensmut, Lebensbejahung, Hoffnung

**Pessimist:** Optimist, Schwärmer, Frohnatur, Zukunftsgläubiger, Idealist

**pessimistisch:** optimistisch, zuversicht-

schwermütig, depressiv, melancholisch, trübsinnig, hypochondrisch, schwarzseherisch, nihilistisch, defätistisch

**Pfennigfuchser:** Geizhals, Geizkragen, Knauser, Knicker

**pfiffig:** durchtrieben, geschickt, gewieft, listig, verschmitzt, taktisch, (bauern)schlau, clever, diplomatisch, abgefeimt, gewitzt, raffiniert, ausgefuchst, ausgekocht, gerissen, geschäftstüchtig, verschlagen

**pflanzen:** anpflanzen, einpflanzen, anbauen, bebauen, stecken, (ein)setzen

**pflanzlich:** vegetarisch, fleischlos

**Pflege:** Betreuung, Hilfe, Fürsorge, Behandlung, Wartung, Versorgung, Hege, Schonung, Schutz, Unterhaltung, Konservierung, Instandhaltung *Kultivierung

**pflegen:** umhegen, betreuen, hüten, umsorgen *schonend / pfleglich / sorgsam umgehen mit, gut behandeln, schonen *kultivieren, fördern, konservieren *die Gewohnheit haben, gewohnt sein *s. abgeben / beschäftigen mit / angelegen sein **s. pflegen:** s. schonen *s. feinmachen / verschönern / schönmachen / schminken

**Pflicht:** Verbindlichkeit, Verpflichtung, Auftrag, Mission, Soll, Plan, Obliegenheit *Zwang, Unerläßlichkeit, Erfordernis, Gebot, Unabwendbarkeit

**pflichtbewußt:** pflichteifrig, pflichtgetreu, pflichtschuldig, pflichterfüllt, verantwortungsbewußt, pflichtgemäß, verantwortlich, verantwortungsvoll, verläßlich, vertrauenswürdig, pünktlich

**pflichtgemäß:** pflichteifrig, pflichtgetreu, pflichtschuldig, verantwortungsbewußt, pflichtbewußt, verläßlich

**pflichtvergessen:** pflichtwidrig, unzuverlässig, nachlässig, verantwortungslos, säumig, saumselig, sorglos, ohne Pflichtgefühl

**Pflichtvergessenheit:** Nachlässigkeit, Unzuverlässigkeit, Verantwortungslosigkeit, Säumigkeit, Sorglosigkeit,

lich, hoffnungsfroh, hoffnungsvoll, fortschrittsgläubig, unverzagt, zukunftsgläubig, getrost, lebensbejahend

**Pfennigfuchser:** Protektor, Mäzen, Geldgeber, Sponsor, Förderer, Beschützer, Gönner, Schützer, edler Spender *Verschwender

**pfiffig:** dumm, dümmlich, unverständig, unintelligent, unerfahren, unbedarft, töricht, langsam

**pflanzen:** ernten *ausgraben *abholzen, absägen, fällen, umlegen, roden, schlagen, umhauen (Bäume) *pflücken *ausreißen

**pflanzlich:** tierisch (Fett) *synthetisch, künstlich (Faser)

**Pflege:** Unterlassung, Versäumnis, Vernachlässigung *Aussterben, Zerstörung, Vernichtung *Mißhandlung

**pflegen:** verkommen lassen, vernachlässigen, s. nicht um etwas (be)kümmern *mißhandeln, hinzufügen *vernichten, zerstören, aussterben lassen **s. pflegen:** s. gehenlassen / vernachlässigen / treibenlassen

**Pflicht:** Kür (Sport) *Freiwilligkeit *Vergnügen *Vorschlag *Pflichtverletzung

**pflichtbewußt:** pflichtvergessen, pflichtwidrig, unzuverlässig, nachlässig, verantwortungslos, säumig, saumselig, sorglos, ohne Pflichtgefühl

**pflichtgemäß:** pflichtwidrig, unredlich, verantwortungslos, gewissenlos, windig, ehrvergessen, nachlässig, oberflächlich, schlampig, pflichtvergessen

**pflichtvergessen:** pflichteifrig, pflichtbewußt, pflichtgetreu, pflichtschuldig, verantwortungsbewußt, pflichtgemäß, verantwortlich, pünktlich

**Pflichtvergessenheit:** Diensteifrigkeit, Beflissenheit, Pflichteifrigkeit, Dienstwilligkeit, Übereifer, Übereifrigkeit

Saumseligkeit

**pflichtwidrig:** pflichtvergessen, unzuverlässig, nachlässig, verantwortungslos, säumig, sorglos, saumselig, ohne Pflichtgefühl

**pflücken:** abreißen, abbrechen, abknicken, abzupfen, abpflücken, ernten, herunterholen, lesen

**Pfuscher:** Stümper, Nichtskönner, Nichtswisser, Dilettant, Analphabet, Besserwisser, Kurpfuscher, Banause, Quacksalber

**phänomenal:** ungewöhnlich, außergewöhnlich, ausgefallen, extraordinär, außerordentlich, erstaunlich, umwerfend, formidabel, ersten Ranges, bewundernswert, hervorragend, brillant, überragend, beeindruckend, eindrucksvoll, eminent, überwältigend, stattlich, ansehnlich, beträchtlich, erklecklich, sondergleichen, ohnegleichen, unvergleichlich, bedeutend, nennenswert, einzigartig, bedeutsam, bedeutungsvoll, erheblich, grandios, imposant, imponierend, enorm, sensationell, epochemachend, epochal, aufsehenerregend, spektakulär, auffällig, auffallend, abenteuerlich, verblüffend, fabelhaft

**Phantasie:** Vorstellungskraft, Einbildungskraft, Einbildungsvermögen, Vorstellungsvermögen *Einbildung, Fantasie, Unwirklichkeit, Irrealität, Vision, Phantom, Utopie *Erfindungsgabe, Schöpferkraft, Einfallsreichtum

**phantasieren:** irre / wirr reden, fiebern *improvisieren, aus dem Stegreif spielen *träumen, einen Traum haben, ausdenken, erfinden, erdichten, s. ausmalen, in den Wolken schweben

**phantastisch:** hervorragend, einmalig, großartig *unwahrscheinlich, ungeheuerlich, unerhört, unbeschreiblich, beispiellos, haarsträubend, noch nie dagewesen *unheimlich, seltsam, gespenstig, bizarr, fabelhaft, märchenhaft, grotesk, skurril, irreal, traumhaft

**Phase:** Entwicklungsstand, Entwicklungsstufe, Entwicklungsperiode, Zeitraum, Zeitabschnitt, Entwicklungsepoche

**Philanthrop:** Menschenfreund, Wohltäter

**pflichtwidrig:** verantwortlich, zuverlässig, gewissenhaft, beflissen, eifrig, übereifrig, pflichtgemäß, entsprechend, pflichtgetreu

**pflücken:** (aus)säen, pflanzen, (ein)setzen *aufheben *herunterreißen

**Pfuscher:** Fachmann, As, Experte, Kapazität, Sachverständiger, Sachkundiger, Kundiger, Praktiker, Meister, Größe, Fachgröße, Spezialist, Autorität

**phänomenal:** alltäglich, normal, durchschnittlich, üblich, gewöhnlich, profan, vertraut, (wohl)bekannt, geläufig, routinemäßig, regulär, ein und dasselbe, immer dasselbe, banal, ordinär, trivial, belanglos *gering, klein, minimal *unausgebildet

**Phantasie:** Wirklichkeit, Realität, (vollendete) Tatsache, Tatbestand, Gegebenheit, Sachverhalt, Sachlage, Faktum, Fakt

**phantasieren:** nach Noten / vom Blatt spielen *(vom Blatt) (ab)lesen *durchschlafen (Kranker) *vernünftig / klar / besonnen / verständig reden / sprechen

**phantastisch:** schlecht, unangemessen, ungeeignet (Plan) *üblich, alltäglich, verwurzelt, normal, gewöhnlich, (weit-)verbreitet, eingewurzelt, gängig, regelmäßig, regulär *wirklich, real, tatsächlich *nüchtern

**Phase:** stromführende Leitung (Elektrizät) *Dauerzustand, Stetigkeit, (ganzer) Verlauf

**Philanthrop:** Misanthrop, Menschenfeind, Menschenhasser

**Phlegma:** Teilnahmslosigkeit, Unempfindlichkeit, Trägheit, Interesselosigkeit, Uninteressiertheit, Gleichgültigkeit, Abgestumpftheit, Stumpfheit, Stumpfsinn(igkeit), Geistesabwesenheit, Apathie, Lethargie, Wurstigkeit, Gefühllosigkeit, Passivität
**phlegmatisch:** desinteressiert, träge, gleichgültig, lethargisch, teilnahmslos, leidenschaftslos, passiv, unbeteiligt, apathisch, stumpfsinnig, unempfindlich, interesselos, ungerührt, unbewegt, kühl, gefühllos, unaufgeschlossen, inaktiv, lasch, stumpf, denkfaul
**physisch:** körperlich, somatisch, leiblich
**Phylogenese:** Phylogenie, Stammesgeschichte
**piano:** leise, verhalten

**pietätlos:** ohne Ehrfurcht / Pietät / Scheu, gottlos, schändlich, ketzerisch, verwerflich, keine Pietät besitzend
**pietätvoll:** ehrfürchtig, ehrfurchtsvoll, respektvoll, achtungsvoll, ehrerbietig, Pietät besitzend, voll Pietät

**pikant:** scharf, gut gewürzt, würzig, herzhaft, schmackhaft, aromatisch, feurig *anstößig, unanständig, schlüpfrig, ungehörig, unmoralisch, unschicklich, zotig, zweideutig
**plagen:** bedrücken, beunruhigen, peinigen *stören, nicht in Ruhe lassen / gehen lassen *s. plagen: s. anstrengen / befleißigen / fordern / etwas abverlangen / bemühen / (ab)mühen / befleißen / abschleppen / abarbeiten / abplagen / (ab)placken / abrackern / (ab)quälen / aufreiben / schinden / Mühe geben, anspannen
**Plagiat:** Imitation, Anleihe, Falsifikat, Abklatsch, Wiedergabe, Diebstahl (geistigen Eigentums)
**plagiieren:** übernehmen, entlehnen, kopieren, nachahmen, nachmachen, geistigen Diebstahl / ein Plagiat begehen, s. mit fremden Federn schmücken
**Plan:** Vorhaben, Planung, Vorsatz, Programm, Projekt, Zielsetzung, Absicht *Skizze, Entwurf, Bauplan, Aufriß, Grundriß, Konzept, Konstruktion *Überblick, Übersicht
**planen:** entwerfen, projektieren, vorbereiten *beabsichtigen

**Phlegma:** Temperament, Elan, Fitness, Feuer, Schwung, Spannkraft, Vitalität, Glut, Lebhaftigkeit, Munterkeit, Unruhe, Hektik

**phlegmatisch:** exzentrisch, übersteigert, extravagant, übertrieben *munter, temperamentvoll, feurig, blutvoll, schwunghaft, lebhaft, beweglich, dynamisch, heißblütig, heftig, lebendig, unruhig, vif, vital, wild, vollblütig, quecksilbrig, hektisch
**physisch:** psychisch, seelisch, geistig

**Phylogenese:** Ontogenese, Ontogenie

**piano:** laut, forte, fortissimo (Lautstärke)
**pietätlos:** pietätvoll, ehrfürchtig, ehrerbietig, ehrfurchtsvoll, respektvoll, achtungsvoll, Pietät besitzend, voll Pietät
**pietätvoll:** pietätlos, keine Pietät besitzend, ohne Pietät / Ehrfurcht / Scheu, gottlos, verwerflich, ketzerisch, schändlich
**pikant:** versalzen (Suppe) *fade, ungewürzt, geschmacklos, flau, kraftlos, matt, salzlos, schal, reizlos, salzarm *nüchtern, nichtssagend *brav, anständig, gesittet, unanstößig, sittsam
**plagen:** in Ruhe lassen *empfangen, erhalten *s. plagen: zufallen, s. leichttun, aus dem Handgelenk schütteln *faulenzen, zuschauen, dabeistehen

**Plagiat:** Original, Urtext, Urfassung, Urschrift, erste Fassung

**plagiieren:** erfinden, schöpfen, entwickeln, kreieren *verbessern

**Plan:** Durchführung, Verwirklichung, Tat, Ausführung, Handlung, Aktion, Akt *Schildbürgerstreich, Schwabenstreich *Kurzschlußhandlung, Affekthandlung *Gegenaktion *Skizze
**planen:** verwirklichen, durchführen, ausführen, handeln *skizzieren

**Planet:** Stern, Himmelskörper, Gestirn

**planieren:** glätten, (ein)ebnen, gleich-machen, glattmachen, abtragen, nivel-lieren, ausgleichen, begradigen, walzen

**planlos:** unbesonnen, unbedacht, ohne Verstand / Sinn / System / Methode / Plan / Überlegung, unüberlegt, impul-siv, chaotisch, unorganisiert, unsyste-matisch, unmethodisch, aus dem Steg-reif

**planmäßig:** planvoll, nach Plan, plan-gemäß, folgerichtig, programmrichtig, systematisch, gezielt, konsequent, überlegt, durchdacht, zielbewußt, mit Überlegung / Methode / Plan / System, geregelt, geplant, methodisch, konse-quent

**Planwirtschaft:** zentral gelenkte / ge-plante Wirtschaft

**plastisch:** deutlich, bildhaft, anschau-lich, lebendig, leicht verständlich, far-big, einprägsam, illustrativ, klar, faß-bar *demonstrativ *dreidimensional *formbar, knetbar, modellierbar

**platonisch:** rein geistig, unsinnlich, nicht sinnlich

**plätschern:** rieseln, rinnen, fließen, gluckern *planschen, baden, spritzen, s. im Wasser tummeln

**platt:** flach, eben, plan *verdattert, baff, durcheinander, überrascht *geist-los, hohl, billig, trivial, seicht

**Platz:** Stuhl, Sitzplatz, Sitzgelegenheit *Forum, Marktplatz *Stelle, Punkt, Örtlichkeit, Fleck *Rang, Stellung, Placierung, Position *Sportfeld, Ra-sen, Spielfeld, Spielfläche, Feld *Aus-lauf, Weite, Bewegungsfreiheit, Spiel-raum, freie Bahn *Unterbringungs-möglichkeit, freie Stelle, freier Raum

**platzen:** aufbrechen, zerplatzen, s. ent-laden, in Stücke fliegen, entzweige-hen, zerspringen, auseinanderreißen, explodieren, zerknallen, (zer)bersten, aufplatzen, krachen, aufspringen, split-tern

**plausibel:** einleuchtend, überzeugend, evident, begreiflich, offensichtlich

**Plazet:** Bejahung, Einverständnis, Ein-willigung, Bekräftigung, Konsens, Be-stätigung, Erlaubnis, Freibrief

**Plenum:** Vollversammlung

**Planet:** Fixstern

**planieren:** ausschachten, ausheben, auskoffern, (aus)graben *aufschütten, aufhäufen

**planlos:** planmäßig, mit Überlegung, überlegt, geplant, geregelt, vorberei-tet, methodisch, konsequent, gezielt, durchdacht, systematisch, stur, folge-richtig

**planmäßig:** unbesonnen, unüberlegt, zielos, wahllos, impulsiv, gedankenlos, leichtfertig, ohne Sinn und Verstand, planlos, unvorsichtig, unbedacht, leichtsinnig, aufs Geratewohl *unvor-hergesehen, plötzlich, mit Zwischen-fällen *vorzeitig, verfrüht, zu früh, vor-her *zu spät, verspätet, überfällig

**Planwirtschaft:** freie / soziale Markt-wirtschaft

**plastisch:** unplastisch, flach, flächen-haft, unkörperlich *unplastisch, un-deutlich, ungenau, unanschaulich (Darstellung)

**platonisch:** körperlich, sinnlich

**plätschern:** tropfen *rauschen, brausen (Gewässer) *angeregt / interessant / spannend sein (Unterhaltung) *s. ent-spannen, daliegen (Badewanne)

**platt:** bergig, wellig, hügelig (Land-schaft)

**Platz:** Enge, Einengung, Platzmangel, Beengtheit, Raummangel, Raumnot *Gedränge, Gewoge, Gewühl *Eng-paß, Hohlweg

**platzen:** (aus)halten, standhalten (Ma-terial) *weitergehen, weiterlaufen (Vorhaben, Prozeß)

**plausibel:** nicht einleuchtend / überzeu-gend, unplausibel

**Plazet:** Einwände *Ablehnung, Ver-weigerung, Weigerung, Zurückwei-sung, Absage *Stimmenthaltung

**Plenum:** Ausschuß, Kommission

**plötzlich:** ungeahnt, schlagartig, unerwartet, mit einem Mal / Ruck / Schlag, unverhofft, abrupt, unvermutet, schroff, überraschend, zufällig, unversehens, schnell, jäh(lings), urplötzlich, unvermittelt, auf einmal, unvorhergesehen

**plump:** klobig, unförmig, massig, grob, ungeschlacht *ungeschickt, unbeholfen, ungelenk, steif, linkisch, unpraktisch *taktlos, unhöflich, ungalant, grob, unverschämt *fadenscheinig, durchsichtig, transparent

**plus:** und, sowie, zugleich, gleichzeitig, auch *inbegriffen, eingeschlossen, inklusive, mitgerechnet, eingerechnet

**Plus:** Vorteil, Oberhand, Trumpf, Vorsprung, Überlegenheit *Gewinn, Profit, Ausbeute, Erlös

**poetisch:** schöpferich, lyrisch, literarisch, dichterisch *bilderreich, stimmungsvoll, ausdrucksstark, ausdrucksvoll

**polieren:** auf Hochglanz bringen, Glanz geben, glänzend / blank reiben / machen, putzen

**poliert:** blank, geputzt, glänzend, spiegelnd, (blitz)sauber

**polychrom:** bunt, mehrfarbig

**Polygamie:** Mehrehe

**pompös:** prächtig, majestätisch, herrschaftlich, brillant, prachtvoll, illuster, prunkvoll, pomphaft, glanzvoll, glänzend, fürstlich, königlich, luxuriös

**populär:** allgemein verständlich, eingängig *volkstümlich, bekannt, berühmt, gefeiert *erwünscht, willkommen

**porös:** durchlöchert, durchlässig, undicht, leck, löchrig

**portofrei:** freigemacht, franko

**portopflichtig:** gebührenpflichtig, unfrei

**positiv:** zustimmend, beifällig, bejahend, affirmativ *erfolgreich, günstig, gut, vorteilhaft, vielversprechend, verheißungsvoll, voller Chancen *optimistisch

**plötzlich:** nach und nach, langsam, allmählich, schleichend, sukzessiv, sanft, bedächtig, gemächlich, schleppend, im Schneckentempo / Schritt *erwartet, vorhergesehen, vorausgesehen *voraussichtlich, wahrscheinlich *unmerkbar, unmerklich

**plump:** zart, zierlich, grazil, niedlich, fein (Körper) *zurückhaltend, unaufdringlich, dezent (Umgang) *verworren, intelligent, undurchschaubar, undurchsichtig, raffiniert (Schwindel) *nett, gebildet, wohlwollend, freundlich, geschliffen, treffend, entsprechend (Bemerkung) *graziös, geschmeidig, leicht, anmutig, tänzelnd (Schritt)

**plus:** minus, abzüglich

**Plus:** Minus(geschäft) *Nachteil

**poetisch:** nüchtern, schlicht, einfach, dürr, alltäglich, geläufig *prosaisch

**polieren:** abkratzen *aufrauhen *verschmieren, verschmutzen

**poliert:** rauh, aufgerauht, roh, grob, matt, stumpf, unpoliert *verschmiert, schmutzig, verschmutzt

**polychrom:** einfarbig, monochrom

**Polygamie:** Monogamie, Einehe *Bigamie *Zölibat, Ehelosigkeit

**pompös:** einfach, schlicht, nüchtern, unauffällig, schmucklos, primitiv, unscheinbar, spartanisch, bescheiden

**populär:** unpopulär, unbeliebt, gehaßt, verhaßt *wissenschaftlich, zu hoch, unverständlich

**porös:** unporös, dicht, undurchlässig

**portofrei:** portopflichtig, gebührenpflichtig

**portopflichtig:** geführenfrei, franko

**positiv:** negativ *negativ, geringschätzig, abschätzig *sinkend, abfallend, flau

**potent:** geschlechtsreif, zeugungsfähig, fortpflanzungsfähig *einflußreich, machtvoll, maßgeblich, wichtig, angesehen *vermögend, reich, finanzkräftig
**potentiell:** möglich, denkbar, vorstellbar, nicht ausgeschlossen / unmöglich
**Potenz:** Zeugungsfähigkeit, Fortpflanzungsfähigkeit, Manneskraft, Mannbarkeit, Geschlechtsreife, Fruchtbarkeit *Potential, Leistungsvermögen, Arbeitskraft, Kraftreserve
**Pracht:** Prunk, Pomp, Prachtentfaltung, Glanz, Herrlichkeit, Schönheit, Luxus
**prächtig:** pompös, erhaben, prangend, unübertrefflich, majestätisch, unvergleichlich, prunkend, stattlich, herrschaftlich, eindrucksvoll, aufwendig, wirkungsvoll, brillant, gewaltig, bombastisch, sondergleichen, prachtvoll, kolossal, illuster, blendend, prunkvoll, strahlend, pomphaft, grandios, glanzvoll, imposant, glänzend, imponierend, fürstlich, üppig, königlich, repräsentativ, luxuriös, sonnig, heiter, warm
**prädestiniert:** geschaffen, geeignet, fähig, tauglich, qualifiziert, berufen, begabt, talentiert, ideal, genau richtig
**prägnant:** genau, treffend, lakonisch, lapidar, schlagend, treffsicher, klar, unmißverständlich, eindeutig, deutlich, komprimiert, in gedrängter Form
**Prägnanz:** Sorgfalt, Genauigkeit, Gewissenhaftigkeit, Sorgsamkeit, Peinlichkeit
**praktisch:** auf die Praxis / Wirklichkeit bezogen *begabt, geschickt, fingerfertig, anstellig *zweckgemäß, zweckmäßig, handlich, dienlich, griffig, gut zu handhaben / gebrauchen, anwendbar, brauchbar, tauglich *in der Tat, in Wirklichkeit, so gut wie, tatsächlich, wirklich *beinahe, fast, nahezu, regelrecht, förmlich
**prall:** straff, eng, stramm *randvoll *dick
**Präludium:** Vorspiel
**Prämisse:** Voraussetzung, Vorbedingung
**präsent:** zugegen, vorhanden, hier, da, gegenwärtig, anwesend *zur Verfügung, verfügbar, greifbar, parat
**prassen:** schwelgen, aus dem vollen

**potent:** impotent, (zeugungs)unfähig *untüchtig, unschöpferisch *arm *schwach

**potentiell:** ungeeignet, unbrauchbar, unmöglich, unpassend
**Potenz:** Impotenz, Unvermögen, Unfähigkeit *Impotenz, Zeugungsunfähigkeit

**Pracht:** Bescheidenheit, Schlichtheit, Nüchternheit, Schmucklosigkeit, Armut
**prächtig:** schrecklich, scheußlich, dreckig, schmutzig (Stadt) *schmucklos, nüchtern, bescheiden, einfach, schlicht, ärmlich, kläglich, jammervoll *mittelmäßig, ausreichend *schlecht, miserabel, leidlich (Arbeit) *normal, alltäglich, langweilig (Mensch) *unauffällig, einfach, schlicht, bescheiden *schlecht, regnerisch, bewölkt (Wetter)

**prädestiniert:** ungeeignet, unbrauchbar, unpassend, unmöglich

**prägnant:** weitschweifend, ausholend, umständlich, langatmig, ungenau, durcheinander

**Prägnanz:** Umständlichkeit, Langatmigkeit, Ungenauigkeit, Durcheinander
**praktisch:** theoretisch, gedanklich, gedacht, wissenschaftlich, praxisfern, nicht praxisnah, begrifflich, ohne Praxis, spekulativ *unpraktisch, ungeeignet, unhandlich, umständlich, sperrig, unzweckmäßig, unbequem, schwerbenutzbar / handhabbar (Gerät)

**prall:** weich, schlaff *verdeckt, schattig, gedämpft
**Präludium:** Zwischenspiel, Intermezzo *Nachspiel
**Prämisse:** Ergebnis, Folge, Konklusion, Schluß
**präsent:** abwesend, absent, nicht anwesend, zu Hause, fort *anderwärts, sonstwo, woanders, anderweitig *vergessen (Vorgänge) *verdrängt
**prassen:** sparen, sparsam sein, maßhal-

schöpfen, leben wie ein Fürst, schlemmen, verschwenderisch leben, verschwenden, übertreiben

**Prasserei:** Schwelgerei, Genußfreude, Schlemmerei, Verschwendung, Übertreibung

**Praxis:** Berufserfahrung, Vertrautheit, Routine *Realität, Leben, Fakten, Wirklichkeit *Anwaltskanzlei, Kontor *Sprechzimmer, Arztpraxis, Behandlungsräume, Ordination, Sprechstunde

**präzis(e):** genau, exakt, akkurat, treffend, haargenau, haarklein, (haar-) scharf, klar, deutlich, reinlich, prägnant, unmißverständlich, speziell, säuberlich, eindeutig, sauber, tadellos, bestimmt, wohlgezielt *gerade, eben (noch), unbedingt *sorgfältig, ordentlich, korrekt, fehlerlos, gewissenhaft, minuziös, richtig, zuverlässig, sorgsam, fein, pedantisch, penibel

**Präzision:** Genauigkeit, Sorgfalt, Akkuratesse, Bestimmtheit, Exaktheit, Behutsamkeit, Prägnanz, Verantwortungsbewußtsein, Gewissenhaftigkeit, Pflichtbewußtsein, Zuverlässigkeit, Pflichtgefühl *Sorgsamkeit, Peinlichkeit, Ausführlichkeit, Gründlichkeit, Akribie

**Preisanstieg:** Preiserhöhung, Verteuerung, Kostenexplosion, Preislawine, Preisspirale, Preissteigerung

**preisen:** rühmen, ehren, hochhalten, feiern, in Ehren halten, hochleben lassen, verherrlichen, glorifizieren, ein Hoch ausbringen, loben

**preisgeben:** verzichten, abstellen, einstellen, ablassen von, aufgeben *übergeben, überantworten, ans Messer liefern, in die Arme treiben, ausliefern *verraten, im Stich lassen, die Treue brechen, abfallen *weitergeben, weitersagen, weitererzählen, Gerüchte verbreiten, ausplaudern, mitteilen

**Preissturz:** Sturz, Baisse, (radikaler) Preisnachlaß / Preisabbau

**preiswert:** billig, (preis)günstig, herabgesetzt, erschwinglich, bezahlbar, wohlfeil

**prekär:** heikel, diffizil, delikat, proble-

ten, s. einschränken *hungern, entbehren, darben

**Prasserei:** Sparsamkeit, Einschränkung, mit Maßen *Mangel, Hunger, Entbehrung, Not

**Praxis:** Theorie, theoretisches Wissen

**präzis(e):** unpräzise, ungenau, vage, verschwommen, unklar, unbestimmt, andeutungsweise, wirr, abstrus (Antwort) *schätzungsweise, ungefähr, rund, annähernd, (in) etwa, zirka, überschlägig, pauschal, vielleicht, fast, circa, annäherungsweise, sagen wir, an die, ziemlich, eventuell

**Präzision:** Ungenauigkeit, Unschärfe, Undurchsichtigkeit, Schemenhaftigkeit, Nebelhaftigkeit, Verschwommenheit, Unbestimmtheit, Vagheit, Schattenhaftigkeit

**Preisanstieg:** Preisminderung, Preissturz, Sturz *Baisse

**preisen:** tadeln, kritisieren, mißbilligen, nörgeln, wettern, monieren, reklamieren, bemäkeln, beschweren, klagen über *schlechtmachen, herabwürdigen, verreißen, verleumden, kränken, beleidigen, verwunden, verletzen

**preisgeben:** behalten, bewahren, stützen, erhalten, schützen, fördern *verheimlichen, dichthalten, verschweigen, verhehlen, verbergen, verhüllen, (für sich) behalten (Geheimnis)

**Preissturz:** Preisanstieg, Teuerung, Preiserhöhung, Preissteigerung, Verteuerung, Kostenexplosion, Lohn-Preis-Spirale, Preislawine

**preiswert:** (zu) teuer, überhöht, kostspielig, übertrieben *wertvoll, kostbar

**prekär:** gut, positiv, günstig, angenehm

matisch, kritisch, neuralgisch, verfänglich

**Pressefreiheit:** freie Meinungsäußerung

**prima:** großartig, toll, dufte, Klasse, pfundig, irre, sagenhaft, nett, angenehm

**primär:** eigentlich, ursprünglich, original, originär, in erster Linie, zuvörderst, vorab, ursächlich, zuerst

**primitiv:** einfach, schlicht, anspruchslos, karg, eingeschränkt *nieder, vulgär, ordinär, niveaulos, unfein, gewöhnlich *notdürftig, unzulänglich, provisorisch, behelfsmäßig *unwissend, unerfahren, ungebildet, uninformiert, ohne Kenntnisse / Wissen / Erfahrung

**Primitivität:** Einfachheit, Schlichtheit, Anspruchslosigkeit *Banalität, Unfeinheit, Gemeinheit, niedere Gesinnung *Behelfsmäßigkeit, Unzulänglichkeit *Unwissenheit, Unerfahrenheit, Ungebildetheit, Unkenntnis

**prinzipiell:** grundlegend, elementar, fundamental, entscheidend, von Grund auf, bestimmend, wesentlich, radikal, durchgreifend, einschneidend

**privat:** individuell, höchstpersönlich *familiär, vertraut, heimisch *im Vertrauen, vertraulich, intern, unter vier Augen / dem Siegel der Verschwiegenheit *nicht staatlich / öffentlich

**Privatleben:** Intimsphäre, intimer Bereich, Privatsphäre, Tabubezirk

**Probe:** Versuch, Experiment *Kontrolle, Test, Belastungsprobe, Machtprobe, Kraftprobe *Nachweis, Erweis, Beweis, Bestätigung *Warenprobe, Musterstück, Kostprobe, Versuchsstück, Testexemplar

**problematisch:** kompliziert, schwer, mühsam, diffizil, verwickelt, schwierig *kritisch, zwiespältig, prekär, heikel *dubios, ungesichert, ungeklärt, strittig, zweifelhaft

**problemlos:** unproblematisch, unschwer, unkompliziert, einfach, spielend, bequem, mit Leichtigkeit, nicht schwierig, ohne Mühe / Schwierigkeiten, mühelos, babyleicht

**Pressefreiheit:** Maulkorb, Druck, Meinungsunterdrückung, Pression

**prima:** mittelmäßig, ausreichend, genügend *schlecht *minderwertig *ungünstig

**primär:** sekundär, zweitrangig, nebensächlich

**primitiv:** zivilisiert, entwickelt (Gesellschaft) *kunstvoll, künstlerisch, hochwertig *entwickelt, höherstehend (Lebewesen) *komfortabel, gemütlich, warm (Unterkunft) *stabil, fest, gemauert (Hütte) *schwer, schwierig, kompliziert (Aufgabe) *vollständig (Ausbildung) *gebildet (Mensch)

**Primitivität:** Zivilisation, Fortschritt, Höhe, Kultur, Bildung *Komfort, Gemütlichkeit, Bequemlichkeit, Wohnlichkeit

**prinzipiell:** jetzt, vorübergehend, zeitweise, zeitweilig, momentan *unwichtig, nebensächlich, sekundär

**privat:** dienstlich, beruflich *offiziell, öffentlich *gemeinschaftlich, gesellschaftlich

**Privatleben:** Allgemeinheit, Gesellschaft, (die breite) Öffentlichkeit, Bevölkerung *Indiskretion, Taktlosigkeit, Abgeschmacktheit, Geschmacklosigkeit, Aufdeckung, Mangel an Feingefühl *Dienst, Arbeit *Politik

**Probe:** Aufführung (Theater) *Ernst (-fall) *Ausführung *Dauerbeanspruchung, Dauerlauf *Endprodukt

**problematisch:** problemlos, unproblematisch, einfach, unschwer, unkompliziert, spielend, bequem, mit Leichtigkeit, mühelos, ohne Schwierigkeiten / Mühe

**problemlos:** problematisch, (sehr) schwierig, heikel, kompliziert, mühsam, diffizil, verzwickt, verwickelt

**Produktion:** Fabrikation, Herstellung, Erzeugung, Schaffung, Anfertigung, Fertigstellung

**produktiv:** arbeitsam, willig, leistungsfähig, strebsam, fleißig *nützlich, effektiv, ersprießlich, gedeihlich, fruchtbar *kreativ, phantasievoll, einfallsreich, erfinderisch, künstlerisch, gestalterisch, schöpferisch

**produzieren:** anfertigen, herstellen, erzeugen, machen, fabrizieren, bereiten, hervorbringen, (er)schaffen

**profan:** säkular, weltlich, diesseitig, irdisch, unheilig, nicht kirchlich *alltäglich

**Profi:** Professional, Berufssportler

**Profil:** Seitenansicht, Seitenbild, Umriß, Aufriß, Schattenriß, Kontur, Silhouette *Längsschnitt, Querschnitt

**profiliert:** ausgeprägt, markant, scharf umrissen *genau, exakt, gründlich, gut, fundiert

**profitieren:** rentabel / gewinnbringend / einträglich sein, Profit / Gewinn / Nutzen / Vorteil haben / ziehen / erzielen / schlagen

**profund:** gründlich, umfassend, tief, grundlegend, erschöpfend, detailliert, ausführlich, umfangreich, groß

**Prognose:** Vorhersage, Voraussage, Vorausbestimmung

**programmgemäß:** programmäßig, planmäßig

**Programmusik:**

**progressiv:** fortschrittlich, kämpferisch, zeitgemäß, modern, richtungsweisend, wegweisend *fortschreitend, s. entwickelnd / steigernd

**Prolog:** Vorrede, Vorbemerkung, Vorspiel, Einleitung, Einführung

**prompt:** sofort, gleich, auf der Stelle *erwartungsgemäß, wie zu erwarten

**Prophylaxe:** Vorbeugung, Verhütung, Schutz, Prävention

**proprotional:** verhältnismäßig

**proportioniert:** verhältnisgleich, im gleichen Verhältnis *ausgewogen

**prosaisch:** in Prosa *nüchtern, sachlich, phantasielos, ohne Phantasie, poesielos, amusisch

**Produktion:** Kauf *Verkauf, Handel, Vertrieb, Absatz, Veräußerung *Verbrauch, Konsum *Streik, Stillstand, Betriebsferien

**produktiv:** unproduktiv, unschöpferisch, rezeptiv, unkünstlerisch, amusisch, nicht kreativ, phantasielos, eklektisch

**produzieren:** kaufen *verbrauchen, konsumieren *verkaufen, vertreiben, handeln (mit), absetzen, anbieten, veräußern *stillstehen, ruhen (Betrieb)

**profan:** kirchlich *ungewöhnlich (Bemerkung)

**Profi:** Amateur *Dilettant *Laie, Nichtfachmann

**Profil:** Vorderansicht, en face

**profiliert:** unausgeprägt, unprofiliert (Persönlichkeit) *oberflächlich (Urteil)

**profitieren:** investieren, hineinstecken, einzahlen, einsetzen (Kapital) *verlieren, einbüßen

**profund:** gering, klein, oberflächlich, ungenügend, mangelhaft (Kenntnisse, Wissen)

**Prognose:** Rückblick, Rückschau, Wiederholung *Diagnose

**programmgemäß:** improvisiert, aus dem Stegreif *ungezwungen, frei, leger, gelöst, zwanglos, locker, lose

**Programmusik:** absolute Musik

**progressiv:** konservativ *nicht fortschrittlich, reaktionär (Politik) *rückschrittlich

**Prolog:** Nachwort, Epilog, Nachspiel

**prompt:** später, verzögert, zu spät, abwartend, langsam

**Prophylaxe:** Therapie, Behandlung

**proportional:** unproportional

**proportioniert:** disproportioniert, unproportioniert, mißproportioniert, ungleich gestaltet

**prosaisch:** feierlich, gehoben, erhaben *schöpferisch, kreativ, gestaltend, erfinderisch, originell, phantasievoll

**Prostituierte:** Dirne, Hure, Freudenmädchen, Straßenmädchen, Call-girl

**Protest:** Widerstand, Widerspenstigkeit, Auflehnung, Gehorsamsverweigerung, Renitenz *Einspruch, Beschwerde, Veto, Einwand

**protestieren:** widersprechen, dagegenreden, Veto / Protest / Einspruch einlegen, zurückweisen *zischen, pfeifen, buhen

**provisorisch:** vorübergehend, mangelhaft, schlecht und recht, notdürftig *vorläufig, versuchsweise, unter Vorbehalt, probeweise *bis auf weiteres, vorerst, einstweilen

**Provisorium:** vorläufige Einrichtung, Behelfseinrichtung, Hilfseinrichtung

**Prunk:** Pracht, Pomp, Glanz, Herrlichkeit, Schönheit, Luxus, Kostbarkeit, Staat, Reichtum, Üppigkeit, Aufwand, Überfluß, Gala

**prunklos:** einfach, bescheiden, schmucklos, natürlich, kunstlos, schlicht, unauffällig

**prunkvoll:** prächtig, prachtvoll, glanzvoll, glänzend, fürstlich, königlich, brillant, luxuriös, aufwendig, übertrieben

**psychisch:** emotional, seelisch, auf die Psyche bezogen, das Gemüt / die Seele betreffend

**pulsieren:** pulsen, lebhaft strömen, wogen, branden, fluten, s. ergießen / lebhaft erregen *pochen, hämmern, klopfen

**pünktlich:** zur richtigen / rechten / vereinbarten Zeit, fristgemäß, fristgerecht, fahrplanmäßig, beizeiten, rechtzeitig

**pur:** unvermischt, unversetzt, (natur-) rein

**putzen:** saubermachen, reinigen, säubern, reinmachen, aufwaschen, scheuern, spülen, bürsten *s. putzen: s. herausputzen / schmücken / feinmachen / zurechtmachen

**Prostituierte:** Strichjunge *Freier *Zuhälter

**Protest:** Zustimmung, Billigung, Einverständnis, Einwilligung, Einvernehmen *Genehmigung *Applaus, Jubel, Beifall(sorkan), Ovation, (das) Klatschen, Zustimmung

**protestieren:** zustimmen, billigen, einwilligen, gutheißen, zusagen, Zustimmung geben *genehmigen *tolerieren, zulassen *applaudieren, jubeln, klatschen

**provisorisch:** dauernd, beständig, immer, bleibend, ständig, dauerhaft *gründlich (Reparatur)

**Provisorium:** Dauer(zustand) *endgültige Prothese / Zahnprothese

**Prunk:** Primitivität *Schlichtheit, Einfachheit, Unauffälligkeit

**prunklos:** prunkvoll, übertrieben, glanzvoll, prächtig, prachtvoll, glänzend, brillant, luxuriös, fürstlich, königlich, aufwendig

**prunkvoll:** einfach, schlicht, unauffällig, prunklos, bescheiden, schmucklos, natürlich, kunstlos

**psychisch:** stofflich, körperlich, physisch, leiblich

**pulsieren:** aufhören, stillstehen, stehenbleiben, ruhen

**pünklich:** unpünktlich, säumig, verspätet, überfällig, zu spät *vorzeitig, vorher, zu früh, verfrüht

**pur:** gefälscht, verfälscht, unrein *vermischt, verschnitten (Getränk)

**putzen:** verschmutzen *s. putzen: s. treibenlassen / vernachlässigen / hängenlassen / gehenlassen

# Q

**Qual:** Leid(en), Schmerz(en), Pein, Beschwerden, Höllenpein, Seelenschmerz *Marter, Tortur, Leidensweg, Strapaze, Folter, Martyrium, Plage, Mühsal, Hölle, Beschwernis

**quälen:** martern, grausam sein, weh tun, terrorisieren, schinden, drangsalieren, foltern, tyrannisieren, Schmerzen / Qualen / Pein bereiten *s. quälen: s. plagen / fordern / übernehmen / abarbeiten / schinden / aufreiben

**qualifiziert:** fachmännisch, professionell, sachkundig, werkgerecht, sachgerecht, fachgerecht, fachkundig, routiniert, kunstgerecht, gekonnt, meisterhaft, fachmäßig, sachgemäß, sachverständig

**Qualität:** Brauchbarkeit, Güte, Zustand, Wertbeständigkeit, Niveau *Anlagen, (gute) Eigenschaften, Vorzüge, Stärken, Begabung, Befähigung, Talente

**Qualitätsarbeit:** gute / fachmännische / sorgfältige / gründliche / ordentliche Arbeit

**qualvoll:** quälend, marternd, peinigend, stechend, ziehend, bohrend, quälerisch, martervoll, zehrend, schmerzvoll, schmerzlich, nagend, schmerzhaft *leidvoll, bitter, schlimm

**Quantität:** Menge, Anzahl, Masse, Vielzahl, Vielheit, Fülle, Quantum

**quecksilbrig:** lebhaft, fahrig, quicklebendig, zappelig, wie aufgezogen, quick, in Fahrt, unruhig, nervös, rastlos, ruhelos, ungeduldig, hektisch, aufgeregt, flatterhaft

**Quelle:** Brunnen *Bezugsquelle, Einkaufsmöglichkeit, Kaufgelegenheit *Informant, Informationsquelle *Urfassung, Original, Vorlage, Sekundärliteratur, Urschrift *Ursprung, Anfang, Wurzel, Herkunft, Herd, Schoß

**quellen:** aufquellen, auftreiben, aufgehen, anschwellen, größer / dick werden, s. ausdehnen / vollsaugen *herausquellen, herausfließen, herausdringen, herauskommen, heraustreten, s. ergießen / verbreiten

**Qual:** Freude, Vergnügen, Lust, Wonne, Seligkeit, Glück(seligkeit)

**quälen:** Lust / Freude / Vergnügen / Wonne bereiten, erleichtern *lieben, gernhaben *ruhig sein / bleiben *s. quälen: s. leichttun, leichtfallen (Aufgabe) *s. freuen *erlöst werden / sein

**qualifiziert:** ungeeignet, unfähig, untauglich, unqualifiziert *einfach *unangemessen

**Qualität:** Ausschuß, Ramsch, Plunder, minderwertige / billige Ware, Schund, zweite / dritte Wahl *Unbrauchbarkeit *Quantität, Menge

**Qualitätsarbeit:** Pfusch(erei), Murks, Flickwerk, Stümperei, Ausschuß, Huscherei, Schluderei, Sudelei

**qualvoll:** schmerzlos, schmerzfrei, ohne Schmerzen

**Quantität:** Qualität, Beschaffenheit, Brauchbarkeit

**quecksilbrig:** ruhig, bescheiden, einfach, zurückgezogen, verkrampft, schüchtern, verschüchtert, zag(haft), ängstlich, besonnen, gemächlich, gemessen, gesetzt, geruhsam, gleichmütig, still, abgeschieden

**Quelle:** Mündung (Fluß)

**quellen:** zurückhalten (Tränen) *(zusammen)schrumpfen, zusammensinken, (ein)schrumpfen *zusammenfallen *austrocknen, eintrocknen, vertrocknen *versiegen

**quer:** schief, der Breite / Quere nach, schräg, überquer

**Querschnitt:** Überblick, Übersicht, Auszug, Überschau, Kurzfassung, Zusammenschau

**quitt:** einig, eins (sein)

**quer:** längs, entlang *gerade

**Querschnitt:** Längsschnitt

**quitt:** uneins / zerstritten / zwiespältig (sein)

# R

**rabiat:** wild, wütend, giftig, außer sich, wutentbrannt, jähzornig, erzürnt, erbost, erbittert, aggressiv, heftig, ärgerlich, empört, tobsüchtig *roh, verroht, ruchlos, wüst, gewalttätig, kannibalisch, tierisch, bestialisch, brutal *aufgebracht, entrüstet, unwillig, unwirsch, wutschäumend, fuchsteufelswild *streitsüchtig, angriffslustig, offensiv, streitbar, zanksüchtig, hadersüchtig, provokativ *unbarmherzig, mitleidslos, erbarmungslos, gnadenlos, schonungslos, kaltblütig, barbarisch, grausam, inhuman

**rabiat:** ängstlich, bang, bänglich, gehemmt, scheu, schüchtern, verkrampft, verschreckt, zag(haft), aufgeregt, schreckhaft *sympathisch, gewinnend, lieb(enswert), bezaubernd, attraktiv, anmutig, charmant, betörend *artig, gesittet, fügsam, gehorsam, lieb, brav, folgsam *schlicht, zurückhaltend, bescheiden, einfach, gelassen *gedemütigt, zerknirscht, demütig, demutsvoll, gebrochen, ergeben *freundlich, entgegenkommend, anständig, gutgesinnt, nett, verbindlich *abgeklärt, besonnen, gefaßt, (seelen)ruhig, gelassen, gleichmütig *(an)teilnehmend, teilnahmsvoll, gerührt, mitleidig, mitfühlend *verbindlich, taktvoll, rücksichtsvoll, aufmerksam, ehrerbietig, gefällig, zuvorkommend, zartfühlend, liebenswürdig, einfühlend, bescheiden *bedacht(sam), bedächtig, besonnen, umsichtig, beherrscht, ausgeglichen, gesetzt, harmonisch, gleichmütig, gezügelt, vorsichtig *friedlich, friedfertig, verträglich, ruhig, still, friedliebend

**Rache:** Vergeltung, Vergeltungsmaßnahme, Sanktionen, Gegenstoß, Gegenmaßnahme, Revanche, Abrechnung, Heimzahlung

**Rache:** Vergebung, Verzeihung, Entschuldigung, Rechtfertigung *Toleranz, Duldung

**rächen:** ahnden, heimzahlen, Vergeltung üben, vergelten, s. revanchieren, abrechnen, auf Rache sinnen

**rächen:** vergeben, verzeihen, entschuldigen, rechtfertigen *hinnehmen, tolerieren, dulden, ertragen *s. merken, (in sich) speichern

**rackern:** s. anstrengen / (ab)plagen / (ab)quälen / (ab)placken / fordern

**rackern:** faulenzen, nichtstun *dabeistehen, zuschauen

**Radau:** Lärm, Krach, Tumult, Donnern, Gepolter, Aufsehen, Ruhestörung, Spektakel, Unruhe, Geschrei, Gekreische, Gelärme

**Radau:** Ruhe, Stillschweigen, Stille, Frieden, Lautlosigkeit, Totenstille, Grabesstille, Geräuschlosigkeit *Pause, Waffenstillstand, Waffenruhe

**Rädelsführer:** Anstifter, Anführer, Führer, Hauptmann, Häuptling, Bandenchef, Gangleader, Initiator, Kopf, Drahtzieher

**Rädelsführer:** Mitläufer, Anhänger, Fußvolk, Sympathisant, Gefolgschaft, Fan *Komplize, Handlanger, Mitwisser, Spießgeselle

**radikal:** übersteigert, extrem(istisch), maßlos, scharf, kompromißlos *brutal, bestialisch, tierisch, verroht *anarchistisch, zerstörerisch *ganz, absolut, völlig, komplett, lückenlos, grundlegend, vollkommen

**radikal:** gemäßigt, maßvoll, sanft, ausgeglichen, rücksichtsvoll *provisorisch, vorübergehend, oberflächlich

**Radius:** halber Durchmesser, Halbmesser *Reichweite, Spielraum, Aktionsradius, Horizont

**raffiniert:** durchtrieben, geschickt, gewieft, listig, verschmitzt, taktisch, (bauern)schlau, clever, diplomatisch, abgefeimt, gewitzt, ausgefuchst, ausgekocht, gerissen, geschäftstüchtig, verschlagen

**Rand:** Umgrenzung, Saum, Begrenzung, Grenzstreifen, Bord, Abschluß, Peripherie, Kante, Ecke, Umrahmung, Ufer *Mund

**rank:** dünn, schlank, dürr, schmächtig, gertenschlank, grazil, sportlich

**ranzig:** verdorben, schlecht, ungenießbar, alt, nicht mehr gut / frisch

**rapid(e):** schnell, eilig, rasant, geschwind, hurtig, rasch, flink, flott, zügig, flugs

**rar:** selten, spärlich, fast nie, knapp, beschränkt, vereinzelt, sporadisch

**rasant:** schnell, eilig, rapide, geschwind, hurtig, rasch, flink, flott, zügig *schneidig, schwungvoll, schmissig, rassig, sportlich, wendig, zackig

**rasch:** rasant, eilig, geschwind, flink, flott, schnell, zügig, sportlich

**rasen:** (sehr schnell / sportlich / flott) fahren *rennen, laufen, stürmen *toben, schäumen, wüten, schnauben, explodieren, außer s. geraten, wettern, zetern, wild werden, s. aufregen, berserkern

**rasend:** heftig, stark, intensiv *stürmisch, frenetisch, tobend

**Raserei:** Wut, Zorn, Entrüstung, Erregung, Furor, Empörung, Erbitterung, Ärger

**rasieren:** (den Bart) scheren / schaben, barbieren, von Haaren befreien, Barthaare entfernen

**rasiert:** geschoren, geschabt, ohne Bart / Haare, bartlos, haarlos

**Rast:** Pause, Unterbrechung, Ruhepause, Halt, Verschnaufpause, Erholungspause, Atempause *Mußestunde, Einkehr, Besinnung

**rasten:** ruhen, haltmachen, verschnau-

**Radius:** Durchmesser

**raffiniert:** durchschaubar, plump, erkennbar, dumm, einfältig, naiv, kindlich *einfach, schlicht

**Rand:** Mittelpunkt, Zentrum, Inneres, Mitte *Tiefe

**rank:** korpulent, unbeholfen, ungelenk, gewaltig, unbehilflich, massiv, massig, mächtig, dick, fett, wohlbeleibt, stämmig, schwerfällig

**ranzig:** frisch, unverdorben (Fett, Butter)

**rapid(e):** langsam, sanft, allmählich, schrittweise

**rar:** vorhanden, geläufig, gängig, zu haben, käuflich (Ware)

**rasant:** langsam, gemächlich, nach und nach, bedächtig, im Schritt / Schneckentempo, schleppend

**rasch:** träge, langsam, bedächtig, nach und nach, gemächlich

**rasen:** ruhig / zurückhaltend / beherrscht / gezügelt / besonnen / gemessen / überlegen / still sein *s. zurückziehen / verkriechen, in s. kehren *s. beruhigen, vernünftig sein *langsam / gemächlich / bedächtig / defensiv / vorsichtig / vorausschauend fahren, im Schritt / Schneckentempo fahren, schleichen

**rasend:** gering, schwach, leicht, unmerklich (Schmerzen) *verhalten, leicht, schwach, gering (Beifall)

**Raserei:** Vorsicht, Bedacht, Behutsamkeit *Besonnenheit, Beherrschung, Überlegenheit, Zurückhaltung, Ruhe

**rasieren:** wachsen lassen, stehen lassen

**rasiert:** bärtig, stoppelig, stachelig, unrasiert

**Rast:** Fahrt, Weiterfahrt *Wanderung, Marsch

**rasten:** (weiter)fahren *(weiter)mar-

fen, lagern, verweilen, entspannen, unterbrechen, s. ausruhen, innehalten, Rast machen / halten, eine Ruhepause einlegen / machen / einschieben *s. besinnen, einkehren

**raten:** zuraten, anraten, einen Rat geben / erteilen, vorschlagen *erraten, enträtseln, herausbringen, lösen

**rational:** vernunftmäßig, der Vernunft entsprechend, vernunftgemäß, mit dem Verstand *sachlich, überlegt, denkend, klar besonnen, analytisch

**rationell:** zweckdienlich, zweckmäßig, zweckgemäß, sinnvoll, wirtschaftlich, zweckentsprechend, vernünftig, planvoll, ökonomisch, zeitsparend, durchdacht

**ratlos:** hilflos, verzweifelt, verwirrt, hoffnungslos, in Nöten, konfus, durcheinander

**rätselhaft:** unbegreifbar, unbegreiflich, unerklärbar, unfaßbar, unergründlich, unerforschlich, geheimnisvoll, dunkel, mystisch, undurchsichtig, nebulös

**rauchen:** Raucher sein, s. eine Zigarette / Zigarre / Pfeife anzünden *dampfen, räuchern, schwärzen, schwelen

**Raucher:** Zigarettenraucher, Zigarrenraucher, Pfeifenraucher, Kettenraucher, Gelegenheitsraucher

**rauh:** uneben, nicht glatt, spröde, rissig, aufgesprungen, zerrissen, zerklüftet, narbig, schrundig, stoppelig, borstig *ungesund, scharf, unangenehm, beißend, streng, heftig, stürmisch, frisch *heiser, belegt *unfreundlich, rauhbeinig, unwirsch, ungeschliffen, ungehobelt, rüpelhaft, rüpelig, rüde, ruppig, flegelhaft, schroff, brüsk, hart, drastisch, deftig, kernig, herrisch, ohne Gefühl / Takt, grob(schlächtig)

**Raum:** Zimmer, Stube, Kammer *Ort, Stelle, Platz, Unterbringungsmöglichkeit *Entwicklungsmöglichkeit, Spielraum

**räumen:** ausziehen, wegziehen, fortziehen, verlassen, die Wohnung wechseln, evakuieren *abräumen, ausräumen, (ent)leeren, ordnen, verlagern, verlegen, in Ordnung bringen *entfernen, fortschaffen, wegräumen, abtransportieren

schieren, (weiter)wandern, aufbrechen, s. auf den Weg machen

**raten:** abraten, zu bedenken geben, warnen, abbringen *wissen, kennen, Kenntnis haben (von), beherrschen

**rational:** emotional, gefühlsbetont *irrational, nicht faßbar, verstandesmäßig, vernunftwidrig, unvernünftig *irrational, nicht berechenbar (Zahl) *empfindsam, sentimental *expressiv, ausdrucksvoll, gefühlvoll, romantisch, ausdrucksbetont (Musik)

**rationell:** unrationell, unwirtschaftlich, unzweckmäßig

**ratlos:** besonnen, kaltblütig, überlegen, sicher, gefaßt, ruhig, bedacht, abgeklärt

**rätselhaft:** verständlich, begreiflich, erklärbar, erklärlich *(auf)geklärt, gelöst, abgeschlossen

**rauchen:** nicht rauchen *mitrauchen (Passivraucher)

**Raucher:** Nichtraucher *Passivraucher

**rauh:** ruhig (See) *(spiegel)glatt, rutschig, schlüpfrig (Straßenbelag) *glatt, eben (Oberfläche) *zart, fein, gepflegt, weich (Hände) *taktvoll, freundlich, nett *empfindsam, feinfühlig, beeinflußbar, ansprechbar, zartbesaitet, liebenswürdig (Mensch) *wohlklingend, hell, klangvoll, zart, freundlich, strahlend, klar (Stimme) *mild, gesund, warm (Klima)

**Raum:** Enge, Beengtheit *Zeit

**räumen:** einmarschieren, einfallen, (be)stürmen, vordringen, angreifen (Stadt) *einziehen, belegen (Wohnung) *besetzen, einnehmen, halten (Platz, Gebiet) *einordnen, einräumen (Wäsche) *sitzen bleiben, stehen bleiben (Straße)

räumlich: lokal, örtlich, regional
Reaktion: Verhaltensweise, Handlungsweise, Rückwirkung, Gegenbewegung, Antwort, Beantwortung, Erwiderung *Fortschrittsfeindlichkeit, reaktionäre / konservative Kräfte
reaktionär: fortschrittsfeindlich, rückständig, restaurativ, unzeitgemäß, illiberal, schwarz, rechts, konservativ
real: stofflich, gegenständlich, konkret, dinglich, existent, sachlich, materiell, greifbar, reell, substantiell *tatsächlich, wirklich, faktisch, echt, effektiv, wahr, unbestreitbar
realisierbar: durchführbar, gangbar, möglich, gehbar, erreichbar, nicht ausgeschlossen, machbar
Realist: nüchterner / sachlicher Mensch

realistisch: wirklichkeitsnah, der Wirklichkeit / Realität entsprechend, lebensnah *nüchtern, sachlich, objektiv, leidenschaftslos, klar, kühl, den Tatsachen ins Auge sehend
Realität: Gegebenheit, Tatsache, tatsächliche Lage, Sachlage, Sachverhalt, Wirklichkeit

rebellieren: aufbegehren, s. aufbäumen / empören / auflehnen / dagegenstellen / zur Wehr setzen / dagegenstemmen / widersetzen / erheben / sträuben / wehren, meutern, revoltieren, protestieren, aufmurren, aufmucken

recht: passend, gegeben, geeignet, richtig, wie es sein soll, entsprechend, angebracht, angemessen, ideal, in Ordnung, zutreffend, genau, gut, billig, gerechtfertigt, ordnungsgemäß, rechtmäßig
Recht: Anrecht, Anspruch, Befugnis, Berechtigung, Ermächtigung, Genehmigung, Zustimmung, Freibrief, Freiheit *sittliche Norm, Gesetz(e), Rechtsordnung, Rechtsprechung *Rechtswissenschaft, Rechtsgelehrsamkeit, Jura, Jurisprudenz, Gesetzeskunde
rechtgläubig: orthodox, strenggläubig, fromm, überzeugt, religiös, dogmatisch

räumlich: in der Ebene
Reaktion: Aktion *modernes / fortschrittliches / progressives (politisches) Verhalten

reaktionär: modern, fortschrittlich, aufgeschlossen, progressiv (Ziel, Partei)
real: irreal, unwirklich, unsachlich *geistig, ideell *gedanklich, vorstellungsmäßig

realisierbar: utopisch, nicht durchführbar, unrealisierbar

Realist: Idealist, Schwärmer, Frohnatur, Optimist
realistisch: märchenhaft *utopisch *versponnen, wirklichkeitsfremd, unrealistisch, weltfremd, verträumt *romantisch *gefühlsmäßig

Realität: Vorstellung(skraft), Erdichtung, Theorie, Spekulation, Unwirklichkeit, Utopie, Phantasie, Einbildung(skraft), Traum, Unwirklichkeit, Irrealität, Idee *Halluzination, Täuschung, Sinnestäuschung, Wahn *Bild, Vision, Wunschtraum, Luftschloß
rebellieren: verdauen, fertigwerden, auffangen, hinnehmen, mitmachen, verwinden, überleben, ertragen, (er-)dulden, (er)leiden, durchstehen, aushalten, stillhalten, ausstehen, verkraften, hinwegkommen, einstecken *in s. hineinfressen *schweigen
recht: ungelegen, unpassend (Zeit) *unrecht, verkehrt, falsch *überhaupt nicht, gar nicht, gering, mäßig

Recht: Unrecht, Verstoß, Missetat, Untat, Übertretung, Verfehlung, Vergehen, Zuwiderhandlung *Willkür, Gewalt, Unrecht

rechtgläubig: andersgläubig, heterodox

**rechtmäßig:** nach Recht und Gesetz, vorgeschrieben, dem Gesetz / Recht entsprechend, mit Fug und Recht, zu / mit Recht, von Rechts wegen, juristisch, vorschriftsmäßig, legal, nach den Paragraphen / dem Gesetz, legitim, recht und billig, gesetzlich, ordnungsgemäß, gesetzmäßig, begründet, rechtlich, de jure, nicht gesetzwidrig

**rechts:** an / auf der rechten Seite, rechter Hand, rechtsseitig, zur Rechten *steuerbord(s) *konservativ, schwarz, reaktionär, rückständig

**rechtschaffen:** ehrlich, brav, integer, redlich, untadelig, unbescholten, solide, vertrauenswürdig, anständig, sauber, lauter, aufrecht, wahrheitsliebend, aufrichtig, zuverlässig, charakterfest

**rechtswidrig:** gesetzwidrig, unrechtmäßig, verfassungswidrig, widerrechtlich, strafbar, kriminell, illegal, verboten, verpönt

**rechtzeitig:** früh genug, (früh)zeitig, pünktlich

**recken (s.):** s. dehnen / strecken

**Rede:** Vortrag, Ansprache, Referat, Rezitation *Unterredung, Gespräch, Äußerung, Worte, Sprechakt, Konservation, Dialog

**redegewandt:** beredsam, beredt, sprachgewandt, zungenfertig, wortgewandt, eloquent, schlagfertig, redegewaltig

**reden:** s. äußern / artikulieren, zum Ausdruck bringen, Ausdruck verleihen / geben, etwas von s. geben, laut werden / verlauten lassen *etwas sagen, sprechen, das Wort ergreifen, eine Rede / Ansprache / einen Vortrag halten *formulieren, vortragen, s. verbreiten / auslassen über, seine Meinung kundtun, Stellung nehmen / beziehen

**redlich:** rechtschaffen, ehrlich, brav, integer, untadelig, unbescholten, solide, vertrauenswürdig, anständig, sauber, lauter, aufrecht, wahrheitslie-

**rechtmäßig:** unrechtmäßig, rechtswidrig, kriminell, widerrechtlich, strafbar, unstatthaft, illegal, unerlaubt, unzulässig, illegitim, willkürlich, untersagt, gesetzwidrig *unehelich, außerehelich *vorehelich

**rechts:** links, an / auf der linken Seite, zur Linken, linker Hand *geradeaus *beiderseits *backbord(s) *sozialistisch, linksorientiert, linksradikal, linksliberal

**rechtschaffen:** unredlich, unlauter, betrügerisch, heuchlerisch, unehrlich, unreell, unsolid *lügenhaft, lügnerisch, unehrlich

**rechtswidrig:** legal, legitim, rechtmäßig, rechtlich, begründet, gesetzlich, de jure

**rechtzeitig:** (zu) spät, verspätet, überfällig *abgelaufen, vorbei *(zu) früh, vorzeitig, vorfristig

**recken (s.):** zusammenziehen, zusammensinken, s. ducken / bücken

**Rede:** Gegenrede, Replik, Erwiderung

**redegewandt:** ausdruckslos, schwach, blaß, farblos, kraftlos, einförmig, monoton *schweigsam, redefaul, wortkarg, einsilbig, lakonisch, mundfaul, verschlossen, steif, verschwiegen

**reden:** geheimhalten, nichts sagen, (still)schweigen, übergehen, verstummen, verheimlichen, verschweigen, totschweigen, ruhig / still sein, für s. behalten, unerwähnt lassen, verhehlen, verbergen *(zu)hören, lauschen, erfahren, hinhören, horchen, mithören, mitkriegen, wahrnehmen, vernehmen *(be)antworten, dagegenhalten, eingehen auf, widersprechen, reagieren, kontern, erwidern, entgegnen, entgegenhalten, einwenden, einwerfen *(auf)schreiben, abfassen, notieren

**redlich:** katzenfreundlich, unredlich, scheinheilig, finster, betrügerisch, falsch, unaufrichtig, unsolid, unwahrhaftig, unlauter, unreell, heuchlerisch,

bend, aufrichtig, zuverlässig, charakterfest

**Redner:** Referent, Vortragender, Vortragskünstler, Redekünstler, Sprecher *Rhetoriker, Orator

**redselig:** redefreudig, redelustig, mitteilsam, gesprächig, gerne erzählend / redend

**reduzieren:** dezimieren, verringern, senken, verkleinern, schmälern, niedriger machen, drosseln, begrenzen, vermindern *ermäßigen, herabsetzen, nachlassen, verbilligen, Prozente / Rabatt(e) geben

**reell:** wirklich, tatsächlich, echt, konkret, real, greifbar *ehrlich, fair, loyal, rechtschaffen, redlich, integer, untadelig *gediegen, solide, wertbeständig, stabil, qualitätsvoll, gut

**Reform:** Neuerung, Umgestaltung, Neugestaltung, Verbesserung, Wandel, Umwandlung, Veränderung, Neuordnung, Neuregelung, Umstellung, Reorganisation, Innovation

**rege:** aktiv, tatkräftig, rührig, unternehmend, betriebsam, unternehmungslustig, geschäftig

**Regel:** Richtschnur, Richtmaß, Richtlinie, Vorschrift, Prinzip, Norm, Satzung, Statut, Regelung, Faustregel, Spielregel, Reglement, Standard, Leitsatz, Leitlinie *Regelmäßigkeit, Gesetz(mäßigkeit)

**regelgemäß:** der Regel / den Richtlinien entsprechend, nach der Regel

**regellos:** ohne feste Regeln / Richtlinien

**Regellosigkeit:** Unordnung, Durcheinander, Chaos

**regelmäßig:** immer wieder(kehrend), rhythmisch, zyklisch *gleichmäßig, ausgewogen, harmonisch *alltäglich, gewöhnlich, üblich, normal *dauernd, konstant, gewohnheitsmäßig, geordnet, ordnungsgemäß

**regeln:** ordnen, lenken, leiten, führen, organisieren, erledigen, dirigieren, in Ordnung bringen *beilegen, bereinigen, regulieren, geradebiegen

lügnerisch

**Redner:** Zuhörer, Publikum, Hörer

**redselig:** redefaul, schweigsam, stumm, still, wortkarg, einsilbig, lakonisch, mundfaul, verschlossen, steif, verschwiegen *grußlos

**reduzieren:** vermehren, steigern, erweitern, erhöhen, hinaufsetzen, verstärken, vervielfachen, vergrößern, ausbauen *entwickeln, ausweiten, ausdehnen *hinausschieben

**reell:** unreell, unehrlich, schwarz, ungesetzlich, illegal, unlauter (Geschäfte) *schlampig, schlecht

**Reform:** Rückschritt *Revolution

**rege:** träge, apathisch, tranig, unbeteiligt, gleichgültig, schwerfällig, leidenschaftslos, unbeweglich, langsam (Mensch) *ruhig, gemäßigt, gering (Verkehr) *stagnierend *rückläufig (Handel)

**Regel:** Ausnahme, Anomalität, Diskrepanz, Normwidrigkeit, Abweichung, Irregularität, Sonderfall, Abnormität, Spielart, Lesart, Regelwidrigkeit, Verschieden(artig)keit, Mißverhältnis, Ungleichmäßigkeit, Regelverstoß, Abirrung, Unstimmigkeit, Unterschied, Variation, Variante

**regelgemäß:** falsch, irregulär, regelwidrig

**regellos:** geregelt, sicher, geordnet

**Regellosigkeit:** Ordnung, Sicherheit, geordneter Zustand

**regelmäßig:** unregelmäßig, ab und zu, okkasionell, ausnahmsweise, manchmal, gelegentlich, ungeregelt

**regeln:** überbrücken *offenlassen, gehenlassen, laufenlassen

**regelwidrig:** falsch, verkehrt, nicht richtig, a(b)normal, unnormal, normwidrig, unkonventionell, aus dem Rahmen fallend

**regen (s.):** s. rühren / bewegen, nicht ruhig halten

**regenarm:** trocken, ausgetrocknet, wasserarm, wüstenhaft, heiß, wasserlos *sonnig, heiß, warm

**regenreich:** feucht, naß, niederschlagsreich, regnerisch *fruchtbar, ertragreich, üppig (Gebiet)

**Regenwetter:** Schlechtwetter, schlechtes / regnerisches / nasses Wetter, Tief

**Regierung:** Staatsmacht, Kabinett *Herrschaft

**regional:** gebietsweise, örtlich, räumlich, lokal, begrenzt, strichweise *mundartlich, landschaftlich

**registriert:** erfaßt, vermerkt, verzeichnet, eingetragen, gebucht, aufgezeichnet *bemerkt, beobachtet, gesehen, gehört, aufgefaßt

**regnerisch:** feucht, naß, regenreich, niederschlagsreich

**regulär:** vorschriftsmäßig, ordnungsgemäß, regelmäßig, nach der Regel / Vorschrift, richtig, gebräuchlich, gewohnt, gewöhnlich, alltäglich, gängig

**Regung:** Gefühlsäußerung, Gefühlsregung, Gefühlsausdruck, Empfindung, Gemütsbewegung, Anwandlung

**regungslos:** unbewegt, bewegungslos, unbeweglich, reglos, erstarrt, starr, wie angewurzelt, leblos, wie aus Erz gegossen, ruhig, still, wie tot, ohne Bewegung

**reich:** vermögend, wohlsituiert, wohlhabend, begütert, finanzstark, finanzkräftig, potent *ertragreich, fruchtbar, einträglich, üppig *umfangreich, groß, beträchtlich, enorm, umfassend, ansehnlich, unermeßlich, unerschöpflich *vielfältig, opulent, vielförmig, ausgiebig, mannigfaltig, mannigfach, reichhaltig, verschiedenartig, bunt *reich sein: begütert sein, viel Geld haben / besitzen, keine Not leiden, aus dem vollen schöpfen

**regelwidrig:** regelgemäß, richtig, regulär, entsprechend, adäquat

**regen (s.):** still halten / bleiben / sein *s. legen / geben (Widerspruch) *reglos / bewegungslos sein

**regenarm:** regenreich, niederschlagsreich, regnerisch, feucht, naß *fruchtbar, ertragreich, üppig

**regenreich:** regenarm, trocken, wasserarm, wasserlos, wüstenhaft, ausgetrocknet, dürr *sonnig, heiß, war, mollig, sommerlich

**Regenwetter:** Sommerwetter, Schönwetter, Hoch(druck), Sonnenschein, Hitze

**Regierung:** Opposition

**regional:** landesweit *überegional *global *lokal *zentral (Verwaltung)

**registriert:** unregistriert, uneingetragen, nicht eingetragen / eingeschrieben *außer acht gelassen, nicht bemerkt, übersehen

**regnerisch:** ausgetrocknet, regenarm, wasserarm, vertrocknet, wasserlos, (knochen)trocken, ausgedörrt, (knochen)dürr *sonnig, heiter, strahlend, wolkenlos, sommerlich, heiß, mollig

**regulär:** unüblich, unzulässig, irregulär, regelwidrig, unvorschriftsmäßig *überhöht *billiger, niedriger (Preis)

**Regung:** Hartherzigkeit, Reglosigkeit, Mitleidlosigkeit, Kälte, Kaltherzigkeit, Teilnahmslosigkeit

**regungslos:** lebendig, bei Bewußtsein, belebt

**reich:** arm, unbemittelt, mittellos, notleidend, unvermögend, verarmt, bettelarm, bedürftig *schlecht, schwach, karg, gering, mäßig, unterdurchschnittlich, erbärmlich (Ernte) *gering, klein, schwach, bescheiden (Auswahl) *arm (Erfahrungen) *karg, kärglich, einfach, schlicht, spartanisch (Ausstattung) *frei, bar *langweilig, öde, trist, leer (Leben) *reich sein: arm / knapp bei Kasse / in finanziellen Schwierigkeiten sein

**reichen:** anbieten, hinreichen, hinhalten, entgegenstrecken, hinstrecken, entgegenhalten *aushändigen, (über-)geben, überreichen, präsentieren, übertragen *genügen, auskommen, ausreichen, hinreichen *auftischen, darreichen, offerieren, vorsetzen, vorlegen, zeigen *s. erstrecken / ausbreiten / hinziehen / ausdehnen, verlaufen
**Reicher:** Krösus, Geldsack, Kapitalist, Millionär, Milliardär

**reichhaltig:** vielfältig, opulent, vielförmig, ausgiebig, reichlich, mannigfaltig

**reichlich:** nicht zu knapp, in großer Menge, ausreichend, in reichem Maße, zur Genüge, genügend, gut (gemessen / bemessen), viel, sattsam, eine Masse / Menge, wie Sand am Meer, in Hülle und Fülle, zahllos, in großer Zahl, verschwenderisch, mehr als genug, überreichlich, unzählig, übergenug, ungezählt, üppig, unerschöpflich, nicht wenig, ein gerüttelt Maß
**Reichtum:** Besitz(tum), Vermögen, Wohlstand, Geld, Mittel, Kapital, Güter, Schätze *Überfluß, Üppigkeit, Überschuß, Überangebot, Überproduktion, Unmaß, Luxus, Zuviel *Vielfalt, Mannigfaltigkeit, Vielgestaltigkeit, Reichhaltigkeit, Buntheit, Fülle, Farbigkeit, großes Angebot
**reif:** genießbar, saftig, erntereif, ausgereift *erwachsen, herangewachsen, kein Kind mehr, aus den Kinderschuhen heraus, großjährig, mündig, volljährig *gereift, erfahren, gefestigt, geformt, lebenskundig, lebensklug, abgeklärt, ausgeglichen *ausgearbeitet, durchdacht, überlegt, hohen Ansprüchen genügend, ausgefeilt, ausgeklügelt
**Reife:** Erwachsensein, Erfahrenheit *Höhe, Blüte(zeit), Hoch
**rein:** (blitz)sauber, proper, gesäubert, reinlich, schmutzfrei, makellos, fleckenlos, unbeschmutzt, hygienisch, gereinigt *unvermischt, unversetzt, unverfälscht, pur, echt, natürlich *nachgerade, geradezu, richtig, regelrecht, buchstäblich, förmlich, schlechterdings, schlechthin, ausgesprochen *schuldlos, unschuldig, unverdorben, unberührt, keusch, lauter, makellos,

**reichen:** erhalten, bekommen, (entgegen)nehmen (Buch) *zurückziehen, nicht reichen, verweigern (Hand) *s. erschöpfen, knapp sein *enden, begrenzt sein (Garten, Machteinfluß)

**Reicher:** Armer, Habenichts, Bettler, Mittelloser, Hungerleider, Besitzloser, Clochard, armer Schlucker / Teufel
**reichhaltig:** karg, schlicht, gering, einfach, bescheiden, mäßig, klein, frugal (Mittagessen)
**reichlich:** kümmerlich, mäßig, bescheiden, (zu)wenig, spärlich, nicht genügend / genug, nicht viel, ein wenig, gering, schlicht, karg, kaum etwas, spottwenig, schmal, knapp, dürftig (Menge)

**Reichtum:** Armut, Not, Elend *Mittellosigkeit, Dürftigkeit, Spärlichkeit, Knappheit, Bedürftigkeit, Kärglichkeit, Mangel, Geldmangel, Geldnot, Verknappung

**reif:** unreif, grün (Obst) *unerfahren, unentwickelt, unfertig, unvernünftig, kindisch (Mensch) *ungenügend, schwach, mangelhaft, stümperhaft (Arbeit) *spontan (Gedanken)

**Reife:** Wachstum *Entwicklung *Kindheit *Blüte *Untergang, Verfall
**rein:** legiert (Metall) *verschnitten, gemischt (Alkohol) *schmutzig, dreckig, unsauber, ungewaschen (Wäsche) *angewandt (Wissenschaft) *unrein, fettig, unsauber, verschmutzt, pickelig (Haut) *gezuckert, gepanscht (Wein) *vermischt, gemischt, unrein *minderwertig, gefälscht, verfälscht *unrein, verschmutzt, unklar, schmutzig, trübe, getrübt, vergiftet (Gewässer) *schuld-

jungfräulich *vollständig, völlig, vollkommen, richtig, komplett, absolut, durch und durch, pur *wirklich

**Reinfall:** Enttäuschung, Ernüchterung, Desillusion *Niederlage, Zusammenbruch, Fiasko, Abfuhr, Bankrott, Mißlingen, Ruin, Fehlschlag

**reinigen:** saubermachen, säubern, reinmachen, putzen, scheuern, abreiben, aufwischen, abstauben, abkehren, aufräumen, in Ordnung bringen / halten

**reinlich:** sauber, blitzsauber, proper, schmutzfrei, makellos, fleckenlos, unbeschmutzt, adrett, hygienisch

**Reise:** Fahrt, Tour, Trip, Ausflug, Abstecher, Exkursion, Streifzug, Weg *Rausch, Trip (Drogenszene)

**reisen:** umherreisen, verreisen, durchreisen, eine Reise machen, auf Reisen gehen, unterwegs sein, s. begeben nach, abreisen, wegreisen, aufbrechen, s. die Welt ansehen, von Ort zu Ort / Stadt zu Stadt / Land zu Land ziehen

**reißen:** zerren, mit Gewalt / heftig ziehen, schleppen *entzweigehen, auseinandergehen, auseinanderbrechen, zerbersten, zerbrechen, zerspringen, durchbrechen, Risse geben

**reißend:** wild, rasch, heftig, ungestüm, vehement, rege, stark, gewaltig, rasant, rasend

**Reiz:** Reizung, Stimulus, Kitzel *Anreiz, Wirkung, Anziehung, Attraktivität, Verlockung, Unwiderstehlichkeit, Verführung, Bann, Anfechtung *Zauber, Ausstrahlung, Anmut, Charme, Schönheit, Flair, Fluidum, Air, Liebreiz, Sex-Appeal, das gewisse Etwas

**reizbar:** leicht zu ärgern / erregbar, ungeduldig, hitzig, heftig, aufbrausend, hochgehend, cholerisch, hitzköpfig, explosiv, überempfindlich

**reizen:** erzürnen, aufbringen, wütend / zornig machen, provozieren, herausfordern *verzaubern, faszinieren, interessieren, entzücken *einwirken, angreifen, schädigen, eine Veränderung hervorrufen

**reizend:** entzückend, anziehend, reizvoll, hübsch, bezaubernd, sympathisch, gewinnend, angenehm, attraktiv, aufreizend, charmant, einnehmend, anmutig, betörend, lieb(lich), doll, toll, liebenswert, gut aussehend, graziös, bestrickend, berückend, nied-

beladen, schlecht (Gewissen) *angereichert (Uran) *verblümt, verdeckt, verhüllt (Wahrheit)

**Reinfall:** Erfolg, Publikumserfolg *Kassenschlager, Sensation, Attraktion, Neuheit *Gewinn, Profit

**reinigen:** verschmutzen, beflecken, beschmutzen, dreckig werden, schmutzig machen, beschmieren

**reinlich:** unrein, unsauber *oberflächlich, schlampig, ungenau (Mensch)

**Reise:** Heimkehr, Rückkehr, Ankunft

**reisen:** daheim / zu Hause bleiben *heimkommen, ankommen, zurückkehren

**reißen:** (aus)halten, standhalten (Material) *stemmen, drücken, heben, stoßen (Sport) *abwarten *zuhören, lauschen (Gespräch)

**reißend:** schwach, gering, kaum *kein *plätschernd, rieselnd *still (Wasser)

**Reiz:** Ekel, Abscheu, Widerwillen, Abneigung, Abgeneigtheit, Haß *Desinteresse *Überdruß, Langeweile, Einförmigkeit, Eintönigkeit, Öde

**reizbar:** gelassen, gemessen, ruhig, beherrscht, abgeklärt, überlegen, gleichmütig *gleichgültig, teilnahmslos, unberührt

**reizen:** reagieren *kaltlassen (Frau) *ignorieren *(ver)schonen *stillen, befriedigen (Appetit)

**reizend:** ärgerlich, aufgebracht, böse, bärbeißig, grantig, griesgrämig, grimmig, unwirsch, verärgert, wütend, zornig, rabiat, mürrisch, mißlaunig, mißmutig, erbittert, erbost *halsstarrig, dickköpfig, dickschädelig, finster, fest, hartgesotten, widerspenstig, widersetz-

lich, allerliebst, süß, herzig *freundlich, entgegenkommend, jovial, zuvorkommend, nett, herzlich, gefällig, höflich *interessant, informativ, spannend, reizvoll, packend (Unterhaltung) *interessant, sehenswert (Gegend)

**reizlos:** langweilig, einfallslos, wirkungslos, monoton, phantasielos, einfach, alltäglich, üblich, unoriginell, ohne Pfiff, trist, fad(e), öde, trostlos, uninteressant, gleichförmig, einförmig, ermüdend, trocken

**reizvoll:** entzückend, anziehend, hübsch, bezaubernd, sympathisch, gewinnend, angenehm, attraktiv, (auf-)reizend, charmant, einnehmend, anmutig, betörend, lieb(lich), doll, toll, liebenswert

**rektal:** anal, per rectum / anum

**relativ:** verhältnismäßig, bezogen auf, je nach Standpunkt, vergleichsweise *bedingt, begrenzt, eingeschränkt, vorbehaltlich, mit Einschränkung / Vorbehalt

**relevant:** (ge)wichtig, erforderlich, lebenswichtig, notwendig, unerläßlich, unumgänglich, unentbehrlich, unvermeidlich, unausweichlich, obligat, zwingend, dringend, wesentlich, geboten

**religiös:** fromm, glaubensstark, gläubig, gottergeben, gottgefällig, gottesfürchtig, heilsgewiß, kirchlich, orthodox

**Remis:** das Unentschieden

**renitent:** widerspenstig, widerborstig, bockbeinig, trotzköpfig, dickköpfig, verstockt, eigensinnig, unnachgiebig

**rennen:** hasten, eilen, fegen, rasen, sausen, sprinten, spurten, stürmen, jagen, wetzen

**renovieren:** wiederherstellen, umbauen, restaurieren, erneuern, verbessern,

lich, zugeknöpft, kompromißlos, rechthaberisch, bockig, aufmüpfig, aufsässig, unaufgeschlossen, unbequem, unerbittlich, unnachgiebig *rücksichtslos, extremistisch, radikal, scharf, übersteigert *streng, unerbittlich, unnachgiebig, hart *garstig, (bitter)böse, schlimm, boshaft, bösartig *menschenfeindlich, halsstarrig, hartgesotten, radikal, renitent, stur, störrisch, unversöhnlich, verbohrt, verstockt *frech, unartig, ungesittet, dreist, unmanierlich, unverfroren, unverschämt, ungezogen *langweilig, monoton, trostlos, verlassen, einsam, einförmig, trist (Gegend) *fade, langweilig (Unterhaltung)

**reizlos:** reizend, lieblich, nett, entzückend *anziehend, attraktiv, sympathisch, lieb, gewinnend, betörend, bezaubernd, aufreizend, angenehm, charmant, sexy, reizvoll

**reizvoll:** reizlos, ohne Reiz, unattraktiv, unsympathisch *verschlossen, frostig, kühl, unnahbar, undurchschaubar, undurchdringlich, kontaktschwach

**rektal:** oral, durch den Mund, per os

**relativ:** absolut

**relevant:** irrelevant, unerheblich, unbedeutsam, unwichtig, nebensächlich, unwesentlich

**religiös:** atheistisch, ungläubig, unreligiös, unchristlich *freigeistig, freidenkerisch, glaubenslos, konfessionslos

**Remis:** Sieg *Schachmatt *Niederlage

**renitent:** anständig, brav, gehorsam, hilfsbereit *furchtsam, ängstlich, scheu, schüchtern, zag(haft), zitternd, bebend, bange

**rennen:** wallen, gehen, wandeln, waten, zotteln, zuckeln, zockeln, schlurfen, schleichen, bummeln, marschieren, pilgern, paradieren, wallfahr(t)en

**renovieren:** abreißen, sprengen *verkommen lassen, vernachlässigen, s.

ausbessern, instand setzen / bringen, modernisieren

**rentabel:** ökonomisch, gewinnbringend, lukrativ, wirtschaftlich, ertragreich, dankbar, lohnend, profitbringend, vorteilhaft

**reparabel:** wiedergutzumachen, wiederherstellbar

**reparieren:** wiederherstellen, wiederherrichten, instand bringen / setzen, ausbessern, ausflicken, einen Schaden beseitigen / beheben, in Ordnung bringen

**Replik:** Antwort, Erwiderung, Entgegnung *Wiederholung, Kopie

**replizieren:** entgegnen, erwidern, antworten *eine Replik / Kopie herstellen

**repressiv:** willkürlich, uneingeschränkt, autoritär, absolutistisch, diktatorisch, unumschränkt, totalitär

**reprivatisieren:** ins Privateigentum zurückführen

**Reproduktion:** Kopie, Imitation, Nachahmung, Nachformung, Abguß, Plagiat, Dublette

**reproduziert:** kopiert, imitiert, nachgebildet

**reserviert:** distanziert, verschlossen, zugeknöpft, unterkühlt, zurückhaltend, verhalten, unnahbar, introvertiert, wortkarg, schweigsam, kühl, unzugänglich *vergeben, nicht frei, besetzt, vorgemerkt, vorbestellt, belegt

**resignieren:** passen, verzagen, entmutigt sein, verzichten, aufgeben, s. fügen / beugen / unterordnen, den Mut verlieren, s. abfinden mit

**resolut:** energisch, entschlossen, zielbewußt, tatkräftig, bestimmt, forsch, konsequent, willensstark, zupackend, zielsicher, zielstrebig, entschieden

**Respekt:** Hochachtung, Ehrerbietung, Bewunderung, Hochschätzung, Tribut, Achtung, Verehrung, Ehrfurcht, Pietät, Rücksicht, Anerkennung

nicht kümmern um, nicht pflegen

**rentabel:** unrentabel, nicht lohnend / gewinnversprechend, uninteressant

**reparabel:** irreparabel, nicht wiederherstellbar / wiedergutzumachen

**reparieren:** kaputt / defekt sein *zerstören, beschädigen, demolieren, zerbrechen, zertrümmern *verschleißen, abnutzen, verbrauchen

**Replik:** Original (Kunstwerk) *Rede

**replizieren:** reden, sprechen

**repressiv:** freiheitlich, liberal, ohne Zwang, antiautoritär, repressionsfrei, nicht repressiv

**reprivatisieren:** verstaatlichen

**Reproduktion:** Original, Urbild

**reproduziert:** original, ursprünglich, echt

**reserviert:** aufgeschlossen, ansprechbar, (auf)geweckt, interessiert, zugänglich, offen, empfänglich, aufnahmebereit, aufnahmefähig, gestimmt *extravertiert *offen, zwanglos, leger, salopp, freimütig, mitteilsam, offenherzig, aufrichtig, zutraulich, locker, unbefangen *lästig, aufdringlich, penetrant, zudringlich, plump-vertraulich *unbesetzt, frei *frei verkäuflich

**resignieren:** (weiter)kämpfen, durchhalten, weitermachen, weiterführen, weiterarbeiten, nicht aufgeben, meistern, s. nicht entmutigen lassen *s. aufrichten, Hoffnung schöpfen, hoffen

**resolut:** unentschlossen, unschlüssig, schwankend, zögernd, entschlußlos, wankelmütig *weichlich, zimperlich, bang, zag(haft), ängstlich, schwach, scheu, eingeschüchtert, memmenhaft, hasenherzig, verschüchtert, kleinmütig, mutlos, verschreckt, furchtsam

**Respekt:** Geringschätzigkeit, Mißachtung, Verachtung, Respektlosigkeit, Despektierlichkeit, Verächtlichmachung, Nichtachtung, Entwürdigung, Abschätzigkeit, Demütigung, Herabsetzung

**respektabel:** ausgefallen, ansehnlich, verblüffend, auffällig, ungewöhnlich, außergewöhnlich, überwältigend, beachtlich, überragend, bedeutsam, sondergleichen, beträchtlich, sagenhaft, bewundernswürdig, eindrucksvoll, nennenswert, imposant, enorm, erstaunlich, großartig, abenteuerlich, ohnegleichen, aufsehenerregend, unvergleichlich, spektakulär, stattlich, überraschend, ungeläufig, sensationell, auffallend, bedeutend, bedeutungsvoll, beeindruckend, bewundernswert, brillant, märchenhaft, hervorragend, imponierend, außerordentlich, entwaffnend, groß, fabelhaft, einzigartig

**respektabel:** unansehnlich, nicht schön, abstoßend, widerwärtig *miserabel, schlecht, ungenügend, mangelhaft, (noch) ausreichend (Leistung) *lächerlich, verächtlich

**respektieren:** ehren, (hoch)achten, verehren, Ehre erweisen / bezeugen, schätzen, würdigen, bewundern, anbeten, anhimmeln, vergöttern, anerkennen, honorieren

**respektieren:** verachten, diskriminieren, mißachten *geringachten, geringschätzen, übergehen, verkennen, außer acht lassen, pfeifen auf

**respektlos:** geringschätzig, verächtlich, despektierlich, demütig, abschätzig, pejorativ, entwürdigend

**respektlos:** respektvoll, ehrerbietig, ehrfürchtig, ehrfurchtsvoll

**respektvoll:** ehrerbietig, ehrfurchtsvoll, ehrfürchtig

**respektvoll:** respektlos, verächtlich, despektierlich, geringschätzig, entwürdigend, abschätzig, demütig

**retten:** erlösen, bergen, erretten, Rettung bringen, Unheil verhindern, Leben erhalten, Gefahr abwenden, in Sicherheit bringen *s. retten: s. schützen, am Leben bleiben, dem Tod entrinnen, der Gefahr entgehen

**retten:** verlieren, aufgeben, liegen lassen, umkommen / verderben / untergehen / verkommen lassen *zusehen, da(bei)stehen *hergeben, herausrücken *s. retten: umkommen, verkommen, sterben, verderben, untergehen, versinken

**Rettung:** Bergung, Befreiung, Entsatz, Errettung

**Rettung:** Untergang, Verderben *Aufgabe, Verlust *Verdammnis, Verdammung

**Reue:** Bedauern, Reumütigkeit, Zerknirschung, Besserung, schlechtes Gewissen, Schuldgefühl, Umkehr, Bußbereitschaft, Zerknirschtheit, Gewissensbisse, Selbstanklage, Einkehr, Bekehrung

**Reue:** Verstocktheit, Eigensinn, Trotz, Dickköpfigkeit, Hartgesottenheit, Unlenkbarkeit, Unbotmäßigkeit, Sturheit, Steifnackigkeit, Unnachgiebigkeit, Starrsinn(igkeit), Rechthaberei

**reumütig:** seiner Schuld bewußt, reuevoll, zerknirscht, Reue empfindend, schuldbewußt, bußfertig, beschämt

**reumütig:** rechthaberisch, starrköpfig, widerspenstig, verstockt, verständnislos, unzugänglich, unerbittlich, kompromißlos, radikal, bockbeinig, widerborstig, standhaft, bockig, dickköpfig, starrsinnig, zugeknöpft, unnachgiebig, widerborstig, eigensinnig, eisern, dickschädelig, halsstarrig, renitent

**reversibel:** umkehrbar, anfechtbar

**reversibel:** irreversibel, nicht umkehrbar

**revidieren:** klarstellen, klarlegen, berichtigen, verbessern, (um)ändern,

**revidieren:** beharren, bleiben (auf, bei), nicht abrücken, standhaft bleiben (Mei-

korrigieren, richtigstellen, dementie-
ren, klären *überwachen, nachsehen,
untersuchen, mustern, besichtigen, inspizieren, s. überzeugen, testen,
(nach)prüfen, kontrollieren, überprüfen, durchgehen
**Revision:** Nachprüfung, Kontrolle,
Überprüfung, Prüfung, Durchsicht
*Änderung, Verbesserung, Korrektur,
Richtigstellung, Besichtigung *Rechts-
mittel
**Revolution:** Umschwung, Umsturz,
Umbruch, Umwälzung *Fortschritt,
Innovation, Wandlung, Neuorientierung, Reform, Neubelebung, Wandel,
Veränderung, Neuregelung, Wende
*Freiheitskampf, Bürgerkrieg, Mas-
senerhebung
**rezeptiv:** aufnehmend, empfänglich

**rhythmisch:** regelmäßig, s. wiederholend
**richtig:** fehlerlos, tadellos, einwandfrei, fehlerfrei, korrekt, vollkommen,
mustergültig, perfekt, wahr, zutreffend, komplett, vorschriftsmäßig, genau *passend, gegeben, ideal, angemessen, günstig, zutreffend, geeignet,
entsprechend *wahrhaftig, tatsächlich,
wahrlich, echt, wirklich, fürwahr *temperamentvoll, feurig, leidenschaftlich,
(auf)reizend, dynamisch
**Richtigkeit:** Korrektheit, Unanfechtbarkeit, Wahrheit

**riechen:** wittern, Geruch wahrnehmen
*vermuten, ahnen
**Riese:** Goliath, Gigant, Koloß, großer
Mensch, Titan
**rieseln:** rinnen, laufen, plätschern, fließen *nieseln, herabfallen, tröpfeln
**riesengroß:** gewaltig, massig, gigantisch, immens, sehr groß, monumental,
titanisch, außerordentlich, exorbitant,
enorm, unermeßlich, wuchtig, kolossal, voluminös, monströs, (über-)
mächtig *groß, immens, unlösbar
**rigoros:** streng, drastisch, energisch,
scharf, rücksichtslos, strikt, hart, massiv, bestimmt, schroff, gebieterisch
*gewissenlos, skrupellos, gnadenlos,
unmenschlich, entmenscht, bedenkenlos, unbarmherzig, mitleidlos, kalt,
lieblos, herzlos
**ringsum:** reihum, überall, rundherum,

nung) *weiterführen, fortführen

**Revision:** Freispruch *Berufung (Urteil) *Urteilsannahme, Annahme *Urteil

**Revolution:** Stillstand *Reform *Ge-
genrevolution, Konterrevolution

**rezeptiv:** schöpferisch, aktiv, kreativ,
produktiv
**rhythmisch:** unrhythmisch *arrhyth-
misch
**richtig:** unrichtig, unwahr, inkorrekt,
unkorrekt, irrig, fehlerhaft, verkehrt,
unzutreffend, (grund)falsch, (grund-)
verkehrt *unwirklich, unwahr, falsch
*schief, falsch (Vergleich) *wenig, be-
scheiden, klein, mäßig, gering (Portion) *schwach, schwächlich, langweilig, einfallslos, unwillig, lustlos (Mann)
*unsympathisch, temperamentlos,
kalt, frigid (Frau)
**Richtigkeit:** Unrichtigkeit, Unwahrheit, Lüge, Schwindel, Unwahres, Geflunker
**riechen:** nicht riechen, geruchlos sein
*stinken *nicht bemerken / ahnen
**Riese:** Zwerg, Kobold, Gnom, Liliputaner, Knirps
**rieseln:** schütten, gießen, herunterhau-
en, niederprasseln, in Strömen regnen
**riesengroß:** winzig, unscheinbar, klein,
zwergenhaft *nicht nennenswert, unbedeutend, lächerlich, klein, unbeträchtlich, geringfügig, minimal (Summe) *klein, unbedeutend, minimal, gering (Schwierigkeiten)
**rigoros:** nachsichtig, mild, schwach, geduldig *tolerant, duldsam, einsichtig,
weitherzig, verständnisvoll, versöhnlich, aufgeschlossen

**ringsum:** innen, inmitten *dazwischen

ringsumher, im Kreis, in jeder Richtung

**risikolos:** ungefährlich, gefahrlos, unriskant, harmlos, unverfänglich, unschädlich

**risikoreich:** abenteuerlich, riskant, lebensgefährlich, gefahrvoll, brenzlig, kritisch, gewagt, gefährlich, tödlich, selbstmörderisch

**rissig:** rauh, schrundig, aufgesprungen, spröde

**robust:** stämmig, (baum)stark, athletisch, rüstig, stabil, markig, sportlich, drahtig, resistent, nervig, fest, kraftvoll, kraftstrotzend, kernig, nicht anfällig, gefeit, immun, wehrhaft, bärenstark, stramm, hart, sehnig, zäh

**roh:** erbarmungslos, eisig, gefühlskalt, gefühlsarm, herzlos, hartherzig, abgestumpft, gemütsarm, gefühllos, mitleidlos, unzugänglich, lieblos, seelenlos, gleichgültig, unbarmherzig, unsozial, verroht, schonungslos, brutal, inhuman, ungesittet, unnachsichtig, unnachgiebig, kompromißlos, streng, fest, hart, barbarisch, unmenschlich, kaltblütig, grausam, gnadenlos *ungebraten, nicht zubereitet, ungekocht *natürlich, unbearbeitet, in natürlichem Zustand *etwa

**rollen:** wirbeln, rotieren, zirkulieren, laufen, kugeln, kreiseln, (s.) drehen, (s.) wälzen

**romantisch:** empfindsam, gefühlstief, gefühlvoll, beseelt, innerlich, seelenvoll, tränenselig, gefühlsselig, gemüthaft, gemütvoll, rührselig, schmalzig, schwärmerisch, überspannt, verinnerlicht, sinnenhaft, mimosenhaft, feinfühlend, zart(fühlend), feinfühlig, feinsinnig, zartbesaitet, feinbesaitet, sensibel, überempfindlich, weich, einfühlsam, gefühlsbetont *idyllisch, friedvoll, friedlich, verträumt, ländlich, abgelegen, malerisch

**römisch:**

**rosig:** golden, angenehm, optimal, optimistisch, best(möglich) *rosa(farben), rosafarbig *gesund (Teint) *aussichtsreich, günstig, positiv, gut, vielversprechend, erfolgreich

**rosten:** verrosten, Rost bilden / ansetzen, einrosten, unbrauchbar werden

**risikolos:** risikoreich, abenteuerlich, lebensgefährlich, riskant, selbstmörderisch, tödlich, gefährlich, kritisch, gewagt, brenzlig, gefahrvoll

**risikoreich:** gefahrlos, ungefährlich, risikolos, unriskant, harmlos, unschädlich, unverfänglich

**rissig:** intakt, glatt, unbeschädigt, fest (Mauer) *glatt, gepflegt, straff (Haut)

**robust:** empfindlich, schwach, kränklich, feinfühlig, zartbesaitet, zerbrechlich

**roh:** bearbeitet, verarbeitet (Material) *gekocht, gebraten, zubereitet, gar (Speise) *gesittet, anständig, höflich, korrekt, sittsam (Mensch) *fair, anständig, sportlich, kameradschaftlich (Spiel) *verputzt (Mauer) *exakt, genau (Berechnung) *zugerichtet, gegerbt (Fell)

**rollen:** stillstehen, ruhen, stocken (Verkehr) *s. stauen, stocken (Autoschlange) *ausbleiben (Geld) *gleiten

**romantisch:** realistisch *unromantisch, nüchtern, unsentimental, sachlich, nicht schwärmerisch, objektiv, ohne Emotionen / Illusion, klar, kühl, leidenschaftslos, frigid *uninteressant, monoton *verbaut

**römisch:** arabisch (Zahlen, Ziffern)

**rosig:** aussichtslos, hoffnungslos, deprimierend, ausweglos, verbaut, verstellt, verfahren, verschlossen (Lage) *bleich, weiß, käsig, fahl, blaß (Gesicht) *schlimm, hoffnungslos, aussichtslos, schwierig (Zeiten)

**rosten:** entrosten, abschleifen

**routiniert:** fachmännisch, professionell, qualifiziert, sachkundig, werkgerecht, sachgerecht, fachgerecht, fachkundig, kunstgerecht, gekonnt, meisterhaft, fachmäßig, sachgemäß, sachverständig *vielseitig, geschicklich, anstellig, geschickt, fingerfertig, gewandt
**Rückblick:** Rückschau, Retrospektive, Erinnerung, Rückblende, Blick in die Vergangenheit, Reminiszenz

**rückblickend:** retrospektiv, zurückschauend, im nachhinein, rückwärtssehend, nach rückwärts gerichtet, nachträglich, hinterher, nachher
**rücken:** drücken, schieben, bewegen, verrücken, umstellen, verstellen, an einen anderen Platz stellen
**Rückfahrt:** Heimfahrt, Rückreise, Heimreise, Rückkehr, Heimkehr, Rückweg, Nachhauseweg
**Rückgabe:** Rücksendung, Zurückgabe, Umtausch, Reklamation
**Rückgang:** Rückfall, Rücklauf, Rückschritt, Abbau, Abnahme, Schwund, Nachlassen, Stagnation, Verringerung, Verminderung *Einbuße, Verlust *Rückgriff, Anlehnung, Rekurs, Bezugnahme *Rückbildung, Rückwärtsentwicklung, Niedergang, rückläufige Entwicklung
**Rückkehr:** Wiederkehr, Heimkehr, Zurückkommen, Rückkunft
**Rücklicht:** Rückstrahler, Rückleuchte, Katzenauge
**rücklings:** von / nach rückwärts, von / nach hinten
**Rückschritt:** Rückfall, Rücklauf, Abnahme, Stagnation *Rückwärtsentwicklung, Rückbildung, Niedergang
**rückschrittlich:** reaktionär, fortschrittsfeindlich, rückwärtsgewandt, restaurativ, konservativ, unzeitgemäß, rechts, schwarz, rückwärtsgerichtet
**Rückseite:** Hinterseite, Kehrseite, rückwärtige Seite, Gegenseite, Schattenseite, die linke / andere Seite

**rücksichtslos:** gewissenlos, skrupellos, gnadenlos, unmenschlich, entmenscht, unbarmherzig, mitleidlos, kalt, lieblos, herzlos, ohne Bedenken / Rücksicht, unerbittlich, bedenkenlos, schonungslos, rigoros, radikal, egoistisch

**routiniert:** unerfahren, grün, ungeschickt, anfängerhaft

**Rückblick:** Vor(aus)schau, Ausblick, Prognose, Voraussage, Vorhersage *Weissagung, Prophezeiung, Offenbarung *Orakel *Horoskop
**rückblickend:** vorausschauend, weitblickend, voraussehend

**rücken:** belassen, stehen lassen *stehen bleiben *sitzen bleiben

**Rückfahrt:** Abfahrt, Ausfahrt, Tour, Aufbruch, Hinfahrt

**Rückgabe:** Erhalt, Entgegennahme, Empfang *Gesuch, Eingabe
**Rückgang:** Steigerung, Zunahme *Aufschwung, Hausse, Konjunkturanstieg, Hoch(konjunktur) (Wirtschaft) *Weiterentwicklung, Fortschritt, Fortentwicklung, Fortgang, Entwicklung

**Rückkehr:** Abreise, Aufbruch, Auszug, Ausfahrt, Ausflug, Tour
**Rücklicht:** Scheinwerfer, Vorderlicht

**rücklings:** bäuchlings, auf dem Bauch (liegend), kriechend
**Rückschritt:** Weiterentwicklung, Entwicklung, Fortschritt, Fortentwicklung, Fortgang, Progreß
**rückschrittlich:** fortschrittlich, progressiv, lebensnah, gegenwartsnah, gegenwartsbezogen, vorkämpferisch, zeitgemäß, modern
**Rückseite:** Vorderseite, Front, Vorderfront, Vorderansicht, Straßenseite (Gebäude) *Oberseite, rechte Seite (Stoff) *Vorderseite (Papier)
**rücksichtslos:** aufmerksam, ehrerbietig, zuvorkommend, taktvoll, zartfühlend, rücksichtsvoll, glimpflich, gefällig, verbindlich, Rücksicht / Nachsicht zeigend, schonend, ehrfurchtsvoll, einfühlend, ehrerbietig *verantwortungsvoll *gesund (Ehrgeiz)

**Rücksichtslosigkeit:** Gewissenlosigkeit, Skrupellosigkeit, Bedenkenlosigkeit, Unbarmherzigkeit, Kälte, Lieblosigkeit, Herzlosigkeit
**rücksichtsvoll:** zuvorkommend, taktvoll, ehrfurchtsvoll, einfühlend, ehrerbietig, bescheiden, gefällig, liebenswürdig, aufmerksam, verbindlich, zartfühlend

**Rückstand:** Rest, Bodensatz, zurückbleibender Stoff *Verspätung, Verzögerung, Ausstand, Verzug
**rückständig:** unterentwickelt, zurückgeblieben *altmodisch, von gestern
**Rücktritt:** Abdankung, Demission, Amtsniederlegung, Amtsaufgabe, Ausscheiden, Abschied, Kündigung, Amtsabtretung
**rückwärtig:** hintere, abseitige

**rückwärts:** hintenüber, nach hinten, gegenläufig, rückläufig, zurück, retour, in umgekehrter Richtung
**rückwärtsfahren:** zurückfahren, zurückstoßen
**rückwärtsgehen:** zurückgehen *nachlassen, abbauen, zurückfallen, verblühen, im Abstieg begriffen sein, nicht Schritt halten, regredieren
**Rückweg:** Heimweg, Rückmarsch, Nachhauseweg
**ruckweise:** ruckartig, stoßweise

**Rückzieher:** Distanzierung, Einschränkung, Zurücknahme *Fallrückzieher (Fußballsport)
**Rückzug:** Abzug, Räumung, Aufgabe, Zurückweichen

**rüde:** unhöflich, abweisend, taktlos, ruppig, unfreundlich, ungehobelt, unkultiviert, unverbindlich, barsch, unritterlich, grobschlächtig, rüpelig, ungeschliffen, unliebenswert, flegelhaft, brüsk, lümmelhaft, rüpelhaft
**rufen:** schreien, lärmen, brüllen, kreischen, johlen, grölen, gellen *herbeirufen, anrufen, aufrufen, zurufen, alarmieren, Lärm / Alarm schlagen *heißen, nennen, anreden, ansprechen

**Rücksichtslosigkeit:** Schonung, Nachsicht, Rücksicht *Verantwortung *Entgegenkommen, Hinwendung, Freundlichkeit, Großmut
**rücksichtsvoll:** rücksichtslos, skrupellos, unmenschlich, barbarisch, bedenkenlos, gnadenlos, kalt, entmenscht, gewissenlos, mitleidlos, lieblos, unbarmherzig, radikal, schonungslos, verantwortungslos
**Rückstand:** Übererfüllung *Bezahlung, Begleichung *Vorsprung, Vorteil

**rückständig:** modern, fortschrittlich, aufgeschlossen (Betrieb)
**Rücktritt:** Antritt, Dienstaufnahme

**rückwärtig:** vordere *seitliche (Hausansicht)
**rückwärts:** vorwärts, nach vorn, voran *seitlich, seitwärts

**rückwärtsfahren:** vorwärtsfahren, vor-(an)fahren
**rückwärtsgehen:** verbessern, steigern, erhöhen, zunehmen (Leistungen) *vorwärtsgehen, vorwärtslaufen

**Rückweg:** Anmarsch *Hinweg

**ruckweise:** kontinuierlich, stetig, zügig, beständig
**Rückzieher:** Angriff, Vorstoß, Attacke, Offensive *Schuß (Sport)

**Rückzug:** Offensive, Angriff, Attacke, Einfall, Einmarsch, Invasion, Handstreich, Vorstoß, Vormarsch, Überrumpelung, Überfall, Sturm(angriff), Erstürmung *Verteidigung, Widerstand, Abwehr, Gegenwehr *Gegenoffensive, Gegenangriff *Auflehnung
**rüde:** nett, freundlich, entgegenkommend, anständig, höflich, wohlwollend, liebenswürdig *artig, folgsam, gehorsam, manierlich, fügsam, brav, lieb

**rufen:** flüstern, tuscheln, wispern, zische(l)n, raunen, pispeln, munkeln, murmeln, brummen, fispeln, fispern, pispern *(nach)kommen *gehorchen *verstehen, hören *kommen, eintref-

**Rüffel:** Tadel, Rüge, Verweis, Maßregelung, Vorwurf, Mißbilligung, Strafpredigt, Ermahnung, Anpfiff, Anschnauzer

**rüffeln:** tadeln, rügen, beanstanden, mißbilligen, verurteilen, reklamieren, kritisieren, zurechtweisen, anpfeifen, meckern

**Rufname:** Vorname, Taufname

**Rüge:** Rüffel, Tadel, Verweis, Maßregelung, Vorwurf, Mißbilligung, Strafpredigt, Ermahnung, Anpfiff

**rügen:** tadeln, beanstanden, mißbilligen, verurteilen, reklamieren, kritisieren, zurechtweisen, anpfeifen, meckern, (aus)schelten, herunterkanzeln, herabkanzeln

**Ruhe:** . Ausgeglichenheit, Gelassenheit, Beschaulichkeit, Gleichgewicht, Besonnenheit, Gleichmut, Fassung, Beherrschung, Gefaßtheit, Seelenruhe, Haltung, Gemütsruhe, Kontenance, Unerschütterlichkeit, Stoizismus *Stillstand *Geistesgegenwart, Präsenz, Kaltblütigkeit *Entspannung, Muße, Erholung, Ferien, Urlaub, Zurückgezogenheit, Sichausruhen, Atempause, Ruhepause *Sitzfleisch, Seßhaftigkeit, Phlegma, Laxheit, Lässigkeit, Trägheit, Passivität, Gleichgültigkeit, Lethargie, Apathie, Untätigkeit, Inaktivität, Teilnahmslosigkeit *Stille, Schweigen, Stillschweigen, Lautlosigkeit, Friede(n), Ungestörtsein, das Nichtgestörtwerden

**ruhelos:** fieberhaft, hastig, rastlos, unruhig, fiebrig, überreizt, kribbelig

**ruhen:** schlafen, im Schlaf liegen, dämmern *stillstehen, stagnieren, stocken, aussetzen, lahmliegen, brachliegen, nicht aktiv sein / arbeiten / in Tätigkeit / Gang / Bewegung sein *beerdigt / begraben / beigesetzt / bestattet sein *s. ausruhen / erholen / entspannen / Ruhe gönnen / regenerieren, verschnaufen, pausieren, ausspannen, eine Pause einlegen / machen, Urlaub / Ferien machen

fen (Arzt) *ausbleiben, nicht kommen (Arzt)

**Rüffel:** Lob(lied), Anerkennung, Auszeichnung, Belobung, Belobigung, Lobpreis(ung), Ehrung

**rüffeln:** loben, anerkennen, beloben, auszeichnen, rühmen, preisen, würdigen, verherrlichen, lobpreisen, ehren, feiern

**Rufname:** Nachname, Zuname, Familienname

**Rüge:** Würdigung, Auszeichnung, Belobung, Lob, Ehrung, Lobpreisung, Anerkennung, Belobigung

**rügen:** würdigen, auszeichnen, ehren, feiern, idealisieren, anerkennen, preisen, loben, lobpreisen, belobigen

**Ruhe:** Betrieb, Lauf, Bewegung, Gang, Schwung *Arbeit, Tätigkeit, Betätigung, Beschäftigung *Vorgehen, Maßnahme, Aktion *Wachsein *Hochdruck, Strapaze, Anstrengung *Störung, Lärm, Unruhe, Dröhnen, Gedröhn, Tumult, Spektakel, Gepolter, Radau, Krach, Geräusch *Erregung, Nervosität, Aufregung *Belästigung *Zorn, Wut, Auflehnung *Hektik, Tempo, Hast, Unruhe, Streß *Durcheinander, Chaos, Verwirrung *Spannung *Unruhe, Streit, Unfrieden, Zank, Kampf, Krieg

**ruhelos:** ruhig, besonnen, gemessen, bedacht, bedächtig, kalt(blütig), sicher, ausgeglichen, abgeklärt, gefaßt, gezügelt, geruhsam, gesetzt

**ruhen:** produzieren, arbeiten (Betrieb) *zirkulieren, kreisen, laufen (Wasserkreislauf) *wach sein / bleiben, munter sein, aufsein *anspannen *s. bewegen / regen / rühren *in Gang / Bewegung / Arbeit / Betrieb sein (Maschine) *rollen (Ball) *in Kraft sein, gelten (Vertrag) *rollen (Verkehr) *arbeiten, beschäftigen, betätigen, ausführen, machen, leisten, schaffen, vollbringen, werken, wirken, verrichten, vollführen, ausüben, betreiben, dienen, erledigen

**ruhenlassen:** nicht wiederaufnehmen / bearbeiten / erörtern

**ruhenlassen:** wiederaufleben, erneuern, anfangen (Aggressionen) *bearbeiten, durchführen, abwickeln, wiederaufnehmen *zurückrufen, in Erinnerung rufen, wiederholen, auffrischen (Geschehen)

**Ruhepause:** Pause, Rast, Unterbrechung, Atempause, Halt, Verschnaufpause

**Ruhepause:** Arbeit, Tätigkeit, Betätigung, Beschäftigung

**Ruhetag:** Feiertag, Sonntag, Festtag, Urlaubstag, Ferientag

**Ruhetag:** Werktag, Arbeitstag

**ruhig:** nicht laut, gedämpft, flüsternd, geräuschlos, still, tonlos, kaum vernehmbar / hörbar / vernehmlich, im Flüsterton, nicht störend, leise *kühl, ungerührt *geistesgegenwärtig, kaltblütig *beherrscht, gefaßt, gleichmütig, stoisch, überlegen, diszipliniert, unerschütterlich, gesetzt, besonnen, bedacht, gelassen *wortkarg, redescheu, einsilbig, verschwiegen, sprachlos, still, stumm, lakonisch, nicht mitteilsam / gesprächig, schweigsam *bedachtsam, ausgeglichen, beherrscht, gefaßt, geruhsam, gleichmütig, sicher, würdevoll, harmonisch, abgeklärt, still, kaltblütig, gezügelt, gemessen, ruhevoll, überlegen, gemächlich, stoisch *verkehrsarm, still *uninteressant, monoton *still, glatt *still, windstill, mild, lau *abgelegen, idyllisch, einsam

**ruhig:** durchdringend, gellend, (über-)laut, ohrenzerreißend, vernehmlich, schrill, ohrenbetäubend, lauthals, hörbar, markerschütternd, lautstark, mit dröhnender Stimme, aus Leibeskräften, aus voller Kehle (Stimme) *laut, verkehrsreich, unruhig, belebt, überlaufen, menschenreich, zentral (Wohnlage) *aufregend, interessant, spannend (Ereignis) *stürmisch, unruhig (Meer) *scheu (Tier) *lebhaft, anstrengend, gut (Verkauf) *geräuschvoll, laut, unruhig *windig, stürmisch, böig, frisch, auffrischend, heftig, luftig (Wetter) *aufgeregt, ruhelos, turbulent, unruhig, zapp(e)lig, erregt, fiebrig, gereizt, hektisch, nervenschwach, nervös, ungeduldig, unstet, husch(e)lig, fahrig, bewegt, hastig *bestürzt, erschüttert, bewegt, beeindruckt, beeinflußt *impertinent, vorlaut, vorwitzig, unverfroren, ungezogen, ungesittet, frech *unruhig, erregt, bewegt, leidenschaftlich, gereizt, heftig, hitzig, ungestüm, wild, quecksilbrig, rege, temperamentvoll, vollblütig, vital, dynamisch, feurig, getrieben, mobil, vif *zornig, hitzköpfig, ungehalten, erzürnt, verärgert, zornmütig, grollend, gereizt, fuchtig, böse *aggressiv, furios, streitbar, streitsüchtig, zanksüchtig, herausfordernd, hitzig, kampfbereit, kämpferisch, händelsüchtig, kampflustig *übermütig, mutwillig, unbekümmert, jungenhaft, ausgelassen *zittrig (Hand)

**Ruhm:** große Ehre, Weltruf, Glanz, Glorie, Weltruhm, hohes Ansehen, Lob und Preis, Weltgeltung

**Ruhm:** Schande, Schmach, Bloßstellung, Blamage, Beschämung, Unehre, Schimpf, Kompromittierung, Reinfall, Pleite, Desavouierung

**rühmen:** loben, anerkennen, würdigen, verherrlichen, beloben, auszeichnen, feiern, ehren, (lob)preisen, belobigen, Lob zollen / spenden / erteilen,

**rühmen:** tadeln, schelten, (aus)schimpfen, fluchen, (jmdn.) heruntermachen / fertigmachen, (an)donnern, zanken, zurechtweisen, zusammenstauchen *s.

schwärmen von, s. anerkennend äußern *s. **rühmen:** angeben, prahlen, großtun, auftrumpfen, s. brüsten, prunken, übertreiben
**rühmlich:** lobenswert, ehrenvoll, ehrenhaft, glorreich, verdienstlich, ruhmreich, anerkennenswert, verdienstvoll, achtbar, ein Lob verdienend, löblich, dankenswert, achtenswert, gut, musterhaft, nicht tadelnswert, beifallswürdig, rühmenswert, hoch anzurechnen, beachtlich
**ruhmlos:** unrühmlich, schmählich, schändlich, scheußlich, schmachvoll, blamabel, erniedrigend, demütigend, entehrend, entwürdigend, verletzend
**rühren:** regen, bewegen *unterarbeiten, umrühren, verrühren, anrühren, (ver)quirlen, durchrühren, (ver)mischen
**Rührung:** Ergriffenheit, Bewegung, Betroffenheit, Bewegtheit, Erregung *Rührseligkeit, Gefühlsseligkeit, Sentimentalität, Tränenseligkeit

**ruinieren:** zerrütten, zerstören, vernichten, zugrunde richten, verderben, bankrott richten
**ruinös:** verheerend, zum Ruin führend, vernichtend, schädlich
**rund:** kreisrund, ringartig, kugelrund, ringförmig, mondförmig, kugelig *kräftig, (wohl)beleibt, stark, stämmig, vollschlank, füllig, breit, stramm, gemästet, unförmig, dicklich, mollig, rundlich, üppig, kugelrund, wohlgenährt, drall, umfangreich, fett(leibig), pummelig, dick(leibig), pausbäckig, aufgedunsen, dickwanstig, feist, fleischig, gewaltig, massig, vierschrötig, plump *abgerundet, aufgerundet *etwa
**runz(e)lig:** nicht glatt, zerknittert, zerfurcht, knitt(e)rig, kraus, welk, schrundig, zerschründet, zerklüftet
**runzeln:** krausen, furchen, zusammenziehen, in Falten ziehen / legen
**rüpelhaft:** impertinent, frech, naseweis, vorlaut, vorwitzig, unartig, ungesittet, schamlos, keß, keck, dreist, ungezogen, unverschämt, unverfroren, unmanierlich, flegelhaft
**rüsten:** armieren, Kriegsvorbereitungen treffen, s. militärisch stärken, auf-

**rühmen:** s. zurückziehen, in s. kriechen, s. in den Schatten stellen / hintenanstellen / zurückstellen *ignorieren, verleugnen *s. feiern / hochleben lassen
**rühmlich:** ruhmlos, unrühmlich, schmählich, schändlich, scheußlich, schmachvoll, blamabel, erniedrigend, demütigend, entehrend, entwürdigend, verletzend

**ruhmlos:** ruhmvoll, rühmlich, anerkennenswert, lobenswert, ehrenvoll, ehrenhaft, verdienstvoll, glorreich, achtbar, verdienstlich, ruhmreich
**rühren:** aufgehen / ruhen lassen (Teig) *still halten / bleiben *gleichgültig / teilnahmslos / ungerührt lassen, kaltlassen
**Rührung:** Gleichgültigkeit, Teilnahmslosigkeit, Unzugänglichkeit, Wurstigkeit, Desinteresse, Stumpfheit *Kälte, Empfindungslosigkeit, Mitleidlosigkeit, Lieblosigkeit, Kaltherzigkeit, Härte, Gefühllosigkeit, Fühllosigkeit, Herzensverhärtung
**ruinieren:** schonen, erhalten, fördern, unterstützen, bewahren (Gesundheit)

**ruinös:** förderlich, fördernd, helfend, hilfreich, positiv, gut
**rund:** eckig *genau, abgezählt, exakt (Summe) *mißtönend, schwach (Ton) *exakt, genau, präzise (Maß) *spitz, oval (Gesicht) *unrund (Reifenunwucht) *rundlich, hager, mager, dünn, dürr, abgezehrt, grazil, knochig, schlank(wüchsig), rank, schmal *spitz (Kinn)

**runz(e)lig:** glatt, straff, faltenlos

**runzeln:** entspannen, glätten (Stirn)

**rüpelhaft:** gesittet, brav, anständig, höflich, korrekt, freundlich, gehorsam, artig, lieb, gesittet, zuvorkommend, manierlich

**rüsten:** abrüsten, entmilitarisieren, demilitarisieren, entspannen, abbauen,

rüsten, mobil machen, mobilisieren, bewaffnen
**rüstig:** strapazierbar, fit, beweglich, leistungsfähig, gesund *jung, sportlich

vermindern, reduzieren

**rüstig:** schwach, kränklich, alt, wackelig, senil, hinfällig, verbraucht, müde, klapprig, leidend, übel, anfällig, erschöpft, krank(haft), kränkelnd *unsportlich, unbeweglich

# S

sachgemäß: meisterhaft, kunstgerecht, fachmännisch, zutreffend, gekonnt, angemessen, sachgerecht, richtig, sachkundig, profihaft

sachkundig: sachverständig, qualifiziert, gut unterrichtet, wissend, routiniert, gelernt, bewandert, beschlagen, geschult, erfahren, ausgebildet, vom Fach

sachlich: rational, logisch, real, trokken, verstandesbetont, klar, unvoreingenommen, objektiv, vorurteilsfrei, leidenschaftslos, frei von Emotionen, emotionslos, vorurteilslos, unparteiisch

sacht(e): sanft, achtsam, sorgsam, vorsichtig, lind, zahm, mild, fürsorglich, rücksichtsvoll, schonend, behutsam *lau, leicht, still, ruhig, unhörbar, leise, unmerklich

säen: pflanzen, legen, bestellen, stekken, aussäen, anbauen, (aus)streuen *schaffen, erzeugen, anrichten, entfesseln, auslösen, herbeiführen, bewirken, den Keim legen zu, verursachen

saftig: reich an Saft, voller Saft, saftvoll *derb, anstößig, pikant, schlecht, unanständig, unkeusch, lasterhaft, liederlich, sittenlos, ruchlos, schlüpfrig, ungehörig, unmoralisch, unschicklich, verdorben, unzüchtig, unsittlich, unziemlich, zuchtlos, wüst, ungebührlich, verworfen, verrucht, unsolide, zotig *hoch, überhöht, zu teuer *kräftig

saftlos: ohne Saft *geistlos, ideenlos, substanzlos, gehaltlos, (inhalts)leer, witzlos, schal, gewöhnlich, verbraucht, abgegriffen, stumpfsinnig, mechanisch, geisttötend, dumpf, stupid(e), alltäglich, stereotyp, phrasenhaft, ohne Tiefe / Gehalt, abgeschmackt, nichtssagend, unbedeutend, oberflächlich, einfallslos, flach, trivial, banal, billig, platt, hohl, seicht

sagen: einwenden, entgegenhalten, entgegnen, dagegenreden, dawiderreden, zu bedenken geben, erwidern,

sachgemäß: unangemessen, sachwidrig, sachfremd, unsachgemäß, nicht passend, inadäquat

sachkundig: unwissend, sachunkundig, dilettantisch, laienhaft

sachlich: gefühlsmäßig, gefühlsbetont, intuitiv *persönlich *schwärmerisch, überschwenglich, pathetisch *subjektiv *unsachlich, emotionell, affektiv, expressiv, irrational, emotional *undeutlich, mißverständlich, vage, verwaschen, ungenau, verschwommen, nebelhaft, obskur, schleierhaft, schemenhaft (Angaben)

sacht(e): fest, stark, kräftig, rabiat, wild *schnell(er)

säen: (ab)ernten, (ab)pflücken, lesen *beschließen, begraben, beenden, abschließen (Unfrieden)

saftig: trocken, vertrocknet, (ein)getrocknet *anständig, harmlos, gesittet, sittsam (Witz) *schwach (Schlag) *saftlos, unreif *niedrig, angemessen, billig (Rechnung)

saftlos: saftig, saftvoll *geistvoll, witzig, ideenreich, sinnvoll

sagen: schweigen, verstummen, nichts sagen, unerwähnt lassen, verheimlichen, verbergen, totschweigen *hören,

kontern, einwerfen, protestieren, dagegenhalten, widerlegen, widersprechen, entkräften, dazwischenwerfen, vorbringen, dazwischenrufen, Kontra geben, Veto einlegen *behaupten, erklären, meinen, finden, äußern, glauben, der Meinung sein *gestehen, bekennen, aussagen, geständig sein, zugeben, offenbaren *bedeuten, repräsentieren, zählen, vorstellen, Gewicht haben, von Belang sein, verkörpern
**sakral:** heilig, kirchlich
**salopp:** zwanglos, ungezwungen, frei, offen, lässig, natürlich, unbefangen, unzeremoniell, ungehemmt, ungeniert, gelöst, leger, familiär, formlos, nonchalant, informell
**salzig:** gesalzen, reich an Salz *versalzen
**salzlos:** ungesalzen, flau, schal, kraftlos

**Salzwasser:** Meerwasser, Salz enthaltendes Wasser
**Sammellinse:** Konvexlinse

**sammeln:** aufbewaren, lagern, horten, aufheben, zusammenscharren, stapeln, zusammentragen *um s. scharen, vereinigen, versammeln *konzentrieren, zusammenziehen, zentralisieren, zusammenfassen *eintreiben, einsammeln *s. sammeln: s. treffen, zusammenkommen *s. konzentrieren / fassen / vertiefen
**Sammlung:** Stapel, Masse, Vielzahl, Serie, Reihe, Schatz, Anhäufung, Vorrat, Menge, große Zahl, Fülle, Arsenal *Zusammenstellung, Anthologie, Auslese, Album, Almanach, Auswahl *Zählung, Registrierung, Kodifizierung, Aufnahme, Erfassung *Aufmerksamkeit, Konzentration
**samt:** inklusive, einbegriffen, zusätzlich, plus, eingeschlossen, mitsamt, zusammen mit, alles in allem, mitsammen, einschließlich, zusätzlich, und
**sämtlich:** alle, jeder(mann), allesamt, jeglicher, allerseits, geschlossen, vollständig, vollzählig, total *ganz, lückenlos, komplett, absolut, vollends
**sandig:**
**sanft:** gütig, freundlich, entgegenkommend, liebenswürdig, zuvorkommend, freundschaftlich, gutgemeint, jovial, nett, herzlich, wohlwollend, gefällig,

verstehen, vernehmen, auffassen, erfahren, lauschen, wahrnehmen, aufschnappen *nichts bedeuten, unwichtig sein *nicht kennen

**sakral:** weltlich
**salopp:** genau, sorgfältig, korrekt, gewissenhaft, gründlich (Mensch) *gepflegt, korrekt (Kleidung)

**salzig:** süß *salzlos, ungesalzen, flau, kraftlos, schal
**salzlos:** salzig, gesalzen, reich an Salz *versalzen
**Salzwasser:** Flußwasser, Süßwasser

**Sammellinse:** Konkavlinse, Zerstreuungslinse
**sammeln:** auseinanderlegen, (zer-) streuen, verstreuen *spenden, geben, austeilen, verteilen *s. sammeln: kopfscheu / konfus / verunsichert / zerstreut / verwirrt/ unkonzentriert sein, s. beunruhigen/irremachen/beirren/irritieren *s. verlaufen / zerstreuen, auseinandergehen, auseinanderlaufen

**Sammlung:** Verwirrung, Gewirr, Wirrsal, Wirrnis, Chaos, Konfusion, Durcheinander, Wirrwarr

**samt:** außer, ohne

**sämtlich:** einige, wenige, manche *zum Teil, teils *ausgesucht

**sandig:** steinig
**sanft:** fest, hart, kräftig *grell, kräftig, leuchtend (Farbe) *wild, stürmisch, rapid(e), bedrohlich, kritisch, folgenschwer (Entwicklung) *ernst (Ermah-

wohlmeinend, menschlich, einnehmend, gutgelaunt, heiter, höflich, zugetan, warm, lieb, sympathisch, annehmlich, wohlgesinnt, warmherzig, (herzens)gut, barmherzig, mild, gutmütig, weichherzig, lindernd, gutherzig, sanftmütig, gnädig, nett, anständig, hilfsbereit, huldreich, gutgesinnt, leutselig, huldvoll, gefällig, aufmerksam, beflissen, kulant, großzügig, großmütig, konziliant, höflich, dienstwillig, bereitwillig, verbindlich *mild, lau *gedämpft, schwach, intim (Licht) *leise, nicht laut, flüsternd, lautlos, kaum vernehmbar / vernehmlich / hörbar, im Flüsterton, weich *dezent *allmählich, nicht überstürzt *mild, wohltuend

nung) *aufdringlich, zudringlich, penetrant, lästig, plump-vertraulich *durchdringend, scharf, stechend (Blick) *rabiat, unwillig, verärgert, wütend, zornig, erbittert, empört, mürrisch, übellaunig *unhöflich, unkultiviert, brüsk, abweisend, barsch, grob, plump, rüde, unritterlich, unfreundlich, ungeschliffen, schroff *durchdringend, scharf, penetrant (Geruch) *schroff, hart, scharf, heftig, bissig, grimmig, stach(e)lig, bitter (Worte) *durchdringend, laut, grell, gellend, markerschütternd, ohrenbetäubend, ohrenzerreißend, schrill, überlaut (Stimme, Ton) *unbarmherzig, gefühllos, barbarisch, brutal, unmenschlich, verroht, schonungslos, inhuman, herzlos, gnadenlos, mitleidlos, erbarmungslos, unsozial, hart (-herzig), schroff *hell, grell (Licht) *abrupt, schlagartig, plötzlich, unerwartet (Vorgang) *kräftig, stark, stürmisch (Regen, Wind) *steil, schroff, jäh (Steigung) *radikal (Änderung) *ungezähmt, ungebändigt, wild

**Sanftmut:** Güte, Freundlichkeit, Herzlichkeit, Wärme, Wohlwollen, Herzensgüte, Warmherzigkeit, Liebenswürdigkeit, Entgegenkommen, Nächstenliebe, Aufmerksamkeit, Selbstlosigkeit, Gutmütigkeit, Innigkeit, Hilfsbereitschaft, Aufgeschlossenheit, Anteilnahme, Zuwendung, Zuneigung

**sanftmütig:** gütig, freundlich, entgegenkommend, liebenswürdig, zuvorkommend, freundschaftlich, gutgemeint, jovial, nett, herzlich, wohlwollend, gefällig, wohlmeinend, menschlich, einnehmend, gutgelaunt, heiter, höflich, zugetan, warm, lieb, sympathisch, annehmlich, wohlgesinnt, warmherzig, (herzens)gut, barmherzig, mild, gutmütig, weichherzig, lindernd, gutherzig, gnädig

**Sanktion:** Gegenmaßnahme, Repressalien, Boykott, Pressionen, Druckmittel, Zwangsmaßnahmen, Vergeltungsmaßnahmen *Billigung, Anerkennung, Einwilligung, Zustimmung, Erteilung, Bestätigung

**sanktionieren:** erlauben, s. gefallen lassen / einverstanden erklären, stattgeben, gestatten, genehmigen, bewilli-

**Sanftmut:** Gefühlskälte, Gefühllosigkeit, Kälte, Schroffheit, Grobheit, Unliebenswürdigkeit, Verhärtung, Radikalität, Kaltherzigkeit, Hartherzigkeit, Herzlosigkeit, Seelenlosigkeit, Ungerührtheit *Desinteresse, Interesselosigkeit *Härte, Gewalttätigkeit

**sanftmütig:** gefühlskalt, verhärtet, kaltherzig, hartherzig, gefühllos, schroff, grob, radikal, unliebenswürdig, herzlos, ungerührt *rabiat, grob, gewalttätig, hart *desinteressiert, gleichgültig, phlegmatisch

**Sanktion:** Ablehnung, Absage, Untersagung, Mißbilligung, Verbot, Verweigerung, Weigerung, Abweis(ung), Verschmähung, Zurückweisung *Widerruf, Zurückziehung, Zurücknahme, Absage, ablehnende / abweisende Antwort, Ableugnung, Berichtigung, Sinneswandel, Sinneswechsel

**sanktionieren:** ablehnen, untersagen, mißbilligen, verbieten, verweigern verschmähen, zurückweisen *widerrufen,

gen, einwilligen, gewähren, zustimmen, zulassen, beipflichten, (zu)billi-
gen, zugestehen, die Erlaubnis geben /
gewähren, seine Einwilligung / Zustimmung / Einverständnis geben

**satt:** zufrieden, gesättigt, nicht mehr
hungrig *tief, grell, saftig, voll, intensiv, leuchtend, lebhaft, kräftig *satt
sein: gestärkt sein, genug haben, nichts
mehr mögen

**sattelfest:** bewandert, beschlagen, unterrichtet, belesen, gebildet, informiert, klug, fundiert, fit, firm, versiert,
gewandt

**Sättigung:** Befriedigung, Wohlleben

**sauber:** rein(lich), blitzsauber, säuberlich, (blitz)blank, schmutzfrei, makellos, gereinigt, fleckenlos, unbeschmutzt, proper, frisch (gewaschen),
unbenutzt, schmuck, hygienisch, adrett
*sorgfältig, akkurat, ordentlich, peni-
bel, gewissenhaft, genau *in Ordnung,
einwandfrei, tadellos, aufgeräumt,
wohlgeordnet *fair, gerecht, ehrlich,
lauter, gebührlich, rechtschaffen, redlich, ehrenhaft, aufrecht, ritterlich, anständig, sportlich, solidarisch, zuverlässig

**Sauberkeit:** Reinheit, Makellosigkeit,
Fleckenlosigkeit, Unbeschmutztheit,
Hygiene, Reinlichkeit, Ordnung, Ge-
pflegtheit *Keuschheit, Reinheit

**säuberlich:** gewissenhaft, akkurat, ordentlich, penibel, sorgfältig, genau
*appetitlich

**säubern:** saubermachen, reinigen, den
Schmutz entfernen, reinmachen, aufwaschen, abscheuern, abreiben, abstauben, abwischen, staubsaugen, aufräumen, in Ordnung bringen *töten,
beseitigen, liquidieren (Gegner)

**sauer:** gesäuert, säuerlich, essigsauer,
durchsäuert, unreif, herb *ranzig, einen Stich habend, stichig, gegoren, ver-
goren *ärgerlich, verdrossen, verär-

zurückziehen, antworten, (ab)leug-
nen, berichtigen, ändern *kritisieren,
mißbilligen

**satt:** hungrig, nüchtern, ungesättigt,
abgezehrt, ausgehungert *willig, strebsam, eifrig, begierig, suchend, ringend
*hell, fein, blaß, zart (Farbe) *satt sein:
verhungern, hungrig sein

**sattelfest:** schwankend / unsicher sein,
schwimmen

**Sättigung:** Hunger, Fasten, Magen-
knurren, Entbehrung, Heißhunger,
Riesenhunger, Mordshunger

**sauber:** schmutzig, angestaubt, angeschmutzt, unrein, unsauber, verschmutzt, dreckig *fettig, schmierig,
speckig, ölig, fleckig *schmutzig, trübe
(Wasser) *ungepflegt, ungeputzt, un-
rein(lich), unsauber, schmutzig *unsittlich, unsolide, unzüchtig, frivol, verdorben, verrucht, wüst, zotig, zuchtlos,
ausschweifend, lasterhaft, schlecht,
schlüpfrig, sittenlos, verworfen, zweideutig, pikant, liederlich, lasterhaft
(Leben) *halbseiden, lichtscheu, undurchsichtig, finster, schmutzig, unsauber, bedenklich, berüchtigt, übelbeleumdet, verrufen, verdächtig
(Mensch) *anrüchig, faul, schmutzig,
illegal (Angelegenheit)

**Sauberkeit:** Unsauberkeit, Verdreckt-
heit, Verschmutztheit, Unappetitlichkeit, Schmuddeligkeit, Schmutz,
Unordnung *Unsittlichkeit, Unzüchtigkeit, Frivolität, Verdorbenheit, Lasterhaftigkeit, Schlechtigkeit, Sittenlosigkeit, Verworfenheit, Zweideutigkeit

**säuberlich:** unsorgfältig, nachlässig,
schlampig, schludrig, flüchtig, oberflächlich, unordentlich, liederlich, ungenau *unappetitlich

**säubern:** verschmutzen, beschmutzen,
beflecken, beschmieren, schmutzig
machen

**sauer:** (bitter)süß, gezuckert, honigsüß, kandiert, süßlich, zuckersüß, ver-
zuckert, übersüß *genießbar, frisch,
unverdorben, bekömmlich (Milch)

gert, mißgestimmt *mühsam, mühevoll, mühselig, anstrengend, ermüdend, strapaziös, kräftezehrend, langwierig, unbequem, dornig, steinig

**saufen:** trinken, hinuntergießen, hin-
unterkippen, s. einen antrinken
**Säufer:** Trinker, Alkoholiker, Zecher,
Trunkenbold, Gewohnheitstrinker
**Saufgelage:** Trinkgelage, Zechgelage,
Zechtour, Bacchanal
**saugen:** einsaugen, (ein)ziehen *lekken, lutschen
**säumig:** saumselig, langsam, nachlässig, unpünktlich, zu spät, im Rückstand, mit Verspätung, im Verzug,
nicht zur vereinbarten / rechten Zeit
**saumselig:** langsam, gemütlich, gemessen, sachte, träge, schleppend
**Säure:** saurer Geschmack *(chemische) Verbindung
**säuseln:** rascheln, fächeln, leise rauschen, leicht wehen *leise sprechen,
wispern, flüstern, tuscheln *schönreden, süßreden, flöten, Süßholz raspeln
**schäbig:** verschlissen, abgetragen, abgeschabt, zerrissen, vernachlässigt,
ausgedient, abgelaufen, abgefahren,
zerfleddert, zerlesen, abgenutzt *kleinlich, berechnend, profitsüchtig, habsüchtig, raffgierig, geldgierig, geizig
*gemein, niederträchtig, schmutzig,
hinterlistig, ekelhaft, schändlich, niedrig, schnöde, schmählich *kläglich,
lumpig, jämmerlich, schmal, mager,
spärlich, geringwertig, unergiebig
**schaden:** schädigen, Unheil anrichten /
stiften, übelwollen, Abbruch tun, verderben, beeinträchtigen, Nachteile /
Schaden / Verluste / Böses zufügen,
einen Bärendienst / einen schlechten
Dienst / keinen guten Dienst erweisen,
benachteiligen, jmdm. etwas anhaben /
zuleide tun, jmdn. in Mitleidenschaft
ziehen *Nachteile bringen, von Schaden sein, zum Schaden gereichen, s.
ungünstig auswirken
**Schaden:** Beschädigung, Wertminde-
rung, Zerstörung, Beeinträchtigung,
Abwertung *Ungunst, Manko, Nachteil, Mißerfolg, Ausfall, Einbuße, Ver-
lust(geschäft), Reinfall, Defizit *Verletzung, Gebrechen, Makel, Deformie-

*basisch (reagierend) (Chemie)
*freundlich, lustig, nett, zuvorkom-
mend, heiter, fröhlich, strahlend, vergnügt (Mensch) *leicht, angenehm,
mühelos, einfach, unkompliziert, kinderleicht, bequem, unschwer, unproblematisch (Arbeit)
**saufen:** fressen *nippen, trinken

**Säufer:** Fresser

**Saufgelage:** Freßgelage, Gelage,
Schwelgerei
**saugen:** pusten, ausstoßen, blasen

**säumig:** pünktlich, regelmäßig, stetig
*vorzeitig *schnell, eilig

**saumselig:** eilig, schnell *hastig, huschelig, oberflächlich
**Säure:** Lauge, Base *Süße (Wein)

**säuseln:** brausen, toben, stürmen, pfeifen (Wind) *schreien (Mensch)

**schäbig:** gepflegt, ordentlich, sauber
(Gebäude) *gepflegt, ordentlich, elegant, ansehnlich (Kleidung) *hoch,
großzügig, gut, großmütig, adäquat
(Bezahlung) *zuvorkommend, (über-)
reichlich, nett, freundlich, entgegenkommend, großmütig, wohlmeinend,
wohlwollend, liebenswürdig, wohlgesinnt (Behandlung) *nett, freundlich,
höflich, gesittet, anständig, korrekt
(Mensch)
**schaden:** heben, steigern (Ansehen)
*nützen, helfen, wohltun, fördern, die-
nen, lohnen, förderlich sein *entschädigen, ausgleichen, bezahlen, (wieder-)
gutmachen, ersetzen *helfen, unterstützen, fördern, protegieren

**Schaden:** Nutzen, Vorteil, Profit, Plus,
Trumpf *Gewinn *Gesundheit *Hilfe,
Wohltat *Reparatur *Entschädigung,
Ausgleich, Wiedergutmachung, Be-
zahlung, Schadenersatz

rung, Verstümmelung, Verunstaltung, Entstellung *Schadhaftigkeit, Schwäche, Defekt, Fehler, Bruch, Störung, Minus

**Schadenfreude:** Übelwollen, Bosheit, Boshaftigkeit, Rachsucht, boshafte Freude

**Schadenfreude:** Erbarmen, Anteil (-nahme), Mitleid, Bedauern, Mitgefühl, Wohlwollen, Mitempfinden, Sympathie, Teilnahme

**schadhaft:** defekt, beschädigt, lädiert, angeknackst, abgestoßen, ramponiert, angehauen, durchlöchert, morsch, wurmstichig, fehlerhaft, lückenhaft, mitgenommen, brüchig, baufällig, entzwei

**schadhaft:** in Ordnung, heil, ganz, intakt, vollkommen, vollendet, perfekt, unversehrt, instand, unbeschädigt, gut, einwandfrei, fehlerlos, tadellos

**schädlich:** nachteilig, ungünstig, schlecht, negativ, hinderlich, abträglich, hemmend *ungesund, unzuträglich, unbekömmlich, gesundheitsschädlich, gefährlich, gesundheitsschädigend

**schädlich:** günstig, förderlich, dienlich, hilfreich *harmlos, unschädlich *nützlich (Tier)

**schaffen:** arbeiten, leisten, s. betätigen / beschäftigen, befassen mit, erwerbstätig sein, einen Beruf ausüben, hantieren *bewältigen, vollbringen, meistern, ausführen, erreichen, verwirklichen *erschaffen, bilden, machen, entwickeln, in die Welt setzen, produzieren *befördern, fortbringen, transportieren, verfrachten, abliefern, expedieren

**schaffen:** faulenzen, nicht(s) schaffen, nichts tun *(aus)ruhen, müßig gehen, s. erholen *dabeistehen *krankfeiern *kopieren, imitieren, nachmachen *vernichten, zerstören *liegen lassen (Verwundeten)

**schal:** ohne Geschmack / Aroma / Würze, würzlos, schlecht / nicht gewürzt, abgestanden, fad(e), wäßrig, dünn, lau, ungewürzt, geschmacklos *langweilig, einfallslos, wirkungslos, monoton, phantasielos, einfach, alltäglich, üblich, unoriginell, ohne Pfiff, trist, fad(e), öde, trostlos, reizlos, uninteressant, gleichförmig, einförmig, ermüdend, trocken

**schal:** aromatisch, gewürzt, geschmackvoll, kulinarisch, würzig, wohlschmeckend, köstlich, schmackhaft, fein *frisch *geistreich, geistvoll, witzig (Witz) *erfüllt, reich (Leben)

**Schale:** Haut, Pelle, Hülse, Schote, Hülle

**Schale:** Inneres *Keimling *Frucht

**schalldicht:** schallisoliert, gut gegen Schall isoliert

**schalldicht:** hellhörig, schalldurchlässig, schlecht gegen Schall isoliert

**schalldurchlässig:** hellhörig, schlecht gegen Schall isoliert

**schalldurchlässig:** schalldicht, (schall-) isoliert, gut gegen Schall isoliert

**schallend:** laut, voller Lärm, geräuschvoll, lauthals, lautstark, gellend, ohrenbetäubend, hörbar, vernehmbar, markerschütternd, schrill, grell, ohrenzerreißend

**schallend:** zart, leise, sacht, gedämpft, still, lautlos, nicht verständlich / laut, geräuschlos, heimlich, flüsternd, kaum vernehmlich / hörbar / vernehmbar

**schamhaft:** verschämt, schüchtern, voller Scham, zurückhaltend *anständig, gesittet, korrekt, sittsam

**schamhaft:** ohne Scheu / Scham / Zurückhaltung, schamlos, (sehr) dreist, unverschämt *unanständig, sittenlos, unsittlich

**schamlos:** impertinent, frech, naseweis, vorlaut, vorwitzig, unartig, ungesittet, keß, keck, dreist, ungezogen, unverschämt, unverfroren, unmanierlich, anstößig, frivol, abgeschmackt

**Schande:** Schmach, Unehre, Bloßstellung, Entehrung, Kompromittierung, Demütigung, Kränkung, Schimpf, Blamage, Skandal, Verruf, Erniedrigung, Beschämung

**schänden:** entweihen, entehren, entheiligen, entwürdigen, beschmutzen, beflecken, die Ehre nehmen / rauben *vergewaltigen, notzüchtigen, (sexuell) mißbrauchen, mißhandeln, Notzucht verüben

**schändlich:** gemein, niederträchtig, schandbar, verwerflich, abscheulich, verächtlich, nichtswürdig, würdelos, schmählich, elend, schimpflich, skandalös, verabscheuenswert, schauderhaft, verbrecherisch, widerlich, scheußlich, greulich, gräßlich, niedrig, böse, charakterlos

**Schar:** Kreis, Gruppe, Gesellschaft, Runde, Gemeinschaft *Vielzahl, Reihe, Masse, Menschenmenge *Einheit, Verband, Abteilung, Kommando, Kolonne, Truppe *Heer, Schwarm, Legion, Rudel, Herde, Trupp, Pulk, Zug

**scharf:** heftig, hitzig, impulsiv, vehement, kraftvoll, gewaltig, ungestüm, wild *schneidend, (gut) geschliffen, spitz, scharfkantig, geschärft, gewetzt *schonungslos, hart, streng, rigoros, strikt, unerbittlich, gnadenlos, massiv, bissig, rücksichtslos *kalt, rauh, grimmig, stark, harsch *wach, klar, hell *stark gewürzt, pikant, brennend, gepfeffert, beißend *erkennbar, deutlich, genau, fest umrisssen, sichtbar, plastisch, merklich, augenfällig *zerstörend, ätzend *nachhaltig, fühlbar, spürbar, gravierend, einschneidend, gewichtig, merklich, empfindlich *penetrant, stechend, intensiv, durchdringend, herb *bissig, aggressiv (Hund) *hoch, schnell, überhöht (Tempo) *scharfsinnig, scharfblickend, wach, geweckt, klug, scharfsichtig *nicht aus-

**schamlos:** schamhaft, schamvoll, verschämt, schüchtern, zurückhaltend, voll Scham *anständig, gesittet, korrekt, sittsam

**Schande:** Ehre, Ansehen, Würde, Stolz, Prestige, Nimbus, Ruf, Geltung, Format, Größe, Höhe, Bedeutung, Leumund, Autorität, Einfluß, Rang, Gewicht, Profil, Image, Stand, Wichtigkeit, Verdienst, Ehrenhaftigkeit, Unbescholtenheit, Sozialprestige, Renommee, Reputation *Zierde, Schmuck *Nutzen, Hilfe(stellung), Förderung

**schänden:** ehren *zieren, schmücken *helfen, fördern, nützen

**schändlich:** ehrenhaft, rühmenswert, achtbar, ehrenwert, rechtschaffen, honorig, ehrbar, ehrsam, redlich, anständig, ehrenvoll *lauter, loyal, fair, unbestechlich, sauber, charakterfest, ehrenfest *gentlemanlike

**Schar:** (der) Einzelne, Individuum

**scharf:** stumpf, abgestumpft (Messer) *sanft, zahm, behutsam, mild, vorsichtig, menschlich (Kritik) *abgerundet, fade, lieblich, mild (Geschmack) *ängstlich, ungefährlich, zutraulich, feige (Hund) *mild, (f)lau, lind (Wind) *mild, lieblich (Senf) *fade, geschmacklos, wäßrig, kraftlos, salzarm, schal (Suppe) *schwach, leicht (Kampf) *mild, gering, menschlich (Urteil) *langsam, gemächlich, im Schritt (Geschwindigkeit) *nett, freundlich, wohlwollend, gutgesinnt, wohlgesinnt, höflich, verbindlich, liebenswürdig (Antwort) *verschwommen, unscharf, undeutlich, verwischt, unklar (Sicht, Photographie) *schwach, unausgebildet, ungeschult (Verstand) *entschärft, gut ausgebaut, weit (Kurve) *kurzsichtig (Augen)

gebaut, unübersichtlich *hochprozentig *pingelig, paragraphenhaft, kleinlich, engherzig, engstirnig, stur *eng, gefährlich (Kurve) *grell, durchdringend

**Schärfe:** Härte, Gewalt, Hitzigkeit, Heftigkeit *Deutlichkeit, Genauigkeit, Prägnanz *Gnadenlosigkeit, Strenge, Unerbittlichkeit, Unnachsichtigkeit, Kompromißlosigkeit, Ungerührtheit, Hartherzigkeit, Striktheit, Massivität, Schonungslosigkeit, Härte *Stärke

**schärfen:** scharf machen, schleifen, wetzen, zufeilen, spitzen, abziehen *verbessern, ausbilden, verfeinern, vervollkommnen, entwickeln, entfalten, ausgestalten

**scharfmachen:** aufreizen, anmachen, aufgeilen, erregen, betören *aufhetzen, anstacheln, anstiften, anführen, aufputschen, aufheizen, anzetteln, aufpulvern

**scharfsinnig:** klug, geweckt, gescheit, sinnreich, intelligent, scharfblickend, hellsichtig, scharfsichtig, klarblickend, wach, klardenkend

**Schatten:** Schlagschatten, Kernschatten *Dämmerung, Halbdunkel, Dunkel(heit), Schattenlicht *Ringe unter den Augen

**schattenhaft:** verschwommen, undeutlich, vage, unklar, unscharf, ungenau, diffus, nebelhaft, schemenhaft, unbestimmt, dunkel, andeutungsweise

**schattenlos:** sonnig, heiß, wolkenlos, unbewölkt

**Schattenseite:** Dunkel, Nachtseite *Nachteil

**schattig:** umschattet, beschattet, kühl, sonnenlos, schattenreich

**schätzbar:** ermeßlich, abschätzbar *gering, wenig *wertlos

**schätzen:** annehmen, mutmaßen, eine Vermutung haben, glauben, wähnen, kalkulieren *veranschlagen, taxieren, überschlagen, abschätzen, ansetzen, hochrechnen, erachten *achten, lieben, verehren, hochachten, wertschätzen, anerkennen, viel geben auf, Tribut

*dumpf (Ton) *undeutlich, unklar, verschwommen, schemenhaft (Gedanke) *alkoholfrei (Getränk) *nachsichtig, human, menschlich, wollwollend, liebenswürdig, zuvorkommend, entgegenkommend, hilfreich, nett, freundlich (Beamter)

**Schärfe:** Stumpfheit (Messer) *Lauheit, Schwäche, Schwachheit (Wind) *Milde *Sanftheit, Behutsamkeit, Milde, Vorsicht *Schwäche *Ungenauigkeit (Gehör) *Verschwommenheit, Unklarheit, Unschärfe (Photographie) *Dummheit *Geschmacklosigkeit, Fadheit, Flauheit, Schalheit, Nüchternheit, Geschmacksleere, Saftlosigkeit, Abrundung (Geschmack)

**schärfen:** abstumpfen (Blick) *stumpf / schartig machen, abnutzen *beruhigen

**scharfmachen:** entschärfen (Gewehr) *besänftigen

**scharfsinnig:** oberflächlich, unklug, unintelligent, dumm (Mensch) *banal, platt, oberflächlich, einfach, durchsichtig (Gedanke) *desinteressiert, teilnahmslos, stumpfsinnig, apathisch

**Schatten:** Sonne, Sonnenschein *Licht *Mondlicht

**schattenhaft:** deutlich, genau, exakt

**schattenlos:** schattig, sonnenlos, schattenreich, beschattet *bewölkt

**Schattenseite:** Sonnenseite *bessere Hälfte

**schattig:** sonnig, heiter, wolkenlos, sommerlich, klar, strahlend

**schätzbar:** unschätzbar, wertvoll, unermeßlich, kostbar, erlesen, edel

**schätzen:** (nach)messen *(nach)prüfen *(nach)zählen *verachten, ablehnen, herabsetzen, schmähen, mißachten, geringachten, geringschätzen, verabscheuen, schlecht / respektlos / behandeln, von oben herab / scheel ansehen *ignorieren, nicht beachten / ansehen /

zollen, eine hohe Meinung haben von, hochhalten

**schauderhaft:** schrecklich, furchtbar, fürchterlich, abscheulich, gräßlich, greulich, abstoßend, übel, schlimm, entsetzlich, verabscheuenswert *sehr, überaus *stockend, sehr schlecht / einfach (Sprachfertigkeit)

**scheckig:** fleckig, buntgescheckt, mehrfarbig, gefleckt

**scheel:** mißgünstig, neidisch, scheelsüchtig, neiderfüllt, argwöhnisch, mißtrauisch, eifersüchtig, scheelblickend

**scheiden:** absondern, separieren, trennen, aussortieren *differenzieren, unterscheiden, auseinanderhalten, abheben, einen Unterschied machen, gegeneinander abgrenzen *fortgehen, Abschied nehmen, s. empfehlen / beurlauben / verabschieden, das Amt aufgeben *sterben, verscheiden *s. scheiden lassen: auseinandergehen, die Ehe auflösen, s. trennen / lösen

**Scheidung:** Trennung, Auflösung, Ehescheidung

**Schein:** Helligkeit, Licht, Schimmer, Glanz, Helle, Strahl, Strahlenkegel *Aussehen, Anschein, Eindruck *Bescheinigung *Papiergeld, Banknote, Geldschein

**scheinbar:** fiktiv, illusorisch, hypothetisch, gedacht, imaginär, eingebildet *dem Schein nach, anscheinend, nicht eigentlich / wirklich *täuschend, trügerisch, falsch, irreführend

**scheintot:** todesähnlich

**scheitern:** straucheln, mißlingen, fehlschlagen, zerbrechen an, mißglücken, mißraten, s. zerschlagen, schlecht ausfallen / ausgehen / auslaufen, ohne Erfolg bleiben, ins Wasser fallen

**schelten:** (be)schimpfen, rügen, tadeln, maßregeln, angreifen, attackieren, anbrüllen, anherrschen, anschreien

**schematisch:** anschaulich, vereinfacht, übersichtlich, einprägsam, bildlich, eingängig, plastisch, verständlich *formelhaft, einförmig, s. wiederholend, immer wiederkehrend, gleichförmig,

zur Kenntnis nehmen, unbeachtet lassen, übersehen, keine Notiz nehmen / Beachtung schenken *(genau) wissen

**schauderhaft:** wunderbar, entzückend, herrlich, erfreulich, schön, sagenhaft *fließend (Sprachfertigkeit) *herrlich, schön, sommerlich, gut, warm, strahlend, klar, wolkenlos (Wetter)

**scheckig:** einfarbig, uni

**scheel:** freundlich, liebenswürdig, nett, gutgesinnt, entgegenkommend, zuvorkommend

**scheiden:** (zusammen)mischen, vermengen, zusammensetzen, zusammenstellen, verbinden, vereinigen, zusammenfügen, vermischen *schließen, eingehen (Ehe) *trauen (Ehepaar) *antreten, beginnen (Dienst) *s. scheiden lassen: heiraten, s. trauen lassen / verbinden / vermählen

**Scheidung:** Heirat, Bund fürs Leben, Hochzeit, Trauung, Vermählung, Ehebund *Verbindung, Vereinigung, Vermischung, Gemenge

**Schein:** Dunkelheit, Finsternis, Schatten *Münze, Hartgeld *Realität, Wirklichkeit, Tatsache *Gewißheit

**scheinbar:** wirklich, tatsächlich, real, in Wirklichkeit, in der Tat, de facto, faktisch, konkret

**scheintot:** tot, gestorben, abgeschieden, heimgegangen, leblos, verschieden, verstorben

**scheitern:** gelingen, Erfolg haben, erfolgreich sein, gutgehen, glücken, glattgehen, wunschgemäß verlaufen, nach Wunsch gehen

**schelten:** s. vertragen, auskommen, in Frieden leben *loben, würdigen, anerkennen, preisen, rühmen, feiern

**schematisch:** interessant, variierend, abwechslungsreich (Arbeit) *unschematisch, unübersichtlich, unanschaulich, ungeordnet, konfus, unzusammenhängend, durcheinander, planlos

gewohnheitsmäßig, automatisch, gängig, schablonenhaft, eingefahren, stereotyp, klischeehaft, schemenhaft, feststehend, nach Schema F, unveränderlich, uniform, erstarrt, stets auf dieselbe Art, immer wieder gleich, regelmäßig, eintönig, monoton, phrasenhaft

**schenken:** herschenken, stiften, wegschenken, abtreten, verschenken, opfern, beschenken, zukommen lassen, verteilen, zur Verfügung stellen, bescheren, übergeben, zum / ein Geschenk / Präsent machen, überlassen, hergeben, übertragen, weggeben, bedenken / beglücken mit, hingeben, als Gabe überreichen, fortgeben, darbringen, spenden, verehren, spendieren

**schenken:** behalten, nicht hergeben *erhalten, bekommen, entgegennehmen, annehmen, empfangen *verkaufen *zurückfordern *beachten, würdigen *hinhören *gewinnen, finden (Glauben) *zurückhalten (Lächeln)

**Schenkung:** Stiftung, Zuwendung, Gabe, Geschenk, Spende, Dotierung, Zueignung

**Schenkung:** Kauf, Erwerb *Entgegennahme, Erhalt

**scheren:** kurzschneiden, abschneiden, wegschneiden, beschneiden, stutzen, rasieren, kürzer machen, kürzen, abscheren, trimmen, kupieren **\*s. scheren:** s. (ab)rasieren / schneiden / stutzen / kürzen *s. kümmern (um)

**scheren:** belassen, wachsen lassen (Haare) **\*s. scheren:** (da)bleiben *s. nicht kümmern (um)

**Schererei:** Ärger, Verdruß, Theater, Krach, Tanz, Schlamassel, Knatsch

**Schererei:** Annehmlichkeit, Glück *Ruhe

**Scherz:** Schabernack, Spaß, Jux, Ulk, Ausgelassenheit, Humor, Narretei

**Scherz:** Ernst(haftigkeit) *Abwertung

**scherzen:** spaßen, albern, kaspern, necken, narren, ulken, schäkern, Dummheiten/Witze/Unsinn/Scherze/ Spaß machen

**scherzen:** ernst werden *ernst sein *ernst meinen *traurig / ernst / bekümmert / deprimiert sein

**scherzhaft:** nicht ernst, scherzend, im Scherz / Ernst, neckend, lustig, humorvoll, spaßig, witzig, frotzelnd

**scherzhaft:** ernst(haft), ernstlich *seriös *humorlos, trocken

**scheu:** gehemmt, schüchtern, nicht zutraulich, voller Scheu, unsicher, befangen, zaghaft, verschämt, schamhaft, genierlich, zurückhaltend, nicht zutraulich

**scheu:** zutraulich *dreist, unverfroren, ungezogen, schamlos, keß *ruhig (Pferd) *aktiv, unternehmungslustig, regsam, unternehmend, tätig, rührig

**scheuen (s.):** s. fürchten / fernhalten / entziehen, Angst / Scheu / Hemmungen haben, meiden, umgehen

**scheuen (s.):** s. wagen / (ge)trauen / entschließen *s. beruhigen (Pferde)

**scheußlich:** schändlich, gemein, niederträchtig, schandbar, verwerflich, abscheulich, verächtlich, nichtswürdig, würdelos, schmählich, elend, schimpflich, skandalös, verabscheuenswert, schauderhaft, verbrecherisch, widerlich, greulich, gräßlich, niedrig, böse, charakterlos *widerlich, mißgestaltet, erschreckend, abstoßend, schauerlich, unästhetisch, ekelhaft, geschmacklos

**scheußlich:** schön, herrlich, wunderbar, erfreulich, entzückend, angenehm (Anblick) *delikat, abgerundet, fein, würzig, köstlich (Suppe) *herrlich, warm, sonnig, schön, wolkenlos, sommerlich (Wetter) *malenswert, malerisch, idyllisch, pittoresk *geschmackvoll, hübsch, ästhetisch, schick, attraktiv *traumhaft, göttlich, vollkommen, strahlend, paradiesisch

*feuchtkalt, schrecklich, naßkalt *sehr, überaus

**schick:** elegant, vornehm, schön, fesch, geschmackvoll, stilvoll, schmuck, mondän, modisch, apart

**schicken:** versenden, (ab)senden, übersenden, zuleiten, überweisen, transportieren, einwerfen, übermitteln *beauftragen, kommandieren zu, beordern, delegieren *s. **schicken:** s. beeilen / (ab)hetzen *passen, anstehen, angebracht / angemessen sein, s. ziemen / gehören

**schicklich:** geeignet, entsprechend, angemessen, gebührend, richtig, passend, anständig, angezeigt, adäquat, geziemend, gebührlich, korrekt, gesittet, gemäß

**Schicksalsschlag:** Desaster, Unglück (-sfall), Verderben, Unheil, Verhängnis, Not(lage), Heimsuchung, Geißel, Plage, Prüfung, Bürde, Last, Mißgeschick, Schreckensnachricht, Katastrophe, Tragödie, Drama, Trauerspiel

**schieben:** stoßen, drängen, drücken, rollen, rücken *hehlen, unsaubere Geschäfte machen, schmuggeln

**schief:** geneigt, abfallend, abschüssig, windschief, s. senkend, schräg, nicht gerade, krumm *falsch, irrig, widersinnig, inkorrekt, verkehrt, fehlerhaft, unzutreffend, unhaltbar, widersprüchlich, unlogisch, unrecht

**schiefgehen:** scheitern, straucheln, mißlingen, fehlschlagen, zerbrechen an, mißglücken, mißraten, s. zerschlagen, schlecht ausfallen / ausgehen / auslaufen, ohne Erfolg bleiben, ins Wasser fallen

**schimpfen:** heruntermachen, anbrüllen, attackieren, (aus)schelten, auszanken, ausschimpfen, tadeln, zetern, zurechtweisen, angreifen

**schimpflich:** schändlich, gemein, niederträchtig, schandbar, verwerflich, abscheulich, verächtlich, nichtswürdig, würdelos, schmählich, elend, skandalös, verabscheuenswert, schauderhaft, verbrecherisch, widerlich, scheußlich, greulich, gräßlich, niedrig, böse, charakterlos

**schinden:** schikanieren, quälen, martern, grausam sein, weh tun, terrorisie-

**schick:** altmodisch, unmodern, gestrig, veraltet, nicht modern *brav, konservativ, konventionell, solide

**schicken:** erhalten, bekommen, empfangen, entgegennehmen *s. **schicken:** trödeln, langsam sein, bummeln, s. Zeit lassen / nicht schicken

**schicklich:** unschicklich, unangemessen, unangebracht, anstößig, unanständig, liederlich, lasterhaft, schlecht, sittenlos, ungebührlich, ungehörig, verrucht, wüst, verdorben, zotig, zuchtlos, zweideutig, schlüpfrig, schmutzig

**Schicksalsschlag:** Glück(sfall), Segen, Heil, Wohl, Glückssache, Gelingen, günstige Umstände, Erfolg, guter Verlauf, Fortuna, (guter) Stern, Gunst des Schicksals

**schieben:** fahren (Fahrrad) *ziehen *(legal) einführen, verzollen, angeben (Waffen)

**schief:** gerade *senkrecht, lotrecht, seiger *freundlich, nett, offen, heiter, zutraulich (Blick) *zufrieden, lustig, heiter, fröhlich, freudig, strahlend, vergnügt (Gesicht) *gerecht, angemessen, richtig (Urteil) *richtig (sehen) *richtig, gut, angemessen (Vergleich)

**schiefgehen:** glücken, gelingen, gutgehen, wunschgemäß verlaufen, nach Wunsch gehen, glattgehen, klappen, hinhauen

**schimpfen:** würdigen, loben, feiern, anerkennen, preisen, rühmen *s. vertragen, auskommen (mit), in Frieden leben *genießen (Essen)

**schimpflich:** menschlich, human, wohlwollend, entgegenkommend, freundlich (Behandlung)

**schinden:** schonen, Nachsicht üben, nachsehen, geschehen / durchgehen las-

# 544 Schlaf

ren, drangsalieren, foltern, tyrannisieren, Schmerzen / Qualen / Pein bereiten
**\*s. schinden:** s. quälen / (ab)plagen / (ab)arbeiten / (ab)placken / (ab)mühen / fordern
**Schlaf:** Nachruhe, Nachtschlaf, Schlummer, Halbschlaf, Dämmerschlaf
**schlafen:** schlummern, ruhen, im Schlaf liegen \*unaufmerksam / geistesabwesend / versunken / vertieft sein, träumen **\*schlafen lassen:** nicht (auf-)wecken

**schlaff:** erschöpft, gerädert, durchgedreht, ausgelaugt, entnervt, schlapp, müde, atemlos, mitgenommen, kaputt, schwach, kraftlos, entkräftet, abgehetzt, am Ende, aufgerieben, erholungsbedürftig, halbtot, abgeschlafft, schachmatt, groggy, angegriffen, abgespannt, angeschlagen, erschlagen, zerschlagen, k.o., matt, ermattet, überlastet, überanstrengt, abgewirtschaftet, geschafft, erledigt, urlaubsreif, verbraucht, überfordert, abgekämpft \*lose, locker, lasch, schlapp, schlotterig, schlaksig, nicht straff / gespannt
**Schlafmittel:** Einschlafmittel, Schlaftablette, Schlafpille, Durchschlafmittel, Schlafpulver, Tranquilizer
**schläfrig:** (tod)müde, verschlafen, ermüdet, übernächtigt, übermüdet, schlaftrunken, ruhebedürftig \*langsam
**schlagartig:** unvermutet, unversehens, überraschend, abrupt, jäh(lings), (blitz)schnell, sprunghaft, ruckartig, (ur)plötzlich

**schlagen:** züchtigen, ohrfeigen, (ver-)prügeln, handgreiflich werden, durchprügeln, weh tun, tätlich werden \*kämpfen \*besiegen \*erzeugen, machen, anfertigen (Kreis) \*spielen (Instrument) \*umlegen (Tuch) \*pulsieren
**schlagfertig:** zungenfertig, redegewandt, spritzig, geistesgegenwärtig, mundfertig, sprühend
**schlagkräftig:** einsatzbereit, kampffähig, vorbereitet, gut ausgerüstet / ausgebildet \*schlagend, bestechend, stichhaltig, plausibel, triftig, frappant, glaubwürdig, zwingend, überzeugend,

sen, Milde walten lassen, Rücksicht nehmen \*s. schinden: s. ausruhen, faulenzen

**Schlaf:** Wachsein, Wachen, Wachzustand

**schlafen:** wachen, wach sein / liegen, kein Auge zutun können, keinen Schlaf finden, auf sein, aufbleiben, aufsitzen \*wach werden, erwachen, zu s. kommen, aufwachen, die Augen aufmachen, munter werden \*schlafen lassen: aufwecken, (er)wecken, munter / wach machen, aus dem Schlaf reißen
**schlaff:** (an)gespannt, straff, prall, steif \*aufrecht \*trainiert (Muskel) \*überspannt, hart, verkrampft (Muskel) \*fit, erholt, ausgeruht, aufgeweckt, munter, unternehmungslustig, frisch, kräftig \*prall (Segel) \*stramm \*sicher

**Schlafmittel:** Weckamine, Aufputscher, Wachmacher, Aufputschmittel, Stimulans, Schnellmacher
**schläfrig:** frisch, munter, (hell)wach, ausgeschlafen \*lebhaft, schnell (Bewegungen)
**schlagartig:** allmählich, nach und nach, nacheinander, sukzessiv, schleichend, langsam, der Reihe nach, mit der Zeit, im Laufe der Zeit, schrittweise, unmerklich
**schlagen:** vertragen, auskommen (mit) \*herausziehen, entfernen (Nagel) \*verlieren, unterliegen (Kampf) \*zubleiben (Fenster) \*aufhören (Puls)

**schlagfertig:** verlegen \*geistlos, witzlos, einfallslos \*unpassend \*langsam, träge, bedächtig
**schlagkräftig:** schwach, schlecht ausgerüstet / ausgebildet, ohnmächtig, machtlos (Armee) \*schwach, unplausibel, widerlegbar, unglaubwürdig, fragwürdig, kaum zu glauben, unwirklich

treffend, evident, unwiderlegbar, schlüssig

**schlampig:** unordentlich, vernachlässigt, schludrig, unsorgsam, liederlich, unsorgfältig, sorglos, nachlässig

**schlank:** dünn, mager, rank, schmal, abgezehrt, dürr, gertenschlank, hager, grazil, schlankwüchsig, sportlich

**schlapp:** erschöpft, gerädert, durchgedreht, ausgelaugt, entnervt, schlaff, müde, atemlos, mitgenommen, kaputt, schwach, kraftlos, entkräftet, abgehetzt, am Ende, aufgerieben, erholungsbedürftig, halbtot, abgeschlafft, schachmatt, groggy, angegriffen, abgespannt, angeschlagen, erschlagen, zerschlagen, k.o., matt, ermattet, überlastet, überanstrengt, abgewirtschaftet, geschafft, erledigt, urlaubsreif, verbraucht, überfordert, abgekämpft

**Schlappe:** Mißlingen, Mißerfolg, Zusammenbruch, Ruin, Katastrophe, Bankrott, Fiasko, Abfuhr, Debakel, Rückschlag, Versagen, Durchfall, Pech

**schlau:** durchtrieben, geschickt, gewieft, listig, verschmitzt, taktisch, bauernschlau, clever, diplomatisch, abgefeimt, gewitzt, raffiniert, ausgefuchst, ausgekocht, gerissen, geschäftstüchtig, verschlagen

**Schlauheit:** Findigkeit, Mutterwitz, Verschmitztheit, Cleverness, Bauernschläue, Raffiniertheit, Taktik, Verschlagenheit, Geschäftstüchtigkeit

**Schlaukopf:** Schlauer, schlauer Fuchs, Filou

**schlecht:** elend, jämmerlich, schwach, schwächlich, miserabel, erbärmlich, kläglich, unpäßlich, übel, unwohl, indisponiert, mitgenommen, erbarmungswürdig, hilfsbedürftig *gemein, verwerflich, verworfen, verächtlich, unwürdig, niedrig, ehrlos, ruchlos, häßlich, verdammenswert, verabscheuenswert, scheußlich, schändlich, erbärmlich, abscheulich, charakterlos *ausgehungert, krank, geschwächt, zerbrechlich *arm(selig), verelendet, verarmt, unvermögend, notleidend, unbemittelt, bedürftig, güterlos, bettelarm, hilfsbedürftig, ärmlich *faul, verdorben, verfault, verwest, verrottet,

(Argumente)

**schlampig:** ordentlich, sauber, anständig, gewissenhaft, sorgfältig, exakt, genau (Arbeit) *gepflegt (Aussehen)

**schlank:** dick, massig, stattlich, stämmig, (wohl)beleibt, vollschlank, aufgebläht, fett, feist, korpulent, füllig, üppig, strotzend, stark, plump, gedrungen, fleischig

**schlapp:** fit, frisch, kräftig, aufgeweckt, unternehmungslustig, wach (Mensch) *straff, steif, (an)gespannt, prall

**Schlappe:** Erfolg, Sieg, Triumph *Durchbruch *Resultat, Ergebnis

**schlau:** unintelligent, dumm, blöd, dümmlich, töricht, unbedarft, unverständig *unerfahren, unbewandert, nicht unterrichtet, uninformiert, ungeschult, unaufgeklärt

**Schlauheit:** Dummheit, Dümmlichkeit, Unbedarftheit, Unverständigkeit, Blödheit, Torheit *Unerfahrenheit

**Schlaukopf:** Dummkopf, Idiot, Vollidiot, Blödling, Blödian, Armleuchter

**schlecht:** gesund, intakt, kräftig (Zähne) *gut, hervorragend, ausgezeichnet, außergewöhnlich, ungewöhnlich, stattlich, überdurchschnittlich (Ernte) *gut, ausgelassen, aufgekratzt, angeheitert, froh(gemut), übermütig, strahlend, vergnügt, vergnüglich, munter (Laune) *positiv, erfreulich, angenehm, gut, schön (Nachricht) *verblüffend, hochwertig, hervorragend, prima, ordentlich, vorzüglich, (sehr) gut, sagenhaft, ausgezeichnet, tadellos, großartig, außergewöhnlich (Qualität) *gut, scharf (Augen) *ausgeprägt, fein, gut, frisch (Geruch) *mittelmäßig, ausreichend, befriedigend, tauglich, durchschnitt-

ungenießbar, verkommen, faulig, alt, nicht mehr gut / frisch *fürchterlich, elend, mißlungen, mißraten, erbärmlich, armselig, kümmerlich, dilettantisch, stümperhaft *undeutlich, unordentlich, unleserlich, unsauber *ungepflegt, kariös *miserabel, unter dem Durchschnitt, unterdurchschnittlich (Ernte) *unerfreulich, unerquicklich, schlimm (Nachricht) *miserabel, makelhaft, fehlerhaft (Qualität) *kurzsichtig, weitsichtig, fehlsichtig (Augen) *schlimm (Zeiten) *zerreißend, destruktiv, negativ, herabwürdigend, zerstörend (Kritik) *regnerisch, (feucht-) kalt, naßkalt, kühl, schrecklich, stürmisch (Wetter) *blamabel, unrühmlich (Leistung)

**schlechtgelaunt:** mißgelaunt, bärbeißig, wütend, wutschnaubend, wutentbrannt, wutschäumend, zornig, erzürnt, fuchsteufelswild, böse, grimmig, ärgerlich, empört, mißlaunig, mißmutig, peinlich, mürrisch, aufgebracht, brummig, verdrossen, verdrießlich, unwillig, rabiat, erbost, erbittert, grantig, gereizt, übellaunig, unwirsch, entrüstet, muffig, griesgrämig
**schlechtgesinnt:** übelgesinnt, voreingenommen, subjektiv, negativ eingestellt

**Schlechtigkeit:** Gemeinheit, Niederträchtigkeit, Schurkerei, Charakterlosigkeit, schlechte Eigenschaft

lich, normal, brauchbar, entsprechend *trainiert, ausgebildet, fein, gut, geschult (Gehör) *frisch, gut, nährend, eßbar, genießbar, bekömmlich, kulinarisch, nahrhaft, wohlschmeckend, lekker, gesund, vitaminreich (Lebensmittel) *lesbar, leserlich, ordentlich, deutlich, klar, sauber (Schrift) *gut (Zeiten) *aufbauend, positiv, hilfreich, förderlich (Kritik) *förderlich, dienlich, gut *gut, positiv, angenehm (Angewohnheit) *hochwertig, teuer, hochentwickelt (Ware) *gesund, wohl, angenehm, gut (Befinden) *gut, positiv, beste, angenehmste (Seite) *hervorragend, (sehr) gut, überwältigend, großartig, ordentlich, tadellos, beachtlich, phantastisch, meisterhaft, prachtvoll, anständig, eindrucksvoll, erhaben, erstaunlich, aufsehenerregend, ausgezeichnet, prächtig, brillant, imposant, verblüffend, stattlich, beeindruckend (Leistung) *günstig, positiv, gut, angenehm (Eindruck) *sonnig, sommerlich, strahlend, gut, heiter, klar, wolkenlos (Wetter) *anständig, sittsam, korrekt, höflich, gesittet (Mensch) *(hoch)anständig, ehrenhaft, rühmenswert, sauber, wacker, aufrecht, brav, achtbar, ehrbar, ehrsam, rechtschaffen, redlich, ehrenwert, ehrenfest *beseelt, gefühlvoll, fühlend, herzlich, warm, seelenvoll, innig, empfindend *barmherzig, gut(herzig), herzensgut, gutmütig, sanftmütig, gnädig, herzlich, mild *teilnahmsvoll, teilnehmend, mitfühlend, gerührt, mitleidig, anteilnehmend
**schlechtgelaunt:** gutgelaunt, heiter, aufgekratzt, aufgeräumt, wohlgelaunt, wohlgemut, vergnüglich, vergnügt, überschäumend, übermütig, fröhlich, aufgeheitert, aufgelegt, aufgeweckt, fidel, froh(sinnig), munter, lustig

**schlechtgesinnt:** gutgesinnt, wohlgesinnt, freundlich, entgegenkommend, wohlwollend, nett, liebenswürdig, wohlmeinend, verbindlich, großmütig, anständig, leutselig, gewogen
**Schlechtigkeit:** Gutes, Angenehmes, Positives, Qualitäten (Mensch) *(das) Gute

**schlechtmachen:** verleumden, verteufeln, verunglimpfen, verlästern, diskriminieren, diffamieren, herabwürdigen, verketzern, entwürdigen, abqualifizieren

**schlechtriechend:** stinkend, muffig, mod(e)rig

**Schlechtwetter:** Tief(druckgebiet), Wettersturz, Regenwetter

**schleichen:** leise / behutsam / unbemerkt / heimlich / vorsichtig gehen, auf Fußspitzen / Zehenspitzen gehen

**schleichend:** langsam, umerklich, allmählich, unmerkbar, sukzessiv(e)

**schleierhaft:** unfaßbar, unbegreiflich, unerklärlich, unverständlich, vage, geheimnisvoll, undurchschaubar, nebulös, undurchsichtig, mehrdeutig, geheimnisumwittert, orakelhaft

**schleifen:** bugsieren, zerren, ziehen, schleppen *schärfen, scharf machen, wetzen, zufeilen, spitzen, abziehen *verbessern, ausbilden, verfeinern, vervollkommnen, entwickeln, entfalten, ausgestalten *niederreißen, zerstören, vernichten, stählen, trimmen, schinden (Soldat)

**schlemmen:** prassen, frönen, genießen, schwelgen, es s.schmecken lassen, in Saus und Braus / luxuriös leben

**Schlemmer:** Feinschmecker, Gourmet, Kenner, Lukullus, Genießer, Kulinarier

**Schlemmerei:** Gelage, Schwelgerei, Luxusgelage

**schleppen:** hinter s. herziehen, bugsieren, ziehen, lotsen, manövrieren, ins Schlepptau nehmen *befördern, tragen, transportieren *s. schleppen: s. aufraffen / aufrichten

**schleppend:** langsam, gemächlich, säumig, geruhsam, gemütlich, stockend, bedächtig, zögernd, betulich, sachte, kriechend, mit geringer Geschwindigkeit, nicht überstürzt / übereilt, gemessenen Schrittes, im Schrittempo, saumselig *allmählich, stufenweise, nach und nach, Schritt für Schritt, kaum

**schlechtmachen:** würdigen, loben, preisen, rühmen, feiern *helfen, fördern, unterstützen

**schlechtriechend:** duftend, wohlriechend, aromatisch, würzig, lecker, vorzüglich, appetitlich, gutriechend

**Schlechtwetter:** Schönwetter, Sommerwetter, Sonnenschein, Hoch(-druck), Urlaubswetter, Badewetter, Hitze

**schleichen:** rennen, flitzen, hasten, eilen, fegen, jagen, preschen, rasen, brausen, sausen, sprinten, spurten *eilen, verfliegen, davonjagen (Zeit) *daheim bleiben

**schleichend:** plötzlich, schlagartig, abrupt, unvorhergesehen, sprunghaft *akut, jäh, hitzig (Krankheit) *schnell, rasend

**schleierhaft:** klar, exakt, deutlich *erklärlich *nahe, greifbar

**schleifen:** abstumpfen, stumpf machen (Messer) *errichten, befestigen, aufbauen (Festung) *vernachlässigen, gehenlassen (Mensch) *fahren, tragen (Sack)

**schlemmen:** hungern, darben, entbehren, Not leiden, schmachten, fasten

**Schlemmer:** Asket, Kostverächter

**Schlemmerei:** Not, Hunger, Fasten, Mangel, Entbehrung, Entsagung

**schleppen:** schieben (Schiff) *fahren (Koffer) *s. schleppen: zusammenbrechen (Kranker)

**schleppend:** flüssig, ausdrucksvoll, bilderreich, gewandt, dichterisch, ausdrucksreich, geschliffen, ausgefeilt, gewählt, sprachgewaltig, wortgewandt, redegewandt (Redeweise) *hastig, überstürzt, übereilt, kurzatmig (Rede) *schnell, leicht(füßig) (Gang)

merklich, nicht auf einmal, unmerklich, im Laufe der Zeit, mit der Zeit,
graduell, etappenweise, sukzessive,
schrittweise, stückweise, peu à peu
**schleunig:** geschwind, hurtig, blitzartig, flott, eilends, flugs, rasant, zügig
**schlicht:** einfach, primitiv, ungegliedert, unkompliziert, gradlinig, ungekünstelt, glatt, schmucklos, natürlich,
kunstlos *anspruchslos, frugal, bescheiden, genügsam *naiv, arglos,
harmlos, kindhaft, leichtgläubig, einfältig, unbedarft, treuherzig, kritiklos,
weltfremd, unkritisch *primitiv, farblos, unscheinbar, unauffällig *bescheiden, zurückhaltend, einfach, anspruchslos, gelassen *kurzerhand, ohne weiteres, ohne Umstände

**schleunig:** langsam, gemächlich,
schleppend, gemütlich
**schlicht:** gekünstelt, schauspielerhaft,
affektiert, geziert, gemacht, gequält,
gezwungen, unecht *aufwendig, teuer,
kostspielig, mondän, prunkvoll, anspruchsvoll, luxuriös, unbescheiden,
prächtig, prunkend (Leben) *raffiniert, hinterlistig, intelligent (Charakter) *prächtig, verziert, geschmückt,
raffiniert, elegant, vornehm (Kleid)
*kraus, durcheinander, wirr (Haar)
*aufgedonnert, aufgeputzt, zurechtge-
macht, herausgeputzt, aufgemacht
*ausdrucksreich, ausdrucksvoll, bilder-
reich, mit Ausdruck, dichterisch, rednerisch (Sprache) *ausgefeilt, stilistisch, gehoben, gewählt, gewandt, geschliffen, klar formuliert (Vortrag)
*geblümt, verziert, geschmückt, blü-
hend (Ausdruck) *umständlich, weitschweifig, langatmig (Vortrag) *intelligent, klug, gescheit, verständig, vernünftig, scharfsinnig, aufgeweckt, umsichtig

**schlichten:** bereinigen, regeln, begraben, versöhnen, vermitteln, beseitigen,
zurechtrücken, liquidieren, ausbalan-
cieren, wiedergutmachen, richtigstellen, klären, einigen
**Schlichtheit:** Einfachheit, Anspruchslosigkeit, Offenheit, Geradlinigkeit,
Natürlichkeit, Aufrichtigkeit, Freimut
*Einfalt, Harmlosigkeit, Arglosigkeit,
Unschuld, Gutgläubigkeit, Leichtgläubigkeit, Unbedarftheit *Klarheit,
Übersichtlichkeit, Verständlichkeit,
Unkompliziertheit, Undifferenziertheit, Eingängigkeit *Natürlichkeit, Naturzustand, Naturverbundenheit, Naturnähe, Urwüchsigkeit *Kritiklosigkeit, Urteilslosigkeit
**schließen:** zuriegeln, abriegeln, zusperren, zumachen, absperren, zuklappen,
verschließen, zuklinken, die Türe ins
Schloß fallen lassen, zuschließen, zuschmettern, zuwerfen, zustoßen *abschließen, vereinbaren, festlegen,
übereinkommen, eine Vereinbarung /
Abmachung treffen, festmachen, abmachen *angliedern, anfügen, folgen

**schlichten:** anfangen, entfachen, beginnen, schüren (Streit)

**Schlichtheit:** Prunk, Pomp, Fülle, Ge-
pränge, Luxus, Pracht(entfaltung),
Aufwand

**schließen:** anfangen, beginnen, einleiten, eröffnen (Veranstaltung, Verfahren) *aufreißen, öffnen (Brief) *öffnen, aufmachen, aufschließen, aufsperren (Tür) *anlehnen (Fenster, Tür)
*auflassen, offenlassen (Tür, Fenster)
*klemmen, nicht zugehen, sperren
(Tür, Fenster) *entkorken (Flasche)
*weitermachen, weiterfahren, fortfah-

(lassen), anreihen, s. anschließen *zumachen, den Laden schließen, den Betrieb einstellen, die Geschäftszeit beenden, Feierabend machen *verstopfen,
zuknöpfen, zukleben, zubinden, zukorken, zuhaken, zuschrauben, zu-
schnallen *zustopfen, einfügen, zuschütten, (aus)füllen, zugießen *sichern, versperren, wegschließen, sicherstellen, verwahren, in Gewahrsam
/ Verwahrung nehmen, beiseite legen /
bringen, einschließen, unter Verschluß
halten *folgern, herleiten, urteilen,
entnehmen, entwickeln, induzieren,
konkludieren, ersehen *vollenden, erledigen, fertigstellen *aufhören, endigen, versiegen, ausklingen, auslaufen,
verebben, abreißen, verhallen, erlöschen, stillstehen, zum Abschluß kommen / gelangen, zum Erliegen / zur
Ruhe kommen, zur Neige gehen *beendigen, beenden, beschließen, aufgeben, zu Ende bringen / führen, aufhören, einstellen, Schluß / ein Ende machen, aufstecken, aussteigen, begraben
*s. schließen: einschnappen, zugehen,
ins Schloß fallen *zusammengehen *zu-
wachsen (Wunde)

**schlimm:** tiefgreifend, gravierend,
schwerwiegend, arg, entscheidend, gewichtig, wesentlich, existentiell, ernsthaft, grundsätzlich, folgenreich *gefährlich, gefahrvoll, bedrohend, beängstigend, gefahrbringend, beunruhigend, nicht geheuer, bedenklich, unheilvoll, unheilbringend, zugespitzt,
kritisch, ernst, brenzlig *ansteckend,
heimtückisch, infektiös, übertragbar,
bösartig *(bitter)böse, boshaft, bösartig, gemeingefährlich, garstig, übelgesinnt, unausstehlich, übel(wollend)
**schlimmstenfalls:** notfalls, erforderli-
chenfalls, nötigenfalls
**schlingern:** schleudern, hin und her
schwanken, rudern, wackeln, schaukeln, schütteln
**schludrig:** nachlässig, oberflächlich,
unordentlich, schlampig, liederlich,
unkorrekt, lässig, salopp, pflichtvergessen, sorglos, flüchtig
**Schlummer:** Nickerchen, Halbschlaf,
leichter Schlaf, Dämmerzustand, Dämmerschlaf, Schläfchen
**schlummern:** dösen, einnicken, ein
Schläfchen machen, im Halbschlaf

ren, laufenlassen *öffnen, aufmachen
(Geschäft) *eröffnen, gründen (Unternehmen) *spreizen (Finger) *nicht passen (Deckel) *aufbrechen, aufbekommen, aufknacken *losmachen (Fahrrad) *anfangen, beginnen, eröffnen
(Sitzung) *beginnen (Brief) *kündigen, brechen, aufheben, lösen (Vertrag) *vorausschicken (Rede) *auf lassen, öffnen (Augen) *aufklappen, aufschlagen (Buch) *nicht eingehen
(Freundschaft) *aufdrehen (Wasserhahn) *lösen, entknoten (Fesseln) *s.
**schließen:** s. entfalten / öffnen, aufgehen (Blüte)

**schlimm:** verzeihlich, leicht, gering,
klein, geringfügig *läßlich (Sünde)
*unwichtig *angenehm, gut, positiv
*gut, überragend, verblüffend, hervor-
ragend, ausgefallen, außergewöhnlich,
enorm, fabelhaft, imposant, sondergleichen, sensationell, großartig, brillant *gut (Zeit, Nachricht) *heil, gesund (Verletzung) *entgegenkommend, anständig, wohlwollend, nett,
verbindlich, liebenswürdig, freundlich,
großmütig, höflich, zuvorkommend,
wohlmeinend (Mensch)
**schlimmstenfalls:** bestenfalls, günstig-
stenfalls, im besten Falle
**schlingern:** geradeaus fahren, hinterherfahren, in der Spur bleiben (Caravan) *ruhig bleiben (Schiff)
**schludrig:** ordentlich, sorgfältig, genau, exakt, gründlich, meisterlich, profihaft, profimäßig (Arbeit)

**Schlummer:** Tiefschlaf *Wachzustand

**schlummern:** tief / fest schlafen *wach
sein, wach werden, aufwachen *ge-

liegen, schlafen, ruhen

**schlüpfrig:** anstößig, pikant, schlecht, unanständig, unkeusch, lasterhaft, liederlich, sittenlos, ruchlos, ungehörig, unmoralisch, unschicklich, verdorben, unzüchtig, unsittlich, unziemlich, zuchtlos, wüst, ungebührlich, verworfen, verrucht, unsolide, zotig, zweideutig *glitschig, feucht, rutschig, eisglatt, spiegelglatt

**Schluß:** Ende, Abschluß, Ausgang, Schlußpunkt, Beendigung, Ausklang, Finale, Torschluß, Schlußakt, Endpunkt, Abbruch, Neige *Folgerung, Konklusion, Konsequenz, Schlußfolgerung, Deduktion, Induktion, Folge, Ableitung

**schlüssig:** zwingend, folgerichtig, stringent, systematisch, überzeugend, stichhaltig, beweiskräftig, logisch, triftig *schlüssig sein: entschlossen / sicher / energisch sein

**Schlußwort:** Nachwort, Epilog, Nachtrag *Postskriptum, Nachschrift

**Schmach:** Kompromittierung, Schande, Blamage, Skandal, Demütigung, Entehrung, Unehre, Schimpf, Beschämung, Erniedrigung, Kränkung

**schmächtig:** dürr, dünn, abgezehrt, grazil, hager, mager, schmal, rank *klein

**schmachvoll:** verletzend, demütigend, entehrend, erniedrigend, entwürdigend *(hunds)gemein, niederträchtig, schäbig, schändlich, schmählich, schmutzig, schimpflich, schnöde

**schmackhaft:** delikat, appetitlich, mundend, kräftig, köstlich, fein, lecker, würzig, vollmundig, schmeckbar, wohlschmeckend, knusprig

**schmähen:** demütigen, herabsetzen, diffamieren, entwürdigen, erniedrigen, abqualifizieren, verunglimpfen, schlechtmachen, verletzen

**schmählich:** schändlich, gemein, niederträchtig, skandalös, widerlich, abscheulich, verwerflich, würdelos, ehrlos, niedrig, böse, ruchlos *kläglich, bedauernswert, jämmerlich, bemitleidenswert, unrühmlich, mitleiderregend, herzzerreißend, deplorabel, er-

weckt werden *entfalten, fördern, entwickeln, formen, (heraus)bilden (Fähigkeiten)

**schlüpfrig:** anständig, sauber, gesittet, sittsam, astrein, salonfähig, schicklich, züchtig, geziemend, stubenrein *trokken *rutschfest, rauh (Fläche)

**Schluß:** Anfang, Beginn *Pause *Mitte, Hälfte *Prämisse, Voraussetzung *Spitze, Tete (Zug)

**schlüssig:** nicht schlüssig/überzeugend/zwingend *schlüssig sein: unentschlossen sein, unschlüssig sein, unsicher sein

**Schlußwort:** Vorwort

**Schmach:** Ehre, Ruhm, Ansehen, Größe, Leumund, Rang, Profil, Image, Prestige, Ruf, Unbescholtenheit, Format, Bedeutung

**schmächtig:** kräftig, stämmig, massig, stattlich, mächtig, riesenhaft, gigantisch, stark, umfänglich, korpulent, groß, gedrungen

**schmachvoll:** ehrenhaft, ansehnlich, stattlich, beachtlich, rühmlich, ruhmvoll, ehrenvoll

**schmackhaft:** geschmacklos, abgestanden, flau, fade, würzlos, salzlos, schal, salzarm, reizlos, ohne Geschmack, wäßrig, unappetitlich *nichtssagend *widerlich, ekelerregend, abstoßend

**schmähen:** loben, preisen, rühmen, würdigen, verherrlichen, verehren

**schmählich:** bevorzugt *gut, wohlwollend, menschlich, großmütig, nett, freundlich, liebenswürdig, verbindlich, zuvorkommend, höflich, aufmerksam (Behandlung)

bärmlich, elend, bedauernswürdig, bedauerlich, beklagenswürdig
**schmal:** abgezehrt, grazil, hager, mager, rank, dürr, dünn *eng, eingeengt, begrenzt *dürftig, mager, klein, gering, bescheiden

**schmälern:** vermindern, verringern, verkleinern, kürzen, drosseln, begrenzen, eingrenzen *verengen, einengen, begrenzen
**schmelzen:** zerfließen, zergehen, flüssig werden, wegschmelzen, auftauen, zerrinnen, zerlaufen *verflüssigen, auslassen, flüssig machen
**Schmerz:** Qual, Leiden, Höllenqual, Plage, Strapaze, Beschwernis, Mühsal, Pein
**schmerzhaft:** schmerzend, schmerzlich, quälend, peinigend, qualvoll, nagend, brennend, bohrend, stechend, schmerzvoll, ziehend *negativ
**schmerzlich:** betrüblich, bitterlich, quälend, traurig, herzzerreißend, kummervoll, gramvoll, martervoll, grausam, peinigend
**schmerzlos:** schmerzfrei, indolent *wohl, gesund

**schmiegsam:** biegsam, weich, geschmeidig, anpassungsfähig, elastisch, dehnbar, flexibel, nachgiebig, s. anpassend
**schmissig:** rasant, schnittig, sportlich, schneidig, flott, wendig, schwungvoll, zackig, beweglich
**schmuck:** sauber, adrett, unbenutzt, hygienisch *elegant, smart, kultiviert, gewählt, fesch, sehr schön, mondän

**schmücken:** ausstatten, verschönern, behängen, ausgestalten, ausputzen, garnieren, schönmachen, verzieren
**schmucklos:** einfach, primitiv, ungekünstelt, glatt, natürlich, kunstlos, schlicht
**schmutzig:** mit Flecken übersät, trübe, dreckig, ölig, fleckig, fett(ig), unrein, in unbeschreiblichem Zustand, speckig, unansehnlich, unsauber, voller Schmutz, schmuddelig, ungewaschen, kotig, beschmutzt, klebrig, verschmutzt, verunreinigt, verfleckt,

**schmal:** breit, weit *stattlich, gut, hervorragend (Einkommen) *umfangreich *reichlich, kalorienreich, mastig (Kost) *dick, massig, stämmig, strotzend, riesenhaft, umfangreich, plump, aufgetrieben, aufgebläht, fett, stattlich, korpulent, kräftig (Körper)
**schmälern:** erhöhen, vergrößern (Gewinn, Ansehen, Verdienste) *verbreitern

**schmelzen:** erstarren, gefrieren (Eis) *erkalten *verdampfen

**Schmerz:** Schmerzunempfindlichkeit, Indolenz, Schmerzfreiheit, Schmerzlosigkeit *Gesundheit, Wohlbefinden
**schmerzhaft:** schmerzlos, schmerzfrei, indolent *wohl, gesund *positiv, angenehm, erfreulich (Erfahrung)

**schmerzlich:** beglückt, beglückend, angenehm, erfreulich *gleichgültig, egal

**schmerzlos:** schmerzhaft, qualvoll, schmerzlich, schmerzvoll, peinigend, peinvoll, quälend, schmerzend
**schmiegsam:** starr, fest, spröde, steif

**schmissig:** langweilig, langsam, uninteressant, einschläfernd, ermüdend, einförmig (Musik)
**schmuck:** ungepflegt, häßlich, unansehnlich *schmutzig, unsauber, dreckig, herabgewirtschaftet, herabgekommen, ungepflegt (Haus)
**schmücken:** weglassen (Zitate) *schänden *verunzieren, verunstalten

**schmucklos:** geschmückt, verziert, verschnörkelt, verschönert

**schmutzig:** (blitz)sauber, (blitz)blank, frisch, geputzt, gereinigt, rein(lich), gesäubert *hygienisch *rein, anständig, sittsam, sauber, gesittet, keusch (Gedanke, Witz) *sauber, anständig, gesittet (Literatur) *redlich, ehrlich, sauber, anständig (Gewerbe) *rein, klar,

schmierig, befleckt, verstaubt *(hunds-) gemein, niederträchtig, schäbig, schändlich, schmählich, schimpflich, schnöde, schmachvoll *anstößig, schlüpfrig, pikant, locker, lose, wüst, frech, anzüglich, schamlos, gewagt, ordinär
**schneearm:** schneefrei, aper, grün

leuchtend, sauber (Farbe) *lauter, sauber, anständig (Mensch) *gerecht, offen *gepflegt, schmuck, schön (Gebäude)

**schneearm:** schneereich, (tief) verschneit, zugeschneit, eingeschneit, weiß, winterlich, beschneit, unter Schnee begraben, mit Schnee bedeckt, unter einer Schneedecke liegend
**schneereich:** schneearm, aper, schneefrei

**schneereich:** eingeschneit, weiß, winterlich, unter Schnee begraben, mit Schnee bedeckt, unter einer Schneedecke liegend
**schneeweiß:** (rein)weiß, blütenweiß, weiß wie Schnee

**schneeweiß:** pechschwarz (Haar)

**schneiden:** zerkleinern, zerteilen, zerstückeln, auseinanderschneiden, in Stücke schneiden *schnitzeln, schnitzen *wegschneiden, abschneiden, kürzen, beschneiden, kürzer machen, (zurecht)stutzen, kappen, kupieren, scheren, abtrennen, trimmen, abzwicken *geschärft / scharf sein *operieren, unters Messer nehmen, eine Operation vornehmen / durchführen *ignorieren, nicht beachten
**schneidend:** scharf, gewetzt, geschärft *kalt, grimmig, stark, harsch

**schneiden:** brechen (Brot) *wachsen lassen (Gras) *ausfahren (Kurve) *bestrahlen (Geschwür) *nebeneinander / parallel (ver)laufen *beachten, grüßen (Person)

**schneidend:** ungeschärft, ungeschliffen, stumpf *lau, schwach (Wind)

**schneidig:** mutig, wagemutig, tapfer, draufgängerisch, tollkühn, verwegen, beherzt, waghalsig, furchtlos, todesmutig, vermessen, heldenhaft, kühn, unverzagt, heldenmütig, unerschrocken, mannhaft, kämpferisch *rasant, schnittig, sportlich, schmissig, flott, schwungvoll, forsch, wendig *munter, energisch, resolut, dynamisch

**schneidig:** ängstlich, bang, scheu, gehemmt, schüchtern, aufgeregt, angstschlotternd, verschüchtert, zag(haft), verkrampft, furchtsam *schonungslos, ohne Begeisterung, träge *langsam, gemächlich, bedächtig, schleppend, im Schneckentempo / Schritt *schwunglos, ohne Begeisterung, träge

**schnell:** eilig, hurtig, flink, sportlich, rasant, flugs, fix *in kurzer Zeit, alsbald, dringend, gleich, sofort, kurzerhand, unverzüglich, ungesäumt, eilfertig

**schnell:** langsam, gemächlich, bedächtig, schleppend, im Schneckentempo / Schritt *langfristig, auf lange Sicht (Entscheidung)

**Schnelligkeit:** Geschwindigkeit, Fixheit, Tempo, Eile, Raserei

**Schnelligkeit:** Langsamkeit, Zeitlupentempo, Schneckentempo, Gemächlichkeit, Verlangsamung

**schnippisch:** spitz, frech, keß, kurz angebunden, dreist, bissig, scharf, spöttisch, forsch, lausbübisch

**schnippisch:** ordentlich, ruhig, brav, zurückhaltend *scheu, ängstlich, zag (-haft), schüchtern, verängstigt, eingeschüchtert, gehemmt, angstvoll *freundlich, entgegenkommend, nett

**schockiert:** geschockt, entrüstet, erregt, bestürzt, empört, betroffen, getroffen, aufgeregt

**schockiert:** teilnahmslos, gelassen, gleichgültig, unberührt, desinteressiert, stumpf, wurstig *erfreut, froh

**schon:** früher als gedacht, bereits, lange, längst, seit langem / längerem, seit langer / längerer Zeit *nur, allein, bloß, einzig, lediglich *ohnehin, ohnedem, ohnedies, sowieso *gewiß

**schön:** formvollendet, bildschön, wundervoll, wohlgeformt, klassisch, makellos, wunderschön, wunderbar, wohlgestaltet, ästhetisch *reizvoll, attraktiv, gewinnend, charmant, begehrenswert, faszinierend, verführerisch *malerisch, malenswert, pittoresk, idyllisch *herrlich, wie gemalt, glanzvoll, wonnevoll, wonniglich, paradiesisch, sagenhaft, wohltuend, angenehm, ungetrübt, strahlend, bezaubernd, traumhaft, göttlich, vollkommen, erfreulich, unvergleichlich, berückend, großartig *heiter, sonnig, warm, sommerlich *geschmackvoll *sehr, überaus *ansehnlich *klar *hoch

**schonen:** pflegen, hegen, warten, gut / behutsam / schonend / vorsichtig / sorgfältig behandeln, Rücksicht nehmen, nicht strapazieren / abnützen *nachsehen, verschonen, wegsehen, nachsichtig sein, Milde walten lassen *s. **schonen:** s. pflegen, viel auf seine Gesundheit achten, Anstrengungen vermeiden, nach der Gesundheit leben

**schonend:** vorsichtig, schonungsvoll, achtsam, sorgsam, fürsorglich, liebevoll, gelinde, gewissenhaft, pfleglich, verantwortungsbewußt, aufmerksam, pflichtbewußt, umsichtig, bedacht (-sam), lind, mit Bedacht / Sorgfalt, zart, rücksichtsvoll, sorgfältig, behutsam, sacht *nachsichtig, zahm, duldsam, freizügig, weitherzig, geduldig, mit Fingerspitzengefühl, mild, gemäßigt, tolerant, großzügig, verständnisvoll

**Schönheit:** Pracht, Herrlichkeit, Erlesenheit, Anmut, Reiz, Ebenmaß, Wohlgestalt, Harmonie, Liebreiz, Grazie, Glanz, Formvollendung, Erhabenheit *Beauty, schöne Helena, Venus, Beauté

**Schonung:** Rücksicht, Milde, Nachsicht, Weichheit, Zartheit, Sanftmut, Geduld, Behutsamkeit, Gnade, Großzügigkeit *Gehege, Schule, Zuchtbetrieb *Hegewald, Schonwald *Sorgfalt, Fürsorge, Rücksichtnahme, Pflege

**schonungslos:** erbarmungslos, eisig, gefühlskalt, gefühlsarm, herzlos, hart-

**schon:** erst *(noch) nicht, (erst) später, nachher *nicht (allein) *auf keinen Fall, unter keinen Umständen *noch

**schön:** abstoßend, (pott)häßlich, gräßlich, unschön *unvorteilhaft *rauh (Stimme) *schlecht, schlimm (Zeit) *(naß)kalt, regnerisch, schaurig, schlecht, scheußlich, häßlich, unstetig, unbeständig, wechselhaft, diesig, feuchtkalt, naß, trübselig (Wetter) *abscheulich, greulich, unschön, verabscheuenswürdig, verwerflich, widerlich, verabscheuenswert, scheußlich (Charakter) *gering, wenig, klein (Summe) *mittleres, junges (Alter)

**schonen:** strapazieren, beanspruchen, fordern *verschleißen, herunterreißen, verbrauchen, beanspruchen *ermahnen, tadeln, rücksichtslos äußern / sagen, herabkanzeln, herabwürdigen *s. **schonen:** s. (über)anstrengen / fordern / etwas abverlangen / bemühen / befleißigen / (ab)mühen / (ab)quälen / schuften / verausgaben

**schonend:** hemmungslos, schonungslos, rücksichtslos, bedenkenlos, skrupellos, gnadenlos, herzlos, kalt, lieblos, unmenschlich, unbarmherzig, entmenscht, gewissenlos *brutal, direkt, ohne Umschweife, schonungslos

**Schönheit:** Hexe (Person) *negative / häßliche Seite *Monotonie, Eintönigkeit (Landschaft)

**Schonung:** Überanstrengung, Strapaze, Beanspruchung *Rücksichtslosigkeit *Wald

**schonungslos:** schonend, rücksichtsvoll, aufmerksam, zuvorkommend,

herzig, abgestumpft, gemütsarm, gefühllos, mitleidlos, unzugänglich, lieblos, seelenlos, gleichgültig, roh, unbarmherzig, unsozial, verroht, brutal, inhuman, ungesittet, unnachsichtig, unnachgiebig, kompromißlos, streng, fest, hart, barbarisch, unmenschlich, kaltblütig, grausam, gnadenlos

**Schonzeit:** jagdfreie Zeit *Ruhezeit, Erholungszeit

**schöpfen:** (er)schaffen, erzeugen, kreieren, entwickeln, entstehen lassen, hervorrufen, hervorbringen *herausnehmen

**schöpferisch:** phantasievoll, kreativ, gestalterisch, ingeniös, produktiv, ideenreich, konstruktiv, fruchtbar, künstlerisch

**schräg:** abschüssig, nicht gerade, abfallend, geneigt, absteigend, (wind-) schief, s. senkend *kursiv, diagonal

**schrankenlos:** total, vollkommen, absolut, unbegrenzt, uneingeschränkt, ohne Einschränkung *unbeschrankt

**schrecken:** entmutigen, deprimieren, verängstigen, mutlos machen

**schreckhaft:** ängstlich, zag(haft), aufgeregt, bänglich, zähneklappernd, angsterfüllt, angstverzerrt, hasenherzig, feigherzig, memmenhaft, mutlos, kleinmütig, befangen, beklommen, aufgeregt, bang, angstvoll, angstbebend, verängstigt, scheu, schüchtern, angstschlotternd, argwöhnisch, betroffen, besorgt, gehemmt, verschreckt, verschüchtert

**schrecklich:** furchtbar, widerlich, verwerflich, verabscheuungswert, scheußlich, greulich, häßlich, verabscheuenswürdig, unschön, gemein, verächtlich, unwürdig, niedrig, ehrlos, ruchlos, verdammenswert, schändlich, erbärmlich, abscheulich, charakterlos

**schreiben:** schriftlich festhalten, aufschreiben, niederschreiben, notieren, vermerken, verfassen, formulieren, niederlegen, eine Notiz machen, abfas-

taktvoll, bescheiden, vorsichtig, liebenswürdig, verbindlich, zartfühlend, ehrfurchtvoll, gefällig, schonungsvoll, achtsam, sorgsam, fürsorglich, liebevoll, verantwortungsbewußt, umsichtig

**Schonzeit:** Jagd(zeit)

**schöpfen:** hineinschütten, hineingießen *ausschütten, ausgießen (Flüssigkeit) *ausatmen, ausblasen, ausstoßen (Atem) *aufgeben (Hoffnung) *zerstören, kaputtmachen, zerschlagen *nachmachen, kopieren, imitieren, plagiieren, nachahmen

**schöpferisch:** unschöpferisch, unoriginell, einfallslos, ideenlos, ideenarm, einfallsarm, unproduktiv, phantasielos *plagiatorisch *verhaftet, gebunden, konventionell *unfrei, verkrampft *unselbständig, abhängig, subaltern, untergeordnet, sklavisch, leibeigen, hörig, heteronom

**schräg:** gerade *waagrecht, horizontal *senkrecht, seiger

**schrankenlos:** begrenzt, beschränkt, eingeschränkt *beschrankt

**schrecken:** ermutigen, Mut zusprechen, helfen, unterstützen, bestätigen, stärken

**schreckhaft:** ruhig, gefaßt, beherrscht, besonnen, abgeklärt, sicher, überlegen, gezügelt, diszipliniert, gesammelt, gesetzt, gleichmäßig, gelassen, stoisch, bedacht

**schrecklich:** schön, wunderbar, angenehm, erfreulich *leicht (Krankheit) *mäßig (Hitze) *(ein) wenig, ein bißchen *überhaupt nicht **schrecklich viel:** schrecklich wenig, nicht viel, kein(e) (Zeit, Geld) **schrecklich wenig:** übermäßig, zuviel, sehr viel

**schreiben:** lesen *vortragen, vorbringen, vorsprechen, sagen (Beschwerde) *unterhalten, sprechen

sen, aufzeichnen *übermitteln, anschreiben, senden, schicken, herantreten an *darstellen, behandeln, abfassen, formulieren, verfassen, anfertigen

**schreien:** lärmen, Schreie ausstoßen, grölen, johlen, rufen, gellen, laut sprechen, brüllen, kreischen

**schreien:** durchschlafen (Kind) *flüstern, murmeln, fispeln, tuscheln, wispern, zische(l)n, raunen, pispern, pispeln, hauchen, munkeln *still / ruhig sein, schweigen, verstummen, verheimlichen, verbergen, verhehlen, nichts sagen

**schreiend:** blendend, kunterbunt, grell(farben), scheckig, knallig *auffallend, markant, hervorstechend, aufsehenerregend, augenfällig, nicht alltäglich, reißerisch, verblüffend, ungewöhnlich

**schreiend:** gering, mäßig, klein (Unrecht) *gedämpft, dezent (Farbe)

**Schrift:** Schreibweise, Handschrift, Schreibart *Publikation, Veröffentlichung, Arbeit, Studie, Aufsatz, Druckwerk, Beitrag, Buch, Broschüre, Untersuchung

**Schrift:** Sprache *Rede, Vortrag

**schriftdeutsch:** hochdeutsch

**schriftdeutsch:** mundartlich

**schriftlich:** niedergeschrieben, schwarz auf weiß, brieflich, handschriftlich, in geschriebener Form

**schriftlich:** mündlich *telefonisch (Bestellung)

**Schriftsprache:** Hochsprache, Literatursprache, Bühnensprache

**Schriftsprache:** Mundart, Dialekt, Idiolekt, Idiom

**schrill:** scharf, hell, durchdringend, gellend, grell, markerschütternd, ohrenbetäubend, ohrenzerreißend, überlaut, aus voller Kehle, lautstark

**schrill:** dumpf *wohlklingend *gemäßigt

**Schritt:** Lauf, Gang(art), Tritt

**Schritt:** Trab, Galopp *Tempo, höhere Geschwindigkeit

**schrittweise:** allmählich, nach und nach, unmerklich, sukzessive, nacheinander, nicht auf einmal, kaum merklich, etappenweise, stückweise, stufenweise

**schrittweise:** abrupt, plötzlich *konstant, stetig, zügig, ständig, kontinuierlich

**schroff:** brüsk, unfreundlich, abweisend, barsch, unkultiviert, unritterlich, unhöflich, grob, taktlos, plump, ungeschliffen, rüde, ruppig, ungehobelt *abfallend, jäh, absteigend, schräg, abschüssig

**schroff:** flach, sanft (Steigung) *freundlich, nett, verbindlich, wohlwollend, wohlmeinend, leutselig, liebenswürdig, entgegenkommend (Mensch) *weich, fließend (Übergang) *lieblich, mild, sanft

**schrumpfen:** zusammenfallen, eintrocknen, verkümmern, einfallen, verdorren, einschrumpfen, zusammenschrumpfen, s. zusammenziehen / verkleinern *verringern, abnehmen, schwinden, s. dezimieren / reduzieren, weniger / geringer werden

**schrumpfen:** s. (aus)dehnen / ausweiten, quellen, auseinandergehen, aufgehen, wachsen, schwellen *zunehmen, s. vermehren (Kapital)

**Schrumpfung:** Verringerung, Schwund, Kürzung *Eintrocknung, Zusammenziehung, Verkleinerung

**Schrumpfung:** Ausdehnung, Ausweitung *Zunahme, Vermehrung

**Schub:** Ruck

**schüchtern:** ängstlich, zag(haft), aufgeregt, bänglich, zähneklappernd, angsterfüllt, angstverzerrt, hasenherzig, feigherzig, memmenhaft, mutlos, kleinmütig, befangen, aufgeregt, bang, angstvoll, angstbebend, verängstigt, scheu, beklommen, angstschlotternd, argwöhnisch, betroffen, besorgt, gehemmt, schreckhaft, verschreckt, verschüchtert *zart, behutsam, achtsam, vorsichtig (Versuch) *unsicher, gehemmt, scheu, gezwungen, verkrampft, verklemmt, befangen

**schuften:** s. befleißigen / anstrengen / fordern / etwas abverlangen / bemühen / (ab)mühen / befleißen / abschleppen / abarbeiten / (ab)plagen / abrackern / (ab)placken / (ab)quälen / aufreiben / schinden / Mühe geben, anspannen

**schuftig:** niederträchtig, schäbig, schändlich, schmählich, schmutzig, schimpflich, schnöde, schmachvoll, (hunds)gemein

**schuhlos:** barfuß, barfüßig, ohne Schuhe, bloßfüßig

**Schulanfänger:** Abc-Schütze

**Schuld:** Entgleisung, Verstoß, Versagen, Fehler, Fehltritt, Verschulden *Haftung, Verantwortung

**Schuldbekenntnis:** Beichte, Gewissenserleichterung, Geständnis

**schuldenfrei:** unverschuldet, lastenfrei, hypothekenfrei, unbelastet, abbezahlt

**schuldfrei:** unschuldig, frei von Schuld, schuldlos

**Schuldgefühl:** Gewissensangst, Gewissenspein, Gewissensbisse, Gewissensskrupel, Gewissensqual, Gewissenswurm, Gewissensnot, Zerknirschung, Zerknirschtheit, Schuldkomplex, Skrupel, Gewissenslast

**schuldig:** schuldbeladen, schuldhaft, schuldvoll, sündig, haftbar, verantwortlich, fehlerhaft, in Schuld verstrickt

**schuldlos:** unschuldig, schuldlos, schuldfrei, frei von Schuld, nicht schuldig, tadelfrei, makellos, tadellos, unan-

**Schub:** Zug

**schüchtern:** aktiv, unternehmungslustig, unternehmend, tätig, rührig *arrogant, selbstüberzogen, selbstüberzeugt, stolz, anmaßend, eingebildet, herablassend, wichtigtuerisch, selbstbewußt, selbstsicher, hochnäsig *keck, keß, dreist, naseweis, frech, schamlos, vorlaut, kokett, unverfroren, vorwitzig *sicher, gewandt *unbefangen, natürlich, ungekünstelt, echt, originell, ursprünglich, urwüchsig *gebieterisch, autoritär, herrisch *geil *gelöst, ungezwungen, leger, nachlässig, natürlich, salopp, zwanglos, unzeremoniell, ungeniert, hemdsärmelig, lässig, unbefangen

**schuften:** faulenzen, auf die faule Haut legen, bummeln, trödeln *krankmachen, krankfeiern *dabeistehen *s. erholen

**schuftig:** menschlich, human, freundlich, nett, zuvorkommend, verbindlich, großmütig, gutgesinnt, anständig, wohlwollend

**schuhlos:** beschuht, in Schuhen

**Schulanfänger:** Schulabgänger, Entlaßschüler

**Schuld:** Haben, Guthaben, Spareinlage, Außenstände *Unschuld *Strafe, Bestrafung, Buße *Sühne *Absolution *Bewährung *Begnadigung, Gnade, Vergebung, Verzeihung, Straferlaß

**Schuldbekenntnis:** Leugnen, Unschuldsbezeugung

**schuldenfrei:** (tief / hoch / gering) verschuldet

**schuldfrei:** schuld(beladen), schuldig, schuldvoll, schuldhaft

**Schuldgefühl:** Gewissenlosigkeit, Bedenkenlosigkeit, Skrupellosigkeit, Rücksichtslosigkeit, Pflichtvergessenheit, Verantwortungslosigkeit

**schuldig:** unschuldig, schuldlos, frei von Schuld, schuldfrei *unverschuldet, schuldenfrei

**schuldlos:** schuldig, belastet, schuldvoll, schuldbeladen, schuldhaft, sündig, haftbar, verantwortlich, fehler-

greifbar *lauter, rein, frei von Sünde, unberührt, unbefleckt, keusch, unverdorben, unerfahren

**Schuldner:** Mitschuldner, Wechselschuldner, Gesamtschuldner, Gemeinschuldner, Hauptschuldner

**Schüler:** Schulkind, Schuljunge, Schulmädchen

**Schund:** Ramsch, Altwaren, schlechte / minderwertige Ware, Kram, Kitsch, Tand(werk), Unrat, Ladenhüter, Schleuderware, Zeug

**schüren:** anheizen, entzünden, entfachen, anfeuern, anstecken, anzünden, Feuer legen, anbrennen, einheizen *aufwiegeln, ankurbeln, anspornen, fanatisieren, steigern, anstacheln

**schurkisch:** gemein, niederträchtig, schäbig, schändlich, schmählich, schmutzig, schimpflich, schnöde, schmachvoll, hundsgemein

**schütter:** licht, gelichtet, dürftig, dünn (bewachsen), spärlich

**Schutz:** Abschirmung, Sicherung, Sicherheit, Obhut, Beistand, Bedeckung, Hilfe, Beschützung *Erhaltung, Verteidigung, Bewahrung *Eskorte, Geleit, Gefolge, Begleitung

**schützen:** retten, erhalten, wahren, schonen, in Deckung nehmen *(ab-)decken, bewachen, behüten, beschützen, verteidigen, (ab)sichern, abwehren, bewahren, garantieren, aufpassen auf

**schutzlos:** hilflos, ausgeliefert, ungeschützt, unbehütet, preisgegeben, unbeschirmt, ungeborgen, schwach, ohnmächtig

**schwach:** erschöpft, gerädert, durchgedreht, ausgelaugt, entnervt, schlaff, schlapp, müde, atemlos, mitgenommen, kaputt, kraftlos, widerstandslos, flau, entkräftet, abgehetzt, am Ende, aufgerieben, erholungsbedürftig, halbtot, abgeschlafft, schachmatt, groggy, angegriffen, abgespannt, angeschlagen, erschlagen, zerschlagen, k.o., matt, ermattet, überlastet, überanstrengt, abgewirtschaftet, geschafft, erledigt, urlaubsreif, verbraucht, überfordert, abgekämpft, anfällig, krank *ohnmächtig, hilflos, einflußlos, wehr-

haft, in Schuld verstrickt

**Schuldner:** Gläubiger, Geldgeber, Kreditvermittler, Kreditgeber, Geldvermittler, Geldverleiher, Bank, Sparkasse, Geldinstitut

**Schüler:** Lehrer *Meister

**Schund:** Qualitätsware, Ia Ware, erste Wahl, Qualitätsartikel *Kostbarkeit, Feinheit, Ausgesuchtheit, Auserlesenheit, Erlesenheit

**schüren:** ersticken, löschen, unterdrükken, dämpfen (Feuer) *ausgehen lassen (Ofen) *dämpfen, schlichten, besänftigen, beruhigen (Widerstand, Streit)

**schurkisch:** nett, freundlich, höflich, entgegenkommend, zuvorkommend, wohlwollend, wohlgesinnt

**schütter:** dicht, üppig, voll (Haar)

**Schutz:** Ungeborgenheit, Wurzellosigkeit, Umgetriebensein, Unbehaustheit, Ungeborgensein, Heimatlosigkeit *Unsicherheit, Ungesichertsein, Schutzlosigkeit, Ausgeliefertsein, Preisgegebenheit, Preisgegebensein, Wehrlosigkeit

**schützen:** bedrohen, bedrängen, einengen, einzwängen *preisgeben, ausliefern, schutzlos / ungesichert lassen

**schutzlos:** geschützt, sicher, ungefährdet, unbedroht, gedeckt

**schwach:** kräftig, stark, dick, mächtig, stattlich, stämmig, pausbäckig, feist, groß (Figur) *(lang) andauernd, stark, nachhaltig, tief (Wirkung) *gut, zündend (Witz) *fest, willensstark, ausgeprägt, gefestigt (Charakter) *stark (Verb) *eisern, stark (Nerven) *stark, lebhaft, rege, fließend (Verkehr) *gesund, kräftig, trainiert (Herz) *intensiv, stark, massiv, heftig (Angriff) *männlich, stark (Geschlecht) *sicher, überzeugend, stichhaltig (Beweis) *dick, belastungsfähig, belastbar, kräftig, stark (Mauer) *dunkel, kräftig,

los, machtlos, schutzlos *kraftlos, zart, hinfällig, kränklich, anfällig, gebrechlich, ohne Kraft, entkräftet, müde, schlaff, marklos, matt, geschwächt, widerstandslos, energielos *dünn, dürftig, fein, zerbrechlich *haltlos, charakterschwach, labil, charakterlos, willensschwach, energielos, gefährdet, ohne jeden Hals / Rückgrat, verführbar *spärlich, gering, kümmerlich, minimal, mäßig, begrenzt, karg, wenig, kläglich, schmal, dürftig *gehaltlos, schlecht, (minder)wertig, niveaulos, langweilig, schäbig, erbärmlich, kläglich, zweitklassig, oberflächlich *gering, mäßig, begrenzt (Beifall) *leise, flüsternd, nicht laut, lautlos, geräuschlos, heimlich *vorübergehend, nicht lange anhaltend *angreifbar, widerlegbar, nicht plausibel *weiblich, schön (Geschlecht) *einsturzgefährdet, instabil, nicht tragbar (Mauer) *matt, nicht leuchtend (Farben) *krank, fehlsichtig *verhallend, leise (Stimme) *unterdurchschnittlich, mangelhaft, ungenügend (Leistung) *dünn (Kaffee) *leicht (Medikament) *lau, lind (Wind)

**schwachbevölkert:** schwachbesiedelt, dünnbesiedelt, unterbevölkert
**schwachbewegt:** leicht gerührt / bewegt

**Schwäche:** Erschöpfung, Abgespanntheit, Ermattung, Schwachheit, Schlappheit, Schlaffheit, Mattheit, Flauheit, Mattigkeit, Übermüdung, Ermüdung, Schwächezustand, Erschöpfungszustand, Entkräftung, Unwohlsein, Kräfteverfall, Kraftlosigkeit, Schwunglosigkeit, Abspannung, Zerschlagenheit, Schwächlichkeit *Machtlosigkeit, Einflußlosigkeit, Hilflosigkeit, Ohnmacht, Impotenz *Haltlosigkeit, Willensschwäche, Unentschiedenheit, Unentschlossenheit, Verführbarkeit, Weichheit, Willenlosigkeit *Neigung, Vorliebe, Hinneigung, Zug, Sympathie, Sehnsucht, Bedürfnis, Interesse, Veranlagung

voll, satt (Farbton) *rüstig, potent, kräftig, stark, mannhaft *scharf, trainiert, weitblickend (Auge) *gröblich, grob fahrlässig, stark (Übertretung) *anhaltend, lang, dröhnend, orkanartig (Beifall) *dröhnend, laut, schrill, voll, gellend, durchdringend, überlaut, grell, lauthals, lautstark (Stimme) *hoffnungsreich, hoffnungsvoll *hervorragend, überdurchschnittlich, (sehr) gut, großartig, bedeutend, brillant, imposant, überragend, beachtlich, verblüffend (Leistungen) *zahlreich *stark (Kaffee) *unnachgiebig, unerbittlich, fest, hart, streng, unnachsichtig, kompromißlos (Mensch) *wütend, zornig, verärgert (Reaktion) *nachhaltig, stark, intensiv, tief, heftig (Eindruck) *stark (wirkend) (Medikament) *spannend, lebendig, informativ, tiefgründig, interessant, hervorragend (Vortrag) *interessant, spannend, abwechslungsreich, variationsreich, schnell (Spiel) *lodernd, stark, heftig (Feuer) *ohrenbetäubend, ohrenzerreißend, grell, überlaut (Lärm) *dick, kräftig, gewaltig, mächtig, riesig, stark (Baumstamm) *steif, frisch, luftig, stürmisch, böig, auffrischend, heftig (Wind) *wuchtig, energisch, heftig (Handlung) *trainiert, gut, ausgebildet, hervorragend (Gedächtnis)
**schwachbevölkert:** starkbevölkert, dichtbesiedelt, volkreich, übervölkert
**schwachbewegt:** starkbewegt, tief berührt / gerührt *unbewegt, teilnahmslos, uninteressiert, gleichgültig, stumpf, unberührt
**Schwäche:** Kraft, Stärke, Körperkräfte, Bärenkräfte, Riesenkräfte *Halt, Festigkeit, Stärke *Abscheu, Ekel, Abneigung, Haß, Widerwille, Antipathie (Beziehung) *Stärke (Sportgegner) *Härte, Zähigkeit, Anstrengung (Kampf) *Potenz, Stärke, Leistung

schwächen: erschöpfen, ermatten, erlahmen, ermüden, erschlaffen, aushöhlen, müde / kraftlos / schwach / matt werden

schwächlich: kraftlos, schwach, zart, hinfällig, kränklich, anfällig, gebrechlich, ohne Kraft, entkräftet, müde, schlaff, marklos, matt, geschwächt, widerstandslos, energielos

**Schwächling:** Weichling, Pantoffelheld, Muttersöhnchen, Zärtling

schwachsichtig: sehgestört, kurzsichtig, weitsichtig, fehlsichtig

schwanken: wanken, s. hin und her bewegen, torkeln, taumeln, schaukeln, wackeln, schwingen, zittern, schlenkern, schlingern *s. verändern / wandeln, wechseln, nicht stabil / fest sein, fluktuieren

schwankend: zaghaft, zögernd, wankelmütig, entschlußlos, unschlüssig, unstet, unausgeglichen, labil, unentschieden, schwach *wacklig, wankend, torkelnd, lose

schwänzen: fehlen, wegbleiben, fernbleiben, nicht teilnehmen, blaumachen, krankfeiern, faulenzen, bummeln

schwärmerisch: träumerisch, verträumt, unrealistisch, romantisch, phantasievoll, weltfremd, idealistisch, wirklichkeitsfern, lebensfremd, hochfliegend, weltverloren, phantastisch, weltentrückt *leidenschaftlich, hingerissen, entflammt, verzückt, begeistert

schwarz: pechschwarz, tiefschwarz, rabenschwarz, nachtschwarz, schwärzlich *dunkel, düster, stockdunkel, kohlrabenschwarz *heimlich, illegal, hintenherum, hinter verschlossenen Türen, bei Nacht und Nebel *schmutzig, verdreckt, angeschmuddelt *reaktionär, konservativ, rechts

schwarzhaarig: dunkel, tiefschwarz

**Schwarzseher:** Pessimist, Nihilist, Defätist, Fatalist, Miesmacher, Unheilsprophet

schwatzhaft: klatschsüchtig, klatschhaft, redselig, geschwätzig

**Schwatzhaftigkeit:** Redseligkeit, Geschwätzigkeit, Klatschsüchtigkeit, Klatschhaftigkeit

schweigen: stumm bleiben, den Mund

---

schwächen: stärken, unterstützen, helfen, fördern, kräftigen

schwächlich: dick, stattlich, strotzend, vollgestopft, gigantisch, gewaltig, fett, kräftig, aufgetrieben, massig, massiv, umfangreich, wohlbeleibt, vollschlank, vollgestopft *gesund

**Schwächling:** Held, Recke, Übermensch, Heros *Gewinner, Sieger *Angeber

schwachsichtig: weitsichtig *normalsichtig

schwanken: gleichmäßig / ruhig dahingleiten *ruhig / fest / stabil bleiben (Preise) *fest / still stehen *sicher / fest sein *gleichmäßig / konstant bleiben

schwankend: fest, stabil, stark, treu, stet, edel (Charakter) *stabil, konstant, unveränderlich, gleichmäßig, fest(stehend), gleichbleibend

schwänzen: teilnehmen, mitmachen, dabeisein, dasein, anwesend sein

schwärmerisch: abwartend, zurückhaltend, sachlich, nüchtern, kritisch, ohne Phantasie / Gefühl / Emotion, trocken, unpersönlich, rational, realistisch, unromantisch, phantasielos, logisch *kalt, abweisend, barsch, taktlos

schwarz: weiß *legal, sauber, gesetzlich, offen (Geschäfte) *sauber (Hemd, Hände) *glücklich (Tag) *sanftmütig, edel(mütig), gut(herzig) (Herz) *(rein-)weiß, blütenweiß, weiß wie Schnee

schwarzhaarig: blond *weiß *braun

**Schwarzseher:** Optimist, Zukunftsgläubiger, Frohnatur, Idealist

schwatzhaft: wortkarg, einsilbig, lakonisch, schweigsam, mundfaul, stumm, ruhig *diskret, verschwiegen

**Schwatzhaftigkeit:** Wortkargheit, Zugeknöpftheit, Schweigsamkeit, Einsilbigkeit *Verschwiegenheit, Diskretion

schweigen: abstreiten, von s. weisen, s.

nicht auftun, es auf s. beruhen lassen, nichts sagen / reden / erwidern / erzählen / entgegnen, Schweigen bewahren, verstummen, für s. behalten, s. in Schweigen hüllen / ausschweigen / nicht in die Karten gucken lassen, kein Wort verlieren, keinen Ton von s. geben / verlauten lassen, totschweigen, keine Antwort geben, keine Silbe verraten, verschweigen, den Mund halten, die Zunge im Zaum halten / hüten, verheimlichen, kein Sterbenswort sagen, verhehlen, verschwiegen wie ein Grab, geheimhalten, verbergen, eine Antwort schuldig bleiben, stillschweigen, nicht sprechen, stumm / ruhig / still sein

verwahren, dementieren, bestreiten, (ab)leugnen, absprechen, als unrichtig / unwahr / unzutreffend / falsch bezeichnen *antworten, erwidern, einwerfen, entgegnen, kontern, reagieren, zurückgeben, einwenden, widersprechen, zurückschießen, eingehen (auf), dagegenhalten, beantworten *nachweisen, begründen, veranschaulichen, erörtern, deutlich machen, argumentieren, verdeutlichen *widerrufen, dementieren, zurücknehmen, berichtigen, absagen *ausdrücken, artikulieren, formulieren, aussprechen, in Worte fassen *korrigieren, richtigstellen, (ab)klären, klarstellen, berichtigen, belehren, dementieren *preisgeben, ausplaudern, auspacken, auftischen, äußern, bekanntgeben, unterrichten, schwatzen *(be)lügen, anlügen, täuschen, irreführen, betrügen *aussagen, bekennen, ausplaudern, auspacken, gestehen, offenbaren, zugeben *mutmaßen, schätzen, spekulieren, wähnen, ahnen, vermuten, annehmen, befürchten, kalkulieren

**Schweigen:** Stillschweigen *Ruhe, Stille, Friede(n), Lautlosigkeit, Geräuschlosigkeit, Totenstille, Grabesstille
**schweigsam:** nicht gesprächig, wortkarg, redescheu, verschwiegen, verschlossen, zurückhaltend, einsilbig, ruhig, stumm, lakonisch, nicht mitteilsam, still

**Schweigen:** Gespräch, Besprechung, Unterredung *Lärm, Radau, Krach, Tumult, Unruhe, Geschrei
**schweigsam:** gesprächig, beredt(sam), sprachgewandt, zungenfertig, sprachgewaltig, redegewandt, wortgewandt *gesprächig, redselig, tratschsüchtig, schwatzhaft, klatschsüchtig, mitteilsam, redefreudig, redelustig

**schwelen:** glimmen, schwach brennen / glühen *kriseln, rumoren, sieden, kochen, gären

**schwelen:** lodern, brennen, aufflammen *ausbrechen, zum Vorschein / Ausbruch kommen (Haß) *unterdrükken *löschen

**schwelgen:** genießen, prassen, es s. schmecken lassen, zu leben wissen, sich's wohl sein lassen, essen wie ein Fürst, in Saus und Braus / luxuriös leben, schlemmen

**schwelgen:** hungern, entbehren, darben, fasten, nichts essen, Diät halten *vergessen, verdrängen (Erlebnisse)

**schwellen:** s. verdicken / blähen / vergrößern / wölben / ausweiten / ausdehnen, dick / stärker / größer werden, (auf)quellen, anschwellen, aufschwellen, zunehmen, auftreiben

**schwellen:** abschwellen, zurückgehen (Strom) *zusammensinken, zusammengehen, zusammenfallen (Segel) *geknickt / gedemütigt / gebrochen / ergeben / zerknirscht / demütig sein

**schwenken:** schwingen, wedeln, schlendern, schlackern, hin und her bewegen *die Richtung ändern, abbiegen, drehen, wenden, umlenken, abzweigen

**schwenken:** still / ruhig / reglos halten *abtrocknen (Trinkglas) *geradeaus fahren / gehen

**schwer:** massig, lastend, bleiern, nicht

**schwer:** (feder)leicht, ohne Gewicht,

leicht, gewichtig, bleischwer, wie ein Klotz, schwer wie Blei, kaum zu heben / tragen / bewegen, viel Gewicht habend, wuchtig *schwierig, mühsam, kompliziert, diffizil, komplex, verwickelt, langwierig, verflochten, nicht einfach / leicht, problematisch, schwer zugänglich / zu fassen, verständlich *streng, strikt, ernst, scharf, rigoros, hart, drastisch *beklemmend, belastend, quälend, traurig, peinigend, bedrückend, grausam, schrecklich, sehr schlecht, unangenehm, ungut, beängstigend *unbeholfen, plump, tölpelhaft, ungelenk, ungeschickt, schwerfällig

**schwerbeschädigt:** versehrt, verkrüppelt, körperbehindert, invalid

**Schwere:** Gewicht, Körpergewicht, Eigengewicht *Schwierigkeit *Kalorienreichtum

**schwerelos:** ohne Gewicht, federleicht, schwebend

**schwerfallen:** s. schwertun, große Mühe / Schwierigkeiten machen
**schwerfällig:** umständlich, langsam, unbeholfen, plump, tölpelhaft, ungelenk *beschränkt, zurückgeblieben, engstirnig, borniert, dumm *desinteressiert, träge, dickfellig, gleichgültig, lethargisch, teilnahmslos, leidenschaftslos, unbeteiligt, apathisch, stumpfsinnig, unempfindlich, interesselos, ungerührt, unbewegt, kühl, gefühllos, unaufgeschlossen, inaktiv, lasch, stumpf, denkfaul

**schwerhörig:** vermindert hörfähig

**schwerlich:** kaum, vermutlich, wahrscheinlich / wohl / vermutlich nicht
**Schwermut:** Trauer, Melancholie, Trübsinn, Wehmut, Traurigkeit, Niedergeschlagenheit, Kummer, Gram, Betrübtheit, Verzweiflung

gewichtslos *leicht, tragbar (Gewicht) *leicht, süffig (Wein) *leicht, harmlos (Krankheit) *leicht, mäßig(end), gelinde, sachte, behutsam (Vorgehen) *zierlich, fein(besaitet), zartbesaitet, leicht, grazil (Körperbau) *luftig, dünn, leicht (Stoff) *leicht (Waffen) *leicht, lösbar, unschwer, einfach, durchschaubar, klar (Aufgabe) *problemlos, leicht, einfach (Problem) *kurz, mild (Winter) *geringfügig, schwach, leicht (Vergehen, Strafe) *belanglos, unwichtig, unwesentlich, uninteressant, wertlos, nebensächlich, zweitrangig, bedeutungslos, irrelevant *bekömmlich, leicht, fein, delikat, gesund (Speisen) *leicht, erträglich, menschlich (Arbeit) *leichtfüßig (Gang) *mager, leicht, sandig (Boden) *unbeschwert, beschwingt

**schwerbeschädigt:** (kern)gesund, gesundheitsstrotzend, kraftstrotzend, heil
**Schwere:** Leichtigkeit *Gewichtslosigkeit *Behutsamkeit *Unwichtigkeit, Belanglosigkeit *Lösbarkeit *Problemlosigkeit *Geringfügigkeit *Bekömmlichkeit *Leichtfüßigkeit
**schwerelos:** (blei)schwer, massig, wuchtig, drückend, bleiern, lastend, schwer wie Blei
**schwerfallen:** leichtfallen *zufallen

**schwerfällig:** anpassungsfähig, flexibel, geschmeidig *geschickt, anstellig, behende, gewandt, wendig *flink, beweglich *beschwingt, leichtfüßig, schwungvoll, voll Schwung, beflügelt, lebhaft, lebendig *aktiv, regsam, unternehmungslustig, unternehmend, tätig *quecksilbrig, heißblütig, temperamentvoll, vif, vital, wild, unruhig, dynamisch, blutvoll, feurig, getrieben, heftig *ausgelassen, übermütig, unbekümmert
**schwerhörig:** normalhörig *gehörlos, taub
**schwerlich:** sicher(lich), gewiß, wahrscheinlich, vermutlich, wohl
**Schwermut:** Heiterkeit, Ausgelassenheit, Lebenslust, Frohsinn, Fröhlichkeit, Frohmut, Lustigkeit, Vergnügtheit, heitere Stimmung, frohe Laune *Optimismus, Lebensmut, Lebensbejahung, Zuversichtlichkeit, Hoff-

**schwermütig:** trist, freudlos, melancholisch, niedergeschlagen, wehmütig, traurig, elegisch, unfroh, gedrückt, deprimiert, am Boden zerstört, gebrochen, hypochondrisch

**schwernehmen:** s. etwas zu Herzen nehmen / wegen etwas Gedanken machen / sorgen um, als schlimm / bedrückend / belastend empfinden

**Schwester:** Nonne, Ordensschwester

**schwerverständlich:** verworren, unklar, dunkel, unverständlich, abstrus *schwer zu hören / zu vernehmen

**schwerwiegend:** gravierend, ins Gewicht fallend, durchgreifend, eingreifend, gewaltig, entscheidend, bedeutend, fühlbar, spürbar, ernstlich, gewichtig, von Belang / Gewicht / Bedeutung, bedeutsam, folgenreich, folgenschwer, ausschlaggebend

**schwierig:** nicht leicht / einfach, mühsam, schwer, diffizil, kompliziert, problematisch, mit Schwierigkeiten verbunden, schwer zu fassen / zugänglich / verständlich, komplex, verwickelt, unübersichtlich, langwierig, verflochten, dornig, steinig, subtil

**Schwierigkeit:** Problem(atik), Streitfrage, schwierige Frage, strittiger / schwieriger Punkt, Hauptfrage, Kernfrage, ungelöste Aufgabe, Streitgegenstand, Verwicklung, Komplexität *Misere, Druck, Zwangslage, Dilemma, Übel

**schwimmen:** planschen, baden *unsicher sein, auf schwachen Beinen stehen *driften, treiben

**schwindelfrei:** sicher

**schwindeln:** beschwindeln, (an)lügen, nicht die Wahrheit sagen, verdrehen, verfälschen, unaufrichtig sein, Lügen auftischen, erdichten, erfinden *taumeln, schwindlig sein, schwanken, von Schwindel befallen werden

**schwinden:** entweichen, weggehen, unsichtbar werden, von der Bildfläche verschwinden *abflauen, nachlassen, weniger werden

nung(sfreude), Fortschrittsgläubigkeit, Zukunftsglaube

**schwermütig:** optimistisch, zuversichtlich, zukunftsgläubig, fortschrittsgläubig, hoffnungsfroh, lebensbejahend, getrost, unverzagt

**schwernehmen:** leichtnehmen, nicht tragisch nehmen

**Schwester:** Bruder *Mönch, Bruder

**schwerverständlich:** vernehmlich, (leicht)verständlich, hörbar, laut *einfach, leicht, durchsichtig, klar (Aufgabe)

**schwerwiegend:** unbedeutend, nebensächlich, unwichtig, peripher, irrelevant, unwesentlich, zweitrangig, nichtig, wertlos, uninteressant, klein, gering

**schwierig:** unkompliziert, einordnungswillig, anpassungsfähig (Mensch) *leicht, einfach, durchschaubar, simpel, glatt, durchsichtig, unschwer, klar *lösbar, einfach, primitiv, schlicht *problemlos, leicht (Problem)

**Schwierigkeit:** Unkompliziertheit, Anpassungsfähigkeit, Einordnungswilligkeit *Leichtigkeit, Einfachheit, Durchsichtigkeit, Klarheit *Primitivität, Schlichtheit *Leichtigkeit, Problemlosigkeit

**schwimmen:** untergehen, (ver)sinken, absinken, wegsacken, versacken, absacken, in den Wellen / Fluten versinken *tauchen *überspielen (Unsicherheit) *eine Aufgabe / einen Text beherrschen, sicher sein

**schwindelfrei:** schwind(e)lig, taumelig, unsicher, benommen

**schwindeln:** nicht lügen, offen darlegen, die Wahrheit sagen, aussagen, (ein)gestehen, geständig sein, zugeben, offenbaren

**schwinden:** ansteigen, zunehmen, (an-)wachsen, s. vermehren (Vermögen) *zurückkehren, wiederkommen, auftauchen (Erinnerungen) *nahen, er-

**schwindlig:** schwummerig, taumelig, nebelig, benommen

**schwingen:** wedeln, hin und her schwenken / bewegen *pendeln, schlendern, wackeln, schaukeln, wippen, ausschlagen, wogen, s. wiegen *vibrieren, federn, schnellen

**schwitzen:** transpirieren, Schweiß absondern, in Schweiß geraten / gebadet sein, naß von Schweiß / erhitzt / schweißgebadet sein *anlaufen, beschlagen, feucht werden, s. beziehen / bedecken

**schwören:** beeiden, einen Eid / Schwur ablegen / leisten, versprechen, garantieren, geloben, an Eides Statt erklären, durch Eid bekräftigen / versichern, die Hand darauf geben, zusichern

**schwül:** drückend heiß, feuchtwarm, tropisch, stechend, gewittrig, gewitterschwer, stickig *freundlich, nett *entspannt (Stimmung)

**Schwüle:** feuchte / dumpfe / drückende Hitze *Entspannung

**schwülstig:** hochtönend, blumig, übertrieben, bombastisch, geschraubt, theatralisch, hochgestochen, pathetisch, barock, gekünstelt, überladen, verschnörkelt

**Schwund:** Rückgang, Reduzierung, Abnahme, Schrumpfung, Verminderung, Verringerung, Reduktion, Schmälerung

**Schwung:** Elan, Lebhaftigkeit, Impetus, Leidenschaft, Vehemenz, Aktivität, Spannkraft, Verve, Begeisterung, Dynamik, Temperament, Fitneß, Vitalität

**schwunghaft:** lebhaft, rege, intensiv

**schwunglos:** langweilig, uninteressant, monoton, einschläfernd, einförmig, ermüdend, eintönig *träge, ohne Begeisterung

scheinen, auftauchen *stärker / lauter werden

**schwindlig:** schwindelfrei, sicher (Eigenschaft) *nicht schwindlig (Zustand)

**schwingen:** ruhig / still halten / bleiben

**schwitzen:** trocken bleiben (Fenster, Wände) *frieren

**schwören:** abschwören *abkommen (von), nichts (mehr) halten (von), ablehnen (Medikament, Methode, Arzt)

**schwül:** sonnig, klar, wolkenlos, sommerlich, strahlend *(knochen)trocken *(glühend)heiß, tropisch *mollig, lind, lau (warm), überschlagen *kalt, ausgekühlt, eisig, grimmig, kühl, starr *angenehm, frisch *entspannt (Atmosphäre)

**Schwüle:** Trockenheit, Lufttrockenheit, Dürre, Sonnenglut, Trockenklima, Trockenzeit *Schönwetter, Hoch(-druck), Sonnenschein, Urlaubswetter, Badewetter *Hitze, Wärme, Glut(-hitze), Bruthitze, Bullenhitze *Kälte, Abkühlung, Frische, Kühle *Entspannung

**schwülstig:** kurz, bündig, nüchtern, knapp, konzentriert, prägnant *bescheiden

**Schwund:** Zuwachs, Aufschwung, Wachstum, Zunahme, Vermehrung

**Schwung:** Gemächlichkeit, Langsamkeit, Ruhe *Stillstand, Trägheit *Monotonie, Langeweile *geringe Anzahl / Menge

**schwunghaft:** gering, (mittel)mäßig, durchschnittlich, halbwegs

**schwunglos:** schwungvoll, heiter, gelassen, beschwingt, fröhlich *unternehmend, unternehmungslustig, aktiv, regsam, rührig, tätig *temperamentvoll, heftig, rasant, wendig, zackig, leb-

**schwungvoll:** heiter, gelassen, beschwingt, fröhlich *unternehmungslustig, unternehmend, aktiv, regsam, tätig, rührig *dynamisch, rasant, temperamentvoll, beweglich, schneidig, flott, schmissig, wendig

**Schwur:** Gelöbnis, Eid, Gelübde, Versprechen / Erklärung an Eides Statt, eidesstattliche Versicherung

**See:** Ozean, Meer *Weiher, Gewässer, Teich *auf dem Seeweg

**Seele:** Innerlichkeit, Innenleben, Gemüt, Herz, Seelenleben, Psyche, Brust, innere Verfassung, (seelische) Empfindung

**seelenruhig:** ruhig, beherrscht, gefaßt, geruhsam, gleichmütig, sicher, würdevoll, harmonisch, abgeklärt, kaltblütig, gezügelt, gemessen, ruhevoll, überlegen, gemächlich

**seelisch:** psychisch, die Seele / das Gemüt betreffend, emotional, nervlich, gefühlsmäßig

**seetüchtig:** geeignet, seefest, seetauglich

**seeuntüchtig:** veraltet, verbraucht, seeuntauglich

**seewärts:** auf die See zu

**Segen:** Gnade, Hilfe, Benediktion, Gunst

**segensreich:** nützlich, tauglich, förderlich, hilfreich, heilsam, ersprießlich, sinnvoll, gedeihlich, konstruktiv, zu gebrauchen, wirksam, zweckvoll

**segnen:** benedeien, weihen, den Segen erteilen / geben / spenden / sprechen *beglücken, begnaden, auszeichnen, beschenken

**sehen:** bemerken, wahrnehmen, erspähen, gewahren, erkennen, entdecken, unterscheiden, finden, ansichtig werden, sichten, erblicken *erfahren, registrieren, gewahr werden, erleben *merken, einsehen, feststellen, ein Einsehen haben, begreifen, bewußt werden *erleben, mitmachen *überlegen, prüfen *s. kümmern / sorgen

**sehenswert:** informativ, interessant, vielsagend, aufschlußreich, aufklärend, instruktiv, erhellend

**sehr:** ausgefallen, ansehnlich, verblüf-

haft, beweglich, flott, vital, getrieben, schmissig, schneidig

**schwungvoll:** langweilig, uninteressant, monoton, einschläfernd, einförmig, ermüdend, eintönig (Musik, Vortrag) *schwunglos, ohne Begeisterung, träge

**Schwur:** Meineid

**See:** Land *zur Luft *auf dem Landweg / Luftweg (Transport)

**Seele:** Körper, Leib

**seelenruhig:** nervös, aufgeregt, erregt, ruhelos, ungeduldig, unstet, nervenschwach, gereizt, fieberhaft, fiebrig, wuselig, fahrig

**seelisch:** körperlich, leiblich, physisch *sinnlich

**seetüchtig:** seeuntüchtig, seeuntauglich, veraltet, verbraucht (Schiff)

**seeuntüchtig:** seefest, seetüchtig, seetauglich, geeignet

**seewärts:** landwärts, auf das Land zu (Wind)

**Segen:** Fluch *Gotteslästerung *Drohung, Drohwort, Verwünschung *Unglück, Unheil *Mißerfolg

**segensreich:** höllisch, schrecklich, unmenschlich, unheilvoll, schlimm

**segnen:** verfluchen, brandmarken, verfemen, ächten, verpönen, verwünschen, verdammen, verurteilen, geißeln, anprangern

**sehen:** hören *nichts erkennen / sehen, nicht bemerken, übersehen *vernachlässigen (Kinder, Patient)

**sehenswert:** uninteressant, langweilig, unbekannt

**sehr:** kaum, in geringem Maße, nicht

fend, auffällig, ungewöhnlich, außergewöhnlich, überwältigend, beachtlich, überragend, bedeutsam, sondergleichen, beträchtlich, sagenhaft, bewundernswürdig, eindrucksvoll, nennenswert, imposant, enorm, erstaunlich, großartig, abenteuerlich, ohnegleichen, aufsehenerregend, unvergleichlich, spektakulär, stattlich, überraschend, ungeläufig, sensationell, auffallend, bedeutend, bedeutungsvoll, beeindruckend, bewundernswert, brillant, märchenhaft, hervorragend, imponierend, außerordentlich, entwaffnend, groß, fabelhaft, einzigartig

besonders, schwerlich, vermutlich / wohl / wahrscheinlich / überhaupt nicht

**seicht:** nicht tief, flach, untief, niedrig, fußhoch, klein, von geringer Höhe *banal, schal, abgegriffen, trivial, hohl, oberflächlich, unbedeutend, gehaltlos, verbraucht, witzlos, phrasenhaft, alltäglich, abgeschmackt, billig, geistlos, ideenlos, einfallsarm

**seicht:** (abgrund)tief, grundlos, bodenlos (Gewässer) *interessant, spannend, tiefgründig, geistreich (Unterhaltung)

**sein:** existieren, s. aufhalten / befinden, leben, liegen, stehen, weilen, wohnen, zubringen *auftreten / agieren / erscheinen / fungieren als, verkörpern *gelten, vorstellen, heißen, bedeuten, repräsentieren, darstellen, abgeben *auf der Welt sein, dasein, vorkommen, herrschen, geben, real / wirklich / vorhanden sein *zumute sein, ergehen, s. fühlen

**sein:** nicht sein *nicht geschehen / eintreffen *ausfallen (Konzert) *zerstört / vernichtet werden, vergehen, untergehen *werden, entstehen *ihr (Buch)

**Sein:** Dasein, Existenz, Vorhandensein, Bestehen, Gegenwart *Leben, Realität, Wirklichkeit

**Sein:** Nichtsein

**seit:** seitdem, von dem Augenblick / Zeitpunkt an, von da an, seit dieser Zeit / damals / dem Zeitpunkt

**seit:** in, zukünftig

**Seitenaltar:** Nebenaltar

**Seitenaltar:** Hauptaltar

**Seitenansicht:** Profil

**Seitenansicht:** Vorderansicht, en face

**seitenlang:** mehrere Seiten lang, weitschweifig, ausführlich, langatmig, umfassend, umständlich

**seitenlang:** kurz, bündig, knapp, gedrängt

**Seitensprung:** Abenteuer, Ehebruch, Affäre, Amouren, Treulosigkeit, Untreue

**Seitensprung:** Treue, Anhänglichkeit, Beständigkeit, Unwandelbarkeit

**Seitenstraße:** Nebenstraße

**Seitenstraße:** Hauptstraße

**seitlich:** bei, (da)neben, zu seiten, nächst *seitwärts, nach der Seite, zur Seite hin, an / auf der Seite *von der Seite

**seitlich:** vorn, frontal, vordere *hinten, hintere *über *gegenüber *geradeaus *rückwärts *oben *unten *innen, in

**sekundär:** nebensächlich, ephemer, an zweiter Stelle *unwichtig, unwesentlich, nichtssagend, belanglos, farblos, einflußlos, wertlos, unerheblich, we-

**sekundär:** primär, eigentlich, ursprünglich, originär, grundlegend, von Haus aus *prinzipiell, wichtig, erstrangig, vordringlich, primär

senlos, unscheinbar, uninteressant, peripher, nichtig, nicht erwähnenswert, gleichgültig, akzidentiell, zweitrangig
**selbst:** schon, sogar, auch *(höchst-)persönlich, eigenhändig, direkt, unmittelbar
**selbständig:** souverän, eigenständig, eigenverantwortlich, ohne Anleitung / Hilfe, für s. allein(e), frei, uneingeschränkt, unkontrolliert, auf s. gestellt, unabhängig, ungebunden, autonom, sein eigener Herr, emanzipiert, unbehindert, selbstverantwortlich
**Selbständigkeit:** Freiheit, Unabhängigkeit, Eigenständigkeit, Freizügigkeit, Autarkie, Selbstbestimmung, Ungebundenheit, Autonomie, Libertät, Zwanglosigkeit
**selbstbewußt:** arrogant, hochnäsig, ichbewußt, siegessicher, erfolgssicher, selbstüberzeugt, stolz, anmaßend, eingebildet, aufgeblasen, dünkelhaft, gnädig, hochmütig, herablassend, selbstgefällig, selbstüberzogen, selbstsicher, wichtigtuerisch, überheblich

**Selbstbewußtsein:** Selbstsicherheit, Stolz, Sicherheit, Selbst(wert)gefühl, Durchsetzungsvermögen, Selbstvertrauen, Selbstbehauptung, Durchsetzungskraft

**Selbstgespräch:** Monolog
**selbstisch:** selbstsüchtig, eigennützig, ichsüchtig, egoistisch, egozentrisch, ichbezogen
**selbstlos:** aufopfernd, edelmütig, uneigennützig, idealistisch, großherzig, altruistisch, hingebend, sozial, mildtätig, gemeinnützig, unegoistisch, barmherzig, karitativ, wohltätig
**selbstsicher:** selbstbewußt, arrogant, hochnäsig, ichbewußt, siegessicher, erfolgssicher, selbstüberzeugt, stolz, anmaßend, eingebildet, aufgeblasen, dünkelhaft, gnädig, hochmütig, herablassend, selbstgefällig, selbstüberzogen, wichtigtuerisch, überheblich
**selbstverständlich:** wie zu erwarten ist, erwartungsgemäß, sicherlich, be-

**selbst:** mit anderen, mit (fremder) Unterstützung / Hilfe *andere *bloß, nur

**selbständig:** angestellt *(ver)beamtet *unreif, hörig, unmündig, hilflos, unselbständig, abhängig *angelehnt, in Anlehnung, entlehnt *im Auftrag, auftragsgemäß

**Selbständigkeit:** Unmündigkeit, Hörigkeit, Unselbständigkeit, Hilflosigkeit, Abhängigkeit, Unreife *Nachahmung, Anlehnung

**selbstbewußt:** feige, mutlos, memmenhaft, hasenherzig, kleinmütig, feigherzig *ängstlich, angstschlotternd, angstvoll, beklommen, verschüchtert, zag(-haft), scheu, gehemmt, deprimiert, furchtsam, verkrampft, verschreckt, angsterfüllt, benommen, bang, bänglich, unsicher, schwach *devot, unterwürfig, demütig, schmeichlerisch, kriecherisch, kniefällig, servil, untertänig
**Selbstbewußtsein:** Feigheit, Mutlosigkeit, Memmenhaftigkeit, Hasenherzigkeit, Kleinmut *Angst, Beklommenheit, Zaghaftigkeit, Schüchternheit, Furchtsamkeit, Unsicherheit, Schwäche *Unterwürfigkeit, Servilität, Kriechertum, Devotion, Demut, Kriecherei, Untertänigkeit, Liebedienerei, Schmeichelei
**Selbstgespräch:** Dialog, Zwiegespräch
**selbstisch:** uneigennützig, altruistisch, selbstlos

**selbstlos:** egoistisch, selbstisch, ichbezogen, eigennützig, ichsüchtig, selbstsüchtig

**selbstsicher:** unsicher, ängstlich, scheu, gehemmt, bang, angstbebend, zag(-haft), beklommen, aufgeregt, verschüchtert

**selbstverständlich:** erklärungsbedürftig *ausgefallen, ungeläufig, außerge-

stimmt, gerne, freilich, mit Sicherheit, auf jeden Fall

**selig:** glücklich, zufrieden, (hoch)beglückt, freudestrahlend, glückstrahlend, glückselig *seliggesprochen
**Seligkeit:** Glück, Freude, Heil, Segen, Wohl *Himmel, Gottesreich
**selten:** rar, fast nie, manchmal, nicht oft, spärlich, sporadisch, gelegentlich, singulär, verstreut, knapp, dünngesät, beschränkt *gesucht, wertvoll, nicht alltäglich, kostbar, erlesen, geschätzt, einmalig, außergewöhnlich, ungewöhnlich
**seltsam:** eigen, sonderbar, merkwürdig, komisch, schrullig, eigenartig, absonderlich, befremdend, (ver)wunderlich, verschroben, kauzig, eigentümlich, eigenbrötlerisch
**senden:** schicken, versenden, absenden, übersenden, zuleiten, überweisen, transportieren, einwerfen, übermitteln *beauftragen, kommandieren zu, beordern, delegieren *ausstrahlen, aussenden, durch Fernsehen / Rundfunk verbreiten, übertragen
**Sender:** Sendeanlage, Funkstation, Rundfunkstation, Sendestation
**Sendung:** Fracht, Ladung, Fuhre, Zustellung, Schub, Postsendung, Warensendung, Zulieferung, Lieferung, Postgut *Übertragung, Ausstrahlung, Rundfunksendung, Fernsehsendung, Aufnahme, Aufzeichung *Auftrag, Amt, Bestimmung, Berufung, Begnadung
**senil:** alt, angejahrt, angegraut, bejahrt, betagt, weißhaarig, altersschwach, abgelebt, ältlich
**Senior:** Vater, der Ältere *Vorsitzender, Alterspräsident *Altmeister, Nestor
**Senke:** Mulde, Bodenvertiefung, Talsenke, Becken, Geländesenkung, flaches Tal
**senken:** beugen, nach unten biegen, neigen, abwärts bewegen, sinken lassen *verbilligen, heruntersetzen, niedriger machen, herabsetzen, ermäßigen, heruntergehen mit, verringern, den Preis drücken, billiger abgeben / verkaufen *versenken, niederlassen, hinabgleiten lassen, herunterlassen, hin-

wöhnlich *merkwürdig, seltsam, auffällig, ungewöhnlich, unüblich, unkonventionell, ungebräuchlich, irregulär, unregelmäßig, ausgefallen
**selig:** unglücklich, unzufrieden, grantig, mürrisch, (v)erbittert, unlustig, verstört, verstimmt *heilig
**Seligkeit:** Verdammung, Verdammnis, Hölle (Religion) *Unzufriedenheit
**selten:** oft, häufig, öfter(s), des öfteren, oftmals, immer wieder, wiederholt, meist(ens), in der Regel, fast immer, massenhaft, zum größten Teil, zigmal, vielfältig, mehrmalig, x-mal *nie, niemals *normal, alltäglich, üblich, bekannt, gewöhnlich
**seltsam:** gewöhnlich, bekannt, alltäglich, gewohnt, gängig, selbstverständlich, üblich

**senden:** erhalten, bekommen, empfangen, entgegennehmen, annehmen *empfangen, sehen, hören, vernehmen (Nachrichten) *(ab)bestellen (Blumen) *zurückrufen (Boten) *zurückfordern

**Sender:** Empfänger, Zuschauer, Hörer

**Sendung:** Empfang, Auslieferung, Verkauf (Ware) *Empfang

**senil:** juvenil, jugendlich, jung

**Senior:** Junior

**Senke:** Erhebung, Höhe, Hügel, Anhöhe

**senken:** (er)heben, aufrichten, aufblicken (Blick) *hochheben, (her)aufheben, hinaufziehen, emporziehen, heraufsetzen *aufwerfen, heben, hochhalten (Kopf) *heben (Stimme) *steigern, ankurbeln (Verbrauch) *erhöhen, (an-) heben (Wasserspiegel) *heben, heraufsetzen, erhöhen, anpassen (Preise) *s.

ablassen, in die Tiefe senken *leiser sprechen *niedriger machen (Wasserspiegel) *s. senken: s. krümmen / beugen / setzen, niedriger werden, einsinken, zusammensinken, setzen, absinken *niedriger werden
senkrecht: vertikal, lotrecht, seiger

Senkung: Preisnachlaß, Rabatt, Nachlaß, Verringerung, Ermäßigung, Verbilligung, Herabsetzung, Entgegenkommen, günstiges Angebot, Diskont, Skonto *Gefälle, Schräge, Steile, Neigung, Abfall, Abschüssigkeit, Höhenunterschied
sensationell: ausgefallen, ansehnlich, verblüffend, auffällig, ungewöhnlich, außergewöhnlich, überwältigend, beachtlich, überragend, bedeutsam, sondergleichen, beträchtlich, sagenhaft, bewundernswürdig, eindrucksvoll, nennenswert, imposant, enorm, erstaunlich, großartig, abenteuerlich, ohnegleichen, aufsehenerregend, unvergleichlich, spektakulär, stattlich, überraschend, ungeläufig, auffallend, bedeutend, bedeutungsvoll, beeindruckend, bewundernswert, brillant, märchenhaft, hervorragend, imponierend, außerordentlich, entwaffnend, groß, fabelhaft, einzigartig
sensibel: empfindlich, beeinflußbar, anfällig, empfindsam, hochempfindlich, schwierig, überempfindlich, verletzlich, zartbesaitet, verletzbar, nachtragend, dünnhäutig, feinbesaitet, feinfühlig, lebhaft, reizbar
sentimental: einfühlsam, innerlich, (ein)fühlend, gefühlvoll, (an)teilnehmend, empfindend, herzlich, innig, warm, seelenvoll, beseelt, entgegenkommend, zartfühlend, rücksichtsvoll *empfindsam, gefühlstief, gefühlvoll, beseelt, seelenvoll, tränenselig, gefühlsselig, gemüthaft, gemütvoll, rührselig, schmalzig, schwärmerisch, überspannt, verinnerlicht, sinnenhaft, mimosenhaft, feinfühlend, zart(fühlend), feinfühlig, feinsinnig, überempfindlich, weich, einfühlsam, gefühlsbetont, romantisch *verwundbar, verletzbar, verletzlich, leicht zu kränken
separat: isoliert, vereinzelt, (ab)getrennt, (ab)gesondert, für sich, extra
septisch: nicht keimfrei

senken: aufgehen (Sonne) *emporgehen (Vorhang) *hochheben, s. melden (Arm) *s. heben (Erdreich, Brust) *s. steigern / vervielfachen / vermehren / vergrößern / erweitern / verstärken *teurer werden, steigen
senkrecht: waagrecht, horizontal *schief, schräg *krumm
Senkung: Erhöhung, Heraufsetzung, Anhebung, Anpassung (Preis) *Höhe, Erhebung, Hügel *Steigerung, Ankurbelung (Verbrauch) *Erhöhung *Hebung (Vers)

sensationell: durchschnittlich, gewöhnlich, bekannt, geläufig, üblich, normal, konventionell, alltäglich, (weit)verbreitet, gängig, usuell, (mittel)mäßig, profan, gewohntermaßen, (alt)vertraut, regulär, routinemäßig, immer dasselbe, ein und dasselbe, banal, belanglos, trivial

sensibel: unempfindlich, unsensibel, abgestumpft, empfindungslos, unempfänglich

sentimental: unsentimental, nüchtern, sachlich *rational, vernunftgemäß, vernunftmäßig, mit dem Verstand, der Vernunft entsprechend

separat: zusammen, gemeinsam *zugänglich *im ganzen, geschlossen
septisch: keimfrei, aseptisch

**serienmäßig:** nicht einzeln / in einer ganzen Folge / als Serie angefertigt

**seriös:** (ernst)haft, ehrlich, aufrichtig, ohne Spaß / Scherz, wirklich / wörtlich / so gemeint, ernstlich, im Ernst

**servieren:** auftafeln, auftischen, auftragen, auffahren, vorsetzen, bewirten, reichen, kredenzen

**seßhaft:** (orts)ansässig, wohnhaft, beheimatet, heimisch, eingebürgert, niedergelassen

**setzen:** placieren, (hin)stellen, legen, hinsetzen, einen Platz geben, postieren *bebauen, einsetzen, stecken, anbauen, einpflanzen, anpflanzen *tippen, wetten, eine Wette abschließen *aufrichten, erbauen, hochziehen **s. setzen:** s. niedersetzen / hinsetzen / niederlassen, Platz nehmen *s. niederschlagen / absetzen / ablagern, zu Boden sinken, einen Bodensatz bilden, sedimentieren *s. senken, einsinken, zusammensinken, absinken, niedriger werden

**sexy:** entzückend, erotisch, anziehend, reizvoll, hübsch, bezaubernd, sympathisch, gewinnend, angenehm, attraktiv, aufreizend, charmant, einnehmend, anmutig, betörend, lieb(lich), doll, toll, liebenswert

**sicher:** gefahrlos, ungefährdet, ungefährlich, harmlos, unschädlich, risikolos, unverfänglich *richtig, fehlerlos, tadellos, einwandfrei, fehlerfrei, korrekt, vollkommen, mustergültig, perfekt, wahr, zutreffend, komplett, vorschriftsmäßig, genau *wahrhaftig, tatsächlich, wahr(lich), wirklich, fürwahr, (zu)treffend, unbestritten, unbestreitbar, erwiesen, hundertprozentig, dokumentiert, offiziell, amtlich, zweifelsfrei, fundiert, fehlerfrei, stichhaltig, echt, verbürgt, gut, untrüglich, gewiß *selbstbewußt, arrogant, hochnäsig, ichbewußt, siegessicher, erfolgssicher, selbstüberzeugt, stolz, anmaßend, eingebildet, aufgeblasen, dünkelhaft, gnädig, hochmütig, herablassend, selbstgefällig, selbstüberzogen, selbstsicher, wichtigtuerisch, überheblich *geborgen, behütet, beschützt, beschirmt, unbedroht, ungefährdet, gerettet, risikolos, gefeit

**Sicherheit:** Obhut, Behütetsein,

**serienmäßig:** gegen Aufpreis. *extra

**seriös:** unseriös, nicht ernst zu nehmen, ungediegen

**servieren:** abtragen, abräumen, wegtragen, abservieren (Speise)

**seßhaft:** (herum)wandernd, umherziehend, herumziehend, ambulant

**setzen:** ziehen (Wettbewerb) *abnehmen *ernten, pflücken (Pflanze) *stürzen, hängenbleiben (Pferd) *einholen, niederholen, streichen (Segel, Flagge) *abreißen, niederreißen, einreißen (Mauer) **s. setzen:** s. stellen **s. setzen:** s. legen *gewinnen (Wette) *verlieren (Wette) *aufstehen, aufspringen, s. erheben / aufrichten / aufrecken, aufschnellen *aufgewirbelt / aufgerührt werden (Kaffee, Schlamm) **s. heben** (Erdreich) *auffrischen (Ereignis)

**sexy:** reizlos, häßlich, unsympathisch, unauffällig

**sicher:** unsicher, gefährlich, gefahrvoll, unheimlich *voller Zweifel, zweifelnd, suchend, unsicher *gefährlich, abenteuerlich, selbstmörderisch, brenzlig, lebensgefährlich, riskant, gewagt, tödlich, kritisch, gefahrvoll, halsbrecherisch *trügerisch *unsicher, wechselnd, schwankend (Einkommen) *ungewiß, unsicher, zweifelhaft, vage, unbestimmt *hypothetisch, angenommen *befangen, ängstlich, angstvoll, unsicher, bänglich, gehemmt, zag(haft), scheu, schüchtern, verlegen, angstschlotternd, angstbebend, bang *unzuverlässig, wechselhaft, schwankend, unstabil, instabil, labil, unsicher *unsicher, ausgeliefert, wehrlos, ungeschützt, ungeborgen, schutzlos, preisgegeben, unbehütet, unbeschirmt *brüchig, unsicher *wahrscheinlich, anscheinend, möglich(erweise), vermutlich, vielleicht, eventuell *auf keinen Fall, unter keinen Umständen, nicht, keinesfalls

**Sicherheit:** Unsicherheit, Gefahr, Ge-

Schutz, Geborgenheit, Gesichertheit, Abschirmung, Sicherung, Geborgensein *Richtigkeit, Wirklichkeit, Gewißheit, Kenntnis, Klarheit, Zuverlässigkeit, Unangreifbarkeit, Unwiderlegbarkeit, Überzeugung, Prägnanz, Korrektheit, Unanfechtbarkeit, Wahrheit *Selbstbewußtsein, Selbstsicherheit, Stolz, Selbst(wert)gefühl, Durchsetzungsvermögen, Selbstvertrauen

**sichtbar:** zu sehen, in Sicht, erkennbar, wahrnehmbar, sehbar, aufnehmbar *bemerkbar, nachhaltig, erheblich, spürbar, sichtlich, deutlich, auffallend, beachtlich, einschneidend, fühlbar

**sieden:** kochen, brodeln *gar / weich machen

**Sieg:** Gewinn, Erfolg, Errungenschaft, Triumph

**siegen:** gewinnen, als Sieger hervorgehen, den Sieg davontragen / erringen / erlangen, triumphieren *besiegen, bezwingen, niederringen, vernichten, überwinden, unterwerfen, unterjochen, schlagen, fertigmachen, kampfunfähig machen

**siegreich:** erfolgreich, sieghaft, begünstigt, erfolggekrönt

**signiert:** unterschrieben, abgezeichnet, gegengezeichnet, unterzeichnet, quittiert, ratifiziert

**Silvester:** 31. Dezember, Jahreswende, Jahreswechsel, Jahresausklang

**simpel:** kinderleicht, unproblematisch, unschwer, unkompliziert, einfach, spielend, bequem, problemlos, mit Leichtigkeit, nicht schwierig, ohne Mühe / Schwierigkeiten, mühelos, babyleicht

**simplifizieren:** vereinfachen, verharmlosen, banalisieren, schablonisieren, verflachen, vergröbern, verwässern

**simultan:** zugleich, synchron, gemeinsam, gleichlaufend, im selben Augenblick, gleichzeitig, zur selben / gleichen Zeit

**Singular:** Einzahl

fährlichkeit *Zweifel *Hypothese, Annahme *Schüchternheit, Befangenheit, Angst, Hemmung, Unsicherheit *Wehrlosigkeit, Ungeborgenheit, Schutzlosigkeit, Wahrscheinlichkeit, Möglichkeit *Vagheit, Unklarheit, Unbestimmtheit, Ungewißheit, Unsicherheit *Verlegenheit, Unsicherheit *ohne Garantie / Sicherheit *Unheil *Unzuverlässigkeit *Fehler

**sichtbar:** unsichtbar, nicht wahrnehmbar / erkennbar *latent *verschwunden, spurlos, unbemerkbar *unmerklich

**sieden:** gefrieren

**Sieg:** Niederlage, Mißerfolg, Debakel, Fiasko, Fehlschlag, Reinfall, Zusammenbruch *Abwehr, Verteidigung, Kampf, Notwehr, Selbstverteidigung *Waffenruhe, Waffenstillstand, Friedensschluß *Kampf, Gefecht, kriegerische Handlung, Waffenkampf, Bekämpfung

**siegen:** verlieren, besiegt / aufgerieben / bezwungen / unterjocht / vernichtet / überwältigt / unterworfen werden *weiterkämpfen *(weiter)verhandeln

**siegreich:** geschlagen, besiegt, aufgerieben, unterjocht, vernichtet, überwältigt, unterworfen, bezwungen *verloren *unterlegen, schwächer

**signiert:** unsigniert, ununterschrieben, anonym, ungezeichnet

**Silvester:** 1. Januar, Jahresbeginn, Jahresanfang, Neujahr

**simpel:** schwierig, kompliziert, diffizil, heikel, schwer, problematisch, verwickelt, verzwickt, knifflig, langwierig, gefährlich

**simplifizieren:** komplizieren, erschweren, problematisieren, verwickeln

**simultan:** nacheinander, aufeinander, sukzessiv

**Singular:** Plural, Mehrzahl

**sinken:** untersinken, niedergehen, versinken, hinuntersinken, hinabsinken, absinken, niedersinken, untergehen, in den Wellen / Fluten verschwinden, absacken, versacken, wegsacken *billiger / geringer werden, an Wert verlieren, im Preis sinken, s. ermäßigen *fallen, s. senken, abklingen, schwinden, zurückgehen, nachgeben, abflauen, niedriger werden

**Sinn:** Spürsinn, Empfindung, Neigung, Gefühl, Empfänglichkeit, Einsehen, Verständnis, Affinität *Bedeutung, Zusammenhang, Inhalt, Bewandtnis, Substanz

**sinngemäß:** sinnhaft, nicht wörtlich, analog, dem Sinn(e) entsprechend / nach

**sinnlich:** sinnenhaft, triebhaft, genußfreudig, körperlich, sinnenfreudig, kreatürlich, wollüstig, sexuell, erotisch, genußfähig *hörbar, spürbar, fühlbar, sichtbar, wahrnehmbar, mit den Sinnen erfahrbar

**sinnlos:** paradox, unsinnig, absurd, ohne Sinn und Verstand, widersinnig, unlogisch, vernunftwidrig, töricht, lächerlich, ungereimt, unverständlich

**Sinnlosigkeit:** Absurdität, Wahnwitz, Irrwitz, Irrsinn, Unsinn, Wahnsinn, Widersinnigkeit, Torheit, Narrheit, Unvernunft

**sinnreich:** sinnvoll, vernünftig, sinnig, mit Verstand, wohlüberlegt, zweckvoll

**sinnwidrig:** widersinnig, vernunftwidrig, folgewidrig, töricht, unlogisch, paradox, sinnlos, grotesk, ungereimt, abwegig

**Sitte:** Ethik, Moral, Sittlichkeit, Wertvorstellungen, Wertmaßstäbe, Sinnvorstellungen, Handlungsregeln *Brauch(tum), Tradition, Überlieferung *Anstand, Etikette, Haltung, Umgangsformen, Betragen, Takt, Höflichkeit, Kultur, Lebensart, Lebensform, Gebaren

**sittenlos:** anstößig, pikant, schlecht, unanständig, unkeusch, lasterhaft, liederlich, ruchlos, ungehörig, unmoralisch, unschicklich, verdorben, unzüchtig, unsittlich, unziemlich, zuchtlos, wüst, ungebührlich, verworfen, verrucht, unsolide, zotig, zweideutig

**sittlich:** tugendhaft, tugendreich, puri-

**sinken:** schwimmen *wach bleiben, aufsein, aufbleiben *(an)steigen, zunehmen (Verbrauch) *steigen (Mut) *(an)steigen, hochgehen, klettern (Temperatur, Wasserstand) *(an)steigen, anziehen, nachziehen (Preise) *breiter werden, (an)schwellen, übertreten, überschwemmen (Fluß) *zunehmen, verstärken, s. vervielfachen / vergrößern / verstärken (Leistung)

**Sinn:** Unsinn, Quatsch, Sinnloses, Unfug, Blödsinn, Faxen, Nonsens, dummes Zeug

**sinngemäß:** genau, (wort)wörtlich

**sinnlich:** asketisch *geistig, seelisch

**sinnlos:** vernünftig, sinnvoll *gehaltvoll, interessant, informativ ebeherrscht, gefaßt *vorsätzlich *sinnvoll, klug, ausgedacht, zweckmäßig, sinnreich *sinnvoll (Opfer, Handlung)

**Sinnlosigkeit:** Sinn, Inhalt *Zweck

**sinnreich:** sinnlos, unsinnig, widersinnig, absurd, blödsinnig, witzlos, reizlos

**sinnwidrig:** sinngemäß, sinnentsprechend

**Sitte:** Sittenlosigkeit, Zuchtlosigkeit, Verworfenheit, Unsittlichkeit, Liederlichkeit, Unkeuschheit, Verderbtheit, Schamlosigkeit, Verruchtheit, Verdorbenheit, Unzüchtigkeit *Unmanierlichkeit, Unkontrolliertheit, Unbeherrschtheit, Untugend

**sittenlos:** sittsam, gesittet, manierlich, züchtig, anständig, korrekt, gehorsam

**sittlich:** sittenlos, ungesittet, schamlos,

tanisch, moralisch, ethisch, sittenreich, sittenstreng, sittenfest, tugendsam, züchtig, korrekt, anständig
**sitzen:** thronen, (da)hocken, dasitzen, kauern *s. befinden / angenäht / angesteckt / angebracht / befestigt sein *passen *s. in Haft befinden, im Gefängnis sein *(auf)treffen, einschlagen ***sitzen bleiben:** nicht aufstehen, s. nicht erheben

**sitzenbleiben:** durchfallen, nicht bestehen / erreichen / genügen, versagen, nicht versetzt werden *ledig bleiben, keine Frau / keinen Mann finden, ein Junggeselle bleiben, eine (alte) Jungfer werden, nicht geheiratet werden
**sitzenlassen:** im Stich lassen, versetzen, die Verabredung nicht einhalten *verlassen, alleine lassen, jmdn. seinem Schicksal überlassen *die Freundschaft (auf)kündigen *einstecken *nicht versetzen / aufrücken lassen (Schule)

**Skepsis:** Mißtrauen, Argwohn, Vorbehalt, Reserve, Zurückhaltung, Bedenken, Ungläubigkeit
**skeptisch:** mißtrauisch, zweifelnd, zweiflerisch, kritisch, argwöhnisch, ungläubig, kleingläubig

**Skizze:** Notizen, Aufzeichnung, Studie *Rohzeichnung, Handskizze, Faustskizze *Entwurf, Plan, Modell, Aufzeichnung, Konstruktion, Projektierung, Handzeichnung
**Skrupel:** Gewissensbisse, Schuldgefühl, Schuldbewußtsein, Gewissenslast, Gewissenspein
**skrupellos:** gewissenlos, rücksichtslos, gnadenlos, unmenschlich, entmenscht, bedenkenlos, unbarmherzig, mitleidlos, kalt, lieblos, herzlos
**so:** dergestalt, in der Weise, folgenderweise, dermaßen, dementsprechend, solcherart, wie folgt, in einer / dieser Art / Weise, auf folgende Weise, derart(ig) *wirklich, ernsthaft, tatsächlich, echt
**sobald:** sowie, kaum daß, direkt / sofort / sogleich wenn
**soeben:** jetzt, gerade, eben, gegenwärtig, just(ament), momentan, zur Stunde / Zeit, diese Sekunde / Minute

zuchtlos, verworfen, unsittlich, liederlich, unkeusch, verrucht, verdorben

**sitzen:** stehen *liegen *frei sein, in Freiheit leben *vergessen werden (Lernstoff) *nicht passen (Anzug) *fehlgehen, vorbeigehen, abkommen, (ver-)fehlen (Schuß) ***sitzen bleiben:** aufstehen, s. erheben, aufspringen *fortfliegen (Tier) *Platz machen, (beiseite) rücken
**sitzenbleiben:** weiterkommen, aufsteigen, versetzt werden, vorrücken (Schüler) *heiraten (Mädchen) *verkaufen (Ware) *begehrt sein, aufgefordert werden (Tanz) *aufgehen (Kuchenteig)
**sitzenlassen:** helfen, unterstützen, beistehen, Beistand leisten, zur Seite stehen, mithelfen, assistieren, einspringen, zupacken *heiraten (Verlobte) *versetzt werden *kontern, geben, widersprechen *kaufen (Ware) *engagieren (Künstler)
**Skepsis:** Vertrauen, Glaube, Sicherheit, Optimismus, Zuversicht, Hoffnung, Trost
**skeptisch:** zuversichtlich, unverzagt, zukunftsgläubig, optimistisch, fortschrittsgläubig, hoffnungsfroh, lebensbejahend, getrost *leichtgläubig
**Skizze:** Endfassung (Text) *Kunstwerk

**Skrupel:** Gewissenlosigkeit, Skrupellosigkeit, Rücksichtslosigkeit, Bedenkenlosigkeit
**skrupellos:** gewissenhaft, zweifelnd, voller Bedenken, voller Schuldgefühle

**so:** anders(herum) *umgekehrt

**sobald:** bevor, ehe

**soeben:** bald, gleich, demnächst *vor einiger / langer Zeit, neulich, längst

**sofort:** augenblicklich, sogleich, momentan, prompt, unverzüglich, auf Anhieb, geradewegs, flugs, postwendend, auf der Stelle, unmittelbar, schnellstens

**sogar:** auch, überdies, außerdem, selbst

**Sohn:** Stammhalter, Bub, Knabe, Jüngling, Sprößling

**Soiree:** Festabend, Abendveranstaltung, Abendgesellschaft

**solidarisch:** eng, verbunden, füreinander einstehend, gemeinsam, vertrauensvoll, verbündet, vereint, geschlossen, zuverlässig

**solidarisieren (s.):** s. solidarisch erklären / anschließen / verbünden / verbrüdern / zusammentun / zusammenschließen, paktieren, zu jmdm. stehen

**Solidarität:** Übereinstimmung, Verbundenheit, Gemeinschaftsgeist, Gemeinsinn, Kameradschaft, Zusammengehörigkeit(sgefühl), Gemeinsamkeit

**solide:** gediegen, echt, ordentlich, wertbeständig *angesehen, verehrt, geehrt, geschätzt *haltbar, gut gemacht *zuverlässig, pünktlich *sittsam, anständig, gesittet, höflich, korrekt

**Soll:** Passiva, Debet *Pflicht, Verpflichtung, Verbindlichkeit, Forderung, Obliegenheit, Plan

**solvent:** zahlungsfähig, zahlungsbereit, liquid, flüssig

**sommerlich:** südlich, warm, hochsommerlich, heiß, tropisch, sonnig, wie im Sommer

**Sommerpause:** Theaterferien

**sonderbar:** eigen, merkwürdig, komisch, schrullig, seltsam, eigenartig, absonderlich, befremdend, wunderlich, verwunderlich, verschroben, kauzig, eigentümlich, eigenbrötlerisch *ungewöhnlich, merkwürdig, ungeläufig, unüblich, nicht üblich, neu

**sondern:** allerdings, im Gegensatz dazu, vielmehr, dem entgegen, hingegen, aber, (je)doch *isolieren, trennen, abschieben

**Sonne:** Helios *Sonnenschein

**sofort:** nachher, später, demnächst, einmal, über kurz oder lang, zukünftig, mit der Zeit *mit Verzug, verspätet, verzögert

**sogar:** bloß, nur

**Sohn:** Tochter *Eltern *Vater *Mutter

**Soiree:** Matinee, Morgenveranstaltung

**solidarisch:** unsolidarisch

**solidarisieren (s.):** s. distanzieren, abrücken, zurückziehen, entfernen (von), Abstand nehmen

**Solidarität:** Streit, Haß, Unterdrückung, Intoleranz, Feindschaft

**solide:** schlampig, schlecht, ungenügend (Qualität) *billig (Preis) *unsolide, unzuverlässig, nachlässig *windig, abenteuerlich *ausschweifend, lose, locker, unsolide, wüst, lasterhaft, sittenlos (Lebenswandel) *wackelig, klapprig (Verarbeitung) *oberflächlich, mangelhaft, miserabel, flüchtig, schlecht, ungenügend (Arbeit) *flott, schick, gewagt, aufreizend (Mode)

**Soll:** Haben, Guthaben *Ist

**solvent:** insolvent, blank, bankrott, illiquid, pleite, zahlungsunfähig

**sommerlich:** winterlich, kalt, grimmig, bitterkalt, frostig, starr, kühl

**Sommerpause:** Spielzeit, Saison

**sonderbar:** verständlich, erklärlich, ableitbar, erklärbar *normal, klar, unkompliziert *alltäglich, gewöhnlich, geläufig, üblich, bekannt, usuell

**sondern:** nicht *verbinden, verschmelzen, mengen, mischen

**Sonne:** Mond *Sterne *Regen, Niederschlag, Schauer *Schatten

**Sonnenaufgang:** Morgengrauen, Tagesanbruch, Tagesgrauen, Morgenröte, Morgen(dämmerung)
**Sonnenschein:** Sonne, Sonnenlicht, Sonnenstrahlen

**Sonnenseite:** angenehme / positive Seite
**Sonnenuntergang:** Abenddämmerung, Abendröte, Abend(rot)
**sonnig:** heiter, klar, sommerlich, wolkenlos, strahlend, sonnendurchflutet, sonnenhell, freundlich, schön, aufgeheitert *fröhlich, lustig, vergnügt, fidel, strahlend, sorglos, heiter

**Sonntag:** Ruhetag, Festtag
**sonntäglich:** festlich, wie an Sonntagen üblich
**Sorge:** Angst, Furcht, Besorgnis, Kummer, Beunruhigung, Unruhe, Bedenken, Kümmernis, Panik, Scheu, Bangigkeit, Befangenheit *Versorgung, Fürsorge, Pflege, Hilfe

**sorgen (s.):** s. kümmern, betreuen, pflegen, versorgen, helfen, umsorgen, Anteilnahme / Beachtung schenken, s. annehmen / interessiert zeigen / bemühen um *s. beunruhigen / ängstigen / (ab)grämen / (ab)härmen / bekümmern, bangen, schwernehmen
**sorgenlos:** unbekümmert, unbeschwert, sorglos, beruhigt, arglos, unkompliziert, glücklich, heiter, gelassen, vergnügt, übersprudelnd, fidel, leicht(lebig), ruhig

**sorgenvoll:** bekümmert, bedrückt, gramvoll, gramgebeugt, gramerfüllt, zentnerschwer, sorgenschwer, angsterfüllt, bedenklich, unruhig, kummervoll, verhärmt, resigniert, freudlos, verzagt, gedrückt, entmutigt
**Sorgfalt:** Genauigkeit, Gewissenhaftigkeit, Behutsamkeit, Ausführlichkeit, Präzision, Prägnanz, Pflichtgefühl, Genauheit, Akribie, Akkuratesse, Schärfe, Exaktheit, Peinlichkeit *Obacht, Achtsamkeit, Pflege, Schonung, Für-

**Sonnenaufgang:** Sonnenuntergang, Abend

**Sonnenschein:** Niederschlag, Regen (-fall), Regenzeit, Regenschauer *Sturm, Unwetter *Schlechtwetter *Trauer, Trübsal *Sorge, Neid
**Sonnenseite:** Schatten(seite) *Kehrseite
**Sonnenuntergang:** Sonnenaufgang, Morgen
**sonnig:** bewölkt, schattig, sonnenlos, schattenreich, bezogen, wolkig, bedeckt *regenreich, regnerisch, naß (-kalt), feucht, diesig, schlecht, schrecklich *neblig, trübe *stürmisch, steif *unbeständig, veränderlich, wechselhaft, wechselnd, schwankend, unstetig *traurig, melancholisch, trübsinnig, schwermütig, bedrückt, betrübt, elend, freudlos, ernsthaft (Gemüt)
**Sonntag:** Werktag, Alltag, Arbeitstag
**sonntäglich:** alltäglich, werktäglich *normal, gewöhnlich, üblich
**Sorge:** Sonnenschein *Sorglosigkeit, Arglosigkeit, Unbekümmertheit, Unbeschwertheit, Nachlässigkeit *Hoffnung *Freude, Ausgelassenheit, Heiterkeit, Frohsinn, Munterkeit, Vergnügen *Vernachlässigung
**sorgen (s.):** vernachlässigen s. nicht kümmern (um), desinteressiert / gleichgültig / wurstig / teilnahmslos sein *hoffen, beruhigt / ruhig / gelassen sein

**sorgenlos:** sorgenvoll, bedrückt, kummervoll, bekümmert, schwarzseherisch, unglücklich, unruhig, freudlos, gramvoll, deprimiert, kleinmütig, niedergeschlagen, resigniert, verzagt, gedrückt, geknickt, entmutigt
**sorgenvoll:** sorg(en)los, sorgenfrei, unbekümmert, heiter, übermütig, gelassen, strahlend, überschäumend, lustig, munter, vergnügt, übersprudelnd, fidel, aufgeweckt *beruhigt, ruhig, gelassen
**Sorgfalt:** Oberflächlichkeit, Nachlässigkeit, Flüchtigkeit, Unordentlichkeit, Unsorgfältigkeit, Unbekümmertheit, Leichtfertigkeit, Ungenauigkeit, Schludrigkeit, Schlamperei *Fahrlässigkeit, Leichtsinn, Verantwortunglo-

sorglichkeit, Vorsicht, Umsicht, Fürsorge

**sorgfältig:** gewissenhaft, peinlich, gründlich, pingelig, genau, pedantisch, paragraphenhaft, engherzig, engstirnig, kleinlich *behutsam, vorsichtig, bedacht, langsam
**sorglos:** unbekümmert, unbeschwert, sorgenlos, beruhigt, arglos, unkompliziert, glücklich, heiter, gelassen, vergnügt, übersprudelnd, fidel, leicht(lebig), ruhig *fahrlässig, unvorsichtig, achtlos, lieblos, unbedenklich, gleichgültig, unbedacht, nachlässig

**Sorglosigkeit:** Arglosigkeit, Unbekümmertheit, Unbeschwertheit, Nachlässigkeit, Schlamperei
**souverän:** überlegen, erhaben über, unabhängig, über den Dingen stehend, autark, der Sache gewachsen, selbständig, eigenständig
**Souverän:** Herrscher, Alleinherrscher, Diktator, Unterdrücker, Tyrann, Despot
**Souveränität:** Alleinherrschaft, Unabhängigkeit *Sicherheit, Selbstsicherheit
**soviel:** wieviel / in welchem Umfang / Maß auch immer *nicht weniger, gleich viel, ebensoviel, in demselben Maße
**sowenig:** in demselben geringen Maße, wiewenig auch immer
**sozial:** wohltätig, gemeinnützig, mitmenschlich, hilfsbereit, uneigennützig, karitativ, barmherzig, fürsorglich
**spalten:** zerteilen, durchhacken, entzweihacken, zerhacken, zerspalten, aufspalten
**spannen:** befestigen, einspannen, anbringen, anmachen *anschirren, einjochen, vorspannen, anspannen *(aus-)dehnen, ausziehen, ausweiten, (aus-)strecken *bemerken, wahrnehmen, fühlen, spüren, Wind bekommen *eng anliegen, sehr eng / hauteng sein (Hose)
**spannend:** fesselnd, mitreißend, erregend, aufregend, prickelnd, atemberaubend, packend, faszinierend, aufwühlend, spannungsreich
**Spannung:** Ungeduld, gespannte Erwartung, Dramatik, Nervosität, Gespanntheit, Anspannung, Vorfreude,

sigkeit, Leichtfertigkeit, Pflichtvergessenheit, Unvorsichtigkeit, Sorglosigkeit, Gedankenlosigkeit
**sorgfältig:** nachlässig, oberflächlich, flüchtig, unordentlich, ungenau, unsorgfältig, schludrig, schlampig, leichtfertig, unbekümmert *leichtsinnig, fahrlässig
**sorglos:** gewissenhaft, peinlich, pingelig, genau, engherzig, engstirnig, kleinlich, pedantisch, paragraphenhaft, sorgfältig *vorsichtig, behutsam *bedrückt, kummervoll, bekümmert, sorgenvoll, schwarzseherisch, unruhig, freudlos, verzweifelt, unglücklich, pessimistisch, trübsinnig
**Sorglosigkeit:** Sorge, Gram, Besorgnis *Gewissenhaftigkeit, Genauigkeit, Behutsamkeit
**souverän:** unselbständig, abhängig *unsicher, befangen *schwach, ausweichend (Antwort)

**Souverän:** Untergebener, Landeskind, Volk *Vasall *Lehensman, Gefolgsmann
**Souveränität:** Abhängigkeit, Unselbständigkeit *Befangenheit, Unsicherheit
**soviel:** sowenig *wiewenig auch immer

**sowenig:** soviel *wieviel / in welchem Umfang / Maß auch immer
**sozial:** asozial *unsozial

**spalten:** einen, verbinden, (ver)einigen, zusammenfügen, zusammentun

**spannen:** locker lassen, lockern, entspannen (Seil, Muskeln) *zusammenlegen, zusammenfalten, zusammenrollen (Leinwand)

**spannend:** langweilig, monoton, uninteressant, einförmig, einschläfernd, ledern, öde

**Spannung:** Langeweile, Eintönigkeit, Einförmigkeit, ewiges Einerlei, Langweiligkeit *Entspannung, Lockerung,

Hochspannung, Unruhe *Nervenschwäche, Überreiztheit, Aufregung, Erregung, Hektik, Ruhelosigkeit, Erregtheit *Unstimmigkeit, Mißbehagen, Unbehagen

**spannungsgeladen:** erregt, gereizt, (hoch)explosiv, gespannt, feindselig, dramatisch, kritisch, verhärtet
**spannungslos:** langweilig, einfallslos, wirkungslos, monoton, phantasielos, einfach, alltäglich, üblich, unoriginell, ohne Pfiff, trist, fade, öde, trostlos, reizlos, uninteressant, gleichförmig, einförmig, ermüdend, trocken
**sparen:** ersparen, auf die Seite legen, zurücklegen, sparsam / bescheiden sein, rationieren, einteilen, geizen, Rücklagen machen *anhäufe(l)n, horten *unterlassen, unterdrücken
**spärlich:** kläglich, dürftig, gering, jämmerlich, nicht viel, lumpig, schmal, mager *licht, dünn (bewachsen), gelichtet
**sparsam:** wirtschaftlich, genau, häuslich, ökonomisch, haushälterisch, rationell, knapp, vorsichtig, sorgfältig, achtsam, überlegt, eingeschränkt, kalkuliert

**Spaß:** Freude, Genuß, Vergnügen, Pläsier, Ergötzen, Vergnüglichkeit, Befriedigung *Schabernack, Scherz, Jux, Ulk, Witz, Ausgelassenheit, Jokus, Spielerei, Clownerie, Unsinn, Humor
**spaßeshalber:** nur zum Spaß, rein aus Vergnügen
**spaßig:** ulkig, witzig, scherzhaft, spaßhaft, possenhaft, possierlich, drollig, putzig, herzig, geistreich, neckisch *merkwürdig, sonderbar
**spät:** zu spät, in der Nacht, spätabends, zur Nachtzeit, zu später Stunde *zu vorgerückter Stunde *höchste Zeit, verspätet, keine Zeit zu verlieren, in letzter Minute, endlich, im letzten Augenblick, zuletzt, zur rechten Zeit, am Ende, zu guter Letzt *zu vorgerückter Stunde *unpünktlich, nicht fahrplanmäßig
**später:** folgend, kommend, künftig, weiter, in spe, darauffolgend, nächst *eines Tages, in Zukunft, in Bälde, früher oder später, späterhin, dem-

Nachlassen *Eintracht, Harmonie *Ruhe, Gelassenheit, Ausgeglichenheit, Fassung, Gemütsruhe, Gleichmut, Beherrschung, Seelenruhe, Unempfindlichkeit, Kaltblütigkeit, Haltung *Übereinstimmung
**spannungsgeladen:** ungetrübt, entspannt, unbeeinträchtigt

**spannungslos:** unter Spannung (Stromleitung) *gespannt *spannend, fesselnd, interessant

**sparen:** ausgeben, hinaushauen, verschwenden, (ver)prassen, vergeuden, hinauswerfen *bemerken, äußern, sagen (Bemerkung)

**spärlich:** üppig, reichlich, weidlich, großzügig *geil (Wachstum)

**sparsam:** verschwenderisch, freigebig, großzügig, honorig, spendabel, gebefreudig, generös, nobel, weitherzig *ausholend, überschwenglich, langatmig, weitschweifig, umständlich (Worte) *luxuriös, prunkvoll, prächtig, aufwendig, protzig *unökonomisch, unwirtschaftlich
**Spaß:** Ernst(haftigkeit) *Trauer, Schwermut, Traurigkeit, Bedrückung, Freudlosigkeit, Trübseligkeit *Verdruß

**spaßeshalber:** ernstlich, ernsthaft, im Ernst
**spaßig:** ernst, traurig, bedrückt, bekümmert, unglücklich, trübsinnig, gedrückt, pessimistisch, deprimiert, schwermütig, trübe
**spät:** früh, bald(igst), zeitig *rechtzeitig, zur rechten Zeit, beizeiten

**später:** damals, einst, ehemals, früher, sonst, vormals, vordem, einstens, einstig *bevor, schon, vor der / jener / seiner Zeit *früher, damals, dazumal,

nächst, über kurz oder lang, dereinst, irgendwann, in weiter Ferne *weiterhin, des weiteren, fernerhin, nach wie vor, forthin, hinfort, fortan, fürder(hin)

vormals, einst(mals), derzeit, ehedem, ehemals, seinerzeit *gegenwärtig, augenblicklich, jetzt, momentan, jetzig, just(ament), soeben, gerade, heute, heutig, heutzutage, heutigen Tages *gleichzeitig, zu gleicher Zeit / Stunde, im selben / gleichen Augenblick *sofort, unverzüglich, prompt, ohne Verzug, bald, sogleich, momentan, augenblicklich *vorher, vorzeitig, davor, früher, vorangegangen, vorangehend

**späteste:** letzte

**späteste:** früheste, erste

**speichern:** deponieren, magazinieren, (ein)lagern, zurückbehalten, unter Verschluß halten, ablegen, an s. nehmen *eingeben, eintippen

**speichern:** verbrauchen, entnehmen, ablassen *ausgeben *abrufen (Informationen)

**spendabel:** freigebig, großzügig, weitherzig, hochherzig, nobel, honorig, gebefreudig, verschwenderisch, verschwendungssüchtig

**spendabel:** geizig, knauserig, sparsam, kleinlich, knickrig, pingelig

**spenden:** schenken, (über)geben, zukommen lassen, zur Verfügung stellen, spendieren, überlassen, bedenken mit, darbringen, verehren, als Gabe / Spende überlassen, zuwenden, sein Scherflein beitragen, seinen Obolus entrichten, stiften, widmen, opfern *trösten, aufmuntern, ermutigen

**spenden:** erhalten, bekommen, empfangen, annehmen, entgegennehmen *versagen, verweigern *sammeln *unglücklich / traurig sein (Trost)

**Spender:** Geber, Gönner, Wohltäter

**Spender:** Empfänger, Adressat

**sperrangelweit:** offen, unverschlossen, geöffnet, aufgesperrt, aufgeschlossen, offenstehend

**sperrangelweit:** angelehnt *zu (Tür, Fenster)

**sperren:** absperren, versperren, abriegeln, abschließen, blockieren, den Riegel vorlegen *s. sperren: s. verschließen / widersetzen / sträuben / entgegensetzen / stemmen gegen

**sperren:** öffnen *freilassen *freigeben *schließen, zugehen (Tür) *s. sperren: nachgeben, einsichtig / einverstanden sein

**sperrig:** unhandlich, schwer benutzbar / handhabbar, umständlich, ungeeignet, unzweckmäßig

**sperrig:** handlich, klein, bequem, praktisch, zweckmäßig

**Spezialarzt:** Spezialist, Facharzt

**Spezialarzt:** Allgemeinarzt, Arzt für Allgemeinmedizin

**Spezialist:** Fachmann, Sachkenner, Kapazität, Professioneller, Fachkraft, Sachverständiger, As, Sachkundiger, Meister, Koryphäe, Könner, Mann vom Fach, Routinier, Autorität *Facharzt, Spezialarzt

**Spezialist:** Laie, Nichtfachmann, Dilettant, Amateur *Arzt für Allgemeinmedizin, Allgemeinmediziner *Quacksalber, Pfuscher, Banause

**Spezialwissen:** Fachwissen

**Spezialwissen:** Allgemeinwissen

**speziell:** besonders, insbesondere, in erster Linie, ausdrücklich, vor allen Dingen *einzeln, im einzelnen, detailliert, punktweise, ganz genau

**speziell:** ungenau, (all)gemein (Kenntnisse) *allgemein, im allgemeinen, generell, universell

**spiegelblank:** glänzend, poliert, schimmernd, geputzt

**spiegelblank:** fleckig, schmutzig, dreckig, verschmiert, fettig

**spiegelglatt:** eisglatt, rutschig, glitschig *glatt, ruhig, still

**Spiel:** Match, Partie, Runde, Turnier, Wettkampf, Wettrennen, Wettfahrt, Treffen *Schauspiel, Theaterstück, Bühnenstück, Werk, Drama *Glücksspiel, Lotterie, Verlosung, Tombola *Kinderspiel, Bagatelle, Lächerlichkeit, Kleinigkeit *Scherz, Schabernack, Spielerei *Aufführung, Darbietung, Vorführung, Auftritt

**Spieler:** Glücksspieler, Hasardeur *Aktiver, Sportler *Abenteurer *Musizierender

**Spielzeit:** Saison, Spielsaison, Theatersaison

**spießig:** kleinbürgerlich, spießbürgerlich, engherzig, engstirnig, provinziell, bieder, spießerhaft, intolerant, banausenhaft

**spitz:** zugespitzt, nadelspitz, stechend, mit einer Spitze, geschliffen *lüstern, scharf, geil *begierig, verrückt sein nach *bissig, spöttisch, höhnisch, bitter, schnippisch, kalt, sarkastisch, zynisch, ironisch *dünn, hohlwangig, eingefallen, knochig

**Spitze:** Stachel, Dorn *Leitung, Vorsitz, Direktion, erste Stelle, Führerschaft, Führung, Vorstand(schaft), Geschäftsleitung, Chefetage *Pfeil, Stichelei, Anspielung, Seitenhieb, Gestichel, Bissigkeit

**Spitzenklasse:** Krönung, Glanzstück, Meisterstück

**Spitzenleistung:** Höchstleistung, Rekord, Optimum

**spontan:** impulsiv, unbesonnen, unüberlegt, von innen heraus / selbst

**sporadisch:** selten, knapp, manchmal, vereinzelt, fast nie, gelegentlich, hin und wieder, nicht oft

**sportlich:** athletisch, schlank, muskulös, drahtig, frisch, kräftig, stark, sehnig, gut gebaut / gewachsen, behende *flott, jugendlich, elegant, zweckmäßig (Mode) *rasant, schneidig, schnell, zügig, spritzig, schwungvoll, wendig, flott (Fahrweise)

**sprechen:** reden, schwatzen, s. unterhalten, erklären, argumentieren, begründen, mitteilen, aufklären, ausrich-

**spiegelglatt:** griffig, rutschfest, rauh (Oberfläche) *aufgewühlt, rauh, bewegt, stürmisch (See)

**Spiel:** Ernst *Wirklichkeit, Realität, Tatsache *Probe

**Spieler:** Zuschauer *Schiedsrichter *Zuhörer

**Spielzeit:** theaterfreie / spielfreie Zeit

**spießig:** aufgeschlossen, offen, modern, interessiert, zugänglich, aufnahmebereit

**spitz:** stumpf (Winkel) *stumpf, abgestumpft *voll, rund, pausbäckig, vollwangig (Gesicht) *rund *freundlich, verbindlich, nett, wohlwollend (Bemerkung)

**Spitze:** Schluß, Ende *Basis

**Spitzenklasse:** mindere / schlechte Qualität *Durchschnitt

**Spitzenleistung:** Durchschnitt(sleistung)

**spontan:** erwartet, vorauszusehen, vor(-her)gesehen (Ereignis, Ausgang) *geplant, genehmigt, angekündigt (Demonstration)

**sporadisch:** häufig, oft *immer *überall

**sportlich:** unsportlich, foul, unfair, unkameradschaftlich *kräftig, bullig, stramm, stämmig, korpulent, dick, massig, ungelenk, wohlbeleibt, fett *langsam, behäbig

**sprechen:** (an)hören, zuhören, hinhören *(tot)schweigen, verbergen, verheimlichen, verstummen, verschwei-

ten, äußern, bekanntgeben, informieren, sagen, kundtun, unterrichten, vortragen, vorbringen, weitertragen, weitererzählen, zutragen

gen, nichts sagen, geheimhalten, unerwähnt lassen, verhehlen *verstehen, aufnehmen, vernehmen *(be)antworten, erwidern, kontern, entgegnen, dagegenhalten, eingehen (auf), widersprechen, zurückgeben, zurückschießen, Kontra geben, einwerfen

**Sprecher:** Redner, Ansager, Vertreter, Vortragender, Wortführer

**Sprecher:** Zuhörer, Hörer, Publikum, Fernsehzuschauer

**spreizen:** auseinanderstrecken, grätschen, wegstrecken

**spreizen:** schließen, zusammenlegen, zusammenziehen, (zusammen)ballen

**sprengen:** zertrümmern, destruieren, zerstören *auseinandertreiben, zerstreuen, auflösen, auseinanderjagen *gewaltsam öffnen, aufsprengen, aufbrechen, auseinanderreißen *benetzen, befeuchten, begießen, bewässern, berieseln, besprühen, einsprengen, wässern, (ein)spritzen, anfeuchten, besprengen, naß machen

**sprengen:** entwässern, dränen, dränieren, trockenlegen, entsumpfen

**sprießen:** keimen, knospen, Knospen treiben, grünen, grün werden, ausschlagen, wachsen

**sprießen:** verkümmern, eingehen, (ver)welken, verdorren

**springen:** hechten, hopsen, hüpfen, setzen über, einen Satz / Sprung machen *zerspringen, reißen, zersplittern, entzweigehen, platzen, entzweibrechen, zerbrechen, zerbersten, in die Brüche gehen *herauskommen, heraussprühen, hervorschießen (Funken)

**springen:** gehen, schleichen, trotten, waten *übersteigen, überklettern, klettern / steigen (über) (Mauer) *(aus)halten (Material) *(an)halten

**spritzig:** schwungvoll, wendig, schneidig, sportlich, schnell, rasant, flott *geistreich, geistvoll, sprühend, einfallsreich, witzig, unterhaltsam, anregend, erfindungsreich, ideenvoll, ideenreich, erfinderisch, kreativ, originell, genial, produktiv

**spritzig:** langweilig, monoton, einschläfernd, uninteressant, eintönig, ermüdend *schwer (Wein) *abgestanden (Wein) *langsam (Auto)

**spröde:** unelastisch, bröckelig, ausgetrocknet, trocken, mürbe, brüchig, rubbelig, splitterig, strohig, zerbrechlich *prüde, zimperlich, genierlich, zurückhaltend, kühl, herb, züchtig, abweisend, verschämt

**spröde:** elastisch, geschmeidig, biegsam, schmiegsam, nachgiebig, flexibel (Material) *glatt, geschmeidig, gepflegt .(Haut) *brauchbar, dankbar *folgsam, umgänglich, brav *anziehend, entgegenkommend, nett, liebenswürdig, verbindlich (Mensch)

**sprunghaft:** plötzlich, unvermutet, unerwartet, unversehens, unvorhergesehen, unverhofft, schlagartig, schnell, urplötzlich, ungeahnt, jäh(lings), blitzschnell, überstürzt, ruckartig *unbeständig, schwankend, flatterig, unstet, wetterwendisch, unausgeglichen, wechselhaft, launenhaft, launisch, wankelmütig, inkonsequent, wandelbar

**sprunghaft:** nach und nach, allmählich, schleichend, s. entwickelnd, langsam *kontinuierlich, gleichmäßig *zuverlässig, beständig

**spürbar:** merklich, sichtlich, fühlbar,

**spürbar:** unspürbar, leicht, schwach,

deutlich, beachtlich, erheblich, zusehends, erkennbar, bemerkbar
**spurlos:** unmerklich, ohne Spur

**staatlich:** gemeineigen, national, volkseigen, gesellschaftlich
**stabil:** fest, massiv, strapazierfähig, solid(e), haltbar, bruchfest, unzerbrechlich, widerstandsfähig, kompakt, unverwüstlich *dauerhaft, beständig

**stach(e)lig:** voller Stacheln, stoppelig, kratzig, kratzend, stechend, ruppig *dornig
**Stadt:** Großstadt, Hauptstadt, Weltstadt, Kreisstadt, Kleinstadt, Provinzstadt, Metropole, Landeshauptstadt
**stadtauswärts:** hinaus, aufs Land
**stadtbekannt:** namhaft, wohlbekannt, berühmt, anerkannt, prominent
**stadteinwärts:** (in die Stadt) hinein
**Städter:** Stadtbewohner, Stadtmensch, Kind der Stadt

**städtisch:** kleinstädtisch, großstädtisch, weltstädtisch, urban
**Stadtmitte:** Stadtzentrum, Zentrum, City, Stadtkern, das Stadtinnere, Geschäftsviertel, Altstadt, Innenstadt

**Stadtrand:** Vorstadt, Trabantenstadt, Außenbezirk, Einzugsgebiet, Vorort, Satellitenstadt, Peripherie, Vorort
**Stagnation:** Stillstand, Stockung, Rückgang, Pause, Rückschlag, Stauung, Nachlassen, Flaute, Nullpunkt, Abfall, toter Punkt, Einhalt, Halt
**stagnieren:** stillstehen, stehenbleiben, auf der Stelle treten

**stämmig:** kräftig, (wohl)beleibt, stark, vollschlank, füllig, breit, stramm, gemästet, unförmig, dicklich, mollig, rund(lich), üppig, kugelrund, wohlgenährt, drall, umfangreich, fett(leibig), pummelig, dick(leibig), pausbäckig, aufgedunsen, dickwanstig, feist, fleischig, gewaltig, massig, vierschrötig, plump *baumstark, athletisch, stark, rüstig, stabil, markig, sportlich, drahtig, resistent, nervig, fest, kraftvoll, kraftstrotzend, kernig, nicht anfällig, gefeit, immun, wehrhaft, bärenstark, stramm, robust, hart, sehnig, zäh

unmerklich, nur kaum / leicht zu spüren

**spurlos:** sichtbar, merklich, (be)merkbar, deutlich
**staatlich:** städtisch, kommunal *privat *kirchlich
**stabil:** wackelig, nicht feststehend, brüchig, wankend, unsicher, schwankend, kipp(e)lig, instabil *instabil, unbeständig, schwankend, labil, schwach, unsicher, wechselnd (Währung) *unbeständig, instabil, gefährdet, schwach
**stach(e)lig:** glatt, rasiert *glatt

**Stadt:** Land, Dorf, Gemeinde *Vorort, Stadtrand, Peripherie, Vorstadt, Trabantenstadt, Provinz
**stadtauswärts:** stadteinwärts, hinein
**stadtbekannt:** unbekannt, unbedeutend, nicht berühmt
**stadteinwärts:** stadtauswärts, hinaus
**Städter:** Landbewohner, Dorfbewohner, Kleinstädter, Provinzler, Hinterwäldler
**städtisch:** ländlich, dörflich *bäuerlich *staatlich (Beamter, Verkehrsmittel)
**Stadtmitte:** Vorort, Trabantenstadt, Einzugsgebiet, Satellitenstadt, Außenbezirk, Peripherie, Stadtrand, Vorstadt
**Stadtrand:** City, Geschäftsviertel, Stadtmitte, Stadtkern, Altstadt, Stadtzentrum, Zentrum, Innenstadt
**Stagnation:** Fortschritt, Entwicklung, Weiterentwicklung, Aufschwung, Hochkonjunktur, Hausse (Wirtschaft) *Strömung (Gewässer)
**stagnieren:** fortschreiten, s. (weiter-) entwickeln, vorangehen, weiterschreiten *strömen, fließen (Gewässer)
**stämmig:** schmächtig, zierlich, zart, grazil, schlank, feingliedrig, zart gebaut, gazellenhaft, rank, schmal, zerbrechlich, fragil, wie aus Porzellan, gazellenhaft

**Stammkundschaft:** feste Kunden, feste / treue Kundschaft, fester Kundenstamm

**stampfen:** trampeln, stapfen, heftig treten *zerdrücken, (zer)quetschen, zusammendrücken, zerkleinern, zerstoßen, zermalmen, zertreten, breitdrücken

**Stand:** Lage, Situation, Zustand, Verhältnisse, Tatbestand, Sachlage, Konstellation, Umstände, Sachverhalt *Klasse, Gruppe, Schicht *Warenstand, Verkaufsstand, Kiosk, Verkaufshäuschen, Marktstand

**standhaft:** halsstarrig, rechthaberisch, finster, aufmüpfig, zugeknöpft, unbelehrbar, eisern, aufsässig, widersetzlich, ungehorsam, kratzbürstig, unfolgsam, kompromißlos, bockbeinig, dickköpfig, widerspenstig, unzugänglich, unaufgeschlossen, stur, hartgesotten, dickschädelig, starrköpfig, unversöhnlich, widerborstig, starrsinnig, bockig, eigensinnig, fest, steifnackig, verstockt, verbohrt, unerbittlich, trotzig, störrisch, verständnislos, unnachgiebig, unbotmäßig, unbequem, verschlossen *charakterfest, konsequent, durchhaltend, unbeirrt, unbeirrbar, aufrecht, unerschütterlich, willensstark

**standhalten:** durchhalten, aushalten, nicht wanken und weichen, s. nicht vertreiben lassen, nicht von der Stelle weichen *nicht brechen, aushalten *bestehen können

**ständig:** dauernd, immer(zu), unaufhörlich, von / seit je(her), seit eh und je, schon immer, nach wie vor, immer wieder, immerfort, tagaus, tagein, jahraus, jahrein, stets, stetig, andauernd, beständig, fortgesetzt, fortdauernd, anhaltend, unaufhaltsam, unausgesetzt, konstant, kontinuierlich, permanent, beharrlich, gleichbleibend, pausenlos, immerwährend, allezeit, alleweil, rund um die Uhr *chronisch, schleichend, unheilbar, schleppend

**Standlicht:** Parklicht

**Standpauke:** Lektion, Strafpredigt, Maßregelung, Warnung, Belehrung, Lehre, Zurechtweisung, Denkzettel

**Standvogel:**

**Stammkundschaft:** Laufkundschaft

**stampfen:** ruhig halten (Bein)

**Stand:** Lauf, Gang, Bewegung, Schritt

**standhaft:** nachgiebig, feige, willensschwach, weich, willenlos, haltlos *gefügig, devot, servil, ehrerbietig, demütig, kniefällig, radfahrerisch, energielos *reuevoll, reuig, schuldbewußt, bußfertig, reumütig, Reue empfindend *gebrochen, geknickt, deprimiert, entmutigt, mutlos, niedergeschlagen, verzagt, resigniert, verzweifelt, (nieder-) gedrückt

**standhalten:** (ab)brechen, durchbrechen, nachgeben, reißen, zusammenbrechen, (ab)splittern *zurückgehen, weichen, flüchten, fliehen *untergehen *lockerlassen, ausreißen *kapitulieren, s. ergeben, aufgeben (Truppen) *durchfallen, nicht bestätigt werden (Behauptung)

**ständig:** manchmal, ab und zu, zuweilen, zeitweilig, gelegentlich, von Zeit zu Zeit, ab und an, hin und wieder, dann und wann, zuzeiten, vereinzelt, bisweilen *augenblicklich, momentan, vorübergehend, temporär *unregelmäßig *schrittweise *provisorisch *periodisch

**Standlicht:** Fernlicht *Abblendlicht

**Standpauke:** Lob, Ermutigung, Belobigung, Belobung, Vorschußlorbeeren, Lobpreis(ung), Ehrung

**Standvogel:** Strichvogel *Zugvogel

**stark:** kräftig, (wohl)beleibt, stämmig, vollschlank, füllig, breit, stramm, wohlgenährt, gemästet, unförmig, dicklich, mollig, rund(lich), üppig, kugelrund, drall, umfangreich, fett(leibig), pummelig, dick(leibig), pausbäkkig, aufgedunsen, dickwanstig, feist, fleischig, gewaltig, massig, vierschrötig, plump *stämmig, baumstark, athletisch, rüstig, stabil, markig, sportlich, drahtig, resistent, nervig, fest, kraftvoll, kraftstrotzend, kernig, nicht anfällig, gefeit, immun, wehrhaft, bärenstark, stramm, robust, hart, sehnig, zäh *ungehobelt, derb, vulgär, unfein, ungeschliffen, rauh, grob *vehement, gewaltig, wuchtig, heftig *saftig, farbig, intensiv, satt, grell, leuchtend, bunt *kräftig, orkanartig, steif, böig, auffrischend, luftig, frisch, heftig, stürmisch (Wind) *einflußreich, (über)mächtig, machtvoll, potent, wichtig, tonangebend, achtunggebietend, angesehen *intensiv, umfassend, gründlich, heftig, fest, ernsthaft, tief, massiv, durchdringend *(lang) andauernd, nachhaltig, tief (Wirkung) *gut, zündend (Witz) *fest, willensstark, ausgeprägt, gefestigt (Charakter) *lebhaft, rege, fließend (Verkehr) *gesund, kräftig, trainiert (Herz) *intensiv, massiv, heftig, stürmisch (Angriff) *männlich (Geschlecht) *überzeugend, stichhaltig, zwingend, beweiskräftig, schlagend, unangreifbar, unwiderlegbar, glaubwürdig, bestechend (Beweis) *dick, belastungsfähig, belastbar, kräftig (Mauer) *dunkel, kräftig, satt (Farbton) *rüstig, potent, mannhaft *scharf, trainiert, weitblickend (Auge) *gröblich, grob fahrlässig (Übertretung) *anhaltend, lang, dröhnend, orkanartig (Beifall) *dröhnend, (über)laut, schrill, voll, gellend, durchdringend, grell, lauthals, lautstark (Stimme) *hoffnungsreich, hoffnungsvoll *hervorragend, überdurchschnittlich, (sehr) gut, großartig, bedeutend (Leistungen) *zahlreich *unnachgiebig, unerbittlich, fest, hart, streng, unnachsichtig, kompromißlos (Mensch) *wütend, zornig, verärgert (Reaktion) *nachhaltig, intensiv, tief, heftig (Eindruck) *informativ, tiefgründig, hervorragend, spannend, interessant (Vortrag) *interessant,

**stark:** dünn, zart, schmächtig, schlank *schwach, kraftlos, entkräftet, geschwächt, lahm, schlapp, ermattet, erschöpft, matt, gerädert, durchgedreht, ausgelaugt, entnervt, schlaff, müde, mitgenommen, erholungsbedürfig, am Ende, abgeschlafft, groggy, zerschlagen *schwach, unbedeutend, gering (Leistung) *leise, sacht, zart (Ton) *gebrechlich, kränklich, krank, leidend, siech(end), übel, anfällig, schwächlich, kraftlos, zart, hinfällig, entkräftet *machtlos, ohnmächtig, hilflos, hilfsbedürftig, schwach, einflußlos, wehrlos, schutzlos *fein, sacht, nieselnd (Regen) *(weit) entfernt (Ähnlichkeit) *leicht, schwach, gelinde, etwas, gering, (ein) wenig (Wirkung ) *schwach (Verb) *klein, gering, mäßig, wenig (Einfluß) *schwach, mäßig, gering (Verkehr) *verdünnt, verwässert, schwach, wäßrig (Tee) *mild, bekömmlich, magenfreundlich (Kaffee) *impotent *schwach, dünn leicht (Mauer) *labil, schwankend, weich, beeinflußbar, wandelbar, unstet, unausgeglichen, haltlos, charakterlos, willensschwach, energielos, gefährdet, verführbar, ohne jeden Halt / Charakter (Charakter) *dünn, wäßrig, schwach, verwässert (Getränk) *gering, mäßig, begrenzt (Beifall) *weiblich, schwach, schön (Geschlecht) *haltlos, schwach, anfechtbar *unterdurchschnittlich, schwach, mangelhaft *langweilig, monoton, uninteressant *schwach, langweilig (Spiel) *glimmend, schwelend, klein, schwach (Feuer) *dünn, schwach (Baum) *blaß

spannend, abwechslungsreich, variationsreich, schnell (Spiel) *lodernd, heftig (Feuer) *ohrenbetäubend, ohrenzerreißend, überlaut (Lärm) *dick, kräftig, gewaltig, mächtig, riesig (Baumstamm) *wuchtig, energisch, heftig (Handlung) *trainiert, gut (Gedächtnis)

**starkbevölkert:** dichtbesiedelt, volkreich, (sehr) bevölkert

**starkbewegt:** tief berührt / gerührt

**Stärke:** Kraft, Körperkräfte, Bärenkräfte, Riesenkräfte *Halt, Festigkeit *Dicke, Mächtigkeit, Ausmaß, Umfang *Reichweite, Bedeutung, Gehalt, Intensität, Folge, Format *Härte, Zähigkeit, Anstrengung (Kampf) *Potenz, Stärke, Leistung *Stärkemittel

**stärken:** kräftigen, festigen *steif machen, härten, steifen *aufrichten, unterstützen, helfen, trösten

**starr:** steif, ungelenkig *gläsern, glasig, verglast, stier *dogmatisch, kompromißlos, stur, starrköpfig, unbelehrbar, uneinsichtig, engstirnig, störrisch, unflexibel, doktrinär, orthodox, apodiktisch *regungslos, reglos, bewegungslos, unbewegt, erstarrt, ruhig, still, leblos

**starrköpfig:** standhaft, halsstarrig, rechthaberisch, finster, aufmüpfig, zugeknöpft, unbelehrbar, eisern, aufsässig, widersetzlich, ungehorsam, kratzbürstig, unfolgsam, kompromißlos, bockbeinig, dickköpfig, widerspenstig, unzugänglich, unaufgeschlossen, stur, hartgesotten, dickschädelig, unversöhnlich, widerborstig, starrsinnig, bockig, eigensinnig, fest, steifnackig, verstockt, verbohrt, unerbittlich, trotzig, störrisch, verständnislos, unnachgiebig, unbotmäßig, unbequem, ver-

**starkbevölkert:** schwachbevölkert, dünnbesiedelt, dünnbevölkert, schwachbesiedelt

**starkbewegt:** schwachbewegt *unbeteiligt, ungerührt, unbeeindruckt

**Stärke:** Schwäche, Erschöpfung, Ermüdung, Erschöpfungslosigkeit, Schlappheit, Ermattung, Erschlaffung, Abspannung, Schwächezustand, Mattigkeit, Mattheit, Kraftlosigkeit *Weichheit, Schwäche *Versagen, Schwäche *Einflußlosigkeit, Kraftlosigkeit, Schwäche, Ohnmacht, Hilflosigkeit, Hilfsbedürftigkeit, Machtlosigkeit *Unvermögen, Ohnmacht, Willensschwäche, Untüchtigkeit, Untauglichkeit, Machtlosigkeit, Unfähigkeit *Impotenz, Unfähigkeit *Verwundbarkeit, Verletzlichkeit, Empfindlichkeit, Schwäche *Antriebsschwäche, Willenlosigkeit *Schwäche, Geringfügigkeit (Leistung)

**stärken:** schwächen, ermatten, erschöpfen, verweichlichen *dagegen arbeiten, schwächen, hintertreiben, kritisieren

**starr:** beweglich *biegsam, elastisch, nachgiebig *dehnbar *interessiert (Blick) *nachgiebig, einsichtig, willig (Verhalten)

**starrköpfig:** aufgeschlossen, empfänglich, geweckt, zugänglich, offen, interessiert, aufnahmebereit, aufnahmefähig, geneigt, gestimmt *tolerant, weitherzig, verständnisvoll, nachsichtig, freizügig, offenherzig, liberal, großmütig *nachgiebig, einsichtig *freundlich, nett, zuvorkommend, heiter *brav, artig, gehorsam, folgsam, manierlich, lieb

schlossen, uneinsichtig, dogmatisch, unflexibel

**Start:** Flugbeginn, Departure, Weggang, Abfahrt, Aufbruch, Abmarsch *Beginn, Anfang, Auftakt, Ursprung

**starten:** anfangen, beginnen, anbrechen, einsetzen *wegfahren, abfahren, abziehen, wegziehen *davonfliegen, fortfliegen, wegfliegen, anheben, abheben *in Funktion treten *loseilen, losstürzen, loslaufen

**stationär:** ortsfest, standörtlich, gebunden *stillstehend, bleibend, unveränderlich *klinisch, mit Krankenhausaufenthalt, im Krankenhaus

**stationieren:** Truppen verlegen, an einen Standort / Platz / Ort (auf)stellen, jmdm. einen Standort zuweisen

**statisch:** ruhig, unbewegt, starr, stillstehend, träge

**stattfinden:** geschehen, s. ereignen, verlaufen, s. abspielen / zutragen / begeben / einstellen, zustande kommen, s. vollziehen, eintreten, vorgehen, sein, vorfallen, vorkommen, passieren, erfolgen

**stattgeben:** erlauben, konzedieren, zugestehen, ermöglichen, gestatten, genehmigen, bewilligen, gewähren, einräumen, zustimmen, billigen

**statthaft:** erlaubt, legal, gestattet, rechtmäßig, gesetzlich, Rechtens, genehmigt, zulässig

**stattlich:** hochgewachsen, hochaufgeschossen, von kräftiger Statur, groß, voluminös, stämmig, hünenhaft, von hohem Wuchs *ansehnlich, groß, beachtlich, beträchtlich, ungeheuer, imponierend, eindrucksvoll, erheblich, imposant, nennenswert, reichlich, respektabel, üppig *viel, teuer, hoch

**Status quo:** jetziger / gegenwärtiger Zustand

**Status quo ante:** früherer Zustand, Stand vor dem bezeichneten Tatbestand / Ereignis

**staubfrei:** sauber, abgestaubt, rein (-lich), entstaubt

**staubig:** bestaubt, mit Staub bedeckt, voll Staub, verstaubt, angestaubt, schmutzig

**Start:** Landung, Ankunft, Eintreffen *Bruchlandung, Notlandung, Bauchlandung *Ziel *Ende (Unternehmung)

**starten:** landen, aufsetzen, anfliegen, niedergehen *einkurven *notlanden *wassern *durchs / ins Ziel gehen / laufen, einlaufen *abstellen (Motor) *anlangen, ankommen, eintreffen (Reise) *nicht antreten (Lauf)

**stationär:** ambulant *ortsveränderlich

**stationieren:** abziehen, reduzieren, wegnehmen

**statisch:** dynamisch, bewegt, schwungvoll

**stattfinden:** ausfallen, absagen, nicht stattfinden (Veranstaltung)

**stattgeben:** ablehnen, verweigern, abschlagen *widerrufen, berichtigen, zurücknehmen

**statthaft:** unstatthaft, nicht erlaubt, illegal, illegitim, unerlaubt, verboten, unzulässig, gesetzwidrig, kriminell, unrechtmäßig, untersagt, strafbar, ungesetzlich, verfassungswidrig

**stattlich:** zierlich, klein, schmächtig, mager, dürftig, kümmerlich, grazil, zart(besaitet) (Figur) *gering, klein, unbedeutend, bescheiden, ärmlich, dürftig (Vermögen) *primitiv, einfach, schlicht (Gebäude)

**Status quo:** Status quo ante, früherer Zustand, Stand vor dem bezeichneten Tatbestand / Ereignis

**Status quo ante:** Status quo, gegenwärtiger / jetziger Zustand

**staubfrei:** staubig, voll Staub, schmutzig, angestaubt, mit Staub bedeckt, bestaubt

**staubig:** sauber, staubfrei, abgestaubt, entstaubt, rein(lich)

**stauchen:** heruntermachen, (aus)schelten, anbrüllen, attackieren, (aus)zanken, (aus)schimpfen, tadeln, zetern, zurechtweisen, abkanzeln *zusammenziehen

**stauen:** abdämmen, anstauen, abstauen, absperren, hemmen, aufhalten *s.

**stauen:** s. anhäufen / ansammeln / aufspeichern / stapeln / mehren / summieren / steigern / vervielfachen, anschwellen, zunehmen, wachsen

**staunenswert:** bestürzend, erstaunlich, auffallend, verwirrend, überraschend, verblüffend *ausgefallen, ansehnlich, ungewöhnlich, außergewöhnlich, überwältigend, beachtlich, überragend, bedeutsam, sondergleichen, beträchtlich, sagenhaft, bewundernswürdig, eindrucksvoll, nennenswert, imposant, enorm, großartig, abenteuerlich, ohnegleichen, aufsehenerregend, unvergleichlich, spektakulär, stattlich, überraschend, ungeläufig, sensationell, bedeutend, bedeutungsvoll, beeindruckend, bewundernswert, brillant, märchenhaft, hervorragend, imponierend, außerordentlich, entwaffnend, groß, fabelhaft, einzigartig

**stecken:** hineinstoßen, heften, drükken, stopfen, hineinschieben *haften, kleben, festhängen, s. befinden, festsitzen, sein *(an)pflanzen, (ein)setzen

**steckenbleiben:** festliegen, festsitzen, nicht loskommen / weiterkommen, stehenbleiben, festgefahren sein, haften, festhängen, auf der Strecke bleiben

**Stegreif (aus dem):** improvisiert, unvorbereitet, frei, ohne Vorbereitung / Übung / Probe, auf Anhieb, aus dem Handgelenk

**stehen:** s. in aufrechter Haltung befinden, aufgerichtet sein, nicht sitzen / liegen *s. nicht bewegen *passen, jmdn. kleiden *stehen bleiben: s. nicht hinlegen / hinsetzen *stehen zu: halten zu, unterstützen, stehen hinter jmdm., helfen, einstehen / s. engagieren / s. erklären / s. einsetzen für, stärken, helfen

**stauchen:** ausdehnen, strecken, recken (Material) *würdigen, loben, ermuntern, ermutigen

**stauen:** ablassen, (ab)fließen lassen (Gewässer) *s. stauen: (weiter)fließen, abfließen (Gewässer) *s. verlaufen / verteilen, auseinanderlaufen, auseinandergehen (Menge) *weiterrollen, weiterfließen (Verkehr)

**staunenswert:** mangelhaft, ungenügend *normal, durchschnittlich, mittelmäßig, gewöhnlich, alltäglich, ausreichend, nicht überwältigend / besonders, bescheiden, ganz nett, schlecht und recht

**stecken:** ernten (Zwiebeln) *entfernen

**steckenbleiben:** weiterkommen, vorwärtskommen, durchkommen, fortkommen, vorwärtsgehen, weiterfahren herauskommen *weiterwissen, weiterreden, fließend sprechen *vorangehen, weiterkommen, s. entwickeln, wachsen, zum Durchbruch gelangen *nachrücken, vordringen, angreifen, vormarschieren (Armee)

**Stegreif (aus dem):** gewollt, geplant, beabsichtigt, hingeführt *vorbereitet

**stehen:** sitzen, liegen *hängen *zirkulieren, laufen, kreisen, strömen (Blut) *laufen, (herum)gehen *gehen, laufen, funktionieren, in Gang befinden (Maschine) *zusammenfallen, zusammensinken, zusammengehen (Teig) *in Ohnmacht fallen *rollen, laufen (Verkehr) *schlagen, gehen, ticken, laufen (Uhr) *fließen, strömen (Gewässer) *nicht / schlecht stehen / passen (Klei-

**stehenbleiben:** aussetzen, (an)halten, versagen, aufhören, ausfallen, stocken, stillstehen, stoppen, zum Stehen / Stillstand bringen / kommen *haltmachen, anhalten unterbrechen, rasten, ausruhen, einhalten, einstellen, bremsen

**stehenlassen:** nicht helfen / beistehen, allein / im Stich lassen, jmdn. zurücklassen *nicht mitnehmen / wegnehmen, belassen *s. **stehenlassen:** wachsen lassen (Bart)

**stehlen:** bestehlen, wegnehmen, mitnehmen, berauben, ausräubern, ausplündern, ausräumen, abnehmen, beiseite schaffen / bringen, erbeuten, s. aneignen / bemächtigen / an fremdem Eigentum vergreifen, unterschlagen, betrügen, veruntreuen, einsacken, wegtragen *s. **stehlen:** fortgehen

**steif:** unbiegsam, hart, ungelenkig, starr, fest *ungeschickt, gehemmt, gezwungen, förmlich, formell, verkrampft, eckig, ungelenk, verspannt *gefroren, erstarrt, eisig, vereist *stürmisch, heftig, böig, starkwindig *stark alkoholhaltig, hochprozentig *geschlagen (Sahne, Eiweiß)

der) *s. (hin)setzen / (hin)legen *stehen bleiben: s. (hin)setzen / (hin)legen *stehen zu: abfallen, untreu werden, abschwören, nachgeben, nicht mehr vertreten

**stehenbleiben:** ausweichen, Platz machen, (weg)rücken, ausreißen *versikkern, abfließen, verdunsten (Pfütze) *weitermachen, fortfahren, fortschreiten *weitergehen, weiterlaufen, vorwärtsgehen, vorangehen, überschreiten, weiterziehen, losgehen, umhergehen, fortfahren *zulaufen (auf), entgegentreten, entgegenkommen, zueilen *wegfahren, weiterfahren, abfahren, losfahren, anfahren (Zug) *vorwärtskommen, vorankommen, s. entwikkeln, weiterkommen, wachsen *ticken, gehen, schlagen, laufen (Uhr) *nachrücken, angreifen, vordringen (Armee) *anspringen, (weiter)laufen (Motor) *davoneilen, verfließen, dahinrinnen, davonrennen, (dahin)fliegen, verfliegen (Zeit)

**stehenlassen:** mitnehmen, wegziehen, beseitigen, (ver)rücken, fortziehen, verstellen, wegnehmen, aufräumen, wegbringen, wegstellen *tilgen, abzahlen, begleichen, bezahlen (Schulden) *wegwischen, (aus)löschen (Geschriebenes) *streichen, weglassen, fortlassen, ändern, tilgen, berichtigen, verbessern (Text) *(auf)essen, vertilgen, (ver)speisen, hinunterwürgen, verzehren (Essen) *kaufen, erwerben *s. **stehenlassen:** abnehmen, (ab)rasieren (Bart)

**stehlen:** kaufen, erwerben *bekommen, erhalten *zurückgeben, zurücktragen *s. **stehlen:** (da)bleiben (im Haus)

**steif:** schwach, leicht (Brise) *locker, weich, entspannt (Muskeln) *beweglich (Finger) *elastisch, wiegend, weich, schwingend, behende, beweglich (Gang) *gekonnt, geschickt, meisterlich, geübt, geschult, graziös, gewandt (Verbeugung) *zwanglos, unförmlich, natürlich, umgänglich, entkrampft, ungezwungen, leger, informell, salopp (Empfang, Unterhaltung)

**steigen:** emporsteigen, (hin)aufklettern, hinaufsteigen, erklimmen, bergauf gehen, ersteigen *zunehmen, s. vermehren / vervielfachen / verdichten / vergrößern, anwachsen, anschwellen, ansteigen, s. erhöhen *(hoch)klettern (Temperatur) *hochgehen (Barometer) *s. ausweiten / erweitern, eskalieren *(an)schwellen, über die Ufer treten, ansteigen *anziehen, klettern, s. verteuern, teurer werden *warm / wärmer werden, s. erwärmen

**steigern:** vergrößern, verschärfen, erhöhen, verstärken, potenzieren, anheben, intensivieren, heraufsetzen, vervielfachen, in die Höhe treiben, vermehren *verbessern, aktivieren, vorantreiben, ausbauen, ankurbeln, vertiefen *verteuern, erhöhen, heraufsetzen, anziehen (Preis)
**Steigerung:** Vergrößerung, Anstieg, Intensivierung, Gradation, Eskalation, Eskalierung, Erhöhung, Vermehrung, Zuwachs, Progression, das Fortschreiten *Klimax *Übertreibung, Hyperbel (Ausdruck)
**Steigung:** Höhenunterschied, Anstieg, Ansteigen *Steile, Schräge, schiefe Ebene, ansteigendes Gelände
**steil:** fast senkrecht, aufragend, stark ansteigend *schräg, absteigend, schroff, abschüssig, abfallend, jäh
**Steilküste:** Felsenküste, felsige Küste
**steinern:** erbarmungslos, eisig, gefühlskalt, gefühlsarm, herzlos, hartherzig, abgestumpft, gemütsarm, gefühllos, mitleidlos, unzugänglich, lieblos, seelenlos, gleichgültig, roh, unbarmherzig, unsozial, verroht, schonungslos, brutal, inhuman, ungesittet, unnachsichtig, unnachgiebig, kompromißlos, streng, fest, hart, barbarisch, unmenschlich, kaltblütig, grausam, gnadenlos *hart, fest (wie Stein)
**steinig:** felsig, voller Steine *schwierig, mühevoll, mühsam, schwer

*schlaff *elastisch, schmiegsam, weich, nachgiebig, geschmeidig, biegsam (Material) *flüssig (Sahne, Eiweiß) *wäßrig, dünn (Grog) *fingerfertig, gelenkig, geschickt, wendig, behend
**steigen:** hinuntergehen, hinuntersteigen, absteigen *sinken (Ton) *kriechen (in), hineingehen *sinken, nachlassen (Mut) *fallen, (ab)sinken, an Höhe verlieren, absacken (Ballon) *abfallen, senken (Gelände) *sinken, anfliegen, herabfliegen, landen (Flugzeug) *abstürzen (Flugzeug) *abschwellen, sinken, zurückgehen, fallen (Flut) *fallen, sinken, zurückgehen, kälter werden (Temperatur) *nachlassen, verringern, sinken, (ab)fallen, s. vermindern (Umsatz) *fallen, sinken (Nebel) *verringern, schlechter werden, fallen, zurückgehen, sinken (Qualität) *nachlassen (Nachfrage)
**steigern:** verringern, drosseln, reduzieren, beschränken, (ver)mindern, senken, einschränken, herabsetzen, heruntersetzen, mäßigen, dämpfen (Tempo, Leistung) *verringern, herabsetzen, senken (Preis, Miete) *nachlassen (Schmerzen) *schlappmachen, nachlassen (Sportleistung)
**Steigerung:** Einschränkung, Senkung, Verringerung, Verminderung, Herabsetzung, Dämpfung, Reduzierung, Drosselung, Beschränkung, Mäßigung

**Steigung:** Neigung, Senkung, Schräge, Schiefe, Gefälle

**steil:** flach, sanft (an)steigend / fallend *fliehend (Stirn)

**Steilküste:** Flachküste, Sandküste
**steinern:** barmherzig, sanftmütig, wohlgesinnt, wohlwollend, menschlich, herzensgut, gutmütig, herzlich, gutherzig, hilfsbereit, mildtätig, tolerant, mitfühlend, entgegenkommend *weich, nachgiebig, flexibel

**steinig:** sandig *geteert (Straße) *leicht, einfach

**stellen:** niederstellen, zu Boden setzen, abstellen, absetzen *placieren, plazieren, postieren, hinbringen, hinstellen, (Platz) zuweisen *richten *vorlegen *beantragen, fordern *s. stellen: s. ergeben/bezichtigen/melden/ausliefern / in jmds. Gewalt begeben / aussetzen

**stellenweise:** manchmal, streckenweise, vereinzelt, regional, strichweise, gelegentlich, verstreut, gebietsweise, mancherorts, singulär

**stellungslos:** arbeitslos, stellenlos, beschäftigungslos, unbeschäftigt

**Stellvertreter:** Vertreter, die rechte Hand, Ersatz(mann), Verwalter, Sachverwalter

**stemmen:** stoßen, reißen, (hoch)heben, drücken *s. stemmen: aufbegehren, s. auflehnen / wehren

**sterben:** umkommen, hinscheiden, heimgehen, abgerufen werden, abscheiden, ableben, dahinscheiden, hinsterben, ersticken, erfrieren, verhungern, verdursten, hinübergehen

**sterblich:** vergänglich, zeitlich, irdisch, kurzlebig, von kurzer Dauer, endlich, begrenzt

**steril:** antiseptisch, sterilisiert, keimfrei, aseptisch *unfruchtbar, impotent, zeugungsunfähig

**stet:** unaufhörlich, immerzu, permanent, gleichbleibend

**stetig:** beständig, konstant, dauernd, immer wiederkehrend, ständig, beharrlich, unaufhörlich

**Stetigkeit:** Wiederkehr, Konstanz, Dauer, Beharrlichkeit, Beharrung

**stets:** dauernd, immer(zu), unaufhörlich, von / seit je(her), seit eh und je, schon immer, nach wie vor, immer wieder, immerfort, tagaus tagein, jahraus jahrein, (an)dauernd, beständig, fortgesetzt, fortdauernd, anhaltend, unaufhaltsam, unausgesetzt, konstant, kontinuierlich, permanent, beharrlich, gleichbleibend, pausenlos, ständig, immerwährend, allezeit, alleweil, rund um die Uhr

**stellen:** legen *verstellen (Uhr) *setzen *hängen *durchführen, lösen, erledigen (Aufgabe) *(auf)lösen (Rätsel) *ablehnen, abweisen (Antrag) *stattgeben (Antrag) *s. stellen: laufen lassen, entkommen lassen (Gauner) *s. verbergen / entziehen (Verantwortung, Presse) *fliehen, flüchten, entkommen *(aus)weichen, s. zurückziehen (Kampf)

**stellenweise:** nirgendwo, nirgends *völlig *überall, allerorten, allerseits, allerorts, vielerorts *ganz

**stellungslos:** angestellt, beschäftigt, eingestellt

**Stellvertreter:** Chef, Leiter, Boß, Betriebsleiter, Direktor, Geschäftsführer, Vorsteher, Vorgesetzter, Arbeitgeber, Abteilungsleiter, Generaldirektor *Kapitän, Mannschaftskapitän (Sport) *Parteiführer *Intendant

**stemmen:** reißen, drücken (Sport) *s. stemmen: s. hingeben, schwächer werden, nachlassen

**sterben:** geboren werden, auf die Welt kommen *(weiter)leben, überleben, genesen, fortleben, übrigbleiben, überstehen

**sterblich:** unsterblich (Seele, Ruhm)

**steril:** fruchtbar, potent *schöpferisch, fruchtbar, kreativ *septisch, infiziert

**stet:** schwankend, wankend

**stetig:** nach und nach, stufenweise, schrittweise, diskret, ruckweise, allmählich *wankend, unstetig, schwankend *manchmal, ab und zu, selten

**Stetigkeit:** Unstetigkeit, Inkonstanz, Unbeständigkeit

**stets:** nie(mals), nimmer(mehr), niemals mehr, keine Sekunde, nie im Leben, zu keinem Zeitpunkt *manchmal, ab und zu, selten, öfters, gelegentlich, zeitweise, zuweilen, unregelmäßig

**Steuer:** Steuerung, Steuerrad, Lenkrad, Volant *Steuerknüppel, Steuerhebel (Flugzeug) *Steuerruder, Schiffsteuer *Staatseinnahmen *Abgabe, Beitrag, Pflichtabführung, Abzüge *Steuerauflage, Veranlagung, Besteuerung, Versteuerung
**Steuerbord:** rechte Seite (Schiff)
**steuerbords:** rechts (Schiff, Flugzeug)
**steuerfrei:** abgabenfrei

**steuerpflichtig:** abgabenpflichtig, besteuert
**stichhaltig:** bestechend, zwingend, beweiskräftig, schlagend, unangreifbar, bündig, unwiderlegbar, stringent, plausibel, glaubwürdig, triftig
**stickig:** verräuchert, ungelüftet, beißend, dumpf, schlecht, rauchig, dunstig, drückend
**stiefmütterlich:** lieblos, herzlos, gefühllos, frostig, eisig, grob, kränkend, unfreundlich, abweisend, barsch, verletzend, eiskalt
**still:** lautlos, totenstill, unhörbar *flüsternd, leise, nicht laut, heimlich, geräuschlos, kaum hörbar / vernehmbar / vernehmlich, im Flüsterton *schweigsam, nicht gesprächig, wortkarg, redescheu, verschwiegen, verschlossen, zurückhaltend, einsilbig, ruhig, stumm, lakonisch, nicht mitteilsam *idyllisch, harmonisch, friedvoll, abgeschieden, heimelig, malerisch, ländlich, romantisch, paradiesisch, verträumt *ruhig, ruhevoll, geruhsam, besonnen, beherrscht, bedacht, gefaßt, gezügelt *still halten / liegen: s. nicht rühren / bewegen
**Stille:** Lautlosigkeit, Friede, Grabesstille, Stummheit, Totenstille, Stillschweigen, Schweigen, Geräuschlosigkeit

**stillegen:** schließen, stoppen, den Betrieb einstellen, zum Erliegen bringen, lahmlegen, abschaffen, außer Betrieb setzen
**stillen:** nähren, säugen, an die Brust nehmen, die Brust / zu trinken geben *befriedigen (Neugier)

**stillhalten:** ertragen, ausstehen, (ver-)

**Steuer:**




**Steuerbord:** Backbord, linke Seite
**steuerbords:** backbords, links
**steuerfrei:** steuerpflichtig, abgabenpflichtig, besteuert
**steuerpflichtig:** steuerfrei, abgabenfrei

**stichhaltig:** schwach, unwichtig, unbedeutend


**stickig:** frisch, unverbraucht, luftig (Luft)


**stiefmütterlich:** mütterlich, herzlich, freundlich, anständig, wohlgesinnt, nett, entgegenkommend

**still:** laut, durchdringend, ohrenzerreißend, überlaut, vernehmlich, schrill, hörbar, gellend, grell, lautstark, dröhnend, schallend *öffentlich (Beratung) *unruhig, bewegt *ausgelassen, ungestüm, aufgelegt, aufgeheitert, aufgekratzt, munter, übermütig, überschäumend, vergnügt, übersprudelnd, lebenslustig, aufgeweckt *überlaufen, belebt, unruhig, verkehrsreich (Ort, Straße) *mitteilsam, offen, freimütig, frech, unverschämt, unverhohlen *still halten: wackeln, bewegen *still liegen: (s.) umdrehen / rühren / regen

**Stille:** Lärm, Gedröhn, Gepolter, Krach, Krakeel, Rabatz, Trubel, Tumult, Spektakel, Radau, Unruhe, Geräusch *Öffentlichkeit *Aufwand *Betrieb, Getriebe, Unruhe
**stillegen:** gründen, aufmachen, eröffnen (Unternehmen) *betreiben, weiterführen, in Betrieb nehmen *ausbeuten (Bergwerk)
**stillen:** hungern, darben, fasten *erhöhen, reizen, verstärken (Schmerzen) *die Flasche geben (Säugling) *zum Fließen bringen, bluten lassen (Wunde) *unbefriedigt lassen (Neugierde)

**stillhalten:** aufbegehren, auffahren, ra-

tragen, hinnehmen, verwinden, verkraften, verschmerzen, hinwegkommen, (er)dulden, erleiden *verzichten (Lohnerhöhung) *s. nicht bewegen, reg(ungs)los sein / bleiben
**stillos:** geschmacklos, albern, flach, gewöhnlich, gemein, platt, abgeschmackt

**Stillstand:** Stagnation, Stockung, Rückgang, Pause, Rückschlag, Stauung, Nachlassen, Flaute, Nullpunkt, Abfall, toter Punkt, Einhalt, Halt
**stillstehen:** stagnieren, stehenbleiben, auf der Stelle treten *aussetzen, aufhören, stehenbleiben, versagen, stocken, ausfallen

**stilvoll:** stilgemäß, passend, geschmackvoll, harmonisch, stilgerecht, schön, kultiviert, auserlesen, (form-)vollendet, abgestimmt
**stimmen:** einstellen, regulieren, einstimmen *zutreffen, richtig / zutreffend / wahr / in Ordnung / der Fall sein, s. bewahrheiten / bestätigen *wählen, abstimmen, seine Stimme geben *passen, harmonieren, s. eignen
**Stimmenthaltung:** Enthaltung der Stimme, Stimmabstinenz

**stimmungsvoll:** heiter, vergnügt, lustig, aufgelegt, fröhlich, ausgelassen, gutgelaunt, übersprudelnd, wohlgemut, aufgeheitert, aufgeweckt, (lebens)froh, übermütig, schelmisch, freudig, fidel, aufgekratzt, vergnüglich, frohsinnig, frohgestimmt, aufgeschlossen, strahlend, lebenslustig, freudestrahlend, frohgemut, sonnig, überschäumend, munter, heiteren Sinnes, feuchtfröhlich, frisch *feierlich, solenn, festlich, erhaben, pathetisch, getragen
**stinken:** übel / schlecht / scheußlich / bestialisch riechen, von üblem / schlechtem Geruch sein
**stockdunkel:** düster, dunkel, pechrabenschwarz, kohlrabenschwarz
**stocken:** stagnieren, stillstehen, auf der Stelle bleiben / treten, nicht vorangehen / weiterkommen, vorwärtskommen, festliegen, erlahmen, festsitzen,

sen, wüten, toben, s. nichts gefallen lassen *kritisieren, nörgeln *bewegen *fordern (Gehaltserhöhung)

**stillos:** stilgerecht, geschmackvoll, stilgemäß, passend, schön, auserlesen, kultiviert, harmonisch, abgestimmt, stilvoll, stilecht
**Stillstand:** Betrieb, Arbeit, Bewegung, Gang *Fortschritt, Entwicklung, Weiterentwicklung, Hoch(konjunktur)

**stillstehen:** s. drehen (Räder) *produzieren, arbeiten, in Betrieb sein *dahineilen, verfliegen (Zeit) *laufen *fließen, kreisen, zirkulieren *rollen *s. bewegen / rühren, schwanken *s. entwickeln *fließen, strömen (Bach)
**stilvoll:** stilwidrig, stillos, geschmacklos, flach, abgeschmackt, gewöhnlich, platt

**stimmen:** nicht stimmen (Rechnung, Meinung) *verstimmen (Instrument)

**Stimmenthaltung:** Zustimmung, Billigung, Einwilligung, Genehmigung, Einverständnis *Absage, Abweis(-ung), Versagung, Verweigerung, Zurückweisung, Ablehnung
**stimmungsvoll:** langweilig, uninteressant, einschläfernd, ermüdend, eintönig

**stinken:** duften, gut riechen

**stockdunkel:** (tag)hell

**stocken:** weitergehen, vorangehen, gedeihen, (s.) (weiter)entwickeln *weiterwissen, weitersprechen, flüssig / fließend sprechen (Vortrag) *pulsieren

aufhören, versiegen, versanden, ruhen, abbrechen, nachlassen, aussetzen, s. nicht weiterentwickeln *stammeln, stottern, nicht weiterwissen, den Faden verlieren *gerinnen, flockig / sauer / klumpig werden
**stockend:** stotterig, abgehackt, zusammenhanglos, unzusammenhängend, holp(e)rig, stammelnd, stotternd, stoßweise, stückweise
**stofflich:** materiell, körperlich

**stoisch:** ruhig, ausgeglichen, beherrscht, gefaßt, geruhsam, gleichmütig, sicher, harmonisch, abgeklärt, bedacht(sam), besonnen, still, kaltblütig, gezügelt, gemessen, ruhevoll, überlegen, gemächlich
**stolz:** selbstbewußt, arrogant, hochnäsig, ichbewußt, siegessicher, erfolgssicher, selbstüberzeugt, anmaßend, eingebildet, aufgeblasen, dünkelhaft, gnädig, hochmütig, herablassend, selbstgefällig, selbstüberzogen, selbstsicher, wichtigtuerisch, überheblich

**Stolz:** Selbstbewußtsein, Selbstsicherheit, Sicherheit, Selbst(wert)gefühl, Durchsetzungsvermögen, Selbstvertrauen, Würde, Selbstachtung, Erhabenheit, Adel, Vornehmheit, Größe, Unbeugsamkeit
**stoppen:** abbrechen, unterlassen, aussetzen, abschließen, ein Ende machen, zu Ende führen, einen Schlußstrich machen, aufhören *halten, stehenbleiben, haltmachen, bremsen, abstellen, stocken
**stopp(e)lig:** stoppelbärtig, von Stoppeln bedeckt, borstig, unrasiert, rauh, stachelig, stechend, kratzig
**störanfällig:** leicht zu stören, reparaturanfällig, empfindlich, reparaturfeindlich
**stören:** plagen, nicht in Ruhe lassen, behelligen, zur Last fallen *sabotieren *s. einmischen, ins Wort fallen, dazwischenrufen, dazwischenreden, unterbrechen
**störend:** lästig, unbequem, mühsam, beschwerlich, mühevoll, unwillkommen, hemmend, hinderlich, behindernd, im Wege, ungünstig, belastend, zeitraubend, unvorteilhaft, nachteilig

*zirkulieren, laufen, (weiter)rollen, s. bewegen, kreisen

**stockend:** flüssig, gewandt, zügig, fließend, geläufig, ohne zu stocken, ohne Unterbrechung

**stofflich:** immateriell, geistig, psychisch, ideell, gedanklich
**stoisch:** erregt, bewegt, aufgeregt, hektisch, nervös, ruhelos, ungeduldig, unruhig, husch(e)lig *(weh)klagend, jammernd, stöhnend

**stolz:** demütig, demutsvoll, zerknirscht, gedemütigt, ergeben, unterwürfig, devot *ängstlich, scheu, zag(-haft), benommen, bang, furchtsam, schüchtern, angstvoll *anspruchslos, bescheiden, gelassen, zurückhaltend, schlicht, einfach *mittelmäßig, bescheiden, kläglich, kümmerlich (Leistung) *schlicht, einfach (Gebäude)
**Stolz:** Demut, Bescheidenheit, Gefügigkeit, Fügsamkeit, Ergebung, Ergebenheit, Schickung / Fügung in

**stoppen:** weiterfahren, vorbeifahren, vorüberfahren, durchfahren *unterstützen, fördern (Entwicklung) *tolerieren, gewähren lassen *in Gang setzen, beschleunigen, (an)fahren

**stopp(e)lig:** rasiert, glatt

**störanfällig:** störungsfrei, wartungsfrei, störungsarm, störungslos, wartungslos, wartungsarm
**stören:** in Frieden / Ruhe lassen *gewähren lassen *fördern *laufenlassen

**störend:** angenehm, bequem, komfortabel, wohnlich, heimisch, lauschig, behaglich, erfreulich *angenehm, erfreulich, willkommen, eingeladen, erwartet, gelegen, erwünscht, gerngesehen,

**stornieren:** löschen, tilgen, rückgängig /
ungültig machen, ausgleichen, außer
Kraft setzen, berichtigen, zurücknehmen, zurücktreten von, für ungültig
erklären
**Stornierung:** Löschung, Tilgung, Berichtigung, Zurücknahme, Ungültigkeitserklärung
**störrisch:** halsstarrig, rechthaberisch,
aufmüpfig, unbelehrbar, eisern, aufsässig, widersetzlich, ungehorsam,
kratzbürstig, unfolgsam, kompromißlos, bockbeinig, dickköpfig, widerspenstig, unzugänglich, unaufgeschlossen, stur, hartgesotten, dickschädelig,
starrköpfig, unversöhnlich, widerborstig, starrsinnig, bockig, eigensinnig,
fest, verstockt, verbohrt, unerbittlich,
trotzig, verständnislos, unnachgiebig
**Störung:** Behinderung, Unterbrechung, Ablenkung, Beeinträchtigung,
Belästigung, Behelligung, Einschnitt,
Stockung *Schaden, Panne
**störungsfrei:** einwandfrei, hervorragend (Empfang) *störungsarm, wartungsfrei, reparaturfreundlich
**stoßweise:** ruckartig, ruckweise, in
Schüben / Stößen
**strafbar:** gesetzwidrig, verfassungswidrig, rechtswidrig, ordnungswidrig, unrechtmäßig, ungesetzlich, unrechtlich,
widerrechtlich, sträflich, illegal, illegitim, kriminell, verboten, verpönt, unerlaubt, unzulässig, unstatthaft, tabu,
untersagt, unbefugt, irregulär, ohne
Recht, ohne rechtliche / gesetzliche
Grundlage
**Strafe:** Sühne, Vergeltung(smaßnah-
me), Buße, Bestrafung, Abrechnung,
Strafaktion, Heimzahlung, Denkzettel, Lehre
**strafen:** bestrafen, maßregeln, züchtigen, ahnden, rächen, vergelten, abrechnen, s. revanchieren, Vergeltung /
Rache üben
**straff:** stramm, gespannt, straffgezogen
*faltenlos, prall, gestrafft *gut durchor-
ganisiert, rigoros, militärisch, eisern,
strikt, soldatisch *aufgerichtet, gerade,
aufrecht
**straffen:** strammziehen, straffziehen,
(an)spannen *glätten *s. straffen: s.
glätten, straff / glatt werden *s. dehnen /

lieb (Besuch) *hilfreich, förderlich, behilflich *gemütlich
**stornieren:** bestellen, ordern, einen
Auftrag erteilen, anfordern, vorausbestellen *beziehen, abonnieren *übersehen, belassen (Fehler)

**Stornierung:** Bestellung, Anforderung,
Vorausbestellung *Bezug, Abonnement
**störrisch:** lenkbar, fügsam, einsichtig,
brav, willig, gefügig, willens, gewillt,
geneigt, gesonnen, bereit, ergeben,
zahm, willfährig, manierlich

**Störung:** Sendung *Betrieb, Lauf *Ruhe *Gesundheit

**störungsfrei:** gestört (Empfang)

**stoßweise:** immerzu, unaufhörlich, ununterbrochen
**strafbar:** gesetzlich, rechtmäßig, erlaubt, gesetzmäßig, legal, rechtlich, legitim, dem Gesetz / Recht nach / entsprechend

**Strafe:** Belohnung *Gnade *Vergehen,
Straftat *Freispruch *Bewährung

**strafen:** belohnen, belobigen *begnadigen *freisprechen

**straff:** schlaff, locker, lose, ungespannt
*leger, lässig, vernachlässigt (Organi-
sation) *langatmig, weitschweifig, umständlich, ausführlich

**straffen:** lockern, nachlassen, locker
lassen *welken *erweitern, hinzufügen, ausweiten (Text, Rede) *s. straf-

strecken / recken

**Strafprozeß:** Prozeß, Gerichtsverfahren, Gerichtsverhandlung, Rechtsstreit, gerichtliche Untersuchung / Auseinandersetzung, Gerichtstermin, Rechtsverfahren
**Strafrecht:** Strafprozeßrecht
**Strafsache:** Straftat, Vergehen, Verbrechen
**strahlend:** sonnendurchflutet, sonnig, sonnenhell, durchsonnt *heiter, vergnügt, lustig, aufgelegt, fröhlich, ausgelassen, gutgelaunt *glänzend, poliert, blank, geputzt
**strähnig:** unfrisiert, ungekämmt

**stramm:** straff(gespannt), (an)gespannt, gedehnt *faltenlos, prall, gestrafft, eng *gut durchorganisiert, rigoros, militärisch, eisern, strikt, soldatisch *robust, muskulös, athletisch, sportlich, kräftig *eng(anliegend), hauteng
**Strapaze:** Anstrengung, Kraftaufwand, Mühe, Über(be)lastung, Beschwerlichkeit, Last, Druck, Arbeit
**strapazieren:** beanspruchen, anstrengen, mißbrauchen, belasten, abverlangen, ermüden, erschöpfen

**strapazierfähig:** haltbar, fest, massiv, solide, unverwüstlich, widerstandsfähig, bruchfest, kompakt, unzerbrechlich

**strapaziös:** mühevoll, beschwerlich, anstrengend, ermattend, ermüdend, erschöpfend, aufreibend, belastend, angreifend, schwer, schwierig
**Straßenverkehr:** Autoverkehr, Verkehr, Berufsverkehr, Fernverkehr, Reiseverkehr
**sträuben:** aufrichten, stellen, zu Berge stehen *s. sträuben: aufbegehren, Widerstand leisten, meutern, rebellieren, aufstehen gegen, s. erheben / aufbäumen / empören / auflehnen / widersetzen / dagegenstellen
**Streber:** Ehrgeizling, Karrieremacher, Karrierist, Opportunist *Musterschüler
**strebsam:** leistungswillig, aufstrebend, betriebsam, fleißig, hochstrebend, arbeitsam, tätig, tüchtig, arbeitswillig, ehrgeizig, eifrig, emsig, geschäftig

**fen:** (s.) zusammenrollen / zusammenkauern, zusammensinken
**Strafprozeß:** Zivilprozeß

**Strafrecht:** Zivilrecht
**Strafsache:** Zivilsache

**strahlend:** regnerisch, bedeckt, bezogen, wolkig, bewölkt (Wetter) *trübe, gedämpft (Sonnenlicht) *matt, rauh, stumpf, fahl, dunkel *traurig (Verlierer)
**strähnig:** lockig, gelockt (Haar) *frisch gewaschen *gewellt, onduliert
**stramm:** locker, lose, schlaff, weit *schwach, zart, schwächlich, kränklich, ängstlich, schüchtern (Bursche) *feige, kleinmütig, mutlos *locker, leger, entspannt (Haltung)

**Strapaze:** Schonung, Ruhe, Erholung, Urlaub, Ausspannung, Ferien, Verschnaufpause
**strapazieren:** schonen, erholen, auftanken, faulenzen, ausspannen, Ferien / Urlaub machen *in Ruhe lassen *schonen, pflegen, hegen (Kleider)
**strapazierfähig:** schwach (Material) *dünn (Stoff)

**strapaziös:** erholsam, nicht schwierig / anstrengend, mühelos, leicht, einfach

**Straßenverkehr:** Luftverkehr *Schienenverkehr *Wasserverkehr

**sträuben:** glätten, s. legen (Fell) *befehlen, anordnen, auffordern *s. sträuben: bereit erklären, gehorchen, befolgen, willig sein, nachkommen

**Streber:** Faulenzer, Faulpelz, Nichtstuer, Tag(e)dieb, Faultier, Müßiggänger

**strebsam:** faul, arbeitsscheu, müßig, untätig, tatenlos, bequem, träge *gleichgültig, desinteressiert, interesselos, satt, uninteressiert, stumpf(sin-

**Strebsamkeit:** Eifer, Ehrgeiz, Bestreben, Streben, Tatenlust, Regsamkeit, Tatendrang, Betriebsamkeit, Rührigkeit, Beflissenheit, Bereitschaft, Bereitwilligkeit, Dienstwilligkeit, Ergebenheit, Gefälligkeit, Anspannung, Mühe *Arbeitsfreude, Fleiß, Arbeitslust, Schaffenslust, Emsigkeit

**strecken:** (aus)dehnen, ausweiten, ausziehen, recken, spannen, in die Breite / Länge strecken / ziehen *verdünnen, verwässern, verlängern, panschen *s.

**strecken:** s. dehnen, breiter / länger / größer werden, s. recken / ziehen / ausspannen

**streichen:** herausnehmen, auslassen, tilgen, weglassen, beseitigen, entfernen, kürzen, aussparen, ausklammern, ausschließen, beiseite lassen *anstreichen, bemalen, anmalen, kalken, bepinseln, übertünchen, weißen *streicheln *wischen / fahren über, streifen *beschmieren, bestreichen, auftragen *ausstreichen, durchstreichen, durchkreuzen, ausixen *vermindern, abstreichen, verringern, verkleinern, begrenzen, abziehen, reduzieren

**Streichung:** Kürzung, Verminderung, Verringerung, Reduzierung, Begrenzung, Einschränkung, Minderung, Beschneidung, Abstrich, Dezimierung

**Streik:** Arbeitseinstellung, Arbeitsniederlegung, Arbeitskampf, Arbeitsverweigerung, Ausstand, Kampfmaßnahme

**Streit:** Zank, Zusammenstoß, Zerwürfnis, Kollision, Hader, Händel, Querelen, Reibung, Scharmützel, Unfriede, Unzuträglichkeit, Differenzen, Szene, Krawall, Disharmonie, Mißklang, Mißhelligkeit, Auseinandersetzung, Mißverständnis, Zusammenprall, Gezänk, Streitigkeit, Widerstreit, Hakelei, Entzweiung, Gegensätzlichkeit

**streitbar:** zänkisch, streitsüchtig, hadersüchtig, streitlustig, rechthaberisch, reizbar, bissig, aggressiv, böse, unverträglich, zanksüchtig, kämpferisch, kampflustig, kampfbereit, herausfordernd, feindselig, militant, provokatorisch, polemisch, zankhaft, unfriedlich, provokant

nig), teilnahmslos, denkfaul, wurstig, unberührt

**Strebsamkeit:** Faulheit, Trägheit, Geistesträgheit, Stumpfsinn, Teilnahmslosigkeit, Stumpfheit, Denkfaulheit, Interesselosigkeit, Unberührtheit, Sturheit, Wurstigkeit *Faulheit, Arbeitsscheu, Unlust, Tatenlosigkeit, Bequemlichkeit, Trägheit

**strecken:** zusammenziehen, einziehen *anziehen, beugen (Arme, Beine) *s.

**strecken:** s. krümmen / zusammenkauern *s. bücken *s. biegen

**streichen:** hinzufügen, einfügen, eintragen, einschieben, berücksichtigen, hinzusetzen, anfügen (Text) *stehenlassen, beibehalten, belassen (Text) *abkratzen (Butter) *einlegen, aufführen, aufnehmen (Spielplan) *abtragen, abkratzen, entfernen, abwaschen, abbeizen *setzen, hissen (Flagge, Segel)

**Streichung:** Hinzufügung, Berücksichtigung, Einfügung, Einschiebung, Anfügung *Aufführung, Aufnahme *Eintragung *Zugabe

**Streik:** Aussperrung, Zutrittsverbot, Ausschließung, Lockout

**Streit:** Ruhe, Frieden *Frieden(szeit), Friedfertigkeit, Friedenszustand, Friedlichkeit *Entkrampfung, Entspannung, Beruhigung *Einigkeit, Eintracht, Harmonie *Waffenruhe, Waffenstillstand, Friedensschluß

**streitbar:** (mit)menschlich, human, mitfühlend, wohltätig (Gesinnung) *friedlich, verträglich, friedfertig, ruhig, still, friedliebend, friedsam, friedvoll, versöhnlich (Mensch)

**streiten (s.):** aneinandergeraten, s. zanken / anlegen mit / auseinandersetzen / befehden / entzweien / überwerfen / häkeln / verfeinden / bekriegen / anbinden / zerstreiten / verzanken, in Streit liegen / geraten, einen Auftritt haben, rechten, kollidieren, disputieren, debattieren *nicht übereinkommen / übereinstimmen, voneinander abweichen, verschiedener Meinung sein, divergieren, differieren, s. nicht einigen können / widersprechen, eine Sache verschieden sehen

**Streitigkeit:** Streit, Zank, Hader, Zerwürfnis, Auseinandersetzung, Disput, Reiberei, Gezänk, Zusammenprall, Zusammenstoß

**streitsüchtig:** streitbar, zänkisch, hadersüchtig, streitlustig, rechthaberisch, reizbar, bissig, aggressiv, böse, unverträglich, zanksüchtig, kämpferisch, kampflustig, kampfbereit, herausfordernd, feindselig, militant, provokatorisch, polemisch, zankhaft, unfriedlich, provokant

**streng:** scharf, ernst, strikt, rigoros, straff, soldatisch, schwer, eisern, unbarmherzig, hart, disziplinarisch, drakonisch, unerbittlich, massiv, fest, entschieden, bestimmt, konsequent, bündig, unwidersprechlich, gebieterisch, herrisch, apodiktisch, barsch, diktatorisch, schroff *hart, kalt, schneereich *inhuman, unmenschlich *konservativ, intolerant, rechthaberisch *scharf, stechend *autoritär *unglücklich, schlimm

**Strenge:** Schärfe, Härte, Gewalt, Hitzigkeit, Heftigkeit *Deutlichkeit, Genauigkeit, Prägnanz *Gnadenlosigkeit, Unerbittlichkeit, Unnachsichtigkeit, Kompromißlosigkeit, Ungerührtheit, Hartherzigkeit, Striktheit, Massivität, Schonungslosigkeit

**streiten (s.):** Frieden schließen, einlenken, nachgeben, Frieden / Waffenstillstand herbeiführen / stiften *Frieden halten, s. gut verstehen / vertragen, zusammenstehen, zusammenstimmen, Freundschaft üben, übereinstimmen, eins / einig sein *s. aussöhnen / versöhnen / einigen, Einigkeit wiederherstellen

**Streitigkeit:** Eintracht, Harmonie, Übereinstimmung *Freundschaft *Frieden *Waffenstillstand, Waffenruhe

**streitsüchtig:** friedlich, verträglich, friedfertig, ruhig, friedliebend, still *ängstlich, bang, scheu, zag, beklommen, angstvoll, furchtsam, zitternd, angstschlotternd *feige, hasenherzig, kleinmütig, mutlos, memmenhaft, feigherzig *gleichgültig, wurstig, unberührt, stumpf, teilnahmslos, desinteressiert *freundlich, heiter, lebensfroh, frohsinnig, fröhlich, vergnügt

**streng:** menschlich, anteilnehmend, mitfühlend, teilnahmsvoll, teilnehmend *gutgesinnt, freundlich, entgegenkommend, nett, verbindlich, wohlgesinnt, wohlwollend, einfühlend *mild (Winter) *menschlich, zuvorkommend, mild, lind, weich, sanft (Behandlung) *ungenau, (nach)lässig, lax, leger *großmütig, frei, aufgeschlossen, modern, offen (Auffassung) *geduldig, tolerant, milde, nachsichtig *wohlriechend, duftend, angenehm (Geruch) *demokratisch, freiheitlich, partnerschaftlich (Erziehung) *glücklich (Kindheit) *lasch, nachgiebig, unsicher, Laisser-faire, inkonsequent, antiautoritär, lax *gütig, liebevoll, nachsichtig, vertrauensvoll

**Strenge:** Teilnahme, Mitgefühl, Mitleid, Mitempfinden, Anteilnahme, Sympathie *Fingerspitzengefühl, Empfänglichkeit, Aufnahmefähigkeit, Zugänglichkeit, Unterscheidungsvermögen, Einfühlungsvermögen, Feingefühl *Nachsicht, Milde, Toleranz, Geduld *Ungenauigkeit *Partnerschaft, Kooperation *Großmut *Entgegenkommen, Wohlwollen

**Streß:** Strapaze, Anstrengung, Kraftaufwand, Mühe, Überbelastung, Beschwerlichkeit, Last, Druck, Arbeit
**streunen:** s. herumtreiben, vagabundieren, zigeunern, strolchen, umherziehen, umherlaufen
**Strichvogel:**
**strichweise:** stellenweise, streckenweise, gebietsweise, an manchen Stellen, gelegentlich, verstreut, mancherorts, hier und da, regional, vereinzelt
**stricken:** handarbeiten

**strikt:** streng, scharf, ernst, rigoros, straff, soldatisch, schwer, eisern, unbarmherzig, hart, disziplinarisch, drakonisch, unerbittlich, massiv, fest, entschieden, bestimmt, konsequent, bündig, unwidersprechlich, gebieterisch, herrisch, apodiktisch, barsch, diktatorisch, schroff
**strittig:** umstritten, problematisch, bestreitbar, zweifelhaft, fraglich, fragwürdig, bedenklich, ungewiß, undurchschaubar, unsicher, offen, ungeklärt
**strohig:** holzig, ungenießbar, trocken, ausgetrocknet, mürbe, unelastisch
**stromabwärts:** flußabwärts

**stromaufwärts:** flußaufwärts

**strömen:** fließen, sprudeln, (heraus-)quellen, wallen, fluten, herausströmen
**strubb(e)lig:** struppig, zerzaust, unordentlich, nach allen Seiten abstehend, zottig, unfrisiert, strähnig, ungekämmt, verstrubbelt, strobelig
**strukturiert:** (auf)gegliedert, untergliedert, aufgeteilt, unterteilt, klassifiziert, gestaffelt, aufgefächert, segmentiert, systematisiert, (an)geordnet
**strukturlos:** formlos, amorph, ungestaltet, ungegliedert, unstrukturiert, ungeformt, unförmig, gestaltlos
**struppig:** zerzaust, unordentlich, strubbelig, nach allen Seiten abstehend

**stubenrein:** rein(lich), sauber, abgerichtet, trocken, erzogen *anständig, sauber, astrein, salonfähig, schicklich

**Streß:** Entspannung, Beruhigung, Entkrampfung *Ruhe, Schonung, Ausspannung, Erholung, Urlaub
**streunen:** an der Leine gehen, angebunden sein (Tier)

**Strichvogel:** Standvogel *Zugvogel
**strichweise:** überall, allerorts, allerorten, allerseits

**stricken:** abheben, fallen lassen (Masche) *häkeln
**strikt:** lasch, lax, ungezwungen, formlos, leger, (nach)lässig, ungeniert, ungenau, nachgiebig, schwach, widerstandslos, gutmütig, willensschwach

**strittig:** unstrittig, entschieden, geklärt, fraglos

**strohig:** weich (Gemüse) *gepflegt, weich (Haar)
**stromabwärts:** stromaufwärts, flußaufwärts
**stromaufwärts:** stromabwärts, flußabwärts
**strömen:** (still)stehen (Gewässer) *versiegen, zudrehen (Geldhahn) *zurückhalten *abdrehen (Hahn) *abdichten
**strubb(e)lig:** gekämmt, frisiert, gebürstet, gestriegelt, geflochten

**strukturiert:** unstrukturiert, strukturlos, ungegliedert, formlos, ungestaltet, ungeformt, unförmig, gestaltlos

**strukturlos:** strukturiert, gegliedert (Text) *gemustert (Textilien)

**struppig:** gekämmt, frisiert, geschnitten, geflochten, geordnet, gebürstet, eingelegt (Haar) *glatt (Fell)
**stubenrein:** nicht stubenrein (Tier) *anstößig, pikant, schlecht, unanständig, unkeusch, lasterhaft, liederlich, sittenlos, ruchlos, schlüpfrig, ungehörig, unmoralisch, unschicklich, verdorben, unzüchtig, unsittlich, unziemlich,

**Stück:** Bruchstück, Bruchteil *Schnitte, Stulle, Brotstück *Brocken, Bissen, Happen *Strecke, Etappe, Teilstück *Fetzen, Lumpen *Theaterstück

**stückweise:** brockenweise, happenweise, häppchenweise, nach und nach, in einzelnen Etappen / Stücken / Brocken

**stufenlos:** konstant, kontinuierlich, stetig

**stufenweise:** allmählich, graduell, phasisch, (regelmäßig) wiederkehrend

**stumm:** tonlos, sprachlos, wortlos, schweigsam, still, schweigend

**stümperhaft:** schlecht, dilettantisch, schäbig, kläglich *minderwertig, geringwertig, wertlos, zu nichts zu gebrauchen

**stumpf:** unscharf, ungeschärft, ungespitzt, nicht spitz / scharf, ungeschliffen, verbraucht, abgebraucht *matt, glanzlos, dumpf, fahl, blind, beschlagen *desinteressiert, träge, dickfellig, schwerfällig, gleichgültig, lethargisch, teilnahmslos, leidenschaftslos, unbeteiligt, apathisch, stumpfsinnig, unempfindlich, interesselos, ungerührt, unbewegt, kühl, gefühllos, unaufgeschlossen, inaktiv, lasch, denkfaul

**stumpfsinnig:** beschränkt, kurzsichtig, borniert *desinteressiert, träge, gleichgültig, lethargisch, teilnahmslos, apathisch

**stunden:** verlängern, Zeit lassen, Aufschub gewähren, hinausschieben, prolongieren, vertagen, hinauszögern, verzögern

**stur:** halsstarrig, rechthaberisch, unbelehrbar, eisern, kompromißlos, bockbeinig, dickköpfig, unzugänglich, unaufgeschlossen, dickschädelig, starrköpfig, unversöhnlich, widerborstig, starrsinnig, bockig, eigensinnig, fest, steifnackig, verstockt, verbohrt, unerbittlich, trotzig, störrisch, verständnislos, unnachgiebig

**Sturheit:** Trotz, Starrheit, Dickköpfig-

zuchtlos, wüst, ungebührlich, verworfen, verrucht, unsolide, zotig, zweideutig

**Stück:** das Ganze

**stückweise:** im Ganzen, auf einmal

**stufenlos:** graduell, stufenweise, phasisch, (regelmäßig) wiederkehrend

**stufenweise:** stufenlos, konstant, kontinuierlich, stetig

**stumm:** redselig, mitteilsam, redelustig, zungenfertig, gesprächig, schwatzhaft, geschwätzig, sprachgewaltig, sprachgewandt, wortgewandt, beredsam, beredt

**stümperhaft:** ausgefallen, verblüffend, meisterlich, überragend, sagenhaft, gekonnt, imposant, ausgezeichnet, beträchtlich, großartig, hervorragend, enorm, (sehr) gut, brillant, außergewöhnlich, einzigartig, beachtlich (Arbeit, Leistung)

**stumpf:** scharf, schneidend (Messer) *glatt, glänzend (Seide) *glatt *poliert, glänzend, blank, glatt, leuchtend, strahlend *empfindlich, fein(fühlig) *empfindsam, empfindlich, wach (Sinne) *ansprechbar, aufgeschlossen, aufgeweckt, interessiert, offen, zugänglich, aufnahmebereit, empfänglich, geneigt, gestimmt

**stumpfsinnig:** interessant, abwechslungsreich (Arbeit) *empfindsam *scharfsinnig

**stunden:** (ein)fordern, einziehen, einklagen (Forderung)

**stur:** willig, einsichtig, nachgiebig, bereit, gutwillig, gefügig, gesonnen, gefüge, willfährig, schwach, widerstandslos, gutmütig, willensschwach

**Sturheit:** Einsichtigkeit, Nachgiebigkeit, Eigensinn, Widerspenstigkeit, Halsstarrigkeit, Hartgesottenheit, Eigenwille, Steifnackigkeit, Rechthaberei, Unbelehrbarkeit, Kratzbürstigkeit, Aufsässigkeit

**Sturm:** starker / heftiger Wind, Monsun(wind), Passat(wind), Sandsturm, Schneesturm, Mistral, Schirokko, Bora, Wirbelsturm, Orkan, Unwetter, Blizzard, Hurrikan, Tornado, Bö *Angriff, Ansturm, Attacke *Leidenschaft, Temperament, Hitzigkeit, Heißblütigkeit

**stürmen:** toben, heftig wehen, tosen, wüten, brausen, pfeifen, fauchen, sausen, rauschen, dröhnen, blasen, heulen, johlen, winden *angreifen, anstürmen, attackieren *eilen, rasen, rennen *erobern, erstürmen, einnehmen *als Stürmer spielen, auf das Tor spielen, vorstürmen

**stürmisch:** böig, windig, (vom Sturm) bewegt *leidenschaftlich, ungestüm, unbändig, temperamentvoll, wild, glutvoll, heißblütig, rassig, hitzig *heftig, stark, vehement, kraftvoll, intensiv, toll, gewaltig, maßlos, wuchtig

**stürzen:** eilen, hasten, rasen, preschen, laufen, rennen *fallen, zu Fall kommen, ausgleiten, hinfallen, hinstürzen, niederschlagen *entthronen, entmachten, verdrängen, ausschalten, jmdm. seinen Einfluß nehmen, jmdn. seiner Macht berauben / ins Abseits abdrängen, entlassen

**stützen:** helfen, beispringen, den Arm reichen, beistehen *abstützen, Halt bieten / geben, festigen, verstreben, unterstützen, unterbauen, pfählen, stabilisieren, sichern, unterstellen *erhärten, untermauern, fundieren, beweisen, belegen

**subjektiv:** persönlich, von der Person abhängig, auf die Person bezogen, privat, individuell, eigen, mich betreffend *unobjektiv, einseitig, unsachlich, verzerrt, tendenziös, parteiisch

**Subjektivität:** Unsachlichkeit, Parteilichkeit, Subjektivismus, Willkür

**Subkultur:** Underground, Alternativszene, Gruppenkultur, Gegenkultur, Nebenkultur, zweite Kultur, Protestkultur

keit, Bereitschaft, Gutwilligkeit, Gewogenheit, Freundlichkeit, Gefügsamkeit, (guter) Wille

**Sturm:** Schönwetter, Sonnenschein, Hoch(druck), Urlaubswetter *Hintermannschaft (Sport) *Verteidigung *Rückzug, Rückmarsch

**stürmen:** verteidigen (Sport) *s. bewölken/beziehen/umwölken/überziehen/verdunkeln *latschen, pilgern, wandeln, gemächlich / langsam gehen *s. zurückhalten *säuseln, windstill sein

**stürmisch:** windstill, ruhig, lind *nebelig, dunstig, diesig *ruhig, glatt (Meer) *langsam, sanft, ruhig, vorsichtig, überlegt *zurückhaltend, verhalten (Begrüßung)

**stürzen:** stehen bleiben, das Gleichgewicht wahren, s. halten *(be)lassen, bestehen lassen *krönen (König) *wählen, ernennen (Regierung) *stehen *(hoch)klettern, (hoch)steigen

**stützen:** verfallen/einfallen/einstürzen lassen (Mauer) *belasten *fallen lassen *widerlegen (Meinung) *ruinieren, preisgeben, gehenlassen, fallenlassen, aufgeben *verhüten, vereiteln, verhindern (Plan)

**subjektiv:** objektiv, unpersönlich, unparteilich, neutral, überparteilich, vorurteilslos, sachlich, unparteiisch, unvoreingenommen

**Subjektivität:** Objektivität, Sachlichkeit, Vorurteilslosigkeit, Unvoreingenommenheit, Unparteilichkeit, Neutralität, Überparteilichkeit

**Subkultur:** Kleinbürgertum, Bürgertum, Establishment, Großbürgertum, Bourgeoisie, Mittelstand, Mittelschicht, Gesellschaft

**subtrahieren:** abziehen, vermindern

**Subtraktion:** das Abziehen / Vermindern

**suchen:** durchsuchen, fahnden, s. umsehen / umtun / umschauen nach, wühlen, forschen, nachgehen, durchkämmen *s. interessieren für / bemühen um, nachjagen, zu bekommen suchen

**südlich:** sommerlich, tropisch

**süffig:** schmackhaft, mundig, mundend

**suffizient:** hinlänglich, ausreichend, genügend

**sukzessiv(e):** allmählich, langsam, nach und nach, der Reihe nach, kaum merklich, schrittweise

**summarisch:** kurz, bündig, im Ganzen, ganz

**Summe:** Ergebnis, Endsumme, Resümee, Resultat *Betrag, Geldsumme

**summieren:** zusammenzählen, addieren *s. summieren: anwachsen

**sumpfig:** moorig, morastig, schlammig

**Sünde:** Verstoß, Unrecht, Übertretung, Zuwiderhandlung, Missetat, Vergehen, Schandtat, Delikt

**sündhaft:** lasterhaft, verkommen, verdorben, verderbt, heruntergekommen, unmoralisch *lästerlich, abscheulich, blasphemisch, schändlich, ruchlos *sehr, enorm, riesig

**süß:** gesüßt, gezuckert, süßlich, honigsüß, zuckersüß, zuck(e)rig *reizend, lieb, sympathisch

**süßlich:** süß, gesüßt, zuckersüß *unecht, unnatürlich, maniert, gestelzt, geschraubt

**Süßwasser:** Leitungswasser, Brunnenwasser, Flußwasser

**symmetrisch:** spiegelgleich, spiegelbildlich, spiegelungsgleich *ebenmäßig

**Sympathie:** Wohlgefallen, Zuneigung, Vorliebe, Wohlwollen, Hang, Gefühl, Faible, Interesse, Schwäche

**sympathisch:** ansprechend, einnehmend, gefällig, gewinnend, liebenswürdig, lieb(enswert), freundlich, nett, charmant, reizend

**synchron:** gleichzeitig, simultan, zur

**subtrahieren:** addieren, hinzuzählen, dazurechnen, (da)zuzählen

**Subtraktion:** Addition, das Hinzuzählen, Hinzuzählung

**suchen:** erlangen, erreichen *herausfinden, erfinden, entdecken *enthüllen *verstecken *vermeiden, fliehen (vor) *auffinden

**südlich:** nördlich *westlich *östlich

**süffig:** schwer, körperreich (Wein)

**suffizient:** insuffizient, unzulänglich

**sukzessiv(e):** plötzlich, auf einmal, schlagartig, sofort

**summarisch:** detailliert, im einzelnen, ins einzelne, genau, exakt *gewissenhaft, sorgfältig, pingelig, exakt, genau

**Summe:** Differenz

**summieren:** subtrahieren, abziehen: *s. summieren: (ab)bezahlt / (ab)getragen / beglichen werden

**sumpfig:** (knochen)trocken, ausgedörrt, ausgetrocknet, vertrocknet, wasserlos, wasserarm, fest

**Sünde:** Vergebung, Lossprechung *Beichte

**sündhaft:** anständig, gesittet, korrekt, sittsam (Leben) *normal, entsprechend, bezahlbar, niedrig (Preis)

**süß:** salzig, gesalzen, versalzen (Speise) *trocken, herb (Wein) *bitter (Schokolade) *herb, männlich (Gesicht) *unsympathisch, häßlich (Mädchen) *sauer

**süßlich:** säuerlich *natürlich, echt (Lächeln)

**Süßwasser:** Salzwasser, Meerwasser

**symmetrisch:** asymmetrisch, unsymmetrisch

**Sympathie:** Antipathie, Abgeneigtheit, Feindschaft, Ekel, Feindseligkeit, Ungeneigtheit, Widerwille, Abneigung

**sympathisch:** unsympathisch, abgeneigt, zuwider, unbeliebt, mißliebig, verhaßt

**synchron:** ungleichzeitig, asynchron,

gleichen Zeit, gleichlaufend, zusammen, auf einmal, im selben / gleichen Augenblick

**synonym:** sinnähnlich, sinngleich, sinnverwandt, bedeutungsähnlich, bedeutungsgleich, bedeutungsverwandt, gleichbedeutend

**Synonym:** bedeutungsähnliches / bedeutungsgleiches / gleiches / sinnverwandtes Wort

**Synonymwörterbuch:** Buch für bedeutungsähnliche / bedeutungsgleiche / sinnverwandte Wörter

**Synthese:** Verbindung, Zusammenfügung *Einheit

**synthetisch:** künstlich, chemisch, unnatürlich, auf künstlichem Weg, aus der Retorte, unecht

**systematisch:** nach einem System / Plan, planmäßig

nicht mit gleicher Geschwindigkeit laufend, zeitlich nicht übereinstimmend

**synonym:** gegensätzlich, entgegengesetzt, antonym

**Synonym:** Antonym, Gegensatz, Gegen(satz)wort, Opposition

**Synonymwörterbuch:** Antonymwörterbuch, Wörterbuch der Gegenwörter / Gegensätze

**Synthese:** Analyse *Trennung

**synthetisch:** natürlich, echt, biologisch *analytisch *getrennt

**systematisch:** unsystematisch, planlos, ungeordnet, wirr, durcheinander

# T

**Tadel:** Standpauke, Lektion, Strafpredigt, Maßregelung, Warnung, Belehrung, Lehre, Zurechtweisung, Vorhaltung, Beanstandung, Mißbilligung, Ermahnung, Kritik, Verweis, Denkzettel

**tadellos:** fehlerfrei, fehlerlos, vollendet, vollkommen, richtig, zutreffend, korrekt, einwandfrei, ohne Fehl(er), makellos, untadelig, ideal, genau, in Ordnung, vorbildlich, komplett, perfekt, meisterhaft, vorzüglich, recht, lupenrein, mustergültig *ordentlich, höflich, anständig, rechtschaffen, zuverlässig, artig, schicklich, fein, gesittet *korrekt, wohlgeordnet, genau, penibel, sauber, sorgsam, akkurat, präzis(e), auf Ordnung achtend / haltend / bedacht, ordnungsliebend, sorgfältig, adrett, mit Sorgfalt, untadelig, gepflegt, aufgeräumt, geordnet, in Ordnung, diszipliniert

**tadeln:** heruntermachen, anbrüllen, attackieren, (aus)schelten, auszanken, (aus)schimpfen, mißbilligen, kritisieren, reklamieren, monieren, angehen gegen, schmähen, verweisen, beanstanden, rügen, zetern, zurechtweisen

**tadelnswert:** abscheulich, verabscheuenswürdig, verabscheuungswert, widerlich, scheußlich, unschön, verwerflich *anstößig, ausschweifend, lasterhaft, liederlich, schlecht *unkeusch, unsittlich, unsolide, unzüchtig, verrucht, verdorben, unmoralisch, sittenlos *extrem(istisch), radikal(istisch), rücksichtslos, übersteigert, scharf *frech, unartig, keß, unmanierlich, ungezogen, rotzig *dickköpfig, aufmüpfig, halsstarrig, bockig, dickschädelig, eigensinnig, steifnackig, trotzig, unbequem, unfolgsam, ungehorsam, verstockt, widerspenstig, zugeknöpft, unbelehrbar *rücksichtslos, entmenscht, mitleidlos, unmenschlich, bedenkenlos, gewissenlos, herzlos, kalt, skrupel-

**Tadel:** Lob(preis), Anerkennung, Ehrung, Belobigung, Belobung, Auszeichnung *Beifall *Vorschußlorbeeren

**tadellos:** abscheulich, verabscheuenswürdig, verabscheuenswert, widerlich, scheußlich, unschön, verwerflich *anstößig, ausschweifend, lasterhaft, liederlich, schlecht *unkeusch, unsittlich, unsolide, unzüchtig, verrucht, verdorben, unmoralisch, sittenlos *extrem (-istisch), radikal(istisch), rücksichtslos, übersteigert, scharf *frech, unartig, keß, unmanierlich, ungezogen *dickköpfig, aufmüpfig, halsstarrig, bockig, dickschädelig, eigensinnig, steifnackig, trotzig, unbequem, unfolgsam, ungehorsam, verstockt, widerspenstig, zugeknöpft, unbelehrbar *rücksichtslos, entmenscht, mitleidlos, unmenschlich, bedenkenlos, gewissenlos, herzlos, kalt, skrupellos, gnadenlos *jähzornig, unbeherrscht, aufbrausend, heftig, hitzig, hitzköpfig, auffahrend (Verhalten) *schlecht

**tadeln:** (be)loben, anerkennen, rühmen, verherrlichen, feiern, auszeichnen, belobigen, idealisieren, (lob)preisen, verklären, ehren *schonen, in Ruhe lassen *ignorieren, übersehen

**tadelnswert:** lobenswert, einwandfrei, imposant, ausgezeichnet, hervorragend, erstaunlich, untadelig, anerkennenswert, ausgefallen, verdienstvoll, großartig, löblich, rühmlich, verdienstlich, ruhmreich, achtbar, rühmenswert, glorreich, überragend, ein Lob verdienend, beifallswürdig, achtenswert, dankenswert, hoch anzurechnen, gut, tadellos, musterhaft

los, gnadenlos *jähzornig, unbeherrscht, aufbrausend, heftig, hitzig, hitzköpfig, auffahrend (Verhalten) *schlecht, schimpflich

**Tag:** vierundzwanzig Stunden, Kalendertag, Datum

**Tagesanbruch:** Morgendämmerung, Tagesbeginn, Frühe, Sonnenaufgang, Morgen(röte), Morgengrauen

**Tagesende:** Abend(dämmerung), Sonnenuntergang, Abendrot

**taghell:** hell wie am Tage

**täglich:** Tag für / um Tag, alltäglich, tagaus tagein, von Tag zu Tag

**tagsüber:** während des Tages, am helllichten Tag, (mitten) am Tage

**Takt:** Diskretion, Feinfühligkeit, Verschwiegenheit, Zurückhaltung *Rhythmus, Metrum, Gleichmaß, Versmaß

**taktlos:** abgeschmackt, unpassend, geschmacklos, unangebracht *indiskret *unhöflich, ruppig, verletzend, unsensibel, deplaciert, unverschämt, aufdringlich, unhöflich, ungehörig, ungalant, ungefällig, ungeschliffen

**Taktlosigkeit:** Geschmacklosigkeit, Abgeschmacktheit *Indiskretion *Unhöflichkeit, Ruppigkeit, Unverschämtheit, Aufdringlichkeit, Ungefälligkeit, Ungeschliffenheit

**taktvoll:** feinfühlig, diskret, verschwiegen, zurückhaltend

**Tal:** Bergeinschnitt, Mulde, Senke, Talkessel, Becken, Talgrund

**talentiert:** begabt, talentvoll *intelligent, begabt, begnadet, fähig, tüchtig

**talentlos:** unbegabt, untalentiert *minderbegabt, schwach, leistungsschwach

**Talfahrt:** Abfahrt, Abwärtsfahrt

**Talsohle:** Baisse, Rezession, Tiefstand, (wirtschaftliches) Tief

**tanken:** nachfüllen, Treibstoff aufnehmen / einfüllen, mit Treibstoff versehen / versorgen, auftanken

**tapfer:** (wage)mutig, draufgängerisch,

**Tag:** Nacht *Finsternis, Dunkelheit

**Tagesanbruch:** Sonnenuntergang, Abend(zeit), Dämmerstunde *Nacht

**Tagesende:** Sonnenaufgang, Tagesanbruch, Morgen(dämmerung), Morgengrauen, Tagesbeginn, Tagesanfang, Dämmerlicht

**taghell:** (stock)dunkel, düster, (stock-) finster

**täglich:** stündlich *wöchentlich *monatlich

**tagsüber:** nachts, bei Nacht, nächtlich

**Takt:** Taktlosigkeit, Geschmacklosigkeit, Abgeschmacktheit *Indiskretion *Unhöflichkeit, Ruppigkeit, Ungefälligkeit, Ungeschliffenheit

**taktlos:** taktvoll, feinfühlig, diskret, verschwiegen, zurückhaltend *mit / im Takt / Rhythmus

**Taktlosigkeit:** Takt, Diskretion, Feinfühligkeit, Verschwiegenheit, Zurückhaltung

**taktvoll:** taktlos, abgeschmackt, unpassend, geschmacklos, unangebracht *indiskret *unhöflich, ruppig, ungefällig, ungeschliffen

**Tal:** Berg, Anhöhe, Erhebung, Höhe, Hügel

**talentiert:** unbegabt, untalentiert, talentlos *minderbegabt, schwach, leistungsschwach

**talentlos:** talentiert, begabt, talentvoll *begabt, begnadet, fähig, befähigt, genial, verständig, tüchtig, intelligent, gescheit

**Talfahrt:** Bergfahrt, Gebirgsfahrt, Auffahrt

**Talsohle:** Hoch(konjunktur), Hausse (Wirtschaft)

**tanken:** verbrauchen, verfahren *entleeren, ablassen *s. verausgaben

**tapfer:** feige, feigherzig, mutlos, mem-

tollkühn, verwegen, beherzt, waghalsig, furchtlos, todesmutig, vermessen, heldenhaft, kühn, unverzagt, heldenmütig, unerschrocken, herzhaft, mannhaft, kämpferisch

**Tapferkeit:** Kühnheit, Mut, Beherztheit, Furchtlosigkeit, Draufgängertum, Unverzagtheit, Tollkühnheit, Herzhaftigkeit, Unerschrockenheit

**tappen:** tapsen, s. vorwärts tasten

**tarnen:** verbergen, kaschieren, verschleiern, vernebeln, verdunkeln, maskieren, unkenntlich machen, verwischen

**tatenlos:** desinteressiert, träge, dickfellig, schwerfällig, gleichgültig, lethargisch, teilnahmslos, leidenschaftslos, unbeteiligt, apathisch, stumpfsinnig, unempfindlich, interesselos, passiv, ungerührt, unbewegt, kühl, gefühllos, unaufgeschlossen, inaktiv, lasch, stumpf, denkfaul

**Tatenlosigkeit:** Desinteresse, Teilnahmslosigkeit, Unempfindlichkeit, Trägheit, Interesselosigkeit, Uninteressiertheit, Passivität, Gleichgültigkeit, Abgestumpftheit, Stumpfheit, Abstumpfung, Stumpfsinn(igkeit), Geistesabwesenheit, Apathie, Lethargie, Wurstigkeit, Gefühllosigkeit, Sturheit, Herzlosigkeit, Unaufgeschlossenheit, Ungerührtheit, Dickfelligkeit, Leidenschaftslosigkeit, Kühle, Phlegma

**tätig:** aktiv, regsam, unternehmend,

menhaft, hasenherzig, kleinmütig, zag(-haft), furchtsam, ängstlich, schüchtern, verwirrt, zitternd, verstört, bebend, besorgt, beunruhigt, bänglich, bang, kleinmütig, eingeschüchtert, schreckhaft, scheu, verängstigt, zähneklappernd, beklommen, angsterfüllt *gebrochen, gedrückt, deprimiert, resigniert, verzagt, niedergeschlagen, mutlos, geknickt, kleinmütig *wehleidig, unentschlossen, zimperlich *(pflaumen)weich, willensschwach, energielos, nachgiebig, willenlos, haltlos

**Tapferkeit:** Feigheit, Hasenherzigkeit, Feigherzigkeit, Waschlappigkeit, Unmännlichkeit, . Schwachherzigkeit, Kleinmütigkeit, Memmenhaftigkeit, Mutlosigkeit, Kleinmut, Zaghaftigkeit, Bangigkeit, Furcht, Scheu, Schüchternheit, Verzagtheit, Verstörtheit, Angst, Beklommenheit *Resignation, Niedergeschlagenheit, Kleinmut *Unentschlossenheit, Wehleidigkeit *Energielosigkeit, Haltlosigkeit, Willenlosigkeit, Nachgiebigkeit, Weichheit

**tappen:** wissen, sicher sein, überzeugt sein *schleichen *sicher gehen / bewegen / laufen

**tarnen:** offenlegen, aufdecken, bloßlegen, entschleiern, enthüllen, entlarven, veröffentlichen (Absichten) *freilegen, kenntlich machen, aufdecken

**tatenlos:** aktiv, rege, tätig, regsam, unternehmend, unternehmungslustig, rührig, wirksam, handelnd, zielstrebig, lebendig, energisch, engagiert, tatkräftig, betriebsam

**Tatenlosigkeit:** Aktivität, Betätigungsdrang, Tatkraft, Tätigkeitsdrang, Regsamkeit, Betriebsamkeit, Unternehmungsgeist, Rührigkeit, Energie, Engagement

**tätig:** untätig, faul, müßig, tatenlos,

unternehmungslustig *arbeitsam, fleißig, tüchtig, arbeitswillig, strebsam, ehrgeizig, emsig, betriebsam, rastlos, nimmermüde, unermüdlich, geschäftig
**Tätigkeit:** Arbeit, Beschäftigung, Betätigung, Tun, Handeln, Verrichtung, Ausübung, Hantierung
**Tatkraft:** Aktivität, Betätigungsdrang, Regsamkeit, Unternehmungsgeist, Rührigkeit, Betriebsamkeit
**tätlich:** handgreiflich, gewalttätig

**Tatsache:** Realität, Gegebenheit, tatsächliche Lage, Sachlage, Sachverhalt, Wirklichkeit, Umstand, Tatsächlichkeit
**tatsächlich:** wirklich, de facto, praktisch, faktisch, effektiv, realiter, konkret, in der Tat, in Wirklichkeit, den Tatsachen entsprechend / gemäß
**taub:** schwerhörig, gehörlos *unempfindlich, blutleer *desinteressiert, apathisch, gleichgültig *leer
**tauchen:** untertauchen, in die Tiefe gehen, unter Wasser schwimmen
**tauen:** auftauen, schmelzen, zum Schmelzen / Tauen bringen, von Eis befreien, enteisen, entfrosten
**tauglich:** nützlich, förderlich, hilfreich, heilsam, ersprießlich, sinnvoll, gedeihlich, konstruktiv, zu gebrauchen, wirksam, zweckvoll *lohnend, gewinnbringend, rentabel, vorteilhaft, nutzbar, profitbringend, ergiebig, ertragreich, profitabel, lukrativ, einträglich
**Teil:** Absatz, Passage, Ausschnitt, Bereich, Bruchstück, Abschnitt, Segment *Fragment, Torso, Rest *Detail, Glied, Zweig, Arm, Einzelheit, Komponente, Bestandteil
**teilen:** dividieren, auseinandernehmen, zergliedern, (in Teile) zerlegen, zerteilen *abtreten, abgeben *parzellieren *zerstückeln, in (zwei, drei, vier . . .) Stücke schneiden, tranchieren, trennen, halbieren, dritteln, vierteln, durchschneiden *sezieren, auseinandernehmen
**Teilnahme:** Einfühlungsvermögen, Verständnis, Höflichkeit, Takt(gefühl), Anteil(nahme), Mitgefühl, Sympathie, Wärme, Herzlichkeit, Entgegenkommen, Verstehen, Rücksicht, Innigkeit, Einfühlungsgabe *Engagement, Verpflichtung, Aktivität, Unter-

bequem, zurückhaltend, passiv, teilnahmslos *erloschen (Vulkan) *nicht beschäftigt sein, arbeitslos

**Tätigkeit:** Untätigkeit, Faulheit, Tatenlosigkeit, Zurückhaltung, Teilnahmslosigkeit *Ruhe
**Tatkraft:** Tatenlosigkeit, Energielosigkeit, Faulheit, Untätigkeit *Resignation
**tätlich:** verbal, mit Worten *zurückhaltend
**Tatsache:** Verzerrung, Verfälschung, Entstellung *Schein, Anschein, Wahrscheinlichkeit, Vermutung *Behauptung
**tatsächlich:** verzerrt, verfälscht, entstellt *scheinbar, vermutlich, wahrscheinlich, vermeintlich

**taub:** gefüllt (Nuß) *hörend *empfindlich (Tastgefühl) *durchblutet (Körperteil) *interessiert, offen
**tauchen:** auftauchen *schwimmen

**tauen:** erstarren, vereisen, ein(ge)frieren *(ein)schneien, verschneien

**tauglich:** untauglich, schlecht, unbrauchbar, abkömmlich, ungeeignet, unvermögend

**Teil:** das Ganze *Menge, Vielzahl, Masse

**teilen:** zusammenfügen, zusammenlegen, zusammenfassen *multiplizieren, malnehmen *ganz lassen *selbst erledigen (Arbeit)

**Teilnahme:** Fernbleiben, Fehlen, Abwesenheit, Absenz *Teilnahmslosigkeit, Desinteresse, Wurstigkeit, Gleichgültigkeit, Stumpfsinn, Faulheit, Stumpfheit, Unberührtheit

stützung, Mitwirkung, Anstellung, Einsatz

**teilnahmslos:** desinteressiert, träge, dickfellig, schwerfällig, gleichgültig, lethargisch, leidenschaftslos, unbeteiligt, apathisch, stumpfsinnig, unempfindlich, interesselos, ungerührt, unbewegt, kühl, gefühllos, unaufgeschlossen, inaktiv, lasch, stumpf, denkfaul, tatenlos, wurstig

**Teilnahmslosigkeit:** Desinteresse, Unempfindlichkeit, Trägheit, Interesselosigkeit, Uninteressiertheit, Gleichgültigkeit, Abgestumpftheit, Stumpfheit, Abstumpfung, Stumpfsinn(igkeit), Geistesabwesenheit, Apathie, Lethargie, Wurstigkeit, Gefühllosigkeit, Sturheit, Herzlosigkeit, Unaufgeschlossenheit, Ungerührtheit, Dickfelligkeit, Leidenschaftslosigkeit, Kühle, Phlegma, Tatenlosigkeit

**teilnahmsvoll:** einfühlsam, (ein)fühlend, gefühlvoll, (an)teilnehmend, empfindend, herzlich, innig, warm, seelenvoll, beseelt, entgegenkommend, taktvoll, zartfühlend, rücksichtsvoll

**teilnehmen:** mitwirken, mitmachen, teilhaben, zuhören, miterleben, beiwohnen, dabeisein, mittun, s. beteiligen, dazugehören *mitfühlen, Anteil nehmen, mitempfinden, mitleiden, bedauern, leid tun

**teilweise:** in einigen Fällen, in mancher Hinsicht, zum Teil, partiell, nicht uneingeschränkt

**Temperament:** Leidenschaft, Schwung, Aktivität, Initiative, Energie, Lebhaftigkeit, Verve, Fitneß, Glut, Fieber, Ekstase, Affekt, Taumel, Passion, Enthusiasmus, Überschwang, Rausch, Aufwallung, Hochstimmung

**temperamentlos:** langweilig, einfallslos, wirkungslos, monoton, phantasielos, einfach, alltäglich, üblich, unoriginell, ohne Pfiff, trist, fade, reizlos, uninteressant, gleichförmig, einförmig, ermüdend, trocken, desinteressiert, träge, dickfellig, schwerfällig, gleichgültig, lethargisch, teilnahmslos, leidenschaftslos, unbeteiligt, apathisch, stumpfsinnig, unempfindlich, interesselos, ungerührt, unbewegt, kühl, ge-

**teilnahmslos:** interessiert *teilnahmsvoll, empfindend, gefühlvoll, innig, warm, fühlend, (an)teilnehmend, gerührt, mitleidig, mitfühlend, einfühlsam *begierig, erwartungsvoll, gespannt *begeistert

**Teilnahmslosigkeit:** Interesse *Teilnahme, Wärme, Anteil(nahme), Rührung, Mitleid, Mitgefühl, Mitempfinden, Sympathie, Herzlichkeit, Entgegenkommen, Rücksicht, Verstehen *Spannung, Erwartungsspannung *Begeisterung

**teilnahmsvoll:** teilnahmslos, desinteressiert, gleichgültig, wurstig, stumpf, unberührt *grausam, unmenschlich, kalt, gefühlskalt, roh, rücksichtslos, gnadenlos, entmenscht, gewissenlos

**teilnehmen:** fehlen, fernbleiben, schwänzen *fliehen, (ver)meiden, umgehen, drücken (vor), s. heraushalten, kneifen, ausweichen, scheuen *gleichgültig / stumpf / teilnahmslos / desinteressiert / wurstig / unberührt sein

**teilweise:** völlig, (ins)gesamt, ganz (und gar), gänzlich, total

**Temperament:** Passivität, Phlegma, Tatenlosigkeit, Reserviertheit, Zurückhaltung, Trägheit, Apathie, Leidenschaftslosigkeit, Schwerfälligkeit, Stumpfsinn, Teilnahmslosigkeit, Untätigkeit, Lauheit *Fassung, Gefaßtheit, Gemütsruhe, Gleichmut, Selbstbeherrschung *Kühle, Kälte

**temperamentlos:** temperamentvoll, feurig, schwungvoll, vital, lebhaft, beweglich, dynamisch blutvoll, heißblütig, lebendig, heftig, mobil, vif, wild, vollblütig, quecksilbrig, sprudelnd *ungehalten, zornig, erbittert, fuchtig, böse, hitzköpfig, aufbrausend, heißblütig, rasend, auffahrend

fühllos, unaufgeschlossen, inaktiv, lasch, stumpf, denkfaul

**temperamentvoll:** leidenschaftlich, lebhaft, wild, dynamisch, vif, vital, heißblütig, beweglich, stürmisch, glühend, impulsiv, flammend, vulkanisch, heiß, besessen, feurig, lebendig, unruhig, quecksilbrig, blutvoll, getrieben, mobil, heftig

**Tempo:** Hetze, Eile, Rastlosigkeit, Hetzerei, Gehetze, Umtrieb, Gehetztheit, Zeitmangel, Gejagtheit, Treiberei, Hatz, Jagd, Gejage, Hast, Unrast, Unruhe, Hetzjagd, Ruhelosigkeit *Spurt, Beschleunigung, Endspurt *Zügigkeit, Flinkheit, Raschheit, Fahrt, Überstürzung, Schnelligkeit, Behendigkeit *Wichtigkeit, Dringlichkeit, Notwendigkeit, Unaufschiebbarkeit

**temporär:** vorübergehend, zeitweilig, momentan, nicht dauernd, zeitweise, eine Zeitlang, kurzfristig, periodisch, sporadisch, für einen Augenblick, für den Übergang, stoßweise, stellenweise, episodisch

**tendenziös:** parteiisch, parteilich, vorurteilsvoll, voreingenommen, nicht objektiv, einseitig, eingleisig, unsachlich, parteigebunden, befangen, subjektiv

**termingemäß:** pünktlich, fristgerecht, fristgemäß, wie vereinbart

**teuer:** kostspielig, unerschwinglich, aufwendig, überteuert *lieb, wert, unersetzlich, kostbar, heißgeliebt, geschätzt, vergöttert *kostbar, erlesen, edel, hochwertig, fein, wertvoll, qualitätsvoll, unersetzbar, exquisit, einmalig, kostspielig, von guter Qualität, selten, unschätzbar, unbezahlbar, viel wert, erstklassig

**Teuerung:** Preisanstieg, Preissteigerung, Preislawine, Verteuerung, Preiserhöhung

**Teufel:** Satan, Luzifer, Höllenfüst, Antichrist, Erzfeind, Widersacher, Verführer, Verderber, Erbfeind

**Textilstrand:**

**theatralisch:** unnatürlich, gekünstelt, pathetisch, gespreizt, maniert, gemacht, unecht, affektiert, schwülstig

**Theismus:** Monotheismus, Gottesglaube

**temperamentvoll:** temperamentlos, träge, apathisch, stumpfsinnig, teilnahmslos, tranig, unbeteiligt, zähflüssig, schwerfällig, leidenschaftslos, matt, verschlossen, phlegmatisch *gleichmütig, gefaßt, gesetzt, beherrscht *kühl, kalt, frigid

**Tempo:** Langsamkeit, geringe / niedere Geschwindigkeit, (im) Schritt, Kriechtempo *Ruhe, Zeit, Muße

**temporär:** immer(zu), dauernd, ständig, fortdauernd

**tendenziös:** ungefärbt, objektiv, unparteilich, untendenziös, unbeeinflußt

**termingemäß:** nicht termingerecht / termingemäß, zu spät, verspätet, überfällig *zu früh, vorzeitig, verfrüht, vorher

**teuer:** billig, preiswert, erschwinglich, wohlfeil, (weit) unter Preis *wertlos *gehaßt, verhaßt (Mensch) *ökonomisch, wirtschaftlich (vertretbar)

**Teuerung:** Preisrückgang, Preissenkung, Preisabbau

**Teufel:** Engel

**Textilstrand:** FKK-Strand, Nacktbadestrand

**theatralisch:** natürlich, echt, ungezwungen, ungekünstelt, rein, unverfälscht

**Theismus:** Atheismus, Gottesleugnung, Gottlosigkeit, Glaubenslosig-

**Theist:** Gottgläubiger, Anhänger des Theismus

**Thema:** Stoff, Aufgabenstellung, Inhalt, Frage, Problem, Materie

**theoretisch:** gedanklich, vorgestellt, abstrakt, begrifflich, gedacht, spekulativ, hypothetisch, wissenschaftlich, praxisfern, nicht praktisch

**Theorie:** Lehre, Dogma, Behauptung, Ansicht, Doktrin, Überzeugung, Bekenntnis, Wissenschaft, Lehrgebäude, Lehrsatz, Lehrmeinung *Illusion, Imagination, Einbildung, Luftschloß, Erfindung, Utopie, Phantasie, Trugbild, Vorstellung

**Therapie:** Heilmethode, Heilbehandlung, Betreuung

**therapeutisch:** zur Therapie gehörend

**These:** Theorie, Lehre, Dogma, Behauptung, Ansicht, Doktrin, Überzeugung, Bekenntnis, Wissenschaft, Lehrgebäude, Lehrsatz, Lehrmeinung *Hypothese, Voraussetzung, Unterstellung, Feststellung, Behauptung, Vermutung, Mutmaßung

**tief:** bodenlos, abgründig, grundlos, abgrundtief *in der Tiefe, tiefliegend, ganz unten, auf dem Boden *tiefsinnig, gehaltvoll, vielsagend, tiefgründig, gedankenvoll *groß *dunkel, voll (Ton) *satt, kräftig, intensiv (Farbton) *anhaltend (Eindruck) *fest (Schlaf)

**Tief:** Schlechtwettergebiet, Tiefdruckgebiet, Tiefdruckzone *Depression, schlechte Laune, Niedergeschlagenheit, Gedrücktheit, Mutlosigkeit, Schwermut, Freudlosigkeit, Verzagtheit, Trübsinn

**tiefbetrübt:** desolat, bedrückt, schwermütig, depressiv, melancholisch, trübsinnig, hypochondrisch, schwarzseherisch, pessimistisch, nihilistisch, defätistisch, wehmütig, trübselig, freudlos, traurig, trist, elegisch, (tod)unglücklich, elend, betrübt, trübe, bekümmert, unfroh

**Tiefe:** Bedeutung, Schwere, Würde, Größe *Schlucht, Tal, Klamm, Kluft, Schlund, Abgrund, Spalte, Klause, Cañon *Ausdehnung, Ausmaß

keit, Unglaube, Heidentum, Ungläubigkeit

**Theist:** Atheist, Gottesleugner, Heide, Ungläubiger

**Thema:** Veränderung, Abwandlung, Variation *Ausarbeitung, Text, Ausführung, Aufsatz

**theoretisch:** praktisch *angewandt (Wissenschaft) *real, wirklich, tatsächlich

**Theorie:** Praxis, Erfahrung, Einsicht, Einblick, Wissen, Überblick, Weisheit, Erkenntnis, Know-how, Bildung *Wirklichkeit, Realität, Tatsache

**Therapie:** Diagnose *Vorbeugungsmaßnahmen, Prophylaxe

**therapeutisch:** vorbeugend, prophylaktisch, verhütend

**These:** Antithese, Gegenbehauptung, Gegenteil, Gegenargument

**tief:** hoch *flach *breit *seicht, flach *hell, hoch, schrill (Ton) *schwach, geringfügig, leicht (Schmerz) *oberflächlich, verwischt (Kenntnisse) *fein, zart, blaß, hell (Farbton) *ein wenig, schwach (Eindruck) *leise, leicht (Schlaf) *banal, platt, seicht (Gedanke) *gering

**Tief:** Hoch(druck), Schönwetter, Urlaubswetter

**tiefbetrübt:** glücklich, zufrieden, heiter, fröhlich, genügsam, wunschlos, befriedigt, beglückt, froh, vergnügt, freudig, frohen Mutes, fidel, optimistisch

**Tiefe:** Höhe *Breite *Oberfläche (Gewässer) *Oberflächlichkeit *Höhe, Helligkeit (Ton) *Erhebung, Hügel (Landschaft)

**tiefgründig:** tiefsinnig, gehaltvoll, vielsagend, tief(gehend), tiefschürfend, überlegt, gedankenvoll, durchdacht, feinsinnig, gedankenreich, bedeutsam, gewichtig, bedeutungsschwer, bedeutungsvoll

**Tiefpunkt:** Tief, Störung, Krise, Talsohle *schlechter Gesundheitszustand

**Tiefschlaf:** Heilschlaf, Schlaftherapie

**Tiefstand:** Flaute, Tiefpunkt, Krise, Rezession, Depression, Niedergang, Konjunkturrückgang, Baisse

**Tier:** Bestie *Scheusal, Untier, Biest
**tierisch:** animalisch, triebhaft, tierhaft, libidinös *brutal, roh, gewalttätig
**tilgen:** beseitigen, (aus)löschen, ausrotten, aus der Welt schaffen, ausmerzen, liquidieren, zum Verschwinden bringen, entfernen, eliminieren, ausradieren, abwaschen, streichen, abwischen *abtragen, ab(be)zahlen, abdekken, abgelten, zurückzahlen, amortisieren, begleichen, ausgleichen, eine Schuld aufheben, zurückerstatten, erledigen
**toben:** rasen, wüten, schnauben, wütend / heftig werden *stürmen, winden, blasen, sausen, brausen *s. austoben / austollen / tummeln / ausleben, umherlaufen, umherspringen, übermütig sein, zu weit gehen, die Grenze(n) überschreiten
**Tod:** Ableben, Heimgang, Hinscheiden, Erlösung, ewige Ruhe, Todesschlaf, Erblassen, Abschied, Entschlafen, der ewige Schlaf, Abberufung, Verscheiden, Absterben, Sterben, Lebensende *Knochenmann, Sensenmann, Freund Hein, Gevatter Tod
**todmüde:** (hunde)müde, überanstrengt, überlastet, am Ende, mitgenommen, schwach, fertig, geschafft, groggy, schlaff, k.o., ermattet
**tolerant:** duldsam, nachsichtig, einsichtig, verständnisvoll, weitherzig, entgegenkommend, offenherzig, großzügig, freizügig, aufgeschlossen, großmütig, versöhnlich, offen, liberal, aufgeklärt, vorurteilslos, vorurteilsfrei, human, freiheitlich
**Toleranz:** Verständnis, Nachsicht, Geduld, Schonung, Milde, Gnade, Rück-

**tiefgründig:** oberflächlich, flach, banal, einfach, seicht, primitiv, verflacht, nichtssagend, geistlos, gehaltslos, inhaltslos, trivial, vordergründig

**Tiefpunkt:** Höhepunkt, Gipfel, Hausse, Hoch(konjunktur), (Wirtschaft) *Hoch (Körper)
**Tiefschlaf:** Halbschlaf, Dämmerschlaf, Nickerchen *Einschlafzeit
**Tiefstand:** Höhepunkt, Gipfel, Maximum, Optimum, Höchstmaß, Höchstwert, Nonplusultra *High (Rauschgift) *Wollust, Orgasmus
**Tier:** Mensch
**tierisch:** human, menschlich *pflanzlich (Fett) *synthetisch (Material)
**tilgen:** bewahren, beibehalten, erhalten, bestehen lassen, belassen *s. beflecken (Sünde) *aufnehmen (Schulden)

**toben:** s. beruhigen / besänftigen / begütigen, vernünftig werden *beschwichtigen, einlullen, abwiegeln, vermitteln *s. legen / beruhigen (Meer, Sturm)

**Tod:** Leben *Geburt *Heilung, Genesung

**todmüde:** hellwach, ausgeschlafen, munter

**tolerant:** intolerant, unnachsichtig, unduldsam, unerbittlich, unverträglich *grausam, inhuman, mitleidlos, schonungslos, unsozial, verroht, brutal, barbarisch

**Toleranz:** Intoleranz, Unduldsamkeit, Unnachsichtigkeit, Unerbittlichkeit,

sicht, Duldsamkeit, Behutsamkeit, Großzügigkeit, Liberalität, Hochherzigkeit

**tolerieren:** (er)dulden, ertragen, erlauben, billigen, zulassen, geschehen lassen, respektieren, akzeptieren, anerkennen, konzedieren, schalten und walten lassen, jmdn. gewähren lassen

**toll:** ausgefallen, ansehnlich, verblüffend, auffällig, ungewöhnlich, außergewöhnlich, überwältigend, beachtlich, überragend, bedeutsam, sondergleichen, beträchtlich, sagenhaft, bewundernswürdig, eindrucksvoll, nennenswert, imposant, enorm, erstaunlich, großartig, abenteuerlich, ohnegleichen, aufsehenerregend, unvergleichlich, spektakulär, stattlich, überraschend, ungeläufig, sensationell, auffallend, bedeutend, bedeutungsvoll, beeindruckend, bewundernswert, brillant, märchenhaft, hervorragend, imponierend, außerordentlich, entwaffnend, groß, fabelhaft, einzigartig *laut *überhöht *stark

**tollkühn:** kühn, (wage)mutig, beherzt, verwegen, gewagt, unerschrocken, waghalsig, riskant, halsbrecherisch, tolldreist, abenteuerlich, forsch, gefährlich, tapfer, draufgängerisch, furchtlos, couragiert, vermessen, unverzagt, unbesonnen

**tölpelhaft:** ungeschickt, unbeholfen, ungelenk, umständlich, plump, linkisch *einfältig, kindlich, naiv, harmlos, treuherzig

**tönend:** schallend, hallend, klingend, schwingend, klangvoll

**tonlos:** schweigend, stumm, schweigsam, wortlos

**Torheit:** Narrheit, Unvernunft, Unverstand, Einfalt, Einfältigkeit, Vernunftlosigkeit, Gedankenlosigkeit, Dummheit, Fehler, Leichtsinn

**töricht:** einfältig, ungeschickt, dumm, lächerlich, albern, ohne Verstand, unklug, leichtgläubig, unvernünftig, dümmlich, kindisch, blöd(sinnig)

**tosen:** stürmen, brausen, sausen, ra-

Unverträglichkeit *Verrohung, Brutalität, Barbarei, Grausamkeit

**tolerieren:** bekämpfen, streiten, zanken *kritisieren, (herum)nörgeln, mißbilligen, monieren, reklamieren, angehen (gegen), anfechten, klagen über *diffamieren, herabsetzen, verketzern, verleumden, verteufeln, abqualifizieren, demütigen, diskriminieren, entwürdigen, verächtlich machen

**toll:** schlicht, einfach, bescheiden, unauffällig, alltäglich, normal, gewöhnlich, durchschnittlich *(ein) wenig, mäßig, erträglich (Lärm) *vernünftig, gelassen, nüchtern *bezahlbar, normal, niedrig (Preis) *leicht, schwach, leidlich, erträglich, gering (Schmerzen) *brav, artig, folgsam, gehorsam, lieb, fügsam, gesittet, manierlich *einfallslos, unschöpferisch, unoriginell, phantasielos *bescheiden, einfach, gelassen, zurückhaltend, schlicht, anspruchslos, unauffällig, gewöhnlich, durchschnittlich *feige, feigherzig, memmenhaft, mutlos, kleinmütig *ängstlich, furchtsam, besorgt, scheu, zag(haft), zitternd, schlotternd

**tollkühn:** bang, ängstlich, scheu, angstschlotternd, zitternd, zag(haft), furchtsam, eingeschüchtert, angsterfüllt, angstbebend, angstverzerrt, angstvoll, zähneklappernd *besonnen, vorsichtig *vernünftig

**tölpelhaft:** geschickt, gesittet, artig, sittsam, anständig, korrekt

**tönend:** tonlos, schweigend, stumm, schweigsam, wortlos *dröhnend

**tonlos:** tönend, klangvoll, schallend, hallend, klingend, schwingend

**Torheit:** kluge / überlegte / gute / mutige Tat

**töricht:** intelligent, geschickt, klug, schlau, einsichtig, begabt, weise, gescheit, verständig *reif, erwachsen *durchtrieben, gerissen, geschickt, verschlagen, verschmitzt, raffiniert, taktisch, listig, diplomatisch, ausgefuchst, abgefeimt, ausgekocht, clever

**tosen:** plätschern, rieseln (Gewässer)

sen, toben

**tot:** gestorben, verblichen, verstorben, heimgegangen, abgeschieden, entseelt, hingeschieden, hingestreckt, leblos, erloschen, unbelebt, selig *verlassen, öde, menschenleer, unbevölkert, verödet, unbelebt, entvölkert, geisterhaft, unbeseelt, unbewohnt, einsam
**total:** ganz und gar, gänzlich, voll und ganz, hundertprozentig, genau, wirklich, absolut, von Anfang an, in vollem Maße / Umfang, in jeder Hinsicht / Beziehung, von oben bis unten / vorn bis hinten / A bis Z / innen und außen / Kopf bis Fuß
**totalitär:** autoritär, diktatorisch, allein herrschend, unumschränkt, unbeschränkt, absolut(istisch), uneingeschränkt, allgewaltig, repressiv, despotisch, tyrannisch
**töten:** jmdn. beseitigen, (er)hängen, vergasen, kreuzigen, umbringen, liquidieren, lynchen, vernichten, erschießen, säubern, ausrotten, hinschlachten, totschlagen, meucheln, erdolchen, hinrichten, erstechen, niederstrecken, ausmerzen, aus der Welt schaffen
**Tourist:** Urlauber, Reisender, Urlaubsreisender, Fremder, Gast, Feriengast, Wanderer, Kurgast, Bergsteiger
**tragbar:** beweglich, fahrbar, mobil, transportabel, beförderbar *nicht schwer, leicht
**träge:** untätig, dickfellig, schwerfällig, gleichgültig, lethargisch, teilnahmslos, desinteressiert, leidenschaftslos, unbeteiligt, apathisch, stumpfsinnig, unempfindlich, interesselos, ungerührt, unbewegt, kühl, gefühllos, unaufgeschlossen, inaktiv, passiv, lasch, stumpf, denkfaul
**tragen:** befördern, transportieren, mit s. führen, schleppen *bekleidet sein, anhaben, aufhaben

**Trägheit:** Desinteresse, Teilnahmslosigkeit, Unempfindlichkeit, Passivität, Interesselosigkeit, Uninteressiertheit, Gleichgültigkeit, Abgestumpftheit, Stumpfheit, Abstumpfung, Stumpfsinn(igkeit), Geistesabwesenheit, Apathie, Lethargie, Wurstigkeit, Gefühllosigkeit, Sturheit, Herzlosigkeit, Unauf-

*verhallen, abebben, s. beruhigen, abklingen (Sturm, Beifall)
**tot:** lebendig, lebend, atmend, belebt, lebensfähig, lebenskräftig *genesen, gesundet, intakt, heil, gesund *bukettreich (Wein)

**total:** unvollständig, zum Teil, teilweise, unvollkommen, lückenhaft, bruchstückhaft, fragmentarisch, halb(fertig), unfertig, unbeendet, unabgeschlossen *partiell

**totalitär:** demokratisch

**töten:** leben / atmen / vegetieren / weiterleben / fortleben / existieren / bestehen lassen *wiederbeleben *erwecken, stimulieren (Gefühle)

**Tourist:** Einheimischer

**tragbar:** untragbar, unerträglich *zu schwer

**träge:** munter, aufgeweckt, wach, lebendig, rege *eifrig, fleißig, emsig, strebsam (Arbeit) *rasch, schnell, flink, behende, geschwind *fieberhaft, hektisch, ruhelos, rastlos, unruhig, getrieben *spritzig (Auto)

**tragen:** (an der Hand) führen (Kind) *rollen, fahren, schieben, schleifen (Last) *absetzen, abstellen (Koffer) *ablegen (Schmuck) *absetzen, abnehmen (Brille)
**Trägheit:** Fleiß, Eifer, Strebsamkeit, Emsigkeit, Betriebsamkeit, Geschäftigkeit, Rastlosigkeit, Unermüdlichkeit, Aktivität, Schwung, Bestreben, Streben, Ehrgeiz, Tatendrang, Regsamkeit, Energie, Hingabe, Bereitwilligkeit, Dienstwilligkeit, Mühe, Bemühen, Arbeitsfreude, Arbeitslust *Hek-

geschlossenheit, Ungerührtheit, Dickfelligkeit, Leidenschaftslosigkeit, Kühle, Phlegma

**Tragik:** Unglück, Mißglück, Desaster

**tragisch:** elend, jämmerlich, schwach, schwächlich, miserabel, erbärmlich, kläglich, schlecht, unpäßlich, übel, mitgenommen, erbarmungswürdig, hilfsbedürftig *verhängnisvoll, furchtbar, schrecklich, unheilvoll, schicksalhaft, schlimm, erschütternd, schauderhaft, gräßlich, katastrophal, erschreckend, bestürzend, unglücklich, folgenschwer, fatal, entsetzlich, fürchterlich

**Tragödie:** Drama, Trauerspiel *Unglück, Elend

**trainiert:** vorbereitet *ausgebildet, geschult, gedrillt

**transparent:** durchsichtig, rein, kristallklar, hell, (glas)klar, sauber, ungetrübt, gläsern, durchscheinend *klar, eindeutig, genau, anschaulich, bestimmt, deutlich, exakt, fest umrissen, handfest, greifbar, unmißverständlich, unzweideutig, unverblümt, präzise, bildhaft, einfach *fest umrissen, erwiesen, sicher, unbezweifelbar, evident, offensichtlich, unleugbar, selbstverständlich, unbestreitbar, gewiß

**trauen:** ehelich verbinden, verheiraten, vermählen, einsegnen *vertrauen, Vertrauen schenken / erweisen / entgegenbringen, glauben an, seine Hoffnung setzen auf *s. trauen: wagen, ein Risiko eingehen, riskieren, s. erkühnen / erdreisten / unterstehen / getrauen, alles auf eine Karte setzen

**Trauer:** Schwermut, Melancholie, Verdüsterung, Trübsinn, Leid, Wehmut, Weltschmerz, Schmerz, Betrübtheit, Gram, Kummer, Verzweiflung

**trauern:** beweinen, betrauern, jammern / weinen um, s. grämen / bekümmern, untröstlich / traurig sein, Leid / Schmerz empfinden

**Trauerspiel:** Drama, Tragödie

**traulich:** heimelig, anheimelnd, gemütlich, behaglich, traut, wohlig

**Traum:** Wunsch(traum), Sehnsucht, Illusion, Begehren, Verlangen

**träumen:** in den Wolken schweben, mit den Gedanken weit weg / ganz in Ge-

tik, Rastlosigkeit, Ruhelosigkeit, Unruhe

**Tragik:** Komik *Glück(sfall)

**tragisch:** glücklich *heiter, aufgelegt, ausgelassen, freudig, froh(gemut), vergnügt, munter, lustig, lebensfroh, lebenslustig, strahlend, wohlgemut, fidel, aufgeweckt, aufgekratzt *komisch, lustig, lächerlich, heiter

**Tragödie:** Komödie, Lustspiel *Glück(sfall)

**trainiert:** untrainiert, unvorbereitet *improvisiert

**transparent:** undurchsichtig, verschwommen, dunkel, undurchschaubar, obskur *dunkel, trübe, milchig, opak

**trauen:** (be)zweifeln, mißtrauen, skeptisch / argwöhnisch / kritisch / ungläubig sein *trennen, scheiden (Ehepaar) *s. trauen: nicht wagen, s. scheuen / fürchten, zögern, zaudern, zagen

**Trauer:** Freude, Glück, Heiterheit, Ausgelassenheit, Fröhlichkeit, frohe Laune, Frohsinn, Lustigkeit, heitere Stimmung, Vergnügtheit, Lebenslust, Wonne *Heil, Segen

**trauern:** glücklich / heiter / ausgelassen / fröhlich / vergnügt / lebenslustig / froh(-gestimmt) sein, s. freuen, feiern *s. trösten

**Trauerspiel:** Lustspiel, Komödie *Freude

**traulich:** ungemütlich, unbehaglich, kalt, unheimlich

**Traum:** Wirklichkeit, Realität, Faktum, Tatsache, Fakt *Wachzustand, Wachen, Wachsein

**träumen:** wach sein, wachen *s. konzentrieren / sammeln, aufmerken, auf-

danken / unaufmerksam / nicht bei der Sache / abwesend sein, seine Gedanken schweifen lassen, in Gedanken verloren / versunken sein *einen Traum haben

**traurig:** kummervoll, desolat, bedrückt, schwermütig, depressiv, melancholisch, trübsinnig, hypochondrisch, schwarzseherisch, pessimistisch, nihilistisch, defätistisch, wehmütig, trübselig, freudlos, trist, elegisch, (tod)unglücklich, elend, betrübt, trübe, bekümmert, unfroh, von Trauer erfüllt, untröstlich, schmerzerfüllt, leidend, verzweifelt, betroffen, gedrückt, deprimiert, am Boden zerstört, niedergeschlagen, gebrochen

**Traurigkeit:** Kummer, Leid, Sorge, Trauer, Unglück, Schmerz, Qual, Gram, Jammer, Not, Kümmernis, Last, Trübsal, Kreuz, Seelenschmerz, Verzweiflung, Trostlosigkeit, Misere, Marter, Pein, Martyrium

**Trauung:** Hochzeit, Eheschließung, Heirat, Vermählung, Verheiratung, Verehelichung, Ringwechsel, Bund fürs Leben, Ehebund

**treffen:** das Ziel erreichen, ins Schwarze treffen *erfassen, das Richtige treffen *passen, stimmen, s. als zutreffend / wahr / richtig erweisen / herausstellen *nahegehen, innerlich bewegen, berühren, ergreifen, tangieren

**treffend:** der Sache entsprechend, genau richtig, adäquat, passend, akkurat, präzis(e), prägnant, exakt, haargenau, haarscharf, wohlgezielt, zutreffend

**trefflich:** hervorragend, sehr gut, exzellent, vorzüglich, köstlich, exquisit, fein, himmlisch, vorbildlich, delikat

**treiben:** driften, schwimmen *bewegen, in Gang halten, antreiben, laufen lassen *vollführen, ausüben, praktizieren, nachgehen *keimen, austreiben *jagen *aufgehen, wachsen, quellen, aufblähen, anschwellen

**trennbar:** spaltbar, zerteilbar *mehrsilbig (Wort)

**trennen:** aufteilen, entzweien, (auf-) spalten, zerteilen, durchtrennen, auftrennen, zertrennen, abtrennen, durchschneiden, abschneiden, zerschneiden, auseinanderschneiden, zer-

passen, aufmerksam sein, seine Aufmerksamkeit anspannen

**traurig:** fröhlich, erfreut, freudig, gutgelaunt, wohlgemut, heiter, aufgelegt, fidel, frisch, froh(gemut), frohgestimmt, munter, strahlend, vergnügt, vergnüglich *komisch, lächerlich, witzig, ironisch, scherzhaft, spaßhaft, humoristisch *interessant, abwechslungsreich (Leben) *glücklich, angenehm, erfreulich (Zustand) *angenehm, froh, freudig, unbeschwert, glücklich (Zeit) *zuversichtlich, getrost, optimistisch, zukunftsgläubig, unverzagt, hoffnungsvoll, hoffnungsfroh

**Traurigkeit:** Freude, Glück(seligkeit), Seligkeit, Wonne *Vergnügen, Lust, Heiterkeit, Frohsinn, Vergnügtheit, Lebenslust *Spaß, Komik, Humor

**Trauung:** Scheidung, Lostrennung, Loslösung, Entfernung *Verlobung

**treffen:** abprallen, nicht wirken, verfehlen, kaltlassen, ignorieren (Vorwurf) *abkommen, fehlgehen, vorbeigehen, verfehlen

**treffend:** unpassend, falsch, ungehörig *platt, abgegriffen, abgedroschen (Ausdruck) *verfehlt, unzutreffend

**trefflich:** langweilig, uninteressant, einschläfernd, ermüdend, eintönig (Buch) *fade, abgeschmackt, nüchtern, reizlos (Speise)

**treiben:** zügeln, hemmen, zurückhalten, (an)halten, (ab)bremsen, mäßigen, drosseln, eindämmen, nicht frei gewähren / gehen lassen

**trennbar:** untrennbar (Wort) *fest, verbunden, untrennbar (Material)

**trennen:** verbinden, integrieren (Mensch) *zusammensetzen, zusammenstellen, zusammenbauen, zusammenfügen, zusammenschließen *zusammenschalten, verbinden (Leitung)

gliedern, zerlegen, durchhauen, durch-hacken *verfremden, verfeinden, auseinanderbringen, uneins machen, spalten, Zwietracht säen, entzweien *absondern, isolieren, aussondern, vereinzeln, scheiden, separieren, aussperren, eliminieren *unterscheiden *s. trennen: s. loslösen / scheiden lassen / lossagen / den Rücken kehren / abwenden von / losreißen / verabschieden, weggehen, scheiden, auseinandergehen, brechen mit, Schluß machen, Abschied nehmen, die Verbindung lösen *abfallen, s. (ab)spalten / absplittern, austreten

**Trennung:** Abspaltung, Spaltung, Aufspaltung, Zweiteilung, Aufteilung, Unterteilung, Abtrennung, Zerlegung *Entzweiung *Abbruch, Auflösung, Lockerung, Bruch, Ehescheidung *Weggang, Abschied, Lebewohl, Auseinandergehen *Separation, Loslösung, Distanzierung, Isolation, Entfernung, Eliminierung, Ausschluß, Vereinzelung

**treu:** ergeben, treugesinnt, anhänglich, zuverlässig, loyal, getreu(lich), fest, treu und brav, beständig *treu sein: jmdm. die Treue halten, mit jmdm. durch dück und dünn gehen *treu bleiben: dabeibleiben *zusammenbleiben, zueinander stehen

**Treue:** Loyalität, Anhänglichkeit, Beständigkeit, Unwandelbarkeit, Geradlinigkeit, Standhaftigkeit, Zuverlässigkeit, Konstanz, Konsequenz

**treuherzig:** arglos, vertrauensselig, gutgläubig, leichtgläubig, zutraulich, einfältig, offenherzig

**treulos:** untreu, illoyal, wortbrüchig, treubrüchig, verräterisch, unsolidarisch, unzuverlässig, unstet, ehebrecherisch

*(ver)mengen, (ver)mischen *verbinden (Fluß) *s. trennen: s. paaren *s. verbinden / vereinigen / verbünden *s. verloben / zusammenschließen *heiraten, s. vermählen / verehelichen / verbinden, ehelichen, eine Ehe eingehen, freien, einheiraten

**Trennung:** Verbindung, Vereinigung, Bündnis, Bund, Zusammenschluß *Verlobung *Ehe, Vermählung, Ehebund, Heirat, Verehelichung, Zweisamkeit *Mischung, Bindung, Verbindung *Wiedersehen *Gemeinsamkeit, Beziehung

**treu:** treubrüchig, un(ge)treu, treulos, falsch *unstet, flatterhaft, wankelmütig, unbeständig, wortbrüchig, perfide, verräterisch, schwankend, treubrüchig, arglistig, verräterisch, unaufrichtig, hinterlistig *inkonsequent *treu sein: untreu / treubrüchig / treulos / verräterisch / unbeständig sein, abfallen, abspringen *treu bleiben: untreu werden, verlassen, fremdgehen, betrügen (Ehepartner) *überlaufen, übertreten, abweichen, schwanken, wechseln

**Treue:** Untreue, Charakterlosigkeit, Ehrlosigkeit, Flatterhaftigkeit, Unredlichkeit, Unbeständigkeit, Wortbrüchigkeit, Wankelmut, Wankelmütigkeit, Unstetigkeit, Arglist, Hinterhältigkeit, Verrat, Unaufrichtigkeit, Hinterlist, Doppelspiel, Treu(e)bruch, Treulosigkeit *Ungenauigkeit *Abtrünnigkeit, Verrat, Abfall *Unehrlichkeit

**treuherzig:** kritisch, skeptisch, mißtrauisch, ungläubig

**treulos:** treu, gebunden, zugehörig *echt, ehrlich, aufrichtig (Freund)

**Treulosigkeit:** Untreue, Treuebruch, Illoyalität, Unredlichkeit, Ehrlosigkeit, Wortbrüchigkeit, Abtrünnigkeit, Charakterlosigkeit, Perfidie
**triftig:** stichhaltig, hieb- und stichfest, bestechend, schlagend *wichtig, notwendig, unerläßlich, obligat, zwingend, dringend
**trinken:** ein Glas leeren, nippen, schlürfen, hinunterspülen, hinunterstürzen, s. erfrischen, einen Schluck nehmen *zechen *s. betrinken
**trist:** traurig, trostlos, elend, bedrückt, deprimiert, trübselig, von Trauer erfüllt, bekümmert, untröstlich, kummervoll, melancholisch *bedauernswert, bemitleidenswert, bedauerlich, unglücklich, erbärmlich, jammervoll, tragisch *öde, unbewohnt, unbevölkert, menschenleer

**Triumph:** Erfolg, Sieg, Gelingen, Errungenschaft, Glück, Gedeihen *Freude, Jubel, Hochstimmung, Vergnügen

**triumphal:** großartig, phänomenal, einzigartig, überwältigend
**triumphieren:** jubeln, jauchzen, juchzen, strahlen, glücklich sein *gewinnen, siegen *schadenfroh sein, frohlocken, auftrumpfen, einen Sieg davontragen
**trivial:** geistlos, inhaltslos, stumpfsinnig, stereotyp, stupide, oberflächlich, seicht, hohl, abgegriffen, abgeschmackt
**trocken:** nicht feucht / naß *nicht mehr frisch, altbacken *ausgetrocknet, vertrocknet, entwässert, verdorrt, verdörrt, dürr, saftlos, verwelkt, welk, abgestorben, hart / trocken geworden, entwässert *regenarm, wasserarm, wüstenhaft *herb *komisch, humorvoll, originell *einfallslos, wirkungslos, monoton, phantasielos, einfach, alltäglich, üblich, unoriginell, ohne Pfiff, trist, fade, öde, trostlos, reizlos, uninteressant, gleichförmig, einförmig, ermüdend *nüchtern, unpersönlich, ohne Gefühl / Phantasie *stubenrein, sauber, erzogen, reinlich *abstinent
**trockengelegt:** gewickelt, gewindelt *(aus)getrocknet, entwässert, entsumpft, melioriert, dräniert

**Treulosigkeit:** Treue, Gebundenheit, Zugehörigkeit, Anhänglichkeit *Loyalität, Anhänglichkeit, Beständigkeit *Unwandelbarkeit
**triftig:** matt, kläglich, weithergeholt, unzulänglich, unzutreffend, karg, schwach, ausweichend (Entschuldigung) *unzutreffend, irrig, falsch
**trinken:** essen *einschenken, eingießen, vollgießen, vollschenken *abstinent leben / sein
**trist:** ansehnlich, prächtig, stattlich (Gebäude) *fröhlich, heiter, frohgemut, wohlgemut, gutgelaunt, erfreut, lebensfroh, belebt, lustig, ausgelassen, frohgestimmt, munter, strahlend, vergnügt, lebenslustig, aufgeweckt *interessant, abwechslungsreich, reizend (Gegend) *farbig, farbenfroh (Gemälde)
**Triumph:** Niederlage, Mißerfolg, Debakel, Fehlschlag, Reinfall *Ruin, Konkurs, Pleite, Bankrott (Geschäft) *Durchfall (Kunst) *Demütigung *Niederlage (Spiel)
**triumphal:** bescheiden, gering *schändlich, schimpflich, negativ
**triumphieren:** unterliegen, verlieren *unterdrückt / gedemütigt werden, in s. kehren

**trivial:** ungewöhnlich, neu *geistvoll, tiefgründig, kompliziert, inhaltsreich

**trocken:** naß, feucht, regenreich, regnerisch, diesig, feuchtkalt, feuchtwarm, schwül, naßkalt, klamm *durchfeuchtet *sumpfig *frisch (aufgetragen) (Farbe) *grün, frisch, saftig (Pflanze) *wäßrig *mitreißend, spannend, lebhaft, lebendig (Rede) *besitzend, (wohl)habend, vermögend *beschmiert, belegt (Brot) *frisch (Brot) *süffig, lieblich, süß, feurig, angenehm, mundend (Wein) *alkoholabhängig, alkoholsüchtig

**trockengelegt:** überflutet, überschwemmt *moorig, sumpfig, feucht, naß *nicht (frisch) gewickelt, naß

**Trockenheit:** Wasserarmut, Dürre, Wassernot, Wassermangel

**trockenlegen:** wickeln, die Windeln wechseln *entsumpfen, entwässern, trocknen, meliorieren, dränieren

**trocknen:** abtrocknen, abwischen, abreiben, trocken werden lassen / machen, fönen, abfrottieren *austrocknen, (aus)dörren, darren *eintrocknen, versiegen, durchtrocknen, verwelken, verdorren, eingehen

**tröpfeln:** fließen lassen, träufeln *tropfen, sickern, rieseln, heraustropfen, perlen *nieseln, sprühen, schwach regnen

**trösten:** aufrichten, aufheitern, Trost zusprechen / spenden, aufmuntern, ermutigen, stärken, beruhigen, beschwichtigen, den Schmerz stillen, wieder Mut schöpfen / hoffen lassen

**tröstlich:** tröstend, trostreich, ermutigend, beruhigend

**trostlos:** trist, mitleiderregend, hoffnungslos, bemitleidenswert, unerfreulich, unglückselig, erbarmungswürdig, entmutigend, erschreckend, desolat, beklagenswert, freudlos, unglücklich, elend, qualvoll, bedauernswert, leidvoll, unfroh, erschütternd, bejammernswert, tragisch, kläglich, ergreifend, herzbewegend, leiderfüllt, erbärmlich, traurig, herzergreifend, hart, betrüblich, freudenarm, herzbrechend, freudenleer, jammervoll, düster, bedauerlich *öde, verlassen, abgeschieden, menschenleer, unbevölkert, unbewohnt

**trostreich:** tröstlich, tröstend, ermutigend, beruhigend

**trotz:** entgegen, ungeachtet, obschon, obgleich, obwohl, wenn auch, wenngleich

**Trotz:** Starrheit, Eigensinn, Dickköpfigkeit, Eigenwille, Widerspenstigkeit

**trotzdem:** nichtsdestoweniger, dennoch, dessenungeachtet, doch, nun / gerade erst recht, trotz allem, jedenfalls, gleichwohl

**trotzen:** aufbegehren, s. auflehnen / aufbäumen / zur Wehr setzen, nein sagen, einen Aufstand machen, rebellieren, meutern

**Trockenheit:** Regen(wetter), Niederschlag, Schauer, Nässe, Schlechtwetter, Tief(druck) *Schneegestöber

**trockenlegen:** s. naßmachen (Baby) *versumpfen lassen *bewässern (Land)

**trocknen:** naß / feucht werden, s. vollsaugen *(ver)quellen, schwellen *befeuchten, anfeuchten, benetzen, nässen

**tröpfeln:** niederprasseln, rinnen, schütten, Bindfäden regnen, gießen, in Strömen regnen *(heraus)schießen (Blut)

**trösten:** weinen, trauern *betrüben *beängstigen *s. trösten: (nach-) trauern

**tröstlich:** untröstlich, betrüblich, unangenehm

**trostlos:** aussichtsreich, hoffnungsreich, erfreulich, positiv, angenehm, glücklich, günstig, vielversprechend, verheißungsvoll, mit Aussicht auf Erfolg, empfehlenswert, voller Möglichkeiten, erfolgversprechend (Lage) *getrost *interessant, abwechslungsreich, nett, anmutig, reizend *besiedelt, bevölkert (Gegend) *ausgelassen, lustig, heiter, fröhlich, feuchtfröhlich, übermütig, vergnüglich (Party)

**trostreich:** trostlos, trist, trübe, hoffnungslos, bekümmert, elend, schwermütig, trübsinnig, unglücklich, freudlos, deprimiert

**trotz:** deshalb, wegen, weil, aufgrund

**Trotz:** Einsicht, Vernunft, Versöhnung *Unterwerfung, Kampf

**trotzdem:** daher, deshalb, wegen, aufgrund, weil *obwohl

**trotzen:** einsichtig / vernünftig werden, zur Vernunft / Einsicht kommen *nachgeben, s. beugen / unterwerfen

**trotzig:** verstockt, rechthaberisch, widerspenstig, aufsässig, unzugänglich, aufmüpfig, widerborstig, unnachgiebig, eigensinnig, hartnäckig, renitent, obstinat, eigenwillig, kompromißlos, störrisch, ungehorsam, starrsinnig, unfolgsam, bockbeinig, halsstarrig, unwillig, trotzköpfig, verbohrt, starrköpfig, stur, dickköpfig, bockig

**trotzig:** einsichtig, versöhnlich, willig, nachgiebig, fügsam, brav *demutsvoll, ergeben, zerknirscht, gedemütigt *resigniert, verzagt, niedergeschlagen, kleinmütig, entmutigt, gebrochen, gedrückt, mürbe *wurstig, kalt, gleichgültig, desinteressiert, stumpf, teilnahmslos, unberührt

**trübe:** dunkel, grau, düster, lichtlos, bewölkt, dunstig, diesig, verhangen, bezogen, bedeckt, unfreundlich, neblig, getrübt, regnerisch *schmutzig, unsauber, verschmutzt, unklar *traurig, triste, trostlos

**trübe:** klar, hell, sonnig, schön, strahlend, heiß, sommerlich, wolkenlos, heiter, lind, mollig (Wetter) *rein, klar (Flüssigkeit) *heiter, fröhlich, froh, übermütig, vergnügt, wohlgemut, übersprudelnd, strahlend, gutgelaunt, frohgestimmt, frohsinnig, ausgelassen, munter, freudig

**trüben:** verunreinigen, verschmutzen, dreckig / schmutzig machen *verfinstern, überschatten, verdunkeln, dämpfen, beeinträchtigen, reduzieren, schmälern, stören, (ein)dämmen *s.
**trüben:** s. eintrüben, unfreundlich / neblig / regnerisch / verhangen / düster / dunkel werden

**trüben:** durchsichtig / klar werden *heben, aufhellen, vermehren, steigern *s.
**trüben:** s. aufklaren / aufhellen / aufheitern / (auf)lichten, heller werden (Wetter) *besser werden, s. bessern / entspannen / entkrampfen (Verhältnis)

**Trübsal:** Leid, Kummer, Sorge, Unglück, Schmerz, Qual, Gram, Jammer, Not, Kümmernis, Last, Trauer, Kreuz, Seelenschmerz, Verzweiflung, Trostlosigkeit, Misere, Marter, Pein, Martyrium

**Trübsal:** Freude, Glück(seligkeit), Seligkeit, Wonne *Ausgelassenheit, Heiterkeit, Freude, Fröhlichkeit, Frohmut, heitere Stimmung, frohe Laune, Lebenslust, Vergnügtheit, Lustigkeit

**trübsinnig:** trübselig, kummervoll, desolat, bedrückt, schwermütig, depressiv, melancholisch, hypochondrisch, schwarzseherisch, pessimistisch, nihilistisch, defätistisch, wehmütig, freudlos, traurig, trist, elegisch, (tod)unglücklich, elend, betrübt, trübe, bekümmert, unfroh *sorgenvoll, sorgenschwer, zentnerschwer, gramerfüllt, gramvoll, gramgebeugt

**trübsinnig:** ausgelassen, aufgeheitert, vergnüglich, aufgekratzt, übermütig, überschäumend, übersprudelnd, überschwenglich, wild, außer Rand und Band, unbändig, ungezügelt, hemmungslos *heiter, sonnig, froh, fröhlich, erfreut, wohlgemut

**trügerisch:** täuschend, unwirklich, irreführend, unecht, illusorisch

**trügerisch:** wahr(haftig), gewiß, zuverlässig, untrüglich, sicher

**tüchtig:** arbeitsam, fleißig, arbeitswillig, strebsam, ehrgeizig, emsig, betriebsam, rastlos, nimmermüde, unermüdlich, geschäftig *fähig, patent, befähigt, qualifiziert, gewandt, geschickt, begabt, erfahren *groß, gewaltig

**tüchtig:** unfähig, ungeschickt, ungeeignet *mittelmäßig, ausreichend, mangelhaft, kläglich, ungenügend, schwach (Leistung) *gering, (ein) wenig, klein, unbedeutend, winzig (Menge)

**Tücke:** Arglist, Hinterlist, böser Wille, Falschheit, Böswilligkeit, Hintergedanken, Übelwollen, Unaufrichtigkeit, Boshaftigkeit, Niedertracht, Gemeinheit, Hinterhältigkeit, Verschlagenheit

**Tücke:** Offenheit, Geradheit, Freimut, Wahrheit, Vertrauensseligkeit, Ehrlichkeit, Zutraulichkeit *Harmlosigkeit, Gutmütigkeit

**tückisch:** arglistig, versteckt, falsch,

**tückisch:** offen, frei, gerade, wahrhaf-

meuchlings, boshaft, übelwollend, unaufrichtig, niederträchtig, intrigant, gemein, hinterhältig, verschlagen, böswillig, hinterlistig

**Tugend:** Anstand, Keuschheit, Moral,
Sitte(nhaftigkeit), Unverdorbenheit,
Sittlichkeit, Unbescholtenheit, Züch-
tigkeit

**tugendhaft:** anständig, sittsam, gesittet, korrekt, sittlich, tugendsam, züchtig, puritanisch, moralisch

**Tumult:** Unordnung, Chaos, Durcheinander, Verschwörung, Aufstand,
Revolution

**tun:** arbeiten, schaffen, wirken, s. widmen / betätigen / beschäftigen / befassen
/ regen / rühren, basteln, tüfteln, werken, tätig sein, (be)treiben *herstellen,
anfertigen

**turbulent:** hitzig, heftig, gereizt, aufgeregt, hektisch, impulsiv, wirbelnd, lebhaft, erregt

**turnusmäßig:** regelmäßig, alle ... (Tage
/ Wochen / Monate / Jahre)

**tuscheln:** flüstern, munkeln, murmeln,
zischeln, brummen, hauchen

**typisch:** charakteristisch, kennzeichnend

**tyrannisch:** herrisch, autoritär, streng
*erbarmungslos, eisig, gefühlskalt, ge-
fühlsarm, herzlos, hartherzig, abgestumpft, gemütsarm, gefühllos, mitleidlos, unzugänglich, lieblos, seelenlos, gleichgültig, roh, unbarmherzig,
unsozial, verroht, schonungslos, brutal, inhuman, ungesittet, unnachsichtig, unnachgiebig, kompromißlos,
streng, fest, hart, barbarisch, unmenschlich, kaltblütig, grausam, gnadenlos

tig, zutraulich, ehrlich *harmlos, gutmütig

**Tugend:** Laster(haftigkeit), Untugend,
Sittenlosigkeit, Verderbtheit, Verdorbenheit, Zuchtlosigkeit, Unmoral, Liederlichkeit, Unkeuschheit, Unsittlichkeit, Unzüchtigkeit, Verruchtheit
*Mangel, Fehler, Nachteil, Makel

**tugendhaft:** lasterhaft, sittenlos, verdorben, unzüchtig, verrucht, liederlich, unkeusch, leidig, ausschweifend

**Tumult:** Ordnung, geordneter Zustand, Zucht, Disziplin, geregelter
Gang / Zustand

**tun:** (unter)lassen, liegen lassen, pausieren, ruhen, nichts tun, faulenzen
*(er)leiden, ertragen *machen / erledi-
gen lassen, veranlassen

**turbulent:** ruhig, geruhsam, vernünftig, ausgeglichen, besonnen, bedacht,
gesetzt, gleichmütig, harmonisch, still,
würdevoll *steif, verkrampft

**turnusmäßig:** unregelmäßig, selten, gelegentlich, (nur) manchmal

**tuscheln:** schreien, (auf)brüllen, grölen, rufen, kreischen

**typisch:** untypisch, atypisch, uncharakteristisch *individuell

**tyrannisch:** rücksichtsvoll, aufmerksam, ehrerbietig, taktvoll, zuvorkommend, zartfühlend, verbindlich, gefällig, ehrfurchtsam, liebenswürdig
*menschlich *tolerant, freizügig, duld-
sam, einsichtig, verständnisvoll, weitherzig, versöhnlich, nachsichtig

# U

**übel:** schlecht, elend, speiübel, unwohl *katastrophal, gefährlich, bedenklich, sehr schlecht *unangenehm, verdrießlich, bedauerlich, fatal, arg, skandalös *stickig, stinkend, verräuchert, verqualmt, verpestet **wohl oder übel:** gezwungen(ermaßen), notgedrungen, zwangsläufig, zwangsweise, unfreiwillig, nolens volens

**Übel:** Übelstand, Mißstand, Unheil, Schaden, Plage, Unsegen, Misere, Verhängnis, Not, Leid, Verderb, Unglück, Katastrophe *Krankheit, Leiden
**übelgelaunt:** mürrisch, verdrossen, mißmutig, grimmig, mißgelaunt, unzufrieden, unlustig, schlechtgelaunt, unleidlich

**übelgesinnt:** böse, schlimm, boshaft, bösartig, bitterböse, gemeingefährlich, garstig, unausstehlich, übelwollend

**Übelkeit:** Brechreiz, Unwohlsein, Übelbefinden
**übelnehmen:** verdenken, verargen, verübeln, anlasten, nicht vergessen / verzeihen können, zürnen, ankreiden
**übelriechend:** stinkend, muffelnd, riechend
**übelschmeckend:** schlecht schmeckend, ungenießbar, nicht eßbar, ranzig, widerlich, verdorben, widrig, schimmelig *faul(ig), schal, gärig
**übelwollend:** schlimm, boshaft, bösartig, (bitter)böse, gemeingefährlich, garstig, übelgesinnt, unausstehlich
**üben:** einüben, vorbereiten, einstudieren, (durch)proben, s. einprägen / beibringen / zu eigen machen, (er)lernen, trainieren
**über:** höher als, oberhalb, darüber, droben, in der Höhe *mehr als

**überall:** vielerorts, allerorten, all(er)seits, weit und breit, ringsum, so weit das Auge reicht, da und dort

**übel:** anständig, sittsam, gesittet, korrekt, sauber (Gesellschaft) *hervorragend (Ruf) *fair, gerecht, korrekt *günstig, erfreulich, angenehm, positiv (Lage) *wohlriechend, angenehm, duftend, gutriechend (Geruch) *positiv, gut *frisch, einwandfrei, unverdorben (Ware) **wohl oder übel:** freiwillig, aus freien Stücken / eigenem Willen / Antrieb
**Übel:** Gesundheit, Wohlbefinden, Wohlsein *Nutzen

**übelgelaunt:** gutgelaunt, froh, wohlgelaunt, heiter, zufrieden, fröhlich, freudig, frohsinnig, munter, vergnügt, aufgeschlossen, (freude)strahlend, lebenslustig, zuversichtlich
**übelgesinnt:** wohlgesinnt, gutgesinnt, wohlwollend, entgegenkommend, freundlich, nett, wohlmeinend, verbindlich, liebenswürdig, großmütig
**Übelkeit:** Wohlbefinden, Wohlsein

**übelnehmen:** entschuldigen, verzeihen, vergeben

**übelriechend:** wohlriechend, duftend, angenehm, gutriechend
**übelschmeckend:** angenehm, appetitlich, köstlich, wohlschmeckend, schmackhaft, abgestimmt, delikat, lekker, aromatisch *blumig, lieblich
**übelwollend:** wohlgesinnt, wohlwollend, entgegenkommend, zugetan, geneigt, gewogen, hold, verbindlich
**üben:** unterlassen *aufführen

**über:** unter(halb), darunter, drunten, (da)zwischen, inmitten, binnen *weniger (als), binnen, knapp, (noch) kein *hindurch *entlang, (da)neben, längs *bis (zu) *um (herum) *an
**überall:** nirgendwo, an keiner Stelle, an keinem Ort / Platz, nirgends *nie *sporadisch, vereinzelt, teilweise, stellenweise

**überallher:** aus allen Richtungen / Himmelsrichtungen, aus allen Teilen des Landes / der Welt, von nah und fern, von allen Orten / Richtungen / Seiten

**überallhin:** in alle Richtungen / Himmelsrichtungen, in alle Teile der Welt, nach überallhin, nach allen Orten / Richtungen / Seiten

**Überangebot:** Überfluß, Reichtum, Üppigkeit, Überschuß, Menge, Masse, Ansammlung, Anhäufung

**überanstrengen (s.):** s. anstrengen / fordern / etwas abverlangen / bemühen / (ab)mühen / befleißigen / abschleppen / abarbeiten / (ab)plagen / (ab)placken / abrackern / (ab)quälen / aufreiben / schinden / Mühe geben, anspannen

**Überanstrengung:** Überlastung, Überarbeitung, Arbeitsüberlastung, Überbürdung

**Überbau:** Aufbau, Oberbau

**überbelegt:** überfüllt, übervoll, brechend voll, dicht belegt, zum Brechen / Bersten voll

**überbewerten:** überschätzen, überbetonen, falsch einschätzen, beschönigen, eine zu hohe Meinung haben

**überbieten:** übersteigern, höher gehen, übersteigen

**überbringen:** (über)geben, überantworten, aushändigen, zukommen lassen, ausrichten, zustellen, übermitteln

**überbrückbar:** überwindbar, besiegbar

**überbrücken:** hinüberhelfen, hinweghelfen, überwinden, hinwegkommen, ausfüllen *eine Brücke schlagen / bauen, einen Übergang schaffen

**überdauern:** überleben, überstehen, durchhalten, standhalten, bleiben, von Dauer / Bestand sein

**überdimensional:** immens, gewaltig, enorm, monumental, von riesigem Ausmaß, sehr beachtlich, voluminös

**Überdruß:** Abneigung, Widerwille, Unlust, Übersättigung, Ekel, Abscheu, Gesättigtsein

**überdrüssig:** genug haben, angewidert sein, Ekel / Abscheu empfinden

**überdurchschnittlich:** ausgezeichnet, hervorragend, exzellent, exquisit, un-

**überallher:** überallhin, in alle Himmelsrichtungen / Richtungen, in alle Teile der Welt, so weit das Auge reicht, nach überallhin, nach allen Orten / Richtungen / Seiten

**überallhin:** von überallher, von fern und nah, aus allen Teilen der Welt, aus dem hintersten Winkel

**Überangebot:** Mangel, Hungersnot, Not, Hunger, Nahrungsmangel *Nachholbedarf, Mangel

**überanstrengen (s.):** (s.) schonen, verschonen, wenig beanspruchen, Anstrengungen vermeiden, auf seine Gesundheit achten, s. pflegen

**Überanstrengung:** Schonung, Ruhe, Spargang

**Überbau:** Basis, Fundament

**überbelegt:** unterbelegt *leer(stehend), verlassen

**überbewerten:** unterbewerten *übersehen, ignorieren, nicht beachten / ansehen / zur Kenntnis nehmen

**überbieten:** unterbieten (Preis) *darunter bleiben, nicht überbieten, zurückbleiben

**überbringen:** erhalten, bekommen, empfangen, entgegennehmen *(ab-)holen

**überbrückbar:** unüberwindbar, zu groß / unterschiedlich, unüberbrückbar, verschieden(artig), konträr (Gegensatz)

**überbrücken:** verschärfen, vertiefen (Gegensätze) *klären, regeln (Probleme)

**überdauern:** untergehen *zerstört werden

**überdimensional:** winzig, klein, minimal *durchschnittlich, normal

**Überdruß:** Lust, Freude, Engagement, Reiz *Begierde, Gier, Leidenschaft, Trieb, Appetenz

**überdrüssig:** voller Lust / Freude / Engagement *begierig, leidenschaftlich, triebhaft, hungrig, gierig

**überdurchschnittlich:** unterdurchschnittlich, schlechter, mangelhaft, un-

übertroffen, himmlisch, superb, außerordentlich

**Übereifer:** Beflissenheit, Strebsamkeit, Geschäftigkeit, Aktivität, Diensteifrigkeit, Pflichteifrigkeit *Begeisterung, Überschwenglichkeit, Enthusiasmus

**übereilen:** überstürzen, vorschnell / unüberlegt / unbedacht handeln, überhasten, übers Knie brechen

**übereilt:** überstürzt, hastig, überhastet, Hals über Kopf, vorschnell, eilfertig, kopflos, unüberlegt, voreilig, in wilder Hast, großer Eile, zu schnell, unbedacht, ohne Überlegung

**übereinander:** etwas auf dem anderen, eines über dem anderen, aufeinander

**übereinstimmen:** einiggehen, korrespondieren, s. einig / einer Meinung / eines Sinnes / eins sein, die Auffassung teilen, konform gehen *harmonisieren, in Einklang stehen, zusammenfallen, zusammenpassen, s. gleichen / treffen / entsprechen

**übereinstimmend:** einstimmig, einträchtig, einmütig, konform, einig, in gegenseitigem Einvernehmen, gleichgestimmt, gemeinschaftlich, vereint, solidarisch, einhellig *kongruent, identisch, gleichbedeutend, unterschiedslos, s. deckend, völlig gleich, zusammenfallend, deckungsgleich, homogen, ein und dasselbe, konvergierend, eins, ununterscheidbar, gleichartig

**Übereinstimmung:** Einigkeit, Harmonie, Gleichtakt, Gleichklang, Brüderlichkeit, Einklang, Gleichgesinntheit, Einhelligkeit, Sympathie, Verbundenheit, Frieden, Einmütigkeit *Identität, Gleichheit, Deckung, Kongruenz, Wesenseinheit, Konformität

**Überfall:** Gewaltstreich, Handstreich, Anschlag, Raubzug, Attentat *Angriff, Attacke

**überfallen:** eindringen, einmarschieren in, einfallen *überrumpeln, herfallen über *übermannen, überwältigen, befallen, anfallen *überraschen

**überfällig:** unpünktlich, nicht zur rechten Zeit / nicht fahrplanmäßig, (zu) spät

**überflügeln:** übertreffen, überbieten, überrunden, distanzieren, übertrumpfen

genügend *durchschnittlich, mittelmäßig, normal

**Übereifer:** Ruhe, Besonnenheit, Gleichmut, Bedacht(samkeit), Umsicht(igkeit) *Faulheit, Desinteresse, Gleichgültigkeit, Interesselosigkeit, Trägheit

**übereilen:** überdenken, überlegen, bedenken, erwägen *hinausziehen, verzögern, verlängern

**übereilt:** bedacht, besonnen, geruhsam, langsam, gemächlich, gemessen, bedächtig, überlegt, umsichtig, ruhig, schleppend, gleichmütig, ruhevoll, würdevoll, sicher, still, gesetzt, beherrscht, mäßig

**übereinander:** untereinander *ineinander *beieinander, nebeneinander

**übereinstimmen:** s. unterscheiden, differieren, verschieden / ungleich sein *s. streiten, widersprechen, opponieren, aufbegehren, Widerstand leisten, trotzen, nein sagen, rebellieren, protestieren *nicht harmonieren

**übereinstimmend:** abweichend, divergierend, ungleich, unähnlich, unegal, nicht zusammenpassend *inkongruent *gegensätzlich, widerspruchsvoll, widersprüchlich, einander widersprechend, unlogisch, gegenteilig, entgegengesetzt, unvereinbar, konträr, ungleichartig, polar, kontradiktorisch

**Übereinstimmung:** Unausgeglichenheit, Zerrissenheit, Mißklang, Uneinigkeit, Disharmonie *Gegensatz, Unvereinbarkeit, Polarität, Gegenteiligkeit, Kontrast, Widerspruch, Differenz *Mißstimmung *Opposition, Gegnerschaft

**Überfall:** Defensive, Verteidigung, Abwehr, Gegenmaßnahmen, Gegenwehr, Widerstand

**überfallen:** (s.) verteidigen, schützen, abwehren, s. erwehren, Widerstand leisten *s. anmelden (Besuch)

**überfällig:** zu früh, verfrüht, vorzeitig *rechtzeitig, termingerecht, fristgemäß, pünktlich, genau

**überflügeln:** zurückbleiben, zurückliegen, zurück sein

**Überfluß:** Reichtum, Masse, Menge, Zuviel, Luxus, Überschwang, Überproduktion, Überangebot, Übermaß, Üppigkeit, Opulenz, Anhäufung
**überflüssig:** zuviel, überzählig, übrig, überschüssig *nutzlos, unnötig, wertlos, unnütz, umsonst, ungeeignet, aussichtslos, verfehlt, zwecklos, unbrauchbar, entbehrlich, erfolglos, wirkungslos, unwirksam, fruchtlos
**Überführung:** Brücke, Viadukt, Überweg, Steg
**überfüllt:** dicht besetzt, dicht gedrängt, (über)belegt, (über)besetzt, brechend voll, zu voll / viel
**Überfunktion:** Hyperfunktion, Funktionsstörung

**Übergabe:** Aushändigung, Abgabe, Abtretung, Überantwortung, Überbringung, Überreichung, Übertragung, Ablieferung, Übereignung *Preisgabe, Aussetzung, Auslieferung
**übergeben:** übermitteln, überbringen, überantworten, zukommen lassen, zustellen, bringen, aushändigen, ausrichten, weitergeben, einhändigen, weiterreichen, weiterleiten *überschreiben, vererben, zuweisen, anvertrauen, übermachen, hinterlassen *s. übergeben: s. erbrechen, brechen, speien
**übergehen:** überleiten, überspringen, überwechseln, s. anderem zuwenden *s. (ver)wandeln, wechseln, s. transformieren, umschlagen

**übergeordnet:** vorgesetzt, vorgeordnet *wichtiger, von größerer Bedeutung, primär

**Übergewicht:** Übermacht, Überlegenheit, Mehrzahl, Mehrheit, Überzahl, Vorherrschaft, Primat, Majorität, Dominanz *Körperfülle, Dicke, Korpulenz
**überglücklich:** glücklich, zufrieden, (hoch)beglückt, freudestrahlend, selig, glückstrahlend, glückselig

**überhastet:** überstürzt, übereilt, hastig, eilfertig, kopflos, vorschnell, leichtfertig, voreilig, blind, unüberlegt, ohne Überlegung, Hals über Kopf, in großer Eile / wilder Hast

**Überfluß:** Mangel, Not, Elend, Knappheit *Schlichtheit, Dürftigkeit, Primitivität *Ebbe, Mangel

**überflüssig:** zugehörig, integriert, dazugehörend, assoziiert *wichtig, notwendig, erforderlich, unentbehrlich, unumgänglich, nötig, unerläßlich *zuwenig *ausreichend, genügend, genug

**Überführung:** Tunnel, Tunell, Unterführung, Subway (Verkehrsweg)
**überfüllt:** leer, verlassen, wie ausgestorben, öde

**Überfunktion:** Unterfunktion, Hypofunktion, Insuffizienz, Funktionsstörung, Funktionsschwäche, ungenügende Organleistung
**Übergabe:** Empfang, Annahme, Abnahme, Erhalt *Kampf(handlung), Widerstand, Verteidigung, Abwehr *Gegenwehr

**übergeben:** empfangen, annehmen, abnehmen, erhalten, bekommen, übernehmen, entgegennehmen *weiterführen (Geschäft) *behalten, zurückhalten *laufen lassen (Täter) *wegnehmen *verteidigen, Widerstand leisten, weiterkämpfen, s. zur Wehr setzen, s. erwehren / stellen
**übergehen:** s. abgeben / beschäftigen / mühen / befassen *erwägen, erwähnen, beachten, bedenken, berücksichtigen, beteiligen, würdigen, gedenken, berühren *bleiben (bei)
**übergeordnet:** untergeordnet, nachgeordnet, untere, untergeben (Behörde) *gleichgeordnet *gering, klein, unwichtig (Problem)
**Übergewicht:** Untergewicht *Normalgewicht *Minderheit *Gleichgewicht

**überglücklich:** todunglücklich, traurig, deprimiert, schwermütig, trübselig, trübe, trübsinnig, unglücklich, gedrückt, elend
**überhastet:** überlegt, sorgfältig, gemessen, langsam, gefaßt, gesetzt, still, gleichmütig, sicher, ausgeglichen, überlegen, bedächtig, gewissenhaft, ruhig *kaltblütig

**überheblich:** hochmütig, stolz, herablassend, aufgeblasen, selbstüberzeugt, hochfahrend, anmaßend, wichtigtuerisch, selbstüberzogen, arrogant, eingebildet, selbstgefällig, selbstsicher, gnädig, dünkelhaft, selbstbewußt

**überhöht:** zu hoch (Geschwindigkeit), zu stark erhöht, zu teuer, überteuert, sündhaft teuer, unbezahlbar (Preis)

**überholen:** überrunden, einholen, hinter s. lassen, an jmdm. vorbeifahren / vorbeilaufen *ausbessern, renovieren, erneuern, restaurieren, instand setzen

**überhören:** verpassen, verfehlen, entgehen, nicht bemerken / verstehen / hören *ignorieren, unbeachtet lassen, mißachten, vernachlässigen

**überirdisch:** himmlisch, jenseitig, engelgleich, engelhaft, übernatürlich

**überladen:** überhäufen, überfüllen, überlasten *pompös, zuviel, erdrükkend, kitschig, schwülstig, bombastisch, (über)voll, barock, aufgebläht, verschnörkelt

**überlassen:** freistellen, anheimstellen, einräumen, anheimgeben *übergeben, übermitteln, überbringen, überantworten, zukommen lassen, zustellen, bringen, aushändigen, ausrichten, weitergeben, einhändigen, weiterreichen, weiterleiten *überschreiben, vererben, zuweisen, anvertrauen, übermachen, hinterlassen *verkaufen, veräußern

**überlastet:** erschöpft, gerädert, durchgedreht, ausgelaugt, entnervt, schlaff, schlapp, müde, atemlos, mitgenommen, kaputt, schwach, kraftlos, entkräftet, abgehetzt, am Ende, aufgerieben, erholungsbedürftig, halbtot, abgeschlafft, schachmatt, groggy, angegriffen, abgespannt, angeschlagen, erschlagen, zerschlagen, k.o., matt, ermattet, überanstrengt, abgewirtschaftet, geschafft, erledigt, urlaubsreif, verbraucht, überfordert, abgekämpft *zu ausgelastet, zu voll

**überlaufen:** desertieren, überwechseln, flüchten *überfließen, übergehen, überfluten, überschäumen, überschwappen, übersprudeln, überborden *voll, ausgebucht, begehrt, belegt, vielbesucht

**überleben:** bleiben, überstehen, durchhalten, s. (er)halten, standhalten, von

**überheblich:** bescheiden, anspruchslos, zurückgezogen, zurückhaltend, schlicht, genügsam, bedürfnislos, zufrieden, (wunschlos) glücklich *einfach, schlicht, eingeschränkt

**überhöht:** langsam, mäßig, gering *unterdurchschnittlich *billig

**überholen:** hinterherfahren, zurückbleiben, zurückliegen *auffahren *verkommen lassen

**überhören:** zur Kenntnis nehmen, (an-)hören, vernehmen, hinhören, lauschen, mithören, mitkriegen, verstehen, zuhören, wahrnehmen, aufschnappen

**überirdisch:** unterirdisch, teuflisch, diabolisch *irdisch

**überladen:** einfach, schlicht, karg, nüchtern (Ausstattung) *schwachbeladen, unterbeladen *leer (Fahrzeug)

**überlassen:** behalten, nicht hergeben / aus der Hand geben, zurückbehalten, einbehalten, festhalten *(selbst) beaufsichtigen (Kinder) *abnehmen (Ware, Entscheidung) *entziehen, zurückfordern, wegnehmen *(selbst) in die Hand nehmen

**überlastet:** unterfordert *ausgelastet, beansprucht, ausgefüllt *frisch, kräftig, erholt, munter, ausgeruht *unbelastet, unausgelastet

**überlaufen:** fassen (Eimer, Topf) *beharren, bestehen, treu bleiben *(menschen)leer, ruhig, still (Ort, Praxis)

**überleben:** sterben, dahingerafft werden, erlöschen, heimgehen, (hin)schei-

Dauer / Bestand sein / bleiben *ertragen, verkraften, hinnehmen

**überlegen:** tonangebend, bestimmend, leistungsfähiger, besser, souverän, erhaben, überragend, führend, beherrschend, übermächtig *nachdenken, überdenken *schlagen, verprügeln

**Überlegenheit:** Übermacht, Übergewicht, Mehrzahl, Primat, Mehrheit, Überzahl, Vorherrschaft, Majorität, Dominanz

**überlegt:** ruhig, ausgeglichen, beherrscht, gefaßt, geruhsam, gleichmütig, sicher, würdevoll, harmonisch, abgeklärt, bedacht(sam), besonnen, still, kaltblütig, gezügelt, gemessen, ruhevoll, überlegen, gemächlich

**Übermacht:** Überlegenheit, Übergewicht, Mehrzahl, Primat, Mehrheit, Überzahl, Vorherrschaft, Majorität, Dominanz

**übermächtig:** mächtig, tonangebend, achtunggebietend, machtvoll, einflußreich, maßgebend

**übermenschlich:** ungeheuer, titanisch, gewaltig, titanenhaft, prometheisch, gigantisch, übernatürlich

**übermitteln:** sprechen, s. unterhalten, mitteilen, aufklären, ausrichten, äußern, bekanntgeben, informieren, sagen, kundtun, unterrichten, vortragen, vorbringen, weitertragen, weitererzählen, zutragen *schicken, überbringen

**übermüdet:** müde, schläfrig, schlafbedürftig, schlaftrunken, verschlafen, todmüde, ermüdet

**übermütig:** heiter, vergnügt, lustig, aufgelegt, fröhlich, ausgelassen, gutgelaunt, übersprudelnd, wohlgemut, aufgeheitert, aufgeweckt, lebensfroh, schelmisch, freudig, fidel, aufgekratzt, vergnüglich, frohsinnig, frohgestimmt, aufgeschlossen, strahlend, lebenslustig, froh, freudestrahlend, frohgemut, sonnig, überschäumend, munter, heiteren Sinnes, feuchtfröhlich, frisch

**übernatürlich:** übermenschlich, ungeheuer, titanisch, gewaltig, titanenhaft, prometheisch, gigantisch *überirdisch, himmlisch, jenseitig, engelgleich, engelhaft *immens, gewaltig (Kraft)

**übernehmen:** abnehmen, erhalten, empfangen, entgegennehmen, s. geben / schenken lassen, bekommen, in Empfang / Besitz nehmen *plagiieren, ent-

den, umkommen, verunglücken, erliegen *aufbegehren, s. widersetzen

**überlegen:** fortlassen, nicht brauchen (Decke) *loben *mahnen, drohen (Strafe) *(da)runterlegen *(her)ausfinden *unterlegen, schwach, nicht ebenbürtig *gleich

**Überlegenheit:**  Unterlegenheit, Schwäche *Gleichheit

**überlegt:** unüberlegt, hastig, gedankenlos, unbesonnen, kurzsichtig, voreilig, unbedacht, spontan, intuitiv *instinktiv

**Übermacht:** Schwäche *Minderheit, geringere Menge / Anzahl

**übermächtig:** schwach *unterlegen, unbegabter, ungeschickter

**übermenschlich:** menschlich, normal, durchschnittlich (Kräfte) *schwach

**übermitteln:** vorenthalten, verschweigen *nicht geben / gewähren / zuteil werden lassen *empfangen, erhalten, entgegennehmen, bekommen

**übermüdet:** konzentriert, (hell)wach, ausgeschlafen, munter

**übermütig:** folgsam, fügsam, leise, gehorsam, brav, artig, manierlich, still *gehemmt, bedrückt, bekümmert, verzagt, resigniert *ruhig, gleichmütig, gezügelt, gefaßt, besonnen, gemessen, geruhsam, bedacht(sam), ausgeglichen, abgeklärt

**übernatürlich:** natürlich, erklärbar (Erscheinungen) *weltlich *klein, wenig, schwach, minimal (Kraft)

**übernehmen:** abgeben, überlassen, aushändigen, abtreten *ablehnen, verweigern, niederlegen, aufgeben (Amt, Auftrag) *abschieben (Verantwor-

lehnen, kopieren, nachmachen, nachahmen *s. **übernehmen:** s. überfordern / überanstrengen / abarbeiten / schinden / verausgaben *s. (zu hoch) verschulden
**überplanmäßig:** zusätzlich, außerplanmäßig, nicht eingeplant / verplant
**überqueren:** passieren, überschreiten, hinüberwechseln, durchqueren, vorübergehen, vorüberziehen, durchgehen
**überregional:** landeseinheitlich, staatlich, auf Landesebene / Staatsebene
**überreichen:** geben, (be)schenken, verehren, zueignen, mitgeben, stiften, mitbringen, bedenken / beglücken mit, angedeihen lassen, spendieren, weggeben, zuteilen, vermachen, (aus)teilen *abliefern, verabfolgen, abtreten, verabreichen, (dar)reichen, darbieten, aushändigen, präsentieren, übergeben, versorgen / ausstatten / versehen mit, überantworten, übertragen, übereignen, überstellen, überlassen, in die Hand drücken
**Überreife:**
**überreizt:** fahrig, nervös, hastig, rastlos, fieberhaft, unstet, nervenschwach, hektisch, aufgeregt


**überschätzen:** überbewerten, überbetonen, falsch einschätzen, beschönigen, eine zu hohe Meinung haben
**überschaubar:** berechenbar, erkennbar, ersichtlich, übersehbar, erfaßbar, verstehbar, kalkulierbar, klar, übersichtlich, zugänglich
**Überschlag:** Voranschlag, Schätzung, Überlegung, Kostenaufstellung, Kalkulation, Berechnung *Purzelbaum, Salto, Rolle, Flickflack
**überschlagen:** veranschlagen, beziffern, (ab)schätzen, ansetzen, taxieren, (hoch)rechnen, erwägen, einschätzen *lau(warm) *schrill / hoch klingen
**überschreiten:** überqueren, passieren, hinüberwechseln, durchqueren, vorübergehen, vorüberziehen, durchgehen *nicht beachten / einhalten, übertreten, verstoßen gegen, entgegenhalten, zuwiderhandeln, mißachten, s. hinwegsetzen, abweichen
**Überschrift:** Aufschrift, Kopf, Titel (-zeile), Balkenüberschrift, Hauptüberschrift, Headline, Schlagzeile

tung) *verkaufen (Ware) *tolerieren *abschieben, delegieren, verteilen (Aufgaben) *s. **übernehmen:** s. beschränken / einschränken / begnügen
**überplanmäßig:** planmäßig, plangemäß, geplant
**überqueren:** entlanggehen *warten, stehen bleiben, halten, zögern, zaudern

**überregional:** regional, eingegrenzt, begrenzt *lokal
**überreichen:** erhalten, bekommen, entgegennehmen, empfangen, annehmen, in Empfang nehmen (Auszeichnung)


**Überreife:** Reife *Unreife
**überreizt:** gelassen, abgeklärt, seelenruhig, gefaßt, gesetzt, gleichmütig, ruhig, besonnen, beherrscht, still, sicher, überlegen, harmonisch, ausgeglichen, gemessen
**überschätzen:** unterschätzen, unterbewerten, zu gering einschätzen, s. (über etwas) täuschen *richtig einschätzen
**überschaubar:** unübersichtlich, unübersehbar *durcheinander, wirr, chaotisch, verworren, kraus *verwickelt, schwierig, kompliziert
**Überschlag:** Endpreis, Verkaufspreis


**überschlagen:** (genau / exakt) ausrechnen *einnehmen (Mahlzeit) *durchlesen, durchstudieren (Kapitel) *heiß (Wasser) *kalt (Wasser, Getränk)
**überschreiten:** warten, stehen bleiben, halten *hinführen (Höhepunkt) *innehalten, einhalten (Zeit) *ausschöpfen (Befugnisse) *beachten, befolgen, einhalten (Vorschriften)

**Überschrift:** Text, Geschriebenes, Ausführung, Bericht, Abhandlung, Anweisung, Aufsatz, Erzählung

**Überschuß:** Überfluß, Reichtum, Masse, Menge, Zuviel, Luxus, Überschwang, Überproduktion, Überangebot, Übermaß, Üppigkeit, Opulenz, Anhäufung

**Überschuß:** Verlust *Mangel

**überschüssig:** zuviel, überzählig, übrig, überflüssig, restlich, unerwünscht

**überschüssig:** fehlend, mangelnd *durchschnittlich, normal

**überschwenglich:** übersteigert, exzentrisch, übertrieben, extravagant, überspannt, verstiegen, maßlos, ausgelassen, exaltiert, überschäumend, phantastisch, übermäßig

**überschwenglich:** gelassen, nüchtern, sachlich, bedacht, bedächtig, abwartend, kühl, zurückhaltend, taktvoll, bescheiden

**übersehen:** nicht bemerken, ignorieren, überlesen *überblicken, überschauen, klarsehen, erkennen, erfassen, zurechtkommen, s. zurechtfinden

**übersehen:** beachten, bemerken, sehen *bedenken

**Übersetzung:** übersetzte Rede, übersetzter Text

**Übersetzung:** Original(text)

**Übersicht:** Überblick, Zusammenfassung, Auszug, Resümee, Zusammenschau, Abriß, Querschnitt, Kurzfassung

**Übersicht:** Detail, Einzelheit *Unklarheit

**übersichtlich:** überschaubar, berechenbar, erkennbar, ersichtlich, übersehbar, erfaßbar, verstehbar, kalkulierbar, klar, einfach, zugänglich

**übersichtlich:** unübersichtlich, unüberschaubar, unübersehbar *kompliziert, schwierig, verwickelt *verworren, chaotisch, wirr, kraus

**Überspannung:** Hypertonie *Erregung, Nervosität, Rastlosigkeit, Fahrigkeit, Hochspannung, Hektik

**Überspannung:** Unterspannung (Strom) *Hypotonie, Unterspannung (Muskel) *Ruhe, Besonnenheit, Bedachtheit

**überstehen:** überwinden, hinwegkommen, ertragen, durchstehen, aushalten, fertig werden mit, durchstehen, überleben, verkraften

**überstehen:** sterben, erliegen, ableben, dahinscheiden, einschlummern, entschlafen, hinscheiden, verscheiden

**übersteigen:** übertreffen, verdrängen, abhängen, schlagen, überflügeln, überragen, distanzieren, übertrumpfen, hinter s. lassen, überholen, besiegen, bezwingen

**übersteigen:** darunterbleiben, nicht erreichen (Einnahmen, Erwartungen)

**übersteigern (s.):** übertreiben, aufbauschen, dramatisieren, überspitzen, s. hineinsteigern, überziehen, hochspielen, überspannen, ausweiten

**übersteigern (s.):** s. mäßigen / zurückhalten *untertreiben *ignorieren, nicht beachten, übersehen, überhören

**überstreifen:** überhängen, umhängen, überlegen, überwerfen

**überstreifen:** abstreifen, ausziehen *abstreifen, abziehen, abnehmen

**Überstunden:** Mehrarbeit, Überstundenarbeit

**Überstunden:** Arbeitszeit, Dienstzeit, Bürozeit *Freizeit

**überstürzen:** überhasten, übereilen, vorschnell / unbedacht / unüberlegt handeln, übers Knie brechen

**überstürzen:** mäßigen, (ab)warten *planen, vorbereiten

**übertragen:** übersetzen, dolmetschen *bildlich, symbolisch, gleichnishaft, als Gleichnis *anvertrauen, beauftragen *weitergeben, anstecken (Krankheit) *(aus)senden

**übertragen:** eigentlich, wortwörtlich, ursprünglich *den Auftrag / Befehl ausführen / durchführen *s. nicht anstecken *belassen *aufnehmen (Sendung)

**übertreffen:** verdrängen, abhängen, schlagen, überflügeln, überragen, distanzieren, überholen, übertrumpfen, hinter s. lassen, besiegen, bezwingen

**übertreiben:** übersteigern, aufbauschen, dramatisieren, überspitzen, s. hineinsteigern, überziehen, hochspielen, überspannen, ausweiten

**Übertreibung:** Prahlerei, Angeberei, Großmannssucht, Imponiergehabe, Aufschneiderei

**übertreten:** nicht beachten / einhalten *verstoßen gegen, entgegenhalten, zuwiderhandeln, mißachten, s. hinwegsetzen, abweichen

**übertroffen:** besiegt, geschlagen, überflügelt, ausgestochen, übertrumpft, überrundet

**übervölkert:** volkreich, dicht bewohnt, dichtbesiedelt, überbevölkert, dichtbevölkert

**übervorteilen:** betrügen, prellen, hintergehen, beschummeln, täuschen, überlisten, bluffen, ausbeuten

**überwältigt:** bewegt, beeindruckt, beeinflußt, erschüttert, bestürzt *besiegt

**überweisen:** auf jmds. Konto einzahlen *(hin)schicken, weiterreichen, einliefern (Patient)

**überwerfen (s.):** überhängen, umhängen, umlegen, überstreifen *s. entfremden / spalten / zerstreiten / verzanken / trennen / entfremden, auseinandergeraten, uneins werden

**überwiegend:** hauptsächlich, vorherrschend, vornehmlich, die Mehrheit / Mehrzahl, in erster Linie, vor allem, in der Hauptsache, insbesondere, besonders

**überwindbar:** überwindlich, bezwingbar

**Überzahl:** Mehrheit, Mehrzahl, mehr als die Hälfte, Masse, Großteil, Majorität, Vielzahl, Gros

**überzeugend:** einleuchtend, verständlich, offenkundig, einsichtig, glaubhaft, glaubwürdig, unzweideutig, klar, besonnen, vernünftig, plausibel, augenfällig

**überzeugt:** absolut, ausgesprochen,

**übertreffen:** zurückbleiben, nachstehen, zuschauen, nicht erreichen *gleichkommen, mithalten

**übertreiben:** untertreiben *abschwächen, (ab)dämmen, dämpfen, (ab)mildern, herunterspielen, bagatellisieren, verharmlosen, eindämmen *s. begnügen / bescheiden (mit)

**Übertreibung:** Untertreibung, Understatement, Bescheidenheit *Abschwächung, Dämpfung, Eindämmung, Zurückhaltung

**übertreten:** nicht übertreten (Sport) *bleiben, dabei bleiben, treu bleiben (Religion) *beharren, bestehen (auf), bleiben (bei), dabei / treu bleiben (Meinung) *zurückweichen, zurückgehen, sinken (Flut) *beachten, einhalten, befolgen (Vorschrift, Gesetz)

**übertroffen:** unübertroffen, unschlagbar, unübertrefflich, unbesiegbar, unbezwingbar

**übervölkert:** dünnbesiedelt, dünnbevölkert, schwachbesiedelt *öde, einsam, unbewohnt

**übervorteilen:** gerecht (be)handeln *vorziehen, bevorzugen, begünstigen

**überwältigt:** nicht betroffen / beeindruckt, gelangweilt *unbesiegt

**überweisen:** abheben, abbuchen, abrufen (Geld) *behandeln (Patient)

**überwerfen (s.):** ausziehen, abwerfen, ablegen (Kleidung) *s. vertragen / versöhnen, Frieden halten / schließen, zusammenhalten, übereinkommen, einen Kompromiß schließen

**überwiegend:** zum kleineren / geringeren Teil

**überwindbar:** unüberwindbar, unbezwingbar

**Überzahl:** Minderheit, Minorität, der geringere Teil, weniger als die Hälfte, Minderzahl

**überzeugend:** schwach, durchschaubar, nicht glaubwürdig, einfach, durchsichtig, fadenscheinig, matt, verdächtig (Ausreden) *nicht überzeugend (Beweis)

**überzeugt:** passiv, nach dem Tauf-

eingefleischt, bewußt, gewohnheitsmäßig, ausgemacht, unverbesserlich, uneingeschränkt *aktiv, tätig
**Überzeugung:** Ansicht, Meinung, Behauptung, Auffassung, Denkweise,
Urteil, Gesichtspunkt, Vorstellung,
Standpunkt *Dogma, Glaube, Sicherheit, Gewißheit
**überziehen:** übertreiben, übersteigern,
aufbauschen, dramatisieren, überspitzen, s. hineinsteigern, hochspielen,
überspannen, ausweiten
**üblich:** normal, regelrecht, landläufig,
vorschriftsmäßig, herkömmlich, gewohnt, der Regel / Norm / Gewohnheit
entsprechend, gebräuchlich, obligat,
alltäglich, gängig, verbreitet, gang und
gäbe

**übrig:** restlich, verbleibend, überflüssig, zuviel, unverwendet, noch vorhanden, zurückbleibend, übriggeblieben,
überzählig ***übrig haben für:** jmdn.
sympathisch finden, lieben, mögen
**übriglassen:** nicht aufessen, übrigbe-
halten, sicherstellen, beiseite bringen,
aufheben, als / einen Rest lassen

**Übung:** Probe, Schliff, Wiederholung,
Training, Schulung *Praxis, Routine,
Gewandtheit, Fertigkeit, Erfahrung
**um:** zirka, annähernd, ungefähr, etwa,
circa

**umbinden:** anziehen, umschlingen, anlegen, umwickeln
**umdrängen:** s. drängen, umschwärmen

**umfahren:** überfahren, überrollen, zusammenfahren *außenherum fahren

**umfallen:** umsinken, niedergehen, umschlagen, zu Boden gehen / stürzen
*umschwenken, ändern, nachgeben
**umfangreich:** umfänglich, erschöpfend, ausführlich, intensiv, ausgedehnt, weitläufig, gründlich, gewissenhaft *dick(lich), (wohl)beleibt, stämmig, stark, vollschlank, korpulent, füllig, breit, stramm, wohlgenährt, gemästet, unförmig, mollig, rund(lich), üppig, kugelrund, fett(leibig), pummelig,
dickleibig, pausbäckig, aufgedunsen,
dickwanstig, feist, fleischig, gewaltig

schein, unüberzeugt (Christ) *unsicher, zweifelnd, fragend, unüberzeugt

**Überzeugung:** Zweifel, Argwohn, Verdacht, Bedenken, Skepsis, Vermutung, Mißtrauen

**überziehen:** ausziehen (Kleidungsstück) *schelten, tadeln *abziehen (Bezug) *ausgleichen (Bankkonto)

**üblich:** unüblich, ungewöhnlich, ungebräuchlich, unkonventionell, originell,
eigenständig, neu *ausgefallen, außergewöhnlich, sensationell, ungeläufig,
ohnegleichen, sagenhaft, ungemein,
unerwartet, ungewöhnlich *rar, selten,
gelegentlich, manchmal *unüblich,
überhöht, zu teuer (Preis)
**übrig:** (auf)gegessen, aufgezehrt *verbraucht, verwendet, benutzt *notwendig, benötigt, gebraucht *verbaut *übrig haben für: (jmdn.) unsympathisch
finden
**übriglassen:** verbrauchen, benutzen,
verwenden, aufbrauchen *(ver)konsu-
mieren, aufzehren, aufbrauchen, aufessen, austrinken
**Übung:** Ernstfall, Wirklichkeit *Vorführung, Darbietung, Aufführung,
Ausführung
**um:** in *hinein *durch *über (Ort) *etwa, gegen, exakt (Zeit) *exakt, genau,
festgelegt (Menge)
**umbinden:** abbinden, ablegen, abnehmen *abwickeln, entrollen
**umdrängen:** alleine lassen, gehenlassen, in Ruhe lassen, nicht belästigen
**umfahren:** hineinfahren (Ort) *durchfahren *ändern (Richtung) *stehen lassen (Verkehrsschild)
**umfallen:** stehen bleiben, fest stehen
*aushalten *beharren, treu / fest blei-
ben, bestehen (Meinung)
**umfangreich:** gering, wenig, klein
*zierlich, zart, dünn, schlank, schmal
*oberflächlich, nachlässig, ungenau,
flüchtig, unsorgfältig, leichthin, sorglos, so nebenher, beiläufig, übereilt,
schludrig, schlampig

**umfassen:** enthalten, beinhalten, einschließen, bergen, umgreifen, umschließen, einbegreifen, innewohnen, s. zusammensetzen, umspannen, darin sein *umarmen, umschlingen, umklammern, liebkosen

**umfassend:** umfangreich, weitläufig, gewissenhaft, ausführlich, intensiv, umfänglich, erschöpfend, gründlich *groß, ungewöhnlich

**umformen:** ändern, umschreiben, umgestalten, abändern *erneuern, verbessern, korrigieren, transformieren, neu gestalten, reformieren, modifizieren, umwandeln, umstoßen

**umgänglich:** lebensfroh, übermütig, vergnügt, aufgelegt, froh(gemut), fröhlich, vergnügungssüchtig, entgegenkommend, heiter, quietschvergnügt, amüsant, freudig, unbesorgt, vergnüglich, stillvergnügt, fidel, frohsinnig, schwungvoll, lustig, humorvoll, munter, leichtlebig, glücklich, lebenslustig, lose, unkompliziert *gehorsam, folgsam, brav, gefügsam, artig, ergeben, anständig, lieb, gefügig, gutwillig, zahm, willfährig, wohlerzogen, lenkbar, willig, manierlich *gefällig, eilfertig, hilfsbereit, hilfreich, dienstwillig, dienstbeflissen, dienstfertig *liebenswürdig, verlockend, berauschend, anziehend, sinnbetörend, bezaubernd, hinreißend, berückend, reizend, herzbetörend *rücksichtsvoll, zuvorkommend, taktvoll, ehrfurchtsvoll, einfühlend, ehrerbietig, bescheiden, gefällig, liebenswürdig, aufmerksam, verbindlich, zartfühlend

**Umgangssprache:** Gebrauchssprache, Alltagssprache, Gemeinsprache

**umgehen:** die Runde machen, s. herumsprechen, zirkulieren, in Umlauf sein, kursieren, kreisen *außen herumfahren / gehen / führen, umfahren *spu-

**umfassen:** loslassen, freigeben *s. beschränken, ausschließen *s. (los)lösen

**umfassend:** ausschließlich *einseitig, oberflächlich, einfach, gering, begrenzt (Wissen) *bruchstückhaft (Geständnis)

**umformen:** bestehen lassen, beibehalten, (be)lassen

**umgänglich:** bärbeißig, aufmüpfig, dickköpfig, störrisch, trotzig, rechthaberisch, unversöhnlich, widerspenstig, ungehobelt, ungeschliffen, rüde, brüsk, abweisend, barsch *unerbittlich, hart, kompromißlos, fest, unnachsichtig, unnachgiebig, streng *mißlaunig, mißmutig, unwirsch, wütend, zornig, brummig, böse, aufgebracht, ärgerlich, erbittert, grantig, mißgelaunt *ledern, steif, spröde *gehässig, feindselig, überworfen, unfreundlich, verfehdet, verstimmt, verfeindet, zerstritten, entzweit, feindlich, gereizt, haßerfüllt *gleichgültig, wurstig, unberührt, desinteressiert, stumpf, teilnahmslos *zurückhaltend, scheu, schüchtern, ängstlich *stach(e)lig, spitz *kratzbüstig, schwierig, kompliziert, halsstarrig, bockbeinig, dickschädelig, eigensinnig, unbequem, unbotmäßig, unfolgsam, unnachgiebig, unversöhnlich, widersetzlich, zugeknöpft, verbohrt, unbelehrbar, hartgesotten *katzenfreundlich, unredlich, scheinheilig, unaufrichtig, unehrlich, unlauter, unwahrhaftig, falsch, lügenhaft, lügnerisch, unreell *verschlossen, frostig, kühl, unnahbar, introvertiert, undurchschaubar, undurchdringlich, kontaktschwach

**Umgangssprache:** Hochsprache, öffentliche Sprache, Schriftsprache, Literatursprache, Schriftdeutsch, Bühnensprache, Hochdeutsch *Mundart, Dialekt

**umgehen:** ausbleiben *durchführen, einhalten (Thema) *beachten, einhalten, befolgen, s. halten (an) (Bestimmungen) *betreten, durchqueren,

ken *meiden, ausweichen, s. fernhalten

**umgehend:** sofort, jetzt, gleich, augenblicklich, just(ament), soeben, auf der Stelle

**umgekehrt:** spiegelbildlich, verkehrtherum, umgedreht, (seiten)verkehrt *anders, im Gegenteil *gegensätzlich

**umhauen:** umschlagen, absägen, fällen, zu Boden schlagen, abholzen, abhauen *schwächen *überraschen, verblüffen, frappieren, verwirren, verwundern

**umhergehen:** (herum)laufen

**Umhüllung:** Verpackung, Hülle, Schutzkarton, Schuber

**Umkehr:** Zurückweichen, Räumung, Abzug, Rückzug, Aufgabe *Läuterung, Bekehrung, Neubeginn, Wandlung, Besserung

**umkehrbar:** reversibel

**umkehren:** umdrehen, umschlagen, umstülpen, umkrempeln, umwenden, umklappen *kehrtmachen, wenden, zurückgehen, umbiegen, zurückgehen

**umkippen:** kippen, umschlagen, kentern, untergehen, sinken, Übergewicht bekommen *ohnmächtig werden, umfallen, niedergehen, umsinken

**umklammern:** s. anhalten / anklammern, festhalten, umfassen, s. klammern an

**umkommen:** sterben, dahinscheiden, abgerufen werden, heimgehen, verscheiden *faulen, verderben, vermodern, s. zersetzen, schimmeln, verwesen, verrotten

**umlegen:** überhängen, überstreifen, überwerfen *an einen anderen Platz stellen / Ort bringen *töten, ermorden, totmachen *verlegen, verlagern *aufteilen, verteilen

**Umschwung:** Revolution, Umsturz, Umbruch, Umwälzung *Fortschritt, Innovation, Wandlung, Neuorientierung, Reform, Neubelebung, Wandel, Veränderung, Neuregelung, Wende

**Umsicht:** Ruhe, Gleichmut, Selbstbeherrschung, Besonnenheit, Gefaßtheit, Gelassenheit, innere Haltung, Abgeklärtheit, Bedacht(samkeit), Gleichgewicht, Kontenance

durchfahren *entgegentreten (Schwierigkeiten)

**umgehend:** nicht sofort, später, einmal, einst, in Zukunft, (zu)künftig, irgendwann

**umgekehrt:** genauso, geradeso, so *auf die richtige / rechte Art und Weise

**umhauen:** (be)lassen, wachsen lassen (Baum) *aushalten, ertragen (Hitze)

**umhergehen:** stehen (bleiben) *s. setzen *s. beruhigen

**Umhüllung:** Inhalt, Ware

**Umkehr:** Angriff, Attacke *Vormarsch *Durchquerung *Beibehaltung *Stillstand

**umkehrbar:** irreversibel, nicht rückgängig

**umkehren:** angreifen, attackieren *durchqueren, durchmarschieren *weiterlaufen, weitergehen, weiterfahren, weiterfliegen *zurückwenden (Kleidung)

**umkippen:** fest stehen *aufrichten, aufstellen *stehen lassen *s. halten *standhalten, beharren, fest / treu bleiben (Ansichten)

**umklammern:** s. (los)lösen *loslassen, freigeben

**umkommen:** überleben, weiterleben, s. retten *verwertet / verbraucht / (ver-)konsumiert werden

**umlegen:** stehen lassen *anstellen, aufstellen, anlegen (Leiter) *abnehmen, ablegen *aufstellen, aufrichten *liegenlassen, (be)lassen (Patient) *leben lassen (Mordversuch) *alleine bezahlen

**Umschwung:** Stillstand *Stagnation *Hoch *Tief

**Umsicht:** Leichtsinn, Übermut, Unbekümmertheit, Achtlosigkeit, Nachlässigkeit, Ausgelassenheit, Mutwille, Kurzsichtigkeit

**umsichtig:** ruhig, ausgeglichen, beherrscht, gefaßt, geruhsam, gleichmütig, sicher, würdevoll, harmonisch, abgeklärt, bedacht(sam), besonnen, still, kaltblütig, gezügelt, gemessen, ruhevoll, überlegen, gemächlich

**umsiedeln:** evakuieren, verlagern, verpflanzen, aussiedeln, umlegen *umziehen, wegziehen, fortziehen, ausziehen, übersiedeln, s. verändern

**umsonst:** kostenlos, gratis, kostenfrei, geschenkt, unentgeltlich, gebührenfrei *nutzlos, sinnlos, überflüssig, vergebens, unnütz

**umständlich:** langatmig, weitschweifend, zeitraubend, weitläufig, zu ausführlich *ungeschickt, unbeholfen, ungelenk, unbeweglich, tolpatschig, tölpelhaft, linkisch

**umsteigen:** seine Fahrt fortsetzen mit, ein anderes Verkehrsmittel nehmen, den Bus / Zug / die Straßenbahn / U-Bahn / Untergrundbahn nehmen *umsatteln, den Beruf wechseln, s. verändern, aussteigen

**umstellen:** verrücken, an einen anderen Platz / Ort stellen *umgeben, einfassen, umgrenzen

**umstoßen:** umwerfen, umkippen, umschütten, niederwerfen, zu Fall bringen, umstürzen *zum Einsturz bringen

**umstritten:** bestreitbar, strittig, zweifelhaft, fraglich, fragwürdig, ungewiß, undurchschaubar *neu, nicht abgesichert / erprobt / erwiesen / bewiesen

**umstürzen:** umfallen, umschlagen, umsinken, umkippen *(um)ändern, umwälzen, umwerfen, umorganisieren

**umtauschen:** (aus)tauschen, Tauschgeschäfte / einen Handel / Tausch machen

**umwandeln:** (um)ändern, ummodeln, umorganisieren, umsetzen, verändern, verwandeln, umstoßen, umfunktionieren

**Umwandlung:** Wandel, Veränderung, Wechsel, Wende, Umänderung

**Umweg:** Abstecher, Abschweifung *einen Umweg machen: außenherum gehen / fahren

**umwerfen:** umstoßen, umkippen, umschütten, niederstoßen, zu Fall bringen, umreißen, umstürzen *modifizieren, (ver)ändern, wandeln, eine neue Situation schaffen, über den Haufen

**umsichtig:** leichtsinnig, unbedacht, unbesorgt, achtlos, unüberlegt, nachlässig, ausgelassen, beschränkt, verblendet, eng(stirnig), kurzsichtig, übermütig

**umsiedeln:** hinziehen, s. ansiedeln *bleiben

**umsonst:** erfolgreich *gegen Entgelt / Bezahlung / Barzahlung *kostenpflichtig *bezahlt

**umständlich:** unkompliziert, einfach, normal, selbstverständlich *gewandt, geschickt, anstellig, rasch, wendig, behende *kurz, einfach, schlicht

**umsteigen:** sitzen bleiben *weiterfahren, durchreisen, durchfahren *im gleichen Beruf bleiben / arbeiten, s. nicht verändern

**umstellen:** (be)lassen, stehen lassen, liegen lassen

**umstoßen:** stehen lassen, belassen *bekräftigen, erhärten, verstärken *beibehalten, bestehen lassen *aufstellen, aufrichten *errichten, bauen (Mauer)

**umstritten:** nachgewiesen, unumstritten *echt, original *bewährt, erprobt, alt *nützlich, hilfreich, gut

**umstürzen:** (s.) halten *aufheben, aufrichten, aufstellen *(be)stehen lassen, (be)lassen

**umtauschen:** behalten *verbrauchen

**umwandeln:** aufrechterhalten, beibehalten, bestehen lassen, belassen *bestätigen (Urteil)

**Umwandlung:** Aufrechterhaltung, Bestand, Beibehaltung *Bestätigung

**Umweg:** kürzeste / direkter / gerader Weg *Abkürzung *einen Umweg machen: abkürzen, abschneiden

**umwerfen:** aufrichten, errichten, aufstellen, aufheben *unterstützen, helfen *kaltbleiben *stehen lassen *belassen, nicht verändern / umändern

werfen, umstellen *überraschen *erschüttern

**umzäunen:** einzäunen, umgeben, eingrenzen, begrenzen

**umziehen:** seine Wohnung aufgeben, wegziehen, seinen Haushalt / Wohnsitz auflösen / verlegen, verziehen, übersiedeln, fortziehen, umsiedeln, s. verändern, ausziehen, einen Wohnungswechsel vornehmen, an einen anderen Ort ziehen *s. umziehen: andere Kleider / Kleidung anziehen, die Kleider / Kleidung wechseln, s. umkleiden

**unabänderlich:** ein für allemal, entschieden, fest(stehend), endgültig, bindend, definitiv, unwiderruflich, obligatorisch, beschlossen, abgemacht, umstößlich, besiegelt, unwiederbringlich, für immer, irreversibel

**unabdingbar:** unentbehrlich, unverzichtbar, unerläßlich, unvermeidlich, zwingend

**unabgeschlossen:** offen(stehend) *unvollständig, unbeendet, unfertig, unvollkommen, halbfertig, fragmentarisch

**unabgezählt:** nicht abgezählt

**unabhängig:** frei, independent, eigenständig, eigenverantwortlich, autonom, autark, ungebunden, auf s. gestellt, sein eigener Herr sein

**Unabhängigkeit:** Selbstbestimmung, Eigenständigkeit, Freiheit, Selbstverwaltung, Mündigkeit, Autonomie *Spielraum, Ellbogenfreiheit, Bewegungsfreiheit, Selbständigkeit, Freiraum, Freiheit

**unabkömmlich:** unersetzbar, unentbehrlich, unerläßlich, vonnöten, entscheidend, wichtig, erforderlich, wesentlich

**unablässig:** (fort)dauernd, ununterbrochen, unausgesetzt, anhaltend

**unabsehbar:** unkalkulierbar, unvorhersehbar, unmeßbar, unberechenbar *endlos, ewig

**unabsichtlich:** nicht vorsätzlich / extra / willentlich / absichtlich, unbewußt, ungeplant, ungewollt, aus Versehen, irrtümlich, versehentlich, ohne es zu wollen, ohne Absicht

**Unabsichtlichkeit:** Unbewußtheit, Absichtslosigkeit, Ungewolltheit, Versehentlichkeit

**unachtsam:** unaufmerksam, verträumt

**umzäunen:** offen lassen

**umziehen:** (wohnen) bleiben *einziehen *s. niederlassen, beziehen *s. umziehen: angezogen bleiben *s. ausziehen

**unabänderlich:** änderbar, wankend, schwankend, unsicher, abzuändern

**unabdingbar:** unwichtig, unwesentlich, nebensächlich

**unabgeschlossen:** abgeschlossen, zu (Tür) *umfassend, komplett (Sammlung) *perfekt, abgeschlossen, fertig

**unabgezählt:** bereitgelegt, (ab)gezählt
**unabhängig:** abhängig, unselbständig, angewiesen *sklavisch, leibeigen, versklavt, untergeordnet, unmündig, unfrei, hörig, verfallen
**Unabhängigkeit:** Abhängigkeit, Unselbständigkeit, Unmündigkeit *Hörigkeit *Unterwerfung, Unterdrückung

**unabkömmlich:** abkömmlich, frei, entbehrlich, ersetzbar

**unablässig:** manchmal, zeitweise, unregelmäßig, ab und zu *nicht mehr, nie
**unabsehbar:** absehbar *bald *bestimmt *klein, unbedeutend

**unabsichtlich:** absichtlich, mit Absicht, absichtsvoll, vorsätzlich, gewollt, willentlich, wissentlich, geplant

**Unabsichtlichkeit:** Absicht(lichkeit), Bewußtheit, Bedacht, Vorsätzlichkeit

**unachtsam:** achtsam, vorsichtig, be-

*sorglos, achtlos, gedankenlos, nachlässig, leichtfertig, leichtsinnig, unsorgfältig, ohne Sorgfalt, lieblos, unvorsichtig, fahrlässig
**Unachtsamkeit:** Unaufmerksamkeit *Achtlosigkeit, Unbedachtsamkeit, Gleichgültigkeit, Sorglosigkeit, Gedankenlosigkeit, Fahrlässigkeit, Leichtsinn, Nachlässigkeit, Leichtfertigkeit
**unähnlich:** verschieden, andersartig, unterschiedlich, abweichend, different
**unanfechtbar:** zuverlässig, sicher, gesichert, fest, garantiert, authentisch, zweifelsfrei, erwiesenermaßen, belegt
**unangebracht:** ungehörig, unpassend, unqualifiziert, unangemessen, deplaciert, fehl am Platze
**unangemeldet:** überraschend, nicht angemeldet / angesagt
**unangemessen:** unangebracht, ungehörig, unpassend, unqualifiziert, deplaciert, fehl am Platze
**unangenehm:** ungelegen, mißlich, unerfreulich, peinlich, unbequem, ärgerlich, unwillkommen, unbefriedigend, unerquicklich, schlecht, ungut, schlimm, unliebsam, widrig, unerwünscht, prekär, ungünstig *ungemütlich, unfreundlich, unschön, kalt, kühl *ekelhaft, ekelerregend *heikel
**unangetastet:** unversehrt, nicht berührt / eingeschränkt

**unannehmbar:** unakzeptabel, indiskutabel, unvertretbar, unbrauchbar, unvernünftig, untauglich, unmöglich, übertrieben
**unanschaulich:** abstrakt, begrifflich, ungegenständlich, ideell, theoretisch, nur gedacht / vorgestellt, losgelöst

**unansehnlich:** häßlich, scheußlich, abscheulich, widerlich, abstoßend, mißgestaltet, ekelhaft, geschmacklos, unvorteilhaft, schauerlich, schauderhaft
**unanständig:** anstößig, pikant, schlecht, unkeusch, lasterhaft, liederlich, sittenlos, ruchlos, schlüpfrig, ungehörig, unmoralisch, unschicklich, verdorben, unzüchtig, unsittlich, unziemlich, zuchtlos, wüst, ungebührlich, verworfen, verrucht, unsolide, zotig, zweideutig
**Unanständigkeit:** Anstößigkeit, Un-

wußt, vorsätzlich, konzentriert, bedacht, bedächtig, wachsam, umsichtig, sorgfältig, besonnen, behutsam, überlegt
**Unachtsamkeit:** Vorsicht, Wachsamkeit, Konzentration, Umsicht, Sorgfalt, Besonnenheit, Behutsamkeit

**unähnlich:** ähnlich *identisch, gleich

**unanfechtbar:** anfechtbar, zweifelhaft, irrig, falsch

**unangebracht:** angebracht, angemessen, passend, treffend, richtig, notwendig
**unangemeldet:** angemeldet, angekündigt, angesagt (Besuch)
**unangemessen:** angemessen, entsprechend, adäquat, gebührend, richtig, notwendig
**unangenehm:** angenehm, erfreulich, schön, gut, wunderbar, nett, entzückend *willkommen, erwünscht, gesucht (Aufgabe) *überschaubar (Schulden) *angenehm, duftend (Geruch)

**unangetastet:** betroffen, eingeschränkt, behindert, beschränkt, eingegrenzt
**unannehmbar:** annehmbar, akzeptabel, passabel, leidlich, zufriedenstellend, auskömmlich, erträglich

**unanschaulich:** anschaulich, sichtbar, deutlich, konkret, plastisch, drastisch, lebendig, farbig, lebhaft, bildhaft, bilderreich, einprägsam, illustrativ
**unansehnlich:** ansehnlich, ordentlich, sauber *stattlich, gepflegt, respektabel, ordentlich, schmuck (Anwesen)

**unanständig:** anständig, korrekt, sittsam, keusch, gesittet, dezent, unverdorben, schamhaft, astrein, durchsichtig *ordentlich, anständig *sauber, sportlich, fair

**Unanständigkeit:**          Anständigkeit,

keuschheit, Lasterhaftigkeit, Sittenlosigkeit, Unzüchtigkeit, Verdorbenheit *Unsportlichkeit, Unsauberkeit
**unanstößig:** anständig, korrekt, sittsam, keusch, gesittet, dezent, unverdorben, schamhaft, astrein, durchsichtig

**unappetitlich:** ekel(haft), eklig, ekelerregend, widerlich, widerwärtig, abscheulich, abstoßend, schmierig, schleimig, unerträglich, unausstehlich, widrig, unsympathisch, unliebsam, unangenehm, übel, scheußlich, gräßlich, grauenhaft, abschreckend, schauderhaft, greulich
**unartig:** impertinent, frech, naseweis, vorlaut, vorwitzig, ungesittet, schamlos, keß, keck, dreist, ungezogen, unverschämt, unverfroren, unmanierlich
**unartikuliert:** undeutlich, stammelnd, lispelnd, lallend, murmelnd

**unästhetisch:** häßlich, scheußlich, schrecklich, widerlich, ekelhaft, geschmacklos, unvorteilhaft, abstoßend, nicht schön
**unaufdringlich:** dezent, zurückhaltend, bescheiden, schlicht, unauffällig, einfach, apart
**unauffällig:** einfach, schmucklos, unscheinbar, schlicht, farblos *zurückhaltend, bescheiden, schlicht, dezent, apart, unaufdringlich

**unaufgefordert:** selbstverständlich, freiwillig, ungeheißen, ungezwungen, spontan, automatisch
**unaufgeklärt:** unwissend, naiv, uneingeweiht, ahnungslos *rätselhaft, dunkel

**unaufgeräumt:** unordentlich, schlampig, nachlässig, lotterig, unsorgfältig, liederlich *chaotisch, wild, ungepflegt, verwahrlost, kunterbunt, unaufgeräumt, wüst
**unaufhörlich:** (an)dauernd, immer(zu), von / seit je(her), seit eh und je, schon immer, nach wie vor, immer wieder, immerfort, tagaus tagein,

Keuschheit, Korrektheit, Schamhaftigkeit, Durchsichtigkeit *Sauberkeit, Fairneß, Sportlichkeit
**unanstößig:** schlüpfrig, anstößig, schmutzig, sittenlos, unanständig, ungebührlich, unsittlich, unkeusch, unsolide, unziemlich, verrucht, unschicklich, pikant, ungehörig, frivol, liederlich, verdorben
**unappetitlich:** appetitlich, anregend, delikat, lecker, würzig, vollmundig, köstlich, kräftig, saftig, schmackhaft, mundend, appetitanregend, fein, verlockend, einladend, geschmackvoll, wohlschmeckend, knusprig

**unartig:** brav, anständig, freundlich, manierlich, fügsam, folgsam, artig, gesittet, ruhig, still, wohlerzogen, höflich, lieb
**unartikuliert:** (wohl)artikuliert, deutlich, verständlich, verstehbar, gut zu verstehen
**unästhetisch:** ästhetisch, geschmackvoll, schön

**unaufdringlich:** aufdringlich, lästig, indezent, penetrant, zudringlich, plumpvertraulich
**unauffällig:** auffällig, außergewöhnlich, ausgefallen, erstaunlich, groß, überraschend, ungeläufig, entwaffnend, ungewöhnlich *markant *aktiv, unternehmend, tätig, rührig, unternehmungslustig, wagemutig, regsam *extravagant, übersteigert, übertrieben, überschwenglich, exzentrisch
**unaufgefordert:** aufgefordert, auf Aufforderung

**unaufgeklärt:** aufgeklärt, erfahren, freisinnig, eingeweiht, wissend *enthüllt, aufgeklärt, enträtselt, gelöst, entwirrt
**unaufgeräumt:** aufgeräumt, schmuck, ordentlich, sauber, tadellos, adrett, gepflegt, korrekt

**unaufhörlich:** vorübergehend, zeitweise, manchmal, ab und zu, immer wieder einmal

jahraus jahrein, stets, stetig, beständig, fortgesetzt, fortdauernd, anhaltend, unaufhaltsam, unausgesetzt, konstant, kontinuierlich, permanent, beharrlich, gleichbleibend, pausenlos, ständig, immerwährend, allezeit, alleweil, rund um die Uhr

**unaufmerksam:** unachtsam, zerfahren, unbeteiligt, achtlos, (geistes)abwesend, zerstreut, fahrig, verspielt, abgelenkt, unkonzentriert, fahrlässig *unhöflich, unerzogen *unaufmerksam sein: achtlos / unkonzentriert / zerstreut sein, s. ablenken / zerstreuen lassen

**unaufmerksam:** aufmerksam, konzentriert, gesammelt *wachsam, hellhörig, achtsam *zuvorkommend, aufmerksam, ritterlich, höflich, taktvoll *unaufmerksam sein: achtgeben, achten (auf), s. konzentrieren, aufpassen, (genau) hinhören, beachten, s. merken, bemerken, beobachten

**unaufrichtig:** heuchlerisch, scheinheilig, unredlich, falsch, unreell, unwahrhaftig, unsolid, unlauter, unehrlich, katzenfreundlich, lügenhaft, lügnerisch, hinterhältig, frömmelnd, doppelzüngig, verstellt, scheinfromm

**unaufrichtig:** aufrichtig, offen, ehrlich, loyal, echt, wahr, freimütig, gerade, geradlinig, wahrhaftig, zuverlässig, vertrauenswürdig

**Unaufrichtigkeit:** Heuchelei, Scheinheiligkeit, Unredlichkeit, Falschheit, Unwahrhaftigkeit, Unehrlichkeit, Hinterhältigkeit, Lüge

**Unaufrichtigkeit:** Aufrichtigkeit, Offenheit, Ehrlichkeit, Loyalität, Wahrhaftigkeit, Geradlinigkeit, Zuverlässigkeit, Vertrauenswürdigkeit

**unausbleiblich:** unabwendbar, unvermeidlich, unentrinnbar, zwangsläufig, vorbestimmt, zwingend, sicher, eintretend, unumgänglich, unvermeidbar, unweigerlich

**unausbleiblich:** ungewiß, unsicher, vermeidbar, zweifelhaft, umstritten, noch nicht entschieden

**unausführbar:** undurchführbar, undenkbar, indiskutabel, hoffnungslos, ausgeschlossen, impraktikabel, utopisch, unerreichbar, unmöglich, nicht durchführbar / machbar

**unausführbar:** ausführbar, durchführbar, machbar, möglich, realisierbar, gangbar

**unausgebildet:** verkümmert, unterdrückt, rudimentär, rückgebildet, zurückgeblieben

**unausgebildet:** (an)gelernt, ausgebildet

**unausgefüllt:** leer, weiß *langweilig, einfallslos, wirkungslos, monoton, phantasielos, einfach, alltäglich, unoriginell, ohne Pfiff, trist, fade, öde, trostlos, reizlos, uninteressant, gleichförmig, einförmig, ermüdend, trocken

**unausgefüllt:** ausgefüllt, beschäftigt *ausgefüllt, voll, beschrieben *erfüllt, interessant, befriedigend, abwechslungsreich (Leben)

**unausgeglichen:** launisch, wetterwendisch, unbeständig, übelnehmerisch, unzuverlässig, voller Launen, exzentrisch, verletzt, bizarr, grillenhaft, kapriziös, reizbar, unberechenbar, flatterhaft, empfindlich, unstet, mißlaunisch, wankelmütig, sauertöpfisch, wechselnd, mißgelaunt, gekränkt, launenhaft

**unausgeglichen:** ausgeglichen, harmonisch, friedlich, partnerschaftlich *zufrieden, genügsam, wunschlos *ruhig, ausgewogen, geruhsam, still, sicher, gezügelt, gefaßt

**Unausgeglichenheit:** Mißklang, Uneinigkeit, Zerrissenheit, Zwiespältigkeit,

**Unausgeglichenheit:** Selbstbeherrschung *Frieden, Gemütsruhe, Har-

Disharmonie *Zerfahrenheit, Unberechenbarkeit, Unstetigkeit, Launenhaftigkeit, Wankelmut, Unzuverlässigkeit

**unausgegoren:** unentwickelt, ungenügend, unreif, unfertig, unausgereift, unausgewogen
**unausgelastet:** gleichförmig, einförmig, trist, fade, langweilig
**unausgeprägt:** unreif, unfertig, kindlich, unsicher, schwankend, wechselnd
**unausgewogen:** ungleichmäßig *ungerecht *wahllos, ziellos *unausgeglichen, unstet, wankelmütig

**unausstehlich:** bärbeißig, wütend, wutschnaubend, wutentbrannt, wutschäumend, zornig, erzürnt, fuchsteufelswild, böse, grimmig, ärgerlich, empört, mißlaunig, mißmutig, peinlich, mürrisch, aufgebracht, brummig, verdrossen, verdrießlich, unwillig, rabiat, erbost, erbittert, grantig, gereizt, mißgelaunt, übellaunig, unwirsch, entrüstet, muffig, griesgrämig
**unbändig:** wild, unbezähmbar *maßlos, unbeherrscht *sehr, überaus
**unbar:** per Scheck / Überweisung, ohne Bargeld
**unbarmherzig:** hart, erbarmungslos, brutal, mitleidlos, rigoros, gnadenlos, rücksichtslos, kalt, ohne Mitleid / Erbarmen / Rücksich(nahme), radikal, unerbittlich, unnachgiebig, böse, grausam *streng, unnachsichtig, grob, schonungslos
**unbeabsichtigt:** nicht vorsätzlich / extra / willentlich / absichtlich, fahrlässig, unbewußt, unabsichtlich, ungeplant, ungewollt, aus Versehen, irrtümlich, versehentlich, ohne es zu wollen, ohne Absicht
**unbebaut:** unerschlossen, brach(liegend), unbearbeitet, unbestellt
**unbedacht:** leichtfertig, leichtsinnig, unvorsichtig, unverantwortlich, fahrlässig, verantwortungslos, unvertretbar, unbekümmert, unbesonnen, unüberlegt, ziellos, wahllos, impulsiv, gedankenlos, bedenkenlos, sträflich, sorglos, pflichtvergessen
**unbedenklich:** anstandslos, glattweg, einfach, bedenkenlos, ohne zu zögern / Scheu / Zögern / weiteres *ungefähr-

monie *Zufriedenheit, Genügsamkeit *Sicherheit, Beherrschtheit, Ausgeglichenheit, Gelassenheit, Beherrschung, Ruhe, Fassung, Kaltblütigkeit, Gleichmut, Seelenruhe, Gefaßtheit
**unausgegoren:** ausgereift, (exakt) geplant (Plan) *reif, gesetzt, abgeklärt *gereift, gelagert (Wein) *klar
**unausgelastet:** ausgelastet, überhäuft (Arbeit) *gestreßt, überlastet
**unausgeprägt:** ausgeprägt, kantig, markant
**unausgewogen:** ausgewogen, (wohl-) überlegt, ausgearbeitet, ausgefeilt, durchdacht, durchgeknobelt, ausgereift, reif
**unausstehlich:** freundlich, umgänglich, erträglich, nett, zuvorkommend *artig, brav, manierlich, gehorsam, willig, einsichtig, lieb

**unbändig:** wenig, gering, klein (Wille, Wut)
**unbar:** bar, in Geldscheinen, mit Münzen, mit Bargeld
**unbarmherzig:** barmherzig, gütig, gnädig, gut(herzig), gutmütig, herzensgut, weichherzig, warmherzig, mild, sanftmütig, herzlich *menschenfreundlich *glimpflich, gering (Strafe)

**unbeabsichtigt:** mit Absicht, beabsichtigt, vorsätzlich, bewußt, geplant, absichtlich, gewollt

**unbebaut:** besiedelt, bebaut, bewohnt (Gebiet) *kultiviert, bebaut (Land)
**unbedacht:** geplant, wohlbedacht, überlegt, durchdacht, bedacht(sam), bedächtig, besonnen *umsichtig, weitblickend

**unbedenklich:** bedenklich, mit Einschränkung, unter / mit Bedenken *schlimm, bedenklich, gefährlich, bös-

lich, harmlos, gutherzig, nicht anstekkend, heilbar

**unbedeutend:** sekundär, nebensächlich, ephemer, an zweiter Stelle *unwichtig, unwesentlich, nichtssagend,
belanglos, farblos, einflußlos, wertlos,
unerheblich, wesenlos, unscheinbar,
uninteressant, peripher, nichtig, nicht
erwähnenswert, gleichgültig, akzidentiell *unbeträchtlich, gering(fügig), minimal, lächerlich, verschwindend,
wenig

**unbedingt:** auf jeden Fall / alle Fälle, so
oder so, absolut, unabhängig von, wie
auch immer

**unbeeindruckt:** ungerührt, gleichgültig
*überheblich, kalt(schnäuzig)

**unbeeinflußt:** objektiv, vorurteilsfrei,
sachlich, unvoreingenommen, vorurteilslos, unbefangen, nüchtern, parteilos, wertneutral, wertfrei, unverblendet, sachdienlich, gerecht

**unbefangen:** zwanglos, ungezwungen,
frei, offen, lässig, natürlich, unzeremoniell, ungehemmt, ungeniert, gelöst,
salopp, leger, familiär, formlos, nonchalant, informell

**unbefleckt:** lauter, unberührt, unerfahren, anständig, (engels)rein, frei von
Sünde, unverdorben, keusch, ahnungslos, jungfräulich *sauber, rein

**unbefriedigend:** mangelhaft, unzureichend, ungenügend, halbwertig, kümmerlich, schlecht, unzulänglich, primitiv

**unbefugt:** eigenmächtig, willkürlich,
selbständig, unberechtigt, unerlaubt,
selbstherrlich, angemaßt

**unbegabt:** untalentiert, ungeschickt,
schwach, minderbegabt, ohne Geschick für, talentlos, unfähig

**unbegleitet:** allein, solo, im Al-
leingang, selbständig

**unbegreiflich:** undurchschaubar, unerklärlich, unerklärbar, mysteriös, undurchsichtig, dunkel, geheimnisvoll,
nebulös, unverständlich

**unbegrenzt:** uneingeschränkt, unbeschränkt, schrankenlos, absolut
*unendlich

**unbegründet:** grundlos, hinfällig, unmotiviert, unberechtigt, haltlos, aus
der Luft gegriffen, gegenstandslos

artig (Krankheit)

**unbedeutend:** berühmt, geehrt, gefeiert, (ge)wichtig, namhaft, bekannt
(Persönlichkeit) *beachtlich, ansehnlich, hervorragend, bedeutend, enorm,
bedeutsam, außergewöhnlich, verblüffend, außerordentlich, erstaunlich
(Leistung) *groß, schlimm, verheerend
(Schaden) *ernst (Schwierigkeiten)
*untergeordnet, klein (Stellung)

**unbedingt:** bedingt, mit Einschränkung
*nicht, unter keinen Umständen, auf
keinen Fall, keinesfalls *bedingt (Re-
flex)

**unbeeindruckt:** beeindruckt, begeistert, entflammt, mitgerissen, fanatisch

**unbeeinflußt:** beeinflußt, subjektiv,
parteilich, voreingenommen, befangen, unsachlich, einseitig, ungerecht,
parteiisch, parteigebunden, vorbelastet

**unbefangen:** befangen, schüchtern, gehemmt, ängstlich, betreten, verschämt,
scheu, zag(haft), reserviert, aufgeregt,
furchtsam

**unbefleckt:** befleckt, behaftet (Makel)
*schmutzig, beschmutzt, unsauber,
fleckig

**unbefriedigend:** befriedigend, ausreichend, (sehr) gut, ausgezeichnet *erfolgreich

**unbefugt:** befugt, im Auftrag, erlaubt

**unbegabt:** begabt, befähigt, fähig, genial, intelligent, verständig, tüchtig,
klug, wissend, talentvoll, talentiert, gescheit

**unbegleitet:** begleitet, zusammen mit
…, zu zweit / dritt / viert …, in Begleitung

**unbegreiflich:** begreiflich, faßbar, faßlich

**unbegrenzt:** begrenzt, klein, eng, beengt, beschränkt, eingeschränkt

**unbegründet:** begründet, motiviert, zurückführbar, fundiert, gesichert, erklärbar, ableitbar, bestimmbar

**unbehaart:** haarlos, bartlos

**Unbehagen:** Lustlosigkeit, Mißfallen, unangenehmes Gefühl, Beklommenheit, Widerwillen, Beklemmung

**unbehaglich:** kühl, unwirtlich, ungemütlich, unbequem, unwohnlich *unangenehm, beklommen, lustlos

**unbehelligt:** unbehindert, ohne Behinderung / Belästigung
**unbeherrscht:** aufbrausend, empört, aufgebracht, böse, entrüstet, grimmig, unwirsch, zornig, ärgerlich, fuchsteufelswild, ungehalten, unwillig, wutschnaubend, wutschäumend, wutentbrannt, erzürnt, erbittert, erbost, rabiat, cholerisch, hitzig, auffahrend
**unbehindert:** ungehindert, unbeschränkt, unbelästigt, glatt, leicht, ruhig, reibungslos, ohne Hindernis / Zwischenfälle / Störung / Schwierigkeiten, unkontrolliert, unbehelligt, ungeschoren, frei
**unbeholfen:** ungeschickt, ungelenk, unbeweglich, linkisch, tolpatschig, eckig, steif *einfach, stockend, undeutlich, unklar, holprig

**unbekannt:** namenlos, unbedeutend, unentdeckt, ohne Namen, anonym, vernachlässigt, nicht populär *berühmt, ruhmlos *nicht zugänglich / gegenwärtig / vertraut, fremd, ungeläufig

**Unbekannte:** Fremde, Fremdlinge *x (Mathematik)

**unbekleidet:** nackt, ohne Bekleidung, ausgezogen, entkleidet, kleidungslos, enthüllt, splitternackt, unverhüllt, bloß, frei, im Adamskostüm / Evakostüm
**unbekümmert:** sorgenlos, sorglos, beruhigt, unbeschwert, naiv, sorgenfrei, ohne / frei von Sorgen, leicht, unbesorgt, arglos, ruhig, unkompliziert, un-

**unbehaart:** behaart, bärtig, haarig, flaumig
**Unbehagen:** Behagen, Heiterkeit, heitere Stimmung, Vergnügtheit, Genuß, Freude, frohe Laune, Frohsinn, Frohmut, Lebenslust, Wohlgefühl, Genuß, Lust
**unbehaglich:** behaglich, warm, lauschig, gemütlich, anheimelnd, bequem, traulich *freundschaftlich, harmonisch, ausgeglichen, kollegial, kooperativ, nett, zuvorkommend, menschlich, angenehm, partnerschaftlich (Atmosphäre)
**unbehelligt:** behelligt, belästigt

**unbeherrscht:** beherrscht, ruhig, abgeklärt, gemessen, harmonisch, ruhevoll, würdevoll, besonnen, bedacht(sam), ausgeglichen, gleichmütig, gesetzt, gezügelt, still, überlegen

**unbehindert:** behindert, gehandikapt, eingeschränkt, eingeengt

**unbeholfen:** geschickt, gewandt, anstellig, behende, gelenkig, handfertig, wendig, elegant (Mensch) *gewandt, flüssig, deutlich, klar, ausgefeilt, gewählt, (stilistisch) einwandfrei (Sprache)
**unbekannt:** (wohl)bekannt, (welt)berühmt, namhaft, weltbekannt, stadtbekannt, angesehen (Persönlichkeit) *gängig, geläufig (Ware) *erforscht, vertraut, bekannt, heimatlich (Gegend) *vertraut, familiär *bekannt, wissend (Zusammenhänge)
**Unbekannte:** Konstante, bekannte / feste / unveränderliche Größe (Mathematik) *Bekannte, Freunde, Vertraute, Kameraden
**unbekleidet:** bekleidet, angezogen, bedeckt, verhüllt

**unbekümmert:** bekümmert, bedrückt, trübselig, unglücklich, wehmütig, unfroh, traurig, trist, besorgt, sorgenvoll, freudlos, kummervoll, ängstlich, getrübt, freudig

**unbelebt:** einsam, abgelegen, öde, abseitig, unbevölkert, ausgestorben, entfernt, gottverlassen
**unbelehrbar:** standhaft, halsstarrig, rechthaberisch, finster, aufmüpfig, zugeknöpft, eisern, aufsässig, widersetzlich, ungehorsam, kratzbürstig, unfolgsam, kompromißlos, bockbeinig, dickköpfig, widerspenstig, unzugänglich, unaufgeschlossen, stur, hartgesotten, dickschädelig, starrköpfig, unversöhnlich, widerborstig, starrsinnig, bockig, eigensinnig, fest, steifnackig, verstockt, verbohrt, unerbittlich, trotzig, störrisch, verständnislos, unnachgiebig, unbotmäßig, unbequem, verschlossen
**unbelichtet:** neu, unverbraucht

**unbeliebt:** unerwünscht, unsympathisch, verhaßt, mißliebig, antipathisch, unausstehlich, nicht gern gesehen, gehaßt
**unbemannt:** ohne Besatzung *ohne Mann, alleine, ledig, jungfräulich, nicht verheiratet, solo
**unbemerkt:** heimlich, verstohlen, geheim, verborgen, unbeobachtet, unbeachtet, diskret *illegal, unerlaubt, insgeheim, im geheimen
**unbemittelt:** arm, bedürftig, mittellos, unvermögend, unbegütert, güterlos, hilfsbedürftig, einkommensschwach, besitzlos, notleidend
**unbequem:** standhaft, halsstarrig, rechthaberisch, finster, aufmüpfig, zugeknöpft, unbelehrbar, eisern, aufsässig, widersetzlich, ungehorsam, kratzbürstig, unfolgsam, kompromißlos, bockbeinig, dickköpfig, widerspenstig, unzugänglich, unaufgeschlossen, stur, hartgesotten, dickschädelig, starrköpfig, unversöhnlich, widerborstig, starrsinnig, bockig, eigensinnig, fest, steifnackig, verstockt, verbohrt, unerbittlich, trotzig, störrisch, verständnislos, unnachgiebig, unbotmäßig, verschlossen *ungemütlich, kalt, unbehaglich *störend, lästig *zu eng, enganliegend
**Unbequemlichkeit:** Ungemütlichkeit, Kälte, Unbehaglichkeit *Rechthaberei, Standhaftigkeit, Unzugänglichkeit, Unaufgeschlossenheit, Sturheit, Un-

schwarzseherisch, elend, schwermütig *sorgfältig, genau
**unbelebt:** belebt, verkehrsreich, bevölkert, voll (Straße, Stadtteil) *lebendig, belebt
**unbelehrbar:** zugänglich, einsichtig, begierig, gelehrig, gefügig, (lern)willig, vernünftig, verständig, verständnisvoll, verstehend, klug, besonnen, einfühlend, voll Verständnis, Vernunftgründen zugängig

**unbelichtet:** belichtet, voll, verknipst (Film)
**unbeliebt:** beliebt, angebetet, teuer, angesehen, verehrt, wert, vergöttert, lieb, geliebt

**unbemannt:** bemannt, besetzt (Fahrzeug) *verheiratet

**unbemerkt:** überrascht, beobachtet (Einbrecher) *bemerkt, herausgefunden

**unbemittelt:** bemittelt, reich, begütert, wohlhabend, betucht, vermögend, steinreich, stockreich

**unbequem:** bequem, komfortabel, passend (Schuhe, Kleidung) *unkompliziert, einfach *gutgesinnt, aufgeschlossen, gestimmt, zugänglich, interessiert, empfänglich, offen, aufnahmebereit, aufgetan *reizend, liebenswürdig, sympathisch, anmutig, anziehend, einnehmend, ansprechend, angenehm, liebenswert, freundlich, nett

**Unbequemlichkeit:** Bequemlichkeit, Komfort, Annehmlichkeit, Behaglichkeit *Aufgeschlossenheit, Interesse, Offenheit, Zugänglichkeit, Ansprech-

nachgiebigkeit, Unaufgeschlossenheit, Unversöhnlichkeit, Trotz, Starrsinn (-igkeit), Hartgesottenheit

**unberechenbar:** unkalkulierbar, unmeßbar, unwägbar, unabsehbar, unüberschaubar, unbestimmbar, nicht einzuschätzen / prognostizierbar / voraussagbar

**unberührt:** unerfahren, unverdorben, keusch, rein, jungfräulich, anständig, ahnungslos, naiv *nicht beeindruckt, gleichgültig, teilnahmslos, desinteressiert, wurstig *unbenutzt *ungebraucht *abgeschieden, einsam, verlassen

**unbeschädigt:** intakt, heil, nicht entzwei, ganz, unverletzt, unversehrt, in Ordnung

**unbeschäftigt:** arbeitslos, ohne Beschäftigung, stellungslos, stellenlos, brotlos, ohne Arbeit, beschäftigungslos, erwerbslos, ohne Anstellung

**unbescheiden:** anspruchsvoll, wählerisch, verwöhnt, schwer zu befriedigen, überheblich, prätentiös, hochtrabend

**unbescholten:** korrekt, rein, anständig, gesittet, sittsam, höflich, tugendhaft, züchtig, ehrenhaft

**unbeschrankt:** nicht mit Schranken versehen, schrankenlos, ungesichert

**unbeschränkt:** unbegrenzt, uneingeschränkt, beliebig, total, vollkommen, absolut, ohne Einschränkung, schrankenlos

**unbeschreiblich:** unerhört, ungeheuerlich, unsäglich, unbegreiflich, bodenlos, empörend, himmelschreiend, grenzenlos, unvorstellbar, unermeßlich, unfaßbar *ausgefallen, ansehnlich, verblüffend, auffällig, ungewöhnlich, außergewöhnlich, überwältigend, beachtlich, überragend, bedeutsam, sondergleichen, beträchtlich, sagenhaft, bewundernswürdig, eindrucksvoll, nennenswert, imposant, enorm, erstaunlich, großartig, abenteuerlich, ohnegleichen, aufsehenerregend, unvergleichlich, spektakulär, stattlich, überraschend, ungeläufig, sensationell, auffallend, bedeutend, bedeu-

barkeit, Versöhnlichkeit

**unberechenbar:** berechenbar, vorhersehbar *zuverlässig, aufrichtig, ehrlich, gerade, wahrhaftig, vertrauenswürdig *ausgeglichen, harmonisch, ruhig

**unberührt:** gebraucht *benutzt *betroffen, berührt, entsetzt, schockiert, böse, aufgebracht, entrüstet, empört, ungehalten, unwirsch, erbittert, zornig, getroffen, gereizt, verärgert *erfahren, entjungfert *besiedelt *zersiedelt, verschandelt (Natur)

**unbeschädigt:** beschädigt, defekt, schadhaft, angeschlagen, mitgenommen, zerbrochen, durchlöchert, angestoßen, lädiert, ramponiert, zerrissen, entzwei

**unbeschäftigt:** beschäftigt, angestellt, eingestellt *dienstbeflissen, beflissen, pflichteifrig, übereifrig, diensteifrig

**unbescheiden:** bescheiden, einfach, anspruchslos, zurückhaltend, schlicht, gelassen, genügsam *ergeben, zerknirscht, demütig, demutsvoll

**unbescholten:** bescholten, anrüchig, halbseiden, lichtscheu, übelbeleumdet, zweifelhaft, verrufen, verdächtig, nicht astrein, berüchtigt, bedenklich, undurchsichtig

**unbeschrankt:** beschrankt, gesichert

**unbeschränkt:** beschränkt, begrenzt, eingegrenzt, beengt, eingeschränkt

**unbeschreiblich:** gering, klein, wenig, minimal *nicht auffällig / erstaunlich, unauffällig *deutlich, sichtbar, klar

tungsvoll, beeindruckend, bewundernswert, brillant, märchenhaft, hervorragend, imponierend, außerordentlich, entwaffnend, groß, fabelhaft, einzigartig *überaus, sehr

**unbeschrieben:** neu, weiß, leer *anständig, korrekt, gesittet, sittsam, geachtet, unbescholten, tugendhaft, lauter, schicklich

**unbeschwert:** unbesorgt, beruhigt, sorgenlos, sorglos, unbekümmert, sorgenfrei, ohne / frei von Sorgen, leicht, ruhig, ungetrübt, freudig, froh, heiter, glücklich

**unbeseelt:** erbarmungslos, eisig, gefühlskalt, gefühlsarm, herzlos, hartherzig, abgestumpft, gemütsarm, gefühllos, mitleidlos, unzugänglich, lieblos, seelenlos, gleichgültig, roh, unbarmherzig, unsozial, verroht, schonungslos, brutal, inhuman, ungesittet, unnachsichtig, unnachgiebig, kompromißlos, streng, fest, hart, barbarisch, unmenschlich, kaltblütig, grausam, gnadenlos *tot, gestorben

**unbesetzt:** offen, leer, vakant, frei, disponibel, zu haben, zur Verfügung, verfügbar

**unbesiegt:** ungeschlagen, überlegen, unbezwungen, zu stark

**unbesonnen:** ziellos, impulsiv, wahllos, unüberlegt, gedankenlos, unvernünftig, fahrlässig, unbedacht, leichtfertig, nachlässig, unvorsichtig, leichtsinnig, kopflos, übereilt, ohne Überlegung / Bedacht / Verstand / Sinn, blind(lings), planlos

**Unbesonnenheit:** Unüberlegtheit, Unbedachtheit, Unverstand, Unbedachtsamkeit, Unklugheit, Unvernunft, Gedankenlosigkeit

**unbesorgt:** beruhigt, guten Gewissens, ruhig, leichten Herzens

**unbeständig:** wechselhaft, sprunghaft, launenhaft, schwankend, launisch, veränderlich, wetterwendisch, flatterig, unausgeglichen, flatterhaft, wankelmütig, unstet, voller Launen, inkonse-

**unbeschrieben:** beschrieben (Blatt) *anrüchig, halbseiden, lichtscheu, nicht astrein, verrufen, zweifelhaft, verdächtig, übelbeleumdet, undurchsichtig, fragwürdig

**unbeschwert:** bedrückt, verzagt, betrübt, deprimiert, gebrochen, entmutigt, niedergeschlagen, resigniert, verzweifelt, traurig, elend, ernsthaft, trübselig, trübsinnig, bekümmert, unfroh, trist, schwermütig, pessimistisch *schwer, karg, hart (Kindheit)

**unbeseelt:** beseelt, empfindsam, gefühlsselig, gefühlvoll, gemüthaft, rührselig, sinnenhaft, verinnerlicht, tränenselig, schwärmerisch, innerlich, gefühlstief, gemütvoll, seelenvoll, gefühlsbetont, emotional, gemütvoll *lebend, am Leben, lebendig

**unbesetzt:** reserviert, besetzt, belegt (Zimmer) *besetzt, vergeben (Posten) *okkupiert, besetzt (Gebiet)

**unbesiegt:** besiegt, geschlagen, unterlegen, unterjocht, vernichtet, überwältigt, bezwungen, kampfunfähig gemacht, aufgerieben, fertiggemacht, ruiniert

**unbesonnen:** vernünftig, besonnen, bedächtig, überlegt, verständig, ruhig, abgeklärt, gemessen, gleichmütig, harmonisch, überlegen, ruhevoll, still, bedacht, langsam, gemächlich, sicher *kaltblütig *kühl, abweisend, kalt

**Unbesonnenheit:** Vernunft, Besonnenheit, Überlegung, Ruhe, Gleichmut, Harmonie, Sicherheit *Kühle, Abweisung, Kälte

**unbesorgt:** besorgt, gespannt, erwartungsvoll, unruhig, nervös, fiebrig, kribb(e)lig, überreizt

**unbeständig:** beständig, stabil, bleibend, (an)dauernd, stetig (Wetter) *fest, beständig, stabil, gleichbleibend, eisern, konsequent, stur *sicher

quent, unzuverlässig, wandelbar *unsicher

**unbestechlich:** ehrenhaft, redlich, unbeeinflußbar, charakterfest, rechtschaffen, vertrauenswürdig, korrekt, integer, fest, objektiv, standhaft, unerschütterlich

**unbestimmt:** ungeklärt, fraglich, unverbürgt, ungewiß, nicht sicher / festgelegt / geklärt, noch nicht entschieden, zweifelhaft, unentschieden, problematisch, nicht erwiesen, unbestätigt, umstritten, ungesichert, offen, unsicher *unklar, unverständlich, undefinierbar, vage, andeutungsweise, unübersichtlich

**Unbestimmtheit:** Unschärfe, Ungenauigkeit, Verschwommenheit, Schemenhaftigkeit, Schattenhaftigkeit *Ungewißheit, Unsicherheit, Unentschiedenheit, Zweifelhaftigkeit, Fraglichkeit, Unklarheit

**unbestreitbar:** unbestritten, sicher, gewiß, unwiderlegbar, unleugbar, unanfechtbar

**unbeteiligt:** desinteressiert, träge, dickfellig, schwerfällig, gleichgültig, lethargisch, teilnahmslos, leidenschaftslos, passiv, apathisch, stumpfsinnig, unempfindlich, interesselos, ungerührt, unbewegt, kühl, gefühllos, unaufgeschlossen, inaktiv, lasch, stumpf, denkfaul

**unbeträchtlich:** klein, wenig, winzig, von geringem Ausmaß, gering, minimal

**unbeugsam:** charakterfest, unbeirrbar, nicht nachgebend, rigoros, (willens-)stark, aufrecht, standhaft, konsequent, steinern, stetig, fest bleibend, persistent, wie ein Fels, zäh, eisern, hart (-näckig), (felsen)fest, durchhaltend, beharrlich, unnachgiebig, unerschütterlich, unbeirrt, eisenfest

**unbewacht:** unbeaufsichtigt, unkontrolliert, unüberwacht, ungesichert, unbehütet, herrenlos, ohne Aufsicht, aufsichtslos

**unbewaffnet:** waffenlos, ohne Waffen, nicht bewaffnet

**unbewältigt:** ungelöst, unverarbeitet, verdrängt, offen

**unbewandert:** ahnungslos, uninformiert, uneingeweiht, unwissend, ohne

**unbestechlich:** korrupt, verführbar, bestechlich, unredlich, käuflich *beeinflußbar *schwankend

**unbestimmt:** sicher, gewiß, bestimmt, festliegend, entschieden *konkret, beschrieben, genau, exakt (Summe) *genau, exakt, eindeutig, unzweifelhaft, klar, deutlich, unzweideutig (Auskunft) *definit *vorhersehbar, absehbar, bestimmbar (Zeit)

**Unbestimmtheit:** Sicherheit, Gewißheit, Bestimmtheit, Überzeugung, Klarheit, sichere Kenntnis

**unbestreitbar:** zweifelhaft, bestreitbar, ungewiß

**unbeteiligt:** beteiligt, gerührt, begeistert, bewegt, beeindruckt *fassungslos, verstört, erschrocken, erschüttert, beeinflußt, betroffen, entgeistert, bestürzt *dabei, beteiligt, anwesend, verwickelt

**unbeträchtlich:** beträchtlich, beachtlich, hoch, groß (Summe)

**unbeugsam:** gefügig, entmutigt, gebrochen, verzagt, resigniert, niedergeschlagen, mürbe, nachgiebig, (nieder-)gedrückt, kleinmütig, mutlos *willig, gefügig, gehorsam

**unbewacht:** bewacht, beaufsichtigt, beobachtet *beschattet, verfolgt, belauert, belauscht, bespitzelt (Mensch)

**unbewaffnet:** bewaffnet, gepanzert, (auf)gerüstet, waffenstrotzend, waffenstarrend

**unbewältigt:** bewältigt, bearbeitet, abgeschlossen, gelöst, geklärt (Problem)

**unbewandert:** bewandert, gescheit, intelligent, wissend, talentiert, talent-

Wissen / Kenntnisse / Erfahrung, unaufgeklärt, unkundig, unvertraut, ungeschult, nichts wissend, nicht unterrichtet, unbelesen, unerfahren, ungelehrt, ungebildet

**unbeweglich:** unflexibel, schwerfällig, festgefahren, eng(stirnig), dogmatisch, einseitig, träge, uneinsichtig *regungslos, unbewegt, reglos, bewegungslos, erstarrt, starr, leblos, still, wie tot, ohne Bewegung, wie angewurzelt

**unbeweibt:** nicht verheiratet, allein, solo, ledig, ohne Frau

**unbewiesen:** zweifelhaft, fragwürdig, fraglich, unwahrscheinlich, ungesichert, dubios

**unbewohnt:** unbesetzt, (leer) stehend, einsam, öde, unbesiedelt, unbevölkert

**unbewölkt:** wolkenlos, klar, aufgeklart, sonnig, strahlend, heiter, ungetrübt

**unbewußt:** unterbewußt, selbstverborgen, im Unterbewußtsein, ohne Bewußtheit, unterschwellig, nicht bewußt *nicht vorsätzlich, unabsichtlich, unbeabsichtigt, unwillkürlich *instinktiv, gefühlsmäßig, intuitiv, emotionell, emotional

**unbezahlbar:** unerschwinglich, teuer, nicht zu bezahlen, kostspielig, im Preis sehr hoch, überhöht

**unbezahlt:** unbeglichen, offen(stehend), nicht bezahlt / beglichen

**unbezähmbar:** wild, ungebändigt, unbändig *maßlos, schrankenlos, überspitzt, übersteigert

**unbezwingbar:** unschlagbar, unbesiegbar, zu stark / mächtig (Gegner) *zu schwierig (Berg)

**unbiegsam:** starr, steif, undehnbar, unbeweglich, unflexibel, fest

**Unbiegsamkeit:** Starre, Starrheit, Steife, Steifheit, Unbeweglichkeit, Festigkeit

**unbrauchbar:** ungeeignet, untauglich, unzweckmäßig, unpraktisch, nichts wert, nutzlos, zu nichts zu gebrauchen

**unbrennbar:** feuerfest, schwer ent-

voll, beschlagen, versiert, klug, befähigt, fähig

**unbeweglich:** beweglich, locker, lose, frei *beweglich, mobil, wendig, intelligent, aufgeschlossen (Einstellung) *unruhig, quecksilbrig, lebhaft, rege, ruhelos *heftig, temperamentvoll, unruhig, wild, vital, heißblütig, dynamisch, feurig, blutvoll, vollblütig

**unbeweibt:** beweibt, verheiratet (Mann)

**unbewiesen:** bewiesen, nachgewiesen, aufgedeckt

**unbewohnt:** bewohnt, bebaut, besiedelt, bevölkert *dünnbesiedelt, dichtbesiedelt, volkreich, schwachbesiedelt

**unbewölkt:** bewölkt, wolkig, bezogen, bedeckt

**unbewußt:** bewußt, absichtlich, beabsichtigt, gewollt, geplant, vorsätzlich, wissentlich, willentlich, bezweckt, gewollt, absichtsvoll, mit Bedacht / Fleiß / Absicht / Bewußtsein *unterbewußt

**unbezahlbar:** billig, preiswert, preisgünstig, fast umsonst, halb geschenkt, herabgesetzt, günstig

**unbezahlt:** beglichen, bezahlt (Rechnung)

**unbezähmbar:** (be)zähmbar *willig, einsichtig, kompromißbereit

**unbezwingbar:** bezwingbar, besteigbar, bezwinglich, ersteigbar *schwach, unterlegen

**unbiegsam:** biegsam, elastisch, flexibel, plastisch, geschmeidig, federnd, dehnbar, beweglich

**Unbiegsamkeit:** Biegsamkeit, Elastizität, Flexibilität, Beweglichkeit, Federkraft, Dehnbarkeit

**unbrauchbar:** brauchbar, einwandfrei, tauglich, verwendbar, richtig, ordentlich, lohnend, ideal, gut, nützlich *zweckmäßig, handlich, opportun, vernünftig, angemessen, geeignet, zweckdienlich, gegeben, brauchbar, rationell, sachdienlich

**unbrennbar:** brennbar, nicht feuerfest,

zündbar / entflammbar / brennbar

**unbürokratisch:** großzügig, nicht nach dem Gesetz / Paragraphen, schnell, nicht auf dem Dienstweg

**und:** plus, sowie, zugleich, wie, auch, gleichzeitig *(je)doch, aber, hingegen, wohingegen, indessen *außerdem, dazu, zuzüglich, obendrein

**undankbar:** nicht dankbar, schnöde, ohne Dankbarkeit, ungerecht *unrentabel, unersprießlich, nicht lohnend

**undefinierbar:** unklar, nicht zu definieren / eindeutig / deutlich

**undehnbar:** unflexibel, unbiegsam, starr, steif

**undenkbar:** unmöglich, unvorstellbar, nicht zu denken / glauben, kaum denkbar, ausgeschlossen *nicht realisierbar

**Understatement:** Untertreibung, Bescheidenheit, Zurücknahme, Abschwächung, Unterbewertung, Herabminderung

**undeutlich:** undurchschaubar, unübersichtlich, unklar, ein Buch mit sieben Siegeln, unentschieden, zweifelhaft, verschwommen, fraglich, unpräzise, in Dunkel gehüllt, unscharf, nebulös, nicht eindeutig / verständlich / deutlich / zu definieren, schlecht zu entziffern / zu verstehen, unverständlich, zusammenhanglos, vage, unausgegoren, unbestimmt, mißverständlich, andeutungsweise, undefinierbar, verworren, unartikuliert, wirr, ungenau, abstrus, unsicher *leise

**undicht:** leck, löcherig, durchlässig, porös *schadhaft, lädiert, defekt

**undiszipliniert:** hemmungslos, zügellos, ungezügelt, unbeherrscht, wild

**unduldsam:** starr, intolerant, eng, unflexibel, engherzig, dogmatisch, voreingenommen, doktrinär, voller Vorurteile, engstirnig, borniert, unaufgeschlossen

**Unduldsamkeit:** Voreingenommenheit, Parteilichkeit, Befangenheit, Engstirnigkeit, Einseitigkeit, Intoleranz, Verblendung

**undurchdringlich:** unzugänglich, un-

feuergefährlich, leicht brennbar / entzündbar / entflammbar

**unbürokratisch:** bürokratisch, keine Abweichung zulassend, kleinlich, beamtenhaft, engstirnig, engherzig, pingelig, paragraphenhaft, buchstabengetreu, nach Vorschrift

**und:** oder *entweder ... oder *keinesfalls *weder ... noch *keine(r, s) *nicht

**undankbar:** dankbar, verpflichtet, erkenntlich, dankerfüllt *nützlich, lohnend, förderlich, heilsam, dankbar, hilfreich, aufbauend, gedeihlich, ersprießlich

**undefinierbar:** definierbar, erklärbar, bestimmbar

**undehnbar:** dehnbar, plastisch, elastisch, biegsam, geschmeidig, flexibel

**undenkbar:** möglich, wahrscheinlich, machbar, denkbar, ausführbar, gangbar, durchführbar *potentiell

**Understatement:** Übertreibung, Prahlerei, Aufschneiderei, Imponiergehabe, Effekthascherei, Angeberei, Großmannssucht, Großsprecherei

**undeutlich:** deutlich, klar, eindeutig, unzweideutig, scharf *verständlich, deutlich, klar, verstehbar, (wohl)artikuliert, gut zu verstehen (Sprache) *gewiß, bestimmt *offensichtlich, wahrscheinlich, offenbar *greifbar, faßbar, handgreiflich *laut, vernehmlich, hörbar

**undicht:** dicht, undurchlässig, wasserdicht, water-proof, geschlossen, luftdicht *kompakt, fest, stabil

**undiszipliniert:** diszipliniert, willig, brav, geordnet, ruhig

**unduldsam:** duldsam, tolerant, einsichtig, nachsichtig; versöhnlich, aufgeschlossen, verträglich, weitherzig, verständnisvoll

**Unduldsamkeit:** Toleranz, Duldsamkeit, Einsicht, Nachsicht, Verständnis, Weitherzigkeit, Verstehen, Verträglichkeit

**undurchdringlich:** licht (Wald) *offen,

wegsam, undurchlässig, verwachsen, dicht *unerkennbar, vieldeutig, dunkel, geheimnisvoll *distanziert, menschenscheu, unzugänglich

**undurchführbar:** unmöglich, undenkbar, impraktikabel, unausführbar, indiskutabel, unrealisierbar, aussichtslos, unerreichbar, utopisch

**undurchlässig:** fest, geschlossen, luftdicht, (wasser)dicht, water-proof

**undurchsichtig:** dunkel, trübe, milchig, opak, nicht durchlässig, lichtundurchlässig *obskur, undurchschaubar, zwielichtig, unheimlich, ominös, nebulös *undeutlich, undurchschaubar, unübersichtlich, unklar

**uneben:** bergig, hügelig, wellig *holprig, höckerig, rumpelig, ungleichmäßig, nicht glatt

**unecht:** nachgemacht, gefälscht, nachgeahmt, nachgebildet, kopiert, imitiert, falsch *künstlich, synthetisch

**uneffektiv:** unwirksam, nutzlos, ergebnislos

**unehelich:** nichtehelich, außerehelich, vorehelich, illegitim

**Unehre:** Bloßstellung, Schmach, Schimpf, Schande, Kompromittierung, Beschämung, Desavouierung

**unehrenhaft:** ehrlos, charakterlos, verächtlich, würdelos, nichtswürdig, ehrvergessen, verabscheuenswürdig, würdelos, unwürdig, gemein, niederträchtig, unlauter, unsauber

**unehrlich:** falsch, heuchlerisch, scheinheilig, unredlich, unreell, unwahrhaftig, unsolid, unlauter, katzenfreundlich, lügenhaft, lügnerisch, hinterhältig, frömmelnd, doppelzüngig, verstellt, unaufrichtig, scheinfromm

**Unehrlichkeit:** Heuchelei, Verstellung, Vortäuschung, Lippenbekenntnis, Gleisnerei, Scheinheiligkeit

**uneigennützig:** selbstlos, aufopfernd, edelmütig, idealistisch, großherzig, altruistisch, hingebend, sozial, mildtätig, gemeinnützig, unegoistisch, barmherzig, karitativ, wohltätig

**Uneigennützigkeit:** Selbstlosigkeit,

aufrichtig, freimütig, naiv *natürlich, ungekünstelt (Mensch)

**undurchführbar:** durchführbar, machbar, möglich, ausführbar, gangbar

**undurchlässig:** (wasser)durchlässig, luftdurchlässig, offen *porös, durchlässig

**undurchsichtig:** durchsichtig, klar, durchscheinend, transparent, dünn *offen(herzig), freimütig, mitteilsam, zutraulich (Mensch) *durchschaubar, übersichtlich, geordnet (Lage)

**uneben:** eben, glatt *flach, eben (Landschaft)

**unecht:** echt (Bruch) *echt, original (Gegenstand) *natürlich, echt, rein, unverfälscht, urwüchsig, ursprünglich, ungekünstelt

**uneffektiv:** effektiv, fruchtbar, ergebnisreich, wirksam, wirkungsvoll

**unehelich:** ehelich (Kind) *verheiratet (Mutter) *rechtmäßig, rechtlich, legal, legitim

**Unehre:** Ehre, Ansehen, Würde, Stolz, Größe, Format, Ruf, Leumund, Rang, Profil, Image, Stand, Renommee, Name, Unbescholtenheit, Bedeutung, Geltung

**unehrenhaft:** ehrenhaft, aufrecht, brav, hochanständig, sauber, unbestechlich, rechtschaffen, wacker, rühmenswert, redlich, ehrbar, bieder, charakterfest, ehrenfest, ehrenwert, ehrsam

**unehrlich:** ehrlich, gerade(heraus), offenherzig, reell, aufrichtig, freimütig, lauter, charaktervoll, aufrecht, charakterfest, geradlinig

**Unehrlichkeit:** Ehrlichkeit, Freimut, Lauterkeit, Aufrichtigkeit

**uneigennützig:** eigennützig, selbstisch, egoistisch, selbstsüchtig, ichsüchtig, eigensüchtig, rücksichtslos, nur an sich denkend

**Uneigennützigkeit:** Egoismus, Eigen-

Hochherzigkeit, Edelmut, Mildtätigkeit, Barmherzigkeit, Hingebung
**uneingeschränkt:** vorbehaltlos, bedingungslos, unbedingt, ohne Vorbehalt, völlig, vollständig *unbegrenzt, grenzenlos
**uneingeweiht:** nicht eingeweiht / informiert / aufgeklärt, unwissend
**uneinheitlich:** vielfältig, verschieden (-artig), heterogen, mannigfaltig, variierend, individuell *gegensätzlich
**Uneinheitlichkeit:** Vielfalt, Verschiedenartigkeit, Mannigfaltigkeit, Buntheit, Abwechslung, Variation

**uneinig:** gespalten, zerstritten, zerfallen, uneins, verschiedener Meinung / Ansicht

**Uneinigkeit:** Zerrissenheit, Unausgeglichenheit, Zwiespältigkeit, Disharmonie, Mißklang
**uneinsichtig:** unbeweglich, unverbesserlich, unbelehrbar, verblendet, verständnislos, schwerfällig, lernunfähig, unflexibel *unzugänglich, starr, stur, unversöhnlich, verschlossen, trotzig, steifnackig, verstockt, unnachgiebig
**unelastisch:** unflexibel, unbiegsam, undehnbar *fest, eisern, stur, unnachgiebig, uneinsichtig
**unelegant:** geschmacklos, unschön, häßlich, kitschig, stillos, stilwidrig
**unempfänglich:** unzugänglich, introvertiert, unnahbar, zurückhaltend, unaufgeschlossen, distanziert, menschenscheu, kontaktscheu
**unempfindlich:** gefühllos, empfindungslos, ungerührt, ohne Gefühl, taub, abgestumpft, stumpf, gleichgültig *immun

**unendlich:** unübersehbar, grenzenlos, unbeschränkt, endlos, unzählbar, unermeßlich, unerschöpflich, unabsehbar, zahllos, unbegrenzt, groß, unversiegbar, weit, unmeßbar, ohne Grenze / Ende *ewig (dauernd) *sehr
**unentbehrlich:** einzig, unersetzlich, unbezahlbar, einmalig *nötig, (lebens-)notwendig, (lebens)wichtig
**unentgeltlich:** unbezahlt, ehrenhalber, ehrenamtlich, freiwillig, ohne Bezahlung *umsonst, gratis, kostenfrei, kostenlos, (gebühren)frei, geschenkt

nutz, Selbstsucht, Berechnung, Ichbezogenheit, Ichsucht
**uneingeschränkt:** eingeschränkt, beschränkt

**uneingeweiht:** wissend, eingeweiht, aufgeklärt, informiert
**uneinheitlich:** einheitlich, uniform, übereinstimmend, gleichmäßig, gleichförmig, homogen, einförmig
**Uneinheitlichkeit:** Einheit(lichkeit), Übereinstimmung, Gleichtakt, Gleichklang, Homogenität, Uniformität, Gleichförmigkeit
**uneinig:** einig, identisch, einmütig, übereinstimmend, einträchtig *harmonisch, friedlich, geschlossen *handelseinig
**Uneinigkeit:** Einigkeit, Eintracht, Übereinstimmung *Harmonie

**uneinsichtig:** einsichtig, verständig, verstehend, verständnisinnig, weitherzig, verständnisvoll, aufgeschlossen, offen, freizügig, vernünftig, gefügig, einordnungswillig *klug, intelligent

**unelastisch:** elastisch, plastisch, dehnbar, biegsam, geschmeidig, flexibel *wendig, operativ
**unelegant:** elegant, geschmackvoll, vornehm, flott, schmuck, schick
**unempfänglich:** empfänglich, sensibel, zartbesaitet, gemüthaft, rührselig, gemütvoll, sinnenhaft

**unempfindlich:** (hoch)empfindlich, anfällig, beeinflußbar, dünnhäutig, verletzbar, feinbesaitet, schwierig, reizbar, überempfindlich, tränenselig, feinfühlig *wehleidig *anfällig
**unendlich:** endlich, (räumlich) begrenzt *null *gering, wenig, minimal, klein

**unentbehrlich:** entbehrlich, überflüssig, unnötig

**unentgeltlich:** kostenpflichtig, gegen Bezahlung / Entgelt, bezahlt

**unentschieden:** unentschlossen, zaghaft, unschlüssig, zweifelnd, entschlußlos, schwankend, zögernd, unsicher, zaudernd, ratlos, vorsichtig *punktgleich, remis, patt *ungewiß, noch nicht entschieden, offen, fraglich
**Unentschieden:** Punktgleichheit, Remis, Patt

**unentschieden:** sicher, entschlossen, fest, energisch, kategorisch, bestimmt, entschieden

**Unentschieden:** Sieg *Niederlage

**unentschlossen:** unentschieden, zaghaft, unschlüssig, zweifelnd, entschlußlos, schwankend, zögernd, unsicher, zaudernd, ratlos, vorsichtig *bang, ängstlich, feige, eingeschüchtert, furchtsam, beklommen, schreckhaft, verschreckt
**Unentschlossenheit:** Wankelmut, Unbeständigkeit, Unschlüssigkeit, Unsicherheit, Unzuverlässigkeit, Flatterhaftigkeit, schwankende Stimmung / Haltung / Gesinnung *Angst, Furcht (-samkeit), Scheu, Beklemmung, Panik

**unentschlossen:** entschlossen, energisch, resolut, (ziel)sicher, zielstrebig, entschieden, zielbewußt *mutig, beherzt, heldenhaft, mannhaft, tapfer, unverzagt, verwegen, waghalsig, furchtlos, draufgängerisch, heldenmütig, kämpferisch, todesmutig, tollkühn
**Unentschlossenheit:** Entschlossenheit, Zielstrebigkeit, Sicherheit, Entschiedenheit *Mut, Beherztheit, Draufgängertum, Tapferkeit, Herzhaftigkeit, Furchtlosigkeit, Kühnheit, Unverzagtheit, Unerschrockenheit, Tollkühnheit

**unentschuldbar:** unvertretbar, unverzeihlich, unverantwortlich, verantwortungslos, sträflich

**unentschuldbar:** entschuldbar, verzeihlich, leicht

**unentschuldigt:** ohne Entschuldigung, nicht entschuldigt

**unentschuldigt:** entschuldigt

**unentwegt:** unausgesetzt, ständig, dauernd, ununterbrochen *unverdrossen, unbeirrt, ohne Wanken, beharrlich

**unentwegt:** selten *manchmal, ab und zu *(überhaupt) nicht

**unentwickelt:** kindlich, infantil, unreif, heranwachsend *kümmerlich, unterentwickelt, primitiv

**unentwickelt:** (voll) entwickelt, reif, erwachsen, herangewachsen (Mensch) *reif, gewachsen, entwickelt (Problem)

**unerbittlich:** erbarmungslos, hart, eisig, gefühlskalt, gefühlsarm, herzlos, hartherzig, abgestumpft, gemütsarm, gefühllos, mitleidlos, unzugänglich, lieblos, seelenlos, gleichgültig, roh, unbarmherzig, unsozial, verroht, schonungslos, brutal, inhuman, ungesittet, unnachsichtig, unnachgiebig, kompromißlos, streng, fest, hart, barbarisch, unmenschlich, kaltblütig, grausam, gnadenlos

**unerbittlich:** nachgiebig, nachsichtig, einsichtig, vernünftig, verständig, verständnisvoll, verstehend, einfühlend, überlegt, besonnen, klug

**unerfahren:** kindlich, naiv, unschuldig, grün *jungfäulich, unschuldig, keusch, unberührt

**unerfahren:** erfahren, aufgeklärt, eingeweiht, unterrichtet, wissend *unkeusch, unsittlich, unmoralisch

**unerfreulich:** unangenehm, ungelegen, mißlich, peinlich, unbequem, ärgerlich, unwillkommen, unbefriedigend, unerquicklich, schlecht, ungut, schlimm, unliebsam, widrig, unerwünscht, prekär, ungünstig *ungemütlich, unfreundlich, unschön, kalt, kühl *ekelhaft, ekelerregend *heikel

**unerfreulich:** erfreulich, angenehm, erquicklich, günstig, zweckmäßig, willkommen, vorteilhaft, gut, lieblich *schön, herrlich, sonnig, warm, sommerlich, heiter (Wetter) *imposant, phantastisch, enorm, bedeutsam, großartig, überragend, hervorragend, wunderbar, spektakulär, einzigartig

**unerfüllbar:** nicht zu erfüllen, unmöglich, unrealisierbar, utopisch, undurchführbar, undenkbar

**unerfüllt:** langweilig, einfallslos, wirkungslos, monoton, phantasielos, einfach, alltäglich, üblich, unoriginell, ohne Pfiff, trist, fade, öde, trostlos, reizlos, uninteressant, gleichförmig, einförmig, ermüdend, trocken

**unergründlich:** unbegreiflich, undurchschaubar, unerklärlich, unerklärbar, mysteriös, undurchsichtig, dunkel, geheimnisvoll, nebulös, unverständlich

**unerheblich:** sekundär, nebensächlich, ephemer, an zweiter Stelle *unwichtig, unwesentlich, nichtssagend, belanglos, farblos, einflußlos, wertlos, wesenlos, unscheinbar, uninteressant, peripher, nichtig, nicht erwähnenswert, gleichgültig, akzidentiell

**unerhört:** unglaublich, unfaßbar, unbeschreiblich, empörend, bodenlos, beispiellos, skandalös, allerhand, ungeheuerlich

**unerklärlich:** unbegreiflich, undurchschaubar, unerklärbar, mysteriös, undurchsichtig, dunkel, geheimnisvoll, nebulös, unverständlich

**unerläßlich:** nötig, wichtig, unentbehrlich, bedeutungsvoll, notwendig

**unerlaubt:** gesetzwidrig, verfassungswidrig, rechtswidrig, ordnungswidrig, unrechtmäßig, ungesetzlich, unrechtlich, widerrechtlich, sträflich, strafbar, illegal, illegitim, kriminell, verboten, verpönt, unzulässig, unstatthaft, tabu, untersagt, unbefugt, irregulär, ohne Recht / gesetzliche Grundlage

**unerledigt:** unausgeführt, anstehend, liegengeblieben, unabgeschlossen, abhängig, unfertig

**unermeßlich:** unendlich, unübersehbar, grenzenlos, unbeschränkt, endlos, unzählbar, unerschöpflich, unabsehbar, zahllos, unbegrenzt, groß, unversiegbar, weit, unmeßbar, ohne Grenze / Ende *sehr, überaus

**unermüdlich:** beharrlich, unentwegt, unverdrossen, verbissen, unaufhörlich, zäh, entschlossen, durchhaltend, erbittert, stur, unbeirrt, hartnäckig

**unerquicklich:** unangenehm, ungelegen, mißlich, unerfreulich, peinlich, unbequem, ärgerlich, unwillkommen,

**unerfüllbar:** erfüllbar, machbar, durchführbar

**unerfüllt:** erfüllt, ausgefüllt, befriedigend, abwechslungsreich, interessant

**unergründlich:** erklärbar, verständlich, ableitbar

**unerheblich:** erheblich, groß, ansehnlich, beträchtlich, außergewöhnlich, erstaunlich, außerordentlich, stattlich, überwältigend *wichtig, bedeutungsvoll, bedeutsam, schwerwiegend, aktuell, belangvoll, (vor)dringlich *fundamental, elementar, grundlegend

**unerhört:** angenehm, erfreulich *erhört (Bitte) *kaum, (ein) wenig, gering, unbedeutend

**unerklärlich:** erklärlich, verständlich, faßbar, klar, eindeutig, durchsichtig

**unerläßlich:** unwichtig, überflüssig, entbehrlich, vermeidbar, unnötig, belanglos, unbedeutend, bedeutungslos

**unerlaubt:** statthaft, erlaubt, legitim, legal, zulässig, gesetzlich, rechtmäßig, dem Recht / Gesetz entsprechend, nach Recht und Gesetz *gestattet, genehmigt, statthaft, bewilligt, berechtigt

**unerledigt:** fertig, gemacht, geschafft, erledigt, getan, beendet, abgeschlossen, ausgeführt

**unermeßlich:** gering, klein, winzig *ermeßlich, (ab)schätzbar, vorstellbar

**unermüdlich:** nachlassend, rückläufig, erlahmend, schwindend

**unerquicklich:** erfreulich, angenehm, erquicklich, gut, willkommen *interessant, spannend, angenehm, abwechs-

unbefriedigend, schlecht, ungut, schlimm, unliebsam, widrig, unerwünscht, prekär, ungünstig *ungemütlich, unfreundlich, unschön, kalt, kühl *ekelhaft, ekelerregend *heikel
**unerreichbar:** undurchführbar, unmöglich, undenkbar, impraktikabel, unausführbar, indiskutabel, unrealisierbar, aussichtsslos, utopisch
**unerreicht:** unübertroffen, ungeschlagen, unbesiegt
**unersättlich:** gierig, maßlos, nicht zu befriedigen, ungeheuer groß, gefräßig
**unerschrocken:** (wage)mutig, tapfer, draufgängerisch, tollkühn, verwegen, beherzt, waghalsig, furchtlos, todesmutig, vermessen, heldenhaft, kühn, unverzagt, heldenmütig, herzhaft, mannhaft, kämpferisch
**unerschütterlich:** beharrlich, zäh, unentwegt, ausdauernd, unverdrossen, krampfhaft, hartnäckig, verzweifelt, unbeirrt, unbeirrbar, verbissen *ruhig, ausgeglichen, beherrscht, gefaßt, geruhsam, gleichmütig, sicher, würdevoll, harmonisch, abgeklärt, bedacht (-sam), besonnen, still, kaltblütig, gezügelt, gemessen, ruhevoll, überlegen, gemächlich
**unerschwinglich:** (zu) teuer, kostspielig, aufwendig, überteuert, überhöht, nicht bezahlbar *kostbar, erlesen, edel, hochwertig, fein, wertvoll, qualitätsvoll, unersetzbar, exquisit, einmalig, kostspielig, von guter Qualität, selten, unschätzbar, unbezahlbar, viel wert, erstklassig
**unersprießlich:** dürftig, kümmerlich, inhaltleer, ineffizient, unproduktiv, unfruchtbar, ergebnislos, ineffektiv, unnötig, oberflächlich, unbefriedigend, mager
**unerträglich:** unsympathisch, zuwider, abstoßend, unliebsam, widerwärtig, unausstehlich, intolerabel, unbeliebt, ungenießbar, unleidlich *halsstarrig, rechthaberisch, finster, aufmüpfig, zugeknöpft, unbelehrbar, eisern, aufsässig, widersetzlich, ungehorsam, kratzbürstig, unfolgsam, kompromißlos, bockbeinig, dickköpfig, widerspenstig, unzugänglich, unaufgeschlossen, stur, hartgesotten, dickschädelig, starrköpfig, unversöhnlich, widerborstig, starrsinnig, bockig, eigensinnig, fest, steif-

lungsreich, unterhaltsam, informativ (Unterhaltung) *warm, gemütlich, freundlich *sonnig, heiter, warm, sommerlich *schön

**unerreichbar:** erreichbar, greifbar, faßbar *erreichbar, möglich (Ziel)

**unerreicht:** überholt, übertroffen (Rekord)
**unersättlich:** zufriedengestellt, befriedigt, zurückhaltend, bescheiden
**unerschrocken:** feige, verzagt, ängstlich, bang, aufgeregt, mutlos, hasenherzig, feigherzig, memmenhaft, kleinmütig

**unerschütterlich:** unbeherrscht, jähzornig, hitzköpfig, auffahrend, hitzig, heftig *nachgiebig, weich, schwach *gerührt, bewegt, beeinflußt, bestürzt, erschüttert, beeindruckt, fassungslos, verwirrt, sprachlos, starr, verblüfft, entgeistert, perplex

**unerschwinglich:** erschwinglich, tragbar (Belastung) *billig, nicht zu teuer / überteuert

**unersprießlich:** förderlich, ersprießlich, schön, fruchtbar, nutzbringend, nützlich, hilfreich, dankbar, lohnend, ergiebig

**unerträglich:** erträglich, leicht, tragbar, gering (Schmerzen) *artig, brav, wohlerzogen, sympathisch, nett, freundlich, höflich, anziehend, gewinnend, lieb, liebenswert, galant, zuvorkommend, gefällig, aufmerksam, beflissen, achtungsvoll *attraktiv, betörend, charmant, anziehend, einnehmend, fesselnd, faszinierend, begehrt, unwiderstehlich (Mensch)

nackig, verstockt, verbohrt, unerbittlich, trotzig, störrisch, verständnislos,
unnachgiebig, unbotmäßig, unbequem, verschlossen *charakterfest,
durchhaltend, unbeirrt, unbeirrbar,
aufrecht, unerschütterlich, willensstark

**unerwartet:** plötzlich, unvermutet, unvermittelt, ungeahnt, überraschend,
urplötzlich, blitzschnell, ruckartig, jäh
(-lings)

**unerwünscht:** nicht gerngesehen / geduldet / begehrt, unwillkommen *unleidlich, unangenehm

**unerzogen:** impertinent, frech, naseweis, vorlaut, vorwitzig, unartig, ungesittet, schamlos, keß, keck, dreist, ungezogen, unverschämt, unverfroren,
unmanierlich

**unfähig:** unqualifiziert, untüchtig, unbegabt, nicht in der Lage / imstande,
unvermögend, inkompetent, nicht geeignet für, außerstande, untauglich
*impotent

**Unfähigkeit:** Unvermögen, Versagen,
Ohnmacht, Kraftlosigkeit, Schwäche,
Insuffizienz, Untüchtigkeit, Ungenü-
gen, Unzulänglichkeit *Impotenz

**unfair:** unkameradschaftlich, unlauter,
unschön, regelwidrig, unkollegial, unredlich, regelwidrig, gegen die Regel,
nicht ehrlich, unsportlich

**unfaßbar:** unerklärlich, unbegreiflich,
undurchschaubar, unerklärbar, mysteriös, undurchsichtig, dunkel, geheimnisvoll, nebulös, unverständlich *unbegreiflich, unerhört, beispiellos, namenlos, grenzenlos, himmelschreiend, unbeschreiblich, unsäglich, unaussprechlich, bodenlos

**unfehlbar:** sicher, wahrhaftig, tatsächlich, wahr(lich), echt, wirklich, fürwahr, (zu)treffend, unbestritten, unbestreitbar, erwiesen, hundertprozentig,
dokumentiert, offiziell, amtlich, zweifelsfrei, fundiert, fehlerfrei, stichhaltig,
echt, verbürgt, gut, untrüglich, gewiß

**unfeierlich:** einfach, unfestlich,
schlicht

**unfein:** ordinär, niveaulos, nieder, gewöhnlich, vulgär

**unfertig:** unausgegoren, unentwickelt,
ungenügend, unausgereift, unreif, unausgewogen *unbeendet, unvollkommen, bruchstückhaft, halb, unabgeschlossen, unvollendet

**unerwartet:** erwartet, vorauszusehen,
vorhergesehen (Ereignis, Ausgang)
*(vor)angemeldet, angekündigt (Be-
such) *genehmigt, geplant, organisiert

**unerwünscht:** erwartet, begehrt,
gerngesehen, gelegen, willkommen,
*gewünscht, geplant (Kind)

**unerzogen:** brav, (wohl)erzogen, nett,
zuvorkommend, aufgeschlossen, höflich, freundlich, folgsam, artig, gehorsam, manierlich, gesittet, fügsam, lieb

**unfähig:** fähig, imstande, tüchtig,
stark, befähigt, genial, talentvoll, talentiert, nicht dumm *zeugungsfähig,
potent

**Unfähigkeit:** Fähigkeit, Talent, Stärke
*Zeugungsfähigkeit, Potenz

**unfair:** fair, sportlich, anständig, kameradschaftlich, regelgemäß, kollegial,
redlich, ehrlich

**unfaßbar:** begreifbar, verständlich,
faßbar, erwartet, begreiflich, auf der
Hand liegend, faßlich, durchschaubar,
durchsichtig *gering, wenig

**unfehlbar:** fehlbar, unrichtig, bestreitbar, ungewiß, angreifbar

**unfeierlich:** feierlich, fürstlich, festlich
(Mahl, Feier)

**unfein:** fein, gepflegt, reif, graziös

**unfertig:** fertig(gestellt), errichtet, aufgebaut (Haus) *ausgegoren (Wein)
*reif, ausgereift, fertig

**unflätig:** anstößig, pikant, schlecht, unanständig, unkeusch, lasterhaft, liederlich, sittenlos, ruchlos, schlüpfrig, ungehörig, unmoralisch, unschicklich, verdorben, unzüchtig, unsittlich, unziemlich, zuchtlos, wüst, ungebührlich, verworfen, verrucht, unsolide, zotig, zweideutig *bärbeißig, wütend, wutschnaubend, wutentbrannt, wutschäumend, zornig, erzürnt, fuchsteufelswild, böse, grimmig, ärgerlich, empört, mißlaunig, mißmutig, peinlich, mürrisch, aufgebracht, brummig, verdrossen, verdrießlich, unwillig, rabiat, erbost, erbittert, grantig, gereizt, mißgelaunt, übellaunig, unwirsch, entrüstet, muffig, griesgrämig

**unfolgsam:** unartig, widersetzlich, nicht brav, verzogen, unbotmäßig, widerspenstig, unfügsam

**unförmig:** plump, amorph, gestaltlos, ungeformt, ungefüge, ungestalt, formlos, ungeschlacht

**unförmlich:** entspannt, gelöst, ruhig, gelockert, entkrampft *zwanglos, ungezwungen, frei, offen, lässig, natürlich, unbefangen, unzeremoniell, ungehemmt, ungeniert, gelöst, salopp, leger, familiär, formlos, nonchalant, informell

**unfrankiert:** unfrei, nicht freigemacht

**unfrei:** unfrankiert, nicht freigemacht (Brief) *versklavt, entrechtet, unselbständig, abhängig, unterjocht, rechtlos, entmachtet, unterdrückt, geknebelt, untertan, untergeordnet *ängstlich, zag(haft), aufgeregt, bänglich, zähneklappernd, angsterfüllt, angstverzerrt, hasenherzig, feigherzig, memmenhaft, mutlos, kleinmütig, befangen, beklommen, aufgeregt, bang, angstvoll, angstbebend, verängstigt, scheu, schüchtern, angstschlotternd, argwöhnisch, betroffen, besorgt, gehemmt, schreckhaft, verschreckt, verschüchtert

**Unfreiheit:** Knechtschaft, Unterdrückung, Sklaverei, Zwang, Bürde, Last, Hörigkeit, Unterjochung, Joch, Versklavung, Bedrückung, Drangsalierung *Zensur, Maulkorb, Kontrolle, Aufsicht, Überwachung *Religionsverbot, Verbot / Unterdrückung der freien Religionsausübung

**unflätig:** anständig, gesittet, höflich, korrekt, sittsam, ordentlich, gesittet, angemessen, artig, fein, schicklich, manierlich (Benehmen) *anständig, sauber, freundlich, nett, verbindlich (Worte)

**unfolgsam:** folgsam, artig, fügsam, gehorsam, lieb, gesittet, manierlich, brav

**unförmig:** wohlgestalt(et), perfekt, formvollendet, zierlich, hager

**unförmlich:** förmlich, formell, konventionell, steif, gezwungen

**unfrankiert:** frankiert, frei (Postsendung)

**unfrei:** frei, autonom, autark, souverän, unabhängig, ungebunden, selbständig, auf s. gestellt, unbeschränkt, unbehindert, sein eigener Herr, emanzipiert, selbstverantwortlich, für s. allein *kostenlos *frei, frankiert *ungezwungen, frei, formlos, lässig, leger, nachlässig, natürlich, hemdsärmelig, gelöst, zwanglos, unzeremoniell, ungeniert *eigenständig, epigonal, ungebunden, selbständig, selbstbewußt, (selbst)sicher

**Unfreiheit:** Freiheit, Autonomie, Autarkie, Souveränität *Freiheit, Unabhängigkeit, Ungebundenheit, Ungezwungenheit, Zwanglosigkeit *Meinungsfreiheit, Gedankenfreiheit *Bewegungsfreiheit *Redefreiheit *Pressefreiheit *Bekenntnisfreiheit, Glaubensfreiheit

**unfreiwillig:** widerstrebend, zwangsweise, unter Zwang, widerwillig, gezwungen(ermaßen), wider Willen

**unfreundlich:** ungastlich, ungesellig, distanziert *grob, schlimm, übel, arg, böse, unangenehm, schrecklich, stark, gröblich *grobschlächtig, derb, unfein, roh, drastisch, unmanierlich, unkultiviert, grobschrötig, ungeschliffen, ungehobelt, ungesittet, unzivilisiert *taktlos, abweisend, barsch, schroff, unwirsch, sehr unhöflich, ruppig, roh, brüsk, rauh, rüpelhaft, rüde *(naß-)kalt, regnerisch, feucht(kalt), schrecklich (Wetter)
**Unfreundlichkeit:** Grobheit, Unhöflichkeit, Ungefälligkeit, Unaufmerksamkeit, Unliebenswürdigkeit, Barschheit, Schroffheit, Grobschlächtigkeit, Plumpheit, Ungeschliffenheit *Ungastlichkeit, Ungeselligkeit
**Unfrieden:** Zerwürfnis, Streit, Entzweiung, Auseinandersetzung, Zusammenstoß, Zwietracht, Streitigkeiten, Spannungen, Konflikt, Zwist
**unfrisiert:** strubbelig, zottig, struppig, unordentlich, ungekämmt, strähnig, verstrubbelt, strobelig
**unfruchtbar:** kümmerlich, nutzlos, mager, erbärmlich, unproduktiv, inhaltsleer, unersprießlich, ineffizient, ergebnislos, ineffektiv, flach *mager, unschöpferisch, karg
**ungalant:** unhöflich, abweisend, taktlos, ruppig, unfreundlich, ungehobelt, unkultiviert, unverbindlich, barsch, unritterlich, grobschlächtig, rüpelig, ungeschliffen, unliebenswert, flegelhaft, brüsk, lümmelhaft
**ungastlich:** unwirtlich, kalt, abweisend, unsympathisch
**ungeachtet:** trotz, entgegen, obschon, obgleich, obwohl, wenn auch, wenngleich
**ungeahnt:** die Erwartungen übersteigend, ungewöhnlich, groß(artig), aussichtsreich
**ungebärdig:** zügellos, ausgelassen, ungezügelt, wild, ungebändigt, ungestüm

**ungebeten:** unerwünscht, ungelegen, unwillkommen, ungeladen, ungefragt, unaufgefordert

**unfreiwillig:** freiwillig, aus eigenen Stücken, ungezwungen, spontan, intuitiv, von allein, unaufgefordert, ohne Aufforderung, aus freiem Willen, von selbst
**unfreundlich:** freundlich, nett, heiter, herzlich, höflich, zuvorkommend, liebenswürdig, reizend, lieb, bezaubernd, fröhlich, wohlwollend, froh(gemut), gutgelaunt, erfreut *willig, entgegenkommend, umgänglich *sommerlich, sonnig, warm, heiter, klar, strahlend, wolkenlos (Wetter) *nett, hübsch, warm, freundlich, wohnlich (Zimmer)

**Unfreundlichkeit:** Freundlichkeit, Liebenswürdigkeit, Herzlichkeit, Nettigkeit, Verbindlichkeit, Wärme, Warmherzigkeit, Gefälligkeit, Höflichkeit, Aufmerksamkeit *Gastlichkeit, Geselligkeit
**Unfrieden:** Frieden, Harmonie, Partnerschaft, Freundschaft, Ruhe, Ausgeglichenheit, Kollegialität, Kooperation

**unfrisiert:** frisiert, gekämmt, gestriegelt, glatt, (aus)gebürstet, zurechtgemacht, schöngemacht, geflochten
**unfruchtbar:** fruchtbar, ertragreich, ersprießlich, ergebnisreich, gut, fett *fruchtbar, befriedigend (Gespräch)

**ungalant:** galant, gekonnt, höflich, pflichtschuldigst, ritterlich, vornehm, taktvoll, geschickt, fein, aufmerksam, kultiviert, zuvorkommend, diplomatisch

**ungastlich:** gastlich, gastfreundlich, gastfrei
**ungeachtet:** trotz(dem), in Anbetracht, eingedenk, dennoch, gleichwohl, jedenfalls
**ungeahnt:** beschränkt, eingeschränkt, eingeengt (Möglichkeiten) *gering, klein
**ungebärdig:** artig, brav, gesittet, folgsam, lieb, gehorsam, manierlich, fügsam
**ungebeten:** willkommen, (ein)geladen, erwartet

**ungebildet:** banausisch, ungeistig, spießbürgerlich, unkünstlerisch, eng, kleinkariert, kleinlich *unwissend, unerfahren, unaufgeklärt, ahnungslos, unbelesen, unkundig, nicht unterrichtet

**ungeboren:** noch nicht geboren / auf der Welt, embryonal, pränatal

**ungeborgen:** heimatlos, unbehaglich, unwohl, fremd, ungeschützt, entwurzelt, ohne Wärme / Heimat, nicht zu Hause

**Ungeborgenheit:** Ungeborgensein, Wurzellosigkeit, Heimatlosigkeit, Unbehaustheit, Unbehaustsein

**ungebräuchlich:** ungewohnt, unkonventionell, rar, ausgefallen, unüblich, selten, nicht alltäglich

**ungebraucht:** neu, frisch, unberührt

**ungebrochen:** nicht entmutigt / niedergeschlagen / verzweifelt / erschüttert *nicht geschwächt

**ungebührlich:** ungeziemend, respektlos, unziemlich, unfein, unzumutbar, unschicklich

**ungebunden:** frei, uneingeschränkt, unkontrolliert, für s. allein, auf s. gestellt, unabhängig, selbständig, autonom, autark, unbeschränkt, sein eigener Herr, emanzipiert, unbehindert, selbstverantwortlich, ohne Zwang, souverän, unbelastet *lose (Buch)

**Ungebundenheit:** Freiheit, Selbständigkeit, Unabhängigkeit, Eigenständigkeit, Freizügigkeit, Autarkie, Selbstbestimmung, Autonomie, Zwanglosigkeit

**Ungeduld:** Getriebensein, Unrast, Nervosität, Rastlosigkeit, Ruhelosigkeit, Anspannung, Spannung, Erregung, Aufregung, Unruhe, Aufgeregtheit, Zappeligkeit, Hektik, Erregtheit, Hochspannung

**ungeduldig:** aufgeregt, gereizt, unruhig, zappelig, fieberhaft, aufgelöst, beunruhigt, erregt, bewegt, fiebrig, nervenschwach, nervös, unstet, ruhelos, hektisch, turbulent *erwartungsvoll, angespannt, von Ungeduld erfüllt, gespannt

**ungebildet:** gebildet, wissend, kultiviert, allwissend, bewandert, unterrichtet, erfahren, gelehrt, belesen, beschlagen, aufgeklärt, vertraut, wohl informiert, gescheit, intelligent, klug, befähigt, talentvoll, weise

**ungeboren:** geboren

**ungeborgen:** geborgen, sicher, gesichert, behütet, beschützt, beschirmt

**Ungeborgenheit:** Geborgenheit, Sicherheit, Gesichertsein, Behütetheit, Behütetsein, Beschütztsein, Beschirmtsein

**ungebräuchlich:** gebräuchlich, bekannt, gewöhnlich, üblich, geläufig, normal, alltäglich

**ungebraucht:** gebraucht, benutzt *second hand, aus zweiter Hand, getragen *antiquarisch, alt

**ungebrochen:** gebrochen, entmutigt, deprimiert, niedergeschlagen, niedergeschmettert, verzweifelt, gedrückt, resigniert, verzagt, mutlos, lebensmüde *energielos

**ungebührlich:** gebührlich, brav, artig, höflich, manierlich, folgsam, pflichtschuldigst, fügsam, gesittet

**ungebunden:** gebunden (Buch) *eingeschränkt, beschränkt, gebunden, eingeengt, unfrei, abhängig, unselbständig, untertan (Mensch, Leben)

**Ungebundenheit:** Einschränkung, Beschränkung, Einengung, Gebundenheit

**Ungeduld:** Geduld, Ausdauer, Beharrlichkeit, Zielbewußtsein, Zielstrebigkeit, Unermüdlichkeit, Zähigkeit, Unverdrossenheit, Stetigkeit, Beharrung, Entschiedenheit, Entschlossenheit, Festigkeit, Konsequenz, Stehvermögen

**ungeduldig:** geduldig, unentwegt, unbeirrt, ausdauernd, hartnäckig, unverdrossen, unbeirrbar, ingrimmig *(gott)ergeben, quietistisch *stoisch *nachsichtig, verständnisvoll, duldsam, tolerant, freizügig, weitherzig *kaltblütig

**ungeeignet:** unbrauchbar, untauglich, unzweckmäßig, unpraktisch, nichts wert, nutzlos, zu nichts zu gebrauchen *nutzlos, sinnlos, zwecklos, ergebnislos, entbehrlich, umsonst, aussichtslos, wertlos, unwirksam

**ungefähr:** annähernd, fast, rund, pauschal, einigermaßen, gegen, annäherungsweise, beinahe, schätzungsweise, überschlägig, circa, zirka *ungenau

**ungefährlich:** nicht ansteckend, heilbar, unschädlich, harmlos, gutartig, sicher, gefahrlos, ungefährdet, risikolos, unverfänglich, gesichert, in Sicherheit

**Ungefährlichkeit:** Sicherheit, Obhut, Behütetsein, Schutz, Geborgenheit, Gesichertheit, Abschirmung, Sicherung, Geborgensein

**ungefällig:** unhöflich, abweisend, taktlos, ruppig, unfreundlich, ungehobelt, unkultiviert, unverbindlich, barsch, unritterlich, grobschlächtig, rüpelig, ungeschliffen, unliebenswert, flegelhaft, brüsk, lümmelhaft

**ungegenständlich:** abstrakt, unanschaulich, theoretisch, begrifflich, ideell, nur gedacht

**ungehalten:** bärbeißig, wütend, wutschnaubend, wutentbrannt, wutschäumend, zornig, erzürnt, fuchsteufelswild, böse, grimmig, ärgerlich, empört, mißlaunig, mißmutig, peinlich, mürrisch, aufgebracht, brummig, verdrossen, verdrießlich, unwillig, rabiat, erbost, erbittert, grantig, gereizt, mißgelaunt, übellaunig, unwirsch, entrüstet, muffig, griesgrämig

**ungeheizt:** kalt, ausgekühlt, klirrend, eisig, kühl, ungemütlich

**ungehemmt:** zwanglos, ungezwungen, frei, offen, lässig, natürlich, unbefangen, unzeremoniell, ungeniert, gelöst, salopp, leger, familiär, formlos, nonchalant, informell *hemmungslos, bedenkenlos, rücksichtslos, verantwortungslos, skrupellos, gewissenlos *leidenschaftlich, lebhaft, temperamentvoll, wild, dynamisch, vif, vital, heiß (-blütig), beweglich, stürmisch, glühend, impulsiv, flammend, vulkanisch, heftig, besessen, feurig, lebendig, un-

**ungeeignet:** geeignet, fähig, begabt, talentiert, nicht dumm, genial, talentvoll, befähigt, tüchtig *potentiell, virtuell, denkbar, in Frage kommend, möglich

**ungefähr:** exakt, genau, pünktlich, präzis(e) *genau, (wort)wörtlich

**ungefährlich:** gefährlich, brenzlig, gefahrvoll, kritisch *selbstmörderisch, lebensgefährlich, halsbrecherisch, tödlich *gefahrvoll, unsicher, gefährlich, berüchtigt (Gegend) *ernst, schlimm, bedenklich, gefährlich (Krankheit) *gewagt, riskant, abenteuerlich

**Ungefährlichkeit:** Gefahr, Bedrohung, Unsicherheit, Gefährdung

**ungefällig:** gefällig, entgegenkommend, wohlwollend, nett, freundlich, großmütig, kulant *dienstbeflissen, hilfreich, eilfertig, dienstfertig, dienstwillig, gefällig *freundlich, verbindlich, wohlgesinnt, wohlmeinend, liebenswürdig, leutselig, huldreich, huldvoll

**ungegenständlich:** gegenständlich, figürlich, bildlich, darstellend, konkret

**ungehalten:** gleichgültig, unberührt, wurstig *ruhig, zurückhaltend, gemessen, gesetzt, besonnen, gefaßt, bedacht *freundlich, entgegenkommend, nett *zufrieden *überlegen, sicher

**ungeheizt:** geheizt, warm, gemütlich, temperiert, überschlagen, beheizt

**ungehemmt:** gehemmt, verkrampft, ängstlich, bang, verschämt, befangen, scheu, unsicher, verlegen, zurückhaltend, furchtsam, verschüchtert, zähneklappernd, bänglich, angsterfüllt, angstschlotternd, verstört, zaghaft, zitternd, angstvoll, zag, bänglich, schreckhaft, verängstigt, schüchtern, beklommen, eingeschüchtert, verschreckt

ruhig, quecksilbrig, blutvoll, getrieben, mobil, hemmungslos

**ungeheuer:** groß, enorm, gigantisch, außerordentlich, riesig, unermeßlich, immens, mächtig, gewaltig

**ungehindert:** unbehindert, unbelästigt

**ungehobelt:** grob, schlimm, übel, arg, böse, unangenehm, schrecklich, stark, gröblich *grobschlächtig, derb, unfein, roh, drastisch, unmanierlich, unkultiviert, grobschrötig, ungeschliffen, ungesittet, unzivilisiert *taktlos, abweisend, barsch, schroff, unwirsch, sehr unfreundlich / unhöflich, ruppig, roh, brüsk, rauh, rüpelhaft, rüde *roh, rauh

**ungehörig:** impertinent, frech, naseweis, vorlaut, vorwitzig, unartig, ungesittet, schamlos, keß, keck, dreist, ungezogen, unverschämt, unverfroren, unmanierlich *rücksichtslos, ohne Bedenken / Rücksicht, unerbittlich, erbarmungslos, egoistisch

**ungehorsam:** standhaft, halsstarrig, rechthaberisch, finster, aufmüpfig, zugeknöpft, unbelehrbar, eisern, aufsässig, widersetzlich, kratzbürstig, unfolgsam, kompromißlos, bockbeinig, dickköpfig, widerspenstig, unzugänglich, unaufgeschlossen, stur, hartgesotten, dickschädelig, starrköpfig, unversöhnlich, widerborstig, starrsinnig, bockig, eigensinnig, fest, steifnackig, verstockt, verbohrt, unerbittlich, trotzig, störrisch, verständnislos, unnachgiebig, unbotmäßig, unbequem, verschlossen, unartig, unmanierlich

**Ungehorsam:** Halsstarrigkeit, Eigensinnigkeit, Eigensinn, Aufsässigkeit, Bockigkeit, Dickköpfigkeit, Dickschädeligkeit, Unnachgiebigkeit, Widersetzlichkeit, Starrsinn, Widerspenstigkeit, Trotz, Rechthaberei

**ungeklärt:** ungewiß, unentschieden, fraglich, zweifelhaft, umstritten, unsicher, ungesichert, unverbürgt, problematisch, unbestätigt

**ungekünstelt:** natürlich, einfach, ungezwungen, ungeziert, ungeniert, zwanglos, unbefangen, unzeremoniell, formlos, familiär

**ungeheuer:** winzig *klein *mäßig, gering, ein wenig *nicht geheuer

**ungehindert:** gehindert, behindert

**ungehobelt:** höflich, zuvorkommend, gesittet, gebildet, aufmerksam, fein, kultiviert, geschliffen, manierlich, vornehm, taktvoll, ritterlich, rücksichtsvoll, korrekt (Mensch) *gehobelt (Holz)

**ungehörig:** artig, folgsam, gehorsam, brav, gesittet, lieb, manierlich, fügsam, anständig *entgegenkommend, ehrerbietig, wohlmeinend, wohlwollend, anständig, gutgesinnt *angemessen, gehörig, passend *rücksichtsvoll, aufmerksam, verbindlich, taktvoll, liebenswürdig, gefällig, einfühlend, zartfühlend *hilfsbereit, gefällig, hilfreich *rechtschaffen, sauber, hochanständig, ehrbar, bieder, brav, aufrecht, ehrenhaft, ehrsam, ehrenfest

**ungehorsam:** gehorsam, wohlerzogen, gefügig, fügsam, folgsam, artig, lieb, manierlich, gesittet, ergeben, brav, anständig, gutwillig, willfährig, lenkbar, willig *fromm, zahm (Tier) *unterwürfig, ergeben, demütig, devot, servil, knechtisch, unbeständig, gehorsam

**Ungehorsam:** Gehorsam, Gefügigkeit, Folgsamkeit, Bravheit *Unterordnung, Unterwürfigkeit *Obedienz (Geistlicher)

**ungeklärt:** geklärt, klar, sauber (Wasser) *geklärt, aufgedeckt, bewiesen

**ungekünstelt:** geziert, gekünstelt, theatralisch, maniriert, gezwungen, geblümt, gemacht, unecht, unnatürlich, gestelzt, gespreizt

**ungekürzt:** lückenlos, komplett, vollzählig, in vollem Umfang, vollständig

**ungeladen:** ungebeten, unerwünscht, ungelegen, unwillkommen, ungefragt, unaufgefordert *leer, entladen

**ungelegen:** unerwünscht, im falschen Augenblick, unpassend, unwillkommen, unzeitig

**ungelenk:** ungeschickt, unbeholfen, plump, eckig, umständlich, ungewandt, unbeweglich, unpraktisch *unbeholfen, unsicher, holprig

**ungelenkig:** steif, fest, unbiegsam, starr *linkisch *unsportlich, plump

**ungemein:** ausgefallen, ansehnlich, verblüffend, auffällig, ungewöhnlich, außergewöhnlich, überwältigend, beachtlich, überragend, bedeutsam, sondergleichen, beträchtlich, sagenhaft, bewundernswürdig, eindrucksvoll, nennenswert, imposant, enorm, erstaunlich, großartig, abenteuerlich, ohnegleichen, aufsehenerregend, unvergleichlich, spektakulär, stattlich, überraschend, ungeläufig, sensationell, auffallend, bedeutend, bedeutungsvoll, beeindruckend, bewundernswert, brillant, märchenhaft, hervorragend, imponierend, außerordentlich, entwaffnend, groß, fabelhaft, einzigartig *überaus, sehr

**ungemütlich:** unbehaglich, kühl, unwirtlich, unbequem, unwohnlich *unangenehm, beklommen, lustlos

**ungenannt:** anonym, unbekannt, unbeachtet, unentdeckt, namenlos

**ungenau:** unklar, undeutlich, undurchschaubar, unübersichtlich, ein Buch mit sieben Siegeln, unentschieden, zweifelhaft, verschwommen, fraglich, unpräzise, in Dunkel gehüllt, unscharf, nebulös, nicht eindeutig / verständlich / deutlich / zu definieren, schlecht zu entziffern / zu verstehen, unverständlich, zusammenhanglos, vage, unausgegoren, unbestimmt, mißverständlich, andeutungsweise, undefinierbar, verworren, unartikuliert, wirr, abstrus, unsicher *nachlässig, schlampig, unordentlich, pflichtvergessen, leicht-

**ungekürzt:** gekürzt (Bruch) *gekürzt, unvollständig, gestrichen (Text) *(ab-) gekürzt

**ungeladen:** (ein)geladen, gebeten, gerngesehen, willkommen, erwartet (Gast) *geladen (Batterie) *schußbereit, geladen (Gewehr)

**ungelegen:** gelegen, günstig, willkommen, passend, gut

**ungelenk:** geschickt, behende, gewandt, wendig, graziös *flüssig (Worte)

**ungelenkig:** gelenkig, sportlich

**ungemein:** klein, wenig, minimal, gering *durchschnittlich, ausreichend, normal, gewöhnlich, alltäglich, gängig *kaum, fast gar nicht, gerade noch, knapp, so gut wie nie, selten, ab und zu

**ungemütlich:** gemütlich, behaglich, warm, angenehm, mollig, traulich, traut, heimelig, anheimelnd, wohlig *angenehm *gelassen, einsichtig, umgänglich (Mensch)

**ungenannt:** genannt, geheißen, benam(s)t, sogenannt, zubenannt, beibenannt, des Namens, bekannt

**ungenau:** peinlich, pedantisch, sorgfältig, reinlich, akkurat, pingelig, kleinlich, spießig, übergenau, spitzfindig, schulmeisterlich *genau, exakt, präzise, getreu, strikt, streng *prägnant, klar, deutlich, säuberlich *gründlich, detailliert, vollständig *anschaulich, bestimmt, bildhaft, eindeutig, exakt, greifbar, fest umrissen, unmißverständlich, unzweideutig *pünktlich, fristgemäß, termingemäß, auf die Sekunde / Minute, ohne Verspätung, rechtzeitig, beizeiten, zur vereinten / rechten / richtigen Zeit, wie vereinbart

hin, liederlich, flüchtig, übereilt, nicht gründlich / sorgfältig / gewissenhaft, lässig

**ungeniert:** zwanglos, ungezwungen, frei, offen, lässig, natürlich, unbefangen, unzeremoniell, ungehemmt, gelöst, salopp, leger, familiär, formlos, nonchalant, informell

**ungenießbar:** nicht eßbar / genießbar / trinkbar, giftig, unbekömmlich, schädlich, unverträglich, faulig, schlecht, verschimmelt, ranzig *sauer (Getränk) *sauer, versalzen, scharf, schlecht (Suppe) *schal, abgestanden (Wasser) *schlechtgelaunt, übellaunig, mißmutig, grantig, fuchsig, gereizt, grollend, zornig, hitzköpfig, ungehalten, verärgert, verschnupft (Mensch)

**ungenügend:** unvollkommen, mangelhaft, halbwertig, schlecht, den Anforderungen nicht entsprechend, unzureichend, primitiv, unzulänglich, knapp, unbefriedigend

**ungenügsam:** unbescheiden, anspruchsvoll, unersättlich, anmaßend

**Ungenügsamkeit:** Unbescheidenheit, Übertreibung, Maßlosigkeit

**ungenutzt:** neu(wertig), ungebraucht, ungetragen, unbenutzt *nicht wahrgenommen

**ungeordnet:** durcheinander, unübersichtlich, unüberschaubar, wirr, chaotisch, (kunter)bunt

**ungepflegt:** unordentlich, schlampig, lotterig, schluderig, unsorgfältig, nachlässig, liederlich, unsorgsam *schmutzig, ungewaschen, schlechtriechend

**ungeplant:** planlos, ohne Plan / Überlegung *impulsiv

**ungeputzt:** unsauber, blind, stumpf, schmutzig, schmutzstarrend

**ungeraten:** mißraten, ungezogen, unartig, frech, lümmelhaft, flegelhaft, schlecht erzogen, unmanierlich, ungesittet

**ungerecht:** gemein, unbillig, unobjektiv, undankbar, diskriminierend, unsachlich, rechtswidrig, unrecht, einseitig, stiefmütterlich, parteiisch, subjektiv

**ungeniert:** gezwungen, gekünstelt, nicht echt, geziert, geschraubt, unecht, unnatürlich *gehemmt, verlegen, scheu, schüchtern *zurückhaltend, diskret, mäßigend *korrekt, sittsam

**ungenießbar:** genießbar, eßbar, trinkbar, gut, verträglich, einwandfrei, gesund, gekömmlich, nahrhaft, vitaminreich, wohlschmeckend, nährend *gutgelaunt, angenehm, umgänglich, wohlwollend, entgegenkommend, verträglich, nett, freundlich, froh (Mensch)

**ungenügend:** (sehr) gut, vorzüglich, ausgiebig, genug, genügend, gehörig, befriedigend

**ungenügsam:** genügsam, bescheiden, anspruchslos, gelassen, zurückhaltend, schlicht, einfach

**Ungenügsamkeit:** Genügsamkeit, Bescheidenheit, Anspruchslosigkeit, Gelassenheit, Einfachheit, Zurückhaltung, Schlichtheit

**ungenutzt:** genutzt, benutzt *aufgegriffen, genutzt, wahrgenommen (Chance)

**ungeordnet:** geordnet, ordentlich, gegliedert, gestaffelt, unterteilt

**ungepflegt:** gewaschen *gepflegt, adrett, knusprig, ordentlich, sauber, frisch (Körper) *schmuck, gepflegt, ordentlich, stattlich, sauber, geschmückt (Anwesen)

**ungeplant:** geplant, planmäßig, plangemäß *vorausgesehen

**ungeputzt:** geputzt, (blitz)blank, sauber, blitzsauber, fleckenlos, gereinigt, hygienisch, rein(lich), gesäubert

**ungeraten:** brav, wohlgeraten, artig, manierlich, folgsam, gehorsam, lieb, gesittet, nett, freundlich

**ungerecht:** gerecht, objektiv, vorurteilsfrei, rechtdenkend, unparteiisch *(wohl)überlegt, ausgewogen, ausgefeilt, ausgereift, durchdacht

**ungerechtfertigt:** unbillig, unangemessen
**Ungerechtigkeit:** Undankbarkeit, Diskriminierung, Unsachlichkeit, Rechts-
widrigkeit, Einseitigkeit, Subjektivität
**ungeregelt:** ungeordnet, unregelmäßig, durcheinander, chaotisch
**ungereimt:** unzusammenhängend, zusammenhanglos, sinnlos
**ungern:** widerwillig, widerstrebend,
mit Todesverachtung / Unlust / Widerwillen, unwillig, unlustig, lustlos, abgeneigt
**ungerührt:** desinteressiert, träge, dickfellig, schwerfällig, gleichgültig, lethargisch, teilnahmslos, leidenschaftslos,
passiv, unbeteiligt, apathisch, stumpfsinnig, unempfindlich, interesselos, unbewegt, kühl, gefühllos, unaufgeschlossen, inaktiv, lasch, stumpf *erbarmungslos, eisig, gefühlskalt, gefühlsarm, herzlos, hartherzig, abgestumpft, gemütsarm, gefühllos, mitleidlos, unzugänglich, lieblos, seelenlos, gleichgültig, roh, unbarmherzig,
unsozial, verroht, schonungslos, brutal, inhuman, ungesittet, unnachsichtig, unnachgiebig, kompromißlos,
streng, fest, hart, barbarisch, unmenschlich, kaltblütig, grausam, gnadenlos
**ungesalzen:** ungewürzt, salzlos, fade,
geschmacklos, ohne Würze / Geschmack
**ungesättigt:** hungrig, ausgehungert

**Ungeschick:** Fehltritt, Verfehlung,
Vergehen, Verstoß, Zuwiderhandlung, Übertretung, Taktlosigkeit, Entgleisung, Fauxpas

**ungeschickt:** steif, schwerfällig, hölzern, unbeholfen, plump, ungewandt,
linkisch, ungelenk, tolpatschig, unbeweglich, tölpelhaft, unpraktisch, eckig,
umständlich
**ungeschlagen:** unbesiegt, ohne Niederlage, unbezwungen

**ungeschliffen:** grobschlächtig, drastisch, grob(schrötig), unkultiviert,
derb, unmanierlich, unfein, ungehobelt, roh, ungesittet, ungeschlacht, un-

**ungerechtfertigt:** gerechtfertigt, folglich, billig, notwendig, wichtig
**Ungerechtigkeit:** Gerechtigkeit,
Rechtsgefühl, Gerechtigkeitssinn,
Rechtsempfinden, Rechtssinn
**ungeregelt:** geregelt, geordnet, regelgemäß
**ungereimt:** gereimt (Vers) *sinnreich,
sinnvoll
**ungern:** gern / ohne weiteres bereit,
bereitwillig, ohne Zögern, ohne zu zögern, freudig, willig

**ungerührt:** gerührt, bewegt, beeindruckt, beteiligt, ergriffen *erschüttert, bestürzt, schockiert, betroffen,
entgeistert, verwirrt, fassungslos, erschrocken, verdattert, verstört *aufgeregt, nervös, erregt, fahrig, fiebrig, ungeduldig, unstet, zapp(e)lig, unruhig,
ruhelos, nervenschwach, gereizt
*bang, ängstlich, beklommen, aufge-
regt, angstvoll, zag, bänglich, schreckhaft, furchtsam, unsicher

**ungesalzen:** gesalzen, salzig, würzig

**ungesättigt:** gesättigt (Chemie) *gesättigt, satt, voll(gegessen), übervoll
**Ungeschick:** Geschick(lichkeit), An-
stelligkeit, Gewandtheit, Handfertig-
keit, Behendigkeit, Gefügigkeit, Wendigkeit, Raschheit, Geläufigkeit, Fertigkeit, Leichtigkeit, Gelenkigkeit
**ungeschickt:** geschickt, wendig, graziös, anstellig, gewandt, behende,
handfertig, gefügig, rasch *klug, wohl-
erwogen, überlegt *geschmeidig

**ungeschlagen:** geschlagen, besiegt, aufgerieben, vernichtet, überwältigt, unterjocht, unterworfen, überwunden,
ruiniert, vernichtet (Armee) *geschlagen, besiegt (Sport)
**ungeschliffen:** wohlerzogen, artig,
brav, folgsam, fügsam, manierlich, gehorsam *geschliffen, kultiviert, fein,
galant, taktvoll, vornehm, zuvorkom-

zivilisiert, ohne Kultur / Manieren / Stil / Benehmen *stumpf, abgewetzt, nicht scharf / spitz / geschliffen

**ungeschmälert:** uneingeschränkt, vollständig, ganz

**ungeschminkt:** ohne Schminke / Make-up, natürlich, nicht geschminkt *aufrichtig, wahr, unverblümt, geradeheraus, rundweg, offen

**ungeschmückt:** schmucklos, ohne Verzierung / Schmuck

**ungeschrieben:** stillschweigend, traditionell, nicht aufgeschrieben / schriftlich niedergelegt / festgelegt

**ungeschützt:** schutzlos, ungesichert, ohne Schutz, unbehütet

**ungesellig:** ungastlich, abweisend, unnahbar, unwirsch, zurückhaltend, unzugänglich, unfreundlich, unwirtlich

**ungesetzlich:** gesetzwidrig, verfassungswidrig, rechtswidrig, ordnungswidrig, unrechtmäßig, unrechtlich, widerrechtlich, sträflich, strafbar, illegal, illegitim, kriminell, verboten, verpönt, unerlaubt, unzulässig, unstatthaft, tabu, untersagt, unbefugt, irregulär, ohne Recht / gesetzliche Grundlage

**ungesichert:** ungeschützt, schutzlos, unbehütet, ohne Schutz, unbeschützt, hilflos *nicht abgesichert / belegt / fundiert

**Ungesichertheit:** Schutzlosigkeit, Unbehütetheit

**ungesittet:** anstößig, pikant, schlecht, unanständig, unkeusch, lasterhaft, liederlich, sittenlos, ruchlos, schlüpfrig, ungehörig, unmoralisch, unschicklich, verdorben, unzüchtig, unsittlich, unziemlich, zuchtlos, wüst, ungebührlich, verworfen, verrucht, unsolide, zotig, zweideutig

**ungespannt:** locker, lose

**ungestört:** unbehindert, unbehelligt, ungeschoren, unbeschränkt

**ungestüm:** heftig, stürmisch, stark, kräftig, vehement *leidenschaftlich, lebhaft, temperamentvoll, wild, dynamisch, vif, vital, heißblütig, beweglich, stürmisch, glühend, impulsiv, flammend, vulkanisch, heiß, heftig, besessen, feurig, lebendig, unruhig, quecksilbrig, blutvoll, getrieben, mobil

**ungesund:** (gesundheits)schädlich, un-

mend, aufmerksam *geschliffen, scharf (Messer) *geschliffen, (aus)gewählt, treffend (Worte)

**ungeschmälert:** beschränkt, teilweise, zum Teil, zur Hälfte

**ungeschminkt:** versteckt, andeutungsweise, verhüllt *geschminkt, aufgeputzt, zurechtgemacht, herausgeputzt, aufgemacht, aufgedonnert *abgeschminkt

**ungeschmückt:** geschmückt, verziert, schmuck

**ungeschrieben:** (nieder)geschrieben, niedergelegt, aufgeschrieben, verfaßt *angeordnet

**ungeschützt:** geschützt, gedeckt *behütet

**ungesellig:** gesellig, kontaktfähig, kontaktfreudig, gesellschaftlich, weltgewandt, weltläufig, umgänglich

**ungesetzlich:** gesetzlich, legitim, rechtlich, legal, juristisch, dem Gesetz / Recht entsprechend, gesetzmäßig, rechtmäßig, nach Recht und Gesetz, de jure, ordnungsgemäß

**ungesichert:** gesichert, nachgewiesen, belegt, fundiert (Behauptung) *gesichert, verwahrt, versteckt, verborgen, eingesperrt (Wertgegenstände)

**Ungesichertheit:** Geborgenheit, Schutz, Sicherheit, Beschützung, Beschirmung, Deckung *Obhut

**ungesittet:** gesittet, sittsam, sittlich (einwandfrei), manierlich, anständig *artig, folgsam, fügsam, gehorsam, brav

**ungespannt:** straff, gespannt (Seil)

**ungestört:** gestört *laut, störungsreich

**ungestüm:** ruhig, gemessen, gleichmütig, gesetzt, gefaßt, bedacht, still, beherrscht, besonnen, gezügelt, langsam, bedächtig, abgeklärt, gereift, überlegt, umsichtig, vorsichtig, gelassen, vernünftig, abwägend, nachdenklich

**ungesund:** gesund, bekömmlich, för-

bekömmlich, gesundheitsschädigend, gefährlich *krank, leidend, kränklich *unvernünftig *blaß, bleich *arm

**ungeteilt:** ganz, im Ganzen, vollkommen
**ungetragen:** neu(wertig), ungebraucht, ungenutzt, unbenutzt
**ungetrübt:** klar, sauber, durchsichtig, geputzt, transparent *rein, sorgenlos, dornenlos, schattenlos, unbeschwert, durch nichts vergiftet / getrübt / beeinträchtigt / belastet, fröhlich, sorgenfrei
**ungewandt:** ungeschickt, steif, schwerfällig, hölzern, unbeholfen, plump, linkisch, ungelenk, tolpatschig, unbeweglich, tölpelhaft, unpraktisch, eckig, umständlich
**ungewaschen:** schmutzig, unsauber, dreckig, schmutzstarrend
**ungewiß:** unverbürgt, zweifelhaft, unbestimmt, noch nicht entschieden, problematisch, ungeklärt, nicht erwiesen, umstritten, unentschieden, offen, unbestätigt, fraglich, ungesichert, nicht festgelegt / geklärt / sicher, unsicher
**Ungewißheit:** Unbestimmtheit, Unsicherheit, Unentschiedenheit, Fraglichkeit, Zweifelhaftigkeit
**ungewöhnlich:** ausgefallen, ansehnlich, verblüffend, auffällig, außergewöhnlich, überwältigend, beachtlich, überragend, bedeutsam, sondergleichen, beträchtlich, sagenhaft, eindrucksvoll, nennenswert, imposant, enorm, erstaunlich, großartig, ohnegleichen, aufsehenerregend, unvergleichlich, spektakulär, stattlich, ungeläufig, sensationell, auffallend, bedeutend, bedeutungsvoll, beeindruckend, bewundernswert, imponierend, außerordentlich, entwaffnend, groß, fabelhaft, einzigartig *irregulär, atypisch, absonderlich, abnorm *sehr, überaus
**ungewohnt:** ungebräuchlich, unüblich, neu *unmöglich, ungeziemend, ungebührend
**ungewollt:** unabsichtlich, unbeabsichtigt, nicht vorsätzlich, ungeplant, zwangsläufig, fahrlässig
**ungewürzt:** würzlos, schal, fade, ohne Aroma / Geschmack, schlecht gewürzt, ungesalzen, ungepfeffert, salzlos

derlich *gesund, vernünftig (Einstellung) *frisch, gesund, blühend, erholt (Aussehen) *gesund, wohlhabend, reich
**ungeteilt:** geteilt, auseinander, getrennt
**ungetragen:** getragen, alt, benutzt, gebraucht, second hand (Kleidung)
**ungetrübt:** getrübt, beeinträchtigt, behindert, geschmälert, erschwert *trübe, unklar, undurchsichtig, unsauber, verschmutzt

**ungewandt:** gewandt, geschickt, graziös, behende *flüssig, fließend, geläufig (Sprache) *sicher (Auftreten)

**ungewaschen:** sauber, (ab)gewaschen, geputzt
**ungewiß:** gewiß, unweigerlich, unfehlbar, zweifellos, zweifelsohne, sicher (-lich), natürlich, unbestritten, bestimmt, unausbleiblich, untrüglich, feststehend *wahrscheinlich

**Ungewißheit:** Gewißheit, Sicherheit, Garantie, Bestimmtheit

**ungewöhnlich:** gewöhnlich, selbstverständlich, normal, üblich, alltäglich, geläufig, bekannt, usuell, erwartet, durchschnittlich, gewohntermaßen, regulär, ein und dasselbe, immer dasselbe *zurückhaltend, kritisch, zweifelnd (Vertrauen) *konventionell, verhaftet, konservativ *wenig, klein, gering *normal

**ungewohnt:** gewohnt, bekannt, vertraut, normal

**ungewollt:** gewollt, absichtlich, bewußt, vorsätzlich, willentlich, beabsichtigt
**ungewürzt:** gewürzt, würzig, geschmackvoll, schmackhaft, delikat, kräftig, pikant, scharf (gewürzt), prickelnd, feurig, aromatisch, herzhaft, gut, vorzüglich

**ungezählt:** zahlreich, zahllos, unendlich, unermeßlich, grenzenlos *oft(malig), immer wieder, oftmals

**ungezähmt:** wild, ungebändigt, unzivilisiert *leidenschaftlich, lebhaft, temperamentvoll, wild, dynamisch, vif, vital, heißblütig, beweglich, stürmisch, glühend, impulsiv, flammend, vulkanisch, heiß, heftig, besessen, feurig, lebendig, unruhig, quecksilbrig, blutvoll, getrieben, mobil, ungezügelt

**ungezielt:** wahllos, beliebig, nach Belieben, ziellos

**ungezogen:** impertinent, frech, naseweis, vorlaut, vorwitzig, unartig, ungesittet, schamlos, keß, keck, dreist, unverschämt, unverfroren, unmanierlich

**ungezügelt:** leidenschaftlich, lebhaft, temperamentvoll, wild, dynamisch, vif, vital, heißblütig, beweglich, stürmisch, glühend, impulsiv, flammend, vulkanisch, heiß, heftig, besessen, feurig, lebendig, unruhig, quecksilbrig, blutvoll, getrieben, mobil, ungezähmt

**ungezwungen:** zwanglos, frei, offen, lässig, natürlich, unbefangen, unzeremoniell, ungehemmt, ungeniert, gelöst, salopp, leger, familiär, formlos, nonchalant, informell

**unglaubhaft:** unglaubwürdig, unwirklich, nicht zuverlässig / vertrauenswürdig, verlogen, falsch, kaum zu glauben, phantastisch, fragwürdig

**ungläubig:** atheistisch, freigeistig, freidenkerisch, religionslos, glaubenslos, unreligiös, gottlos *skeptisch, mißtrauisch, zweifelnd, kritisch, argwöhnisch

**Ungläubige:** Atheisten, Gottesleugner, Freidenker, Heiden

**unglaublich:** unerhört, maßlos, unvorstellbar, unermeßlich, unfaßbar, unaussprechlich, unsagbar, beispiellos, unbeschreiblich

**unglaubwürdig:** unglaubhaft, unwirklich, nicht zuverlässig / vertrauenswürdig, verlogen, falsch, kaum zu glauben, phantastisch, fragwürdig

**ungleich(artig):** inkongruent, divergierend, verschieden, unegal, unähnlich, ungleichmäßig *weitaus, sehr viel, bei weitem

**Ungleichheit:** Nichtübereinstimmung,

**ungezählt:** abgezählt, genau *ein paarmal *kein, einige, wenige *zählbar

**ungezähmt:** gezähmt, zahm, gebändigt, gefügig, folgsam (Tier) *gezähmt, gehemmt, schüchtern, scheu, ängstlich, bang, verkrampft, zaghaft, bänglich, beklommen, eingeschüchtert, verschüchtert

**ungezielt:** gezielt, geplant, organisiert

**ungezogen:** artig, wohlerzogen, brav, lieb, gehorsam, höflich *schlicht, zurückhaltend, bescheiden

**ungezügelt:** brav, artig, manierlich, gehorsam, fügsam, lieb, gezügelt, folgsam, ergeben, anständig, gefügig, zahm, gutwillig, lenkbar, willig

**ungezwungen:** gezwungen, verkrampft, gehemmt, krampfhaft, scheu, verschreckt *betreten, verschämt, verlegen, verwirrt, kleinlaut, befangen, schamhaft *steif, förmlich, formell, gezwungen *vornehm *geziert, gewollt, affektiert *unfreiwillig, gezwungen

**unglaubhaft:** glaubhaft, überzeugend, glaubwürdig, einleuchtend

**ungläubig:** gottgläubig, fromm, gutgläubig, andächtig, gottesfürchtig, religiös, (streng)gläubig

**Ungläubige:** Christengemeinde, Christen, Kirchenangehörige, Gläubige

**unglaublich:** nicht verwunderlich / erstaunlich *glaubhaft, glaubwürdig

**unglaubwürdig:** zuverlässig, vertrauenswürdig, vertrauenerweckend, ehrlich

**ungleich(artig):** gleich, übereinstimmend, egal, gleichartig *konform, identisch, einheitlich, homolog, konvergent, zusammenfallend, konvergierend, kongruent *weniger

**Ungleichheit:** Gleichheit *Überein-

Inkongruenz, Verschiedenheit, Divergenz, Unähnlichkeit, Verschiedenartigkeit, Ungleichmäßigkeit *Abweichung, Irregularität, Unterschied, Spielart, Mißverhältnis, Unstimmigkeit *Benachteiligung
**ungleichmäßig:** unsymmetrisch, asymmetrisch, unregelmäßig *verschieden (-artig), unterschiedlich, abweichend, different, heterogen, grundverschieden, zweierlei, unvereinbar, wesensfremd, ungleich
**ungleichwertig:** inäquivalent

**Unglück:** Elend, Not(stand), Armut, Krise, Ärmlichkeit, Armseligkeit, Bedürftigkeit, Entbehrung, Verelendung, Geldnot, Beschränkung, Besitzlosigkeit, Knappheit, Kargheit *Leid, Kummer, Sorge, Schmerz, Qual, Gram, Jammer, Kümmernis, Last, Trauer, Trübsal, Kreuz, Seelenschmerz, Verzweiflung, Trostlosigkeit, Misere, Marter, Pein, Martyrium
**unglücklich:** elend, jämmerlich, schwach, schwächlich, miserabel, erbärmlich, kläglich, schlecht, unpäßlich, übel, unwohl, indisponiert, mitgenommen, erbarmungswürdig, hilfsbedürftig *kummervoll, desolat, bedrückt, schwermütig, depressiv, melancholisch, trübsinnig, hypochondrisch, schwarzseherisch, pessimistisch, nihilistisch, defätistisch, wehmütig, trübselig, freudlos, traurig, trist, elegisch, todunglücklich, elend, betrübt, trübe, bekümmert, unfroh *sorgenvoll, sorgenschwer, zentnerschwer, gramerfüllt, gramvoll, gramgebeugt
**unglücklicherweise:** leider, schade, bedauerlicherweise, fatalerweise, jammerschade

**Unglücksrabe:** Unglücksvogel, Pechvogel, Pechmarie, Unglückswurm, Unglücksmensch

**Unglückstag:** der Dreizehnte, schwarzer Freitag / Tag
**ungültig:** verfallen, unbrauchbar, entwertet, nichts wert, unwirksam, wertlos, hinfällig
**ungünstig:** schädlich, verderblich, hinderlich, nachteilig, schlecht, unvorteilhaft, widrig, unerfreulich, mißlich, ab-

stimmung, Identifikation, Einheitlichkeit, Gleichmaß, Einklang, Entsprechung, Identität, Kongruenz, Homogenität, Konformität, Harmonie *Gleichberechtigung

**ungleichmäßig:** gleichmäßig, regelmäßig, genau, exakt *ausgewogen, stetig

**ungleichwertig:** gleichwertig, äquivalent
**Unglück:** Glück, Wohl, Heil, Segen, Glücksfall, Freude, Gelingen, Erfolg, (guter) Stern, Fortuna * Zufriedenheit, Wohlgefühl, Befriedigung

**unglücklich:** glücklich, glückselig, zufrieden, selig, (hoch)beglückt, beglükkend, freudestrahlend, glückstrahlend, erfüllt, überglücklich, freudig, beschwingt, begeistert *glücklich, günstig, positiv, gut, erfolgreich, vorteilhaft, gedeihlich

**unglücklicherweise:** glücklicherweise, zum Glück, Gott sei Dank! gottlob! Gott sei gelobt! Gott / dem Schöpfer / dem Himmel sei(s) gedankt!
**Unglücksrabe:** Glückspilz, Glückskind, Liebling / Schoßkind der Götter / des Glücks, Hans im Glück, Goldmarie, Sonntagskind
**Unglückstag:** Glückstag

**ungültig:** gültig (sein), geltend, beglaubigt, valid, behördlich / amtlich bescheinigt
**ungünstig:** günstig, wohltätig, mild *günstig, aussichtsreich, glücklich, erfreulich *angenehm, gefällig, sympa-

träglich *ärgerlich, verdrießlich, störend, unangenehm, unwillkommen, unerwünscht, ungut, unliebsam, skandalös, unerquicklich, ungelegen, traurig

**ungut:** unerfreulich, negativ, unangenehm *unfreundlich, schlecht, (bitter-) böse, schlimm, boshaft, bösartig, gemeingefährlich, garstig, übelgesinnt, unausstehlich, übel(wollend)

**unhaltbar:** unzumutbar, unerträglich, horrend, entsetzlich, verheerend, katastrophal, schlimm, ungenießbar *scharf *unzutreffend, nicht zutreffend / zu begründen

**unhandlich:** sperrig, unbequem, unpraktisch, umständlich, ungeeignet, unzweckmäßig

**unharmonisch:** gestört, chaotisch, schwierig, kompliziert, unverträglich, unproblematisch *unausgeglichen, wankelmütig, launisch, rastlos, disharmonisch, unstet, schwankend, labil, zerrissen

**unheilbar:** hoffnungslos, unrettbar, bösartig, verloren, nicht zu heilen / zu retten / heilbar

**unheilvoll:** ungesund, unheilbringend, von schlimmer Vorbedeutung, voller Gefahr / Unheil, Schlimmes verheißend, unheildrohend, ominös, unheilschwanger

**unheimlich:** grauenerregend, gespenstig, gespenstisch, schaurig, spukhaft, makaber, zum Fürchten, schauerlich, geisterhaft, nicht geheuer, gespensterhaft, schauervoll, beklemmend, furchterregend, dämonisch, gruselig, beängstigend, entsetzenerregend, greulich *sehr, übermäßig, ungeheuer, überaus

**unhöflich:** abweisend, taktlos, ruppig, unfreundlich, ungehobelt, unkultiviert, unverbindlich, barsch, unritterlich, grobschlächtig, rüpelig, ungeschliffen, unliebenswert, flegelhaft, brüsk, lümmelhaft

**Unhöflichkeit:** Grobheit, Unfreundlichkeit, Ungefälligkeit, Unaufmerksamkeit, Unliebenswürdigkeit, Barschheit, Schroffheit, Grobschlächtigkeit, Plumpheit, Ungeschliffenheit

**unhörbar:** tonlos, lautlos, geräuschlos, unmerklich, still, nicht vernehmbar

thisch, gewinnend, attraktiv, aufreizend, charmant (Aussehen) *günstig, gut, positiv, gnädig, glücklich (Augenblick)

**ungut:** erfreulich, gut, positiv, angenehm (Gefühl) *kollegial, angenehm, kooperativ, positiv (Arbeitsklima)

**unhaltbar:** haltbar (Ball) *haltbar, zu verteidigen / erhalten *positiv, gut, angenehm (Zustände) *nachweislich, beweisbar (Behauptungen) *schwach (Torschuß)

**unhandlich:** handlich, praktisch, klein, zweckmäßig, bequem

**unharmonisch:** harmonisch, zufrieden, ausgeglichen, einträchtig, partnerschaftlich (Verhältnis) *harmonisch (Musik)

**unheilbar:** heilbar, behandelbar, kurierbar

**unheilvoll:** positiv, angenehm, glücklich, erfreulich, günstig (Entwicklung)

**unheimlich:** sicher *warm, behaglich *geheuer, anheimelnd *gering, (ein) wenig (Durcheinander) *kaum, (ein) wenig (Verzehr) *(nur) wenig, kaum, (überhaupt) keine (Freude)

**unhöflich:** höflich, wohlerzogen, zuvorkommend, aufmerksam, rücksichtsvoll, nett, taktvoll, vornehm, ritterlich, manierlich, kultiviert, fein, artig, galant, pflichtschuldigst

**Unhöflichkeit:** Höflichkeit, Anstand, Takt(gefühl), Ritterlichkeit, Artigkeit, Feingefühl, Hilfsbereitschaft, Herzensbildung, Aufmerksamkeit

**unhörbar:** hörbar, laut, vernehmlich, deutlich, ohrenzerreißend, markerschütternd, lauthals, grell, gellend, durchdringend, schrill

**unhygienisch:** unsauber, schmutzig, ekelhaft

**uni:** nicht bunt, einfarbig, monochrom

**Uniform:** Dienstkleidung
**unintelligent:** dumm, unbegabt, unerfahren, unwissend
**uninteressant:** langweilig, einfallslos, wirkungslos, monoton, phantasielos, einfach, alltäglich, üblich, unoriginell, ohne Pfiff, trist, fade, öde, trostlos, reizlos, gleichförmig, einförmig, ermüdend, trocken *unbedeutend, unwichtig, unwesentlich, nichtssagend, belanglos, farblos, einflußlos, wertlos, unerheblich, wesenlos, unscheinbar, peripher, nichtig, nicht erwähnenswert, gleichgültig, akzidentiell
**uninteressiert:** desinteressiert, träge, dickfellig, schwerfällig, gleichgültig, lethargisch, teilnahmslos, leidenschaftslos, passiv, unbeteiligt, apathisch, stumpfsinnig, unempfindlich, interesselos, ungerührt, unbewegt, kühl, gefühllos, unaufgeschlossen, inaktiv, lasch, stumpf, denkfaul
**unirdisch:** unweltlich, nicht von dieser Welt
**universell:** allgemein, universal, (all-)umfassend, (allgemein)gültig, allseitig, global, absolut, gemein, geltend, weltweit, gesamt
**unkameradschaftlich:** unsolidarisch, unfair, unkollegial, unkooperativ, unzuverlässig

**unkenntlich:** unerkennbar *verschwommen, vage, schemenhaft, schattenhaft, nebelhaft, verwaschen, undeutlich
**Unkenntnis:** Desinformiertheit, Wissensmangel, Ahnungslosigkeit, Ignoranz, Unbelesenheit, Unwissenheit, Dummheit, Ignorantentum, Unerfahrenheit, Nichtwissen, Unverständnis, Mangel an Wissen, Verständnislosigkeit, Bildungslücke
**unkeusch:** anstößig, pikant, schlecht, unanständig, lasterhaft, liederlich, sittenlos, ruchlos, schlüpfrig, ungehörig, unmoralisch, unschicklich, verdorben, unzüchtig, unsittlich, unziemlich, zuchtlos, wüst, ungebührlich, verwor-

**unhygienisch:** hygienisch, (blitz)sauber, rein(lich), blitzblank, gesäubert *steril
**uni:** mehrfarbig, gemustert, bunt, vielfarbig, farbig, farbenprächtig, farbenfroh, farbenfreudig, grell, scheckig
**Uniform:** Zivil(kleidung)
**unintelligent:** klug, gescheit, intelligent, talentvoll, begabt
**uninteressant:** interessant, anregend, ergreifend, fesselnd, lehrreich, mitreißend, ansprechend, aufschlußreich, informativ, belehrend, instruktiv, erwähnenswert *wissenswert, spannend, spannungsreich, packend, erwähnenswert, reizvoll *angeregt, kurzweilig, anregend, vergnüglich, gesellig, unterhaltsam, amüsant

**uninteressiert:** interessiert, erwartungsvoll, begierig, ungeduldig, fieberhaft, gespannt *strebsam, eifrig, fleißig, lernbegierig, ehrgeizig, arbeitsfreudig, arbeitsam, bestrebt

**unirdisch:** irdisch, weltlich, von dieser Welt
**universell:** besonders, speziell *eingegrenzt, eng, einseitig

**unkameradschaftlich:** kameradschaftlich, freundlich, entgegenkommend, kooperativ, partnerschaftlich, hilfreich, zuvorkommend, hilfsbereit
**unkenntlich:** erkennbar, kenntlich, sichtbar *deutlich, lesbar (Schrift)

**Unkenntnis:** Kenntnis, Wissen, Können, Überblick, Weitblick, Weitsicht, Weisheit, Vertrautheit, Bildung, Einblick, Einsicht

**unkeusch:** keusch, unerfahren, unberührt, jungfräulich, enthaltsam, rein, züchtig, sittsam, unschuldig, unverdorben *anständig, salonfähig, astrein

fen, verrucht, unsolide, zotig, zweideutig

**Unkeuschheit:** Sittenlosigkeit, Lasterhaftigkeit, Unmoral, Verdorbenheit, Verworfenheit, Zuchtlosigkeit, Liederlichkeit, Unsittlichkeit

**Unkeuschheit:** Keuschheit, Virginität, Unerfahrenheit, Jungfräulichkeit, Unberührtheit

**unklar:** undeutlich, undurchschaubar, unübersichtlich, ein Buch mit sieben Siegeln, unentschieden, zweifelhaft, verschwommen, fraglich, unpräzise, in Dunkel gehüllt, unscharf, nebulös, nicht eindeutig / verständlich / deutlich / zu definieren, schlecht zu entziffern / zu verstehen, unverständlich, zusammenhanglos, vage, unausgegoren, unbestimmt, mißverständlich, andeutungsweise, undefinierbar, verworren, unartikuliert, wirr, ungenau, abstrus, unsicher *diffus, dunkel, obskur, schemenhaft, verwaschen, schattenhaft, nebelhaft *unbestimmbar, unvorhersehbar, undurchsichtig, ungeklärt, unzugänglich, ungewiß

**unklar:** klar, durchsichtig, sauber, rein (Flüssigkeit) *deutlich, genau, exakt (Vorstellungen) *handgreiflich, klar, deutlich, schlicht *eindeutig, einfach, klar, unzweideutig, klipp und klar, anschaulich, bestimmt, bildhaft, präzise, genau, deutlich, unverblümt, fest umrissen, handfest, greifbar (Sprache) *sauber, durchsichtig, klar, rein (Angelegenheit) *scharf, klar (Blick, Sicht) *sicher, bewiesen, belegt (Behauptung)

**Unklarheit:** Verwickeltheit, Undurchschaubarkeit, Unübersichtlichkeit, Verfahrenheit *Schwierigkeit, Ungenauigkeit

**Unklarheit:** Klarheit, Sauberkeit *Deutlichkeit, Einfachheit, Eindeutigkeit, Unzweideutigkeit, Genauigkeit, Verständlichkeit *Schärfe, Deutlichkeit *Gewißheit, Sicherheit *Klärung, Ende, Aufklärung, Schluß

**unklug:** leichtfertig, leichtsinnig, unvorsichtig, unverantwortlich, fahrlässig, verantwortungslos, unvertretbar, unbedacht, unbekümmert, unbesonnen, unüberlegt, undiplomatisch, ziellos, wahllos, impulsiv, gedankenlos, bedenkenlos, sträflich, sorglos, pflichtvergessen

**unklug:** vorsichtig, diplomatisch, geschickt *aalglatt *klug, geschickt, gewandt, intelligent *einsichtig

**Unklugheit:** Unbesonnenheit, Unvernunft, Unverstand, Unüberlegtheit, Unbedachtheit

**Unklugheit:** Klugheit, Diplomatie, Geschick *Einsicht *Gewandtheit, Geschick

**unkollegial:** halsstarrig, rechthaberisch, finster, aufmüpfig, zugeknöpft, unbelehrbar, eisern, aufsässig, widersetzlich, ungehorsam, kratzbürstig, unfolgsam, kompromißlos, bockbeinig, dickköpfig, widerspenstig, unzugänglich, unaufgeschlossen, stur, nicht einordnungswillig / einordnungsfähig, hartgesotten, dickschädelig, starrköpfig, unversöhnlich, widerborstig, starrsinnig, bockig, eigensinnig, fest, steifnackig, verstockt, verbohrt, unerbittlich, trotzig, störrisch, verständnislos, unnachgiebig, unbotmäßig, unbequem, verschlossen

**unkollegial:** kollegial, einordnungswillig, kooperativ, anpassungsfähig, partnerschaftlich, hilfreich, zurückstekkend, kameradschaftlich, hilfsbereit, wie unter Kollegen, solidarisch, loyal, freundschaftlich

**unkompliziert:** einfach, primitiv, ungegliedert, gradlinig, ungekünstelt, glatt, schmucklos, natürlich, kunstlos, schlicht *anspruchslos, frugal, bescheiden, genügsam *naiv, arglos, harmlos, kindhaft, leichtgläubig, einfältig, unbedarft, treuherzig, kritiklos, weltfremd, unkritisch *primitiv, farblos, unscheinbar, unauffällig *bescheiden, zurückhaltend, schlicht, anspruchslos, gelassen

**unkonventionell:** ungewöhnlich, ungeläufig, außergewöhnlich, ungewohnt, selten, rar, nicht alltäglich / üblich, neu (-artig)
**unkonzentriert:** unaufmerksam, (geistes)abwesend, desinteressiert, verträumt, zerfahren, achtlos, abgelenkt, verspielt, unbeteiligt
**unkorrekt:** nachlässig, unordentlich, huschelig, oberflächlich, ungenau, liederlich, flüchtig, schludrig, schlampig *falsch, fehlerhaft, unrecht, unrichtig, unzutreffend
**Unkosten:** Ausgaben, Kosten, Zahlungen, Spesen, Aufwand, Auslagen, Aufwendungen, Belastungen
**unkritisch:** kritiklos, leichtgläubig, arglos, naiv, treuherzig, urteilslos, bequem
**unkultiviert:** unmanierlich, grobschlächtig, unzivilisiert, ungehobelt, derb, roh, unhöflich, unfein
**unlängst:** neulich, kürzlich, vorhin, vor kurzer Zeit, vor einer Weile, letztens, eben erst noch, jüngst, letzthin
**unlauter:** unehrlich, unsolid, unkorrekt, illoyal, unreell, unzulässig, gaunerhaft, unredlich, betrügerisch, unaufrichtig
**unleidlich:** unfreundlich, abweisend, ungastlich, unliebenswürdig, bärbeißig, brüsk, unzugänglich, ungefällig, unnahbar, kühl
**unleserlich:** unlesbar, nicht zu entziffern
**unliebsam:** unangenehm, unwillkommen, unerwünscht, unerquicklich, ungut
**unlogisch:** widersinnig, gegensätzlich, konträr, folgewidrig, paradox, sinnwidrig, absurd, nicht logisch

**unkompliziert:** kompliziert, schwierig, schwer *umständlich, langwierig, langatmig, weitschweifig, kompliziert *sonderbar, eigenwillig *unbequem, kompliziert, unbotmäßig, unbesonnen *hitzköpfig, jähzornig, auffahrend, unbeherrscht, heftig, aufbrausend *unzugänglich, dickköpfig, aufsässig, kompromißlos, radikal, verstockt, zugeknöpft, verbohrt, unnahbar, rechthaberisch, eigensinnig, halsstarrig, bokkig, unbelehrbar, widerborstig, widersetzlich, verschlossen, unversöhnlich, unfolgsam, ungesellig, unterkühlt
**unkonventionell:** konventionell, förmlich, steif, gezwungen, manieriert, unnatürlich, gestelzt
**unkonzentriert:** konzentriert, aufmerksam, gesammelt, (an)gespannt, vertieft *unverdünnt, konzentriert, angereichert
**unkorrekt:** korrekt, richtig, einwandfrei, offen, frei, gerade *korrekt, gesittet, anständig, brav, sittsam

**Unkosten:** Verdienst, Gewinn, Einnahme

**unkritisch:** kritisch, skeptisch, argwöhnisch, mißtrauisch, ungläubig

**unkultiviert:** gesittet, anständig, kultiviert, gebildet, fein, artig

**unlängst:** vor langer / einiger / längerer Zeit, längst, vor langem

**unlauter:** lauter, ehrlich, anständig, reell, erlaubt *zuverlässig, aufrichtig, wahrhaftig, redlich

**unleidlich:** gutgelaunt, heiter, freundlich, wohlgelaunt, nett, strahlend, freudig *artig, manierlich, gehorsam, lieb, fügsam, brav, folgsam
**unleserlich:** leserlich, lesbar, deutlich (Schrift)
**unliebsam:** angenehm, beliebt, erfreulich, willkommen

**unlogisch:** folgerichtig, durchdacht, systematisch, logisch

**unlösbar:** nicht zu meistern / lösen / bewältigen / enträtseln *zu schwer
**Unlust:** Abneigung, Abscheu, Unwilligkeit, Widerwillen, Lustlosigkeit, Ekelgefühl *Mißstimmung, Unmut, Verdruß, Unzufriedenheit

**unlustig:** kummervoll, desolat, bedrückt, schwermütig, depressiv, melancholisch, trübsinnig, hypochondrisch, schwarzseherisch, pessimistisch, nihilistisch, defätistisch, wehmütig, trübselig, freudlos, traurig, trist, elegisch, (tod)unglücklich, elend, betrübt, trübe, bekümmert, unfroh *sorgenvoll, sorgenschwer, zentnerschwer, gramerfüllt, gramvoll, gramgebeugt
**unmanierlich:** impertinent, frech, naseweis, vorlaut, vorwitzig, unartig, ungesittet, schamlos, keß, keck, dreist, ungezogen, unverschämt, unverfroren
**unmännlich:** weibisch, feminin *ängstlich, zag(haft), aufgeregt, bänglich, zähneklappernd, angsterfüllt, angstverzerrt, hasenherzig, feigherzig, memmenhaft, mutlos, kleinmütig, befangen, beklommen, aufgeregt, bang, angstvoll, angstbebend, verängstigt, scheu, schüchtern, angstschlotternd, argwöhnisch, betroffen, besorgt, gehemmt, schreckhaft, verschreckt, verschüchtert
**unmarkiert:** unbezeichnet, unausgezeichnet
**unmaßgeblich:** unwichtig, unwesentlich, nichtssagend, belanglos, farblos, einflußlos, wertlos, unerheblich, wesenlos, unscheinbar, uninteressant, peripher, nichtig, nicht erwähnenswert, gleichgültig, akzidentiell
**unmäßig:** unersättlich, maßlos, übersteigert, unkontrolliert, zügellos, extrem, unstillbar, exzessiv, schrankenlos, übertrieben, zu stark / heftig
**unmenschlich:** erbarmungslos, eisig, gefühlskalt, gefühlsarm, herzlos, hartherzig, abgestumpft, gemütsarm, gefühllos, mitleidlos, unzugänglich, lieblos, seelenlos, gleichgültig, roh, unbarmherzig, unsozial, verroht, schonungslos, brutal, inhuman, ungesittet, unnachsichtig, unnachgiebig, kompromißlos, streng, fest, hart, barbarisch, kaltblütig, grausam, gnadenlos *ungeheuer, sehr stark / groß

**unlösbar:** nicht schwierig, lösbar, machbar, durchführbar, einfach, leicht
**Unlust:** Lust, Freude, Frohsinn, Heiterkeit, Seligkeit, Spaß, Vergnügen, Fröhlichkeit, Entzücken, Frohlocken, Lebensfreude *Bereitschaft, Bereitwilligkeit *Begierde, Verlangen
**unlustig:** lustig, heiter, munter, gutgelaunt, wohlgelaunt, fröhlich, freudig, aufgelegt, lebensfroh, vergnügt, übersprudelnd, strahlend, aufgeräumt, froh, fidel, in guter / fröhlicher Stimmung, beschwingt, guter Laune / Dinge

**unmanierlich:** manierlich, brav, freundlich, fügsam, wohlerzogen, artig, gesittet, sittsam, aufmerksam, nett

**unmännlich:** männlich *tapfer, mutig, unerschrocken, todesmutig, unverzagt, verwegen, wagemutig, waghalsig, furchtlos, draufgängerisch, heldenhaft, herzhaft, beherzt, mannhaft

**unmarkiert:** markiert, ausgezeichnet, bezeichnet, beschrieben
**unmaßgeblich:** maßgeblich, hauptsächlich *kompetent *wichtig, schwerwiegend, unerläßlich, bedeutend, bedeutungsvoll

**unmäßig:** bescheiden *gering, kaum, mäßig, mit / in Maßen, gemäßigt, maßvoll

**unmenschlich:** menschlich, human, menschenfreundlich, sozial, philanthropisch, mitfühlend, wohltätig, gütig, barmherzig, gutherzig *erträglich, gering, wenig (Schmerzen) *entgegenkommend, höflich, freundlich, zuvorkommend, rücksichtsvoll

**unmerklich:** leise, still, sacht, unsichtbar, nicht hörbar / vernehmbar / sehbar *langsam, allmählich, schleichend

**unmethodisch:** nicht durchdacht / folgerichtig, unsystematisch, inkonsequent, ungezielt, unüberlegt, planlos

**unmißverständlich:** nachdrücklich, eindringlich, betont, ausdrücklich, ultimativ, bestimmt, eindeutig, gewichtig, eigens, kategorisch, entschlossen *klar, eindeutig, genau, anschaulich, bestimmt, deutlich, exakt, fest umrissen, handfest, greifbar, unzweideutig, unverblümt, präzise, bildhaft, klipp und klar, einfach

**unmittelbar:** direkt, geradlinig, spontan, geradewegs, durchgehend *sofort, auf der Stelle, gleich (darauf)

**unmöbliert:** leer, nicht eingerichtet, kahl

**unmodern:** altmodisch, unzeitgemäß, vorbei, konservativ, gestrig, veraltet, ungebräuchlich, antiquiert, rückständig

**unmöglich:** undurchführbar, utopisch, indiskutabel, hoffnungslos, ausgeschlossen, unausführbar, impraktikabel, aussichtslos

**unmoralisch:** anstößig, pikant, schlecht, unanständig, unkeusch, lasterhaft, liederlich, sittenlos, ruchlos, schlüpfrig, ungehörig, unschicklich, verdorben, unzüchtig, unsittlich, unziemlich, zuchtlos, wüst, ungebührlich, verworfen, verrucht, unsolide, zotig, zweideutig

**unmündig:** minderjährig, noch nicht erwachsen / mündig, halbwüchsig, unter 18 Jahre

**Unmut:** Mißstimmung, Verstimmtheit, Ärger, Unwille, Groll, Mißbehagen, Verdrossenheit, Spannung, Übellaunigkeit, schlechte Laune, Bitterkeit, Verbitterung

**unnachgiebig:** standhaft, halsstarrig, rechthaberisch, finster, aufmüpfig, zugeknöpft, unbelehrbar, eisern, aufsässig, widersetzlich, ungehorsam, kratzbürstig, unfolgsam, kompromißlos, bockbeinig, dickköpfig, widerspenstig, unzugänglich, unaufgeschlossen, stur, hartgesotten, dickschädelig, starrköp-

**unmerklich:** wahrnehmbar, spürbar, deutlich, (be)merkbar, merklich *sichtbar, auffällig, bedeutend *plötzlich, sofort, schlagartig, augenblicklich

**unmethodisch:** methodisch, planmäßig, gezielt, planvoll, durchdacht, überlegt, folgerichtig, systematisch, konsequent

**unmißverständlich:** mißverständlich, undeutlich, unklar, schlecht zu entziffern / verstehen, fraglich, zweifelhaft, unübersichtlich, vage, unpräzise *schwach

**unmittelbar:** mittelbar, indirekt *später, nachher

**unmöbliert:** möbliert, eingerichtet (Wohnung, Zimmer)

**unmodern:** (ultra)modern, nach der Mode, modebewußt, modegerecht, supermodern (Mode) *neu(artig), (neu-)modisch

**unmöglich:** möglich, durchführbar, denkbar *passend, gut, ansprechend, entsprechend *ohne weiteres, sicherlich, leicht, auf jeden Fall

**unmoralisch:** moralisch, keusch, gesittet, artig, gefestigt, tugendhaft, sittlich, züchtig, puritanisch, ethisch, sittenstreng

**unmündig:** mündig, reif, volljährig, erwachsen, heiratsfähig, herangewachsen, männlich, fraulich, weiblich, voll entwickelt, (aus)gereift *selbständig

**Unmut:** Heiterkeit, Fröhlichkeit, Ausgelassenheit, Lustigkeit, heitere Stimmung, Vergnügtheit, Frohsinn, Frohmut, frohe / gute Laune *Freude, Lust

**unnachgiebig:** nachgiebig, einsichtig, willig, weich(lich), schwach, widerstandslos, beugsam, gutwillig, willensschwach, ohne Widerstand *entmutigt, gebrochen, mürbe, mutlos, verzagt, verzweifelt, resigniert, niedergeschmettert, kleinmütig, gedrückt, geknickt

fig, unversöhnlich, widerborstig, starrsinnig, bockig, eigensinnig, fest, steifnackig, verstockt, verbohrt, unerbittlich, trotzig, störrisch, verständnislos, unbotmäßig, unbequem, verschlossen
**unnachsichtig** streng, rigoros, scharf, strikt, bestimmt, entschieden, hart, energisch, massiv
**unnahbar:** distanziert, zugeknöpft, zurückhaltend, spröde, unzugänglich, abweisend, herb, verschlossen, verhalten, kühl
**unnatürlich:** geziert, blumenreich, geblümt, gekünstelt, gemacht, gequält, geschraubt, geschwollen, gespreizt, gestelzt, gesucht, gezwungen, phrasenhaft, unecht, aufgebauscht *künstlich, synthetisch, chemisch, nachgemacht, unecht, imitiert
**unnötig:** nutzlos, fruchtlos, zwecklos, aussichtslos, umsonst, entbehrlich, müßig, vergebens, sinnlos, überflüssig, unwirksam, unbrauchbar

**unökonomisch:** teuer, aufwendig, unwirtschaftlich

**unordentlich:** schlampig, sorglos, nachlässig, liederlich, schludrig, lotterig, unsorgsam, unsorgfältig *chaotisch, wild, wüst, ungeordnet, kunterbunt, ungepflegt, durcheinander
**Unordnung:** Durcheinander, Schlamperei, Chaos, Konfusion, Wust, Liederlichkeit, Nachlässigkeit, Konfusion
**unparteiisch:** unvoreingenommen, sachlich, objektiv, unbefangen, indifferent, unentschieden, wertfrei, wertneutral, passiv
**unpassend:** unangebracht, deplaciert, ungebührlich, ungehörig, unqualifiziert, unangemessen, peinlich, verfehlt, geschmacklos, ungeeignet, unschicklich *ungelegen, zur Unzeit, unzeitig, unerwünscht, unwillkommen, unangenehm
**unpäßlich:** krank, nicht gesund, elend, leidend, befallen von, dienstunfähig, erkrankt an, angegriffen, fiebrig, unwohl, indisponiert, bettlägerig, kränklich, kränkelnd
**Unpäßlichkeit:** Krankheit, Beschwerden, Unwohlsein, Erkrankung, Übel, Störung

**unnachsichtig:** nachsichtig, großzügig, großmütig, großherzig, weitherzig, einsichtig, verständnisvoll *glimpflich
**unnahbar:** zugänglich, aufgeschlossen, ansprechbar, geweckt, offen, interessiert, empfänglich, aufnahmebereit, aufnahmefähig, geneigt, gestimmt
**unnatürlich:** natürlich, biologisch, ungespritzt *natürlich, echt, rein, urwüchsig *ungekünstelt, natürlich

**unnötig:** nötig, notwendig, erforderlich, unentbehrlich, geboten, unerläßlich, lebensnotwendig, obligat, unvermeidlich, unumgänglich, unausweichlich, unabwendbar, unvermeidbar, unausbleiblich
**unökonomisch:** ökonomisch, sparsam, wirtschaftlich, genügsam, haushälterisch, sorgsam
**unordentlich:** ordentlich, anständig, manierlich, brav (Mensch) *gründlich, sauber, genau, exakt, sorgfältig (Arbeit) *aufgeräumt, sauber, gepflegt (Zimmer) *geordnet, ordentlich
**Unordnung:** Ordnung *Organisation, Ordnung, Zucht

**unparteiisch:** parteiisch, subjektiv, beeinflußt, nicht neutral, voreingenommen, ungerecht, befangen

**unpassend:** passend, angebracht, gelegen *wohlerzogen, brav, gesittet, anständig, angemessen, korrekt *ideal, zusagend, richtig *zur rechten Zeit, rechtzeitig

**unpäßlich:** gesund, wohlauf, frisch, fit, heil, nicht krank

**Unpäßlichkeit:** Gesundheit, Wohlbefinden, Wohlsein, Frische

**unpersönlich:** nüchtern, gefühlskalt, eisig, gefühlsarm, herzlos *steif, konventionell, äußerlich, formell, förmlich

**unplanmäßig:** ohne Plan, ungeplant, unmethodisch, ungezielt
**unplastisch:** undehnbar, unflexibel, unbiegsam *unanschaulich, nicht plastisch / vorstellbar
**unpoliert:** stumpf, blind, nicht glänzend, schmutzig, unsauber
**unpopulär:** unbeliebt, unerwünscht, nicht gern gesehen, unsympathisch, unausstehlich, antipathisch, verhaßt
**unpraktisch:** unhandlich, umständlich, ungeeignet, sperrig, unzweckmäßig, unbequem *unbeholfen, ungelenk, ungewandt, umständlich, linkisch, tolpatschig, ungeschickt
**unpräzise:** undeutlich, unklar, nicht eindeutig / verständlich / deutlich / zu definieren, schlecht zu verstehen, unverständlich, zusammenhanglos, vage, unbestimmt, mißverständlich, verworren, unartikuliert, wirr, ungenau, abstrus, unsicher
**unproblematisch:** mühelos, ohne Schwierigkeit / Mühe / Anstrengung, einfach, (kinder)leicht, unkompliziert, unschwer, bequem
**unproduktiv:** unfruchtbar, nicht profitbringend, ergebnislos, fruchtlos, ineffektiv, unschöpferisch, ohne Einfälle, nichtssagend, sinnlos, zwecklos
**unpünktlich:** verspätet, saumselig, im Verzug, zu spät, überfällig, längst fällig, säumig, mit Verspätung, nicht fahrplanmäßig
**unqualifiziert:** untauglich, unvermögend, außerstande, inkompetent, unbegabt *unpassend, unangebracht, unwillkommen, ungehörig, peinlich, geschmacklos, verfehlt, ungeeignet
**unrasiert:** stach(e)lig, stopp(e)lig, bärtig
**Unrast:** Unruhe, Rastlosigkeit, Nervosität, Ungeduld, Spannung, Aufgeregtheit, Erregtheit, Beunruhigung, innere Erregung, Getriebensein, Anspannung, Ruhelosigkeit
**unrealistisch:** weltfremd, versponnen, verträumt, wirklichkeitsfremd
**unrecht:** falsch, unrichtig, verfehlt, irrtümlich, unzutreffend, verkehrt, widersprüchlich, regelwidrig, irrig

**unpersönlich:** persönlich *subjektiv *wohlwollend, wohlgesinnt, liebenswürdig, großmütig, verbindlich, entgegenkommend, freundlich
**unplanmäßig:** planmäßig, vorgesehen, plangemäß, wie beabsichtigt
**unplastisch:** plastisch, dehnbar, biegsam, flexibel *anschaulich, plastisch

**unpoliert:** poliert, glänzend *glatt

**unpopulär:** populär, beliebt, geliebt, verehrt, vergöttert, angebetet, teuer

**unpraktisch:** praktisch, geschickt (Mensch) *zweckmäßig, praktisch, handlich, geeignet, bequem (Gerät)

**unpräzise:** exakt, präzise, genau *pünktlich, rechtzeitig, auf die Minute, zur rechten / vereinbarten Zeit, nicht zu früh und nicht zu spät

**unproblematisch:** problematisch, schwierig, diffizil, heikel, gefährlich, kompliziert, langwierig, verzwickt, kniff(l)ig, verwickelt
**unproduktiv:** produktiv, schöpferisch, kreativ, originell, ideenreich, erfinderisch, gestalterisch, gestaltend, einfallsreich (Mensch) *produktiv (Arbeit)
**unpünktlich:** pünktlich, rechtzeitig, auf die Minute, zur rechten / vereinbarten Zeit, nicht zu früh und nicht zu spät, mit dem Glockenschlag
**unqualifiziert:** qualifiziert, geeignet, befähigt, fähig, ausgebildet (Mensch) *passend, entsprechend, zurückhaltend (Äußerungen)

**unrasiert:** rasiert, glatt (geschoren / gestutzt)
**Unrast:** Ruhe, Gemessenheit, Gleichmut, Ausgeglichenheit, Bedachtsamkeit *Würde

**unrealistisch:** wirklichkeitsnah, wirklichkeitsgetreu, real
**unrecht:** recht *richtig, geeignet, passend

**Unrecht:** Vergehen, Straftat, Zuwider-handlung, Ausschreitung, Entgleisung, Fehler, Übertretung, Zuwiderhand-lung, Pflichtverletzung

**unrechtmäßig:** gesetzwidrig, illegal, verfassungswidrig, rechtswidrig, straf-bar, verboten, kriminell, illegitim, un-erlaubt, unstatthaft

**unredlich:** heuchlerisch, scheinheilig, falsch, unreell, unwahrhaftig, unsolid, unlauter, unehrlich, katzenfreundlich, lügenhaft, lügnerisch, hinterhältig, frömmelnd, doppelzüngig, verstellt, unaufrichtig, scheinfromm

**unregelmäßig:** ungleich(mäßig), asym-metrisch, unsymmetrisch *gelegent-lich, ab und zu, (nur) selten, manchmal

**unreif:** unausgegoren, unfertig, unent-wickelt, ungenügend, unausgewogen *kindlich, unmündig, kindhaft, infan-til, unerfahren *grün, hart

**Unreife:** Unausgereiftsein, Unmündig-keit

**unrein:** schmutzig, dreckig, ungeputzt, unsauber, unreinlich *gemischt, ver-mischt *ungenau, falsch, mißtönend, unpräzise, dissonant

**unrentabel:** nicht lohnend, unrationell, unwirtschaftlich

**unrichtig:** unrecht, falsch, verfehlt, irr-tümlich, unzutreffend, verkehrt, wi-dersprüchlich, regelwidrig, irrig

**unriskant:** ungefährlich, gefahrlos, risi-kolos, einfach, sicher, harmlos

**unritterlich:** unhöflich, abweisend, taktlos, ruppig, unfreundlich, ungeho-belt, unkultiviert, unverbindlich, barsch, grobschlächtig, rüpelig, unge-schliffen, unliebenswert, flegelhaft, brüsk, lümmelhaft, ungalant

**unromantisch:** nüchtern, prosaisch, lei-denschaftslos, sachlich, klar, unpersön-lich, rational

**Unruhe:** Ruhelosigkeit, Beunruhi-gung, Aufgeregtheit, Unrast, innere Erregung, Spannung, Ungeduld, Rast-losigkeit, Getriebensein, Nervosität *Lärm, Tumult, Gedröhn, Trubel, Ge-schrei, Skandal, Gekreische, Gepolter, Donnern

**Unrecht:** Recht *Gutes, Gerechtigkeit, Recht, Gesetz, Norm

**unrechtmäßig:** rechtmäßig, erlaubt, ge-rechtfertigt, gesetzlich, legal, rechtlich, begründet, gesetzmäßig, legitim

**unredlich:** ehrlich *ehrbar, redlich, eh-renwert, rechtschaffen, korrekt, ein-wandfrei, lauter, aufrichtig, geradlinig, offen, anständig, ohne Hinterge-danken

**unregelmäßig:** gleichmäßig, regelmä-ßig, turnusmäßig *nacheinander *gere-gelt *regulär *konstant, stetig, immer

**unreif:** reif, saftig, weich (Frucht) *(voll) entwickelt, erwachsen, volljäh-rig, ausgereift (Mensch) *abgeklärt, vernünftig, gereift, gesetzt *reif, ausge-reift, durchdacht, entwickelt (Gedan-ke, Idee)

**Unreife:** Reife, Erwachsensein, Mün-digkeit, Volljährigkeit

**unrein:** rein, sauber, klar (Wasser) *ge-pflegt, rein(lich), gesund, glatt (Haut) *rein, sauber, klar (Ton) *pur, lauter, gediegen, rein *gepflegt, geputzt, sauber

**unrentabel:** rentabel, lohnend, gewinn-bringend

**unrichtig:** richtig, wahr, korrekt, per-fekt, vollkommen, in Ordnung

**unriskant:** riskant, gefährlich, risiko-reich, brenzlig, gefahrvoll, tödlich, selbstmörderisch, kritisch, gewagt, abenteuerlich, halsbrecherisch

**unritterlich:** ritterlich, höflich, artig, rücksichtsvoll, taktvoll, aufmerksam, fein, galant, kultiviert, pflichtschul-digst, zuvorkommend, manierlich

**unromantisch:** romantisch, schwärme-risch, empfindsam

**Unruhe:** Ruhe, Stille *Ausgeglichen-heit, Geruhsamkeit, Würde, Gefaßt-heit, Frieden, Bedachtsamkeit, Gelas-senheit, Gemessenheit, Gesetztheit *Kaltblütigkeit *Ordnung, Ruhe

**unruhig:** fieberhaft, fiebrig, wuselig, überreizt, rastlos, hastig, aufgewühlt, angespannt, friedlos, hektisch, ungeduldig, nervös, fahrig *bedrückt, mit Sorgen erfüllt, kummervoll, ängstlich, angsterfüllt, sorgenvoll *gefährlich, gefahrvoll, brisant

**unrühmlich:** knapp, mager, spärlich, kärglich, schäbig, bescheiden, ungenügend, unzureichend, unbefriedigend, mangelhaft, schmählich

**unsachgemäß:** nicht sachgemäß / entsprechend, inadäquat

**unsachlich:** nicht zur Sache gehörend, sachfremd *voreingenommen, parteiisch, subjektiv

**unsäglich:** sehr, stark, immens, heftig *unglaublich, unsagbar

**unsanft:** hart, heftig, scharf, stark

**unsauber:** schmutzig, dreckig, ungewaschen, unrein, verschmutzt, befleckt, speckig, schmuddelig, ölig, trübe, fettig, mit Flecken übersät, schmierig, klebrig, verunreinigt *unrein, ungenau, unpräzise, falsch, dissonant, mißtönend

**unschädlich:** ungefährlich, harmlos, unverfänglich, gutartig, heilbar, nicht ansteckend

**unscharf:** verwackelt, verschwommen, verzittert, undeutlich, unklar

**unschätzbar:** kostbar, wertvoll, erlesen, hochwertig, von guter Qualität, fein, edel, exquisit

**unscheinbar:** farblos, unauffällig, ausdrucksvoll, schlicht, einfach, nichtssagend, blaß, grau

**unschicklich:** anstößig, pikant, schlecht, unanständig, unkeusch, lasterhaft, liederlich, sittenlos, ruchlos, schlüpfrig, ungehörig, unmoralisch, verdorben, unzüchtig, unsittlich, unziemlich, zuchtlos, wüst, ungebührlich, verworfen, verrucht, unsolide, zotig, zweideutig

**unschlüssig:** unentschieden, unentschlossen, entschlußlos, zuwartend, zaudernd, zögernd, vorsichtig

**unschön:** unfair, unsportlich *häßlich, scheußlich, unansehnlich, abschreckend, abstoßend, ekelhaft, mißgestaltet

**unschöpferisch:** unkünstlerisch, nicht

**unruhig:** ruhig, still *ruhig, gefaßt, gemächlich, gemessen, beherrscht, ausgeglichen, bedacht(sam), gleichmütig, würdevoll, gezügelt, still *kaltblütig *ruhig, sicher, gefahrlos (Gegend) *sorglos, unbesorgt *abgeschieden, intim, separat (Raum)

**unrühmlich:** ruhmvoll, rühmlich, gepriesen, rühmenswert, anerkennenswert, löblich, dankenswert

**unsachgemäß:** sachgemäß, entsprechend, adäquat

**unsachlich:** sachlich, nüchtern, objektiv *real, sachlich

**unsäglich:** gering, leicht, wenig, kaum *glaubhaft, glaubwürdig

**unsanft:** sanft, leicht, zart

**unsauber:** (blitz)sauber, blank, ansehnlich, gereinigt, rein(lich), gesäubert, fleckenlos *lauter, sauber, ehrlich, anständig, korrekt *ordentlich, sorgfältig *genau, treffend, wohltönend, wohlklingend

**unschädlich:** schädlich, gefährlich, stark *verderblich, schädlich, todbringend, unheildrohend, verderbenbringend, unheilvoll, unheilbringend

**unscharf:** scharf, klar, deutlich

**unschätzbar:** schätzbar, ermeßlich *gering, wenig *wertlos, gering

**unscheinbar:** auffällig, groß, einprägsam *bedeutsam, wichtig, interessant, bedeutend *groß, stattlich *gewaltig, massig, riesenhaft, hünenhaft

**unschicklich:** untadelig, makellos, mustergültig, vollkommen *schicklich, anständig, korrekt, dezent, unanstößig, gesittet, sittsam

**unschlüssig:** sicher, entschlossen, entschieden

**unschön:** schön, hübsch, anmutig, lieb, entzückend, angenehm *sauber, anständig, fair

**unschöpferisch:** schöpferisch, einfalls-

kreativ, amusisch, eklektisch, phantasielos

**Unschuld:** Reinheit, Unberührtheit, Keuschheit, Unbeflecktheit, Jungfräulichkeit, Virginität

**unschuldig:** lauter, frei von Sünde, engelsgleich, anständig, unerfahren, ahnungslos, naiv, unberührt, unverdorben, unbefleckt, keusch, jungfräulich *makellos, von aller Schuld rein, einwandfrei, schuldlos, unverschuldet, schuldfrei, unangreifbar, ohne eigenes Verschulden, untadelig, frei von Schuld, tadellos, nicht schuldig

**unschwer:** mühelos, unproblematisch, ohne Mühe, spielend, bequem

**unselbständig:** im Angestelltenverhältnis, angestellt, (ver)beamtet *angewiesen, abhängig, hilflos, unsicher, ohne Selbstvertrauen, hilfsbedürftig, gebunden, anlehnungsbedürftig

**Unselbständigkeit:** Unmündigkeit, Abhängigkeit, Hörigkeit

**unselig:** trostlos, traurig, trist *katastrophal, fürchterlich, entsetzlich, verhängnisvoll

**unsensibel:** erbarmungslos, gefühlskalt, gefühlsarm, mitleidlos, gleichgültig *robust

**unsentimental:** empfindungslos, ohne Gefühl, gefühllos, gefühlsarm *trocken, nüchtern, sachlich

**unseriös:** unsauber, dunkel, nicht astrein, undurchsichtig, halbseiden, unreell, ungesetzlich, illegal, schwarz

**unsicher:** gefährdet, gefährlich, bedroht, riskant *nicht geklärt / erwiesen / sicher / festgelegt, unbestimmt, fraglich, zweifelhaft, unverbürgt, problematisch, ungewiß, umstritten, noch nicht entschieden, ungeklärt, nicht erwiesen, unentschieden, offen, unbestätigt, fraglich, ungesichert, nicht fundiert, angreifbar *schwach, schwankend, wackelig, wankend *befangen, gehemmt, verklemmt, gezwungen, scheu, verkrampft, schüchtern, blockiert, ängstlich, steif, ohne Selbstbewußtsein / Selbstsicherheit

**Unsicherheit:** Angst, Beklommenheit,

reich, kreativ, produktiv, ideenreich, phantasiereich

**Unschuld:** Schuld *Erfahrung *Sünde

**unschuldig:** schuldig, schuldbeladen, schuldvoll, schuldhaft *erfahren, wissend *unanständig, verdorben, abgebrüht, *lüstern, geil, ausschweifend, verdorben, unsittlich, sittenlos, unmoralisch, unzüchtig, zuchtlos

**unschwer:** schwer, mühselig, schwierig

**unselbständig:** selbständig, unabhängig *autonom, selbständig, souverän

**Unselbständigkeit:** Unabhängigkeit, Selbständigkeit *Selbständigkeit, Autonomie, Souveränität

**unselig:** glücklich, beglückend, (hoch-)beglückt, selig, zufrieden, glückstrahlend, freudestrahlend

**unsensibel:** sensibel, einfühlsam, empfindlich, empfänglich (Mensch) *empfindlich, sensibel (Gerät) *verletzbar, kränkbar

**unsentimental:** sentimental, empfindsam, sinnenhaft, verinnerlicht, gefühlsselig, gefühlstief

**unseriös:** seriös, ernsthaft, gediegen, sauber, anständig, legal, dem Recht / Gesetz entsprechend

**unsicher:** ungefährlich, gefahrlos, sicher, fest (Weg) *ungefährlich, sicher, gefahrlos, gut, friedlich (Zeiten) *gewiß, sicher, bestimmt, zuverlässig *gefestigt, selbstbewußt *(stand)fest, massiv, stabil (Bauwerk) *souverän, sicher, unbefangen, befreit, gewandt (Auftreten) *durchdringend, starr, fest, eisern, stechend (Blick) *(wage-)mutig, draufgängerisch, waghalsig, vermessen, herzhaft, mannhaft, tapfer, unverzagt, verwegen, furchtlos, kühn *stabil, sicher, fest *sicher, entschlossen, bestimmt, gezielt (Bewegungen) *fundiert, sicher, begründet, abgesichert (Meinung) *gefaßt, bestimmt, fest, sicher, deutlich (Stimme)

**Unsicherheit:** Sicherheit, Gefahrlosig-

Furcht, Scheu *Gefahr, Gefährdung, Gefährlichkeit, Bedrohung *Ungesichertheit, Ungeborgenheit, Ungeschütztheit, Schutzlosigkeit, Ungeborgensein *Ungewißheit, Unbestimmtheit, Unentschiedenheit, Zweifelhaftigkeit, Fraglichkeit *Verlegenheit, Gehemmtheit

**unsichtbar:** versteckt, verborgen, verdeckt, dem Auge entzogen

**unsigniert:** nicht unterschrieben / abgezeichnet / quittiert, ohne Unterschrift

**Unsinn:** Unfug, Nonsens, Aberwitz, Wahnwitz, Unding, Idiotie, Torheit *törichte Einfälle, Kindereien, Albernheit, Torheiten, Späße, Possen, Narrheiten

**unsinnig:** widersinnig, absurd, unverständlich, lächerlich, töricht, unlogisch, paradox, sinnlos *sehr, hoch, immens, gewaltig, übergroß

**unsittlich:** anstößig, pikant, schlecht, unanständig, unkeusch, lasterhaft, liederlich, sittenlos, ruchlos, schlüpfrig, ungehörig, unmoralisch, unschicklich, verdorben, unzüchtig, unziemlich, zuchtlos, wüst, ungebührlich, verworfen, verrucht, unsolide, zotig, zweideutig

**Unsittlichkeit:** Anstößigkeit, Sittenlosigkeit, Unkeuschheit, Lasterhaftigkeit *Unschamhaftigkeit, Unmoral

**unsolidarisch:** unkollegial, unkameradschaftlich, unfair, unzuverlässig, unkooperativ

**unsolide:** leichtlebig, lebenslustig, flott, flatterhaft, leicht, ausschweifend, locker, lose *unsittlich, unanständig, sittenlos, unmoralisch, unzüchtig, verdorben, unziemlich, zuchtlos

**unsozial:** gemeinschaftsschädlich, gemeinschaftsfeindlich, asozial, unmenschlich, gesellschaftsschädigend *brutal, roh, verroht, barbarisch

**unsportlich:** unfair, unkameradschaftlich, foul *unbeweglich, steif, ungelenk, hölzern, eckig, träge, schwerfällig, ohne Bewegung, wie ein Stück Holz, plump, tolpatschig

**Unsportlichkeit:** Unkameradschaftlichkeit, Foul *Unbeweglichkeit, Ungelenkheit, Trägheit, Schwerfälligkeit, Steifheit, Plumpheit, Tolpatschigkeit

**unstatthaft:** gesetzwidrig, verfassungswidrig, rechtswidrig, ordnungswidrig,

keit, Ungefährlichkeit *Sicherheit, Fundiertheit *Unbefangenheit, Sicherheit, Souveränität *Stabilität, Sicherheit, Festigkeit *Gewißheit, Entschlossenheit, Bestimmtheit *Mut, Tapferkeit, Verwegenheit, Unerschrockenheit, Beherztheit, Unverzagtheit, Tollkühnheit, Furchtlosigkeit

**unsichtbar:** sichtbar, zu sehen, wahrnehmbar, bemerkbar *da, zugegen

**unsigniert:** signiert, abgezeichnet, quittiert, unterschrieben

**Unsinn:** Nutzen *Sinn, Sinnvolles, Interessantes *Vernunft, Ruhe *Beschäftigung, Arbeit

**unsinnig:** vernünftig, sinnvoll, sinnreich, sinnhaft, zweckdienlich *richtig *gescheit, intelligent *dienlich, förderlich, hilfreich, nützlich *vernünftig

**unsittlich:** anständig, sittlich, gesittet, sittsam, keusch, tugendhaft, züchtig, sittenstreng, puritanisch, moralisch *schamhaft, scheu, schüchtern, ängstlich

**Unsittlichkeit:** Anständigkeit, Sittlichkeit, Sittsamkeit *Scham(haftigkeit), Scheu, Schüchternheit, Ängstlichkeit

**unsolidarisch:** solidarisch, (eng) verbunden

**unsolide:** solide, brav, bieder, bescheiden, gediegen, maßvoll *massiv, gediegen, haltbar, solide, dauerhaft, gut, fest

**unsozial:** sozial, gesellschaftlich *gemeinnützig, wohltätig, hilfsbereit

**unsportlich:** sportlich, fair, sauber, anständig *sportlich, athletisch, drahtig, rank, sehnig, schlank, gut gebaut / gewachsen (Körper)

**Unsportlichkeit:** Sportlichkeit, Fairneß, Anständigkeit, Sauberkeit

**unstatthaft:** statthaft, gesetzlich, erlaubt, legal, zulässig, gestattet, geneh-

unrechtmäßig, ungesetzlich, unrechtlich, widerrechtlich, sträflich, strafbar, illegal, illegitim, kriminell, verboten, verpönt, unerlaubt, unzulässig, tabu, untersagt, unbefugt, irregulär, ohne Recht / gesetzliche Grundlage, schwarz

**unsterblich:** unauslöschlich, bleibend, immerwährend, fortwirkend, ewig *sehr, überaus

**Unsterblichkeit:** Ewigkeit, ewiges Leben

**Unstern:** Unglück(sfall), Verderben, Unheil, Verhängnis, Not(lage), Heimsuchung, Geißel, Plage, Prüfung, Bürde, Last, Mißgeschick, Schreckensnachricht, Schicksalsschlag, Katastrophe, Tragödie, Drama, Trauerspiel

**unstet:** unbeständig, schwankend, flatterhaft, sprunghaft, flatterig, wechselhaft, launenhaft, wetterwendisch

**unstillbar:** unersättlich, sehr groß, maßlos, gewaltig, immens, stark

**Unstimmigkeit:** Streitigkeit, Kontroverse, Auseinandersetzung *Fehler, Mißgriff, Irrtum, Inkorrektheit, Unstimmigkeit, Versehen, Unrichtigkeit, Lapsus, Fehlgriff, Fehlleistung, Verrechnung, Fehlschluß

**unstrittig:** unbestritten, sicher, bestimmt, bewiesen, klar, eindeutig

**unstrukturiert:** formlos, ungestaltet, ungegliedert, unförmig, amorph, gestaltlos

**unsymmetrisch:** ungleichmäßig, unregelmäßig, asymmetrisch

**unsympathisch:** zuwider, unerträglich, unerwünscht, unausstehlich, abstoßend, ungenießbar, unbeliebt, widerwärtig, unliebsam, unleidlich, ein Dorn im Auge, unlieb, intolerabel

**unsystematisch:** planlos, ohne Sinn / Plan / System, unmethodisch, undurchdacht, überstürzt, unüberlegt

**untadelig:** fehlerfrei, fehlerlos, vollendet, vollkommen, richtig, zutreffend, korrekt, tadellos, einwandfrei, ohne Fehl(er) / Makel, makellos, ideal, genau, in Ordnung, vorbildlich, komplett, perfekt, meisterhaft, vorzüglich, recht, lupenrein, mustergültig

**untalentiert:** unbegabt, unfähig, ungeschickt, talentlos, minderbegabt, schwach

**untätig:** faul, träge, arbeitsscheu, bequem, passiv, inaktiv, phlegmatisch

migt, rechtmäßig, legitim, gesetzmäßig, dem Recht / Gesetz entsprechend, nach Recht und Gesetz, juristisch, de jure

**unsterblich:** vergänglich, sterblich, leiblich *wenig, kaum

**Unsterblichkeit:** Vergänglichkeit, Sterblichkeit, Leiblichkeit

**Unstern:** Glück, Glücksstern, Glücksfall, Zufall, Wohl, Heil, Segen, (guter) Stern, Fortuna

**unstet:** ruhig, beständig, gemessen, geruhsam, ausgeglichen, gesetzt

**unstillbar:** stillbar, zu befriedigen, gering

**Unstimmigkeit:** Übereinstimmung *Richtigkeit

**unstrittig:** strittig, fraglich, offen

**unstrukturiert:** strukturiert, gegliedert, geordnet, untergliedert, aufgefächert

**unsymmetrisch:** symmetrisch, spiegelbildlich, spiegel(ungs)gleich

**unsympathisch:** sympathisch, lieblich, gewinnend, anmutig, entzückend, anziehend, angenehm, attraktiv, nett, aufreizend, liebenswert, charmant, betörend, lieb

**unsystematisch:** systematisch, planmäßig, systemhaft, methodisch, gezielt, folgerichtig, durchdacht, konsequent

**untadelig:** tadelnswert, frech, arrogant, überheblich, böse, fehlerhaft, voller Fehler, unvollkommen, unzulänglich, mangelhaft, schlecht, miserabel

**untalentiert:** talentiert, intelligent, talentvoll, begabt, gescheit, klug

**untätig:** aktiv, tätig, beschäftigt

**Untätigkeit:** Faulheit, Müßiggang, Trägheit, Bequemlichkeit, Arbeitsscheu, Passivität

**Untätigkeit:** Tätigkeit, Aktivität, Beschäftigung

**untauglich:** unvermögend, impotent, nicht in der Lage, inkompetent, unfähig *ungeeignet, unpraktisch, nichts wert, zu nichts zu gebrauchen, unbrauchbar

**untauglich:** geeignet, tauglich, brauchbar, gut *nützlich, hilfreich *gesund *beschränkt tauglich

**Untauglichkeit:** Unfähigkeit, Inkompetenz

**Untauglichkeit:** Tauglichkeit, Brauchbarkeit *Nützlichkeit, Hilfe

**unteilbar:** untrennbar, unzerlegbar

**unteilbar:** trennbar, teilbar, zerlegbar

**unten:** unterhalb, in der Tiefe, tief gelegen

**unten:** oben *seitlich, neben *links *rechts *hinten *vorne

**untendenziös:** unbeeinflußt, objektiv, unparteiisch

**untendenziös:** tendenziös, beeinflußt, subjektiv, nicht objektiv

**unter:** weiter unten, unterhalb, abwärts, darunter, tiefer *dank, mit Hilfe von, (ver)mittels, durch, per *zwischen(durch), inmitten, innerhalb, dazwischen, zwischenhinein

**unter:** über, auf (Ort, Richtung) *über (Alter, Abteilung, Temperatur) *über, mehr (als) (Menge, Preis) *neben, seitlich

**Unterbau:** Fundament, Sockel, Grundmauer, Grundfeste, Fuß, Grundstein, Unterteil, Postament

**Unterbau:** Überbau, Oberbau, Aufbau

**unterbeladen:** fast / ganz leer

**unterbeladen:** über(be)laden, übervoll

**unterbelichtet:** dumm, schwach, dümmlich, doof *zu schwach belichtet, zu dunkel (Film)

**unterbelichtet:** überbelichtet (Film) *talentiert, intelligent, talentvoll, begabt, gescheit, klug

**unterbewerten:** gering machen, herabsetzen, bagatellisieren, verharmlosen, geringschätzen *verkennen, falsch auffassen / beurteilen / verstehen / interpretieren

**unterbewerten:** überbewerten, überbetonen, überschätzen, falsch einschätzen, beschönigen, glorifizieren, idealisieren

**unterbewußt:** im Unterbewußtsein, ohne Bewußtheit, unterschwellig, unbewußt

**unterbewußt:** bewußt *unbewußt

**unterbieten:** billiger verkaufen / abgeben, den Preis herunterdrücken

**unterbieten:** überbieten (Preis) *mitgehen, mithalten

**unterbinden:** verhindern, verwehren, abwehren, verhüten, vereiteln, ein Ende machen, boykottieren, lahmlegen, abwenden, hintertreiben, hindern an, Einhalt gebieten, abstellen

**unterbinden:** tolerieren, gewähren lassen, erlauben, dulden, gestatten, zulassen *unterstützen, fördern *betreiben

**unterbleiben:** ein Ende nehmen, entfallen, wegfallen, aufhören, fortfallen

**unterbleiben:** stattfinden, geschehen, s. ereignen, erfolgen, durchgeführt / aufgeführt werden

**unterbrechen:** pausieren, (inne)halten, einhalten, vorübergehend abbrechen / aufhören / einstellen, eine Pause machen / einlegen *Station machen *stören *rasten

**unterbrechen:** weitermachen, weiterspielen, weiterarbeiten, fortsetzen, fortführen, fortfahren *weiterfahren, fortsetzen (Reise) *durcharbeiten *zuhören (Gespräch) *rollen (Verkehr) *senden, ausstrahlen *wiederaufnehmen (Gerichtsverfahren) *wiederherstellen, wiederaufnehmen

**Unterbrechung:** Störung *Stockung, Aufenthalt, Pause, Halt *Rast

**Unterbrechung:** Weiterführung, Fortsetzung, Fortführung *Sendung, Aus-

**unterbrochen:** diskontinuierlich, zusammenhanglos, abgehackt, stückweise, mit Unterbrechungen

**unterdrücken:** knechten, terrorisieren, knebeln, bedrängen, drangsalieren, (be)drücken *nicht zeigen, bezwingen, besiegen, zurückdrängen, s. zusammennehmen, verdrängen, ersticken, unterlassen, abtöten, verbergen, zurückhalten, niederhalten, dämpfen, hindern, auslöschen

**Unterdrücker:** Tyrann, Diktator, Schinder, Despot, Peiniger, Gewaltherrscher

**unterdrückt:** unfrei, versklavt, gebunden, untertan, unselbständig, geknebelt, rechtlos, abhängig

**Unterdrückung:** Knechtschaft, Unfreiheit, Bürde, Sklaverei, Zwang, Drangsalierung, Repression, Joch, Terror, Einschränkung, Kreuz, Unterjochung, Bedrückung, Fessel, Freiheitsberaubung

**untereinander:** eines unter das andere *miteinander, gemeinsam, gemeinschaftlich, vereint, geschlossen, Hand in Hand

**unterentwickelt:** zurückgeblieben, kindisch, unreif, kindlich, infantil *rückständig, zurückgeblieben

**unterernährt:** knochig, eingefallen, untergewichtig, ausgehungert, abgezehrt, unterversorgt

**Unterführung:** unterirdischer Weg / Gang, Tunnel, Subway

**Untergang:** Verfall, Zerfall, Rückwärtsentwicklung, Verschlechterung, Zusammenbruch, Abstieg, Zerrüttung *Verderb(en), Unglück, Ruin, Katastrophe, Ende, Abgrund, Sturz

**Untergebener:** Arbeitnehmer, Angestellter, niederer Beamter

**untergehen:** absterben, zerfallen, zugrunde gehen, verlorengehen, aussterben, verfallen, verrotten, auseinanderfallen, auseinanderbrechen, zusammenbrechen, s. auflösen, dahinschwinden *übertönt werden, keine Wirkung tun, keinen Erfolg haben, nicht zur Geltung kommen / gehört werden *(ab)sinken, versinken, absacken, ver-

strahlung *Weiterfahrt *Wiederaufnahme *Wiederherstellung

**unterbrochen:** ununterbrochen, dauernd, permanent, pausenlos, immerzu, kontinuierlich *wiederhergestellt, wiederaufgenommen

**unterdrücken:** lachen, weinen (Gefühlsäußerung) *aufkommen lassen, nicht zurückhalten *bekanntgeben, bestätigen (Nachricht) *s. befreien / erheben, rebellieren, revoltieren *ausstoßen (Fluch)

**Unterdrücker:** Unterdrückte, Volk, Geknechtete *Befreier

**unterdrückt:** selbständig, herrschend *offen, frei

**Unterdrückung:** Aufstand, Revolte, Revolution, Rebellion, Erhebung, Befreiung *Förderung, Unterstützung *Freiheit *Toleranz, Nachsichtigkeit, Duldsamkeit, Weitherzigkeit, Verständnis

**untereinander:** nebeneinander *übereinander

**unterentwickelt:** reif *(voll / entsprechend) entwickelt *zivilisiert, hochentwickelt (Staat)

**unterernährt:** kräftig, dick, stattlich, mächtig, massig, wohlgenährt, stramm *gesund

**Unterführung:** Überführung, Brücke, Übergang, Überweg

**Untergang:** Rettung, Erhaltung *Aufgang (Sonne, Mond) *Entstehung, Bildung *Blüte, Aufstieg, Gedeihen, Aufbau, Höhepunkt (Kultur) *Sein

**Untergebener:** Vorgesetzter *Anführer, Rädelsführer, Haupt, Bandenführer, Leiter, Chef, Boß, Gangleader

**untergehen:** schwimmen *auftauchen *gehört / aufgenommen / beachtet werden, s. behaupten *aufgehen (Sonne) *auferstehen, s. bilden, entstehen, werden, aufblühen *weiterbestehen, bestehen(bleiben) *gerettet werden, s. retten, davonkommen

sacken, wegsacken *ertrinken *kentern, umschlagen *niedersinken, untersinken, verschwinden, entschwinden

**untergeordnet:** sekundär, nebensächlich, ephemer, an zweiter Stelle *unwichtig, unwesentlich, nichtssagend, belanglos, farblos, einflußlos, wertlos, unerheblich, wesenlos, unscheinbar, uninteressant, peripher, nichtig, nicht erwähnenswert, gleichgültig, akzidentiell *klein, einfallslos, belanglos, unscheinbar

**untergraben:** ruinieren, schmälern, beeinträchtigen, schwächen, durchlöchern, erschüttern, ins Wanken bringen *demoralisieren, zu Fall bringen, vereiteln, unterminieren, zersetzen, hintertreiben, zerrütten, aufweichen

**Untergrund:** Anonymität, Illegalität *Grundlage, Fundament, Basis, Unterbau, Sockel, Unterlage

**unterhalb:** drunten, unten, darunter, in der Tiefe, unterwärts

**unterhalten:** leiten, haben, führen, betreiben, s. beschäftigen / abgeben mit *sorgen, pflegen *s. unterhalten: plaudern, diskutieren, kommunizieren, debattieren, sprechen / reden mit, Gedanken austauschen *vergnügen, amüsieren

**unterhaltsam:** anregend, amüsant, interessant, ansprechend, packend, geistreich, aufschlußreich, beflügelnd, lehrreich *erheiternd, abwechslungsreich, gesellig, ergötzend, belebend, interessant, spaßig, ergötzlich

**Unterhaus:** Volksvertretung, House of Commons (im englischen Parlament)

**unterirdisch:** unter der Erde / Oberfläche

**unterkühlt:** frostig, (bitter)kalt, frisch, winterlich, kühl *distanziert, unnahbar, herb, unfreundlich, spröde

**unterlassen:** vermeiden, absehen / Abstand nehmen von, verzichten, s. (er)sparen / enthalten / verbeißen, nicht tun, beiseite lassen

**unterlegen:** darunterlegen, unterschieben, unterstellen, mit einer Unterlage versehen *unebenbürtig, schwächer, unbegabter, ungeschickter

**Unterlegenheit:** Mangel, Manko, Nichtvermögen, Schwäche

**unterliegen:** preisgegeben / unterworfen / ausgesetzt / abhängig sein *be

**untergeordnet:** bedeutend, wichtig, bedeutsam, dringend, brisant, aktuell, von Belang / Gewicht / Wichtigkeit *vorgesetzte, höhere, hohe (Stellung) *gleichrangig

**untergraben:** unterstützen, helfen, fördern, protegieren, (be)stärken, heben

**Untergrund:** Oberfläche *Öffentlichkeit (Betätigung)

**unterhalb:** oberhalb, oben, über, droben, in der Höhe

**unterhalten:** vernachlässigen, verkommen lassen *langweilen *s. unterhalten: s. langweilen, einschlafen *schweigen, verstummen, nichts sagen, ruhig / still sein

**unterhaltsam:** langweilig, uninteressant, eintönig, einschläfernd, ledern, ermüdend, trist, monoton, ohne Abwechslung, öde, trocken, fade, geisttötend, ereignislos

**Unterhaus:** Oberhaus, House of Lords (England)

**unterirdisch:** oberirdisch *sichtbar

**unterkühlt:** überhitzt *erhitzt, erwärmt *freundlich, entgegenkommend, nett, verbindlich, wohlwollend

**unterlassen:** durchführen, erledigen, tun, machen, ausführen, s. abgeben (mit), anstellen, handeln *äußern, sagen (Bemerkung)

**unterlegen:** zitieren *darüberlegen, daraufl egen (Kissen) *überlegen, stärker *gleichstark, ausgeglichen, ebenbürtig

**Unterlegenheit:** Überlegenheit, Stärke *Ausgeglichenheit, Gleichheit

**unterliegen:** bezwingen, schlagen, besiegen, triumphieren, bestehen *di

zwungen / besiegt werden, den kürzeren ziehen, nicht ankommen gegen,
den Vergleich nicht bestehen, schwächer sein, weichen müssen, verspielen
**Untermieter:** möblierter Herr, mö-
blierte Dame
**unternehmend:** tätig, aktiv, regsam,
unternehmungslustig, handelnd, engagiert, lebendig, rührig, tatkräftig

**unterordnen:** unterwerfen, subsumie-
ren, unterstellen *hintanstellen, zurückstellen *s. **unterordnen:** s. fügen /
beugen / richten nach, anpassen, nachgeben, gehorchen *kriechen, schöntun, Staub lecken, s. einschmeicheln
**Unterricht:** Schule, Unterweisung, Instruktion, Vorlesung, Seminar, Schulung, Lehrgang, Kurs(us), Unterrichts-
stunde, Nachhilfe(stunde), Lektion,
Übung *Lehre, Ausbildung, Anleitung
**unterrichten:** (be)lehren, unterweisen,
beibringen, Unterricht erteilen, ausbilden, zeigen, anleiten, Stunden geben,
dozieren, instruieren, Vorlesungen
halten, Kenntnisse vermitteln, vertraut
machen mit, Schule halten *informieren, instruieren, orientieren, Aufschluß geben
**untersagen:** verbieten, versagen, verwehren, einen Riegel vorschieben, verweigern, Einhalt gebieten, s. verbitten,
nicht erlauben / zulassen / gewähren /
genehmigen / gestatten / billigen

**unterschätzen:** unterbewerten, nicht
für voll ansehen, verharmlosen, herabsetzen, nicht auf die leichte Schulter /
ernst nehmen
**unterscheiden:** differenzieren, einen
Unterschied machen, auseinanderhalten, sondern, trennen, gegeneinander
abgrenzen, eine Einteilung machen
**Unterschied:** Differenz, Divergenz,
Abweichung, Kontrast, Ungleichheit,
Verschiedenheit, Abstand, Unähnlichkeit, Diskrepanz, Gefälle, Kluft, Gegensatz, Unstimmigkeit, Mißverhältnis
**unterschiedlich:** verschieden(artig),
abweichend, different, heterogen,
grundverschieden, zweierlei, unvereinbar, wesensfremd, ungleich

**unterschiedslos:** gleich, übereinstim-

stanzieren, siegen (Sport) *(weiter-)
kämpfen, nicht aufgeben

**Untermieter:** Hauptmieter *Vermieter

**unternehmend:** träge, apathisch, unbeteiligt, stumpfsinnig, leidenschaftslos,
dickfellig, gleichgültig, schwerfällig,
tranig, gelangweilt
**unterordnen:** überordnen *gleichrangig stellen, gleichordnen, neben-
ordnen *s. **unterordnen:** aufbegehren,
kritisieren, s. empören / auflehnen /
aufbäumen / widersetzen / sträuben /
wehren / auftrumpfen
**Unterricht:** Pause *Freizeit *Ferien

**unterrichten:** aufnehmen, lernen, s. aneignen *erfahren, hören, sehen

**untersagen:** gestatten, erlauben, genehmigen, zulassen, dulden, tolerieren, einwilligen, gewähren lassen *befehlen, anordnen, verordnen, auferlegen, (be)auftragen, bestimmen, verfügen, festlegen, aufgeben *empfehlen,
gutheißen, sanktionieren, bestätigen
**unterschätzen:** richtig einschätzen
*überschätzen, überbewerten, falsch
einschätzen, beschönigen, glorifizieren, idealisieren
**unterscheiden:** verschwimmen *verwechseln *gleichsetzen *s. **unterscheiden:** s. decken / gleichen, kongruieren,
übereinstimmen, zusammenfallen
**Unterschied:** Gleichheit, Identifikation, Übereinstimmung *Ähnlichkeit,
Gleichheit *Deckungsgleichheit, Kongruenz *Ausgleich

**unterschiedlich:** gleich, identisch,
übereinstimmend *ähnlich, gleich, unterschiedslos, indifferent *kongruent,
deckungsgleich *ausgeglichen *ebenso,
geradeso, genauso
**unterschiedslos:** unterschiedlich, ver-

mend, kongruent, identisch, einheitlich, genauso, ohne Unterschied

schieden, andersartig, entsprechend, von anderer Weise / Art, grundverschieden, divergent, different, abweichend, heterogen

**unterschrieben:** signiert, abgezeichnet

**unterschrieben:** unsigniert, ungezeichnet, ununterschrieben, anonym *offen

**unterschwellig:** unbewußt, ohne Bewußtsein, im Unterbewußtsein, nicht bewußt

**unterschwellig:** bewußt, mit Absicht, willentlich, gewollt, beabsichtigt

**unterstellen:** unterbringen, abstellen *annehmen, voraussetzen, zugrunde legen *unterschieben, anschwärzen, zur Last legen, verdächtigen

**unterstellen:** überordnen *(heraus)holen, abholen *wissen *beweisen, zitieren

**unterstützen:** eintreten für, Hilfe / Beistand leisten / gewähren, behilflich sein, zur Seite stehen, halten zu, Hilfestellung geben, stehen hinter

**unterstützen:** bekämpfen *fallenlassen, im Stich lassen, sitzenlassen, aufgeben *widerlegen *unterbinden, hemmen, behindern, verhindern, verhüten, vereiteln *ruinieren

**Unterstützung:** Stütze, Rückendeckung, Rückhalt, Beistand, Hilfe, Rückenstärkung *Zuschuß, Beihilfe, Förderung, Subvention, Zuwendung, Spende

**Unterstützung:** Bekämpfung *Aufgabe *Belästigung *Behinderung, Hemmung

**unterstützungsbedürftig:** arm, hilflos, unbemittelt

**unterstützungsbedürftig:** wohlhabend, reich *nicht gebunden, frei

**Untertan:** Volk, Staatsbürger, Staatsangehöriger

**Untertan:** Herrscher, Diktator, Regent

**untertauchen:** in die Tiefe gehen, tauchen, unter Wasser gehen / schwimmen *verschwinden, entschwinden, entweichen, s. entziehen

**untertauchen:** auftauchen *schwimmen *frei / offen leben

**untertreiben:** maßvoll ausdrücken, bescheiden sein, herunterspielen, bagatellisieren

**untertreiben:** übertreiben, aufschneiden, aufblähen, aufbauschen, dick auftragen, hochspielen, überziehen, zu weit gehen, überspannen

**Untertreibung:** Zurücknahme, Understatement, Abschwächung, Bescheidenheit, Unterbewertung, Herabminderung

**Untertreibung:** Übertreibung, Aufbauschung, Aufblähung, Prahlerei, Angeberei, Imponiergehabe, Effekthascherei, Großspurigkeit

**unterversichert:** mangelhaft / ungenügend / unzulänglich versichert

**unterversichert:** ausreichend / gut versichert *überversichert

**unterwegs:** auf den Beinen / dem Weg, während / auf der Reise

**unterwegs:** daheim, zu Hause *am Ziel sein, angekommen (Brief) *an einem Ort *da, hier

**unterwerfen:** ins Joch spannen, unterjochen, besiegen, bezwingen, unterordnen, beugen, s. untertan machen, (unter)drücken, in die Knie zwingen, knechten, drangsalieren *s. unterwerfen: s. ergeben / beugen / widerstandslos fügen / unterordnen / schicken

**unterwerfen:** regieren *befreien *s. unterwerfen: aufbegehren, widersetzen, widerstehen, trotzen, Widerstand leisten *s. erheben / befreien, revoltieren

**Unterwerfung:** Diktatur, Zwangsherrschaft, Knechtschaft

**Unterwerfung:** Regieren *Befreiung, Aufstand, Revolution *Widerstand

**unterwürfig:** demütig, devot, ergeben, kriecherisch, sklavisch, hündisch, lie-

**unterwürfig:** stolz, anmaßend, selbstsicher, selbstbewußt, hochgemut, hoch-

bedienerisch, ohne Stolz, subaltern, schmeichlerisch, servil, buhlerisch

**Unterwürfigkeit:** Untertänigkeit, Demütigkeit, Gottergebenheit, Devotion, Liebedienerei, Kriecherei

**untief:** flach, seicht, fußhoch, niedrig
**untragbar:** unannehmbar, unzumutbar, unhaltbar, intolerabel, widerwärtig, unerhört, unerträglich
**untrennbar:** unzertrennlich, sehr eng, fest, eng miteinander verbunden, verschworen, zusammengehörig
**untreu:** treulos, treubrüchig, abtrünnig, unsolidarisch, unstet, illoyal, wortbrüchig, verräterisch, unzuverlässig, ehebrecherisch
**Untreue:** Treuebruch, Treulosigkeit, Illoyalität, Unredlichkeit, Unehrlichkeit
**untröstlich:** bedrückt, schwermütig, depressiv, melancholisch, trübsinnig, hypochondrisch, schwarzseherisch, pessimistisch, wehmütig, trübselig, freudlos, traurig, trist, elegisch, (tod)unglücklich, elend, betrübt, trübe, bekümmert, unfroh
**untrüglich:** sicher, unbestreitbar, gewiß, zweifelsfrei
**unüberbrückbar:** unüberwindlich, unüberwindbar, unversöhnlich, unvereinbar, unlösbar, zu groß
**unüberlegt:** blind(lings), ohne Sinn und Verstand, unbedacht, planlos, impulsiv, ziellos, unbesonnen, wahllos, unvernünftig, gedankenlos, unvorsichtig, fahrlässig, leichtfertig, nachlässig, kopflos, übereilt, leichtsinnig, ohne Bedacht / Überlegung
**Unüberlegtheit:** Unbesonnenheit, Unbedachtheit, Unverstand, Unbedachtsamkeit, Unklugheit, Unvernunft *Unreife
**unübersehbar:** unmeßbar, unendlich, unabsehbar, unbeschränkt, weit *offenbar, auffallend, markant, in die Augen fallend, deutlich, zu groß
**unübersetzbar:** nicht zu übersetzen / übertragen
**unübersichtlich:** ungeordnet, konfus, chaotisch, labyrinthisch, unzusammenhängend, planlos, kraus, durcheinander, unklar, verschwommen
**unübertroffen:** ungeschlagen, uner-

mütig, anspruchsvoll, mit erhobenem Haupt, erhobenen Hauptes, von s. überzeugt *herrisch, unbeugsam
**Unterwürfigkeit:** Stolz, Selbstbewußtsein, Hochmut, Anmaßung, Selbstachtung, „Selbstvertrauen, Erhabenheit, Unbeugsamkeit
**untief:** tief (Gewässer)
**untragbar:** tragbar, zumutbar, erträglich

**untrennbar:** trennbar, teilbar, spaltbar, zerlegbar

**untreu:** treu, getreu, getreulich, treu und brav, anhänglich, beständig *loyal

**Untreue:** Treue, Anhänglichkeit, Unwandelbarkeit, Beständigkeit *Loyalität

**untröstlich:** froh, erfreut, heiter, wohlgemut, gutgelaunt, vergnügt, in froher Stimmung, guter Dinge / Laune, zufrieden, munter, frohen Mutes

**untrüglich:** unsicher, trügerisch, ungewiß
**unüberbrückbar:** leicht, lösbar, gering, klein, einfach, überbrückbar

**unüberlegt:** (wohl)überlegt, bedacht (-sam), nachdenklich, ruhig *besonnen, weitsichtig, umsichtig, vorausschauend, weitblickend *staatsmännisch, weltmännisch *ausgereift, ausgearbeitet, durchgeknobelt, durchdacht, ausgefeilt, ausgeknobelt
**Unüberlegtheit:** Bedachtsamkeit, Besonnenheit, Überlegung, Ruhe, Nachdenklichkeit *Besonnenheit, Weitsichtigkeit, Umsicht *Ausgereiftheit
**unübersehbar:** übersehbar, gering, klein *sichtlich, sichtbar (Mängel)

**unübersetzbar:** übersetzbar, übertragbar
**unübersichtlich:** überschaubar, übersichtlich, geordnet, ordentlich, aufgeräumt, tadellos, sorgfältig

**unübertroffen:** geschlagen, besiegt

reicht, unbesiegt *hervorragend, exquisit, ausgezeichnet, meisterhaft
**unüberwindbar:** unüberwindlich, unüberbrückbar *unbesiegbar
**unüblich:** ungebräuchlich, ungewohnt, unkonventionell, ungeläufig, ausgefallen, außergewöhnlich, neu(artig)
**unumgänglich:** unentbehrlich, nötig, unausweichlich, notwendig, erforderlich *unabwendbar, unvermeidbar, unausweichlich, unabänderlich
**unumschränkt:** absolut, unbeschränkt, uneingeschränkt, allein herrschend
**unumstößlich:** endgültig, unabänderlich, unwiderruflich, irreversibel, beschlossen
**unumstritten:** bewährt, zuverlässig, anerkannt, erprobt *unbestritten, unbestreitbar, hieb- und stichfest, sicher
**ununterbrochen:** dauernd, fortwährend, anhaltend, unablässig, unaufhaltsam, pausenlos, endlos

**unveränderlich:** dauerhaft, unzerstörbar, unverrückbar, gleichmäßig, bleibend, fest, dauernd, unverbrüchlich, gleichmäßig, konstant
**unverantwortlich:** leichtsinnig, verantwortungslos, fahrlässig, pflichtvergessen, leichtfertig, unvorsichtig, unbekümmert, oberflächlich, gedankenlos, nachlässig, unbedacht, unüberlegt
**unverbindlich:** ohne Verbindlichkeit / Gewähr / Verpflichtung, zwanglos, nicht fest / bindend, freibleibend, zu nichts verpflichtend

**unverblümt:** aufrichtig, freimütig, zuverlässig, offen, unverhohlen, wahrhaftig, unverhüllt, offenherzig, geradlinig, gerade, ehrlich
**unverbürgt:** noch nicht entschieden, ungewiß, nicht erwiesen, unsicher, offen, unbestimmt, fraglich, ungeklärt, nicht geklärt / sicher / festgelegt, unentschieden, zweifelhaft, unbestätigt, problematisch, ungesichert
**unverdächtig:** rein, sauber, ohne Makel, gutbeleumdet, mit gutem Leumund

**unverdaulich:** unbekömmlich, ungenießbar, ungesund, unverträglich
**unverderblich:** haltbar, lang haltend,

*durchschnittlich, normal, erwartet *unterdurchschnittlich, mangelhaft
**unüberwindbar:** überwindbar, bezwingbar, machbar
**unüblich:** üblich, gewöhnlich, geläufig, gängig, normal, gebräuchlich *konventionell
**unumgänglich:** unnötig, vermeidbar, überflüssig, entbehrlich, nicht notwendig

**unumschränkt:** begrenzt, behindert, eingeengt, beschränkt, eingeschränkt
**unumstößlich:** abänderbar, schwankend, schwach

**unumstritten:** umstritten, nicht anerkannt, bezweifelt

**ununterbrochen:** zeitweise, unterbrochen, mit Pausen, manchmal *diskontinuierlich, zusammenhanglos, unterbrochen
**unveränderlich:** veränderlich, instabil, inkonstant, schwankend, variant, variabel, wechselhaft, unbeständig, wechselvoll, wandelbar, nicht sicher
**unverantwortlich:** pflichtbewußt, verantwortungsbewußt, pflichtgetreu, verantwortungsvoll, verantwortlich, gewissenhaft, verläßlich, vertrauenswürdig, verantwortungsfreudig
**unverbindlich:** bindend, verbindlich, obligatorisch, fest(stehend), endgültig, definitiv, unwiderruflich, verpflichtend *entgegenkommend, nett, freundlich, gutgesinnt, großmütig, wohlmeinend, wohlgesinnt, wohlwollend
**unverblümt:** versteckt, hinterlistig, durch die Blume, umschrieben, verblümt

**unverbürgt:** verbürgt, authentisch, zuverlässig, sicher, garantiert, glaubwürdig, aus erster Quelle / Hand, echt, bestätigt

**unverdächtig:** verdächtig, anrüchig, bedenklich, übelbeleumdet, halbseiden, verrufen, unheimlich, berüchtigt, undurchsichtig *auffällig
**unverdaulich:** verdaulich, bekömmlich, genießbar, nährend
**unverderblich:** verderblich, schädlich,

konserviert, eingemacht, eingefroren

**unverdient:** unberechtigt, ohne eigenes Verdienst, glücklich (Sieg), nicht verdient

**unverdorben:** unschuldig, unerfahren, unberührt, jungfräulich, keusch, lauter, anständig *frisch, einwandfrei, genießbar *frisch, rein, sauber, gesund (Luft)

**unverdrossen:** beharrlich, zäh, unentwegt, ausdauernd, krampfhaft, hartnäckig, verzweifelt, unbeirrt, unbeirrbar, verbissen

**unvereinbar:** gegensätzlich, widersprüchlich, widersinnig, entgegengesetzt, umgekehrt, widerspruchsvoll, einander ausschließend, verschieden

**unverfälscht:** pur, rein, natürlich

**unverfänglich:** harmlos, ungefährlich

**unverfroren:** impertinent, frech, naseweis, vorlaut, vorwitzig, unartig, ungesittet, schamlos, keß, keck, dreist, ungezogen, unverschämt, unmanierlich, rücksichtslos

**unvergänglich:** dauernd, bleibend, dauerhaft, ewig, unsterblich, zeitlos
**Unvergänglichkeit:** Dauer, Ewigkeit, Unsterblichkeit, Zeitlosigkeit

**unvergleichbar:** unverhältnismäßig, inkomparabel *außergewöhnlich, ausgefallen, enorm, beträchtlich *(zu) verschieden(artig) / anders(artig)
**unvergleichlich:** sehr, viel, weitaus, wesentlich, überaus *ausgefallen, ansehnlich, verblüffend, auffällig, ungewöhnlich, außergewöhnlich, überwältigend, beachtlich, überragend, bedeutsam, sondergleichen, beträchtlich, sagenhaft, bewundernswürdig, eindrucksvoll, nennenswert, imposant, enorm, erstaunlich, großartig, abenteuerlich, ohnegleichen, aufsehenerregend, spektakulär, stattlich, überraschend, ungeläufig, sensationell, auffallend, bedeutend, bedeutungsvoll, beeindruckend, bewundernswert, brillant, märchenhaft, hervorragend, imponie-

ungesund

**unverdient:** (wohl)verdient, berechtigt, gerecht

**unverdorben:** sauer *verdorben, ungenießbar, ungesund, unbekömmlich, unschmackhaft, widerlich, widrig, ekelhaft *faul, faulig, madig *schlecht, ranzig (Butter, Fett) *verdorben, unanständig, unmoralisch, wüst, lasterhaft, ruchlos, schlecht, sittenlos, unkeusch, unsittlich, unzüchtig, zuchtlos (Mensch)

**unverdrossen:** verdrossen, unzufrieden, mürrisch, unlustig, verbittert, erbittert, unbefriedigt, verstimmt, verstört

**unvereinbar:** vereinbar, verträglich, widerspruchslos, widerspruchsfrei

**unverfälscht:** verändert, verfälscht, verzerrt, entstellt, umgekehrt
**unverfänglich:** verfänglich *bedenklich, eindeutig *vordergründig, fadenscheinig
**unverfroren:** freundlich, nett, brav, entgegenkommend, höflich, korrekt *artig, schüchtern, zurückhaltend

**unvergänglich:** flüchtig, vergänglich, sterblich, zeitlich, endlich
**Unvergänglichkeit:** Endlichkeit, Vergänglichkeit, Zeitlichkeit, Flüchtigkeit, Sterblichkeit
**unvergleichbar:** vergleichbar, komparabel, gleichartig, ähnlich, (annähernd) gleich, einander gleichend / ähnelnd / entsprechend
**unvergleichlich:** gering, mittelmäßig, nicht nennenswert, kaum der Rede wert, durchschnittlich, gewöhnlich, alltäglich, nicht überwältigend / besonders, schlecht und recht, mittelprächtig, ganz nett

rend, außerordentlich, entwaffnend, groß, fabelhaft, einzigartig

**unverhältnismäßig:** extrem, allzu sehr, maßlos, unmäßig, exzessiv, unbeherrscht, unkontrolliert, hemmungslos, zuviel

**unverhofft:** plötzlich, schroff, blitzschnell, abrupt, unversehens, schlagartig, übergangslos, unvorhergesehen, unvermittelt, ohne Übergang, zufällig

**unverhohlen:** offen, zutraulich, mitteilsam, offenherzig, freimütig, vertrauensselig, aufrichtig, rückhaltlos

**unverhüllt:** ausgezogen, nackt, unbekleidet, unbedeckt *unverblümt, aufrichtig, unverhohlen, deutlich

**unverkäuflich:** unveräußerlich, privat (Bilder), nicht mit Geld / Gold bezahlbar, nicht zum Verkauf bestimmt

**unverkennbar:** eindeutig, erkennbar, nicht zu verwechseln, charakteristisch, kennzeichnend, typisch

**unverlangt:** freiwillig, nicht (an)gefordert, von s. aus, unaufgefordert

**unverletzt:** unversehrt, geheilt, heil, unbeschädigt

**unvermeidlich:** nötig, notwendig, nicht zu vermeiden / verhindern / umgehen

**unvermischt:** natur, rein *pur

**Unvermögen:** Unfähigkeit, Untauglichkeit, Ohnmacht, Unzulänglichkeit, Schwäche, Untüchtigkeit, Versagen

**unvermögend:** arm, bedürftig, mittellos *unfähig, nicht imstande, außerstande, impotent *inkompetent, untüchtig, untauglich, unbegabt

**unvermutet:** unverhofft, plötzlich, schroff, blitzschnell, abrupt, unversehens, schlagartig, übergangslos, unvorhergesehen, unvermittelt, ohne Übergang, zufällig, jäh(lings)

**unvernehmbar:** leise, unhörbar, stumm, lautlos

**Unvernunft:** Unbesonnenheit, Unbedachtheit, Unbedachtsamkeit, Unverstand, Unüberlegtheit

**unvernünftig:** unklug, leichtfertig, leichtsinnig, unvorsichtig, unverantwortlich, fahrlässig, verantwortungslos, unvertretbar, unbedacht, unbekümmert, unbesonnen, unüberlegt, undiplomatisch, ziellos, wahllos, impulsiv, gedankenlos, bedenkenlos, sträflich, sorglos, pflichtvergessen

**unverhältnismäßig:** verhältnismäßig, relativ, im Vergleich zu, vergleichsweise, gegenüber, gemessen an

**unverhofft:** erwartet, vorausgesehen, vorhergesehen, vorauszusehen *(voraus)berechnet, spekuliert

**unverhohlen:** verhohlen, heimlich, still, verborgen, verdeckt

**unverhüllt:** verhüllt, angezogen, verdeckt, bedeckt, bekleidet *andeutungsweise, verblümt, verhüllt, hinterlistig

**unverkäuflich:** verkäuflich, zu verkaufen, absetzbar

**unverkennbar:** verwechselbar, beinahe, wahrscheinlich

**unverlangt:** angefordert, verlangt, bestellt

**unverletzt:** verletzt, verwundet, beschädigt, versehrt

**unvermeidlich:** vermeidlich, unnötig, vermeidbar

**unvermischt:** vermischt *legiert

**Unvermögen:** Können, Fähigkeit, Vermögen, Intelligenz, Wissen

**unvermögend:** vermögend, reich, wohlhabend, bemittelt, steinreich, betucht, begütert *potent, fähig

**unvermutet:** vermutet, erwartet, erhofft, gewünscht, ersehnt, erträumt

**unvernehmbar:** vernehmbar, vernehmlich, hörbar, laut

**Unvernunft:** Vernunft, Verstand, Auffassungsgabe, Geist, Klugheit, Denkvermögen, Esprit, Scharfsinn

**unvernünftig:** vernünftig, klug, einsichtig, reif, gereift *sinnvoll, sinnreich *rational, vernunftmäßig

**unveröffentlicht:** geheim, nicht veröffentlicht, unbekannt

**unverpackt:** lose, einzeln, nicht abgepackt, offen

**unverschämt:** impertinent, frech, naseweis, vorlaut, vorwitzig, unartig, ungesittet, schamlos, keß, keck, dreist, ungezogen, unverfroren, unmanierlich

**unverschlossen:** offen, geöffnet, aufgeschlossen *befahrbar, begehbar, erschlossen, freigegeben, wegsam

**unverschlüsselt:** unkodiert, offen, klar, entschlüsselt, dekodiert, decodiert

**unverschuldet:** schuldenfrei *unschuldig, schuldlos, tadellos, untadelig, unangreifbar

**unversehrt:** nicht verletzt, gesund, wohlbehalten *nicht beschädigt, heil, intakt, nicht entzwei, ganz

**unversöhnlich:** standhaft, halsstarrig, rechthaberisch, finster, aufmüpfig, zugeknöpft, unbelehrbar, eisern, aufsässig, widersetzlich, ungehorsam, kratzbürstig, unfolgsam, kompromißlos, bockbeinig, dickköpfig, widerspenstig, unzugänglich, unaufgeschlossen, stur, hartgesotten, dickschädelig, starrköpfig, widerborstig, starrsinnig, bockig, eigensinnig, fest, steifnackig, verstockt, verbohrt, unerbittlich, trotzig, störrisch, verständnislos, unnachgiebig, unbotmäßig, unbequem, verschlossen, uneinsichtig, unkollegial

**unverständig:** dumm, töricht, unintelligent, unerfahren, unbedarft

**Unverständigkeit:** Beschränktheit, Unbedarftheit, Dummheit, Unbegabtheit, Engstirnigkeit

**unverständlich:** schwerverständlich, sonderbar, rätselhaft *unfaßlich, unfaßbar *unartikuliert, nicht / schlecht verständlich, undeutlich, (zu) leise *verworren, wirr, durcheinander

**unverträglich:** streitbar, zänkisch, streitsüchtig, hadersüchtig, streitlustig, rechthaberisch, reizbar, bissig, aggressiv, böse, zanksüchtig, kämpferisch, kampflustig, kampfbereit, herausfordernd, feindselig, militant, provokatorisch, polemisch, zankhaft, unfriedlich, provokant *unbekömmlich, unverdaulich, ungesund, schlecht, gefährlich, ungenießbar, schwer verdaulich, gesundheitsschädlich *gegensätzlich, ent-

**unveröffentlicht:** veröffentlicht, publiziert, herausgegeben

**unverpackt:** abgepackt, eingewickelt, verschlossen, verpackt, geschützt, eingepackt

**unverschämt:** ruhig, beherrscht, gemessen, still, gezügelt *bescheiden, wohlerzogen, höflich, anständig, zurückhaltend, brav

**unverschlossen:** verriegelt, zu, verschlossen, geschlossen

**unverschlüsselt:** verschlüsselt, kodiert, codiert

**unverschuldet:** verschuldet, voller Schulden, *schuldig, schuldbeladen, schuldvoll, fehlerhaft

**unversehrt:** verletzt, beschädigt, versehrt *abgelaufen, abgewetzt *defekt, schadhaft, beschädigt

**unversöhnlich:** versöhnlich, kompromißbereit, konziliant, einsichtig, duldsam, tolerant, verständnisvoll, nachsichtig, offenherzig, vorurteilslos, weitherzig, liberal, friedliebend, friedlich

**unverständig:** verständig, einsichtig, klug

**Unverständigkeit:** Verständnis, Einsicht, Klugheit, Verstand, Intelligenz, Aufgeschlossenheit

**unverständlich:** verständlich, (wohl)artikuliert, deutlich, gut zu verstehen, klar, verstehbar *verständlich, faßbar, deutlich, einleuchtend, klar

**unverträglich:** verträglich, duldsam, tolerant, nachsichtig, freizügig, weitherzig, verständnisvoll, versöhnlich, aufgeschlossen, kompromißbereit *verträglich, gesund, einwandfrei, leicht, bekömmlich (Speise) *widerspruchslos, widerspruchsfrei, verträglich (Meinungen)

gegengesetzt, oppositionell, gegenteilig, umgekehrt

**Unverträglichkeit:** Streitsucht, Rechthaberei, Aggression, Feindseligkeit, Polemik *Unbekömmlichkeit, Unverdaulichkeit, Ungenießbarkeit *Opposition, Gegensätzlichkeit

**unverwöhnt:** anspruchslos, bescheiden, einfach, nicht verwöhnt

**unverzagt:** (wage)mutig, tapfer, draufgängerisch, tollkühn, verwegen, beherzt, waghalsig, furchtlos, todesmutig, vermessen, heldenhaft, kühn, heldenmütig, unerschrocken, herzhaft, mannhaft, kämpferisch

**unverzeihlich:** sträflich, unverantwortlich, verantwortungslos, unvertretbar, unentschuldbar

**unverzüglich:** auf der Stelle, sofort, sogleich, momentan

**unvollendet:** unabgeschlossen, unvollständig, unvollkommen, halbfertig, bruchstückhaft, teilweise, fragmentarisch

**unvollkommen:** mangelhaft, ungenügend, unperfekt, teilweise, halbwegs, bruchstückhaft, fragmentarisch, unvollständig, unfertig, unvollendet, fehlerhaft, abgebrochen

**Unvollkommenheit:** Mangelhaftigkeit, Fehlerhaftigkeit

**unvollständig:** nicht vollständig, nicht ganz, halb(wegs), lückenhaft, ungenügend, bruchstückhaft, unabgeschlossen, teilweise

**unvorbereitet:** improvisiert, frei, auf Anhieb, ohne Vorbereitung, aus dem Handgelenk / Stegreif

**unvoreingenommen:** objektiv, unparteiisch, vorurteilsfrei, parteilos, gerecht, sachdienlich, unbeeinflußt, wertneutral, frei von Emotionen

**unvorhergesehen:** jäh, unverhofft, plötzlich, schroff, blitzschnell, abrupt, unversehens, schlagartig, übergangslos, unvermittelt, ohne Übergang, zufällig

**unvorhersehbar:** unberechenbar, launisch

**unvorsichtig:** unklug, leichtfertig,

**Unverträglichkeit:** Verträglichkeit, Toleranz, Nachsichtigkeit, Duldsamkeit, Weitherzigkeit, Aufgeschlossenheit, Verständnis, Kompromißbereitschaft *Bekömmlichkeit, Verträglichkeit, Gesundheit (Speise) *Widerspruchslosigkeit, Verträglichkeit

**unverwöhnt:** verwöhnt, anspruchsvoll, verzärtelt, verzogen, verweichlicht

**unverzagt:** verzagt, zag(haft), ängstlich, scheu, verängstigt, angstvoll, verschreckt *feige, mutlos, feigherzig, memmenhaft, kleinmütig, hasenherzig

**unverzeihlich:** verzeihlich, verzeihbar, entschuldbar

**unverzüglich:** später, mit Verzug / Verzögerung, verzögert

**unvollendet:** vollkommen, vollendet, fertig, abgeschlossen

**unvollkommen:** vollkommen, perfekt, vollendet, tadelfrei, einwandfrei, fehlerlos, makellos, lupenrein, mustergültig, untadelhaft, untadelig *ideal, vorbildlich *hervorragend *fließend, perfekt, flüssig, geläufig (Sprachkenntnisse)

**Unvollkommenheit:** Vollkommenheit, Perfektion, Vollendung, Makellosigkeit *Vorbild, Ideal

**unvollständig:** vollständig, komplett, lückenlos, vollzählig, komplett *lange, ausführlich

**unvorbereitet:** vorbereitet, bereitgelegt, bereitgestellt, zurechtgemacht *bereit, gewillt

**unvoreingenommen:** voreingenommen, parteiisch, einseitig, subjektiv, ungerecht, unsachlich, voller Vorurteile, befangen, parteigebunden

**unvorhergesehen:** vorhergesehen, geplant, erwartet, plangemäß, berechnet

**unvorhersehbar:** vorhersehbar, berechenbar, voraussehbar, vorauszusehen

**unvorsichtig:** vorsichtig, bedacht,

leichtsinnig, unverantwortlich, fahrlässig, verantwortungslos, unvertretbar, unbedacht, unbekümmert, unbesonnen, unüberlegt, undiplomatisch, ziellos, wahllos, impulsiv, gedankenlos, bedenkenlos, sträflich, sorglos, pflichtvergessen

**Unvorsichtigkeit:** Unbesonnenheit, Unbedachtheit, Unbedachtsamkeit, Unvernunft, Unverstand, Unüberlegtheit

**unvorstellbar:** nicht auszudenken *unglaublich, unbegreiflich, beispiellos, bodenlos, grenzenlos, unaussprechlich, ungeheuerlich *sehr, überaus

**unvorteilhaft:** nachteilig, ungünstig, schädlich, verderblich, negativ, hemmend, mißlich, unerfreulich, abträglich

**unwahr:** unrichtig, unrecht, falsch, verfehlt, irrtümlich, unzutreffend, verkehrt, widersprüchlich, regelwidrig, irrig

**Unwahrheit:** Lüge, Unwahres, Märchen, Legende, Lügenmärchen, Erfindung

**unwahrscheinlich:** kaum möglich, zweifelhaft, fraglich, unsicher, nicht anzunehmen *unglaubwürdig, unglaubhaft, unvorstellbar, nicht zuverlässig, falsch, verlogen

**unwandelbar:** beständig, konstant, (gleich)bleibend

**unwegsam:** undurchdringlich, wild, weglos, unpassierbar, unbefahrbar, zugewachsen, dicht, ungangbar, unerschlossen

**Unwetter:** Sturm und Regen / Hagel, Blitz und Donner, Gewitter, Wetter, Sturm

**unwichtig:** unwesentlich, nichtssagend, belanglos, farblos, einflußlos, wertlos, unerheblich, wesenlos, unscheinbar, uninteressant, peripher, nichtig, nicht erwähnenswert, gleichgültig, akzidentiell

**Unwichtigkeit:** Belanglosigkeit, Nebensache *Nichtigkeit *Unauffälligkeit

**Unwille:** Mißstimmung, Unzufriedenheit, Uneinigkeit, Diskrepanz, Disharmonie

**unwillig:** griesgrämig, ärgerlich, zornig, mißlaunig, übellaunig, peinlich, gekränkt, wütend, wutschnaubend, wutentbrannt, wutschäumend, uner-

wachsam, besonnen, bedächtig, umsichtig, behutsam, sorgfältig

**Unvorsichtigkeit:** Vorsicht, Bedachtsamkeit, Besonnenheit, Wachsamkeit, Sorgfalt, Behutsamkeit, Umsicht, Bedacht

**unvorstellbar:** möglich, erfaßbar, vorstellbar, plastisch, gegenständlich *gering, klein

**unvorteilhaft:** vorteilhaft, günstig, positiv

**unwahr:** wahr, gewiß, glaubhaft, tatsächlich, unwiderlegbar, unwiderleglich, zutreffend, zuverlässig, wirklich, glaubwürdig, unübertrieben, belegt

**Unwahrheit:** Wahrheit, Tatsache, Sicherheit, Realität, Gewißheit

**unwahrscheinlich:** wahrscheinlich, anscheinend, vermutlich, vermeintlich, denkbar, höchstwahrscheinlich, voraussichtlich, programmgemäß, möglich *wenig, mäßig

**unwandelbar:** wandelbar, veränderlich, schwankend, wechselhaft *labil

**unwegsam:** erschlossen, begehbar, zugänglich *trocken

**Unwetter:** Schönwetter, Hoch(druck), Sonnenschein, Urlaubswetter

**unwichtig:** wichtig, notwendig, vordringend, vordringlich, schwerwiegend *bedeutsam, signifikant, bedeutungsvoll, gewichtig, erwägenswert, belangvoll *aktuell, brisant

**Unwichtigkeit:** Wichtigkeit, Bedeutsamkeit, Signifikanz, Bedeutung, Schwere, Gewicht *Aktualität, Brisanz

**Unwille:** Zufriedenheit, Gemütsruhe, Gleichgewicht *Freude *Einklang, Harmonie, Einverständnis

**unwillig:** willig, bereit, gefügig, gesonnen, willens, gewillt, geneigt, entschlossen, bereit, fügsam, gehorsam *freundlich, nett, zuvorkommend, ent-

freulich, erzürnt, entrüstet, böse, erbost, fuchsteufelswild, zähneknirschend, verärgert, grantig, gereizt, aufgebracht, brummig, verdrossen, verdrießlich, unangenehm, muffig, grimmig, mißmutig, mürrisch, mißgestimmt, grämig, erbittert, knurrig, bärbeißig, unwirsch, verbittert, mißgelaunt, mißvergnügt, schlechtgelaunt, unmutig, unzufrieden, übelgelaunt, unbefriedigt, unlustig, unleidlich, in schlechter Stimmung

**unwillkommen:** nicht gerngesehen, unangesehen, ungebeten, unerwünscht, unliebsam, ungelegen, nicht passend

**unwillkürlich:** ungewollt, instinktiv, unabsichtlich *automatisch, zwangsläufig

**unwirklich:** irreal, eingebildet, abstrakt, trügerisch, illusorisch, phantastisch, irreführend, täuschend

**Unwirklichkeit:** Einbildung, Fiktion, Erdichtung, Irrealität, Vorstellung, Phantasie, Täuschung, Imagination, Vision, Utopie, Wunschtraum

**unwirksam:** nutzlos, unnötig, wertlos, überflüssig, unnütz, fruchtlos, umsonst, ungeeignet, aussichtslos, verfehlt, zwecklos, unbrauchbar, entbehrlich, erfolglos, wirkungslos

**unwirsch:** unhöflich, abweisend, taktlos, ruppig, unfreundlich, ungehobelt, unkultiviert, unverbindlich, barsch, unritterlich, grobschlächtig, rüpelig, ungeschliffen, unliebenswert, flegelhaft, brüsk, lümmelhaft

**unwirtlich:** verlassen, einsam, vereinsamt, abgelegen, öde, unbelebt, entvölkert, ausgestorben, geisterhaft, unberührt

**unwirtschaftlich:** teuer, unökonomisch, aufwendig, unbezahlbar, unerschwinglich, kostspielig

**unwissend:** unbelesen, unaufgeklärt, unbewandert, ungeschult, ahnungslos, nichtwissend, uninformiert, unerfahren, ungebildet, unkundig

**Unwissenheit:** Unkenntnis, Nichtwissen, Mangel an Wissen, Ahnungslosigkeit, Dummheit

**unwissentlich:** ahnungslos, unbeabsichtigt, versehentlich, ungewollt

**unwohl:** elend, krank, unbehaglich, ungesund, schwindlig, übel, unpäßlich

gegenkommend, verbindlich, wohlwollend *liebenswürdig, jovial, wohlmeinend, gefällig, freundschaftlich, gutgemeint, herzlich, gutgelaunt, zugetan

**unwillkommen:** willkommen, geladen, angenehm, gelegen, erwünscht, gerngesehen (Besuch)

**unwillkürlich:** willkürlich, absichtlich, beabsichtigt, vorsätzlich

**unwirklich:** wirklich, tatsächlich, wahr, real, richtig *reell

**Unwirklichkeit:** Wirklichkeit, Tatsache, Wahrheit, Realität

**unwirksam:** wirksam, zugkräftig, werbewirksam, anreizend, effizient *wirksam, effektiv, effektvoll, attraktiv, wirkungsvoll, wirkungsreich

**unwirsch:** freundlich, entgegenkommend, wohlwollend, nett, heiter, munter, liebenswürdig, froh, verbindlich, wohlgesinnt

**unwirtlich:** fruchtbar *anziehend *bewohnt, bewohnbar *freundlich, gastlich (Haus) *bevölkert, besiedelt

**unwirtschaftlich:** wirtschaftlich, sparsam, ökonomisch, haushälterisch, genügsam, sorgsam

**unwissend:** (all)wissend, informiert, aufgeklärt, weise, gut unterrichtet, bekannt mit *intelligent, begabt, gescheit *kenntnisreich

**Unwissenheit:** Wissen, Bildung, Können, Kenntnis, Einblick, Erfahrung, Beschlagenheit, Praxis, Weitblick

**unwissentlich:** wissentlich, absichtlich, vorsätzlich, gewollt, beabsichtigt

**unwohl:** wohl(auf), gesund, fit *wohl, frisch

**unwohnlich:** unbehaglich, unangenehm, kahl, kühl, frostig, unbequem, ungemütlich, unwirtlich
**unwürdig:** ehrlos, ehrvergessen, würdelos, charakterlos, nichtswürdig
**unzählbar:** zahllos, unendlich, unermeßlich, unbegrenzt, weit, endlos, grenzenlos, unübersehbar, unerschöpflich
**unzählig:** viele, zahllos, zahlreich, eine große Zahl von
**unzeitgemäß:** alt(modisch), unmodern, veraltet, gestrig, konservativ, überholt, antiquiert
**unzerbrechlich:** fest, robust, stabil, haltbar
**unzivilisiert:** wild, barbarisch, primitiv, ungezähmt, einfach
**unzüchtig:** anstößig, pikant, schlecht, unanständig, unkeusch, lasterhaft, liederlich, sittenlos, ruchlos, schlüpfrig, ungehörig, unmoralisch, unschicklich, verdorben, unsittlich, unziemlich, zuchtlos, wüst, ungebührlich, verworfen, verrucht, unsolide, zweideutig
**unzufrieden:** unlustig, verbittert, verstimmt, entrüstet, mürrisch, verstört, unbefriedigt, enttäuscht, unausgefüllt, frustriert
**Unzufriedenheit:** Mißmut, Unbehagen Verdrossenheit, Bitternis, Bitterkeit, Unlust, Mißfallen, Verbitterung

**unzugänglich:** standhaft, halsstarrig, rechthaberisch, finster, aufmüpfig, zugeknöpft, unbelehrbar, eisern, aufsässig, widersetzlich, ungehorsam, kratzbürstig, unfolgsam, kompromißlos, bockbeinig, dickköpfig, widerspenstig, unaufgeschlossen, stur, hartgesotten, dickschädelig, starrköpfig, unversöhnlich, widerborstig, starrsinnig, bockig, eigensinnig, fest, steifnackig, verstockt, verbohrt, unerbittlich, trotzig, störrisch, verständnislos, unnachgiebig, unbotmäßig, unbequem, verschlossen *kontaktschwach, distanziert, ungesellig, schweigsam, verschlossen, kühl, herb, unnahbar, unempfänglich, undurchschaubar, introvertiert, abweisend *unwegsam, unpassierbar, unerschlossen, wild, weglos, zugewachsen, dicht, unbefahrbar

**unwohnlich:** wohnlich, behaglich, gemütlich, bequem

**unwürdig:** würdig, würdevoll *verdient

**unzählbar:** begrenzt, abgezählt, zählbar *wenig, gering

**unzählig:** wenige, einige, etliche *kein(e)
**unzeitgemäß:** zeitgemäß, modern, aktuell

**unzerbrechlich:** zerbrechlich, brechbar, splittrig, gläsern, fragil
**unzivilisiert:** zivilisiert, verfeinert, kultiviert
**unzüchtig:** sittsam, anständig, sittlich, züchtig, sauber, tugendhaft, tugendsam, tugendreich, sittenrein, puritanisch, moralisch

**unzufrieden:** zufrieden, wunschlos, befriedigt, glücklich, (selbst)genügsam, bescheiden, ausgeglichen *nett, freundlich, froh, heiter
**Unzufriedenheit:** Zufriedenheit, Seelenfriede, Gleichgewicht, Herzensruhe, Gemütsruhe *Befriedigung, Bescheidenheit, Ausgeglichenheit *Freundlichkeit, Heiterkeit, Freude, Frohsinn, Frohmut
**unzugänglich:** zugänglich, begehbar (Grundstück) *offen, zugänglich, aufgeschlossen, interessiert, ansprechbar, empfänglich, aufnahmebereit, aufnahmewillig, geneigt, aufnahmefähig *gesellig, kontaktfreudig, leutselig, aufgeschlossen, umgänglich, extravertiert, kommunikationsfreudig *nett, freundlich, liebenswürdig, entgegenkommend, wohlwollend, verbindlich, huldvoll, huldreich, großmütig

**unzulänglich:** mangelhaft, gering, ungenügend, einfach, primitiv, schlecht, halbwertig, kümmerlich, miserabel, erbärmlich, lückenhaft (Kenntnisse) *schlecht, miserabel, ungenügend, mangelhaft (Versorgung)

**unzulässig:** gesetzwidrig, unerlaubt, ungesetzlich, illegal, unstatthaft

**unzurechnungsfähig:** geistesgestört, geisteskrank, blöde, blödsinnig, verblödet, idiotisch, wahnsinnig, irrsinnig, schwachsinnig, debil

**unzureichend:** mangelhaft, schlecht, ungenügend, unbefriedigend

**unzusammenhängend:** konfus, durcheinander, zusammenhanglos, ungeordnet, chaotisch, wirr, diffus *uneinheitlich

**unzutreffend:** falsch, fehlerhaft, irrtümlich, widersprüchlich, verfehlt, unrichtig

**unzuverlässig:** pflichtvergessen, vergeßlich, unpünktlich, ungenau, unbeständig, unsicher

**unzweckmäßig:** unnütz, nutzlos, zweckentfremdet, zweckwidrig *unhandlich, unpraktisch, unbequem

**unzweideutig:** klar, eindeutig, genau, anschaulich, bestimmt, deutlich, exakt, fest umrissen, handfest, greifbar, unmißverständlich, unverblümt, präzis(e), bildhaft, klipp und klar, einfach

**unzweifelhaft:** sicher, bestimmt, zweifelsfrei, unumstritten

**üppig:** maßlos, feudal, teuer, schwelgerisch, ausladend, luxuriös, verschwenderisch, pompös, prunkend *kulinarisch, lukullisch, überreichlich, opulent *fett, fruchtbar, strotzend, wuchernd *dick(lich), (wohl)beleibt, stämmig, stark, vollschlank, korpulent, füllig, breit, stramm, wohlgenährt, gemästet, unförmig, mollig, rund(lich), kugelrund, drall, umfangreich, fett(leibig), pummelig, dickleibig, pausbäckig, aufgedunsen, dickwanstig, feist, fleischig, gewaltig, massig, vierschrötig, plump

**unzulänglich:** hervorragend, (sehr) gut, beachtlich, brillant, ungewöhnlich, außergewöhnlich, beeindruckend, bedeutend (Kenntnisse) *zulänglich, hinreichend *hervorragend, sichergestellt, (sehr) gut (Versorgung)

**unzulässig:** zulässig, erlaubt, gesetzlich, statthaft, legal

**unzurechnungsfähig:** zurechnungsfähig, normal, (geistig) gesund

**unzureichend:** zureichend, ausreichend, umfangreich, ausführlich

**unzusammenhängend:** zusammenhängend, aneinander *nacheinander, der Reihe nach, aufeinanderfolgend, nachfolgend, darauffolgend *kontinuierlich, im Zusammenhang, zusammenhängend *organisch, gewachsen, einheitlich

**unzutreffend:** zutreffend, wahr, wirklich, tatsächlich, real, gewesen

**unzuverlässig:** zuverlässig, ehrlich, aufrichtig, gerade, vertrauenswürdig, wahrhaftig, verantwortungsbewußt, pflichtbewußt, verantwortungsvoll, sicher, gewissenhaft, verläßlich

**unzweckmäßig:** zweckmäßig, opportun, sinnvoll, angemessen, vernünftig, handlich, zweckentsprechend, tauglich, gegeben, geeignet, zweckdienlich, praktikabel, brauchbar, praktisch, rationell, sachdienlich

**unzweideutig:** anständig, sittsam, gesittet, harmlos (Witz)

**unzweifelhaft:** zweifelhaft, fraglich, offen

**üppig:** bescheiden, karg, frugal, schlicht, einfach (Mahl) *spärlich, kärglich, dürftig, kläglich, klein, karg, mager, kümmerlich (Wachstum) *einfach, schlicht, schmucklos, unauffällig, kunstlos, farblos, primitiv, unscheinbar *schlank, mager, sportlich, athletisch (Figur) *mager, dürr (Boden) *gelichtet, schütter, dünn, dürftig, kahl (Haarwuchs) *flach, unterentwickelt (Busen)

**Urlaub:** Regeneration, Urlaubszeit, Ferien(zeit), Betriebsferien, Erholung, Kur

**Urlaub:** Arbeit(zeit), Beschäftigung(szeit)

**Ursache:** Ausschlag, Motiv, Voraussetzung, Anlaß, Wurzel, Hintergrund, Verursachung

**Ursache:** Wirkung, Ergebnis, Effekt, Folge, Zweck

**Urschrift:** Original, erste Fassung, Urtext, Urfassung

**Urschrift:** Kopie, Abschrift, Duplikat

**ursprünglich:** original, eigentlich, primär, originär, von Hause aus

**ursprünglich:** übertragen *unecht, unnatürlich *übernommen, wiederholt, nachgeahmt, nachgemacht

**usuell:** üblich, alltäglich, gewohnt, verbreitet, eingewurzelt, normal, gängig, bevorzugt, weitverbreitet

**usuell:** gelegentlich, okkasionell, unüblich, nicht gebräuchlich

**Utopie:** Idealbild, Fiktion, Erdichtung, Irrealität, Vorstellung, Phantasie, Täuschung, Imagination, Vision, Wunschbild, Zukunftstraum, Traumwelt, Einbildung

**Utopie:** Wirklichkeit, Realität, Tatsache

**utopisch:** undurchführbar, unausführbar, hoffnungslos, indiskutabel, unmöglich, ausgeschlossen, undenklich

**utopisch:** real, wirklich, tatsächlich, ausführbar

# V

**vage:** undeutlich, undurchschaubar, unübersichtlich, unklar, ein Buch mit sieben Siegeln, unentschieden, zweifelhaft, verschwommen, fraglich, unpräzise, in Dunkel gehüllt, unscharf, nebulös, nicht eindeutig / verständlich / deutlich / zu definieren, schlecht zu entziffern / zu verstehen, unverständlich, zusammenhanglos, unausgegoren, unbestimmt, mißverständlich, andeutungsweise, undefinierbar, verworren, unartikuliert, wirr, ungenau, abstrus

**variabel:** veränderlich, veränderbar, mutabel, wechselhaft, unbeständig, schwankend, wandelbar

**Variable:** Variante, veränderliche Größe (Mathematik)

**Variation:** Modifikation, Veränderung, Modulation, Abwandlung, Abweichung

**variieren:** verändern, abweichen, abwandeln, ändern

**Vater:** Haushaltsvorstand, Familienoberhaupt, Erzeuger

**Vaterherrschaft:** Patriarchat

**verabredet:** ausgemacht, sicher, abgesprochen, vereinbart, fest, verbindlich, fix, feststehend, festgelegt, geregelt

**verabscheuen:** verachten, hassen, nicht leiden können, mißbilligen, von s. weisen

**verabschieden:** in Kraft setzen, für gültig erklären, annehmen *entlassen, absetzen, abberufen, kündigen, suspendieren, stürzen *s. verabschieden: s. trennen / empfehlen, scheiden, jmdn. verlassen, auf Wiedersehen / Lebewohl sagen, Abschied nehmen, fortgehen

**verachten:** verschmähen, nicht achten, verpönen, nicht für voll nehmen, geringachten, geringschätzen, schlecht / respektlos behandeln

**verächtlich:** geringschätzig, abfällig, mißfällig, pejorativ, despektierlich, abwertend, mißbilligend, wegwerfend, respektlos, herabsetzend, entwürdigend, schlimm, schlecht, übel, kritisch, tadelnd

**vage:** bestimmt, eindeutig, deutlich, gewiß, feststehend, klar *genau, präzise, exakt, akkurat, treffend, treffsicher, haargenau, eindeutig, klar, deutlich, unmißverständlich

**variabel:** unveränderlich, konstant, gleichbleibend, feststehend, festgesetzt, invariabel, festliegend, unveränderbar

**Variable:** Konstante, unveränderliche / feste Größe, fester Wert (Mathematik)

**Variation:** Original *Thema, Grundthema *Urform, Urfassung *Grundform, Urbild

**variieren:** gleich / stabil / unveränderlich / fest / konstant bleiben / lassen

**Vater:** Mutter *Kind(er), Tochter, Sohn

**Vaterherrschaft:** Mutterherrschaft, Matriarchat, Mutterrecht

**verabredet:** unverbindlich, offen, frei

**verabscheuen:** lieben, gern haben / mögen, bevorzugen

**verabschieden:** begrüßen, empfangen *einführen, berufen, einsetzen, betrauen (Amt) *beantragen, einbringen (Vorlage) *außer Kraft setzen, aufheben (Gesetz) *s. verabschieden: s. treffen / wiedersehen, ankommen, eintreffen

**verachten:** achten, schätzen, würdigen, respektieren, (ver)ehren, bewundern *fürchten, s. ängstigen

**verächtlich:** ehrfürchtig, ehrfurchtsvoll, respektvoll, ehrerbietig *ehrenwert, ehrbar, aufrecht, bieder, rechtschaffen, redlich, rühmenswert, ehrenfest, charakterfest, hochanständig, sauber *respektabel, erhaben, ehrwürdig

**Verachtung:** Mißachtung, Gering-schätzung, Pejoration, Herabsetzung, Zurücksetzung, Nicht(be)achtung, Herabwürdigung, Respektlosigkeit, Naserümpfen, Verächtlichmachung, Entwürdigung, Demütigung
**veralbern:** irreführen, täuschen, nar-ren, foppen, aufziehen
**veralten:** unüblich / unmodisch / altmo-disch werden, aus der Mode / außer Gebrauch kommen, s. überleben
**veraltet:** altmodisch, unmodern, un-zeitgemäß *vergangen, vorbei, der Vergangenheit angehörend
**veränderlich:** wandelbar, veränderbar, mutabel, variabel, wechselhaft, unbe-ständig, schwankend, wechselvoll, un-stet

**verändern:** ändern, (ver)wandeln, um-formen, umwandeln, umorganisieren
***s. verändern:** s. ändern / wandeln / wenden / entwickeln, im Wandel begrif-fen sein *kündigen, weggehen, das Ar-beitsverhältnis lösen
**Veränderung:** Wandel, Wechsel, Um-änderung, Umstellung, Umbruch, Um-schwung, Revolution, Erneuerung, Neuordnung, Neuregelung, Neube-ginn
**verängstigt:** ängstlich, zag(haft), aufge-regt, bänglich, zähneklappernd, angst-erfüllt, angstverzerrt, hasenherzig, feigherzig, memmenhaft, mutlos, kleinmütig, befangen, aufgeregt, bang, angstvoll, angstbebend, scheu, schüch-tern, beklommen, angstschlotternd, argwöhnisch, betroffen, besorgt, ge-hemmt, schreckhaft, verschreckt, ver-schüchtert
**veranlassen:** anregen, bewegen, antrei-ben, initiieren, bewerkstelligen, einfä-deln, ins Rollen bringen, entfesseln, verursachen, herbeiführen, auslösen
**Veranlassung:** Anlaß, Ursache, Grund, Anstoß, Motiv, Beweggrund
**veranstalten:** arrangieren, organisie-ren, ausrichten, unternehmen, in Szene setzen, stattfinden lassen
**verantwortlich:** haftbar, zuständig, haftpflichtig *verantwortungsreich, lei-tend, verantwortungsvoll, ehrenvoll, führend, mit Verantwortung verbun-

**Verachtung:** Achtung, Anerkennung, Respekt, Wertschätzung, Verehrung, Hochachtung *Angst, Furcht(sam-keit), Scheu, Unsicherheit, Verlegen-heit, Beklommenheit, Ängstlichkeit, Beklemmung
**veralbern:** ernstnehmen, achten

**veralten:** modern / aktuell / zeitgemäß bleiben

**veraltet:** modern, neu, zeitgemäß, ak-tuell, neuzeitlich (Anschauung) *uto-pisch, futuristisch
**veränderlich:** unveränderlich, stabil, konstant, gleichbleibend, invariant, fi-xiert, feststehend *ewig *widerstands-fähig, restistent, gefeit, unempfäng-lich, immun, gestählt, stabil *bleibend, (an)dauernd, beständig, stetig (Wetter)
**verändern:** (be)lassen, bestehen las-sen, (bei)behalten, aufrechterhalten
***s. verändern:** bleiben

**Veränderung:** Bestand, Konstanz, Fortbestand, Fortdauer, Weiterbeste-hen, Dauer, Beständigkeit

**verängstigt:** mutig, furchtlos, kühn, tapfer, unerschrocken, wagemutig, be-herzt, draufgängerisch, couragiert, hel-denhaft, heroisch, forsch, todesmutig, waghalsig, stark, standfest, ent-schlossen

**veranlassen:** (selbst) machen / durch-führen / ausführen / tun *planen *(er-)folgen

**Veranlassung:** Folge, Wirkung

**veranstalten:** absagen, platzen, ausfal-len lassen *nicht antreten

**verantwortlich:** unverantwortlich, ver-antwortungslos, verantwortungsfrei *niedere, einfach (Stellung) *unver-zeihlich, unentschuldbar, unvertret-

den, ernst, schwer *pflichtbewußt, pflichtgetreu, verantwortungsbewußt, gewissenhaft

**verantwortungsbewußt:** verantwortungsvoll, vertrauenswürdig, pflichtgetreu, pünktlich, verantwortungsfreudig, pflichtbewußt, verantwortlich, pflichteifrig, zuverlässig, pflichterfüllt, verläßlich, pflichtschuldig, gewissenhaft

**verantwortungslos:** oberflächlich, leichtsinnig, sorglos, unverantwortlich, unbekümmert, fahrlässig, unbedacht, leichtfertig, unüberlegt, pflichtvergessen, unachtsam, unvorsichtig, nachlässig, unentschuldbar

**verarmen:** arm werden, in Armut geraten, an den Bettelstab kommen, verelenden

**verausgaben:** verbrauchen, ausgeben, aufwenden, bezahlen, aufzehren *s.

**verausgaben:** s. erschöpfen / abmühen / abhetzen / zermürben / aufreiben

**veräußern:** verkaufen, anbringen, feilhalten, feilbieten, abgeben, absetzen, abstoßen

**verbal:** mit Worten, mündlich

**verbaut:** verbarrikadiert, versperrt, verrammelt, vermauert, zugebaut, zugemauert, verstellt, blockiert, besetzt

**verbergen:** verborgen halten, verstecken, vergraben, umhüllen, wegstecken, verhüllen, wegtun, verdecken, verschließen, zudecken *überspielen, kaschieren, verschleiern, vernebeln, verwischen, tarnen, unkenntlich machen, maskieren *verheimlichen, verschweigen, verhehlen, geheimhalten, vorenthalten, für s. behalten *s. **verbergen:** s. abschließen / verstecken / verschanzen / verkriechen

**verbessern:** korrigieren, richtigstellen, berichtigen, klären, umändern, revidieren *steigern, aktivieren, vertiefen, ausbauen, vorantreiben, ankurbeln *veredeln, verfeinern, verschönern, vervollkommnen, (weiter)entwickeln *(ver)ändern, umwandeln, verwandeln, umorganisieren *s. **verbessern:** s. bessern / läutern / bekehren, in s. gehen, ein neues Leben beginnen *schöner werden, s. aufhellen / aufklaren / aufheitern *aufsteigen

bar, unverantwortlich, verantwortungslos

**verantwortungsbewußt:** leichtsinnig, verantwortungslos, unbesonnen, fahrlässig, unüberlegt, wahllos, ziellos, unvorsichtig, impulsiv, leichtfertig, unbedacht *gewissenlos *unzuverlässig, pflichtvergessen, ehrvergessen, windig *unverantwortlich

**verantwortungslos:** verantwortlich, verantwortungsbewußt, verantwortungsvoll, rücksichtsvoll, besonnen, pflichtbewußt, zuverlässig

**verarmen:** reich werden / bleiben, zu Reichtum kommen, Reichtum erlangen

**verausgaben:** einschränken, beschränken, sparen *s. **verausgaben:** s. schonen / pflegen / zurückhalten / mäßigen *sparsam / zurückhaltend / genügsam / wirtschaftlich / haushälterisch sein

**veräußern:** besitzen *behalten *erwerben, kaufen

**verbal:** handgreiflich, tätlich (Angriff) *schriftlich

**verbaut:** offen, frei, unverbaut (Sicht) *zurückhalten (Geld) *zweckmäßig / richtig gebaut *offen, frei (Chance)

**verbergen:** (vor)zeigen *entdecken, (auf)finden, hinweisen (auf), enthüllen, andeuten, aufmerksam machen *zeigen (Gefühle) *preisgeben, enthüllen, verraten, gestehen, offenbaren, verkünden, eröffnen, aufdecken *s.

**verbergen:** finden, entdecken (Flüchtling) *s. zeigen, hervorkommen, hervortreten *sagen, äußern (Meinung)

**verbessern:** verschlechtern, verschlimmern, schlechter machen *verstärken, verschärfen *begehen (Fehler) *s. **verbessern:** s. irren / täuschen *s. versprechen *zurückfallen, nachlassen, s. verschlechtern, schlechter werden, s. zuspitzen / verschlimmern / radikalisieren, schlimmer / ernster / gefährlicher werden *s. verschlechtern, absteigen (Beruf)

**Verbesserung:** Korrektur, Richtigstellung, Berichtigung *Zunahme, Steigerung, Ausbau *Veredelung, Vervollkommnung, Verschönerung, Verfeinerung, Kultivierung

**verbieten:** verweigern, versagen, einen Riegel vorschieben, untersagen, nicht erlauben/billigen/zulassen/gewähren/ genehmigen / gestatten, verwehren, s. verbitten, Einhalt gewähren

**verbilligen (s.):** billiger machen, ermäßigen, herabsetzen, den Preis drücken, reduzieren, senken, nachlassen, unterbieten, billiger werden

**verbinden:** einbinden, umwickeln, bandagieren, einen Verband anlegen *anschließen, zusammenfügen, kombinieren, montieren, verschweißen, vereinigen, verzahnen, verketten, zusammenbringen, verknoten, montieren, verschlingen, aneinanderfügen, verquicken, verschmelzen, verkoppeln, zusammensetzen, zusammenhängen *zugleich / gleichzeitig erledigen / tun *s. beziehen auf, anschließen / anknüpfen an, eine Verbindung herstellen, in Zusammenhang bringen *vermitteln, herstellen *s. verbinden: s. verbünden / zusammentun *heiraten

**verbindlich:** endgültig, bindend, definitiv, unwiderruflich, obligat(orisch), verpflichtend, geltend, gültig, fest(stehend) *entgegenkommend, freundlich, nett, anständig, wohlmeinend, wohlgesinnt, hilfsbereit, huldreich, gutgesinnt, leutselig, wohlwollend, huldvoll, zuvorkommend, gefällig, aufmerksam, beflissen, kulant, großzügig, großmütig, konziliant, höflich, dienstwillig, bereitwillig, liebenswürdig

**Verbindung:** Verknüpfung, Verkettung, Zusammenfügung, Kombination, Synthese, Verschmelzung, Koppelung, Verzahnung *Ehe, Vermählung, Hochzeit, Heirat, Verehelichung *Kontakt, Beziehung, Verhältnis, Verkehr, Interaktion, Anschluß, Berührung, Umgang, Kommunikation

**verbitten (s.):** s. verbieten, untersagen, verweigern, nicht gestatten / zulassen / erlauben/billigen/gewähren/genehmigen, versagen, Einhalt gebieten

**verbittert:** unzufrieden, unlustig, ver-

**Verbesserung:** Verschlechterung, Verschlimmerung *Verschärfung, Eskalierung, Zuspitzung *Fehler *Schaden

**verbieten:** gutheißen, akzeptieren, beistimmen, leiden, gewähren lassen, genehmigen, gestatten, erlauben *bestätigen, ratifizieren, anerkennen *legitimieren, sanktionieren *gutheißen, empfehlen *befehlen, verordnen, anordnen *tolerieren

**verbilligen (s.):** (s.) verteuern, (hoch-) steigen, teurer werden / machen

**verbinden:** frei / offen lassen (Wunde) *trennen, (ab)lösen, scheiden, sondern, spalten *scheiden (Stoffe) *unterscheiden *(durch)trennen, (durch-) schneiden (Leitung) *trennen, unterbrechen (Telefongespräch) *s. verbinden: s. trennen/scheiden, auseinandergehen

**verbindlich:** unverbindlich, kühl, unliebenswürdig, reserviert, zurückhaltend, verhaltend, distanziert, verschlossen, unnahbar, abweisbar *freibleibend *fakultativ

**Verbindung:** Trennung, Scheidung *ohne Beziehungen / Verbindungen *Element (Chemie)

**verbitten (s.):** wünschen, wollen, erwarten *s. gefallen lassen, hinnehmen, ertragen

**verbittert:** heiter, freudig, froh(ge-

drossen, verstört, verstimmt, unbefriedigend, entrüstet, schlechtgelaunt, übellaunig, brummig

**verblassen:** undeutlich werden, nachlassen *verschießen, blaß werden, Farbe verlieren, verbleichen, ausbleichen, vergilben, s. entfärben / verfärben

**verbleiben:** übrigbleiben, erhalten bleiben, zurückbleiben *bleiben

**verblühen:** (ver)welken, abblühen, vertrocknen, verdorren, absterben, eingehen, verkümmern

**verblüht:** welk, schlaff geworden, vertrocknet, verdorrt

**verborgen:** latent, versteckt, verhüllt, unterschwellig, schlummernd, unsichtbar, nicht offenkundig, verkappt, verschleiert, unerkannt, unbemerkt *heimlich, unauffällig, diskret, geheim, unbemerkt, unerkannt, unbeobachtet, unbeachtet, ungesehen, stillschweigend *entleihen, (aus)borgen, ausleihen, verleihen, überlassen, auslegen, vorlegen, vorstrecken, herleihen

**Verbot:** Interdikt, Befehl, Untersagung, Veto, Tabu, Machtwort, Nein, Prohibition, Vorschrift, Machtspruch, Sperre

**verboten:** gesetzwidrig, verfassungswidrig, rechtswidrig, ordnungswidrig, unrechtmäßig, ungesetzlich, unrechtlich, widerrechtlich, sträflich, strafbar, illegal, illegitim, kriminell, verpönt, unerlaubt, unzulässig, unstatthaft, tabu, untersagt, unbefugt, irregulär, ohne Recht / gesetzliche Grundlage

**Verbrauch:** Konsum, Verzehr, Konsumierung *Abnutzung, Verschleiß

**verbrauchen:** verwirtschaften, aufbrauchen, konsumieren, verzehren *abnutzen, abbrauchen, abwetzen, abfahren (Reifen), verschleißen, abschaben, ablaufen (Schuhe), durchsitzen, ausweiten, ausleiern, strapazieren *ausgeben, verausgaben, aufwenden, bezahlen, aufzehren *angreifen, erschöpfen, entkräften, auslaugen, schmälern, aufreiben, strapazieren

**Verbraucher:** Konsument, Käufer, Kunde, Abnehmer

mut), munter, strahlend, vergnügt, vergnüglich, wohlgemut, gutgelaunt *zufrieden, befriedigt, wunschlos, bescheiden, genügsam

**verblassen:** auffrischen *bestehen / frisch bleiben, fortleben (Erinnerung) *s. färben, nachdunkeln

**verbleiben:** weggehen, s. entfernen, fortgehen, scheiden, s. fortbegeben *verlieren *wechseln, (s.) ändern *weggeben, übergeben (Dokumente)

**verblühen:** (auf)blühen, erblühen, knospen

**verblüht:** frisch, jung, jugendlich, glatt, blühend, unverbraucht (Gesicht) *in voller Blüte, blühend

**verborgen:** (s.) borgen / (ent)leihen / ausleihen / leasen *verkaufen *zurückfordern *(zurück)bekommen *sichtbar, erkennbar *offen, entdeckt *offen, unverhohlen *merklich, (be)merkbar, offensichtlich, offenbar *frei

**Verbot:** Erlaubnis, Billigung, Genehmigung, Bewilligung, Zulassung *Legalisierung *Sanktionierung *Befehl, Gebot, Anweisung, Vorschrift *Toleranz

**verboten:** zulässig, erlaubt, genehmigt, gestattet, zugelassen, statthaft, gesetzlich, rechtlich, gesetzmäßig *geduldet, toleriert

**Verbrauch:** Produktion *Erhaltung, Erneuerung *Leistung (Motor)

**verbrauchen:** erzeugen, produzieren, herstellen, hervorbringen *brauen (Bier) *(ein)sparen *brennen, destillieren (Branntwein) *leisten, arbeiten (Motor) *speichern, aufheben, lagern *(auf)sparen, weglegen, aufheben (Geld) *übriglassen, zurückhalten, sparen, aufheben, bewahren *schonen, erhalten, pflegen

**Verbraucher:** Hersteller, Produzent

**verbreiten:** bekanntmachen, weiterverbreiten, verkünden, kundtun, (weiter)erzählen *s. **verbreiten:** s. ausbreiten / ausweiten

**verbreitern:** breiter machen, erweitern, vergrößern, ausbauen, ausweiten, ausdehnen

**Verbreitung:** Bekanntmachung, Weiterleitung, Popularisation

**verbrennen:** verlodern, verkohlen, in Asche legen, niederbrennen, abbrennen, einäschern *den Flammentod sterben, in den Flammen sterben / umkommen *kremieren *schwarz / ungenießbar werden

**verbunden** unzertrennlich, fest, untrennbar, vereinigt, verschmolzen

**verbünden (s.):** paktieren, alliieren, s. zusammenschließen / solidarisieren / verbinden / vereinigen / verbrüdern / anschließen / zusammenrotten, koalieren

**Verbundenheit:** Gemeinsinn, Solidarität, Einheit, Zusammenschluß, Vereinigung, Verbindung, Pakt, Koalition

**verbündet:** vereinigt, assoziiert, alliiert, zusammengeschlossen

**Verbündete:** Freunde, Genossen, Bundesgenossen, Anhänger

**verbürgt:** echt, glaubwürdig, unfehlbar, garantiert, authentisch, gesichert, zuverlässig, sicher, untrüglich, verläßlich, belegt, nachgewiesen

**verbüßen:** Buße tun, geradestehen für, (ab)büßen, (ab)sühnen

**verdächtig:** dubios, verfänglich, zwielichtig, finster, halbseiden, unheimlich, suspekt, obskur, fragwürdig, ominös, undurchsichtig, bedenklich

**verdächtigen:** anschwärzen, beschuldigen, andichten, nachsagen, denunzieren, diskreditieren, verleumden, zur Last legen, anschuldigen, diffamieren, zeihen, unterstellen, verantwortlich machen für, böswillig behaupten

**Verdammung:** Ächtung, Verfemung, Verwünschung, Acht, Exkommunikation, Verurteilung, Verdikt, Boykott, Bulle, Bann

**verdauen:** aushalten, vertragen, verarbeiten, aufnehmen, verkraften *ertragen, auf s. nehmen

**verdaulich:** leicht / gut bekömmlich,

**verbreiten:** zurückhalten, unterdrücken (Gerücht) *s. **verbreiten:** s. zurückhalten *s. einengen / verengen

**verbreitern:** verengen, (ver)schmälern (Straße) *s. **verbreitern:** s. verjüngen / verengen / verschmälern

**Verbreitung:** Ende, Beendigung, Eindämmung (Krankheit) *Zurückhaltung

**verbrennen:** gelingen (Braten) *beerdigen, begraben, beisetzen, bestatten (Leiche)

**verbunden:** locker, unverbunden, lose

**verbünden (s.):** s. trennen *s. verfehden / bekämpfen / streiten / entzweien

**Verbundenheit:** Trennung *Kampf, Bekämpfung, Streit

**verbündet:** feindlich, gegnerisch, verfeindet *unversöhnlich, feindselig, entzweit, feind, verfehdet

**Verbündete:** Gegner, Feind, Hasser, Erzfeind

**verbürgt:** offen, vage, unsicher, unverbürgt

**verbüßen:** begnadigt / amnestiert werden, auf Bewährung entlassen werden

**verdächtig:** geheuer, unverdächtig, astrein, rein, sauber *koscher (Speise)

**verdächtigen:** nachweisen, aufdecken, beweisen

**Verdammung:** Erlösung, Rettung, Gnade, Absolution *Himmel

**verdauen:** essen, aufnehmen *fressen, weiden, grasen, äsen *kontern, entgegenhalten, erwidern

**verdaulich:** unverdaulich, schwer, fett,

verträglich, gesund, förderlich, nicht belastend

**verdecken:** unsichtbar machen, verbergen, überlagern, zudecken, bedecken, abdecken, verhüllen, verstecken, überdecken, die Sicht nehmen *beseitigen, überpinseln, übermalen, zukleben, bekleben, überkleben

**verdeckt:** verborgen, zu

**verderben:** negativ beeinflussen, zugrunde richten, ins Verderben führen / stürzen, bringen, reißen, hinunterziehen, herabziehen, zerstören, hinabziehen, auf die schiefe Bahn bringen *faulen, schimmelig / ranzig werden, verschimmeln *verseuchen, vergiften *verpesten, verschmutzen, verräuchern, verqualmen *die Freude / Lust nehmen, verleiden, verekeln, verpatzen, zunichte machen, vergällen, verpfuschen, den Spaß verderben *schaden, schädigen, übelwollen

**Verderben:** Verhängnis, Unglück, Elend, Ende, Verderb, Katastrophe, Sturz, Untergang, Ruin, Unheil, Abgrund

**verderblich:** verweslich, leicht ungenießbar werdend *todbringend, unheildrohend, lebensgefährlich, tödlich *schädlich, nachteilig, abträglich, negativ, verlustreich, ruinös, unheilvoll, hinderlich, schlimm, schlecht

**verdichten (s.):** konzentrieren, dichter werden, komprimieren *s. verstärken

**verdicken:** zäher / zähflüssiger / dicker machen *s. verdicken: anschwellen, zunehmen, anwachsen, s. vergrößern, umfangreicher / größer / stärker / dicker werden

**verdienen:** angemessen / wert sein, gebühren, zustehen, zukommen *einnehmen, beziehen, bekommen, Einkünfte / Gewinn erzielen / haben / erhalten

**Verdienst:** Großtat, Leistung, Meriten, Produkt, Ergebnis, Erfolg, Tat, Meisterwerk *Einkommen, Gehalt, Einkünfte, Lohn, Bezug, Bezahlung, Besoldung, Fixum, Honorar, Lebenserwerb, Broterwerb, Bezüge, Entgelt, Entlohnung, Vergütung

**verdienstvoll:** lobenswert, rühmens-

unbekömmlich, schwer verdaulich, ungenießbar, ungesund, unverträglich

**verdecken:** enthüllen, aufdecken, freilegen, bloßlegen, klarstellen, aufzeigen, aufspüren, aufklären, nachweisen, den Schleier lüften

**verdeckt:** offen, freistehend

**verderben:** frisch sein (Obst) *fördern, helfen, nützen *s. retten *bereiten, machen (Freude) *erhalten *einrenken, fördern, unterstützen (Beziehungen) *positiv beeinflussen, aufbauen *wachsen, gedeihen

**Verderben:** Glück, Heil, Segen, Wohl *Erlösung *Rettung, Erhaltung, Gedeihen

**verderblich:** unverderblich, haltbar, konserviert, behandelt *nützlich, förderlich, positiv (Einfluß) *eingemacht, eingekocht, sterilisiert (Gemüse, Obst)

**verdichten (s.):** s. lichten / auflösen, hochsteigen (Nebel) *zerstreuen, s. nicht bestätigen / bewahrheiten, verflüchtigen, verfliegen (Vorwürfe) *s. abschwächen / mindern / verringern (Eindruck)

**verdicken:** verdünnen, verwässern *s.
**verdicken:** schmäler werden, s. verdünnen

**verdienen:** ausgeben (Geld) *(geschenkt) bekommen, erhalten *arbeiten, leisten *verlieren (Vertrauen)

**Verdienst:** Ausgabe *Unkosten *Umsatz *Leistung, Arbeit *Schande *Geschenk *Verweigerung

**verdienstvoll:** würdelos, schändlich,

wert, beifallswürdig, dankenswert, achtbar, hoch anzurechnen, beachtenswert, musterhaft, gut, untadelig
**verdoppeln:** dublieren, dualisieren, verzweifachen, duplizieren, doppeln, doppelt machen
**verdorben:** anstößig, pikant, schlecht, unanständig, unkeusch, lasterhaft, liederlich, sittenlos, ruchlos, schlüpfrig, ungehörig, unmoralisch, unschicklich, unzüchtig, unsittlich, unziemlich, zuchtlos, wüst, ungebührlich, verworfen, verrucht, unsolide, zotig, zweideutig *schimmelig, ranzig, faul, verfault, verwest, verrottet, ungenießbar, schlecht, verkommen, faulig, alt, nicht mehr gut / frisch *gärig (Getränk)
**verdorren:** welken, trocken / dürr werden, abblühen
**verdrießlich:** (gries)grämig, ärgerlich, zornig, mißlaunig, übellaunig, peinlich, gekränkt, wütend, wutschnaubend, wutentbrannt, wutschäumend, unerfreulich, erzürnt, entrüstet, böse, erbost, fuchsteufelswild, zähneknirschend, verärgert, grantig, gereizt, aufgebracht, brummig, verdrossen, unangenehm, muffig, grimmig, mißmutig, mürrisch, mißgestimmt, erbittert, knurrig, bärbeißig, unwillig, unwirsch, verbittert, mißgelaunt, mißvergnügt, schlechtgelaunt, unmutig, unzufrieden, übelgelaunt, unbefriedigt, unlustig, unleidlich, in schlechter Stimmung
**Verdruß:** Unannehmlichkeit, Ärger, Unausstehlichkeit, Unzufriedenheit, Wut, Zorn, Jähzorn, Verstimmung, Laune, Streit, Raserei
**verdunkeln:** unklar machen, verwischen (Spur) *abblenden, verfinstern, verdüstern, abdunkeln, dunkel / finster machen *s. **verdunkeln:** s. (ein)trüben / beziehen / verdüstern / bewölken / umwölken / zuziehen / bedecken, wolkig / trübe werden
**verdünnen:** versetzen, verwässern, verfälschen
**verdunsten:** verdampfen, verfliegen, gasförmig werden, schwinden, s. verflüchtigen / auflösen
**verdursten:** verschmachten, vor Durst vergehen *sterben, hinscheiden
**verdüstern:** verdunkeln, abblenden, verfinstern, abdunkeln, dunkel / finster machen *s. **verdüstern:** s. (ein)trüben /

schimpflich, verwerflich, abscheulich, schmählich, elend, abscheuerregend, widerlich
**verdoppeln:** halbieren *verringern (Anstrengungen) *verdreifachen, vervierfachen (Ertrag)
**verdorben:** einwandfrei, genießbar, bekömmlich, wohlschmeckend, gesund (Speise) *anständig, sittsam, gesittet *keusch, unschuldig, unverdorben *frisch (Luft) *gut, gesund (Magen) *(ernte)frisch

**verdorren:** blühen *grünen, wachsen, gedeihen *reifen
**verdrießlich:** froh, heiter, freudig, fröhlich, schelmisch, munter, lustig, vergnüglich, freudestrahlend *erfreulich, angenehm, günstig, positiv (Angelegenheit)

**Verdruß:** Heiterkeit, Freude, heitere Stimmung, Vergnügtheit, Lustigkeit, frohe Laune, Frohmut, Frohsinn, Ausgelassenheit
**verdunkeln:** aufhellen, aufdecken, offenbaren, enthüllen *hell machen *s. **verdunkeln:** s. aufhellen / aufheitern / aufklären, aufklaren (Wetter)

**verdünnen:** verdicken, konzentrieren, verdichten *andicken (Soße) *strecken
**verdunsten:** verdampfen *stehenbleiben (Pfütze) *kondensieren, s. niederschlagen (Feuchtigkeit)
**verdursten:** verhungern *weiterleben, davonkommen, überleben
**verdüstern:** aufhellen, aufheitern, aufklären, aufklaren (Himmel) *aufheitern, aufhellen (Ausdruck) *s. **verdü-**

beziehen / bewölken / umwölken / zuziehen / verdunkeln / bedecken, wolkig / trübe werden

**verebben:** abflauen, abnehmen, aufhören, abreißen, versiegen, erlöschen, ermatten, nachlassen, endigen, verstummen

**verehren:** bewundern, lieben, vergöttern, (hoch)achten, (hoch)schätzen, huldigen, in Ehren halten, anschwärmen

**Verehrer:** Bewunderer, Fan, Anbeter

**Verehrung:** Kult, Vergötterung, Anbetung, Bewunderung *Respekt, Ehrfurcht, Achtung

**vereidigen:** unter Eid nehmen, durch Eid verpflichten

**vereinbar:** (mit etwas) übereinstimmen, im Einklang stehen, verträglich

**vereinfachen:** popularisieren, s. genauer / einfacher / gemeinverständlich ausdrücken *vereinheitlichen, klären, stilisieren, formalisieren, präzisieren, schematisieren, uniformieren *banalisieren, verwässern, verflachen, schablonisieren, verharmlosen, vergröbern, simplifizieren

**vereinigen:** sammeln, integrieren, (ver)einen, zusammenschließen, zusammenfassen, verbinden *s. vereinigen: verschmelzen, s. sammeln / organisieren / zusammenschließen / assoziieren / zusammentun / vereinen / verbinden

**vereinnahmen:** (ein)kassieren, einnehmen, eintreiben, einziehen, einsammeln

**vereinzelt:** mancherorts, singulär *gelegentlich, ab und zu, verschiedentlich, nicht immer, zuweilen, stoßweise, bisweilen, dann und wann, mitunter, stellenweise, zeitweise, streckenweise, zeitweilig, von Zeit zu Zeit, zuzeiten, hin und wieder, sporadisch, manchmal *fast nie, selten, rar, spärlich, vereinzelt, verstreut, gelegentlich *einsam

**vereiteln:** hintertreiben, zuschanden / zunichte machen, untergraben, torpedieren, durchkreuzen, zu Fall bringen

**verengen (s.):** s. verjüngen / verdünnen

**stern:** s. aufhellen / aufheitern / aufklären / aufklaren

**verebben:** steigern, ansteigen, anschwellen, stärker werden, zunehmen (Empörung, Lärm)

**verehren:** verachten, ablehnen, (ver-)schmähen, mißachten *hassen, bekämpfen, bekriegen *fürchten *empfangen

**Verehrer:** Neider *Hasser, Feind, Gegner, Todfeind

**Verehrung:** Verachtung, Ablehnung, Mißachtung, Verschmähung *Furcht

**vereidigen:** (be)eiden, den Eid ablegen, schwören

**vereinbar:** unvereinbar, widerspruchsvoll, widersprüchlich, einander ausschließend, gegensätzlich, entgegengesetzt, widersprechend, widersinnig, unlogisch, ungleichartig, gegenteilig

**vereinfachen:** erschweren, komplizieren *fachsimpeln

**vereinigen:** trennen, spalten, scheiden, sondern *s. vereinigen: s. trennen / (los)lösen / losreißen / reißen (von) / empfehlen, auseinandergehen, verlassen, weggehen *abzweigen *s. bekämpfen / bekriegen

**vereinnahmen:** ausgeben *zurückzahlen, zurückliefern, zurückerstatten *(ein)zahlen

**vereinzelt:** vielfach, mannigfach, oft, öfters, des öfteren, oftmals, wiederholt, häufig, immer wieder, meist, meistens, meistenteils, in der Mehrzahl, überwiegend, mehrfach, zigmal, mehrmals, mehrmalig, x-mal, verschiedentlich *immer *überall *alle, viel, eine Menge

**vereiteln:** fördern, (unter)stützen, betreiben, begünstigen *tolerieren *erlauben, zulassen, gestatten, genehmigen, absegnen

**verengen (s.):** (s.) verbreite(r)n / erwei-

/ zuspitzen, spitz ausgehen / zulaufen / zugehen, dünner / enger / schmäler werden

**Verengung:** Verjüngung, Zuspitzung

**vererben:** vermachen, hinterlassen, überschreiben, zurücklassen, überlassen, nachlassen, überliefern, übermachen, weitergeben, weiterreichen

**Verfall:** Auflösung, Zersetzung, Fäulnis, Verwesung *Rückwärtsentwicklung, Niedergang, Zusammenbruch, Untergang, Verschlechterung, Zerfall, Vernichtung, Abstieg, Fall, Zerrüttung, Sinken des Niveaus

**verfallen:** zusammenfallen, zusammenbrechen, verwittern, zusammenstürzen, einstürzen, baufällig werden, in Trümmer fallen *absterben, untergehen, aussterben, in Verfall geraten, dem Untergang entgegengehen *abmagern, zusammenfallen, auszehren, einfallen *ablaufen, die Gültigkeit verlieren, zu Ende gehen, enden, außer Kraft treten, wertlos / ungültig werden / sein, verjähren *wertlos, ungültig, unwirksam, entwertet, abgelaufen *hörig, abhängig, gefügig, untertan, ausgeliefert, süchtig, willfährig *dünn, eingefallen, abgemagert, knochig

**verfälscht:** unrichtig, falsch, verändert, manipuliert *nicht rein

**verfänglich:** heikel, nicht geheuer, bedenklich, gefährlich, schädlich

**Verfasser:** Urheber, Schöpfer *Schriftsteller, Autor

**verfassungsfeindlich:** anarchistisch, zerstörerisch, zersetzend, staatsfeindlich, illoyal

**verfassungsmäßig:** rechtmäßig, gesetzlich, legal, juristisch, legitim, rechtlich, gesetzmäßig, rechtskräftig, begründet, ordnungsgemäß, vorschriftsmäßig, geschrieben, dem Gesetz / Recht / der Verfassung entsprechend, zu Recht / Gesetz, nach den Paragraphen / der Verfassung / dem Gesetz

**verfassungstreu:** gesetzestreu, staatstreu, loyal

**verfassungswidrig:** gesetzwidrig, rechtswidrig, ordnungswidrig, unrechtmäßig, ungesetzlich, unrechtlich, widerrechtlich, sträflich, strafbar, illegal,

tern / ausdehnen / (aus)weiten, (s.) verstärken

**Verengung:** Verbreiterung, Ausweitung, Ausdehnung, Erweiterung, Verstärkung

**vererben:** erben, bekommen, erhalten *beerben *enterben *leer ausgehen *verschenken *(s.) aneignen, lernen

**Verfall:** Wiederaufbau, Restaurierung, Renovierung, Restauration, Erneuerung *Gültigkeit, Erneuerung, Verlängerung *Aufstieg *Reife, Blüte(zeit) *Entsagung (Laster) *Erholung, Genesung, Gesundung *Aufbau, Gedeihen

**verfallen:** wiederaufbauen, restaurieren, renovieren, erneuern *gesunden, genesen, aufleben, s. erholen *entsagen, absagen, widerstehen (Laster) *(weiter)gelten, gültig sein, erneuert / verlängert werden (Eintrittskarte) *reifen, blühen, gedeihen *neu(wertig), renoviert, restauriert, (wieder)aufgebaut, erneuert

**verfälscht:** unverfälscht, rein, pur *richtig (Darstellung)

**verfänglich:** unverfänglich, harmlos, ungefährlich, unschädlich

**Verfasser:** Leser

**verfassungsfeindlich:** verfassungstreu, staatstreu, loyal

**verfassungsmäßig:** verfassungswidrig, grundgesetzwidrig, illoyal

**verfassungstreu:** verfassungsfeindlich, staatsfeindlich *anarchisch, umstürzlerisch, revolutionär

**verfassungswidrig:** verfassungsmäßig, nach dem Grundgesetz, nach der Verfassung, loyal, verfassungstreu

illegitim, kriminell, verboten, verpönt, unerlaubt, unzulässig, unstatthaft, tabu, untersagt, unbefugt, irregulär, gegen die Verfassung / das Grundgesetz, ohne Recht / gesetzliche Grundlage

**verfehlen:** nicht treffen, danebenschießen, fehlschießen, vorbeischießen, fehlen *(den Zug) verpassen / nicht mehr erreichen / versäumen *am Thema vorbeischreiben, nicht behandeln

**verfehlt:** mißraten, fehlgeschlagen, mißlungen *falsch, deplaciert, unangebracht, nicht zutreffend

**verfeinden (s.):** entzweien / trennen / entfremden / überwerfen / verzanken / zerstreiten, auseinandergeraten

**verfeindet:** verzankt, zerstritten, gespalten, zerfallen, uneinig, entzweit, uneins, getrennt

**verfeinern:** erhöhen, veredeln, vergeistigen, sublimieren, ins Erhabene steigern, läutern, ins Geistige heben *verbessern, vervollkommnen, kultivieren

**verfeinert:** veredelt, vergeistigt, sublimiert, geläutert *verbessert, vervollkommnt, kultiviert

**verfinstern (s.):** s. eintrüben / verdüstern / verdunkeln / bedecken / beziehen / bewölken / beziehen, dunkler / trübe werden

**verflechten:** verbinden, zusammenbinden, zusammenflechten

**verfliegen:** verstreichen, entschwinden, verrauchen, vergehen *verdunsten, gasförmig werden, s. verflüchtigen / auflösen, verdampfen

**verfolgen:** fahnden nach, hetzen, nachsetzen, jagen, nachjagen, zu fangen suchen, hinterherjagen, treiben, nachlaufen, s. an jmds. Sohlen heften, nachrennen, jmdm. auf den Fersen bleiben, nachstellen, hinter jmdm. her sein *bedrängen, nicht in Ruhe lassen, jmdm. zusetzen, nötigen *beobachten, nicht aus den Augen lassen *ins Auge fassen, anstreben, beabsichtigen, trachten / eifern nach *folgen, aufpassen, zuhören, s. anhören

**Verfolger:** Häscher, Scherge *Anwärter

**Verfolgung:** Treibjagd, Hatz, Hetzjagd, Suche, Verfolgungsjagd, Kesseltreiben, Hetze, Jagd, Fahndung, Pogrom, Nachstellung

**verfehlen:** treffen, finden, begegnen *sitzen (Torschuß) *treffen (Tor) *treffen, einhalten (Thema) *bewirken, erlangen, erreichen, wünschen, wollen (Zweck, Vorhaben) *finden (Weg)

**verfehlt:** günstig, richtig *geeignet *getroffen *(zu)treffend

**verfeinden (s.):** Freundschaft schließen, s. anfreunden / befreunden *s. aussöhnen / vertragen / versöhnen / einigen, Einigkeit wiederherstellen

**verfeindet:** befreundet, versöhnt, einträglich, friedlich *nachbarschaftlich

**verfeinern:** verschlechtern, verderben *vergröbern

**verfeinert:** einfach, (natur)belassen, anspruchslos *vergröbert

**verfinstern (s.):** s. aufklären, heller werden, s. aufhellen / aufheitern / aufklaren (Himmel) *aufhellen, aufheitern (Gesicht)

**verflechten:** entflechten

**verfliegen:** schleichen, langsam vergehen (Zeit) *richtig fliegen

**verfolgen:** davonrennen, davonlaufen, (ent)fliehen, entkommen, entlaufen, flüchten, fortlaufen, türmen, verduften *tolerieren, in Ruhe lassen, nicht belästigen *erreichen (Ziel) *ignorieren

**Verfolger:** Flüchtling *Spitzenreiter, Tabellenführer (Sport) *Beute

**Verfolgung:** Flucht, Entkommen, Entrinnen *Erreichung, Ziel, Verwirklichung

**verfrüht:** zu früh, vor der Zeit, vorzeitig

**verfügbar:** unbesetzt, offen, vakant, frei, zu haben *parat, greifbar, präsent, fertig, gerüstet, griffbereit, zur Verfügung habend

**verfügen:** bestimmen, entscheiden, eine Entscheidung treffen, festlegen *bestimmen, diktieren, veranlassen, anordnen, anweisen, verordnen

**vergangen:** veraltet, entschwunden, gestrig, gewesen, passé, begraben, dahin, versunken, vorbei, tot, vorüber, vergessen, lange her, erledigt, verjährt, abgetan, verweht, abgelebt, verschollen

**Vergangenheit:** Vorzeit, Vorwelt, Historie, Geschichte, Ferne, das Gestern, frühere / vergangene / verflossene / gewesene Tage / Zeit(en) *Imperfekt, Präteritum, erste / zweite / dritte Vergangenheit, Perfekt, Plusquamperfekt *Vorleben, Lebenslauf, Lebensführung, Biographie, Vita, Werdegang

**vergänglich:** irdisch, sterblich, endlich, flüchtig, zeitlich, veränderlich, zeitgebunden, kurzlebig, nicht ewig, begrenzt, von kurzer Dauer

**Vergänglichkeit:** Sterblichkeit, Endlichkeit, Zeitlichkeit, Flüchtigkeit

**vergeben:** (von einer Schuld) freisprechen / befreien, nachgeben, verzeihen, exkulpieren, Nachsicht zeigen, nicht übelnehmen / nachtragen, entschuldigen, Verzeihung gewähren *zuteilen, übertragen, austeilen, verteilen, aufteilen, verabfolgen, verabreichen, geben, überantworten

**vergebens:** vergeblich, unnötig, zwecklos, sinnlos, nutzlos

**Vergebung:** Entschuldigung, Verzeihung, Nachsicht, Milde, Verständnis, Erbarmen, Barmherzigkeit *Straferlaß, Begnadigung, Amnestie, Freisprechung, Lossprechung

**vergehen:** entschwinden, zerrinnen, verfliegen, verschwinden, verstreichen, dahingehen, verrauschen *abflauen, nachlassen, weniger / schwächer werden *s. vergehen: widerrechtlich handeln, mit dem Gesetz in Konflikt

**verfrüht:** zu spät, verspätet, überfällig *pünktlich, rechtzeitig, fristgemäß, plangemäß, nicht zu früh und nicht zu spät, auf die Minute

**verfügbar:** nicht verfügbar, indisponibel

**verfügen:** ausführen, durchführen *gehorchen *nicht haben, mangeln (Geld)

**vergangen:** (zu)künftig, später, nächstens, demnächst, über kurz oder lang, in Zukunft *jetzt, augenblicklich, just, gerade, soeben, momentan, derzeit, eben, jetzig

**Vergangenheit:** Zukunft, die kommende / bevorstehende / herannahende Zeit *Gegenwart, unser Zeitalter, heute, diese Stunde / Minute / Sekunde

**vergänglich:** dauerhaft, bleibend, unvergänglich, dauernd, unsterblich

**Vergänglichkeit:** Ewigkeit, Beständigkeit, Unendlichkeit, Unvergänglichkeit, Verewigung, Zeitlosigkeit, Dauer, Unsterblichkeit

**vergeben:** s. entschuldigen *übelnehmen, nachtragen, nicht verzeihen *nicht gewähren / geben (Stipendium) *zurücknehmen, behalten *unverheiratet, frei *sündigen, fehlen, freveln, s. vergehen / versündigen *s. vergeben: richtig geben (Spielkarten)

**vergebens:** mit Erfolg, erfolgreich

**Vergebung:** Sünde, Frevel, Freveltat, Übertretung, Untat, Missetat, Verstoß, Vergehen, Verfehlung, Zuwiderhandlung

**vergehen:** (auf)kommen, s. bilden, werden, entstehen *(bestehen)bleiben, bestehen, existieren, währen, (an)dauern, sein *s. vergehen: büßen, wiedergutmachen *bestraft werden *schonen, achten

kommen, s. strafbar machen / etwas zuschulden kommen lassen, seine Pflicht verletzen

**Vergehen:** Zuwiderhandlung, Straftat, Übertretung, Verstoß, Fehler, Entgleisung, Unrecht

**vergessen:** verlernen, s. nicht erinnern / entsinnen, aus dem Gedächtnis / den Augen verlieren, übersehen, keine Erinnerung mehr haben, nicht behalten / denken an / mehr wissen, entfallen, vergeßlich sein, versäumen, entschwinden *s. vergessen: die Beherrschung verlieren, aufbrausen, aus der Fassung geraten, s. ärgern / erhitzen / erzürnen / echauffieren *vergessen werden: in Vergessenheit geraten, in der Versenkung verschwinden

**vergeßlich:** nachdenklich, gedächtnisschwach, gedankenverloren, zerstreut, gedankenlos, unzuverlässig

**Vergeßlichkeit:** Erinnerungslücke, Gedächtnisstörung, Gedächtnislücke, Gedächtnisschwund, Gedächtnisschwäche

**vergleichbar:** analog, entsprechend, ähnlich, vergleichsweise, komparabel, verwandt, sinngemäß, konvergierend

**vergnügen (s.):** s. amüsieren / unterhalten / verlustieren, miteinander fröhlich sein

**Vergnügen:** Gaudium, Heiterkeit, Erheiterung, Unterhaltung, Pläsier, Belustigung, Freude

**vergnügt:** heiter, lustig, aufgelegt, fröhlich, ausgelassen, gutgelaunt, übersprudelnd, wohlgemut, aufgeheitert, aufgeweckt, lebensfroh, übermütig, schelmisch, freudig, fidel, aufgekratzt, vergnüglich, froh(sinnig), frohgestimmt, aufgeschlossen, strahlend, lebenslustig, freudestrahlend, frohgemut, sonnig, überschäumend, munter, heiteren Sinnes, feuchtfröhlich

**vergrämt:** unzufrieden, erbittert, mür-

**Vergehen:** Bestrafung, Verurteilung *Gnade *Lossprechung, Freispruch, Absolution, das Freisprechen

**vergessen:** behalten, s. merken, lernen *verdrängen *s. (zurück)erinnern / entsinnen / besinnen / gedenken, denken (an), zurückdenken, zurückschauen *s. vergessen: s. zurückhalten / beherrschen, bei Besinnung bleiben, vernünftig bleiben *vergessen werden: haftenbleiben, hängenbleiben, in der Erinnerung / im Gedächtnis bleiben

**vergeßlich:** zuverlässig, sorgfältig, aufmerksam, mit gutem Gedächtnis

**Vergeßlichkeit:** Erinnerungsvermögen, Erinnerung(sfähigkeit), Gedächtnis(kraft) *Personengedächtnis *Zahlengedächtnis *Namensgedächtnis

**vergleichbar:** unvergleichbar, anders (-artig), unvergleichlich, inkomparabel

**vergnügen (s.):** s. langweilen *deprimieren, verstimmen *s. ärgern / grämen / bekümmern / quälen *reizen, verstimmen, verwunden, peinigen, kränken *arbeiten, beschäftigen

**Vergnügen:** Ärger, Kränkung, Streit, Trübsal, Zorn, Wut, Verstimmung, Unzufriedenheit, Jähzorn *Leere, Langeweile, Einförmigkeit, Langweiligkeit, Eintönigkeit, Öde *Kummer, Gram, Traurigkeit, Ärger *Arbeit, Beschäftigung, Pflicht *Schmerz, Pein, Qual, Sorge, Unglück, Kümmernis, Marter, Martyrium

**vergnügt:** traurig, bedrückt, deprimiert, elend, bekümmert, freudlos, unglücklich, trübsinnig, schwermütig, pessimistisch, ernsthaft, trübe, verstimmt *schief, traurig, wehmütig, leidend (Gesicht) *trübselig, betrübt, trist, unfroh, elend, bedrückt, bekümmert *zerknirscht, verzagt, verzweifelt, entmutigt, deprimiert, gebrochen, lebensmüde, schwarzseherisch, niedergeschlagen, resigniert, (nieder)gedrückt

**vergrämt:** glücklich, (glück)selig, zu-

risch, verstimmt, unbefriedigt, verbittert, verhärmt, gramvoll, unglücklich, sorgenvoll, bedrückt, unlustig *niedergeschlagen, deprimiert, verzagt, resigniert, verzweifelt, gebrochen, (nieder)gedrückt, mutlos, kleinmütig, entmutigt, lebensmüde, niedergeschmettert, geknickt, pessimistisch

**vergriffen:** ausgebucht, nicht auf Lager / lieferbar, (aus)verkauft

**vergrößern:** aufbessern, steigern, anheben, intensivieren, antreiben, vermehren, erhöhen, aufwerten *ausweiten, (aus)dehnen, erweitern, entfalten, ausbreiten

**Vergünstigung:** Preisnachlaß, Skonto, Prozente, Preisminderung, Entgegenkommen, Diskont, Verbilligung, günstiges Angebot *Bevorzugung, Vorrecht, Privileg, Sonderrecht, Vortritt

**verhaften:** festnehmen, inhaftieren, gefangennehmen, (ab)holen, in Gewahrsam / Haft nehmen, arretieren, dingfest machen

**verhalten:** leise, kaum vernehmbar / vernehmlich / hörbar, flüsternd, lautlos, nicht laut, im Flüsterton, geräuschlos

**verhandeln:** Gericht halten, zu Gericht sitzen *erörtern, besprechen

**verhängnisvoll:** fürchterlich, schlimm, tragisch, katastrophal, erschütternd, erschreckend, beängstigend, desolat, besorgniserregend, gefährlich, bedenklich, schicksalhaft, schauderhaft

**verharmlosen:** verniedlichen, verkleinern, bagatellisieren, als unwichtig / unbedeutend / geringfügig darstellen, herunterspielen, als Bagatelle behandeln

**verhärten:** abgestumpft / gefühllos / kalt / hartherzig machen *s. verhärten: unflexibel / hart / starr werden (Fronten), versteinern, erstarren, s. verschärfen *s. verschließen, unempfindlich / unzugänglich / hart werden

**verhaßt:** mißliebig, unbeliebt, unsympathisch *gemein, verwerflich, verworfen, verächtlich, unwürdig, niedrig, ehrlos, ruchlos, häßlich, verdammenswert, verabscheuenswert, scheußlich, schändlich, erbärmlich, abscheulich, charakterlos

frieden, hochbeglückt, (freude)strahlend, glückstrahlend *froh, fröhlich, freudig, heiter, wohlgemut, erfreut, gutgelaunt, zuversichtlich, optimistisch

**vergriffen:** da, lieferbar, vorhanden, auf / im Lager

**vergrößern:** verkleinern, verringern, dezimieren, (ver)kürzen, schrumpfen, schmälern, herabmindern, abmindern *kürzen, reduzieren, drosseln, sinken, senken, heruntersetzen, herabsetzen, einschränken *zurückgehen, sinken

**Vergünstigung:** Benachteiligung *Nachteil

**verhaften:** laufenlassen *beobachten, observieren *entlassen, freilassen, heimschicken

**verhalten:** laut, aufdringlich, vernehmlich, durchdringend, markerschütternd, hörbar, ohrenbetäubend, grell, gellend, schrill

**verhandeln:** handeln *beginnen, anfangen, anknüpfen *abschließen, beenden, unterzeichnen

**verhängnisvoll:** günstig, gut, positiv, angenehm, vorteilhaft, aussichtsreich, erfolgreich, erfreulich

**verharmlosen:** aufbauschen, übertreiben, dick auftragen, hochspielen, zu weit gehen, überziehen, überspannen, s. hineinsteigern

**verhärten:** weich werden, erweichen *entspannen *s. verhärten: s. öffnen / zuwenden / hinwenden, zugänglich werden

**verhaßt:** geliebt, beliebt, angebetet, teuer, lieb, wert, vergöttert, verehrt (Mensch) *lieb, angenehm, willkommen (Arbeit)

verheerend: heftig, stark, wild, gewaltig, vehement *entsetzlich, fürchterlich, furchtbar, schrecklich, unheimlich
verheilt: vernarbt, verschorft, zugeheilt, abgeheilt, heil, verwachsen *geklärt, abgeschlossen, vergessen, gewesen
verheimlichen: (ver)schweigen, geheimhalten, unterschlagen, nicht erzählen, verbergen, vorenthalten, für s. behalten, mit Schweigen zudecken, bewußt nicht erzählen, in s. bewahren / verschließen, verhehlen, totschweigen, vertuschen

Verheimlichung: Geheimhaltung, Geheimnistuerei *Unterschlagung, Vorenthaltung

verheiratet: verehelicht, vermählt, getraut

Verheiratete(r): Ehemann, Ehefrau, Ehepaar, Verehelichte(r), Vermählte(r), Ehepartner, Gemahl(in), Gatte, Gattin, Mann, Frau
verhelfen: beschaffen, herbeischaffen, versorgen, vermitteln, zuschieben, zuspielen, aufbringen, zuschanzen, holen, ermöglichen, protegieren, (ver-)helfen, unterstützen
verherrlichen: feiern, lobpreisen, glorifizieren, besingen, ehren, idealisieren, verklären, rühmen
verhindern: verwehren, boykottieren, verhüten, lahmlegen, etwas unmöglich machen, vereiteln, abwenden, hindern an, abwehren, hintertreiben, unterbinden, Einhalt gebieten
verhüllen: verbergen, zudecken, verschließen, umhüllen, verstecken *überspielen, kaschieren, tarnen, unkenntlich machen
verhüllt: bedeckt, umhüllt, verborgen *angezogen, bekleidet *andeutungsweise, vage, verblümt

verheerend: schwach, gering, mäßig, erträglich

verheilt: offen, blutend (Wunde) *strittig, offen (Problem)

verheimlichen: aussagen, darlegen, nennen, nachweisen, hinweisen, zu Protokoll geben *ausplaudern, aussagen, bekennen, (ein)gestehen, offenbaren, zugeben, einräumen, geständig sein, beichten, s. äußern *eröffnen, verkünden, offenbaren *enthüllen, entdecken, aufdecken, nachweisen *ausplaudern, verraten, preisgeben, singen
Verheimlichung: Aussage, Hinweis, Nennung, Angabe, Darlegung, Geständnis, Bekenntnis, Äußerung *Enthüllung, Aufdeckung, Nachweis, Entdeckung *Verrat, Preisgabe *Verkündung, Eröffnung
verheiratet: ledig, alleinstehend, ehelos, frei, unbeweibt, unbemannt, allein, unverehelicht, unverheiratet, unvermählt *jungfräulich *jungferlich *verlobt *geschieden, getrennt, losgelöst *verwitwet *zölibatär
Verheiratete(r): Ledige(r), Alleinstehende(r), Unverheiratete(r), Unvermählte(r) *Jungfrau *Junggeselle *Witwe(r) *Geschiedene(r)
verhelfen: (ver)hindern, vorenthalten *erschweren

verherrlichen: herabsetzen, kritisieren, verleumden, schmähen, herabwürdigen
verhindern: teilnehmen *erlauben, gestatten, zulassen, genehmigen *tolerieren, dulden *fördern, unterstützen, (ver)helfen

verhüllen: enthüllen, zeigen, entblößen, s. ausziehen / entkleiden

verhüllt: offen (Drohung) *unverhüllt, offen, ungeschminkt, rein (Meinung, Wahrheit) *nackt, entblößt, unbekleidet, ausgezogen, entkleidet, frei, bloß, unverhüllt, hüllenlos, unbedeckt, split-

706 verhungern

**verhungern:** den Hungertod erleiden, an Hunger sterben

**verirren (s.):** die Orientierung / Richtung verlieren, fehlgehen, einen falschen Weg einschlagen, vom Weg abkommen / abirren, in die Irre gehen, s. verlaufen / verfahren

**verjüngen:** jünger werden, ein jüngeres Aussehen erhalten, eine Verjüngungskur machen *s. verjüngen: s. liften lassen *s. zuspitzen / verengen / verdünnen, spitz zugehen / auslaufen / zulaufen, schmäler / dünner / enger werden

**Verkauf:** Umsatz, Auslieferung, Handel, Vertrieb, Warenumschlag, Abgabe, Geschäft, Veräußerung

**verkaufen:** veräußern, vertreiben, umsetzen, anbringen, überlassen, handeln mit, abgeben, feilhalten, absetzen, abstoßen, zum Verkauf bringen

**verkehrsarm:** ruhig, still, unbelebt, leer, ausgestorben *verträumt, verschlafen, einsam

**verkehrsreich:** belebt, bevölkert, lebhaft

**verkehrt:** verkehrtherum, verdreht, spiegelbildlich, umgekehrt, umgedreht, seitenverkehrt *falsch, fehlerhaft, unrichtig, irrtümlich, verfehlt, unzutreffend, unrecht, inkorrekt, unkorrekt, widersinnig, widersprüchlich, unlogisch, sinnwidrig, regelwidrig, widerspruchsvoll, irrig, schief, unhaltbar *heuchlerisch, tückisch, unaufrichtig, hinterlistig, arglistig, verlogen, verstellt, scheinheilig, unwahr, unlauter, unredlich, unehrlich, erlogen

**verkennen:** nicht richtig erfassen / erkennen / einschätzen, s. irren / täuschen, mißdeuten, mißverstehen, falsch auffassen / verstehen / interpretieren / auslegen

**verklären:** leuchten lassen, erheitern, erhellen, aufheitern, schön / glücklich / strahlend machen *idealisieren, loben, verherrlichen

ternackt, kleidungslos (Körper) *busenfrei, oben ohne, topless, barbusig (Oberkörper)

**verhungern:** verdursten *übersättigt sein *s. nähren, essen *satt sein *überleben

**verirren (s.):** herausfinden, heimfinden, zurückfinden, den Weg / das Ziel finden *ankommen

**verjüngen:** altern lassen, alt machen *s. **verjüngen:** altern, älter werden *s. verbreitern / erweitern

**Verkauf:** Kauf, Ankauf, Anschaffung, Erwerb, Einkauf, Aufkauf *Produktion, Erzeugung *Eingang, Lieferung *Schenkung

**verkaufen:** produzieren, erzeugen *(ein)kaufen, ankaufen, erwerben, erstehen, anschaffen, aufkaufen, abkaufen *verleihen, vermieten *behalten *zurücknehmen *(ver)schenken *liegen bleiben, nicht absetzen (Ware)

**verkehrsarm:** verkehrsreich, belebt, lebhaft, bevölkert

**verkehrsreich:** verkehrsarm, ruhig, still, unbelebt, leer, ausgestorben *einsam, verschlafen, verträumt

**verkehrt:** richtig, einwandfrei, korrekt, wahr, fehlerlos, tadellos, zutreffend, perfekt *legal, gesetzlich, erlaubt, recht, legitim

**verkennen:** (richtig) erkennen / beurteilen *würdigen, anerkennen

**verklären:** ernst / traurig / betrübt werden *herabsetzen, kritisieren, verleumden, schmähen, herabwürdigen

verklausuliert: verschlüsselt, umständlich, unklar, schwierig, unverständlich

verkleinern: wegschneiden, abhacken, kupieren, stutzen, abzwicken, abschlagen, abscheren, abschneiden, (ver-)kürzen

verklemmt: ängstlich, zag(haft), aufgeregt, bänglich, zähneklappernd, angsterfüllt, angstverzerrt, hasenherzig, feigherzig, memmenhaft, mutlos, kleinmütig, befangen, aufgeregt, bang, angstvoll, angstbebend, verängstigt, scheu, schüchtern, beklommen, angstschlotternd, argwöhnisch, betroffen, besorgt, gehemmt, schreckhaft, verschreckt, verschüchtert *konservativ

verknappen: kürzen, senken, drosseln, reduzieren, heruntersetzen, beschränken, eingrenzen

verkneifen (s.): verzichten, s. versagen / vorenthalten *unterdrücken

verknüpfen: verbinden, verzahnen, assoziieren, koordinieren, einen Kontakt / eine Beziehung / eine Verbindung herstellen

verkommen: verschimmeln, schimm(e)lig / ranzig werden, faulen *verwahrlosen, herunterkommen, verschlampen, verlottern, abgleiten, untergehen, zugrunde gehen

verkrampfen (s.): s. zusammenziehen / verspannen *gehemmt / unfrei werden

verkrampft: gezwungen, befangen, blockiert, scheu, schüchtern, ängstlich, gehemmt *verspannt, hart, fest *steif, ungeschickt, hölzern

verkriechen: verstecken, verbergen, verschanzen *s. verkriechen: s. abschließen / abkapseln / isolieren

verkümmern: eingehen, schrumpfen, dahinsiechen, zurückgehen, s. zurückbilden *welken, absterben, eingehen *stehenbleiben, (geistig) stagnieren, s. nicht entwickeln / entfalten

verkünden: veröffentlichen, publizieren *bekanntmachen, kundtun, bekanntgeben, verlautbaren, kundmachen, verlauten lassen, kundgeben, publik machen

verkürzen: (ab)kürzen, abschneiden, kürzer machen, verkleinern

Verkürzung: Verminderung, Verringe-

verklausuliert: klar, deutlich, bestimmt, unzweideutig, erkennbar

verkleinern: vergrößern *erhöhen (Schuld)

verklemmt: natürlich, ungezwungen *modern, progressiv, aufgeschlossen

verknappen: erweitern, steigern, vermehren

verkneifen (s.): s. leisten *s. entschließen *s. erlauben / wagen *stattgeben

verknüpfen: lösen, aufknüpfen *auseinanderhalten, trennen

verkommen: fördern *pflegen, bewahren, retten, erhalten

verkrampfen (s.): s. entspannen / entkrampfen / lösen

verkrampft: entspannt, locker, entkrampft, gelöst *ungezwungen, frei, natürlich, leger, formlos, gelöst, unbefangen, ungehemmt, unzeremoniell, ungeniert, salopp, nachlässig, zwanglos

verkriechen: hervorkommen, herauskommen, herauskriechen, hervorkriechen *s. verkriechen: s. zuwenden / öffnen / hinwenden

verkümmern: (auf)blühen, florieren, gedeihen, (an)wachsen *s. entwickeln / entfalten *fördern

verkünden: zurückhalten, verbergen, verheimlichen, verhehlen, verschweigen *(zu)hören, aufnehmen, vernehmen, verstehen, empfangen

verkürzen: verlängern, ausdehnen, hinausziehen *dehnen, recken, strecken

Verkürzung: Ausdehnung, Auswei-

rung, Drosselung, Reduzierung, Begrenzung, Herabsetzung
**verladen:** einladen, ausladen, umladen, verfrachten
**verlangen:** zu sprechen wünschen, sprechen wollen *bestehen auf, geltend machen, fordern, beanspruchen, s. ausbedingen *erfordern, beanspruchen, voraussetzen, gebieten
**Verlangen:** Heimweh, Fernweh, Sehnen, Sehnsucht *Drang, Begierde, Lust, Gelüste, Gier, Appetenz, Wunsch(traum), Bedürfnis *Anspruch, Bitte, Forderung, Postulat
**verlängern:** stunden, hinausschieben, Aufschub gewähren, prolongieren, aufschieben, vertagen, ausdehnen, auf die lange Bank schieben *strecken, verwässern, verdünnen *anstückeln, länger machen, ansetzen, herauslassen
**Verlängerung:** Hinauszögerung, Prolongierung, Verzögerung, Verschiebung *Stundung
**verlangsamen:** verringern, drosseln, reduzieren, herabsetzen
**verlassen:** jmdn. zurücklassen / seinem Schicksal überlassen, nicht helfen / beistehen, im Stich / allein lassen *weggehen, fortgehen, s. auf den Weg machen *einsam, öde, unbewohnt, unbesiedelt, unbevölkert *kündigen, weggehen, verlassen

**verläßlich:** vertrauenerweckend, zuverlässig, ehrlich, glaubwürdig, aufrichtig, vertrauenswürdig, wahr(haftig)
**verlaufen:** geschehen, zugehen, seinen Verlauf nehmen, ausgehen, erfolgen, ablaufen, passieren, vonstatten / vor s. gehen, stattfinden, s. abspielen / abwickeln / vollziehen / begeben / ereignen *s. erstrecken *verirren, vom Weg abkommen
**verlegen:** publizieren, veröffentlichen *umbuchen, verschieben, umlegen, umdisponieren, auf einen anderen Zeitpunkt legen *verlagern, umstellen, auslagern *verstellen, nicht mehr finden, an den falschen Platz legen *peinlich berührt, beschämt, verwirrt, verschämt, befangen, in Verlegenheit / Verwirrung gebracht, betreten, betroffen, kleinlaut
**Verlegenheit:** Unschlüssigkeit, Unsicherheit, Ratlosigkeit, Verlegensein,

tung, Verlängerung, Verbreiterung, Ausdehnung, Dehnung, Vergrößerung
**verladen:** ausladen, abladen, entladen
**verlangen:** erhalten, bekommen *erlangen, erreichen *geben *erfüllen, gewähren, zusichern, zusagen, zugestehen
**Verlangen:** Abscheu, Abgeneigtheit, Abneigung, Widerwille, Feindseligkeit, Ungeneigtheit, Ekel, Haß *Erfüllung, Zugeständnis
**verlängern:** verkürzen, abkürzen (Zeit) *(ver)kürzen, abschneiden, hochnähen (Kleid) *abbrechen, verkürzen (Urlaub) *beenden, abbrechen, verfallen (Vertrag)
**Verlängerung:** Kürzung, Abkürzung *Abbruch, Verkürzung *Ende, Abbruch, Beendigung, Verfall
**verlangsamen:** beschleunigen, schneller werden, steigern
**verlassen:** eintreffen, ankommen *einschiffen *anfliegen *hierbleiben, (da-)bleiben *unterstützen, treu bleiben, zusammenbleiben *betreten, eintreten *hüten, bleiben (Bett) *beziehen (Wachposten) *gesellig, kontaktfreudig *belebt, bewohnt, bevölkert *verkehrsreich *antreten, beginnen
**verläßlich:** unzuverlässig, ehrvergessen, pflichtvergessen, windig, wankelmütig, unberechenbar, schwankend
**verlaufen:** s. zurechtfinden, den Weg / das Ziel finden, herausfinden, heimfinden *s. (an)sammeln / versammeln / vereinen *stehenbleiben (Zeit) *weitergehen, untersuchen (Unternehmen) *abbrechen (Sache) *abgrenzen

**verlegen:** ungezwungen, gelöst, natürlich, unbefangen *(selbst)sicher, selbstbewußt *schlagfertig *anmaßend, stolz, anspruchsvoll, hochgemut *bleiben (Wohnort) *(wieder)finden (Gegenstand) *freigeben (Weg) *schreiben (Buch)

**Verlegenheit:** Sicherheit, Selbstbewußtsein, Selbstsicherheit, Selbst-

Unentschiedenheit *Not, Armut, peinliche Lage / Situation

**verleihen:** überreichen, auszeichnen, übergeben, würdigen, ehren, prämieren, preiskrönen *(her)leihen, hergeben

**verlernen:** nicht mehr beherrschen / können / wissen / im Gedächtnis haben *wieder vergessen, aus der Übung kommen
**verletzt:** verwundet, lädiert *gekränkt

**verleugnen:** abstreiten, ableugnen, bestreiten, zurückweisen, von s. weisen, verneinen, negieren, als unwahr / unrichtig / unzutreffend / falsch hinstellen
**verleumden:** diffamieren, schlechtmachen, abfällig reden von, anschwärzen, verschreien, verteufeln, mit Schmutz bewerfen, verdächtigen, schmähen, denunzieren, herabsetzen, herabwürdigen, entwürdigen, über jmdn. herfallen
**Verleumdung:** Diskreditierung, Diffamierung, Hetze, Rufmord, üble Nachrede, Ehrverletzung, Denunziation, Verdächtigung, Unterstellung, Beleidigung, Verunglimpfung
**verlieren:** verlegen, nicht mehr finden / haben, verlorengehen, abhanden kommen, verlustig gehen *verspielen *unterliegen, besiegt werden, erfolglos sein, auf der Strecke bleiben, nicht siegen / gewinnen, eine Niederlage einstecken / erleiden / hinnehmen müssen *zulegen, Einbuße / Verluste / Nachteile / Schaden haben / erleiden, zuzahlen, einbüßen, ins Hintertreffen geraten, abgenommen bekommen, mit Verlust arbeiten, verwirken, kommen um, verscherzen, zusetzen, das Nachsehen haben *abtreten, weggehen *abfallen, nadeln *abnehmen **s. verlieren:** s. verirren, vom Weg abkommen, verschwinden, aus den Augen kommen *abweichen, s. verzetteln, abschweifen, abkommen, abirren, den Faden verlieren, vom Thema abgehen

(wert)gefühl *Schlagfertigkeit *angenehme Lage / Situation *Durchsetzungsvermögen, Durchsetzungskraft, Selbstbehauptung *Stolz, Hochmut
**verleihen:** s. (aus)leihen/ (aus)borgen / entleihen, leasen *versagen, absprechen, verweigern (Orden) *entziehen (Titel) *schenken *verkaufen *zurückfordern, zurückbekommen
**verlernen:** lernen, aufnehmen, übernehmen, annehmen, s. aneignen / einprägen / merken, (ein)pauken

**verletzt:** gesund *geheilt, unverletzt, unversehrt, heil, unbeschädigt, ganz
**verleugnen:** (ein)gestehen, bekennen, geständig sein, zugeben, beichten, aussagen

**verleumden:** die Wahrheit sagen *loben, verherrlichen, preisen, ehren, rühmen, würdigen, feiern

**Verleumdung:** Wahrheit *Loblied, Auszeichnung, Lobpreis(ung), Ehrung, Lob(spruch) *Vorschußlorbeeren

**verlieren:** suchen *(auf)finden, wiederfinden *aufspüren, aufstöbern, auf die Spur kommen, herausfinden, herausbekommen (Täter) *orten *begegnen, vorfinden *(ver)missen, mangeln, entbehren *gewinnen, steigen (Ansehen) *besitzen, haben, bekommen, erhalten *vermehren, erhöhen, steige(r)n (Vermögen) *gewinnen, eintragen, einbringen, gutmachen, erbringen, profitieren *(wieder)bekommen, (wieder)gewinnen, zu etwas kommen *(nach)wachsen (Blätter, Nadeln) *ansetzen, zunehmen (Fett, Körpergewicht) *behalten, bekommen, zusprechen (Recht, Wert) *einnehmen, erobern, übernehmen, besetzen, integrieren, einverleiben (Gebiet) *gewinnen, (be)siegen, schlagen, vernichten, überwinden, überwältigen, aufreiben, bezwingen, ruinieren, niederringen (Schlacht, Gegner) *retten, hüten, (be)wahren **s. verlieren:** herausfinden, heimfinden (Wald) *zum Vorschein kommen,

**verloben:** zu heiraten beabsichtigen, die Heirat / Ehe versprechen

**verlocken:** verleiten, verführen, versuchen, anreizen, in Versuchung / Verführung bringen / führen *anstiften, überreden, verleiten, verführen *betören, faszinieren, hinreißen, bestricken, bezirzen, bezaubern, anmachen
**verlockend:** verführerisch, einladend, anregend, versprechend *bestrickend, betörend, sympathisch, bezaubernd, charmant, liebenswert, anziehend, anmutig, attraktiv *appetitlich, lecker, appetitanregend
**verlogen:** unredlich, falsch, tückisch, verstellt, unaufrichtig, hinterlistig, unehrlich, heuchlerisch, unwahr, scheinheilig, unlauter
**verloren:** von dannen / hinnen, weg, nicht mehr vorhanden / zu finden, abhanden, abgängig, verschwunden, fort *vergeben, vertan, unwiederbringlich, zerronnen, nicht zurückholbar, verspielt
**verlorengehen:** verschwinden, wegkommen, nicht mehr vorhanden sein, abhanden kommen, verlustig gehen

**verlöschen:** vergehen, verrauchen, verrauschen *erlöschen, ausgehen, verglimmen
**Verlust:** Minus, Defizit, Schaden, Einbuße, Nachteil, Fehlbetrag, Verlustgeschäft *Schwund, Ausfall, Lücke, Aderlaß, Abgang, Ausbleiben, Wegfall
**vermachen:** hinterlassen, nachlassen, vererben, überschreiben *schenken, geben, spenden
**vermählen (s.):** s. heiraten / vermählen / ehelichen / trauen lassen, eine Ehe eingehen, in den Ehestand treten, das Jawort geben, s. eine Frau / einen Mann nehmen
**Vermählung:** Heirat, Hochzeit, Eheschließung, Verheiratung, Trauung, Verbindung, Ringwechsel
**vermehren:** verstärken, steigern, vergrößern, verschärfen, erhöhen, in die Höhe treiben *s. vermehren: die Art erhalten, s. fortpflanzen, Nachkom-

erscheinen, auftauchen *aufkommen (Angst)
**verloben:** verheiraten, vermählen *entloben, verlassen, auseinandergehen, s. lösen / trennen
**verlocken:** abstoßen, ekeln, s. sträuben *gleichgültig / desinteressiert sein

**verlockend:** abstoßend, scheußlich, fürchterlich, ekelhaft, widerlich, schauerlich, furchtbar

**verlogen:** ehrlich, aufrichtig, freimütig, wahr(haftig)

**verloren:** siegreich, gewonnen (Spiel, Kampf) *da, vorhanden

**verlorengehen:** erhalten (bleiben), empfangen, bekommen (Posten) *gewinnen, erhalten, bekommen (Vertrauen) *gewinnen, siegen (Spiel) *vorhanden sein, bleiben
**verlöschen:** erhalten (Schrift) *anzünden (Kerze) *brennen, aufflammen, ausbrechen, s. entzünden
**Verlust:** Fund, Auffinden *Gewinn, Bereicherung *Leben *Rettung *Eroberung, Einnahme *Errungenschaft *Erfolg, positiver Ausgang (Prozeß)

**vermachen:** erben *erhalten, bekommen, entgegennehmen, beschenkt werden *enterben
**vermählen (s.):** s. verloben *s. trennen / scheiden lassen, auseinandergehen, s. lösen / losreißen, verlassen

**Vermählung:** Verlobung *Trennung, Scheidung, Loslösung, Spaltung, Lostrennung
**vermehren:** verringern, kürzen, drosseln, beschränken, einschränken, reduzieren, herabsetzen, heruntersetzen, senken *abebben, dahinschwinden,

men hervorbringen *zunehmen, s. vergrößern / vervielfachen, verdichten / verschlimmern / erhöhen / ausdehnen / ausweiten, eskalieren, an Ausdehnung gewinnen, anwachsen

**Vermehrung:** Mehrung, Aufblähung, Vervielfachung, Verstärkung, Aufstockung

**vermeidbar:** meidbar, abwendbar, umgehbar

**vermeiden:** zu umgehen / entgehen suchen, meiden, aus dem Weg gehen, unterlassen, s. entziehen, ausweichen

**vermeintlich:** scheinbar, irrtümlich, so betrachtet / gesehen, vermutlich, angeblich

**vermerken:** erfassen, verzeichnen, registrieren *aufschreiben, notieren, protokollieren *wahrnehmen, beachten, bemerken, zur Kenntnis nehmen

**vermieten:** verpachten, untervermieten, gegen Bezahlung abgeben / überlassen, in Pacht geben

**vermindern:** begrenzen, dezimieren, heruntergehen, verringern, herunterschrauben, reduzieren, herunterdrükken, verkleinern, verlangsamen, drosseln, abstreichen, schmälern, abziehen, (her)absetzen, abbauen, senken, beschränken, niedriger machen, einschränken, abgrenzen, den Etat beschneiden, (ver)kürzen, streichen, Abstriche machen *s. vermindern: s. verringern / verkleinern / verkürzen / reduzieren, abnehmen, schrumpfen, geringer / weniger / kleiner werden, schwinden *abflauen, nachlassen

**vermischen:** mischen, vermengen, durchmischen, mixen, zusammenschütten, verquirlen

**vermischt:** gemischt, vermengt, gemixt, versetzt mit

**vermissen:** Mangel haben an, ermangeln, nicht haben, entbehren *begehren, s. sehnen nach, Sehnsucht / starkes Verlangen haben nach

**vermißt werden:** abwesend / verschollen / unauffindbar / weggeblieben / ausgeblieben sein, fehlen

**Vermögen:** Wohlstand, Reichtum, Besitztum, Geld, Güter, Kapital, Mittel,

nachlassen, abnehmen, schwinden, (ab)sinken, abflauen, zusammenschrumpfen, zurückgehen *trüben (Freude) *abzweigen *s. vermehren: s. verringern / verkleinern / (ver)mindern, sinken, zurückgehen *aussterben

**Vermehrung:** Verringerung, Kürzung, Drosselung, Einschränkung, Beschränkung, Senkung, Reduzierung, Rückgang *Aussterben

**vermeidbar:** unvermeidbar, unumgänglich, unausbleiblich, notwendig, unvermeidlich, unerläßlich, nötig, unausweichlich, unabwendbar, geboten

**vermeiden:** wollen, suchen, s. bemühen, wünschen, begehren, ersehnen, (er)hoffen

**vermeintlich:** wirklich, real, richtig, tatsächlich, wahr

**vermerken:** überhören (Bemerkung) *ignorieren *vergessen

**vermieten:** mieten *verkaufen *leasen *schenken *kündigen

**vermindern:** erhöhen, (an)wachsen, steigern, vergrößern, ansteigen, verstärken, zunehmen (Gefahr) *heben, aufblähen, heraufsetzen, ausbauen *steigern, erhöhen (Motorleistung) *beschleunigen, Gas geben (Pkw) *s. **vermindern:** s. erhöhen / ausdehnen *vervielfachen *stärker / kräftiger werden

**vermischen:** trennen, auseinanderhalten, scheiden

**vermischt:** rein, pur, unvermischt, natur(belassen)

**vermissen:** (wieder)finden, auffinden *besitzen, haben

**vermißt werden:** wiederkommen, wiederkehren, zurückkehren, zurückkommen, ankommen, eintreffen, dasein

**Vermögen:** Unfähigkeit, Unvermögen, Versagen, Ohnmacht, Machtlo-

Schätze *Fähigkeit, Begabung, Talent, Befähigung, Eignung, Veranlagung, Können, Qualifikation

**vermögend:** wohlsituiert, reich, begütert, besitzend, finanzkräftig, potent, wohlhabend *(all)mächtig, machtvoll, übermächtig

**vermummt:** verkleidet, maskiert, getarnt, kostümiert

**vermuten:** spekulieren, schätzen, annehmen, kalkulieren, fürchten, erahnen, wähnen, befürchten, riechen, s. zusammenreimen / einbilden, erwarten, mutmaßen, rechnen mit

**vermutet:** angenommen, geschätzt, geahnt, erwartet

**vermutlich:** mutmaßlich, wahrscheinlich, höchstwahrscheinlich, möglicherweise, vielleicht, wohl, voraussichtlich

**Vermutung:** Mutmaßung, Unterstellung, Bedenken, Mißtrauen, Zweifel, Argwohn, Befürchtung

**vernachlässigen:** seine Pflicht versäumen, hintenansetzen, unterlassen, nicht berücksichtigen, mißachten, s. nicht genügend kümmern um, auf s. beruhen lassen, hintenanstellen, außer acht / beiseite / unbeachtet / unberücksichtigt lassen, verfallen / verlottern / verkommen / verwahrlosen / herunterkommen lassen *s. vernachlässigen: s. gehenlassen / nicht pflegen, verschlampen, nicht auf s. achten

**vernehmbar:** hörbar, vernehmlich, laut, deutlich, unüberhörbar, mit lauter Stimme, lauthals, geräuschvoll, lautstark

**vernehmen:** hören, wahrnehmen, akustisch aufnehmen *verhören, einem Verhör unterziehen, ins Verhör nehmen, gerichtlich / polizeilich vernehmen / befragen

**verneinen:** nein sagen, mit Nein antworten *(ver)leugnen, bestreiten, zurückweisen, abstreiten *negieren, ausschlagen, abweisen, ablehnen

sigkeit, Schwäche, Untüchtigkeit (Eigenschaft) *Mittellosigkeit, Dürftigkeit, Geldnot, Knappheit, Spärlichkeit, Armut

**vermögend:** arm, unvermögend, mittellos, unbemittelt, notleidend, bedürftig, bettelarm

**vermummt:** unmaskiert, natürlich, offen, frei, unbedeckt, unverdeckt

**vermuten:** wissen, sicher / gewiß sein *beweisen, nachweisen

**vermutet:** unvermutet *bestimmt, kategorisch, bewiesen, nachgewiesen

**vermutlich:** sicherlich, sicher, bestimmt, tatsächlich, wirklich, wahr, real, gewesen

**Vermutung:** Realität, Sicherheit, Tatsache, Wissen, Gewißheit

**vernachlässigen:** kultivieren, pflegen, fördern, unterstützen *warten, reparieren (Pkw) *instand halten, renovieren, pflegen, erneuern *versorgen, pflegen, hüten, hegen *bestellen, kultivieren, bebauen (Acker) *(ab)mähen, pflegen, anlegen (Grundstück) *verpflegen *erledigen, machen, bearbeiten, s. befassen / beschäftigen (mit) *s. vernachlässigen: s. pflegen / schönmachen / aufmachen / aufputzen / herausputzen / schminken / zurechtmachen / aufdonnern / pudern / feinmachen

**vernehmbar:** unhörbar, lautlos, leise, stumm, unvernehmbar

**vernehmen:** abstreiten, leugnen, verneinen, absprechen, bestreiten, dementieren, von s. weisen *andeuten, hinweisen *überhören *ignorieren *(ein)gestehen, bekennen, offenbaren, zugeben, auspacken, aussagen (Gericht) *kundtun, bekanntgeben, verkünden, informieren, veröffentlichen *ansagen, ankündigen, mitteilen, bekanntmachen, Mitteilung machen, verlautbaren, avisieren, unterrichten

**verneinen:** bejahen, bestätigen, zustimmen, ja sagen *vertreten, behaupten, meinen, finden, glauben, denken *akzeptieren, tolerieren

**Verneinung:** Verleugnung *Negation, Abweisung, Ablehnung

**vernichten:** ruinieren, zugrunde richten, verderben, bankrott richten, in den Abgrund stürzen, zuschanden / zunichte machen, ins Unglück stürzen / bringen, zerstören *töten, umbringen, beseitigen, liquidieren, ausrotten, niedermachen

**vernichtend:** abwertend, negativ, destruktiv

**Vernunft:** Besinnung, Einsicht, Ratio, Verstand, geistige Reife, Verständnis, Verständigkeit, gesunder Menschenverstand, Klarsicht, Wirklichkeitssinn

**vernunftgemäß:** rational, vernunftmäßig, mit dem Verstand, der Vernunft entsprechend

**vernünftig:** verständig, rational, einsichtig, verständnisvoll, einfühlend, voll Verständnis, klug, besonnen, überlegt, Vernunftgründen zugänglich, verstehend *sinnvoll, zweckmäßig, sinnig, mit Verstand, zweckvoll, sinnreich *normal, mit gesundem Menschenverstand, zurechnungsfähig *einsichtig, willig, kompromißbereit, versöhnlich

**vernunftwidrig:** widersinnig, sinnwidrig, unlogisch, paradox, abwegig, ungereimt

**veröffentlichen:** bekanntgeben, kundtun, bekanntmachen, publik machen, verkünd(ig)en, kundmachen, verlautbaren, verlauten lassen, kundgeben *publizieren, verlegen

**veröffentlicht:** bekanntgegeben, verkündet, bekanntgemacht, kundgegeben *publiziert, verlegt

**verordnen:** verschreiben, rezeptieren, ein Rezept ausstellen, ärztlich anweisen *anorden, verfügen, anweisen, bestimmen, erlassen, diktieren

**Verneinung:** Bejahung, Zustimmung, Affirmation, Bestätigung

**vernichten:** erzeugen, bilden, machen, kreieren, hervorbringen, erfinden *(be)wahren, fördern, erhalten, pflegen, beibehalten, bestehen lassen *(ab)ziehen / laufen lassen (Armee) *wiederherstellen, wiederaufbauen *am Leben / leben lassen

**vernichtend:** positiv, mild, günstig, freundlich, angenehm (Urteil)

**Vernunft:** Dummheit, Unvernunft, Torheit, Narrheit, Unbesonnenheit, Unbedachtheit, Unüberlegtheit, Unklugheit, Unverstand

**vernunftgemäß:** irrational, vernunftwidrig *gefühlsmäßig, emotional, empfindsam, gemütvoll, seelenvoll

**vernünftig:** unbesonnen, unüberlegt, wahllos, unbedacht, impulsiv, leichtfertig, fahrlässig, gedankenlos, unvorsichtig, planlos *exzentrisch, extravagant *wahnsinnig, sinnlos, verrückt *unreif, kindisch, flegelhaft *wahnsinnig, geistesgestört, übergeschnappt *mutig, unerschrocken, waghalsig, wagemutig, verwegen, furchtlos, draufgängerisch, herzhaft, kämpferisch, kühn, tapfer, todesmutig, heldenmütig, tollkühn, unverzagt *hektisch *irrational *komisch, sonderbar *gefühlsmäßig, emotional *uneinsichtig, rechthaberisch, radikal, aufsässig, dickköpfig, eisern, dickschädelig, bockbeinig, eigensinnig, renitent, starrköpfig, unbotmäßig, unfolgsam, widerborstig, widersetzlich, zugeknöpft, unversöhnlich, unnachgiebig, unerbittlich, unempfänglich, unbequem

**vernunftwidrig:** vernünftig *vernunftgemäß, rational

**veröffentlichen:** geheimhalten, bemänteln, vertuschen, vorenthalten, verheimlichen, verbergen, verhehlen, verschweigen, verdecken, zurückhalten, nicht veröffentlichen *unterbinden, verbieten

**veröffentlicht:** unveröffentlicht *geheim

**verordnen:** (ein)nehmen (Medikament) *befolgen, nachkommen, einhalten (Verfügung)

**verpachten:** vermieten, untervermieten, gegen Bezahlung überlassen

**verpacken:** einpacken, einwickeln, einrollen

**verpackt:** geschützt, gesichert *eingepackt, eingewickelt, eingerollt

**Verpackung:** Hülle, Umhüllung, Karton, Schachtel, Tüte

**verpassen:** ungenutzt verstreichen /· vorübergehen lassen, versäumen, nicht nutzen, verfehlen, verschlafen, zu spät kommen, vergessen, s. durch die Finger gehen / entgehen lassen *verabreichen, ohrfeigen

**verpflegen:** bewirten, in Kost nehmen, zu essen geben, beköstigen, verköstigen, ernähren, abspeisen, versorgen

**verpflichten:** vertraglich binden *als Pflicht / Verpflichtung auferlegen *beauftragen

**verpflichtend:** verbindlich, fest, bindend, obligatorisch, definitiv, nicht freiwillig, endgültig, feststehend, unwiderruflich

**verprassen:** verschwenden, verschleudern, vergeuden, verschwenderisch umgehen mit, vertun

**verputzen:** mit Putz bewerfen / versehen / bedecken *aufessen

**verquicken:** vereinigen, verbinden, zusammenfügen, aneinanderfügen

**Verrat:** Wortbrüchigkeit, Abfall, Abtrünnigkeit, Wortbruch, Treulosigkeit, Vertrauensbruch, Im-Stich-Lassen, Treuebruch, Preisgabe von Geheimnissen, Untreue *Spionage, Landesverrat, Hochverrat, Staatsverrat

**verraten:** anzeigen, denunzieren, preisgeben, anschwärzen, ausliefern *ausplaudern, ausposaunen *anderen Sinnes werden, abfallen von, die Hand ziehen von, Verrat begehen / üben, s. abwenden / abkehren, (die Treue) brechen, ein Vertrauensverhältnis zerstören, im Stich lassen, jmdm. in den Rücken fallen, abtrünnig werden *s. verraten: s. preisgeben

**verrechnen:** aufrechnen, miteinander vergleichen, anrechnen *s. verrechnen: falsch rechnen / beurteilen / einschätzen

**verregnet:** naß, verdorben, regenreich, niederschlagsreich

**verreisen:** eine Reise machen, auf Reisen gehen, umherreisen, (ab)reisen, unterwegs sein

**verpachten:** pachten *(an)mieten *verkaufen

**verpacken:** öffnen, auswickeln, auspacken *(be)lassen

**verpackt:** offen, locker, lose, unverpackt

**Verpackung:** Inhalt

**verpassen:** erreichen, einholen (Verkehrsmittel) *nützen, ergreifen (Chance) *erhalten, bekommen, kriegen (Ohrfeige, Rüffel)

**verpflegen:** vernachlässigen

**verpflichten:** absagen *entbinden, entpflichten

**verpflichtend:** unverbindlich, fakultativ, wahlfrei, ohne Verpflichtung

**verprassen:** sparsam sein, haushalten, (auf)sparen, ersparen, einsparen

**verputzen:** roh / unverputzt lassen *stehenlassen, nicht aufessen (Speise)

**verquicken:** trennen, auseinanderhalten

**Verrat:** Schweigen, Verschweigen *Treue *Zusammenhalt

**verraten:** geheimhalten, dichthalten, verschweigen, für s. behalten, verhüllen, verbergen, verheimlichen *verdecken, verhehlen, verstecken, verschleiern *s. verraten: überspielen *verdecken *s. beherrschen / zurückhalten *s. verstecken, s. versteckt halten

**verrechnen:** bar bezahlen / erstatten *s. **verrechnen:** richtig rechnen *richtig einschätzen / beurteilen

**verregnet:** sonnig, warm, trocken, heiß, sommerlich

**verreisen:** zu Hause / daheim bleiben, (da)bleiben *heimkehren, heimkommen, zurückkommen, zurückkreisen

**verreißen:** kritisch auseinanderneh-men, widerlegen, unter Beschuß neh-men, scharfer Kritik aussetzen, (in der Luft) zerfetzen, zerpflücken, kritisie-ren, zerreißen

**verrenken (s.):** s. verstauchen / den Fuß vertreten / eine Verzerrung zuziehen / verletzen

**verrichten:** ausführen, bewerkstelli-gen, realisieren, konkretisieren, ab-wickeln

**verringern:** vermindern, verkleinern, schmälern, senken, niedriger machen, dezimieren, reduzieren

**verrosten:** (ein)rosten, Rost bilden / ansetzen, durch Rost unbrauchbar ma-chen / werden

**verrücken:** versetzen, verschieben, umstellen, an eine andere Stelle rücken

**verrückt:** durchgedreht, närrisch, dumm, hirnverbrannt, blöde, nicht ganz richtig im Kopf / bei Trost, irr, von allen guten Geistern verlassen, wirr, nicht recht / ganz gescheit, rappelig, verdreht, toll

**Verruf:** schlechter Ruf / Leumund

**verrufen:** bedenklich, suspekt, un-durchsichtig, anrüchig, zwielichtig, obskur, verdächtig, berüchtigt, dubios, zweifelhaft, lichtscheu, verschrien, an-stößig, übel / schlecht beleumundet, fragwürdig, von zweifelhaftem Ruf

**versagen:** verbieten, untersagen, nicht erlauben *unterliegen, ein Versager / untauglich / unfähig / ungeeignet sein, auf der Strecke bleiben, ausfallen, zu-rückfallen, enttäuschen, zurückblei-ben, s. nicht bewähren *nicht mehr ordnungsgemäß / richtig / reibungslos funktionieren / (ab)laufen / gehen *durchfallen, nicht bestehen *vorent-halten, nicht gewähren / geben *s. ver-sagen: s. verweigern / nicht hingeben / nicht verführen lassen

**Versager:** Taugenichts, Schwächling, Nichtsnutz

**versammeln:** zusammenrufen, zusam-mentreffen, zusammenströmen, zu-sammenlaufen

**Versand:** Lieferung, Auslieferung, Be-lieferung, Zustellung, Zuführung, Zu-sendung, Übergabe, Überstellung

**verreißen:** loben, anerkennen, würdi-gen, preisen, rühmen (Theaterstück) *gerade halten (Steuer)

**verrenken (s.):** einrenken (Wirbel, Ge-lenk)

**verrichten:** liegenlassen, ruhenlassen, nicht erledigen (Arbeit)

**verringern:** vergrößern (Abstand) *er-höhen, steigen, zunehmen (Kosten) *vermehren

**verrosten:** entrosten

**verrücken:** zurechtrücken *stehen las-sen, am Platz (be)lassen, belassen

**verrückt:** normal, gesund *vernünftig, klug, ausgezeichnet, gut (Idee) *nor-mal, bei Sinnen / Verstand, vernünftig *gewöhnlich, normal, üblich, geläufig, bekannt, alltäglich

**Verruf:** guter Leumund, Ansehen, Eh-re, Würde, Autorität, Unbescholten-heit, Prestige, Format, Nimbus

**verrufen:** angesehen, geachtet, ge-schätzt, vergöttert, populär, volkstüm-lich, verdient, verehrt, geehrt, bewun-dert, beliebt, geliebt, angebetet, re-nommiert, volksverbunden

**versagen:** gewähren, erfüllen, zugeste-hen, bewilligen *bieten, geben, über-reichen *bestehen, erfolgreich sein, s. bewähren *zünden, explodieren (Ge-schoß) *funktionieren, arbeiten, lei-sten *(weiter)laufen (Motor) *s. versa-gen: s. hingeben / öffnen *s. etwas gönnen / leisten

**Versager:** Gewinner, Sieger *Karriere-macher, Erfolgsmensch, Senkrecht-starter

**versammeln:** weggehen, auseinander-gehen, auseinanderlaufen, s. verlaufen / verteilen / zerstreuen

**Versand:** Empfang, Eingang *Direkt-verkauf

**versäumen:** ungenutzt vorübergehen lassen, verpassen, verschlafen, verfehlen, vergessen, zu spät kommen, nicht nutzen, s. entgehen / durch die Finger gehen lassen

**verschalen:** verkleiden, auslegen, verblenden, auskleiden, bedecken, ausschlagen, bespannen, beziehen, täfeln

**verschämt:** scheu, ängstlich, bang, zag (-haft), gehemmt, beklommen, verschüchtert, voll Scham, schamhaft, schüchtern, zurückhaltend

**verschärfen:** verschlechtern, verschlimmern *s. verschärfen: s. verschlechtern / zuspitzen / radikalisieren / verschlimmern, schlimmer / gefährlicher / unerträglicher / ernster / stärker / ärger werden, eskalieren, einer Katastrophe entgegengehen

**Verschärfung:** Verschlechterung, Verschlimmerung, Eskalierung, Zuspitzung

**verschenken:** schenken, verteilen, bescheren, spenden, spendieren, zukommen lassen

**verscherzen:** verwirken, durch Gedankenlosigkeit / Leichtsinn einbüßen / verlieren

**verscheuchen:** vertreiben, wegtreiben, fortjagen, vergrämen, hinausekeln

**verschieben:** aufschieben, hinausschieben *umstellen, verrücken, versetzen, an eine andere Stelle schieben *s. verschieben: verrutschen *s. verlängern / hinauszögern

**verschieden:** verschiedenartig, unterschiedlich, abweichend, different, heterogen, grundverschieden, zweierlei, unvereinbar, wesensfremd, ungleich *verschieden sein: unterschiedlich / nicht gleich / nicht ähnlich sein

**verschiedenfarbig:** bunt, mehrfarbig, polychrom

**verschlafen:** versäumen, ungenutzt vorübergehen lassen, verpassen, verfehlen, vergessen, zu spät kommen, nicht nutzen, s. entgehen / durch die Finger gehen lassen *müde, schläfrig, unausgeschlafen, schlaftrunken

**verschlagen:** vernagelt, versperrt *hinterhältig, schlau, hinterlistig, raffiniert, ausgekocht, gerissen

**verschlechtern:** verschlimmern, verschärfen, eskalieren *s. verschlechtern:

**versäumen:** nutzen (Chance) *erreichen (Zug) *einhalten (Termin) *s. beschäftigen / befassen / abgeben (mit)

**verschalen:** entschalen, freilegen (Mauer)

**verschämt:** unbefangen, offen, natürlich, ungehemmt, ungezwungen, frei, formlos, gelöst, leger, nachlässig, lässig

**verschärfen:** mildern, verringern, abschwächen (Strafe) *verringern, nachlassen, heruntergehen (Geschwindigkeit) *s. verschärfen: nachlassen, lockern, entspannen, entkrampfen (Lage)

**Verschärfung:** Verringerung, Abschwächung *Ruhe, Lockerung, Entspannung *Stillstand

**verschenken:** verkaufen *behalten *erhalten, bekommen, entgegennehmen *zurücknehmen

**verscherzen:** gewinnen, erhalten, bekommen (Wohlwollen)

**verscheuchen:** herbeiziehen, (an-)locken

**verschieben:** (be)lassen *antreten (Reise) *erledigen, ausführen, machen, durchführen (Arbeit) *aufgreifen, wiederaufnehmen, behandeln (Problem) *zurechtrücken *s. verschieben: an der Stelle bleiben

**verschieden:** gleich(artig), ähnlich, (so) wie, identisch, (der)selbe, (der)gleiche *ein (Tagesordnungspunkt) *geradeso, genauso, ebenso *verschieden sein: s. gleichen / ähneln

**verschiedenfarbig:** einfarbig, uni, monochrom

**verschlafen:** aufwachen, wach werden *einhalten (Termin) *(hell)wach, munter, lebendig, frisch, fit, lebhaft, ausgeschlafen *großstädtisch, weltoffen, lebendig, belebt, verkehrsreich (Stadt)

**verschlagen:** offen, geöffnet (Durchgang) *aufrichtig, ehrlich, offen, natürlich

**verschlechtern:** erhöhen, steigen, heben, (ver)bessern (Chancen) *aufblü-

s. zuspitzen / radikalisieren / verschlimmern, schlimmer / gefährlicher / unerträglicher / ernster / stärker / ärger werden

**Verschlechterung:** Verschlimmerung, Verschärfung, Eskalierung, Zuspitzung

**verschleiern:** verbergen, verstecken, verhüllen, verborgen halten, (heimlich) wegtun, verwischen, vernebeln *zuziehen, bewölken

**Verschleiß:** Verbrauch, Abnützung, Abnutzung

**verschleißen:** abnutzen, verbrauchen, abnützen

**verschleppen:** nicht ausheilen / auskurieren / rechtzeitig behandeln lassen, chronisch werden lassen *aufschieben, hinausschieben, auf die lange Bank schieben *entführen

**verschließen:** wegschließen, zuschließen, abschließen, versperren, absperren, zusperren, verriegeln, abriegeln, sichern, das Schloß / den Riegel vorlegen *s. verschließen: s. abkapseln / isolieren / distanzieren

**verschlimmern (s.):** s. verschärfen / verschlechtern, eskalieren, schlimmer / gefährlicher / unerträglicher / ernster / stärker werden

**Verschlimmerung:** Verschärfung, Verschlechterung, Eskalierung, Zuspitzung

**verschlossen:** abgeschlossen, zu, zugeschlossen, verriegelt, abgesperrt, abgeriegelt, geschlossen *zurückhaltend, distanziert, kontaktscheu, unzugänglich, abweisend, schweigsam, verstockt, verhalten, undurchdringlich, ungesellig, menschenscheu *ängstlich, zag(haft), aufgeregt, bänglich, zähneklappernd, angsterfüllt, angstverzerrt, hasenherzig, feigherzig, memmenhaft, mutlos, kleinmütig, befangen, beklommen, aufgeregt, bang, angstvoll, angstbebend, verängstigt, scheu, schüchtern, angstschlotternd, argwöhnisch, betroffen, besorgt, gehemmt, schreckhaft, verschreckt, verschüchtert *introvertiert

**verschlüsseln:** chiffrieren, kodieren, codieren, in Geheimschrift abfassen

**verschlüsselt:** chiffriert, in Geheimschrift abgefaßt, kodiert, codiert

hen, bessern *entspannen, entkrampfen *s. verschlechtern: s. (ver-)bessern / steigern, besser werden, zurückgehen, heilen

**Verschlechterung:** Verbesserung, Hebung, Vorteil *Entspannung, Entkrampfung

**verschleiern:** entschleiern *aufdecken, aufklären, enthüllen (Mißstände) *aufklären, aufklaren, klar werden, s. aufheitern / aufhellen (Wetter)

**Verschleiß:** Pflege, Erhaltung, Schonung *Erneuerung, Reparatur

**verschleißen:** pflegen, schonen, erhalten, sparen *reparieren, erneuern

**verschleppen:** abschließen, beenden (Verhandlung) *ausheilen, auskurieren (Krankheit)

**verschließen:** öffnen, aufschließen, aufmachen *offenlassen *aufschlagen, öffnen, aufmachen, aufreißen (Augen) *s. verschließen: s. offenbaren / öffnen, zeigen (Gefühle) *s. hinwenden / zuwenden *anerkennen, einsehen

**verschlimmern (s.):** s. (ver)bessern / mildern, besser werden, lindern, abschwächen *erleichtern, erträglich machen

**Verschlimmerung:** Milderung, Besserung, Linderung *Genesung, Heilung, Gesundung *Erleichterung, Kräftigung

**verschlossen:** ansprechbar, aufnahmefähig, geweckt, aufnahmebereit, empfänglich, gestimmt, geneigt, offen(herzig), zugänglich, interessiert *extravertiert, aufgeschlossen, zugänglich *offen, geöffnet, unverschlossen, beschädigt (Paket, Brief) *offen, unverschlossen, geöffnet, auf (Tür, Fenster)

**verschlüsseln:** entschlüsseln, dekodieren, decodieren

**verschlüsselt:** unkodiert, uncodiert, offen, frei, unverschlüsselt, klar

**verschmähen:** ablehnen, zurückweisen, abschlagen, verweigern, verwerfen, versagen, verneinen, negieren

**verschmälern (s.):** schmäler / kürzer / enger werden

**verschmelzen:** verbinden, zusammenfügen, vereinigen

**verschmerzen:** vergessen, hinnehmen, s. abfinden mit / trösten

**verschmiert:** zugemacht, ausgefüllt, aufgefüllt *schmutzig, unsauber, schmuddelig, dreckig, fleckig, voller Flecken, unrein

**verschmutzen:** verschmieren, beschmutzen, beflecken, verunreinigen, bespritzen, anschmieren, beklecksen, beschmieren, einen Fleck / schmutzig / dreckig machen, vollschmieren

**Verschmutzung:** Verschmutztheit, Unsauberkeit, Speckigkeit, Unappetitlichkeit, Schmutz, Dreck

**verschneit:** eingeschneit, zugeschneit, unter Schnee begraben, weiß, winterlich, mit Schnee bedeckt

**verschnörkelt:** verziert, verbrämt, geschmückt

**verschnupft:** krank *gekränkt, beleidigt, verstimmt, verletzt, pikiert, getroffen

**verschnüren:** zuschnüren, verpacken, zubinden, zumachen, sichern

**verschnürt:** zugeschnürt, verpackt

**verschollen:** vermißt, für tot erklärt, für verloren gehalten

**verschonen:** behüten / bewahren vor, nicht belästigen, nichts antun / zuleide tun, kein Haar krümmen

**verschönern:** schmücken, verzieren, ornamentieren *aufhellen, erheitern

**verschmähen:** annehmen, übernehmen, akzeptieren *ehren, würdigen, lieben, bevorzugen, feiern, schätzen, gernhaben

**verschmälern (s.):** s. verbreitern / ausweiten, breiter werden

**verschmelzen:** trennen, sondern, auflösen, scheiden *differenzieren

**verschmerzen:** (be)trauern, klagen *leiden

**verschmiert:** offen (Loch) *sauber / ordentlich geschrieben (Heft) *(blitz-)sauber, fleckenlos, gereinigt, gesäubert, klar, rein(lich) *frisch gewaschen, sauber (Gesicht)

**verschmutzen:** säubern, saubermachen, reinigen, reinmachen *wegwischen *abkehren, abfegen, abstauben, feudeln, abwischen, (auf)fegen, aufnehmen, (auf)kehren, ausfegen, auskehren *bohnern *(aus)spülen, abschwenken, reinigen (Glas) *wischen, putzen *polieren *scheuern, schrubben *staubsaugen *(aus)bürsten, abbürsten *(ab)reiben *klären *sauber bleiben / halten

**Verschmutzung:** Sauberkeit *Reinlichkeit, Reinheit *Fleckenlosigkeit *Hygiene

**verschneit:** geräumt *schneelos, schneefrei, aper

**verschnörkelt:** einfach, gerade, schlicht

**verschnupft:** gesund, heil *aufgeschlossen, freundlich, geweckt, offen, zugänglich, empfänglich, aufnahmebereit, geneigt, interessiert

**verschnüren:** aufschnüren, aufbinden, aufknoten, aufknüpfen, aufmachen, lösen

**verschnürt:** unverschnürt, offen, lose

**verschollen:** lebend, da, existent *(auf-)gefunden, entdeckt

**verschonen:** belästigen *erfassen, ereilen, packen, ergreifen (Unglück, Krankheit) *anstrengen, beanspruchen *(etwas) zufügen, zuleide tun *offen / rücksichtslos sagen, diffamieren, diskriminieren, verketzern, verleumden, verteufeln, verunglimpfen, entwürdigen, anschwärzen, abqualifizieren, schlechtmachen

**verschönern:** (be)lassen *verunstalten, verunzieren, entstellen *verzerren

**verschreiben:** verordnen, ärztlich anordnen, ein Rezept ausstellen *abnutzen, abnützen, verbrauchen *s. verschreiben: falsch hinschreiben, einen Fehler machen *s. widmen / einsetzen, aufgehen in *s. verschwören / engagieren / hingeben / einsetzen für

**verschuldet:** mit Schulden / einer Hypothek beladen / belastet

**verschütten:** begraben, völlig bedecken / zudecken *vergießen, ausschütten, umschütten

**verschweigen:** (mit Schweigen) zudekken, für s. behalten, bewußt nicht erzählen, verheimlichen, vorenthalten, in s. bewahren / verschließen, verbergen, unterschlagen, verhehlen, totschweigen, vertuschen, geheimhalten

**verschwenden:** Zeit verstreichen lassen, nicht sinnvoll gestalten / ausnützen *mit vollen Händen ausgeben, verschwenderisch umgehen mit, (sein Geld) zum Fenster hinauswerfen, verschleudern, (ver)prassen, vergeuden, auf großem Fuß / über seine Verhältnisse leben, vertun, verwirtschaften

**verschwenderisch:** allzu schenkfreudig / großzügig / freigebig / gebefreudig / spendabel / generös *üppig, ausladend, luxuriös, prunkend / feudal / pompös

**verschwiegen:** ruhig, redescheu, still, schweigsam, lakonisch, wortkarg, zurückhaltend, einsilbig, nicht mitteilsam *diskret, heimlich, abgelegen, intim *verläßlich, zuverlässig, vertrauenswürdig, treu

**Verschwiegenheit:** Zurückhaltung, Takt, Diskretion *Zuverlässigkeit, Treue

**verschwimmen:** verwischen, unscharf / undeutlich / unklar werden

**verschwinden:** untergehen, untertauchen, entschwinden, s. entziehen, entweichen *nicht mehr vorhanden sein,

**verschreiben:** verweigern, nicht aufschreiben / ausstellen (Rezept) *s. verschreiben: gleichgültig sein / bleiben *richtig schreiben

**verschuldet:** unverschuldet *schuldenfrei

**verschütten:** freilegen, befreien, ausgraben *(richtig) einschenken *aufwischen, auflesen

**verschweigen:** enthüllen, aufdecken, offenlegen, bloßstellen, bloßlegen, veröffentlichen, entschleiern, entlarven, herunterreißen *ankündigen, ankünden, mitteilen, ausdrücken, ausplaudern, ausrichten, äußern, benachrichtigen, informieren, sagen, schildern, unterrichten, verkündigen, verraten, versprechen, weitererzählen, weitertragen *andeuten, hinweisen, anspielen (auf), abzielen (auf) *auspacken, aussagen, ausplaudern, s. erklären / zeigen, verraten, preisgeben, eröffnen, enthüllen, aufdecken

**verschwenden:** haushalten, (er)sparen, sparsam sein, maßhalten, zurücklegen, kürzertreten, s. einschränken, beiseite legen, aufsparen, einsparen *hungern, darben *dursten *schonen (Kräfte)

**verschwenderisch:** haushälterisch, sparsam, wirtschaftlich, genügsam, sorgsam *geizig, knaus(e)rig

**verschwiegen:** redefreudig, gesprächig, geschwätzig, tratschsüchtig, schwatzhaft, redselig, redelustig, mitteilsam, klatschsüchtig, beredt *vertrauensbrüchig, indiskret

**Verschwiegenheit:** Mitteilsamkeit, Redefreudigkeit, Tratschsucht, Redelust, Beredsamkeit, Schwatzhaftigkeit, Klatschsucht, Gesprächigkeit, Geschwätzigkeit, Redseligkeit *Indiskretion, Vertrauensbruch

**verschwimmen:** s. abheben, (deutlich) hervortreten (Berge) *klar sein

**verschwinden:** (da)bleiben *(an)kommen, auftauchen, auftreten, erscheinen, hervorkommen, s. nähern, nahen

abhanden kommen, verlustig gehen, wegkommen, verlorengehen *s. entfernen / aufmachen / auf den Weg machen / absetzen / in Marsch setzen, weggehen *untergehen, absterben, aussterben, verfallen, versinken

**verschwommen:** undeutlich, undurchschaubar, unübersichtlich, unklar, fraglich, unpräzise, in Dunkel gehüllt, unscharf, nebulös, nicht eindeutig / verständlich / deutlich / zu definieren, schlecht zu entziffern / zu verstehen, unverständlich, zusammenhanglos, vage, unausgegoren, unbestimmt, mißverständlich, andeutungsweise, undefinierbar, verworren, unartikuliert, wirr, ungenau, abstrus, unsicher

**versehen:** ausüben, ausführen, verrichten, tätig sein, betreiben *ausstatten, ausstaffieren *die Letzte Ölung / Sterbesakramente spenden
**Versehen:** Fehler, Irrtum, Fehlgriff, Fehlschluß, Unrichtigkeit

**versehentlich:** nicht absichtlich / extra / willentlich, unabsichtlich, nicht vorsätzlich, unbeabsichtigt, unbewußt, ungeplant, unwillkürlich, aus Versehen, irrtümlich
**versehrt:** körperbehindert, invalide

**versenden:** abschicken, verschicken, fortschicken, absenden, wegschicken
**versenken:** den Fluten übergeben, untergehen lassen, hinablassen, eintauchen, hinunterlassen *s. versenken: meditieren *s. abgeben / konfrontieren / befassen / hineinvertiefen / konzentrieren / auseinandersetzen / aufhalten mit, nicht aus dem Sinn wollen

**versetzen:** umsetzen, verrücken, umstellen, umschieben, verpflanzen, verlegen *den Ort / die Stelle wechseln, einen anderen Posten geben *antworten, dagegenhalten, beantworten, wissen lassen, eingehen auf *zum / als Pfand geben, ins Pfandhaus bringen, verpfänden *im Stich lassen, die Verabredung nicht einhalten, sitzenlassen
**verseucht:** verpestet, vergiftet, verdorben, verschmutzt *infiziert
**versichert:** gesichert, abgesichert *geschützt, in eine Versicherung eingetreten

*(wieder)finden (Brieftasche)

**verschwommen:** klar, deutlich, genau, erkennbar, (fest) umrissen, präzise, akkurat (Umrisse, Vorstellung) *unmißverständlich, eindeutig, unzweideutig, anschaulich *handfest, genau, bestimmt, deutlich, greifbar, real

**versehen:** vernachlässigen (Arbeit) *aufgeben, zurücktreten (Amt) *verweigern, versagen (Geld) *nicht versehen, verweigern (Sterbesakrament)
**Versehen:** Richtigkeit, Unanfechtbarkeit, Korrektheit *Erfolg, Absicht, Plan, Ziel, Zweck, Intention, Vorsatz, Bestreben, Bestrebungen
**versehentlich:** absichtlich, gewollt, vorsätzlich, bewußt, absichtsvoll, beabsichtigt, wissentlich, willentlich

**versehrt:** unversehrt, heil, gesund, unbeschädigt, unverletzt
**versenden:** (da)behalten *erhalten, empfangen, bekommen
**versenken:** (hoch)heben (Schiff) *s.
**versenken:** vorübergehen *ignorieren *oberflächlich betrachten

**versetzen:** (be)lassen *sitzenbleiben (lassen), nicht versetzen (Schule) *rein / pur / unverfälscht lassen, naturbelassen *fragen *kommen, eintreffen (Verabredung) *behalten (Gegenstand) *auslösen *entgegennehmen, bekommen, erhalten (Schlag) *abwehren

**verseucht:** sauber, rein, klar (Fluß) *gesäubert (Spione)
**versichert:** unversichert, nicht versichert

**versickern:** versiegen, einsickern, verrinnen, vertrocknen, austrocknen, eintrocknen, versanden, verlanden, zu fließen aufhören, s. verlaufen
**versiert:** erfahren, klug, weise, kundig, bewandert, sachverständig, gescheit, intelligent, wissend
**versinken:** niedergehen, untergehen, hinter dem Horizont verschwinden *hinabsinken, untersinken, (hinunter-) sinken, in die Tiefe sinken, niedergehen
**versklaven:** knechten, niederhalten, unterdrücken, beherrschen, knebeln, ducken, unterjochen
**versöhnen:** Frieden stiften, beruhigen, aussöhnen, bereinigen, begütigen *s.
**versöhnen:** s. aussöhnen / einigen / vertragen / verständigen, Frieden schließen, Feindseligkeiten beenden

**versöhnlich:** duldsam, einsichtig, tolerant, verständnisvoll, freiheitlich, human *friedliebend, verträglich, gütlich, einträchtig, friedlich


**Versöhnung:** Schlichtung, Einigung, Beilegung, Verständigung, Aussöhnung


**versorgen:** verpflegen, verköstigen, speisen *s. kümmern / sorgen um
**verspätet:** zu spät, unpünktlich, verzögert, säumig, im Verzug, nicht (fahr-) planmäßig, saumselig, mit Verspätung, überfällig

**versperren:** wegschließen, abschließen, zuschließen, zusperren, verschließen *verbauen, verrammeln, verschanzen, vermauern, verbarrikadieren
**verspotten:** auslachen, verlachen, spotten *verzerren, zur Karikatur machen, karikieren *spöttisch imitieren / nachmachen / nachahmen / wiedergeben, parodieren
**versprechen:** ein Versprechen ablegen / geben, versichern, geloben, beschwö-

**versickern:** schwimmen, (stehen)bleiben (Rückstände) *anhalten, (an)dauern (Gespräch)

**versiert:** unerfahren, grün, unbewandert


**versinken:** gehoben werden (Schiff) *auftauchen *schwimmen


**versklaven:** (s.) erheben / befreien *frei(be)lassen

**versöhnen:** beleidigen, hetzen, kränken, verletzen, verwunden, treffen, schmähen, schlechtmachen *s. versöhnen: s. streiten / auseinandersetzen / überwerfen / als Feind ansehen / entzweien / verfeinden / zanken, zusammenstoßen, zürnen
**versöhnlich:** streitbar, angriffslustig, aggressiv, herausfordernd, kampfbereit, kampfesfreudig, hitzig, streitsüchtig, zanksüchtig, unversöhnlich, kampflustig, furios, grimmig, händelsüchtig, kämpferisch, leidenschaftlich, hart *steif *rigid, stur, starr
**Versöhnung:** Streit, Entzweiung, Auseinandersetzung, Händel, Gezänk, Tätlichkeit, Zank, Wortstreit, Zerwürfnis, Zwist, Zwietracht, Zusammenstoß, Spannungen, Aggression, Tätlichkeit, Wortwechsel, Unfrieden, Unverträglichkeit, Krawall, Konflikt, Reiberei, Streitigkeiten
**versorgen:** vernachlässigen *verweigern *entsorgen *entziehen
**verspätet:** rechtzeitig, pünktlich, termingerecht, fristgerecht, plangemäß, wie vereinbart, termingemäß *vorzeitig, davor, vorher, verfrüht, eher, frühzeitig, früher
**versperren:** aufsperren, aufschließen *frei machen, frei geben, offen lassen, frei halten / lassen


**verspotten:** würdigen, loben, unterstützen, preisen


**versprechen:** ablehnen, abschlagen *(er)bitten, fordern, ausbitten, verlan-

ren, beeidigen, s. verpflichten / verbürgen, zusichern *s. **versprechen:** versehentlich verraten / ausplaudern / sagen *s. verhaspeln

**verstaatlichen:** kollektivieren, vergesellschaften, sozialisieren, enteignen, säkularisieren, in Volkseigentum / Kollektiveigentum / Staatseigentum überführen, expropriieren

**Verstand:** Vernunft, Denkvermögen, Denkfähigkeit, Ratio, Begriffsvermögen, Urteilsfähigkeit, Erkenntnisvermögen, Auffassungsgabe, Urteilskraft *Geist, Intelligenz, Intellekt, Klugheit, Scharfsinn, Scharfsinnigkeit, Scharfblick, Geistesgaben, Beobachtungsgabe, Weitblick, Witz, Esprit

**verstandesmäßig:** rational, vernunftmäßig, mit dem Verstand

**verständig:** besonnen, voll Verständnis, Vernunftgründen zugänglich, vernünftig, verstehend, einsichtig, einfühlend, verständnisvoll, klug

**verständigen:** benachrichtigen, mitteilen, bekanntgeben, informieren *s. ins Einvernehmen setzen / verständlich machen

**verständlich:** verstehbar, deutlich vernehmbar, gut zu hören / verstehen *anschaulich, deutlich, leicht verständlich, lebendig, bildlich, plastisch, einprägsam, klar, faßbar, sprechend, konkret, lebensnah *plausibel, begreiflich, durchschaubar, unkompliziert, einfach, eingängig *unzweideutig, fest umrissen, genau, anschaulich, deutlich, exakt, eindeutig, bestimmt

**Verständnis:** Einfühlungsgabe, Einfühlungsvermögen, Fingerspitzengefühl, Feingefühl, Zartgefühl *Sinn, Empfindung, Gespür, Spürsinn *Entgegenkommen, Freundlichkeit, Gefälligkeit, Konzilianz

**verständnislos:** unzugänglich, dickschädig, dickköpfig, bockig, aufsäs-

gen *(ein)halten *eintreffen *s. **versprechen:** richtig sprechen *s. korrigieren / verbessern

**verstaatlichen:** reprivatisieren, ins Privateigentum zurückführen

**Verstand:** Gefühl, Empfindung, Gemütsbewegung, Gemütstiefe, Spürsinn, Regung, Rührung, Instinkt, Leidenschaft, Empfinden *Dummheit, Beschränktheit, Unbedarftheit, Begriffsstutzigkeit

**verstandesmäßig:** gefühlsmäßig, triebmäßig, instinktiv, emotional, intuitiv

**verständig:** unverständig, unbesonnen, fahrlässig, wahllos, ziellos, unüberlegt, leichtsinnig, impulsiv *uneinsichtig, dickschädelig, kompromißlos, kühl, distanziert, rechthaberisch, borniert, stur, steif, rigid, unnachgiebig, verschlossen, widerspenstig, unbequem, unbotmäßig, unempfänglich *kindisch

**verständigen:** verschweigen, zurückhalten, stillhalten *s. streiten / bekämpfen / bekriegen

**verständlich:** unverständlich, schwerverständlich *leise, lautlos, kaum vernehmlich / hörbar / vernehmbar, flüsternd, geräuschlos *undeutlich, unartikuliert, lallend, abgehackt, nicht verständlich, murmelnd, stammelnd, lispelnd *rätselhaft, sonderbar, unverständlich *verwirrend, wirr, verworren, kompliziert, langatmig, umständlich, durcheinander *unfaßbar, unfaßlich, unverständlich

**Verständnis:** Unverständnis *Sturheit, Trotzigkeit, Unbelehrbarkeit, Unnachgiebigkeit, Verbohrtheit, Widersetzlichkeit, Widerspenstigkeit, Rigidität, Eigensinnigkeit, Eigenwilligkeit, Halsstarrigkeit, Bockigkeit, Rechthaberei, Starrsinn *Kälte, Gefühlskälte, Fühllosigkeit, Härte, Herzensverhärtung, Mitleidlosigkeit, Kaltherzigkeit, Gefühllosigkeit *Scheelsucht, Neid, Mißgunst

**verständnislos:** verständnisvoll, aufgeschlossen, weitherzig, verstehend, ver-

sig, bockbeinig, aufmüpfig, hartgesotten, frostig, unerbittlich, unnahbar, unnachgiebig, unversöhnlich, verschlossen, verstockt, zugeknöpft

**verständnisvoll:** aufgeschlossen, weitherzig, verstehend, verständnisinnig, freizügig, einsichtig, mitfühlen, *warm, herzlich, entgegenkommend, nett

**verstärken:** hervorheben, stärker / deutlicher machen *steigern, verschärfen, vermehren, eskalieren, vergrößern, erhöhen, potenzieren, in die Höhe treiben, aufbessern, aufwerten, vervielfachen, verhundertfachen, heraufsetzen, intensivieren, in die Höhe treiben *s. verstärken: zunehmen, s. steigern / ausdehnen / erweitern / ausweiten

**verstecken (s.):** s. verbergen / verkriechen / verschanzen / abschließen / im Dunkeln halten

**versteckt:** verborgen, verdeckt, unmernd, latent, unter der Oberfläche *falsch, heuchlerisch, unlauter, unwahrhaftig, scheinheilig, unehrlich, katzenfreundlich

**verstehen:** beherzigen, s. zu Herzen nehmen / gesagt sein lassen, eine Lehre ziehen aus *beherrschen, können *(deutlich / klar) hören / vernehmen / auffassen, akustisch vernehmen *erfassen, herausfinden, klar / verständlich / bewußt / deutlich werden, nachvollziehen, begreifen, nachempfinden, zu Bewußtsein kommen, ergründen, folgen können, klug werden aus, jmdm. gehen die Augen auf, klarsehen, erkennen, durchblicken, s. erschließen, durchschauen, richtig beurteilen / einschätzen können, geistig aufnehmen *s. verstehen: harmonisieren, auskommen mit, ein Herz und eine Seele sein, s. lieben / mögen / gernhaben

**versteifen:** absteifen, (ab)stützen, ab-

ständnisinnig, freizügig, einsichtig, mitfühlend *warm, herzlich, entgegenkommend, nett

**verständnisvoll:** verständnislos, unzugänglich, dickschädelig, dickköpfig, bockig, aufsässig, bockbeinig, aufmüpfig, hartgesotten, frostig, unerbittlich, unnahbar, unnachgiebig, unversöhnlich, verschlossen, verstockt, zugeknöpft, stur, trotzig, unbelehrbar, widerspenstig, eigensinnig, eigenwillig, halsstarrig, rechthaberisch *hart, gefühllos, kalt(herzig), mitleid(s)los

**verstärken:** abziehen, reduzieren, verringern, vermindern, verkleinern (Wachposten) *herabsetzen, senken, heruntersetzen, drosseln, ausgleichen, reduzieren, einschränken, dämpfen *schwächen *bekämpfen, erleichtern, verringern, dämpfen, abschwächen (Schmerzen) *abschleifen, abhobeln *s. verstärken: s. verringern / mildern / (ver)mindern *s. verwischen *sinken, abnehmen, nachlassen, zurückgehen *s. verjüngen / verengen

**verstecken (s.):** (auf)finden, entdecken, aufspüren *suchen, verfolgen *offenbaren, (vor)zeigen, darbieten *aus s. herausgehen *s. zeigen, hervortreten, hervorkommen

**versteckt:** offen, ausgesprochen (Vorwurf) *offen (Widerstand, Feindschaft) *offenherzig, entgegenkommend, nett, verbindlich, wohlwollend, freundlich, liebenswürdig, großmütig *öffentlich

**verstehen:** ausrufen, bekanntmachen, kundmachen, verkünden, verkündigen, verlautbaren, ausschellen, ausklingeln, veröffentlichen *tuscheln, wispern, zische(l)n, pispeln, pispern, raunen, fispern, brummen, flüstern, hauchen, lispeln *(an)reden, sagen, meinen, vermuten *rufen, schreien, brüllen, grölen, kreischen *nicht verstehen *nicht kennen, neu sein (Beruf, Problem) *s. verstehen: s. streiten / zanken / befehden / anlegen mit / entzweien, s. nicht mögen / lieben / verstehen, nebeneinander(her)leben *(s.) mißverstehen

**versteifen:** (be)lassen *biegsam / ela-

fangen, stabilisieren *s. **versteifen:** steif werden, erstarren, starr / unbeweglich werden *erigieren, aufrichten, anschwellen *bestehen auf, beharren, Bedingungen stellen

**versteigen (s.):** s. verirren, vom Weg abkommen, die Richtung verlieren, in die Irre gehen *in kühner Weise tun, s. anmaßen

**versteigern:** auktionieren, meistbietend verkaufen

**verstellen:** versperren, verbarrikadieren, verbauen, verrammeln, vermauern, verschanzen, zubauen *verlegen, nicht mehr finden, an den falschen Platz legen *s. **verstellen:** s. stellen als ob, s. den Anstrich / Anschein geben / anders geben, vortäuschen, heucheln, vorspiegeln, schauspielern, täuschen

**verstellt:** unaufrichtig, unehrlich, unwahrhaftig *versperrt, verbaut, verbarrikadiert, verrammelt, vermauert, verschanzt

**versteuern:** verzollen, Steuer / Zoll / Abgaben entrichten

**verstimmen:** verbittern, aufbringen, verletzen, in Mißmut versetzen, kränken, verdrießen, vor den Kopf stoßen, ärgerlich / wütend machen, weh tun, (ver)ärgern, einen Stich versetzen, erzürnen, beleidigen, vergrämen, brüskieren, Verdruß / Ärger bereiten

**verstimmt:** verbittert, aufgebracht, verletzt, gekränkt, verdrossen, ärgerlich, verärgert, erzürnt, beleidigt, vergrämt, brüskiert *zu hoch / tief gestimmt, mißtönend

**Verstimmung:** Verdruß, Ärger, Unwille, Mißvergnügen, schlechte Laune *Auseinandersetzung, Unstimmigkeit, Debatte, Streit(igkeit), Konflikt, Zwistigkeit

**verstockt:** widerborstig, widerspenstig, störrisch, trotzig, bockig, eigensinnig, eigenwillig, verbohrt, borniert, beschränkt *unaufgeschlossen, distanziert, kontaktscheu, zurückhaltend, verschlossen, unzugänglich

**verstohlen:** heimlich, verborgen, unbemerkt, ungesehen, unauffällig, verschwiegen, diskret, stillschweigend

stisch machen *s. **versteifen:** nachgeben *beweglich / gelenkig bleiben (Gelenk) *nachlassen (Widerstand) *umschwenken, ändern *abschwellen

**versteigen (s.):** s. herausreden / herauswinden

**versteigern:** erwerben, kaufen, ersteigern

**verstellen:** offen lassen, frei machen / lassen / halten *vorüberziehen / vorbeiziehen / gehen lassen, durchlassen *liegenlassen, stehenlassen *s. **verstellen:** aufrichtig / offen sein, s. natürlich benehmen

**verstellt:** ehrlich, freimütig, aufrichtig, gerade, geradlinig, wahrhaftig, zuverlässig, offen(herzig), vertrauenswürdig * echt, original, natürlich (Stimme, Schrift) *offen, zugänglich, frei

**versteuern:** nicht versteuern *hintergehen, hinterziehen

**verstimmen:** stimmen (Instrument) *vergnügen, aufheitern, erfreuen, Mut machen

**verstimmt:** gutgelaunt, vergnügt, heiter, wohlgemut, wohlgelaunt, ausgelassen, aufgeheitert, aufgelegt, aufgeweckt, freudestrahlend, freudig, frisch, froh(gemut), munter, lebensfroh, strahlend, übermütig, sonnig, lebenslustig *gestimmt, wohlklingend (Instrument)

**Verstimmung:** Freude, Seligkeit, Wonne, Lust *Ausgelassenheit, Heiterkeit, frohe Laune, heitere Stimmung, Vergnügtheit, Lebenslust, Lustigkeit, Fröhlichkeit, Frohmut

**verstockt:** einsichtig, nachsichtig *reuevoll, reuig *offen, aufgeschlossen, empfänglich, geneigt, geweckt, interessiert, zugänglich, gestimmt, aufnahmebereit, ansprechbar, aufnahmefähig

**verstohlen:** offen, aufdringlich, lästig

**Verstopfung:** Stuhlverstopfung, Darmverstopfung, Darmträgheit, Darmverschluß, Obstipation, Verdauungsstörung

**verstorben:** tot, gestorben, abgeschieden, hingeschieden, verschieden, verblichen, heimgegangen

**verstört:** betroffen, entsetzt, verwirrt, durcheinander, überrascht, fassungslos, konsterniert, entgeistert, bestürzt, konfus

**Verstoß:** Fehler, Fehltritt, Entgleisung, Schandtat, Straftat, Untat, Delikt, Zuwiderhandlung, Übertretung, Unrecht

**verstoßen:** ächten, ausschließen, ausweisen *zuwiderhandeln

**verstummen:** schweigen, keinen Ton von s. geben, s. ausschweigen *verhallen, aufhören, abklingen

**vertagen:** aufschieben, verzögern, verschleppen, verlegen, verlangsamen, auf die lange Bank schieben, hinauszögern

**verteidigen (s.):** abschirmen, absichern, bewahren, Schutz gewähren, schützen *entschuldigen, in Schutz nehmen, fürsprechen, den Fürsprecher machen, rechtfertigen *s. einsetzen/verwenden/ engagieren, eintreten für

**Verteidiger:** Anwalt, Vertreter, Verfechter

**Verteidigung:** Gegenwehr, Abwehr, Defensive, Rechtfertigung, Apologetik *Hintermannschaft

**verteilen:** austeilen, ausgeben, übergeben, ausschütten, umlegen auf *(be-) schenken, bescheren, herschenken, wegschenken *zuteilen, austeilen, übertragen, aufteilen, vergeben *s.
**verteilen:** s. zerstreuen / ausbreiten, verstreuen, verlaufen, vereinzeln, auseinandergehen, auseinanderlaufen
**Verteilung:** Zuteilung, Zuweisung, Zumessung, Bemessung, Austeilung, Ausgabe, Verabfolgung, Verabreichung

**Verstopfung:** Durchfall, Diarrhö

**verstorben:** lebendig, lebend, atmend, am Leben *geboren

**verstört:** ruhig, besonnen, beherrscht, bedacht(sam), gefaßt *kaltblütig *normal

**Verstoß:** Durchführung *Einhaltung, Beachtung, Folgeleistung

**verstoßen:** aufnehmen *einhalten, Folge leisten, beachten

**verstummen:** weiterreden, weitersprechen, anhalten (Gespräch) *weiterläuten

**vertagen:** erledigen, durchführen, behandeln, abhandeln *abstimmen *verhandeln *stattfinden

**verteidigen (s.):** angreifen, bestürmen, eindringen, (er)stürmen, überfallen, vorrücken, vormarschieren, vordringen *einnehmen, besetzen *s. zurückziehen *aufgeben, übergeben *zustimmen *bezichtigen, beschuldigen, anklagen

**Verteidiger:** Mandant, Klient *Angreifer, Aggressor, Kämpfer, Stoßtrupp, Stürmer, Sturmtrupp, Sturmbataillon *Stürmer (Sport)

**Verteidigung:** Angriff, Erstürmung, Ansturm, Attacke, Invasion, Handstreich, Überfall, Vorstoß, Sturm(angriff), Aggression, Offensive, Feuerüberfall, Überrumpelung *Aufgabe, Übergabe *Rückzug *Einnahme, Besetzung *Zustimmung *Bezichtigung, Beschuldigung, Anklage, Klage

**verteilen:** bekommen, erhalten, empfangen, abkriegen, kassieren (Ware, Schläge) *häufeln, zusammentragen, zusammenstellen *einsammeln, einnehmen, erheben *s. verteilen: s. stauen / (zusammen)ballen *s. (an)sammeln / konzentrieren / versammeln

**Verteilung:** Zusammenballung, Ballungszentrum *Ansammlung, Konzentration

**verteuern:** heraufsetzen, hochtreiben, anheben, aufschlagen, erhöhen, steigern, hochschrauben *s. verteuern: anziehen, ansteigen, hochklettern, teurer werden, hochgehen, zunehmen, s. steigern / erhöhen

**verteuern:** verbilligen, heruntergehen, sinken, senken *s. verteuern: billiger werden, s. verbilligen

**vertiefen:** intensivieren, ausbauen, vorantreiben, aktivieren, verstärken, vergrößern, steigern *festigen, untermauern, kräftigen, verdichten, stabilisieren, konsolidieren, zementieren, sichern, fundieren, ausbauen *ausheben, ausgraben, ausschachten, auskoffern, ausbaggern *s. vertiefen: s. aufhalten / auseinandersetzen / befassen / beschäftigen / abgeben mit, s. konzentrieren / verlegen auf

**vertiefen:** aufschütten, häufen, erhöhen *auffüllen, zuschütten, einebnen *(ab)schwächen, hemmen (Wirkung) *überbrücken, ausgleichen (Gegensätze) *s. vertiefen: überfliegen, flüchtig lesen (Buch)

**vertieft:** gedankenvoll, nachdenklich, entrückt, träumerisch, versonnen, versunken, verträumt, selbstvergessen

**vertieft:** oberflächlich, flüchtig, unkonzentriert, zerstreut *erhaben

**vertikal:** senkrecht, seiger, lotrecht

**vertikal:** horizontal, waagrecht

**vertilgen:** aufessen, aufzehren, verspeisen *ausrotten, zerstören, vernichten, auslöschen, beseitigen, abschaffen, liquidieren, entfernen

**vertilgen:** liegen / stehen lassen, nicht berühren / anrühren (Essen) *leben lassen, am Leben lassen, schonen (Schädlinge)

**vertragen:** aushalten, ertragen, hinnehmen, erdulden, erleiden, durchstehen, standhalten *s. vertragen: s. nicht streiten / anfeinden / entzweien / verfeinden / zanken

**vertragen:** nicht aushalten / vertragen, darunter leiden (Hitze) *s. vertragen: s. streiten / anfeinden / entzweien / verfeinden, zusammenstoßen, zanken, als Feind ansehen, s. auseinandersetzen / überwerfen *(aus)schelten, (aus-)schimpfen, zetern, zanken, zurechtweisen *s. beißen / nicht vertragen (Farben) *auseinandergehen, divergieren

**verträglich:** friedlich, weitherzig, tolerant, aufgeschlossen, verstehend, überlegt, vernünftig, klug, einfühlend, besonnen, friedfertig, versöhnlich, gütlich, harmonisch, einträchtig, friedliebend *bekömmlich, nicht schwer / belastend, zuträglich, förderlich, gesund

**verträglich:** unverträglich, ungenießbar, verdorben faul(ig), schimm(e)lig (Nahrung) *streitbar, grimmig, kämpferisch, aggressiv, streitsüchtig, zanksüchtig, kampflustig, hitzig, herausfordernd, händelsüchtig, kampfbereit *launisch, launenhaft, mißlaunig, reizbar, unberechenbar *trotzig, starrsinnig, ungehorsam, unfolgsam, unversöhnlich, verstockt, widersetzlich, aufsässig, rechthaberisch *unvereinbar, widersprüchlich, widerspruchsvoll

**vertrauen:** trauen, glauben an, rechnen mit, Vertrauen entgegenbringen / erweisen / schenken, s. anvertrauen, hoffen auf

**vertrauen:** mißtrauen, argwöhnisch / skeptisch / zweifelnd / kritisch sein *(be)zweifeln, mißfallen *(ab)warten

**Vertrauen:** Sicherheit, Zuversicht, Glaube(n), Gewißheit, Hoffnung, Zutrauen

**Vertrauen:** Mißtrauen, Argwohn, Skepsis, Zweifel

**vertrauenerweckend:** zuverlässig, positiv, angenehm, glaubwürdig

**vertrauenerweckend:** negativ, schlecht (Eindruck)

**Vertrauensbruch:** Indiskretion, Taktlosigkeit

**vertrauensselig:** leichtgläubig, einfältig, zutraulich, gutgläubig, getrost, harmlos, unbedacht, vertrauend, unbesonnen, kritiklos

**vertraulich:** intim, geheim, unter dem Siegel der Verschwiegenheit, unter vier Augen *persönlich, familiär, intim, heimisch, unverkrampft, locker, leger, frei, zwanglos

**verträumt:** phantasievoll, schwärmerisch, idealistisch, romantisch *abgelegen, schön, beschaulich, abgeschieden, idyllisch *geistesabwesend, unkonzentriert, abwesend, versunken, gedankenverloren, grübelnd, in Gedanken, nachdenklich, unerreichbar, traumverloren, entrückt, träumerisch, selbstvergessen, zerstreut, nicht bei der Sache, unansprechbar

**vertraut:** persönlich, familiär, intim, freundschaftlich, heimisch, unverkrampft, locker, leger, frei, zwanglos *geheim

**Vertrauter:** Freund, Bekannter, Getreuer, Intimus, Weggefährte, Gefährte

**vertreiben:** vergrämen, fortjagen, davonjagen, wegjagen, forttreiben, wegtreiben, fortscheuchen, verjagen, in die Flucht schlagen / treiben *verkaufen, anbieten, veräußern

**vertretbar:** akzeptabel, annehmbar, zufriedenstellend, passabel, geeignet, brauchbar, dienlich, tauglich, passend, ausreichend, leidlich

**vertreten:** für einen anderen arbeiten, aushelfen, eintreten, einspringen, die Vertretung übernehmen, in die Bresche springen *verteidigen, sprechen für, jmds. Interessen vertreten, Partei ergreifen, Stellung beziehen, s. bemühen um / engagieren, eintreten für *repräsentieren, Vertreter sein, an die Stelle treten, erscheinen / auftreten für *vertreten sein: anwesend / zugegen / dasein

**vertrocknen:** versiegen, versickern, verlanden, versanden *austrocknen, eintrocknen, verdorren, ausdörren, dürr / trocken werden *(ver)welken

**vertrocknet:** nicht feucht / naß *ausgetrocknet, verdorrt, ausgedörrt, entwässert, welk, saftlos, abgestorben, hart /

**Vertrauensbruch:** Verschwiegenheit, Diskretion, Zurückhaltung, Takt

**vertrauensselig:** kritisch, mißtrauisch, ungläubig, skeptisch, zweifelnd *abwartend, gelassen

**vertraulich:** offiziell, steif, distanziert, kühl, frigid *öffentlich *offen

**verträumt:** nüchtern, skeptisch, trocken, rational, realistisch, leidenschaftslos, unromantisch, unpoetisch, sachlich, prosaisch, phantasielos, wach, kritisch *belebt, verkehrsreich, (stark) bevölkert, städtisch, zentral gelegen *konzentriert, hellwach, bei der Sache

**vertraut:** fremd, unbekannt, fernstehend *ungewohnt, neu *zerstritten, verfeindet

**Vertrauter:** Unbekannter, Fremder, Außenstehender

**vertreiben:** (herbei)locken, anziehen, herbeiziehen, herholen *herstellen, erzeugen, produzieren, anfertigen, fabrizieren (Ware) *s. holen / zuziehen (Krankheit) *hervorrufen

**vertretbar:** unverantwortlich, hoch, überstiegen, unwirtschaftlich, zu teuer (Kosten) *unvertretbar

**vertreten:** einnehmen, innehaben (Posten) *(selbst) ausführen / machen / erledigen (Arbeit) *s. enthalten / zurückhalten, schweigen (Meinung) *bekämpfen, ablehnen, verneinen *nicht warten *vertreten sein: abwesend sein, fehlen

**vertrocknen:** wachsen, blühen, gedeihen, grünen *(hervor)sprudeln, quellen, laufen, hervorspringen (Quelle) *versumpfen, feucht werden

**vertrocknet:** frisch, saftig *saftig, grün, blühend *feucht, naß, durchfeuchtet

trocken geworden *nicht mehr frisch,
alt(backen) *wasserarm, wüstenhaft,
regenarm
**vertuschen:** verbergen, verschweigen,
verheimlichen, vorenthalten

**vertuschen:** enthüllen, aufklären, aufdecken, erhellen, entlarven, veröffentlichen *bloßstellen, bloßlegen

**verunglücken:** einen Unfall erleiden /
haben, überfahren werden, umkommen, zugrunde gehen, bei einem Unfall
verletzt / getötet werden, zu Schaden
kommen, s. das Genick / den Hals
brechen

**verunglücken:** heil / gesund ankommen
*unverletzt / heil / gesund bleiben

**verunreinigt:** beschmutzt, schmutzig,
fleckig, schmuddelig, dreckig, unsauber, unrein

**verunreinigt:** sauber, klar, durchsichtig
(Wasser)

**verunstalten:** entstellen, verunzieren,
deformieren, verstümmeln, häßlich
machen

**verunstalten:** verschönern, schmükken, zieren *kleiden

**veruntreuen:** hinterziehen, unterschlagen, unrechtmäßig behalten / ausgeben, in die / seine eigene Tasche stekken, betrügen

**veruntreuen:** richtig / gut / ehrlich / treu
verwalten

**verursachen:** hervorrufen, auslösen,
herbeiführen, bewirken *anstellen,
verschulden, Böses / eine Dummheit
machen, anrichten

**verursachen:** (wieder)gutmachen *s.
ergeben, folgen *richtigstellen

**verurteilen:** für schuldig erklären, verdammen zu, das Urteil sprechen, aburteilen, bestrafen, eine Strafe verhängen
/ auferlegen, die Schuld geben, schuldig
sprechen, mit Strafe belegen

**verurteilen:** anklagen *freisprechen,
laufen lassen, nicht bestrafen, lossprechen, nicht verurteilen, für unschuldig
erklären, straffrei / straflos ausgehen
*begnadigen *billigen *verzeihen, vergeben, verschonen *würdigen, anerkennen, preisen, loben

**vervielfachen:** malnehmen, multiplizieren *steigern, vergrößern, eskalieren, verstärken, verschärfen

**vervielfachen:** verringern, reduzieren,
senken, einschränken, heruntersetzen,
herabsetzen, drosseln *dividieren,
teilen

**vervollkommnen:** ergänzen, vervollständigen, vollenden *verbessern, veredeln, verfeinern, kultivieren, verschönern

**vervollkommnen:** verschlechtern *belassen

**verwachsen:** verheilen *zu einer Einheit werden, zusammenwachsen, verschmelzen *mißgestaltet *undurchdringlich, überwuchert, unzugänglich,
unwegsam, dicht, undurchlässig

**verwachsen:** nicht heilen (Wunde) *getrennt *gesund (Mensch) *gerodet, gepflegt (Grundstück)

**verwackelt:** unscharf, unklar, verschwommen

**verwackelt:** scharf, klar, deutlich (Aufnahme)

**verwahren:** aufheben, (auf)bewahren,
sicherstellen, zurücklegen, erhalten,
behalten *s. verwahren: protestieren,
dagegenreden, Veto einlegen, Einspruch / Protest erheben / einlegen

**verwahren:** ausgeben, verschleudern
(Geld) *s. verwahren: hinnehmen, s.
nicht wehren

**verwahrlost:** verschlampt, verkommen, abgewirtschaftet, verdorben, ver-

**verwahrlost:** ordentlich, sauber, gepflegt (Garten, Haustier) *ordentlich,

lebt, verlottert, ruiniert, verwildert *unordentlich, ungepflegt, vernachlässigt, in Unordnung, wüst, chaotisch

**verwaist:** einsam, unbewohnt, unbesiedelt, unbevölkert *ohne Eltern

**verwandeln:** ändern, umformen, umbilden, anders machen, umwandeln, umorganisieren *s. **verwandeln:** s. ändern / wenden / entwickeln, anders werden

**verwandt:** stammverwandt, versippt, blutsverwandt, zur Familie gehörig, von gleicher Abstammung, verschwägert, verschwistert, angeheiratet *ähnlich, gleich

**verwarnen:** (er)mahnen, zurechtweisen, tadeln, rügen

**verwässert:** verdünnt, unrein, versetzt

**verwechseln:** durcheinanderbringen, vertauschen, s. täuschen / irren, durcheinanderwerfen, einen Fehler machen

**verwegen:** mutig, wagemutig, tapfer, draufgängerisch, tollkühn, beherzt, waghalsig, furchtlos, todesmutig, vermessen, heldenhaft, kühn, unverzagt, heldenmütig, unerschrocken, herzhaft, mannhaft, kämpferisch

**verwehren:** untersagen, versagen, verweigern, nicht erlauben / billigen / gestatten / zulassen / gewähren / genehmigen, verbieten *abwehren, hintertreiben, verhindern *versagen, verweigern, nicht geben, vorenthalten

**verweichlichen:** verwöhnen, verziehen, verzärteln, verbilden, verhätscheln, verderben

**verweichlicht:** verwöhnt, verzogen, verzärtelt, verhätschelt

**Verweichlichung:** Verwöhnung, Verziehung, Verhätschelung

**verweigern:** verneinen, ablehnen, dagegen sein, mißbilligen *verbieten, verwehren, untersagen, Einhalt gebieten *vorenthalten, nicht geben / übereignen / verabfolgen / gewähren / überlassen *s. **verweigern:** verzichten, s. etwas nicht gönnen, unterlassen, nicht tun *seine eigenen Wege gehen, brechen mit, den Rücken kehren, aussteigen *s.

gepflegt, hübsch, adrett *anständig, sittsam, gesittet

**verwaist:** bewohnt (Haus)

**verwandeln:** beibehalten, (be)lassen, aufrechterhalten, bestehen lassen *s. **verwandeln:** (genauso / gleich)bleiben, bestehenbleiben, s. nicht ändern *weiterbestehen

**verwandt:** nicht verwandt *bekannt, befreundet *unähnlich, andersartig, verschieden (Gedanken)

**verwarnen:** bestrafen *vom Platz stellen (Sport)

**verwässert:** eingekocht, eingedickt, verdickt, konzentriert (Soße) *rein, pur (Wein) *nicht entstellt

**verwechseln:** sondern, (richtig) erkennen, unterscheiden, auseinanderhalten, auseinanderkennen, einen Unterschied machen, trennen

**verwegen:** ängstlich, bang, besorgt, zag(haft), verschreckt, angsterfüllt, angstschlotternd, angstvoll, furchtsam, schreckhaft *feige, memmenhaft, feigherzig, mutlos, kleinmütig, hasenherzig

**verwehren:** gestatten, erlauben, zulassen, genehmigen, billigen, akzeptieren, anerkennen, legitimieren, sanktionieren, bejahen, stattgeben, einräumen, bewilligen, zugestehen, erteilen, annehmen, begrüßen

**verweichlichen:** stärken, abhärten, kräftigen, stählen, festigen *schleifen, formen (Soldat) *kasteien

**verweichlicht:** widerstandsfähig, anspruchslos, abgehärtet, unempfindlich, unempfänglich, gefeit, gestählt, stabil *geschliffen, geformt (Soldat)

**Verweichlichung:** Abhärtung, Stärkung, Festigung, Stählung, Kräftigung *Kasteiung

**verweigern:** gestatten, billigen, erlauben, zulassen, genehmigen, akzeptieren, bejahen, begrüßen, annehmen, sanktionieren, legitimieren, anerkennen, bewilligen, stattgeben, einräumen, zugestehen, erteilen *(an)bieten, darbieten, hingeben, hergeben, spenden, überlassen *reichen, ausstrecken, geben (Hand) *bezeigen (Ehrerbie-

nicht verführen lassen / nicht hingeben / versagen

**verweilen:** s. aufhalten, bleiben, leben, anwesend sein, wohnen, hausen *zögern, innehalten, s. besinnen / nicht entschließen können, auf der Stelle treten

**Verweis:** Tadel, Rüge, Ermahnung, Beanstandung, Mißbilligung, Korrektur, Bemängelung *Mitteilung *Hinweis, Andeutung, Tip

**verweisen:** einen Tadel erteilen, tadeln, rügen, beanstanden, bemängeln, korrigieren, mißbilligen, reklamieren *hinweisen, hindeuten, andeuten, hinzeigen, aufmerksam machen

**Verweisung:** Ausbürgerung, Verbannung, Vertreibung, Ausstoßung, Bann, Exil, Ausweisung

**verwelken:** welken, verblühen, schlaff / welk werden, verdorren, vertrocknen, vergilben, verkümmern, absterben, nicht mehr grünen, eingehen

**verwelkt:** welk, verblüht, verdorrt, nicht mehr frisch, vertrocknet, schlaff geworden *faltig, runzelig

**verwendbar:** brauchbar, nützlich, anwendbar, nutzbar, verwertbar, dienlich, praktisch

**verwenden:** anwenden, benutzen, benützen, verwerten, gebrauchen *s. verwenden: bitten / eintreten für, Fürbitte / Fürsprache / ein gutes Wort einlegen für

**verwerfen:** ablehnen, abweisen, zurückkweisen, abschlagen, ausschlagen, verschmähen, negieren *s. verwerfen: faltig / rissig werden

**verwerflich:** niederträchtig, verächtlich, abscheulich, gemein, schändlich

**verwertbar:** brauchbar, (wieder)verwendbar, nützlich, anwendbar, nutzbar, dienlich, praktisch, wiederverwertbar

**verwickelt:** problematisch, unübersichtlich, komplex, verflochten, schwierig *durcheinander, wirr

tung) *wünschen, fordern, erbitten, nachsuchen *anordnen, befehlen *gehorchen, befolgen, nachkommen *hinweisen, aussagen, nennen, zu Protokoll geben, (ein)gestehen, offenbaren, zugeben, darlegen, angeben, nachweisen (Aussage) *helfen *s. verweigern: willig sein, s. hingeben

**verweilen:** ankommen, hinkommen *durchreisen, durchfahren, durchrasen, durchziehen, vorbeirasen *weiterfahren, weiterreisen, weiterlaufen, weiterziehen, weitergehen, verlassen *schweifen (Blick)

**Verweis:** Lob, Auszeichnung, Lobpreis(ung), Ehrung, Belobigung, Belobung

**verweisen:** loben, ermutigen, belobigen, anerkennen, unterstützen *bleiben (lassen), eine (letzte) Chance geben (Schule) *nichts sagen, verschweigen *einbürgern, aufnehmen, Asyl gewähren

**Verweisung:** Aufnahme *Einbürgerung, Aufnahme, Asyl

**verwelken:** (auf)blühen, grünen, gedeihen, erblühen, knospen, wachsen, reifen *s. erholen, zu s. kommen

**verwelkt:** blühend, grün, bunt *strahlend, freundlich *jung, straff, glatt (Gesicht)

**verwendbar:** unbrauchbar, ungeeignet *überholt, alt (Methode) *untauglich (Soldat)

**verwenden:** zurückhalten, behalten, ruhenlassen, nicht einsetzen *einsparen, übriglassen *(nicht) geeignet sein (Arbeit) *s. verwenden: s. nicht einsetzen

**verwerfen:** billigen, erlauben, zulassen, akzeptieren, annehmen, bejahen, stattgeben *s. verwerfen: s. glätten

**verwerflich:** gut, positiv, sittlich, sittsam, annehmbar, akzeptierbar

**verwertbar:** überholt, unbrauchbar, alt *verrostet *ungenießbar

**verwickelt:** unbeteiligt (sein) *einfach, durchsichtig, klar, übersichtlich, durchschaubar, erklärbar

**verwildern:** herunterkommen, verkommen, verrotten, verderben, verlottern, verschlampen, verrohen, verwahrlosen *einfallen, veröden, verfallen

**verwildert:** verkommen, verdorben, abgewirtschaftet, verschlampt, verlebt, ruiniert, verwahrlost, verfallen *unmanierlich, frech, ungezogen, unverschämt, schlimm, rüpelig, schroff

**verwinden:** überleben, hinter s. bringen, verkraften, hinwegkommen über, überstehen

**verwinkelt:** unübersichtlich, winklig

**verwirren:** verwickeln, verstricken, verheddern, verfilzen, verschlingen, verflechten, verhaspeln, verknäueln *verunsichern, beirren, unsicher machen, durcheinanderbringen, irritieren, irremachen

**verwirrt:** verworren, verstört, verdreht, kopflos, fahrig, durcheinander, konfus *verlegen, betroffen, betreten, in Verwirrung / Verlegenheit gebracht *betroffen, erschüttert, konsterniert, entgeistert, starr, außer sich, wie vor den Kopf geschlagen, bestürzt

**verwischen:** verschleiern, vernebeln, verdunkeln, tilgen, Spuren beseitigen, undeutlich / unkenntlich machen *s.

**verwischen:** entgleiten, entrücken, verschwimmen, unscharf / undeutlich werden

**verwischt:** verschleiert, vernebelt, verdunkelt, unkenntlich, unscharf, unklar *weg, verschwunden, fort, ausgelöscht, beseitigt (Spur)

**verwöhnt:** wählerisch *verzogen, verweichlicht, verhätschelt, verzärtelt

**verworfen:** lasterhaft, liederlich, ruchlos, sittenlos, unschicklich, verdorben, ungebührlich

**verworren:** undeutlich, undurchschaubar, unübersichtlich, unklar, verschwommen, fraglich, unpräzise, in Dunkel gehüllt, unscharf, nebulös, nicht eindeutig / verständlich / deutlich / zu definieren, schlecht zu entziffern / zu verstehen, unverständlich, zusammenhanglos *durcheinander, konfus, wirr

**verwundbar:** verletzbar *empfindlich, mimosenhaft

**verwunden:** lädieren, stechen, verlet-

**verwildern:** pflegen, bebauen, bearbeiten, nutzen, bestellen (Grundstück) *zähmen, bändigen (Tier) *erziehen, eingreifen, abstellen (Manieren)

**verwildert:** gezähmt, zahm, gebändigt *gepflegt, bebaut, bearbeitet, bestellt, genutzt, benutzt *manierlich, gesittet, sittsam, folgsam, korrekt, brav, ruhig, lieb, artig (Kinder)

**verwinden:** trauern, leiden, s. grämen, von Trauer erfüllt / traurig sein

**verwinkelt:** übersichtlich (Gebäude) *gerade (Gasse)

**verwirren:** ordnen, kämmen, glätten, zurechtmachen (Haar) *beruhigen *ordnen, klären, entwirren

**verwirrt:** geordnet, ordentlich, glatt, zurechtgemacht, gekämmt, geglättet *ruhig, gefaßt, beherrscht, abgeklärt, besonnen, bedacht, gezügelt, überlegen, sicher, nüchtern, gemessen *kaltblütig

**verwischen:** hinterlassen, zurücklassen (Spuren) *s. **verwischen:** deutlich / scharf / klar werden (Umrisse) *s. verschärfen / bestätigen / verstärken, eintreffen *zurückkommen, einfallen, s. erinnern (Ereignisse)

**verwischt:** frisch, neu, heiß, deutlich (Spur) *scharf, klar, deutlich

**verwöhnt:** abgehärtet, gestählt, widerstandsfähig, anspruchslos, unempfindlich, einfach

**verworfen:** anständig, sittsam, korrekt, gesittet *höflich

**verworren:** durchsichtig, klar, deutlich, übersichtlich, überschaubar, verständlich (Angelegenheit) *geordnet (Fäden) *klar, bildhaft, anschaulich, deutlich, eindeutig, verständlich, präzise, handfest, genau, fest umrissen (Rede)

**verwundbar:** unverwundbar, geschützt *gestärkt, gefestigt *gleichgültig

**verwunden:** töten *nicht treffen / be-

zen *beleidigen, vor den Kopf stoßen, schmerzen, jmdm. weh tun, kränken
**verwundet:** verletzt, lädiert *beleidigt, gekränkt, getroffen
**verwunderlich:** merkwürdig, seltsam, eigenartig, eigentümlich, sonderbar, wunderlich
**verwüsten:** beschädigen, vernichten, verheeren, zermalmen, zerrütten, dem Erdboden gleichmachen, zerbomben, in die Luft sprengen, zerschießen, zerstören
**verzagen:** den Mut verlieren / sinken lassen, mutlos werden, verzweifeln, die Hoffnung / die Zuversicht aufgeben, alle Hoffnung fahren lassen
**verzagt:** niedergeschlagen, deprimiert, resigniert, verzweifelt, gebrochen, (nieder)gedrückt, mutlos, kleinmütig, entmutigt, lebensmüde, niedergeschmettert, geknickt
**verzärtelt:** verhätschelt, verwöhnt, verweichlicht, verzogen
**verzeihen:** vergeben, Nachsicht zeigen, nachsehen, entschuldigen, von einer Schuld freisprechen / befreien, Verzeihung gewähren, nicht übelnehmen / nachtragen, exkulpieren
**verzeihlich:** entschuldbar, verzeihbar, verständlich, zu rechtfertigen

**verzerren:** verdrehen, verzeichnen, unrichtig wiedergeben, falsch / entstellt auslegen / darlegen, entstellen *lächerlich machen, persiflieren, zur Karikatur machen, verspotten, ironisieren, karikieren *s. verletzen / verstauchen / verrenken
**verzerrt:** entstellt, verdreht, verzeichnet, karikiert *verletzt, verstaucht, verrenkt
**verzetteln (s.):** hängenbleiben, s. verstricken / verfangen / verlieren / verwikkeln in
**Verzicht:** Entsagung, Preisgabe, Askese, Schlichtheit, Einfachheit
**verzichten:** ablassen / zurücktreten von, Verzicht leisten, abgeben, absagen, zurückstehen, entsagen, unterlassen, s. versagen / enthalten / befreien von / frei machen / trennen / etwas verweigern, s. etwas nicht gönnen, nicht tun, (bleiben)lassen

rühren *in Ruhe lassen *nicht treffen / beeindrucken, abprallen (Worte)
**verwundet:** unverwundet, gesund, geheilt, heil *nicht getroffen / berührt
**verwunderlich:** natürlich, selbstverständlich, normal, alltäglich, gewöhnlich *erklärbar, verständlich
**verwüsten:** (wieder)aufbauen, wiederherstellen, renovieren, instand setzen *bebauen, urbar machen

**verzagen:** hoffen, wünschen

**verzagt:** unverzagt, tapfer, kühn, mutig, mannhaft, unerschrocken, wagemutig, waghalsig, vermessen, kämpferisch, furchtlos, beherzt, draufgängerisch, selbstbewußt
**verzärtelt:** anspruchslos, abgehärtet, einfach, spartanisch *stark *tüchtig
**verzeihen:** nachtragen, übelnehmen, s. rächen, unzugänglich sein, unnachsichtig sein *s. entschuldigen

**verzeihlich:** unverzeihlich, unentschuldbar, unverantwortlich, verhängnisvoll, verantwortungslos, schlimm, bedenklich, beängstigend, besorgniserregend, unvertretbar, arg, übel
**verzerren:** entspannen (Gesicht) *entzerren *richtigstellen, berichtigen, klarstellen *beschönigen, verklären

**verzerrt:** klar, genau, exakt, präzise, deutlich, unverblümt (Äußerung) *klar (Ton)
**verzetteln (s.):** s. konzentrieren / beschränken / einschränken

**Verzicht:** Forderung, Wunsch, Anspruch
**verzichten:** beanspruchen, einen Anspruch aufrechterhalten / erheben, verfügen (über) *hinzuziehen, heranziehen, einbeziehen, befragen (Berater) *fordern, wollen, wünschen *s. leisten, mitnehmen, mitmachen (Vergnügen)

verziehen: s. wellen / (auf)werfen *umziehen, wegziehen, die Wohnung wechseln *davonziehen *verwöhnen, verweichlichen, verzärteln

verzieren: ornamentieren, verschnörkeln, verbrämen, verfeinern

verziert: verschnörkelt, verbrämt, verschönert, verfeinert

verzogen: verweichlicht, verwöhnt, verdorben, verzärtelt, verhätschelt *weggezogen, fortgezogen

verzögern: aufschieben, hinausschieben, hinauszögern, verlangsamen, vertagen, verlängern, auf die lange Bank schieben

verzögert: aufgeschoben, vertagt, hinausgeschoben, verlangsamt, hinausgezögert, verlängert, spät, unpünktlich

Verzögerung: Verschiebung, Verlangsamung, Verschleppung, Vertagung, Saumseligkeit

verzollt: mit Abgaben / Zoll belegt

Verzug: Rückstand, Verspätung, Ausstand, Frist, Aufschub *mit etwas in Verzug sein: verspätet, verzögert *ohne Verzug: sofort, auf der Stelle, gleich

verzweifeln: keinen Ausweg wissen

verzweifelt: niedergeschlagen, deprimiert, verzagt, resigniert, gebrochen, (nieder)gedrückt, mutlos, kleinmütig, entmutigt, lebensmüde, niedergeschmettert, geknickt

Verzweiflung: Niedergeschlagenheit, Depression, Schwermut, Bedrückung, Gedrücktheit, Verzagtheit, Tief, Trübsinn, Trauer, Melancholie, Mutlosigkeit, Freudlosigkeit

verzwickt: schwer, diffizil, kompliziert, problematisch, schwierig, unübersichtlich

Vesper: Nachmittagsgottesdiest *Imbiß, Zwischenmahlzeit, Brotzeit, Nachmittagskaffee

Veto: Einspruch, Einwendung, Protest, Einwurf, Entgegnung, Gegenmeinung, Einwand

verziehen: entspannen, glätten (Gesicht) *bleiben (Wohnort) *her(an)kommen, (her)aufziehen (Gewitter) *(richtig) erziehen (Kinder)

verzieren: verunstalten, verunzieren

verziert: kunstlos, schmucklos, unauffällig, primitiv, schlicht, einfach, ungeschmückt, frei (von) *gerade

verzogen: wohlerzogen, brav, anständig, gut erzogen, manierlich, aufmerksam, artig, folgsam, zuvorkommend, nett, freundlich *nahen (Gewitter)

verzögern: steigern, übereilen, beschleunigen *abschließen, beenden, vollenden *einhalten

verzögert: jetzt, gleich, sofort, ohne Verzug, augenblicklich, sogleich, momentan, prompt, unverzüglich

Verzögerung: Beschleunigung, das Schnellerwerden / Beschleunigen, Temposteigerung, Geschwindigkeitszunahme

verzollt: unverzollt, zollfrei, abgabenfrei

Verzug: Vorsprung *Vorteil *mit etwas in Verzug sein: termingerecht, pünktlich, nicht zu früh und nicht zu spät, rechtzeitig, sofort, unverzüglich *ohne Verzug: nachher, verspätet, später, zukünftig, demnächst, verzögert

verzweifeln: hoffen, glauben, erwarten

verzweifelt: zuversichtlich, vertrauend, hoffend, glaubend, getrost, optimistisch, unverzagt, hoffnungsvoll, lebensbejahend *einfach, unkompliziert, gesichert (Lage) *gering (Anstrengung)

Verzweiflung: Hoffnung, Zuversicht, Zutrauen, Vertrauen, Glaube(n), Sicherheit

verzwickt: einfach, unkompliziert

Vesper: Prim, Morgengebet *Komplet, Abendgebet *Frühstück *Mittagessen *Abendessen

Veto: Zustimmung, Billigung, Gewährung, Einwilligung, Genehmigung, Einverständnis *Ablehnung, Verneinung, Absage, Verweigerung, Weigerung, Zurückweisung

**Vetter:** Cousin
**viel:** in großer Menge, genügend, reichlich, unzählig, unerschöpflich, nicht wenig, übergenug, überreichlich, verschwenderisch *vielmals, sehr

**viele:** eine große Zahl von, endlose, massenhaft, zahllose, haufenweise, Dutzende, scharenweise, zahlreiche, Hunderte, unzählige, Tausende, ungezählte, nicht wenige, unzählbare, Millionen, unendliche
**vieldeutig:** doppeldeutig, doppelsinnig, unmißverständlich, vielsagend, mehrdeutig
**Vielehe:** Polygamie, Mehrehe

**vielerlei:** mancherlei, allerhand, alles mögliche, dieses und jenes, allerlei
**vielfach:** mehrfach, mehrmals, vielmals, nochmalig, wiederholt
**Vielfalt:** Farbigkeit, Reichtum, Fülle, Mannigfaltigkeit, großes Angebot, Reichhaltigkeit, große Auswahl, Vielförmigkeit, Palette, Abwechslung, Variationsbreite, Vielgestaltigkeit, Gemisch, Buntheit, Skala, Verschiedenartigkeit
**vielfältig:** vielseitig, abwechslungsreich, vielförmig, mannigfach, mannigfaltig
**vielfarbig:** bunt, polychrom, mehrfarbig
**vielleicht:** möglicherweise, eventuell, gegebenenfalls, womöglich *etwa, annähernd, ungefähr, circa, zirka
**vielmals:** mehrfach, mehrmals, vielfach, nicht nur einmal, nochmalig, wiederholt
**vielsagend:** aufschlußreich, lehrreich, instruktiv, informativ *gehaltvoll, inhaltsvoll, substanzhaltig, inhaltsreich
**vielseitig:** mannigfaltig, vielfältig, abwechslungsreich, vielförmig, mannigfach *an vielem interessiert, universal, universell, allseitig
**vielsprachig:** mehrsprachig, mehrere Sprachen sprechend / beherrschend, polyglott
**vielstimmig:** mehrstimmig, polyphon
**Viereck:** Rechteck, Quadrat, Trapez, Raute, Parallelogramm
**virtuos:** meisterhaft, (technisch) vollkommen, perfekt, genuin

**Vetter:** Base, Kusine
**viel:** (zu)wenig, spottwenig, bitterwenig, gering, nicht viel, ein bißchen, (kaum) etwas *ärmlich, knapp, schmal, bescheiden, kümmerlich, karg, kärglich, spärlich, gering *vereinzelt *mindeste, gering *nichts *kein(e, s)
**viele:** wenige, einzelne, einige, ein paar *niemand, kein(e, r) *vereinzelt *Einzelfall

**vieldeutig:** eindeutig, bestimmt

**Vielehe:** Monogamie, Einehe *Bigamie
**vielerlei:** einerlei *zweierlei

**vielfach:** vereinzelt, einzeln *einfach *keine
**Vielfalt:** Eintönigkeit, Monotonie *Langeweile *Einheit

**vielfältig:** spärlich, gleichmäßig *monoton, eintönig

**vielfarbig:** einfarbig, uni, monochom

**vielleicht:** sicher(lich), gewiß, bestimmt, unfehlbar, unweigerlich

**vielmals:** ein paarmal *einmal *keinmal, nicht ein einziges Mal

**vielsagend:** ausdruckslos (Blick) *gehaltlos, banal, platt, trivial

**vielseitig:** einseitig, eng, begrenzt

**vielsprachig:** einsprachig

**vielstimmig:** einstimmig
**Viereck:** Dreieck *Fünfeck *Sechseck, usw. *Kreis
**virtuos:** stümperhaft, unvollendet, unvollkommen, unfertig, halbfertig

**Volk:** Nation, Volksgemeinschaft, Völkerschaft *Bevölkerung, Bewohnerschaft, Einwohnerschaft, Population, Bürgerschaft *Öffentlichkeit, Allgemeinheit, die breite Masse, das breite Publikum, die Menge

**voll:** randvoll, zum Überlaufen, (an-)gefüllt, ein gerüttelt Maß *besetzt, nicht frei, okkupiert, belegt *voll und ganz, total, ganz und gar, gänzlich *(stock)betrunken, unter Alkohol, (voll)trunken *satt, vollgegessen *stattlich, rundlich, wohlgenährt, breit, stramm, stämmig, dick *vollgepumpt, unter Drogen, im Rausch, euphorisch, high *kräftig *ganz

**volladen:** laden, einladen, vollpacken, verladen, aufpacken

**vollblütig:** reinrassig, aus edler Zucht stammend

**vollenden:** fertigstellen, zu Ende führen, verrichten, zum Abschluß bringen, beendigen, erledigen, durchführen, fertigmachen, abwickeln

**vollendet:** unvergleichbar, untadelig, ideal, perfekt, vollwertig, vorbildlich, beispiellos, abgerundet, mustergültig, einwandfrei, tadellos, musterhaft, fehlerlos, unübertroffen, makellos, unerreicht, fehlerfrei *abgeschlossen, erledigt, fertig(gestellt)

**Völlerei:** Orgie, Schwelgerei, Zecherei, Bacchanal, Gelage, Zechgelage

**vollfüllen:** vollmachen, vollgießen, vollschütten, füllen

**völlig:** vollkommen, lückenlos, vollständig, ganz

**volljährig:** mündig, großjährig, erwachsen

**vollkommen:** ganz, total, voll. und ganz, ganz und gar *unvergleichbar, untadelig, ideal, perfekt, vollwertig, vorbildlich, beispiellos, vollendet, abgerundet, mustergültig, einwandfrei, tadellos, musterhaft, fehlerlos, unübertroffen, makellos, unerreicht, fehlerfrei

**Vollkommenheit:** Vollendetheit, Vollendung, Perfektion, Kunstfertigkeit, Meisterschaft

**Volk:** Souverän, Herrscher, Landesfürst *Regierung

**voll:** halbvoll, halbleer *leer, geleert, entleert *unbesetzt (Bus) *nüchtern *ungefüllt, leer *arm (an) (Gehalt) *dünn, schwach, zart (Stimme) *hager, mager, spitz (Gesicht) *ohne, keine (Angst) *eingefallen, hohl(wangig) (Wangen) *eingeschränkt (Betrieb) *halb (Jahr) *unvollständig, knapp *vermindert, abgeschwächt (Leistung) *zart (Ton) *nüchtern, leer (Magen)

**volladen:** abladen, entladen, leeren

**vollblütig:** langweilig, träge, passiv, leidenschaftslos, schwerfällig, stumpfsinnig, uninteressant, einschläfernd, ermüdend, eintönig (Mensch) *halbblütig *kaltblütig *unedel

**vollenden:** anfangen, beginnen, starten *unterbrechen, hinhalten, verzögern, hinausziehen, aufschieben

**vollendet:** unvollendet, unvollkommen, bruchstückhaft, fragmentarisch, lückenhaft, unabgeschlossen, unfertig, halb(fertig) *mangelhaft, unvollkommen, stümperhaft

**Völlerei:** Hunger, Entbehrung, Not, Mangel

**vollfüllen:** (ent)leeren, abladen

**völlig:** stellenweise, partiell, teilweise *angemessen, nicht ganz, halbwegs

**volljährig:** minderjährig, jugendlich, unmündig

**vollkommen:** lückenhaft, bruchstückhaft, fragmentarisch, unbeendet, unabgeschlossen, halb(fertig), unfertig, unperfekt, unausgeprägt *unvollkommen, unvollendet, mangelhaft *halbwegs, teilweise *gebrechlich

**Vollkommenheit:** Unvollkommenheit, Unvollständigkeit, Bruchstückhaftigkeit, Unvollendetheit, Unabgeschlossenheit, Lückenhaftigkeit, Fehlerhaftigkeit

**vollschlank:** korpulent, massig, fett, üppig, stattlich, wohlgenährt, stämmig, volleibig, gut genährt / gepolstert, gemästet, unförmig, dick(leibig)

**vollschlank:** schlank, hager, dürr, mager, dünn, sportlich, grazil, schmal, schlankwüchsig, zaundürr, abgemagert

**vollständig:** komplett, abgeschlossen, fertig, vollendet, umfassend, vervollständigt *voll und ganz, ganz und gar

**vollständig:** unkomplett, unvollständig, bruchstückhaft, fragmentarisch, lückenhaft, unabgeschlossen (Sammlung) *teilweise, halbwegs

**vollstrecken:** fertigstellen, bewerkstelligen, in die Tat umsetzen, ausführen

**vollstrecken:** aufschieben, hinausschieben, abwarten

**vollwertig:** vollkommen, perfekt, einwandfrei *hochwertig (Kost) *gleichwertig, gleichrangig, gleichgestellt, äquivalent, gleich

**vollwertig:** minderwertig *beschädigt, alt *unvollkommen

**vollzählig:** komplett, abgeschlossen, fertig *vollständig, geschlossen, allesamt, sämtliche, alle

**vollzählig:** unvollständig, unkomplett, (nur) einzelne

**vollziehen:** verwirklichen, vollführen, in die Tat umsetzen, vollstrecken, fertigstellen, zu Ende führen, ausführen

**vollziehen:** hinausschieben, aufschieben, abwarten

**von:** seitens, von seiten aus, durch

**von:** in, zu (Ort) *nach, gegen, bis, in, an (Richtung) *bis (Zeit)

**voneinander:** auseinander, einer vom anderen, gegenseitig

**voneinander:** zusammen(gehörig), zueinander

**vor:** heraus, hervor *aus, wegen, bewirkt durch, aufgrund, auf Grund *gegen

**vor:** hinter, in, hinein (Ort) *später, nach (Zeit) *während

**voran:** nach vorn, vorwärts

**voran:** hinterher, danach, dahinter

**Vorangegangener:** Vorgänger, Amtsvorgänger, Seniorchef *Ahn(e), Ahnherr, Ahnfrau, Vorfahr, Urahne, Stammvater, Stammutter, die Altvorderen

**Vorangegangener:** Nachfolger, Amtsnachfolger, Rechtsnachfolger, Sukzessor *Juniorchef *Nachkomme, Deszendent, Nachfahr(e), Sproß, Abkomme

**vorangehen:** anführen, an der Spitze gehen *von der Hand gehen, vorwärtsgehen, vorankommen, vorwärtskommen, s. gut entwickeln, Fortschritte machen *bahnbrechen, den Weg zeigen / weisen, vorstoßen, die Richtung geben, führen, wegweisen, Neuland betreten, vorzeichnen

**vorangehen:** hinterhergehen, folgen, dahintergehen, beschließen, nachgehen, nachkommen *stehenbleiben, stocken, stagnieren (Entwicklung) *folgen

**vorantreiben:** antreiben, aktivieren, auf Touren bringen, nachhelfen, Tempo steigern, beschleunigen

**vorantreiben:** hindern, aufhalten, hemmen, verzögern, zurückwerfen, stören, erschweren, lähmen

**voraus:** vor, vorher, an der Spitze, vorne(weg), voran *zuvor, vorab, am Anfang, zuerst *im voraus: zuvor, vorher

**voraus:** hinterher, danach, dahinter *im voraus: nachträglich, nachher, später, hinterher *nie

**Voraussetzung:** Annahme, Vorbedingung, Bedingung, Prämisse *Ausgangspunkt, Basis, Grundlage, Fundament

**Voraussetzung:** Folge, Ergebnis, Schluß, Konklusion, Folgerung

**voraussichtlich:** vermutlich, aller Wahrscheinlichkeit nach, (höchst-) wahrscheinlich

**voraussichtlich:** sicher, mit Sicherheit *genau, am . . .

**vorauszahlen:** (aus)leihen, vorausle-

**vorauszahlen:** nach(be)zahlen

gen, borgen, vorläufig zahlen, vorstrecken
**Vorauszahlung:** Vorkasse, Voreinsen-
dung

**vorauszusehen:** erkennbar, übersch-
bar, überschaubar, zu erwarten, absehbar
**Vorbehalt:** Klausel, Auflage, Nebenbestimmung, Nebenbedingung, Einschränkung *Zurückhaltung, Bedenken, Ungläubigkeit, Reserve, Skepsis
**vorbei (sein):** gewesen, vergessen, versunken, erledigt, abgetan, dahin, vergangen *weg, vorüber

**Vorbemerkung:** Einführung, Vorwort,
Vorrede, Prolog, Einleitung
**vorbereiten:** bereitlegen, bereithalten,
bereitstellen, zurechtmachen, zurechtlegen, fertigmachen, herrichten *anbahnen, in die Wege leiten, einleiten,
beginnen, Kontakt aufnehmen *etwas
in Aussicht nehmen, entwerfen, projektieren, planen
**vorbereitet:** bereitgelegt, bereitgehal-
ten, bereitgestellt, zurechtgemacht, zu-
rechtgelegt, hergerichtet, fertig gemacht *geplant
**vorbeugen:** vorbauen, vorsorgen, Vor-
kehrungen / Vorsorge treffen, rechtzeitig etwas unternehmen *s. schützen /
immunisieren gegen, zu verhindern /
verhüten wissen *s. vorbeugen: s. vorlegen / nach vorn beugen
**vorbeugend:** schützend, präventiv,
(krankheits)verhütend, prophylaktisch
**Vorbild:** Leitbild, Wunschbild, Leitstern, Richtschnur *Idol, Schwarm,
Angebeteter, Götzenbild *Vorlage,
Schema, Schablone, Musterstück, Muster
**vorbildlich:** beispielhaft, nachahmenswert, nachahmlich, mustergültig,
unübertroffen, musterhaft
**vordergründig:** banal, trivial, nichtssagend, geistlos, inhaltslos, oberflächlich
*offenkundig, fadenscheinig, plump,
unglaubwürdig, durchsichtig
**Vorderseite:** Vorderansicht, Straßenseite, Stirnseite, Front, Fassade

**Vorauszahlung:** Nachzahlung *Nachnahme *Rückzahlung *Ratenzahlung,
Teilzahlung *Abfindung
**vorauszusehen:** plötzlich, unerwartet,
unverhofft, unvorhersehbar, unversehens, überraschend, auf einmal
**Vorbehalt:** Zustimmung *Uneinge-
schränktheit, Bestimmtheit, Gewißheit, Sicherheit

**vorbei (sein):** (heran)kommen, s. nähern, ankommen *beginnen, kommen,
losgehen, anfangen (Jahreszeit) *anhalten, andauern
**Vorbemerkung:** Nachwort, Schlußbe-
merkung, Schlußwort
**vorbereiten:** erledigen, durchführen,
machen, ausarbeiten, ausführen *improvisieren

**vorbereitet:** unvorbereitet (Wettkampf, Prüfung) *durcheinander,
planlos, unvorbereitet *aus dem Stegreif, improvisiert
**vorbeugen:** abwarten *heilen, behandeln *s. vorbeugen: s. zurücklehnen

**vorbeugend:** nachträglich *heilend,
therapeutisch, behandelnd
**Vorbild:** abschreckendes / schlechtes
Beispiel *Imitation, Plagiat, Nachahmung, Nachbildung, Kopie

**vorbildlich:** abschreckend, ungenügend, negativ, schlecht, mangelhaft

**vordergründig:** hintergründig, abgrün-
dig, geheimnisvoll, schwer, durch-
schaubar, doppelbödig *gründlich,
genau
**Vorderseite:** Hinterseite, Kehrseite
*Rücken *Unterseite, linke Seite, Ab-
seite (Stoff) *Revers, Wappenseite
(Münze) *Achterfront *Rückseite,
Hinterfront, Hinterseite, Rückfront,
Hofseite, Hinteransicht, Gartenseite

**vordrängen (s.):** s. drängeln / nach vorne schieben / nicht anstellen / nicht einreihen / um jeden Weg / Platz beschaffen, nicht warten können *unangenehm auffallen, s. aufspielen / auffällig benehmen / aufdrängen / selbst besonders hervorheben
**vordringen:** vorstoßen, vorrücken, vorstürmen, vorpreschen, (gewaltsam) vorwärtsdringen, angreifen, überfallen

**vordringlich:** unaufschiebbar, wichtig, bedeutend, maßgeblich, notwendig

**voreilig:** überhastet, hastig, unbedacht, leichtfertig, Hals über Kopf, kopflos, unüberlegt, überstürzt

**voreingenommen:** befangen, subjektiv, einseitig, eingleisig, vorurteilsvoll, tendenziös, unsachlich, parteiisch
**vorenthalten:** verschweigen, unterschlagen, geheimhalten, für s. behalten, verheimlichen *versagen, verweigern, verwehren, nicht gewähren / überlassen / verabfolgen, nicht zukommen lassen
**vorerst:** in erster Linie, vorab, an erster Stelle, zunächst, vorweg, zuerst
**vorher:** früher, ehemals, vormals, einst, einmal, zuvor
**Vorfahr:** Stammvater, Ahnherr, Ahnfrau, Stammutter, Urahne, Ahne
**vorfahren:** überholen, vorbeifahren *voranfahren

**vorführen:** aufführen, spielen, veranstalten, produzieren, geben, bringen, in Szene setzen, zeigen
**Vorgänger:** Amtsvorgänger, Vorläufer

**vorgefaßt:** befangen, voreingenommen, subjektiv, parteiisch, parteilich

**vorgehen:** vorausgehen, vorangehen *etwas unternehmen, bestimmte Maßnahmen ergreifen, handeln *Vorrang haben, mehr bedeuten, dringender / wichtiger sein *eine zu frühe Zeit anzeigen
**Vorgericht:** Vorspeise, Horsd'oeuvre, Entree

**vordrängen (s.):** s. zurückhalten, zurücktreten, s. einreihen / einordnen, nach der Reihe gehen, s. anstellen *(nach)folgen

**vordringen:** s. zurückziehen, zurückgehen, (zurück)weichen, abziehen *s. eingraben / verschanzen, stehenbleiben, steckenbleiben *nicht weiterkommen / weiterwissen, steckenbleiben (Problem) *s. beschränken
**vordringlich:** unwichtig, nebensächlich, zweitrangig, sekundär, unbedeutend, belanglos, unerheblich, unmaßgeblich, nicht erwähnenswert
**voreilig:** langsam, bedächtig, besonnen, überlegt, bedachtsam, abgeklärt, ausgeglichen, gemächlich, gleichmütig, überlegen
**voreingenommen:** unvoreingenommen, unbefangen, unparteiisch, objektiv, neutral, vorurteilsfrei, sachlich
**vorenthalten:** sagen, melden *verhelfen *aufdrängen, herausgeben, (her-)geben, (über)lassen, gewähren, einräumen *zeigen

**vorerst:** später, dann, darauf, nachher, danach
**vorher:** später, nach einiger Zeit, nachher, danach, dann, darauf
**Vorfahr:** Abkömmling, Nachfahr, Sproß, Nachkomme
**vorfahren:** zurückfahren *nachkommen, folgen, nachfahren, hinterherfahren
**vorführen:** abtransportieren (Patient) *abführen (Gefangener) *absagen (Aufführung) *zurückhalten
**Vorgänger:** Nachfolger, Amtsnachfolger, Juniorchef
**vorgefaßt:** vorurteilsfrei, unbefangen, unvoreingenommen, objektiv, neutral, sachlich, unparteiisch
**vorgehen:** nachgehen (Uhr) *folgen, nachkommen *stillstehen, ruhen *fliehen, (zurück)weichen, zurückgehen *unterlassen (Maßnahmen) *liegenlassen, ruhenlassen (Arbeit)

**Vorgericht:** Hauptgericht, Hauptspeise *Nachspeise, Dessert

**Vorgeschichte:** Urgeschichte, Frühgeschichte, Prähistorie *Lebensgeschichte, Vorleben, Werdegang, Entwicklungsgeschichte, Biographie
**Vorgesetzter:** Direktor, Manager, Oberhaupt, Vorsitzender, Chef, Boß, Leiter *Dienstvorgesetzter
**vorhaben:** vorsehen, wollen, bezwecken, intendieren, planen, neigen zu, abzielen, hinzielen, beabsichtigen
**vorhalten:** vorwerfen, tadeln, Vorhaltungen / Vorwürfe machen *bedecken, umhüllen

**vorhanden:** vorrätig, jederzeit zu haben, verfügbar, disponibel, da, lieferbar
**vorher:** ehedem, ehemals, vormals, vorzeiten, einst, einmal, damals, Anno dazumal, seinerzeit, früher

**vorhersehbar:** übersehbar, überschaubar, voraussagbar, vorauszusehen, absehbar
**vorhin:** eben, gerade, kürzlich, vor wenigen Augenblicken, vor kurzer / nicht langer Zeit, kürzlich
**Vorhut:** Vortrupp, Vorstoß
**vorige:** vergangene, letzte

**vorlassen:** den Vortritt geben / gewähren
**Vorlauf:** Trainingslauf, Vorrunde

**vorläufig:** fürs erste, vorerst, vorderhand, bis auf weiteres, einstweilig, einstweilen *provisorisch, behelfsmäßig, vorübergehend, unzureichend, notdürftig
**vorlaut:** vorwitzig, altklug, naseweis, frech, keß, dreist, keck

**vorlegen:** unterbreiten, präsentieren, offerieren, übergeben, einreichen, überreichen, zur Einsichtnahme hinlegen / geben *auftischen, auftafeln, bedienen *s. vorlegen: s. vorbeugen / vorlehnen

**vorlesen:** vorsprechen, rezitieren, referieren, vortragen
**vormachen:** demonstrieren, erklären, unterrichten, anleiten, anlernen, zei-

**Vorgeschichte:** Gegenwart, jetzige Zeit *Nachspiel *Istzustand

**Vorgesetzter:** Untergebener *Arbeitnehmer *niederer Beamter / Angestellter
**vorhaben:** verzichten, ablehnen *fernliegen, in weiter Ferne sein, ausführen, tun, machen
**vorhalten:** s. zeigen / entblößen / aufdecken, wegnehmen, lüften *loben, anerkennen, würdigen, unterstützen, zugute halten
**vorhanden:** weg, fort *inexistent, nicht vorhanden *abwesend, verschwunden

**vorher:** nachher, hinterher, später, danach, dann, darauf, nachträglich *gleichzeitig, zugleich, jetzt, momentan, im Augenblick *zum Schluß, letzten Endes, dahinter, zuletzt, danach (Folge)
**vorhersehbar:** unvorhersehbar, unbestimmt, ungewiß *unberechenbar

**vorhin:** gleich, sofort *später, nachher *gerade, jetzt

**Vorhut:** Nachhut
**vorige:** nächste, (nach)folgende *laufende, diese, jetzige (Woche)
**vorlassen:** aufhalten, zurückhalten, zurückweisen, abhalten
**Vorlauf:** Rücklauf (Heizung) *Endlauf (Sport) *Schnaps
**vorläufig:** endgültig, definitiv

**vorlaut:** ruhig, beherrscht, gezügelt, still, introvertiert *zag(haft), ängstlich, schüchtern, scheu
**vorlegen:** zurück(be)halten (Akten) *aufsperren, entriegeln, aufriegeln (Tür) *zurücknehmen *s. selbst bedienen *zurück(be)zahlen (Geldsumme) *(nach)folgen, hinterherfahren (Sport) *s. vorlegen: s. zurückbeugen / zurücklehnen
**vorlesen:** (selbst) lesen *zuhören, lauschen
**vormachen:** nachahmen, imitieren, nachmachen *nacheifern, nachstreben,

gen *(vor)täuschen, vorspiegeln, vorgaukeln, ein falsches Bild geben, irreführen, beschwindeln, mogeln, heucheln, blenden, bluffen *(s.) etwas vormachen: Illusionen machen, glauben,
meinen, mutmaßen, s. vorstellen / etwas zusammenreimen, einbilden
**vormarschieren** vorrücken, vorpreschen, zum Angriff übergehen
**Vormund:** Kurator, Tutor

**Vorname:** Rufname, Taufname

**vorn(e):** davor, voraus, an erster Stelle /
an der Spitze, voran, vor den anderen,
vorneweg *im Vordergrund
**vornehm:** nobel, edel, fein(sinnig),
feinfühlend, distinguiert, manierlich,
kultiviert, würdevoll, gentlemanlike,
honorig *teuer *elegant

**vornherein:** vorher, voraus, davor

**Vorort:** Stadtrand, Trabantenstadt, Satellitenstadt, Vorstadt(siedlung), Außenbezirk
**vorrücken:** vormarschieren, vorpreschen, zum Angriff übergehen

**vorsagen:** einflüstern, einsagen, zuflü-
stern, vorsprechen, vorreden

**Vorsatz:** Plan, Ziel, Wollen, Bestreben, Vorstellung, Sinnen, Trachten,
Absicht
**vorsätzlich:** willentlich, beabsichtigt,
wissentlich, bezweckt, bewußt, geplant, gewollt, absichtsvoll, absichtlich
**Vorschau:** Programmübersicht, Vor-
ankündigung

**vorschieben:** Ausflüchte machen, eine
Ausrede gebrauchen, s. herauswinden /
herauslügen / herausschwindeln, s. herausreden
**vorschießen:** ausleihen, borgen, vorauszahlen, bevorschussen, vorläufig
bezahlen, vorstrecken

nachfolgen *aufschließen, frei machen,
entriegeln (Riegel, Tür) *(s.) etwas
**vormachen:** ehrlich sein

**vormarschieren:** s. zurückziehen, fliehen, abziehen, zurückgehen, weichen
**Vormund:** Mündel, Pflegebefohlener
*Minderjähriger
**Vorname:** Nachname, Familienname,
Zuname
**vorn(e):** hinten, rückwärts, im Hintergrund, am Schluß *achtern (Schiff)
*unten *oben *seitlich, seitwärts
**vornehm:** abgetragen, alt, schlampig
(Kleidung) *schlicht, einfach *ordinär,
gewöhnlich *lässig, ungezwungen, leger, formlos, hemdsärmelig, ungehemmt, ungeniert, zwanglos, unzeremoniell, gelöst, frei, natürlich (Verhalten)
**vornherein:** im nachhinein, hinterher,
später, nachher
**Vorort:** Stadt(mitte), Stadtzentrum,
Geschäftszentrum, City, Innenstadt,
Zentrum, Altstadt
**vorrücken:** zurückrücken, zurückschieben *flüchten, fliehen, (zurück)wei-
chen, abziehen, s. zurückziehen (Armee) *sitzenbleiben (Schule) *absteigen (Sport) *vergehen, enden, schwinden (Nacht)
**vorsagen:** nachsprechen, nachplap-
pern, wiederholen, wiedergeben *ruhig bleiben, stillschweigen, den Mund
halten (Schule) *s. vorstellen (Lernstoff)
**Vorsatz:** Tat, Ausführung, Durchführung, Akt *Fahrlässigkeit *Affekt
*Wirklichkeit
**vorsätzlich:** fahrlässig, unabsichtlich,
versehentlich, unbeabsichtigt *im Affekt
**Vorschau:** Rückblick, Rückschau,
Erinnerung, Gedächtnisauffrischung,
Reminiszenz *Denkzettel
**vorschieben:** zurückschieben *einziehen

**vorschießen:** abtragen, zurückzahlen
(Schulden) *nach(be)zahlen

**Vorschlag:** Anregung, Empfehlung, Rat(schlag), Tip, Angebot

**Vorschlag:** Ablehnung, Abweis, Absage, Versagung, Verschmähung, ablehnende/abschlägige Antwort, Verweigerung, Zurückweisung *Annahme, Akzeptierung, Übernahme

**vorschlagen:** empfehlen, anraten, nahelegen, einen Vorschlag machen/unterbreiten, zu bedenken geben, zuraten, zur Sprache bringen/Diskussion stellen, anregen, antragen, einen Rat geben/erteilen, anbieten, eine Anregung geben, ein Angebot machen

**vorschlagen:** abschlagen, abweisen, versagen, verschmähen, ablehnen, zurückweisen, (ver)weigern *annehmen, akzeptieren, übernehmen

**vorschnell:** übereilt, überhastet, hastig, überstürzt, kopflos, unüberlegt, unbedacht

**vorschnell:** bedacht(sam), geruhsam, gemächlich, besonnen, überlegen, gezügelt, überlegt, langsam

**vorschreiben:** befehlen, anordnen, reglementieren, verfügen, veranlassen, auferlegen, festlegen, anweisen, aufgeben, bestimmen, administrieren

**vorschreiben:** empfehlen *befolgen, durchführen, nachkommen

**Vorschrift:** Befehl, Anweisung, Auftrag, Geheimbefehl, Geheimauftrag, Verordnung, Mußvorschrift, Mußbestimmung, Geheiß, Diktat, Weisung, Verhaltensmaßregel, Order, Instruktion, Aufforderung, Kommando, Bestimmung, Verfügung

**Vorschrift:** Empfehlung, Vorschlag, Rat(schlag), Tip *Zumutung, Ansinnen

**Vorschuß:** Abschlagszahlung, Vorauszahlung

**Vorschuß:** Rückzahlung *Nach(be)zahlung, Forderung

**vorsetzen:** servieren, bewirten, auftragen, anrichten, vorlegen, auftischen

**vorsetzen:** zurücksetzen *essen *trinken *abservieren, abtragen, wegräumen

**Vorsicht:** Achtsamkeit, Behutsamkeit, Fingerspitzengefühl, Wachsamkeit *Ängstlichkeit, Unsicherheit, Argwohn, Skepsis

**Vorsicht:** Achtlosigkeit, Nachlässigkeit, Flüchtigkeit, Schlamperei, Oberflächlichkeit, Unsorgfältigkeit, Unordentlichkeit, Ungenauigkeit, Schludrigkeit *Mut, Tollkühnheit, Kühnheit, Beherztheit, Draufgängertum, Unerschrockenheit, Unverzagtheit, Schneid, Furchtlosigkeit, Herzhaftigkeit *Übermut, Leichtsinn, Unbekümmertheit, Mutwille

**vorsichtig:** wachsam, ängstlich, mißtrauisch, mit Vorsicht, unsicher, voller Argwohn, auf der Hut, argwöhnisch, skeptisch, zweifelnd *achtsam, behutsam, bedacht

**vorsichtig:** draufgängerisch, mutig, furchtlos, beherzt, waghalsig, kämpferisch, heldenmütig, heldenhaft, mannhaft, tapfer, stürmisch, todesmutig, (toll)kühn, unerschrocken, unverzagt, verwegen, vermessen, wagemutig *leichtsinnig, unbekümmert, mutwillig *unvorsichtig, flüchtig, achtlos, schlampig, oberflächlich, unsorgfältig, unordentlich, ungenau, schludrig

**Vorsitzender:** Vorstand, Direktor, Chef

**Vorsitzender:** Stellvertreter *Untergebener *Mitglied

**Vorspeise:** Vorgericht, Entree, Hors-d'oeuvre

**Vorspeise:** Nachspeise, Dessert *Hauptgericht

**Vorspiegelung:** Täuschung, Irreführung, Spiegelfechterei, Trug *Blendung *Sinnestäuschung, Trugbild, Gesicht, Halluzination, Einbildung
**Vorspiel:** Einleitung, Vorbemerkung, Vorrede, Introduktion, Prolog *Präludium, Introduktion *Ouvertüre

**vorspielen:** vortragen, darbieten, aufführen, vorführen, auftreten, interpretieren
**vorspringen:** herausspringen, vorstehen, herausstehen, herausragen, vorragen, überhängen, überragen

**Vorsprung:** Vorteil, Vorsprung, Überlegenheit, Oberhand, Trumpf, Plus *Spitze, Ausläufer, Zipfel, Zunge
**vorstehen:** leiten, lenken, verwalten, führen, an der Spitze stehen
**vorstehend:** vorspringend, herausstehend, vorragend, herausragend *führend, leitend, vorgesetzt
**vorstellen:** bekanntmachen, die Bekanntschaft herbeiführen, zusammenführen, zusammenbringen *verkörpern, mimen, figurieren, nachahmen, imitieren, darstellen *darstellen, wert sein, stehen für, repräsentieren *s. vorstellen: einen ersten Besuch machen, s. bekannt machen *s. ausmalen / denken / vor Augen führen / vergegenwärtigen / bewußt machen / eine Vorstellung / Bild machen
**Vorstellung:** Auffassung, Meinung, Standpunkt, Betrachtungsweise, Perspektive, Ansicht *Gedanke, Idee *Aufführung, Darbietung, Vorführung, Auftritt, Auftreten *Einführung, Bekanntmachung *Einbildung, Vorspiegelung
**Vorstoß:** Angriff, Einfall, Überfall, Erstürmung, Invasion, Anschlag, Attacke, Sturm(angriff), Überrumpelung, Handstreich, Einmarsch
**vorstoßen:** vordringen, (gewaltsam) vorwärtsdringen, vorrücken, vorprellen, (vor)stürmen, attackieren, vorpreschen, angreifen, erstürmen, losstürmen, anfallen, eindringen, zum Angriff vorgehen
**vorstrecken:** (aus)leihen, vor(aus)legen, borgen, vorauszahlen, bevorschussen, vorläufig bezahlen
**Vorteil:** Vorsprung, Oberhand,

**Vorspiegelung:** Wahrheit, Wirklichkeit, Realität, Tatsache

**Vorspiel:** Epilog, Nachspiel *Durchführung *Zwischenspiel, Interludium *Nachspiel, Schluß *Hauptsache *Finale *Höhepunkt
**vorspielen:** zuhören, zuschauen, lauschen

**vorspringen:** zurückweichen, zurücktreten, zurückgehen, zurückspringen *stehenbleiben, steckenbleiben, (still-) stehen (Uhrzeiger)
**Vorsprung:** Nachteil, Rückstand, Verzug *Delle, Einbuchtung *Bucht

**vorstehen:** zurückspringen, zurückweichen *eindrücken *untergeordnet sein
**vorstehend:** nachstehend, untenstehend *eingedrückt *zurückspringend

**vorstellen:** verheimlichen, unterlassen *zurückstellen (Uhr) *s. vorstellen: (s.) bewerben, antreten *(nicht) eintreten

**Vorstellung:** Wirklichkeit, Wahrheit, Tatsache, Realität *Probe *Pause

**Vorstoß:** Rückzug, Abzug, Flucht, Rückmarsch (Armee) *Rückzieher *Unterlassung

**vorstoßen:** s. zurückziehen, flüchten, abziehen, zurückmarschieren, fliehen, zurückweichen *s. eingraben, stehenbleiben *zurückbleiben, zurückliegen

**vorstrecken:** zurückfordern *bezahlen, zurückzahlen, begleichen *einziehen, zurückziehen
**Vorteil:** Benachteiligung, Nachteil,

Trumpf, Plus, Überlegenheit *Gewinn

**vorteilhaft:** aussichtsreich, erfolgversprechend, positiv, vielversprechend,
verheißungsvoll, hoffnungsvoll, günstig *lohnend, rentabel, ertragreich, ergiebig, nützlich, einträglich

**vortragen:** etwas zum besten geben,
deklamieren, zu Gehör bringen, vorsprechen, referieren, vorsingen, ein
Referat / eine Rede / eine Ansprache /
einen Vortrag halten, vorlesen, das
Wort ergreifen, rezitieren *voran-
tragen

**vortrefflich:** ausgezeichnet, hervorragend, beispiellos, sehr gut, außerordentlich, exzellent, mustergültig, vorzüglich, überwältigend, überragend,
unübertrefflich, bestens, unübertroffen, himmlisch, fein, delikat, köstlich

**vorübergehen:** passieren, (daran)vor-
beigehen *vergehen, verschwinden,
zerrinnen, verstreichen, vorbeigehen

**vorübergehend:** zeitweilig, momentan,
nicht dauernd, zeitweise, eine Zeitlang, kurzfristig, periodisch, sporadisch, für einen Augenblick, für den
Übergang, stoßweise, stellenweise,
episodisch

**Vorurteil:** Parteilichkeit, Voreingenommenheit, Befangenheit, Einseitigkeit, Engstirnigkeit, Unduldsamkeit,
Intoleranz, Verblendung

**vorwärts:** voran, nach vorn *aufwärts,
nach oben, hinauf, bergauf *weiter!
fort! avanti! marsch! los! auf!

**vorwärtsgehen:** vorankommen, vorwärtskommen, vorrücken, s. vorwärts-
bewegen *weiterkommen, weiterwissen

**vorweg:** zuerst, vorerst, fürs erste, an
erster Stelle, vorab, vorderhand

**vorwerfen:** vorhalten, tadeln, Vorhaltungen / Vorwürfe machen

Hintertreffen, Handikap *Mangel,
Schönheitsfehler, Schaden, Manko,
Verlegenheit *Verschlechterung
*Rückstand, Verzug *Ebbe, Einbuße,
Ausfall, Minus, Flaute, Verlust(ge-
schäft)

**vorteilhaft:** nachteilig, unvorteilhaft,
schädlich, ungünstig *lästig, hemmend,
hinderlich *ärgerlich, unpassend, unangebracht, deplaziert, ungünstig,
schlecht, verpönt, unwillkommen, unerfreulich

**vortragen:** lauschen, zuhören, anhören
*zurücktragen

**vortrefflich:** verdorben, ungenießbar,
schlecht, ranzig (Butter) *verwässert,
wäßrig, gepanscht *abscheulich, miserabel, schlecht, mangelhaft *abgeschmackt, geschmacklos, reizlos, fade

**vorübergehen:** (da)bleiben, stehen
bleiben *(herein)kommen *währen,
anhalten, andauern, bestehenbleiben

**vorübergehend:** chronisch (Schmerzen) *bleibend, endgültig *bleibend,
(be)ständig, dauerhaft, dauernd, unaufhörlich, unausgesetzt, alleweil, allzeit, unablässig, unausgesetzt, stetig,
ewig, fortwährend, pausenlos, rund um
die Uhr, stets, immer(fort), endlos,
anhaltend *prinzipiell *grundlegend

**Vorurteil:** Vorurteilslosigkeit, Unvoreingenommenheit, Objektivität, Unparteilichkeit, Überparteilichkeit,
Neutralität, Sachlichkeit

**vorwärts:** zurück, nach hinten, retour,
rückwärts *seitlich, seitwärts

**vorwärtsgehen:** zurückgehen, zurücklaufen *rückwärtsgehen *stehenbleiben, steckenbleiben, zurückbleiben
*fliehen, (zurück)weichen, flüchten, s.
zurückziehen *s. eingraben *stagnieren
*stillstehen

**vorweg:** später, nachher, danach, darauf, hinterher

**vorwerfen:** würdigen, (be)loben, auszeichnen, rühmen, anerkennen *danken *verurteilen *freisprechen *entziehen, wegnehmen (Futter)

**vorwiegend:** meist, überwiegend *insbesondere, besonders
**Vorwort:** Einleitung, Vorrede, Präambel, Vorbemerkung, Einführung, Prolog
**Vorwurf:** Anschuldigung, Vorhaltung, Anklage, Beschuldigung

**vorzeigen:** (her)zeigen, vorweisen, vorführen, sichtbar machen

**vorziehen:** begünstigen, fördern, favorisieren, protegieren, bevorzugen, herausstellen, lieber mögen *nach vorne / an die Front schicken *zumachen, verdunkeln

**Vorzug:** Qualität, schöner Zug, Vorteil, gute Eigenschaft *Vorrecht, Sonderrecht, Privileg, Vorrang, Vortritt

**vorzüglich:** vortrefflich, ausgezeichnet, hervorragend, beispiellos, sehr gut, außerordentlich, exzellent, mustergültig, überwältigend, überragend, unübertrefflich, bestens, unübertroffen, himmlisch, fein, delikat, köstlich *interessant, spannend, abwechslungsreich *sicher, gewandt
**vulgär:** anstößig, pikant, schlecht, unanständig, unkeusch, lasterhaft, liederlich, sittenlos, ruchlos, schlüpfrig, ungehörig, unmoralisch, unschicklich, verdorben, unzüchtig, unsittlich, unziemlich, zuchtlos, wüst, ungebührlich, verworfen, verrucht, unsolide, zotig, zweideutig

**vorwiegend:** manchmal, teilweise, ab und zu
**Vorwort:** Schlußwort, Nachwort, Epilog

**Vorwurf:** Lob, Anerkennung, Belobung, Ehrung, Lobpreisung, Vorschußlorbeeren
**vorzeigen:** verheimlichen, verstecken, verbergen, verdecken, verhüllen, tarnen *unterlassen
**vorziehen:** benachteiligen, übervorteilen, hintansetzen, zurücksetzen *gerecht / gleich / unterschiedslos behandeln *zurückziehen, aufziehen, fortziehen, wegziehen (Vorhang) *lüften, zurückschlagen
**Vorzug:** Nachteil, Schönheitsfehler, Defekt, Schaden, Lücke, Manko, Makel, Mangel, Fehler, Schwäche *Benachteiligung
**vorzüglich:** abscheulich, unschmackhaft, ungenießbar, verdorben, schlecht (Essen) *ranzig, alt, schlecht (Butter) *fehlerhaft, schlecht *ausdruckslos, eintönig, farblos, monoton, schwach, kraftlos, blaß (Rede) *unsicher, stümperhaft (Redner) *langatmig, umständlich, weitschweifig (Vortrag)
**vulgär:** anständig, sittsam, gesittet, züchtig, tugendhaft, sittenrein, sittlich, moralisch, streng, tugendsam, sittenstreng, ethisch, puritanisch

# W

waagrecht: horizontal

Waagrechte: Horizontale *x-Achse
(Mathematik)

wach: ausgeschlafen, hellwach, munter
*wach sein: wachen, keinen Schlaf finden, kein Auge zutun, nicht schlafen, wach liegen, aufsitzen, aufbleiben, munter sein *wach werden: aufwachen, erwachen, munter werden, zu s. kommen, die Augen aufmachen

wachen: keinen Schlaf finden, munter / wach sein, kein Auge zutun, nicht schlafen, wach liegen, aufsitzen, aufbleiben, munter sein *aufpassen, beobachten, Wache halten, (auf) Posten / Wache stehen

wachrufen: erinnern, in die Erinnerung rufen

wachsam: aufmerksam, hilfreich, hilfsbereit, entgegenkommend, gefällig *vorsichtig, kritisch, skeptisch

wachsen: einwachsen, einbohnern, mit Wachs einreiben / bestreichen *heranwachsen, aufschießen, aufwachsen, heranreifen, s. entfalten / entwickeln *angehen, gedeihen, s. entwickeln, geraten, florieren, aufblühen, gutgehen, ansteigen, s. steigern / entfalten, voranschreiten, s. vergrößern *zunehmen, anwachsen, s. vergrößern / verdichten / verbreiten / erweitern / summieren, anlaufen, zunehmen

Wachstum: Reifezeit, Entfaltung, Veränderung, Reife, Entwicklung *Anstieg, Zunahme, Verbesserung, Progression, Intensivierung, Erhöhung, Verstärkung, Hebung, Vergrößerung, Zustrom, Steigerung, Vermehrung

Wachzustand: Wachen, Wachsein, bei Bewußtsein

wackeln: locker / nicht fest / lose sein *zappeln, hampeln, ruhelos / hektisch

waagrecht: senkrecht, vertikal, lotrecht, seiger, aufrecht

Waagrechte: Normale (Mathematik) *Senkrechte, Vertikale, Lotrechte

wach: schläfrig, schlafbedürftig, hundemüde, ermüdet, übermüde, dösig, (tod)müde, ruhebedürftig, übermüdet, übernächtig(t), halbwach, unausgeschlafen, verschlafen, schlaftrunken *bleiern, langsam, müde, schlaff, schwerfällig, verschlafen, träge, tranig, verträumt *wach sein: (ein)schlafen, (ein)schlummern, (ein)nächtigen *wach werden: schläfrig werden, entschlummern, einschlummern, einnikken, gähnen, vom Schlaf übermannt werden, müde werden, einschlafen

wachen: schlafen, dösen, ruhen, schlummern, übernachten, ein Nickerchen machen *vernachlässigen (Vorschriften) *träumen

wachrufen: vergessen *verdrängen

wachsam: zerstreut, verträumt, unaufmerksam *zahm (Hunde) *fahrlässig, unvorsichtig, unachtsam

wachsen: abkratzen, entwachsen (Ski) *zusammensinken, (zusammen-)schrumpfen, einschrumpfen, kleiner werden, zusammengehen *schneiden, abrasieren (Bart) *ausfallen (Haare, Zähne) *zurückgehen, schwinden, abnehmen, s. verringern / verkleinern / vermindern, nachlassen (Unruhe) *steckenbleiben, stehenbleiben *eingehen, verkümmern, verdorren (Pflanzen) *schlechtgehen, nachlassen

Wachstum: Stillstand, Stagnation *Verfall *Aussterben

Wachzustand: Schlaf, Dämmerschlaf, Ruhe, Schlummer, Schläfrigkeit, Dämmerzustand

wackeln: fest sein / stehen *sicher sein / bleiben

sein *taumeln, schwanken, zittern, schwingen *kippeln, zuckeln

**wack(e)lig:** wankend, labil, nicht fest stehend, schwankend, kippelig *gelockert, lose, locker *unsicher, schwach, schwankend *gebrechlich, zittrig, kränklich, schwächlich, (alters-) schwach, hinfällig, kraftlos

**waffenlos:** schutzlos, ungeschützt, abgerüstet, machtlos, entwaffnet, unbewaffnet, wehrlos

**Waffenstillstand:** Waffenruhe, Einstellung der Feindseligkeiten

**wagemutig:** waghalsig, (todes)mutig, tapfer, draufgängerisch, tollkühn, verwegen, beherzt, furchtlos, vermessen, heldenhaft, kühn, unverzagt, heldenmütig, unerschrocken, herzhaft, mannhaft, kämpferisch

**wagen:** riskieren, s. (ge)trauen / erdreisten / erkühnen / unterstehen / überwinden

**Wähler:** Stimmvolk, Wahlvolk, Wählerschaft

**wählerisch:** kritisch, eigen, verfeinert, anspruchsvoll, extra, differenziert

**wahllos:** beliebig, nach Belieben / Gutdünken, willkürlich, unbesonnen, ziellos, fahrlässig, leichtfertig

**Wahn:** Wunschbild, Illusion, Irrealität, Imagination, Erfindung *Erscheinung, Wahnvorstellung, Hirngespinst

**wahnsinnig:** geistesgestört, geisteskrank, blöde, blödsinnig, verblödet, unzurechnungsfähig, idiotisch, irrsinnig, schwachsinnig, debil *sehr, überaus, unwahrscheinlich, ungewöhnlich, unvergleichlich

**wahr:** real, wirklich, tatsächlich, zutreffend, unwiderleglich, gewiß, sicher, ungelogen, wahrheitsgetreu, nicht zu bezweifeln *aufrichtig, freimütig, zuverlässig, offen, unverhohlen, wahrhaftig, unverhüllt, offenherzig, geradlinig, gerade, ehrlich

**wack(e)lig:** stabil, fest (stehend), solide *rüstig, gesund, fit

**waffenlos:** bewaffnet, (auf)gerüstet, gepanzert, waffenstrotzend, gewappnet, waffenstarrend

**Waffenstillstand:** Krieg, bewaffneter Konflikt, bewaffnete Auseinandersetzung, Gefecht, kriegerische Handlung, Bekämpfung, Offensive, Feuergefecht *Friede(n), Friedenszustand, Friedenszeit

**wagemutig:** vernünftig, vorsichtig, bedacht, bedächtig, besonnen, behutsam, wachsam, umsichtig, sorgfältig (Mensch) *feige, unmännlich, zaghaft, ängstlich, scheu, verzagt, bang, angsterfüllt, furchtsam, besorgt, verängstigt, verschüchtert

**wagen:** zögern, zaudern, zagen, abwarten, s. zurückhalten / verkneifen, schwanken, unentschlossen / unschlüssig sein, dabeistehen, säumen, untätig / tatenlos zusehen *zurückscheuen, s. fürchten / scheuen / hüten, Angst haben, zurückschrecken

**Wähler:** Kandidat *Partei

**wählerisch:** gleichgültig, zufrieden, anspruchslos, urteilslos, bescheiden, (selbst)genügsam, wunschlos

**wahllos:** gezielt, (aus)gewählt, ausgewogen, erwogen, bedacht, gerecht

**Wahn:** Wirklichkeit, Realität, Tatsache

**wahnsinnig:** vernünftig, normal, üblich, gewöhnlich *wenig, niedrig, gering *billig (Preis)

**wahr:** falsch, unwahr, erlogen, frei erfunden, gefälscht, unbegründet, lügenhaft, lügnerisch, geheuchelt, unaufrichtig, verlogen, unrichtig, entstellt, den Tatsachen nicht entsprechend, aus der Luft gegriffen, unwahrhaftig *irrig, vermeintlich

**wahren:** aufrechterhalten, beibehalten, konservieren, nicht verändern, weitermachen, pflegen, bestehen lassen, bewahren *schützen, erhalten, retten, schonen, in Deckung nehmen, in Sicherheit bringen

**während:** unterdessen, einstweilen, in der Zwischenzeit, zwischenzeitlich, inzwischen, solange, als, indem, da, indes, bei

**wahrhaftig:** aufrichtig, freimütig, zuverlässig, offen, unverhohlen, unverhüllt, offenherzig, geradlinig, gerade, ehrlich

**Wahrheit:** Realität, Richtigkeit, Gewißheit, Tatsache, Tatsächlichkeit

**wahrscheinlich:** höchstwahrscheinlich, vielleicht, mutmaßlich, sicherlich, vermutlich, voraussichtlich, möglicherweise, anscheinend, wohl, aller Voraussicht / Wahrscheinlichkeit nach

**Wandel:** Umbruch, Revolution, Neubeginn, Reform, Umwälzung, Umänderung, Änderung, Erneuerung, Neuregelung, Umgestaltung, Wechsel, Wende, Umkehr

**wandelbar:** veränderlich, mutabel, schwankend, unbeständig, wechselhaft, wechselvoll

**wandeln:** wallen, gehen, nachtwandeln *(ver)ändern, umstoßen, umändern, umwälzen, erneuern, (ver)bessern, korrigieren, modifizieren, variieren, neu gestalten *s. wandeln: s. ändern / entwickeln / wenden / wenden, fortschreiten

**wandern:** schweifen, gleiten *marschieren, s. fortbewegen, spazierengehen, (herum)ziehen, (umher)streifen

**Wandlung:** Umbruch, Revolution, Neubeginn, Reform, Umwälzung, Umänderung, Änderung, Wandel, Erneuerung, Neuregelung, Umgestaltung, Wechsel, Wende, Umkehr *Konsekration (Teil der Messe)

**wankelmütig:** schwankend, zaghaft, zögernd, entschlußlos, unschlüssig, uneins *flatterhaft, leichtfertig, unzuverlässig, veränderlich, sprunghaft, wetterwendisch, unsolide

**wanken:** schwanken, taumeln, torkeln, schwingen

**wahren:** vernachlässigen, preisgeben, aufgeben, verlieren *ruinieren, zerstören, vernichten *auffallen, aus der Reihe tanzen

**während:** vor(her) *nach(her) *außerhalb *nacheinander

**wahrhaft(ig):** verlogen, unredlich, unlauter, unaufrichtig, lügnerisch, scheinheilig, falsch, verdorben, katzenfreundlich, lügenhaft, unreell, unsolid, betrügerisch

**Wahrheit:** Schwindel, Betrug, Lüge, Täuschung, (bloße) Angabe, Unwahrheit, Erfindung, Schönfärberei, Heuchelei *Irrtum *Illusion

**wahrscheinlich:** unwahrscheinlich, unsicher *bestimmt, sicher, gewiß

**Wandel:** Beständigkeit, Bestand, Gleichheit, Konstanz, Stillstand, Fortbestand, Fortdauer, Dauer, das Weiterbestehen

**wandelbar:** fest, konstant, beständig, unwandelbar, (gleich)bleibend, stetig

**wandeln:** rennen, laufen, eilen *ruhen, stehen *s. wandeln: gleichbleiben, weiterbestehen, bestehenbleiben, fest / konstant bleiben, s. nicht ändern

**wandern:** ruhen, bleiben, harren (Blick) *pausieren, rasten *fahren *wohnhaft / seßhaft sein *bleiben

**Wandlung:** Opferung, Offertorium (Meßfeier) *Kommunion (Meßfeier) *Stetigkeit, Konstanz, Dauer, Beständigkeit

**wankelmütig:** zuverlässig, beständig, fest, resolut, entschlossen, verläßlich, geradlinig, gerade, ehrlich

**wanken:** fest / gerade / aufrecht stehen *treu / fest bleiben, beharren

**warm:** heiß, sonnig, sommerlich, lind, lau, mild, nicht kalt *behaglich, überschlagen, durchwärmt, mollig, geheizt *herzlich, entgegenkommend, hilfsbereit, wohlgesinnt, wohlmeinend, gütig

**warm:** (eis)kalt, grimmig, schneidend, frostig, frisch, eisig, bitterkalt, beißend, ausgekühlt, durchgefroren, froststarr (Wetter) *kühl, abgekühlt, lau(warm) *fischblütig, gefühlskalt, verhärtet, hartherzig, kaltherzig, gefühllos, frigid, abweisend, kühl, abweisend, herzlos *kalt, kühl (Farbe) *zurückhaltend, skeptisch, abwartend

**Wärme:** Glut(hitze), Bruthitze, Hitze *Güte, Gutherzigkeit, Weichherzigkeit, Gutmütigkeit, Seelengüte, Herzensgüte

**Wärme:** Kühle, Kälte, Gefühlskälte, Empfindungslosigkeit, Fühllosigkeit, Kaltherzigkeit, Mitleidlosigkeit, Lieblosigkeit, Herzlosigkeit, Herzensverhärtung, Härte *Zurückhaltung, Skepsis *Kälte, Abkühlung, Temperaturrückgang, Temperatursturz, Kühle, Frost(wetter), Frische, Kältesturz

**wärmen:** aufwärmen, erhitzen, erwärmen, warm machen *(an)heizen, feuern, warm machen, auflegen, einheizen, aufdrehen, andrehen, anstellen, beheizen *s. wärmen: s. warm laufen, ins Warme gehen

**wärmen:** abkühlen, kühler / kälter werden, auffrischen *s. wärmen: s. abkühlen / erfrischen

**warnen:** drohen, abraten, auf eine Gefahr / Schwierigkeit hinweisen, ein Zeichen geben

**warnen:** (zu)raten, empfehlen *entwarnen *auffordern

**warten:** s. Zeit lassen / gedulden, abwarten, die Hoffnung nicht aufgeben, zuwarten, geduldig sein, die Dinge auf s. zukommen lassen, ausschauen, (aus-) harren *wachen, aufbleiben, nicht schlafen gehen *Schlange stehen, anstehen, s. anstellen *pflegen, gut behandeln, schonend umgehen, instand halten

**warten:** eintreten, hereinkommen, (an)kommen, eintreffen *vernachlässigen (Maschine) *ungeduldig werden

**Wartung:** Pflege, Schonung, Instandhaltung, Behandlung

**Wartung:** Vernachlässigung, Versäumnis, Unterlassung

**wasserarm:** regenarm, trocken, wüstenhaft

**wasserarm:** wasserreich, regenreich, niederschlagsreich

**wasserdicht:** wasserundurchlässig, isoliert, water-proof

**wasserdicht:** wasserdurchlässig, porös, leck, undicht

**wasserdurchlässig:** porös, leck, undicht

**wasserdurchlässig:** wasserdicht, wasserundurchlässig *isoliert (Mauer)

**wassern:** im / auf dem Wasser niedergehen / landen

**wassern:** landen *aufsteigen, abfliegen, starten

**wäßrig:** wasserhaltig, dünn(flüssig) *fade, geschmacklos, schal, gehaltlos, langweilig *feucht *verwässert *gepanscht

**wäßrig:** naturbelassen, natürlich, ungepanscht (Wein) *dunkel, trüb, strahlend, freudig (Augen) *trocken *stark, konzentriert, dick

**Wechsel:** Reihenfolge, Turnus, regelmäßiger Ablauf *allmähliche Veränderung, Umwandlung, Wende, Wandel *Ablösung, Austausch *Vielfalt

**Wechsel:** Konstanz, Beständigkeit, Dauer, Bestand

**wechselhaft:** unbeständig, schwankend, flatterhaft, flatterig, unstet,

**wechselhaft:** beständig, stabil, bleibend, stetig, (an)dauernd (Wetter)

wechselnd, launenhaft, wetterwendisch, launisch, unzuverlässig, voller Launen

**wechseln:** einwechseln, umwechseln, (um)tauschen *ablösen, umbesetzen, umstellen, alternieren, s. jmdm. anders zuwenden *auswechseln, ersetzen, austauschen, vertauschen, erneuern

**wecken:** aus dem Schlaf reißen, erwekken, munter / wach machen, wachrufen, aufrütteln, aufwecken *erregen, erzeugen, provozieren, ins Leben rufen, in die Welt setzen, hervorrufen

**wedeln:** wehen, fächeln *schwenken, schwingen, schlenkern, schlackern, hin und her bewegen *schweifwedeln, mit dem Schwanz wackeln, schwänzeln

**weder ... noch:** nicht dies und nicht das, dies und das nicht, keines von beiden

**weg:** nicht zu Hause, fort, anderswo, unterwegs, abwesend *unauffindbar, verschollen, nicht zu finden, abhanden gekommen, geflohen, verschwunden, verloren *nicht auf Lager / vorrätig, aus, ausverkauft

**wegbleiben:** nicht kommen, abwesend sein

**wegbringen:** fortschaffen, beiseite schaffen, (fort)räumen, fortbringen, entfernen

**wegdrehen (s.):** s. fortdrehen / abwenden, nicht hinschauen

**wegen:** auf Grund, aufgrund, infolge, dank, kraft, um ... zu / willen, angesichts, zwecks, hinsichtlich, ob

**wegfahren:** abreisen, fortfahren, s. auf den Weg / die Reise machen / begeben, verreisen, in Urlaub fahren

**wegfallen:** entfallen, ausfallen, fortfallen, unterbleiben, s. erübrigen

**wegfliegen:** abgehen, abreisen, abfliegen

*gleichbleibend, beständig, stabil, konstant, zuverlässig

**wechseln:** (da)bleiben, verbleiben (Wohnung) *anbehalten (Kleidung) *(bei)behalten, erhalten, (be)lassen *(an)dauern, anhalten, bleiben (Wetter)

**wecken:** ruhen, schlafen, schlummern, dösen, übernachten *einnicken, entschlummern, einschlummern, eindösen, einschlafen *wach sein, wachen, wach liegen, aufsein, aufbleiben, *wach werden, zu s. kommen, munter werden, die Augen aufmachen, aufwachen *(ab)töten, schlummern lassen, unterdrücken (Gefühle, Kräfte)

**wedeln:** einziehen (Schwanz) *Schußfahrt (Skisport)

**weder ... noch:** entweder ... oder, oder *beides, alles (zusammen), und

**weg:** hier, da, anwesend, zugegen, zu Hause (Person) *lieferbar (Ware) *vorhanden, da, zugegen, hier (Sache, Gegenstand)

**wegbleiben:** bringen, äußern (Bemerkung) *s. einfinden / einstellen, zurückkehren, zurückkommen, wiederkommen, wiederkehren, dazukommen

**wegbringen:** her(bei)bringen, (zurück)holen, zurückbringen, anbringen *(da)behalten, stehenlassen, dalassen

**wegdrehen (s.):** s. zuwenden / hinwenden / zudrehen

**wegen:** trotz

**wegfahren:** (da)bleiben, verbleiben, rasten, hierbleiben, stehenbleiben *pausieren *dalassen *s. nahen, ankommen, angefahren kommen, eintreffen, s. nähern *wiederkommen, wiederkehren, zurückkehren, zurückkommen, heimkehren, heimfahren, zurückfahren

**wegfallen:** dazukommen, hinzukommen *berücksichtigen, aufgreifen, aufnehmen

**wegfliegen:** ankommen, angeflogen kommen, eintreffen, landen *(da)bleiben, hierbleiben, verbleiben *sitzen

**weggeben:** schenken, herschenken, hergeben

**weggehen:** losmarschieren, das Haus verlassen, abmarschieren, aufbrechen, abrücken, verschwinden, enteilen, fortgehen, den Rücken kehren, davongehen, wegtreten, das Feld räumen, kehrtmachen, seiner Wege gehen, zurückweichen, losgehen, s. auf den Weg machen / entfernen / aufmachen / in Bewegung setzen / fortmachen / absetzen / abwenden / abkehren / umdrehen / wegbegeben / fortbegeben / absentieren, von dannen gehen, das Weite suchen

**wegjagen:** vertreiben, davonjagen, wegtreiben, fortjagen, verscheuchen, vergrämen

**wegkommen:** verlorengehen, nicht mehr vorhanden sein, verschwinden, verlustig gehen

**weglassen:** fortlassen, gehen / ziehen lassen *fortlassen, ausklammern, ausschließen, vernachlässigen, auslassen *tilgen, herausnehmen, kürzen, entfernen, ausklammern, sparen, streichen

**weglaufen:** entfliehen, entlaufen, flüchten, fliehen, davonlaufen, ausbrechen, s. absetzen, entwischen, entrinnen, das Weite suchen, entkommen, durchbrennen, Reißaus nehmen, wegschleichen, türmen, durchgehen, verschwinden *desertieren, abtrünnig / fahnenflüchtig werden, seinen Posten verlassen, aus dem Wege gehen, meiden, ausweichen, einen Bogen machen um, scheuen, umgehen

**wegnehmen:** fortnehmen, entwenden, abnehmen, entreißen, in Besitz bringen / nehmen, (ab)nehmen, stehlen, entwinden, berauben, entführen *abziehen, subtrahieren *weglegen, herunterlegen, wegtun *abdecken, verdunkeln *wegstecken, weglegen

**wegräumen:** forträumen, fortschaffen, wegschaffen, wegbringen, beseitigen

**wegschicken:** hinauswerfen, zum Gehen / Weggehen veranlassen / auffordern, fortschicken *abschicken, absenden, fortschicken

bleiben (Insekt, Vogel) *zufliegen (Vogel) *zurückfliegen *liegen bleiben (Blätter)

**weggeben:** (da)behalten

**weggehen:** (her)beikommen, (her)ankommen, s. nähern / einfinden / einstellen / nahen, erscheinen, eintreffen, zugehen (auf), herangehen *(da)bleiben, rasten, pausieren, verbleiben *wiederkehren, zurückkehren, zurückkommen, wiederkommen, heimkehren, heimgehen, heimkommen, heimfinden

**wegjagen:** (an)locken, ködern *fangen, packen

**wegkommen:** ankommen, eintreffen *verbergen, verstecken *finden (Geld) *aufgehalten werden, hängenbleiben, steckenbleiben

**weglassen:** aufhalten, festhalten, zurückhalten, dabehalten, (an)halten *auffüllen, ausfüllen *einfügen, hinzufügen, hinzusetzen (Text, Worte) *stehenlassen, beibehalten (Textstelle)

**weglaufen:** her(bei)laufen, herkommen, angerannt / angelaufen kommen, hinzukommen, zulaufen *(da)bleiben, treu bleiben (Ehepartner) *(da)bleiben, verbleiben, rasten, pausieren *heimgehen, heimlaufen, zurücklaufen, zurückkommen

**wegnehmen:** addieren, dazuzählen *(hin)zufügen, (da)zulegen, (da)zutun, (da)zugeben *durchlassen (Licht) *anlegen, anstellen, hinstellen (Leiter) *überlassen, aushändigen, übergeben, hergeben, preisgeben *hängenlassen, stehenlassen, (be)lassen, dalassen, liegenlassen

**wegräumen:** liegen lassen, (be)lassen

**wegschicken:** erhalten, bekommen, empfangen (Paket) *begrüßen, empfangen, einladen (Mensch) *(da)behalten *herschicken *(hin)zuziehen, her-

**wegschieben:** abrücken, abschieben, wegrücken, beiseite / zur Seite schieben, verdrängen

**wegstellen:** wegräumen, forträumen, wegschaffen, wegbringen, auf die Seite stellen / räumen

**wegtreten:** weggehen, kehrtmachen, s. abwenden / umdrehen

**wegwerfen:** aussondern, ausrangieren, ausmustern, aussortieren, eliminieren

**wegwerfend:** abfällig, geringschätzig, pejorativ, abwertend, verächtlich, mißfällig, negativ

**wegziehen:** fortziehen, umziehen, verziehen, ausziehen, umsiedeln, weggehen *s. verziehen, verschwinden *verweigern, zurückziehen *aufziehen *entziehen

**weh:** traurig, elend, wehmütig

**wehleidig:** zimperlich, (über)empfindlich, weichlich, jammernd, klagend, lamentierend, unleidlich

**wehmütig:** trübselig, freudlos, traurig, trist, elegisch, (tod)unglücklich, elend, betrübt, trübe, bekümmert, unfroh

**Wehrdienst:** Kriegsdienst, Heeresdienst, Militär(dienst), Rekrutenzeit

**wehren (s.):** s. widersetzen / zur Wehr setzen / sträuben / nichts gefallen lassen *reinwaschen wollen / rechtfertigen, seine Unschuld beweisen

**wehrfähig:** gesund, tauglich

**wehrlos:** schutzlos, waffenlos, ohne Waffen, unbewaffnet

**Weib:** Frau, Ehefrau

**weiblich:** frauenhaft, feminin, fraulich

**weich:** mollig, samtweich, zart, flauschig, samtig, samten, seidig, federweich, nicht hart / fest, daunenweich, flaumig *empfindsam, gefühlstief, gefühlvoll, beseelt, innerlich, seelenvoll,

anziehen, einweihen, her(bei)holen (Fachmann)

**wegschieben:** heranziehen, hinziehen *bewältigen, s. stellen (Aufgabe, Problem)

**wegstellen:** herstellen, hinstellen

**wegtreten:** s. versammeln / aufstellen, antreten (Mannschaft) *(geistig) voll da sein

**wegwerfen:** behalten, aufheben *aufbewahren, aufheben, speichern, lagern *auflesen, aufheben

**wegwerfend:** anerkennend, ermutigend, lobend, würdigend

**wegziehen:** hinlegen, zurechtlegen (Kissen) *am Ort bleiben, (da)bleiben, wohnen bleiben *überziehen, überlegen (Decke) *heranziehen, kommen, (her)aufziehen (Wolken) *geben, ausstrecken, hinstrecken (Hand) *hinziehen, s. niederlassen, zuziehen (Ort) *zuziehen, vorziehen, verdunkeln (Vorhang) *stehen lassen (Leiter)

**weh:** heil *wohl

**wehleidig:** tapfer, mutig *heiter, fröhlich, zufrieden, strahlend, wohlgemut *unempfindlich

**wehmütig:** heiter, fröhlich, freudestrahlend, munter, lustig, schelmisch, froh(sinnig), gutgelaunt, lebensfroh, übersprudelnd

**Wehrdienst:** Ersatzdienst, Zivildienst *Ersatzreserve

**wehren (s.):** aufgeben, stillhalten, nachgeben, (er)dulden, (er)tragen, ausstehen, hinnehmen, schlucken, überstehen, vertragen, aushalten, einstecken, (er)leiden, s. fügen / gefallen lassen / ergeben, hinwegkommen, standhalten

**wehrfähig:** (wehr)untauglich *bedingt / beschränkt tauglich

**wehrlos:** wehrhaft *geschützt *kühn, mutig, sicher, tapfer

**Weib:** Ehemann, Mann

**weiblich:** männlich *sächlich *unweiblich

**weich:** hart *schrill, grell, gellend, dröhnend, (über)laut (Stimme) *hart, grell (Licht) *verkrampft, verspannt (Muskel) *hart, herzlos, gefühllos *unbarmherzig, barbarisch, gnadenlos,

tränenselig, gefühlsselig, gemüthaft, gemütvoll, rührselig, schmalzig, schwärmerisch, überspannt, verinnerlicht, sinnenhaft, mimosenhaft, feinfühlend, zart(fühlend), feinfühlig, feinsinnig, zartbesaitet, feinbesaitet, sensibel, überempfindlich, einfühlsam, gefühlsbetont, romantisch *verwundbar, verletzbar, verletzlich, leicht zu kränken *gar, fertig, genügend gebraten / gekocht *Moll (Tonart)

**weichen:** s. zurückziehen, verschwinden, fortgehen *ausweichen, zurückweichen, s. verkriechen / verstecken / zurückziehen *nachgeben (Mauer) *lockerlassen, gehorchen, kapitulieren, s. zurückziehen / fügen / beugen, nachgeben, schwach werden, resignieren, aufgeben, parieren *weich werden lassen, einweichen

**weichlich:** verzärtelt, weich, feminin, wehleidig, empfindlich, verweichlicht, zimperlich, unmännlich, mimosenhaft

**weigern (s.):** ablehnen, mißbilligen, negieren, zurückweisen, verneinen, verschmähen, absagen, abweisen, abservieren, verwerfen

**weihevoll:** feierlich, würdevoll, andächtig, gehoben, stimmungsvoll, getragen, solenn, festlich

**weinen:** s. ausweinen, schluchzen, wimmern, Tränen vergießen, s. in Tränen auflösen

**weise:** klug, welterfahren, gereift, philosophisch, abgeklärt, lebenserfahren, wissend, überlegen

**Weisheit:** Klugheit, Scharfsinn, Schlauheit, Gelehrtheit, Bildung, Weltkenntnis, Überblick, Lebenserfahrung, Reife, Erfahrung

**weiß:** reinweiß, perlweiß, weißlich, blütenweiß *blaß, bleich *unbewohnt, unerforscht

**Weisung:** Satzung, Unterrichtung, Direktive, Verhaltensmaßregel, Belehrung, Regulativ, Instruktion, Reglement *Auftrag, Befehl, Anordnung, Geheiß, Diktat, Anweisung, Vorschrift, Verordnung

**weit:** geräumig, ausgedehnt, weitläu-

grausam, erbarmungslos, brutal, verroht, schonungslos, mitleidlos, inhuman, kaltblütig, unmenschlich *stark, fest, aufrecht, konsequent *hart, roh, zäh, ledern *hart, Dur (Tonart) *halsstarrig, stur, dickköpfig, konsequent, starrsinnig, fest, trotzig, unversöhnlich, verbohrt, widerspenstig, zugeknöpft, unerbittlich, hartgesotten, kompromißlos

**weichen:** bleiben, ausharren (Pfleger) *angreifen, vorgehen, vorwärtsrücken, attackieren, vordringen, vorrücken *stehenbleiben *anhalten, andauern, bleiben (Optimismus) *härten, hart werden

**weichlich:** männlich, erwachsen, hart, abgehärtet, resolut, eisern

**weigern (s.):** durchführen, ausführen, befolgen *einwilligen, zustimmen, ja sagen *anordnen, befehlen, auffordern, anweisen, auferlegen, aufgeben, verfügen, festlegen, bestimmen, (be-)auftragen *einsehen, (be)folgen, nachgeben

**weihevoll:** ausgelassen, heiter, lustig, aufgekratzt, überschäumend, vergnügt (Stimmung)

**weinen:** (auf)lachen, kichern, schmunzeln, belachen, grinsen, lächeln, losplatzen, strahlen *s. freuen / amüsieren, erheitern, genießen

**weise:** dumm, engstirnig, borniert, beschränkt, töricht, unklug *närrisch *kindisch, naiv

**Weisheit:** Dummheit, Torheit, Beschränktheit, Borniertheit, Engstirnigkeit *Naivität

**weiß:** erforscht, bewohnt, bekannt (Gebiet) *braun, (sonnen)gebräunt (Hautfarbe) *schwarz *kriminell, anrüchig (Mensch) *(mehr)farbig, bunt

**Weisung:** Ausführung, Durchführung, Befolgung *Weigerung

**weit:** schmal, eng (Ausdehnung) *kurz

fig, endlos, riesig, großflächig, weitverzweigt *fern(liegend), entlegen, unerreichbar, unzugänglich, abgelegen, in der Ferne, fernab, weitab *nicht eng anliegend, nicht fest sitzend

**weitblickend:** vorausschauend, weitsichtig, vorausblickend, voraussehend, klug, weitschauend

**Weite:** Ferne, Entfernung, Abstand, Distanz *Ausmaß, Reichweite, Tiefe, Ausdehnung, Dimension

**weiten (s.):** ausbreiten, erweitern, entfalten, ausweiten, vergrößern *s. ausdehnen / ausbreiten / verbreiten, übergreifen, um s. greifen, anwachsen, s. entwickeln, ansteigen

**weiterbestehen:** fortbestehen, überleben, fortleben, überdauern, fortdauern, s. fortsetzen, weiterwirken, anhalten

**weiterbilden (s.):** s. fortbilden, weiterlernen, an sich arbeiten, s. qualifizieren / vervollkommnen

**weiterentwickeln:** vorwärtsbringen, weiterbringen, steigern, vergrößern, fördern, intensivieren, ausbauen, vorwärtstreiben, erweitern, stärken

**weiterfahren:** fortfahren, verreisen, wegfahren, abreisen, abfahren, aufbrechen

**weiterführen:** weitermachen, fortführen, fortschreiten, fortsetzen, wieder beginnen / aufnehmen

**Weiterführung:** Fortsetzung, Fortführung *Fortbestand, Fortdauer, Dauer, Beständigkeit, Weiterbestehen

**weitergehen:** rennen, weiterlaufen, fortfahren, weggehen, aufbrechen *ticken, laufen *s. (weiter)entwickeln

**weiterhin:** auch jetzt noch, wie bisher, nach wie vor, noch immer, weiter *(zu)künftig

(Weg) *dünn, klein, eng *eng anliegend, knapp (Kleidung) *begrenzt, eng *eng, scharf (Kurve) *nahe, unweit, dicht (bei), neben(an), nebenan, naheliegend, daneben (Entfernung)

**weitblickend:** kurzsichtig, engstirnig, unüberlegt, kleinlich

**Weite:** Enge, Beengtheit, Einengung *Dünne, Enge *Raumnot, Platzmangel, Raummangel *Nähe, geringer Abstand, kurze Entfernung, Umgebung, Nachbarschaft, Haaresbreite *Beschränktheit

**weiten (s.):** s. verengen *enger machen *beschränken, einschränken

**weiterbestehen:** untergehen, zugrunde gehen, vergehen, versinken, aufhören *(s.) (ver)ändern / (ver)wandeln, abwandeln, umstoßen *aufheben, ändern, auflösen

**weiterbilden (s.):** verkommen, verarmen, s. beschränken / einschränken

**weiterentwickeln:** stehenbleiben, nicht weiterkommen

**weiterfahren:** (da)bleiben, stoppen, stehenbleiben, anhalten, s. aufhalten, verweilen *liegenbleiben, steckenbleiben, s. festfahren (Fahrzeug) *einfahren (Zug) *ankommen, eintreffen *abstellen, parken *zurückfahren, umkehren, wenden *stocken (Verkehr)

**weiterführen:** resignieren, aufgeben, erlahmen, (alles) hinwerfen *aussetzen, pausieren, unterbrechen *beendigen, einstellen, abbrechen

**Weiterführung:** Aufgabe *Pleite, Bankrott, Geschäftsaufgabe, Konkurs, Insolvenz *Unterbrechung, Aussetzung, Beendigung, Einstellung, Abbruch

**weitergehen:** eintreffen, ankommen *s. aufhalten, verweilen, (da)bleiben, stehenbleiben *umkehren, zurückgehen, wenden *stehenbleiben (Uhr) *aufhören, abbrechen, stagnieren

**weiterhin:** wenn ... dann *(zu)erst, zunächst

**weiterkommen:** vom Fleck kommen, weitergehen, weiterschreiten, vorankommen *Erfolg haben, erfolgreich sein, aufrücken, aufsteigen, arrivieren, befördert werden, es schaffen

**weiterleiten:** weitergeben, senden, melden, weiterreichen, weiterfunken, weitersagen, leiten, mitteilen, übermitteln *weiterwinken, durchlassen

**weitgehend:** beträchtlich, fast vollständig, vieles umfasssend *generell

**weitherzig:** freigebig, großzügig, spendabel, hochherzig, nobel, honorig, gebefreudig, verschwenderisch, verschwendungssüchtig

**weitläufig:** entfernt *ausgedehnt, weit, endlos, großräumig, ausgestreckt, weitverzweigt

**weitreichend:** folgenschwer, gravierend, erheblich, wesentlich, einschneidend, außerordentlich, zentral

**weitschweifig:** ausführlich, genau, erschöpfend, detailliert, wortreich, ausholend, breit, episch, umständlich, langatmig

**weitsichtig:** weitblickend, vorausschauend, vorausblickend, vorausehend, klug, weitschauend ·

**Weitsichtigkeit:** Vorausschau, Vorausblick, Klugheit, Kenntnis

**welk:** verdorrt, verwelkt, verblüht, vertrocknet, schlaff geworden, nicht mehr frisch, schlaff, erschlafft, geschrumpft

**wellig:** uneben, bergig, gebirgig, hügelig *lockig, gekräuselt, kraus, geringelt, gelockt, wuschelig

**weltberühmt:** bekannt, gefeiert, geehrt, verehrt

**weltfremd:** idealistisch, lebensfremd, weltabgewandt, verstiegen, versponnen, wirklichkeitsfremd, verträumt, weltentrückt, lebensfern, unrealistisch

**weltlich:** diesseitig, säkular, profan, irdisch, nicht geistlich / kirchlich / sakral

**weltoffen:** aufgeschlossen, interessiert, zugänglich, offen, aufnahmefähig, geweckt, empfänglich, ansprechbar, aufnahmebereit, geneigt, gestimmt

**weiterkommen:** liegenbleiben, steckenbleiben, s. festfahren (Fahrzeug) *stehenbleiben

**weiterleiten:** aufhalten, stoppen, anhalten (Fahrzeug) *liegenlassen, behalten, zurückhalten *abfangen *kontrollieren *(selbst) bearbeiten

**weitgehend:** kaum, überhaupt nicht *eingeschränkt, begrenzt (Freiheit)

**weitherzig:** engstirnig, eng(herzig), unnachsichtig, kleinlich, kleinbürgerlich, pingelig, spießig, (über)genau, pedantisch

**weitläufig:** beengt, begrenzt, eng, klein *nahe, engste (Verwandte)

**weitreichend:** unbedeutend, unwichtig, eingeschränkt, klein (Bedeutung)

**weitschweifig:** kurz, genau, präzise, knapp (gefaßt), einfach, konzentriert, trocken, markant, prägnant, konkret, gedrängt (Bericht, Vortrag)

**weitsichtig:** kurzsichtig *normalsichtig *nicht vorausehend, unüberlegt, unklug, töricht, borniert, eng(stirnig), verblendet, beschränkt

**Weitsichtigkeit:** Kurzsichtigkeit, Myopie *Unkenntnis, Engstirnigkeit, Beschränktheit, Enge, Borniertheit, Torheit, Unwissenheit, Dummheit, Verblendung, Ignoranz, Uninformiertheit

**welk:** grün, blühend, knospend (Pflanzen) *straff, jung (Haut, Gesicht)

**wellig:** eben, platt, flach, glatt (Gelände) *glatt, strähnig (Haar)

**weltberühmt:** unbekannt, unbedeutend, klein

**weltfremd:** (welt)offen, aufgeschlossen, ansprechbar, geweckt, interessiert, zugänglich, gestimmt, aufnahmebereit, aufnahmefähig, empfänglich, geneigt *geschickt, gewandt, diplomatisch *kritisch *real, der Wirklichkeit entsprechend

**weltlich:** kirchlich *geistlich (Lieder) *christlich (Feiertag)

**weltoffen:** weltfremd, verschlossen, verschlafen, zurückgezogen, weltabgewandt, einsiedlerisch, vereinsamt, introvertiert

**wenden:** kehrtmachen, umkehren, zurückfahren, umdrehen, umwenden, umschwenken, zurückgehen *umdrehen

**wendig:** gewandt, gelenkig, geschmeidig, beweglich, flink, leichtfüßig, rasch, behende, agil *schnell, sportlich

**wenig:** kaum etwas, zuwenig, nicht genügend / viel / genug, spottwenig, bitterwenig *minimal, gering, klein, karg, winzig, dürftig, kümmerlich, spärlich, kärglich, schmal, mager *unbedeutend, belanglos, nicht ins Gewicht fallend, verschwindend, lächerlich *kaum, fast gar nichts, gerade noch, so gut wie nie

**wenige:** einige, etliche

**wenigstens:** zumindest, geringstenfalls, mehr als, nicht weniger als, mindestens *jedenfalls, allerdings, schließlich, immerhin

**weniger:** minus, ohne, abzüglich *nicht so sehr, minder

**werben:** inserieren, annoncieren, eine Anzeige / Annonce / ein Inserat aufgeben *mieten, dingen, heuern

**werden:** s. entwickeln / entfalten, gedeihen, aufblühen, anwachsen, ansteigen *aufkommen, auftauchen, beginnen, entstehen *glattgehen, geraten, von der Hand gehen, gelingen

**werfen:** schleudern, durch die Luft fliegen lassen, schmettern, schnellen *fallen lassen, zuwerfen, hinschleudern, hinwerfen *jungen, Junge bekommen, gebären, frischen, hecken

**Werktag:** Alltag, Wochentag, Arbeitstag

**werktags:** alltags, in der Woche, wochentags

**wert:** teuer, geehrt, verehrt, lieb, (hoch)geschätzt, hochverehrt *unersetzlich, (heiß)geliebt, (hoch)geschätzt, kostbar *wichtig, notwendig, unerläßlich, unentbehrlich, gewaltig, wesentlich, signifikant

**Wert:** Bedeutung, Gewicht, Belang *Nutzen, Gewinn, Profit, Ausbeute

**wenden:** (be)lassen *liegenlassen (Heu) *weiterfahren, weitergehen, weiterlaufen *(stehen)bleiben

**wendig:** plump, unbeholfen, ungeschickt, träge, langsam, unelastisch, schwer (Bewegung) *unbeweglich *langsam, nicht wendig (Fahrzeug)

**wenig:** viel, zahlreich, unzählig, zahllos, massenhaft, massig *viel, kräftig, mächtig, tüchtig, stark *umfangreich, groß, hoch, riesig *reichlich, viel, in Hülle und Fülle, in großer Zahl, nicht wenig, unzählig, ungezählt, wie Sand am Meer, zahllos, massenhaft, massenweise, knüppeldick, haufenweise, scharenweise *weit, tief *umständlich, weitschweifend, weitschweifig, langatmig, ausführlich (Worte) *hübsch, ziemlich, beachtlich, viel (Geldsumme) *kolossal, ordentlich, enorm, bedeutend

**wenige:** viele, zahlreiche, unzählige, zahllose, massig, massenhaft *keine

**wenigstens:** höchstens, maximal *schon, längst *nicht einmal

**weniger:** mehr, über

**werben:** verkaufen *aufnehmen (Mitglieder) *ablehnen, zurückweisen *einwilligen, annehmen

**werden:** existieren, bestehen, sein *sterben *vergehen, untergehen, vernichtet / zerstört werden *vorüber sein

**werfen:** (auf)fangen *lichten, leicht machen, (an)heben (Anker) *begrüßen (Gäste) *aufheben

**Werktag:** Sonntag, Feiertag, Festtag, Ruhetag *Urlaubstag

**werktags:** sonntags, sonntäglich, feiertags, feiertäglich, festtäglich

**wert:** wertlos, schäbig, billig *unwichtig, bedeutungslos, unbedeutend, unwesentlich, irrelevant, belanglos, unerheblich, nebensächlich, nicht erwähnenswert, unmaßgeblich, ohne Belang, zweitrangig, sekundär, nichtssagend

**Wert:** Wertlosigkeit *Nebensache, Belanglosigkeit, Zweitrangigkeit, Un-

*Zustand, Wertbeständigkeit, Qualität
*Gegenwert, Marktwert, Preislage, Preis

**wertlos:** minderwertig, nutzlos, keinen Heller / Pfennig / nichts wert, ohne Wert, schäbig, billig *unerheblich, belanglos, ohne Belang, unwichtig

**Wertlosigkeit:** Nutzlosigkeit, Minderwertigkeit, Bedeutungslosigkeit, Unsinnigkeit *Unwichtigkeit

**Wertschätzung:** Ansehen, Achtung, Autorität, Prestige, Einfluß, Geltung

**wertvoll:** kostbar, (aus)erlesen, ausgesucht, hochwertig, ausgewählt, edel, teuer, fein, einmalig, exquisit, qualitätsvoll, de Luxe

**wesentlich:** substantiell, substanzhaft, essentiell, signifikant, wichtig, erforderlich, lebenswichtig, notwendig, unerläßlich, unumgänglich, unentbehrlich, unvermeidlich, gewichtig, unausweichlich, obligat, zwingend, dringend, geboten *grundlegend

**Wesentliches:** Hauptsache, das Wichtige / Entscheidende / Erforderliche / Notwendige / Unentbehrliche / Unvermeidliche / Zwingende / Unumgängliche, Substanz, Essentielles, Signifikantes, Schwerpunkt

**Westen:** die freie Welt, westliche Hemisphäre

**westlich:** im Westen liegend / gelegen
**Westmächte:** die Alliierten, der Westen, die westliche Hemisphäre, die freie Welt

**Wicht:** Zwerg, Gnom, Kobold, Heinzelmännchen, Däumling, Liliputaner, Pygmäe
**wichtig:** erforderlich, lebenswichtig, notwendig, essentiell, unerläßlich, unumgänglich, unentbehrlich, unvermeidlich, substantiell, substanzhaft, gewichtig, unausweichlich, obligat, zwingend, dringend, wesentlich, signifikant, geboten *grundlegend

wichtigkeit, Irrelevanz, Bedeutungslosigkeit

**wertlos:** wertvoll, kostbar, erlesen, auserlesen, ausgesucht, hochwertig, ausgewählt, edel, teuer, fein, exquisit, einmalig, qualitätsvoll, de Luxe *bibliophil (Bücher)
**Wertlosigkeit:** Wert, Besonderheit, Einmaligkeit, Auserlesenheit, Qualität

**Wertschätzung:** Ablehnung, Verachtung, Mißachtung, Respektlosigkeit, Geringschätzigkeit, Abschätzigkeit, Verächtlichmachung, Herabwürdigung, Demütigung, Despektierlichkeit
**wertvoll:** wertlos, minderwertig, schlecht, billig, einfach *unwichtig

**wesentlich:** unwesentlich, nebenbei, unbedeutend, bedeutungslos, belanglos, unerheblich, nicht erwähnenswert, unmaßgeblich, ohne Belang, zweitrangig, sekundär, nichtssagend, nebensächlich, irrelevant, unwichtig

**Wesentliches:** Nebensache, Bedeutungslosigkeit, Nebensächlichkeit *Äußerlichkeit

**Westen:** Osten (Himmelsrichtung, Gebiet) *Süden *Norden *kommunistischer Machtbereich, Ostblock(staaten), sozialistische Länder, sozialistisches Lager, Länder hinter dem Eisernen Vorhang
**westlich:** östlich *südlich *nördlich
**Westmächte:** Osten, Ostblock(staaten), sozialistische Länder, sozialistisches Lager, kommunistischer Machtbereich, Länder hinter dem Eisernen Vorhang
**Wicht:** Riese, Hüne, Gigant, Kleiderschrank, Koloß

**wichtig:** unwichtig, unbedeutend, bedeutungslos, unwesentlich, irrelevant, belanglos, unerheblich, nebensächlich, nicht erwähnenswert, unmaßgeblich, ohne Belang, zweitrangig, sekundär, nichtssagend *nichtig, hinfällig, gegenstandslos, weitschweifend, langatmig

**Wichtigkeit:** Bedeutsamkeit, Rang, Gewicht, Größe, Wirksamkeit, Schwere, Belang, Tiefe, Tragweite, Würde, Geltung, Zweck, Relevanz, Stellenwert, Wert, Ernst, Bedeutung *Unbescheidenheit, Arroganz, Stolz

**Wichtigtuerei:** Prahlerei, Angeberei, Besserwisserei, Rechthaberei, Alleswisserei, Sprüchemacherei, Sprücheklopferei

**wichtigtuerisch:** prahlerisch, großsprecherisch, großspurig, hochtrabend, angeberisch

**wider:** kontra, gegen, im Gegensatz / Widerspruch zu

**widerfahren:** zustoßen, geschehen, passieren, begegnen, betreffen, zuteil werden, unterlaufen, hereinbrechen *erfahren, erleiden, erdulden

**widerlegen:** entkräften, ad absurdum führen, das Gegenteil nachweisen / beweisen, entwaffnen, Lügen strafen, (einem Verdacht) den Boden entziehen

**widerlich:** antipathisch, abstoßend, verhaßt, ekelhaft, übel, unerträglich, unangenehm, eklig, gräßlich, unausstehlich, scheußlich, ekelerregend, grauenhaft, unleidlich, degoutant, abscheulich, abschreckend, widrig, greulich, widerwärtig, schauderhaft, unsympathisch, abscheuerregend, unappetitlich, verabscheuenswert, unbeliebt, verabscheuenswürdig, schmierig, unliebsam, schleimig

**widernatürlich:** abartig, abnorm, normwidrig, pervers, fremdartig, anders, unüblich

**widerrechtlich:** gesetzwidrig, verfassungswidrig, rechtswidrig, ordnungswidrig, unrechtmäßig, ungesetzlich, unrechtlich, sträflich, strafbar, illegal, illegitim, kriminell, verboten, verpönt, unerlaubt, unzulässig, unstatthaft, tabu, untersagt, unbefugt, irregulär, ohne Recht / gesetzliche Grundlage

**Widerruf:** Zurücknahme, Absage, Dementi, Gegenerklärung, Rückzug, Zurückziehung *Echo, Widerhall

(Aussage) *bescheiden, einfach, anspruchslos, schlicht, zurückhaltend, gelassen (Verhalten)

**Wichtigkeit:** Bedeutungslosigkeit, Unwichtigkeit, Belanglosigkeit, Wertlosigkeit, Nebensächlichkeit, Trivialität, Unerheblichkeit, Unwesentlichkeit, Irrelevanz, Nichtigkeit *Unauffälligkeit, Bescheidenheit, Zurückhaltung, Zurückgezogenheit, Gelassenheit, Einfachheit, Anspruchslosigkeit, Schlichtheit (Verhalten)

**Wichtigtuerei:** Unaufdringlichkeit, Bescheidenheit, Zurückhaltung, Gelassenheit

**wichtigtuerisch:** unaufdringlich, bescheiden, zurückhaltend, gelassen

**wider:** (da)für *zusammen mit *gemäß, entsprechend

**widerfahren:** vorübergehen, verschonen, vorüberziehen

**widerlegen:** anerkennen, bestätigen, erhärten, (klein) beigeben *(unter-) stützen, bekräftigen

**widerlich:** angenehm, erfreulich, attraktiv, sympathisch, verlockend, anziehend, reizvoll, toll, bezaubernd, charmant, lieb(lich), liebenswert, aufreizend, betörend, gewinnend (Mensch) *köstlich, appetitlich, schmackhaft, geschmackvoll, aromatisch, herzhaft, vorzüglich, lecker (Essen)

**widernatürlich:** natürlich, naturgemäß *normal

**widerrechtlich:** gesetzlich, gesetzmäßig, legal, rechtlich, erlaubt, statthaft, nach Gesetz und Recht, dem Gesetz / Recht entsprechend, ordnungsgemäß, recht und billig

**Widerruf:** Geständnis, Bekenntnis, Offenbarung *Bekräftigung, Bestätigung, Versicherung, Bezeugung, Beglaubigung *Behauptung, Ausführung, Dar-

**widerrufen:** zurückziehen, rückgängig machen, zurücknehmen, dementieren, abstreiten, verleugnen, ableugnen, (wieder) umstoßen, abrücken von, für ungültig erklären, revidieren

**widerruflich:** unverbindlich, nicht feststehend / obligatorisch / verpflichtend

**Widersacher:** Feind, Gegenspieler, Gegner, Antipode, Rivale, Gegenpart, Kontrahent, Konkurrent, Todfeind, Erzfeind

**widersetzen (s.):** aufbegehren, s. aufbäumen / empören / auflehnen / entgegenstellen / erheben / sträuben / wehren / sperren *aushalten, widerstehen, ausharren, durchhalten, bleiben

**widersetzlich:** unzugänglich, verschlossen, aufmüpfig, zugeknöpft, unbelehrbar, aufsässig, bockbeinig, unnachgiebig, eigensinnig

**widersinnig:** unverständlich, ungereimt, sinnwidrig, töricht, unlogisch, lächerlich, folgewidrig, sinnlos, unsinnig, grotesk, vernunftwidrig, paradox, absurd, abwegig, ohne Sinn und Verstand

**widerspenstig:** halsstarrig, rechthaberisch, finster, aufmüpfig, zugeknöpft, unbelehrbar, eisern, aufsässig, widersetzlich, ungehorsam, kratzbürstig, unfolgsam, kompromißlos, bockbeinig, dickköpfig, unzugänglich, unaufgeschlossen, stur, hartgesotten, dickschädelig, starrköpfig, unversöhnlich, widerborstig, starrsinnig, bockig, eigensinnig, fest, steifnackig, verstockt, verbohrt, unerbittlich, trotzig, störrisch, verständnislos, unnachgiebig, unbotmäßig, unbequem, verschlossen

**widersprechen:** verneinen, widerreden, anfechten, im Gegensatz sein zu, in Abrede stellen, bestreiten, nicht gel-

legung, Äußerung *Andeutung, Deut, Fingerzeig, Hinweis, Zeichen, Wink, Anspielung *Ehrenwort, Versprechen, Zusage, Wort, Zusicherung, Gelöbnis

**widerrufen:** gestehen, aussagen, beichten, (Farbe) bekennen, auspacken, offenbaren, zugeben, geständig sein, einräumen *bestätigen, bekräftigen, versichern, bezeugen, beglaubigen *behaupten, ausführen, darlegen, äußern *andeuten, (auf)zeigen *geloben, versprechen, zusagen, zusichern

**widerruflich:** unwiderruflich, endgültig, unabänderlich, verbindlich, bindend, feststehend, verpflichtend, obligatorisch

**Widersacher:** Jasager *Fan, Verehrer, Mitläufer, Anhänger, Jünger, Parteigänger, Parteigenosse, Sympathisant, Gefolgschaft

**widersetzen (s.):** anordnen, befehlen, gebieten, anweisen, (be)auftragen, aufgeben, verfügen, auferlegen, festlegen *nachgeben, s. beugen, gehorchen, nachkommen, s. fügen, befolgen, beachten, einhalten, beherzigen, Folge leisten, s. unterwerfen *ertragen, erleiden *erdulden, tolerieren

**widersetzlich:** einsichtig, gehorsam, folgsam, fügsam, vernünftig, (bereit-)willig, nachsichtig *freudig *ängstlich, furchtsam, bang, befangen, zag(haft), eingeschüchtert, verschüchtert

**widersinnig:** logisch *normal *einsichtig, wichtig, sinnvoll, sinnreich, zweckmäßig, vernünftig, tauglich, geeignet, zweckdienlich, sachdienlich, rational, brauchbar, praktisch

**widerspenstig:** gehorsam, folgsam, einsichtig, friedlich, nachsichtig, fügsam, willig, vernünftig *diplomatisch, geschickt, wendig *ängstlich, furchtsam, eingeschüchtert, verschüchtert, zag (-haft), befangen, bang *freudig, bereitwillig *feige

**widersprechen:** zustimmen, billigen, einwilligen, zusagen, gutheißen, übereinstimmen, ja sagen, bejahen *bestä-

ten lassen, für unwahr / unzutreffend /. unrichtig / falsch erklären, negieren, s. verwahren gegen *protestieren, Protest einlegen, einwenden *unvereinbar sein, ins Gesicht schlagen, nicht übereinstimmen, im Widerspruch stehen / sein zu, hohnsprechen

tigen, dafür sprechen *reden, sprechen, meinen, sagen *hinnehmen, schweigen, (er)dulden, tolerieren, akzeptieren *begrüßen, willkommen heißen *diskutieren, behandeln, durchsprechen, erörtern, verhandeln *zuhören, (an)hören *anerkennen, lobpreisen, rühmen, verherrlichen, würdigen, beweihräuchern, Lob zollen / spenden / erteilen

**Widerspruch:** Einspruch, Einwendung, Einwurf, Einwand, Gegenargument, Widerrede, Gegenmeinung, Protest, Widerstand *Gegensätzlichkeit, Widerstreit, Gegenteiligkeit, Antinomie, Unstimmigkeit, Unvereinbarkeit, Mißverhältnis, Kontradiktion, Disparität, Ungleichartigkeit, Polarität, Widersprüchlichkeit, Polarisierung

**Widerspruch:** Übereinstimmung, Zustimmung, Billigung, Einwilligung, Bejahung *Bestätigung *Tolerierung, Hinnahme, Schweigen, Akzeptierung *Begrüßung *Diskussion, Behandlung, Erörterung, Verhandlung *Anerkennung, Würdigung, Lob *Darlegung, Betrachtung, Überlegung, Darstellung, Bemerkung, Äußerung, Aussage, Ausführung *Konsequenz, Übereinstimmung, Folgerichtigkeit (Verhalten)

**widersprüchlich:** widersprechend, gegenteilig, entgegengesetzt, konträr, widerspruchsvoll, unvereinbar, kontradiktorisch, nicht übereinstimmend / vereinbar

**widersprüchlich:** identisch, konsequent, widerspruchslos, widerspruchsfrei, vereinbar, verträglich, übereinstimmend, logisch, folgerichtig

**widerspruchslos:** unbedenklich, bedenkenlos, selbstverständlich, anstandslos, gern, unbesehen, bereitwillig, ohne Widerspruch / Zögern / Bedenken / weiteres / jede Schwierigkeit, ungeprüft, natürlich, kurzerhand, mit Vergnügen

**widerspruchslos:** inkonsequent, widersprüchlich, unvereinbar, unverträglich, nicht richtig, widerspruchsvoll, unwahrscheinlich *angriffslustig, furios, streitbar, kämpferisch, kampfesfreudig, streitsüchtig, zanksüchtig, kampflustig, hitzig, herausfordernd, kampfbereit

**Widerstand:** Widerspruch, Einwand, Einwurf *Gegenkraft, Gegendruck, Hemmung, Reibung(swiderstand) *Auflehnung, Widerstreben, Protest, Widerspenstigkeit, Gehorsamsverweigerung, Obstruktion, Verweigerung, Widersetzlichkeit, Renitenz, Widerborstigkeit *Trotz, Eigensinn, Ungehorsam *Rebellion, Streik, Opposition

**Widerstand:** Druck, Pression, Unterdrückung *Aufgabe, Rückzug, Übergabe *Offensive, Angriff *Einsicht, Nachgeben, Einsehen, Vernunft

**widerstandsfähig:** stabil, kräftig, robust, zäh, hart, abgehärtet, unempfindlich, fest

**widerstandsfähig:** anfällig, empfindlich, empfänglich, kränklich *veränderlich, unbeständig, schwankend, wechselhaft, wechselvoll, wandelbar

**widerstandslos:** kampflos, ohne s. zu wehren / Gegenwehr / Widerstand

**widerstandslos:** herausfordernd, kämpferisch, furios, streitbar, widerspenstig, widerstrebend, unter Widerstand, kampflustig, kampfbereit, zanksüchtig

**widerstehen:** ausharren, durchhalten, s. durchsetzen / widersetzen, aushalten

**widerstehen:** nachgeben, s. beugen / unterwerfen / fügen, gehorchen, aufge-

*standhaft bleiben (Laster) *stehen bleiben

**widerstreben:** anekeln, zuwider / widerlich sein, anwidern, mißfallen
**Widerstreit:** Widerspruch, Widerrede, Protest, Konflikt, Streit
**widerwärtig:** widerlich, antipathisch, abstoßend, verhaßt, ekelhaft, übel, unerträglich, unangenehm, eklig, gräßlich, unausstehlich, scheußlich, ekelerregend, grauenhaft, unleidlich, degoutant, abscheulich, abschreckend, widrig, greulich, schauderhaft, unsympathisch, abscheuerregend, unappetitlich, verabscheuenswert, unbeliebt, verabscheuenswürdig, schmierig, unliebsam, schleimig
**Widerwille:** Abneigung, Abscheu, Unlust, Lustlosigkeit, Unwilligkeit, Ekel, Überdruß

**widerwillig:** unwillig, widerstrebend, ungern, unlustig, mit Todesverachtung / Widerwillen / Unlust, lustlos, abgeneigt *abgestoßen, voller Ekel, angeekelt, angewidert
**widrig:** nachteilig, unangenehm, ekelhaft, unerfreulich, unerquicklich, leidig, unerwünscht
**wieder:** wiederum, abermals, nochmals, noch einmal, aufs neue, erneut, neuerlich, wieder einmal, zum andern / zweiten Male, wiederholt
**Wiederaufbau:** Wiederherstellung, Aufbau, Rekonstruktion

**wiederaufbauen:** wiederherstellen, aufbauen, rekonstruieren

**wiederaufnehmen:** aufrollen, zum zweiten Male behandeln

**wiederbeleben:** erneuern, auffrischen, neu machen / gestalten *wieder ins Leben zurückrufen

**Wiedergabe:** Reproduktion, Kopie, Vervielfältigung
**wiedergeben:** abbilden, nachbilden, reproduzieren *besprechen, eine Dar-

ben, Folge leisten *s. versöhnen / einigen *verfallen (Laster) *einstürzen, zusammenfallen (Gebäude)
**widerstreben:** wollen, wünschen, erstreben, mögen
**Widerstreit:** Eintracht, Harmonie, Freundschaft
**widerwärtig:** angenehm, lieb, sympathisch, aufreizend *artig, brav, folgsam, manierlich *verlockend, schmackhaft, appetitlich, lecker, fein, delikat, köstlich, würzig

**Widerwille:** Vorliebe, Verlangen, Wunsch, Neigung, Bereitschaft, Herzenswunsch *Lust, Lüsternheit, Reiz, Begierde, Laune, Appetenz
**widerwillig:** gewillt, bereit, geneigt, gesonnen, einsichtig, gefügig, gefüge, willfährig, (gut)willig *genießerisch *freudig, (bereit)willig *lüstern, geil, lustvoll, lustbetont
**widrig:** günstig, förderlich, angenehm *erfreulich, positiv

**wieder:** nicht mehr *nicht

**Wiederaufbau:** Zerstörung, Vernichtung, Demolierung, Verwüstung, Zerschlagung, Zertrümmerung, Verheerung
**wiederaufbauen:** zerstören, demolieren, niederwalzen, ruinieren, verheeren, vernichten, einschlagen, verwüsten *einstürzen, zusammenfallen
**wiederaufnehmen:** unterbrechen, abbrechen *pausieren *stocken *verschieben, ruhenlassen, zurückstellen *ausweisen, ausschließen, isolieren (Außenseiter)
**wiederbeleben:** zusammenbrechen, zusammenklappen, sterben *töten *betäuben *aussterben lassen, vergessen (werden) (Bräuche)
**Wiedergabe:** Original (Bild) *Verzerrung (Vorgang) *Aufnahme (Musik)
**wiedergeben:** behalten, zurückhalten *unterdrücken, zurückhalten, ver-

stellung geben, darlegen *verkörpern, spielen, nachahmen, darstellen *Bericht erstatten, darlegen, beschreiben, etwas vortragen, referieren *ein Abbild zeigen, spiegeln *wiederbringen, zurückbringen, zurückgeben

**wiedergutmachen:** abfinden, rückvergüten, ersetzen, Schadenersatz leisten, entschädigen *bereinigen, klären, berichtigen, klarstellen

**Wiedergutmachung:** Abfindung, Ausgleich, Schadenersatz, Rückerstattung, Entschädigung *Strafe, Genugtuung, Sühne

**wiederherstellbar:** rekonstruierbar, erneuerbar, restaurierbar *heilbar

**wiederherstellen:** wiederherrichten, rekonstruieren, wiederaufbauen, erneuern, restaurieren *heilen, gesund machen

**wiederholt:** mehrmals, mehrfach, mehrmalig, vielmals, vielmalig, immer wieder, wiederkehrend

**wiederkehren:** zurückkommen, heimkommen, heimkehren, heimfinden, zurückfinden, umkehren *s. wiederholen, immer wieder geschehen / eintreten, wiederkommen

**wiedersehen:** zusammentreffen, zusammenkommen, begegnen *s. wiedersehen: s. begegnen / sehen / treffen

**Wiedersehen:** Treffen, Meeting, Beisammensein, (erneute) Begegnung *auf Wiedersehen!: ade! lebe wohl! bis bald! adieu! bis zum nächsten Mal!

**wild:** ungebändigt, ungezähmt, unzivilisiert, primitiv, in der freien Natur wachsend / lebend, wildwachsend *turbulent *natürlich *temperamentvoll, stürmisch, unbändig, heißblütig, hitzig, leidenschaftlich *chaotisch, wirr, unüberschaubar, unordentlich, durcheinander *unbetretbar, unpassierbar, unzugänglich, weglos, pfadlos, unwegsam

**wildfremd:** fremd, unbekannt, nicht vertraut

**willensschwach:** nachgiebig, energielos, willenlos, haltlos, weich

schweigen, verheimlichen (Eindruck) *aufnehmen (Musik) *(zu)hören, lauschen (Musik) *erfahren, hören, kennenlernen

**wiedergutmachen:** zufügen, anrichten, verursachen, antun, fehlen, Unrecht tun, s. vergehen *zerrütten *(be)schädigen, zerstören

**Wiedergutmachung:** Schaden, Beschädigung *Unfallschaden *Zerstörung *Unrecht

**wiederherstellbar:** irreparabel, nicht wiederherstellbar *unersetzlich *unheilbar

**wiederherstellen:** zerstören, einschlagen, demolieren, niedermähen, ruinieren, verheeren, vernichten, zertrümmern, verwüsten, zerschlagen *zerbrechen *zerschlagen *zerreißen *abreißen *trüben (Einvernehmen) *unterbrechen, abreißen, abbrechen (Verbindungen)

**wiederholt:** einmalig, beispiellos, einzig, sondergleichen, ohne Beispiel, ohnegleichen *original, ursprünglich

**wiederkehren:** s. entfernen, fortgehen, aufbrechen, weggehen, ausgehen *fortfahren, wegfahren *entlaufen (Tier) *entfliegen *fortbleiben, ausbleiben, wegbleiben, vermißt werden

**wiedersehen:** vermißt sein *getrennt sein *aus den Augen verlieren *s. wiedersehen: s. verabschieden / trennen, auseinandergehen *fortziehen

**Wiedersehen:** Abschied, Trennung *Kündigung *Exitus, Abschied, Todesfall, Heimgang, Ende, Ableben, Tod, das Sterben / Hinscheiden (Religion) *auf Wiedersehen!: grüß Gott!

**wild:** zahm, gezähmt, domestiziert, (lamm)fromm, gebändigt (Tier) *zivilisiert (Völker) *genehmigt, erlaubt, legal, organisiert, gesetzlich (Demonstration) *ordentlich, gepflegt (Bart) *gepflegt, geschnitten (Hecke) *artig, brav, ruhig, fügsam, gehorsam, folgsam, gesittet, manierlich, lieb (Kinder) *ruhig, beherrscht, überlegen

**wildfremd:** namhaft, stadtbekannt, (wohl)bekannt, berühmt

**willensschwach:** willensstark, konsequent, zielstrebig, entschlossen, ener-

**willensstark:** konsequent, zielstrebig, entschlossen, energisch, resolut, tatkräftig, zupackend, zielsicher, zielbewußt, unbeirrt
**willig:** gewillt, entschlossen, geneigt, gesonnen, bereit *artig, folgsam, brav, willfährig, anständig, wohlerzogen, lieb, gehorsam, gefügig, fügsam, zahm, ergeben, botmäßig, lenkbar, manierlich

**willkommen:** gelegen, günstig, passend, geeignet, gern gesehen, (an)genehm, gerngesehen

**Willkür:** Belieben, Ermessen, Laune *Rücksichtslosigkeit, Eigenwilligkeit, Herrschsucht, Selbstsucht, Unbarmherzigkeit, Brutalität
**willkürlich:** wahllos, beliebig, so oder so, nach Belieben / Gutdünken *eigenmächtig, unberechtigt, unerlaubt, selbständig, nach eigenem Belieben / Gutdünken
**windig:** luftig, zugig, böig, stürmisch, bewegt, auffrischend

**windstill:** windgeschützt, geschützt, still, ruhig

**winkelig:** eckig, verwinkelt *unüberschaubar, unübersichtlich
**winterlich:** frostig, kühl, (bitter)kalt *verschneit, zugeschneit

**winzig:** klein, zierlich, von geringem Ausmaß
**wirken:** arbeiten, tätig sein, tun *wirksam werden, bewirken, seine Wirkung zeigen
**wirklich:** greifbar, existent, faßbar, gegenständlich, stofflich, dinglich, körperlich, seiend, materiell, substantiell

**Wirklichkeit:** Gewißheit, Wahrheit, Tatsächlichkeit, Richtigkeit *Realität, Sachverhalt, tatsächliche Lage, Tatsache

gisch, resolut, tatkräftig, zupackend, zielsicher, zielbewußt, unbeirrt
**willensstark:** willensschwach, energielos, haltlos, willenlos, (pflaumen-) weich, nachgiebig

**willig:** unwillig, widerwillig, unfreundlich, eigensinnig *aufsässig, bockbeinig, bockig, stur, rechthaberisch, starrköpfig, unaufgeschlossen, dickköpfig, dickschädelig, radikal, störrisch, widerborstig, widersetzlich, widerstrebend, unbotmäßig, unversöhnlich, verbohrt, verhalten, verschlossen, verstockt
**willkommen:** ungeladen, unliebsam, ungebeten, lästig, ungerufen, unerwünscht, nicht passend, unwillkommen, unangenehm
**Willkür:** Ordnung, geordneter Zustand, Disziplin *Recht, Gesetz

**willkürlich:** unwillkürlich, ungewollt, instinktiv, zwangsläufig, unabsichtlich, absichtslos, ohne Absicht, unbewußt, versehentlich, aus Versehen *objektiv *gesetzlich, gesetzmäßig, rechtmäßig
**windig:** windstill, ruhig *(wind)geschützt *fest, solide, stabil, gefestigt (Bauwerk) *orkanartig
**windstill:** (schwach)windig, wechselnd, drehend, frisch, lind, böig, steif, zugig, luftig *stürmisch, orkanartig
**winkelig:** gerade (Gasse) *übersichtlich, überschaubar (Schloß)
**winterlich:** sommerlich, warm, tropisch, heiß (Wetter) *luftig, dünn (Kleidung)
**winzig:** riesig, riesengroß, mächtig, kolossal, enorm, großzügig
**wirken:** versäumen (Tat) *abprallen, nicht wirken, wirkungslos / unwirksam sein
**wirklich:** ideal *ideell *utopisch *imaginär *trügerisch, irreführend, täuschend, illusorisch *vermutlich, vermeintlich, eingebildet, scheinbar, falsch
**Wirklichkeit:** Irrealität, Unwirklichkeit *Vision, Gesicht *Utopie *Halluzination, Sinnestäuschung *Anschein, Schein *Nichts *Theorie *Wahn *Erdichtung, Phantasie, Vorstellungskraft, Einbildungskraft, Spekulation,

**wirklichkeitsfremd:** weltfremd, utopisch, unrealistisch

**wirklichkeitsnah:** realistisch, real *durchführbar

**wirksam:** nützlich, fruchtbar, tauglich, konstruktiv *zugkräftig, wirkungsvoll, schlagkräftig, anziehend, reißerisch, attraktiv *drastisch, durchschlagend, durchgreifend, effektiv, nachdrücklich, massiv

**Wirksamkeit:** Wirkung, Effekt, Stoßkraft, Zugkraft, Schlagkraft, Durchschlagskraft

**Wirkung:** Einwirkung, Gewicht, Geltung, Einfluß *Wirksamkeit, Effekt *Reiz, Anziehungskraft, Versuchung, Verlockung *Folge, Auswirkung, Ergebnis, Resultat *Reaktion

**wirkungslos:** unwirksam, erfolglos, ergebnislos, zwecklos *ineffektiv, uneffektiv, effektlos

**wirkungsvoll:** effektiv, wirkungsreich, wirksam, nachhaltig, effektvoll, effizient, entscheidend, eindrucksvoll, unvergeßlich

**wirr:** durcheinander, chaotisch *verworren, verwickelt, verschlungen, verheddert, zerzaust, strubbelig *verwirrt

**wirtschaftlich:** ökonomisch, kaufmännisch, kommerziell, geschäftlich

**wispern:** hauchen, flüstern, fispern, tuscheln, raunen, säuseln, murmeln

**wißbegierig:** lerneifrig, lernbeflissen, voll Wißbegierde / Lerneifer, lernbegierig, wissensdurstig, bildungshungrig, neugierig, bildungsbeflissen, bildungseifrig

**wissen:** nicht verborgen sein, sichergehen, s. sicher / im klaren sein *kennen, Kenntnis haben von, beherrschen, s. auskennen / zurechtfinden *s. erinnern, nicht vergessen, noch wissen

**Wissen:** Gewißheit, Sicherheit, Überzeugung *Gelehrtheit, Gelehrsamkeit, Bildung, Einsicht, Beschlagenheit,

Illusion, Traum, Wunschtraum, Gaukelei, Vorstellung, Einbildung

**wirklichkeitsfremd:** real, wirklichkeitsnah, realistisch *machbar, erreichbar, durchführbar

**wirklichkeitsnah:** wirklichkeitsfremd, unrealistisch, utopisch

**wirksam:** unwirksam, schwach *erfolglos, ergebnislos, zwecklos, aussichtslos, fruchtlos, nutzlos, effektlos, wirkungslos *oberflächlich

**Wirksamkeit:** Unwirksamkeit, Erfolglosigkeit, Wirkungslosigkeit *Oberflächlichkeit

**Wirkung:** Veranlassung, Ursache, Grund, Anlaß, Anstoß, Motiv, Beweggrund, Impuls, Antrieb

**wirkungslos:** effektiv, wirkungsreich, wirksam, nachhaltig, effektvoll, wirkungsvoll, effizient, entscheidend, eindrucksvoll, unvergeßlich

**wirkungsvoll:** wirkungslos, unwirksam, erfolglos, ergebnislos, zwecklos, ineffektiv, effektlos, uneffektiv

**wirr:** geordnet, diszipliniert *klar, übersichtlich, verständlich, geordnet, anschaulich, unzweideutig, präzise, greifbar, genau, fest umrissen, eindeutig, bildhaft (Sprache) *gekämmt, glatt, geordnet, schlicht, gepflegt (Haar)

**wirtschaftlich:** unwirtschaftlich, unökonomisch, verschwenderisch, teuer, unproduktiv, unrentabel *(zu) aufwendig, unrationell

**wispern:** schreien, grölen, kreischen, (auf)brüllen

**wißbegierig:** teilnahmslos, wurstig, apathisch, desinteressiert, uninteressiert

**wissen:** vermuten, annehmen, glauben, meinen, hoffen, finden, denken, ahnen, (be)fürchten, mutmaßen, spekulieren, wähnen, schätzen, einkalkulieren *nicht wissen *zweifeln *vergessen

**Wissen:** Vermutung, Annahme, Ahnung, Befürchtung, Mutmaßung, Spekulation, Kalkulation, Glaube *Zwei-

Know-how, Weitblick, Reife, Routine, Weltkenntnis

**wissend:** aufgeklärt, eingeweiht, unterrichtet, informiert, erfahren *verstehend, verständnisvoll
**wissenschaftlich:** fachwissenschaftlich, akademisch, gelehrt
**wissenswert:** lehrreich, instruktiv, aufschlußreich, interessant, bemerkenswert, nützlich, nutzbringend

**wissentlich:** absichtlich, willentlich, beabsichtigt, bezweckt, gewollt, geflissentlich, geplant, vorbedacht, absichtsvoll, mutwillig
**witzig:** spaßig, lustig *geistreich, geistvoll, sprühend, einfallsreich, unterhaltsam, spritzig, anregend, erfindungsreich, ideenvoll, ideenreich, erfinderisch, kreativ, originell, genial, produktiv
**witzlos:** geistlos, ideenlos, substanzlos, gehaltlos, (inhalts)leer, schal, gewöhnlich, verbraucht, abgegriffen, stumpfsinnig, mechanisch, geisttötend, dumpf, stupid(e), alltäglich, stereotyp, phrasenhaft, ohne Tiefe / Gehalt, abgeschmackt, nichtssagend, unbedeutend, oberflächlich, einfallslos, flach, trivial, banal, billig, platt, hohl, seicht, fad(e)
**wohl:** wohlauf, in bester Verfassung, gesund, frisch, munter, auf der Höhe, gut, blühend, auf dem Posten, strotzend *freilich, sicher, selbstverständlich *wahrscheinlich, vielleicht
**Wohl:** Gesundheit, Wohlbefinden, Wohlergehen, Rüstigkeit, Frische, gute Verfassung *Heil, Segen, Glück (-sfall), Glückssache
**wohlartikuliert:** verständlich, verstehbar, gut zu hören / verstehen, deutlich vernehmbar
**wohlauf:** gesund, munter, frisch

**Wohlbefinden:** Gesundheit, Wohl(ergehen), Rüstigkeit, Frische, gute Verfassung

**wohlbehalten:** gesund, heil, unverletzt, wohl(auf), ohne Unfall / Verletzung, unversehrt
**wohlbekannt:** bekannt, bedeutend, berühmt
**wohlerzogen:** ordentlich, anständig,

fel *Unkenntnis, Ahnungslosigkeit, Unvorbereitetsein, Nichtwissen, Unwissenheit
**wissend:** überrascht, unwissend, nicht informiert, ahnungslos, nichtsahnend *ungebildet, dumm *unvorbereitet
**wissenschaftlich:** unwissenschaftlich *populärwissenschaftlich
**wissenswert:** unwichtig, unbedeutend, belanglos, nebensächlich, bedeutungslos, nicht erwähnenswert, unmaßgeblich, unerheblich, unwesentlich
**wissentlich:** versehentlich, unabsichtlich, unbeabsichtigt, absichtslos, ohne Absicht, unbewußt, ungewollt, aus Versehen *fahrlässig
**witzig:** ernst, traurig, freudlos, bedrückt, bekümmert, deprimiert, trübselig, trübsinnig, unglücklich, schwermütig, pessimistisch, gedrückt *witzlos, fad(e), reizlos, platt, trocken, schal, nüchtern, geistlos
**witzlos:** witzig, geistreich, ironisch, humoristisch, spaßhaft, spitz, schlagfertig, schneidend, scherzhaft, geistvoll, spritzig, anregend, sprühend, einfallsreich, unterhaltsam, erfindungsreich, ideenvoll, originell, kreativ

**wohl:** schlecht *unwohl, flau, elend, schlecht *übel *bestimmt, genau, begrenzt (Zeitraum) *aber

**Wohl:** Unglück, Wehe, Verderben *Krankheit

**wohlartikuliert:** unartikuliert, nicht verständlich

**wohlauf:** krank, unpäßlich, unwohl, elend
**Wohlbefinden:** Unbehagen, Unzufriedenheit, Bitternis, Bitterkeit, Mißmut, Unlust, Verdrossenheit, Verbitterung, Mißfallen, Mißbehagen
**wohlbehalten:** verletzt, krank

**wohlbekannt:** unbekannt, unbedeutend, nicht berühmt
**wohlerzogen:** unerzogen, frech, dreist,

rechtschaffen, korrekt, fair, artig, gesittet, tugendhaft, sittsam, lauter,
schicklich, brav, manierlich, zuverlässig, redlich, charakterfest, höflich *aufgeschlossen, empfänglich, interessiert,
ansprechbar *freundlich, entgegenkommend, liebenswürdig, herzlich,
wohlwollend *ehrlich, aufrichtig, geradlinig, wahr(haftig), zuverlässig

**Wohlgefallen:** Wohlgefühl, Genugtuung, Behagen, Wohlbehagen, Zufriedenheit *Hochgefühl, Stimmung, Begeisterung, Freude

**wohlgelaunt:** gutgelaunt, heiter, froh,
fröhlich, erfreut, freudig, wohlgemut,
frohgemut, lustig, munter, vergnügt,
vergnüglich, strahlend, lebensfroh,
freudestrahlend, frohgestimmt
**wohlgenährt:** dick, korpulent, rund,
massig, füllig, stämmig, fett
**wohlgeraten:** wohlerzogen, ordentlich,
anständig, rechtschaffen, korrekt, fair,
artig, gesittet, tugendhaft, sittsam, lauter, schicklich, brav, manierlich, zuverlässig, redlich, charakterfest, höflich
**Wohlgeruch:** Geruch, Duft, Odeur
**wohlgesinnt:** wohlmeinend, freundlichgesinnt, wohlwollend, zugetan, huldreich, gewogen, huldvoll, gnädig, (zu-)
geneigt, gutgelaunt
**wohlhabend:** reich, vermögend, wohlsituiert, begütert, nicht arm, bemittelt,
finanzkräftig

**wohlig:** angenehm, wohltuend, willkommen, annehmlich, erfreulich, erquicklich, erfrischend, gut *gemütlich,
heimelig
**Wohlklang:** Wohllaut, Euphonie

**wohlklingend:** klangvoll, wohllautend,
euphonisch

schamlos, ungesittet, unmanierlich,
vorwitzig, unpassend, vorlaut, unverfroren, unverschämt, unartig, ungehorsam, impertinent, grob *unzugänglich,
widerspenstig, widersetzlich, unversöhnlich, unaufgeschlossen, trotzig,
stur, störrisch, starrsinnig, steifnackig,
eisern, aufmüpfig, aufsässig, halsstarrig, bockig, dickschädelig, rechthaberisch, hartgesotten, bockbeinig *unhöflich, abweisend, barsch, bärbeißig,
grob, plump, rüde, taktlos, unfreundlich, ungehobelt, unliebenswürdig, unritterlich, unverbindlich, unkultiviert,
ruppig, ungeschliffen *falsch, unredlich, unaufrichtig, unehrlich, unsolid,
unwahrhaftig, unreell, unlauter,
scheinheilig, aalglatt, katzenfreundlich, lügnerisch, lügenhaft, heuchlerisch *verwöhnt, verhätschelt, verzogen, verzärtelt, verweichlicht
**Wohlgefallen:** Abneigung, Abscheu,
Ekel, Aversion, Antipathie, Widerwille, Unbehagen, Mißfallen, Voreingenommenheit, Vorurteil *Streit, Feindschaft, Feindseligkeit, Haß
**wohlgelaunt:** schlechtgelaunt, mißmutig, gereizt, grollend, mürrisch, unfroh,
verstimmt, unlustig, mißgelaunt, übelgelaunt, fuchtig, hitzköpfig, übellaunig, unleidlich, ungehalten, erzürnt
**wohlgenährt:** schlank, dürr, abgezehrt,
dünn, hager, mager, rank, schmal
**wohlgeraten:** mißgeraten, schlechtge-
raten, ungeraten, schlecht, unterdurchschnittlich

**Wohlgeruch:** Gestank, Mief
**wohlgesinnt:** schlechtgesinnt, übelgesinnt *neidisch, scheel, mißgünstig

**wohlhabend:** mittellos, unbemittelt,
unvermögend, notleidend, verarmt,
(bettel)arm, bedürftig, einkommensschwach
**wohlig:** unangenehm, unerfreulich, lästig, leidig, störend, unangebracht, unliebsam, unbequem, abträglich

**Wohlklang:** Mißklang, Mißton, Disharmonie
**wohlklingend:** disharmonisch, mißtönend

**wohlriechend:** gutriechend, aromatisch, parfümiert, duftend

**wohlschmeckend:** schmackhaft, aromatisch, gut gewürzt, köstlich, geschmackvoll, pikant, appetitlich, delikat, vorzüglich, fein, gut

**Wohlstand:** Reichtum, Vermögen, Geld, Kapital, Güter, Mittel, Besitztum, Schätze

**Wohltat:** Labsal, Trost, Beruhigung, Balsam, Stärkung, Aufheiterung, Aufrichtung, Zuspruch, Tröstung

**Wohltäter:** Förderer, Gönner, Sponsor, Geldgeber, Spender, Mäzen, Protektor

**wohltätig:** nobel, edel, uneigennützig, human, gütig, selbstlos, herzensgut, lieb(enswert), wertvoll, hilfsbereit, gutherzig, gutartig, mitfühlend, gutmütig

**wohltuend:** wohlig, angenehm, willkommen, annehmlich, erfreulich, erquicklich, erfrischend, gut

**wohlüberlegt:** beabsichtigt, gewollt, bewußt, absichtlich *ausgereift, ausgewogen, überlegt, ausgearbeitet, durchdacht

**Wohlwollen:** Gewogenheit, Geneigtheit, Zuneigung, Gunst, Zuwendung, Sympathie, Huld, Jovialität *Güte, Liebe

**wohlwollend:** wohlgesinnt, wohlmeinend, zugetan, gewogen, (zu)geneigt, freundlich, entgegenkommend, hilfreich, gutgesinnt

**wohnen:** leben, wohnhaft / ansässig / daheim / beheimatet sein, einwohnen, seinen Wohnort / Wohnsitz / seine Wohnung haben, weilen, bewohnen, zubringen, s. aufhalten, residieren

**wohnlich:** behaglich, gemütlich, heimelig

**Wohnort:** Wohnsitz, Heimatort, Aufenthaltsort, Standort, Standquartier, Heimat, Domizil, Sitz

**Wolkenbruch:** Regenschauer, Schauer, Regenguß, Sturzregen, Platzregen. Gewitterregen

**wohlriechend:** schlechtriechend, stinkend, übelriechend, stickig *verbraucht (Luft)

**wohlschmeckend:** ungenießbar, übelschmeckend, unschmackhaft, ekelerregend, faul, ekelhaft, unappetitlich, widerlich, verdorben, widerwärtig *madig *ranzig (Butter) *sauer, bitter, gallig

**Wohlstand:** Armut, Not, Mittellosigkeit, Knappheit, Verknappung, Verelendung, Elend, Verarmung, Spärlichkeit, Kärglichkeit

**Wohltat:** Schaden *Nachteil

**Wohltäter:** Geizhals, Geizkragen, Knauser, Knicker, Pfennigfuchser *Normalbürger

**wohltätig:** geizig, knauserig, knickrig, schäbig, schofel, kniepig, gnietschig, sparsam, geldgierig, habsüchtig, profitsüchtig

**wohltuend:** unangenehm, lästig, störend, unliebsam, unerfreulich, abträglich

**wohlüberlegt:** unüberlegt, unbesonnen, fahrlässig, leichtfertig, gedankenlos, planlos, ziellos, wahllos, unvorsichtig, unbedacht, impulsiv, leichtsinnig

**Wohlwollen:** Mißfallen, Abneigung, Abscheu, Aversion, Antipathie, Widerwille, Unbehagen, Voreingenommenheit, Vorurteil *Streit, Haß, Feindschaft

**wohlwollend:** übelwollend, böswillig, abgeneigt, gram, entzweit, feind(lich), unversöhnlich, verfehdet, verfeindet, zerstritten, verstimmt, unfreundlich, haßerfüllt, gereizt

**wohnen:** (her)umziehen, vagabundieren, umherziehen *ausziehen *einziehen *hausen, dahinvegetieren

**wohnlich:** unwohnlich, unangenehm, kalt, frostig, unbehaglich, ungemütlich

**Wohnort:** Urlaubsort, Ferienquartier

**Wolkenbruch:** Nieselregen, Regen, Tropfen

**wolkenlos:** aufgeklart, unbewölkt, klar, heiß, sommerlich, warm, sonnig, heiter, ungetrübt, schön, hell

**wolkig:** bewölkt, bedeckt, bezogen

**wollen:** beabsichtigen, vorhaben, bezwecken, planen *erstreben, anstreben, streben nach *fordern, verlangen, beanspruchen *wünschen, gerne haben

**Wonne:** Frohsinn, Freude, Beglückung, Glückseligkeit, Zufriedenheit, Behagen

**wortbrüchig:** untreu, treulos, illoyal, abtrünnig, unsolidarisch, verräterisch, unzuverlässig, unstet

**Wortführer:** Diskussionsleiter, Sprecher *Anführer

**wortkarg:** einsilbig, verschwiegen, stumm, sprachlos, verschlossen, reserviert, zurückhaltend, still, nicht mitteilsam, lakonisch

**wörtlich:** wortgetreu, wortwörtlich, buchstäblich, im Wortlaut, Wort für Wort, verbaliter

**wortreich:** ausführlich, weitschweifig, langatmig, breit, in extenso

**wuchtig:** gigantisch, monströs, unermeßlich, riesig, massig, gewaltig *wie ein Klotz, kaum zu heben, drückend, bleiern, (blei)schwer

**wund:** aufgescheuert, wundgescheuert, wundgeschürft, entzündet, verletzt, aufgerissen

**wunderbar:** fabelhaft, märchenhaft, feenhaft, traumhaft, zauberhaft, sagenhaft, phantastisch, mirakulös *köstlich, delikat, fein, kulinarisch

**Wunsch:** Bitte, Anliegen, Ansuchen, Ersuchen *Herzenswunsch, Sehnsucht, Begehren, Verlangen *Wunschziel, Streben, Vorsatz, Vorhaben *Gratulation, Segenswunsch, Glückwunsch

**wünschen:** mögen, erträumen, erhoffen, (haben) wollen, ersehnen, begehren, den Wunsch äußern / hegen, sein Herz hängen an, erbitten *fordern, wollen

**würdelos:** unwürdig, charakterlos, verächtlich, nichtswürdig, ehrlos *veräht-

**wolkenlos:** bewölkt, bedeckt, wolkig, bezogen

**wolkig:** wolkenlos, unbewölkt, klar, strahlend, blau, heiter, sonnig, sommerlich, aufgeklart, heiß, warm

**wollen:** müssen *dürfen *nicht wollen (Arbeit) *nicht beachten (Vorschrift)

**Wonne:** Ekel, Abneigung, Abscheu, Widerwille, Abgeneigtheit, Haß *Gram, Trauer, Ärger, Kummer *Qual, Pein, Schmerz

**wortbrüchig:** (ge)treu, ergeben, anhänglich, beständig, zuverlässig

**Wortführer:** Anhänger, Sympathisant, Mitläufer *Parteigänger, Parteigenosse

**wortkarg:** beredsam, wortgewandt, zungenfertig, sprachgewandt, sprachgewaltig, redegewandt, redegewaltig, redselig, schwatzhaft, gesprächig, geschwätzig, klatschsüchtig, mitteilsam, redefreudig, tratschsüchtig, beredt

**wörtlich:** sinngemäß, ungefähr, frei, übertragen

**wortreich:** wortlos, schweigend, still, wortkarg *einfach, primitiv

**wuchtig:** dünn, leicht (Mauer) *zart, zierlich, klein *leicht, schwach, gering

**wund:** gesund, heil, geheilt *intakt

**wunderbar:** abscheulich, scheußlich, fürchterlich, häßlich, gräßlich, schrecklich *ungenießbar, abscheulich, übelschmeckend (Essen) *unerfreulich, unangenehm (Zustand) *nichtssagend

**Wunsch:** Wirklichkeit, Realität *Ablehnung, Zurückweisung *Erfüllung, Zusage

**wünschen:** (geschenkt) bekommen, erhalten *verweigern, ablehnen *erfüllen, zusagen

**würdelos:** würdevoll, würdig, respektiert, respektvoll *(menschen)würdig,

lich, lächerlich *menschenunwürdig, schlimm, elend, fürchterlich, primitiv
**würdevoll:** würdig, respektierlich, respektvoll *(menschen)würdig, komfortabel, angemessen *geeignet

**würdigen:** anerkennen, schätzen, respektieren, gutheißen, loben, zulassen, akzeptieren, ernstnehmen, bewundern, zustimmen, belobigen, herausheben, auszeichnen, s. anerkennend äußern / in Lobreden / Lobesworten ergehen

**wurstig:** desinteressiert, träge, dickfellig, schwerfällig, gleichgültig, lethargisch, teilnahmslos, leidenschaftslos, passiv, unbeteiligt, apathisch, stumpfsinnig, unempfindlich, interesselos, ungerührt, unbewegt, kühl, gefühllos, unaufgeschlossen, inaktiv, lasch, stumpf, denkfaul
**würzig:** herzhaft, gewürzt, kräftig, aromatisch, scharf, schmackhaft, wohlschmeckend *frisch, wohlriechend (Luft)
**wüst:** öde, einsam, verlassen *durcheinander, chaotisch, wirr *ausschweifend, maßlos, ungezügelt, zügellos *brutal, rigoros

**Wut:** Zorn, Ingrimm, Empörung, Entrüstung, Erregung, Raserei, Aufgebrachtheit; Erbitterung, Ärger, Furor

**wüten:** schäumen, schnauben, heftig werden, s. aufregen / wie wild gebärden, wild werden, rasen *stürmen, fauchen, brausen, rauschen, pfeifen, heulen, winden, dröhnen
**wütend:** ärgerlich, zornig, mißlaunig, übellaunig, peinlich, gekränkt, wutschnaubend, wutentbrannt, wutschäumend, unerfreulich, erzürnt, entrüstet, böse, erbost, fuchsteufelswild, zähneknirschend, verärgert, grantig, gereizt, aufgebracht, brummig, verdrossen, verdrießlich, unangenehm, muffig, grimmig, mißmutig, mürrisch, mißgestimmt, (gries)grämig, erbittert, knur-

gemütlich, wohnlich, heimelig

**würdevoll:** unwürdig, würdelos, charakterlos, verächtlich, nichtswürdig, ehrlos *(menschen)unwürdig, primitiv, elend, schlimm, furchtbar (Wohnung) *verächtlich, lächerlich *ungeeignet (Nachfolger)
**würdigen:** schelten, heruntersetzen, attackieren, verachten, (aus)schimpfen, fertigmachen, schmähen, zurechtweisen, herabsetzen *schlechtmachen, verteufeln, verunglimpfen, verleumden, verketzern, verlästern, abqualifizieren, diffamieren, demütigen, anschwärzen, diskriminieren, entwürdigen, herabwürdigen *ignorieren, übersehen, nicht beachten
**wurstig:** aufgeschlossen, ansprechbar, aufnahmebereit, aufnahmefähig, offen, zugänglich, gestimmt, interessiert, gespannt, begierig, aufmerksam

**würzig:** abgestanden, reizlos, salzarm, nüchtern, matt, nichtssagend, kraftlos, flau, fad(e), geschmacklos (Speise) *muffig, schal, stickig (Luft)
**wüst:** erfreulich, schön, gut, lieblich, angenehm *kultiviert, bebaut (Gegend) *geordnet, solide, sauber (Zimmer) *sittsam, anständig, sittlich *gekämmt, geordnet, gepflegt (Aussehen)
**Wut:** Ruhe, Gelassenheit, Ausgeglichenheit, Fassung, Gefaßtheit, Selbstbeherrschung, Seelenruhe, Haltung, Gleichmut, Gemütsruhe *Freude, Glück, Seligkeit, Wonne
**wüten:** vorüberziehen, vorübergehen (Unwetter) *s. beruhigen *eindämmen, bekämpfen (Seuchen) *abklimmen

**wütend:** gelassen, ruhig, abgeklärt, beherrscht, ausgeglichen, bedacht(sam), gleichmütig, still, sicher, harmonisch, gesetzt, geruhsam, würdevoll, ruhevoll, gezügelt, gefaßt, gemächlich, gemütlich, stoisch, überlegen, gesammelt, diszipliniert, unerschütterlich, besonnen, in aller Ruhe, entspannt, leidenschaftslos *freudig, heiter, zufrieden, fröhlich, froh(gestimmt), aus-

rig, bärbeißig, unwillig, unwirsch, verbittert, mißgelaunt, mißvergnügt, schlechtgelaunt, unmutig, unzufrieden, übelgelaunt, unbefriedigt, unlustig, unleidlich, in schlechter Stimmung

gelassen, lustig, vergnüglich, vergnügt, sonnig, strahlend, freudestrahlend, lebensfroh, wohlgemut, gutgelaunt

# Z

zackig: gezackt, zackenförmig, gezähnt, spitz(ig) *forsch, schwungvoll, unternehmend, flott, zielbewußt, kühn, beherzt, energisch, resolut

zaghaft: ängstlich, zag, aufgeregt, bänglich, zähneklappernd, angsterfüllt, angstverzerrt, hasenherzig, feigherzig, memmenhaft, mutlos, kleinmütig, befangen, beklommen, aufgeregt, bang, angstvoll, angstbebend, verängstigt, scheu, schüchtern, angstschlotternd, argwöhnisch, betroffen, besorgt, gehemmt, schreckhaft, verschreckt, verschüchtert, eingeschüchtert, zitternd

zäh: sehnig, ledern, lederartig, ledrig *resistent, stabil, unempfindlich, widerstandsfähig, abgehärtet, zählebig *fest, stockig, zähflüssig, dickflüssig *beharrlich, unentwegt, ausdauernd, unverdrossen, krampfhaft, hartnäckig, verzweifelt, unbeirrt, unbeirrbar, verbissen, widerstandsfähig, ausdauernd, gesund *alt, hart

Zähigkeit: Beharrlichkeit, Beharrung(svermögen), Zielbewußtsein, Zielstrebigkeit, Stetigkeit, Durchhaltevermögen, Standhaftigkeit, Unerschütterlichkeit, Unverdrossenheit, Unbeugsamkeit

zahlen: bezahlen, aufzahlen, zuzahlen, begleichen, bestreiten, finanzieren, (zurück)erstatten, unterstützen, tragen, entrichten, ab(be)zahlen, abtragen, nach(be)zahlen

zählen: zusammenzählen, abzählen, zuzählen, durchzählen *s. verlassen / stützen auf, rechnen mit *schwer wiegen, wert sein, gelten, wichtig / von Bedeutung sein

Zähler: Zählwerk, Wasserzähler, Gaszähler, Stromzähler

zahllos: unendlich, zahlreich, scharenweise, endlos, unzählbar, grenzenlos, unbegrenzt, unermeßlich, sehr viele, massenhaft

Zahlung: Bezahlung, Begleichung

zackig: rund, abgerundet, (ab)geschliffen, gerade *lasch, unsportlich, verweichlicht, verzärtelt, unenergisch (Soldat) *leger, lässig

zaghaft: selbstbewußt, couragiert, tapfer, kühn, unerschrocken, (wage)mutig, herzhaft, beherzt, entschlossen, sicher, unverzagt, waghalsig, heldenhaft, heroisch, forsch, todesmutig, halsbrecherisch, riskant, standhaft

zäh: weich, zart, mürbe, gar, durch (Fleisch) *schnell, hastig *verweichlicht, nicht ausdauernd / widerstandsfähig, verzärtelt, lasch, kränklich *spröde, brüchig *frisch, weich, knusprig (Brot) *oberflächlich, nachlässig, liederlich, flüchtig, huschelig, ungenau *willensschwach, unentschlossen, unenergisch, unkonsequent, willenlos, (pflaumen)weich, haltlos, nachgiebig, unnachdrücklich

Zähigkeit: Inkonsequenz, Energielosigkeit, Unentschlossenheit, Willensschwäche, schwacher Wille, Haltlosigkeit, Willenlosigkeit, Weichheit, Nachgiebigkeit

zahlen: (ab)kassieren, einnehmen, einstecken, vereinnahmen, einheimsen, eintreiben, einsammeln, einziehen *nachnehmen (Nachnahme) *beitreiben

zählen: (ab)schätzen, veranschlagen, überschlagen, taxieren *nicht rechnen (mit) (Mensch, Hilfe) *nicht dazugehören

Zähler: Nenner (Mathematik)

zahllos: einige, etliche, wenige, ein paar, mehrere, diverse, verschiedene, kaum jemand

Zahlung: Einnahme, Kassierung *Einkünfte

**zahlungsfähig:** flüssig, liquid, solvent

**Zahlungsfähigkeit:** Bonität, Solvenz, Liquidät

**zahlungsunfähig:** insolvent, illiquid, bankrott, finanziell ruiniert, finanzschwach

**Zahlungsunfähigkeit:** Ruin, Pleite, Insolvenz, Konkurs, Bankrott(erklärung), Illiquidität

**zahm:** gelinde, rücksichtsvoll, mild, gemäßigt, sacht, schonungsvoll, behutsam *gehorsam, folgsam, brav, gefügsam, artig, ergeben, anständig, lieb, gefügig, gutwillig, willfährig, wohlerzogen, lenkbar, willig, manierlich *zutraulich, gebändigt, gezähmt, abgerichtet, domestiziert, nicht wild

**Zank:** Streit, Zusammenstoß, Zerwürfnis, Kollision, Hader, Händel, Querelen, Reibung, Scharmützel, Unfriede, Unzuträglichkeit, Differenzen, Szene, Krawall, Disharmonie, Mißklang, Mißhelligkeit, Auseinandersetzung, Mißverständnis, Zusammenprall, Gezänk, Streitigkeit, Widerstreit, Hakelei, Entzweiung, Gegensätzlichkeit, Zwist, Zwietracht, Konflikt, Reiberei, Tätlichkeit

**zanken (s.):** s. streiten, aneineindergeraten, s. anlegen mit / auseinandersetzen/befehden/entzweien/überwerfen/ häkeln / verfeinden / bekriegen / anbinden / zerstreiten / verzanken, in Streit liegen / geraten, einen Auftritt haben, rechten, kollidieren

**zänkisch:** streitsüchtig, hadersüchtig, streitlustig, rechthaberisch, reizbar, bissig, aggressiv, streitbar, böse, unverträglich, zanksüchtig, kämpferisch, kampflustig, kampfbereit, herausfordernd, feindselig, militant, provokatorisch, polemisch, zankhaft, unfriedlich, provokant

**zappelig:** unruhig, umhergetrieben, ruhelos, umherirrend, fiebrig, wuselig, rastlos, kribbelig, hektisch, aufgeregt, lebhaft, flatterig, unstet, zerfahren

**zart:** locker, dünn, spinnwebfein, fein (-gesponnen), weich, leicht, duftig *empfindsam, gefühlstief, gefühlvoll, beseelt, innerlich, seelenvoll, tränenselig, gefühlsselig, gemüthaft, gemütvoll,

**zahlungsfähig:** zahlungsunfähig, bankrott, blank, illiquid, insolvent, pleite

**Zahlungsfähigkeit:** Zahlungsunfähigkeit, Bankrott(erklärung), Ruin, Pleite, Konkurs, Insolvenz, Illiquidität

**zahlungsunfähig:** liquid, solvent, zahlungsfähig, pleite

**Zahlungsunfähigkeit:** Zahlungsfähigkeit, Bonität, Liquidität, Solvenz

**zahm:** ungezähmt, ungebändigt, wild, verwildert (Tier) *aufsässig, ungehorsam, unwillig, unfolgsam, unversöhnlich, halsstarrig, dickköpfig, hartgesotten, unbelehrbar, unnachgiebig, widersetzlich *scharf, hart, bissig, beißend (Kritik) *(un)zivilisiert

**Zank:** Nebeneinander *Frieden, Ruhe, Entspannung, Friedfertigkeit, Friedlichkeit

**zanken (s.):** s. vertragen / beruhigen, auskommen (mit)

**zänkisch:** friedlich, ruhig, friedfertig, friedliebend, still, verträglich, friedsam, friedvoll, versöhnlich, gütlich, einträchtig

**zappelig:** ruhig, besonnen, ausgeglichen, bedacht(sam), gemessen, geruhsam, gemächlich, harmonisch, gleichmütig, ruhevoll, würdevoll, gesetzt, gezügelt

**zart:** zäh, ledern (Fleisch) *widerstandsfähig, robust, kräftig, füllig, massig, massiv, kraftstrotzend, umfangreich, plump, groß, stramm, (kern)gesund (Mensch) *kräftig, stark, heftig,

rührselig, schmalzig, schwärmerisch, überspannt, verinnerlicht, sinnenhaft, mimosenhaft, feinfühlend, zartfühlend, feinfühlig, feinsinnig, zartbesaitet, feinbesaitet, sensibel, überempfindlich, weich, einfühlsam, gefühlsbetont, romantisch *behutsam, schonend, schonungsvoll, sacht, mild, sanft(mütig) *zierlich, fragil, zartgliedrig, zerbrechlich, schmächtig, schmal, gazellenhaft *weich (Fleisch)

**zartbesaitet:** empfindsam, gefühlstief, gefühlvoll, beseelt, innerlich, seelenvoll, tränenselig, gefühlsselig, gemüthaft, gemütvoll, rührselig, schmalzig, schwärmerisch, überspannt, verinnerlicht, sinnenhaft, mimosenhaft, feinfühlend, zart(fühlend), feinfühlig, feinsinnig, feinbesaitet, sensibel, überempfindlich, weich, einfühlsam, gefühlsbetont, romantisch *verwundbar, verletzbar, verletzlich, leicht zu kränken

**zärtlich:** liebevoll, zart, liebend, weich, empfindsam, sensibel, gefühlvoll, hingebend, rührend, lieb, sanft

**Zärtlichkeit:** Liebkosung, Umarmung, Kuß *Zuneigung, Wohlwollen

**zauberhaft:** entzückend, anziehend, reizvoll, hübsch, bezaubernd, sympathisch, gewinnend, angenehm, attraktiv, aufreizend, charmant, einnehmend, anmutig, betörend, lieb(lich), doll, toll, liebenswert

**zaudernd:** ängstlich, zag(haft), aufgeregt, bänglich, zähneklappernd, angsterfüllt, angstverzerrt, hasenherzig, feigherzig, memmenhaft, mutlos, kleinmütig, befangen, aufgeregt, bang, angstvoll, angstbebend, verängstigt, scheu, schüchtern, beklommen, angstschlotternd, argwöhnisch, betroffen, besorgt, gehemmt, schreckhaft, verschreckt, verschüchtert

**zeigen:** hinweisen, hinzeigen, (hin-)deuten, zeigen auf *unter Beweis stellen, bezeugen, belegen, nachweisen, beweisen *besagen, verraten, ausdrük-

intensiv (Berührung) *rauh, schallend, stark, dröhnend (Klang) *kräftig, satt, voll, grell, lebhaft, schreiend (Farbe)

**zartbesaitet:** brutal, unbarmherzig, gefühllos, gnadenlos, kalt, unmenschlich, robust, verroht, schonungslos, unsozial, grausam, herzlos, inhuman, kaltblütig, roh

**zärtlich:** kalt, gefühlskalt, fischblütig, zurückhaltend, herb, kühl, frigid, scheu, schüchtern *grob, verhärtet, roh, hartherzig *gehässig, ungeneigt, feindselig, entzweit, abgeneigt, verstimmt, verfehdet, zerstritten, verfeindet, haßerfüllt

**Zärtlichkeit:** Kälte, Kühle, Zurückhaltung, Frigidität, Scheu, Schüchternheit *Grobheit, Verhärtung, Hartherzigkeit *Gehässigkeit, Abneigung, Abscheu, Feindschaft, Haß, Widerwille, Ungeneigtheit, Antipathie

**zauberhaft:** häßlich, abstoßend, dreckig, schmutzig, eklig, ekelerregend, greulich, grauenerregend

**zaudernd:** entschlossen, zielstrebig, resolut, tatkräftig, unbeirrt, willensstark, zielsicher, zielbewußt, nachdrücklich, konsequent, zupackend

**zeigen:** verbergen, verstecken, verhüllen *einhüllen *einschalen *verheimlichen, verschweigen *zurückhalten, unterdrücken (Freude) *nachmachen,

ken, manifestieren, bedeuten *bekunden, erweisen, entgegenbringen, bezeigen *demonstrieren, dokumentieren, erklären, anleiten, beibringen, lehren, bieten, unterrichten, schulen, einweihen, aufweisen *vorweisen, sehen lassen, anbringen, herzeigen, Einblick geben *nicht verstecken / verbergen, anmerken / erkennen lassen

**Zeit:** Uhrzeit, Normalzeit, Ortszeit, mitteleuropäische / osteuropäische / westeuropäische Zeit *Sekunden, Minuten, Stunden, Tage, Wochen, Jahre *Zeitraum, Ära, Phase, Zeitalter, Zeitspanne, Epoche, Zeitabschnitt, Periode, Dauer

**zeitgemäß:** fortschrittlich, gegenwartsnah, mit der Zeit, aktuell, up to date, progressiv, aufgeschlossen, neuzeitlich, mit der Zeit, modern, zeitnah

**zeitig:** früh(zeitig), beizeiten, bald *pünktlich, wie vereinbart, fristgerecht, fristgemäß, zur rechten Zeit

**zeitlich:** vorübergegend, flüchtig, begrenzt, kurzlebig, endlich, sterblich, irdisch, veränderlich, vergänglich, von kurzer Dauer *in der Zeit, der Zeit nach

**zeitlos:** nicht der Mode unterworfen, klassisch, in jede Zeit passend, nicht zeitgebunden

**zeitweilig:** manchmal, gelegentlich, verschiedentlich, hin und wieder, stellenweise, vereinzelt, nicht immer, mitunter, zuweilen, bisweilen, streckenweise, dann und wann, sporadisch

**zeitweise:** manchmal, bisweilen, vereinzelt, vorübergehend, eine Zeitlang, kurz(zeitig)

**zentral:** günstig gelegen, in der City / Mitte, im Mittelpunkt, innen, in günstiger Lage, im Mittelpunkt / Kern / Herzen / Zentrum *wichtig *erstrangig, primär

**Zentrale:** Hauptgeschäftsstelle, Geschäftsstelle, Stammhaus

**Zentralfigur:** Hauptfigur, Hauptdarsteller, Hauptperson, Held, Hauptrolle

**zentralisieren:** konzentrieren, komprimieren, zusammenfassen

**zentrifugal:** nach außen strebend

**zentripetal:** nach innen strebend

nachahmen, folgen

**Zeit:** Hast, Eile, Tempo, Betriebsamkeit, Wirbel, Trubel, Überstürzung, Geschäftigkeit, Geschwindigkeit, Getriebe, Hektik *Unzeit, ungelegene Stunde, Ungelegenheit, unpassender Zeitpunkt / Augenblick

**zeitgemäß:** unmodern, veraltet, unaktuell, unzeitgemäß, altmodisch *vergangen, alt, vorzeitig *Zukunft(smusik), Utopie

**zeitig:** (zu) spät, verspätet, später als vereinbart

**zeitlich:** ewig, unvergänglich, dauernd, bleibend, unausrottbar, immerwährend, unwandelbar, unendlich, unbegrenzt

**zeitlos:** modisch, aktuell *vergänglich

**zeitweilig:** (fort)dauernd, ständig, stets, unaufhörlich, unablässig, endgültig, bleibend, immer(während), ohne Pause, immerzu

**zeitweise:** immer, ewig, andauernd, fortdauernd, anhaltend, permanent

**zentral:** peripher, am Rand / Ortsrand liegend, abgelegen, abseits (Lage) *regional *zweitrangig, nebensächlich, peripher, sekundär (Bedeutung) *unwichtig

**Zentrale:** Filiale, Zweigstelle, Niederlassung, Geschäftsnebenstelle, Außenstelle, Agentur, Nebenstelle

**Zentralfigur:** Randfigur, Nebenrolle *Außenseiter

**zentralisieren:** dezentralisieren

**zentrifugal:** nach innen strebend, zentripetal

**zentripetal:** zentrifugal, nach außen strebend

**Zentrum:** Innenstadt, City, Stadtmitte, Stadtzentrum, Stadtkern, das Stadtinnere *Herz, Kern, Mitte, Center, Zentralstelle, Knotenpunkt, Kerngebiet, Sammelbecken, Hochburg, Achse, Seele, Mittelpunkt

**zerbrechen:** entzweigehen, (zer)splittern, zerschellen, in Stücke zerfallen, (zer)platzen *zertrümmern, (durch-)brechen, zerstören, zerklopfen, zerhauen

**zerbrechlich:** spröde, leicht brechend, brechbar, gläsern, splitterig, fragil

**zerbrochen:** kaputt, defekt, beschädigt, schadhaft

**zerfahren:** unaufmerksam, abgelenkt, zerstreut, (geistes)abwesend *beschädigt, abgenutzt, verbraucht

**zerlegen:** abbauen, demontieren, auseinandernehmen, auflösen, auseinanderlegen *tranchieren, zerstückeln, in zwei / drei / vier ... / mehrere Stücke schneiden, aufteilen, (zer)teilen, aufschneiden, (zer)schneiden, halbieren, dritteln, vierteln

**zerreißen:** einreißen, zerrupfen, zerfetzen, zerstückeln, entzweireißen *angreifen, attackieren, beenden, untersagen *trennen, auseinandergehen, s. verlieren

**Zerrissenheit:** Unausgeglichenheit, Zwiespältigkeit, Mißklang, Uneinigkeit, Disharmonie

**zerrüttet:** ruiniert, gebrochen, erledigt, fertig, am Ende *brüchig, defekt, zerstört

**zersetzend:** subversiv, umstürzlerisch, destruktiv, zerstörerisch, revolutionär, negativ

**zerstören:** verwüsten, zerrütten, zermalmen, vernichten, zugrunde richten, zerbomben, zerschießen, destruieren, dem Erdboden gleichmachen *beschädigen, zerbrechen, zertrümmern, einschlagen, demolieren, zerstampfen, unbrauchbar machen

**zerstörerisch:** zersetzend, subversiv, umstürzlerisch, destruktiv, revolutionär

**Zerstörung:** Zersetzung, Destruktion *Korrosion *Vernichtung, Verwü-

**Zentrum:** Vorort, Vorstadt, Trabantenstadt, Randgebiet, Stadtrand *Peripherie

**zerbrechen:** (aus)halten, ertragen *reparieren, wiederherstellen, instand setzen, ausbessern, (aus)flicken, (zusammen)kleben, stopfen, verbinden, erneuern *s. aufrichten, vertragen

**zerbrechlich:** unzerbrechlich, robust, stabil, fest

**zerbrochen:** heil, intakt, ganz *geklebt, verbunden, repariert

**zerfahren:** konzentriert, wach, versunken, aufmerksam, vertieft, gesammelt *heil, intakt, ganz (Straßenbelag)

**zerlegen:** zusammenbauen, montieren, zusammenfügen, zusammensetzen *modellieren *aufbauen (Chemie)

**zerreißen:** (aus)halten, ertragen *reparieren, verbinden, kleben, zusammensetzen, wiederherstellen, instand setzen, ausbessern, (aus)flicken, erneuern, stopfen, kitten *halten, (an)dauern (Freundschaft)

**Zerrissenheit:** Harmonie, Partnerschaft, Kooperation, Einigkeit, Übereinstimmung, Brüderlichkeit, Eintracht, Gleichklang, Einmütigkeit, Einstimmigkeit, Frieden

**zerrüttet:** heil, gesund, ganz, harmonisch, intakt, friedlich (Familie) *gut, intakt, positiv, wohlhabend, reich, gesund (Verhältnisse)

**zersetzend:** aufbauend, konstruktiv, unterstützend, helfend, förderlich, positiv, hilfreich

**zerstören:** erschaffen, kreieren, schöpfen, hervorbringen, machen, erzeugen *nähren (Hoffnung) *reparieren, wiederherstellen, wiederaufbauen, instand setzen, ausbessern, erneuern *beibehalten, erhalten, fördern, aufheben, bewahren

**zerstörerisch:** aufbauend, konstruktiv, unterstützend, helfend, förderlich, positiv, hilfreich

**Zerstörung:** Wiederaubau, Wiederherstellung, Reparatur, Restaurierung,

stung, Zertrümmerung, Zerschlagung, Verheerung

**zerstreuen (s.):** aufmuntern, ablenken, erheitern, aufheitern, auf andere Gedanken bringen / kommen *eliminieren, beheben, aufheben, ausmerzen, beseitigen, ausräumen *verjagen, vertreiben, zersplittern, separieren, trennen, auseinandertreiben, versprengen, auseinanderjagen, auflösen *zerwehen, auseinanderstreuen, verteilen

**zerstreut:** fahrig, ruhelos, rastlos, unruhig, getrieben *geistesabwesend, unkonzentriert, abwesend, versunken, gedankenverloren, verträumt, grübelnd, in Gedanken, nachdenklich, unerreichbar, traumverloren, entrückt, träumerisch, selbstvergessen, nicht bei der Sache, unansprechbar

**Zerstreutheit:** Abgelenktheit, Absence, Unaufmerksamkeit, Geistesabwesenheit, Konzentrationsschwäche, Zerfahrenheit

**Zerstreuung:** Ablenkung, Kurzweil, Unterhaltung, Zeitvertreib, Vergnügen, Belustigung

**Zerstreuungslinse:** Konkavlinse

**Zerwürfnis:** Zank, Streit, Zusammenstoß, Kollision, Hader, Händel, Querelen, Reibung, Scharmützel, Unfriede, Unzuträglichkeit, Differenzen, Szene, Krawall, Disharmonie, Mißklang, Mißhelligkeit, Auseinandersetzung, Mißverständnis, Zusammenprall, Gezänk, Streitigkeit, Widerstreit, Hakelei, Entzweiung, Gegensätzlichkeit, Zwist, Zwietracht, Konflikt, Reiberei, Tätlichkeit

**zerzausen:** (ver)strubbeln, zerraufen, zausen

**zerzaust:** struppelig, struppig, unordentlich, zottig, verstrubbelt, verfrisiert, ungekämmt, strähnig, strobelig

**zeugungsfähig:** fertil, fruchtbar, geschlechtsreif, potent, fortpflanzungsfähig

**Zeugungsfähigkeit:** Potenz *Kraft, Stärke

**zeugungsunfähig:** unfruchtbar, infertil, impotent, steril(isiert)

**Zeugungsunfähigkeit:** Impotenz, Unfruchtbarkeit *Sterilität

**ziehen:** reißen, zerren, zupfen, rupfen *marschieren, gehen, s. zubewegen

---

Aufbau, Bildung *Aufbau, Hilfe, Förderung, Unterstützung

**zerstreuen (s.):** s. sammeln / konzentrieren / zusammennehmen (Gedanken) *s. (ver)sammeln / (zusammen-)ballen / ansammeln / konzentrieren / verdichten, zusammenkommen *verzweifeln *s. (hinein)steigern

**zerstreut:** konzentriert, wach, gesammelt, vertieft, aufmerksam *zusammen, beieinanderliegend, konzentriert, (eng) zusammen

**Zerstreutheit:** Konzentration, Sammlung, Vertiefung, Aufmerksamkeit, Wachheit *Ballung, Verdichtung, Konzentration

**Zerstreuung:** Ansammlung, Konzentration, Ballung, Zusammenballung *Arbeit, Beschäftigung

**Zerstreuungslinse:** Konvexlinse, Sammellinse

**Zerwürfnis:** Eintracht, Harmonie, Einigkeit, Frieden, Einmütigkeit, Bündnis, Gleichklang, Brüderlichkeit, Einstimmigkeit *Annäherung, Kompromiß

**zerzausen:** ordnen, kämmen, glätten, zurechtmachen, (aus)bürsten, striegeln

**zerzaust:** zurechtgemacht, frisiert, gepflegt, geordnet, glatt, gekämmt, geflochten, eingelegt, wellig

**zeugungsfähig:** zeugungsunfähig, impotent *sterilisiert

**Zeugungsfähigkeit:** Zeugungsunfähigkeit, Impotenz *Sterilisation

**zeugungsunfähig:** zeugungsfähig, potent *stark, kräftig

**Zeugungsunfähigkeit:** Potenz, Zeugungsfähigkeit *Kraft, Stärke

**ziehen:** schieben, drücken, fortbewegen, weiterbewegen *einsetzen (Zahn)

auf, zugehen auf *wirken, hervorrufen, zeitigen, einschlagen *züchten, kreuzen, veredeln, verbessern, heranziehen *wehen, blasen *zücken, herausziehen, herausnehmen
**Ziel:** Intention, Wollen, Wunsch, Plan, Endziel, Vorsatz, Bestreben, Endzweck, Trachten, Absicht, Zielvorstellung *Endstation, Bestimmungsort, Reiseziel, Zielort

**zielbewußt:** beharrlich, zäh, unentwegt, ausdauernd, unverdrossen, krampfhaft, hartnäckig, verzweifelt, unbeirrt, unbeirrbar, verbissen *zielstrebig, energisch, konsequent, unbeirrt, entschlossen, willensstark, resolut, tatkräftig, aktiv, nachdrücklich
**ziellos:** planlos, unentschlossen, unbesonnen, fahrlässig, unbedacht, unüberlegt, unvorsichtig, leichtfertig, impulsiv

**zielsicher:** zielstrebig, energisch, konsequent, unbeirrt, entschlossen, resolut, aktiv, nachdrücklich

**Zierde:** Dekor, Ornament, Putz, Schmuck, Zier, Verzierung, Verschnörkelung, Rankenwerk, schmückendes Beiwerk

**zieren:** schmücken, verschöne(r)n, ausgestalten, schönmachen, garnieren, ausputzen, ausstatten, dekorieren, behängen *s. zieren: s. genieren / spreizen / anstellen, prüde / schüchtern / zimperlich / gekünstelt sein
**zierlich:** gazellenhaft, schlank, schmal, grazil, zart, zerbrechlich, fragil, durchsichtig, schmächtig *zwergenhaft, winzig, kurz, klein (gewachsen)

**zimperlich:** heikel, wehleidig, weichlich, (über)empfindlich, unleidlich *unsicher, nervös, ängstlich

**zinslos:** ohne Zinsen, unverzinst

**zirka:** ungefähr, annähernd, etwa, fast, beinahe, schätzungsweise, pauschal, einigermaßen, abgerundet, gegen
**zischen:** fauchen, zischeln *nicht einverstanden sein, sein Mißfallen zeigen

*einstecken (Geldbeutel) *abziehen, weichen, zurückgehen *zurückfliegen, zurückkehren, wiederkommen (Vögel) *(aus)blasen, ausstoßen *(da)bleiben (Wohnort) *beenden, zu Ende führen
**Ziel:** Start, Beginn, Ausgangspunkt

**zielbewußt:** ziellos, planlos, unentschlossen, unbesonnen, fahrlässig, unbedacht, unüberlegt, unvorsichtig, leichtfertig, impulsiv

**ziellos:** zielbewußt, aktiv, zielstrebig, energisch, entschlossen, konsequent, unbeirrt, willensstark, zielsicher, zupackend, nachdrücklich, resolut, tatkräftig
**zielsicher:** nervös, ängstlich *unsicher *fahrlässig, unentschlossen, ziellos, planlos, leichtfertig, unvorsichtig, unbesonnen, unüberlegt
**Zierde:** Schande, Blamage, Schmach *Bloßstellung, Beschämung, Desavouierung, Kompromittierung, Schmach, Unehre, Schimpf, Pleite, Reinfall, Blamage
**zieren:** schänden, bloßstellen, kompromittieren, brüskieren, blamieren, desavouieren *verunzieren, verunstalten
*s. zieren: natürlich / ungekünstelt / unverfälscht sein

**zierlich:** breitschultrig, kräftig, bullig, eisern, markig, kernig, stattlich, mächtig, gewaltig, riesig, stämmig, vierschrötig, urgewaltig, stramm, wuchtig, umfangreich, klobig (Mensch) *ausgeprägt, groß, markant, mächtig (Schrift)
**zimperlich:** abgehärtet, gefeit *entschlossen, resolut, energisch, zielsicher, zupackend, tatkräftig, willensstark
**zinslos:** verzinslich, verzinsbar, verzinst
**zirka:** genau, exakt, abgemacht, vereinbart, (vertraglich) festgelegt

**zischen:** klatschen, applaudieren, Beifall spenden / zollen *schreien, grölen, brüllen (Publikum)

**zittrig:** ängstlich, zag(haft), aufgeregt, bänglich, zähneklappernd, angsterfüllt, angstverzerrt, hasenherzig, feigherzig, memmenhaft, mutlos, kleinmütig, befangen, aufgeregt, bang, angstvoll, angstbebend, verängstigt, scheu, schüchtern, beklommen, angstschlotternd, argwöhnisch, betroffen, besorgt, gehemmt, schreckhaft, verschreckt, verschüchtert *gebrechlich, hinfällig, alt
**zivil:** ordentlich, solid, bürgerlich, sicher, geordnet *preiswert, bezahlbar, billig, erschwinglich, angemessen, mäßig, preisgünstig *standesamtlich (Trauung)
**Zivil:** bürgerliche Kleidung
**Zivilcourage:** Kühnheit, Mut, Beherztheit, Furchtlosigkeit, Draufgängertum, Unverzagtheit, Tapferkeit, Tollkühnheit, Herzhaftigkeit, Unerschrockenheit, Courage, Selbstsicherheit, Sicherheit
**Zivilist:** Zivilperson, Bürger

**zögern:** zaudern, zagen, schwanken, offenlassen, (ab)warten, s. besinnen / bedenken, innehalten, verweilen, Bedenken tragen / haben, unentschieden / unentschlossen / unschlüssig sein
**zögernd:** unentschlossen, unentschieden, schwankend, unschlüssig, entschlußlos
**Zölibat:** Ehelosigkeit, Junggesellenstand, Jungfräulichkeit
**zollfrei:** abgabenfrei, unverzollt

**zollpflichtig:** abgabenpflichtig, verzollt

**Zorn:** Erbostheit, Gereiztheit, Bissigkeit, Zornröte, Wut(anfall), Groll, Verärgerung *Tobsuchtsanfall, Zornesausbruch, Aufwallung, Anwandlung, Entladung, Explosion, Erregung

**zornig:** (gries)grämig, ärgerlich, mißlaunig, übellaunig, peinlich, gekränkt, wütend, wutschnaubend, wutentbrannt, wutschäumend, unerfreulich, erzürnt, entrüstet, böse, erbost, fuchsteufelswild, zähneknirschend, verär-

**zittrig:** ruhig, sicher, beherrscht, gefaßt, diszipliniert, gesammelt, besonnen, stoisch, gelassen, bedacht, in aller Ruhe *kaltblütig *sicher, ausgeprägt, glatt (Handschrift)

**zivil:** militärisch (Flughafen, Beruf) *mäßig, niedrig, bezahlbar (Preise) *kirchlich (Trauung)

**Zivil:** Uniform *Dienstkleidung
**Zivilcourage:** Angst, Unsicherheit, Scheu, Hemmung, Furcht, Beklemmung, Bangigkeit, Ängstlichkeit, Befangenheit, Furchtsamkeit, Verlegenheit

**Zivilist:** Soldat, Bürger / Staatsbürger in Uniform, Militärpflichtiger, Uniformträger, Wehrpflichtiger
**zögern:** s. (ge)trauen / entschließen / aufraffen, wagen, anfangen, handeln, beginnen *herausplatzen (Antwort)

**zögernd:** entschlossen, energisch, nachdrücklich, resolut, zupackend *eilig, schnell, schleunig
**Zölibat:** Ehe, Heirat, Vermählung, Zweisamkeit, Ehebund, Verbindung
**zollfrei:** zollpflichtig, abgabenpflichtig, verzollt
**zollpflichtig:** zollfrei, abgabenfrei, unverzollt
**Zorn:** Freude, Glück, Wonne, Fröhlichkeit, Frohsinn, Frohmut, frohe Laune, Lustigkeit, Vergnügtheit, heitere Stimmung, Ausgelassenheit *Gleichmut, Gelassenheit, Ruhe, Fassung, Beherrschung, Ausgeglichenheit, Gemütsruhe, Gefaßtheit, Unempfindlichkeit, Selbstbeherrschung, Kaltblütigkeit, Seelenruhe
**zornig:** freudig, erfreut, gutgelaunt, wohlgemut, heiter, aufgeräumt, aufgelegt, freudestrahlend, froh(gestimmt), frohgemut, lebensfroh, munter, lustig, sonnig, vergnügt, vergnüglich, übermütig, überschäumend *ruhig, gefaßt,

gert, grantig, gereizt, aufgebracht,
brummig, verdrossen, verdrießlich, unangenehm, muffig, grimmig, mißmutig, mürrisch, mißgestimmt, erbittert,
knurrig, bärbeißig, unwillig, unwirsch,
verbittert, mißgelaunt, mißvergnügt,
schlechtgelaunt, unmutig, unzufrieden, übelgelaunt, unbefriedigt, unlustig, unleidlich, in schlechter Stimmung
**zu:** bis zu, nach, herzu, herbei, an *pro,
per, je *(ab)geschlossen, dicht, verschlossen, abgesperrt, verriegelt, unbetretbar

**zubereitet:** bereitgemacht, angerichtet,
zugerichtet, fertiggemacht, präpariert,
vorbereitet, hergerichtet

**zubilligen:** billigen, erlauben, genehmigen, bewilligen, zugestehen, gewähren, tolerieren, stattgeben, beipflichten

**zubinden:** verschnüren, zuschnüren,
verschließen

**Zucht:** Ordnung, Disziplin, Dressur,
Drill *Aufzucht, Kultur, Züchtung
*Kinderstube, Erziehung *Moral, in-
nere Kraft

**züchtig:** sittlich, anständig, sittsam, gesittet *keusch, jungfräulich, unverdorben, unberührt, enthaltsam, unschuldig

**züchtigen:** bestrafen, schlagen, tätlich
werden, prügeln, zuhauen

**zuchtlos:** verdorben, verrucht, sittenlos, obszön, verworfen, unmoralisch,
unsittlich, liederlich, unkeusch, lasterhaft, wüst, zotig

**Zuchtlosigkeit:** Sittenlosigkeit, Unmoral, Lasterhaftigkeit, Unkeuschheit,
Liederlichkeit, Unzüchtigkeit, Verruchtheit, Verworfenheit, Verderbtheit, Unsittlichkeit

**zudecken:** verhüllen, verhängen, verdecken, bedecken, abdecken, überdecken *verschweigen, verheimlichen,
übersehen, tolerieren

**zudrehen:** stoppen, abschalten, abdrehen, ausschalten, ausdrehen, abstellen
*s. zudrehen: s. jmdm. hinwenden /
zuwenden / widmen

**zudringlich:** aufdringlich, lästig, penetrant, unverschämt, nicht feinfühlig,

ausgeglichen, besonnen, überlegen,
gleichmütig, gezügelt, gesetzt, geruhsam, gemessen, kaltblütig, unempfindlich

**zu:** von, weg *nach *ab, aus, von *offen, auf, unverschlossen, geöffnet

**zubereitet:** unzubereitet *roh, natürlich

**zubilligen:** verlangen, beantragen, fordern *ablehnen, abschlagen, versagen,
verweigern, aberkennen, absprechen

**zubinden:** aufbinden *aufschneiden

**Zucht:** Chaos, Unordnung *Zuchtlosigkeit, Disziplinlosigkeit *Sittenlosigkeit, Zuchtlosigkeit, Lasterhaftigkeit,
Unkeuschheit, Liederlichkeit, Unzüchtigkeit, Verruchtheit, Verworfenheit, Verderbtheit, Unmoral, Unsittlichkeit

**züchtig:** verrucht, verdorben, sittenlos,
zuchtlos, obszön, verworfen, unmoralisch, unsittlich, liederlich, unkeusch,
lasterhaft, wüst, zotig

**züchtigen:** streicheln, liebkosen, hät-
scheln, herzen, zärtlich sein, kraulen,
schmusen, abdrücken

**zuchtlos:** züchtig, diszipliniert, brav,
artig, folgsam, gehorsam, manierlich
*gesittet, sittsam

**Zuchtlosigkeit:** Zucht, Disziplin, Ordnung *Gehorsamkeit, Artigkeit, Folgsamkeit

**zudecken:** aufdecken *aufdecken, enthüllen (Zustände)

**zudrehen:** aufdrehen, öffnen (Hahn)
*s. zudrehen: s. abdrehen / abwenden /
wegdrehen, umdrehen

**zudringlich:** zurückhaltend, dezent, gehemmt, schüchtern, kalt, scheu, reser-

plump, anmaßend, unangenehm, widerlich

**Zudringlichkeit:** Annäherungsversuch, Aufdringlichkeit, Belästigung, Anmaßung

**zuerst:** vorerst, in erster Linie, fürs erste, vorderhand, voraus, anfänglich, zuvor, am Anfang, vorab, als erstes / nächstes, an erster Stelle

**Zufall:** Gelegenheit, Zufälligkeit, Glück(sfall), Glückssache

**zufallen:** zuschlagen, zuschnappen, einschnappen, zuklappen, ins Schloß fallen *zufließen, zugesprochen / zuerkannt werden, anheimfallen, zuströmen

**zufällig:** unbeabsichtigt, unerwartet, unwillkürlich, ungewollt, unbewußt, von selbst, durch Zufall, absichtslos *willkürlich, wahllos, beliebig

**zufliegen:** in den Schoß fallen, mühelos erlernen / erlangen / bewältigen / erreichen, keine Mühe / Schwierigkeit haben *zufallen, zuschlagen, zuschnappen, einschnappen, zuklappen, ins Schloß fallen

**zufrieden:** (selbst)genügsam, wunschlos, bescheiden, zufriedengestellt, ausgeglichen

**zufriedengeben (s.):** s. begnügen / bescheiden, fürliebnehmen, vorliebnehmen mit

**Zufriedenheit:** Seelenfrieden, Genugtuung, Wohlgefühl, Behagen, Wohlbehagen, Wohlgefallen *Wunschlosigkeit, Genügsamkeit, Bescheidenheit, Bedürfnislosigkeit, Anspruchslosigkeit

**zufriedenlassen:** nicht belästigen / behelligen / stören / genieren / lästig fallen, in Ruhe lassen

**zufrieren:** von Eis bedeckt werden

**zufügen:** jmdm. etwas antun, behelligen, schaden, schädigen, bereiten

**Zufuhr:** Lieferung, Abgabe, Übermittlung, Übergabe, Weitergabe, Zuleitung, Zustellung, Anlieferung, Auslieferung, Überweisung

**zuführen:** versorgen, beliefern *verlaufen, hinführen *hinzuziehen

**Zug:** Prozession, Umzug, Festzug, Aufzug *Eisenbahn, Reisezug, Bahn *Gruppe, Abteilung, Kolonne, Pulk,

viert, ängstlich, bang, eingeschüchtert, zag(haft), furchtsam

**Zudringlichkeit:** Zurückhaltung, Angst, Hemmung, Schüchternheit, Kälte, Scheu

**zuerst:** zuletzt, als letzter / letztes *später, nachher, ferner, weiterhin, (zu-)künftig, in Zukunft, danach, darauf, dann

**Zufall:** Plan *Folge *Notwendigkeit *Verordnung, Gesetz, Vorschrift

**zufallen:** aufspringen, s. öffnen *s. aneignen / erarbeiten, lernen

**zufällig:** absichtlich, mit Absicht *legal, gesetzmäßig, gesetzlich *folglich *notwendig *geplant

**zufliegen:** entfliegen, fortfliegen, wegfliegen (Vogel) *auffliegen (Tür) *(hart) (er)lernen (Lernstoff)

**zufrieden:** unzufrieden, entrüstet, mürrisch, verbittert, unlustig, verstört, unglücklich, unbefriedigt, verdrossen, verstimmt *ungehalten, geladen *schief, jammernd, wehleidig

**zufriedengeben (s.):** s. empören / aufregen, auffahren, aufbrausen, rasen, wüten, außer s. sein *Berufung einlegen, Revision beantragen (Gericht)

**Zufriedenheit:** Unzufriedenheit, Bitterkeit, Mißmut, Bitternis, Mißbehagen, Mißfallen, Verbitterung, Verdrossenheit, Unlust, Unwille

**zufriedenlassen:** nachjagen, beanspruchen, belästigen, behelligen

**zufrieren:** auftauen, schmelzen

**zufügen:** verschonen, schonen, ablassen (von)

**Zufuhr:** Trennung *Verbrauch, Konsum

**zuführen:** entziehen, abführen, ableiten *abziehen (Truppen)

**Zug:** Druck, Schub

Trupp(e) *Schwäche, Neigung, Veranlagung, Interesse, Talent, Hang, Hinneigung, Faible, Sympathie, Bedürfnis *Flug, Ziehen, Wandern (Vögel) *Wesenszug, Kennzeichen, Eigenschaft, Eigentümlichkeit, Charakteristikum, Besonderheit, Merkmal

**Zugang:** Eingang, Einfahrt, Tür, Pforte, Zutritt, Einlaß *Belieferung, Anlieferung

**Zugang:** Ausgang *Lager, Bestand (Ware) *Verkauf, Abgang

**zugänglich:** offen, zutraulich, mitteilsam, offenherzig, freimütig, vertrauensselig, aufrichtig, rückhaltlos *aufgeschlossen, interessiert, offen, aufnahmefähig, geweckt, empfänglich, ansprechbar, aufnahmebereit, geneigt, gestimmt *erreichbar *offen, begehbar

**zugänglich:** unwegsam, unzugänglich, abgelegen, abgeschnitten, einsam, abgeschlossen (Gebiet) *heimlich, verborgen, versteckt (Dokumente) *unzugänglich, herb, verschlossen, abweisend, barsch, unnahbar, frostig, kontaktschwach, kühl, undurchdringlich, undurchschaubar (Mensch) *verstellt (Durchgang) *zugeschüttet *abgeschnitten *eingeschneit

**zugeben:** (ein)gestehen, aussagen, bekennen, geständig sein, offenbaren, beichten *dazugeben, dazulegen *erlauben

**zugeben:** kürzen, wegnehmen, abschneiden, weglegen *abstreiten, (ab-) leugnen, dementieren, verneinen, absprechen, bestreiten, s. verwahren (gegen), von s. weisen

**zugegen:** anwesend, da, vorhanden, hier

**zugegen:** abwesend, nicht da, weg, fort, fern, absent

**zugehen:** geschickt / überreicht / überbracht / gesandt / zugestellt werden *verschließbar sein, s. schließen lassen *herantreten, s. nähern / zubewegen auf

**zugehen:** aufgehen (Fenster) *klemmen, sperren (Fenster, Tür) *weggehen, s. entfernen, fortgehen *nicht ankommen (Post)

**zugehörig:** integriert, anliegend, angeschlossen, dazugehörend *persönlich, eigen, privat

**zugehörig:** ausgeschlossen, nicht integriert / dazugehörend

**zugeknöpft:** standhaft, halsstarrig, rechthaberisch, finster, aufmüpfig, unbelehrbar, eisern, aufsässig, widersetzlich, ungehorsam, kratzbürstig, unfolgsam, kompromißlos, bockbeinig, dickköpfig, widerspenstig, unzugänglich, unaufgeschlossen, stur, hartgesotten, dickschädelig, starrköpfig, unversöhnlich, widerborstig, starrsinnig, bockig, eigensinnig, fest, steifnackig, verstockt, verbohrt, unerbittlich, trotzig, störrisch, verständnislos, unnachgiebig, unbotmäßig, unbequem, verschlossen

**zugeknöpft:** aufgeschlossen, interessiert, offen, zugänglich, ansprechbar, aufnahmefähig, empfänglich, aufnahmebereit, gestimmt, geneigt, aufnahmewillig, aufgetan

**zugelassen:** angemeldet *genehmigt, erlaubt, gestattet, freigeben

**zugelassen:** abgemeldet (Pkw) *ausgeschlossen, verboten

**zügellos:** hemmungslos, ohne Hemmung, enthemmt, ungehemmt, zwanglos, ungeniert, frei *unkontrolliert, ungezügelt, undiszipliniert, gierig,

**zügellos:** beherrscht, gezügelt, bedacht, gesetzt, ruhevoll, ruhig, gefaßt, diszipliniert, gesammelt, leidenschaftslos, besonnen, sicher, überlegen,

schrankenlos, triebhaft, leidenschaftlich, wild, disziplinlos, exzessiv, ausschweifend

**zügeln:** im Zaum halten, nicht frei gehen / gewähren lassen, Zaum / Zügel / die Kandare anlegen, drosseln, bremsen, zurückhalten, mäßigen *s. zügeln: s. beherrschen / bändigen / mäßigen / besiegen / bezwingen / bezähmen / disziplinieren / überwinden

**Zugeständnis:** Kompromiß, Entgegenkommen, Konzession

**zugestehen:** zugeben, einen Kompromiß eingehen / schließen, Konzessionen / Zugeständnisse machen *erlauben, gewähren, bewilligen, gestatten, genemigen, tolerieren

**zugetan:** entgegenkommend, freundlich, nett, anständig, wohlmeinend, wohlgesinnt, hilfsbereit, huldreich, gutgesinnt, leutselig, wohlwollend, huldvoll, zuvorkommend, gefällig, aufmerksam, beflissen, kulant, großzügig, großmütig, konziliant, höflich, dienstwillig, bereitwillig, liebenswürdig, verbindlich

**Zugfahrzeug:** Fahrzeug, Zugwagen, Pkw, Lastkraftwagen

**zügig:** rasch, fix, geschwind, schnell, eilig, flott, flink

**zugkräftig:** reißerisch, wirkungsvoll, attraktiv, effizient, erfolgreich, schlagkräftig, (werbe)wirksam, magnetisch, anreizend, anziehend

**zugleich:** zusammen, gleichzeitig, im selben / gleichen Augenblick, zur gleichen Zeit *auch, ebenso, in gleicher Weise, in einer Person

**zugreifen:** essen, s. nehmen / bedienen *helfen, Hand anlegen, anfassen, zupacken, zulangen, anpacken, zufassen *schnappen, überwältigen, verhaften

**zugrunde gehen:** sterben, hinscheiden, ableben *verwahrlosen, herunterkommen, verwildern, verrohen, verkommen, untergehen *nicht bewältigen, scheitern, zerbrechen an

**zugrunde richten:** ruinieren, ausbeuten, zerstören, vernichten, zerrütten, bankrott richten

**zugunsten:** zuliebe, für, zum Vorteil von

**Zugvogel:**

**zuhören:** hinhören, lauschen, s. anhö-

gleichmütig, in aller Ruhe, stoisch, gelassen, kaltblütig

**zügeln:** anspornen, (an)treiben (Pferd, Leistung) *s. zügeln: freien Lauf lassen, laufenlassen, gehenlassen s. treibenlassen *nicht eingreifen, tolerieren, dulden

**Zugeständnis:** Forderung, Antrag, Bitte, Verlangen, Wunsch *Zurückweisung, Versagung, Ablehnung

**zugestehen:** verlangen, beantragen, fordern *ablehnen, abschlagen, versagen, verweigern, aberkennen, absprechen *ableugnen, verneinen

**zugetan:** abgeneigt, übelwollend, gegen, zuwider, böse, gram, ungeneigt, widerwillig, unwillig, lustlos

**Zugfahrzeug:** Hänger, Anhänger *Caravan

**zügig:** schrittweise, nach und nach, stockend, ruckweise, langsam

**zugkräftig:** langweilig, uninteressant, unattraktiv, abstoßend *alt(bekannt)

**zugleich:** nacheinander, hinterher *vorher *nachher *zuerst

**zugreifen:** anbieten *entkommen, flüchten (Verbrecher) *beobachten, beschatten

**zugrunde gehen:** erstarken, gedeihen, aufblühen, bekannt werden *davonkommen, bestehenbleiben, weiterbestehen

**zugrunde richten:** fördern, unterstützen, helfen

**zugunsten:** zuungunsten *gegen

**Zugvogel:** Standvogel *Strichvogel

**zuhören:** reden, vortragen, sprechen,

ren, horchen auf, aufpassen, ganz Ohr sein, jmdm. sein Ohr schenken, an jmds. Lippen hängen

**Zuhörer:** Publikum, Hörerschaft, Teilnehmer, Zuhörerschaft, Besucher

**zujubeln:** applaudieren, Beifall klatschen, Beifall zollen / spenden

**zuklappen:** schließen, zuschlagen, zuwerfen, zuschmettern

**Zukunft:** das nächste Jahr, die spätere / bevorstehende / kommende / herannahende Zeit, Folgezeit, das Nachher / Kommende *Chance, Hoffnung, Möglichkeit, Aussicht *Nachwelt

**zukünftig:** in absehbarer Zeit, künftig, in Kürze / Bälde, nächstens, nahe, bald

**Zukunftsmusik:** Utopie

**Zulage:** Geldzulage, Gratifikation, finanzielle Mehrleistung, Prämie, Zuschlag, Zuwendung, (freiwillige) Entschädigung / Vergütung

**zulassen:** tolerieren, respektieren, dulden, geschehen lassen, zugeben, anerkennen *erlauben, gestatten *anmelden

**zulässig:** gestattet, genehmigt, erlaubt, statthaft, bewilligt, berechtigt, legal, legitim, gesetzlich, zugestanden, freigegeben

**Zulassung:** Genehmigung, Tolerierung, Duldung, Anerkennung *Gestattung, Erlaubnis *Anmeldung

**zulaufen:** einströmen, zufließen, zuströmen *s. einfinden / anschließen

**zulegen:** verstärken, erhöhen, vergrößern, steigern, angeben *s. zulegen: s. aneignen / zu eigen machen (Gewohnheit) *annehmen, ändern (Name)

**zuletzt:** zuallerletzt, ganz hinten, am Schluß / Ende, an letzter Stelle, als letzter *endlich, letztlich, eigentlich, schließlich *im Lauf der Zeit, zu guter Letzt, letztens, nach Jahr und Tag

**zumachen:** (ab)schließen, verschließen, zuklappen, zuschlagen, zuriegeln

äußern, diskutieren *anpreisen, anlokken *unterbrechen, ins Wort fallen

**Zuhörer:** Redner, Referent, Vortragender, Sprecher

**zujubeln:** auspfeifen, zischen, stampfen, ausschreien, grölen, kreischen

**zuklappen:** aufklappen, aufschlagen (Buch) *aufspringen (Deckel)

**Zukunft:** Gegenwart, heutige / unsere / diese / gegenwärtige Zeit *Vergangenheit, verflossene / frühere / vergangene / gewesene Zeit

**zukünftig:** gegenwärtig, heutig, heute, augenblicklich, diesjährig, heuer, jetzt, momentan, heutzutage, derzeitig *vergangen, verwichen, gewesen, vergessen, verflossen, damalig, ehemalig, vormalig, ehedem, ehemals, damals, einstig

**Zukunftsmusik:** Gegenwart *Wirklichkeit, Realität, Tatsache

**Zulage:** Abstrich, Abzug, Nachlaß, Preisnachlaß, Rabatt, Skonto

**zulassen:** abmelden (Pkw) *stillegen (Fahrzeug) *entfernen, ausschließen *verhüten, unterbinden, unterdrükken, (ver)wehren, verhindern, vereiteln, untersagen

**zulässig:** verboten, illegal, unerlaubt, unstatthaft, unzulässig, ungesetzlich

**Zulassung:** Abmeldung (Pkw) *Stillegung (Fahrzeug) *Verbot *Ausschluß, Entfernung

**zulaufen:** ablaufen *wegrennen, weglaufen, davoneilen, davonrennen, fortlaufen, s. entfernen, flüchten *entlaufen (Tier) *stehen bleiben

**zulegen:** abstreichen, abziehen *reduzieren, verlangsamen (Geschwindigkeit) *s. zulegen: abgeben (Name) *weggeben, weglegen

**zuletzt:** zuerst *vorher, davor

**zumachen:** aufmachen, öffnen *offenlassen, auflassen *eröffnen, aufmachen, gründen (Geschäft)

**zumindest:** mindestens, zum wenigsten / mindesten, geringstenfalls, nicht weniger als, zuwenigst, auf jeden Fall
**zumutbar:** möglich, durchführbar, ausführbar *normal, erträglich, bezahlbar

**zunächst:** in erster Linie, fürs erste, zuerst, vorderhand *einstweilen, inzwischen
**zunähen:** vernähen
**Zunahme:** Zugang, Steigerung, Vermehrung, Verdichtung, Wachstum, Verbesserung, Progression
**Zuname:** Familienname, Nachname

**zünden:** Begeisterung / Stimmung hervorrufen *anzünden, anbrennen, entzünden, entfachen
**zunehmen:** dick werden *s. erweitern / vermehren / vervielfachen / vergrößern / verstärken / verschlimmern / verdichten / verschlechtern / steigern / erhöhen / ausweiten / ausdehnen, ansteigen, anwachsen, an Ausdehnung gewinnen, anschwellen

**Zuneigung:** Zuwendung, Sympathie, Gunst, Wohlwollen *Hinneigung, Hingabe, Leidenschaft, Liebe *Interesse, Vorliebe, Talent, Hang, Neigung *Wohlwollen, Aufgeschlossenheit, Aufmerksamkeit, Güte
**zupacken:** (zu)greifen, (an)packen, (an)fassen, zufassen, helfen, Hand anlegen
**zuraten:** (be)raten, zureden, nahelegen, einschärfen *überreden, bereden, bearbeiten, bekehren, veranlassen, beeinflussen, umstimmen
**zurechnungsfähig:** normal, klar, fit, bewußt, mit klarem Menschenverstand, urteilsfähig *gesund

**zurechtfinden (s.):** s. orientieren können / durchfinden, Zusammenhänge erkennen, die richtige Lösung / den richtigen Weg finden

**zumindest:** höchstens, maximal

**zumutbar:** unzumutbar, ungebührlich, unmöglich, unausführbar *unerhört, haarsträubend, skandalös, bodenlos, unglaublich, empörend, ungeheuerlich *verletzend, beleidigend, kränkend, gehässig, ehrenrührig *unerträglich, hoch, unzumutbar, untragbar (Steuern, Belastungen)
**zunächst:** zuletzt *später, danach, dann

**zunähen:** aufschneiden *auftrennen
**Zunahme:** Abnahme, Wegnehmen, Abnehmen *Rückgang, Schwund, Abnahme *Regression
**Zuname:** Vorname, Rufname, Taufname
**zünden:** löschen *brennen

**zunehmen:** abnehmen, schwinden, abklingen, (ab)sinken, zurückgehen (Preis, Kurse, Temperatur, Einfluß) *abklingen, (ver)schwinden, nachlassen, schwächer werden, s. bessern (Schmerz) *abebben, s. geben, erkalten, abflauen, zusammenschrumpfen, abfallen, s. verkleinern / verringern / vermindern, einschlafen *abnehmen, schlank werden (Gewicht)
**Zuneigung:** Antipathie, Abscheu, Ungeneigtheit, Widerwille, Feindschaft, Ekel, Haß, Abneigung, Abgeneigtheit *Desinteresse, Apathie, Gleichgültigkeit, Teilnahmslosigkeit, Wurstigkeit

**zupacken:** loslassen *faulenzen, nichts tun

**zuraten:** abraten, warnen, widerraten, zu bedenken geben, abbringen (von), ausreden *schweigen, nichts sagen

**zurechnungsfähig:** unzurechnungsfähig, geistesgestört, geisteskrank, schwachsinnig, idiotisch, geistesschwach
**zurechtfinden (s.):** s. verirren, irregehen, die Orientierung / Richtung verlieren, vom Wege abkommen / abirren, fehlgehen, s. verfahren / verlaufen (Stadt, Gegend) *verzweifeln, lebens-

**zurechtkommen:** kooperieren, zusammenarbeiten, mit jmdm. auskommen *mit einer Sache fertig werden *pünktlich sein, zur rechten Zeit eintreffen / kommen

**zurechtrücken:** zurechtstellen, geraderücken, ordnen, Ordnung machen, an die richtige Stelle rücken, wegräumen

**zurechtweisen:** maßregeln, die Meinung/Bescheid sagen, in die Schranken weisen, tadeln, schimpfen, schelten

**zureden:** (be)raten, zuraten, nahelegen, einschärfen *überreden, bereden, bearbeiten, bekehren, veranlassen, beeinflussen, umstimmen

**zureichend:** ausreichend, genügend, hinreichend, zufriedenstellend, hinlänglich

**zürnen:** hadern, grollen, übelnehmen, s. ärgern, verärgern, wütend / böse / gram/spinnefeind/aufgebracht/zornig sein, verübeln

**zurück:** rückwärts, retour, rückläufig, in umgekehrter Richtung, nach hinten *nach Hause, heimzu, heim(wärts)

**zurückbehalten:** aufbewahren, aufheben, verwahren, behalten, speichern, deponieren

**zurückbekommen:** wiederbekommen, erhalten *erstattet bekommen

**zurückbleiben:** übrig sein, als Folge bleiben, (übrig)bleiben *in Rückstand geraten, s. langsamer entwickeln / vorwärtskommen, zurückfallen, abfallen, hintanbleiben, erlahmen, nachlassen

**zurückblicken:** s. (wieder) erinnern / zurückrufen *s. umsehen / umwenden / umblicken, hinter s. sehen, zurückschauen

**zurückbringen:** zurückgeben, wiedergeben, wiederbringen

müde / entmutigt / gebrochen / gedrückt / niedergeschlagen / verzagt werden / sein

**zurechtkommen:** zusammenstoßen, s. streiten / entzweien / verfeinden, zanken, als Feind ansehen (Kollege) *zu spät kommen, versäumen, verfehlen (Zug)

**zurechtrücken:** verschieben, verrücken, verstellen

**zurechtweisen:** loben, unterstützen, würdigen, preisen, helfen *übersehen, überhören, nicht beachten

**zureden:** warnen, widerraten, ausreden, zu bedenken geben, abbringen (von), abhalten, abraten *s. enthalten/ zurückhalten, s. neutral verhalten

**zureichend:** unzureichend, mangelhaft, schwach

**zürnen:** (jmdm.) gewogen / gutgesinnt / freundlich / entgegenkommend / wohlgesinnt / zugetan sein *s. versöhnen / aussöhnen / einigen, die Einigkeit wiederherstellen

**zurück:** voran, vorwärts *hin, hinzu, hinwärts *im Vorteil, an der Spitze, vorne (Technologie) *seitlich, seitwärts *weg, fort, davon

**zurückbehalten:** (her)geben, übergeben, ausliefern *(ver)borgen, (ver)leihen, ausleihen, ausborgen *auslegen *(weg)schicken, (ab)senden

**zurückbekommen:** beantragen, einreichen, einschicken, eingeben (Antrag) *(ver)borgen, (ver)leihen, ausborgen *auslegen *verschicken, (ab)senden, (weg)schicken

**zurückbleiben:** vorausschicken (Koffer) *distanzieren *vorlaufen, vor(an)gehen, vorwärtsgehen *übertreffen, überholen, übertrumpfen, voraus sein, überbieten, überflügeln (Technologie) *einholen, aufholen *mitkommen, mithalten *s. normal entwickeln (Kind) *genesen, heilen, gesunden (Schaden)

**zurückblicken:** vorausschauen, voraussehen, weissagen, prophezeien, deuten, vorhersagen, wahrsagen, hellsehen, orakeln, vorausahnen *planen

**zurückbringen:** s. (aus)leihen / (aus)borgen *herschaffen, herbringen *wegbringen, fortbringen, fortschaffen, wegschaffen

**zurückdrängen:** verdrängen, nicht aufkommen lassen, unterdrücken *zurückstoßen
**zurückerobern:** retten, entsetzen *s. wieder holen, bergen
**zurückerstatten:** (be)zahlen, begleichen, zurückgeben

**zurückfahren:** rückwärtsfahren, nach hinten fahren *zurückschrecken, zurückweichen, s. plötzlich abwenden, zurückprallen, zusammenfahren
**zurückfallen:** zurückbleiben, abfallen, hintanbleiben, erlahmen, nachlassen, in Rückstand geraten, s. langsamer entwickeln / vorwärtskommen *jmdm. als Schuld angelastet / angerechnet werden
**zurückfinden:** zurückkommen, heimfinden, heimkehren, zurückkehren

**zurückfliegen:** heimfliegen, in die Heimat fliegen
**zurückführbar:** ableitbar, herleitbar
**zurückgeben:** zurückbringen, wiedergeben, zurücksenden, zurückschicken, wiederbringen *zurückzahlen, begleichen *antworten, kontern, reagieren

**zurückgehen:** zurücklaufen, heimkehren, heimgehen, nach Hause gehen, umkehren, s. auf den Nachhauseweg / Rückweg machen / zurückbegeben / heimbegeben *verkümmern, regredieren, degenerieren, s. zurückbilden *abflauen, nachlassen

**zurückhalten:** unterdrücken, verdrängen, nicht aufkommen lassen *anhalten, abhalten, hemmen, bremsen, aufhalten *(einbe)halten, festhalten *hierbehalten, dabehalten, bei s. belassen *s. zurückhalten: im Hintergrund bleiben, Abstand / Distanz / Zurückhaltung bewahren / s. in Grenzen halten, reserviert sein / bleiben
**zurückhaltend:** bescheiden, anspruchslos, schlicht, einfach, genügsam, bedürfnislos, zufrieden *reserviert, verhalten, distanziert, unzugänglich, verschlossen, unnahbar, abweisend, zugeknöpft, unterkühlt, kühl, wortkarg, schweigsam, kontaktarm, introvertiert *dezent, höflich, unaufdringlich, takt-

**zurückdrängen:** durchlassen, vorbeilassen
**zurückerobern:** erobern, besetzen, stürmen, einnehmen, Besitz ergreifen
**zurückerstatten:** einnehmen, kassieren, vereinnahmen, bekommen, erhalten *behalten, zurückhalten
**zurückfahren:** hinfahren *weiterfahren, fortfahren, wegfahren *herfahren *vorwärtsfahren *ruhig / bedacht / kühl bleiben
**zurückfallen:** nach vorne fallen / vornüber fallen *aufholen, s. anschließen *s. steigern / verbessern

**zurückfinden:** s. verlaufen / verirren, herumirren *hinausziehen, hinausfahren, weggehen, wegfahren, fortgehen, fortfahren, wandern
**zurückfliegen:** fortziehen, fortfliegen, wegfliegen *hinfliegen, ansteuern
**zurückführbar:** nicht ableitbar
**zurückgeben:** (s.) borgen / (aus)leihen / entleihen *einreichen, eingeben (Antrag) *zurück(be)halten, einbehalten *bekommen, erhalten, entgegennehmen *stehlen, entwenden
**zurückgehen:** vor(wärts)gehen, vorangehen, weitergehen, hingehen *s. steigern / verstärken (Fieber) *übertreten, (an)steigen, (an)schwellen (Fluß, Flut) *florieren, gedeihen, s. entwickeln (Handel) *s. vergrößern / vervielfachen / verstärken / steigern *vorstoßen, attackieren, stürmen, vordringen, angreifen, vormarschieren (Armee)
**zurückhalten:** (durch)lassen, laufen / gehen lassen, fortlassen, freilassen, loslassen, nicht aufhalten *aussagen, bekennen, offenbaren, zugeben, (ein)gestehen, beichten *zeigen (Gefühle) *ansporne, antreiben *steigern (Konsum) *s. zurückhalten: aufleben, aus s. herausgehen, s. zeigen *s. vergessen *s. einmischen / vordrängen / aufdrängen
**zurückhaltend:** aktiv, unternehmungslustig, unternehmend, rührig, regsam, tätig *böse, aufgebracht, empört, erbittert, erbost, rabiat, wutentbrannt, zornig, grimmig *erregt, bewegt, hitzig, ruhelos, aufgeregt *entgegenkommend, freundlich, leutselig, nett, verbindlich *frech, pampig, schamlos, un-

voll, unauffällig, vornehm, schlicht, apart, bescheiden *ängstlich, zag (-haft), aufgeregt, bänglich, zähneklappernd, angsterfüllt, angstverzerrt, hasenherzig, feigherzig, memmenhaft, mutlos, kleinmütig, befangen, aufgeregt, bang, angstvoll, angstbebend, verängstigt, scheu, schüchtern, beklommen, angstschlotternd, argwöhnisch, betroffen, besorgt, gehemmt, schreckhaft, verschreckt, verschüchtert *ruhig, ausgeglichen, beherrscht, gefaßt, geruhsam, gleichmütig, sicher, würdevoll, harmonisch, abgeklärt, bedacht(sam), besonnen, still, kaltblütig, gezügelt, gemessen, ruhevoll, überlegen, gemächlich *schweigsam, (wort-)karg, maulfaul, mundfaul, verschwiegen, verschlossen, einsilbig, steif *ungesellig, unzugänglich, unwirsch, unnahbar, ungastlich, abweisend *frostig, kontaktschwach, unnahbar, verschlossen, undurchschaubar, kühl *umsichtig, bedächtig, bedacht, vorsichtig, besonnen, wachsam *kritisch, wachsam, prüfend

**Zurückhaltung:** Reserviertheit, Distanz(iertheit), Reserve, Vorbehalt, Verschlossenheit, Einsilbigkeit, Verhaltenheit, Wortkargkeit, Schweigsamkeit, Unzulänglichkeit, Unnahbarkeit *Hemmung, Schüchternheit, Ängstlichkeit, Zaghaftigkeit, Verklemmtheit, Scham, Unsicherheit, Befangenheit, Scheu *Gleichmut, Gelassenheit, Ruhe, Fassung, Beherrschung, Ausgeglichenheit, Gemütsruhe, Gefaßtheit, Unempfindlichkeit, Selbstbeherrschung, Kaltblütigkeit, Seelenruhe

artig, ungesittet, impertinent, ungezogen, vorwitzig, vorlaut, unverfroren, unmanierlich *hilfsbereit, dienstwillig, gefällig, hilfreich, diensteifrig, dienstfertig, dienstbeflissen *gesellig, umgänglich, gesellschaftlich, kontaktfreudig, extrovertiert, kontaktfähig, weltgewandt *heiter, angeheitert, aufgelegt, aufgekratzt, fröhlich, frohsinnig, überschäumend, vergnügt, wohlgemut, übersprudelnd, strahlend, schelmisch, munter, sonnig, (lebens)lustig, freudestrahlend, ausgelassen *wild, lebhaft, beweglich, heißblütig, lebendig, mobil, vital, vif, unruhig, dynamisch, blutvoll, getrieben, heftig, temperamentvoll, quecksilbrig, vollblütig *mutig, unverzagt, waghalsig, wagemutig, verwegen, heldenhaft, furchtlos, draufgängerisch, herzhaft, mannhaft, tapfer, (toll)kühn, unerschrocken *lose, locker *ungezwungen, leger, nachlässig, natürlich, salopp, unbefangen, ungehemmt, zwanglos, unzeremoniell, ungeniert, frei, formlos, gelöst, hemdsärmelig *drakonisch, streng, drastisch (Maßnahmen)

**Zurückhaltung:** Aktivität, Regsamkeit, Betätigungsdrang, Unternehmungslust, Unternehmungsgeist, Tatkraft, Tätigkeitsdrang *Aufdringlichkeit, Zudringlichkeit *Erregbarkeit, Ungestüm, Reizbarkeit, Leidenschaft (-lichkeit), Heißblütigkeit, Heftigkeit, heißes Blut *Ausgelassenheit, Heiterkeit, Frohmut, Frohsinn, frohe Laune, Fröhlichkeit, heitere Stimmung, Vergnügtheit, Lustigkeit, Lebenslust *Aktivität, Einsatz, Tätigkeit *Anteil(nahme), Mitgefühl, Sympathie, Entgegenkommen, Teilnahme, Wärme, Mitempfinden, Mitleid *Offenheit, Zutraulichkeit, Vertrauensseligkeit, Offenherzigkeit, Gesprächigkeit, Mitteilsamkeit *Streitsucht, Zanksucht, Streitsüchtigkeit, Händelsucht, Händelsüchtigkeit, Streitlust *Unbesorgtheit, Unvernunft, Unbeschwertheit, Sorglosigkeit, Unbedachtsamkeit, Unklugheit, Unüberlegtheit *Hemmungslosigkeit *Ungeniertheit, Zwanglosigkeit, Saloppheit, Unbefangenheit, Natürlichkeit, Ungezwungenheit, Freiheit, Hemdsärmeligkeit, Lässigkeit *Zärtlichkeit *Zorn, Bissigkeit, Wut-

**zurückholen:** zurückrufen, zurückkommandieren, bremsen, (zurück-) holen

**zurückkehren:** zurückkommen, heimkommen, heimkehren, wiederkommen, wiederkehren, zurückgehen, zurückreisen, zurückfliegen, heimfinden, zurückfinden

**zurücklassen:** hinterlassen, nachlassen, stehenlassen, dalassen *übrig lassen, einen Rest lassen *vererben, vermachen, hinterlassen *überholen, vorbeifahren, hinter s. lassen, distanzieren

**zurücklaufen:** s. zurückbegeben / auf den Nachhauseweg / Heimweg begeben

**zurücklegen:** bewältigen, schaffen, hinter s. bringen *reservieren, aufheben *sparen, auf die hohe Kante legen, aufs Sparbuch stellen

**zurückliegen:** gewesen / vergangen / vorbei / verschwunden / lange her sein, in der Vergangenheit geschehen sein *hintenan sein, an hinterer / letzter / zweiter / ... Stelle sein / liegen (Sport)

**zurückliegend:** vergangen, vorbei, lange her, vor langer / einiger Zeit, einst, gewesen, vor ... Jahren

**zurückmarschieren:** s. zurückziehen, den Rückzug antreten, abziehen, räumen

**zurücknehmen:** widerrufen, zurückziehen, dementieren, rückgängig machen, ableugnen, abstreiten, aufheben

**zurückreisen:** umkehren, heimreisen, heimkehren, zurückfliegen

**zurückrufen:** wieder antelefonieren / anrufen *zurückholen, noch einmal zu s. rufen, (durch Rufen) zum Umkehren auffordern *abberufen, zurückholen, zurückbeordern *s. wieder erinnern

**zurückschlagen:** abwehren, abwenden, zurückweisen, abschlagen, bewältigen, fertig werden mit

**zurücksetzen:** zurückstellen, vernach-

anfall, Verärgerung, Erbostheit, Gereiztheit, Groll

**zurückholen:** wegschaffen, fortschaffen, wegbringen, fortbringen, hinbringen, hinschaffen *ausfahren (Ware)

**zurückkehren:** fortgehen, weggehen, davongehen, hin(aus)gehen, s. entfernen, wegfahren, (hin)ausfahren, fortfahren, ausziehen, wegziehen, fortziehen, verreisen *wegbleiben, fortbleiben *vermißt werden *schwinden (Fähigkeit) *nicht anwenden, vergraben, vergessen (Methode)

**zurücklassen:** mitnehmen *verheilen (Verletzung) *aufholen, nachjagen, verfolgen (Konkurrent)

**zurücklaufen:** weglaufen, fortlaufen, weiterlaufen, davonlaufen, hinlaufen *vor(wärts)laufen

**zurücklegen:** herausholen (Gegenstand) *ausgeben (Geld)

**zurückliegen:** einholen, aufholen, nachjagen, überflügeln, vorstoßen (Konkurrenten) *vorn liegen, an der Spitze liegen / sein, führen *aktuell sein

**zurückliegend:** aktuell, brandneu (Nachrichten) *vorne, führend *jetzt, momentan, jetzig, eben, gegenwärtig, augenblicklich, gerade (Zeit)

**zurückmarschieren:** angreifen, vormarschieren, vorstoßen, überrennen, attackieren, erstürmen, losstürmen, vordringen, vorrücken, einmarschieren

**zurücknehmen:** geben *beharren, bleiben (Meinung) *verschenken *verkaufen *wiederholen (Aussage)

**zurückreisen:** abreisen, wegreisen, fortreisen, (fort)ziehen, verreisen, wegfahren, in Urlaub gehen / fahren

**zurückrufen:** gehen lassen, ziehen lassen *entgegenrufen, hinrufen *ausliefern, verkaufen (Ware) *verdrängen (Ereignisse) *vergessen (Erlebnisse) *ausbürgern, verweisen, ausweisen (Regimegegner) *anrufen, telefonieren

**zurückschlagen:** schlagen, angreifen, belästigen *einstecken, bekommen, erhalten

**zurücksetzen:** vorsetzen (Stein) *be-

lässigen, übergehen, beeinträchtigen, benachteiligen *zurückfahren

**zurückstecken:** einlenken, s. fügen / beugen / unterwerfen / unterordnen, nachgeben *s. begnügen / bescheiden / einschränken
**zurückstellen:** benachteiligen, übergehen, beeinträchtigen, vernachlässigen *verschieben, verlangsamen, in die Länge ziehen, aufschieben *reservieren, zurücklegen *befreien (Militärdienst) *hint(en)anstellen, hint(en)ansetzen
**zurücktreten:** kündigen, gehen, das Amt niederlegen *aufgeben, aufhören *abbestellen
**zurückversetzen:** degradieren, zurückstufen, rückversetzen, niedriger / tiefer einstufen
**zurückweichen:** Platz machen, aus dem Weg gehen, (aus)weichen *nachgeben, einlenken, s. beugen / fügen *s. zurückziehen

**zurückweisen:** abweisen, negieren, verneinen, ablehnen *abwehren, zurückschlagen, abschlagen, parieren

**zurückwerfen:** reflektieren, (wider-)spiegeln, wiedergeben, zurückstrahlen, projizieren *zurückschlagen, beeinträchtigen, benachteiligen, in der Entwicklung bremsen / hemmen / aufhalten / einschränken *s. zurückwerfen: zurückgehen, s. nach hinten werfen, (zurück)weichen
**zurückzahlen:** wiedergeben, zurückgeben, wiedererstatten, rückvergüten, ausgleichen, begleichen, entschädigen, Schulden tilgen
**zurückziehen:** widerrufen, negieren, dementieren, abstreiten *abberufen, zurückholen, zurückbeordern *s. zurückziehen: nachgeben, einlenken, s. fügen / beugen / unterwerfen / unterordnen *s. abkapseln / isolieren *das Berufsleben / den Beruf aufgeben, in den Ruhestand treten, s. zur Ruhe setzen, s. pensionieren lassen, aufhören, aus-

vorzugen, begünstigen, vorziehen *gerecht / objektiv / vorurteilsfrei sein *erhöhen, hinaufsetzen, anpassen, angleichen, steigern (Preis) *versetzen (Schüler) *nach vorne / hinten setzen
**zurückstecken:** widersprechen *herausholen, herausziehen (Zeitung) *belassen *steigern, erhöhen (Forderungen)
**zurückstellen:** herausholen (Buch) *vorstellen, verschieben (Möbel) *vorstellen (Uhr) *verkaufen (Ware) *durchführen, behandeln, wiederaufnehmen, machen *einziehen (Wehrpflichtigen) *vorausnehmen, voraussagen
**zurücktreten:** antreten (Amt) *vortreten, nach vorne treten *s. vordrängen / wichtig machen
**zurückversetzen:** befördern, höherstufen, aufrücken lassen

**zurückweichen:** angreifen, vordringen, bestürmen, erstürmen, eindringen, vorrücken, vormarschieren *vorspringen, vorstehen, (her)vortreten *vor-(an)gehen *entgegenkommen, entgegentreten, zukommen (auf) *antreten, entgegensehen
**zurückweisen:** erdulden, ertragen *einsehen, annehmen, akzeptieren, einstecken, aufnehmen *empfangen, (entgegen)nehmen *vorschlagen *(an)bieten, antragen, darbieten
**zurückwerfen:** hinwerfen *auffangen *mitreißen, mitnehmen (Schwimmer) *vorankommen, überholen *schlucken (Lichtstrahlen) *fördern, vorantreiben *s. zurückwerfen: aufstehen *nach vorne beugen *s. aufrichten

**zurückzahlen:** auslegen, vorstrecken, vorschießen *aufnehmen (Kredit) *entleihen, borgen, ausleihen

**zurückziehen:** aufziehen, vorziehen (Vorhang) *vorschicken, einsetzen (Soldat) *bestätigen (Auftrag) *stellen, wiederholen, beantragen (Antrag) *vorstrecken (Körperteil) *erteilen (Genehmigung) *s. zurückziehen: angreifen, einmarschieren, vorrücken, vorstoßen, attackieren, eindringen, erstürmen, vormarschieren *s. verteidi-

steigen *räumen, zurückmarschieren, aufgeben

**Zusage:** Genehmigung, Einwilligung, Billigung, Zustimmung, Einverständnis, Erlaubnis *Vollmacht, Bevollmächtigung, Recht, Berechtigung, Autorisierung *Versprechen, Beteuerung, Eid, Schwur, Ehrenwort, Gelöbnis, Versicherung
**zusagen:** versprechen, versichern, beeiden, beschwören, s. verpflichten / verbürgen, garantieren, geloben *gefallen, imponieren, behagen, ansprechen, beeindrucken, wirken *passend erscheinen, passen, recht sein, entsprechen
**zusammen:** gemeinschaftlich, kooperativ, geschlossen, kollektiv, vereinigt, miteinander, gemeinsam *zugleich, gleichzeitig, im selben / gleichen Augenblick, zur gleichen Zeit *pauschal, vollends, total, alles eingerechnet, im ganzen, insgesamt
**zusammenarbeiten:** kooperieren, zusammenwirken, im Team arbeiten
**zusammenballen:** zusammenknüllen *s. zusammenballen: s.nähern / zusammenziehen / ankündigen / entwickeln, (her)aufziehen, heranziehen, drohen, bevorstehen, im Anzug sein *zusammen, s. stapeln / (auf)stauen / aufspeichern / ansammeln / anhäufen / anstauen
**zusammenbrechen:** zusammenfallen, einstürzen, zusammenstürzen, einfallen *scheitern, mißlingen, mißglücken, zerbrechen an, verfehlen
**Zusammenbruch:** Zusammensturz, Einbruch, Einsturz *Niederlage, Mißerfolg, Enttäuschung, Ruin, Pech, Bankrott, Debakel, Durchfall, Mißlingen
**zusammendrängen:** zusammenschieben, zusammenzwängen, zusammenpferchen, zusammendrücken *kürzen
**zusammenfallen:** (zusammen)stimmen, übereinstimmen, harmonieren, s. gleichen, kongruieren, s. entsprechen / treffen *zusammenstürzen, einstürzen, einfallen, zusammenbrechen *s. zusammenziehen, einschrumpfen, s. verkleinern, verdorren, einfallen, verkümmern, schrumpfen *abmagern, ab-

gen, abwehren, Widerstand leisten, s. (er)wehren / stellen / zur Wehr setzen *s. öffnen / zeigen / zuwenden *anpakken, aufnehmen (Aufgabe)
**Zusage:** Bewerbung *Bitte, Forderung, Antrag, Wunsch *Absage, Ablehnung, Abweis(ung), Verweigerung, Weigerung, Zurückweisung, ablehnende / abschlägige Antwort, Versagung, Verschmähung

**zusagen:** bewerben *fordern, bitten, beantragen, wünschen, verlangen *ablehnen, abschlagen, verschmähen, zurückweisen, (ver)weigern, verwerfen, ausschlagen, abweisen *(ein)halten *nicht gefallen (Wohnung) *nicht (ab-) nehmen
**zusammen:** getrennt, auseinander *voneinander *gesondert, geschieden *einzeln, allein *im einzelnen, jedes... *entfernt, auseinander, gelöst, gespalten, geteilt *jeder(s) einzelne

**zusammenarbeiten:** entgegenarbeiten, hintertreiben, s. bekämpfen
**zusammenballen:** auseinanderfalten, glätten (Papier) *s. zusammenballen: s. entladen (Gewitter, Spannung) *s. verteilen / verziehen, schwinden (Wolken) *auseinandergehen, weggehen, s. auflösen (Menge)

**zusammenbrechen:** (aus)halten, standhalten, ertragen (Last) *s. sanieren (Betrieb) *gesund / fit sein *s. halten

**Zusammenbruch:** Blüte, Hoch(konjunktur), Hausse, Aufschwung (Wirtschaft) *Genesung, Erholung

**zusammendrängen:** s. streuen / verteilen (Menge) *(breit) darlegen, weit ausholen, erweitern
**zusammenfallen:** aufbauen, errichten (Mauer) *aufbauen, erdichten, s. zurechtlegen (Aussage) *differieren, s. nicht decken, s. unterscheiden *fest / steif sein (Sahne, Eiweiß) *halten (Dekoration) *aufblühen, gesunden, erstarken (Mensch) *auseinandergehen *wachsen

nehmen, an Gewicht verlieren, schlanker / magerer / dünner werden *s. kreuzen / (über)schneiden, konvergieren, zusammenlaufen

**zusammenfassen:** resümieren, bündeln, das Fazit ziehen, (kurz) wiederholen

**zusammenfügen:** aneinanderfügen, vereinigen, montieren, verzahnen, zusammensetzen, koppeln, verknüpfen, verketten

**Zusammenhalt:** Kameradschaftsgeist, Solidarität, Gemeinsinn, Gemeinschaftsgeist, Übereinstimmung, Verbundenheit, Gemeinsamkeit *Klassengeist, Zusammengehörigkeitsgefühl, Partnerschaft

**zusammenhalten:** s. verbünden / solidarisch erklären / verbrüdern / zusammentun / helfen / zusammengehören / anschließen *nebeneinanderhalten, danebenhalten, dagegenhalten, aneinanderhalten

**zusammenkommen:** s. treffen / (ver-)sammeln / zusammenfinden / zusammensetzen / wiedersehen, zusammentreffen

**zusammenlaufen:** s. (ver)sammeln / vereinigen / treffen, zusammenströmen, zusammenscharen *einmünden, zusammenfließen

**zusammenlebend:** in Gemeinschaft lebend / wohnend, gemeinsam einen Haushalt führen

**zusammenschrumpfen:** kleiner werden, (ein)schrumpfen

**zusammenstellen:** einrichten, aufbauen, gestalten (Ausstellung) *(an)ordnen, katalogisieren, systematisieren, ausrichten, s. formieren, gruppieren, sortieren *vergleichen, nebeneinanderhalten, nebeneinanderstellen

**zusammenzählen:** zusammenrechnen, addieren, summieren, hinzufügen, dazuzählen

**Zuschauer:** Publikum, Schaulustige, Zaungäste, Besucher, Teilnehmer, Schlachtenbummler, Auditorium, Anwesende, Umstehende, Betrachter

**Zuschlag:** Aufgeld, Aufpreis, Erhöhung, Aufschlag, Mehrpreis

**zusammenfassen:** ausbreiten, erweitern (Rede) *teilen, auseinanderhalten, trennen

**zusammenfügen:** zerlegen, auseinandernehmen, trennen, scheiden

**Zusammenhalt:** Streit, Auseinandersetzung, Entzweiung, Zank, Zerwürfnis, Zusammenstoß, Zwist, Konflikt, Unfriede, Unverträglichkeit, Streitigkeiten, Spannung, Feindschaft, Gereiztheit, Meinungsverschiedenheit, Uneinigkeit

**zusammenhalten:** streiten, anfeinden, zanken, zusammenstoßen, s. überwerfen, uneins / uneinig sein, als Feind ansehen, zerwerfen, s. reizen, s. entzweien / verfeinden *auseinanderhalten *verstreuen *verprassen, verschwenden, ausgeben (Geld)

**zusammenkommen:** s. trennen, auseinandergehen, s. zerstreuen

**zusammenlaufen:** auseinanderlaufen, s. zerstreuen *s. teilen / gabeln (Weg) *abzweigen, aus(einander)gehen (Linien) *delegieren (Arbeit)

**zusammenlebend:** getrennt / allein lebend, geschieden, gelöst, frei, unabhängig

**zusammenschrumpfen:** aufgehen, auseinandergehen, wachsen, schwellen, quellen (Apfel) *auffüllen *erhöhen (Vorrat)

**zusammenstellen:** trennen, scheiden *auseinanderrücken, auseinandersetzen *verteilen, zerstreuen, verstreuen

**zusammenzählen:** abziehen, subtrahieren

**Zuschauer:** Aktiver *Spieler, Sportler *Schauspieler, Darsteller

**Zuschlag:** Abzug, Abstrich, Preisnachlaß, Ermäßigung, Skonto, Rabatt

**zuschlagen:** zuschmettern, zuwerfen, zustoßen, zuschleudern *eingreifen, handeln, tätig werden *verhaften

**zuschließen:** verriegeln, zumachen, abschließen, zusperren, absperren, verschließen

**zuschnüren:** verschließen, verschnüren, zubinden

**zusehen:** beobachten, betrachten, zuschauen *s. anstrengen / bemühen um, sorgen für *zögern, abwarten, zuwarten, harren, s. gedulden

**zuspitzen:** spitz machen, schärfen, (an)spitzen *s. zuspitzen: s. verengen / verjüngen, schmäler werden, spitz zulaufen *verschärfen, verschlimmern

**zusprechen:** einreden auf, trösten *zuerkennen, zuerteilen

**zuständig:** autorisiert, verantwortlich, berechtigt, befugt, ermächtigt *ausschlaggebend, maßgeblich, kompetent, maßgebend

**zustellen:** aushändigen, übereignen, überreichen, liefern

**Zusteller:** Telegrammbote, Briefzusteller, Postbote, Eilbote, Paketzusteller

**zustimmen:** billigen, zusagen, gutheißen, einwilligen, Zustimmung geben, genehmigen, gewähren *ermutigen, Mut machen, helfen, unterstützen, fördern, protegieren

**zustimmend:** positiv, anerkennend, lobend, würdigend, ermutigend

**Zustimmung:** Billigung, Genehmigung, Einverständnis, Einwilligung, Gewährung

**zustoßen:** unterlaufen, hereinbrechen, zuteil werden, betreffen, widerfahren, passieren, geschehen *zuschlagen, zuwerfen

**zutragen:** sprechen, reden, schwatzen, s. unterhalten, erklären, argumentie-

**zuschlagen:** s. wehren *s. zurückhalten *drohen *öffnen (Kiste) *auf / offen bleiben (Tür)

**zuschließen:** aufschließen, öffnen *offenlassen

**zuschnüren:** aufschnüren *sprechen

**zusehen:** mitmachen, teilnehmen (Schlägerei) *handeln, reagieren

**zuspitzen:** abstumpfen, abschleifen, abrunden *s. zuspitzen: entspannen, entkrampfen, entschärfen, lösen (Situation)

**zusprechen:** mahnen, tadeln *aberkennen, absprechen (Erbe, Eigentum)

**zuständig:** nicht zuständig / verantwortlich, inkompetent

**zustellen:** öffnen (Tür) *erhalten, bekommen (Post)

**Zusteller:** Empfänger, Adressat

**zustimmen:** vorschlagen, einbringen, einreichen, beantragen (Gesetzentwurf) *ablehnen, abschlagen, abweisen, verweigern, versagen, zurückweisen, verschmähen, widersprechen, opponieren, protestieren, einwenden *s. distanzieren *dementieren, (ab)leugnen, verneinen, bestreiten, von s. weisen

**zustimmend:** ablehnend, abschlägig, verneinend, abfällig, mißbilligend, negativ, zurückweisend

**Zustimmung:** Vorschlag, Antrag *Ablehnung, Absage, Abweis(ung), Weigerung, Zurückweisung, Verweigerung, Verschmähung, ablehnende / abschlägige Antwort, Einspruch *Dementi, Widerspruch, Veto, Protest, Abfuhr *Vorbehalt, Einwand *Widerruf, Zurückziehung, Zurücknahme, Berichtigung, Sinneswandel, Sinneswechsel

**zustoßen:** s. zurückhalten / mäßigen / beherrschen *verschont bleiben *öffnen, aufstoßen (Tür) *vorübergehen, vorüberziehen

**zutragen:** verschweigen, für s. behalten, geheimhalten, totschweigen, ver-

ren, begründen, mitteilen, aufklären, ausrichten, äußern, bekanntgeben, informieren, sagen, kundtun, unterrichten, vortragen, vorbringen, weitertragen, weitererzählen, kolportieren *s. **zutragen:** passieren, geschehen, s. ereignen, eintreffen, eintreten
**zuträglich:** bekömmlich, verdaulich, nicht schwer, förderlich, gesund, nicht belastend *günstig, positiv, gut, vorteilhaft

**zutraulich:** vertrauensvoll, anschmiegsam, ohne Ängstlichkeit / Scheu / Fremdheit, voll Vertrauen *zahm, gebändigt, gezähmt, domestiziert

**zuverlässig:** aufrichtig, freimütig, offen, unverhohlen, wahrhaftig, unverhüllt, offenherzig, geradlinig, gerade, ehrlich *gesichert, fest, garantiert, sicher, authentisch, unfehlbar, echt, verbürgt, unverdächtig

**Zuversicht:** Hoffnung, Lichtblick, Optimismus, Chance, Zutrauen, Erwartung, Aussicht, positive Perspektive
**zuversichtlich:** aussichtsreich, verheißungsvoll, erfolgversprechend, vielversprechend, glückverheißend, zukunftsträchtig

**zuvor:** vordem, davor, vorher *zuerst, vorerst, voraus, fürs erste, vorab

**zuvorkommend:** entgegenkommend, freundlich, nett, anständig, wohlmeinend, wohlgesinnt, hilfsbereit, huldreich, gutgesinnt, leutselig, wohlwollend, huldvoll, gefällig, aufmerksam, beflissen, kulant, großzügig, großmütig, konziliant, höflich, dienstwillig, bereitwillig, liebenswürdig, verbindlich

heimlichen, verstummen, verhehlen, nichts sagen, ruhig / still sein, stillschweigen *übergehen *s. **zutragen:** ausbleiben, nicht eintreffen / eintreten

**zuträglich:** verderblich, abträglich, unheildrohend, unheilschwanger, todbringend, unheilvoll, verderbenbringend, unheilbringend, sinister, schädlich, ruinös *ungesund, unbekömmlich *nicht förderlich, schädlich, hinderlich, negativ
**zutraulich:** ängstlich, scheu, bang, aufgeregt, schüchtern, zag(haft), verängstigt, gehemmt, angstvoll, aufgeregt, eingeschüchtert, feige, furchtsam, verkrampft, verschreckt, verschüchtert *bissig, scharf, gefährlich (Hund)
**zuverlässig:** unzuverlässig, pflichtvergessen, windig, ehrvergessen, wankelmütig, schwankend *unberechenbar, unbeständig, launisch, haltlos, trügerisch, wechselhaft *betrügerisch, unredlich, falsch, heuchlerisch, scheinheilig, unsolid, unwahrhaftig, unreell, unlauter, lügnerisch, lügenhaft, katzenfreundlich *nachlässig, locker, leger, lässig, zwanglos *unglaubwürdig, unwahrscheinlich (Nachricht)
**Zuversicht:** Skepsis, Bedenken, Zweifel *Mutlosigkeit, Ängstlichkeit *Unsicherheit
**zuversichtlich:** mißtrauisch, skeptisch, kritisch *ungläubig *mutlos, niedergeschlagen, niedergeschmettert, bekümmert, bedrückt, schwarzseherich, trübselig, trübsinnig, wehmütig, gedrückt, freudlos, elend, betrübt, unglücklich, verzweifelt, unfroh, deprimiert, resigniert, verzagt, geknickt, entmutigt, nihilistisch
**zuvor:** hinterher, anschließend, später, hintennach, nach(her), hernach, darauf, dann, im Anschluß an, zuletzt, nachträglich
**zuvorkommend:** abscheulich, widerlich, verwerflich, scheußlich, greulich *arrogant, selbstsicher, stolz, überheblich, selbstüberzogen, gnädig, herablassend, hochmütig, dünkelhaft, eingebildet *bärbeißig, grantig, erbittert, aufgebracht, übellaunig, verdrossen, erzürnt *störrisch, aufsässig, dickköp-

fig, widerspenstig, verschlossen *gehässig, böswillig, feindselig, verstimmt, gereizt, unfreundlich, grob *gleichgültig, desinteressiert, teilnahmslos, unberührt, stumpf, wurstig *trotzig, halsstarrig, eisern, stur, unbequem, verständnislos, widerspenstig *skrupellos, rücksichtslos, herzlos, kalt, mitleidlos, unbarmherzig *eigennützig, selbstsüchtig, ichsüchtig, ichbezogen *unritterlich, unhöflich, unverbindlich, taktlos, unfreundlich, flegelhaft, barsch, abweisend, unkultiviert, ungeschliffen

**zuwenden:** entziehen, versagen, (weg-) nehmen (Aufmerksamkeit) *empfangen, erhalten, entgegennehmen *s. zuwenden: s. abwenden / abkehren / wenden / wegdrehen / abdrehen *aufgeben, entsagen, absagen, fallenlassen

**zuwiderhandeln:** befolgen, beachten, gehorchen, beherzigen, einhalten, Folge leisten, s. unterwerfen / unterziehen / beugen / fügen

**zuziehen:** aufziehen, wegziehen, fortziehen, öffnen, zurückziehen (Vorhang) *verzichten, wegschicken, fortschicken, ablehnen (Fachmann) *aufziehen (Schlinge) *fortziehen, wegziehen, verlassen (Wohnort)

**zuzüglich:** abzüglich, abgerechnet, ohne, abgezogen, exklusive, ausgenommen, ausschließlich, ausgeschlossen, außer, bis auf *inbegriffen, inklusiv

**Zwang:** Zwanglosigkeit, Ungezwungenheit, Hemdsärmeligkeit, Natürlichkeit, Freiheit, Lässigkeit, Ungeniertheit, Unbefangenheit, Burschikosität, Gelöstheit, Saloppheit *Freiheit *Entspannung, Entkrampfung

**zwanglos:** verkrampft, krampfhaft *gezwungen, steif, förmlich, formell, geschraubt, unecht, unnatürlich, geziert, gekünstelt *regelmäßig

**Zwanglosigkeit:** Zwang, das Muß, Druck, Gebundenheit, Einengung *Verkrampfung *Steifheit, Gezwungenheit, Förmlichkeit, Unnatürlichkeit *Regelmäßigkeit

**zwangsweise:** freiwillig, spontan, von selbst, ungeheißen, ohne Aufforderung, aus freien Stücken, fakultativ, unaufgefordert

---

**zuwenden:** s. zukehren / hinkehren / hinwenden / hindrehen *s. zuwenden: s. hinwenden / zudrehen

**zuwiderhandeln:** entgegenhandeln, widerrechtlich handeln, verstoßen gegen, übertreten, abweichen, sündigen, freveln, Unrecht tun

**zuziehen:** zuwandern, einreisen, s. ansiedeln, einwandern, ansässig werden, immigrieren *hinzuziehen, heranziehen, bemühen, einsetzen, herbeiziehen, zu Rate ziehen, konsultieren, befragen

**zuzüglich:** ungerechnet, hinzukommend, mit Hinzurechnung von

**Zwang:** Unfreiheit, Fessel, Druck, Gewalt, Kette, Muß, Pression, Nötigung, Sklaverei, Knechtschaft, Vergewaltigung *Hemmung, fixe Idee, Zwangsvorstellung, seelische Belastung *Gebot, Unerläßlichkeit, zwingende Notwendigkeit, Erfordernis, Pflicht *Trieb

**zwanglos:** entspannt, gelöst, ruhig, gelockert, entkrampft *ungezwungen, frei, offen, lässig, natürlich, unbefangen, unzeremoniell, ungehemmt, ungeniert, gelöst, salopp, leger, familiär, formlos, nonchalant, informell

**Zwanglosigkeit:** Natürlichkeit, Ungezwungenheit, Burschikosität, Ungeniertheit, Unbefangenheit, Lässigkeit, Gelöstheit

**zwangsweise:** notgedrungen, unfreiwillig, gezwungenerweise, wohl oder übel, unter Druck, automatisch, unwillkürlich, unweigerlich

**zwar:** gewiß, sicher, wohl, natürlich, zugegeben, allerdings, freilich

**zwar:** aber, doch

**zwecklos:** nutzlos, sinnlos, wertlos, unersprießlich, müßig, vergebens, fruchtlos, wirkungslos, vergeblich, aussichtslos, umsonst, entbehrlich, unbrauchbar

**zwecklos:** sinnvoll, erfolgversprechend, zweckvoll, zweckmäßig, zweckdienlich, tauglich, passend, wertvoll, geeignet, brauchbar

**zweckmäßig:** sinnvoll, zweckdienlich, tauglich, passend, behilflich, wertvoll, von Wert / Nutzen, geeignet, brauchbar, praktisch, verwertbar, richtig, praktikabel, sinnreich

**zweckmäßig:** unpraktisch, unzweckmäßig, unnütz, untauglich, ungeeignet, lebensfremd

**zweideutig:** anstößig, pikant, schlecht, unanständig, unkeusch, lasterhaft, liederlich, sittenlos, ruchlos, schlüpfrig, ungehörig, unmoralisch, unschicklich, verdorben, unzüchtig, unsittlich, unziemlich, zuchtlos, wüst, ungebührlich, verworfen, verrucht, unsolide, zotig *doppeldeutig, mehrdeutig, schillernd, doppelsinnig, problematisch, rätselhaft

**zweideutig:** klar, eindeutig, exakt, anschaulich, bildhaft, deutlich, präzise, unmißverständlich, unzweideutig, fest umrissen, bestimmt (Sprache) *anständig, harmlos, sittsam, gesittet (Witz)

**Zweifel:** Argwohn, Verdacht, Mutmaßung, Vorbehalt, Ungläubigkeit, Mißtrauen, Befürchtung *Skrupel, Bedenken, Zögern, Zaudern, Zerrissenheit, Unentschiedenheit, Zwiespältigkeit, Unsicherheit

**Zweifel:** Sicherheit, Gewißheit, Garantie, Wissen *Glauben, Vertrauen, Überzeugung

**zweifelhaft:** unglaubwürdig, dubios, bedenklich, fraglich, problematisch, unbewiesen, unbestimmt, fragwürdig, ungewiß, unglaubhaft, umstritten, streitig, ungeklärt, strittig, unentschieden

**zweifelhaft:** zweifellos, zweifelsfrei, fraglos, sicher, unzweifelhaft *eindeutig, unbestreitbar, sicher, unanfechtbar, gewiß *durchschaubar, gesetzlich, einwandfrei, unbedenklich, legal, erlaubt (Geschäfte)

**zweifellos:** zweifelsfrei, fraglos, sicher, unzweifelhaft *gewiß, eindeutig, sicher, unbestreitbar, unanfechtbar

**zweifellos:** ungewiß, unsicher, unbestimmt, fraglich, zweifelhaft, unentschieden, anfechtbar, umstritten, streitig, ungeklärt, strittig, nicht geklärt, windig

**zweifeln:** schwanken, wanken, irre werden, in Zweifel ziehen, bezweifeln, anzweifeln, Zweifel hegen, zerrissen / unsicher / zwiespältig sein

**zweifeln:** glauben, wissen, überzeugt sein

**Zweigniederlassung:** Zweigstelle, Filiale, Nebenstelle

**Zweigniederlassung:** Haupt(geschäfts)stelle, Zentrale, Geschäftssitz

**zweitrangig:** unbedeutend, unwichtig, unerheblich, unscheinbar, nichtssagend, nebensächlich, sekundär

**zweitrangig:** erstrangig, primär, wichtig, zentral, vordringlich

**Zweitschrift:** Abschrift, Durchschlag, Abzug, Kopie, zweite Fassung

**Zweitschrift:** Original, Urfassung, Urschrift, Urtext, erste Fassung

**Zwerg:** Wicht, Gnom, Kobold, Heinzelmännchen, Däumling, Liliputaner, Pygmäe

**Zwerg:** Riese, Hüne, Gigant, Koloß

**zwergenhaft:** gnomenhaft, winzig, klein

**zwergenhaft:** riesig, groß, gigantisch, hünenhaft

**zwielichtig:** anrüchig, unheimlich, zweifelhaft, verrufen, bedenklich,

**zwielichtig:** ehrenhaft, lauter, achtbar, sauber, bieder, aufrecht, charakterfest,

nicht astrein, übelbeleumdet, berüchtigt, fragwürdig, lichtscheu, halbseiden, verdächtig, undurchsichtig

**Zwiespalt:** Zweifel, Skrupel, Bedenken, Zögern, Zaudern, Zerrissenheit, Unentschiedenheit, Zwiespältigkeit, Unsicherheit *Konflikt, Bedrängnis, Schwierigkeit, Ratlosigkeit, Engpaß

**zwiespältig:** unentschieden, widerstrebend, unentschlossen, gespalten, uneins, widerstreitend, disharmonisch, zerrissen, entscheidungsunfähig, zweifelnd

**Zwietracht:** Auseinandersetzung, Streit(igkeit), Konflikt, Kontroverse, Debatte, Hin und Her, Zwist, Zwistigkeit, Fehde

**zwingen:** Druck ausüben, terrorisieren, erpressen, nötigen, tyrannisieren, bedrohen, unter Druck setzen, vergewaltigen, gefügig machen

**zwingend:** schlagend, überzeugend, einleuchtend, hieb- und stichfest, triftig, stichhaltig *erforderlich, notwendig, unumgänglich, unvermeidbar, nötig

**zwischen:** innerhalb, (in)mitten, unter, dazwischen, mittendrin, zwischenhinein, zwischenhindurch

**Zwischenergebnis:** Teilergebnis, Halbzeitstand

**Zwist:** Auseinandersetzung, Zwietracht, Streitigkeit, Konflikt, Kontroverse, Debatte, Hin und Her, Zwistigkeit, Fehde

**zynisch:** spöttisch, verletzend, sarkastisch, bissig

wacker, rühmenswert, hochanständig, rechtschaffen, ehrenwert, ehrbar, redlich, unbestechlich

**Zwiespalt:** Eintracht, Einigkeit, Brüderlichkeit, Sicherheit, Harmonie *Konsequenz *Übereinstimmung

**zwiespältig:** ausgeglichen, ausgewogen, harmonisch, gefestigt, sicher, fest *konsequent

**Zwietracht:** Eintracht, Brüderlichkeit, Gleichklang, Gleichtakt, Einmütigkeit, Frieden, Einstimmigkeit, Harmonie, Einigkeit

**zwingen:** freistellen, gehenlassen

**zwingend:** unwichtig, unbedeutend, einfach *ungezwungen, leger, gelöst, lässig, zwanglos, unbefangen, ungeniert, unzeremoniell, natürlich (Haltung)

**zwischen:** (da)vor *dahinter *außerhalb, herum, ringsum, außen (Raum) *neben *(zu)vor, davor, (da)nach, außerhalb (Zeit)

**Zwischenergebnis:** Endergebnis, Endresultat

**Zwist:** Frieden, Harmonie, friedliches Nebeneinander, Partnerschaft, Einstimmigkeit, Gleichklang, Eintracht, Bündnis, Brüderlichkeit, Einigkeit

**zynisch:** freundlich, nett, heiter, froh, fröhlich, aufgeschlossen, lustig, entgegenkommend, liebenswürdig, wohlwollend, verbindlich, wohlgesinnt

# Literaturwissenschaft

## Fischer Taschenbuch Verlag

# Literaturwissenschaft

**Fischer Taschenbuch Verlag**

# Fischer Wissenschaft
## Eine Auswahl

Philippe Ariès /
André Béjin /
Michel Foucault u.a.
**Die Masken des Begehrens
und die Metamorphosen
der Sinnlichkeit**
Band 7357

Aleida Assmann /
Dietrich Harth (Hg.)
**Mnemosyne. Formen
und Funktionen der
kulturellen Erinnerung**
Band 10724

**Kultur als Lebens-
welt und Monument**
Band 10725

Gaston Bachelard
**Poetik des Raumes**
Band 7396

Maurice Blanchot
**Der Gesang der Sirenen**
Band 7402

Umberto Eco
**Apokalyptiker und Integrierte**
Band 7367

Moses I. Finley
**Quellen und Modelle
in der Alten Geschichte**
Band 7373

Michel Foucault
**Die Geburt der Klinik**
Band 7400

**Schriften zur Literatur**
Band 7405

**Von der Subversion des Wissens**
Band 7398

François Furet / Denis Richet
**Die Französische Revolution**
Band 7371

Maurice Halbwachs
**Das kollektive Gedächtnis**
Band 7359

**Kultur-Analysen**
Beiträge von Hans-Dieter
König, Alfred Lorenzer,
Heinz Lüdde, Søren Nagbøl,
Ulrike Prokop, Gunzelin
Schmid Noerr, Annelind
Eggert
Band 7334

## Fischer Taschenbuch Verlag

# Fischer Wissenschaft
## Eine Auswahl

## Fischer Taschenbuch Verlag

fi 513 / 4 b

# Fischer Wissenschaft
## Eine Auswahl

Michail M. Bachtin
**Formen der Zeit**
**im Roman**
Untersuchungen zur
historischen Poetik
*Band 7418*


Ernst Cassirer
**Der Mythus des Staates**
*Band 7351*


Ernst Robert Curtius
**Kritische Essays zur**
**europäischen Literatur**
*Band 7350*


Robert Darnton
**Literaten**
**im Untergrund**
Lesen, Schreiben
und Publizieren im
vorrevolutionären
Frankreich
*Band 7412*

Mary Douglas
**Ritual, Tabu und**
**Körpersymbolik**
Sozialanthropologische
Studien in Industrie-
gesellschaft und
Stammeskultur
*Band 7365*


Heidrun Hesse
**Vernunft und**
**Selbstbehauptung**
*Band 7343*


Max Horkheimer
**Zur Kritik der**
**instrumentellen**
**Vernunft**
*Band 7355*


Martin Jay
**Dialektische Phantasie**
*Band 6546*


## Fischer Taschenbuch Verlag

fi 406 / 8 a